Wilhelm G. Grewe · Rückblenden

Wilhelm G. Grewe

Rückblenden
1976-1951

Propyläen

INHALT

Vorwort   9

FERN IM OSTEN
1971–1976

Endstation Japan   17

    Abschied von Tokyo – Ende einer Laufbahn (17) · Erkundung einer terra incognita (28) · Erste Schritte unter Kirschblüten (38) · An einem Kaiserhofe (45) · Wie Japan regiert wird (52) · »Wer sind wir? Was ist japanisch?« (63) · »Was wollen wir sein?« – Japans Rolle in der heutigen Welt (74) · Chou En-lais Vermächtnis (88) · Japan, Incorporated (94)

Ein zweiter Hut: Botschafter bei den Mongolen   101

    Aufbruch in die Mongolei (101) · In Ulan Bator (106) · Monumente mongolischer Vergangenheit (112) · Durch vier kommunistische Staaten (116)

BONN IN
DEN FÜNFZIGER JAHREN
1951–1958

Ablösung des Besatzungsstatuts durch den Deutschland-Vertrag   127

    Durch Hallstein zu Adenauer (127) · Die ›Delegation zur Ablösung des Besatzungsstatuts‹ (130) · Auf dem Petersberg (134) · Auf dem Bürgenstock: Adenauers Projekt eines Sicherheitsvertrages (138) · Der ›Generalvertrag‹ der Hohen Kommissare (145) · 26. Mai 1952: Deutschland-Vertrag – erste Fassung (148)

Rechtsabteilung und Berliner Konferenz   157

    Kampf um die Verträge im Bundestag und vor dem Bundesverfassungsgericht (157) · Amerika in der Ära McCarthy (159) · Adenauers erster Besuch in Washington (162) · Der Planungsstab im State Department (164) · Rundreise durch einen Kontinent (167) · Leiter der Rechtsabteilung (170) · Der Vatikan und die Schulartikel der Verfassung von Baden-Württemberg (172) · Vorbereitung der Berliner Konferenz (174) · Zurück in Berlin (178) · Vier Wochen »Njet« (183) · »Raus mit dem Kriegsverbrecher!« (187) · Gespräche in Stockholm und Freiburg: Jarring und Kennan (190) · Vorsitzender der Wahlrechtskommission (191) · Als der EVG-Vertrag scheiterte (193)

Londoner Konferenz und Pariser Verträge   195

Neun Mächte im Lancaster House (195) · Schlußakt in Paris: Deutschland-Vertrag und NATO-Beitritt (202) · Das Vertragswerk nach zwanzig Jahren (209)

An leitender Stelle im Auswärtigen Amt   218

Die besten Jahre der Bundesrepublik (218) · Genf I – die Gipfelkonferenz (222) · Vorbereitungen für Moskau (229) · Sechs Tage mit Chruschtschow (232) · Charles Bohlen: Adenauers Mißerfolg? (245) · Die Hallstein-Doktrin (251) · Ostpolitik durch Handelsmissionen (262) · Genf II – die Konferenz der Außenminister (265) · Konkordat-Streit mit Niedersachsen (273) · Spannungen im Bündnis: ›Radford-Plan‹ und britische Umrüstung (276) · Paris am Tage der Suez-Krise (281) · Abrüstung – Sicherheit – Wiedervereinigung: Das Junktim von 1957 (290) · Besucher in Bonn (300) · Abschied von der Universität (302) · Schwäbische Erinnerungen (310) · Adenauers Deutschland-Politik in der Redeschlacht des Bundestages vom Januar 1958 (317) · Hallsteins Abgang – Umbau der Amtsspitze (329)

ZEITWENDE IN WASHINGTON
1958–1962

Botschafter bei Eisenhower   339

Anfänge in Washington – Abschied von Bonn (339) · Hundertjahrfeier in Minnesota (345) · Staatsbesuch des Bundespräsidenten Heuss (347) · Die Libanon-Krise (355) · Beginn der Berlin-Krise (362) · Mikojan-Besuch und Dittmann-Mission (373) · John Foster Dulles (377) · Kontroverse mit Walter Lippmann (381) · Vorbereitungen für Genf III (386) · Am Katzentisch der Krisenkonferenz (402) · War alles falsch? (410) · Ostfragen – Osterlebnisse (419) · Das Jahr der Gipfel-Kollision (426)

Botschafter bei Kennedy   442

Kennedy als Präsident (442) · Frühe Kontakte, Wahlkampf und Wahlprognose (444) · Inauguration und erste Begegnung (452) · Wanderprediger der deutschen Frage (456) · Ein Kundschafter aus Bonn: Brentano (458) · Adenauers erstes Treffen mit Kennedy (461) ·

Nach hundert Tagen (470) · Der Krisensommer 1961 (478) · Dissonanzen nach dem Bau der Mauer (487) · Die Fernsehdebatte vom Herbst 1961 (498) · Ringen um »Verhandlungssubstanz« (505) · Adenauer-Kennedy: Die zweite Begegnung (512) · Gespräche mit Moskau-Reibungen mit Bonn (526) · Keine Rückgabe des deutschen Auslandsvermögens (535) · Das große Leck (545) · Letzte Tage in Amerika (564)

IM DIENSTE DES ATLANTISCHEN BÜNDNISSES
1962–1971

Beim NATO-Rat in Paris   577

Wiedersehen mit Paris (577) · Aufgabe und Partner: Rat, Generalsekretär, Ständige Vertreter (583) · Begegnung und Nicht-Begegnung mit de Gaulle (589) · Die großen Themen der NATO-Jahre (592) · Nichtangriffspakt – ein dubioses Projekt (605) · MLF: Fehlschlag einer halbherzigen Initiative (610) · Ein Trostpreis: Die nukleare Planungsgruppe (629) · Adenauers letzte Jahre (633) · Der schwierige Bündnispartner: Frankreichs Austritt aus der militärischen Organisation (642) · Auszug nach Brüssel (646)

Mit dem NATO-Rat in Brüssel   650

Umschlag der innenpolitischen Großwetterlage (650) · Auf dem Wege nach Helsinki (663) · Um das strategische Konzept der NATO (679) · Herabstufung der Bundesrepublik: Atomsperrvertrag (689) · Zum letzten Male das Atomwaffen-Thema: SALT (703) · Abschied vom NATO-Rat (708)

Schlußbilanz   720

ANHANG

Anmerkungen   731
Personenregister   799
Quellenverzeichnis der Abbildungen   813

VORWORT

Häufig wurde ich in den vergangenen Jahren gefragt, ob ich eines Tages meine Memoiren schreiben würde. In der festen Überzeugung, diese Frage reiflich überlegt und für immer im negativen Sinne entschieden zu haben, antwortete ich stets mit einem klaren »Nein«. Schon denen gegenüber, die mich fragten und die diese Antwort erhielten, fühle ich mich zu einer Erklärung meiner Sinnesänderung verpflichtet.

Meine Abneigung gegen Lebenserinnerungen gründete sich auf zahlreiche warnende Beispiele: auf alle jene Memoiren, die der Rechtfertigung des eigenen Verhaltens und der Glorifizierung der eigenen Taten und Verdienste dienten, die dazu benutzt wurden, lange aufgestauten Ärger abzuladen, Ressentiments abzureagieren, späte Rache zu üben, Eitelkeiten zu frönen, sich selbst von allen Seiten in einem freundlichen Lichte zu bespiegeln. Nicht minder entmutigend erschienen mir jene Beispiele, bei denen die Autoren diesen Gefahren dadurch zu entgehen suchten, daß sie mehr oder minder farblose Chronologien schrieben und sie mit amtlichen Dokumenten anreicherten.

Für den Historiker mögen beide Arten von »Erinnerungen« gleichwohl von Interesse sein, zumal wenn er mit des Autors Zeit so vertraut ist, um zwischen den Zeilen lesen und Geschriebenes ebenso wie Verschwiegenes interpretieren zu können. Nur, für den Autor und seinen Ruf ist das Ergebnis häufig genug vernichtend gewesen.

Sehr deutlich vor Augen stand mir auch stets die objektive Schwierigkeit, diesen Gefahren zu entgehen. Bei aller Bereitschaft zur Selbstkritik und zum Eingeständnis von Fehlern, Irrtümern, Schwächen, wird es immer noch einen weiten Bereich von Entscheidungen, Beurteilungen, Verhaltensweisen geben, die man auch im Rückblick noch für richtig, angemessen, zumindest für situationsbedingt adäquat hält, und wer könnte dem legitimen Bedürfnis widerstehen, sie zu erklären, zu begründen, zu rechtfertigen?

Als der Tenno von Journalisten gefragt wurde, ob er die Geschichte seiner Regierungszeit selbst schreiben werde, gab er eine Antwort, die mit ihrem Anflug von Humor die japanische Presse freudig überraschte: »Nein«, sagte er, »denn wenn ich das tun würde, müßte ich vielleicht das, was ich in einigen Situationen selbst tat, loben.«

Gewiß, es gibt Memoiren, bei denen die Subjektivität der Darstellung hinter der literarischen und stilistischen Meisterschaft des Autors und der Souveränität seines historisch-politischen Urteils, der Treffsicherheit seiner Schilderung von Menschen und Situationen zurücktritt.

Bismarck, de Gaulle, Churchill gehören, jeder in seiner Weise, in die Kategorie der großen Memoirenautoren, ebenso wie Dean Acheson und George Kennan, um zwei Beispiele aus der neueren Diplomatie zu zitieren. Der von ihnen gesetzte Maßstab ist nicht gerade dazu angetan, den Entschluß zum eigenen Versuch zu erleichtern.

Zweimal habe ich meine Erfahrungen in einer andersartigen literarischen Darstellungsform verarbeitet und es mir dadurch erleichtert, der Versuchung zur Niederschrift eigener Lebenserinnerungen zu widerstehen: 1960 durch mein Buch ›Deutsche Außenpolitik der Nachkriegszeit‹; 1970 durch ein weiteres Buch mit dem Titel ›Spiel der Kräfte in der Weltpolitik‹. Das eine war eine Sammlung von Vorträgen, Artikeln, Gutachten aus den ersten fünfzehn Jahren der Bundesrepublik, die ich durch einige ergänzende Beiträge zu einem annähernd geschlossenen Bild der deutschen Außenpolitik in dieser Periode zusammenzufügen suchte. Vieles darin war aus aktuellem Anlaß oder sogar im Zuge einer konkreten Auseinandersetzung formuliert und unverändert abgedruckt worden. Es war ein reines Sachbuch, das zwar die Meinungen des Autors zum Ausdruck brachte, seine persönlichen Erlebnisse, Erfahrungen und Gefühle jedoch aus dem Spiele ließ.

Das zehn Jahre später veröffentlichte zweite Buch war insoweit ähnlich angelegt, als es wiederum die Person des Autors beiseite ließ und seine Erfahrungen und Erkenntnisse zu objektivieren trachtete. Auch war sein Gegenstand nicht die deutsche Politik, ihre historische Entwicklung, ihre Zielsetzung und Perspektive, sondern die internationale Politik überhaupt, ihre Funktions- und Strukturgesetze, die systematisiert und ansatzweise zu einer Theorie der internationalen Beziehungen verarbeitet werden sollten. Dieses, so schrieb ich im Vorwort, »dürfte fruchtbarer sein, als die Aufzeichnung persönlicher Lebenserinnerungen, die Schilderung von Menschen und Begebenheiten, dekoriert mit Anekdoten und politischen Aperçus«.

Diese Absicht des Buches, das ein Rezensent frei nach Malraux meine »Antimemoiren« nannte[1], und dem ein anderer »asketische Selbstverleugnung« bei der Objektivierung der eigenen Rolle bescheinigte[2], führte zu einigen mich überraschenden Reaktionen. Der (1971 verstorbene) Historiker und Politologe Waldemar Besson, der in seiner Besprechung sehr anerkennende Worte für viele Aspekte des Buches fand, bemängelte doch gerade dieses »objektivierende Bedürfnis«, das zu »absurden Konsequenzen« führe: in einem Kapitel über ›Wechselwirkungen von Außenpolitik und öffentlicher Meinung‹ etwa sei auf die Indiskretionen Bezug genommen worden, die im April 1962 die amerikanisch-sowjetischen Verhandlungen über eine internationale Zugangsbehörde nach Berlin gestört hatten: »Wer es nicht schon vor der Lektüre wußte, erfährt im Buch nirgends, daß Grewe selbst einer der Hauptbeteiligten war... soviel Selbstentäußerung ist bewundernswert. Aber wir hätten doch ganz gerne gewußt, was sich da wirklich abgespielt hat.«[3] Dergleichen enttäuschte Neugier ist begreiflich. Aber wie konnte ein kenntnisreicher und mit den Gebräuchen des diplomatischen Berufs vertrauter Historiker von einem noch im aktiven Dienst stehenden Botschafter erwarten, daß er nunmehr auspacken und alles zum besten geben würde, was er selbst über die Hintergründe einer solchen Affäre wußte? Noch heute erstaunt mich die Überschrift dieser Rezension: ›Grewe verschweigt seine persönlichen Erfahrungen‹. Mehr Verständnis für die begrenzten Äußerungsmöglichkeiten eines aktiven Diplomaten bekundete ein anderer Rezensent, der den Wunsch nach Aufhellung der Hintergründe konsequenterweise auf die Zeit nach meinem Ausscheiden aus dem aktiven Dienst aufschob.[4]

Bemerkungen dieser Art haben mich im Laufe der Zeit zu »second thoughts« über den Entschluß zur Memoiren-Enthaltsamkeit gebracht. Die Äußerungsbeschränkungen, die der aktive Dienst mit sich bringt, sind entfallen. Vielleicht kann ich – ohne in das entgegengesetzte Extrem der Indiskretion zu verfallen – zur Aufklärung mancher Zusammenhänge beitragen, an denen ein allgemeines Interesse besteht. So liegt mir, um ein Beispiel zu nennen, begreiflicherweise selber daran, klarzustellen, daß es gerade das Fehlen persönlicher Bitternis oder eines politischen Ressentiments gegenüber Kennedy und der amerikanischen Regierung war, was einen engeren persönlichen Kontakt zu de Gaulle verhinderte – ohne daß dieses eine persönliche Verbitterung gegenüber dem französischen Staatschef zur Folge gehabt hätte. Vielleicht kann ich erzählend verständlich machen, daß man im diplomatischen Beruf manches Unangenehme einstecken muß, was sich aus Interessenverschiedenheiten und politischen Differenzen der Regierungen ergeben mag – ohne sich damit persönlich getroffen, beleidigt oder gar gedemütigt zu fühlen.

Von verschiedenen Seiten, besonders von befreundeten Historikern und Publizisten ist mir zugesetzt worden, und man hat sich bemüht, mich zu einer positiven Ansicht über »Erinnerungen« zu bekehren. Daraufhin beschäftigte ich mich experimentierend mit dem Gedanken und brachte das eine oder andere Erlebnis zu Papier. Das Wagnis, sich schreibend des eigenen Lebens, seiner Erfahrungen und Erkenntnisse zu vergewissern, fand ich so fesselnd und spannend, daß ich an ein Zurück nicht mehr denken mochte.

Schließlich gibt es auch hierfür respektable Vorbilder. Im Vorwort (›Apologia pro libre hoc‹) zu seinen Erinnerungen an die Jahre als Secretary of State[5] hat Dean Acheson gestanden, daß er noch fünf Jahre zuvor dem Gedanken an ein Memoirenwerk über seine Amtszeit abgeschworen hatte. Warum? Weil »detachment and objectivity« zweifelhaft seien, weil das Element der Selbstrechtfertigung nicht ausgeschlossen werden könne. »Es war alles sehr einfach, vernünftig und wahrscheinlich die richtige Entscheidung.« Und nun habe er sich doch dazu entschlossen. Weshalb? »Because I have changed my mind.«

Auch ich habe meine Ansicht geändert. Ob dies eine richtige Entscheidung war, muß der Leser beurteilen – ich kann es nur hoffen.

Ein Wort zum Kompositionsprinzip und zur Methodik dieses Buches erscheint mir angezeigt. Wenn ich mit dem Ende meiner aktiven Laufbahn – dem Abschied von Tokyo – beginne, so sollte das nicht als eine Anpassung an ein modisches literarisches Stilmittel verstanden werden. Die vom Film entlehnte Darstellungsform der »Rückblende« ergab sich aus der Natur dieses Berichtes, der sich im wesentlichen auf jenen Abschnitt meines Lebens beschränkt, der bei einem breiteren Leserkreis auf Interesse rechnen kann: auf die fünfundzwanzig Jahre meiner aktiven Mitwirkung an der Gestaltung deutscher Außenpolitik. Die Jahre im Fernen Osten waren – so viel sie mir auch bedeuteten – nicht der Höhepunkt meiner Laufbahn. Deshalb erschien es mir sinnvoller, sie an den Anfang zu stellen und den Bericht nicht damit ausklingen zu lassen. Zum anderen habe ich mich doch nicht streng daran binden wollen, nur über Menschen, Erlebnisse und Entwicklungen zu berichten, die erst nach 1951 in meinen Gesichtskreis traten. Wo es mir für den Leser aufschlußreich erschien, etwas über den Werdegang und die Herkunft des Autors und damit auch über seine Motivationen und Grundorientierungen zu erfahren, habe ich jeweils weiter zurückgegriffen. Dafür bot sich die Form der »Rückblende« an.

Die amtlichen Akten der von mir geschilderten Zeitspanne stehen der wissenschaftlichen Auswertung noch nicht offen. Ich habe sie nicht benutzt. Ein Tagebuch habe ich nie geführt – in den wichtigsten Jahren hätte ich dazu keine Zeit gefunden. Die Unzuverlässigkeit des menschlichen Gedächtnisses ist jedem, der einmal vor Gericht mit Zeugenaussagen zu tun gehabt hat, bekannt. Ich habe meinem Erinnerungsvermögen mit persönlichen Notizen, Entwürfen, Briefen, Kalendereintragungen, Fotos und ähnlichen Gedächtnisstützen nachzuhelfen versucht, und habe, soweit es nicht den Rahmen dieses Buches sprengte, Sekundärliteratur herangezogen. Das Ergebnis konnte nur eine Mischung von Bericht, Analyse und Reflexion sein – wie es bei einem Autor naheliegt, der in dieser Zeit immer zugleich Akteur und distanzierter Beobachter war.

Dank schulde ich Arnulf Baring und Hans Peter Schwarz für eine kritische Durchsicht des Manuskriptes und für wertvolle Anregungen, sowie dem Leiter des Propyläen Verlages, Wolf Jobst Siedler, für redaktionellen Rat – besonders auch in bezug auf Kürzung und Straffung, wo immer dies möglich erschien.

Ein besonderes Wort des Dankes schulde ich meiner Frau, die die Entstehung des Manuskriptes schreibend, lesend, kritisierend (meist recht streng kritisierend) begleitet hat und – obgleich der Text nicht im Entferntesten die Rolle widerspiegelt, die sie in meiner persönlichen wie meiner beruflichen Lebensbahn gespielt hat – alle Opfer und Unbequemlichkeiten in Kauf genommen hat, die ein schreibender Ehemann seiner Familie zumuten muß.

Fern im Osten
1971-1976

ENDSTATION JAPAN

Abschied von Tokyo – Ende einer Laufbahn

Auf dem Terminkalender stand unter dem Datum des 27. September 1976: »11 Uhr, Abschiedsbesuch beim Kaiser«. Eine Eintragung unter vielen anderen – für mich jedoch markierte sie das Ende einer langen und abwechslungsreichen beruflichen Laufbahn: Ende einer fünfeinhalbjährigen Amtszeit als Botschafter in Tokyo und zugleich einer fünfundzwanzigjährigen Tätigkeit im auswärtigen Dienst der Bundesrepublik Deutschland[1]; darüber hinaus Ende einer mehr als vierzigjährigen Tätigkeit im öffentlichen Dienst, wenn man, wie dies – beamtenrechtlich korrekt – normalerweise geschieht, meine akademische Laufbahn hinzuzählt.[2] Die gesetzliche Altersgrenze setzte dieser Laufbahn nunmehr ein normales und von mir stets als angemessen empfundenes Ende: Achtzehn Jahre hatte ich ohne Unterbrechung im Ausland verbracht und während dieser Zeit Spitzenposten des diplomatischen Dienstes bekleidet. Es war an der Zeit, heimzukehren und jüngeren Kräften Platz zu machen.

Obgleich ich die Jahre in Japan bis zum letzten Tage als höchst lohnend und gewinnbringend empfunden hatte und das Land und seine Bewohner mit allen Licht- und Schattenseiten aufrichtig schätzte, sah ich diesem Abschied doch ohne schmerzliches Bedauern entgegen, als ich an jenem Morgen, japanischen Gewohnheiten entsprechend, in feierlichem Cut, zusammen mit meiner Frau zum letzten Male den Kaiserpalast betrat. Ablauf und Zeremoniell dieses Besuches waren uns nach fünf Jahren wohlvertraut: Begrüßung am Portal des – erst Anfang der sechziger Jahre, nach der Kriegszerstörung wieder erbauten, höchst eindrucksvollen und in seiner klassischen Schlichtheit unübertrefflich schönen – Palastes (der nur offiziellen Zwecken dient, während das Kaiserpaar in einem recht bescheidenen Wohnhaus in dem weitläufigen Parkgelände lebt) durch einige Hofbeamte, Gang durch die weiträumige Eingangshalle mit ihren Marmorfußböden, dann die teppichbedeckte flach ansteigende Freitreppe hinauf zu einer im Halbstock gelegenen Balustrade, deren gesamte Breite von einem monumentalen Wandgemälde des Malers Higashiyama (eines zeitgenössischen Künstlers, der häufig in Deutschland war und von dem es viele Bilder deutscher Städte und Landschaften gibt) bedeckt ist, das in grün-grau-weißen Tönen eine Meeresbrandung darstellt und den Besucher daran erinnert, daß er sich im Zentrum eines meerumwogten Inselreiches befindet; durch lange Korridore, die auf der einen Seite den Blick auf einen mit allen Raffinessen japanischer Gartenarchitektur gestalteten Innenhof von erlesener Schönheit freigeben; ein erster Salon, in dem uns der Oberhofzeremonienmeister empfängt – ein ehemaliger Botschafter in London, mit dem wir gerade am Abend zuvor in kleinem Kreise bei japanischen Freunden Abschied gefeiert hatten. Dann der große Salon, in dem uns das Kaiserpaar empfängt und in dem man sich alsbald zum Gespräch niedersetzt, das der Kaiser mit mir, die Kaiserin mit meiner Frau, eröffnet; nach geraumer Zeit Wechsel der Sitzordnung und Tausch der Gesprächspartner. Der Kaiser bemüht, unter sorgfältiger Aussparung aller auch nur im entferntesten politischen Themen ein freundlich-persönliches Gespräch zu führen – Erinnerungen von Botschaftern, die bei einer solchen Gelegenheit mit dem Tenno weltpolitische Fragen erörtert haben wollen, gehören in das Reich der Fabel –, die Kaiserin, deren besonderes Wohlwollen uns in den vergangenen Jahren stets begleitet hatte, unbefangener und gelöster. Zwei jüngere Beamte aus der »deutschen Schule« des Außenministeriums als Dolmetscher, die uns später ihr Lampenfieber gestanden, da sie noch nie bei Hofe gedolmetscht hatten. Nach fast einer Stunde, weit über die vorgesehene Zeit hinaus, Verabschiedung mit Händedruck und Verbeugungen, Abgang in den gleichen Etappen wie bei der Ankunft, am Schluß Überreichung zweier handsignierter Erinnerungsfotos des Kaisers und der Kaiserin (zwei getrennte Fotos!) durch den Oberhofzeremonienmeister, ein letzter Blick zurück auf den Palast.

Ein Abschiedsbesuch ist seiner Natur nach weniger formell als ein Antrittsbesuch, bei dem der Kaiser in Anwesenheit des Außenministers und ohne die Damen den Botschafter mit einigen seiner Mitarbeiter empfängt, bei dem das Beglaubigungsschreiben überreicht wird und feierliche Reden mit stereotypen Freundschaftsbekundungen gewechselt werden. Das Abberufungsschreiben überreicht nicht der scheidende Botschafter selbst, sondern sein Nachfolger. Ein solcher Abschiedsbesuch ist daher nicht unerläßlich und findet auch in den meisten Fällen gar nicht statt. Im Vergleich mit der tastenden und etwas unsicheren Neugier, mit der ich vor fünfeinhalb Jahren den Antrittsbesuch absolviert hatte, war dieses eine Begegnung auf vertrautem, sicherem Boden fest etablierter persönlicher Beziehungen – ein Ergebnis, das sich im Laufe einer kürzeren Amtsperiode wohl kaum hätte erzielen lassen.

Wußte ich jetzt wirklich, mit wem ich es zu tun gehabt hatte? Das Bild der historischen Figur Hirohito ist nach wie vor umstritten. Der Fremde kann auch nach mehr als fünf Jahren kaum das undurchdringliche Gespinst der vergangenen Machtkämpfe durchschauen und Verantwortlichkeiten ausmachen. Für künftige Historiker bleiben viele Fragen offen. Aber die Person, mit der ich zu tun hatte, dieser Monarch, der eigentlich kein Monarch mehr sein darf, dieser bescheidene, eher schüchtern wirkende Gelehrtentyp, hat in mir stets Respekt und aufrichtige Sympathie erweckt.

Mit dem Kaiserbesuch begann die letzte Runde von Abschiedsveranstaltungen. Es war ein eigentümliches Gefühl, nacheinander die Spitzenfiguren des gerade erbittert ausgetragenen Machtkampfes innerhalb der Regierungspartei zu besuchen und sich dabei bewußt zu werden, daß man mit allen diesen sich untereinander heftig befehdenden Persönlichkeiten sehr freundliche Beziehungen unterhielt und man sich daher davor hüten mußte, dem einen mehr Glück zu wünschen als dem anderen. Der Außenminister, bei dem ich mich zum Abschiedsbesuch angemeldet hatte, war, als der Termin herannahte, plötzlich nicht mehr im Amte: Kiichi Myazawa, den ich besonders geschätzt hatte und der sich stets als ein ergiebiger, aufgeschlossener und auskunftsbereiter Gesprächspartner erwiesen hatte. Einen seiner Brüder hatte ich bei einem Besuch in Hiroshima als dortigen Gouverneur kennengelernt, einen weiteren Bruder als Generalkonsul in München und später als Gesandten an der Bonner japanischen Botschaft. Ich ließ es mir daher nicht nehmen, dem Minister auch nach seinem Rücktritt noch einen Abschiedsbesuch zu machen, und wir plauderten eine Stunde in dem kleinen Büro des Abgeordneten und Parteipolitikers Myazawa, der, wie ich überzeugt bin, seine Zukunft noch nicht hinter sich hat. Dann empfing mich der neue Außenminister, Zentaro Kosaka – auch er ein alter Bekannter, der häufig Gast in meinem Hause gewesen war. Das Außenministerium hatte prompt gearbeitet: Die silberne Zigarettendose, das traditionelle Abschiedsgeschenk, das er mir überreichte, wies, obwohl er noch kaum vierundzwanzig Stunden im Amte war, bereits seinen eingravierten Namenszug auf. Der Premierminister, Takeo Miki, opferte mir an einem mit Parlamentsdebatten morgens und nachmittags voll besetzten Tage den größeren Teil seiner knapp bemessenen Mittagspause. Ich kannte ihn schon lange vor Beginn seiner Amtszeit und vergesse nie einen langen Abend, an dem mir das Ehepaar Miki seine Arbeitsteilung im heimischen Wahlkreis auf der Insel Shikoku auseinandersetzte. Mein Bild von der Rolle der Frau im politischen Leben des heutigen Japan hat dadurch eine wesentliche Vertiefung erfahren. Miki hatte sich stets lebhaft für Deutschland und für die politischen und gesellschaftlichen Einrichtungen unseres Landes interessiert, die ihm – vielleicht zuweilen idealisiert – als vorbildlich erschienen, mochte es sich um Parteienfinanzierung oder Mitbestimmung handeln. Selbst in Fragen der Nahostpolitik hatte er einst vor Antritt einer Sondermission in den arabischen Ländern meinen Rat eingeholt. Bei unserem Abschiedsgespräch fand er besonders warme Worte der Anerkennung für meine Tätigkeit. Er setze mich damit in Verlegenheit, antwortete ich, denn meine Tätigkeit hinterlasse keinerlei markante Spuren: kein Freundschafts- oder Handelsvertrag sei zu unterzeichnen gewesen, kein Kulturinstitut einzuweihen, keine große Ausstellung zu eröffnen, keine massive Steigerung des Handelsvolumens zu erreichen, keine Krise zu entschärfen. Das persönliche Problem eines deutschen Botschafters in Tokyo bestehe darin, daß es zwischen den beiden Ländern keine Probleme gebe. Miki widersprach: Man könne sich doch nichts Besseres wünschen, als daß die gegenseitigen Beziehungen in stetigen, ruhigen und freundschaftlichen Bahnen verliefen, und das Verdienst, dazu wesentlich beigetragen zu haben, brauchte ich nicht gering zu schätzen.

Wer könnte in einem solchen Augenblick diesem Argument widerstehen? Dennoch, das »Problem der Problemlosigkeit« der deutsch-japanischen Beziehungen blieb eine Tatsache, die für die Tätigkeit des deutschen Botschafters in Tokyo stets fühlbar war, die vielen Begegnungen der Außenminister und Regierungschefs eine Atmosphäre der Spannungs- und Ergebnislosigkeit verlieh und dem Botschafter bisweilen das Gefühl aufdrängte, eigentlich überflüssig zu sein.

Am nächsten Tage saß ich in einem ähnlichen Gespräch Mikis gefährlichstem Rivalen gegenüber, der ihn bald darauf verdrängt hat und ihm als Parteivorsitzender und Regierungschef nachgefolgt ist: Takeo Fukuda; an einem anderen Tage einem anderen Bewerber um die Partei- und Staatsführung: Finanzminister Masayoshi Ohira, dem späteren Generalsekretär der Regierungspartei – dem heutigen Premierminister. Aus dem hoffnungslosen Patt des Streites dieser beiden um die Nachfolge des gestürzten Tanaka im Herbst 1974 war damals Miki als überraschender Kompromißkandidat von dem großen alten Mann der Liberal-Demokratischen Partei (LDP), dem Vizepräsidenten Shiina, lanciert worden. Jetzt, zwei Jahre später, hatten sich alle Fronten verkehrt: Shiina hatte ein Kesseltreiben gegen Miki eröffnet, Fukuda und Ohira hatten sich in diesem Kampfe miteinander verbündet; manche vermuteten: mit der geheimen Abrede, daß Ohira die Nachfolge auf einen Premierminister Fukuda zugesichert worden sei. Für mich waren sie beide alte Bekannte und vertraute Gesprächspartner. Mit Fukuda hatte ich 1971, während des Kaiserbesuches in Deutschland, auf einem Rheindampfer geplaudert und, im Angesicht des Loreley-Felsens, auf dem die japanische Flagge wehte, hatten wir gemeinsam »Ich weiß nicht, was soll es bedeuten« gesungen, wobei die Japaner den deutschen Text mit all seinen Strophen meist besser beherrschten, als die deutschen Sänger. Beide waren zu meiner Zeit Außenminister gewesen; Ohiro schon einmal davor, Anfang der sechziger Jahre. Damals hatte er mit Gerhard Schröder den Vertrag über jährliche regelmäßige Außenminister-Konsultationen geschlossen. Als Schröder Anfang 1976 zu einem kurzen privaten Besuch nach Tokyo kam, trafen wir uns daher zu dreien zu einem intimen Lunch in der Botschafts-Residenz. Unvergeßlich ist mir ein weiter zurückliegender Abend, als wir in kleinem Kreise auf Einladung des früheren Präsidenten der Bank of Tokyo zusammensaßen und die Gattin des spanischen Botschafters, eine nicht mehr ganz junge, sehr haltungsbewußte Aristokratin, plötzlich zur allgemeinen Erheiterung einen Geisha-Tanz parodierte – und zu unserer noch größeren Überraschung der im allgemeinen verschlossene und wortkarge Ohira mit einer ähnlichen Darbietung folgte. Plötzlich wurde sichtbar, welche Temperaments- und Vitalitätsreserven in diesem Manne steckten, der im Gegensatz zu dem feingliedrigen, extrovertierten Fukuda stets als ein massiger, unbeweglicher und introvertierter Typ des Japaners gewirkt hatte.

Noch einem Kabinettsminister machte ich einen Abschiedsbesuch: Michio Nagai, dem Erziehungsminister und besonderen Intimus von Miki. Er war der einzige parteilose Fachminister in Mikis Kabinett. Er war es, der vor Jahren meine erste Zusammenkunft mit Miki arrangiert hatte. Auch hatte er es nicht verschmäht, zu einer Weinprobe in meinem Hause zu kommen. Und da er schon den Vater des Sowjetbotschafters Oleg Troyanowsky gekannt hatte, ergab es sich, daß wir zusammen einen anderen, durch viel Wodka angeregten Abend in der sowjetischen Botschaft verlebten. Er schenkte mir zum Abschied sein Buch ›Higher Education in Japan‹, mit dem er (ehemaliger Professor sowohl wie Journalist) sich als Bildungs- und Erziehungsfachmann von Rang ausgewiesen hatte.

Am Ende dieser turbulenten letzten Woche in Tokyo standen zwei Abschiedsempfänge in meiner Residenz: einer für das Diplomatische Corps und die Spitzen von Regierung, Wirtschaft, Kultur und Gesellschaft, ein anderer für alle meine Mitarbeiter in der Botschaft, einschließlich der Fahrer, Pförtner, Maschinisten, Telefonistinnen. Bei dem offiziellen Empfang waren von über tausend geladenen Gästen mehr als siebenhundert erschienen – ein für Tokyoter Verhältnisse hoher Prozentsatz, der genügte, um in den umliegenden Straßen ein Verkehrschaos zu verursachen. Im Hause herrschte ein unvorstellbares Gedränge, da Terrasse und Garten wegen des regnerischen Wetters nicht benutzbar waren. Höhepunkt eines solchen Empfanges ist die Abschiedsrede des Doyens für den scheidenden Botschafter, die Überreichung eines gemeinsamen Abschiedsgeschenks und die gerührte Dankesrede des Abgefeierten. Das Abschiedsgeschenk hatte schon Wochen vorher diplomatische Komplikationen verursacht: Die Bestellung des üblichen, mit den eingravierten Unterschriften der Kollegen geschmückten Silbertellers hatte einem arabischen Botschafter (als dem mir im Protokoll nächstfolgenden) obgelegen. Dieser hatte sich prompt geweigert, auch den israelischen Botschafter zur Unterschrift einzuladen. Meine Mitarbeiter hatten rechtzeitig davon Wind bekommen. Sie lösten das Problem ebenso elegant wie geräuschlos: Der mit der Anfertigung des Tellers beauftragte Juwelier wurde, ohne den Auftraggeber zu informieren und damit zu weiteren Protesten zu nötigen, angerufen; die Unterschrift des israelischen Botschafters und dessen Scherflein zum Kollektivgeschenk wurden ihm direkt übermittelt und am Tage des Empfangs fanden sich alle Unterschriften, wie es sich gehört, auf dem für alle sichtbar placierten Teller. Doyen war während der längsten Zeit meines Aufenthaltes in Tokyo der sowjetische Botschafter Troyanowsky gewesen – ein ebenso umgänglicher wie sprachgewandter und gescheiter Kollege, verheiratet mit einer eleganten, zur westlichen Haute Couture neigenden und akzentfrei Deutsch sprechenden Frau. Mit beiden hatten wir einen sehr freundschaftlichen Umgang gepflegt. Wenige Monate vor meinem Abschied wurde Troyanowsky abberufen und durch den seines Postens enthobenen sowjetischen Landwirtschaftsminister Polyansky ersetzt. Doyen wurde der Botschafter der Elfenbeinküste, ein sehr gut aussehender, kultivierter Graukopf, der lange Jahre dem französischen auswärtigen Dienst angehört hatte und mit einer Französin verheiratet war. Wir hatten beide mehrfach nicht nur auf diplomatischem Parkett, sondern auch in einem japanischen Wintersport-Kurort getroffen und schätzten sie sehr. Aber Ende September waren sie noch nicht aus dem sommerlichen Heimaturlaub zurück. Stellvertretender Doyen war der Botschafter von Zaïre, ein ehemaliger General und Mitstreiter des Präsidenten Mobutu. Auch sein Erscheinen war unsicher, da er kurz zuvor nach Korea gereist war, wo er, wie viele andere Botschafter in Tokyo, ebenfalls akkreditiert war. An dritter Stelle im Protokoll stand der tschechoslowakische Botschafter – würde er die Abschiedsrede halten?

An vierter Stelle kam ich selbst. Dies gab mir Gelegenheit, dem tschechoslowakischen Kollegen, der dann tatsächlich die Abschiedsrede hielt und sich seiner Aufgabe in sehr warmer und liebenswürdiger Weise entledigte, besonders zu danken: Seine Rede, sagte ich in meiner Erwiderung, hätte ich nicht nur ihres Inhalts wegen zu schätzen gewußt, sie hätte mich auch vor einer höchst konfusen Situation bewahrt. Wäre er nicht eingesprungen, wäre ich selbst der nächste in der Reihenfolge gewesen – hätte ich etwa mir selbst die Abschiedsrede halten und gleich darauf antworten sollen? Diese Perspektive hatte den gewünschten Heiterkeitseffekt und ermutigte mich zu einem weiteren »Gag«: Ich entschuldigte mich für die durch den Regen bewirkte drangvolle Enge und setzte hinzu, nach guter japanischer Sitte sei ich bereit, dafür die volle Verantwortung zu übernehmen und biete dementsprechend meinen Rücktritt an. In einem Lande, in dem Minister ständig die Verantwortung für einen Unfall, ob verschuldet oder nicht, für die Torheiten eines Untergebenen oder für eigene »Slips of the tongue« übernehmen und häufig deswegen ihren Rücktritt erklären müssen, konnte auch dieses Angebot nur erheiternd wirken.

Über diesen zu häufigem Ministerwechsel führenden Mechanismus der japanischen Verfassungspraxis, dem in den Jahren meiner Amtszeit zahlreiche Minister zum Opfer gefallen waren, hatte ich mich gerade in meinem Abschiedsvortrag vor der Gesellschaft für Natur- und Völkerkunde Ostasiens (OAG) geäußert, wo ich über ›Verfassung und politische Realität im heutigen Japan‹ sprach. Mein berühmter Vorgänger, Botschafter Wilhelm Solf, war ein Vorsitzender dieser aus dem 19. Jahrhundert stammenden traditionsreichen Gesellschaft gewesen. Gern war ich daher der Einladung dieser Gesellschaft gefolgt, mich mit einem Sachvortrag zu verabschieden, der sowohl Japan wie mein früheres Fachgebiet (Verfassungsrecht und Rechtssoziologie) gleichermaßen umspannte.[3]

Vorträge dieser Art rundeten, neben den Besuchen, Empfängen und Essen, mein Abschlußprogramm in Tokyo: Das Kajima-Institute for International Peace wollte einen Vortrag über die Lage Europas im Herbst 1976, der Industriellen-Verband in Osaka (Kankeiren) über die Wirtschaftslage Europas, die japanisch-deutschen Gesellschaften in Tokyo und Sapporo wünschten einen allgemeinen Rückblick auf meine fünf Jahre in Japan.

»Fünf Jahre«, sagte ich in diesem Rückblick, »sind im Leben eines Menschen ein langer Zeitraum. Um aber ein Land wie Japan kennenzulernen, bedeuten fünf Jahre wenig, viel zu wenig für eine gründliche Kenntnis. Ich habe versucht, diese fünf Jahre so intensiv wie möglich zu nutzen; wie bei den meisten menschlichen Bemühungen liegen, im Rückblick gesehen, Erfolg und Mißerfolg eng nebeneinander. Auch nach fünf Jahren kann ich Kanjis nur insoweit lesen, daß ich Ortsnamen auf einem Wegweiser mit denen auf meiner Karte vergleichen kann. Ich kann die Schilder für ›Eingang‹ und ›Ausgang‹ und – was noch wichtiger ist – für ›Damen‹ und ›Herren‹ unterscheiden. Mit dem Sprechen und Verstehen ist es nicht viel besser: Es genügt gerade, um ohne Begleitung meinen Weg zu finden, in einem Ryokan zu übernachten oder Einkäufe zu machen, einen Redetext abzulesen. Daß es nicht zu besseren Ergebnissen kam, hängt wohl damit zusammen, daß man die japanische Sprache nicht nebenher lernen kann, wenn man beruflich in einem fremdsprachlichen Milieu voll ausgelastet ist.

Besser als die Sprache habe ich Ihr Land kennengelernt; jedenfalls kenne ich mittlerweile mehr von Japan als die meisten Japaner, mit denen ich in Berührung komme. Bei zahlreichen Besuchen lernte ich viele Seiten des japanischen Lebens kennen: Ich traf Gouverneure und Bürgermeister, Universitätsrektoren, Professoren und Studenten, Zeitungs- und Fernsehredakteure, Industrielle und Arbeiter, Kaufleute und Bauern, Künstler und Priester, Intellektuelle und Politiker.

Ich schlief auf Tatamis, aß Sashimi und Sushi, sah Geisha- und Volkstänze, war im Kabuki- und im Noh-Theater, sah Sumo-Kämpfe und Bogenschießen, Tee-Zeremonien und Ikebana. Meine Frau bemühte sich, Ikebana und Sumi-e-Malerei zu erlernen, und zu guter Letzt nahm sie noch Unterricht im japanischen Kochen und entwarf Origami-Dekorationen für ein Wohltätigkeitsfest.

Zu unserer Lektüre gehörten Bücher über die politische und Kulturgeschichte Japans, über Buddhismus und Shintoismus sowie Meisterwerke der japanischen klassischen und modernen Literatur (soweit durch Übersetzung zugänglich).

Trotz aller dieser Bemühungen wage ich nicht zu sagen, daß ich Japan gründlich kenne. Der Fremde aus dem Westen muß auch nach fünf Jahren häufig feststellen, daß er sich noch immer an der Oberfläche bewegt und nicht bis zum Kern des japanischen Wesens vorgedrungen ist. Zu seiner Irritierung bemerkt er manchmal, daß ein Gast nach fünf Tagen die gleichen Eindrücke gewonnen hat, wie er selbst nach fünf Jahren.

Auch die zahlreichen Bücher westlicher Beobachter über Japan helfen wenig. Sie wiederholen häufig dieselben Eindrücke und Erkenntnisse, enthalten viele parallele Schilderungen, so daß man häufig das Gefühl hat, literarischen Klischees zu begegnen – oder gar einem Plagiat.

Ein westlicher Gesprächspartner fand dafür folgende Erklärung: Europäer und Japaner haben als wissenschaftlich-technologisch, wirtschaftlich und zivilisatorisch voll entwickelte und demokratisch organisierte Staaten viel mehr Gemeinsames (über das zu sprechen oder zu schreiben sich nicht lohnt) als Trennendes und Unterscheidendes; die relativ wenigen Unterschiede aber sind so eindrücklich und meist auch so tiefgreifend, daß die Europäer (oder Amerikaner) sie bei aller subjektiv nuancierten Ausgangslage objektiv fast gleich registrieren und zu gleichen oder ähnlichen Schlüssen gelangen.

Ich will diese These hier nicht auf die Goldwaage legen und auch nicht weiterverfolgen. Vielleicht kommen Sie ohnehin zu dem Schlusse, daß es uns ebenso gegangen sei wie den meisten Gaijin[4], die einige Jahre hier gelebt haben.«

Nachdem ich die Höhepunkte der vergangenen fünf Jahre kurz gestreift hatte, stellte ich die Frage:

»Welche Lehren nimmt der deutsche Beobachter mit nach Hause, der diese Entwicklung verfolgt hat?

Ich muß mit einer Feststellung beginnen, die niemandem etwas Neues sagt, die aber doch so grundlegend ist, daß man sie nicht mit Schweigen übergehen kann:

Viele Ihrer Probleme sind auch unsere Probleme: Energiekrise, Rohstoffversorgung, Überwindung von Inflation, Rezession und Arbeitslosigkeit; Herstellung eines besser ausgewogenen Verhältnisses von Umweltschutz, Wirtschaftswachstum und technologischem Fortschritt. Sicherstellung einer weltweiten Wirtschafts- und Währungsordnung, die freien Welthandel, fairen Wettbewerb und einen vernünftigen Interessenausgleich zwischen Industrie- und Entwicklungsländern, auf dem Energie- und Rohstoffsektor zwischen Produzenten und Konsumenten ermöglicht.

Ich bin überzeugt, daß wir diese Probleme nicht isoliert, jeder für sich, lösen können, sondern daß wir auf diesen Gebieten noch mehr und noch intensiver zusammenarbeiten müssen, als wir es schon bisher getan haben.

Ich kehre nach Deutschland mit der Überzeugung zurück, daß Japan seine wirtschaftlichen Probleme meistern wird. Die Leistungsfähigkeit und Anpassungsfähigkeit der japanischen Wirtschaft, die sich schon bisher in allen kritischen Phasen der wirtschaftlichen Entwicklung bewährt hat, muß jeden ausländischen Beobachter tief beeindrucken. Fleiß, Intelligenz und Disziplin der japanischen Arbeitsbevölkerung, effizientes Management, intensive Betriebssolidarität von Arbeitnehmern und Arbeitgebern, hoher Stand von Wissenschaft und Technologie dürften auch in Zukunft eine solide Grundlage für fortdauernde Leistungsfähigkeit bilden.

Das Bild häufiger ausgedehnter Streiks in den Betrieben der öffentlichen Hand und besonders in den Verkehrsbetrieben ist für den deutschen Beobachter zuweilen verwirrend, zumal diese Streiks überflüssig erscheinen, wenig Gewinn bringen und hauptsächlich zu Lasten der breiten Massen der übrigen Arbeitnehmer gehen. Auch in Deutschland gibt es Arbeitskämpfe, und unsere Arbeitnehmerorganisationen sind keineswegs weniger aggressiv als die japanischen. Aber sie haben eine Taktik entwickelt, die es meist nicht zur tatsächlichen Ingangsetzung des Streiks kommen läßt. Die Drohung genügt im allgemeinen, und beide Seiten profitieren vom rechtzeitigen Kompromiß (außer beim Druckerstreik!).

Schwer verständlich ist für den ausländischen Beobachter auch – und damit gehe ich von der Wirtschaft über zur Innenpolitik und zum Funktionieren der japanischen Demokratie – die wochenlange Lähmung des politischen Lebens durch den Parlamentsboykott der Oppositionsparteien aus Anlaß des Lockheed-Skandals. Das japanische Verfassungsrecht (und zwar die Meiji-Verfassung ebenso wie die jetzt geltende, von Douglas MacArthur initiierte Verfassung) gibt einer oppositionellen Minderheit kein Recht, sich den Beschlüssen der Mehrheit zu widersetzen. Die tatsächliche Verfassungspraxis aber geht dahin, daß die Mehrheit von ihren Rechten keinen Gebrauch machen darf, wenn die Minderheit die Beratungen des Parlaments boykottiert. Diese Praxis erinnert an die Verfassungstheorie, die vor dem amerikanischen Bürgerkrieg von dem Politiker und (wie man heute sagen würde) ›Chefideologen‹ der Südstaaten, John Calhoun, vertreten wurde, dessen Lehre von der ›concurrent majority‹ auf eine Art Konsensprinzip hinauslief und der Minderheit weitgehende Vetorechte gegen die Mehrheit einräumte. Es geht also um ein altes Problem der demokratischen Verfassungslehre. Schon Alexis de Tocqueville hat in seinem berühmten Buch über die ›Demokratie in Amerika‹ (1835) darauf hingewiesen und die ›Tyrannei der Mehrheit‹ in den Vereinigten Staaten kritisiert. In den westlichen Demokratien werden die Theorien von Tocqueville und Calhoun heute nicht mehr akzeptiert. Aber man braucht nicht die Augen davor zu verschließen, daß der Schutz der Minderheitsrechte in der Demokratie ein Problem ist, das man nicht einfach vom Tisch wischen kann.

Das Konsensprinzip ist im japanischen Gesellschaftsgefüge tief verwurzelt. Man braucht sich daher nicht zu wundern, daß es bis in die Verfassungspraxis durchschlägt. Der ausländische Beobachter stellt sich aber begreiflicherweise die Frage, ob ein modernes Staatswesen wie Japan auf die Dauer eine so radikale Anwendung des Konsensprinzips erträgt, wie sie hier praktiziert wurde. Diese Frage lasse ich offen.

Mit offenen Fragen scheide ich auch in bezug auf zwei andere Sachgebiete: Verteidigung und Außenpolitik. In den vergangenen Jahren litt die Erörterung verteidigungspolitischer Fragen hier in Japan häufig unter einem gewissen Mangel an Realismus. Seit dem Ende des Vietnamkrieges scheint in dieser Beziehung eine gewisse Wendung zu einem besseren Verständnis eingesetzt zu haben. Man kann nur hoffen, daß diese Entwicklung anhält. Denn nichts ist bedrohlicher für den Frieden als die Entstehung eines verteidigungspolitischen Vakuums.

In der Außenpolitik geht es meines Erachtens mehr darum, daß Japan in näherer Zukunft eine Entscheidung über seinen Standort und über die Rolle trifft, die seinem Gewicht entspricht. Hier scheidet der ausländische Beobachter mit dem Gefühl, daß die Periode zu Ende ist, in der die japanische Diplomatie der amerikanischen Führung folgte, daß sich aber andererseits die eigenständige Kursbestimmung noch in einer Phase des Tastens und Lavierens befindet.«

Um nicht mißverstanden zu werden, betonte ich abschließend: »Ich kehre nicht etwa hauptsächlich mit offenen Fragen heim. Ich scheide von Japan vielmehr in dem Bewußtsein, daß mir diese fünf Jahre eine große und unvergeßliche Bereicherung meiner Lebens- und Welterfahrung verschafft haben, die ich auf keinen Fall missen möchte.

Ich bin tief beeindruckt von vielen Dingen, die ich heute in meinem eigenen Vaterland vermisse oder verkümmert finde: von der Leistungsbereitschaft der japanischen Jugend, von der Erziehungs- und Bildungsbesessenheit aller Japaner; von dem ausgeprägten Sinn Ihres Volkes für Formen und gewachsene Strukturen; von der hochausgebildeten Ästhetik, besonders im Detail, die das japanische Leben prägt; von den musischen und künstlerischen Neigungen breiter Schichten, von denen das kulturelle Leben in Tokyo mit seiner Fülle von Konzerten, Ausstellungen und ähnlichen Darbietungen Zeugnis gibt; von dem ungebrochenen Verhältnis der Japaner zu ihrer Vergangenheit, zu ihrer überlieferten Literatur und ihrer Geschichte, einschließlich der jüngeren Geschichte – zu der wir unvermeidlicherweise ein komplizierteres und problematischeres Verhältnis haben.

Ich hoffe, daß Sie meine fragmentarischen, teils nachdenklichen, aber immer von Sympathie und Freundschaft für Japan getragenen Bemerkungen mit Nachsicht und Wohlwollen aufnehmen.«

Der letzte Abschiedsempfang – der von mir für meine sämtlichen Mitarbeiter in der Botschaft gegebene – berührte uns, meine Frau sowohl wie mich, begreiflicherweise menschlich stärker als die offiziellen und diplomatischen Veranstaltungen. Dies waren die Menschen, mit denen wir über fünf Jahre lang eng zusammengearbeitet hatten. Mühen, Anstrengungen, Mißerfolge hatten uns gemeinsam betroffen; gemeinsam hatten wir uns über Erfolge gefreut. Natürlich gab es auch gelegentlichen Ärger zwischen uns, aber im ganzen verliefen die Jahre in Tokyo in dieser Hinsicht erfreulich harmonisch. Im Augenblick des Abschieds rang sich Mancher aus diesem Kreise Worte ab, die er im Alltag nie ausgesprochen hätte. Das galt auch für meinen nächsten Mitarbeiter und Vertreter, den Gesandten Hartmut Schulze-Boysen, Schu-Boy, wie ihn seine Freunde nannten. Wir waren beide, auch im gegenseitigen Umgang, keine Freunde großer Worte und unsachlicher Sentimentalitäten gewesen und hatten uns im gegenseitigen Verkehr eines nüchternen, geschäftsmäßigen, formlosen und zuweilen kurz angebundenen Umgangstones und -Stiles bedient. Um so mehr berührten mich die warmen und nachdenklichen Abschiedsworte, die er in diesem Augenblick fand. Er ging von einer Feststellung aus, die angesichts meiner von Washington über Paris und Brüssel nach Tokyo führenden Laufbahn nahelag, deren ich mir selbst jedoch nie ganz deutlich bewußt geworden war: daß ich nämlich mit diesem Werdegang gleichsam das »trilaterale« Konzept personifizierte. Mehr noch als das, was er über mich sagte, bewegten mich die Worte, die er dem Wirken meiner Frau widmete. Wer schon mit Sorge gedacht haben sollte, so sagte er am Schluß seiner Ansprache, er könne vergessen haben, ihre Tätigkeit zu würdigen, sei natürlich im Irrtum:

»Bei allem Respekt vor dem Botschafter: Es geht nicht an, der Rolle, die Sie, verehrte Frau Grewe, hier in den letzten fünfeinhalb Jahren gespielt haben, nur mit einem geschickt eingeflochtenen Satz in dem Abschiedsgruß an Ihren Mann gerecht zu werden.

Eigentlich wäre eine ganze weitere Ansprache fällig, so wird es nur ein besonderer und besonders herzlich gemeinter Absatz.

Was Sie, liebe Frau Grewe, für diese Botschaft und ihre Mitglieder, für die hiesige deutsche Kolonie, aber auch für das Land, das wir hier alle vertreten, und sein Ansehen in Japan getan haben, übersteigt das Maß des Normalen bei weitem. Sie haben sich Ihre Pflichten selbst definiert, und Sie sind dabei mit Ihrer eigenen Zeit und Kraft nicht schonend umgegangen. Der Wert Ihres Einsatzes und Ihrer Leistung wurde noch erhöht durch die Selbstverständlichkeit, mit der Sie alles anpackten, ohne viel Aufhebens davon zu machen. Wenn ich sage, daß die Lücke, die durch Ihren Weggang gerissen wird, nicht nur schwer, sondern wahrscheinlich nie wieder ausgefüllt werden kann, so bitte ich Sie, dies ausnahmsweise nicht als ein von der Gunst der Stunde inspiriertes Kompliment, sondern als ein bedauerndes Statement of fact zu betrachten. Wir werden Sie vermissen.«

»Wir werden Sie vermissen« – ein Satz, der bei keinem diplomatischen Abschied fehlt und der dem Abschiedsgewohnten daher abgegriffen und inhaltsleer vorkommt. Daß er das nicht sein muß, daß die gleichen Worte auch echte Gefühle zum Ausdruck bringen können – davon hat mich ihr Gebrauch in diesem Falle überzeugt.

Erkundung einer terra incognita

Als ich im Frühjahr 1971 nach Tokyo aufbrach, hatte ich die Vorstellung, daß ich dort zwei bis drei Jahre bleiben würde. Es wurden fünf Jahre daraus. Dafür gab es zwei Gründe: In Bonn hatten die führenden Männer der sozial-liberalen Koalition wohl wenig Neigung, mich auf einen Posten zu berufen, der – wie etwa Rom, was ich mir einst gewünscht hatte – Deutschland so viel näher lag als Japan. Auch schien es keinen Grund zu geben, mit meiner Amtsführung in Tokyo unzufrieden zu sein. Zum anderen wuchs bei mir selbst die Neigung, länger in Japan zu bleiben, als ich ursprünglich gewünscht hatte. Denn mir wurde bald klar, daß Japan kein Land ist, in dem man mit Nutzen nur zwei bis drei Jahre arbeiten kann; erst nach Ablauf eines solchen Zeitraums fängt man an, etwas festeren Boden unter den Füßen zu gewinnen und überhaupt aktionsfähig zu werden. Mir schien es wenig sinnvoll, gerade in diesem Zeitpunkt das

Land wieder zu verlassen – wie das freilich bei der überwiegenden Mehrheit meiner Kollegen in Tokyo üblich war. Auch fand ich, daß wir – meine Frau sowohl wie ich selbst – soviel Mühe und Arbeit in den beiden ersten Jahren dort investiert hatten, daß eine angemessene Amortisation erst in weiteren Jahren möglich war. Rückblickend bin ich froh, daß uns diese Zeitspanne gewährt wurde; nicht nur wurden dadurch die Möglichkeiten verbessert, Freunde zu erwerben und eine angesehene Position aufzubauen – auch die innere Bereicherung, die ein Leben in Ostasien zu bieten vermag, braucht ihre Zeit, um zu wachsen und zu reifen. Nach den langen Jahren in Nordamerika und Westeuropa schenkte mir Japan eine Erweiterung des Horizonts und eine Vertiefung und Abrundung der Lebenserfahrung, die ich nicht missen oder verkürzt sehen möchte.

Ich kann nicht leugnen, daß mir Japan bei der Ankunft 1971 ein Buch mit sieben Siegeln war, ein ebenso interessantes wie fremdartiges Phänomen, über das ich nur einige bruchstückhafte Kenntnisse besaß. Auch nach fünf Jahren liegt immer noch unendlich viel im Nebel. Für den Menschen des Westens, sei er Europäer oder Amerikaner, wird sich dieser Nebel nie ganz lichten. Das gilt nicht nur für jene, die es, im Geiste der kolonialen Mentalität des neunzehnten Jahrhunderts, trotz jahre- oder jahrzehntelangen Aufenthaltes in Japan, für überflüssig halten, die Sprache ihres Gastlandes zu erlernen und sich um ein tieferes Verständnis seiner Eigenart zu bemühen – und ich traf erstaunlich viele Vertreter dieser Species –, sondern auch für die anderen, die sich ernsthaft und redlich bemühten, das Land und seine Menschen zu verstehen. Nichts ist täuschender als die Oberfläche westlich-technisierter Zivilisation, mit der sich Japan seit der Meiji-Reform und vollends seit dem Wiederaufstieg nach dem Zweiten Weltkrieg überzogen hat. Unter dieser Oberfläche ruht ein sozio-kulturelles und psychologisches Substrat, das dem westlichen Verstand immer wieder ungreifbar bleibt und ihm neue Rätsel aufgibt. Schon im täglichen Leben kommt es im Umgang mit Japanern – oft in den harmlosesten und einfachsten Dingen – zu einer solchen Fülle von Mißverständnissen, daß man oft am eigenen Einfühlungsvermögen verzweifelt.

Das beginnt schon mit den Besonderheiten der japanischen Sprache, in der man oft »ja« sagt, wenn wir das Gemeinte mit »nein« ausdrücken würden (und umgekehrt), in der ein und dasselbe Wort je nach den Umständen und dem Satzzusammenhang ganz verschiedene Bedeutungen haben kann und in der Klarheit und Eindeutigkeit keineswegs als Zeichen von Klugheit oder Bildung gelten. Bessere Kenner Ostasiens, als ich es bin, haben mir zu meiner Beruhigung immer wieder versichert, daß die Japaner in der Tat vergleichsweise unter den Asiaten das am schwersten zu verstehende und zu durchschauende Volk seien. Das mag mit ihrer geographischen Insularität, mit ihrer jahrhundertelangen Abkapselung gegen die Außenwelt, mit der Introversion eines sehr homogenen, kulturell hochentwickelten und sehr selbstbewußten Volkes zusammenhängen.

Trotz aller dieser Grenzen des Verstehens fühlte ich mich nicht entmutigt: Mit jedem weiteren Jahr wuchs das Bewußtsein, viel dazugelernt und immerhin gewisse Fortschritte gemacht zu haben.

Wenn ich in den letzten Jahren vor ein japanisches Publikum trat, um eine Ansprache oder einen Vortrag zu halten, so wußte ich wenigstens ungefähr, wie meine Hörerschaft reagieren würde: Die mir in Amerika in Fleisch und Blut übergegangene Gewohnheit, ein Publikum erst einmal mit einigen witzigen Bemerkungen und Anekdötchen anzuwärmen und zum Lachen zu bringen, mußte ich mir radikal abgewöhnen. Was wir komisch und witzig finden, läßt ein japanisches Auditorium meist völlig ungerührt. Man kommt nicht, um zu lachen. Fast alle Versuche westlicher Sprecher, ein japanisches Publikum zum Lachen zu bringen, scheitern kläglich. Um Besucher zu warnen, erzählte ich ihnen häufig die, wenn nicht wahre, so doch zum mindesten gut erfundene Geschichte von dem japanischen Dolmetscher, dem es gelungen war, mit der Weitergabe eines vom westlichen Vortragsredner kunstvoll placierten Scherzes das gewünschte Gelächter hervorzulocken. Befragt, wie er das zustandegebracht habe, erzählte er, nachdem er sich vergewissert hatte, daß der Vortragsredner nicht zuhörte, nicht ohne Stolz: »Ich habe den Zuhörern gesagt, ich übersetze jetzt einen Scherz des Vortragenden, bitte lachen Sie am Ende meiner Übersetzung.«

Auch die in langen Jahren verfeinerte und vervollkommnete Kunst der freien Rede, auf die ich nicht wenig stolz war, konnte ich in Japan wenig üben. Auf japanisch konnte ich nur einen schriftlichen Text ablesen. Wenn ich englisch oder deutsch sprach, verlangten die Dolmetscher, jedenfalls im Regelfall, schon einige Tage vorher ein Manuskript und waren unglücklich über jede Abweichung von dem Text, dessen Übersetzung sie präpariert hatten. So mußte ich mich wohl oder übel daran gewöhnen, meine Reden vorher schriftlich zu fixieren. Das Ablesen einer Rede störte niemanden, im Gegenteil: Eigentlich erwartet der Japaner, daß ein Redner nicht ohne Manuskript drauflos schwätzt, sondern einen sorgfältig präparierten Text vorträgt.

In der Anfangszeit verkalkulierte ich mich regelmäßig bei der Abschätzung der Vortragsdauer: Meist erforderte die Übersetzung erheblich mehr Zeit – oft das Doppelte –, als ich selbst gesprochen hatte. Zeitliche Fehlkalkulationen waren jedoch zumeist kein Unglück: Japanische Zuhörer verfügen im allgemeinen über unendliche Geduld und sind in der Lage, eineinhalb bis zwei Stunden mit gespannter Aufmerksamkeit zu lauschen, oder gar mitzuschreiben. Nie werde ich vergessen, wie ich vor den Kadetten der Verteidigungsakademie von Yokosuka (in der Bucht von Tokyo) sprach: Statt der von mir erwarteten einigen hundert saßen in einer riesigen Turnhalle fast zweitausend Kadetten auf leichten Klappstühlen vor mir. Ich sprach über die Gemeinsamkeiten und Verschiedenheiten der Verteidigungsprobleme Europas und Ostasiens. Ich brauchte fünfundvierzig Minuten – nicht viel für ein so kompliziertes Thema –, die Übersetzung dauerte weit mehr als eine Stunde. Bis zur letzten Minute jedoch herrschte in dem riesigen Raum eine so angespannte Aufmerksamkeit, daß man eine Stecknadel hätte zu Boden fallen hören können. Die meisten machten eifrig Notizen. Dann kam ein Frage- und Antwortspiel, das deutlich zeigte, daß die Aufmerksamkeit nicht geheuchelt war: präzise und verständige Fragen, gelegentlich mit Detailkenntnissen verziert, mit denen der Fragesteller zu brillieren suchte.

Nichts beeindruckt ein japanisches Publikum mehr als klare Systematik im Aufbau eines Vortrags, wahrscheinlich deswegen, weil auch die besten japanischen Köpfe dazu im allgemeinen nicht fähig sind. Der Japaner geht nie direkt und geradewegs auf seinen Gegenstand zu. Er umkreist ihn, beleuchtet ihn von allen Seiten und kommt schließlich zu einem Ergebnis, das häufig so vage formuliert ist, daß es immer noch viele Auslegungsmöglichkeiten offen läßt. Das schließt jedoch Bewunderung für eine andere Methode nicht aus.

Am deutlichsten wird mir die durch fünf Jahre Japan in mir bewirkte Veränderung bei einem Blick auf die Landkarte: Heute haben die japanischen Inseln für mich ihr eigenes, unverwechselbares Gesicht; mit den Städtenamen verbinden sich konkrete Anschauung, Reiseerlebnisse; Tempel, Schreine, Pagoden, Buddhastatuen, Schlösser, Gärten, Buchten, Zedernhaine tauchen in der Erinnerung auf. Mit vielen Namen verbinden sich historische Reminiszenzen, die mir jetzt etwas sagen.

Bei meinen zahlreichen Reisen durch das gesamte Inselreich – Anlaß waren meist offizielle Besuche bei Gouverneuren und Bürgermeistern, Veranstaltungen von japanisch-deutschen Gesellschaften, Besichtigungen von Fabriken, Werften und anderen Wirtschaftsbetrieben, Kontakte mit der lokalen und regionalen Presse und den Fernsehstationen, Vorträge, Schiffstaufen, Gedenkfeiern verschiedener Art – verfolgte ich stets ein doppeltes Ziel: Ich wollte mir einerseits ein Bild vom heutigen Japan machen, aber ich wollte andererseits auch den Spuren seiner geschichtlichen und kulturellen Vergangenheit nachgehen. Die Geschichte eines fremden Volkes lernt man am besten, indem man die Schauplätze aufsucht, auf denen sie sich abgespielt hat. Sichtbare Zeugnisse der Vergangenheit erleichtern es, sich in die fremde Welt einzufühlen und den Gang ihrer Entwicklung zu verstehen.

Die wichtigsten Städte und Landschaften Japans, von Hokkaido im

Norden über die verschiedenen Regionen der Hauptinsel Honshu bis zu den im Südwesten und Süden gelegenen Inseln Shikoku und Kyushu lernte ich im Laufe der Jahre kennen. Die drei alten Hauptstädte Japans, vor allem Kyoto, das südwestlich von Tokyo am Meer gelegene Kamakura und noch früher das südlich von Kyoto gelegene Nara, habe ich wieder und wieder besucht. Nach Kyoto habe ich viele prominente Besucher geführt, unter anderen den damaligen Verteidigungsminister Helmut Schmidt und den Bundesfinanzminister Hans Apel. Natürlich besuchte ich auch die beiden Städte, die bisher als einzige auf dieser Welt von Atombomben zerstört wurden. An dem von Kenzo Tange, einem der bedeutendsten japanischen Architekten unserer Zeit, entworfenen Kenotaph für die Opfer der Bombe in Hiroshima, von dem aus man auf das ausgebrannte Stahlgerippe der Kuppel einer Industrieausstellungshalle blickt (der einzigen, als Mahnmal bewahrten Ruine des alten Hiroshima), legte ich einen Kranz nieder und hielt vor einer kleinen Versammlung von Notablen der Stadt eine kurze Ansprache (auf japanisch und daher vorher mühsam einstudiert), die später, am 6. August, dem Gedenktag des Angriffs, von der örtlichen Fernsehstation ausgestrahlt wurde. Auf einer Steinplatte, vor der wir standen, war in Kanji eine Inschrift eingemeißelt, die ich mir übersetzen ließ. Sie lautete: »Laßt alle die Seelen hier ruhen in Frieden. Denn dieses Übel wiederholen wir nicht.«

Ebenso wie in Hiroshima gibt es in Nagasaki ein Museum mit erschreckenden Erinnerungsstücken an den Tag der Katastrophe. Beide Städte im ganzen lassen jedoch heute kaum noch etwas von dem Grauen ahnen, das vor mehr als dreißig Jahren über sie hereinbrach.

Nagasaki weckt viele andere Erinnerungen an weiter zurückliegende Epochen der japanischen Geschichte: Im Hafen kann man noch heute die kleine künstliche Insel Deshima mit einigen bescheidenen, restaurierten Gebäuden besichtigen, die der Niederländisch-Ostindischen Kompanie als einziger Stützpunkt für ihren Japan-Handel eingeräumt wurde und die für Jahrhunderte den einzigen winzigen Spalt bildete, durch den westliche Seefahrer und Kaufleute einen Blick in das verbotene Land werfen konnten. Hier lebte im Dienste der Niederländisch-Ostindischen Kompanie der Würzburger Professorensohn und Arzt Philipp Franz von Siebold, der schließlich bis Edo vorzudringen vermochte – und bald darauf des Landes verwiesen wurde. In einem abgelegenen kleinen Park der Stadt entdeckte ich sein Denkmal: eine Bronzebüste auf einem Marmorsockel, alles nicht sehr anspruchsvoll, aber offenkundig gut gepflegt. Sieboldt hinterließ in Japan eine Tochter und deren japanische Mutter, die ihm nachtrauerten: Anklänge an die Geschichte der ›Madame Butterfly‹, die man mit einem hier gelegenen romantischen Schauplatz in Verbindung bringt. Auf einem Hügel hoch über der Bucht von Nagasaki mit einem herrlichen Blick auf den Hafen steht das Haus eines 1859 nach Japan gekommenen schottischen Kaufmanns, das ›Glover Mansion‹, eine einstöckige Villa in einem japanisch-westlichen Mischstil, das nach der für den Tourismus gepflegten Legende (die durch ein Denkmal der Madame Butterfly und eine Erinnerungsplakette für den Komponisten gestützt wird) Schauplatz der Handlung von Giacomo Puccinis Oper sein soll. Weder hat hier eine Madame Butterfly gelebt (falls sie oder ihr Vorbild überhaupt gelebt haben), noch war Puccini je in Nagasaki oder überhaupt in Japan. Das hat jedoch dem Welterfolg seiner Oper keinen Abbruch getan – in Japan allerdings durfte sie bis 1945 nicht aufgeführt werden.

Die Nordküste der Insel Kyushu ist die dem Festland nächstgelegene Gegenküste. Hier war das wichtigste Tor, durch das – in weitem Maße vermittelt durch die Koreaner – der chinesische Kultureinfluß nach Japan einströmte. In Fukuoka, der bedeutendsten Stadt an dieser Küste, stand ich auf den Überresten eines alten ›Mongolenwalls‹, der von der einzigen großen Invasionsgefahr kündet, der sich das Inselreich im Mittelalter ausgesetzt sah.

Südlich von Kyushu, auf halbem Wege nach Taiwan, liegen die Ryu-Kyu-Inseln, die im Westen unter dem Namen der Hauptinsel Okinawa besser bekannt sind. Nach einer jahrhundertelangen, von rivalisierenden japanischen und chinesischen Oberhoheitsansprüchen geprägten Geschichte waren sie 1945 Schauplatz einer der größten Schlachten des pazifischen Krieges.

Von Naha, der Hauptstadt der heute wieder in den japanischen Staatsverband zurückgekehrten Präfektur Okinawa flog ich in einer halben Stunde auf eine noch weiter südlich gelegene kleine Insel mit Namen Myakojima (früher Typinsan), um hier an einer merkwürdigen kleinen Gedenkfeier teilzunehmen: an der Erneuerung eines vor hundert Jahren von Kaiser Wilhelm I. gestifteten Gedenksteins, der an den Schiffbruch eines deutschen Schoners in den Gewässern vor dieser Insel erinnerte. Den Vorfall, von Bismarck im Reichstag erwähnt, notierte der ›Deutsche Reichsanzeiger‹ vom 18. Februar 1874:

»Die Strandung der deutschen Schoonerbrigg ›R. J. Robertson‹, Kapitän Hernsheim, aus Hamburg in den chinesischen Gewässern bei der Insel Typinsan ist in der deutschen Presse bereits erwähnt worden. Die Züge edler Menschlichkeit, die in dem Verhalten der Einwohner gegenüber den deutschen Seeleuten hervortraten, haben ungeachtet der fragmentarischen Beschaffenheit der ersten Berichte einen wohltuenden Eindruck nicht verfehlt. Dieselben finden in neueren Ermittelungen ihre Bestätigung und Ergänzung, wie sie denn auch seither gerecht gewürdigt und huldvoll anerkannt worden sind.

Die Schoonerbrigg ›R. J. Robertson‹ war im Monat Juli v. Js. mit einer Ladung Tee befrachtet auf der Reise von Foochow nach Adelaide begriffen, als sie von einem jener heftigen, das chinesische Meer nicht selten heimsuchenden Orkane überfallen und nach mehrtägigem Umherirren auf das Korallenriff getrieben wurde, welches Typinsan, eine der im Loochow-Archipel gelegenen, Madjicosima-Inseln, fast völlig einschließt. Von der Besatzung der Schoonerbrigg hatten mehrere Personen bereits den Untergang gefunden. Auch der Rest, darunter einige schwer verletzt, die übrigen aufs Äußerste ermattet, verzweifelte, selbst als das Unwetter endlich nachließ, an der Aussicht auf Rettung.

Die Strandung des deutschen Schiffes war auch zur Kunde des Befehlshabers des Schiffes Ihrer großbritannischen Majestät ›Curlew‹, Commander Church, gekommen, der sofort die Offiziere Brenan, Ogle und Wade mit Mannschaft in einem Kutter, dessen Landung wegen der Klippen vor der Insel nicht ohne Gefahr ausgeführt werden konnte, absandte, um das Schicksal der Gestrandeten zu ermitteln, und so in sehr dankenswerter Weise bemüht gewesen ist, hülfreiche Hand zu leisten.

Der Schiffbruch war indessen von den Bewohnern der Insel beobachtet worden, und eine Anzahl derselben vermochte mit großer eigener Gefahr, die Rettung der Verunglückten zu bewirken. Die fremden Seeleute wurden von den Insulanern in der freundlichsten Weise aufgenommen und während des nun folgenden Zeitraums von 34 Tagen, den sie auf Typinsan verweilten, gastlich behandelt. Für ihr Unterkommen und ihre Verpflegung wurde gesorgt, Dolmetscher standen ihnen zur Verfügung, und sogar ärztliche Hilfe fehlte den Kranken nicht. Kapitän Hernsheim hebt insbesondere nicht nur den Eifer hervor, mit welchem seine Wirte, aller Abmahnungen ungeachtet, die Trümmer des Schiffes und der werthlos gewordenen Ladung auffischten und ihm zur Verfügung stellten, um, nach ihrer Ansicht, seinen Verlust thunlichst zu mildern, sondern auch die Uneigennützigkeit, mit der sie jede dargebotene Gegengabe für ihre Dienstleistungen entschieden ablehnten.

Inzwischen war es den braven Einwohnern gelungen, von einer der Nachbar-Inseln ein größeres zu einer weiteren Seereise geeignetes Fahrzeug zu beschaffen, auf welchem die Schiffbrüchigen in wenigen Tagen die Insel Formosa und von hier aus ohne Schwierigkeiten das chinesische Festland erreichten.

Die Deutsche Reichsregierung hat diesen Vorfall mit lebhaftem Interesse verfolgt und darauf Bedacht genommen, den Bewohnern von Typinsan für die geschilderte Handlungsweise eine Anerkennung zu Theil werden zu lassen.

Se. Majestät der Kaiser und König haben genehmigt, daß auf der mehrerwähnten Insel eine Gedenktafel aufgestellt wird, welche in deutscher und chinesischer Sprache die Beschreibung des Schiffbruchs ›R. J. Robertson‹, die Rettung der Mannschaft und den Ausdruck des Allerhöchsten Dankes für die Dienste der Inselbewohner enthält. Außerdem haben Se. Majestät die Vertheilung einer Anzahl nautischer Instrumente und goldener und silberner Uhren an einzelne der betheiligten Insulaner zu bewilligen geruht.«

Ich kann es mir nicht versagen, einen weiteren Bericht zu zitieren, der unsere Gedenkfeier beschreibt, obwohl damit einem an sich nicht besonders bedeutsamen historischen Ereignis eine unverhältnismäßig ausführliche Behandlung zuteil wird. Ein in Tokyo stationierter deutscher Journalist, der sich in meiner Begleitung befand, veröffentlichte in seiner Zeitung einen Bericht über den Besuch des »Botschafters Wilhelm« (die Japaner sind gewohnt, den Familiennamen dem Vornamen voranzustellen und halten daher zuweilen den Vornamen eines »Westerners« für seinen Familiennamen), in dem es heißt:

»Den Bewohnern von Typinsan, wie die zum ehemals unabhängigen Königreich Riukiu gehörende Insel Miyako seinerzeit hieß, brachte der Schiffbruch von sechs deutschen Seeleuten (darunter auch eine Frau) und zwei Chinesen die erste überlieferte Begegnung mit Europäern. Die seltsamen Blauäugigen, nicht zuletzt aber auch die späteren Dankesgaben des deutschen Kaisers für die Rettung seiner Untertanen aus Seenot (außer dem Denkmal ein paar goldene Uhren und Fernrohre mit dem Signum des Monarchen), machten auf die Inselmenschen solchen Eindruck, daß das Ereignis bis auf den heutigen Tag in allen Chroniken, bei verschiedenen Erzeugnissen der heimischen Souvenirindustrie sowie in mehreren Jubiläumsfeiern in sorgfältiger Erinnerung bewahrt wurde.

Am ›Tag der Kultur‹ des Jahres 1972 (der eigentlich dem Gedenken an den Begründer des modernen Japan, Kaiser Meiji, gewidmet ist) wird nun im neu angelegten ›Park der Menschenfreundlichkeit‹ auf einem freien Hügel hinter dem Inselstädtchen Hirara eine von dem finanzkräftigen Gönner Genshin Shimoji gestiftete Nachbildung des alten Denkmals eingeweiht. Das Original ist durch die Ausdehnung von Hirara mittlerweile fast völlig zugebaut und schon so verwittert, daß eine Versetzung nicht mehr möglich war.

Die Einweihungsfeier ist samt Festessen, sportlichen Wettkämpfen und einem regelrechten Volksfest unweit der eigentlichen Unglücksstätte nur einer der Höhepunkte des mehrtägigen Festprogramms, mit dem die Inselbewohner von Miyako in treuer Anhänglichkeit an alte Zählgewohnheiten heuer das 100jährige Jubiläum der Schiffskatastrophe feiern, obwohl die ›R. J. Robertson‹ eigentlich erst vor 99 Jahren auf den Korallenriffen von Typinsan mit ihrer für Australien bestimmten Teeladung aufgelaufen war.

Dabei begrüßt der Vorsitzende des Festausschusses von Miyako, zu-

35

gleich Bürgermeister von Hirara, den aus Tokyo angereisten Bonner Japan-Botschafter Wilhelm Grewe, als sei dieser ein Nachfahr des alten deutschen Kaisers: ›... und heißen wir besonders herzlich Botschafter Wilhelm, seine Gattin und Begleitung willkommen, die uns bei dieser Feier mit ihrem Besuch beehrt haben ....‹ Der Botschafter zeigt sich im Namen der Bundesregierung mit einem Spendenscheck über 10 000 Mark erkenntlich und überreicht auch eine 3000-Mark-Spende der Stadt Hamburg sowie eine Flasche ganz besonderen deutschen Geistes der Marke ›Bismarck‹, denn es war Kanzler Bismarck gewesen, der die Rettungstat der tapferen Inselbewohner im Deutschen Reichstag gewürdigt und die Dankaktion im Namen des Kaisers veranlaßt hatte.

Die Anwesenheit von ›Botschafter Wilhelm‹ ist für Miyako ein Jahrhundertereignis, das ein jeder gebührend auswerten will. Allen voran die rührigen Stadtväter von Hirara. Doch bei einer Rundfahrt durch die etwa 20 Kilometer lange, zumeist von Zuckerrohrfeldern bedeckte Insel zeigt sich, daß sich im Dorf Ueno ein kleines Gewitter zusammenbraut. Bei der Besichtigung der Unglücksstätte kann der Abgesandte des Dorfbürgermeisters seinen Unmut nicht mehr unterdrücken. Beim gestrigen Volksfest – als die deutsche Delegation ahnungslos mit den Honoratioren von Hirara speiste – hätten Tausende von Dorfbewohnern vergeblich auf das Erscheinen des deutschen Botschafters gewartet ...

Bei der Rückfahrt der Wagenkolonne durchs Dorf hat sich bereits eine größere Menschenansammlung gebildet. Der Botschafter steigt aus, großer Beifall, dann Schweigen. Einer der Dorfältesten trägt die Bitte vor, die Deutschen sollten doch wenigstens noch bei der für den Nachmittag geplanten Veranstaltung erscheinen. Nach kurzer Beratung mit seiner Begleitung stellt Grewe das in Aussicht. Als die Deutschen tatsächlich wiederkommen, wird ihnen ein geradezu triumphaler Empfang bereitet.

Nach der Ursache des Konflikts zwischen Hirara und Ueno befragt, meint der Vorsitzende des örtlichen Heimatvereins, der im Vorjahr auf Einladung Bonns die Bundesrepublik besucht, alte Dokumente ausgegraben und – allerdings vergeblich – nach Nachkommen der Besatzung der ›R. J. Robertson‹ geforscht hatte, da gehe es vor allem um Parteipolitik, denn in Hirara regierten die Progressiven, in Ueno die Konservativen.«[1]

Wenn ich diesen Bericht hier wiedergebe, so vor allem deswegen, weil er sehr bezeichnend dafür ist, wie sich die frühen Begegnungen der Japaner mit Menschen der westlichen Welt in ihr Bewußtsein eingeprägt haben: als bemerkenswerte geschichtliche Ereignisse, die als Marksteine im Strome ihres Alltagslebens empfunden werden.

Ähnliche Erfahrungen machte ich auch auf anderen Reisen. Auf der Insel Shikoku besuchte ich das in der Nähe des kleinen Städtchens Naruto gelegene Dorf Bando, wo es ein ›Deutsches Haus‹ gibt: ein Gebäude in deutschem Fachwerkstil, ein Mittelding zwischen Museum und Klubhaus, gewidmet der Erinnerung an ein deutsches Kriegsgefangenenlager, das sich hier während des Ersten Weltkrieges befand. In ihm war die Besatzung von Tsingtau im deutschen Pachtgebiet von Kiautschou auf der chinesischen Shantung-Provinz interniert, die sich am 7. November 1914 der Übermacht einer japanischen Armee ergeben mußte. Mit liebevoller Akribie werden in diesem Hause alle möglichen einfachen Gebrauchsgegenstände, Dokumente, Fotografien aufbewahrt und ausgestellt. An der Einweihung hatten frühere Lagerinsassen teilgenommen, häufig kamen einzelne von ihnen, um diesen Platz zu besuchen, der bei ihnen keinerlei bittere Erinnerung zurückgelassen hatte. Aber dieses Haus war nicht etwa von ihnen errichtet worden, die allen Grund zur Dankbarkeit für eine höchst freundliche Behandlung gehabt hätten. Es verdankt seine Entstehung und seine Unterhaltung der japanischen Ortsbevölkerung, die den vierjährigen Aufenthalt der deutschen Gefangenen in ihrer Mitte offenbar als eine Bereicherung ihres eigenen Lebens empfunden hat. Rechercheure der japanischen Fernsehgesellschaft Nippon TV, die im Herbst 1977 der Frage nachgingen, wie die heute in Japan besonders populäre Neunte Symphonie von Ludwig van Beethoven dorthin gelangte, wollen festgestellt haben, daß sie in diesem Lande zum ersten Male am 1. Juni 1918 von der Lagerkapelle von Bando gespielt wurde und von dort ihren Siegeszug durch Japan angetreten hat.

Viele der von mir besuchten Städte, die auf geschichtsträchtigem Boden stehen, wirken heute gesichtslos und chaotisch. Japan hat nie eine Invasion über sich ergehen lassen müssen. Andere Kräfte jedoch haben ein nicht minder effektives Werk der Zerstörung bewirkt, das andere Länder fremden Heeren verdanken: Kämpfe der Feudalgewalten miteinander, Feuer, Erdbeben und zuletzt Luftangriffe. Außerhalb der Städte hat der rücksichtslos betriebene Industrialisierungsprozeß das Landschaftsbild in weitem Ausmaß ruiniert. Trotz allem ist Japan ein Land geblieben, das in seinem Reichtum an Kulturdenkmälern und landschaftlichen Schönheiten in Asien nicht seinesgleichen hat.

Ich habe hier nur einige wenige der vielen und vielfältigen japanischen Landschaften, Städte, Monumente, die ich zu sehen bekam und von denen ich sprechen könnte, erwähnt. Indessen geht es hier nicht um Reisebeschreibungen und ebenso wenig möchte ich in einen Wettbewerb treten zu der umfassenden kunst- und kulturgeschichtlichen Literatur über dieses Land. Mir ging es nur um den Versuch, zu beschreiben, wie sich dem Neuankömmling diese Terra incognita Japan im Laufe der Jahre allmählich in einen von konkreten Erinnerungen erfüllten, in seiner geographischen Gliederung vertrauten und in der Vorstellung mit den verschiedenen Epochen der politischen und kulturellen Geschichte Japans eng verknüpften Raum verwandelte.

Erste Schritte unter Kirschblüten

Am 24. März 1971 hatte ich zum letzten Male an einer Sitzung des NATO-Rates teilgenommen. Drei Tage später, am 27. März, befand ich mich bereits auf dem Wege nach Tokyo, um meinen neuen Posten zu übernehmen. Die einzige Atempause, die mir gewährt wurde, waren drei Wochen im April, die indessen mit der Liquidation meines Hausstands in Brüssel, mit offiziellen Besuchen in Bonn und mit einem Crash-course der japanischen Sprache bei dem Bonner Japanologen Herbert Zachert bis zum Rande gefüllt waren. Auf die Frage, die ich mir selbst und anderen oft stellte, ob es wirklich unvermeidlich ist, einen Botschafter völlig unvorbereitet auf einen neuen schwierigen Posten zu schicken, habe ich nie eine befriedigende Antwort erhalten. Robert Murphy, dem 1952 während seiner Amtszeit in Brüssel die Versetzung nach Tokyo angeboten wurde und der auf seine mangelnden Kenntnisse und Erfahrungen in bezug auf Ostasien hinwies, erhielt von Dean Acheson die Antwort, dies sei gerade für Präsident Harry S. Truman der Grund gewesen, ihn für diese Aufgabe auszuwählen: seine »unbefleckte Vergangenheit« (»his unsullied Far Eastern record«) in diesem Raum. Eine solche konnte ich zwar für mich wohl auch in Anspruch nehmen, doch wäre dieses Motiv für die Bonner Entscheidung weniger sinnvoll gewesen, als es das für Truman und Acheson war. Diese hofften auf eine rasche Bestätigung Murphys durch den Senat, weil er »niemals Gelegenheit gehabt hatte, eine Ansicht über fernöstliche Fragen von sich zu geben«, wie Acheson sarkastisch bemerkte.[1]

Mein britischer Kollege Sir Fred Warner, der 1973 seinen Vorgänger, Sir John Pilcher (einen erfahrenen Japan-Spezialisten, dem man in jüngeren Jahren die Möglichkeit gegeben hatte, die japanische Sprache im Lande zu erlernen) ablöste, war viele Monate zuvor von allen anderen Verpflichtungen (er war zuletzt Vertreter des britischen Botschafters bei den Vereinten Nationen in New York gewesen) entbunden und nach Oxford geschickt worden, um Japanisch zu lernen und sich auf seine neue Aufgabe vorzubereiten. Im deutschen auswärtigen Dienst scheint etwas Ähnliches unmöglich zu sein. Unser Stellenplan erlaubt nur die nahtlose Ablösung und enthält keinerlei Reservestellen, die für eine solche Vorbereitungszeit in Anspruch genommen werden könnten.

Natürlich braucht ein Botschafter in Tokyo kein Japanologe zu sein.

Seine wichtigste Qualifikation ist, daß er sein diplomatisches Handwerk versteht, daß er sich in die Verhältnisse eines fremden Landes einfühlen kann und daß er die Probleme seines eigenen Landes und dessen Politik kennt und zu erklären versteht. Schließlich wollen sich die Japaner in erster Linie darüber informieren lassen und sich nicht – jedenfalls heute nicht mehr – von einem Ausländer über Probleme ihrer eigenen Geschichte und Kultur belehren und zu Verbesserungen ihrer politischen und sozialen Struktur anhalten lassen. Die Zeiten, in denen ein Erwin Baelz dem japanischen Gesundheitswesen und der japanischen Medizin entscheidende Impulse gab (1876-1902) oder ein Hermann Roesler als Rechtsberater der japanischen Regierung einen starken Einfluß auf die politischen, verfassungsrechtlichen und administrativen Reformen der Meiji-Zeit ausübte (1878-1893), sind vorüber.[2] Auch kann ein Botschafter heute nicht mehr, wie dies noch in den zwanziger Jahren einem Manne wie Wilhelm Solf möglich war, seine Reputation in hohem Maße auf einer gediegenen Kenntnis des asiatischen Kultur- und Geisteslebens aufbauen. Solf, der 1925 zum Präsidenten der Asiatic Society in Tokyo gewählt wurde, hatte sich intensiv um einen Brückenschlag zwischen östlicher und westlicher Geisteswelt bemüht; er hatte im indischen Mahayana-Buddhismus und seinem fortwirkenden Einfluß auf die religiöse und philosophische Prägung des japanischen Geisteslebens ein verbindendes Element zum abendländischen Christentum gesehen.[3]

Gleichwohl, je mehr ein Botschafter vom kulturellen und geistigen Leben seines Gastlandes versteht, um so besser ist er für seine Aufgabe gerüstet, und ein Mindestmaß von Vertrautheit auch auf diesem Felde ist tatsächlich unerläßlich. Das gilt vor allem für die Kenntnis der Landessprache. Sie bildet für alle in Japan tätigen Diplomaten ein fast unlösbares Problem: Wer nicht schon vor Antritt seines Postens in intensivem, meist mehrjährigem Studium japanisch lesen und schreiben gelernt hat, ist gewöhnlich nicht mehr in der Lage, dies während seiner Amtszeit nachzuholen. Achtzehnhundert bis zweitausend chinesische Schriftzeichen und je fünfzig Zeichen der beiden japanischen Silbenschriften zu erlernen, ist neben einem anstrengenden Hauptberuf unmöglich. Eine Sprache zu erlernen, deren eigentliche Schrift man nicht lesen kann und die man nur aus der phonetischen Umschreibung der Lehrbücher kennt, ist schwierig. Wer sich nicht entmutigen läßt (die meisten geben nach einiger Zeit auf), kann es allenfalls so weit bringen, daß er sich radebrechend durchzuschlagen weiß. Volle Konversationsfähigkeit wird er nicht erreichen. Ist diese Fähigkeit in einem Lande wie Japan unentbehrlich? Ich glaube: nein – aber ich bin mir stets mit Bedauern der Tatsache bewußt geblieben, daß die Beherrschung der japanischen Sprache und Schrift zusätzliche Quellen, Kontakte, Informationen, Einsichten erschlossen hätte, die von großem Wert gewesen wären. Für den amtlichen Verkehr genügt im allgemeinen das Englische, soweit der Gesprächspartner nicht sogar deutsch spricht, und die Zahl der hierzu Fähigen war im Außenministerium wie auch in akademischen Kreisen nicht gering. Daß ich in einem fremden Lande diplomatische Gespräche auf deutsch führen konnte, habe ich nur in Japan erlebt.

Im Umgang mit Politikern, mit Parlamentariern sowohl wie mit Kabinettsmitgliedern, war die Sprachbarriere wesentlich stärker fühlbar, im gesellschaftlichen Verkehr am stärksten bei den Damen – soweit diese in Erscheinung traten.

Daß man die Sprachbarriere nicht leicht nehmen dürfe, hatte ich bereits 1969 bei einem touristischen Aufenthalt in Japan erlebt. Damals wurde gerade der noch von Präsident John F. Kennedy nach Tokyo entsandte Harvard-Professor Edwin Reischauer von seinem Botschafterposten abgelöst: Verfasser brillanter Werke über Geschichte, Kultur und Politik Japans, Herausgeber einer japanischen Sprachlehre, Ehemann einer Japanerin. Es konnte keinen Nachfolger geben, der eine vergleichbar intime Kenntnis des Landes besessen hätte. Washington sandte als Nachfolger Armin Meyer, einen weithin unbekannten Berufsdiplomaten, der bis dahin hauptsächlich im Mittleren Osten tätig gewesen war. Das Presseecho auf seine Ernennung war demgemäß kühl bis kritisch. Dabei spielte auch die Unkenntnis der japanischen Sprache eine Rolle – ein Argument, das nur im Blick auf den gerade scheidenden Vorgänger begreiflich ist und auch bei den späteren Nachfolgern auf diesem Posten nie wieder aufgetaucht ist. Daß dieser Mangel 1969 so wichtig genommen wurde, hat mich natürlich beeindruckt. Als Folge dieser Reiseerfahrung hatte ich das Auswärtige Amt rechtzeitig wissen lassen, daß ich den Botschafterposten in Tokyo (für den mein Name gelegentlich genannt worden war) zwar interessant und attraktiv fände, daß ich jedoch wegen der Sprachenfrage Zweifel an meiner Qualifikation hegte.

In Bonn hatte man sich von diesen Bedenken nicht beeinflussen lassen, aber auch nichts getan, was meine Zweifel hätte mindern können – abgesehen, davon, daß man wenigstens meinen Wunsch akzeptierte, den Sprachkurs von drei Wochen zu absolvieren. So kurz und unzureichend diese Lernzeit auch war – sie bildete eine, wenn auch schmale und schwankende, so doch nützliche Grundlage, von der aus ich in Tokyo weiterarbeiten konnte.

Professor Zachert hatte ein kleines, sehr konzentriertes, nur hundertzehn Seiten starkes Kompendium der japanischen Umgangssprache verfaßt. Drei Wochen lang ackerten wir – meine Frau und ich – dieses Büchlein von morgens bis abends im Eiltempo durch. Jede Minute wurde genutzt, beim Frühstück, Mittagessen, Abendessen, bei jedem kurzen Spaziergang am Rheinufer. Zachert, der uns auf das Entgegenkommendste Exklusivunterricht in seinem Institut in der Adenauer-Allee erteilte, hatte wohl ursprünglich gewisse Zweifel an der Seriosität unseres Lerneifers gehegt. Nach einer Woche änderte sich das: Er schien sich davon überzeugt zu haben, daß er uns ein scharf kalkuliertes tägliches Pensum zumuten konnte, das uns in drei Wochen durch sein Kompendium hindurchpreßte. Er hat uns später verraten, daß er seinen Studenten ein solches Lerntempo nicht zumuten könnte. Wie lange wir eine solche Parforcetour durchgehalten hätte, wage ich nicht zu sagen. Von diesen Anfängen bis zum Schluß meiner Amtszeit haben wir jedenfalls unsere sprachlichen Bemühungen fortgesetzt. Der Erfolg blieb begrenzt, aber die Mühe hat sich gelohnt: Wir konnten uns im täglichen Leben auch ohne Dolmetscher zurechtfinden, konnten getrost im eigenen Wagen über Land fahren und hatten überdies die Genugtuung, daß unsere Bemühungen von unseren japanischen Partnern geschätzt und häufig übertrieben gerühmt wurden.

Als ich Ende März von Brüssel aus, wo die Familie zunächst noch zurückblieb, in Tokyo eintraf, hatte gerade die Kirschblüte eingesetzt. Der Tag, an dem ich im Cut und Zylinder in einer vierspännigen Galakarosse des Hofamtes zum Kaiserpalast fuhr (der Autoverkehr wurde für die relativ kurze Strecke der Fahrt gesperrt), war der Höhepunkt dieser immer recht kurzen Blütezeit. Auf der Fahrt passierten wir die dem Gelände des Kaiserpalastes gegenüberliegende britische Botschaft – eines der wenigen Gebäude in Tokyo, die Erdbeben und Bombenangriffe überstanden hatten –, aus deren Fenstern sich neugierig Sekretärinnen und Attachés beugten, um den Ankömmling kritisch zu begutachten.

Vom alten Palast der Meiji- oder gar der Tokugawa-Zeit war nicht viel übrig geblieben: nur die Gärten, Wassergräben und einige Tore und Wachhäuser. Das Hauptgebäude selbst war im letzten Kriege niedergebrannt. In den sechziger Jahren wurde es durch einen neuen Palast ersetzt – eines der gelungensten und schönsten Beispiele für die Möglichkeit, die klassischen Elemente der japanischen Architektur in einem modernen Geiste und mit allen modernen technischen Mitteln zu erneuern. Über einige Zwischenstationen, an denen mich Zeremonienmeister des Hofamtes und Protokollbeamte des Außenministeriums empfingen, ging es zum Thronsaal, wo mich der Kaiser, stehend, im Cut, im Hintergrund der Außenminister, empfing: mehrere tiefe Verbeugungen, Verlesung meiner kurzen Rede, Antwortrede des Kaisers, Händeschütteln, kurzes, konventionelles Gespräch (über die Gesundheit des Bundespräsidenten, die bevorstehende Europa-Reise des Kaisers, das Klima in Japan und Europa und ähnlich unverfängliche Themen), Vorstellung meiner Mitarbeiter, erneute Verbeugungen, Verabschiedung; alles war vorher genau abgesprochen und einstudiert.

Ich konnte nicht umhin, mich meiner Akkreditierung beim Präsidenten Eisenhower im Weißen Haus Anfang 1958 zu erinnern: welch ein Gegensatz – damals eine formlose, ungezwungene Begrüßung und Unterhaltung, wobei der Präsident und ich auf die Verlesung unserer Reden verzichteten und nur leicht schmunzelnd die schriftlichen Texte austauschten und in die Tasche steckten! Und nach der Verabschiedung die vor der Tür zum Oval Room wartende Meute des White House Press Corps, die sich auf den neuen Mann stürzte und ihm mit gezielten Fragen Äußerungen zu entlocken suchte, die sich als »News« verwerten ließen.

In Tokyo vollzog sich der Abmarsch in den gleichen würdigen Formen wie die Ankunft: Die Galakutsche brachte mich zum Ausgangspunkt zurück, und erst auf der Terrasse der Residenz erwarteten mich die in Tokyo stationierten deutschen Korrespondenten, die wir selbst zu einem Glase Sekt dorthin geladen hatten.

Von den damals in Tokyo akkreditierten deutschen Korrespondenten kannte ich keinen einzigen, und ebensowenig kannten diese Journalisten mich – außer vom Hörensagen. Das war natürlich kein Hinderungsgrund, mir Begrüßungsartikel – mit recht unterschiedlichem Tenor – zu widmen. Während ein sehr positiv gehaltener Artikel darauf abstellte, daß ich angesichts des japanischen Interesses für die Zusammenarbeit zwischen hochtechnisierten Staaten und für multinationale Gebilde wie EWG und NATO als »gründlicher Kenner internationaler Verträge, ein besonders interessanter und wertvoller Gesprächspartner für die Japaner« sei,[4] verkündete ein anderer schon in der Überschrift: »Bonns neuer Mann in Tokyo. Brandts Botschafter Grewe ist nicht gerade ein Anhänger von Brandts Ostpolitik.«[5] Das war zwar nicht völlig falsch, jedoch enthielt der Artikel kein einziges Wort, mit dem diese kaum als Kompliment gedachte apodiktische Feststellung substantiiert worden wäre. Statt dessen wurde im Text ein nicht weniger apodiktisches, zwei Jahre altes Urteil eines anderen Journalisten zitiert, in dem es kurz und bündig und ohne weitere Begründung hieß: »Aus dem Auswärtigen Amt stehen zwei Kandidaten [für Tokyo] zur Verfügung: ein geeigneter, Ministerialdirektor Ruete, und ein ungeeigneter, Professor Grewe.« In einem Beruf, dessen Schwerpunkt im vertraulichen Gespräch und Bericht und in der gegen die Öffentlichkeit abgeschirmten Verhandlung liegt, in dem es darauf ankommt, möglichst unauffällig und geräuschlos tätig zu werden, muß man sich an solche Urteile gewöhnen, die sich meist auf das durch diplomatische Gegenspieler oder mißgünstige Kollegen beeinflußte Hörensagen gründen und die durch die Zeitungsarchive getreulich tradiert und dann bei passenden Gelegenheiten immer wieder reproduziert werden.

Die Fragwürdigkeit von Urteilen, die auf solcher Grundlage beruhen, hatte mich längst dazu veranlaßt, die publizistische Begleitmusik bei der

Übernahme eines neuen Amtes nicht allzu ernst zu nehmen. Auch in Tokyo schien es mir das beste, sie zu ignorieren – bis auf einen Fall, in dem meine erste Begegnung mit der japanischen Presse von einer deutschen Zeitung entstellt wiedergegeben wurde. Am nächsten Tag nämlich hatte die Botschaft selbst die japanische Presse zu einem Empfang in eines der großen Hotels eingeladen. Der Andrang war beträchtlich, etwa achtzig bis neunzig Journalisten, davon die meisten Japaner, etwa zehn bis fünfzehn Journalisten anderer Nationalität. Nach einigen einleitenden Bemerkungen von mir über die damals aktuellen Fragen der deutschen Außenpolitik wurde ich von den japanischen Journalisten mit Fragen überschüttet, die sich sämtlich auf das eine Thema bezogen, das sie am meisten interessierte: China, unser Verhältnis zu Peking und Taipei, unsere politischen und Handelsbeziehungen zur Volksrepublik China. Diese Fixierung auf ein einziges Thema war bezeichnend für den damaligen Zustand der öffentlichen Meinung Japans. Die Regierung Sato war auf einem Tiefpunkt ihrer Popularität angelangt; und einer der Hauptpunkte der Kritik war ihre Unfähigkeit, die Beziehungen zu Peking zu normalisieren, was ein Jahr später, im September 1972, der Regierung Tanaka gelang und ihr zu einer – allerdings recht kurzfristigen – Popularität verhalf.

Für mich war es in zweifacher Hinsicht heikel, auf diese Fragen zu antworten: Ich konnte meinen ersten öffentlichen Auftritt in Japan nicht so anlegen, daß ich den Kritikern der Regierung Munition lieferte und damit die Anknüpfung meiner ersten Kontakte mit dieser Regierung belastete. Zum anderen befand sich auch Bonn in einer Phase, in der man die Aufnahme diplomatischer Beziehungen mit Peking noch mit beträchtlicher Zurückhaltung beurteilte, weil man eine Störung der ganz auf Moskau ausgerichteten Ostpolitik befürchtete. Auf diese beiden Faktoren mußte ich Rücksicht nehmen, obwohl ich selbst davon überzeugt war, daß es nicht nur unvermeidlich, sondern auch in unserem Interesse geboten war, diplomatische Beziehungen mit Peking aufzunehmen, sobald es die Umstände erlaubten und sobald Peking dazu ohne politische Vorbedingungen bereit war.

Ich wich daher der Frage nach den künftigen Absichten unserer China-Politik aus und beschränkte mich auf die Feststellung, daß wir in der Vergangenheit weder mit Taipei noch mit Peking diplomatische Beziehungen unterhalten hätten und daß mir von aktuellen Fühlungnahmen mit Peking zum Ziele diplomatischer Beziehungsaufnahme nichts bekannt sei. Unsere Handelsbeziehungen mit der Volksrepublik seien befriedigend und könnten auch ohne Handelsverträge und diplomatische Vertretungen abgewickelt werden. Meine Ansichten über die künftige Entwicklung kleidete ich in die Worte, daß die Volksrepublik China die große Mehrheit des chinesischen Volkes umfasse und daß ihr politisches und wirtschaftliches Potential nicht ignoriert werden könne.

Diese Antworten wurden von der japanischen Presse im großen und ganzen korrekt wiedergegeben und ohne kritische Reaktionen hingenommen. Eine weniger korrekte Wiedergabe der Nachrichtenagentur UPI trug mir dagegen in einer deutschen Wochenzeitung einen Artikel mit der Überschrift ›Taktlos in Tokyo‹ ein:

»So unnötig wie ein Kropf, um einen passenden schwäbischen Ausdruck zu gebrauchen, erscheint eine Erklärung des neuen deutschen Botschafters der Bundesrepublik in Japan. Wenn die Berichte der Nachrichtenagenturen stimmen, dann hat Professor Wilhelm Grewe bei seinem Eintreffen in Tokyo verlautbart, die Bundesregierung trage sich nicht mit der Absicht, diplomatische Beziehungen zur Volksrepublik China aufzunehmen.

Ganz unabhängig davon, ob die Bundesregierung nun eine solche Absicht hat oder nicht – welchen Grund kann es für einen deutschen Botschafter in Japan geben, sich in dieser Form und zu diesem Zeitpunkt über China zu äußern? Ist Grewe nicht bekannt, daß sich die chinesische Regierung derzeit nach allen Seiten um die Normalisierung ihrer Beziehungen bemüht – sogar zu den Vereinigten Staaten? Vor diesem Hintergrund der auf eine Sinneswandlung in Peking schließen läßt, kann man die Erklärung Grewes nur mit allem Nachdruck bedauern und hoffen, daß er nicht im Auftrag der Bundesregierung gesprochen hat.«[6]

Das Pressereferat des Auswärtigen Amtes unterstützte meine sofortigen Bemühungen um Richtigstellung. Das Ergebnis entsprach meinen Erfahrungen in vielen ähnlichen Fällen. Drei Wochen später veröffentlichte das gleiche Blatt einen kleinen Beitrag unter der Überschrift ›Was sagte Grewe?‹: »Unsere Zeitung hat in Nummer 16 vom 16. April Wilhelm Grewe, den neuen deutschen Botschafter in Tokyo, kritisiert, weil er bei einer Pressekonferenz gesagt habe, die Bundesrepublik trage sich nicht mit der Absicht, diplomatische Beziehungen mit der Volksrepublik China aufzunehmen. Wir machten den Vorbehalt, ›wenn die Berichte der Nachrichtenagenturen stimmen‹. Inzwischen stellt sich heraus, daß die Nachrichtenagentur UPI nicht korrekt berichtet hat. Grewe hat bei der Pressekonferenz bei seinem Amtsantritt die Frage der Aufnahme diplomatischer Beziehungen nicht erwähnt.«[7]

Die Richtigstellung des Sachverhalts, bei der man sich nunmehr einige zurückhaltende Äußerungen des Außenministers (Scheel) über die Beziehungen zu China als Zielscheibe der Kritik auswählte, schoß über das Ziel hinaus, indem nunmehr behauptet wurde, ich hätte überhaupt nicht von der Aufnahme diplomatischer Beziehungen gesprochen. Ein Wort des Bedauerns, daß man versäumt hatte, eine fragwürdige Agenturmeldung beim Auswärtigen Amt zu verifizieren und daß der Vorwurf »taktlos«

daher unangebracht gewesen sei, brachte der Verfasser nicht über die Lippen. Auch die Überschrift war nur geeignet zu kaschieren, daß man voreilig und ohne Prüfung dem höchsten Repräsentanten der Bundesrepublik in einem befreundeten Lande eine Invektive auf seinen Weg mitgegeben hatte. Ich fügte diese Erfahrung anderen hinzu, die ich unter der Rubrik »Fairness im heutigen Journalismus« registriert hatte.

An einem Kaiserhofe

Nach Washington und Paris war Brüssel die erste Hauptstadt gewesen, in der ich einen königlichen Hof und das damit verbundene System höfischer Etikette erlebt hatte. Aber doch nur par distance, denn ich war ja nicht beim König und der belgischen Regierung akkreditiert, sondern beim NATO-Rat. Nur einige wenige Male kam es daher zu Gelegenheiten, bei denen ich dem Königspaar vorgestellt wurde und mit ihm sprechen konnte: Die NATO-Botschafter wurden einmal im Jahr vom Monarchen empfangen und vereinzelt bei besonderen Anlässen im Rahmen größerer Veranstaltungen zusammen mit dem übrigen diplomatischen Corps eingeladen. König Baudouin zeigte sich dabei als sprachgewandter, vielseitig interessierter, unprätentiöser Plauderer.

In Tokyo war ich zum ersten Male bei der Regierung eines Landes beglaubigt, das nach Tradition, allgemeiner Konvention und äußerem Protokoll eine Monarchie ist. Aber ist Japan verfassungsmäßig überhaupt noch eine Monarchie? Auf diese Frage gibt es nur kontroverse Antworten. Einige japanische Verfassungsjuristen vertreten die Ansicht, daß Japan unter der Verfassung von 1946 eine Republik sei. Diese Ansicht gründet sich darauf, daß der Kaiser nicht mehr Repräsentant des Staates und der Nation ist, sondern nur noch »Symbol«. Artikel 1 der Verfassung sagt: »Der Kaiser ist das Symbol Japans und der Einheit des japanischen Volkes.« Tatsächlich ist die verfassungsrechtliche Stellung des Kaisers weit schwächer als die eines konstitutionellen Monarchen, er ist auch im juristischen Sinne kein Staatsoberhaupt.

Dieses alles schließt jedoch nicht aus, daß der Kaiser von der großen Mehrheit der Japaner nach wie vor mit Respekt und Verehrung betrachtet wird, daß die kaiserliche Familie sehr populär ist und daß das Kaisertum immer noch ein starker Integrationsfaktor für das japanische Staats- und Nationalbewußtsein ist.

Dafür spielt die Persönlichkeit des gegenwärtigen Tenno, des (nach fünf Jahren Regentschaft für seinen am Ende seines Lebens geistig umnachteten Vater, den Kaiser Taisho) 1926 auf den Thron gelangten, jetzt achtundsiebzigjährigen Hirohito eine wichtige Rolle: Das »Image« dieses zurückhaltenden Gelehrtentyps, der in einem turbulenten halben Jahrhundert viele Stürme zu überstehen hatte und stets zur Mäßigung, zum Frieden und zur Versöhnung zu neigen schien, aber in kritischen Situationen auch Härte und Entschlußkraft bewies, besitzt eine starke Anziehungskraft.

Meine Begegnungen mit dem Kaiser und den Mitgliedern der kaiserlichen Familie haben bei mir ähnliche Eindrücke hinterlassen. Solche Begegnungen kamen häufiger zustande, als ich zunächst vermutet hatte. Es gab Einladungen zum Lunch im kleinsten Kreise mit dem Kaiserpaar, es gab eine gemeinsame Dampferfahrt auf dem Rhein während der Europareise des Kaiserpaares im Herbst 1971 und natürlich zahlreiche andere Begegnungen während des Staatsbesuches in Bonn, der einen Teil dieser Europatournee bildete; es gab Audienzen zur Vorstellung prominenter Besucher wie des Bremer Bürgermeisters und Senatspräsidenten Hans Koschnick, der bei dem eben erwähnten Staatsbesuch in seiner Eigenschaft als Bundesratspräsident des Jahres 1971 den erkrankten Bundespräsidenten Gustav Heinemann vertreten hatte und daher dem Kaiser bekannt war, oder des Kardinals Joseph Höffner. Es gab kaiserliche Neujahrsempfänge und Gartengesellschaften, die allerdings kaum Gesprächsmöglichkeiten boten.

Die kaiserlichen Prinzen waren sämtlich mindestens einmal Ehrengäste eines Diners oder Konzertabends in unserem Hause. Das Kronprinzenpaar kam zu einem Hauskonzert, das wir im März 1972 mit dem Pianisten Christoph Eschenbach veranstalteten – das erste Mal, daß es einer Einladung in eine Botschaft in Tokyo folgte. Konzerte, Ausstellungen, vom kaiserlichen Hofamt veranstaltete Diplomatenausflüge boten häufig Gelegenheit zu Gesprächen mit den anderen Mitgliedern der kaiserlichen Familie: den Prinzen Takamatsu und Mikasa, Brüdern des Kaisers, der Prinzessin Chichibu, Witwe eines dritten Bruders, mit dem Prinzen Hitachi, dem Bruder des Kronprinzen. Mit allen war eine Unterhaltung in englischer Sprache mühelos möglich, alle bedienten sich einer unauffälligen, unprätentiösen und unzeremoniellen Umgangsform, die die Begegnungen frei von Verkrampfung hielt.

Besonders sympathisch war die Kaiserin Nagako: eine sehr warmherzige, mütterliche, zugleich gebildete und künstlerisch talentierte Frau. Der Kronprinz und sein Bruder haben Frauen aus bürgerlichem Stande, wenn auch aus erstklassigen Familien, geheiratet, gescheite und hübsche Frauen, die in ihre Rolle alsbald hineinwuchsen.

Für meine Frau und mich erwies sich der Deutschlandbesuch des Kaiserpaares im September 1971 als ein Sesam-öffne-dich von unübertrefflicher Wirksamkeit: Diese Tage in Bonn und Köln waren ganz unzweifelhaft als Höhepunkt der kaiserlichen Europareise empfunden worden. In England und in den Niederlanden hatte es Mißklänge gegeben: feindselige Demonstrationen, unfreundliche Pressekommentare, wiederbelebte Erinnerungen an den Krieg, an japanische Gewalttaten und Kriegsverbrechen. Der Empfang durch die deutsche Bevölkerung war dagegen warm und freundlich vom ersten bis zum letzten Tage und einige randalierende Studenten vor dem Japanischen Kulturinstitut in Köln blieben eine kaum wahrgenommene Randerscheinung.

Noch nach Monaten und Jahren wurden wir in Japan auf diesen Empfang angesprochen. Bürgermeister und Gouverneure, die mich irgendwo in der Provinz begrüßten, eröffneten fast regelmäßig das Gespräch mit einer Danksagung für diesen Empfang. Bei solchen Gelegenheiten zeigte sich, wie weitgehend sich die Japaner mit ihrem Herrscherhause identifizierten: Jede Schmähung des Kaisers wird als persönliche Kränkung empfunden, jede ihm zuteil werdende Ehrung bekräftigt das Selbstgefühl jedes einzelnen Japaners.

Aber stimmt das Bild eines friedfertigen, zivilen, gebildeten, politisch ehrgeizlosen, pflichtbewußten und korrekten Kaisers und seiner gleichgestimmten Familie mit der Wirklichkeit überein? Hat es nicht einen Hirohito gegeben, der auf das engste in blutige innere Intrigen und äußere Aggressionen und Gewalttaten verstrickt war?

Im September 1971, wenige Wochen vor Beginn der Europa-Reise des Kaiserpaares, erschien in den Vereinigten Staaten ein über tausendzweihundert Seiten starkes Buch von David Bergamini[1], einem in Japan aufgewachsenen und während des Krieges internierten Amerikaner, das eben diesen Nachweis zu führen suchte: daß man sich ein völlig falsches Bild von Hirohito gemacht habe; daß er keineswegs macht- und einflußlos, als bloßes Opfer der tatsächlich herrschenden Militärs, deren Weisungen ausgeführt habe; daß er vielmehr ein Führer und Kriegsherr von beachtlichem Format gewesen sei, seit seiner Jugend eingeschworen auf die von seinem (damit gescheiterten) Urgroßvater ererbte Mission, Asien von der Herrschaft der Weißen zu befreien, das japanische Reich unter Benutzung Chinas als Sprungbrett bis nach Indien, Indonesien und Malaysia auszudehnen. Die Eroberung und Unterwerfung der Mandschurei, die Invasion Chinas, der Überfall auf Pearl Harbor, die militärische Expansion nach Süd- und Südostasien: Es gab keinen Punkt des japanischen Sündenregisters, für den der Verfasser nicht in Hirohito den Hauptschuldigen erblickte. Erst als sich das Kriegsglück wendete, habe er planmäßig begonnen, die eigene Verantwortung zu verschleiern und zur Täuschung der Weltöffentlichkeit das Bild des widerstrebenden, aber einflußlosen Herrschers aufzubauen, das sich später MacArthur und die Besatzungsbehörden zu eigen gemacht hätten, weil es eine Kapitulationsbedingung war und außerdem ihrer Besatzungspolitik dienlich erschien, den Kaiser nicht zur Rechenschaft zu ziehen, sondern ihn, wenigstens symbolisch, an der Spitze des Staates zu belassen.

Ist dieses nun endlich, nach der Zerstörung aller Verschleierungsversuche und Tabus, die historische Wahrheit, die sich auf die Dauer nicht unterdrücken ließ? Nur die deutschen ›Spiegel‹-Leser glauben das heute noch, denn ihrem Magazin mußten sie wohl entnehmen, daß dieses Buch die Dinge endlich beim Namen nannte und daß sein Titel, ›Japan's Imperial Conspiracy‹, den wahren Tatbestand enthüllt habe: daß der Kaiser selbst die große »Verschwörung« angezettelt habe, die schließlich zum Kriege führte.

Des ›Spiegels‹ Ahnherr, ›Time-Magazine‹, war dagegen sehr kritisch. Dort wurde darauf hingewiesen, daß Edwin O. Reischauer, Botschafter Kennedys in Tokyo und führender Japanologe, die Thesen Bergaminis »absolut absurd« genannt und daß der Schriftsteller Faubion Bowers, der frühere Dolmetscher MacArthurs, das Buch als ein »paranoides Werk« bezeichnet hatte.

Vernichtend in bezug auf die wissenschaftliche Zuverlässigkeit der von Bergamini praktizierten Methoden war die Rezension des Oxforder Japan-Historikers Richard Storry[2]: Soviel Aufwand an Arbeit, Zeit und Geld hätte ein besseres Resultat verdient als diese außergewöhnliche »Arabian Nights' Version of Showa[3] History«. Übereinstimmend beanstandeten alle Rezensenten die Tatsache, daß die an sich schon höchst unglaubwürdige Theorie einer von Hirohito bereits in den zwanziger Jahren organisierten »Verschwörung« zur Verwirklichung seiner angeblichen Ziele durch nichts belegt ist, als durch eigene Kombinationen des Verfassers und angebliche mündliche Äußerungen ungenannter Zeugen, von denen vorbeugend schon gesagt wird, sie würden ihre eigenen Äußerungen ableugnen, wenn man sie darauf stellen würde.

Bergaminis Buch wird zwar in einem Vorwort von Sir William Webb, dem einstigen australischen Präsidenten des Internationalen Militärgerichtshofes für den Fernen Osten, über den grünen Klee gelobt und als Grundlage für eine umfassende Revision westlicher Auffassungen über fernöstliche Geschichte bezeichnet. Dieses Urteil, so schreibt James B. Crowley in einer Rezension in der ›New York Times Book Review‹[4] trocken, sagt mehr über den Internationalen Gerichtshof als über die japanische Geschichte.

Der Versuch, Hirohitos Image durch ein grundlegend anderes zu ersetzen, ist jedenfalls nicht gelungen. Damit will ich nicht behaupten, daß die historische Rolle dieses Herrschers geklärt und die Rätsel seiner Persönlichkeit entschleiert seien. In Wahrheit tappt die Forschung nach wie vor weitgehend im Dunkeln und wissen auch die heutigen Japaner noch immer nicht, wie sie diese Rolle beurteilen sollen. Eine im Dezember 1975 von der Nachrichtenagentur Kyodo durchgeführte Umfrage ergab, daß 36,1 % der Befragten den Kaiser nicht für den Ausbruch des Krieges verantwortlich machten – gegenüber 35,6 %, die der Meinung waren, daß er »die Verantwortung dafür übernehmen« solle, was nicht heißen muß, daß sie ihm kraft seines eigenen Verhaltens zukomme; 21 % äußerten keine Meinung, 1,8 % erklärten sich uninteressiert. Was die verfassungsmäßige Stellung des Kaisers anlangt, so befürworteten 73,5 % die Beibehaltung des bestehenden Zustands, in dem der Kaiser lediglich ein Symbol ohne politische Machtbefugnisse ist. Nur 7 % wollten die Institution des Kaisertums überhaupt abgeschafft sehen.

Bei mehreren Gelegenheiten wurden die Zweifelsfragen aufgerührt, so beim Amerikabesuch des Kaiserpaares im September 1975 und beim fünfzigjährigen Regierungsjubiläum des Kaisers im November 1976.

Die Begleitumstände des Besuches in den Vereinigten Staaten verblüfften das japanische Publikum in mehrfacher Hinsicht: Auf den Fernsehschirmen sahen sie zum ersten Male ihren Kaiser in einer Haltung, die ihm in Japan durch Tradition, Konvention und eine vom Kaiserlichen Hofamt aufrechterhaltene eiserne Disziplin stets verwehrt war – ungezwungen, gelöst, lachend, mitteilungsfreudig. Schon vor dem Antritt der Reise hatte es einen Vorgeschmack davon gegeben: Am 22. September 1975 hatte der Kaiser überraschend – und in jeder Beziehung erstmalig – eine Pressekonferenz für dreißig amerikanische Korrespondenten und die Leiter großer internationaler Nachrichtenagenturen gegeben. Hierbei beantwortete er nicht nur zwölf vorher eingereichte Fragen, sondern erklärte sich auch bereit, Zusatzfragen improvisiert zu beantworten. Sofort wurde er ungeniert gefragt, ob er die Angriffspläne seiner Militärs gekannt und ob er sie gebilligt habe. In seinen Antworten deutete er an, daß er bei den verhängnisvollen Entschlüssen von 1941 keinen Handlungsspielraum gehabt habe, daß seine Hände gebunden gewesen seien, daß dagegen 1945 die Entscheidung unausweichlich auf ihn zugekommen und er ihr nicht ausgewichen sei. Die entscheidenden Sätze in einem Interview mit ›Newsweek‹, das er fast gleichzeitig gab, lauteten:

»Bei Kriegsausbruch und auch vor dem Krieg, wenn das Kabinett Beschlüsse faßte, konnte ich mich nicht über diese Beschlüsse hinwegsetzen. Ich bin überzeugt, daß dies in Einklang mit den Bestimmungen der japanischen Verfassung stand. Bei Kriegsende traf ich eine eigene Entscheidung, weil es dem Ministerpräsidenten nicht gelang, Übereinstimmung im Kabinett zu erzielen, und weil er mich in dieser Situation um meine Meinung bat. Ich erläuterte ihm meine Auffassung und traf dann entsprechend dieser Auffassung meine Entscheidung.«

Die japanische Presse reagierte mit gemischten Gefühlen. Überwiegend stellte man sich die Frage, »wohin solche offenen Worte die Institution des Kaisertums bringen könnten« (›Japan Times‹), ob sich mit der Öffnung des »Chrysanthemenvorhangs« nicht »Veränderungen vollzögen, als deren Ergebnis die Beziehungen des Kaisers zum japanischen Volk und der übrigen Welt nicht mehr dieselben sein könnten«. Recht kritisch wurde von vielen Japanern die Feststellung des Kaisers aufgenommen: Er sehe keine entscheidenden Veränderungen im Nachkriegsjapan, wenn man es mit dem Japan von vor dem Krieg vergleiche. Auch seine eigene Rolle habe sich, geistig gesehen, nicht verändert.

Die großen Zeitungen fühlten sich gedrängt, diese Feststellung – ohne die kaiserlichen Äußerungen direkt zu zitieren – zu korrigieren. Während des Krieges sei der Kaiser ein »Symbol des japanischen Militarismus und Ultranationalismus« gewesen, meinte die ›Yomiuri‹. Die »Reform« des Kaisertums in Japan sei eine der Voraussetzungen dafür gewesen, daß sich enge Beziehungen wie nie zuvor zwischen Japan und den USA entwickelt hätten. Die ›Asahi‹ betonte, unter der neuen Friedensverfassung sei der Kaiser als Symbol der Einheit der japanischen Nation und des Volkes wiedergeboren worden. Das Vorkriegssystem, in dem der Kaiser souveräne Macht ausübte und den Oberbefehl über Heer und Flotte innehatte, sei beseitigt worden. Die ›Japan Times‹ legte den Akzent darauf, daß unter der Meiji-Verfassung der Kaiser als konstitutioneller Monarch regiert habe, während heute die Souveränität beim Volk liege, dessen Einheit der Kaiser symbolisiere.

Was der Kaiser mit seiner zunächst befremdenden Bemerkung gemeint und gewollt hat, geht aus dem inneren Zusammenhang mit einer anderen Bemerkung hervor, in der er sagte:

»Die Ursprünge der japanischen Demokratie datieren zurück bis in die früheste Meiji-Zeit. Die alte Verfassung dieses Landes gründete sich auf die fünf Artikel des Eides meines Großvaters, des Kaisers Meiji. Ich bin davon überzeugt, diese fünf Gelöbnisse gaben die Grundlage ab für die japanische Demokratie.«

Es handelte sich mithin um einen Versuch, die japanische Demokratie nicht als etwas dem Lande von außen Aufgezwungenes, ein Produkt der »reeducation«, zu verstehen, sondern als konsequentes Ergebnis und organische Fortentwicklung der Meiji-Reformen. Der Eid, den Kaiser Meiji am 14. März 1868 ablegte und auf den sich der Enkel berief (»gokajó no goseimon«), lautete:

»1. Eine Versammlung von Vertretern aller Provinzen soll einberufen werden, und alle Regierungsangelegenheiten sollen auf Grund unparteiischer Besprechungen entschieden werden. 2. Alle Maßnahmen sollen in einmütiger Arbeit von hoch und niedrig zum Wohle des Staates durchgeführt werden. 3. Es soll jedem Untertan ... die Möglichkeit gegeben werden, sein Lebensziel zu erreichen ... 4. Alte überlebte Gebräuche und Gewohnheiten sollen abgeschafft werden, und alles soll entsprechend der natürlichen Ordnung geregelt werden. 5. Kenntnisse und Wissen sollen aus der ganzen Welt aufgenommen und auf diese Weise soll das Werk der kaiserlichen Regierung gefördert werden.«

Für den westlichen Leser ist es nicht ganz leicht, in diesen wie gewöhnlich recht vage gehaltenen Formulierungen eine Art Gründungscharter japanischer Demokratie zu sehen. Aber man wird daran erinnern müssen, daß die Ableitung des demokratischen Rechtsstaates in Europa und Amerika aus der dem englischen König von seinen aufsässigen Baronen auf der Wiese von Runnymede bei Windsor abgepreßten ›Magna charta libertatum‹ von 1215 nicht minder problematisch ist. Jedenfalls macht dieser Zusammenhang die Motive der kaiserlichen Äußerungen verständlich.

Ich hatte Japan schon verlassen, als am 10. November 1976 die Gedenkfeier aus Anlaß des fünfzigsten Jahrestages der Thronbesteigung Hirohitos begangen wurde. In einem Bericht meiner früheren Mitarbeiter über den Verlauf dieser Feier las ich:

»Gerade aber an seinem [des Kaisers] Verhalten und an seiner verfassungsrechtlichen Stellung vor und während des Zweiten Weltkrieges hatte sich bereits Monate vor der geplanten Feier ein Streit unter den im Parlament vertretenen Parteien entzündet.

Vertreter der Oppositionsparteien, unter anderem auch Tokyos Gouverneur Minobe, sahen wegen der ersten zwanzig ›dunklen Jahre‹ der Regierungszeit Hirohitos, die sich durch einen übersteigerten Militarismus und die Idee der Gottähnlichkeit des Herrschers auszeichnete, keinen Anlaß zum Feiern. Die Sozialistische Partei Japans entsandte keinen Vertreter zu der Festveranstaltung. Ebenso blieb die Kommunistische Partei aus grundsätzlichen Erwägungen fern; sie hat auch bisher regelmäßig aus Protest gegen die Gegenwart des Kaisers nicht an den Eröffnungssitzungen des Parlaments teilgenommen. Allerdings zeigten die Botschafter des Ostblocks und der Volksrepublik China keine Solidarität mit den japanischen Kommunisten; sie erschienen vollzählig und ohne sichtbare Bekundung ideologischer Bedenken auf dieser Festveranstaltung. Die Komeito (Partei für eine saubere Regierung) stellte es ihren Mitgliedern frei, an den Gedenkfeierlichkeiten teilzunehmen. Nur die Demokratisch-Sozialistische Partei (DSP), als einzige Oppositionspartei, unterstützte offiziell die Feier. Mit Rücksicht auf die Stellung des Tenno unter der alten Meiji-Verfassung und auf seine Rolle während des Zweiten Weltkrieges hatten Hofamt und Regierung eine eher bescheidene Feier anstelle eines Volksfestes geplant. Im Gegensatz zu den Niederlanden, zu Belgien oder den nordischen Staaten, wo ein bürgernahes Verhältnis zu den jeweiligen gekrönten Staatsoberhäuptern vorherrscht, das sich dann in Volksfesten bei Amtsjubiläen niederschlägt, fehlt dieses Gefühl dem Durchschnittsjapaner. Verantwortlich dafür sind Hofamt und Regierung, die den Kaiser trotz seiner gewandelten Stellung dem einfachen Mann immer noch so weit entrückt halten, daß man seiner nur ernst und feierlich gedenken darf. Einige private Festkomitees, vor allem auf der Rechten der Liberal-Demokratischen Partei (LDP), benutzten den Jahrestag zu nationalistisch geprägten Veranstaltungen, ohne jedoch größeres Echo zu finden.«

Der Nachfolger Hirohitos – der fünfundvierzigjährige Kronprinz Akihito – wird von der Hypothek der Vergangenheit befreit sein, die auf seinem Vater lastet. Aber er wird es nicht leicht haben, sich die gleiche Sympathie, Zuneigung und Achtung zu erwerben, die diesem von der großen Mehrheit seines Volkes zuteil wurde.

Wie Japan regiert wird

In den fünf Jahren meiner Amtszeit in Tokyo erlebte ich an der Spitze der japanischen Regierung drei Ministerpräsidenten (Sato, Tanaka und Miki), sechs Außenminister (Aichi, Fukuda, Ohira, Kimura, Miyasawa und Kosaka) sowie acht Verteidigungsminister.

Diese Zahlen geben den Eindruck eines extrem raschen Wechsels und entsprechender Instabilität in der Führungsspitze der japanischen Regierung.

Wenn die rasche Fluktuation der führenden Persönlichkeiten auch eine Schwäche des gegenwärtigen Regierungssystems ist, so bedarf das äußere Erscheinungsbild doch einiger gewichtiger Korrekturen. So war Sato nahezu acht Jahre (vom November 1964 bis Juli 1972) Premierminister an der Spitze dreier von ihm geführter Kabinette. Auch kehren die Namen einer größeren Zahl von Spitzenfiguren in wechselnden Kabinetten und wechselnden Funktionen immer wieder. Fukuda erlebte ich in den fünf Jahren zweimal als Finanzminister, einmal als Außenminister, zweimal als Planungsminister (die Economic Planning Agency ist ein oberstes wirtschaftspolitisches Steuerungs- und Koordinierungsministerium), zweimal als knapp unterlegenen Kandidaten für das Amt des Parteivorsitzenden und Regierungschefs. Unter den acht Verteidigungsministern befindet sich einer, der dieses Amt nach knapp zweijähriger Unterbrechung zum zweiten Male übernahm – so daß es sich tatsächlich nur um sieben verschiedene Personen handelte.

Dieses sich rasch drehende Ämterkarussell erinnert in vielem an die entsprechenden Gewohnheiten in Italien oder im Frankreich der Vierten

Republik. Es deutet im Falle Japans auf eine relativ stabile Oligarchie innerhalb eines festgefügten Establishment, dessen tragende Säulen die seit über zwanzig Jahren am Ruder befindliche, in ihrem Charakter konservative ›Liberal-Demokratische Partei‹ (LDP), die in ihrem Dachverband Keidanren ziemlich straff organisierte Wirtschafts- und Geschäftswelt und die alle Regierungs- und Ministerwechsel immer wieder überlebende höchst einflußreiche Bürokratie sind.

Diese Struktur hat sich über zwei Jahrzehnte hindurch als außerordentlich stabil erwiesen. Die Zahl der Kabinette darf nicht darüber hinwegtäuschen, daß die stärkeren Premierminister viele Jahre hindurch an der Regierung blieben: Shigeru Yoshida über sieben Jahre (1946/47, 1948 bis 1954), Nobosuke Kishi drei Jahre (1957-1960), Hayato Ikeda vier Jahre (1960-1964), Eisaku Sato siebeneinhalb Jahre (1964-1972). Die Oppositionsparteien waren nicht stark genug und miteinander zu sehr zerstritten, um als ernsthafte Bewerber für die Regierungsverantwortung in Frage zu kommen. Die Wirtschaft befand sich in einem stetigen Aufschwung mit zunehmend sensationellen Wachstumsraten. Im internationalen Feld folgte man der Politik Washingtons, eigene außenpolitische Entscheidungen wurden kaum getroffen.

Diese Art von Stabilität scheint seit einigen Jahren im Schwinden begriffen zu sein. Die Mehrheiten der Regierungspartei unterliegen einem Erosionsprozeß, der diese im Oberhaus bis an die kritische Marke herangeführt hat, von der ab sie sich nur noch mit der Unterstützung unabhängiger Abgeordneter behaupten kann. Bei den Wahlen von 1972 gab es erstmals einen aufsehenerregenden Sprung der Kommunisten, die mit einem Stimmengewinn von hundertsiebzig Prozent ihre Unterhausmandate von vierzehn auf achtunddreißig steigern konnten – ein Prozeß, der sich allerdings bei den Wahlen von 1976 nicht fortgesetzt hat. Die Autorität von Regierung und Regierungspartei litt unter zwei großen Korruptionsaffären: 1974 stürzte Premierminister Tanaka in einem durch Presseenthüllungen angeheizten Skandal über seine Finanzmanipulationen, die der eigenen Bereicherung sowohl wie dem skrupellosen Einsatz von Geldmitteln für politische Zwecke dienten. Sein Rücktritt stürzte die Liberal-Demokraten in eine schwere Führungskrise, die sich aus der unauflösbaren Rivalität der beiden mächtigsten Nachfolgekandidaten, Fukuda und Ohira, ergab. Sie konnte nur durch die Wahl eines Kompromißkandidaten – Miki – bewältigt werden, der in seiner zweijährigen Regierungszeit durch eine immer stärker anschwellende innerparteiliche Fronde gelähmt war. Obgleich er derjenige japanische Politiker war, der die vollständige Bereinigung des seit Anfang 1976 schwelenden Lockheed-Korruptionsskandals auf seine Fahnen geschrieben hatte, kam es in einer merkwürdigen Ironie des geschichtlichen Ablaufs dahin, daß er selbst das

Opfer dieses Skandals wurde und nach den Dezember-Wahlen von 1976 jenem Manne weichen mußte, der schon 1972 Satos Kronprinz und designierter Nachfolgekandidat gewesen war, Fukuda.

Die destabilisierende Wirkung dieser innenpolitischen Entwicklungen wurde durch andere Faktoren verstärkt: Die Ölkrise von 1973 stürzte die japanische Wirtschaft zeitweilig in eine Panik. Zwar gelang es bald, die neuen Ölpreise aufzufangen, doch machte sich ab 1974 auch in Japan die weltweite Rezession mit voller Wucht bemerkbar: Inflation, Arbeitslosigkeit, Stagnation der industriellen Produktion, drastischer Rückgang der Wachstumsraten – alle aus den anderen großen Industrienationen bekannten Symptome der Krise stellten sich ein. Sie trafen zusammen mit einem geschärften Bewußtsein der Bevölkerung für eine besondere Problematik der wirtschaftlich-gesellschaftlichen Entwicklung des so rasch gewachsenen Wirtschaftsgiganten mit dem höchsten Lebensstandard Ostasiens: krasse Umweltschäden, Vernachlässigung der Infrastruktur und der sozialen Sicherheit bei gleichzeitigem Rückgang der gesellschaftlichen und familiären Sicherungsvorkehrungen.

Auch in der Außenpolitik ging die Epoche zu Ende, in der man sich mehr oder minder blindlings der amerikanischen Führung anvertraut hatte. In wachsendem Maße war die Regierung in Tokyo gezwungen, eigene Entscheidungen zu treffen und ihren Kurs unabhängig von dem des großen Verbündeten zu treffen. Damit ergaben sich auch zunehmend Kontroversen und divergierende Tendenzen im Schoße der Regierungspartei und des Kabinetts.

Obwohl das in der Nachkriegszeit entstandene politische System des heutigen Japan durch alle diese Entwicklungen neuartigen Belastungsproben ausgesetzt wurde und zeitweilig Zeichen der Erosion und einer zunehmenden Destabilisierung aufzuweisen schien, muß man sich doch vor vorschnellen Prognosen hüten, die seinen Niedergang oder doch einen raschen tiefgreifenden Umwandlungsprozeß voraussagen. Schon in jüngster Zeit hat sich ein Zurückschwingen des Pendels bemerkbar gemacht, hat die regierende Partei einige überraschende Erfolge in örtlichen und regionalen Wahlen errungen und bei demoskopischen Umfragen verblüffend gut abgeschnitten. In den Fragen der Landesverteidigung zeichnet sich ein Stimmungsumschwung ab, der mehr Verständnis für nationale Notwendigkeiten erkennen läßt. Japans politische und gesellschaftliche Strukturen sind, so zeigt sich erneut, fest verwurzelt, sie mögen sich ändern und entwickeln – aber dies vollzieht sich nur sehr, sehr langsam.

Der ausländische Beobachter, der sich die Frage stellt, wie Japan regiert wird, bemerkt sehr rasch, daß sich diese Frage nur in sehr geringem Umfange aus der geschriebenen Verfassung beantworten läßt.[1] Nach dieser, unter dem beherrschenden Einfluß der amerikanischen Besatzungsmacht angenommenen und 1947 in Kraft getretenen, Verfassung ernennt der Kaiser den Premierminister auf Vorschlag des Parlaments (Artikel 6). Falls die beiden Häuser des Parlaments keine Übereinstimmung erzielen, gilt die im Unterhaus getroffene Wahl als Vorschlagsbeschluß des Parlaments (Artikel 67). Der Premierminister und die übrigen Kabinettsmitglieder müssen Zivilpersonen sein (Artikel 66). Der Premierminister ernennt und entläßt die Minister nach eigenem Ermessen (Artikel 68). Mehr als die Hälfte der Kabinettsmitglieder muß aus den Reihen des Parlaments kommen (Artikel 68). Wird das Amt des Premierministers vakant, tritt das gesamte Kabinett zurück; das gleiche gilt nach jeder Unterhauswahl (Artikel 70). Alle diese Bestimmungen erwähnen mit keinem Wort das eigentliche Zentrum der Entscheidung: die Regierungspartei, die im Parlament die Mehrheit besitzt, deren Parteivorsitzender kraft Parteistatut der Kandidat der Partei für das Amt des Premierministers ist.

Regierungskrisen sind demgemäß in Japan immer zugleich und sogar in erster Linie Krisen der Parteiführung. Sie entzünden sich daher meist an den im Abstand von drei Jahren (bis 1972: zwei) fälligen Neuwahlen zum Parteivorsitzenden. Nach den Parteistatuten der Liberal-Demokratischen Partei wird der Vorsitzende von einem besonderen Parteikonvent gewählt, der sich aus vierhunderteinunddreißig Parlamentsabgeordneten und siebenundvierzig Delegierten aller Präfekturen von Hokkaido bis Okinawa zusammensetzt. Gewählt ist der Kandidat, der eine einfache Mehrheit erringt. Die Aufstellung der Kandidaten und das Wahlergebnis hängen davon ab, wie sich innerhalb der Partei die Kräfteverhältnisse zwischen den verschiedenen Faktionen gestalten und welche innerparteilichen Koalitionen und Absprachen zustande kommen. Die Aufsplitterung der Liberal-Demokraten in Faktionen ist ein entscheidend wichtiger Wesenszug des japanischen Parteiensystems, das auch in diesem Punkte Ähnlichkeiten mit dem italienischen aufweist. Die Faktionen sind nichts anderes als persönliche Gefolgschaften einiger Politiker, die sich Ansehen, Einfluß, finanzielle Unterstützung erworben haben und von denen sich die große Masse der Abgeordneten bei ihrem Aufstieg zu Rang und Würden Patronage, Belohnung und Unterstützung erhofft. Es gibt zwölf solche Gruppen im Unterhaus und sieben im Oberhaus. Zwischen ihnen spielt sich in erster Linie die japanische Innenpolitik ab.

Seit geraumer Zeit wird an dieser Struktur der Regierungspartei Kritik – sowohl von innen wie von außen – geübt und der Ruf nach einer die Faktionen beseitigenden Parteireform erhoben. Über erste Schritte in dieser Richtung ist man jedoch bisher nicht hinausgelangt, und man wird damit rechnen müssen, daß sich die Faktionen offen oder verdeckt beim Kampf um die Amtsdauer des gegenwärtigen Premierministers und um seine Nachfolge wiederum als die eigentlichen Formationen des neuerlichen Machtkampfes erweisen werden.

Die Oppositionsparteien, nämlich die Demokratisch-Sozialistische Partei (DSP), die Sozialistische Partei Japans (SPJ), die Kommunistische Partei Japans (KPJ), die Partei für eine saubere Regierung (Komeito), die weitgehend von einer großen finanzkräftigen buddhistischen Sekte getragen wird, sind seit Jahrzehnten zerstritten und unfähig zu einer den Machtwechsel ermöglichenden Zusammenarbeit. Zwischen Sozialisten und Kommunisten schwelt ein ständiger, teils offen, teils verdeckt ausgefochtener Streit um die führende Rolle in der Opposition und vor allem in einer etwaigen künftigen Regierungskoalition. Die Sozialistische Partei ist noch dazu von inneren Flügelkämpfen zerrissen. DSP und Komeito sträuben sich gegen die Zusammenarbeit mit den Kommunisten. Nur in der Konfrontation gegenüber der Regierung kann die Opposition kooperieren und auch dieses nur von Fall zu Fall und ohne Sicherung gegen das jederzeit mögliche Ausscheren des einen oder anderen Partners aus der gemeinsamen Front.

Die zwanzigjährige Herrschaft der LDP, die seit 1955 über die absolute Mehrheit verfügt und, gestützt auf diese, regelmäßig den Premierminister und das Kabinett stellte, hat das in der Verfassung vorgesehene Verhältnis von Regierung und Opposition, Mehrheit und Minderheit stark deformiert. Da die Oppositionsparteien keine Möglichkeit hatten, Gesetzesbeschlüsse der Mehrheit im verfassungsmäßigen Abstimmungsverfahren zu blockieren, die Regierung zu stürzen und in absehbarer Zeit selbst ans Ruder zu gelangen, nahmen sie ihre Zuflucht zu Methoden und Prozeduren, die außerhalb des Rahmens der parlamentarischen Demokratie lagen, wie er in der Verfassung umrissen ist. Auch in anderen demokratischen Ländern (zum Beispiel in den Vereinigten Staaten) gibt es den »Filibuster« als Waffe der stimmenzahlmäßig unterlegenen Minderheit: Oppositionelle Abgeordnete machen exzessiven Gebrauch von ihrem Rederecht und zögern durch stunden-, manchmal tagelange Reden die Abstimmung und damit das Zustandekommen einer Entscheidung hinaus. Amerikanische Senatoren, denen schließlich der Redestoff ausgeht, pflegen in solchen Fällen die Namen ganzer Telefonbücher zu verlesen. Irgendwann aber stößt diese Obstruktion auf ihre Grenzen. Sie kann nicht uferlos fortgesetzt werden, und der Mehrheit stehen Möglichkeiten zur Verfügung, einen Abschluß der Debatte zu erzwingen.

Die japanische Praxis sieht anders aus. Wirksamer als der Filibuster ist der Boykott der parlamentarischen Beratungen durch die Opposition. Er ist deshalb so wirksam, weil das dem Verfassungstext zugrunde gelegte Mehrheitsprinzip überschattet wird von einem anderen Prinzip, das die Verfassung mit Schweigen übergeht, das aber im politischen und gesellschaftlichen Leben Japans traditionellerweise eine beherrschende Rolle spielt – dem Konsensprinzip. Ob es sich um eine Entscheidung des Kabinetts, einer Behörde, einer Gemeinde, einer Firma, einer Familie handelt – die Entscheidung muß sich stets auf den Konsensus aller Beteiligten stützen. »Einsame Beschlüsse« eines Ministers, eines Bürgermeisters, eines Firmenchefs oder eines Familienhauptes gibt es im allgemeinen nicht. Das allgemeine, in Sitte und Tradition verwurzelte Lebensgefühl des Japaners sträubt sich gegen die autoritäre Entscheidung von oben ebenso wie gegen das Diktat der Mehrheit. Das hat zur Folge, daß alle parlamentarischen Gremien, Ausschüsse sowohl wie das Plenum, durch die Abwesenheit der Opposition zwar nicht rechtlich, wohl aber faktisch handlungs- und beschlußunfähig gemacht werden können. Die Mehrheitspartei ist faktisch genötigt, eine Verständigung, einen Kompromiß mit der Opposition, zu suchen.

In der ersten Hälfte meines letzten Jahres in Tokyo erlebte ich ein eindrucksvolles Beispiel solcher Praktiken: Im Zusammenhang mit dem Lockheed-Skandal boykottierten die Oppositionsparteien volle sechs Wochen, von Anfang März bis Ende April 1976, alle Sitzungen des Parlaments und seiner Ausschüsse und brachten damit die legislative Gewalt des Landes zu einem totalen Stillstand. Da auf diese Weise auch das Budget nicht verabschiedet werden konnte, wäre es um ein Haar dazu gekommen, daß der Staat seinen Beamten nicht mehr die fälligen Gehälter hätte zahlen können. Die mit dem Budget verbundenen Konjunkturbelebungsmaßnahmen konnten nicht anlaufen. Zwei seit langem zur Ratifikation anstehende internationale Verträge mußten weiter warten. Wichtige Ereignisse wie der Machtkampf in Peking nach dem Tode Chou En-lais, die Verhaftung Kim Dae Jungs in Seoul und der große Verkehrsstreik in Japan konnten vom japanischen Parlament nicht diskutiert werden. Das in diesen sechs Wochen immer mehr gewachsene Mißfallen der Öffentlichkeit an diesem Zustand dürfte jedoch kaum ausreichen, um eine Wiederholung auszuschließen. Die Opposition wird nicht so leicht auf diese Waffe verzichten. Besonders charakteristisch für die Gewohnheiten und Gebräuche des japanischen Parlamentarismus ist die Inszenierung eines parlamentarischen Boykotts wegen eines »Slip of the tongue«, dessen ein Kabinettsmitglied bezichtigt wird. Verläuft der Konflikt glimpflich, so kommt der Betroffene mit einer förmlichen Entschuldigungserklärung im Parlament davon, häufig muß er jedoch mit seiner Demission bezahlen. Da die Verfassung nur ein Mißtrauensvotum kennt, welches das ganze Kabinett zu Fall bringt (Artikel 69), dieses Votum aber natürlich die Mehrheit der Stimmen erfordert, so ist der mit einer gezielten Demissionsforderung verbundene Boykott ein wirksames Instrument der Minderheit, um einen einzelnen mißliebigen Minister zu stürzen, das Kabinett zu schwächen und der Bevölkerung zu zeigen, daß man die Opposition nicht ignorieren kann und daß die Bäume der Mehrheit nicht in den Himmel wachsen.

Entgleisungen dieser Art, die zum Boykott führen und das Amt kosten können, passieren nicht nur unerfahrenen und unbedachten Kabinettsneulingen. Auch erfahrene Premierminister sind in solche Situationen geraten. Yoshida, der zu plötzlichen Temperamentsausbrüchen neigte und bei passender Gelegenheit einem Kameramann ein Glas Wasser ins Gesicht schütten konnte, löste einen Entrüstungssturm der Opposition aus, als er 1953 einen sozialistischen Interpellanten als »Dummkopf« abqualifizierte. Das Unterhaus stimmte für ein »Impeachment« und nahm anschließend ein Mißtrauensvotum an – aber Yoshida ließ sich nicht einschüchtern, er löste das Unterhaus auf und führte Neuwahlen herbei.

Ikeda, der für schroffe und unverblümte Urteile bekannt war, ließ sich, als er noch MITI-Minister war, zu der Äußerung hinreißen, daß er es nicht ändern könne, wenn seine von der Besatzungsmacht verordnete Steuerpolitik zum Konkurs und sogar zum Selbstmord von fünf oder zehn kleineren oder mittleren Unternehmern führe. Da ihm zu jenem Zeitpunkt die Waffen eines Premierministers noch nicht zur Verfügung standen, mußte er zurücktreten.

Auch Sato konnte aus der Rolle fallen. Auf einer Pressekonferenz am 17. Juni 1972, auf der er keinen Fernsehreporter entdecken konnte, sagte er den anwesenden Zeitungsreportern ins Gesicht: »Das Fernsehen gibt meine Worte ohne Entstellung direkt wieder. Im Druck werden sie entstellt. Ich hasse voreingenommene Zeitungen. Machen Sie Platz für das Fernsehen.« Als die Zeitungsreporter protestierten, geriet er in Wut, schlug mit der Faust auf den Tisch und schrie: »Wenn Sie mich nicht verstehen, dann eben nicht! Hinaus!« Wenn dieser Wutausbruch ohne Folgen blieb, dann wohl hauptsächlich deswegen, weil er gerade seine Rücktrittsabsicht bekannt gegeben hatte.

Der gezielte Ministersturz durch Boykott des parlamentarischen Betriebs ist nicht das einzige trans-konstitutionelle Instrument, das eine in zwanzig Jahren der Opposition frustrierte Minderheit entwickelt hat. Auch die Mobilisierung der Bevölkerung im Rahmen politischer Straßendemonstrationen wird man zu diesen Instrumenten zu rechnen haben – in gewissem Umfang auch die Inszenierung oder Unterstützung politischer Streiks.

Aber nicht nur auf der Seite der Opposition gibt es in der politischen Wirklichkeit Japans solche jenseits des Verfassungstextes liegenden Methoden und Faktoren. Auch auf der Seite der Regierung und der herrschenden Partei bietet sich ein ähnliches Bild: ein dichtes Gewebe von Machtfaktoren und Machtpositionen, von Einflüssen und Abhängigkeiten, die sich jeder staatsrechtlichen Erfassung entziehen. Neben den schon erwähnten Faktionen gehören dazu vor allem die »business community« und die staatliche Bürokratie. Alle drei Komplexe sind personell und materiell auf das engste miteinander verflochten. Die Faktionen leben von den Spenden der großen Firmen, die ihrerseits wiederum das Wohlwollen der Bürokratie brauchen. Das leitende Management der Wirtschaft und die hohe Bürokratie sind aus den gleichen großen Elite-Universitäten des Landes hervorgegangen, sie kennen sich aus Schul- und Studienzeiten. Das Überwechseln von einem Bereich in den anderen ist ganz geläufig: Wirtschaftsführer, die einmal Minister waren oder in der LDP eine Rolle spielten, Bürokraten, die nach ihrer frühzeitigen Pensionierung in die private Wirtschaft gehen und dort hochwillkommen sind.

Der politische Einfluß, den Wirtschaft und Bürokratie ausüben, ist bedeutend. Darin liegt ein charakteristisches Merkmal des heutigen politischen Systems Japans. Auch wer ihn nicht vom Standort des »Insiders« zu beobachten vermag, kann ihn an seinen Auswirkungen deutlich erkennen.

Bei der Frage nach der Stabilität des gegenwärtigen japanischen Regierungssystems und der gesellschaftlichen Ordnung des Landes stößt man auf einen eigentümlichen düsteren Zug des politischen Lebens, den man, ohne ihn überbewerten zu wollen, nicht ganz übergehen kann. Ich wurde mehr oder minder zufällig darauf aufmerksam.

In den Tagen der Kirschblüte, Anfang April, entschließen sich die meisten Japaner zu einem Ausflug, einem Spaziergang oder einem Picknick unter der rosa Blütenpracht eines voll erblühten Kirschbaumes. Etwas später spielt sich Ähnliches aus Anlaß der Azaleenblüte ab. Zum letzten Wochenende des April 1974 wurden wir zu einer Landpartie in eine Gegend nordöstlich von Tokyo eingeladen, die durch einen idyllisch am Ufer eines kleinen Flüßchens gelegenen Azaleenpark berühmt ist: Tatebayashi. Unsere Gastgeber waren die Shodas, eine ursprünglich aus diesem Ort stammende wohlhabende Industriellenfamilie, deren einer Zweig an diesem Ort noch immer den Familienwohnsitz und das Stammhaus des Unternehmens hütet. Das in Tokyo lebende Ehepaar Shoda sind die Eltern der Kronprinzessin. Wir kannten sie aus häufigen gesellschaftlichen Begegnungen. Besonders die Mutter der Kronprinzessin war eine sehr eindrucksvolle Erscheinung: eine hochgewachsene, sehr kultivierte und immer noch schöne Frau, die ihren Kimono mit einer unnachahmlichen Eleganz zu tragen verstand. Mit uns waren drei andere Botschafterehepaare eingeladen: der französische, der sowjetische und der kanadische Botschafter mit ihren Frauen – alles unsere näheren Freunde aus dem diplomatischen Corps. Dazu ein eng mit uns befreundetes Ehepaar, der als Wirtschafts- und Finanzexperte auch international renommierte frühere

Präsident der Bank von Tokyo, Shigeo Horie, mit seiner Frau Sachiko; ferner begleitete uns ein älterer, über siebzigjähriger japanischer Herr, der durch hohen Wuchs und eine markante Physiognomie auffiel. Er wurde uns als Herr Hamaguchi vorgestellt.

Im Laufe des Gesprächs stellte sich heraus, daß es sich um den Bruder des 1931 an den Folgen eines Attentats verstorbenen Ministerpräsidenten Hamaguchi handelte. Auf der Heimfahrt, innerlich noch mit diesem Gespräch beschäftigt, fiel mir eine andere Begegnung ein: Im Bonner Hotel Steigenberger hatte ich ein Jahr zuvor eine japanische Journalistin kennengelernt, die mir durch ihre intellektuelle Gewandtheit und Beweglichkeit aufgefallen war. Ihr Familienname war Inukai: Sie war die Tochter des 1932 ermordeten Ministerpräsidenten Inukai. Es lag nahe, daß meine Gedanken auf der dadurch gewiesenen Bahn weiter wanderten: Zu unserem engeren Bekanntenkreise in Tokyo gehörte das Ehepaar Aso. Kazuko Aso war die Tochter des langjährigen Nachkriegspremiers und großen alten Mannes der japanischen Nachkriegszeit, Yoshida. Yoshida ist eines natürlichen Todes gestorben. Seine Tochter Kazuko jedoch wäre 1936 um ein Haar bei einem gegen ihren Großvater, den Lordsiegelbewahrer Graf Makino, gerichteten politischen Mordversuch mit umgekommen. Beide konnten sich bei einem Aufenthalt in einem ländlichen Kurort im letzten Augenblick durch überstürzte Flucht durch die Hintertür ihres Gasthauses vor einem militärischen Mordkommando retten, das nach Tötung eines Sicherheitsbeamten und vergeblicher Suche nach dem eigentlichen Opfer das Gasthaus niederbrannte.

Eine weitere Begegnung fiel mir ein: Bei einem Empfang lernte ich eine alte Dame kennen, die mir durch ihre perfekte Beherrschung der deutschen sowohl wie der englischen und französischen Sprache auffiel. Sie war als Tochter eines in Berlin und Wien stationierten japanischen Diplomaten in deutschsprachigen Schulen aufgewachsen. Von Kaiser Wilhelm II. hatte sie einst einen Rosenstrauß erhalten, später, in den Jahren 1933 bis 1935, war ihr Mann Botschaftsrat in Berlin und sie erregte das Staunen Hitlers und Görings dadurch, daß sie als Japanerin so fließend und akzentfrei deutsch zu sprechen vermochte. Was den Rosenstrauß des Kaisers erklärt: Sie war eine Enkelin von Hirobumi Ito, dem führenden Kopf der Meiji-Reform und späteren Ministerpräsidenten, der selbst die europäischen Hauptstädte und besonders auch Berlin besucht hatte und auf dessen Einfluß hin die Meiji-Verfassung stark an das Vorbild des preußischen Staatsgrundgesetzes angelehnt wurde. Ito wurde im Herbst 1909 im mandschurischen Harbin ermordet. Der Attentäter war ein Koreaner, die Umstände des Anschlags nährten jedoch immer wieder Spekulationen, daß die Hintergründe des Anschlags in der japanischen Innenpolitik zu suchen seien.

Drei ermordete Ministerpräsidenten und ein mißglückter Mordanschlag auf einen einflußreichen Lordsiegelbewahrer – das war die Bilanz, die sich allein aus meinen zufälligen persönlichen Bekanntschaften ergab. Legt man statt dieser auf dem Zufall beruhenden eine systematisch-historische Methode zugrunde, so ergibt sich eine weitere, erheblich längere Liste von politischen Morden: 1921 Premierminister Takashi Hara; 1932 der frühere Finanzminister Inoue; 1932 der Chef des Mitsui-Konzerns, Baron Dan; 1936 Finanzminister Takahashi; Lordsiegelbewahrer und früherer Premierminister Admiral Saito; Kammerherr Admiral Suzuki (Kantoro), der drei Pistolenschüsse überlebte und am Ende des Zweiten Weltkrieges Premierminister wurde; Oberst Matsuo, Schwager des Premierministers Keisuke Okada und irrtümlich mit diesem verwechselt.

Waren alle diese politischen Morde nur eine vorübergehende Begleiterscheinung des politisch-psychologischen Klimas der dreißiger Jahre – mit seinem überhitzten und fanatischen Nationalismus und seinen extremistischen Auswüchsen in der inneren wie in der auswärtigen Politik Japans in dieser Periode?

Man muß daran zweifeln, wenn man sich vergegenwärtigt, daß es auch im Nachkriegsjapan immer wieder Akte rabiater politischer Gewalttätigkeit und politischer Morde und Mordversuche gegeben hat. Die Jahre 1949 und 1960 waren Höhepunkte solcher Entwicklungen. Im »blutigen Sommer« 1949 hatte die galoppierende Inflation die Regierung zu einer restriktiven Wirtschaftspolitik veranlaßt, die eine schwere wirtschaftliche Depression auslöste und zu Massenentlassungen aus dem öffentlichen Dienst führte. Am Tage nach der Ankündigung der Entlassung von siebenunddreißigtausend Arbeitern und Angestellten der japanischen Staatsbahnen verschwand am 5. Juli 1949 auf geheimnisvolle Weise, mitten am hellen Tag aus einem Warenhaus der Innenstadt, der Präsident der japanischen Staatsbahnen, Sadanori Shimoyama. Sein zerfetzter Körper wurde am folgenden Tage außerhalb Tokyos auf den Gleisen einer privaten Eisenbahngesellschaft gefunden. Die Umstände und Ursachen seines Todes konnten nie völlig aufgeklärt werden. Zwei Tage nach der Bekanntgabe einer weiteren, zweiundsechzigtausend Menschen betreffenden Entlassungswelle am 15. Juli 1949, ereignete sich ein mysteriöses Eisenbahnunglück, bei dem ein leerer, führerloser Zug sich in Bewegung setzte und an einem Bahnhofsgebäude zerschellte, wobei sechs Personen getötet und weitere verletzt wurden. Am 18. August, wiederum zeitlich mit Entlassungsmaßnahmen zusammentreffend, entgleiste ein Zug infolge von Sabotageakten an den Schienen, wobei es wiederum Tote und Verletzte gab. In beiden Fällen gab es gerichtliche Verurteilungen, aber keine völlige Aufklärung der Hintergründe.

1960, im Jahre der gewalttätigen Massendemonstrationen, die zur Absage des geplanten Eisenhower-Besuches in Japan nötigten, kam es zu einem politischen Attentat auf offener Bühne bei einer Massenveranstaltung in der Hibiya Hall im Zentrum Tokyos, das von den anwesenden Kameraleuten fotografiert und am nächsten Morgen Millionen von Zeitungslesern bildlich genauestens vorgeführt wurde: Der Führer der sozialistischen Partei, Inejiro Asanuma, wurde am Nachmittag des 18. Oktober nach Beendigung seiner Rede von einem siebzehnjährigen verblendeten »Patrioten«, der sich drei Wochen später im Gefängnis erhängte, erstochen. Schon im Juni war ein anderer Sozialist im Parlamentsgebäude von einem zwanzigjährigen Attentäter durch Messerstiche verwundet worden. Einen Monat später wurde Premierminister Nobosuke Kishii unmittelbar nach der Wahl seines Nachfolgers Ikeda in seinem Dienstgebäude durch sechs Messerstiche verletzt. Der Attentäter war ein fünfundsechzigjähriger arbeitsloser Rechtsradikaler. Aus dem gleichen Milieu stammte ein siebzehnjähriger Attentäter, der im Februar 1961 den Präsidenten eines bekannten Verlagshauses zu töten suchte, und, da er ihn nicht antraf, dessen Frau verletzte und ein Hausmädchen tötete.

In den Jahren, in denen ich in Tokyo lebte, gab es »nur« einen Attentatsversuch gegen einen führenden Politiker, und ich wäre beinahe ein Augenzeuge geworden: Bei der Totenehrung für den verstorbenen Premierminister Sato – ich saß mit den Trauergästen in der großen Halle des Bunka Kaikan – versuchte ein Mann sich auf den gerade vorgefahrenen und aus seinem Wagen steigenden Premierminister Miki zu stürzen. Er wurde von Polizisten aufgehalten und überwältigt. Man fand ein langes Messer bei ihm und stellte später fest, daß es sich um ein Mitglied einer rechtsradikalen Gruppe handelte. Hiervon abgesehen gab es in diesen Jahren stets einen virulenten, höchst gewalttätigen und brutalen politischen Terrorismus, es gab Bombenattentate linker Extremisten gegen Bürohäuser großer Firmen im Geschäftszentrum von Tokyo, deren eines im Sommer 1974 zahlreiche Todesopfer forderte, es gab eine – allerdings ziemlich dilettantische – Bürobesetzung und Geiselnahme durch Rechtsradikale, es gab rücksichtslose gegenseitige »Exekutionen« zwischen rivalisierenden linksradikalen Studentengruppen.

Die Frage bleibt daher offen, ob dieser abstoßende Zug des politischen Lebens mehr war und mehr ist als eine vorübergehende Begleiterscheinung turbulenter Zeiten. Man darf dabei sicherlich nicht vergessen, daß politische Attentate auch in den Vereinigten Staaten eine lange, bis in die jüngste Vergangenheit reichende Tradition haben; daß es sie im zaristischen Rußland gab; daß die Weimarer Republik Fememorde und die Attentate gegen Walther Rathenau und Matthias Erzberger, die Morde an Karl Liebknecht und Rosa Luxemburg aufzuweisen hat; und daß wir gerade die Entwicklung eines politischen Terrorismus in der Bundesrepublik erleben, der auf dem besten Wege ist, den japanischen in den Schatten zu stellen.

Politischer Terrorismus, das lehrt in fernerer wie jüngster Vergangenheit die geschichtliche Erfahrung, ist weder Ursache noch Indiz noch Beweis politischer Instabilität. Das gleiche gilt für die Existenz politischer Machtfaktoren, die sich neben den von der geschriebenen Verfassung vorgesehenen Institutionen entwickeln und diese überlagern, wie beispielsweise Parteien, Faktionen, gesellschaftliche Verbände, die »business community«, die Bürokratie. Diese bilden in ihrer jetzigen Gestalt ein stabiles und nicht leicht zu zerreißendes Geflecht. Gewiß, die Regierungspartei sieht sich seit langem einem fortschreitenden Erosionsprozeß gegenüber, in nicht zu ferner Zukunft wird es wahrscheinlich zu einer Koalitionsregierung kommen. Die gesellschaftliche Ordnung befindet sich in einem langsamen, aber stetig weitergehenden Wandel. Die Familie hat bereits viel von ihrer früheren überragenden Bedeutung verloren, die Stellung der Frau verändert sich. Japan ist ein Land im Wandel, aber es gibt keine Anzeichen, die auf plötzliche Umbrüche, revolutionäre Systemveränderungen hindeuten oder die eine Zersetzung oder Lähmung seiner politischen, wirtschaftlichen, gesellschaftlichen Ordnung erwarten lassen. Es gehört, soweit das ein ausländischer Beobachter nach mehrjährigem Aufenthalt im Lande beurteilen kann – und soweit solche Voraussagen überhaupt möglich und verläßlich sind –, für die absehbare Zukunft zu den vergleichsweise stabilen Ländern der Welt.

»Wer sind wir? Was ist japanisch?«

Japan auf der Suche nach seiner Identität – das ist ein Thema, das die geistige Welt Japans seit Jahren bewegt. Der Herausgeber des angesehenen ›Japan Interpreter‹, Kano Tsutomu, veröffentlichte im Mai 1976 eine Sammlung von zehn Essays angesehener Sozialwissenschaftler zu diesem Thema, hauptsächlich unter dem Blickpunkt des japanischen Selbstverständnisses in der internationalen Welt.[1] In seiner Einleitung zu diesem Bande, die sich mit den Gründen für diese Identitätsforschung befaßt, erwähnt Tsutomu eine Reihe von schockierenden Ereignissen der letzten Jahre, die den heutigen Japanern unwirklich erschienen, sie aber doch dazu gezwungen hätten, sich der Frage zu stellen: »Was ist japanisch? Wer sind wir?«

Die Ereignisse, die Tsutomu erwähnt, sind genau dieselben, die sich auch mir aufdrängen, wenn ich versuche, mir diejenigen zu vergegenwärtigen, die mich während meines Aufenthaltes in Japan am stärksten frappiert haben, weil sie mir fremd, schwer begreiflich, ganz spezifisch japanisch vorkamen. Die meisten von ihnen sind dadurch gekennzeichnet, daß sie ein eigentümliches, von dem unseren grundverschiedenes Verhältnis zum Tode verraten. Es offenbart sich darin, daß der Selbstmord in Japan ein moralisch unproblematisches, in manchen Lebenssituationen als unausweichlich oder selbstverständlich empfundenes Verhaltensmuster darstellt, daß der bewußte und geplante Opfertod geringeren Hemmungen begegnet als im Westen; daß dieses aber auch für die Auslöschung des Lebens anderer gilt.

Man weiß, daß es in der Vergangenheit das Ritual des Harakiri (die Japaner selbst nennen es meist »seppuku«) gegeben hat; man erinnert sich der Frauen und Mädchen, die sich 1945 bei der Eroberung Okinawas von hohen Felsen herabstürzten, um sich nicht zu unterwerfen; man kennt die Rolle der Kamikaze-Flieger beim Angriff auf Pearl Harbor und in späteren Schlachten des pazifischen Kriegsschauplatzes; man weiß von den Metzeleien in Nanking, vom Todesmarsch der Gefangenen von Bataan auf der philippinischen Hauptinsel Luzon. Man neigt dazu, alles dieses für geschichtliche Vergangenheit zu halten, deren Fortleben in unseren Tagen unvorstellbar geworden ist.

Plötzlich aber wird man mit Ereignissen konfrontiert, die die Frage aufwerfen, ob und wie weit die heute Lebenden zu ähnlichen Verhaltensweisen fähig sind. Diese Frage drängte sich mir auf, als ich mich nach knapp einjährigem Aufenthalt in Japan Ereignissen gegenübergestellt sah, die ans Unfaßbare grenzten.

Das erste dieser Ereignisse war eine Schlacht zwischen einer kleinen linksradikalen Studentengruppe und der Polizei, die sich im Februar 1972 in den verschneiten Bergen nördlich von Tokyo, den »Japanischen Alpen« abspielte. Schauplatz der Handlung war eines der zahlreichen komfortablen Erholungsheime, die größere japanische Firmen für ihre Betriebsangehörigen unterhalten, in dem beliebtesten Erholungs-, Golf- und Wochenendkurort der ganzen Region, dem im Sommer von Ausflüglern und Dauergästen überfüllten Ort Karuizawa, wo auch ich mit meiner Familie während der schlimmsten Hitzeperiode im Sommer 1971 einige Wochen verbracht hatte.

Dramatis personae: fünf bewaffnete (darunter zwei minderjährige) Extremisten, die sich vor der sie verfolgenden Polizei in dieses Haus geflüchtet und die einunddreißigjährige Frau des Hausverwalters als Geisel genommen hatten; tausendfünfhundert Polizisten, die, hinter Sandsackbarrikaden verschanzt, zehn Tage lang das dreistöckige Haus belagerten – während ganz Japan gebannt an den Fernsehschirmen die Operationen verfolgte. Am 28. Februar wurde die Villa gestürmt. Nach einem letzten, vergeblichen Ultimatum begannen Einheiten der »Riot police«, der für solche Zwecke trainierten und ausgerüsteten Spezialeinheiten, mit Tränengas, Wasserwerfern und einem das Dach des Hauses von oben eindrükkenden Baukran ihren Angriff; zehn Stunden dauerte dieser Schlußakt. Bilanz: alle Terroristen entwaffnet und gefangen, die Geisel befreit, zwei Polizisten getötet, achtundzwanzig verletzt.

Dieses aber war nicht alles. In den folgenden Tagen enthüllte sich ein grausiger Hintergrund dieses Spektakels. Die ursprünglich wesentlich größere Gruppe hatte sich seit über zwei Monaten in den Bergen verborgen, bei Temperaturen unter dem Gefrierpunkt und ohne ausreichende Vorräte. Hunger, Kälte und Furcht vor Entdeckung hatten eine Psychose der Aggressivität und gegenseitigen Mißtrauens erzeugt, die sich in Verdächtigungen, Femeprozessen und Exekutionen entlud. Nicht weniger als vierzehn Mitglieder der Bande (darunter fünf Mädchen) wurden ermordet, sechzehn (darunter sechs Mädchen) gefangengesetzt. Die Urteile wurden stets von dem Führer der Gruppe und seiner Unterführerin, siebenundzwanzigjährigen Studenten, gesprochen. Einige wurden wegen Verrats an der gemeinsamen Sache, andere nur deswegen verurteilt, weil sie untereinander »unpassende« persönliche Beziehungen angeknüpft hatten. Meist wurden die Verurteilten, an Händen und Füßen gebunden, in der Kälte ausgesetzt und dem Tode des Erfrierens ausgeliefert. Ein im achten Monat schwangeres Mädchen starb so, an einen Baum gefesselt. Zwei Brüder erstachen ihren älteren dritten Bruder, um der Gruppe ihre Loyalität zu beweisen. In einem Falle mußten sich alle an der Abschlachtung eines Opfers mit einem scharfen Instrument beteiligen. Alle Toten wurden ihrer Kleider beraubt und in den Bergen verscharrt. Als die ganze Tragödie im Laufe der Untersuchungen Stück für Stück zum Vorschein kam, erschauerte die ganze Nation.

Die gleiche ultra-radikale Sekte, die sich Rote Armee (Sekigun-ha) nannte, hatte schon im März 1970 auf sich aufmerksam gemacht, als sich neun ihrer Mitglieder einer Boeing 727 der Japan Air Lines auf dem Linienfluge von Tokyo nach Fukuoka (auf Kyushu) bemächtigten und sie zwangen, nach Pyŏngyang, der Hauptstadt Nordkoreas zu fliegen. Im Mai 1972, die Erinnerung an die Belagerung von Karuizawa war noch frisch, hörte man schon wieder von ihr: Am 30. Mai 1972 richteten drei der Roten Armee angehörende japanische Terroristen in der Empfangshalle des Flughafens Lod von Tel Aviv, ein fürchterliches Blutbad an, indem sie wahllos in die Menge schossen. Die Zahl der Opfer betrug sechsundzwanzig Tote und zweiundsiebzig Verwundete, darunter viele nichtjüdische Pilger aus Puerto Rico. Zwei der Terroristen starben im Schußwechsel, der dritte, der vierundzwanzigjährige Student Kozo Okamoto von der Universität Kagoshima, Sohn eines Lehrers, der vierzig

Jahre lang Schulkinder erzogen hatte, wurde im Handgemenge überwältigt. Er sitzt als Lebenslänglicher in einem israelischen Gefängnis. Die Aktion hatte kein klar erkennbares Ziel und bot von vornherein nicht die geringste Überlebenschance für die Täter; daß Okamoto überlebte, verdankte er dem Zufall.

Von brutalen Gewalttaten radikaler Studentengruppen bekam ich in den ersten Jahren meines Aufenthaltes in Japan noch häufig zu hören. Sie nutzten jede Gelegenheit, populäre Protestaktionen unpolitischer Gruppen zu unterwandern und zu gewalttätigem Widerstand umzufunktionieren. Das geschah von 1971 an durch Infiltration der Protestdemonstrationen der Bewohner von Narita, einer kleinen Stadt achtzig Kilometer östlich von Tokyo, in deren Weichbild seit vielen Jahren ein supermoderner Großflughafen für die Hauptstadt Tokyo fertiggestellt ist, der aber wegen des Widerstandes der örtlichen Bevölkerung, trotz astronomischer Unkosten, nicht in Betrieb genommen werden konnte und bis 1978 brachlag. Schlachten mit der Riot police wurden geschlagen. Am Ende der Rollbahn wurde von den Protestlern ein Turm errichtet, der Flugzeuge an der Landung hindern sollte. Am 16. September 1971 überfielen studentische Partisanen drei Polizisten und schlugen sie mit Bambus- und mit Nägeln beschlagenen Holzstöcken zu Tode.

In den folgenden Jahren gab es immer wieder Bombenanschläge, die wahllos Tote und Verletzte aus der Bevölkerung forderten. Vor allem aber gab es blutige Gewalttaten und »Exekutionen« in Kämpfen zwischen den miteinander verfeindeten und rivalisierenden radikalen Gruppen.

Zur gleichen Zeit verblüfften andere Nachrichten aus Japan die Welt: Am 2. Februar 1972 landete in Haneda, dem Flughafen von Tokyo, ein von der Insel Guam kommendes Sonderflugzeug der Japan Air Lines. Gestützt auf eine Rotkreuzschwester, entstieg dem Flugzeug ein sechsundfünfzigjähriger Mann, der in einem Rollstuhl durch eine fünftausendköpfige begeistert applaudierende Menschenmenge zum Ausgang gefahren wurde. Der Mann war der ehemalige Unteroffizier der kaiserlichjapanischen Armee, Shoichi Yokoi, der sich seit der Landung der Amerikaner auf Guam am 21. Juli 1944 im Dschungel dieser südpazifischen Insel versteckt hatte, die Magalhães 1521 entdeckt hatte und die seit dem spanisch-amerikanischen Krieg von 1898 eine amerikanische Besitzung (um nicht zu sagen »Kolonie«) war und drei Tage nach Pearl Harbor von den Japanern besetzt wurde. Der letzte Befehl des japanischen Kommandanten von Guam an seine Truppen, zum Gegenangriff anzutreten und ehrenvoll zu sterben, hatte Yokoi nicht erreicht. Zusammen mit zwei Kameraden wurde er versprengt, verbarg sich im Dschungel und hoffte, eines Tages von einem Kommando der kaiserlichen Armee befreit zu werden. Seine beiden Schicksalsgefährten starben 1964 an Unterernährung. Yokoi brachte ihre Asche zurück in die Heimat. Er sei beschämt, antwortete er Fragestellern, daß er dem Kaiser nicht so gedient habe, wie es sich gehöre.

Ein anderes Japan trat hier in Erscheinung: ein Soldat, der siebenundzwanzig Jahre und zehn Monate im Dschungel ausharrte, um seiner Pflicht zu genügen und die ehrenrührige Gefangenschaft zu vermeiden, bis er schließlich entdeckt wurde.

Ostern 1975 verbrachte ich einige Tage auf Guam. Amerikanische und (in der Überzahl) japanische Badehotels säumen die Strände; landeinwärts liegen Golfplätze und Country Clubs, Flugplätze und militärische Installationen dieses bedeutenden Marine- und Luftwaffenstützpunktes, ferner eine Universität, die von Amerikanern und eingeborenen Insulanern besucht wird. An einem Nachmittag umfuhren wir im Mietwagen die ganze, fünfzig Kilometer lange, und sechs bis dreizehn Kilometer breite Insel: unvorstellbar, daß sich ein Mensch über siebenundzwanzig Jahre hier, zwanzig bis dreißig Kilometer entfernt vom Hilton-Hotel, ohne jeden Kontakt mit seiner Umwelt verborgen halten konnte!

Zwei Jahre später, am 12. März 1974, spielte sich in Haneda eine ähnliche Szene ab: Erneut entstieg einem Sonderflugzeug der JAL ein ehemaliger Soldat der kaiserlichen Armee: Leutnant Hiroo Onoda, einundfünfzig Jahre alt, Angehöriger des militärischen Nachrichtendienstes, von seiner Dienststelle in Manila auf die der Küste vorgelagerte kleine Insel Lubang entsandt, auf der sich eine kleine japanische Garnison von zweihundert Armee- und Marinesoldaten befand. Ende Februar 1945 wurde sie von den Truppen General MacArthurs überwältigt, die vier Monate zuvor auf der Insel Leyte gelandet waren. Onoda hatte ausdrücklichen Befehl, weder den Tod zu suchen noch sich zu ergeben. Er sollte ausharren, wenn nötig drei oder fünf Jahre. Er harrte neunundzwanzig Jahre aus, mit ihm zunächst drei Kameraden: einer »desertierte« im September 1949, ein anderer wurde in einem Schußwechsel mit philippinischen »Rangers« im Mai 1954 getötet; denn anders als Yokoi hatten diese drei eine Art Guerillakrieg mit den Eingeborenen geführt. Nach diesem Zwischenfall hatte man nach den beiden Überlebenden gesucht, zwei Brüder von ihnen hatten zu diesem Zweck eine zwanzigtägige Expedition unternommen, auch die japanische Regierung hatte 1958/59 drei Suchaktionen organisiert. Aber erst am 9. März 1974, anderthalb Jahre nachdem auch sein letzter Schicksalsgefährte bei einem Zusammenstoß mit Filipinos getötet worden war, bekam ihn ein japanischer Camping-Tourist zufällig zu Gesicht; und erst siebzehn Tage nach dieser Begegnung, erst nachdem derselbe Major, der sein letzter Vorgesetzter gewesen war, auf Lubang erschienen war und ihn ausdrücklich und förmlich von seinen Verpflichtungen entbunden hatte, fand er sich zur Heimkehr bereit. Onoda hatte ein Transistorgerät erbeutet, er hatte Zeitungen und Magazine gefunden, er hatte von den Olympischen Spielen in Tokyo, von der Weltausstellung in Osaka gehört, aber er hatte alles dieses für raffinierte Feindpropaganda gehalten! Nach seiner Heimkehr adaptierte er sich erstaunlich rasch an die verwandelte Welt. Er heiratete, ließ sich bei Wahlen als Kandidat aufstellen und folgte schließlich einem in Brasilien lebenden Bruder, um in Mato Grosso eine Farm zu erwerben.

Yokoi und Onoda stürzten die japanische Öffentlichkeit in Verwirrung und widersprüchliche Empfindungen. Zu weit war man vom Kriege und der Gedankenwelt der Vorkriegszeit entfernt, um sich einen Vers auf diese Fälle machen zu können. Aber letzten Endes überwog doch der Stolz auf diese beiden Männer, die sich und ihrem Pflicht- und Ehrenkodex so lange treu geblieben waren.

In dem gleichen Frühjahr 1972, in dem sich die Belagerung der Terroristen in Karuizawa, das Blutbad von Lod und die Heimkehr von Yokoi ereigneten, kam die Nachricht vom Tode Yasunari Kawabatas, des international bekannten Schriftstellers und Dichters, des Nobelpreisträgers von 1968, dessen Werke in viele Sprachen übersetzt worden sind. Am 16. April fand man ihn in seinem Arbeitszimmer in einem Appartmenthaus an der Küste, nahe von seinem Heimatort Kamakura, den Kopf unter einer japanischen Kapokdecke, den Gasschlauch im Munde. Er war dreiundsiebzig Jahre alt, mehr und mehr in Schweigen und Einsamkeit versunken, seine Lebenskräfte waren im Schwinden, seiner Umwelt, dem heutigen Japan, fühlte er sich mehr und mehr entfremdet. Die Anfänge seines literarischen Ruhmes lagen in den zwanziger Jahren (›Die Tänzerinnen von Izu‹, 1925), seine großen Werke, für die er mit dem Nobelpreis ausgezeichnet worden war, wurden zwischen 1947 und 1959 geschrieben. Kawabata gehörte zu jenen, die nach dem Debakel des verlorenen Krieges »die Seele Japans retten« wollten. Darin traf er sich mit Yukio Mishima, dem jüngeren, stürmischen Freund, der zwei Jahre zuvor in so spektakulärer, ja, theatralischer Form seinem Leben ein Ende gemacht hatte, als er sah, daß es ihm nicht gelang, die Nation wachzurütteln und sie auf den Weg der überlieferten Tugenden und Ideale zurückzuführen. Mishimas Tod ließ Kawabata »in großer Verlassenheit« zurück, wie er sagte. Im Frühsommer 1971 hatte er einen letzten Versuch unternommen, sich aktiv in der Öffentlichkeit zu engagieren. Er unterstützte bei den Gouverneurswahlen in Tokyo die Kandidatur eines früheren Polizeipräsidenten, der gegen den populären, von den Linksparteien bis hin zu den Kommunisten unterstützten Inhaber des Amtes, Minobe, hoffnungslos unterlegen war. Kawabata spürte, daß er den Kontakt mit der Mehrheit seiner Landsleute verloren hatte; er zog sich zurück.

Unter den ersten Trauergästen, die sein Haus aufsuchten, in dem er aufgebahrt war, befand sich die Witwe Mishimas. Dessen Tod (am 20. November 1970) und seine Umstände muß ich hier einbeziehen, obgleich sich diese Ereignisse kurz vor meiner Ankunft in Japan abspielten. Wenn es bei Neuigkeiten auf den Schock und den psychologischen Effekt ankommt, so schrieb ein ›Mainichi‹-Reporter, dann gibt es im Nachkriegsjapan keine Nachricht, die mehr Überraschung ausgelöst hätte, als der Mishima-Vorfall.[2] Mishima, der erfolgreiche Schriftsteller und Romancier, oft als neuer japanischer Kandidat für den Literatur-Nobelpreis genannt, fünfundvierzig Jahre alt, verheiratet, Vater von zwei Kindern, wohlhabend, gesund, ein Karate- und Schwertkämpfer, häufiger Film- und Bühnenschauspieler, vom New York Times Magazine und anderen ausländischen Zeitschriften mit respektvoller Publizität bedacht – er war der letzte, den man für einen Selbstmordkandidaten gehalten hätte. Er hatte diesen Selbstmord mit generalstabsmäßiger Akribie als politische Demonstration und großes öffentliches Schauspiel geplant und organisiert. Zeitungs- und Fernsehreporter waren bestellt, der Text seiner letzten Ansprache und eines Aufrufes an die Soldaten der bewaffneten Macht zum Putsch gegen das Regime und die Verfassung und zur Rückbesinnung auf den Geist der Samurai und das traditionelle Kaiser-System war vervielfältigt und verteilt worden. Dafür »laßt uns zusammen sterben«, stand in dem Aufruf, dessen Sprache und Stil sich an die Manifeste der Putschisten von 1932 und 1936 anlehnte. Genau dem Zeitplan folgend, nach dem auch die Reporter einbestellt waren, drang Mishima an der Spitze einer uniformierten Gruppe seiner Privatarmee, der »Schild-Gemeinschaft« (Tateno-Kai) in das Hauptquartier Ost des Heeres (der SDF=Selbstverteidigungskräfte, wie die offizielle Bezeichnung mit Rücksicht auf die pazifistische Verfassung Japans lautet) in Ichigaya, einem Stadtviertel von Tokyo, ein, nahm den kommandierenden General als Geisel in Gewahrsam und ließ alle erreichbaren Soldaten, etwa tausend, sich auf dem Paradeplatz vor dem Kommandantengebäude versammeln. An sie richtete er seine Ansprache, zunehmend unterbrochen von ärgerlichen Protesten aus deren Reihen. Es gelang ihm nicht, bei seinen Zuhörern Zustimmung zu finden. Er schloß mit resignierten Worten über den Geisteszustand der zehn Meter unter ihm versammelten aufgebrachten Menge mit dem traditionellen »Tenno Heika Banzai« – »Lang lebe der Kaiser«. Dann verschwand er im Innern des Gebäudes, wo der gefesselte und von Mishimas Anhängern mit einem Dolch bedrohte General wartete. Vor ihm legte er seinen Rock ab, schlitzte sich genau nach traditionellem Ritus mit einem Samurai-Schwert den Bauch auf und ließ sich von seinem nächsten Unterführer den Kopf abschlagen. Dieser folgte sofort seinem Beispiel und starb auf dieselbe

69

Weise. Die übrigen banden den General los und ließen sich ohne Widerstand verhaften.

Ganz Japan war zutiefst entsetzt, erschüttert, verwirrt. Mishimas Motive wurden immer wieder analysiert und fanden die verschiedensten Deutungen: Ein extremer Versuch eines an seinem Lande verzweifelnden Patrioten, seine Landsleute zur Besinnung zu bringen, sagten die einen; ein in erster Linie von ästhetischen Gesichtspunkten diktiertes Verhalten, meinten andere, besonders die ihm wohlgesinnten Kommentatoren; Erkenntnis, daß er sich erschöpft hatte, Enttäuschung darüber, daß ihm der Nobelpreis nicht zuteil wurde, geistige Verwirrung – alles dieses wurde erwogen.

Welches auch immer die tiefsten Motive waren – die Nachwirkungen dieses exemplarischen Todes sind bis heute spürbar. Eine ganze Serie von Selbstmorden, die sich von Mishima inspirieren ließen, folgte in den nächsten Jahren; bis Anfang 1976 zweiundzwanzig Fälle, davon elf mit tödlichem Ausgang. Daß die »Schildgemeinschaft« noch existiert, wurde Anfang März 1977 sichtbar, als einige ihrer Mitglieder mit Gewehren, Pistolen und Samurai-Schwertern bewaffnet, die Büroräume des Keidaniren, des bekannten allmächtigen Dachverbandes der japanischen Wirtschaft, mitten im Zentrum des Tokyoter Banken- und Geschäftsviertels, stürmten, Geiseln nahmen und sich für elf Stunden dort verschanzten.

Das letzte Jahr, das ich in Japan verbrachte, 1976, erbrachte noch einige weitere Facetten zu diesem Bilde eines den ausländischen Beobachter immer wieder zutiefst überraschenden Japan. 1976 war das Jahr des Lockheed-Skandals. Gleich in seiner Anfangsphase schälte sich heraus, daß es in diesem Skandal eine zentrale Schlüsselfigur gab: Yoshio Kodama, eine schillernde Persönlichkeit, die in der ganzen Nachkriegszeit hinter den Kulissen der Politik, der Geschäftswelt, ja sogar der Unterwelt des organisierten Gangstertums eine höchst bedeutsame Rolle gespielt hatte. Schon in der Vorkriegszeit war er in rechtsradikale Umtriebe verwickelt gewesen. Während des Krieges war er ein Agent der Kaiserlichen Marine in Shanghai mit einer großen Organisation, die sich nicht nur mit nachrichtendienstlichen Aktivitäten, sondern auch mit Rüstungslieferungen befaßte, sowie Edelmetalle, Diamanten, Juwelen und andere Wertsachen aufkaufte oder konfiszierte. Im März 1945 kehrte er nach Japan zurück, unter Mitnahme seines Kriegsschatzes. Drei Jahre saß er als Kriegsverbrecher in Tokyos berüchtigtem Sugamo-Gefängnis. Unter seinen Mithäftlingen befanden sich zahlreiche, später prominente Politiker, so der spätere Premierminister Nobosuke Kishi. Nach seiner Entlassung 1948 finanzierte er mit den ihm noch immer zur Verfügung stehenden Wertsachen die Liberale Partei, die später in der LDP aufging. An vielen Wendepunkten der japanischen Innenpolitik – bei mehreren

Kabinettsbildungen – hatte er seine Hand im Spiele. Die CIA und später die Lockheed Aircraft Corporation sahen in ihm offenbar einen geeigneten Mittelsmann zur Einflußnahme auf führende politische Kreise. Über ihn flossen die Lockheed-Gelder nach Japan. Dabei sammelte er selbst ein immer wachsendes Vermögen an. Er schrieb und veröffentlichte Bücher, organisierte eine große antikommunistische Bewegung mit über hunderttausend Mitgliedern und soll 1963 sogar ein großes Gangstersyndikat unter seinen Einfluß gebracht haben.

Als im Februar 1976 die ersten Enthüllungen begannen, fühlten sich viele seiner rechtsradikalen Anhänger durch ihn kompromittiert und wandten sich von ihm ab. Einer von ihnen, ein neunundzwanzigjähriger Filmschauspieler (bekannt durch mehrere Pornofilme), entschloß sich zu einer Tat, die des von ihm verehrten Yukio Mishima würdig war: Er beschaffte sich eine Uniform, wie sie die Kamikaze-Piloten im Kriege getragen hatten, bestieg ein kleines Privatflugzeug vom Typ Piper-Cherokee, veranlaßte einen Fotoreporter, ihm mit einem zweiten Flugzeug zu folgen, und stürzte sich mit dem (über Funk abgehörten) Schlachtruf »Tenno Heika Banzai« auf das Haus von Kodama im Setagaya-Viertel von Tokyo. Das Flugzeug stürzte auf die Veranda des zweistökkigen Betongebäudes, beschädigte es, setzte es teilweise in Brand und ging selbst in Flammen auf.

Der Pilot, Mitsuyasu Maeno, war sofort tot, von den Einwohnern des Hauses dagegen wurde niemand verletzt, insbesondere Kodama selbst nicht, der sich dort seit Wochen, angeblich krank und vernehmungsunfähig, verborgen hielt.

»Die Tage«, so schrieb ein japanischer Kommentator dazu, »in denen Menschen verherrlicht werden, weil sie sich das Leben nahmen, um die üblen Seiten unserer Gesellschaft zu korrigieren, sind glücklicherweise vorüber.«[3]

Sind sie es wirklich? Jedenfalls nicht für alle. Und im Wachsen ist jedenfalls – dies allerdings nicht nur in Japan – die Neigung, Menschen zu verherrlichen, die anderen das Leben nehmen, um unsere Gesellschaft zu bessern. Dazu noch ein letzter Tatbestand: Im Februar 1976 veröffentlichte der gleiche Journalist, der 1974, zusammen mit einem weiteren Kollegen, die Finanzmanipulationen des Premierministers Tanaka und seine Methoden, Geld als Mittel der Politik zu verwenden, aufgedeckt und dadurch eine Watergate-ähnliche Entwicklung ausgelöst hatte, die zum Sturze Tanakas führte, eine Artikelserie über die Kommunistische Partei Japans (JCP). Kernstück dieser Serie war die Wiederaufrollung eines Fememordfalles (die japanischen Zeitungen nannten es »Lynching«, was indessen dem Tatbestand nicht gerecht wird), der sich bereits 1933 zugetragen hatte und in dem der heutige Vorsitzende der

JCP, Kenji Miyamoto, die Hauptrolle spielte. Damals, im Dezember 1933, wurden zwei Mitglieder des Zentralkomitees der JCP von ihren Genossen verdächtigt, Polizeispitzel zu sein. Sie wurden vorgeladen, gefesselt, eingesperrt, tagelang verhört. Einer der beiden überlebte diese Prozedur nicht. Miyamoto wurde zwei Tage nach dem Todesfall, am 26. Dezember 1933, unter Mordverdacht verhaftet. Sein Fall ging durch mehrere Gerichtsinstanzen. Im Dezember 1944 verurteilte ihn das Tokyoter Distriktsgericht zu lebenslänglichem Gefängnis. Im Oktober 1945 wurde er jedoch freigelassen, weil inzwischen auf Druck der Besatzungsmacht eine der Rechtsgrundlagen für seine Verurteilung, ein kriegsbedingtes Ausnahmegesetz, aufgehoben und eine Amnestie für politische Gefangene verkündet worden war. Während die Kommunisten die Objektivität des Urteils von 1944 bestreiten und Miyamoto als Opfer der Geheimpolizei und eines bei seiner Urteilsfindung manipulierten Gerichtes bezeichnen, bezweifeln andere, daß es bei seiner Entlassung rechtlich korrekt zugegangen sei. Umstritten ist, ob und wie das Opfer gefoltert worden ist (worüber es detaillierte Zeugenaussagen gibt) und welches letztlich die Todesursache war. In jedem Falle war es ein makabres und düsteres Bild jener über vierzig Jahre zurückliegenden Vorgänge, deren Erinnerung durch diese Artikelserie heraufbeschworen wurde.

Für den Ausländer, der nach so langer Zeit von diesen Vorgängen hört und liest, ist es naturgemäß schwierig, fast unmöglich, sich ein Urteil zu bilden. Daß man der Polizei und vielleicht auch den Gerichten der Jahre 1933 bis 1944 vieles zutrauen muß, läßt sich kaum bezweifeln. Auch die Kriegsgesetze zur Aufrechterhaltung der öffentlichen Ordnung erscheinen, von heute aus gesehen, als äußerst fragwürdig. Andererseits gab es im Oktober 1945 ein politisches Klima (es war die Periode, in der Kommunisten von den amerikanischen Besatzungsbehörden als die entschlossensten Widerstandskämpfer gefeiert wurden und als politisch besonders vertrauenswürdig galten), das für eine objektive Beurteilung des Falles nicht gerade günstig war und das einen Schatten auf die Rechtfertigung dieser Freilassung warf. Wenn die Wiederaufrollung des Falles (die den Kommunisten jedenfalls höchst peinlich war) in der japanischen Öffentlichkeit nicht zu einem Streitfall ersten Ranges wurde, dann nur deshalb, weil sie zeitlich mit den ersten sensationellen Enthüllungen im Lockheed-Skandal zusammenfiel und von diesen in den Hintergrund gedrängt wurde.

Was mich in dieser Angelegenheit am stärksten beeindruckte, war die eigene Einlassung des Beschuldigten, die er in der ›Asahi Shimbun‹ veröffentlichte.[4] Als ich diese Darstellung las, fühlte ich mich genügend aufgeklärt und der Notwendigkeit enthoben, über das Urteil von 1944 weitere Spekulationen anzustellen. In dürren Worten sagte Miyamoto: »Die

Zwei gaben zu, daß sie Spione seien. Obata ergriff jedoch eine Gelegenheit zur Flucht. Die dabei Anwesenden suchten ihn an der Flucht zu hindern, aber niemand verletzte ihn. Als wir eine plötzliche Veränderung seiner körperlichen Verfassung bemerkten, versuchten wir ihn mit künstlicher Beatmung und mit der Judotechnik der Wiederbelebung ins Leben zurückzurufen, aber er kehrte nicht zurück. Es war für beide Seiten unglücklich und bedauerlich.«

Diese lapidare Erklärung, wie das Opfer zu Tode kam, wird nur noch überboten durch die schon 1945 von Miyamoto gegebene Version, die zahlreichen, bei der Autopsie der Leiche festgestellten Verletzungen rührten daher, daß der Flüchtende versucht habe, »mit seinem Kopf und anderen Körperteilen ein Loch in die Wand zu bohren«.

Konsterniert und ratlos fragt sich der ausländische Beobachter: Welche Vorstellungen hat eigentlich der Urheber solcher Erklärungen von einem Lesepublikum, dem er solche Argumente zumuten zu können glaubt?

Alle diese »Schockereignisse« fügen sich zu einem vielschichtigen Bilde zusammen, aus dem sich keine schlüssige Antwort auf die Frage nach der japanischen Identität ableiten läßt. Der tiefe Zwiespalt zwischen einem ausgeprägten Traditionsbewußtsein und der umfassenden Rezeption westlicher Zivilisation und Lebensformen scheint bis heute nicht bewältigt zu sein. Westliches Gedankengut, individualistische wie sozialistische Ideen, blieben stets eine dem japanischen Lebensgefühl letztlich ferne »Übersetzung«[5] einer fremden Geisteswelt, deren Rezeption um so fragwürdiger wurde, nachdem man erkannt zu haben glaubte, daß Vieles daran nur ideologische Verbrämung nationaler westlicher Interessen war. Von Natur unsicher in ihrem Selbstverständnis und immer geneigt, sich im Spiegel des eigenen »Image« bei anderen zu vergewissern, trug die wechselvolle Geschichte der letzten hundert Jahre zu starken Schwankungen der Selbsteinschätzung bei: Als Nachzügler der Industrialisierung und der imperialistischen Expansion verfielen die Japaner gleichzeitig einem Minderwertigkeitskomplex gegenüber dem Westen und einer Überlegenheitspsychose gegenüber ihren asiatischen Nachbarn, führten sie den pazifischen Krieg gleichzeitig als imperialistische Aggressoren und als antiimperialistische Befreier, zerfleischten sie sich nach der Niederlage in Selbstkritik und Verurteilung der eigenen Traditionen, um bald darauf einem durch den rapiden Aufschwung getragenen Wirtschaftsnationalismus zu verfallen, wobei sie bald erkennen mußten, daß Wirtschaftswachstum und steigender Lebensstandard mit schweren Umweltschäden, innerer Entfremdung und Verkümmerung der traditionellen Werte bezahlt werden mußten.

Aus diesem Nährboden wuchsen die widersprüchlichen Schockereignisse, und dieses alles macht es dem heutigen Japaner so schwer, die Frage nach der eigenen Identität zu beantworten.

»Was wollen wir sein?«
Japans Rolle in der heutigen Welt

Ebenso wie die Fragen: »Was ist japanisch? Wer sind wir?« beschäftigt viele Japaner die Frage: »Was wollen wir sein? Welche Rolle kann und soll Japan in der Welt von heute spielen?«

Ein Gesprächspartner, mit dem sich über diese Fragen zu unterhalten immer lohnte, war ein jüngerer (Jahrgang 1930) Professor für internationale Beziehungen in Kyoto namens Kei Wakaizumi. Er hatte in England und Amerika studiert, schrieb und sprach vorzüglich englisch und unterhielt viele Kontakte mit ausländischen Wissenschaftlern. Er hatte seine Landsleute immer wieder nachdrücklich aufgefordert, »endlich klar zu sagen, was wir wollen und wofür wir einstehen«. Nach einem unserer Gespräche sandte er mir einen Aufsatz[1], in dem er die japanische Nachkriegsdiplomatie mit jener spezifischen Judotechnik verglich, die damit beginnt, daß man zunächst die passive Kunst des Niedergeworfenwerdens, ohne sich zu verletzen, erlernt, um für die nächste Aktion bereit zu sein, für die man in der zweiten Ausbildungsstufe eine Fülle von Offensivtaktiken einübt. Gleichsam in Befolgung dieser Kunst, so schrieb er, »ist Japans Nachkriegsdiplomatie stets passiv gewesen und hat selten eine positive eigene Rolle in der Arena der internationalen Politik gespielt. Dies war das Ergebnis des durch die Niederlage im Zweiten Weltkrieg bewirkten Verlustes des japanischen Selbstvertrauens und war in gewissem Sinne unvermeidlich und sogar natürlich. Sogar die Politik gegenüber China war keine Ausnahme von diesem passiven Charakter der japanischen Diplomatie. Japan war der letzte der größeren amerikanischen Bündnispartner, der sich in der Taiwan- und China-Frage von den Vereinigten Staaten löste, nachdem es seit dem Kriege getreulich der amerikanischen Politik gefolgt war.« »Jetzt«, so schrieb er 1973, »ist die Situation in und um Japan herum reif für positivere Initiativen seiner Außenpolitik, die Japan vielleicht zum ersten Male in diesem Vierteljahrhundert seit dem Kriege eine goldene Gelegenheit bieten, eine wirklich eigenständige Diplomatie ins Werk zu setzen... In den letzten Jahren haben die Japaner ein wachsendes Vertrauen in ihre wirtschaftlichen und technologischen Fähigkeiten erworben, zusammen mit einem besseren Verständnis für den Nachdruck und die Dringlichkeit der Erwartungen verschiedener anderer Nationen in bezug auf Japan. In diesem Augenblick erscheint es geboten, daß die Japaner ihre Absichten und nationalen

Ziele in einer im Flusse befindlichen Welt definieren und daß sie sich fragen, welche Rolle und Verantwortlichkeit sie übernehmen sollten.«

Diese Fragestellung muß auf dem Hintergrund der Tatsache gesehen werden, daß es bis in die erste Hälfte der siebziger Jahre kaum eine eigenständige japanische Außenpolitik gegeben hat. »Low posture« – Zurückhaltung, nur nicht auffallen, alle Kräfte auf die Wirtschaft konzentrieren –, das waren die Stichworte, von denen sich alle Regierungen und das sie überdauernde Gaimusho, das Außenministerium, leiten ließen.

In den fünf Jahren meines Japan-Aufenthalts kam es zu Ereignissen, die Japan mehr und mehr nötigten, aus dieser passiven Rolle herauszutreten und eigene Positionen zu beziehen. Es begann mit den »Nixon Shocks« von 1971. Damit waren zwei Wendungen der amerikanischen Politik gemeint, die Japan psychologisch unvorbereitet, ohne Vorwarnung mit der vollen Wucht eines Überraschungsschlages trafen: die Ankündigung des Nixon-Besuches in Peking (15. Juli) und die Einführung einer zehnprozentigen, hauptsächlich Japan treffenden Importabgabe, verbunden mit der Aufhebung der Konvertibilität des Dollars (16. August). In beiden Fällen hatte Außenminister William P. Rogers erst in letzter Minute versucht, Tokyo telefonisch zu unterrichten. Im ersten Falle kam eine Verbindung mit Premierminister Sato buchstäblich erst wenige Minuten vor der öffentlichen Bekanntgabe in Washington zustande. Mein amerikanischer Kollege in Tokyo, Armin H. Meyer, hat den Ablauf in seinen Erinnerungen unter dem Stichwort »Asakais Alptraum« beschrieben.[2] Asakai war der japanische Botschafter in Washington, den ich schon in meiner dortigen Amtszeit kennen und schätzen gelernt hatte. Sein Alptraum war, so schreibt Meyer, daß er eines Morgens aufwachen und in der ›Washington Post‹ lesen würde, daß die Vereinigten Staaten China anerkannt hätten und über die Aufnahme diplomatischer Beziehungen verhandelten. Nicht das Faktum einer solchen Kehrtwendung der amerikanischen Politik war für die Japaner das Erschreckende, sondern die Art der Ausführung: der Überraschungseffekt, der es der Regierung in Tokyo unmöglich machte, das japanische Publikum auf diese Wendung psychologisch einzustimmen und den notwendig werdenden eigenen Stellungswechsel vorzubereiten. Beim zweiten »Shokku« war es nicht besser: Dolmetscherschwierigkeiten verzögerten die telefonische Unterrichtung, Sato erfuhr die Neuigkeiten erst, als die Bekanntgabe in Washington schon im Gange war. Für den auf enge Anlehnung an die Vereinigten Staaten eingeschworenen Sato bedeutete diese Überrumpelung durch »faits accomplis« das Schlimmste, was einem japanischen Politiker passieren kann: Gesichtsverlust vor der Öffentlichkeit. Es war unausbleiblich, daß sich die japanische Regierung die Frage stellte, ob es nicht ein Fehler gewesen war, in der China-Politik ganz im amerikanischen Fahrwasser zu schwimmen.

Im nächsten Jahre, 1972, gedachte Sato seine lange Regierungszeit mit einem für alle Japaner überzeugenden Erfolge zum Abschluß zu bringen: mit der Rückgabe des seit dem Kriege unter amerikanischer Verwaltung stehenden Okinawa (15. Mai) an das japanische Mutterland. Die Freude an dem Erfolg wurde jedoch durch heftige Massendemonstrationen gegen die Modalitäten der Rückgabe geschmälert: Von den Oppositionsparteien angestachelte Menschenmengen verlangten die gleichzeitige Schließung der amerikanischen Militärbasis auf der Hauptinsel, die nicht im Sinne der Nixon-Sato-Verständigung lag. Noch heute stehen von den rund fünfundfünfzigtausend in Japan stationierten amerikanischen Soldaten etwa fünfunddreißigtausend auf Okinawa. Bald nach der Rückgabe habe ich die Luftwaffenbasis Kadena auf Okinawa, den größten amerikanischen Stützpunkt im Fernen Osten, besichtigt. Der Augenschein ließ keinen Zweifel: Mit seiner Schließung hätte die militärische Präsenz der Vereinigten Staaten im Pazifischen Ozean einen schweren Schlag erlitten, wäre ihr Disengagement in einem Maße beschleunigt worden, das lediglich in Moskau mit Wohlgefallen registriert worden wäre. Wenngleich die Regierung in Tokyo zu ihren Bündnisverpflichtungen stand, so dürften ihr die Begleitumstände der Rückkehr Okinawas doch vor Augen geführt haben, wie umstritten das System des Sicherheitsvertrages mit Amerika war und daß es nur zu halten sein würde, wenn sie nicht den Eindruck eines Satellitenverhältnisses zum großen Verbündeten erweckte.

Im gleichen Jahre vollzog Satos Nachfolger Tanaka die Normalisierung mit Peking. Sie war nicht zu den gleichen Bedingungen zu haben, die Henry Kissinger mit den Chinesen ausgehandelt hatte. Japan mußte in bezug auf Taiwan einen Schritt weiter gehen und die diplomatischen Beziehungen abbrechen, wenn auch wirtschaftliche und kulturelle Beziehungen sowie ein halbamtliches Verbindungsbüro beibehalten werden konnten. Erneut zeigte sich, daß Japan sich nicht mehr damit begnügen konnte, dem amerikanischen Vorbild zu folgen.

Kissingers Vorschlag vom April 1973, Japan, Nordamerika und Westeuropa auf der Grundlage einer gemeinsamen »trilateralen« Deklaration zu einer politischen Gruppierung der großen demokratischen Industrienationen zusammenzubinden, bot den Japanern eine Chance, ihr bilaterales Verhältnis zu den Vereinigten Staaten in einen weiteren Rahmen einzubetten und ihm auf diese Weise den anrüchigen Schein eines Satellitenverhältnisses zu nehmen. Andererseits fürchtete man das Odium, Mitglied eines »Rich men's club« zu werden. Entscheidungen mußten getroffen werden – man traf sie zugunsten einer Unterstützung der Kissinger-Initiative. Diese jedoch versickerte im Laufe des Jahres, sie wurde erst überschattet und dann verdrängt von dramatischeren Ereignissen, insbesondere dem Nahost-Krieg, aber auch von den Spannungen zwischen Washington und seinen europäischen Verbündeten.[3]

Der »Ölschock«, der zusammen mit der sich immer mehr verschärfenden Rezession das Jahr 1974 einleitete, öffnete den Japanern vollends die Augen für die Erkenntnis, daß es im Verhältnis zu den Vereinigten Staaten auch tiefgreifende Interessenverschiedenheiten gab. In panischer Furcht, seine Ölversorgung könnte zusammenbrechen, schlug Tokyo eine eigene Nahost-Politik ein, die von der amerikanischen erheblich abwich. In meiner Erinnerung haften besonders einige vertrauliche Gespräche, zu denen mich der damalige stellvertretende Premierminister Miki, den man mit einer Sondermission in den Nahen Osten entsandt hatte, vor und nach seiner Reise aufsuchte, um unsere Haltung zu sondieren und uns zu unterrichten.

Das Jahr 1975 brachte einen Höhepunkt der Verhandlungen mit Peking über den Abschluß eines Friedens- und Freundschaftsvertrages, dessen von den Chinesen geforderte »Anti-Hegemonie-Klausel« eine peinliche Entscheidung für eine mehr nach Moskau oder mehr nach Peking orientierte Politik erforderte: Moskau sah in dieser Klausel – nicht zu Unrecht – eine von den Chinesen beabsichtigte antisowjetische Spitze. Die von manchen Japanern geforderte »Äquidistanz«-Politik gegenüber den beiden kommunistischen Großmächten erwies sich als ungangbar.

Der nach dem Tode Chou En-lais und Mao Tse-tungs im Laufe des Jahres 1976 in China einsetzende innere Machtkampf erlaubte es der Regierung in Tokyo, diese Entscheidung zunächst zu vertagen. Sie ist inzwischen getroffen worden, und zwar unter Hinnahme der durch einen Zusatz nur leicht abgeschwächten »Anti-Hegemonie-Klausel«. Die 1976 sichtbar gewordene neuerliche Verhärtung der sowjetischen Politik gegenüber Japan (in der Frage der »Nordterritorien«, in den Fischereistreitigkeiten, in der Behandlung des durch die Landung eines sowjetischen Mig-25-Piloten auf dem Flugplatz von Hakodate auf Hokkaido im September hervorgerufenen Zwischenfalls) dürfte diesem die Entscheidung erleichtert haben.

Auch 1977 sah sich Japan weiterhin unter Entscheidungszwang gesetzt und auf den Weg zu selbständigen Entschlüssen, zu einer eigenständigen Außenpolitik gedrängt. Präsident Carter hat in Erfüllung seines Wahlversprechens damit begonnen, den Abzug der amerikanischen Bodentruppen aus Südkorea in die Wege zu leiten. Noch 1969 hieß es in dem Kommuniqué über das Nixon-Sato-Treffen, Korea sei »essential for Japan's own security«. In der Tat ist Korea – abgesehen von der Inselnachbarschaft mit der Sowjetunion im Bereich der Kurilen und der Meerenge zwischen Hokkaido und Sachalin – Japans nächstgelegener

Festlandsnachbar. Von Fukuoka auf Kyushu flog ich vor einigen Jahren hinüber nach Pusan an der Südspitze Koreas – in etwa fünfunddreißig Minuten. Die Meeresstraße von Tsushima, in der 1905 die Flotte des Zaren von den Japanern vernichtet wurde, ist der nächste und wichtigste Ausgang der Roten Flotte von Wladiwostock aus ins Chinesische Meer. Wie immer man die strategische Bedeutung Koreas für die japanische Sicherheit einschätzen mag – es gibt militärische Experten, auch japanische, die sie niedriger einstufen wollen –, außer Zweifel steht, daß ein militärischer Konflikt auf der koreanischen Halbinsel, der mit hoher Wahrscheinlichkeit die Vereinigten Staaten, die Sowjetunion und China involvieren würde, für die Japaner ein Alptraum ist. Man hat auch nirgends vergessen, daß der Krieg von 1950 sehr rasch der Zurückziehung der amerikanischen Truppen aus Korea folgte.

Die gleiche Frage, die sich für Korea stellt – was man tun könne, wenn man sich nicht mehr ausschließlich auf das volle militärische Engagement der Vereinigten Staaten in Asien verlassen kann –, stellt sich auch für Südostasien. Die Japaner wissen, daß sie Südkorea nicht militärisch beistehen können, wenngleich sie wirtschaftlich mit diesem sich erfolgreich entwickelnden Lande eng verbunden sind. Für Südostasien gilt in militärischer Hinsicht das gleiche. Wirtschaftlich gesehen jedoch ist Japan durchaus in der Lage, zur Stabilisierung der fünf Länder, die sich in der ASEAN-Gruppe (›Association of South-East-Asian Nations‹) zusammengeschlossen haben, Wesentliches beizutragen. Die im August 1977 in Kuala Lumpur abgehaltene Gipfelkonferenz dieser Staaten, an der zum ersten Male auch die Regierungschefs von Japan, Australien und Neuseeland teilnahmen, ließ erkennen, daß sich Japan dieser Verantwortlichkeit bewußt geworden war. Fukuda stellte eine Milliarde Dollar zur Finanzierung industrieller Großprojekte in Aussicht und versprach weitere Entwicklungs- und technische Hilfe, Unterstützungsmaßnahmen zur Stabilisierung der Exportpreise für die Rohstoffe der ASEAN-Länder, Erleichterungen für die Einfuhr ihrer Produkte nach Japan. Er sprach davon, daß die Zeit gekommen sei, daß Japan in dieser Region nicht nur eine kommerzielle, sondern auch eine politische Rolle spiele, daß es als stabilisierende Kraft wirken wolle.

Japan ist sich in diesen Jahren zunehmend der Tatsache bewußt geworden, daß es sich nicht auf die Förderung der eigenen Prosperität beschränken kann; daß es größere politische Verantwortlichkeiten übernehmen und eine eigenständige, weiterblickende Außenpolitik entwickeln muß; daß es auch in seiner Sicherheitspolitik dem rückläufigen Engagement der Amerikaner Rechnung tragen muß.

Jede Außenpolitik – um welches Land es sich immer handeln mag – muß von den unabänderlichen und grundlegenden Gegebenheiten und Voraussetzungen der Selbstbehauptung und nationalen Sicherheit ausgehen. Wie sehen diese im Falle Japans aus?

Man muß sich einige Fakten und Zahlen in Erinnerung rufen. Japan ist ein Inselreich ohne direkte, landverbundene Nachbarn, sein Territorium besteht aus den vier Hauptinseln und über dreitausend kleineren Inseln. Seine Nordsüdachse erstreckt sich über dreitausendachthundert Kilometer, seine Küstenlinie beträgt über siebenundzwanzigtausend Kilometer. Flächenmäßig ist es um ein Drittel größer als die Bundesrepublik, jedoch sind achtzig Prozent dieser Fläche gebirgig und für Siedlung und sonstige Nutzung ungeeignet. Die für landwirtschaftliche, gewerbliche oder Siedlungszwecke nutzbare Fläche beträgt nur siebzehn Prozent seines Gesamtgebietes und liegt größtenteils in Küstennähe. Fast drei Viertel der Bevölkerung lebt in dem Städtegürtel Tokyo-Yokohama, Nagoya, Osaka-Kyoto-Kobe, Hiroshima, Nagasaki, an der klimatisch günstigeren pazifischen Küste. Die Bevölkerungszahl beträgt jetzt über hundertzwölf Millionen Menschen, von denen sich zwölf Millionen in Tokyo zusammendrängen. Die Bevölkerungsdichte beträgt zweihundertsechsundachtzig Menschen pro Quadratkilometer. Damit steht es an vierter Stelle in der Welt nach Korea, den Niederlanden und Belgien. Bezieht man die Bevölkerungsdichte jedoch auf die nutzbare Fläche, so ist es das am dichtesten bevölkerte Land der Welt.

Aus dieser Situation erklärt sich der territoriale Expansionsdrang der Vergangenheit, der sich nach Nordosten auf Korea, Nordchina, die Mandschurei und im Süden auf Taiwan richtete. Nachdem die Zeit der militärischen Abenteuer auf dem Festland, der Annektionen und Protektorate, der Errichtung einer »Großostasiatischen Wohlstandssphäre« – wie es in der Terminologie des Militärregimes hieß – endgültig vorüber ist, ist ökonomische Expansion zur unausweichlichen Konsequenz des Bevölkerungsdrucks geworden.

Die japanische Wirtschaft verfügt über keine eigene Rohstoffbasis. Die geringen eigenen Rohstoffvorkommen – insbesondere Buntmetalle – reichen nach Wirtschaftlichkeit und Menge nicht für den eigenen Bedarf. Der Selbstversorgungsgrad der japanischen Industrie in bezug auf Rohstoffe und Energiequellen wird weiterhin abnehmen. Der Eigenversorgungsgrad bei Öl liegt bei 0,7 Prozent, wobei über neunzig Prozent der Elektrizitätserzeugung auf Erdölbasis ruhen. Lediglich bei Erdgas wird gegenwärtig noch ein Eigenversorgungsgrad von etwa siebzig Prozent erreicht, der jedoch ebenfalls im Abnehmen begriffen ist. Die eigenen Kohlevorkommen sind unzureichend.

Der Ausweg aus dieser Situation, den die japanische Industrie suchte

– und fand –, bestand darin, daß sie sich, mit direkter und indirekter Unterstützung der Regierung, in diversifizierter Weise durch Beteiligung an Erschließung und Abbau, durch Gewährung von Krediten oder langfristige Lieferverträge den Zugang zu überseeischen Rohstoffquellen sicherte.

Rohstoffe und Nahrungsmittel, die man in großem Umfange einführen muß, müssen mit Devisen bezahlt werden, die wiederum nur durch entsprechende Exporte von Industriegütern verdient werden können. Obgleich der Anteil des Exports am japanischen Bruttosozialprodukt sehr viel niedriger ist, als der Exportanteil unseres Sozialprodukts, so bleibt der Export aus dem genannten Grunde doch ein lebenswichtiges Element der japanischen Wirtschaft. Der wichtigste Außenhandelspartner sowohl auf der Export- wie auf der Importseite sind die Vereinigten Staaten, denen gegenüber sich jedoch – ebenso wie gegenüber den Europäern – in wachsendem Maße Exportüberschüsse ergeben und damit ein handelspolitisches Ungleichgewicht, das die Defizitländer belastet.

Obgleich die Natur ihr Land nur kärglich ausgestattet hat, haben sich die Japaner doch in der Weltwirtschaft zu einer Spitzenposition emporgearbeitet: Ihr Bruttosozialprodukt wird nur noch von den USA und der Sowjetunion übertroffen, der Lebensstandard der Bevölkerung ist der höchste in Asien.

Die gesellschaftliche Ordnung Japans ist zwar im Wandel befindlich – im Sinne einer Annäherung an die gesellschaftlichen Strukturen aller großen Industrienationen –, aber immer noch relativ stabil. Trotz tief eingewurzelter hierarchischer Vorstellungen ist sie keine zerklüftete Klassengesellschaft. Die Betriebsverfassung ist immer noch durch ein wechselseitiges patriarchalisches, lebenslängliches Fürsorge- und Treueverhältnis gekennzeichnet, das für die soziale Sicherheit wichtiger ist als die erst in den Anfängen befindliche soziale Sicherung durch den Staat; die Gewerkschaften sind Betriebsgewerkschaften, die Macht ihrer zentralen Dachverbände ist begrenzt. Diese Struktur in Verbindung mit dem Wirtschaftswunder der Nachkriegszeit hat aus den Japanern eine Nation gemacht, die sich den großen Industrienationen des Westens mit ihrem System der offenen Gesellschaft, der freien Marktwirtschaft und der parlamentarischen Demokratie verbunden fühlt.

Alles dieses sind Ausgangsdaten für die japanische Außen- und Sicherheitspolitik, die vor allem drei lebenswichtige Interessen zu schützen hat: die Integrität des nationalen Territoriums; die innere Sicherheit von Staat und Gesellschaft, soweit sie von außen bedroht ist; die Sicherheit der Seeverbindungen, der Fischereirechte und des freien Welthandels.

Welche Bedrohung dieser zentralen Sicherheitsinteressen müssen die Planer der japanischen Außenpolitik ins Auge fassen? Ein militärischer Angriff auf die japanischen Inseln könnte allenfalls von den benachbarten kommunistischen Kontinentalmächten – China, Korea, Sowjetunion – ausgehen. Kein Japaner glaubt, daß man in irgendeiner denkbaren Konstellation in absehbarer Zukunft mit chinesischen Angriffsabsichten zu rechnen hat. Auch sind die chinesischen Streitkräfte nicht für größere Landungsoperationen gerüstet. Endlich gilt auch eine Erpressung durch Bedrohung mit chinesischen Nuklearwaffen nicht als eine realistische Perspektive. Solange Korea geteilt und der Süden der Halbinsel fest in der Hand eines nichtkommunistischen Regimes ist, scheidet auch aus dieser Richtung eine Angriffsgefahr praktisch aus.

Die japanische Verteidigungspolitik vermeidet es, irgendeinen potentiellen Angreifer beim Namen zu nennen und betont, daß sich ihr Verteidigungskonzept nicht an einem potentiellen Gegner orientiere. Gleichwohl steht außer Zweifel, daß im allgemeinen Bewußtsein wie in den Überlegungen der militärischen Planer nur die Sowjetunion als eine die Integrität des nationalen Gebietes potentiell bedrohende Macht in Betracht gezogen wird. Die ständig wachsende sowjetische Rüstung in Verbindung mit der Massierung sowjetischer Streitkräfte an den fernöstlichen Grenzen wird mit Besorgnis verfolgt. Das japanische Frühwarnsystem wird laufend von sowjetischen Flugzeugen angeflogen, besonders in der Tsushima-Straße und im Japanischen Meer; japanische Abfangjäger mußten sowjetische Aufklärungsflugzeuge bereits aus dem Luftraum über Tokyo und Nagoya abdrängen, alle Proteste gegen Verletzungen des japanischen Hoheitsgebietes blieben wirkungslos. Japanische Fischereifahrzeuge werden ständig von Einheiten der russischen Marine bedrängt. Die japanische Regierung bemüht sich zwar, die Bedeutung solcher Zwischenfälle herunterzuspielen und die Öffentlichkeit nicht zu beunruhigen. Sie verfolgt sie jedoch mit Besorgnis. Man ist sich dessen bewußt, daß das japanische Territorium sowohl wie das Wirtschaftspotential Japans von der Sowjetunion als ein bedeutender Machtfaktor angesehen wird, dessen Beherrschung bei einer bewaffneten Auseinandersetzung mit den Vereinigten Staaten oder der Volksrepublik China ein hoher Stellenwert zukommt. Der sowjetische Angriff in den letzten Tagen des Zweiten Weltkrieges hat im Bewußtsein der Japaner ein unauslöschliches Trauma hinterlassen. Der Kriegszustand mit der Sowjetunion ist 1956 beendet worden, ein Friedensvertrag steht jedoch noch immer aus; Verhandlungen darüber sind immer wieder an der Weigerung Moskaus gescheitert, die Rückgabe der beiden südlichen Kurilen-Inseln in die Verhandlungen einzubeziehen.

Die innere Sicherheit Japans ist kein Gegenstand aktueller Besorgnis.

Die Distanzierung der Kommunistischen Partei Japans von Moskau sowohl wie von Peking bietet kommunistischen Infiltrations- und Subversionsversuchen keine Stütze. Bemerkenswert ist, daß auch die JCP nachdrücklich die Forderung nach Rückgabe der »Nordterritorien« unterstützt. Das Weißbuch des Verteidigungsamtes von 1976 bezeichnet es jedoch ausdrücklich als Aufgabe der japanischen Streitkräfte, »rasch und wirksam einer indirekten Aggression zu widerstehen«, und es definiert als »indirekte Aggression«: »innere Unruhen oder Aufstände großen Ausmaßes, die durch Agitation oder Intervention von seiten einer oder mehrerer auswärtiger Mächte verursacht werden«.[4]

Was die Bedrohung der lebenswichtigen Seeverbindungslinien Japans anlangt, so steht auch hier die Sowjetunion im Mittelpunkt aller Überlegungen. China ist keine Seemacht und die Vereinigten Staaten sind kein denkbarer Gegner. Alle Aufmerksamkeit konzentriert sich daher auf die in den letzten Jahren zu einer Seemacht weltweiter Reichweite aufgerüstete Sowjetflotte. Hinsichtlich seiner sonstigen maritimen Interessen sieht sich Japan vor schwierigen Problemen, die sich aus der neuesten Entwicklung des Seerechts ergeben und die seine ausgedehnte Hochseefischerei schwerwiegend zu beeinträchtigen drohen. Interessenkonflikte zeichnen sich besonders mit den Anrainern der Japansee sowie des Gelben und des Ostchinesischen Meeres, aber auch mit anderen Küstenmächten des Pazifischen Ozeans und anderer Weltmeere ab.

Die grundlegenden Naturgegebenheiten der japanischen Situation – geographische Lage, extreme Rohstoffarmut, schmale Ernährungsbasis, die zusätzliche Nahrungsmittelimporte erfordert und deren traditionelles Kernstück der Fischfang ist, Abhängigkeit von Welthandel und Seeverkehr –, alles dieses scheint das Land zu einer Seemacht zu prädestinieren.

Vergebens sucht man jedoch im Weißbuch des Verteidigungsamtes nach irgendwelchen konkreten Aussagen zu diesem Aspekt der japanischen Sicherheitspolitik. Das führt zu dem Kernproblem der japanischen Verteidigungspolitik, das zugleich der Sicherheits- und Außenpolitik bestimmte Grenzen setzt, die für die absehbare Zeit unüberwindbar erscheinen: das Problem der Machtmittel, die dem Lande zur Durchsetzung seiner politischen Ziele zu Gebote stehen.

Über die Untersuchung dieser Frage könnte man die gleiche Überschrift setzen, die unser erster Militärattaché in Tokyo (1957-1963), Konteradmiral a. D. Günter Poser (während meiner Brüsseler Jahre Chef des Intelligence-Dienstes der NATO), einer Analyse der japanischen Verteidigungspolitik gab: »Der Riese Japan ist ein militärischer Zwerg.«[5] Die gleiche Nation, die heute eine wirtschaftliche Großmacht allerersten Ranges ist, ist militärisch unterentwickelt.

Wenn die japanischen Streitkräfte im amtlichen Sprachgebrauch stets und ohne jede Ausnahme als »Selbstverteidigungskräfte« (SDF: Self Defence Forces) bezeichnet werden, so wird damit dem Artikel 9 der Verfassung von 1947 Rechnung getragen, in dem es heißt: »In aufrichtigem Streben nach einem auf Gerechtigkeit und Ordnung gegründeten internationalen Frieden verzichtet das japanische Volk für alle Zeiten auf den Krieg als ein souveränes Recht der Nation und die Androhung oder Ausübung von Gewalt als ein Mittel zur Regelung internationaler militärischer Streitigkeiten. Zur Erreichung dieses Zweckes werden Land-, See- und Luftstreitkräfte nicht unterhalten. Ein Kriegführungsrecht des Staates wird nicht anerkannt.«

Aus diesem Artikel ergeben sich weitreichende Folgerungen für Stärke, Ausrüstung, Organisation und Struktur der Streitkräfte, vor allem aber auch für ihren Status, ihr Selbstverständnis, ihre politische und psychologische Situation. Noch 1973 stellte ein Urteil des Landgerichts Hokkaido fest, daß die Selbstverteidigungskräfte im Widerspruch zur Verfassung stünden. Im Februar 1977 hat ein anderes Gericht dagegen ihre Verfassungsmäßigkeit bestätigt. Eine Entscheidung des Obersten Gerichtshofes steht noch aus. Urteile dieser Art lassen manchmal nicht nur Jahre, sondern Jahrzehnte auf sich warten.

Die Bevölkerung stand dem Militär lange Zeit kritisch, häufig sogar feindselig gegenüber. Eine starke pazifistische Grundstimmung war als Folge des großen Debakels von 1945 übriggeblieben. Diese Stimmung, die sich erst in jüngster Zeit aufgelockert hat und einem besseren Verständnis für Fragen der Landesverteidigung zu weichen scheint, hatte eine rigorose Anwendung und enge Auslegung des Artikels 9 zur Folge und machte alle Bestrebungen, ihn abzuändern, aussichtslos.

Eine besonders schwerwiegende Konsequenz dieser Auslegung besteht darin, daß sich der Auftrag der Selbstverteidigungskräfte strikt auf die Verteidigung des Mutterlandes beschränkt und jeder Einsatz außerhalb des nationalen Hoheitsgebietes – sei es auch nur zu humanitären Hilfsaktionen oder zu Einsätzen im Rahmen einer »friedenserhaltenden Maßnahme« der Vereinten Nationen – als unzulässig angesehen wird. Auf dieser Grundlage ist es von vornherein unmöglich, Operationen von See- oder Luftstreitkräften zum Schutze der Seewege ins Auge zu fassen. Selbst der Schutz japanischer Fischereifahrzeuge muß sich auf die Küstengewässer beschränken.

Meist verband sich die pazifistische Grundstimmung mit anderen Motivationen: mit einer unrealistischen, illusionären Beurteilung der Sicherheitsprobleme, mit antiamerikanischen Affekten, mit dem nuklearen Trauma, das die Doppelkatastrophe von Hiroshima und Nagasaki hinterlassen hat. Daraus ergab sich ein weiteres, die Machtmittel der japanischen Regierung begrenzendes Element: die Festlegung auf eine Politik des Atomwaffenverzichts. Sie gründet sich nicht auf die Verfassung, sondern auf einen Parlamentsbeschluß vom November 1971, durch den drei Prinzipien nuklearer Enthaltsamkeit verkündet wurden: Japan wolle Atomwaffen weder besitzen noch produzieren noch wolle es ihnen Einlaß auf japanisches Gebiet gewähren. Gleichwohl dauerte es mehr als sechs Jahre, bis das Parlament der Ratifikation des im Januar 1970 unterzeichneten Atomwaffensperrvertrages zustimmte (Mai 1976). In dem jahrelangen Tauziehen um die Ratifikation hatten sich merkwürdige Fronten gebildet. Die Kommunisten waren dagegen, weil sie in dem Vertrag lediglich ein Instrument zur Rechtfertigung und Stärkung des Nuklearmonopols der Supermächte sahen. Die anderen Oppositionsparteien waren gespalten, weil sie befürchteten, der Vertrag werde nur die Abhängigkeit Japans vom Nuklearschirm der Vereinigten Staaten verstärken und das System des Sicherheitsvertrages befestigen oder erweitern. Teile der Regierungspartei wollten dem Lande die nukleare Option offenhalten. Miki gelang es schließlich, die Zustimmung aller Parteien zur Ratifikation zu erlangen, aber er zahlte dafür zusätzliche politische Preise. Im Unterschied zu seinen Vorgängern bekräftigte er die Geltung der drei Prinzipien nicht nur für Friedens-, sondern auch für Kriegszeiten. Die Resolution endlich, mit der die Regierung zur Ratifikation des Sperrvertrages ermächtigt wurde, beschränkte sich nicht darauf, die »drei Prinzipien« zu wiederholen und zu bestätigen, sondern forderte zusätzlich von der Regierung, für vollständige nukleare Abrüstung einzutreten, auf einen vollständigen Testbann (unter Einschluß der unterirdischen Versuche) hinzuwirken, im Interesse der Sicherheit der nichtnuklearen Nationen von den Nuklearmächten die Nichtbenutzung dieser Waffen zu fordern, für die Errichtung nuklearwaffenfreier Zonen einzutreten. Während diese Resolution wiederum Elemente einer illusionären Sicherheitskonzeption enthielt, wird der Atomwaffenverzicht auch von realistischer denkenden Japanern bejaht. Ihre wichtigsten Argumente hat mein anfangs erwähnter Gesprächspartner Kei Wakaizumi zusammengefaßt: Japan ist mit seiner auf engem Raum dicht zusammengedrängten Bevölkerung und Industrie zu verwundbar, um sich dem Risiko eines ersten Atomschlages aussetzen zu können. Es wäre auf Uranlieferungen aus dem Ausland angewiesen. Der Aufbau einer »second strike capability« wäre zu kostspielig. Er würde im Ausland das latente Mißtrauen gegen das Wiederaufleben des Militarismus schüren. Das würde für die Vereinigten Staaten und die Sowjetunion ebenso gelten wie für China und andere asiatische Nationen. Japan würde sich militärisch, politisch, vielleicht sogar wirtschaftlich isolieren. Die pazifistische Grundstimmung der eigenen Bevölkerung würde eine atomare Bewaffnung nicht erlauben. Alle Meinungsumfragen hätten das bestätigt. Auch unter den Anhängern der Regierungspartei hätten sich 1972 nicht weniger als fünfundvierzig Prozent der Befragten gegen eine atomare Bewaffnung ausgesprochen.[6]

Es kann kaum ein Zweifel bestehen, daß Japan auch in Zukunft bei seinem Atomwaffenverzicht bleiben wird, soweit solche Voraussagen überhaupt möglich sind und die Weltlage sich nicht grundlegend ändert. Das gilt auch für die sogenannten taktischen Atomwaffen, Atomminen und nuklearen Raketenabwehrsysteme (ABM), die als zu eskalationsgefährlich gelten.

Die Kehrseite der Medaille ist, daß Japan weiterhin auf den Atomschirm der USA angewiesen bleibt und seine Verteidigungspolitik im weitesten Umfang auf rechtzeitigen amerikanischen Beistand ausgerichtet bleibt. Das gilt nicht nur für den nuklearen, sondern angesichts der personellen und rüstungsmäßigen Schwäche der Selbstverteidigungskräfte auch für den konventionellen Beistand. Das Weißbuch des Verteidigungsamtes läßt daran keinen Zweifel, wenn es zu wiederholten Malen betont, daß sich die Abschreckung und Verteidigung auf ein »fehlerfrei funktionierendes System japanisch-amerikanischer Verteidigungsvorkehrungen« ausrichten müsse. In der bestehenden internationalen Lage sei ein bewaffneter Angriff größeren Ausmaßes gegen Japan schwer vorstellbar. Ein begrenzter Angriff liege jedoch im Bereiche des Möglichen. Daher sei es notwendig, einer solchen Aggression aus eigener Kraft widerstehen zu können.[7] Aus vielen amtlichen und nichtamtlichen Äußerungen läßt sich schließen, daß mit einer zeitlich sehr begrenzten eigenen Widerstandsfähigkeit gerechnet und die Hauptaufgabe der Selbstverteidigungskräfte darin gesehen wird, den Zeitraum bis zum Wirksamwerden amerikanischer Hilfe zu überbrücken.

Die Hauptschwäche dieses Konzepts auf weitere Sicht liegt darin, daß es den Amerikanern die Hauptverteidigungslast ohne adäquate Gegenleistungen aufbürdet. Das Weißbuch spricht selbst von dem »extrem niedrigen Prozentsatz«[8], den die japanischen Verteidigungsausgaben, gemessen am Sozialprodukt, ausmachen (0,8 Prozent im Vergleich zu mehr als sechs Prozent der USA). Dem Sicherheitsvertrag fehlt von vornherein die Gegenseitigkeit, da er die Beistandspflicht auf den Fall eines »bewaffneten Angriffs auf eine der Parteien innerhalb des japanischen Hoheitsgebietes« beschränkt und die Japaner nicht zum Beistand verpflichtet, wenn die Vereinigten Staaten oder ihre Streitkräfte außerhalb desselben angegriffen werden. Ein Angriff auf Guam oder auf amerikanische Streitkräfte in Korea ist kein Bündnisfall. Der Vertrag räumt den Vereinigten Staaten die Benutzung von Stützpunkten auf japanischem Gebiet »zum Zwecke der Aufrechterhaltung von Frieden und Sicherheit im Fernen Osten« ein. Die Stützpunkte und die Anwesenheit amerikanischer Militärs sind jedoch einem großen Teil der Bevölkerung ein Dorn im Auge und sie versäumt keine Gelegenheit, den Abzug der Truppen und die Schließung der Basen zu fordern und ihrer Benutzung Hindernisse in den Weg zu legen. Während die Regierung die Unentbehrlichkeit des amerikanischen Atomschirms betont, muß sie, dem Druck der Öffentlichkeit nachgebend, darauf insistieren, daß keine amerikanischen Atomwaffen auf japanischem Boden gelagert werden oder auch nur auf amerikanischen Kriegsschiffen in japanische Häfen oder Küstengewässer gelangen. Es läßt sich absehen, daß die amerikanische Bündnisfreudigkeit dadurch erheblichen psychologischen Belastungen ausgesetzt ist, die mit Stimmungsverschlechterungen auf Grund eines wachsenden Ungleichgewichts der Handelsbilanz zusammentreffen könnten. Die amerikanische Neigung zum überseeischen Disengagement könnte dadurch auf weitere Sicht bestärkt werden.

Jede realistische Außen- und Sicherheitspolitik muß die naturgegebenen Lebensbedingungen des eigenen Landes berücksichtigen, sie muß danach die Priorität ihrer Interessen bestimmen und muß Art und Maß der Bedrohungen ermessen, denen diese Interessen ausgesetzt sind. Sie muß ein klares Bild der Machtmittel haben, mit denen sie den Bedrohungen notfalls entgegentreten kann. Auf dieser Grundlage können die Ziele festgelegt werden, die man erreichen will und erreichen zu können glaubt, und die Wege, die zu diesen Zielen führen sollen.

Damit kehre ich zu der Ausgangsfrage zurück: Welche Rolle nach Ansicht der Japaner ihr Land in der heutigen Welt spielen sollte. Es fällt den Japanern schwer, hierzu ein durchdachtes langfristiges Konzept zu entwickeln. Sie neigen zu einem tastenden und lavierenden Pragmatismus. Man darf daher nicht erwarten, irgendwelche verbindlichen programmatischen Formulierungen zu finden. Dies gilt um so mehr, als das Selbstverständnis der heute lebenden und die Geschicke des Landes bestimmenden Generation unsicher und zwiespältig ist. Man fühlt sich einerseits als asiatische Nation – andererseits als Mitglied der westlichen Gemeinschaft der hochentwickelten demokratischen Industrienationen. Man vertraut auf den militärischen Schutz des amerikanischen Bündnispartners – aber viele fordern seinen Abzug. Man hat den Vietnamkrieg verurteilt – aber jetzt beobachtet man mit Besorgnis jedes Anzeichen eines amerikanischen Disengagements. Zu Taiwan und Südkorea bestehen enge, besonders auch wirtschaftliche Beziehungen; aber man hat die Forderung Pekings erfüllt und die diplomatischen Beziehungen zu Taiwan abgebrochen und hat Fühler ausgestreckt, um Beziehungen zu Nordkorea herzustellen. Man will nicht auffallen, keine herausragende Rolle spielen – aber man fordert einen ständigen Sitz im Sicherheitsrat der Vereinten

Nationen, obgleich diese Forderung praktisch unerfüllbar ist. Man bekennt sich zu der Verpflichtung, Entwicklungshilfe für andere zu leisten – aber häufig stehen die Hilfeleistungen im Zeichen der »Versorgungsdiplomatie«, die auf Sicherung von Rohstoffquellen abzielt. Verstärkt wird diese Unsicherheit durch das geistig-politische Umweltklima, in dem die japanische Diplomatie operieren muß. Man ist sich in den letzten Jahren mehr und mehr des Umstandes bewußt geworden, daß die Japaner in Asien sowohl wie in anderen Teilen der Welt, auch der westlichen, immer noch Vorurteilen, Mißtrauen, Ressentiments, eingewurzelter Abneigung oder gar Feindseligkeit begegnen. Der Verlauf der Europa-Reise des Tenno im Jahre 1971 gab einige Hinweise auf entsprechende Stimmungselemente in Westeuropa. Die Asienreise des Premierministers Tanaka im Jahre 1973 ließ eine zum Teil in Demonstrationen offen bekundete Feindseligkeit in asiatischen Ländern wie Thailand, Malaysia, den Indonesien, Philippinen in Erscheinung treten. Die Wunden der Besatzungszeit während des Krieges sind nicht überall verheilt.

Auf diesem Hintergrund ist wohl die Formulierung zu verstehen, mit der Kei Wakaizumi das allgemeine Rahmenkonzept einer eigenständigen japanischen Außenpolitik zu charakterisieren versucht: Sie müsse eine »nach allen Seiten offene Friedenspolitik« (»all-directional foreign policy for peace«)[9] sein. Damit ist eine Abwendung von einer »starren Diplomatie des Kalten Krieges« und von der »Machtpolitik des Großmachtegoismus« zu verstehen. Das gleiche Motiv dürfte hinter dem Bekenntnis stehen, Japan müsse einen neuen Weg beschreiten, nämlich den der »wirtschaftlichen Macht ohne größere militärische Rüstung«. Auf dem Gebiete der wirtschaftlichen und technischen Zusammenarbeit könne Japan am meisten für die internationale Gemeinschaft leisten.[10]

Zu erwarten ist, daß sich die japanische Außenpolitik der kommenden Jahre in diesem Rahmen bewegen wird.

Japan bleibt bereit zu enger Zusammenarbeit mit dem Westen und wird sich zweifellos bemühen, die Störungsfaktoren, die sich aus unausgewogenen Handelsbilanzen ergeben, nicht auswuchern zu lassen. Sollte der Gedanke eines intensiveren Ausbaus der »trilateralen« Zusammenarbeit mit Nordamerika und Westeuropa wiederbelebt haben, so wird es sich dem kaum verschließen. Dagegen wird es dem Konzept einer gegen die Sowjetunion gerichteten allianzartigen Verbindung mit Washington und Peking kaum Geschmack abgewinnen. Noch weniger allerdings wird es sich für das sowjetische Projekt eines kollektiven Sicherheitssystems für Asien erwärmen lassen.

Die Verminderung des amerikanischen Engagements in Asien und die Entwicklung in Indochina nach dem Abzug der amerikanischen Truppen haben in Tokyo sowohl wie in den Hauptstädten der nichtkommunistischen Länder Südostasiens zu einer kritischen Überprüfung der Sicherheitslage in diesem Raume geführt, die eine intensivere Zusammenarbeit und verstärkte japanische Aktivität in dieser Region erwarten lassen. Die schon erwähnte Gipfelkonferenz von Kuala Lumpur vom August 1977 war dafür ein deutliches Zeichen. Bei einem Besuch in Manila im Anschluß an diese Konferenz hat Premierminister Fukuda in einer öffentlichen Rede drei Grundsätze der künftigen japanischen Südostasien-Politik proklamiert, die von der japanischen Presse als »Fukuda-Doktrin« und als »erste diplomatische Initiative Japans nach dem Kriege« gefeiert wurden. Diese Grundsätze besagen: 1. Japan wolle keine militärische Großmacht werden. 2. Es erstrebe enge Beziehungen mit den Ländern Südostasiens nicht nur auf den Gebieten der Politik und Wirtschaft, sondern auch auf denen der Gesellschaft und der Kultur. 3. Japan wolle als gleichberechtigter Partner und zusammen mit anderen Ländern außerhalb dieses Kreises die ASEAN-Staaten bei der Festigung ihrer Solidarität und Spannkraft (»Resilience«) unterstützen, wobei es sich gleichzeitig um die Pflege von Beziehungen zu den Ländern Indochinas bemühen wolle.

In der Formulierung des dritten Grundsatzes ist erkennbar, daß man auf die Einbeziehung Australiens und Neuseelands in diese Zusammenarbeit großen Wert legt. Stärkeres Interesse zeigt sich in neuerer Zeit auch an den Rohstoffländern Afrikas, Lateinamerikas und des Nahen Ostens. Auf den großen internationalen Konferenzen, die sich mit Wirtschafts-, Währungs- und Energiefragen und mit dem Nord-Süd-Dialog über eine neue Weltwirtschaftsordnung befassen, wird Japan kraft seines wirtschaftlichen Eigengewichts eine zunehmend wichtige Rolle spielen. Besonders auf diesem Gebiete wird es seine Zusammenarbeit mit den Europäern fortsetzen und ausbauen. In diesem Rahmen wird Japans Rolle in der Welt von heute allmählich schärfere Konturen gewinnen.

Chou En-lais Vermächtnis

Wenn ich aus dem Fenster meines privaten Arbeitszimmers im ersten Stock der Residenz Ausschau hielt über den parkähnlichen, im klassischen japanischen Stil gehaltenen Garten, der Residenz- und Kanzleigebäude umgab, so wurde der Blick nach der gegenüberliegenden Seite hin begrenzt durch ein modernes, klobiges, auf einer Seite von einem massiven viereckigen Turm begrenztes Appartmenthaus, das die Esso dort während unserer Zeit errichtet, aber gleich nach Fertigstellung an die Chinesen vermietet hatte, die dort ihre Botschaft einrichteten. Zwar hatten sie ihren

Anspruch auf die alte chinesische Botschaft, die bis zum Abbruch der Beziehungen von der Nationalregierung auf Taiwan benutzt wurde, nach hartnäckigen Bemühungen durchsetzen können. Aber das alte Gebäude entsprach wohl nicht den Erfordernissen, eine Übergangslösung wurde offenbar für notwendig gehalten. Wir wurden auf diese Weise Nachbarn, und jeden Morgen fiel als erstes mein Blick auf die große Terrasse dieses Hauses, auf der das Botschaftspersonal seiner Morgengymnastik nachging, und auf die überdimensional große rote Fahne, die an dem hohen Fahnenmast flatterte.

Am 8. Januar 1976 wurde die Fahne auf Halbmast gesetzt: Chou En-lai war gestorben. In den folgenden Tagen gab es in der engen Straße, die an der Seitenfront unseres Gartens entlang zur chinesischen Botschaft führte, eine von morgens bis abends nicht abreißende Prozession von Kondolenzbesuchern, die sich in das ausliegende Buch eintrugen und vor dem Bilde des Verstorbenen verneigten. Berge von Blumen häuften sich, Gestelle mit riesigen Kränzen und Schleifen säumten die Straße. Natürlich befand auch ich mich ebenso wie meine Kollegen vom Diplomatischen Corps unter den Kondolenzbesuchern. Aber die überwältigende Mehrheit waren Japaner, an ihrer Spitze – gleich nach Auslegung des Kondolenzbesuches – der Premierminister, die dort dem Verstorbenen die letzte Ehre erwiesen. Es zeigte sich, daß die Japaner an diesem Todesfall außergewöhnlich starken Anteil nahmen. Dabei verbanden sich wohl der Respekt vor dem persönlichen und staatsmännischen Format des Verstorbenen mit der tiefverwurzelten Hinneigung zu dem großen Nachbarvolk auf dem Festland.

Oder war es bei der politischen Führungsschicht Japans noch mehr, was sie mit Chou verband – glaubten sie an jene dem verstorbenen, als kühlem Pragmatiker geltenden Staatsmann zugeschriebene Konzeption einer »Dreier-Allianz« Chinas mit den USA und Japan gegen den sowjetischen »Hegemonismus« und neigten sie selbst dieser Konzeption zu?

Nur wenige Wochen nach dem Tode Chous hatte der langjährige und erfahrene Fernost-Korrespondent von ›Le Monde‹ in Tokyo, Robert Guillain, in einer umfangreichen Artikelserie die These entwickelt und begründet, daß die Bildung einer »triple entente« zur Abwehr sowjetischer hegemonialer Expansion in Asien das von Chou En-lai seit 1969 konsequent verfolgte Ziel der chinesischen Außenpolitik gewesen sei.[1]

Die detailliert begründeten Thesen dieses Autors, den ich häufig getroffen und auch bei mir zu Hause gesehen hatte und dessen Japan-Buch[2] ich sehr schätzte, verdienen auch heute, im Abstand einiger inzwischen verstrichener Jahre, noch Beachtung und ernsthafte Prüfung, besonders auch im Lichte dessen, was sich in dieser Zwischenzeit im Fernen

Osten abgespielt hat – bis hin zu den spektakulären Auftritten Teng Hsiao-pings in Tokyo im Oktober 1978, bei denen dieser engste Vertraute, Kampfgenosse und politische Testamentsverwalter Chous die japanische Öffentlichkeit in einem Maße in den Bann schlug, wie dies zuletzt nur Chou und Mao auf dem Totenbette vermocht hatten. Japan hat sich in diesen Jahren, trotz starken Widerstandes auf dem rechten Flügel der Regierungspartei, trotz massiver Warnungen, Drohungen, Verlockungen aus Moskau, zum Abschluß des sechs Jahre umstrittenen Friedens- und Freundschaftsvertrages mit China durchgerungen. Kein Wunder, daß im Augenblick der mit Teng triumphal gefeierten Ratifizierung des Vertrages euphorische Stimmen laut wurden, die von einer »neuen Ära« sprachen und daß auch das Stichwort von der »Geburtsstunde einer politischen und vielleicht sogar militärischen Allianz« nicht fehlte. Angesichts dieser Entwicklung ist es doppelt nützlich, auf die von Guillain damals angestellten Überlegungen zurückzukommen.

Nach seiner Ansicht diente die amerikanisch-chinesische Verständigung, die mehr Chous als Nixons Werk gewesen sei, dem weitgespannten langfristigen Ziel einer Dreier-Allianz mit Einschluß Japans. Die Sorge, von der Sowjetunion eingekreist zu werden, sei ihr Motiv gewesen. Konsequenz dieser Politik sei die veränderte, nämlich positive, Bewertung des amerikanisch-japanischen Sicherheitsvertrags und die Einbeziehung Japans in die amerikanisch-chinesische Entente gewesen, die nach anfänglichen Komplikationen in den Jahren 1971 bis 1974 (zwischen Peking und Tokyo sowohl wie zwischen Washington und Tokyo) allmählich zu einer wachsenden Konvergenz geführt habe. Kernstück dieser Politik sei von Anbeginn die »Anti-Hegemonie-Klausel« gewesen, die nicht nur in den Nixon- und Tanaka-Kommuniqués von Shanghai und Peking von 1972 figurierte, sondern bis zu chinesischen Erklärungen und Dokumenten aus der Zeit der sowjetischen Invasion in der Tschechoslowakei (1968) zurückverfolgt werden könne, ebenso wie sie später im Programm des IX. Kongresses der Kommunistischen Partei Chinas wieder aufgetaucht sei und bei allen passenden Gelegenheiten Besuchern aus allen Teilen Asiens (und in einigen Fällen sogar aus anderen Teilen der Welt) zur Unterzeichnung von Zustimmungserklärungen vorgelegt worden sei.

Die von Präsident Gerald Ford unmittelbar nach seiner Rückkehr aus Peking am 4. Dezember 1975 in Honolulu verkündete »Pazifik-Doktrin« habe die definitive Hinwendung der Vereinigten Staaten zu diesem Konzept der »triple entente« zum Ausdruck gebracht. Sie habe das gegen Ende des Vietnamkriegs eingeleitete »disengagement« der Vereinigten Staaten beendet. Im Gegensatz zu Nixons »Guam-Doktrin« habe sie erneut die amerikanische Entschlossenheit bekräftigt, in Asien präsent zu bleiben, die nach Vietnam verbliebenen Engagements zu honorieren und – nunmehr in Verbindung mit China und Japan – eine neue Position der Stärke aufzubauen, die das machtpolitische Gleichgewicht in Asien stabilisieren könnte. Wenn die Sowjetunion in den Formulierungen der »Pazifik-Doktrin« auch nirgends ausdrücklich erwähnt wurde, so sei sie doch implizit als der potentielle Gegner anvisiert worden.

Moskau habe die »Pazifik-Doktrin« in diesem Sinne verstanden. Gromykos Besuch in Tokyo im Januar 1976 sei eine gleichermaßen an die Adresse Tokyos wie Washingtons gerichtete Warnung gewesen – deren gegen Peking gerichtete Spitze sich von selbst verstand. Hinter ihr habe die Androhung gewichtiger Repressalien gestanden, die von Japan nicht leichtgenommen werden konnten: Beendigung aller Gespräche und Verhandlungen über die Rückgabe der »Nordterritorien« (der vier südlichen Kurilen-Inseln, die die Sowjetunion 1945 in Besitz genommen hatte) und über den Abschluß eines Friedensvertrages, Behinderung der japanischen Fischerei, militärische Machtdemonstrationen der sowjetischen See- und Luftstreitkräfte rings um die japanischen Inseln.

Die Vereinigten Staaten hätten immer deutlicher die Japaner ermutigt, sich dem Konzept der »triple entente« anzuschließen und ihre Hemmungen gegenüber der Unterzeichnung eines Friedensvertrags mit China auf der Basis der »Anti-Hegemonie-Klausel« zu überwinden. In diesem Sinne sei schon Kissingers New Yorker Rede vom 19. Juni 1975 zu verstehen gewesen, in der er die in Japan nicht von der Regierung, aber von der Publizistik häufig vertretene These von der »Equidistance« gegenüber Washington, Moskau und Peking als einen Mythos bezeichnet hatte.

Innerhalb der japanischen Regierung und der Führung der Regierungspartei habe sich zu Beginn des Jahres 1976 endlich ein Konsensus angebahnt, der die Unterzeichnung des Vertrags mit Peking, möglichst weitgehend auf der Grundlage der von Außenminister Miyazawa vertretenen Interpretation der Anti-Hegemonie-Klausel, begünstigte. Unmittelbar nach der Abreise Gromykos habe Premierminister Miki diese Entschlossenheit der japanischen Regierung zum Ausdruck gebracht, indem er festgestellt habe, daß der Besuch des sowjetischen Außenministers keinerlei Einfluß auf die Unterzeichnung des China-Vertrags haben werde; er habe ausdrücklich der Ansicht Kissingers zugestimmt, daß »Equidistance« ein Mythos sei. Alles dies bedeute allerdings nicht, daß Japan nunmehr bereit gewesen sei, einem antisowjetischen Block beizutreten. Im Bewußtsein seiner militärischen Schwäche und im Einklang mit der pazifistischen Grundstimmung seiner Bevölkerung suche es weiterhin Konfrontationen und den Aufbau neuer Spannungen mit der Sowjetunion zu vermeiden.

Robert Guillain hatte seine Darlegungen mit der offenen Frage abgeschlossen, ob eine solche Außenpolitik ein unmögliches Akrobatenkunststück sei. Jedenfalls erinnerten die Auseinandersetzungen darüber in ihrer Konfusion sowohl wie in ihrer Tragweite an die schwierigen Entscheidungen der Jahre 1939/40.

Guillains Thesen rührten an ein fundamentales Problem der heutigen und mehr noch der künftigen japanischen Außenpolitik. Sie verdienen daher festgehalten zu werden, wenngleich sich die Zahl der Fragezeichen, mit denen man sie versehen muß, seit dem Zeitpunkt der Publikation seiner Thesen eher vermehrt als vermindert hat.

Die Fragezeichen beziehen sich auf alle drei Partner der »triple alliance«: auf die Chinesen, die sich nach dem Tode Chou En-lais und Maos zunächst in einen inneren Machtkampf verstrickten, von dem auch heute noch immer nicht mit voller Gewißheit gesagt werden kann, daß er endgültig entschieden sei. Zwar ging es dabei nicht um Fragen der außenpolitischen Orientierung, um einen neuen grundsätzlichen Kurswechsel im Verhältnis zu Moskau und den Vereinigten Staaten. Indessen könnte eine Periode innerer Instabilität ähnlich wie während der Kulturrevolution zu außenpolitischem Immobilismus und Selbstisolierung führen. Darüber hinaus muß im Laufe eines inneren Machtkampfes stets mit Überraschungen aller Art, einschließlich außenpolitischer Kursveränderungen, gerechnet werden. Auch in Tokyo wird nicht übersehen, daß Tengs Modernisierungsprogramm Belastungen und politisch-soziale Spannungen mit sich bringen kann, die von einer Führungsmannschaft in vorgerücktem Alter erst noch bewältigt werden müssen.

Ob die chinesische Führung unter Hua und Teng die Konzeption Chous einer triple alliance mit den USA und Japan weiterverfolgen wird, bleibt abzuwarten. Der mit dem Japan-Vertrag erreichte Ausbau der chinesisch-japanischen Komponente läßt sich so deuten, ohne doch schon beweiskräftig zu sein.

Was die Vereinigten Staaten anlangt, so unterliegt schon die Bewertung, die Robert Guillain der »Pazifik-Doktrin« des Präsidenten Ford gab, gewissen Zweifeln. Erst recht gibt es noch keine klar erkennbaren Umrisse der Asien- und allgemeinen Ost-West-Politik des Präsidenten Carter. Solange die Vereinigten Staaten nach wie vor an einer Sonderbeziehung der Supermächte zueinander interessiert sind, die ihnen die Fortsetzung ihres Dialogs mit Moskau, die Fortsetzung ihrer SALT-Verhandlungen und etwaige neue bilaterale Einzelverständigungen erlaubt, werden sie sich Peking gegenüber Zurückhaltung auferlegen.

Eine sichtbar gegen die Sowjetunion gerichtete Einkreisungs- und Allianzpolitik im pazifischen Raum würde diese Sonderbeziehung in Frage stellen. Solange man die Grundkonzeption der künftigen amerikanischen Außenpolitik nicht kennt, bleibt somit auch die amerikanische Komponente einer »triple entente« ein unbekannter Faktor.

Was den dritten Partner – Japan – anbelangt, so hat Robert Guillain seine These von der sich bildenden »triple entente« bereits selbst mit vorsichtig einschränkenden Qualifikationen versehen: Es wolle den projektierten Vertrag mit China keinesfalls als dritte Säule eines antisowjetischen Blocks aufgefaßt wissen. Wenn es auch seinem Verhältnis zu China den Vorzug gegenüber dem zur Sowjetunion gebe, so wolle es sich doch die Sowjetunion nicht zum Feinde machen. Zu diesem subjektiven Element, das Japan als Partner einer bewußten Einkreisungspolitik ungeeignet macht, tritt als objektives, in gleicher Richtung wirkendes Element die militärische Schwäche und Aktionsunfähigkeit Japans: Die »Selbstverteidigungskräfte« sind allenfalls ausreichend, um einen begrenzten konventionellen Angriff kurzfristig aufzuhalten. Für offensive Operationen und überhaupt für jede operative Verwendung außerhalb des eigenen Staatsgebiets kommen sie nicht in Betracht: Die japanische Verfassung verbietet einen solchen Einsatz, es fehlt daher auch die entsprechende Bewaffnung und Ausrüstung, eine mißtrauische Opposition und eine nicht minder mißtrauische Publizistik wachen eifersüchtig über die Innehaltung dieser Verfassungsbestimmungen. Nur als wirtschaftliche Großmacht könnte Japan als stabilisierende Kraft einer gegen die sowjetische Expansion gerichteten Eindämmungspolitik in Frage kommen.

Was die zuweilen von überschwenglichen Hoffnungen getragenen Erwartungen einer steilen Aufwärtsbewegung der chinesisch-japanischen Wirtschaftsbeziehungen anlangt, so fehlt es auch in Tokyo nicht an nüchternen Beobachtern, die bei einem Vergleich des chinesischen mit dem sowjetischen Markt und im Blick auf die wirtschaftlichen Bedürfnisse der Japan benachbarten Länder Asiens und Ozeaniens Grenzen einer solchen Entwicklung sehen.

Was bleibt von dem Konzept einer »triple entente« demnach übrig? Im Grunde nur potentielle, in der Zukunft liegende Entwicklungsmöglichkeiten, deren Realisierung von weiteren Veränderungen der weltpolitischen Konstellation abhängt; von einer Konsolidierung der chinesischen Führungsspitze unter Beibehaltung seiner dezidiert antisowjetischen Außenpolitik; von einer weiteren Ernüchterung der Vereinigten Staaten über die Aussichten und Möglichkeiten ihres bilateralen Sonderverhältnisses mit der Sowjetunion; von einem Klimawechsel in Japan, der größere Verteidigungsanstrengungen und eine größere Bereitschaft zu diplomatischen Risiken im Verhältnis zur Sowjetunion begünstigt und ein stärkeres Bewußtsein der eigenen Gefährdung voraussetzt. Nur in einem solchermaßen veränderten Klima wäre eine Überwindung des für die japanische Außenpolitik charakteristischen Lavierens, des Zurückschreckens vor verpflichtenden Bindungen und des Offenhaltens aller Optionen vorstellbar; nur dann könnte die im Grunde zweifellos gegebene Interessenparallelität mit den Vereinigten Staaten und der Volksrepublik China in bezug auf die Begrenzung der expandierenden sowjetischen Supermacht voll zur Entfaltung kommen. Vorerst sind alle diese Bedingungen noch nicht erfüllt.

Japan, Incorporated

Zu den bohrenden Fragen, die sich kritische Japaner heute auf der Suche nach ihrer »Identität« bei der Beantwortung der Frage: »Was ist japanisch?« stellen, gehört insbesondere auch die, ob der heutige Japaner seinem Wesen nach ein »economic animal« ist. Der Ausdruck wurde von einem früheren pakistanischen Außenminister geprägt – ein Pfeil, der sich tief in das japanische Selbstbewußtsein hineingebohrt hat und an dem immer wieder gezerrt wird. »Wir sind bestürzt durch die Ahnung, daß dieser Ausdruck leider, wenigstens teilweise, zutreffend ist«, so schreibt einer der Autoren der schon erwähnten selbstkritischen Essaysammlung des ›Japan Interpreter‹ in einem Beitrag mit der bezeichnenden Überschrift ›Die Super-Illusionen einer wirtschaftlichen Supermacht‹.[1]

Man muß mit solchen Etiketten vorsichtig umgehen. Den Europäern erschienen häufig die Amerikaner als besessen von der »Jagd nach dem Dollar«. Inzwischen hat die Bundesrepublik eine Entwicklung zur Wohlstandsgesellschaft hinter sich, für deren Mitglieder sich oft Charakterisierungen aufdrängten, die kaum schmeichelhafter waren.

Was den Japanern das Image des »economic animal« eingetragen hat, das war ihr für viele ostasiatischen Völker unheimlicher Fleiß, ihre eiserne Zielstrebigkeit, mit der sie sich nach dem Kriege in die Aufgabe des wirtschaftlichen Wiederaufbaues verbissen und sie mit spektakulären Erfolgen krönten.

Diese Erfolge verdankten sie jedoch zugleich einer Eigenschaft des japanischen Wirtschaftskörpers, die ausländische Beobachter (und darunter vor allem die Handelspartner Japans) immer wieder frappiert und die man in einer Mischung aus Ironie und Bewunderung, aber auch Neid und Ärger, mit dem Etikett »Japan, Incorporated« belegt hat. Damit soll zum Ausdruck gebracht werden, daß die japanische Wirtschaft dem Ausländer wie eine einzige große, in allen ihren Branchen zusammengehörige Kapitalgesellschaft erscheint. Dieser Wesenszug der japanischen Wirtschaft ist aus vielfältigen Wurzeln erwachsen; ich will hier nur die nach meinen Eindrücken wichtigsten nennen.

Den Ausländer überrascht immer wieder die Fähigkeit der japanischen Regierung, die Wirtschaft ohne großen gesetzgeberischen oder bürokratischen Aufwand mit einer Technik zu beeinflussen, zu koordinieren und zu lenken, die man »administrative guidance« nennt. In einer gewichtigen Publikation der amerikanischen Brookings-Institution wird diese Technik sehr präzise beschrieben:

»Im Kern betrifft ›administrative guidance‹ die Anwendung von Einfluß, Beratung und Überzeugung, um Firmen oder Einzelne zu einem Verhalten zu veranlassen, das die Regierung für erwünscht hält. Die Überzeugung wird natürlich ausgeübt und die Beratung erteilt von Beamten, in deren Macht es liegen mag, Darlehen, Zuschüsse, Subventionen, Lizenzen, Steuererleichterungen, Regierungskontrakte, Importgenehmigungen, Devisenzuteilungen, Genehmigung von Kartellabsprachen und andere erwünschte oder unerwünschte Folgen sowohl jetzt wie in unbegrenzter Zukunft zu gewähren oder zu versagen. Es wäre jedoch unzutreffend, bei der administrative guidance ausschließlich an eine Manipulation mit Zuckerbrot und Peitsche zu denken. Vielmehr ist es die japanische Tradition des privaten Geschäftsmannes, Führung durch die Regierung zu akzeptieren, die weitverbreitete Anerkennung der Tatsache, daß Regierungsbeamte Kenntnisse, Erfahrungen und Informationen besitzen, die den einer gewöhnlichen Firma zu Gebote stehenden überlegen sind, und es ist zugleich die Übereinstimmung der Wertvorstellungen, Ansichten und politischen Neigungen bei Regierungsbeamten und Wirtschaftsführern, was zu dem Erfolg dieser Methode beiträgt.«[2]

Der ›Economist‹ hat dieses »intelligenteste dirigistische System« der Welt den »Schlüssel zum japanischen Aufstieg« genannt. Neben dieser Technik spielt für »Japan, Incorporated« die Struktur der japanischen Wirtschaft eine wichtige Rolle: die in der Weltwirtschaft einzigartige Erscheinung, daß die japanische Industrie ihre Erzeugnisse nicht selbst vermarktet, sondern diese Aufgabe großen Handelshäusern überläßt, deren drei eine beherrschende Stellung auf dem japanischen Markt einnehmen: Mitsui, Mitsubishi und Sumitomo. Sie bilden, zusammen mit einigen Großbanken (insbesondere Fuji, Dai-Ichi-Kangyo und Sanwa), den harten Kern der hochgradigen Konzentration der japanischen Wirtschaft, der sich nach dem raschen Scheitern der Entflechtungspolitik der amerikanischen Besatzungsmacht bald wieder herausgebildet hat. Diese Unternehmensgruppen sind die wichtigsten Adressaten der »administrative guidance«. Aber nicht nur mit der Regierung, sondern auch untereinander sind sie, trotz scharfer Konkurrenz, durch ein organisatorisch nicht greifbares geistiges Verbundsystem verflochten. Sie entstammen den gleichen Schulen und Spitzenuniversitäten, den gleichen, aus denen auch die höhere Regierungsbürokratie kommt; sie kooperieren in den großen Wirtschaftsverbänden. Sie pflegen viele Arten informeller Kontakte, sie sind geprägt von einer Gesellschaftsordnung, die zwar hierarchisch und paternalistisch ist, aber zugleich in einem Ausmaß wie keine andere auf Verständigung, Kompromiß und Konsens beruht.

Da Japan in der Weltwirtschaft von heute eine führende Großmacht ist, muß ein in Japan tätiger Botschafter diesen Aspekten seines Gastlandes besondere Aufmerksamkeit widmen. Viele Länder haben daraus die Konsequenz gezogen, daß sie ihren dortigen Botschafterposten mit Vorliebe mit einem Wirtschaftsexperten besetzen. Das gilt insbesondere für die osteuropäischen Länder, die überwiegend dieser Praxis huldigen. Das hatte für uns den Vorteil, daß wir es bei diesen Kollegen nicht mit engstirnigen, ideologisch festgefahrenen Parteifunktionären zu tun hatten, sondern mit Technokraten, mit denen die Verständigung leichter war. Auch die Amerikaner haben zeitweilig diesen Weg beschritten: Ihr Botschafter in Tokyo von 1972 bis 1974 war Robert Ingersoll, ein erfolgreicher Businessman aus Chicago, der schon als solcher gute Kontakte zu Spitzenfiguren der japanischen Wirtschaft besaß, bevor er seinen Posten antrat. Er war eine eindrucksvolle, sympathische Persönlichkeit, die auch als Botschafter bei den Japanern hohes Ansehen und großen Einfluß besaß. Er wurde abberufen, um Assistant Secretary of State for Asian Affairs im State Department zu werden, kehrte jedoch bald wieder ins Geschäftsleben zurück. Sein Nachfolger, James Hodgson, war stellvertretender Verteidigungsminister gewesen, davor jedoch Vizepräsident der Lockheed-Corporation, als solcher glücklicherweise nicht mit Japan-Geschäften befaßt, so daß er unbeschädigt durch die Turbulenzen des Lockheed-Skandals hindurchkam. Mit Mike Mansfield, dem langjährigen demokratischen Fraktionsführer im Senat, den Präsident Carter nach Tokyo entsandte, wurde dieser Weg wieder verlassen.

Da ich kein Wirtschaftsexperte bin, habe ich mir natürlich oft die Frage gestellt, ob Bonn nicht besser einen Mann mit solcher Qualifikation nach Japan hätte entsenden sollen. Manches spricht dafür, zwar nicht gerade einen Geschäftsmann oder Manager aus der Privatwirtschaft, aber doch einen unserer Wirtschaftsdiplomaten zu wählen, von denen unser auswärtiger Dienst einige hervorragende Vertreter besaß und noch besitzt (Männer wie der verstorbene Albert Hilger van Scherpenberg, der heutige zweite Staatssekretär Peter Hermes oder der jetzige Botschafter in Paris, Axel Herbst). Zwingend erscheint mir dieses Auswahlkriterium indessen nicht. Auch die anderen europäischen Staaten wenden es nicht an. Ein Land von der Größenordnung und Bedeutung Japans darf nicht mit einem einseitigen Spezialisten bedient werden; im Idealfalle ist es der gegebene Platz für einen Diplomaten, der auf wirtschaftlichem wie auf politischem Gebiet gleichermaßen beschlagen ist. Unsere Beziehungen zu Japan und unsere Interessen an diesem Lande lassen sich nicht mit denen der Osteuropäer vergleichen.

Mehr als auf jedem früheren Posten habe ich mich daher in Japan von Anfang an bemüht, mich in die wirtschaftlichen Probleme des Landes und seiner Handelsbeziehungen zu Europa und insbesondere zu unserem Lande einzuarbeiten. Die Hilfe und Unterstützung, die ich von meinen sachkundigen Wirtschafts-, Landwirtschafts- und Sozialreferenten empfing, war dabei nicht nur wertvoll, sondern ganz unentbehrlich.

Zwei Gesichtspunkte muß ich erwähnen, die der wirtschaftspolitischen Aktivität des deutschen Botschafters in Tokyo gewisse Grenzen setzen. Unser Wirtschaftsdienst ist auf dem Gedanken einer Arbeitsteilung zwischen Botschaft und Handelskammer aufgebaut. In Tokyo gibt es eine gut organisierte deutsche Industrie- und Handelskammer, deren zehnjähriges Jubiläum ich im November 1972 mitfeierte. Ihr obliegen alle jene täglichen, praktischen Aufgaben, die man Handelsförderung nennt: Beratung der deutschen Firmen, Auskunftserteilung, Unterstützung im Verkehr mit japanischen Behörden. Zur Durchführung dieser Aufgaben wird die Kammer von der Bundesrepublik finanziell unterstützt. Die Botschaft wird in diesem Aufgabenbereich nur gleichsam als zweite Instanz tätig, wenn die Kammer ihre Möglichkeiten erschöpft hat. Mit dieser Aufgabenverteilung unterscheidet sich unser Dienst von dem anderer europäischer Länder, bei denen der Handelsattaché alle Aufgaben dieser Art wahrnimmt.

Der zweite, unsere Tätigkeit auf wirtschaftlichem Gebiet begrenzende, Umstand ist unsere Mitgliedschaft in der Europäischen Gemeinschaft: Seit dem 1. Januar 1971 gibt es eine gemeinsame Handelspolitik der Europäischen Gemeinschaft, können Handelsverträge nur noch von ihr abgeschlossen werden. Seit 1974 bestand in Tokyo auch institutionell eine eigene Vertretung der EG, ihr Leiter war ein langjähriger höherer Beamter deutscher Nationalität der Brüsseler Kommission, Wolfgang Ernst. Nach anfänglicher Zurückhaltung wurde er in wachsendem Maße von den japanischen Ministerien als maßgeblicher Gesprächspartner und als Sprecher der EG-Länder akzeptiert. Er nahm an den Sitzungen und Besprechungen der EG-Botschafter ebenso wie an den regelmäßigen Besprechungen der Wirtschaftsreferenten der EG-Botschaften teil. Aus dieser doppelten Begrenzung unserer Aufgaben folgte, daß das Schwergewicht der Tätigkeit unserer Wirtschaftsabteilung auf dem Gebiet der Wirtschaftsbeobachtung und -berichterstattung lag – auf die man in der handelspolitischen Abteilung des Auswärtigen Amtes ebenso wie in den Bonner Fachressorts entscheidenden Wert legte.

Für den Botschafter kamen hinzu: Pflege der persönlichen Beziehungen zu den Spitzenpersönlichkeiten der japanischen Wirtschaft, Unterrichtung der Wirtschaftskreise über unsere Wirtschaftspolitik, im Rahmen des Möglichen und Angebrachten Einflußnahme zur Beseitigung von Reibungsflächen. Dabei lernte ich im Laufe der Zeit die Spitzengarnitur der japanischen Wirtschaft kennen – viele interessante und eindrucksvolle Persönlichkeiten, die meist in einem für unsere Begriffe hohen Lebensalter standen. Ich kann hier nur einige wenige nennen von denen, mit denen ich in eine nähere Berührung kam: An der Spitze des Keidanren, des mächtigen Dachverbandes der japanischen Wirtschaft, stand zu der Zeit, als ich nach Tokyo kam, der damals schon siebenundsiebzigjährige Kogeo Uemura – vital, geistig beweglich und seiner Aufgabe immer noch voll gewachsen. Sein Vorgänger, Taizo Ishizaka, hatte sein Amt drei Jahre zuvor als Zweiundachtzigjähriger abgegeben. Als er im März 1975 starb, wurde ich auf Grund näherer Beziehungen zu der Familie zu der Bestattungsfeier eingeladen. Sie fand im Nihon Budokan statt, einem riesigen, vielfältigen Zwecken dienenden Hallenbau im Zentrum Tokyos, wo ich einige Monate später die Trauerfeier für den verstorbenen Premierminister Sato erlebte. Bezeichnend war, daß die Feier für Ishizaka derjenigen für den früheren Premierminister in keiner Weise nachstand, was Rang und Zahl der Trauergäste und den äußeren Pomp der Veranstaltung anlangte, nur daß bei Sato auch das Diplomatische Corps vertreten war, während wir bei Ishizaka die einzigen Ausländer waren. Es ließ sich daran ablesen, welche Rolle der Keidanren in Japan spielt und welche Autorität sein verstorbener Präsident besessen hatte.

Der auf Uemura folgende Keidanren-Präsident, Toshiwo Doko, der als erster auf seinen Werften Schiffe mit über zweihunderttausend Bruttoregistertonnen gebaut hatte, war nicht wesentlich jünger als sein Vorgänger. Ähnliches galt für zwei andere bekannte Wirtschaftskapitäne, die ich in unserem Sommerquartier in Karuizawa in den japanischen Alpen kennengelernt hatte: Morinozuke Kajima[3], den größten Bauunternehmer Japans, und Shinzo Ohya, den Präsidenten des großen Kunstseide- und Chemiefaser-Konzerns Teijin. Im Lebenslauf der beiden, die auch Minister, Parlamentsmitglieder und führende Figuren der Liberal-Demokratischen Partei gewesen waren, spiegelte sich die für Japan charakteristische enge Verflechtung von Politik, Bürokratie und Wirtschaft. Als Unternehmerpersönlichkeiten mit weiter gespannten geistigen Aktivitäten und Interessen erwähnte ich Kazutake Kikawada, den Vorsitzenden einer Unternehmervereinigung (Keiza Dojukai), die sich für soziale Verantwortung und Reformen einsetzt, und Konozuke Matsushita, den Gründer des großen Elektrokonzerns Matshuhita Electric Industrial Co. (»National«, »Panasonic«, »Technics«), der mit Publikationen zur geistigen und moralischen Erneuerung der Nation sowie mit Vorschlägen zur Erziehungs- und sozialen Reform hervorgetreten ist. Einer jüngeren Generation (Jahrgang 1921) gehört der Gründer und Chef des nach dem

Kriege aufgebauten und inzwischen weltweit bekannten Sony-Imperiums[4], Akita Morita, an, mit dem ich häufig zusammengekommen bin.

Neben diesen im persönlichen Umgang angesiedelten Kontakten mit den Spitzen der japanischen Wirtschaft stand ein anderer Teil meiner »wirtschaftsdiplomatischen« Tätigkeit, der sich in der Öffentlichkeit abspielte: Vorträge, Diskussionen, Zeitungs- und Fernsehinterviews, Teilnahme an Konferenzen verschiedenster Art. In der Mehrzahl der Fälle waren es wirtschaftliche Fragen, zu denen ich mich in der Öffentlichkeit äußern mußte: das Verhältnis zwischen Japan und der Europäischen Ge meinschaft, später die beiden Ländern gemeinsamen Probleme der Rezession, Inflation, der Arbeitslosigkeit, nach dem arabischen Ölembargo von 1973 insbesondere auch der Energiekrise. Daß sich die Welt in diesen Jahren entscheidend verändert hatte, wurde mir in nahezu demütigender Weise schon im Januar 1974 bewußt, als mich Außenminister Genscher beauftragt hatte, den in Tokyo zu einem kurzen Besuch weilenden Sprechern der OPEC-Länder, dem saudiarabischen Ölminister Scheich Yamani und seinem algerischen Kollegen Abdessalem, eine Botschaft zu übermitteln. Was ich den beiden Öl-Potentaten in ihrer Luxussuite im Okura-Hotel bei einem Glase Whisky zu sagen hatte, betraf nichts Substantielles; es handelte sich lediglich um eine Erklärung, um nicht zu sagen Entschuldigung, daß sich die Übermittlung gewisser in Aussicht gestellter Textentwürfe zur deutschen und europäischen Haltung in der Nahost-Frage hinauszögere. Die beiden Herren waren sehr höflich und umgänglich. Aber jedes ihrer Worte verriet ihr neues Machtbewußtsein, die Genugtuung, mit der sie die beflissene Entschuldigung eines europäischen Außenministers genossen, und die Entschlossenheit, ihre Ölwaffe als Instrument politischen Drucks zu gebrauchen. Ich entledigte mich meines Auftrags so rasch ich konnte und verließ das Hotel mit einem Gefühl äußersten Unbehagens.

Wann und wo immer ich in diesen letzten Japan-Jahren vor Wirtschaftskreisen sprach – im Mai 1974 vor der Nachwuchselite des japanischen Managerpersonals in einer speziellen Ausbildungsstätte, dem von unserem Freunde Shigeo Horie geleiteten Institute for International Studies and Training in Fujinomiya, im März 1975 und 1976 vor der deutschen Industrie- und Handelskammer in Tokyo, im Januar 1976 vor dem Kankeiren in Osaka und dortselbst noch einmal im September auf einer für mich arrangierten Abschiedsveranstaltung –, stets standen jetzt die Probleme der Inflation, Rezession, der Arbeitslosigkeit und der Energiekrise im Vordergrund des Interesses und bestimmten den Inhalt dessen, was ich zu sagen hatte.

Mehr und mehr beherrschten diese Themen auch die Gespräche auf höchster politischer Ebene. Das erste Gipfeltreffen der großen Industrienationen in Rambouillet (15. bis 17. November 1975) war diesen Problemen gewidmet. Vor seiner Abreise nach Paris rief Premierminister Miki die Botschafter der USA, Großbritanniens, Frankreichs, Italiens und der Bundesrepublik zu einem Gedankenaustausch zu sich. Wir hatten Gelegenheit, ihm die Überlegungen und Absichten unserer Regierungen für diese Konferenz darzulegen. Es handelte sich um einen anderen Konferenztyp als bei jenen Gipfelkonferenzen mit den Sowjets, an deren Vorbereitung ich in den fünfziger und sechziger Jahren mitgearbeitet hatte – konstruktiver und fruchtbarer als jene Monsterkonferenzen, bei denen letztlich immer alles auf den Propagandaeffekt hinausgelaufen war.

Die Entwicklung der internationalen Lage hatte auf diese Weise dazu beigetragen, die wirtschaftspolitischen Akzente meiner Tätigkeit in den letzten Amtsjahren noch zu verstärken. Als ich Japan verließ, waren die Aussichten für einen neuen Konjunkturaufschwung auch in diesem früheren Wirtschaftswunderland nach wie vor ungewiß. Vor meinem geistigen Auge bleiben jedoch unauslöschlich eindrucksvolle Bilder von gigantischen Industrieanlagen haften, die ich besichtigt hatte: die Yawata-Werke von Nippon-Steel in Kita-Kyushu, die Toyota-Automobilwerke in der Nähe von Nagoya, die Mitsubishi-Werft in Nagasaki, die Fuji-Electric Werke in Kawasaki (nahe bei Tokyo), die imposanten Hafenanlagen von Tokyo, Yokohama und Kobe. Mein Vertrauen darauf, daß Japan im Zusammenwirken mit den anderen großen Industrienationen Mittel und Wege finden werde, diese enormen Kapazitäten wieder voller als in diesen schwierigen Jahren zu nutzen, sei es auch im Zuge unvermeidlicher Umstrukturierungen, ist nicht gebrochen.

EIN ZWEITER HUT:
BOTSCHAFTER BEI DEN MONGOLEN

Aufbruch in die Mongolei

Als Wjatscheslaw M. Molotow zusammen mit der sogenannten Anti-Parteigruppe in Ungnade fiel und von Nikita S. Chruschtschow aus seinen obersten Regierungs- und Parteiämtern entfernt wurde, schickte man ihn zunächst als Botschafter nach Ulan Bator. Als meine Ernennung zum Botschafter in der Mongolischen Volksrepublik bekannt gegeben wurde, fehlte es nicht an einigen ironischen oder gar maliziösen Anspielungen auf diesen Präzedenzfall. Ich wehrte sie mit angestrengter Unschuldsmiene ab. Schließlich bliebe ich ja auch noch Botschafter in Tokyo, fügte ich hinzu.

Das war im Februar 1974. Einige Wochen zuvor, im Januar, hatte die Bundesrepublik diplomatische Beziehungen mit der Mongolischen Volksrepublik aufgenommen und in einem in London am 31. Januar unterzeichneten Protokoll mit den Mongolen vereinbart, daß bis zur späteren Errichtung von Vertretungen in den beiderseitigen Hauptstädten der deutsche Botschafter in Tokyo in Ulan Bator und der mongolische Botschafter in Warschau in Bonn akkreditiert werden sollten.

Diese Vereinbarung wich vom üblichen insofern ab, als die meisten westlichen Nationen ihre Botschafter in Moskau bei der mongolischen Regierung zu akkreditieren pflegen – was aus praktischen Gründen naheliegt, da Ulan Bator von Moskau aus (in einem Neunstundenflug mit kurzem Zwischenhalt in Irkutsk) am bequemsten zu erreichen ist. In Bonn jedoch gab man einer politischen Erwägung den Vorrang: Angesichts des sowjetisch-chinesischen Spannungsverhältnisses und der delikaten Lage der teils von sowjetischem, teils von chinesischem Gebiet umschlossenen Mongolei hielt man es für zweckmäßiger, Moskau und Peking aus den deutsch-mongolischen Beziehungen in jeder Hinsicht herauszuhalten und demgemäß auf einen Missionschef zurückzugreifen, der in einem dritten Lande beglaubigt war. So kam man auf die Idee, mich mit dieser Aufgabe zu betrauen, die ich mir im Stillen gewünscht hatte, seitdem ich vom Beginn der deutsch-mongolischen Gespräche gehört hatte.

Was wußte ich, was weiß der Durchschnittsgebildete von den Mongolen und der Mongolei? Aus dem Geschichtsunterricht erinnert man sich dunkel des Namens Dschingis Khan und der vorübergehenden Bedrohung Europas durch mongolische Reiterheere im dreizehnten Jahrhundert. Einigen fällt vielleicht noch der Name Kublai Khan ein, der Name jenes mongolischen Herrschers, der seine Hauptstadt von Karakorum nach Peking verlegte und weit nach Südostasien ausgriff. Als ich die Stadt Fukuoka auf Kyushu besichtigte, wurden mir am nahegelegenen Strande Reste des Mongolenwalls gezeigt, einer Befestigungsanlage, die zu jener Zeit errichtet wurde, als zwei mongolische Versuche, auf dieser südlichen japanischen Insel zu landen, 1274 und 1281, scheiterten. »Kamikaze«, göttliche Winde, hatten geholfen, die mongolischen Schiffe abzuwehren. Für die späteren Jahrhunderte schweigen unsere Geschichtsbücher von den Mongolen. In den zwanziger Jahren unseres Jahrhunderts wurde man wieder an ihre Existenz erinnert, als die Chroniken des Bürgerkrieges zwischen Weiß und Rot von dem abenteuerlichen Zug des weißgardistischen baltischen Barons Roman von Ungern-Sternberg berichteten, der schließlich für kurze Zeit in der mongolischen Hauptstadt Urga ein Schreckensregiment errichtete. Urga: das ist das heutige Ulan Bator. Aus dieser Zeit klingen mir auch die Namen der sibirischen Städte im Ohr, die beim Hin- und Herfluten der roten und weißen Armeen jeweils zum Brennpunkt des Geschehens wurden: Omsk, Nowosibirsk, Krasnoyarsk, Irkutsk, Tschita, Chabarowsk und wie sie alle heißen.

In meiner Jugendzeit während der zwanziger Jahre hatte ich viel über den russischen Bürgerkrieg gelesen, der mich faszinierte. Die Bücher, die damals zu diesem Thema in Deutschland auf dem Markt waren, können sicherlich nicht als wissenschaftlich fundierte Geschichtswerke gelten. Sie waren häufig Mischungen aus Erlebnisbericht und phantasievoller Ausschmückung, geschrieben aus der einseitigen Perspektive von Autoren, die irgendwie selbst in die Ereignisse verwickelt waren. Ich erinnere mich vor allem an ein Buch von Ferdinand Ossendowsky, ›Tiere, Menschen und Götter‹, das Ungern-Sternbergs Regime in der Mongolei beschrieb, und an zwei Bände von Edwin Erich Dwinger, ›Die Armee hinter Stacheldraht‹ und ›Zwischen Rot und Weiß‹. Welches auch immer der Wahrheitsgehalt dieser Literatur gewesen sein mag – sie weckte jedenfalls mein lebhaftes Interesse an diesen turbulenten und folgenschweren Abschnitten der russischen Revolutionsgeschichte und an den Schauplätzen, auf denen sie sich abspielten: Sibirien und Mongolei. Daß ich in diesen fernen Teil der Welt noch einmal selbst gelangen würde, hätte ich mir kaum träumen lassen. Aber, wie so häufig in meinem Leben, trat dieses Unerwartete plötzlich ein.

Kaum hatte ich die amtliche Bestätigung aus Bonn sowie den Auftrag, über den mongolischen Botschafter in Tokyo mein Agrément einzuholen, so betrieb ich mit Nachdruck alle Vorbereitungen für meine neue Aufgabe. Dazu gehörte naturgemäß eine vorherige Reise nach Bonn, um mir nähere Instruktionen für meinen neuen Posten geben zu lassen. Die mir in Bonn zur Verfügung stehende Woche benutzte ich zu einem Abschiedsbesuch bei dem scheidenden Bundespräsidenten Gustav Heinemann und einem Gespräch mit seinem präsumtiven Nachfolger, dem Bundesaußenminister Walter Scheel.

Dem Außenminister konnte ich keine noch so allgemeine Instruktion für meine neue Aufgabe entlocken, obgleich er mir mehr als eine Stunde für unser Gespräch widmete.

Meine persönlichen Beziehungen zu Heinemann hatten sich nie durch besondere Wärme ausgezeichnet. Ich zweifelte nicht daran, daß er in mir einen Mann Adenauers sehen und mir die entsprechenden Gefühle entgegenbringen würde. In diesem Augenblick, der protokollarisch von mir sicher keinen Abschiedsbesuch erforderte, erschien es mir jedoch als eine Anstandspflicht, mich nicht dem Verhalten der Vielen anzupassen, für die ein an einem festen Datum in naher Zukunft ausscheidender Amtsträger schon nicht mehr existiert. Es kam hinzu, daß sich zwar meine Anschauungen denen Heinemanns nicht genähert hatten, daß mir aber die Art und der Stil seiner Amtsführung Respekt einflößten und ich daher einen gewissen Drang verspürte, ihm diesen zu bezeigen. Wie der Bundespräsident die Motive meines Besuches einschätzte, weiß ich nicht. Jedoch kam es zu einem Gespräch, das angenehmer und aufgelockerter war, als alles Vorausgegangene. Wir unterhielten uns über unverfängliche Themen – Japan und die Mongolei – und schieden in freundlicher Stimmung.

Am 18. März 1974 (für das im Osten erwartete Klima hatte ich noch rasch einen Wintermantel mit Pelz füttern lassen) flog ich ab. Bei der Landung in Moskau wanderten meine Gedanken zurück zu jenem Tage, neunzehn Jahre zuvor, an dem Konrad Adenauer auf dem Flughafen von Wnukowo von den Spitzen des Kreml und einer Ehrenkompanie empfangen wurde und zum ersten Male nach dem Kriege auf sowjetischem Boden das Deutschlandlied erklang. Das bescheidene Backsteingebäude, das in Wnukowo als Empfangsgebäude gedient hatte, war hier, auf dem internationalen Flughafen von Sheremetjewo, längst von großzügigen und modernen Empfangsanlagen in den Schatten gestellt worden. Noch vor der Paßkontrolle nahm mich Botschafter Ulrich Sahm, mein engster Mitarbeiter in Pariser NATO-Jahren, in Empfang. Die Fahrt in die Stadt, zur Botschafterresidenz, wo ich wohnen sollte, zeigte auf den ersten Blick, wie sich Moskau in neunzehn Jahren verändert hatte – wie es sich modernisiert und im äußeren Bild den großen westlichen Weltstädten angenähert hatte. Auf der Botschaft hatte man bereits ein Telegramm aus Bonn für mich, das mich nur erheitern konnte und das ich in meine Sammlung »Curiosa« eingeordnet habe. Es lautete: »An Moskau – für Botschafter Grewe. Wegen infektiösem Krankheitsfall an Botschaft Moskau wird von Besuch zu gegenwärtigem Zeitpunkt abgeraten.« Dies bezog sich auf einen Fall von Meningitis bei einem Botschaftsangehörigen, nachdem es in der Moskauer Bevölkerung bereits mehrere solche Erkrankungen gegeben hatte. Die Warnung, die vor meiner Abreise vielleicht sinnvoll gewesen wäre, hatte man von Bonn aus schon in einem Telefongespräch, das mich noch auf dem Flughafen in Frankfurt erreichte, entkräftet. Aber das Räderwerk der Bürokratie lief unbeirrt weiter.

Die drei Tage, die ich für Moskau eingeplant hatte, verliefen ebenso interessant und sachlich ergiebig wie angenehm. Hauptzweck meines Aufenthaltes war die Ausschöpfung aller Informationsquellen über die Mongolei, die mir unsere Moskauer Botschaft bieten konnte. Sie leistete mir denn auch wertvolle Hilfe, von der Sachinformation bis zur Beschaffung eines mongolischen Visums und einiger anderer Gegenstände, die sich plötzlich als erforderlich herausstellten: Bundesflagge, schwarzrotgoldene Kranzschleife für einen am Ehrenmal von Ulan Bator niederzulegenden Kranz, Noten des Deutschlandliedes für die Musikkapelle der Ehrenkompanie, US-Dollar-Noten – die für den Ausländer bequemste Reisedevise in der Mongolei. Die Hinweise für diese Erfordernisse stammten überwiegend aus der mongolischen Botschaft in Moskau, wobei sich die Noten des Deutschlandliedes als der schwierigste Punkt erwiesen. Aber auch sie waren schließlich zur Stelle: Das Protokoll des sowjetischen Außenministeriums hatte sie freundlichst zur Verfügung gestellt!

Nützliche Informationen konnte ich auch bei einigen in Ulan Bator akkreditierten Botschaftern befreundeter Nationen sammeln, beim Doyen, dem mir schon aus Brüssel bekannten Belgier Forthomme, oder dem mir ebenfalls schon aus früheren Begegnungen bekannten türkischen Botschafter. Andere Begegnungen ergaben sich in der einfachsten und zwanglosesten Weise auf einem Konzertabend in der luxemburgischen Botschaft, der sich zu einem besonderen Erlebnis entwickelte: Der Künstler des Abends war der in der ganzen Welt berühmte Cellist Mstislaw Rostropowitch. Am Flügel begleitete ihn ein Pianist von hohem Können, der mir bis dahin als solcher unbekannt gewesen war: der Hausherr und Gastgeber Adrien Meisch, Botschafter Luxemburgs, vor vielen Jahren zweiter Mann an der luxemburgischen NATO-Vertretung in Paris und von daher ein alter Bekannter. Für meinen Geschmack war es eines der schönsten und bewegendsten Cello-Konzerte, die ich je gehört hatte. Die Zuhörerschaft an diesem Abend entsprach dem politischen »Standing« des Künstlers: Rostropowitch hatte längere Zeit sein Landhaus Alexander

Solchenytzin als Unterkunft zur Verfügung gestellt. Was das für seinen politischen Ruf bedeutete, braucht nicht näher ausgeführt zu werden. Demgemäß war denn auch an diesem Abend keine einzige sowjetische Persönlichkeit aus dem offiziellen Bereich zu erblicken. Anwesend waren nur Ausländer, oder, soweit es sich um sowjetische Bürger handelte, ausschließlich solche Personen, deren politischer Ruf ohnehin schon so weit ruiniert war, daß sie – mit Wilhelm Busch zu sprechen – zwar nicht »gänzlich ungeniert« lebten, aber wohl glaubten, daß sie nichts mehr zu verbergen brauchten. Von einigen hieß es, sie bemühten sich seit Jahren vergeblich um eine Auswanderungsgenehmigung. Das galt beispielsweise für die Witwe Sergei Prokofieffs, eine Spanierin, der man die Rückkehr in ihre Heimat verweigerte.

Rostropowitch, der dann selbst noch im gleichen Jahre ins Ausland ging, sprach gut deutsch, so daß ich einige Worte mit ihm wechseln konnte, doch hielt ich es in seinem Interesse für besser, mich zurückzuhalten. Dem wachsamen Auge des »großen Bruders« würde auch hier nichts verborgen bleiben. So hielt ich mich an die anderen Gäste, unter denen mehrere alte Bekannte waren: Nuri Birgi, der frühere türkische NATO-Botschafter, mein Kollege während aller NATO-Jahre, ebenfalls nur auf der Durchreise in Moskau, und ein anderer alter Bekannter aus NATO- und Washingtoner Tagen: Walter Stoessel, der gerade erst eingetroffene neue Botschafter der Vereinigten Staaten. Er war »Political advisor« bei SACEUR gewesen, das heißt bei General Lyman Lemnitzer. Sahm hatte ihn ohnehin für den nächsten Tag zu einem intimen Frühstück zu Dreien eingeladen, so daß Gelegenheit zu ausgiebigen Gesprächen gegeben war, wobei ich die Tradition meiner Bekanntschaft mit allen amerikanischen Botschaftern in Moskau seit dem Kriege fortsetzen konnte: Averell Harriman, Walther Bedell Smith, Charles Bohlen, George Kennan, Lewellin Thompson, Foy Kohler, Jacob Beam – mit ihnen allen hatte ich irgendwann und irgendwo zu tun gehabt. So fügte ich gern Walter Stoessel als letzte Blume in dieses Bukett ein – ohne zu ahnen, daß ich ihn eines Tages als amerikanischen Botschafter in Bonn wiedersehen würde.

Am Abend des 22. März startete ich nach Ulan Bator: Sieben Flugstunden bis Irkutsk, dort eine Stunde Aufenthalt, die außer mit den Paß- und Zollformalitäten mit einem vorzüglichen, rasch servierten Frühstück im Flughafenrestaurant ausgefüllt wurde, nach einer weiteren Flugstunde Landung in Ulan Bator: ein großräumiger Flugplatz mit winzigem Empfangsgebäude; eine weite Hochebene, am Horizont von einer mäßig hohen Gebirgskette begrenzt. Nirgends Schnee und Eis, keine Kältegrade von minus zwanzig oder dreißig, wie ich erwartet hatte, statt dessen Sonnenschein und Temperaturen um ein Grad unter Null. Zum Empfang standen an der Gangway der stellvertretende Protokollchef des Außenministeriums und ein Referent der Europa-Abteilung, der mir für die Dauer meines Aufenthaltes als Begleiter und Dolmetscher zugeteilt war. Erste erfreuliche Überraschung: nicht nur der Dolmetscher, auch der stellvertretende Protokollchef sprachen deutsch. Dies war überhaupt eine der großen Überraschungen meiner Reise: Entgegen meinen entsprechenden Befürchtungen bin ich nie in ernste sprachliche Verständigungsschwierigkeiten geraten – und dies hauptsächlich deswegen nicht, weil die Kenntnis der deutschen Sprache in dieser Region viel weiter verbreitet ist, als ich es je für möglich gehalten hätte. Höhepunkte: eine Kellnerin im Hotel Ulan Bator; die Durchsagen in den Flugzeugen des innersowjetischen Flugverkehrs in Sibirien, die auf russisch, englisch und deutsch erfolgten; die Etagenfrau im Hotel in Chabarowsk, der ich in meinem kleinen, deutsch-russischen Sprachführer den russischen, korrekt in kyrillischen Buchstaben gedruckten Satz zeigte: »Bitte wecken Sie mich morgen früh um sechs Uhr« – die mich daraufhin belustigt ansah und mich dann mit etwas hartem Akzent, aber fehlerfrei fragte: »Warum sprechen Sie nicht deutsch?« Weniger überraschend, aber immerhin erwähnenswert fand ich, daß die Inturist-Führerinnen in Irkutsk und Chabarowsk, meist Germanistik-Studentinnen, in noch besserem Deutsch die Vorzüge Sibiriens und die Errungenschaften des Sowjetstaates priesen.

In Ulan Bator

Die mongolische Hauptstadt hat eine rasch wachsende Einwohnerzahl (1974: Dreihundertzehntausend), die etwa derjenigen der Bundeshauptstadt Bonn entspricht. Die Gesamtbevölkerung des Staates zählt etwas weniger als eineinhalb Millionen Menschen, die ein Gebiet von der Ausdehnung Westeuropas bewohnen. Bei einer dementsprechenden Bevölkerungsdichte von weniger als einer Person pro Quadratkilometer kommt in der wachsenden Hauptstadt der Drang dieses früheren Nomadenvolkes in städtische Siedlungsformen zum Ausdruck.

Ulan Bator besteht heute aus einem modernen Stadtzentrum mit breiten Straßen, einigen großen Plätzen, hellen, recht ansehnlichen Wohnhäusern mit durchschnittlich vier Stockwerken, einigen modernen Apartmenthäusern mit acht bis zwölf Stockwerken, öffentlichen Gebäuden, wie Theater, Akademien, Postämtern in einem klassizistischen Stil, einem monumentalen Regierungs- und Parlamentsgebäude im Stil der Berliner neuen Reichskanzlei am zentralen Sukhe-Bator-Platz, einem Bahnhof, von dem täglich ein Zug nach Irkutsk und wöchentlich ein Zug nach Peking abfährt; mehreren Hotels, von denen für Ausländer nur das Hotel

›Ulan Bator‹ in Frage kommt – ein in den sechziger Jahren von tschechischen Architekten entworfener und von chinesischen Arbeitern ausgeführter Bau mit etwa zweihundert Zimmern. Rund um diesen modernen Stadtkern schließt sich ein Ring von Jurtensiedlungen, traditionellen runden Filzzelten, die für ein Nomadenvolk angemessene Unterkünfte waren, weil sie sich rasch ab- und wieder aufbauen ließen und gut transportierbar waren. Seitdem die Mongolen jedoch mehr und mehr seßhaft geworden sind, haben sie die Vorzüge moderner steinerner Wohnhäuser mit Heizung und sanitären Einrichtungen erkannt und drängen aus den Jurten heraus in die Wohnviertel – eines der größten sozialen Probleme des Landes.

Als Verkehrsmittel gibt es nur Autobusse, Fahrräder in nicht zu großer Menge, viele Motorräder, deren Zahl rasch zunimmt; Autos gibt es praktisch nur für den öffentlichen Dienstgebrauch; auch im Stadtgebiet sieht man noch immer Mongolen auf ihren kräftigen, aber kleinwüchsigen Pferden. Verkehrsgetümmel, Abgase, Motorenlärm und ähnliche Schrecken moderner Großstädte fehlen. Am frühen Abend breitet sich in den gutbeleuchteten Straßen wohltuende Stille aus, unterbrochen nur von dem Widerhall der Schritte vereinzelter Fußgänger.

Der offizielle Teil meines Aufenthaltes gipfelte in der zeremoniellen Übergabe des Beglaubigungsschreibens, umrahmt von einigen Höflichkeitsbesuchen im Außenministerium und beim Kultur- und Außenhandelsminister.

Am Morgen des ersten Tages holte mich der Protokollchef vom Hotel ab und geleitete mich zu dem nur einige hundert Schritte entfernten Gebäude des »Großen Volkshurals«, vor dem eine Ehrenkompanie der Armee aufgestellt war. Eine Militärkapelle spielte das Deutschlandlied nach den vom Moskauer Protokoll gelieferten Noten und die mongolische Hymne; es folgten das Abschreiten der Front und die Begrüßung der Soldaten mit einigen auswendig gelernten mongolischen Brocken, im Inneren des Gebäudes das übliche Präsentationsritual mit Reden, Übergabe des Beglaubigungsschreibens und konventionellem Gespräch, das sich vom Wetter über Dschingis Khan bis zur Gegenwart bewegte. Adressat meiner Rede war der stellvertretende Vorsitzende des Großen Volkshurals, Sonomyn Luvsan. Der eigentliche Vorsitzende war verstorben, ein Nachfolger nicht gewählt worden. Der eigentliche Staatschef, Parteisekretär Jumschagin Tsedenbal – seit Ende 1974 auch formell Regierungschef –, befand sich mit einer mongolischen Delegation in Moskau. Das an die Reden anschließende Gespräch, an dem sich auch der Außenminister beteiligte, verlief bei einigen Gläsern Krim-Wein in aufgelockerter Atmosphäre. Später, im Laufe des Tages, stattete ich dem Außenminister sowie dem Kultur- und Außenhandelsminister Besuche ab. Alle Bemühungen, diesen Gesprächen ein Mindestmaß an Substanz zu injizieren, erwiesen sich als hoffnungslos. Der Außenminister zeigte keine Neigung, sich näher auf außenpolitische Themen einzulassen; Außenhandels- und Kulturminister wichen jeder konkreten Frage aus (der Kulturminister verwies meist auf die Zuständigkeit anderer Instanzen); spezielle Wünsche oder Interessen wurden über den ganz allgemeinen Wunsch zur Intensivierung der Zusammenarbeit hinaus nicht vorgebracht. Der Kulturminister ließ allerdings durchblicken, daß Besuche von Wissenschaftlern eine vertragliche Rahmenabmachung in Gestalt eines Kulturabkommens erforderten.

Die Atmosphäre während meines viertägigen Besuches war stets freundlich und entgegenkommend und besonders am letzten Abend bei einem mir vom stellvertretenden Außenminister gegebenen Abendessen entspannt und angeregt, nachdem die Dolmetscher außer Funktion gesetzt waren und die Unterhaltung auf englisch geführt werden konnte.

Am folgenden Tage bemühte ich mich vor allem um Kontakte mit ortsansässigen Kollegen des diplomatischen Korps. Dieses bestand in erster Linie aus Vertretern aller Staaten des sozialistischen Lagers: der Sowjetunion, des gesamten Ostblocks, Chinas, Nordkoreas, Nordvietnams sowie der »provisorischen« Vietkong-Regierung. Abgesehen von diesem kommunistischen »Familienkreis« gab es ortsansässige Botschafter Großbritanniens, Frankreichs, Indiens und Japans. Botschaftsgebäude besaßen jedoch nur Großbritannien und Indien. Die Japaner hatten Aussicht, ein Gebäude zu erhalten; sie konnten es 1975 beziehen. Der Franzose wohnte und arbeitete (mit einem zweiköpfigen Ministab) in einigen Zimmern des Hotels Ulan Bator und hielt sich den größeren Teil des Jahres in Paris auf.

Naturgemäß ist jedes neue Gesicht in Ulan Bator eine hochwillkommene Abwechslung. Dementsprechend verliefen auch die Fühlungnahmen nicht im gewöhnlichen formellen Stil: Der Engländer lud mich zum Abendessen zu sich nach Hause, woraus sich ein sehr angeregter und für mich höchst interessanter Abend mit ihm und seiner Frau entwickelte. Mit dem japanischen Botschafter und seiner Frau aß ich zu Mittag, der Inder lud mich zum Tee, der Franzose zu einigen Drinks in seiner Suite ein.

Diese Gespräche waren für mich bei der Kürze meines Aufenthalts praktisch die wertvollste Informationsquelle, ohne sie hätte ich schwerlich einen halbwegs substantiellen Bericht über die Mongolei schreiben können.

Einige Partien meines Berichts über meine ersten Eindrücke seien hier wiedergegeben:

Besucher aus dem Westen, die sich nach kurzem Aufenthalt berufen fühlen, ein Buch über die Mongolei zu schreiben, zeigen sich meist beeindruckt von dem Aufschwung, den das Land in den letzten fünfzig Jahren genommen hat, von der Fassade des Fortschritts und der Modernität, den das Stadtbild von Ulan Bator bietet, von dem Bemühen, die nationale und kulturelle Eigenständigkeit des mongolischen Volkes hervorzukehren.[1]

Die ortsansässigen Beobachter aus nichtkommunistischen Staaten zeigen sich in ihrem Urteil sehr viel reservierter und skeptischer. Sie beurteilen die wirtschaftliche Aufbauleistung und die Wirtschaftsentwicklung der letztvergangenen und der kommenden Jahre recht kritisch; was erreicht worden ist, beruht nach ihrer Auffassung in ganz entscheidendem Maße auf der Wirtschaftshilfe sozialistischer Staaten, vor allem natürlich der Sowjetunion. Nahezu fünfzig Prozent der jährlichen Staatseinkünfte stammen aus ausländischen Quellen – einer Wirtschaftshilfe, deren zweckmäßige Verwendung bezweifelt wird und die keineswegs abnehmende, sondern eher eine zunehmende Tendenz aufweist. Die DDR hat im letzten Herbst die kommerzielle Basis ihrer Wirtschaftshilfe aufgegeben und ist dazu übergegangen, ihre Leistungen als Schenkungen zu vergeben. Mit den Bulgaren mußte ein Umschuldungsabkommen geschlossen werden, weil die Mongolen ihren Verpflichtungen nicht nachkommen konnten. Die Erfüllung der Ziele des laufenden fünften Fünfjahresplans (1971-1975) wird bezweifelt, insbesondere was das Fünfundzwanzig-Millionen-Ziel für Zuchtvieh anlangt. Als bezeichnend für die Wurzel des Übels wird die Tatsache angesehen, daß die Zuchtviehzahlen unter das Niveau der Zeiten vor der Kollektivierung abgefallen sind. Die alles lähmende Kollektivierung der Viehwirtschaft, der Einfluß ideologisch-politischer Doktrinen auf den industriellen Aufbau und das Versäumnis, sich rechtzeitig auf die Ausbeutung der reichen Bodenschätze des Landes zu konzentrieren, gelten als Hauptursachen für die kümmerliche Eigenentwicklung der mongolischen Wirtschaft. Die besten Aussichten für eine bessere Entwicklung dürften auf dem letzterwähnten Gebiet liegen: Das Land birgt reiche Schätze an Mineralien, insbesondere Kupfer, Molybdän, Wolfram, Öl, Kohle, Flußspat und anderes. Zusammen mit den Sowjets (bei nominell einundfünfzigprozentiger mongolischer Beteiligung) ist neuerdings die Ausbeutung der Kupfer- und Molybdän-Lager in Erdenetin Oboo im Bezirk Bulgan Aimag in Angriff genommen worden. Das Ausmaß der Kupfervorräte wird mit dem der chilenischen verglichen. Die Förderung dürfte jedoch erst ab 1980 anlaufen.

Den Angaben des mongolischen Außenhandelsministers zufolge gab es im Jahre 1973 einen Warenaustausch mit der Bundesrepublik Deutschland in Höhe von fünfhunderttausend Dollar. Bezogen werden vor allem Ersatzteile für industrielle Ausrüstungen und Chemikalien. Offensichtlich fällt es den Mongolen schwer, Gegenleistungen zu erbringen, mit denen sie ihre Importe bezahlen können. Nicht nur ist nahezu ihre gesamte Exportkapazität zugunsten der Sowjetunion und anderer Länder des COMECON verplant, auch die mangelhafte Qualität ihrer verarbeiteten Produkte erschwert den Absatz in westlichen Ländern. Ein Gang durch das größte Warenhaus von Ulan Bator enthüllt sofort, daß von den dort angebotenen Waren bei uns wenig zu verkaufen wäre. Diese Lage erklärt wohl auch das Fehlen jeder Bemühung des Außenhandelsministers, das Gespräch mit mir zu konkretisieren. Ich sehe vorerst keinen Anlaß, unsererseits besondere Bemühungen zu unternehmen.

Die Japaner haben die fatale Erfahrung gemacht, daß ihre handelspolitischen Gespräche mit den Mongolen als erstes Ergebnis eine kaum verhüllte Reparationsforderung erbrachten: Die Mongolen wünschten eine Projekthilfe in Höhe von achtzig Millionen Dollar, wobei sie ungeniert auf die Opfer hinwiesen, die mongolische Soldaten in den Kämpfen von 1939 (Nomonhan) und 1945 (Mandschurei) gebracht hätten. Für die Japaner sind diese Argumente kaum beeindruckend und die Wünsche übersetzt.

Daß die Mongolen nicht zimperlich sind, die Kapitalisten zu schröpfen, bemerkt man schon nach wenigen Tagen des Umgangs mit ihnen: Den Diplomaten werden horrende Dollarbeträge für die Unterkunft im einzigen Ausländerhotel der Stadt, für vom Außenministerium vermittelte Dienstleistungen (wie Gestellung eines Wagens mit Chauffeur) und zeremonielle Kranz- und Blumenspenden abverlangt. Der Vertreter des Außenministeriums scheute sich auch nicht, mir an einem Tage die reichliche Einwechslung von Dollar in Landeswährung (1 Dollar = 3,42 Togruk) zu empfehlen und nach der von ihm vermittelten Einwechslung am nächsten Tag die Bezahlung aller Rechnungen in Dollar zu verlangen.

Was die mongolische Eigenständigkeit anlangt, so können äußere Symbole staatlicher Souveränität und die Pflege mongolischer Folklore (einschließlich einiger musealer, »for show« gedachter Überbleibsel lamaistischer Religiosität) nicht darüber hinwegtäuschen, daß dieses eine vom »großen Bruder« total gleichgeschaltete und dominierte Provinz ist; bezeichnend, daß die sowjetischen Botschafter in Ulan Bator meist aus den Reihen sibirischer Bezirksparteisekretäre rekrutiert werden.

Man braucht dabei nicht zu vergessen, daß die Mongolen nur zwischen der Anlehnung an einen der beiden großen Nachbarn – China oder Sowjetunion – zu wählen hatten und daß die von ihnen getroffene Wahl die nächstliegende und vernünftigere war: nicht nur was die sowjetischen Hilfsmöglichkeiten anlangt, die auch vor dem Bruch zwischen Moskau und Peking zu unvergleichlich größeren sowjetischen Hilfeleistungen führten, sondern auch im Hinblick auf historische und demographische Gründe. Der Übergang zum Sozialismus sowjetischen Stils und die Wendung zur

Sowjetunion waren das Mittel, die ökonomische Vorherrschaft der seit Jahrhunderten im Lande ansässigen chinesischen Händler zu brechen. Über ihre Grenzen hinweg beobachten die Mongolen im übrigen die chinesische Siedlerinfiltration in der inneren Mongolei, die dort bereits die Mehrheitsverhältnisse umgekehrt und die Mongolen in die Minderheit versetzt hat. Obgleich die Mongolei mit ihrer winzigen Bevölkerung an akutem Arbeitskräftemangel leidet und vor Ausbruch des chinesisch-sowjetischen Konflikts viele chinesische Gastarbeiter beschäftigte, erscheint ihr diese Entwicklung unheimlich und erschreckend. Kein Wunder, daß Schutz vor dem chinesischen Nachbarn daher das A und O aller mongolischen Politik ist und zwangsläufig zur vollen Integration in den sowjetischen Machtbereich führte.

Die Konsequenz ist, daß es keinerlei noch so schwache Regungen einer eigenen Außenpolitik gibt. Höchstens, daß man sich darauf spezialisiert, die besondere Rolle eines »asiatischen Repräsentanten des sozialistischen Lagers« zu spielen und Konzepte der sowjetischen Außenpolitik wie die Breschnew-Idee eines kollektiven Sicherheitssystems für Asien in diesem Teil der Welt zu propagieren, wobei dann auch die Kanäle des Welt-Buddhismus benützt werden.

Dieses alles bedeutet nicht, daß die Mongolen ideologisch besonders engagierte Anhänger des Marxismus-Leninismus wären. Besonders in der jüngeren Generation scheint dafür wenig Enthusiasmus zu bestehen. Es handelt sich mehr um eine Vernunftehe mit dem sowjetischen Nachbarn. Auffällig ist im Straßenbild das völlige Fehlen von Spruchbändern und kommunistischen Emblemen.

Was die Vernunft der Sowjetregierung gebietet, liegt auf der Hand: Es ist die Sicherung der viertausenddreihundert Kilometer langen mongolisch-chinesischen Grenze, die für die Sicherheit Südsibiriens von vitaler Bedeutung ist. Die Sowjetunion unterhält Flugplätze, Raketenbasen und andere militärische Installationen, konzentriert vor allem in vier Bezirken, mit Schwerpunkten an der Eisenbahnlinie Ulan Bator-Peking und an der manchurischen Grenze. Die Zahl der in der Mongolei stationierten Sowjettruppen ist begrenzt. Das sowjetische Konzept ist darauf angelegt, alle Vorbereitungen zu treffen, die es ermöglichen, im gegebenen Augenblick aus Richtung Irkutsk rasche Truppenverlegungen vornehmen zu können.

Monumente mongolischer Vergangenheit

Bei einem Rundgang durch das Zentrum Ulan Bators stößt man auf einige Monumente, wenige nur, die jedoch die Geschichte dieses Staatswesens und des mongolischen Volkes konzentriert zur Darstellung bringen.

Vor der großen Halle des Volkes, in der sich die Akkreditierungszeremonie abgespielt hatte, einem riesigen, langgestreckten Bau, der gleichzeitig Parlament, Regierung und Parteispitze beherbergt, steht das Mausoleum für die Helden der Revolution (in dem ich meinen Kranz niederlegte), das unverkennbar eine getreuliche Kopie des Lenin-Mausoleums auf dem Roten Platz in Moskau ist. Es ist den mongolischen Revolutionshelden, Sukhe Bator und Tschoibalsan, gewidmet. Vor dem Hotel ›Ulan Bator‹ steht, in einer seiner berühmten Rednerposen, ein Steinmonument Lenins. Etwas abseits von diesem zentralen Platz, vor dem Gebäude der Akademie der Wissenschaften, fällt das Auge auf eine Statue von Stalin, der starr, ohne jede Rednerpose, unbeweglich in die Ferne blickt. Sukhe Bator, der schon mit dreißig Jahren (1924) starb, ist mehr oder minder nachträglich zum Nationalhelden, zu einem »mongolischen Lenin« idolisiert worden. Zusammen mit Tschoibalsan, der nach dem Tode von Sukhe Bator Marschall und Regierungschef der Mongolischen Volksrepublik wurde und dann bis zu seinem Lebensende (1952) deren Geschicke bestimmte, gehörte er zu jenen jungen Mongolen, die sich 1919 zunächst gegen das Regiment des chinesischen Generals Hsu auflehnten und dabei eng mit einigen russischen kommunistischen Agitatoren aus Irkutsk kooperierten. Als im Februar 1921 der weißrussische General von Ungern-Sternberg Urga eroberte, organisierten sie an der russischen Grenze die ersten mongolischen Partisaneneinheiten, die sich später zur mongolischen Volksarmee formierten. Am 1. März 1921 gründeten sie in Kiachta die Mongolische Revolutionäre Volkspartei, die noch heute die allein herrschende Staatspartei ist. Ihr Programm war mehr nationalistisch als kommunistisch und proklamierte als Ziel die Vereinigung aller mongolischen Stämme in einem einzigen autonomen Staat. Im Juli desselben Jahres besetzten Truppen der Roten Armee zusammen mit mongolischen Partisanen Urga. Ungern-Sternberg wurde exekutiert, eine Regierung der mongolischen Volksrepublik errichtet, die Unabhängigkeit erneut (nach der ersten Unabhängigkeitserklärung von 1911) proklamiert. In den ersten Jahren des neuen Staates blieb das Oberhaupt der lamaistischen Kirche, der Bogdo Gegen (Dshebtsundampa Hutuktu, wie er auch genannt wurde), zugleich Staatsoberhaupt; lamaistische Mönche und Vertreter verschiedener politischer Schattierungen bildeten die Regierung. 1924 starb der Bogdo Gegen, und es war Tschoibalsan, der jetzt, nachdem auch Sukhe Bator nicht mehr lebte, die »Wiedergeburt« eines Bogdo

Gegen verhinderte und den Staat zu einer vollen Republik machte. Von diesem Zeitpunkt an, wenngleich in langsamem Rhythmus, steuerte die Mongolische Volksrepublik auf Linkskurs. Wiederum war es Tschoibalsan, der diesem Kurse neue Impulse gab: In der zweiten Hälfte der dreißiger Jahre folgte er dem Beispiel der stalinistischen Säuberungen und beseitigte seine eigenen früheren Kampfgenossen. In dieser Zeit begann man auch, die Betonung alles Eigenständig-Mongolischen als bourgeoisen Nationalismus zu diffamieren. Erst nach Stalins Tod ging diese Tendenz wieder zurück.

Während das Bild Sukhe Bators blaß und unscharf bleibt, gewinnt dasjenige Tschoibalsans seine Konturen vor allem im Zusammenhang mit der Übernahme stalinistischer Methoden und Vorbilder. Gleichwohl sind sie die Nationalheiligen geblieben – wie man denn auch Stalins Statue unangetastet gelassen hat: kleine Abweichungen also vom sowjetischen Vorbild. Aber sie ändern nichts daran, daß dieses Staatswesen sich nicht wesentlich von einer autonomen Sowjetrepublik unterscheidet. Lenins Standbild vor dem Hotel ›Ulan Bator‹ spiegelt die volle politische Realität der inneren und äußeren Situation des Landes. Womit nicht gesagt sein soll, daß seine Bevölkerung vergessen hätte, daß sie mongolisch ist.

Unweit des eigentlichen Stadtgebietes ragt aus der weiten, von niedrigen Gebirgsketten eingerahmten Ebene, in der Ulan Bator liegt, ein steiler Hügel empor, der von einem großen, runden, steinernen Ehrenmal gekrönt ist. Wenn man die vielen Stufen hinaufgestiegen ist und einen ersten Blick auf die unten liegende Stadt geworfen hat, fällt das Auge auf farbige Fresken, mit denen die Innenwand des großen, offenen, steinernen Rundbaus geschmückt ist: Fresken, die im Stile des sozialistischen Realismus die Heldentaten mongolischer Soldaten verherrlichen. Einer von ihnen setzt den Fuß auf eine japanische Fahne, deren Schaft ein am Boden liegender Japaner umklammert; ein wenig weiter rechts eine ähnliche Szene mit einer Hakenkreuzfahne und einem am Boden liegenden deutschen Soldaten. Die letztere Szene kann sich wohl nur auf die Beteiligung mongolischer Truppenkontingente am Großen Vaterländischen Krieg der Sowjetunion beziehen. Einen weiterreichenden historischen Hintergrund mongolisch-deutscher Konflikte gibt es nicht – wenn man nicht auf die Schlacht von Liegnitz zurückgreifen will, in der im Jahre 1241 ein vereinigtes Heer deutscher und polnischer Ritter einem mongolischen Reiterheer unterlag.

Für die mongolisch-japanischen Beziehungen gibt es dagegen einen historischen Hintergrund, der zumindest in den Anfang der dreißiger Jahre zurückreicht: Als die Japaner 1932 in die Mandschurei eindrangen, entfachten sie in der östlichen und inneren Mongolei Hoffnungen auf einen autonomen mongolischen Staat unter japanischer Protektion. Diese Hoffnungen wurden indessen bald, insbesondere durch die Ereignisse des Jahres 1939 und die japanische Besatzungspolitik während der Kriegsjahre 1939 bis 1945, enttäuscht.

Im Frühsommer 1939 kam es an der Grenze zwischen China und der Mongolischen Volksrepublik zu bewaffneten Zusammenstößen zwischen sowjetischen und japanischen Truppen, die in der Schlacht von Nomonhan gipfelten. Die dramatische Zuspitzung der Lage in Europa in den letzten Monaten vor Ausbruch des Zweiten Weltkrieges hat zur Folge gehabt, daß diese Schlacht (um eine solche handelte es sich, denn es waren auf beiden Seiten Verbände in Divisionsstärke beteiligt) von der Weltöffentlichkeit kaum beachtet wurde und ihre weitreichenden Folgen nur von wenigen erkannt wurden. Es mag daher angebracht sein, an diese wenig bekannten Vorgänge zu erinnern: Ihre Vorgeschichte bildete die Errichtung des japanischen Satellitenstaates Mandschukuo, die von der Sowjetunion mit verstärkter Stützung und Bindung der Mongolischen Volksrepublik beantwortet wurde. Es kam zu einer Reihe von Grenzzwischenfällen an der sowjetisch-mandschurischen und mongolisch-mandschurischen Grenze. Einem ersten bewaffneten Konflikt im Juni 1937 folgte ein zweiter blutiger Zusammenstoß zwischen sowjetischen und japanischen Truppen (auf deren Seite es fünfhundert Tote und neunhundert Verletzte gab) im Sommer 1938 an der mandschurisch-koreanisch-sibirischen Grenze. Beide Male wurden die Feindseligkeiten durch diplomatische Verhandlungen zwischen dem japanischen Botschafter Shigemitsu und dem sowjetischen Außenminister Litwinow in Moskau beigelegt. Der dritte und größte Zusammenstoß begann im Mai 1939 in der Nähe des Dorfes Nomonhan an der mandschurisch-mongolischen Grenze. Gefechte zwischen mandschurischen und mongolischen Grenztruppen verwandelten sich rasch in Kampfhandlungen größeren Ausmaßes zwischen sowjetischen und japanischen Truppen unter Einsatz von Hunderten von Tanks, Kampfflugzeugen und Geschützen. Eine am 1. Juli von der Kwantung-Armee in Divisionsstärke unternommene Offensive lief sich rasch fest und führte am 20. August zu einer sowjetisch-mongolischen Gegenoffensive, die den Japanern schwere Verluste zufügte und sie zum Rückzug zwang. Eine vom Oberkommando der Kwantung-Armee geplante abermalige Offensive mit drei Divisionen wurde jedoch vom Hauptquartier der japanischen Streitkräfte in Tokyo abgelehnt und den Truppen statt dessen ein weiterer Rückzug befohlen. Am 8. September wurde zwischen Molotow und dem neuen japanischen Botschafter in Moskau, Shigenori Togo, ein Waffenstillstand vereinbart. Bis zu diesem Zeitpunkt hatte die Kwantung-Armee bereits achttausendundvierzig Mann eingebüßt. Auf beiden Seiten hatten mongolische Truppen gekämpft. Kavallerie der Mongolischen Volksrepublik und Kamelreiter-Einheiten aus der Inneren

Mongolei gaben den Kämpfen pittoreske Züge. Auf der japanischen Seite gab es Selbstmordkommandos, die mit Molotow-Cocktails sowjetische Panzer bekämpften.

Nachdem die Japaner vernichtend geschlagen und zurückgeworfen worden waren, haben sie von diesem Zeitpunkt an nie wieder versucht, einen Vorstoß nach Nordwesten zu unternehmen; ihr Expansionsdrang konzentrierte sich von da an völlig auf Süd- und Südostasien. Zugleich zog die japanische militärische Führung aus dem Ablauf dieser Kämpfe Lehren in bezug auf die Qualität und Kampfkraft der Roten Armee, die sehr viel wirklichkeitsnäher waren als die entsprechenden Einschätzungen, die bei ihren deutschen Verbündeten damals im Schwange waren. Was aber die Mongolen anlangte, so erwies sich Nomonhan als ein japanischer Gesichtsverlust, der bei Asiaten nie ganz wieder gutzumachen ist. Für die Mongolen hatte Japans militärische Kraft ihre Glaubwürdigkeit verloren. Eine in der Inneren Mongolei von 1939 bis 1945 amtierende projapanische Regionalregierung erlangte niemals volle Autorität und konnte nicht verhindern, daß sich das Prestige der japanischen Besatzungsmacht laufend verminderte und Japan allmählich jede Anziehungskraft für mongolische Autonomiebestrebungen verlor. Als die Sowjetunion in den letzten Tagen des Zweiten Weltkrieges in den Krieg gegen Japan eintrat und die Rote Armee in die Mandschurei eindrang, nahmen abermals mongolische Einheiten an den letzten Kampfhandlungen teil, die sich dabei noch entwickelten.

Dieses alles bildete wohl den historischen Hintergrund für die heroisierenden Wandmalereien in dem Heldenmal hoch über der Stadt Ulan Bator. Ich will nicht den Anschein erwecken, daß mir dieser Hintergrund in allen eben geschilderten Einzelheiten beim Betrachten der Malereien bekannt gewesen sei: vielmehr als die Tatsache, daß es die Schlacht von Nomonhan gegeben hatte, und daß sie ein wichtiger Wendepunkt war, wußte ich kaum. Um so mehr reizte es mich, nach Tokyo zurückgekehrt, mich über diesen schlecht ausgeleuchteten Winkel der neueren Geschichte zu informieren.

Beim Herabsteigen von dem Denkmalshügel fiel mir ein, was mir mein französischer Kollege erzählt hatte: daß man ihm an einem offiziellen Gedenktag nahegelegt hatte, dort einen Kranz niederzulegen – was er mit der Begründung abgelehnt hatte, es handle sich wohl doch mehr um eine interne Feierlichkeit innerhalb der kommunistischen Staatenfamilie. Hatte er wirklich gemeint, was er da sagte? Hatte er nicht die beiden Monumente verwechselt, das Ehrenmal für die Revolutionshelden und das für die Helden des Großen Krieges und seines Vorspiels?

Durch vier kommunistische Staaten

Mein zweiter Besuch in der Mongolei zielte auf die Teilnahme am mongolischen Nationalfeiertag, der am 11./12. Juli in Ulan Bator begangen werden sollte. Anschließend wollte ich über Moskau nach Deutschland fliegen, um dort meinen Sommerurlaub zu verbringen. Daher begleiteten mich meine Frau und meine beiden jüngeren Kinder, die in Tokyo die deutsche Schule besuchten: Stefan, damals fünfzehneinhalb, und Carola, vierzehn Jahre alt.

Dieses Mal wählte ich den Weg über China: Flug bis Shanghai, von dort – mit einigen Zwischenstationen – mit der Bahn über Nanking bis nach Peking und dann weiter mit dem Peking-Moskau-Expreß, der nach Ulan Bator dreißig Stunden braucht.

China kannte ich bis dahin nur aus seinen nicht-kommunistischen Exklaven, Hongkong, Taiwan und Singapore (das man bis zu einem gewissen Grade dazu rechnen darf). Dieses war die erste Begegnung mit dem Reiche Maos – in jener besonderen Gestalt, die sich nach der Kulturrevolution unter dem Einfluß jener Kräfte herausgebildet hatte, die man heute in China die »Viererbande« nennt. Nach dem Sturze dieser Gruppe hat sich vieles verändert und ein tiefgreifender Prozeß des Wandels scheint seinen Fortgang zu nehmen. Obgleich ich während meines kurzen Aufenthaltes in China manche interessanten Eindrücke gewonnen habe, die wohl auch heute noch gültig sind, will ich doch auf ihre Schilderung verzichten, da die Abgrenzung zwischen kurzfristig-zeitbedingten und längerfristig-bleibenden Wesenszügen des heutigen China aus der Ferne nicht mit Sicherheit zu vollziehen ist. Ich überspringe daher diese Etappe bis zum Zeitpunkt der Abfahrt aus Peking.

Einmal in der Woche, jeden Mittwoch um sieben Uhr vierzig, verläßt ein schon aus Shanghai gekommener Expreßzug nach Moskau den Bahnhof von Peking. Er kommt am Mittag des folgenden Tages in Ulan Bator an und braucht dann noch einmal fünf Tage bis Moskau. Er wird von den Chinesen betrieben; ein sowjetischer Gegenzug verkehrt auf der Strecke Moskau-Peking durch die Mandschurei. Die Wagen sind relativ neu, in der DDR gebaut und mit einem etwas altmodischen Plüschkomfort ausgestattet. In der Luxusklasse hat man ein Abteil für zwei Personen mit einem separaten Waschkabinett, das man allerdings mit einem Nachbarabteil zu teilen hat. Der Zug führt bis zur Grenze einen Speisewagen, in dem man, wie fast überall in China, ebenso preiswert wie vorzüglich ißt. Jenseits der Grenze ist man auf sich selbst angewiesen und kann, wenn es hochkommt, auf etwas heißes Wasser zum Aufgießen des noch vorhandenen chinesischen Tees rechnen.

Die Bahnlinie führt streckenweise an der Großen Mauer entlang, durch gebirgiges Gelände, später folgen fruchtbare grüne Landstriche; je weiter man die Innere Mongolei durchquert, je mehr gleicht sich die Landschaft dem Bilde an, das die Mongolische Volksrepublik bietet: unendliche, flache, eintönige Steppe, in immer größeren Abständen nur eine Viehherde, einige einsame Häuser. Abends um neun Uhr erreicht man die chinesische Grenzstation Erlian. Nach der Paßkontrolle verläßt man den Zug und wartet auf das Umspuren der Wagen auf die hier beginnende größere Spurweite des russischen Schienensystems – alles in allem ein Aufenthalt von etwa zwei bis drei Stunden. Unsere Hoffnung, daß wir die Technik des Umspurens würden beobachten können, wurde enttäuscht. Der Zug wurde zu dieser Operation ohne uns ein Stück aus dem Bahnhof hinausgefahren und verschwand in der Dunkelheit. Offenbar gibt es dort ein entsprechend eingerichtetes Streckengelände, wo die einzelnen Wagen mit großen Hebekränen auf ein anderes Fahrgestell gesetzt werden. So jedenfalls wurde uns der Vorgang von einem jungen chinesischen Zollbeamten geschildert, mit dem wir überraschenderweise in der Bahnhofshalle von Erlian ins Gespräch gekommen waren, während wir auf die Rückkehr unseres Zuges warteten. Er sprach recht gut englisch, was wohl durch seine Herkunft aus Shanghai bedingt war, war freundlich, intelligent, ebenso auskunftsbereit wie uns gegenüber neugierig. Wir vermieden es, ihm irgendwelche politisch verfänglichen Fragen zu stellen, obwohl er sich in den Namen und in den Rollen der politisch führenden Männer der Bundesrepublik offensichtlich gut auskannte. Wir befragten ihn nach seinen Lebensverhältnissen und erfuhren, daß seine Frau, Mutter ihres gemeinsamen sechsjährigen Sohnes und aus dem Inneren Chinas stammend, als Kellnerin arbeite, während er neben seinem Zolldienst tageweise in der Landwirtschaft und in einem Bergwerk arbeite. Seine Freizeitbeschäftigung, so erfuhren wir, bestehe aus Sport, Jagd, Kino, Eigenstudium. Befragt, ob er nach Shanghai zurückstrebe oder an einem anderen Ort in China leben möchte, verneinte er. Er schien davon auszugehen, daß er über seinen Wohnsitz ohnehin nicht selbst zu bestimmen habe; er habe nach seiner Heirat eine Wohnung zugewiesen bekommen und habe sein Auskommen. Damit schien er sich abzufinden. In weiteren sechs Jahren wolle er noch ein zweites Kind. Alle diese Auskünfte wurden sachlich, ohne Kritik sowohl wie ohne propagandistische Floskeln gegeben und klangen wahrheitsgemäß. Aber wie soll man das beurteilen? Auffällig blieb, daß ein einzelner Chinese, ohne eine amtliche Funktion auszuüben (er hatte mit unserer Abfertigung nichts zu tun), sich in aller Öffentlichkeit – unsere Unterhaltung wurde von einigen chinesischen Mädchen mit gespannter Aufmerksamkeit verfolgt, obwohl sie nichts zu verstehen schienen – in eine längere Unterhaltung mit Fremden einließ. Wir erinnerten uns an Bahnhofsszenen auf der Strecke Nanking-Peking, wo derjenige

Teil des Bahnsteigs, wo unser Wagen hielt, regelmäßig von irgendwelchen Funktionären in Zivil mit roten Armbinden bewacht wurde. Neugierige, die auf die Fenster starrten, an denen Fremde sichtbar wurden, wurden stets in ziemlich eindeutiger Weise hinweggescheucht. Als wir in Erlian nur die Tür öffneten, die aus der Bahnhofshalle in die Stadt führte, prallten wir sofort auf einige Ordnungshüter, die draußen im Dunkeln postiert waren und die uns sofort zur Umkehr veranlaßten. Was die Einstellung der Bevölkerung zu Fremden – insbesondere Weißen – anlangt, so ließ sich eindeutig nur eine hochgradige Neugier beobachten. Wo auch immer wir hinkamen, sofort standen wir im Mittelpunkt des allgemeinen Interesses. Unvergeßlich bleibt mit der Augenblick, als eine vor einem Affenkäfig in einem Park in Nanking stehende Menschenmenge bei unserer Annäherung sofort den Affen den Rücken zukehrte und statt dessen uns bestaunte. Jahrelange Abgeschlossenheit von der Außenwelt scheint hier noch immer nachzuwirken. Hier und da begegnet man Blicken, aus denen man eine tief eingewurzelte Fremdenfeindlichkeit herauszulesen glaubt.

Kurz vor Mitternacht passierten wir die mongolische Grenze. Die Grenzformalitäten verliefen glatt und ohne jeden Zwischenfall, auf der chinesischen wie auf der mongolischen Seite. Die chinesischen Behörden hatten mich, vom Augenblick der Beantragung des Visums bei der Botschaft in Tokyo an, prompt und zuvorkommend behandelt. Das Visum erhielt ich in wenigen Tagen. Bei der Einreise in Shanghai warfen die Zollbeamten meine brav ganz sorgfältig ausgefüllten Zoll- und Devisendeklarationen sofort in den Papierkorb und bedeuteten mir, daß ich selbstverständlich nicht weiter kontrolliert würde. In Peking entdeckte ich, daß man nicht nur ein Einreise-, sondern auch ein Ausreisevisum benötigt. Aber auch dieses konnte von unserer Botschaft pünktlich beschafft werden.

Die mongolische Grenzstation Dzamin Und erwies sich als ein einsam in der Steppe stehender hell angestrahlter pompöser Neubau; im Unterschied zu Erlian war das Bahnhofsgebäude jedoch, abgesehen von einigen Zollbeamten und Grenzpolizisten, völlig menschenleer. Ein Prestigebau ohne andere Funktionen? Oder nur normale Mitternachtsstille? Meine Vermutungen gingen dahin, daß es hier am Tage ähnlich aussehen würde. Wir fuhren nunmehr in die berühmte Gobi ein, aus der man erst am nächsten Morgen wieder entlassen wird. Meine Kinder, die mit dem Namen Gobi natürlich allerlei abenteuerliche, von Sven-Hedin-Lektüre genährte Assoziationen verbanden, waren verständlicherweise enttäuscht, daß sie schlafend und im Dunkel der Nacht durch dieses Gebiet fahren sollten. Sie dürften indessen kaum etwas versäumt haben. Wie alle Kenner mir berichten, sieht die Gobi nicht anders aus, als die anschließende mongolische Steppe, durch die wir am nächsten Morgen noch stundenlang fuhren. Nur kleinere, von der Bahnlinie abgelegene Flächen der Gobi bestehen aus reiner Sand- und Steinwüste. Die Abenteuer haben sich auf recht prosaische Tücken des Geländes reduziert, denen man mit Bahn oder Landrover begegnet oder, am besten, mit dem Flugzeug aus dem Wege geht.

Der Bahnhof in Ulan Bator empfängt uns mit einem Menschengetümmel und einer Atmosphäre, die mich an die Landungsbrücke eines abgelegenen Seebades erinnert, an der nur einmal in der Woche ein Schiff mit Neuankömmlingen anlegt und es ein beliebter Zeitvertreib ist, sich unter die Neugierigen zu mischen, die die Neulinge ungeniert in Augenschein nehmen. Ich wurde nicht nur von dem mir schon bekannten deutschsprachigen Referenten des Außenministeriums, sondern auch vom neuen britischen Botschafter, Miles Ponsonby, begrüßt, eine durch keinerlei Protokollregel zu motivierende freundliche Geste, die ich zu schätzen wußte. Schulze-Boysen hatte ihn schon im November des Vorjahres kennengelernt und hatte mir von ihm (und ihm von mir) erzählt. Wir verabredeten sogleich eine gemeinsame Sonntagsexkursion, die sich als sehr lohnend erweisen sollte.

Zweieinhalb Tage mußten wir uns jedoch zunächst den Veranstaltungen des Nationalfeiertages widmen, die schon am selben Nachmittag mit einem Festakt im Nationaltheater begannen. Auf der Bühne Partei- und Staatschef Tsedenball, umringt von hohen Funktionären und Ehrengästen. Die Festrede hielt jedoch der Sekretär des Zentralkomitees der Mongolischen Revolutionären Volkspartei, Molomshamz, sowie anschließend in russischer Sprache der sowjetische Ehrengast, der erste stellvertretende Vorsitzende des Zentralrates der sowjetisch-mongolischen Freundschaftsgesellschaften, Rshanow. Was sie sagten, konnte ich nicht verstehen, eine Übersetzung gab es nicht. Ersichtlich war jedoch, daß der mongolische Redner, neben Komplimenten für die Sowjetunion, die mit betontem Beifall bedacht wurden, eine der üblichen Attacken gegen Peking in seine Rede einflocht, denn an einer bestimmten Stelle erhob sich der vor mir sitzende chinesische Botschafter und verließ demonstrativ den Saal – was allerseits registriert, aber offensichtlich als ein Routineakt hingenommen wurde, der weiter keinen Grund zur Aufregung bot.

Die nächsten beiden Tage waren angefüllt mit Paraden, Sportwettkämpfen und einem »Galaempfang«. Bei den Sportwettkämpfen standen die traditionellen mongolischen Kampfarten im Vordergrund: Ringkämpfe, Bogenschießen, Pferderennen. Mongolische Ringkämpfe sind etwas Besonderes: Die Kämpfer, muskulös und häufig so massig und schwer wie japanische Sumo-Kämpfer, befolgen ein traditionsgeheiligtes Ritual, das ihnen vor und nach dem Kampf eigentümliche tänzerische Schritte und Bewegungen vorschreibt. Dazu gehört auch eine Art Umarmung des

Unterlegenen und eine tänzelnde Ehrenrunde des Siegers um ein vor der Ehrentribüne aufgepflanztes Fahnenbündel. Einige Kämpfe dauerten längere Zeit, da die beiden Kämpfer sich oft unendlich lange nur tastend in den Griff zu bekommen und zu diesem Zwecke den Partner aus seiner Reserve zu locken und zu einer unvorsichtigen Angriffsbewegung zu provozieren suchen. Am zweiten Tage verwandelte sich während dieser langen Kämpfe das Stadion infolge eines aus heiterem Himmel aufziehenden Gewitters und Wolkenbruches plötzlich in eine Schlammwüste. Aber alles nahm seinen Fortgang, weder die Kämpfer noch die vielen Tausende von Zuschauern gaben auf, bevor der endgültige Sieger ermittelt war und aus der Hand des Partei- und Staatschefs seine Siegestrophäe in Empfang genommen hatte. Auch uns blieb nichts anderes übrig, als fröstelnd auszuharren. Jedenfalls hatten wir hier einige unverfälscht erhaltene mongolische Volksbräuche erlebt, die von Generation zu Generation weitergegeben werden. Neben den Kämpfen der Erwachsenen gab es eine Wettkampfrunde von zehn- bis zwölfjährigen Jungen, die den Stil der Älteren mitsamt dem tänzerischen Drum und Dran genauestens nachzuahmen wußten.

Der Empfang in den Festsälen des »Großen Volkshurals«, mit dem die Feierlichkeiten am Abend des 11. Juli ihren Höhepunkt erreichten, illustrierte und bestätigte nur die Erkenntnisse, die mir schon geläufig waren: daß ich mich in einem sowjetischen Satellitenstaat befand, in dem sich alles um die Ehrengäste aus Moskau und den sowjetischen Botschafter drehte. Auch die äußeren Formen entsprachen dem sowjetischen Stil, wie ich ihn schon 1955 in Moskau kennengelernt hatte. Besondere gedeckte Tische mit Sitzplätzen für diese Prominenz mitsamt den Gastgebern, lange Büffettische zur Selbstbedienung im Stehen für alle übrigen Gäste, einschließlich des diplomatischen Korps; Männer und Frauen getrennt. Nach den Ansprachen drehten sich alle Anwesenden spornstreichs um und stürzten sich, ohne eine weitere Minute zu verlieren, auf Speisen und Getränke. Wir wunderten uns, daß die meisten ausländischen Damen zuerst Salat auf ihre Teller häuften. Jemand klärte uns auf: Das gibt es normalerweise nicht zu kaufen; Vitaminmangel also stand hinter diesem Run auf den Salat. Im übrigen bot das Büffett auch nur bescheidene Genüsse. Irgendwann begaben sich die Botschafter im Gänsemarsch mit gefülltem Glas zum Hausherrn, dem Präsidenten Tsedenbal, um ihm zuzuprosten. Da niemand uns vorstellte, kratzte ich mühsam einige russische Brocken zusammen, um mich als Vertreter der Bundesrepublik Deutschland erkenntlich zu machen. Das scheint auch gelungen zu sein und trug mir einige wohl freundlich gemeinte Worte ein, die ich mit ebenso freundlichem Gesicht entgegennahm, ohne sie verstanden zu haben. Ich tröstete mich mit der – allerdings noch ungewissen – Hoffnung, am letzten Tage meines Aufenthaltes noch zu einem Gespräch empfangen zu werden.

Diese Hoffnung erfüllte sich. Am Morgen des letzten Tages in Ulan Bator teilte man mir mit, daß Präsident Tsedenbal mich am späten Vormittag empfangen wolle. Ohne daß ich mir von der Begegnung große Dinge versprochen hätte, war ich doch sehr befriedigt, daß sie zustande kam. Jeder Botschafter möchte schließlich die Nummer Eins seines Gastlandes persönlich kennenlernen, und bei meinem Antrittsbesuch in Ulan Bator im März 1974 war das wegen deren Abwesenheit nicht möglich gewesen.

Es wäre übertrieben, wollte ich mich von dem Inhalt des Gesprächs oder der Persönlichkeit des Gesprächspartners besonders beeindruckt zeigen. Seine äußere Erscheinung ließ an den Direktor einer Oberschule in einer mittleren Provinzstadt denken: Brille, graumeliertes welliges Haar, die mongolischen Rassenmerkmale wenig ausgeprägt (er ist übrigens mit einer Russin verheiratet und seine beiden in Moskau studierenden Söhne sprechen, wie mir am Abend zuvor bei ihrem Erscheinen auf dem Empfang zugeflüstert worden war, kein Mongolisch!), im Tonfall monoton dozierend. Welche Qualitäten ihn an die Spitze der Mongolischen Volksrepublik gebracht und dort so lange gehalten haben, habe ich nie ergründen können.

Auch bei diesem Gespräch bekam ich eine lange Anklagerede gegen die Chinesen zu hören. Des längeren ließ sich Tsedenbal darüber aus, daß die Chinesen – neben anderen Provokationen und Grenzverletzungen – gezielt verseuchte Tiere über die Grenze trieben, um die mongolischen Herden zu infizieren. Nach Mao war Franz Josef Strauß eine Zielscheibe seiner Kritik. Ich mußte diesen gegen den Vorwurf des Revanchismus verteidigen, wobei ich mich darauf berufen konnte, daß Helmut Schmidt bei seinem Besuch in Moskau 1974 das gleiche gegenüber Leonid Breschnew getan hatte.

Länger als eine Stunde dauerte dieses Gespräch, weit mehr als ich erwarten konnte. Wie ich hinterher von Kollegen erfuhr, ist Tsedenbal für Botschafter überhaupt nur in Ausnahmefällen zu sprechen – wenn sie ihm besonders wichtig erscheinen. Natürlich hatte er keinen Anlaß, mich persönlich für wichtig zu halten. Aber zum ersten Male einen amtlichen Vertreter der Bundesrepublik Deutschland zu sprechen, muß ihm doch wohl wichtig erschienen sein.

Nach dem Trubel des Nationaltages wünschten wir uns einen Sonntag ohne Zeremonien und offizielle Gespräche, der uns von diesem Lande und seinen Bewohnern etwas mehr enthüllen würde als gerade die Fassaden der Hauptstadt und Menschen im Feiertagsgewand. Unser Betreuer hatte alle Fragen, ob wir nicht außerhalb von Ulan Bator eine Jurtensiedlung besichtigen könnten, mit ziemlich entmutigenden Auskünften beschieden. Wir beschlossen daher, uns von ihm zu emanzipieren und unser Glück statt dessen mit dem britischen Botschafter zu versuchen. Zusammen mit seiner Frau, seiner für die Schulferien nach Ulan Bator gekommenen Tochter, zwei Hausgästen aus England (eine Freundin seiner Frau mit Tochter) waren wir neun Personen, die sich auf einen Landrover des Botschafters und meinen Mietwagen verteilten. Wir fuhren etwa zwei Stunden auf einer leidlich guten Landstraße, die nach der neuen Industriestadt Dachan führt, und fanden gegen Mittag einen hübschen Picknickplatz am Rande eines Gehölzes. In einiger Entfernung bemerkten wir eine Gruppe von Jurten, Menschen, Pferde, anderes Getier. Nach dem Mahle machten wir uns zu Fuß auf den Weg, um dieses Objekt unserer Beobachtung näher zu erkunden. Endlich hatten wir eine Siedlung vor uns, wie wir sie suchten, und die Bewohner erwiesen sich als keineswegs abweisend. Unsere Kinder durften auf den kleinen, aber kräftigen mongolischen Pferden reiten (was sie dank der im kaiserlichen Marstall in Tokyo genossenen Reitstunden mit Anstand und Geschick auch ohne Sattel und Zaumzeug zustande brachten), die Erwachsenen wurden zum Eintreten in eine Jurte geladen und dort mit landesüblichen Getränken traktiert: mongolischer (selbst gebrauter) Wodka und Kumiss (gegorene Stutenmilch mit Butter). Wir waren bereit, alles mit Todesverachtung zu trinken: Da wir unsere Neugier befriedigen und eine Jurte von innen sehen konnten, schien uns der Preis nicht zu hoch. Es kam jedoch weniger schlimm als erwartet: Kumiss erwies sich im Geschmack unserer Buttermilch ähnelnd; Wodka ist ein von mir ohnehin geschätztes Getränk, und dieses Eigenprodukt wies noch einige Ähnlichkeit mit diesem auf. Die Verständigung ging nur im Wege der Zeichensprache vor sich; nur ein alter Mann konnte ein wenig russisch, so daß Botschafter Ponsonby seine Russischkenntnisse an ihm erproben konnte. Die Jurte, ein rundes Zelt von etwa zehn Meter Durchmesser, war mit zwei eisernen Bettstellen, zwei Kommoden, einigen Schemeln und Regalen möbliert; in der Mitte stand ein eiserner Ofen, dessen Abzugsrohr durch ein großes Loch in der Mitte des Zeltdaches ins Freie führte. Er diente zugleich als Herd, wie einige Kessel und Küchengeräte erkennen ließen. Über ihm war Fleisch in langen Streifen zum Trocknen aufgehängt. Der Fußboden war mit Holzplanken belegt, rotgestrichene Holzstreben führten zum Mittelpunkt des Zeltdaches und gaben dem Ganzen Halt. Sie ruhten auf einem niedrigen Scherengitter, das rund um das ganze Zelt herumlief und gleichzeitig zur Ventilation diente. Auf den Kommoden standen ein Radiogerät und eingerahmte Fotos von Familienangehörigen. Schalen und Eimer mit Kumiss und anderen Getränken standen seitlich auf dem Fußboden. Bei aller Primitivität hatte der Raum seine Ordnung und wirkte, wenn man adäquate Maßstäbe anlegte, aufgeräumt und sauber. Bei den winterlichen Temperaturen der Mongolei, die bis zu fünfundvierzig Grad Celsius sinken, kann das Leben in einer solchen Behausung nicht gerade vergnüglich sein. Wie man uns erzählte, brechen heute viele der früheren Nomaden im Winter ihre Jurten ab und verlegen sie an den Stadtrand von Ulan Bator. Da es für das Vieh keine Stallungen gibt, erleidet es in jedem Jahr Verluste; das scheint als unabänderlich hingenommen zu werden. Wir revanchierten uns bei unseren Gastgebern mit Zigaretten und Kuchen aus unseren Picknickbeständen, ich verteilte einige Zigarren, die offensichtlich unbekannt waren und mit vorsichtiger Neugier probiert wurden. Nach einem lauten und fröhlichen Abschied kehrten wir höchst befriedigt nach Ulan Bator zurück.

Von Ulan Bator setzten wir, um nicht zuviel Zeit zu verlieren, unsere Reise mit dem Flugzeug fort, mit jeweils ein- bis zweitägigen Aufenthalten in Moskau, Leningrad und Prag.

In knapp drei Wochen berührten wir vier kommunistische Staaten. In keinem gab es für uns unliebsame Zwischenfälle, nirgends hatte man uns bewußt Schwierigkeiten gemacht. Trotzdem hatten wir nach der Landung in Frankfurt am Main ein Gefühl der Erleichterung. Das wird wohl immer so sein, solange es Grenzen gibt, bei deren Überschreiten man aus einer Zone der Unfreiheit in eine solche der Freiheit eintritt.

Lassen sich graduelle Unterschiede der Unfreiheit in diesen vier Ländern, die wir gerade erlebten, erkennen?

China schien, mir jedenfalls in seinem damaligen Zustand, dasjenige zu sein, in dem die Gängelung und Kontrolle des einzelnen am vollständigsten und durchdringendsten ausgebildet war. In der Sowjetunion hatte man dagegen das Gefühl, daß sich im Laufe eines halben Jahrhunderts einige Ecken und Kanten des revolutionären Lebensstils abgeschliffen haben, daß sich Bereiche gebildet haben, in denen der ideologische Totalitätsanspruch des Marxismus-Leninismus nicht jeden Tag aufs neue durchexerziert werden muß, daß die Partei, durch Erfahrungen gewitzigt, möglichen Anlässen des Ärgers mit intellektuellen Dissidenten und unzufriedenen Arbeitern lieber aus dem Wege zu gehen sucht, als ihre Autorität zu demonstrieren. Die Restauration der Zarenschlösser bestätigt dem Besucher in besonders augenfälliger Form, daß man zur eigenen Geschichte, gerade auch soweit sie von großen Herrscherfiguren getragen wurde, ein sehr entspanntes, Verständnis suchendes und für Verständnis werbendes Verhältnis gefunden hat. Besonders in Leningrad drängt sich dieser Eindruck auf Schritt und Tritt auf.

Für die Mongolei stellt sich, ebenso wie für die Tschechoslowakei, die Frage der Unfreiheit in einem doppelten Sinne: im Sinne der nationalen Unabhängigkeit und im Sinne der individuellen Freiheitssphäre. In beiden Ländern gibt es gegenwärtig weder das eine noch das andere. Unterschiede ergeben sich jedoch aus der Geschichte, der soziologischen Struktur, der technisch-industriellen Entwicklung, dem kulturellen Niveau der beiden Länder: Tschechen und Slowaken sind europäische Völker, dem Westen zugewandt, mit einer breiten Intelligenzschicht und einer starken Industriearbeiterschaft, durch das mehrfache Scheitern ihrer nationalen Emanzipation verbittert, zugleich aufsässig und resigniert. Die in der CSSR praktizierte Effizienz polizeistaatlicher Kontrolle des Einzelnen bis in die letzten Winkel seiner privaten Existenz ist überhaupt nicht zu vergleichen mit den relativ grobschlächtigen Herrschaftsinstrumenten eines so unterentwickelten und weiträumigen Landes, wie es die Mongolei ist. Was deren nationale Unabhängigkeit anlangt, so gibt es wahrscheinlich Ansätze zu einem verdeckten mongolischen Nationalismus, der sich durch die Abmachungen von 1945 mit Stalin und Tschiang Kai-scheck verraten fühlte. Es gibt jedoch kaum Anzeichen dafür, daß sich daraus ein verbreitetes und an Tiefgang dem tschechischen vergleichbares nationales Trauma entwickelt hätte. Die Option für Moskau und gegen Peking hat sich ausgezahlt und greifbare Zeichen einer inneren oder gar in Taten manifestierten Auflehnung gegen die sowjetische Schutzmacht sind mir nicht erkennbar gewesen.

Bonn in den fünfziger Jahren
1951-1958

ABLÖSUNG DES BESATZUNGSSTATUTS DURCH DEN DEUTSCHLAND-VERTRAG

Durch Hallstein zu Adenauer

Als ich im Herbst 1976 Tokyo verließ und mich von Ulan Bator schriftlich verabschiedet hatte, mußte ich mich nach mehr als achtzehnjähriger Abwesenheit wieder nach einem Wohnsitz in Deutschland umsehen. Es fügte sich, daß ich ihn in einer mir wohlvertrauten Gegend fand: im Siebengebirge, gegenüber von Bonn, unterhalb des Ölberges, in nächster Nähe jenes anderen, dem Rhein noch näher gelegenen Berges, auf dem ich vor mehr als fünfundzwanzig Jahren meine ersten Schritte auf dem diplomatischen Parkett getan hatte: dem Petersberg. Dort, in dem früheren Luxus-Hotel mit dem unübertrefflich schönen Blick auf das Rheintal, in dem Neville Chamberlain im Krisenherbst 1938 wohnte und mehrmals am Tage zum gegenüberliegenden Rhein-Hotel Dreesen übersetzte, um mit Hitler zu verhandeln und den Ausbruch eines europäischen Krieges wegen der Sudetenfrage zu verhüten, dort hatte Anfang der fünfziger Jahre die Alliierte Hohe Kommission, das höchste Organ der westlichen Besatzungsmächte, ihren Amtssitz. Mit ihren Vertretern über die Beendigung des Besatzungsregimes zu verhandeln, war meine erste Aufgabe im Dienste der damals noch jungen – erst eineinhalb Jahre alten – Bundesrepublik.

Wie war ich zu dieser Aufgabe gekommen? Ich lehrte damals als Professor für öffentliches Recht und Völkerrecht an der Universität Freiburg im Breisgau. Im Frühjahr 1947 hatte ich einen Ruf auf den dortigen Lehrstuhl angenommen und hatte Göttingen verlassen, wo ich seit dem Herbst 1945 den Ordinarius für Staats- und Völkerrecht, Herbert Kraus, der sich als Verteidiger nach Nürnberg hatte beurlauben lassen, vertreten hatte.

Einige Jahre war ich Dekan der Freiburger Rechts- und Staatswissenschaftlichen Fakultät. Ich gehörte dem Vorstand des Deutschen Juristentages an, war stellvertretender Vorsitzender im Bund für Bürgerrechte, Mitglied des Leitungskreises der Evangelischen Akademien, geschäftsführender Herausgeber der führenden Fachzeitschrift meines Arbeitsgebietes, des ›Archivs für öffentliches Recht‹. Ich hatte mehrere Rufe an andere Universitäten erhalten, aber abgelehnt. Kurz – ich war in meinem akademischen Berufe voll ausgelastet und befriedigt und dachte nicht im Traume daran, ihn aufzugeben.

Eines Tages jedoch – es war während der Semesterferien im März 1951 – erhielt ich, an meinem Schreibtisch zu Hause sitzend (in einer nicht mehr ganz modernen Vorkriegsvilla am Stadtrand nach Günterstal zu, die ich mit einem Kollegen aus der Naturwissenschaftlichen Fakultät teilte), ein Telegramm, das mich aus meiner Beschäftigung, der Durcharbeitung einer Dissertation, herausriß. Es trug einen – mir bis dahin unbekannten – Vermerk: »Staats« und bestand nur aus zwei Zeilen: »Ist es Ihnen möglich, mich am Samstagvormittag in Bonn zu besuchen? Hallstein.«

Der Absender war, wie ich wußte, seit dem November 1950 Staatssekretär im Bundeskanzleramt und mit der Leitung der »Dienststelle für auswärtige Angelegenheiten« beauftragt, aus der wenig später das Auswärtige Amt in seiner heutigen Gestalt hervorging.

Ich zögerte keinen Augenblick, der Einladung nach Bonn zu folgen, denn ich war mir sicher, daß einem solchen Telegramm von Hallstein ein wichtiger Anlaß zugrunde lag. Ich kannte ihn seit Jahren: Wir waren Fachkollegen im weiteren Sinne des Wortes, Rechtsprofessoren, wenngleich auf verschiedenartige Sachgebiete spezialisiert (Hallstein auf bürgerliches Recht, Handels- und Wirtschaftsrecht). Mehrere Jahre hatten wir im Vorstand der sogenannten Ständigen Deputation des Deutschen Juristentages zusammengearbeitet. Im Jahre 1948 hatte mir Hallstein als Dekan der Frankfurter Rechtsfakultät eine Berufung auf den dortigen Lehrstuhl für öffentliches Recht angetragen, die ich jedoch ausgeschlagen hatte. Ich schätzte Hallstein hoch: nicht nur wegen seines allgemein anerkannten messerscharfen Verstandes und seiner immensen Arbeitskraft, sondern auch wegen seines intensiven politischen Engagements für den europäischen Zusammenschluß.

Unser Gespräch bei einem Mittagessen in Bonns altväterlich-vornehmem Restaurant La Roche führte zu einer raschen Einigung: Hallstein wollte mich für die Führung der bevorstehenden Verhandlungen mit den drei westlichen Besatzungsmächten über die Ablösung des Besatzungsstatuts und seine Ersetzung durch ein auszuhandelndes Vertragsverhältnis rekrutieren – und ich ließ mich anwerben –, zunächst auf der Basis einer, wenn auch eingeschränkten, Fortsetzung meiner Freiburger Lehrtätigkeit. Hallstein sagte mir sehr offen und freundschaftlich, weshalb er auf mich verfallen sei: Ich kennte mich in der komplizierten Materie des Besatzungsrechtes und aller staats- und völkerrechtlichen Implikationen des Verhandlungsstoffes aus, hätte nach seinem Eindruck ein Organ für die politische Seite der Aufgabe und vor allem die Gabe, zwischen extrem entgegengesetzten Positionen vermittelnde Lösungen zu finden.

Zu diesem Urteil war er nicht allein auf der Grundlage unserer Bekanntschaft als akademische Fachkollegen und unserer Zusammenarbeit im Vorstand des Juristentages gelangt. Wichtiger für eine solche Beurteilung war wohl, daß wir auch auf dem Haager Europa-Kongreß von 1948 zusammengetroffen und dort zusammengewirkt hatten, daß er meine im gleichen Jahre veröffentlichte Schrift ›Ein Besatzungsstatut für Deutschland‹[1] kannte und sich lebhaft an einer Diskussion in einem kleinen privaten Kreise im Wiesbadener Hause meines Freundes Otto Veit (damals Präsident der Hessischen Landeszentralbank) beteiligt hatte, nachdem ich dort die Thesen meines Büchleins vorgetragen und weitergeführt hatte.

Dieses alles erschien mir plausibel. Insbesondere war ich selbst leicht von der Logik des Gedankens zu überzeugen, daß jemand, der wie ich im Jahre 1948 den Erlaß eines Besatzungsstatuts gefordert hatte, um nämlich dem Zustand ein Ende zu machen, daß sich die Besatzungsmächte an keinerlei Rechtsnormen gebunden fühlten, auch dazu berufen sei, an der Abschaffung dieses inzwischen erlassenen Besatzungsstatuts zugunsten einer vertraglichen Regelung mitzuwirken, die auf Wiederherstellung einer souveränen deutschen Staatsgewalt abzielte.

Nach dieser Aussprache ging alles sehr rasch: Für den 25. April wurde ich zur Vorstellung zum Bundeskanzler geladen. Es war meine erste persönliche Begegnung mit Adenauer. Nur aus der Distanz hatte ich ihn zuvor erlebt, nämlich auf dem Haager Kongreß der Europäischen Bewegung im Mai 1948, zu dem man mich, obwohl ich keiner politischen Partei oder Bewegung angehörte, wohl deswegen eingeladen hatte, weil ich mich öffentlich für die Idee des europäischen Zusammenschlusses eingesetzt hatte.[2] Dort standen andere Persönlichkeiten im Vordergrund: Winston Churchill, Harold Macmillan, Duncan Sandys, Paul Henri Spaak, Paul van Zeeland, Maurice Faure und andere. Adenauer blieb im Hintergrund; er war damals nur Vorsitzender der CDU der britischen Besatzungszone und noch keineswegs eine auf der europäischen Bühne bekannte Figur. Neben ihm stand im Haag eine konkurrierende Führungspersönlichkeit der westdeutschen CDU: Karl Arnold, Ministerpräsident von Nordrhein-Westfalen. Ein kleiner Zwischenfall, der sich damals auf der Anreise der deutschen Delegation nach dem Haag an der niederländischen Grenzstation Venlo abspielte, scheint mir für Temperament und Statur dieser beiden Männer sehr bezeichnend. Grenzübertritte waren im Jahre 1948 für Deutsche noch eine komplizierte Angelegenheit: Alle Reisenden mußten den Zug verlassen und sich vor einem Kontrollschalter der niederländischen Grenzbeamten zur Kontrolle ihrer Papiere in einer langen

Schlange anstellen, mitten darin auch Adenauer und Arnold. Während man noch mehr oder minder geduldig auf die ziemlich zeitraubende Abfertigung wartete, rief der niederländische Stationsvorsteher einen Telefonanruf für einen Reisenden aus. In seinem mit stark holländischem Akzent gefärbten Deutsch rief er in die Menge, am Telefon werde dringend ›Ministerpräsident Adenauer‹ verlangt. Alle Blicke richteten sich gespannt auf die beiden in Frage kommenden Adressaten: auf den Ministerpräsidenten, der nicht Adenauer hieß, und auf Adenauer, der nicht Ministerpräsident war. Wer von den beiden war gemeint, und wer würde sich angesprochen fühlen? Bevor sich Arnold entschließen konnte, hatte sich Adenauer schon in Bewegung gesetzt und schritt, ohne einen Anflug von Zweifel oder Unsicherheit, mit größter Selbstverständlichkeit dem Telefon entgegen. Wem der Anruf wirklich gegolten hat, vermag ich nicht mehr zu sagen, aber das ist auch unwichtig: Bemerkenswert bleibt nur die augenblickliche Reaktion der beiden Betroffenen, die von einigen in der Menge Stehenden, so auch von mir, registriert wurde, von einigen mit Schmunzeln.

Das Gespräch vom 25. April 1951 verlief in freundlichem Tone, hinterließ aber bei mir ein Gefühl der Enttäuschung; es ging nicht über einige Banalitäten hinaus, von den bevorstehenden Verhandlungen und dem, was angestrebt werden sollte und was von mir erwartet wurde, war kaum die Rede. Jedenfalls war mir schon nach diesem Gespräch klar, daß der Umgang mit dem eigensinnigen und selbstbewußten alten Herrn nicht einfach sein werde – eine Einsicht, die ich nie zu korrigieren brauchte.

Die ›Delegation für die Ablösung des Besatzungsstatuts‹

Wenig später, am 10. Mai 1951, fand auf dem Petersberg die erste Sitzung zur Eröffnung der Verhandlungen statt. Als Sprecher der deutschen Seite trat bei dieser ersten Sitzung Hallstein auf – rechts und links eingerahmt von Herbert Blankenhorn (damals Ministerialdirektor und Leiter der Politischen Abteilung des Auswärtigen Amts) und mir. Von der zweiten Sitzung an, dem eigentlichen Verhandlungsbeginn, ging die Leitung der Delegation auf mich über; Hallstein und Blankenhorn blieben den Sitzungen fern. Hallstein leitete jedoch weiterhin den im Auswärtigen Amt gebildeten Instruktionsausschuß, der mir die Weisungen für die Verhandlungsführung erteilte. Dieses Gremium, das in leicht modifizierter Zusammensetzung bis zur Unterzeichnung der Verträge am 26. Mai 1952 und später wieder in der zweiten Verhandlungsrunde im Herbst 1954 meine Verhandlungsführung kontrollierte, erwies sich als außerordentlich wichtig und wertvoll. Ich habe von ihm gelernt, wie dankbar ein Unterhändler dafür sein muß, daß jede Formel, jeder Satz, jeder Punkt und jedes Komma, die er vorschlägt oder akzeptiert, von einem kleinen sachkundigen, nicht auf Kritik oder Polemik, sondern auf loyale Kooperation bedachten Gremium laufend überprüft und durchleuchtet wird. Es zeigt sich nämlich sehr rasch, daß ein einzelnes Augenpaar nicht ausreicht, um alle in einer Vertragsformulierung versteckten Fallstricke, Abgründe, Sackgassen rasch zu entdecken und zu eliminieren. Diese Gruppe von sechs bis zehn Experten, die häufig bis Mitternacht in Hallsteins Zimmer im Palais Schaumburg diskutierte, analysierte, Formulierungen ausfeilte, ist für mich stets ein hervorragendes Beispiel produktiven Teamworks geblieben. Ich glaube, daß bei komplizierten und weittragenden Vertragsverhandlungen eine solche Kontrolle ganz unentbehrlich ist, und daß man es gar nicht verantworten kann, darauf zu verzichten. Ich habe daher nie verstehen können, daß man im Frühjahr 1970 Egon Bahr allein monatelang völlig unkontrolliert und ohne fortlaufende Instruktionen in Moskau verhandeln ließ. Das Ergebnis hat mich auch nicht von der Zweckmäßigkeit eines solchen Verfahrens überzeugt.

Zu dieser Gruppe, die den Instruktionsausschuß beim Staatssekretär bildete, gehörten mit einiger Regelmäßigkeit Herbert Blankenhorn, Heinz von Trützschler (später Leiter der Kulturabteilung und Botschafter in Karachi und Dublin), die Professoren Hermann Mosler (Leiter der Rechtsabteilung, später Direktor des Max-Planck-Instituts für Völkerrecht und ausländisches öffentliches Recht in Heidelberg und Richter am Internationalen Gerichtshof im Haag), Erich Kaufmann (Rechtsberater des Auswärtigen Amtes), Friedrich Ophüls (später Botschafter in Brüssel und bei den europäischen Gemeinschaften) sowie der Ministerialdirektor im Justizministerium, Walter Römer. Häufig nahm mein Mitarbeiter und Stellvertreter Gustav von Schmoller (Leiter des Instituts für Besatzungsfragen in Tübingen, später Generalkonsul in Istanbul und Botschafter in Stockholm) teil, je nach dem Gegenstand auch Vertreter anderer Ressorts, insbesondere, wenn es um die von den Alliierten eifrig betriebene Dekartellierung ging, Ludwig Kattenstroth (Ministerialdirektor im Wirtschaftsministerium, später – unter Hans Katzer – Staatssekretär im Arbeitsministerium).

Nach dem 10. Mai mußte ich mich vor allem darum kümmern, schnellstens einen Arbeitsstab aufzubauen und für diesen eine Unterkunft zu finden. Sehr hilfreich war, daß mir sofort Dr. von Schmoller als Mitarbeiter und Stellvertreter beigegeben wurde, denn er gebot über eine Hilfstruppe aus dem von ihm geleiteten Institut für Besatzungsfragen in Tübingen, aus dem ad hoc einzelne sachkundige Mitarbeiter in Auftrag genommen werden konnten.[1] Auch ich griff auf meine Hilfstruppen zurück, die freilich nur aus recht jungen Assistenten oder gar Studenten der Universität Freiburg bestanden. Dieser Stab wurde in Bonn anfangs etwas spöttisch »Grewes Kindergarten« genannt, bis sich zeigte, daß die jungen Leute ihre Aufgabe nicht nur mit ungewöhnlicher Hingabe, sondern auch mit beachtlichem Können lösten. Der Spott wich einem Respekt, der in einzelnen Fällen zu Abwerbungsversuchen führte.[2]

Bonn 1951: Das war eine Stadt, der nahezu alles fehlte, was man von der Hauptstadt eines Fünfzig-Millionen-Volkes erwartet. Es gab keine Regierungsgebäude, kaum Hotels, lächerlich wenig Büroraum. Die öffentlichen Verkehrsmittel beschränkten sich auf einige wenige Straßenbahn- und Buslinien, die mit einem veralteten Wagenpark betrieben wurden. Abgeordnete, Beamte und Angestellte der neuen Bundesbehörden, Presseleute, Lobbyisten, Studenten und Professoren mußten sich in das spärliche Angebot möblierter Zimmer teilen. Die großen überregionalen Zeitungen hatten ihren Sitz in anderen Großstädten wie Hamburg, Frankfurt, München, Stuttgart. Bonn war im vorigen Jahrhundert immer nur eine Universitäts- und eine Rentnerstadt mit provinziellem Zuschnitt gewesen. Ein hauptstädtisches Publikum konnte hier nicht über Nacht wachsen. Alles in dieser – zudem noch als »Provisorium« konzipierten – Hauptstadt mußte improvisiert werden: Büros, Sitzungssäle, Unterkünfte, Transportmittel, sogar das Personal: Es gab keinen intakten Beamtenkörper, auf den die Ministerien hätten zurückgreifen können.

In dieser sich nur mühsam allmählich etablierenden Regierungszentrale besaß auch das erst vor wenigen Monaten (mit der Revision des Besatzungsstatuts im März 1951) wiedererrichtete Auswärtige Amt kein eigenes Gebäude. Seine Abteilungen und Dienststellen waren über die ganze Stadt verstreut, Hallstein mit seinem Büro und seinen persönlichen Referenten saß isoliert im Erdgeschoß des Palais Schaumburg (noch heute wird dort sein Arbeitszimmer das »Hallstein-Zimmer« genannt), in dessen oberer Etage der Bundeskanzler amtierte. Auch mir blieb unter diesen Umständen nichts anderes übrig, als weit davon entfernt im alten Bonner Zollamt in der Husarenstraße unterzukriechen, einem ärmlichen roten Backsteingebäude aus dem vorigen Jahrhundert, in einer Straße, die zwar nicht weit vom Finanz- und Innenministerium entfernt war (die ihrerseits in ehemaligen Kasernen hausten), die aber im wesentlichen von Magazinen und Lagerhallen gesäumt war (heute noch liegt das Möbelmagazin des Auswärtigen Amts an dieser Straße).

Ein Stockwerk über mir hatte Erich Kaufmann in seiner Eigenschaft als Rechtsberater des Bundeskanzleramtes sein Büro eingerichtet. Diese räumliche Nachbarschaft hatte ihre Vor- und Nachteile: Kaufmann war im Rahmen des gesamten Verhandlungsstoffes das Sachgebiet Reparationen und Restitutionen übertragen worden. Da ich für die Koordination aller

Einzelgebiete verantwortlich war, erleichterte die räumliche Nähe den dafür erforderlichen laufenden Kontakt (meine Dienststelle verfügte über einen einzigen Kraftwagen, einen VW-Käfer). Auf der anderen Seite hatten sich die früher sehr engen persönlichen Beziehungen zu meiner Überraschung und Bestürzung vom Tage meines Eintreffens in Bonn an radikal verändert: Hatte sich Kaufmann noch kurze Zeit zuvor lebhaft dafür eingesetzt, daß ich sein Nachfolger auf seinem Münchener Lehrstuhl für Völkerrecht wurde, so behandelte er mich nunmehr plötzlich mit eisiger Feindseligkeit. Jeder Versuch, die Gründe seiner Verstimmung aufzuklären und zu einer Verständigung zu gelangen, scheiterte. Ich war darüber tief betroffen, denn ich hatte in Kaufmann stets den bedeutenden Gelehrten, den Senior meines akademischen Fachgebietes verehrt, der in den zwanziger Jahren der Staatslehre und der Rechtsphilosophie neue wichtige Impulse gegeben hatte, der schon in den Zeiten der Weimarer Republik Regierung und Auswärtiges Amt beraten und das Reich vor dem Haager Internationalen Gerichtshof in mehreren Prozessen vertreten hatte. Nur ein Jahr zuvor hatte ich an der Herausgabe einer Festgabe mitgewirkt, die ihm zu seinem siebzigsten Geburtstag am 21. September 1950 überreicht wurde.[3] Was war geschehen? Bei einem Aussprachversuch, den ich unternahm, brach unverhüllt seine tiefe Empörung darüber hervor, daß ich in ein Revier eingedrungen war, das er als sein domaine réservé betrachtete. Offensichtlich ging er davon aus, daß ihm ein vorrangiger Anspruch auf Ausübung aller jener Funktionen zugestanden hätte, die man mir bei diesen Verhandlungen übertragen hatte. Andere, die ihn länger und besser kannten als ich, haben mir später erzählt, daß sich ganz ähnliche Vorgänge auch schon in der Weimarer Zeit abgespielt hätten: Auch damals habe Kaufmann keinem Kollegen aus dem akademischen Bereich verziehen, der es wagte, sich einem Gebiet zu nähern, das er als unter seiner Jurisdiktion als offizieller Rechtsberater der Regierung stehend erachtete.

Mir blieb nichts anderes übrig, als mit diesem Spannungsverhältnis zu leben. Bemühungen, es zu entschärfen, habe ich nie aufgegeben. Erst nachdem ich Bonn verlassen hatte, führten sie zu einem etwas entspannteren Modus vivendi. Das alte Verhältnis ließ sich nicht wiederherstellen.

Unter diesen Umständen begrüßte ich es doppelt, daß die Unterkunft in der Husarenstraße nach geraumer Zeit mit einer anderen, im Museum König in der Koblenzer Straße, vertauscht werden konnte. Durch Kunststoffwände von den ausgestopften Dinosauriern des Museums getrennt, standen uns die großen Verwaltungsräume in einem der beiden Vorderflügel des Gebäudes zur Verfügung, das vor allem auch den Vorzug hatte, in einigen Fußgänger-Minuten Entfernung vom Bundeskanzleramt und vom Bundestag zu liegen.

Die Installierung meines Delegationsstabes in diesen Räumen war übrigens nicht der erste Fall ihrer Zweckentfremdung: In der Anfangszeit der Bundesrepublik, als sich die neuen Regierungsorgane konstituierten, hatten sie den Kern der neuen Bundesregierung beherbergt. Später, in der letzten Phase der Vertragsverhandlungen, 1954/55, konnten wir uns noch einmal räumlich verbessern: Das Auswärtige Amt hatte inzwischen seinen neuen Hochhausbau bezogen, die räumliche Beengtheit ließ nach, für uns wurde das Erdgeschoß einer Villa in der Wörthstraße frei, die direkt an der Einfahrt zum neuen Amtsgebäude lag. (Später zog dort der Sprachendienst des Auswärtigen Amtes ein, heute beherbergt sie nur noch die Fahrbereitschaft.) Ohne völlig in den Großbetrieb des Hauptgebäudes einbezogen zu sein, lag dieses Büro doch in kürzerer Entfernung zur Spitze des Amtes (dem Minister- und Staatssekretärflügel) als manche Räume in den Obergeschossen oder den Seitenflügeln des Hauptgebäudes. Wir nutzten unsere Autonomie, indem wir dort in der Karnevalszeit einen Faschingsball veranstalteten, auf dem sich auch einige unserer Verhandlungspartner gut amüsierten. Wie nicht anders zu erwarten, zogen wir uns mit dieser Zweckentfremdung der geheiligten Büroräume alsbald eine Rüge der Verwaltungsabteilung des Amtes zu.

Auf dem Petersberg

Nach dem 10. Mai 1951 fuhr ich mit meinen Begleitern regelmäßig einmal in der Woche zur Sitzung auf den Petersberg. Was sich dort abspielte, verdient allerdings kaum die Bezeichnung »Verhandlung«. Man muß sich daran erinnern, in welcher Lage wir uns befanden: Sechs Jahre nach der bedingungslosen Kapitulation lebten wir immer noch unter einem Besatzungsregime, das sich 1945 selbst die »oberste Gewalt« in Deutschland zugesprochen hatte und in den ersten Jahren entschlossen war, sie im Geiste einer Straf-, Besserungs- und Erziehungsdiktatur auszuüben. Nur die zunehmende Verschärfung des »kalten Krieges« mit dem Osten und insbesondere die Zuspitzung der internationalen Lage nach dem Staatsstreich in Prag 1948, der Blockade gegen Berlin (1948/49) und dem Ausbruch des Korea-Krieges (1950) führten allmählich zu einer schrittweisen Änderung der Besatzungspraktiken und zu einer neuen Auffassung über die Rolle der Deutschen in der veränderten Weltkonstellation des Ost-West-Konflikts. Das im Jahre 1948 erlassene, wenig befriedigende Besatzungsstatut vom 21. September 1949 wurde am 6. März 1951 revidiert, während gleichzeitig im Kreise der drei westlichen Regierungen bereits der Gedanke seiner mehr oder weniger weitgehenden Ersetzung durch vertragliche Beziehungen erwogen wurde. Diese Neuorientierung war politisch bedingt durch den zunehmend dringenden Wunsch, die Bundesrepublik zu einem Verteidigungsbeitrag in Gestalt eines in die westliche Verteidigungsorganisation integrierten Truppenkontingents zu veranlassen. Parallel zu meinen Gesprächen lief demgemäß auf dem Petersberg schon seit Monaten eine andere Gesprächsrunde, die sich mit den technischen Modalitäten eines deutschen militärischen Verteidigungsbeitrages befaßte. Leiter dieser Delegation war der Abgeordnete Theodor Blank (CDU), der die ebenso umständliche wie für die damalige Situation aufschlußreiche Amtsbezeichnung »Beauftragter des Bundeskanzlers für die mit der Vermehrung der alliierten Truppen zusammenhängenden Fragen« trug, unterstützt von den ehemaligen Generälen Adolf Heusinger und Hans Speidel, sowie dem ehemaligen Obersten Johann Adolf Graf von Kielmannsegg als Sekretär. Alles dieses bedeutete jedoch nicht, daß man auf alliierter Seite die Grundkonzeption eines Besatzungsregimes aufzugeben bereit war und die Attitüde der Inhaber einer unumschränkten Besatzungsgewalt abgelegt hätte. Man glaubte vielmehr auf alliierter Seite, sich auf vertragliche Abmachungen mit der deutschen Seite beschränken zu können, die nicht die alliierten Hoheitsrechte selbst, sondern nur deren Ausübung zum Gegenstand hatten. Die »oberste Gewalt« der Besatzungsmächte sollte erhalten bleiben – dieser Grundgedanke zog sich wie ein roter Faden durch die Verhandlungsführung der drei Mächte. Demgemäß hatte man der Bundesregierung schon am 27. Februar 1951 eine Liste überreicht, auf der neununddreißig Einzelthemen verzeichnet waren, über die man zu sprechen bereit war. Das beschränkte Ziel der ersten Gesprächsrunde vom Mai bis August 1951 bestand lediglich darin, deutsche Stellungnahmen zu diesen Punkten entgegenzunehmen und sie durch Rückfragen zu konkretisieren. Bei einem solchen Verfahren konnte es kaum zu dramatischen Zuspitzungen kommen. Eine solche blieb dann auch buchstäblich der allerletzten Sitzung vorbehalten: Am 3. August sollten die Gespräche mit der Vereinbarung eines Kommuniqués beendet werden. Der mir vorgelegte Entwurf ließ mit keinem Wort erkennen, daß man über die Liquidation des Besatzungsregimes gesprochen hatte. Mir war sofort klar, daß ich mit einem solchen Kommuniqué den Petersberg nicht verlassen konnte. Schließlich, so sagte ich meinen Gesprächspartnern, führe meine Dienststelle die Bezeichnung »Delegation zur Ablösung des Besatzungsstatuts«. Auf der Gegenseite zeigte sich auch nach längerem Hin und Her keinerlei Bereitschaft zum Einlenken. Daraufhin erklärte ich, daß unter diesen Umständen die Besprechungen leider nicht an diesem Tage abgeschlossen werden könnten, da meine Instruktionen die Unterzeichnung eines Textes wie des mir vorgelegten nicht erlaubten. Diese Erklärung hatte eine überraschende Wirkung. Eine Verlängerung der Gesprächsrunde war im Hinblick auf den Terminkalender höchst unerwünscht, noch weniger jedoch ein Auseinandergehen ohne Kommuniqué, wobei nicht verborgen bleiben würde, welches der Konfliktpunkt gewesen war. Eine öffentliche Diskussion dieses höchst unpopulären Standpunktes der drei Mächte zu diesem Zeitpunkt kam ihnen mehr als ungelegen. Also Pause, Beratungen der drei unter sich, dann Fortsetzung des Gesprächs nur zwischen mir und den drei anderen Delegationsleitern, schließlich Durchbruch: Man war bereit, von der Suche nach einer »neuen Grundlage« des Verhältnisses zwischen der Bundesrepublik und den Alliierten zu sprechen. Das genügte vorerst. Befriedigt von diesem ersten taktischen Erfolg auf der Bühne der Diplomatie, fuhr ich nach Bonn zurück.

Meine Gesprächspartner, daran war kein Zweifel, würde ich in der nächsten Verhandlungsphase wiedersehen. Wer waren sie? Vor allem drei Männer, die mir später noch mehrfach wiederbegegnen sollten, die »political advisors« der drei alliierten »High Commissioners«, wie die Nachfolger der früheren Militärgouverneure seit 1948 hießen, – vergleichbar mit den Botschaftsräten an einer normalen Botschaft.

Der amerikanische Vertreter war Sam Reber, eine hünenhafte Gestalt mit selbstbewußtem Gebaren und der Neigung, Diskussionen gelegentlich mit autoritären Feststellungen zu beenden. Seine diplomatische Karriere ging einige Jahre später abrupt zu Ende: Er wurde ein Opfer der Hexenjagd des Senators Joseph R. McCarthy und schied aus dem auswärtigen Dienst aus. Als ich 1958 von meinem Washingtoner Posten aus New York besuchte, traf ich ihn wieder: Er hatte eine Anstellung im New Yorker Goethe-Haus angenommen und kümmerte sich dort um die administrativen Angelegenheiten dieses deutschen Kulturinstituts. Das war keine glanzvolle Position und mir tat er leid, wie er mit dem deutschen Botschafter nunmehr sehr respektvoll und ein wenig beflissen umging.

Sein britischer Kollege, Con O'Neill, war ein davon sehr verschiedener Typ und hat später eine brillante diplomatische Karriere durchlaufen, über das Amt des Pressesprechers des Foreign Office, über das des britischen Chefdelegierten bei den Verhandlungen über den britischen Beitritt zur Europäischen Gemeinschaft und des britischen Botschafters bei den Gemeinschaften in Brüssel. Diese Karriere hatte durch die Tatsache, daß er zweimal unter Protest den auswärtigen Dienst quittiert hatte, nicht gelitten. O'Neill sprach fließend und akzentfrei deutsch. Er war in zweiter Ehe mit einer Baronin von Marschall verheiratet, einer Verwandten meines Mitarbeiters Walter von Marschall. Gleich bei der ersten Begegnung am 10. Mai fanden wir guten Kontakt zueinander, und es dauerte nicht lange, bis er mir prophezeite, ich würde eines Tages einen großen Botschafterposten übernehmen. Ich dachte nicht im Traume an etwas Derartiges und war fest entschlossen, nach Abschluß der Verhandlungen auf meinen Freiburger Lehrstuhl zurückzukehren. Aber natürlich hörte sich so etwas ganz gut an, zumal ich bei mir dachte: Das ist für ein solches Diplomatengehirn natürlich das Nonplusultra des Schmeichelhaften!

Auch Louis de Guiringaud, dem französischen Vertreter, bin ich später mehrfach wiederbegegnet. Da Frankreich unter den Dreien am stärksten der Aufhebung des Besatzungsregimes widerstrebte, war er für mich der schwierigste Partner. Alles das war jedoch wie weggeblasen, als ich ihn im Frühjahr 1953 auf einer Informationsreise durch die Vereinigten Staaten zufällig in San Francisco wiedertraf, wo er inzwischen Generalkonsul geworden war. Wir begrüßten uns herzlich und feierten in einem lokalen Fernsehauftritt gegenseitig unsere Verdienste um ein Vertragswerk, das wir als Baustein zu einem vereinigten Europa betrachteten. Mitte der sechziger Jahre trafen wir uns in Paris – Guiringaud war Inspecteur des Auswärtigen Dienstes, ich Botschafter beim NATO-Rat –, Anfang der siebziger Jahre in Tokyo: beide als Botschafter bei der japanischen Regierung. Mittlerweile fühlten wir uns naturgemäß als Veteranen zwanzigjähriger gemeinsamer Bemühungen für die europäische Sache und die deutsch-französische Freundschaft. Von Tokyo ging Guiringaud als Vertreter Frankreichs zu den Vereinten Nationen nach New York, im Herbst 1976 machte ihn Präsident Valéry Giscard d'Estaing zu seinem Außenminister. In dieser Eigenschaft sah Bonn ihn wieder – er wird jedoch bei den deutsch-französischen Konsultationen auf der deutschen Seite kaum noch ein bekanntes Gesicht aus den fünfziger Jahren entdeckt haben. Er selbst erinnerte jedoch in einer Abschiedsrede, die er Ende 1978 bei einem von Außenminister Genscher gegebenen Abendessen in der Bonner Redoute hielt und in der er seinen Rücktritt vom Amte des Außenministers bekanntgab, an unsere Begegnung in San Francisco vor fünfundzwanzig Jahren. Im Zusammenhang mit einem erneuten Bekenntnis zur französisch-deutschen Freundschaft und zur europäischen Einigung wies er darauf hin, daß er in unserer damaligen Radiodiskussion die Bildung eines europäischen Parlaments binnen fünfzehn Jahren vorausgesagt habe. Er habe sich nur um zehn Jahre verrechnet.

Auf dem Bürgenstock:
Adenauers Projekt eines Sicherheitsvertrages

Bevor noch das Schlußkommuniqué unserer Gesprächsrunde verabschiedet war, wurde ich zur Berichterstattung zum Bundeskanzler bestellt, der sich bereits in sein Urlaubsquartier auf dem Bürgenstock hoch über dem Vierwaldstättersee begeben hatte. Mit mir zusammen waren auch Blank und Kielmannsegg dorthin bestellt, außerdem waren Hallstein, Blankenhorn, Globke und Rust (als persönlicher Referent Adenauers) anwesend. Am 1. August war Schweizer Nationalfeiertag, rings um den See loderten Feuer von den Bergen, mitten darin führten wir unsere Gespräche, unterbrochen von einem Spaziergang und einem Abendessen in gelockerter Atmosphäre. Bei dieser Gelegenheit erlebte ich zum ersten Male den Umgangston, den Adenauer mit seinen engsten Mitarbeitern pflegte: Bei allem Respekt, den man ihm in jedem Augenblick entgegenbrachte, herrschte doch ein freier und ungezwungener, meist heiterer Stil des Beisammenseins – in das der Neuling wie selbstverständlich eingeschlossen wurde. Adenauer liebte es, bei solchen Gelegenheiten zu »frozzeln« und sich dafür ein Opfer zu suchen. Meist war Hallstein dieses Opfer, der sich jedoch seiner Haut zu wehren wußte. Auch ließ sich nicht verkennen, daß sich hinter diesen Attacken ein hoher Grad der Vertrautheit zwischen diesen beiden so grundverschiedenen Männern verbarg.

Vor allem war dieses nun meine erste Arbeitsbegegnung mit Adenauer, und ich sah ihr mit gespannten Erwartungen entgegen. Aber jetzt zeigte sich erst recht, wie schwierig es war, mit ihm zu argumentieren – oder überhaupt zusammenhängend zu Worte zu kommen. Daß er sich nicht allzu intensiv für meinen Bericht über die Petersberg-Gespräche interessierte und ihn ungeduldig abkürzte, war gewiß verständlich: Die neununddreißig Einzelthemen, die wir dort erörtert hatten, waren in diesem Augenblick, in dem es um ein Gesamtkonzept für die Verhandlungen ging, für den Regierungschef kein adäquates Thema. Ihm ging es darum, mit uns die großen Linien eines »Sicherheitsvertrages« mit den Alliierten zu erörtern, der ihm vorschwebte. Mir konnte das nur recht sein, denn auch mich interessierte dieses Hauptthema viel mehr als alles andere. Außerdem hatte ich das Ergebnis der Petersberg-Gespräche bereits am 30. Juni in einem schriftlichen Bericht festgehalten, mit dem sich zunächst die Ressortminister beschäftigen mochten.

Aber auch auf diesem weiteren Felde hatte ich, der ich für ihn immer noch ein unbeschriebenes Blatt war und der ich mit seiner Denkweise und seinen Reaktionen noch nicht vertraut war, keinen leichten Stand. Häufig ließ er seinen Diskussionspartner nicht ausreden; Argumente, die ihm nicht paßten, konnte er in einer Weise beiseite schieben, als hätte man etwas völlig Abwegiges und Indiskutables vorgebracht. Zuweilen stellte man dann später fest, daß sie ihre Wirkung doch nicht verfehlt hatten und daß er ihnen Rechnung trug oder sie sich gar zu eigen machte. Von Hallstein konnte ich am meisten lernen (was aber natürlich seine Zeit brauchte), wie man am besten mit ihm umging: geduldig, beharrlich, frontalen Widerspruch möglichst vermeidend, aber in der Sache fest und unbeirrbar. Im Grunde respektierte Adenauer nur Gesprächspartner, die ihm nicht nach dem Munde redeten, sondern sich mit ihrer Meinung zu behaupten wußten.

Das Thema nun, dem sein Hauptinteresse galt und daß er bei diesem Treffen erörtern wollte, war mir nicht neu. Schließlich hatte ich die letzten drei Monate nicht ausschließlich mit der Erörterung jener Einzelpunkte, die auf dem Petersberg zur Sprache gekommen waren (die freilich alle ihr eigenes Gewicht besaßen), verbracht. Es gab in der alliierten Traktandenliste, die den Gesprächen auf dem Petersberg zugrunde gelegen hatte, einige Punkte, bei deren Besprechung das der alliierten Seite vorschwebende Grundkonzept durchschimmerte, und ich hatte nicht versäumt, diesen Indizien außerhalb des Konferenzraumes in einigen Privatgesprächen nachzugehen. Dabei war mir zustatten gekommen, daß ich in der amerikanischen Hohen Kommission auf einen alten Freund aus Vorkriegszeiten gestoßen war, der zwar nicht zum Kreise meiner offiziellen Verhandlungspartner gehörte, der aber über die alliierten Vorstellungen gut unterrichtet war oder über genügend Möglichkeiten verfügte, sich informieren zu lassen: Charles Thayer, damals Leiter der Verbindungsstelle zwischen der amerikanischen Hohen Kommission und dem Bundestag, den ich als jungen Vizekonsul in Berlin 1937 in einem privaten Kreise (ich war damals Assistent in einem wissenschaftlichen Forschungsinstitut) kennengelernt hatte. Er gehörte zusammen mit seinem Schwager Chip Bohlen zum Kreise der amerikanischen Rußlandexperten, die in den dreißiger Jahren in Moskau in enger Verbindung mit Hans von Herwarth und der Familie des deutschen Botschaftsrates Gustav Hilger gestanden hatten. Von einem Berliner Faschingsball kommend, hatten wir in den frühen Morgenstunden des 4. Februar 1938 auf der Hardenbergstraße beim Bahnhof Zoo die neuesten Meldungen über die Absetzung des Generals Werner von Fritsch und die Entmachtung der Reichswehrführung diskutiert. In Hamburg, wo er Anfang des Krieges Generalkonsul geworden war, hatten wir auf nächtlichen Spaziergängen am Ufer der Alster Möglichkeiten und Aussichten des Widerstandes diskutiert. Aus dieser Zeit her konnte ich seines Vertrauens sicher sein. Er schied später – ein weiteres Opfer der McCarthy-Verfolgungen – aus dem auswärtigen Dienst aus, wurde freier Journalist und ist in den sechziger Jahren früh verstorben.

Aus meinen Unterhaltungen mit Thayer war mir klar, wie weit die Vorstellungen des deutschen Bundeskanzlers und der Alliierten über den zu schließenden Vertrag auseinanderklafften. Wenngleich die Außenminister der drei Westmächte in ihrem Washingtoner Kommuniqué vom 14. September verkündet hatten, die Verträge sollten die Wirkung haben, »den Charakter der Beziehungen der drei Mächte zu der Bundesrepublik vollständig zu ändern«, so waren sie doch keineswegs bereit, die »Oberste Gewalt«, die sie seit 1945 übernommen hatten, völlig preiszugeben und sie durch ein normales völkerrechtliches Vertragsverhältnis mit der Bundesrepublik zu ersetzen. Auch das im gleichen Kommuniqué bekräftigte »Hauptziel« der »Integration der Bundesrepublik in eine europäische Gemeinschaft auf der Grundlage der Gleichberechtigung« blieb zweideutig infolge des einschränkenden Satzes: »Die Teilung Deutschlands verhindert gegenwärtig eine derartige Regelung.« Noch viel weniger waren die drei Mächte bereit, der Bundesrepublik eine so weitgehende Sicherheitsgarantie zu geben, wie Adenauer sie wünschte. Das mußte schon deswegen auf unüberwindbare Schwierigkeiten stoßen, weil die Vereinigten Staaten noch nie in einem anderen Lande eine solche Sicherheitsgarantie gegeben hatten, die im Widerspruch zu obersten Grundsätzen der amerikanischen Außenpolitik seit den Zeiten George Washingtons stehen und vom amerikanischen Senat nie akzeptiert werden würde. Aus diesem Grunde hatte man selbst dem Atlantikpakt keine automatische Beistandsklausel einfügen können.

Es erwies sich als äußerst mühevoll, Adenauer mit diesen Schwierigkeiten vertraut zu machen. Schon auf dem Bürgenstock zeichnete sich eine Situation ab, die sich dann in den späteren Verhandlungen häufig ergab: Er war geneigt, seine Ziele zunächst sehr weit zu stecken, weiter als sie bei realistischer Einschätzung der Lage im Bereiche des Erreichbaren lagen. Das war zunächst kein Nachteil, denn bei jeder Verhandlung muß man seine Ausgangspositionen weit vorschieben, um später nachgeben zu können. Nur kam es häufig dazu, daß er von dem Augenblick an, in dem er die Unerreichbarkeit seiner Verhandlungsziele erkannte, weiter zurückzufallen bereit war, als unbedingt notwendig. In den späteren Verhandlungen vom Herbst 1951 und Frühjahr 1952 war ich oft unglücklich darüber, daß er Positionen rascher und mit geringerem Widerstand preisgab, als es die Verhandlungslage nach meiner Ansicht erfordert hätte. Rückblickend muß man ihm zugestehen, daß er auf diese Weise eine weitere Verschleppung der ohnehin langwierigen Verhandlungen verhütete und daß die Innehaltung eines bestimmten Terminkalenders von politischen Kalkulationen bestimmt war, die nur er selbst überblicken konnte.

Das Ergebnis der Bürgenstock-Gespräche war demgemäß, daß ich den Auftrag erhielt, seine Vorstellungen in die Form eines Vertragsentwurfes umzusetzen. Ich akzeptierte den Auftrag in der Gewißheit, daß wir diesen Entwurf nicht durchsetzen würden, aber auch in der Überzeugung, daß es von Vorteil war, die eigenen Verhandlungsziele zunächst sehr weit zu stecken.

Der Entwurf, den ich diesem Auftrag entsprechend ausarbeitete, enthielt eine kurze Präambel, die drei Gedanken betonte: daß das deutsche Volk auf dem Gebiete der Bundesrepublik sein Staatswesen im Geiste der Demokratie und des Friedens neu geordnet habe und seinen Platz unter den freien und friedliebenden Völkern der Welt wieder einnehmen sollte; daß der Kriegszustand beendet sei; und daß die Zeit gekommen sei, die Beziehungen zwischen den drei Westmächten und der Bundesrepublik auf frei vereinbarte Verträge zu gründen, die den Entschluß der Vertragschließenden bekräftigten, auf dem Boden der Gleichberechtigung freundschaftlich zusammenzuarbeiten. Alles dieses waren Gedanken und Formulierungen, die in der einen oder anderen Form bereits in öffentlichen Äußerungen westlicher Staatsmänner angeklungen waren.

Um das Adenauersche Ziel der Sicherheitsgarantie mit den alliierten Hemmungen in dieser Frage soweit wie möglich in Einklang zu bringen, nahm der erste Artikel des Vertragsentwurfes auf die New Yorker Deutschlanderklärung vom September 1950 Bezug. Dort hatten die drei Außenminister namens ihrer Regierungen erklärt, daß diese »jeden Angriff gegen die Bundesrepublik oder Berlin als einen gegen sie selbst gerichteten Angriff ansehen« würden. Diese wenige Monate nach Ausbruch des Korea-Krieges formulierte Erklärung wurde der Bundesregierung übermittelt, um in diesem kritischen Zeitpunkt einer Demoralisierung der westdeutschen Bevölkerung vorzubeugen. Sie war eine einseitige Erklärung, keine vertragliche Verpflichtung; die Aufnahme in den Vertragstext, wenn auch nur in der Form der Bezugnahme auf diese Erklärung, sollte ihr eine so weit wie möglich verstärkte Bindungskraft geben. Zugleich schloß sich im nächsten Absatz die Verpflichtung der drei Mächte an, im Bundesgebiet und in den übrigen strategisch wichtigen Gebieten Europas Streitkräfte zu unterhalten, die zusammen mit den von der Bundesrepublik und gegebenenfalls von anderen Staaten der atlantischen Gemeinschaft gestellten Kräften so stark sein sollten, daß jeder solche Angriff zu einem großen militärischen Risiko für den Angreifer würde. Die Vereinigten Staaten insbesondere sollten sich verpflichten, ihre Truppen so lange auf dem Gebiet der Bundesrepublik und in den übrigen strategisch wichtigen Gebieten Europas zu unterhalten, bis die europäische Verteidigungsgemeinschaft über ausreichende militärische Kräfte verfügte, um diese Verpflichtungen zu erfüllen.

Die Gegenleistung der Bundesrepublik sollte darin bestehen, daß sie ihrerseits einen militärischen Beitrag zur Verteidigung der Bundesrepublik, Berlins und des übrigen Westeuropas im Rahmen einer internationalen Streitmacht leistete, der die deutschen Kontingente gleichberechtigt eingeordnet sein würden.

Konsequenz dieser Grundvereinbarung sollte sein, daß das Besatzungsstatut außer Kraft treten und das Verhältnis der Bundesrepublik zu den drei Westmächten sich in Zukunft ausschließlich nach dem zwischen ihnen abgeschlossenen Vertrag und den allgemeinen Regeln des Völkerrechts bestimmen würde.

Die Rechtsstellung der im Bundesgebiet stationierten Truppen, ihre Unterbringung und Versorgung, sowie die Verteilung der Kosten für ihre Unterhaltung sollten in einem besonderen Vertrag geregelt werden. Daraus ergab sich, zusammen mit den eben erwähnten Bestimmungen über das künftige Rechtsverhältnis der Bundesrepublik zu den drei Mächten, daß diese Truppen nicht mehr kraft Besatzungshoheit, sondern auf Grund vertraglicher Zustimmung der Bundesrepublik im Bundesgebiet stationiert sein würden.

Den mir bekannten Vorstellungen der Alliierten kam dieser Entwurf insofern entgegen, als er ihnen einige Vorbehaltsrechte einräumte: in bezug auf Berlin, auf die Verantwortung für die Wiedervereinigung Deutschlands und auf Notstandsmaßnahmen zur Sicherung der alliierten Streitkräfte im Kriegsfalle oder im Falle schwerer innerer Unruhen, soweit Bund und Länder nicht imstande sein sollten, selbst Sicherheit und Ordnung zu gewährleisten.

Es erwies sich als mühsam, Adenauers Verständnis dafür zu gewinnen, daß es gefährlich und nicht ratsam sei, die in den Viermächte-Vereinbarungen von 1945 umschriebenen Rechte und Verantwortlichkeiten der Besatzungsmächte mit einem Schlag zu liquidieren. Seiner ursprünglichen Konzeption lag dieser Gedanke fern. Konnten wir aber riskieren, die Besatzungshoheit der drei Westmächte in Berlin und ihre darauf basierende Gewährleistung der Freiheit und Sicherheit West-Berlins, des unkontrollierten Luftzugangs dorthin, der Aufrechterhaltung eines Mindestmaßes von Zirkulationsfreiheit innerhalb Gesamt-Berlins und auf den Land- und Wasserwegen zwischen Berlin und Westdeutschland aufs Spiel zu setzen? Die Bundesrepublik war weder politisch noch militärisch im entferntesten in der Lage, diese Funktionen zu übernehmen. Sie besaß auch im Rechts- und Vertragssystem der Nachkriegszeit keinen gesicherten Rechtstitel, auf den sie sich hätte stützen können, um Freiheit und Sicherheit Berlins mit eigenen Mitteln zu schützen. Ebensowenig konnten wir ein Interesse daran haben, die 1945 von der Sowjetunion anerkannten und teilweise in bezug auf ihre Ausübung vertraglich geregelten Besatzungsrechte der drei Westmächte in Berlin in Frage zu stellen und zu schwächen.

Darüber hinaus waren sich im Bundestag wie in der Völkerrechtswissenschaft alle Sachkenner darüber einig, daß die 1945 für Gesamtdeutschland mit der ausdrücklichen Zielsetzung der Aufrechterhaltung seiner staatlichen Einheit und dem Verzicht auf Annexion und »Dismemberment«, das heißt Teilung, übernommene Besatzungshoheit die wichtigste völkerrechtliche Klammer war, die Deutschland als Ganzes noch zusammenhielt. Sollten wir selbst diese Klammer auflösen und den Sicherheitsvertrag als ein Instrument der Spaltung Deutschlands konstruieren?

Die Bürgenstock-Gespräche gaben mir die Möglichkeit, diese Fragen aufzuwerfen und zu erläutern und schließlich in den Vertragsentwurf entsprechende Klauseln einzufügen, die dann auch vom Bundeskanzler akzeptiert wurden. Er war, wie in allen seinen Konzeptionen, von sehr einfachen und geradlinigen Gedankengängen ausgegangen. Komplizierte Rechtskonstruktionen liebte er nicht. Nachdem er jedoch die sehr praktischen politischen Implikationen dieser Rechtsfragen begriffen hatte, machte er sich die Klauseln zu eigen, die dem Rechnung trugen. Sie trafen sich, wenigstens zum Teil, mit alliierten Wünschen und boten insofern auch in den späteren Verhandlungen keine größeren Schwierigkeiten: Der Berlin-Vorbehalt und der sogenannte Gesamtdeutsche Vorbehalt, erstreckt auch auf die Verantwortung der drei Mächte in bezug auf einen Friedensvertrag, sind in den endgültigen Vertragstext von 1952/1954 eingegangen. Langwierige Auseinandersetzungen gab es dagegen um das von den Alliierten beanspruchte dritte Vorbehaltsrecht der Truppenstationierung und eines damit verbundenen Notstandsrechtes. Während der von mir entworfene Text die Truppenstationierung zu einer vertraglich vereinbarten Konsequenz der alliierten Sicherheitszusagen machte und das ihnen eingeräumte Notstandsrecht auf den unmittelbaren Schutz ihrer Streitkräfte beschränkte, zeigte sich bald, daß die Alliierten die besatzungsrechtliche Grundlage der Truppenstationierung beibehalten wollten und daß ihnen ein Notstandsrecht vorschwebte, das ihnen erlaubte, im zeitlichen Rahmen eines von ihnen selbst proklamierten Ausnahmezustands die volle Souveränität und ihre praktische Ausübung jederzeit wieder zu übernehmen.

Dieses Thema enthielt den meisten Zündstoff für den innerpolitischen Kampf um die Vertragsannahme. Die sozialdemokratische Opposition benutzte es jahrelang als Munition in ihrer Kritik der Verträge. Mit den Alliierten gingen die Auseinandersetzungen bis zur Unterzeichnung der revidierten Fassung der Verträge in Paris im Oktober 1954 fort – und sollten selbst damit noch nicht zu Ende sein.

Der auf dem Bürgenstock konzipierte Vertragsentwurf enthielt darüber hinaus einige Lieblingsgedanken Adenauers, die sich nur teilweise als durchsetzbar erwiesen: Ziemlich aussichtslos war die von ihm gewünschte

Verpflichtung der drei Mächte, »die bisherige wirtschaftliche Unterstützung der Bundesrepublik fortzusetzen, um wirtschaftliches Chaos und Arbeitslosigkeit und die sich daraus entwickelnde Gefahr totalitärer Systeme auszuschließen«. Diese Forderung, die im Zuge der wirtschaftlichen Erholung der Bundesrepublik rasch an Überzeugungskraft verlor, ist bald sang- und klanglos fallen gelassen worden. Bessere Aussichten hatte Adenauers Bestreben, eine ostpolitische Konsultationsklausel zu erlangen. Die Vertragschließenden sollten sich verpflichten, einander im Hinblick auf alle Fragen zu konsultieren, die ihre Beziehungen zu den Staaten des Ostblocks betrafen. Dieser Gedanke konnte durchgesetzt werden und fand seinen Niederschlag in den Artikeln 3 und 7 des Vertragstextes von 1954.[1] Andere Klauseln meines Entwurfes sind in mehr oder minder modifizierter Form in den endgültigen Vertragstext eingegangen: die »Aufrechterhaltung der freiheitlich demokratischen Ordnung in der Bundesrepublik« als »Ziel der gemeinsamen Politik«, eine »Friedensregelung für ganz Deutschland auf der Grundlage eines zwischen Deutschland und seinen ehemaligen Gegnern frei vereinbarten Vertrages« als »Endziel ihrer Politik«, die Verpflichtung der Bundesrepublik, ihre Politik im Einklang mit den Prinzipien der Charta der Vereinten Nationen und den im Statut des Europarats niedergelegten Zielen zu halten.

Eine umfassende Schiedsklausel sollte gewährleisten, daß alle Streitfragen, die sich bei der Auslegung oder Anwendung des gegenwärtigen Vertrages und der ihm beigefügten Einzelverträge ergaben, von einem paritätisch besetzten gemischten Schiedsgericht unter einem neutralen Vorsitzenden entschieden wurden. Daß davon nur ein Bruchteil übrigbleiben würde, war zu befürchten. Der endgültige Vertragstext hat denn auch den gesamten Bereich der Vorbehaltsrechte der Schiedsgerichtsbarkeit entzogen.

Wenn man diesen Entwurf – den wir in unserer Arbeitssprache den »Bürgenstock-Entwurf« nannten – als Ganzes ins Auge faßt, so enthielt er einige wichtige Abweichungen von jener Konzeption, die uns Adenauer auf dem Bürgenstock zunächst skizziert hatte. Man wird annehmen dürfen, daß er in seinen Überlegungen von dem japanischen Modell beeinflußt war, das die Überleitung eines Besatzungsregimes in ein vertraglich geregeltes Verhältnis vorsah, welches dem besetzten Lande die volle Souveränität zurückgab, zugleich aber ein bündnisartiges Sicherheitsarrangement begründete, in dessen Rahmen der bisherigen Besatzungsmacht ein vertragliches Recht auf Truppenstationierung und die Unterhaltung militärischer Basen eingeräumt wurde. Aber das japanische Modell ließ sich nicht ohne weiteres auf Deutschland übertragen: Japan war kein geteiltes Land; es hatte stets eine handlungsfähige Regierung behalten; es hatte nicht vier Besatzungsmächte, sondern nur eine; im Koreakrieg war es die entscheidend wichtige rückwärtige Operationsbasis des amerikanischen Hauptquartiers. Unser Entwurf hatte sich bemühen müssen, die besonderen Realitäten der deutschen Situation zu berücksichtigen. Nur in dem Maße, in dem er das tat, konnte er zu einem in Verhandlungen praktisch brauchbaren Arbeitspapier werden.

Der ›Generalvertrag‹ der Hohen Kommissare

Wenn auch der Bürgenstock-Entwurf über das hinausging, was in den Verhandlungen von 1951/52 erreichbar war, so hätte er doch bei frühzeitiger Übermittlung an die drei Mächte die Ausgangslage beeinflussen und hätte vielleicht verhüten können, daß ausschließlich auf der Grundlage eines Entwurfes der Gegenseite verhandelt wurde. Dazu kam es jedoch nicht.

Der Entwurf des Sicherheitsvertrages war, bevor er dem Bundeskanzler vorgelegt wurde, mit Hallstein und seiner Beratergruppe abgestimmt worden. Adenauer hat wohl einzelne Gedanken daraus zunächst in Einzelgesprächen mit den Hohen Kommissaren verwandt, bevor diese zu dem entscheidenden Außenminister-Treffen in Washington am 14. September 1951 abreisten. Den vollen Text hat er offenbar erst nach ihrer Rückkehr in der Sitzung vom 24. September, durch die die Vertragsverhandlungen eröffnet wurden, übergeben.[1] Wenn der Text überhaupt eine Chance gehabt hatte, als Verhandlungsgrundlage zu dienen, so war diese Chance jedenfalls zu diesem Zeitpunkt verpaßt. Denn am 24. September legten die Hohen Kommissare dem Bundeskanzler einen alliierten Entwurf vor, der sich auf die Beschlüsse von Washington stützte. Ob die Außenminister ihn selbst beraten hatten, war nicht genau festzustellen. In Bonn hatte man jedenfalls den Eindruck, daß dieser Text hinter dem Geist der Washingtoner Beschlüsse zurückblieb und sehr viel rigoroser an den bisherigen Konzeptionen festhielt, als wir erhofft hatten.

Die Eröffnung des eigentlichen Verhandlungsabschnitts stand demgemäß unter keinem günstigen Stern. Ich war, ebenso wie meine bisherigen Gesprächspartner auf der anderen Seite, zu dieser Sitzung am 24. September, die auf Schloß Ernich, dem Sitz des französischen Hohen Kommissars, André François-Poncet, stattfand, nicht zugezogen worden, ebensowenig wie zu der am 1. Oktober folgenden zweiten Sitzung auf Schloß Röttgen, dem Sitz des britischen Hohen Kommissars, Sir Ivone A. Kirkpatrick. Der Bundeskanzler ließ sich zu diesen Konferenzen, wohl auch in Vorahnung unerfreulicher Zusammenstöße, nur von Hallstein und Blankenhorn begleiten. Erst im Laufe der folgenden, arbeitsreichen und von vielen harten Auseinandersetzungen begleiteten Wochen und Monate errang ich mir allmählich das Vertrauen des mißtrauischen alten Herrn.

Noch am Abend des 24. September beschäftigte sich die Beratergruppe mit dem am Vormittag übergebenen alliierten Vertragsentwurf, wobei Hallstein über den Verlauf der Sitzung berichtete. Niemand machte sich Illusionen über den wenig ermutigenden Charakter des alliierten Dokuments.

Es war geprägt von dem Grundgedanken, daß die Drei Mächte die 1945 übernommene oberste Gewalt prinzipiell zu behalten beabsichtigten und lediglich bereit waren, auf die Ausübung der darin beschlossenen Hoheitsrechte insoweit zu verzichten, als es sich nicht um bestimmte Vorbehaltsgebiete handelte – auf denen sie weiterhin alle bisherigen Machtvollkommenheiten auszuüben gedachten.

Nach einer langatmigen und phrasenreichen Präambel, in der jedoch bezeichnenderweise der Satz des Washingtoner Kommuniqués fehlte, wonach die Bundesrepublik »auf der Basis der Gleichberechtigung in eine europäische Gemeinschaft eingegliedert werden« sollte, folgte der Entwurf konsequent diesem nüchternen und für uns nicht gerade attraktiven Grundgedanken.

Der weitere Inhalt des alliierten Entwurfes entsprach diesem Ansatz: weitgefaßte Vorbehaltsrechte der Drei Mächte, umfassende Notstandsbefugnisse, ein Botschafterrat als permanentes Kontrollorgan, Verpflichtungen der Bundesrepublik zur Leistung eines Verteidigungsbeitrages ohne angemessene politische Gegenleistungen der Alliierten (beispielsweise in bezug auf die Gleichberechtigung der Bundesrepublik und die Unterstützung ihrer grundlegenden deutschlandpolitischen Ziele), ein Schiedsgericht, dessen Zuständigkeit auf Fragen beschränkt war, die nicht in den weiten Bereich der Vorbehaltsrechte fielen; in den »Zusatzverträgen« eine lange Liste von belastenden Regelungen auf dem Gebiete der Wirtschaft, der Finanzen, der Reparationen und Restitutionen, der Kriegsverbrecher und der Flüchtlinge – alles in allem ein Quasi-Friedensvertrag, wie man ihn nur einem total geschlagenen Gegner auferlegen kann.

Sieben Monate lang wurde darum gerungen, dem alliierten Entwurf einige »Giftzähne« zu ziehen und ihn den deutschen Vorstellungen anzunähern. Dies spielte sich auf drei Ebenen ab: Auf der untersten Ebene kämpfte ich mit meinen Mitarbeitern in einer größeren Zahl von Verhandlungsgruppen um eine Verbesserung der Vertragsbedingungen in zahllosen Einzelfragen; was nicht bereinigt werden konnte oder an politische Grundsatzfragen rührte, kam auf die nächsthöhere Ebene, einen »Lenkungsausschuß«, der sich aus den politischen Beratern der drei Hohen Kommissare und dem Staatssekretär des Auswärtigen Amts zusammensetzte; in letzter Instanz fielen die Entscheidungen in einer Serie von Zusammenkünften des Bundeskanzlers mit den drei Hohen Kommissaren. Bis zur Unterzeichnung des Vertragswerkes in seiner ursprünglichen Form (in der es mit dem Vertrag über die Europäische Verteidigungsgemeinschaft unlöslich verbunden war) am 26. Mai 1952 kam es zu dreißig, großenteils mehrstündigen und oft bis in die späte Nacht dauernden Sitzungen auf höchster Ebene (die letzte, am 17. Mai 1952, dauerte siebzehn Stunden), in denen erbittert um jeden Artikel des Generalvertrages (wie man den politischen Grundvertrag nannte) und der zahlreichen, zum Teil sehr technischen, aber in ihrer Bedeutung ebenfalls schwerwiegenden, »Zusatzverträge« gerungen wurde.

In einer dieser Marathonsitzungen übergab der Bundeskanzler, übermüdet und unter dem Eindruck, daß die Tagesordnung keine Punkte von fundamentaler politischer Bedeutung mehr enthielt, den Vorsitz der deutschen Delegation an Hallstein und zog sich zurück. Mir gegenüber saß Robert Bowie, mit dem ich viele Tage und Nächte hindurch unter sechs Augen (seine britischen und französischen Kollegen hatten ihn zeitweise zu ihrem gemeinsamen Sprecher gemacht, während ich zur Protokollführung einen meiner jüngeren Mitarbeiter mitbrachte) über strittige Formulierungen des »Generalvertrages« erbittert gerungen hatte, und der mir jetzt, unter Anspielung auf unsere eigene Übermüdung, bedeutete, daß auch er vorziehen würde, nunmehr aufzustehen und nach Hause zu gehen. Ich rief ihm halblaut über den Tisch hinüber zu: »Quod licet Iovi non licet Bowie.« Bei den Umsitzenden erzielte ich damit einen rauschenden Heiterkeitserfolg, Bowie ergab sich in sein Schicksal – was er wohl ohnehin getan hätte –, und die Verhandlung plätscherte noch ein bis zwei Stunden weiter dahin. Kleine Zwischenfälle wie diese zeigen, wie sich die Atmosphäre gegenüber der Anfangszeit verändert hatte: Je länger wir uns auf beiden Seiten bemühten, bei hartnäckiger Wahrung der eigenen Interessen zu einem tragbaren Kompromiß und einem fairen Ergebnis zu kommen, desto mehr erwärmte sich das menschliche Klima; die eisige Kühle, die anfangs häufig geherrscht hatte, schwand dahin. In diesem monatelangen intensiven Verhandlungsprozeß lernten sich alle beteiligten Partner sehr genau kennen – und in vielen Fällen respektieren und schätzen. Adenauers Zähigkeit und Standfestigkeit, aber auch sein Sinn für Augenmaß, der ihn davor bewahrte, die Verhandlungen wegen zweitrangiger Fragen sich festfahren zu lassen, nicht zuletzt sein Talent, schwierige Situationen durch ein schlagfertiges Scherzwort aufzulockern, verschafften ihm bei den Hohen Kommissaren Achtung und menschliche Sympathie, die sich in den späteren Jahren als höchst wertvolle Aktivposten seiner außenpolitischen Position erwiesen: André François-Poncet blieb nach Auflösung der Alliierten Hohen Kommission als Botschafter in Bonn, Sir Ivone A. Kirkpatrick wurde Staatssekretär des Foreign Office, John J. McCloy war nach seiner Rückkehr in die Vereinigten Staaten einflußreicher Berater verschiedener Präsidenten und ein höchst wirksamer Förderer der deutsch-amerikanischen Freundschaft.

Ich selbst habe später von den damals geknüpften persönlichen Beziehungen nicht minder profitiert: In den Jahren meiner Botschaftertätigkeit in Washington (1958-1962) erwiesen sich McCloy und die Mitglieder seines Stabes, die meine Verhandlungspartner waren – Männer wie Robert Bowie, Shepard Stone, Eli Whitney Debevoise –, als zuverlässige und hilfsbereite Freunde.

Alles dieses konnte jedoch nicht darüber hinwegtäuschen, daß das Verhandlungsergebnis, das schließlich erzielt wurde, weit von dem Modell des Bürgenstock-Entwurfes entfernt war und viele im Sommer 1951 gehegte Hoffnungen enttäuscht hatte.

26. Mai 1952: Deutschland-Vertrag – erste Fassung

Die Protokolle der Verhandlungen zwischen dem 24. September 1951 (dem Tag der Übergabe des Entwurfes der Drei Mächte für einen Generalvertrag) und dem 26. Mai 1952 (dem Tag der Unterzeichnung des Deutschland-Vertrages) füllen viele Aktenordner mit Tausenden von Seiten. Auf ihren Verlauf im einzelnen hier einzugehen ist unmöglich und wäre wohl auch nur noch für Spezialisten der verschiedenen Verhandlungsmaterien von Interesse. In einer ersten Verhandlungsphase wurde der allgemeine politische Teil des Vertragswerkes ausgehandelt, die »General convention«, wie es im englischen Text hieß – daher der Ausdruck »Generalvertrag«, der sich im Sprachgebrauch der deutschen Presse und Öffentlichkeit zunehmend für das gesamte Vertragswerk einbürgerte. Dieser Abschnitt endete mit der Pariser Außenminister-Konferenz vom 22. November 1951 – der ersten Vierer-Außenminister-Konferenz nach dem Kriege, an der wir teilnahmen. Danach konzentrierten sich die Verhandlungen auf die »Related conventions«, die »Zusatzverträge«: Truppenvertrag (Vertrag über die Rechte und Pflichten ausländischer Streitkräfte und ihrer Mitglieder in der Bundesrepublik Deutschland), Finanzvertrag, Überleitungsvertrag (Vertrag zur Regelung aus Krieg und Besatzung entstandener Fragen).

Meine Aufgabe in diesen Verhandlungen war eine dreifache: Ich war Verhandlungsführer für den Generalvertrag, für den Truppenvertrag und Koordinator für die Verhandlungsführung in den zahlreichen Untergruppen, die sich mit dem Finanzvertrag und den einzelnen Teilen des langen und komplizierten Überleitungsvertrages befaßten. Aus diesen Funktionen ergab sich, daß es auch meine Aufgabe war, bei den Verhandlungen auf höherer Ebene, im sogenannten Lenkungsausschuß (Steering Committee) den Staatssekretär und auf der höchsten Ebene den Bundeskanzler bei seinen Konferenzen mit den Hohen Kommissaren vorzubereiten und ihnen in der Verhandlung zu assistieren, und zwar für das Gesamtgebiet der Verhandlungen. Das war angesichts des umfangreichen, weit verzweigten und komplizierten Verhandlungsstoffes eine sehr schwierige Aufgabe, die es notwendig machte, genau zu verfolgen, was in den einzelnen Untergruppen vor sich ging und welches dort der jeweilige Verhandlungsstand war. Durch Monate hindurch saß ich täglich bis in die späte Nacht im Büro, um die Verhandlungen des nächsten Tages vorzubereiten. Abgeordnete mußten unterrichtet, die Presse informiert werden, in Ressortbesprechungen mußten die Standpunkte der verschiedenen Ministerien harmonisiert und eine gemeinsame Verhandlungsposition erarbeitet werden. Interessengruppen und einzelne Bürger wollten gehört werden, um Besorgnisse, Wünsche, Beschwerden vorzubringen. Eine Anspannung aller Kräfte war notwendig, wie ich sie in dieser Intensität und Dauer kaum noch einmal erlebt habe.

Am 22. November, als die Außenminister in Paris den Text des Generalvertrages paraphierten, glaubte man noch, die Verhandlungen im Februar abschließen zu können. Es wurde März, April und schließlich Mai, bis man an diesen Punkt gelangte. Je mehr man sich dem Abschluß näherte, desto schärfer wurde das Tempo, besonders von dem Augenblick an, in dem ein Datum für die Unterzeichnung durch die Außenminister festgelegt war. Im gleichen Maße häuften sich auch die politischen Schwierigkeiten: Die SPD führte unter der Leitung des leidenschaftlichen Kämpfers Kurt Schumacher eine heftige Kampagne gegen das Vertragswerk – gegen die Gesamtkonzeption sowohl wie gegen viele Einzelregelungen, soweit sie durchgesickert waren, manchmal auch gegen eingebildete Bestimmungen, die gar nicht existierten oder die wir jedenfalls nicht akzeptiert hatten. Auch innerhalb der Regierungskoalition gab es, besonders in den Reihen der FDP, aber auch in der CDU selbst, viel Widerstreben, Mißtrauen, Unbehagen. Auf französischer Seite wuchs der Widerstand gegen das mit dem Deutschland-Vertrag gekoppelte Projekt der Europäischen Verteidigungsgemeinschaft (EVG), die Saarfrage erfuhr eine neue Zuspitzung und vergiftete die Atmosphäre.

Der gefährlichste Torpedoschuß jedoch kam aus Moskau: Am 10. März 1952 richtete Stalin seine berühmte Note an die Regierungen der drei Westmächte, in der er ein wiedervereinigtes, bündnisloses und begrenzt bewaffnetes Deutschland vorschlug und einige Grundzüge des mit ihm abzuschließenden Friedensvertrages skizzierte. Über die explosive Natur dieses Vorschlages, der zunächst noch nichts über die Kernfrage der Bildung einer gesamtdeutschen Regierung durch freie Wahlen enthielt (darauf gingen erst die späteren Sowjetnoten ein, die im Laufe des anschließenden Notenwechsels mit den Westmächten folgten), aber zum ersten Male von »eigenen nationalen Streitkräften« sprach, konnte es keine Täuschung geben. Am Tage darauf, dem 11. März, kam Adenauer bei einer der normalen Routinesitzungen zur Weiterverhandlung der Verträge mit den drei Hohen Kommissaren im Hotel Dreesen (dem Sitz der französischen Hohen Kommission) zusammen. François-Poncet, als Hausherr der Vorsitzende bei diesem Treffen, eröffnete die Sitzung mit einer Beileidserklärung zum Tode des kurz zuvor verstorbenen Bundesministers für Wohnungsbau, Eberhard Wildermuth, und kam dann nach einigen Bemerkungen zur Tagesordnung sogleich außerhalb der Tagesordnung auf die Stalin-Note zu sprechen. Er bezog sich auf den Briefentwurf des Kanzlers an den Vorsitzenden der UN-Kommission, die mit der Prüfung der Voraussetzungen für die Abhaltung freier Wahlen in beiden Teilen Deutschlands beauftragt war, diesen Auftrag jedoch nicht erfüllen konnte, da ihr die Einreise in die Zone und jede Kooperation der DDR-Behörden verweigert wurden; er meinte, dieser Entwurf enthalte durch die jüngste Note eine besonders aktuelle Note. Es handle sich um ein geschicktes Manöver zur Torpedierung der laufenden Verhandlungen durch ein weitergehendes Angebot, das über die bisherigen hinausgehe, in denen stets die allgemeine Befriedung Europas im Vordergrund gestanden habe. Immer, wenn Moskau eine im Gange befindliche Entwicklung aufhalten wolle, schlage es eine Konferenz vor – so im Falle Österreichs oder Koreas. Die Bildung einer gesamtdeutschen Regierung setze allgemeine Wahlen voraus; die Tätigkeit der UN-Kommission zur Prüfung ihrer Voraussetzungen sei jedoch nicht akzeptiert worden, so gelange man wieder auf den Ausgangspunkt zurück.

Adenauer, der formell kein Adressat der Sowjetnote war, der jedoch hier in aller Form konsultiert wurde, erklärte sofort, die Note werde »unsere Politik nicht ändern«. Er habe eine Presseerklärung in Vorbereitung, die noch am gleichen Nachmittag ausgegeben werden solle. Neu sei vor allem, daß Moskau nunmehr die ehemaligen Nazis und die Generäle in Schutz nehme. Man müsse sich fragen, ob sich die Note nicht in erster Linie an die französische Kammer und an die nationale Rechte in Deutschland richte.

François-Poncet betonte, daß seine Bemerkungen zunächst seine persönliche Beurteilung wiedergäben, daß er sich aber wundern würde, wenn diese sich von der seiner Regierung wesentlich entfernte. McCloy stimmte seiner Beurteilung zu: Die Note beweise vor allem, daß man bei den gegenwärtigen Verhandlungen bereits Resultate erzielt habe. Ebenso zustimmend äußerte sich Sir Ivone A. Kirkpatrick: Vielleicht werde man im weiteren Verlaufe noch bessere Angebote bekommen.

Adenauer verstand diese Äußerungen dahin, daß man in den Verhandlungen fortfahren wolle, »als ob es die Note nicht gäbe«.[1] Er hatte richtig verstanden, man ließ sich von der Fortsetzung der Verhandlungen nicht ablenken – obgleich es in der Öffentlichkeit lebhafte Auseinandersetzungen über die Auslegung der Note gab und einflußreiche Politiker und Publizisten, an ihrer Spitze Adenauers Parteifreund und Kabinettskollege, der Bundesminister für gesamtdeutsche Fragen, Jakob Kaiser, eine gründliche Prüfung ihrer Bedeutung forderten, die sich die meisten von ihnen nur im Wege von Sondierungen in Moskau vorstellen konnten.

An die Tatsache, daß sich Adenauer sowohl wie die Westmächte nicht in ihrer Ansicht beirren ließen, es handle sich um ein gezieltes Störmanöver Moskaus, über das man möglichst rasch hinweggehen müsse, haben sich die zahlreichen Legenden von den damals angeblich verpaßten Gelegenheiten geknüpft. Auch im Lichte dessen, was wir heute wissen, halte ich sie für das, was der Ausdruck »Legende« zum Ausdruck bringt. Darüber wird später noch ausführlicher zu sprechen sein.[2] Hier beschränke ich mich auf die Feststellung, daß der Fortgang der Verhandlungen von dem gleichzeitig von den Westmächten mit der Sowjetunion geführten Notenwechsel über die Vorschläge vom 10. März nicht wesentlich beeinflußt wurde. Im Laufe der Monate März und April reiften weite Teile des Vertragswerkes heran, wuchs der Umfang der Texte, über die man Einigkeit erzielt hatte.

Adenauer hatte darauf bestanden, die Vertragstexte bis zum letzten Augenblick geheimzuhalten, wobei er sich darauf berufen konnte, daß die Verhandlungen nicht abgeschlossen und immer wieder Änderungen der Texte zu erwarten waren. Einige Male war ich beauftragt worden, Vertreter der Regierungsparteien über den Stand der Verhandlungen zu unterrichten, ohne ihnen jedoch Texte zeigen zu dürfen. In den letzten zwei Wochen vor dem Unterzeichnungstermin wurden diese endlich dem Kabinett vorgelegt und in mehreren Sitzungen ausgiebig diskutiert. Wie zu erwarten, kam es zu erheblichen Auseinandersetzungen. Einige der Teilnehmer (zu denen außer den Kabinettsmitgliedern auch die Fraktionsführer der Regierungsparteien gehörten) befürchteten, daß die von den Verträgen vorgesehene Integration der Bundesrepublik in den Westen (über die EVG indirekt auch in die NATO) die Wiedervereinigung Deutschlands erschweren oder unmöglich machen werde.

Zum Sprecher für diese Besorgnisse machte sich besonders Jakob Kaiser, unterstützt von dem Minister ohne Geschäftsbereich Robert Tillmanns. Das von den Drei Mächten beanspruchte Notstandsrecht zum Schutze ihrer im Bundesgebiet stationierten Truppen, die Aufrechterhaltung ihrer eigenen Strafgerichtsbarkeit über diese Truppen, die Freigabe beschlagnahmter Wohnungen, die Kriegsverbrecherfrage, die Entflechtung der deutschen Industrie, die Befreiungen der Staatsangehörigen früherer Feindstaaten vom Lastenausgleich waren einige der Fragen, die heiß diskutiert wurden. Unmittelbar vor der Ankunft der westlichen Außenminister in Bonn spitzten sich die Auseinandersetzungen besonders in der Frage der sogenannten Bindungsklausel (Artikel 7, Absatz 3 des Generalvertrages) zu. In der in Paris am 22. November 1951 gebilligten Fassung des Vertragstextes lautete diese Bestimmung: »Die Drei Mächte und die Bundesrepublik sind darin einig, daß ein wiedervereinigtes Deutschland durch die Verpflichtungen der Bundesrepublik nach diesem Vertrag, den beigefügten Abkommen und den Verträgen über die Bildung einer integrierten europäischen Gemeinschaft – in einer gemäß ihren Bestimmungen oder durch Vereinbarung der beteiligten Parteien angepaßten Fassung – gebunden sein wird, und daß dem wiedervereinigten Deutschland in gleicher Weise die Rechte der Bundesrepublik aus diesen Vereinbarungen zustehen werden.«

Bedenken wurden von mehreren Kabinettsmitgliedern geäußert, ob es politisch und rechtlich überhaupt möglich sei, eine künftige gesamtdeutsche Regierung und Nationalversammlung im voraus in dieser Weise zu binden. Vor allem aber glaubte man in dieser Formulierung ein unüberwindliches Hindernis für alle künftigen Verhandlungen über die Wiedervereinigung sehen zu müssen. Wenn von vornherein feststehe, daß auch ein wiedervereinigtes Deutschland automatisch in die Europäische Verteidigungsgemeinschaft, in die Montanunion und in ähnliche Verträge einbezogen sein werde, so mache man es der Sowjetunion unmöglich, in ein ernsthaftes Gespräch über die Wiederherstellung der Einheit Deutschlands einzutreten.

Es war der Fraktionsführer der CDU, Heinrich von Brentano, der im Kabinett die Fronde gegen diese Klausel anführte. Adenauer entschloß sich schließlich zu dem ungewöhnlichen Schritt, Brentano zum amerikanischen Außenminister zu schicken und ihn zu dem Versuch zu ermächtigen, in letzter Minute eine Änderung dieser Formulierung zu erwirken. Dieser Versuch blieb nicht ohne Erfolg. Dean Achesons Rechtsberater, der New Yorker Völkerrechtsprofessor Philip Jessup, produzierte auf Anhieb eine neue Formel, welche Brentano und seine Anhänger zufriedenstellte und die zugleich auch vom britischen und französischen Außenminister akzeptiert wurde. Sie lautete: »Im Falle der Wiedervereinigung Deutschlands – vorbehaltlich einer zu vereinbarenden Anpassung – werden die Drei Mächte die Rechte, welche der Bundesrepublik auf Grund dieses Vertrages und der Zusatzverträge zustehen, auf ein wiedervereinigtes Deutschland erstrecken und werden ihrerseits darin einwilligen, daß die

Rechte auf Grund der Verträge über die Bildung einer integrierten europäischen Gemeinschaft in gleicher Weise erstreckt werden, wenn ein wiedervereinigtes Deutschland die Verpflichtungen der Bundesrepublik gegenüber den Drei Mächten oder einer von ihnen auf Grund der genannten Verträge übernimmt.«

Der größte Stein des Anstoßes, die automatische Bindung eines künftigen wiedervereinigten Deutschlands, war damit aus dem Wege geräumt. Auf der anderen Seite wurde der Grundgedanke dieser Bestimmung, auf den es uns stets angekommen war, bewahrt: Eine Rückentwicklung zu einem Viermächte-Regime mit Wiederaufleben des Kontrollrates mit seinen umfassenden, aus einer Supreme authority hergeleiteten Befugnissen war auch für den Fall der Wiedervereinigung ausgeschlossen.

Soweit mir die ausgedehnten Kabinettssitzungen dieser Tage noch Zeit ließen, wurde sie ausgefüllt durch die Überwachung eines technischen Prozesses, in dem die Texte rechtzeitig bis zum Morgen des 26. Mai 1952 in garantiert fehlerfreier Form vorliegen mußten. Was das bedeutete, konnte sich ein Außenstehender kaum vorstellen: In drei Sprachen mußte für vier Delegationen ein ungeheurer Papierberg hergestellt werden. Ich weiß nicht mehr, wieviel hektografierte Seiten das gesamte Vertragswerk füllte; als es später für den Bundestag gedruckt wurde, kam eine Bundestagsdrucksache heraus, die dreihundertsiebenunddreißig Seiten stark war.[3] Die während der letzten Verhandlungen zustandegekommenen Änderungen mußten berücksichtigt werden (dazu mußten immer wieder Redaktionsausschüsse zusammentreten, die aus Vertretern aller vier Vertragsparteien bestanden), die Übersetzungen konnten nicht dem Sprachendienst überlassen werden, sondern mußten von dem zuständigen Verhandlungsführer bis in die letzten Nuancen kontrolliert werden. Es gab Übersetzungsprobleme, die bis zum Staatssekretär hinaufgelangten und von ihm entschieden wurden.

Schon deswegen, weil dieser technische Marathonlauf zu Ende ging, fiel mir ein Stein vom Herzen, als ich die vier Außenminister, Dean Acheson, Anthony Eden, Robert Schuman und Konrad Adenauer endlich am Tische sitzen und die Dokumente unterzeichnen sah. Eine kleine Pointe hatte Schuman den Versammelten beschert: Als er, dem Beispiel seiner Kollegen folgend, zu einer Erklärung ansetzte, mußte er von seinen Mitarbeitern am Ärmel gezupft und darauf hingewiesen werden, daß er französisch sprechen müsse. Der – aus Metz stammende – Lothringer hatte sich in diesen Tagen mit Adenauer und anderen deutschen Gesprächspartnern soviel auf deutsch unterhalten, daß ihm in der Unterzeichnungszeremonie gar nicht bewußt geworden war, daß er seine Erklärung in dieser Sprache abgab.

Da für den nächsten Tag, den 27. Mai, die Unterzeichnung des EVG-

Vertrages in Paris vorgesehen war, mußten alle Beteiligten schon am Nachmittag des 26. dorthin aufbrechen. Das Programm dieser ersten Außenminister-Konferenz in Bonn war daher rasch zu Ende. Nur am Abend zuvor hatte der Kanzler ein Essen im Palais Schaumburg gegeben. Zwischen meinen Papieren stoße ich auf die Gästeliste und die Tischordnung für diese Veranstaltung. An zwei langen Tafeln im Kabinettsaal und dem anschließenden Empfangsraum saßen achtzig Personen, von denen inzwischen fast die Hälfte verstorben ist. Ich saß neben Brentano, mir gegenüber Felix von Eckhardt, Franz-Josef Strauß und der damalige Conseiller Politique des Französischen Hohen Kommissars, Louis de Guiringaud – bis vor kurzem Außenminister Frankreichs.

Bis zu dem Zeitpunkt dieses Essens hatte Robert Schuman unter dem Druck seines Kabinetts gestanden, in dem widerstrebende Kräfte die Unterzeichnung der Verträge von amerikanisch-britischen Garantieerklärungen für den Fall eines deutschen Austritts aus der EVG und gegen das Wiedererstehen einer autonomen deutschen Wehrmacht abhängig machen wollten. In den Tagen ihres Bonner Aufenthaltes hatten daraufhin Acheson und Eden eine allgemein gehaltene Garantieerklärung für den Fall einer »Bedrohung der Integrität oder der Einheit der EVG von irgendeiner Seite durch irgendeinen Schritt« formuliert und den Franzosen übermittelt. Obgleich sie nicht alle französischen Wünsche erfüllte, nahm sie doch den Vertragsgegnern in Paris den Wind aus den Segeln und gab Schuman den Weg zur Unterzeichnung frei.[4] Das Eintreffen der entsprechenden Ermächtigung aus Paris trug bei allen, die an den beiden Tafeln im Palais Schaumburg in dieses Spiel hinter den Kulissen eingeweiht waren, zur Hebung der Stimmung wesentlich bei. Niemand war so pessimistisch, vorauszusehen, daß zwei Jahre später das Vertragswerk am Widerstand der gleichen Kräfte scheitern sollte – soweit es den EVG-Vertrag betraf, endgültig, soweit es den Deutschland-Vertrag betraf, nur mit der Wirkung eines kurzen Aufschubs.

Bedeutung und Tragweite des Vertragswerkes standen im Mittelpunkt einer parlamentarischen Redeschlacht am 10. Juli 1952. Hinter dem Kanzler auf der Regierungstribüne sitzend, hatte ich die Genugtuung, daß er sich in der Verteidigung der Grundgedanken des Vertragswerkes ausdrücklich auf einen kurz zuvor von mir veröffentlichten Artikel stützte, der noch einmal die Argumente unserer Bürgenstock-Diskussion zusammenfaßte.[5] In der Verhandlungsniederschrift des Bundestages lautete das Kernstück seiner Rede:

»Ich für meine Person, der ich doch vielen Verhandlungen beigewohnt habe – Sie wissen, daß die Verhandlungen sogar bis zu 18 Stunden hintereinander gedauert haben –, kann nur sagen, daß ich glaube, wir haben alles herausgeholt, was herauszuholen war. Natürlich kann ich

Ihnen das nicht beweisen, meine Damen und Herren. Wer wollte das aber auch beweisen! Einer von den Herren der sozialdemokratischen Fraktion hat gesagt: Wer sagt uns denn, daß die Bundesregierung das Maximum herausgeholt hat. – Wie will man das denn überhaupt klar entscheiden! Ich fühle mich verpflichtet, Ihnen zu sagen, daß wir allen unseren Mitarbeitern bei diesem Werk aufrichtigen und herzlichen Dank schulden. Wenn Sie wüßten, mit welcher Hingabe gearbeitet worden ist, mit welcher Zähigkeit gekämpft und gerungen worden ist, dann würden Sie wahrscheinlich auch Ihre Anerkennung nicht versagen. (Lebhafter Beifall in der Mitte und rechts.) Ich möchte zwei Namen nennen – aber die anderen gehören alle dazu –, der eine ist Staatssekretär Hallstein, und der andere ist Herr Blank (Beifall bei den Regierungsparteien – Zurufe links), die wirklich Hervorragendes geleistet haben. (Zuruf von der KPD: Ich möchte nicht in der Haut stecken! Gegenruf von der Mitte: Kommen Sie auch gar nicht rein!)

Meine Damen und Herren, mit Erlaubnis des Herrn Präsidenten möchte ich aus einem Aufsatz, der in der Zeitschrift für internationale Fragen ›Außenpolitik‹ erschienen ist, geschrieben von Prof. Grewe, der sich auch an den Verhandlungen hervorragend beteiligt hat – ich habe den Aufsatz eben erst bekommen –, Ihnen folgendes vorlesen, damit Sie die ganze Problematik erkennen:

›Eine sehr einfache und überzeugende Lösung der zu bewältigenden Aufgaben schien sich anzubieten (– Das Angebot habe ich gemacht –): Aufhebung des Besatzungsstatuts und vollständige Freigabe der Souveränität der Bundesrepublik, vertragliche Einräumung eines Truppenstationierungsrechts an Großbritannien und die Vereinigten Staaten unter Gewährung der im NATO-Truppenstatut vorgesehenen Rechte an die britischen und amerikanischen Streitkräfte, Stationierung französischer Truppen auf der Grundlage und im Rahmen der Vorschriften des Vertrags über die Gründung der EVG ... Leider hatte auch eine Lösung auf dieser Linie keine reale Verwirklichungschance, denn eine solche Lösung hätte die Zerstörung der interalliierten Vereinbarungen von 1945 bedeutet. Die drei Westalliierten haben aber keinen Augenblick einen Zweifel daran gelassen, daß eine Lösung mit dieser Folge für sie nicht in Frage kam. Geht man den Motiven dieses Entschlusses nach, so wird man sie auch vom Standpunkt der deutschen Interessen aus anerkennen und billigen müssen. Damit muß man aber auch ihren Konsequenzen zustimmen. Die Grundkonzeption, auf der sich der ganze Deutschlandvertrag mitsamt seinen Zusatzverträgen aufbaut, beruht auf der Erkenntnis der Übereinstimmung der alliierten und der deutschen Interessen in diesem Punkte. Die durch die Teilung Deutschlands herbeigeführte eigentümliche Lage bringt es mit sich, daß gerade die Löschung jener letzten Hypotheken, die auf der deutschen Souveränität lasten, das heißt, die vollständige Beseitigung der Viermächtevereinbarungen von 1945, zugleich die letzten Klammern gefährden würde, die Deutschland heute noch zusammenhalten. (Sehr gut! in der Mitte.) Überlegen Sie sich doch das einmal in aller Ruhe. Wir hätten um den Verzicht auf die Wiedervereinigung Deutschlands wahrscheinlich die vollen Souveränitätsrechte ohne Vorbehaltsrechte bekommen können (Zurufe von der SPD), aber damit hätten wir, das schreibt Herr Grewe ganz richtig, die letzten Klammern gelöst, die jetzt noch die beiden Teile Deutschlands zusammenhalten. (Zustimmung in der Mitte. Zurufe von der SPD.) Das, meine Damen und Herren, wollen weder wir noch Sie! Wenn an meiner Stelle ein sozialdemokratischer Bundeskanzler gestanden hätte, hätte er genau das tun müssen, was ich getan habe.«

Wer würde heute noch an der Richtigkeit dieses Schlußsatzes zweifeln?

RECHTSABTEILUNG UND BERLINER KONFERENZ

*Kampf um die Verträge im Bundestag
und vor dem Bundesverfassungsgericht*

Auf die Unterzeichnung des Deutschland-Vertrages in Bonn am 26. Mai 1952 folgte im weiteren Verlauf des Jahres 1952 eine Periode zäher Auseinandersetzungen im Bundestag – im Plenum sowohl wie in zahlreichen Ausschüssen – um die parlamentarische Billigung des Vertragswerkes. Für den Staatsrechtsprofessor ebenso wie für den Delegationsleiter war diese Periode, in der es darum ging, die Verhandlungsergebnisse vor den kritischen Augen der Opposition und der Skeptiker im Lager der Regierungskoalition auszubreiten und sie zu verteidigen, eine wertvolle Bereicherung seines Erfahrungsschatzes.

Eine besondere Schwierigkeit meiner Aufgabe lag in der Schwäche meiner persönlichen Stellung, die schließlich nur die eines im Dienste der Regierung stehenden Experten war, den die Parlamentarier nicht als gleichberechtigten Diskussionspartner anerkannten. Im Laufe der Zeit respektierten sie den Sachverstand, jedoch kam es entscheidend darauf an, ihn mit Zurückhaltung und größtmöglicher Sachlichkeit und Objektivität zu präsentieren. Jede Polemik und Anzüglichkeit mußte ich hinnehmen und mußte mir verkneifen, sie in gleicher Münze heimzuzahlen; dies blieb den Ministern und dem Bundeskanzler vorbehalten, soweit sie sich der Diskussion stellten. Trotz mancher schwierigen Situation gelang es mir im großen und ganzen, den Respekt der Parlamentarier zu gewinnen und mit vielen von ihnen ein Vertrauensverhältnis herzustellen. Zu persönlichen Schärfen und Zusammenstößen kam es eigentlich nur in einem Falle: mit dem sozialdemokratischen Abgeordneten Gerhard Lütkens, der seine starre und durch nichts zu beeinflussende Ablehnung der Vertragskonzeption von Anbeginn auf meine Person erstreckte und mich mit Zeichen persönlicher Abneigung bedachte. Nach mehreren unerfreulichen Erfahrungen mit ihm im Auswärtigen Ausschuß beschloß ich, mich meiner Haut zu wehren. Da ich das auf parlamentarischem Boden nicht konnte, nahm ich die Meinungsfreiheit des Staatsbürgers und Wissenschaftlers in Anspruch und schrieb einen Artikel für die Zeitschrift ›Außenpolitik‹

(deren Mitherausgeber ich zeitweilig war), in dem ich seine Argumente in sachlichem Tone, aber ziemlich erbarmungslos zerpflückte.[1] Dabei ging es vor allem um die von Lütkens immer wieder beharrlich vorgebrachte These, die Bundesregierung habe bei der Verhandlung über den Artikel 7 des Deutschland-Vertrages die fundamentale Bedeutung des Potsdamer Abkommens für eine gemeinsame Politik der Wiedervereinigung übersehen. In meinem Aufsatz legte ich dar, daß diese These eine Reihe von Irrtümern über die vermeintlich positive Bedeutung des Potsdamer Abkommens enthielt. Wie zu erwarten, zog ich mir damit nur um so mehr den Zorn des Abgeordneten zu, der alsbald im Ausschuß kritisierte, daß es einem »Beamten« nicht zukomme, in diesem Stile einen Volksvertreter anzugreifen. Sein Tadel machte jedoch keinen großen Eindruck und hatte keine weiteren Konsequenzen. Lütkens, auf dessen Betreiben die SPD das Bundesverfassungsgericht angerufen hatte, blieb bis zu seinem plötzlichen und unerwarteten Tode im November 1955 ein unerbittlicher Gegner der Verträge.

Neben den parlamentarischen Beratungen hielt mich in dieser Zeit auch das Verfahren vor dem Bundesverfassungsgericht in Atem, mit dem die Opposition die Ratifikation des Vertragswerkes zu verhindern suchte. Zwei Jahrzehnte später fand sie sich plötzlich in der Lage, als nunmehrige Bundesregierung mit einem Verfahren vor dem Bundesverfassungsgericht konfrontiert zu werden, mit dem die Bayerische Landesregierung als Sprachrohr der oppositionellen CSU versuchte, die Verfassungsmäßigkeit der Ostverträge in Zweifel zu ziehen. Viele Argumente für und gegen die Kompetenz eines obersten Gerichtshofes, politische Verträge zu beurteilen und damit in die auswärtige Gewalt der Exekutive einzugreifen, tauchten nach zwei Jahrzehnten wieder auf – verfochten nunmehr jeweils von der Gegenseite.

Ende 1952 wurden die parlamentarischen Beratungen nach der zweiten Lesung im Plenum zunächst beendet, da sich inzwischen bereits die Schwierigkeit abzeichnete, den die EVG betreffenden Teil der Verträge im französischen Parlament zur Annahme zu bringen. Zugleich war auch das Verfahren vor dem Bundesverfassungsgericht seiner dramatischen Bedeutung entkleidet worden: Die seit dem Januar 1952 schwebende Klage von hundertvierundvierzig SPD-Abgeordneten, eine sogenannte vorbeugende Normenkontrollklage, mit der die Feststellung der Verfassungswidrigkeit der Verträge verlangt wurde, bevor diese vom Parlament überhaupt angenommen waren, war am 30. Juli 1952 vom ersten Senat des Bundesverfassungsgerichts als »im gegenwärtigen Zeitpunkt unzulässig« abgewiesen worden, weil die gesetzgebenden Körperschaften ihre Beratungen noch nicht abgeschlossen hätten. Der vom Bundespräsidenten am 10. Juni 1952 beim Bundesverfassungsgericht gestellte Antrag auf

Erstattung eines Rechtsgutachtens über die Verfassungsmäßigkeit des EVG-Vertrages war von diesem am 10. Dezember 1952 zurückgenommen worden, nachdem das Bundesverfassungsgericht am Tage zuvor die Bindung beider Senate an alle Rechtsgutachten des Plenums verkündet hatte und damit nach Ansicht des Bundespräsidenten aus dem Gutachtenverfahren mehr oder minder ein Entscheidungsverfahren geworden war. Zwar schwebte noch ein drittes Verfahren, nämlich eine Klage von zweihunderteinem Abgeordneten der Regierungskoalition gegen einhundertachtundzwanzig Abgeordnete der SPD-Fraktion auf Feststellung, daß die Vertragsgesetze ohne verfassungsändernde Mehrheit verabschiedet werden könnten. Diese Klage stand jedoch hinsichtlich ihrer verfahrensrechtlichen Zulässigkeit von vornherein auf schwachen Füßen und ist demgemäß auch am 7. März 1953 vom zweiten Senat des Bundesverfassungsgerichts als unzulässig abgewiesen worden, ohne daß damit in der Sache selbst eine Entscheidung getroffen worden wäre.

Unter diesen Umständen konnte ich, nachdem ich am 1. November 1952 durch Erstattung eines Rechtsgutachtens für die Bundesregierung[2] meinen Beitrag zum sachlichen Kern dieser Auseinandersetzung geleistet hatte, Anfang 1953 daran denken, den langgehegten Plan einer Studienreise nach Amerika zu verwirklichen. Auf amerikanische Einladung und zugleich mit einem Auftrag des Auswärtigen Amtes, den Planungsstab des amerikanischen State Department zu studieren, flog ich Anfang März für drei Monate nach den Vereinigten Staaten.

Amerika in der Ära McCarthy

Mein erster Aufenthalt in dem Lande, in dem ich später viereinhalb Jahre als Botschafter tätig sein sollte, fiel in eine Zeit, in der dieses durch eine schwere innere Krise hindurchging – die Ära McCarthy.

Es war eine Zeit des Umbruchs und einer spannungsgeladenen Dynamik: Die lange Periode demokratischer Administrationen (Roosevelt/ Truman, 1933-1953) war gerade zu Ende. Dwight D. Eisenhower hatte im Januar als republikanischer Präsident die Regierung übernommen, John Foster Dulles ergriff die Zügel der Außenpolitik, die antikommunistische Hexenjagd des Senators Joseph McCarthy war auf vollen Touren und drohte das amerikanische innere Klima zu vergiften und das Verfassungs- und politische System der Vereinigten Staaten zu korrumpieren.

Heute, im Zeitalter des Düsenjets und des weltumspannenden Massentourismus, bedeutet eine Reise nach Amerika nicht viel. 1953 empfand man sie noch als ziemlich aufregend. Weder im Dritten Reich noch in den ersten Nachkriegsjahren hatte es solche Reisemöglichkeiten gegeben. Mir erscheint diese Reise auch in der Retrospektive noch als bedeutsame Erfahrung für meine spätere Tätigkeit. Hinzu kam, daß sie mich zum Augenzeugen des ersten Adenauer-Besuches in den Vereinigten Staaten machte, der für Anfang April geplant war.

Als ich am 6. März 1953 in Frankfurt die Super-Constellation bestieg, die mich – damals noch mit Zwischenlandungen in London, Shannon (Irland), Gander (Neufundland) und Boston – schließlich nach über vierundzwanzigstündigem Flug in New York absetzte, gab es in allen Zeitungen nur eine Schlagzeile: Josef W. Stalin war am 5. März gestorben, ein Führungskollektiv unter dem Vorsitz von Georgi M. Malenkow hatte die Macht übernommen. Spekulationen über die Auswirkung dieses Ereignisses begleiteten mich auf meiner ganzen Reise. Naturgemäß war Stalins Abtritt von der Bühne unvergleichlich sensationeller als es heute ein Führungswechsel in der Sowjetunion sein würde. Man hat inzwischen erlebt, wie Malenkow, Nikolaj A. Bulganin, Nikita S. Chruschtschow gestürzt wurden – ohne daß das kommunistische Herrschaftsgefüge in der Sowjetunion dadurch erschüttert worden wäre. Damals, 1953, verfügte man noch nicht über diese Erfahrungen. Drei Jahrzehnte hindurch war das Sowjetsystem mit dem Namen Stalins so fest verbunden gewesen, daß niemand vorherzusehen vermochte, was beim Tode des Despoten aus dem von ihm errichteten Schreckensregiment werden würde.

Washington hatte gerade einen neuen Botschafter für Moskau ausgewählt und ernannt: Charles Bohlen, einen der renommiertesten Rußlandexperten des State Department, der schon unter dem ersten US-Botschafter bei der sowjetischen Regierung, dem in Moskau desillusionierten William Bullitt, später unter dem unerschütterlich naiven Joseph E. Davies und während des Krieges unter dem noch heute politisch wachen und gelegentlich geschäftigen Averell Harrimann in Moskau stationiert gewesen war, und der in Teheran und Yalta für Roosevelt gedolmetscht hatte.

Als ich in Washington eintraf, tobte gerade im Senat ein heftiger Kampf um die Bestätigung dieser Ernennung. McCarthy hatte auch Bohlen zur Zielscheibe seiner demagogischen Diffamierungen gemacht. Ich erinnere mich einer bezeichnenden Karikatur aus den amerikanischen Zeitungen jener Tage, die McCarthy zeigt, wie er, mit anklägerischer Gebärde auf Bohlen deutend, ausruft: Dieser Mann muß ein Kommunist sein, denn er beabsichtigt, nach Moskau zu gehen!

Der Senat hat sich von seinem Enfant terrible nicht umwerfen lassen. Ende März bestätigte er Bohlens Ernennung. Für das politische Klima in jenem Frühjahr war alles dieses jedoch sehr bezeichnend. Ich verschaffte

1. Tokyo, Sommer 1975: Die Familie frühstückt im Garten der Residenz.

2. Am 5. April 1971 fährt der Botschafter zum Kaiserpalast, um sein Beglaubigungsschreiben zu überreichen; der japanische Kaiserhof bedient sich noch heute eines Hofzeremoniells nach europäischem Muster.

3. Auf dem Wege zum Neujahrsempfang des Kaisers (alle Jahre wieder).

4./5. Im November 1971 hält sich Bundesverteidigungsminister Schmidt zu einem offiziellen Besuch in Tokyo auf: die Ehepaare Schmidt und Grewe, links Generalkonsul Galinski, in Kyoto (4), und vor dem Abflug in Tokyo (5).

6. Im März 1972 kommt das Kronprinzenpaar zu einem Hauskonzert des Pianisten Eschenbach in die Residenz; zwischen den Gastgebern: Kronprinz Akihito und Kronprinzessin Michiko; zweite Reihe: Professor Pringsheim (Schwager von Thomas Mann), Frau Ohya, Unterhauspräsident Funada, der päpstliche Nuntius Erzbischof Wüstenberg; dahinter Ehepaar Morita (Sony) und die Mutter der Kronprinzessin, Frau Shoda.

7. Vom 11.-13. 10. 1971 weilt das japanische Kaiserpaar zu einem Staatsbesuch in Deutschland; im Garten des Palais Schaumburg von links: Kaiser Hirohito, Bundeskanzler Brandt, Protokollchef Schwarzmann; dahinter Kaiserin Nagako (verdeckt), Frau Gerty Grewe.

8. Am 26. 1. 1972 kommt Außenminister Gromyko nach Tokyo; im Vordergrund rechts der sowjetische Botschafter Troyanowsky.

9. 26. 10. 1972: Außenminister Ohira (seit Ende 1978 Premierminister) begrüßt den Botschafter anläßlich der Verleihung des Bundesverdienstkreuzes an den Bauunternehmer und Forschungsförderer Kajima (im Hintergrund).

10. Hiroshima: der von Kenzo Tange entworfene Kenotaph für die Opfer der ersten Atombombenexplosion am 6. 8. 1945.

11. Am 28. 10. 1973 wurde das »Deutsche Haus« in Naruto (Shikoku) zur Erinnerung an das deutsche Kriegsgefangenenlager der Jahre 1914-1918 eingeweiht.

12. Als wenn dem Bundeskanzler das Stichwort »Lockheed« zugeflüstert würde... Aber im Oktober 1973, als Premierminister Tanaka (Mitte) nach Bonn kam, wußte man davon noch nichts; links: Frau Rut Brandt, Außenminister Ohira.

13. Vor der ersten Gipfelkonferenz der westlichen Industrienationen führt Premierminister Miki am 10. 11. 1975 an seinem Amtssitz ein vorbereitendes Gespräch mit den Botschaftern der Teilnehmerstaaten; von links: Perrone Capano (Italien), Hodgson (USA), Miki, Brunet (Frankreich), Grewe, Wilfort (Großbritannien).

14/15. Die Verflochtenheit der beiden Industrienationen dokumentiert sich in häufigen gegenseitigen Besuchen der führenden Wirtschaftskapitäne; die Vorstandsmitglieder Guth und Ulrich von der Deutschen Bank (14) und Spethmann von Thyssen (15).

16. Einer der Höhepunkte des kulturellen Lebens in Tokyo: Herbert von Karajan nach einem Gastspiel der Berliner Philharmoniker.

17./18. Zahlreiche deutsche Politiker besuchen Japan: Ministerpräsident Stoltenberg bei Außenminister Miyazawa im Oktober 1975 (17); Bundesminister Bahr in Osaka nach einem Vortrag im Gespräch mit Herrn Ohteki von der Firma Sumitomo Metal Industries Ltd., im Januar 1976 (18).

19. Einem in den Ruhestand tretenden Sumokämpfer wird in einer rituellen Zeremonie von dem hierzu geladenen Botschafter der Zopf abgeschnitten (Tokyo, Mai 1976).

20. Bei einer Abschiedsparty in einem japanischen Restaurant gehört das Entzünden der von den Geishas überreichten Pfeife zum Ritual (September 1976).

21. Ulan Bator, 26. 3. 1976: Vor der Übergabe des Beglaubigungsschreibens ist eine Ehrenkompanie vor dem Gebäude des Großen Volkshurals angetreten.

22. Das Ehrenmal für die Gefallenen des »Großen Vaterländischen Krieges« schmückt ein Fresko, das den Sieg über Japan und Hitler-Deutschland verherrlicht.

23. In einer Jurtensiedlung in der Steppe dürfen die Kinder der fremden Besucher die Pferde der Nomaden reiten.

24. Der 11. Juli (1975) ist der Nationalfeiertag der Mongolen, der mit Massenaufzügen gefeiert wird.

25. Nachdem in Bonn die Verhandlungen mit den Hohen Kommissaren zur Beendigung des Besatzungsregimes Fortschritte gemacht haben, treffen die Außenminister der drei westlichen Besatzungsmächte zum ersten Male auf einer Konferenz (Paris, 22. 1. 1951) mit dem Bundeskanzler zusammen, um das Kernstück der Verhandlungen, den »Generalvertrag«, zu erörtern: Acheson, Adenauer, Schuman und Eden.

26. Teilnehmerausweis für den Europa-Kongress im Haag (Mai 1948), auf dem Churchill zur Einigung Europas aufruft. Erstmals seit 1945 nehmen auch deutsche Politiker an einer solchen Veranstaltung teil, darunter Adenauer, damals nur Vorsitzender der CDU der britischen Besatzungszone.

27. Am 26. 5. 1952 wird in Bonn der Deutschland-Vertrag unterzeichnet; er schafft anstelle des Besatzungsstatuts ein vertragliches Verhältnis zwischen der Bundesrepublik und den drei Westmächten, die sich jedoch noch einige »Vorbehaltsrechte« reservieren; links von Adenauer von Herwart; zwischen ihnen im Hintergrund Hallstein; von links am Tisch der Leiter der französischen EVG-Delegation Alphand sowie McCloy im Gespräch mit Acheson.

28. Während seines ersten Staatsbesuchs in Washington vom 7.-9. 4. 1953 unterzeichnen Dulles und Adenauer ein deutsch-amerikanisches Kulturabkommen und erneuern den Freundschafts-, Handels- und Konsularvertrag von 1923.

29. Am 30. 9. 1953 wird in Bonn vom türkischen Botschafter Urgüplü und dem Leiter der Rechtsabteilung des Auswärtigen Amtes ein türkisch-deutscher Vertrag über die Abschaffung des Visumzwanges unterzeichnet.

30. Berliner Konferenz der vier Besatzungsmächte über die Deutschland-Frage, 25. 1. bis 18. 2. 1954: Die britische Delegation fährt durch das Brandenburger Tor zur Sowjetbotschaft Unter den Linden.

31. Vor Konferenzbeginn im Kontrollratsgebäude (dem früheren Kammergericht am Kleistpark) begrüßt Molotow den britischen Hohen Kommissar Hoyer-Millar; links (mit gesenktem Kopf) Eden; in der Mitte (im Profil) Gromyko im Gespräch mit Frank Roberts, dem späteren Botschafter in Bonn, zwischen ihnen (im hellen Anzug) Dolmetscher Troyanowsky, der spätere Botschafter in Tokyo und bei den UN.

mir auf dem Capitol den Zugang zu einem der »Hearings«, die damals in der Öffentlichkeit eine ähnliche Bedeutung hatten, wie zwanzig Jahre später die gegen Nixon gerichteten Watergate-Hearings. Ich war, bei allem Respekt für die amerikanische Demokratie und ihre Verfassungsinstitutionen, keineswegs mit Illusionen über die Schattenseiten dieses Systems nach drüben gefahren. Was sich in diesen Hearings darbot und wie die Öffentlichkeit mitsamt der Presse McCarthy folgte oder ihn zum mindesten gewähren ließ, jagte mir jedoch einen Schrecken ein und weckte die schlimmsten Erinnerungen an die Gleichschaltung eines ganzen Volkes mit den Mitteln der Einschüchterung durch Denunziation und demagogische Diffamierung. Wer Ähnliches in Deutschland erlebt hatte, mußte hier mit Bestürzung wahrnehmen, daß auch der amerikanische Durchschnittsbürger sich nicht zum unbeugsamen Widerstandskämpfer eignet und die große Mehrheit vielmehr bereit war, offenkundiges Unrecht gegen andere hinzunehmen, wenn dies angebracht erschien, um die eigene Haut zu retten. Was die Vereinigten Staaten indessen von anderen Ländern mit ähnlichen Entwicklungen unterscheidet, ist ihre Regenerationsfähigkeit, die Fähigkeit, im Zusammenspiel von Institutionen, Traditionen und Personen zu einer Selbstreinigung und Heilung zu gelangen – eine Fähigkeit, die sich schließlich auch im Falle des McCarthy-Syndroms eindrucksvoll bewährte: Im Frühjahr 1954 brach der Spuk zusammen. Nach einigen mißglückten Fernsehauftritten McCarthys war der Bann gebrochen und jedermann wagte plötzlich auszusprechen, daß der Kaiser keine Kleider trug.

Meine Einführung in Washington lag in erster Linie in den Händen eines Mannes, der in jenen Jahren vielen Besuchern aus Deutschland die Wege geebnet hat und der sich um die Wiederanknüpfung deutsch-amerikanischer Beziehungen auf allen Ebenen nach dem Kriege größte Verdienste erworben hat: Heinrich Kronstein, Professor an der Georgetown University, später gleichzeitig Professor und Direktor des Instituts für Wirtschaftsrecht an der Universität Frankfurt am Main. Kronstein war als Jude Anfang der dreißiger Jahre aus Deutschland emigriert, hatte in den Vereinigten Staaten alle erforderlichen juristischen Examen nach jahrelangem erneuten Studium noch einmal abgelegt und hatte dann, nach Jahren juristischer Praxis als Anwalt und Industrieberater, einen Lehrstuhl an der Jesuiten-Universität Georgetown erhalten. Er machte aus Georgetown einen Brückenkopf für die Verbindungen nach Deutschland. Hallstein, der Frankfurter Rechtsphilosoph und Rektor Helmut Coing und viele andere deutsche Wissenschaftler wurden als Gastprofessoren nach Georgetown eingeladen. Adenauer erhielt bei seinem Besuch im April 1953 die Ehrendoktorwürde dieser Universität. Auch über meinen Aufenthalt hielt Georgetown, vermittelt durch Kronstein, seine schützende und fördernde Hand. Die Verbindung mit Kronstein, in dessen Haus ich auch anfangs wohnte, hat sich später in meinen Botschafterjahren in Washington weiterentwickelt und vertieft. 1958, als ich meinen Posten antrat, war einer meiner Freiburger Studenten und Mitarbeiter in Bonn in der Delegation für die Ablösung des Besatzungsstatuts, Ivo Schwartz, sein Assistent geworden. Zum Kreise seiner Assistenten gehörte später auch der heutige Professor und Generalsekretär der CDU, Kurt Biedenkopf.

Kronstein sorgte auch dafür, daß ich in Georgetown und vor anderen interessierten Kreisen über die Bonner Verträge und die Probleme der europäischen Integration, der europäischen Sicherheit und der deutschen Wiedervereinigung zu sprechen Gelegenheit erhielt, wodurch ich weiteren Kreisen bekannt wurde.

Adenauers erster Besuch in Washington

Anfang April 1953 traf der Bundeskanzler zu seinem ersten Besuch in Washington ein. Da ich nicht zu seiner Delegation gehörte, nahm ich an seinen Besprechungen mit Eisenhower und Dulles nicht teil, wurde aber zu einigen gesellschaftlichen Veranstaltungen und offiziellen Zeremonien eingeladen. So wurde ich Zeuge, wie zum ersten Male nach dem Kriege auf dem Heldenfriedhof in Arlington bei der Kranzniederlegung das Deutschlandlied erklang, wie Adenauer in Georgetown der Ehrendoktor verliehen wurde und wie er am 8. April zum ersten Male sich im National Press Club der Presse Amerikas stellte. Dies wurde ein überwältigender Erfolg – nicht, weil Adenauer seine Hörer mit einem großartigen Exposé seiner Politik oder mit brillanter Rhetorik beeindruckt hätte; darin hat nie seine Stärke gelegen. Es war der Gesamteindruck des Mannes, dem sich selbst die abgebrühten Presseleute nicht entziehen konnten, und es war die gespannte und erwartungsvolle Neugier, mit der man dem Eintritt der Bundesrepublik in die westliche Gemeinschaft entgegensah. In diesem Klima kamen auch die kleinen, anspruchslosen Scherze, auf die er sich verstand, gut an. Nach dem Einfluß der deutschen Presse auf das deutsche Volk gefragt, zog er sich aus der Affäre, indem er den Hammer des Diskussionsleiters ergriff und ihn mit der deutschen Presse verglich. Diese und andere Anekdoten gingen durch die Zeitungen: wie der Präsident des National Press Club Adenauers Antwort auf die Bemerkung eines Journalisten zitierte, der zu ihm gesagt habe: Er werde ihn nach seinem Tode nicht mehr sehen, da der Kanzler dann im Himmel, er aber woanders sein werde. Adenauers Antwort lautete: »Glauben Sie, daß ein Regierungsmitglied jemals in den Himmel kommt?« Und nach einer Pause: »Allerdings, bei Gott ist alles möglich.« Mit freundlichem Schmunzeln wurde auch berichtet, der Nichtraucher Adenauer habe eine ihm von Senator Wiley angebotene Zigarette zunächst ausgeschlagen, dann aber unter der Bedingung angenommen, daß der Antialkoholiker Wiley ein ihm vom Kanzler angebotenes Glas Wein trinke. So sei es geschehen: Adenauer habe geraucht, Wiley Wein getrunken, beste Stimmung sei garantiert gewesen.

Ob bei diesem Besuche schon darüber gesprochen worden ist, was bei einem Scheitern des EVG-Vertrages geschehen könne? Bevor ich nach den Vereinigten Staaten abreiste, hatte es in der deutschen Presse Spekulationen darüber gegeben, deren eine wie folgt lautete: »In Bonn ist am Dienstag bekannt geworden, daß Professor Grewe vom Auswärtigen Amt im Auftrag des Bundeskanzlers sich Ende März für drei Monate in die USA begeben werde, um dort mit amerikanischen Regierungsstellen rechtspolitische Fragen zu erörtern. Die Nachricht hat in Bonn großes Aufsehen erregt. Es wird vermutet, Grewes Auftrag bestehe darin, für den Fall des Scheiterns des EVG-Vertrages mit den zuständigen amerikanischen Regierungsstellen eine Ersatzlösung zu finden, um wenigstens einen Teil der deutsch-alliierten Vertragspolitik zu retten. Man vermutet, daß erwogen wird, den Generalvertrag mit kleinen Abänderungen beizubehalten, auch wenn der damit verkoppelte EVG-Vertrag sich nicht verwirklichen lasse. In militärischer Hinsicht könne dann nach Inkrafttreten des Generalvertrages überlegt werden, ob die Bundesrepublik Mitglied des Atlantikpaktes werden könne. Obwohl diese Gedanken noch im Bereich der Vermutungen liegen, ist von seiten der SPD sofort dazu geäußert worden, daß sie auch dieser neuen Konzeption nicht zustimmen könne.«[1]

Damit wurde manches vorweggenommen, was später tatsächlich geschah. Im Frühjahr 1953 war man jedoch noch nicht bereit, die EVG abzuschreiben. Ich hatte daher auch keinen Auftrag erhalten, nach einer »Ersatzlösung« Ausschau zu halten. Adenauer selbst hat diese Frage ebensowenig berührt. Aus seiner Schilderung des Verlaufes der Gespräche in Washington[2] geht hervor, daß er noch immer mit der Ratifizierung des EVG-Vertrages rechnete. Im Hinblick auf die eingetretene Verzögerung der Ratifizierung schlug er nur insofern eine Übergangslösung vor, als er die sofortige Umwandlung der amerikanischen Hohen Kommission in eine Botschaft, ohne das Inkrafttreten der Verträge abzuwarten, anregte. Das war ein Gedanke, für den es im Vertragstext von 1952 einen Ansatzpunkt gab. Er ist jedoch erst ein Jahr später, auf der Londoner Neunmächte-Konferenz vom Oktober 1954, in beschränkter Form, aber im Zusammenwirken aller drei Westmächte, verwirklicht worden.

Der Planungsstab im State Department

Wenn ich mit einem Auftrag des Amtes nach Amerika gefahren war, so nur mit dem, mir den im State Department bestehenden Planungsstab anzusehen. Die Anregung zu diesem Auftrag stammte von mir selbst: Der Gedanke eines Planungsstabes interessierte mich. Auch erschien mir Einrichtung und Leitung einer solchen Institution als eine Aufgabe, die mich künftig reizen könnte. Tatsächlich war ich 1954 für eine Weile ein Ein-Mann-Planungsstab, dem dann aufgetragen wurde, über Ersatzlösungen nachzudenken.

Im März 1953 war der Leiter des US-Planungsstabes noch Paul Nitze, ein Mann der vorherigen Administration. Von ihm erhielt ich bereitwillig alle Auskünfte, die ich erbat. Als ich aber nach mehrwöchiger Rundreise durch die Staaten nach Washington zurückkehrte, saß an dieser Stelle ein neuer – mir allerdings seit langem bekannter – Mann: Robert Bowie. Über meine Beziehungen zu Bowie in der Zeit, als er Legal Advisor des Amerikanischen Hohen Kommissars in Bonn war, habe ich bereits berichtet. Er ist mir auf allen Stationen meiner Laufbahn in irgendeiner Eigenschaft immer wieder begegnet. Mit Nitze erging es mir von 1953 ab ähnlich. Er war ein kühler intellektueller Typ, mit früh schneeweiß gewordenem Haar, sehr gut aussehend, von rascher Intelligenz, aber in der Diktion eher zurückhaltend und ohne Neigung zur Rhetorik, in seinen Urteilen realistisch, Deutschland gegenüber unbefangen und ohne jeden Abwehrkomplex, den man bei manchen Amerikanern antrifft, die noch einen deutschen Namen tragen (die Nitzes sind wohl Mitte des neunzehnten Jahrhunderts eingewandert). Nitze, obwohl ursprünglich Republikaner, harmonierte nicht mit Dulles und kehrte erst unter Kennedy wieder in ein Regierungsamt zurück. Kennedy machte ihn gleich nach seiner Wahl im November 1960 zu seinem außenpolitischen Vertrauensmann und Berater für die Interimsperiode bis zur Bestallung eines neuen Außenministers. Sein Name wurde in dieser Zeit auch als der eines Kandidaten für diesen Posten genannt. Kennedy entschied sich jedoch schließlich für Dean Rusk und Nitze wurde Assistant Secretary for National Security Affairs im Pentagon unter Robert S. McNamara. In beiden Eigenschaften hatte ich ab Ende 1960 häufig mit ihm zu tun. Als Vertreter des Pentagon gehörte er 1961/62 der Botschafterlenkungsgruppe an, die für das Krisenmanagement in der Berlin-Krise eingesetzt wurde. Dort erwies er sich als ein besonders wertvolles Mitglied dieses Gremiums: besonnen, couragiert, ausgestattet mit einem treffsicheren politischen Urteilsvermögen, in der Arbeit präzise und zuverlässig. Später, unter Präsident Lyndon B. Johnson, wurde er Marineminister. Nach dem Wahlsieg Richard M. Nixons im November 1968 schied er wieder aus dem Staatsdienst, wurde jedoch gelegentlich zu besonderen Aufträgen wieder herangezogen: Ich bin ihm in Brüssel im NATO-Rat wiederbegegnet, nachdem man ihn zum Mitglied der amerikanischen Delegation für die SALT-I-Verhandlungen gemacht hatte.

Bei dieser ersten Begegnung im Frühjahr 1953 gab mir Nitze, gestützt auf seine mehrjährige Erfahrung, interessante Einblicke in die Arbeitsweise und Methodik des Planungsstabes. Bowie, sein Nachfolger, konnte als Neuling in diesem Amte nur von den Ideen und Vorstellungen sprechen, die er mit seiner künftigen Aufgabe verband. Eine wichtige Ergänzung verschaffte mir dagegen ein kurzer Abstecher nach Princeton: ein Gespräch mit George Kennan, dem ersten Leiter des Planungsstabes nach seiner Errichtung im Jahre 1947. Auf der Grundlage dieser und weiterer Gespräche im State Department schrieb ich für das Auswärtige Amt einen Bericht, in dem ich die bedeutendste Leistung dieses von General George Marshall als Außenminister begründeten Organs – die Konzipierung des Marshall-Plans durch George Kennan – gebührend hervorhob, aber auch die Grenzen seiner Wirkungsmöglichkeiten und die inhärente Problematik einer solchen Institution nicht verschwieg: das schwierige Verhältnis zu den operativen Abteilungen, die Neigung der Spitze des Hauses – des Secretary of State sowohl wie des über keinen eigenen Arbeitsstab verfügenden Deputy Secretary –, sich des Planungsstabes für jeweils drängende Sonderaufgaben zu bedienen, die mit Planung wenig zu tun hatten. Die Leiter des Planungsstabes hätten auf diese Weise häufig eine wichtige und einflußreiche Rolle gespielt, aber die Institution als solche sei nicht zur vollen Entfaltung der ihr eigentlich zugedachten Funktion gekommen.

Mit seiner das Für und Wider behutsam abwägenden Beurteilung konnte der Bericht in Bonn kaum als ein enthusiastisches Plädoyer für die Schaffung eines solchen Stabes verstanden werden. Es hat denn auch noch viele Jahre gedauert, bis man sich in Bonn dazu entschloß: Erst 1963 kam es unter dem Außenminister Schröder zur Einrichtung eines Planungsstabes im Auswärtigen Amt. Einer seiner Leiter, mein früherer Mitarbeiter in Washington, Swidbert Schnippenkötter, schrieb 1965 einen Beitrag ›Planung in der Außenpolitik‹ für die Festschrift zum siebzigsten Geburtstag von Peter Pfeiffer[1], der die Gedanken und Vorstellungen widerspiegelt, die man in Bonn mit dieser institutionellen Neuerung verband. Auch ich mußte mich, fast zur gleichen Zeit, noch einmal mit dem Thema befassen: Auf Einladung der Internationalen Fakultät für Rechtsvergleichung sollte ich im März 1965 auf einer Freiburger Tagung dieser Fakultät, die sich in erster Linie mit Rechtsfragen der Wirtschaftsplanung, darüber hinaus aber ganz allgemein und grundsätzlich mit dem Konzept der »Planung« in der modernen Welt befaßte, über ›Planung in der Außenpolitik« sprechen.[2] Auch in diesem Vortrag suchte ich dem Begriff der Planung in dem Prozeß der außenpolitischen Entscheidungsfindung eine realistische Begrenzung zu geben und die Unkalkulierbarkeit langfristiger Entwicklungen zu betonen. In diesem Sinne schloß ich mit einem Zitat des französischen Philosophen Henri Bergson: »L'avenir de l'humanité reste indéterminé car il dépend d'elle.«

Abgesehen von der in diesem Zitat zum Ausdruck kommenden Skepsis gegenüber den Möglichkeiten langfristiger außenpolitischer Planung überhaupt konnte ich mich auch gegenüber unserem eigenen Versuch mit einem solchen organisatorischen Gebilde, wie es der Planungsstab des Auswärtigen Amtes darstellte, nie von dem Eindruck befreien, den ich schon beim ersten Studium des amerikanischen Modells gewonnen hatte: daß es das unausweichliche Schicksal der Planungsstäbe ist, zweckentfremdet zu werden, und daß sie nur selten zu der ihnen eigentlich zugedachten Wirksamkeit kommen. Es hat im Bonner Planungsstab brillante Köpfe gegeben; ich hatte noch in Tokyo Gelegenheit, zwei von ihnen, Dirk Oncken und später Klaus Blech, bei einer Konsultation mit dem japanischen Planungsstab zu erleben. Sie waren gewiß ein Beweis dafür, daß man in dem großen Apparat des auswärtigen Dienstes eine Gruppe von intellektuell hochqualifizierten Leuten braucht, die, losgelöst vom unmittelbaren Tagesgeschäft, die Probleme durchdenkt und diskutiert. Nur darf man seine Erwartungen in bezug auf ihre Einwirkungsmöglichkeiten auf den außenpolitischen Entscheidungsprozeß nicht zu hoch schrauben. Staatsmänner wie Konrad Adenauer waren ihrem ganzen Temperament und Naturell nach wenig geneigt, längere Papiere zu lesen, die ihnen wie theoretische Denkübungen erscheinen mochten. Andere, wie Ludwig Erhardt in den kritischen Tagen des Abbruchs der diplomatischen Beziehungen mit Nassers Ägypten, ließen sich von der Routine der Auseinandersetzungen im Kabinett und in den Fraktionen so stark überwältigen, daß sie gar nicht auf die Idee kamen, sich die vorausschauende Gedankenarbeit ihrer Planer zunutze zu machen. Allzu häufig war der Planungsstab daher auf die Aufgabe zurückgeworfen, öffentliche Reden für den Minister zu entwerfen.

Bevor ich den Faden meiner Amerika-Reise von 1953 wieder aufnehme, will ich nur erwähnen, daß der »Planning Council«, wie der Planning Staff des State Department später genannt wurde, immer von Männern geleitet wurde, die ich, meist aus anderen Zusammenhängen, gut kannte: Walt Rostow, George McGhee, Abram Chayes, Gerard Smith, Fred Iklé. Die Problematik ihrer Aufgabe hatte sich, soweit ich davon einen Eindruck gewann, nicht grundsätzlich verändert.

Rundreise durch einen Kontinent

Häufig kam mir während dieses Vierteljahres, in dem ich quer durch die Vereinigten Staaten reiste, der Gedanke: Hierher werde ich in meinem Leben kaum noch einmal kommen. Wie falsch diese Vermutung war! Viele Punkte meiner Reise von 1953 habe ich später mehrfach wiedergesehen. Allerdings wäre mir 1953 auch nicht im Traume der Gedanke gekommen, daß ich einmal Botschafter in Washington werden würde. Hätte ich es geahnt, so hätte ich zu meiner Vorbereitung allerdings nichts Besseres unternehmen können, als diese Reise. Sie gab mir Gelegenheit, in der Anonymität des privaten Touristen (und mit den beschränkten finanziellen Mitteln eines für diesen Zweck subventionierten Professors) das ganze Land zu bereisen und mir eine Vorstellung von seiner Ausdehnung, seinen Schwerpunkten, seiner landschaftlichen Mannigfaltigkeit, seiner Bevölkerung zu bilden. Dabei kam mir zustatten, daß im Jahre 1953 Reisen mit der Eisenbahn noch billiger waren als mit dem Flugzeug (wenig später änderte sich dieses Verhältnis). Ich hatte daher die Möglichkeit, meine gesamte Rundreise mit der Eisenbahn zu machen – ein großer Vorteil, da man auf diese Weise unvergleichlich viel mehr zu sehen bekommt und zugleich auch eine sehr viel konkretere Vorstellung von den Dimensionen des Landes gewinnt.

An den meisten Plätzen hatte ich akademische Kontaktadressen. Professoren betreuten mich, führten mich ihren Studenten vor, luden mich zur Teilnahme an ihren Seminaren ein und arrangierten Podiumsgespräche im Rundfunk und Fernsehen. Auf diese Weise gewann ich einerseits einen höchst interessanten Einblick in das amerikanische Universitätsleben und gewöhnte mich andererseits daran, vor einem amerikanischen Publikum zu diskutieren, sei es im Rundfunk oder Fernsehen, im Hörsaal oder an der Head Table eines Bankettsaales. Auch den Umgang mit der amerikanischen Presse konnte ich so auf eine relativ risikolose Weise üben. Zugleich brachte mir die Reise viele persönliche Kontakte und Bekanntschaften ein – wenn auch weniger im politischen und wirtschaftlichen, als im akademischen Bereich und in den Kreisen der deutschen Emigration.

Natürlich war es für mich als Völkerrechtsprofessor interessant, einige Träger bekannter Namen, die mir aus der völkerrechtswissenschaftlichen Literatur geläufig waren, persönlich kennenzulernen, wie beispielsweise Quincy Wright in Chicago oder Philip Jessup in New York. Letzterer hat bei der Beendigung der Berliner Blockade auf dem diplomatischen Felde eine wichtige Rolle gespielt und hat im Mai 1952 zu der amerikanischen Delegation gehört, die Acheson zur Unterzeichnung des Deutschlandvertrages nach Bonn begleitete. In Ann Arbor besuchte ich James

Pollock – dem ich, Jahre später, im großen Auditorium von Ann Arbor, das Bundesverdienstkreuz verleihen sollte. In Cambridge begegnete ich zum ersten Male McGeorge Bundy, dem späteren Sicherheitsberater Kennedys. Wertvoll war auch die Vertiefung meiner Beziehungen zu dem mir aus den Bonner Verhandlungen vertrauten Kreis um John J. McCloy, besonders auch zu seinem Mitarbeiter Shepard Stone, einem Doktoranden Hermann Onckens im Berlin der dreißiger Jahre, der heute die Berliner Zweigstelle des »Aspen Institute for Humanistic Studies« auf Schwanenwerder leitet und dem der Berliner Senat zu seinem siebzigsten Geburtstag im März 1978 den Titel eines Professors ehrenhalber verlieh. Schon damals zeigte sich, daß die in Deutschland gesammelten Erfahrungen dieser Männer sie dazu prädestinierten, nach ihrer Rückkehr in die Vereinigten Staaten immer wieder als Berater in allen Deutschland und Berlin betreffenden Fragen gehört zu werden – was auch für General Lucius D. Clay zutraf, den ich indessen erst in den sechziger Jahren kennenlernte.

Auch in den Kreisen der deutschen Emigration machte ich viele interessante Bekanntschaften. Um nur einige Namen zu nennen: Arnold Brecht, Ministerialdirektor und Leiter der Verfassungsabteilung im Reichsministerium des Inneren (1921-1927), später Bevollmächtigter Preußens im Reichsrat und 1932 Vertreter der Preußischen Staatsregierung im Prozeß vor dem Staatsgerichtshof gegen das Reich wegen der illegalen Absetzung der sozialdemokratischen Staatsregierung unter Otto Braun und Carl Severing durch den Reichskanzler Franz von Papen. Nach seiner Flucht aus Deutschland hatte Brecht zusammen mit manchen anderen Emigranten eine Zuflucht an der New School for Social Research in New York gefunden und lehrte dort Staatstheorie und politische Wissenschaften. Ich hörte mir einige seiner Vorlesungen an. Staatstheorie hatte ich selbst an deutschen Universitäten gelesen, sogar als eine meiner Lieblingsvorlesungen; außerdem hatten wir gemeinsame Freunde, die uns verbanden. So wurde eine Beziehung geknüpft, die ich in meinen Washingtoner Jahren und darüber hinaus später bei gelegentlichen Begegnungen in Deutschland weiter zu pflegen bemüht war.

In Washington traf ich Fritz Epstein, damals Bibliothekar an der Library of Congress, der sich später bedeutende Verdienste um die Publikation der Akten des Auswärtigen Amtes erworben hat (sein Sohn, der durch seine Erzberger-Biographie und sein großes, unvollendet gebliebenes Werk über den deutschen Konservativismus bekannt gewordene Historiker Klaus Epstein, wurde 1967 in Deutschland Opfer eines Autounfalls). Zu einer anderen Kategorie von Emigranten gehörte der damals in Washington lebende Gustav Hilger, viele Jahre Chefdolmetscher und Botschaftsrat an der deutschen Botschaft in Moskau bis 1941.

Hilger, der unter anderen im August 1939 bei Ribbentrops Aufenthalt in Moskau gedolmetscht hatte, gehörte zu jenen Mitgliedern der deutschen Botschaft in Moskau, deren ablehnende Einstellung zum Nationalsozialismus vielen ausländischen Kollegen bekannt war und die daher auch im Kreise westlicher Diplomaten in Moskau geschätzt und respektiert wurden.[1] Sein in Rußland gefallener Sohn Andreas hatte in Berlin zu meinem Freundes- und Kollegenkreis gehört. Die amerikanischen Besatzungsbehörden hatten Hilger und seine Frau gleich nach Kriegsende nach den USA verbracht, um sich die Kenntnisse, Erfahrungen und den Sachverstand dieses Experten für russische Sprache sowie für sowjetische Wirtschaft, Politik und Diplomatie zunutze zu machen. 1950, als der Korea-Krieg ausgebrochen war, nahm ihn das State Department als »Consultant« in seine Dienste. Charles Bohlen berichtet in seinen Memoiren, daß er damals mit ihm zusammenarbeitete und die Beziehungen aus der gemeinsamen Zeit in Moskau erneuerte.[2] Ich verbrachte einen interessanten Abend mit dem Ehepaar, das später nach Deutschland zurückkehrte.

Bleibende Beziehungen spannen sich während dieser Reise an mit Wolfgang Kraus, Professor für Political Science an der George Washington University in Washington D. C., Franz Michael, Professor für Sinologie und Chinakunde in Seattle (Washington), Carl J. Friedrich, Professor für Political Science an der Harvard University, Fritz Morstein-Marx, dessen verfassungsrechtliche Arbeiten mir noch aus seiner Zeit als Privatdozent in Hamburg in Erinnerung waren. Er ist inzwischen, ebenso wie Carl J. Friedrich, gestorben.

Um diese Namensliste, die nicht erschöpfend sein kann, zum Abschluß zu bringen, erwähne ich noch meine Begegnung mit Eric Warburg in New York. Jedem Hamburger ist der Name Warburg natürlich wohlvertraut. Unsere nächste Begegnung fand denn auch, Jahre danach, in Hamburg statt, wohin Eric Warburg zurückkehrte, um die Leitung des Bankhauses Brinkmann, Wirtz & Co, zu übernehmen. In den Räumen der Bank, nahe der Alster, aßen wir zu Mittag, und ich freute mich, daß Hamburg für einen solchen Mann genügend Attraktivität besaß, um ihn nach vielen Jahren der Emigration zu bewegen, New York aufzugeben und Wohnsitz und Wirkungskreis in Hamburg neu aufzubauen. Als Mitglied des American Council on Germany widmet er noch heute viel Kraft und Zeit der Pflege der deutsch-amerikanischen Beziehungen. Als ich mich Ende 1977 im Rahmen der korrespondierenden deutschen Organisation, der Atlantik-Brücke, der gleichen Aufgabe verschrieb, fand ich in ihm erneut einen wichtigen Partner für ihre Erfüllung.

Leiter der Rechtsabteilung

Anfang Juni kehrte ich von meiner Amerika-Reise zurück und stürzte mich sofort in Freiburg in den gerade anlaufenden Vorlesungsbetrieb des Sommersemesters 1953. Die Vereinigung der deutschen Staatsrechtslehrer, deren Mitglied ich war, hatte mich zu einem Referat auf ihrer für den Oktober in Bonn geplanten Jahrestagung gebeten. Thema: ›Die auswärtige Gewalt der Bundesrepublik‹. Ich hatte zugesagt und mußte nun darangehen, diesen Vortrag rechtzeitig und gründlich vorzubereiten, denn es gibt natürlich kein kritischeres Publikum, als eine Versammlung von Fachkollegen. Indessen ließ sich die Rückkehr in die akademische Welt doch nicht so prompt und problemlos realisieren, wie es mir in den Sommermonaten erschien. Ende August erhielt ich, ähnlich wie zwei Jahre zuvor, ein Telegramm von Hallstein, das mich erneut vor die schwierige Wahl zwischen Universität und Auswärtigem Dienst stellte. Es lautete: »Professor Mosler scheidet am 31. August aus. Entsprechend unserer Abrede bitte ich Sie vertretungsweise die Leitung der Rechtsabteilung zu übernehmen. Ich wäre dankbar, wenn Sie vor dem 15. September Tätigkeit aufnehmen und sie über Ende Oktober hinaus führen könnten. Erbitte Drahtantwort.« Tatsächlich hatten wir vorher schon einmal über dieses Thema gesprochen, wobei ich mich gegen eine langfristige Bindung gesträubt hatte. Daran hielt ich fest – wenngleich ich Mitte September zunächst die Leitung der Rechtsabteilung übernahm. Als weitere Komplikation kam hinzu, daß ich gleichzeitig einen Ruf auf ein Ordinariat der Universität Kiel erhielt: Dort war durch den Tod Hermann von Mangoldts, der als Mitglied des Parlamentarischen Rates 1948/49 an der Ausarbeitung des Grundgesetzes mitgewirkt und der später den ersten wissenschaftlichen Kommentar zu diesem Verfassungsgesetz geschrieben hatte, der öffentlich-rechtliche Lehrstuhl verwaist. Innerhalb von fünf Jahren war dieses der vierte Ruf, der an mich erging. Voraufgegangen waren Frankfurt (1948), Heidelberg (1949), Tübingen (1950). Zugleich wurde die Frage meiner Berufung in Hamburg und München diskutiert – ohne sich jedoch in diesen beiden Fällen zu realisieren. In dieser Lage konnte es mir nicht leichtfallen, allen akademischen Ehrgeiz zu begraben und plötzlich Bundesbeamter in einem Bonner Ministerium zu werden.

Während ich mich in den Räumen der Rechtsabteilung des Auswärtigen Amtes etablierte (sie befanden sich damals in einem ziemlich schäbigen, inzwischen abgerissenen Bürohaus gegenüber dem Bonner Bahnhof), brachte ich zugleich mein Vortragsmanuskript für die Staatsrechtslehrertagung zum Abschluß. Am 16. Oktober, meinem zweiundvierzigsten Geburtstag, ging der Vortrag – wie mir schien, einigermaßen erfolgreich, aber wie gern täuscht man sich selbst in solchen Fällen! – über die Bühne.

Die im Umgang mit Regierung, Parlament und auswärtigen Mächten gesammelten Erfahrungen bewogen mich, in diesem Vortrag[1] Positionen zu beziehen, die der Regierung als dem eigentlichen und berufenen Träger der auswärtigen Gewalt jenen Handlungsspielraum gaben, der mir zur Führung einer wirksamen Außenpolitik unerläßlich erschien. Widerspruch, vor allem von seiten jener, die für eine umfassende Parlamentsherrschaft eintraten, war zu erwarten und ist nicht ausgeblieben. Ich habe keinen Anlaß gesehen, mich zu korrigieren, und sehe ihn auch heute nicht. Aber es mag sein, daß ich eine Minderheitsmeinung vertrete.

Meine Tätigkeit in der Rechtsabteilung dauerte knapp acht Monate. Sie wurde durch einen Sonderauftrag unterbrochen, der mich fast zwei Monate in Anspruch nahm: durch die Vorbereitung und Beobachtung der Berliner Außenminister-Konferenz der Vier Mächte (25. Januar bis 18. Februar 1954).

Diese Aufgabe, die mit dem Arbeitsgebiet der Rechtsabteilung nichts zu tun hatte, begrenzte meine dortige Tätigkeit: Ich konnte mich meiner regulären Funktion als Abteilungsleiter nur jeweils einige Monate vor und nach der Konferenz widmen. Dabei standen im Mittelpunkt meiner Arbeit in diesen Monaten Verhandlungen und Abkommen mit anderen europäischen Staaten über die Abschaffung des Visumzwanges, die von der Bundesrepublik in Ausführung von Empfehlungen des Europarates mit großem Eifer betrieben wurden. Gleich in den ersten Wochen konnte ich solche Verhandlungen mit der Türkei und der Schweiz zum Abschluß bringen und entsprechende Abkommen mit den Botschaftern beider Länder unterzeichnen. Im Dezember führte ich in der gleichen Sache Verhandlungen mit der dänischen Regierung in Kopenhagen. Sie waren zunächst deswegen heikel, weil die Dänen mit großem Nachdruck darauf drängten, die für den »kleinen Grenzverkehr« (erleichterte Bestimmungen für den grenzüberschreitenden Verkehr von Personen, die ihren ständigen Wohnsitz innerhalb eines Zollgrenzbezirkes haben) zu öffnende Zone beiderseits der deutsch-dänischen Grenze im Süden bis zum Flußlauf der Eider zu erstrecken. Diese geographische Begrenzung erschien uns fatal, weil sie unnötige Erinnerungen an ein unerfreuliches und, wie wir hofften, der Vergangenheit angehörendes Kapitel der deutsch-dänischen Grenzstreitigkeiten und Minderheitenkämpfe im neunzehnten Jahrhundert heraufbeschwor: Die Eidergrenze bildete die Forderung der dänischen Nationalisten, die das »up ewig ungedeelte« Schleswig-Holstein (die Realunion der beiden Herzogtümer) auflösen und das Herzogtum Schleswig bis zu dieser Grenze in den dänischen Staat einverleiben wollten (weswegen man die bis 1869 regierenden Nationalliberalen, die sich zum Vorkämpfer dieser Forderung gemacht hatten, die »Eiderdänen« nannte). Es gelang uns, diesen strittigen Verhandlungspunkt dadurch zu überspielen, daß wir eine besonders großzügige und weiträumige Regelung für den kleinen Grenzverkehr vorschlugen, der sich die dänischen Unterhändler schließlich nicht versagten.

Der Vatikan und die Schulartikel der Verfassung von Baden-Württemberg

Eine andere Aufgabe brachte mich gleich nach Übernahme der Geschäfte der Rechtsabteilung wieder mit dem Bundeskanzler in Berührung und verschaffte mir einen interessanten Einblick, in seine Art zu denken und zu reagieren. Am 29. Oktober 1953 hatte der Apostolische Nuntius in Deutschland, Monsignore Aloysius Muench, ein Schreiben an den Bundeskanzler gerichtet, in dem Bedenken gegen die Schulartikel des vor der Verabschiedung stehenden Verfassungsentwurfs für Baden-Württemberg erhoben wurden, weil sie im Widerspruch zu Artikel 23 des Reichskonkordats von 1933 stünden (eine Bestimmung, welche die Beibehaltung und Neueinrichtung katholischer Bekenntnisschulen gewährleistete). Das Schreiben mußte die Bonner Regierung in Verlegenheit setzen, denn sie vertrat damals ebenso wie später die Auffassung, daß das Reichskonkordat geltendes, Bund und Länder bindendes Recht geblieben sei. Zugleich trat die CDU für die Wahrung der Elternrechte in der Erziehung ihrer Kinder ein. Auf der anderen Seite regierte in Stuttgart eine CDU/FDP-Koalitionsregierung, deren liberaler Partner Konfessionsschulen ablehnte und daher auf Beibehaltung jener Schulartikel bestand, die diesem Schultyp entgegenwirkten.

Die dritte Lesung des Verfassungsentwurfes war im Stuttgarter Landtag für den 4. November anberaumt. Der Bundeskanzler befand sich in Baden-Baden, wo er auf einer Tagung von Wirtschaftsführern sprechen sollte. Ich machte mich sofort auf den Weg nach Baden-Baden und traf den Kanzler am Abend bei einem Essen der Tagungsteilnehmer im Kurhaus. Im Auswärtigen Amt sowohl wie im Bundeskanzleramt hatten die Experten nach sorgfältiger Prüfung des Schreibens der Nuntiatur deren Bedenken als begründet anerkannt und empfohlen, noch in letzter Minute in Stuttgart auf eine Änderung der strittigen Texte hinzuwirken. Ich hatte den Auftrag, den Bundeskanzler um eine entsprechende Intervention bei der Landesregierung zu ersuchen. Zu meiner Überraschung stieß ich jedoch bei Adenauer auf eine sehr kühle und kritische Aufnahme dieses Vorschlags. Der Bundeskanzler wußte genau, daß diese Frage Sprengstoff für die Stuttgarter Koalition enthielt, und er zeigte nicht die mindeste Neigung, wegen der Bedenken des Heiligen Stuhles die für seine

Gesamtpolitik wichtige CDU/FDP-Koalition in Baden-Württemberg zu Bruche gehen zu lassen. Er beauftragte mich daher, sofort am nächsten Morgen nach Stuttgart zu fahren und mit der dortigen Landesregierung zu erörtern, welchen Ausweg es gebe, um diese Gefahr zu vermeiden. Nach längerer Diskussion mit dem baden-württembergischen Kultusminister Wilhelm Simpfendörfer kehrte ich nach Bonn mit dem Entwurf eines Briefwechsels zwischen dem Ministerpräsidenten Gebhard Müller und dem Staatssekretär des Auswärtigen Amtes zurück, der hinter den Empfehlungen der Bonner Ressortvertreter erheblich zurückblieb. Von einer nochmaligen Änderung des Textes der Schulartikel hatte man in Stuttgart nichts wissen wollen. Ebensowenig war man bereit, vom Expertenausschuß der verfassunggebenden Versammlung ein Protokoll zur authentischen Interpretation der Schulartikel zu verlangen, das die Bedenken der Nuntiatur berücksichtigte. Der Ministerpräsident war lediglich bereit, in seinem Schreiben zu bestätigen, daß sich in den Kreisen der Stuttgarter Koalitionsparteien noch keine vollkommen einhellige Auffassung über die Gültigkeit des Artikels 23 des Reichskonkordats und seine Verbindlichkeit für das Land Baden-Württemberg gebildet habe. Aus diesem Grunde habe man in den Entwurf als eine Art Generalvorbehalt den Artikel 11 b eingefügt, wonach »Rechte und Pflichten, die sich aus Verträgen mit der evangelischen und katholischen Kirche ergeben, ... von dieser Verfassung unberührt« bleiben. Werden die Gültigkeit des Reichskonkordats und seine Verbindlichkeit für das Land Baden-Württemberg in einer für alle Beteiligten verbindlichen Form festgestellt, so müsse der (umstrittene) Artikel 15 a (der den für die Nuntiatur unbefriedigenden schulrechtlichen Status quo bestätigte und den Eltern lediglich ein in seiner Substanz unklares Mitbestimmungsrecht, aber kein eindeutiges Recht zur Bestimmung der Schulform gab) als suspendiert und demgemäß nicht anwendbar betrachtet werden.

Als ich wieder in Bonn eintraf, hatte in der Zwischenzeit mein Vertreter in der Rechtsabteilung zusammen mit einem Dirigenten des Bundeskanzleramts einen anderen, wesentlich weitergehenden Text, der für Stuttgart nicht akzeptabel gewesen wäre, vorbereitet und dem Bundeskanzler vorgelegt. Es gelang mir, alle Beteiligten davon zu überzeugen, daß mit diesem Text praktisch nichts mehr zu gewinnen war und daß man sich besser mit dem von mir in Stuttgart ausgehandelten Text begnügte. So geschah es. Für das zu erwartende Gespräch mit dem Nuntius schrieb ich dem Bundeskanzler eine Gesprächsunterlage, die ihn mit Argumenten in diesem Sinne ausrüstete.[1]

Die Erfahrung, wie sich der Katholik und CDU-Parteivorsitzende, der Politiker und Regierungschef Konrad Adenauer in dieser delikaten Angelegenheit verhielt, blieb für mich höchst aufschlußreich und interessant.

Ich selbst war mit dieser Frage in vertrackter Weise verwoben: Schon Jahre zuvor hatte ich als Freiburger Professor ein Rechtsgutachten für die badische Lehrergewerkschaft erstattet, das der Konfessionsschule keine verfassungsrechtliche Grundlage zuerkannte. In der Situation von 1953 unterstützte ich den Bundeskanzler gegen orthodoxe Ressortvertreter mit einer politischen Kompromißlösung. Wiederum einige Jahre später, 1956, vertrat ich vor dem Bundesverfassungsgericht in Karlsruhe eine Bundesregierung, die dort erneut die Feststellung der fortdauernden Gültigkeit des Reichskonkordats betrieb.[2]

Vorbereitung der Berliner Konferenz

In den Jahren 1954 bis 1959 haben sich viermal die seit 1945 in Deutschland bestimmenden Vier Mächte zu Konferenzen zusammengefunden, auf denen das Deutschland-Problem erörtert wurde: Nach der Berliner Außenminister-Konferenz 1954 kam es im Juli 1955 in Genf zu einer »Gipfelkonferenz« der vier Regierungschefs und im November desselben Jahres zu einer neuerlichen Außenminister-Konferenz; schließlich tagte, vor dem Hintergrund des von Chruschtschow im November 1958 gestellten Berlin-Ultimatums, eine letzte Deutschland-Konferenz der vier Außenminister im Mai-Juni-Juli 1959, wiederum in Genf.

Bei allen vier Konferenzen habe ich die Bundesregierung, die an den ersten drei Konferenzen überhaupt nicht und an der letzten nur mit einem besonderen, begrenzten Status teilnahm, als Beobachter vertreten – 1959 darüber hinaus als »Sprecher« einer in der Konferenz selbst vertretenen »Berater«-Delegation. In allen vier Fällen handelte es sich um Sonderaufträge, die sich nicht automatisch aus meiner amtlichen Stellung in Bonn ergaben. 1954 war ich kommissarischer Leiter der Rechtsabteilung, 1955 Ministerialdirektor der Politischen Abteilung, 1959 Botschafter in Washington. Daß ich jedesmal mit dieser Aufgabe betraut wurde, hatte seinen Grund wohl darin, daß ich nach den Vertragsverhandlungen von 1951 bis 1954 als besonderer Sachkenner der höchst komplizierten Deutschland- und Berlin-Frage galt. Die Materie, die den Konferenzdiskussionen zugrunde lag, erstreckte sich von den alliierten Vereinbarungen von 1945 (Deklarationen vom 5. Juni 1945 und Potsdamer Abkommen) über die späteren Entwicklungsstufen des Besatzungsrechts bis zum Deutschland-Vertrag und den Pariser Verträgen vom Oktober 1954. Sie umfaßte alle Notenwechsel, Lösungsvorschläge, Deklarationen und Projekte, die sich auf Deutschland, Berlin, die europäische Sicherheit und die Abrüstung bezogen. Mit dieser Materie hatte ich mich in vertraulichen Verhandlungen sowohl wie in öffentlichen Vorträgen und gedruckten Publikationen ausführlich beschäftigt. Darin hat man wohl meine Legitimation für diese Aufträge gesehen.

Gerade aus Kopenhagen von meinen dortigen Grenzverkehrsverhandlungen zurückgekehrt, sah ich mich sofort dieser neuen, mit der Berliner Konferenz zusammenhängenden Aufgabe gegenübergestellt: Schon am 16. Dezember sollte in Paris eine Arbeitsgruppe der drei Westalliierten zusammentreten, und zum ersten Male sollte ein Vertreter der Bundesregierung an der Vorbereitung einer Deutschland-Konferenz mit den Sowjets teilnehmen. Damit stieg ich in eine neue Aufgabe ein, die nicht nur von der Sache her viel interessanter war, als alles, was ich in der Rechtsabteilung tun konnte, sondern auch – positiv wie negativ – recht folgenreiche Nebenwirkungen für mich hatte. Zum ersten Male hatte ich die Westalliierten nicht als Verhandlungsgegner und allmächtige Besatzungsbehörden vor mir, sondern wirkte mit ihnen zusammen bei der Ausarbeitung eines gemeinsamen Konzepts und einer Verhandlungsstrategie gegenüber der Sowjetunion. Das brachte naturgemäß auch ein neues Klima des Umgangs miteinander mit sich. Zum ersten Male auch gelangte ich zugleich in eine Position, die so exponiert war, daß ich sofort die höchste Aufmerksamkeit der Ulbricht-Regierung und der SED auf mich zog – was zur Folge hatte, daß ich in den Wochen der Berliner Konferenz zur Zielscheibe einer planmäßigen und skrupellosen Verleumdungs- und Diffamierungskampagne wurde, die in den folgenden Jahren stets erneuert wurde, sobald ich in das Rampenlicht der Öffentlichkeit geriet.

Als ich am 17. Dezember morgens in Paris eintraf, waren die Art und das Ausmaß unserer Beteiligung an den Beratungen der Dreier-Arbeitsgruppe keineswegs geklärt. Die volle Einbeziehung eines deutschen Vertreters bedeutete ein Novum gegenüber dem Stil der Besatzungszeit, in der die Drei Mächte stets sorgfältig darauf bedacht gewesen waren, dem deutschen Gesprächs- und Verhandlungspartner als geschlossene Einheit (mit einem Sprecher für alle drei) gegenüberzutreten. Die Gesprächs- und Verhandlungsthemen betrafen diejenigen Fragen, welche die Drei Mächte kraft der von ihnen ausgeübten obersten Gewalt in Deutschland ihrer eigenen souveränen Entscheidung vorbehielten und in denen sie daher nur begrenzt zum Gespräch mit uns bereit waren: Berlin, das Verhältnis zur sowjetischen Besatzungszone, die Bedingungen und Modalitäten einer Wiedervereinigung, der Abschluß eines Friedensvertrages. Dieses waren auch die wichtigsten Themen der Berliner Konferenz. Hatte man auf der letzten Viererkonferenz, die dem offenen Ausbruch des Kalten Krieges vorausgegangen war, im Dezember 1947, und später noch einmal nach Beendigung der Berliner Blockade im Mai 1949, ohne jede Beteiligung oder auch nur Befragung der Deutschen mit den Sowjets über diese Fragen verhandelt, so konnte diese Praxis 1953/54 nicht wiederholt werden: Es gab jetzt eine deutsche Regierung, die man zum Partner eines westlichen Verteidigungsbündnisses zu machen gedachte. Die neuen Formen des Umgangs mit diesem Partner mußten jedoch erst gefunden und dabei manche psychologischen Hemmungen überwunden werden. Dafür war der Ablauf dieser Dezembertagung in Paris sehr bezeichnend.

Die erste Sitzung der Arbeitsgruppe war für den 18. Dezember, zehn Uhr vormittags, am Quai d'Orsay, anberaumt. Der 17. Dezember ging jedoch vorüber, ohne daß ich eine Einladung erhalten hätte, mich dazu einzufinden. Spät am Abend, als ich in mein Hotel zurückkehrte, traf ich im Aufzug des Hotels Bristol den britischen Delegierten, Sir Frank Roberts. Er begrüßte mich mit den Worten: »Wir sehen uns morgen früh um elf Uhr?« Ich mußte ihm sagen, daß ich noch keine Einladung hätte – was ihn verwunderte und zu der Bemerkung veranlaßte, sie werde sicher am nächsten Morgen kommen. Aber nichts geschah. Um zehn Uhr ließ ich am Quai d'Orsay anrufen, doch hieß es, der französische Delegierte, François Seydoux, sei im Augenblick nicht erreichbar, da er sich in einer Konferenz befinde. Um elf Uhr kam ein Anruf: Man erwarte mich am Quai d'Orsay – wie es Herr Seydoux doch telefonisch mit mir verabredet habe. Eine solche Verabredung hatte es nicht gegeben – aber natürlich machte ich mich sofort auf den Weg. Aus dem Sitzungssaal am Quai d'Orsay (wo die drei anderen Delegationen offensichtlich schon eine Stunde unter sich konferiert hatten) kam mir Seydoux mit ausgebreiteten Armen entgegen. »Cher ami«, rief er, »ich habe geträumt, mit Ihnen telefoniert und Sie eingeladen zu haben!« Dann geleitete er mich in den Saal, eröffnete die Sitzung, begrüßte mich sehr freundlich, aber in Ausdrücken, die wiederum im Dunklen ließen, ob ich rechtzeitig eingeladen worden sei oder nicht und wo die Wurzel des Mißverständnisses lag. Stand hinter diesem Stück eleganter Schauspielkunst eine Differenz unter den Dreien über den Zeitpunkt und damit das Ausmaß meiner Beteiligung? Ich habe das nie eindeutig ergründen können, aber dieser Beginn meiner Beziehungen zu François Seydoux hat ihrer harmonischen Entwicklung im Laufe der Jahre keinen Abbruch getan. Seydoux war zweimal, von 1958 bis 1962 und von 1965 bis 1970 Botschafter in Bonn, dazwischen mein Kollege als französischer Vertreter im NATO-Rat.[1] Dieses waren die Jahre, in denen wir eng zusammenarbeiteten. Sein persönlicher Charme, sein Esprit und seine rasche, lebhafte Intelligenz machten diese Zusammenarbeit zu einer Quelle immer neuen Vergnügens.

Auch mit den anderen Mitgliedern der Arbeitsgruppe bildeten sich rasch erfreuliche persönliche Beziehungen, die sich ebenfalls in späteren Jahren fortsetzten: mit Frank Roberts, dem späteren britischen Botschafter in Bonn, mit Douglas MacArthur II, dem Neffen des berühmten Generals, der in den Jahren des Besatzungsregimes Japan regiert hatte und später im Korea-Krieg wegen seiner Eigenwilligkeiten von Truman abgesetzt wurde. MacArthur jr. war später selbst Botschafter in Tokyo. Während meiner Jahre in Washington bin ich ihm als Assistant Secretary für fernöstliche Fragen wiederbegegnet. Den Beginn einer langjährigen Beziehung bildete auch die erste Begegnung mit dem Osteuropa-Experten der französischen Delegation, Jean Lalloy. Wir sind in den folgenden Jahren immer wieder in den verschiedenen Vierer-Arbeitsgruppen zusammengetroffen, die sich mit der Deutschlandfrage und den Problemen der europäischen Sicherheit beschäftigten. Lalloy, der in Deutschland studiert hatte, kannte nicht nur unser Land, seine Geschichte und seine Probleme von Grund auf; er war zugleich ein Rußland- und Osteuropa-Kenner ersten Ranges und ein Analytiker von hohen Graden. Er gehörte am Quai d'Orsay zu den »Europäern«, und dies, in Verbindung mit seinen Überzeugungen in bezug auf die französische Innenpolitik, machte ihn für den General de Gaulle und seine diplomatischen Gefolgsleute am Quai d'Orsay zur persona non grata. Nachdem er 1959 noch in Genf zur französischen Konferenzdelegation unter Maurice Couve de Murville gehört hatte, wurde er bald darauf kaltgestellt, vorübergehend in den Ruhestand versetzt und schließlich im Archiv des Quai d'Orsay beschäftigt. Für mich war es ein schmerzlicher Anblick, diesen charaktervollen, menschlich sympathischen und sachlich hochqualifizierten Mann, den ich besonders hochschätzte, immer mehr auf Abstellgleise geschoben zu sehen.[2]

Aus dieser Schilderung meiner persönlichen Kontakte ergibt sich bereits, daß sich der Kooperations- und Umgangsstil der Pariser Arbeitsgruppe sehr rasch in einem für den deutschen Vertreter positiven und erfreulichen Sinne einspielte: Ich wurde als Diskussionspartner voll akzeptiert, die Barrieren der Besatzungsmentalität (die ohnehin bei den nicht in Deutschland stationierten Diplomaten weniger ausgeprägt waren) verschwanden mehr und mehr, die Grundlagen für eine gute Zusammenarbeit am Konferenzort Berlin – wo ich die meisten Gesprächspartner der Pariser Tage wiedertreffen sollte – waren gelegt.

Der Beginn der Berliner Konferenz war auf den 25. Januar anberaumt. Ich plante, schon am 19. Januar abzufliegen, um die technischen Vorbereitungen für unsere Delegationsarbeit zu inspizieren. Vor meiner Abreise gab es noch ein ärgerliches Zwischenspiel. Nachdem ich durch ein Schreiben des Bundeskanzlers vom 15. Dezember 1953 formell zum »Sonderbevollmächtigten der Bundesregierung für die Berliner Konferenz« bestellt und dieser Auftrag mit viel Publizität bekannt gegeben worden war, erklärte Adenauer am 13. Januar in einer Fraktionssitzung der CDU/CSU plötzlich, die für das Vierertreffen vorgesehene Beobachterdelegation werde von Botschafter Herbert Blankenhorn geleitet werden. In einer darüber verbreiteten Pressemitteilung hieß es weiter: »Neben dem Bevollmächtigten der Bundesregierung zur Vorbereitung der Viererkonferenz, Professor Grewe, sollen dieser Delegation fünfzehn Mitglieder angehören.« Dieser Text enthielt insofern eine offenbare Unrichtigkeit, als ich nicht für die »Vorbereitung«, sondern für die Konferenz selbst zum Sonderbevollmächtigten bestellt worden war. Aber offensichtlich war der Bundeskanzler wieder einmal von einem seiner häufigen Mißtrauensanfälle gepackt worden, von denen nur wenige enge Vertraute verschont blieben. Vielleicht waren ihm einige Artikel von mir zu Gesicht gekommen, in denen ich Überlegungen über die mögliche internationale Stellung eines wiedervereinigten Deutschland angestellt hatte, die als nicht ganz orthodox galten. Ich war über die Art und Weise, wie er meine Ernennung nachträglich zu revidieren suchte, so empört, daß ich ihn sofort brieflich um eine Erläuterung seiner Äußerung ersuchte und meine Demission ankündigte, falls sie meine Rolle in Berlin nicht befriedigend definierte. Hallstein, dem ich eine Kopie meines Briefes übersandte, beschwor mich, die Angelegenheit in diesem kritischen Augenblick, kurz vor Konferenzbeginn, nicht hochzuspielen. Nachdem ich unsere Position in der Pariser Arbeitsgruppe vertreten hätte, sei ich zur Fortsetzung dieser Beratungen in Berlin ganz unentbehrlich, und Blankenhorn werde sich in diese Funktionen nicht einmischen. Ich ließ mich dadurch bestimmen, nach Berlin zu fahren, ohne vom Bundeskanzler eine Antwort erhalten zu haben. Mein Verhältnis zu Blankenhorn war harmonisch, und ich konnte darauf vertrauen, daß wir uns arrangieren würden. So kam es denn auch, und wir haben in den Berliner Wochen ohne Rivalitäten und Kompetenzstreitigkeiten reibungslos zusammengearbeitet. Für mein Verhältnis zu Konrad Adenauer bildete der Zwischenfall eine neue Lektion, wessen man sich von ihm zu versehen hatte.

Zurück in Berlin

Zurück in Berlin – dies war das erste, mich innerlich bewegende – und von einem kräftigen Schuß Sentimentalität durchsetzte – Gefühl, das mich auf der Fahrt vom Flughafen Tempelhof zum Kurfürstendamm (unser Quartier war das Hotel am Zoo) erfüllte. Berlin ist meine zweite Heimatstadt, dort hatte ich 1931/32 studiert, dorthin war ich 1937 (nach weiteren Studien- und Referendarjahren in Freiburg, Frankfurt, Hamburg und Königsberg) zurückgekehrt, und dort hatte ich die schlimmsten acht Jahre des Dritten Reiches bis kurz vor dem Ende verbracht. Sudeten-krise, Reichskristallnacht, Kriegsausbruch, Bombennächte, Zerstörung der eigenen Wohnung, der 20. Juli 1944 – alle diese Ereignisse waren für mich unauslöschlich mit Berlin verknüpft. Nicht freilich in dem Sinne, daß sie wie ein Alptraum auf mir lasteten. Im Gegenteil, bei allen Schrekken, Entbehrungen, Gefahren und Nöten, die ich in Berlin durchstanden hatte, hatte ich nie das Gefühl verloren: Hier läßt sich das alles noch am besten ertragen. Das engmaschige Netz politischer Bespitzelung, dem man in Königsberg ausgesetzt war – in der Anonymität dieser Riesenstadt war es weniger wirksam. Die gleichen anonymen Hausnachbarn, die man kaum kannte, erwiesen sich in den Nächten, wenn nach einem Bombenhagel alles brannte, plötzlich als hilfsbereite, beherzte und umsichtige Leidensgenossen, auf die man sich verlassen konnte. Kein falsches Pathos konnte in dieser Bevölkerung Fuß fassen. Es wurde unweigerlich von dem berühmten schlagfertigen Witz der Berliner »Kodderschnauze« zum Platzen gebracht.

Natürlich gab es in Berlin wie überall Denunzianten, Spitzel, Karrieremacher und naive Toren. Es gab in dieser Stadt die Spitzen von Partei und Staat mitsamt der dazugehörigen Bürokratie. Aber das geistige Klima der Stadt wurde davon nur an der Oberfläche berührt. Der Mann auf der Straße ließ sich nicht zu politischem Geschwafel verleiten. Der Berliner Taxifahrer blieb ein Orakel, das mit gesundem Mutterwitz zu vielen heiklen Fragen nüchterne Urteile abgab, ohne sich die Zunge zu verbrennen.

Das war das Berlin, das ich liebte und in dem ich mich immer wohlgefühlt hatte. Unvergeßlich vor allem bleibt mir auch das pulsierende geistige Leben Berlins, wie ich es 1931 kennengelernt hatte. Der junge Student im dritten Semester, der mit einigen Empfehlungen Hamburger Freunde nach Berlin gekommen war, war naturgemäß kaum in der Lage gewesen, das ganze Spektrum des geistigen Lebens zu überblicken, das sich in Berlin darbot. So hatte ich mich – zu einseitig, wie mir heute scheint – in jenen Zirkeln bewegt, die mir durch meinen damaligen politisch-geistigen Horizont vertraut waren und deren führende Exponenten ich kennenzulernen begierig war: Ernst Jünger etwa, von dem ich alles gelesen hatte, was es gab; Ernst Niekisch, dessen Zeitschrift ›Widerstand‹ mich zu ihren regelmäßigen Lesern zählte; Hans Zehrer, dessen ›Tat‹ gerade zu einer der meist gelesenen und diskutierten Monatszeitschriften aufgestiegen war. Zu vielen Kontakten hatte mir Friedrich Vorwerk verholfen, einer der Redakteure des jungkonservativen ›Ring‹. An der Universität war es mir gelungen, in das staatsrechtliche Seminar von Rudolf Smend aufgenommen zu werden, dessen Lehre vom Staat als Integrationsprozeß die Geister – weit über den Kreis der Juristen hinaus – bewegte. Zugleich war ich einmal wöchentlich zur Berliner Handelshochschule gepilgert, um an einem weiteren staatsrechtlichen Seminar teilzunehmen: dem von Carl Schmitt, dessen brillante Formeln und Theorien zur Analyse und Kritik der parlamentarischen Demokratie in aller Munde waren. Über Smends Staatslehre hatte ich schon als Student im zweiten Semester referiert – noch dazu in einem historischen Oberseminar, zu dem man den geschichtlich interessierten Jura-Studenten zugelassen hatte. Schmitts »Verfassungslehre« von 1928 hatte ich mir schon als Primaner gekauft und durchgearbeitet. Sie hat meinen Entschluß, Rechtswissenschaft und vor allem Staatsrecht zu studieren, stark beeinflußt. Dieses intellektuelle Berlin von 1931 – es existierte offenbar nicht mehr, als ich 1937 zurückkehrte. Besser gesagt: Es hatte sich in den Untergrund verkrochen, aber dort ließ sich noch manches aufspüren. Es dauerte nicht lange, bis ich selbst Mitglied eines solchen Untergrundzirkels war. Das offizielle Thema, mit dem wir uns in Diskussionen und Referaten befaßten, klang akademisch unverfänglich: Probleme des Naturrechts. Recht eigentlich aber ging es um die Rückbesinnung auf die Grundlagen einer neuen Verfassungsordnung, die nach dem Zusammenbruch der NS-Diktatur an deren Stelle treten sollte. Dies war, anders als 1931, nicht mehr ein »nationalrevolutionärer« oder »jungkonservativer« Kreis. Ihm gehörten Persönlichkeiten der verschiedensten politischen Schattierungen an. Das einigende Band war der Widerstand gegen das Regime – den zwei Mitglieder dieser zwölfköpfigen Gruppe mit ihrem Leben bezahlten: Werner von Haefften, der als Offizier im Oberkommando der Wehrmacht am 20. Juli 1944 erschossen wurde, und Rüdiger Schleicher, Leiter eines Instituts für Luftrecht im Luftfahrtministerium, ein Schwager Pastor Dietrich Bonhoeffers, der ebenso wie dieser einige Monate später hingerichtet wurde. Unsere Zusammenkünfte fanden in der Wohnung von Otto Veit statt, der wegen seines »Mischlings«-Status ohnehin ständig gefährdet war. Ich habe schon berichtet, wie ich, viele Jahre später, als er Präsident der Hessischen Landeszentralbank war, in seinem Hause in Wiesbaden jenen Vortrag über das Problem eines Besatzungsstatuts hielt, der für meine Berufung nach Bonn den Anstoß gab.[1]

Nach dem 20. Juli 1944 war es mit diesen Zusammenkünften natürlich zu Ende. Ohnehin mußte jeder von uns befürchten, daß seine Adresse bei Haefften oder Schleicher gefunden worden war. Ich hatte einen weiteren Grund zu solchen Befürchtungen insofern, als ich mich lange Zeit regelmäßig einmal in der Woche zu einem »Dämmerschoppen« mit Berthold Graf Schenck von Stauffenberg, dem Bruder des Attentäters, der ebenfalls am Abend des 20. Juli in der Bendlerstraße erschossen wurde, getroffen hatte. Initiator und dritter Teilnehmer dieser Treffen war Ernst Schmitz, Direktor des Kaiser-Wilhelm-Instituts für öffentliches Recht und Völkerrecht, dem auch Stauffenberg angehört hatte, bevor er als Referent für Seekriegsrecht in das Oberkommando der Kriegsmarine einberufen wurde. Wir benutzten diese Zusammenkünfte hauptsächlich zum Informationsaustausch. Am 20. Juli wohnte ich, bereits ausgebombt, in einer Wohnung von Freunden, die bereits evakuiert waren, Berliner Straße/ Ecke Thielallee, an der Grenze von Lichterfelde, Dahlem und Zehlendorf. Eine aus Richtung Zehlendorf gegen die Stadt vorrückende Panzerkolonne hatte mich bereits alarmiert. Es war ein nervenaufreibender Tag, den wir überwiegend am Radiogerät verbrachten – Freunde telefonisch anzurufen, wagte keiner mehr.

Nach dem 20. Juli war Berlin endgültig eine geistig tote Stadt. Es ging nur noch ums Überleben. Am 30. Januar 1945 verließ ich die Stadt – mit geschmuggelten Eisenbahnfahrkarten, da niemand, der in Berlin beschäftigt war, legal die Stadt verlassen konnte. Schon im Untergrund in Thüringen lebend, erhielt ich die Kunde, daß mein Wehrbezirkskommando nach mir fahnde und schon zwei Musterungsbefehle an mich gerichtet habe – nachdem man mich während der ganzen Kriegsjahre als untauglich zum Wehrdienst ausgemustert hatte. Mit solchen Gestellungsbefehlen war Anfang 1945 nicht zu spaßen. Also machte ich mich Anfang März 1945 noch einmal nach Berlin auf – in der stillen Hoffnung, daß beim letzten Großangriff, bei dem auch Lichterfelde schwer betroffen worden war, mein Wehrbezirkskommando mit in Trümmer gesunken sei. Diese Hoffnung trog: Mitten in einem Ruinenfeld stand das düstere rote Backsteingebäude unversehrt da. Sollte ich hineingehen und mich in diesem Augenblick der Agonie des Dritten Reiches an irgendeiner Front vor Berlin im »Volkssturm« verheizen lassen? Ich umkreiste das Gebäude zweimal, unschlüssig die Risiken abwägend. Dann war der Entschluß gefaßt: Auf Schleichwegen machte ich mich wieder aus Berlin fort. Dies war meine letzte Begegnung mit dem Berlin des Dritten Reiches gewesen.

Welch eine fundamental veränderte Stadt, dieses Berlin von 1954, in dem nun vier ausländische Großmächte über das Schicksal des besetzten und geteilten Deutschland konferieren wollten! Das Gebäude des Kammergerichts, seit 1945 Sitz des Alliierten Kontrollrats und im Januar 1954 Konferenzort für die Außenminister, hatte ich von innen zuletzt 1938/39 gesehen, als ich Gerichtsreferendar am Kammergericht war und dort auch im Sommer 1939 mein Assessorexamen ablegte. Jetzt hatte ich, da wir nicht Konferenzteilnehmer, sondern lediglich »Beobachter« waren, nicht einmal Zutritt zu diesem Gebäude.

Meine vorletzte Station im Rahmen der Referendarausbildung, das Amtsgericht Berlin-Mitte, lag drüben im Ostsektor der Stadt. Dort war ich einem Amtsrichter zugeteilt gewesen, der schwer unter dem Schicksal litt, daß er – ausgerechnet! – Goebbels hieß, ohne mit dem berüchtigten Träger dieses Namens auch nur entfernt verwandt zu sein oder gar Sympathien für diesen oder die »Bewegung« zu haben. Er entschädigte sich dafür dadurch, daß er seinen Referendaren, die er für vertrauenswürdig hielt – eine damals ziemlich heikle Urteilsfrage – ständig die neuesten und boshaftesten Goebbels-Witze erzählte. Ich war ihm, zusammen mit Hermann Mosler, zugeteilt, meinem späteren akademischen Kollegen und meinem Vorgänger als Leiter der Rechtsabteilung des Auswärtigen Amtes. Bei uns beiden fand unser Amtsrichter empfängliche Zuhörer für seine Witze. Er behandelte uns dafür recht großzügig in bezug auf Dienststunden und Arbeitspensum, wofür wir dankbar waren, da wir beide nur Referendare im Nebenberuf und im übrigen wissenschaftliche Institutsassistenten waren und den größeren Teil unserer Zeit und Arbeitskraft hierfür benötigten.

Im Ostsektor der Stadt lag auch die Universität, an deren juristischer Fakultät ich 1941 meine Probevorlesung halten mußte, um Dozent zu werden: die Friedrich-Wilhelm-Universität, die man später in Humboldt-Universität umtaufte. Nicht weit davon entfernt, am Schinkelplatz und in der Zimmerstraße, lagen die Räume der Auslandswissenschaftlichen Fakultät (hervorgegangen aus einer Fusionierung der früheren Hochschule für Politik mit dem berühmten Orientalischen Seminar), wo ich gleichzeitig Völkerrecht lehrte. An die Spitze dieser Fakultät wurde als Dekan ein zum Professor ernannter SS-Brigadeführer, ein ehemaliger NS-Studentenbundführer aus Heidelberg, Franz Six, berufen. Die Fakultät geriet dadurch in den Ruf, eine besonders parteinahe Institution zu sein. Den Sprachwissenschaftlern des Orientalischen Seminars tat man damit bestimmt Unrecht. Aber auch auf den übrigen Fachgebieten war die politische Färbung des Lehrkörpers so heterogen wie in allen anderen Fakultäten auch. Ich fand bald ein näheres Verhältnis zu Albrecht Haushofer, dem Sohn des Generals und Herausgebers der Zeitschrift ›Geopolitik‹, Karl Haushofer. Die zwielichtig erscheinende Rolle dieser beiden Haushofer im Dritten Reich, ihr Verhältnis zu Hitler und Rudolf Hess, insbesondere ihr Anteil an der Planung des England-Flugs von Hess, ist bekannt und häufig erörtert worden. Karl Haushofer schied 1946 durch Selbstmord aus dem Leben; sein Sohn Albrecht, nach dem 20. Juli 1944 verhaftet, wurde noch am 23. April 1945 im Gefängnis Moabit von der Gestapo ermordet. Als ich ihn – Anfang des Krieges – kennenlernte, war er ein entschiedener und zu großen persönlichen Risiken bereiter Gegner des Regimes – ein Professor für politische Geographie, der zugleich ein höchst sensibler Lyriker war. Diese Spannweite seiner Persönlichkeit faszinierte mich. Derselbe Mann, der mit ebensoviel Scharfsinn und Gelehrsamkeit wie Kaltblütigkeit und Realismus die Katastrophe kommen sah und ihre Ursachen und Bedingungen analysierte, konnte wenig später – ich erlebte es in einem kleinen privaten Freundeskreise – seine unendlich zarte, verhangene »Chinesische Legende« vortragen. Bei dem Toten wurden die Texte der »Moabiter Sonette« gefunden, die er kurz vor seinem Ende in der Gefängniszelle niedergeschrieben hatte.²

Zu meinen Studenten gehörten auch Offiziere, die zu einem Studiensemester beurlaubt waren. Einer von ihnen, ein Oberleutnant der Luftwaffe, nahm an meinem staatstheoretischen Seminar teil und kam nach einigen Wochen mit der Frage, ob ich ihn als Doktoranden mit einer Arbeit über islamische Staatstheorien annehmen würde. Bei näherem Befragen stellte sich heraus, daß die Arbeit auf eine verschlüsselte Analyse despotischer Regime hinauslaufen sollte. Ich fühlte mich verstanden und gab meine Zustimmung. Aber der Doktorand wurde bald wieder einberufen, dann plötzlich verhaftet und später hingerichtet. Er war einer der führenden Köpfe der ›Roten Kapelle‹: Harro Schulze-Boysen. Sein Bruder wurde, dreißig Jahre später, mein Vertreter als Gesandter an der Botschaft Tokyo.

Eine andere Stätte früherer Tätigkeit lag im Westen, war jedoch zerstört: ein Haus in der Tiergartenstraße, in dem von 1936 bis 1945 das aus Hamburg nach Berlin verpflanzte Institut für auswärtige Politik untergebracht war. Dieses von Albrecht Mendelssohn-Bartholdy gegründete und viele Jahre von ihm geleitete Institut wurde 1936 Friedrich Berber unterstellt, der es unter dem Namen Deutsches Institut für außenpolitische Forschung nach Berlin umquartiert. Durch seine engen Beziehungen zu Ribbentrop verschaffte Berber dem Institut Informationsquellen, finanzielle Förderung und öffentliche Beachtung, brachte es aber dadurch zugleich auch in manchen, insbesondere wissenschaftlichen Kreisen und im Ausland, in Mißkredit. Unter ihm übte die technische Leitung des Instituts ein seit Mendelssohns Zeiten dem Institut angehörender liebenswürdiger Bayer aus: Paul Marc, ein Bruder des Malers Franz Marc, ein Mann, dessen menschliche Wärme und Integrität das Arbeitsklima in diesem Haus erträglich machten.

Vier Wochen »Njet«

Die Berliner Konferenz war seit der letzten Zusammenkunft des in Potsdam eingesetzten Außenministerrats im Mai 1949 in Paris, die zwar die Berliner Blockade liquidierte, aber zu keiner weiteren Einigung führte, die erste Wiederbegegnung der westlichen Außenminister mit ihrem sowjetischen Gegenspieler. Sie war zugleich die erste Viererkonferenz, die seit dem Bestehen der Bundesrepublik der Deutschland-Frage (zwar nicht ausschließlich, aber doch in erster Linie) gewidmet war. Es gehörte zu den Ungereimtheiten der damaligen Lage Deutschlands, daß diese Konferenz ohne Vertreter Deutschlands am Konferenztisch abgehalten wurde. Zwar gab es eine Bundesregierung und ein Bundesministerium des Auswärtigen (dessen Chef der Bundeskanzler selbst war). Aber die Souveränität der Bundesrepublik war immer noch suspendiert, die Oberste Gewalt lag bei den Besatzungsmächten, die sich insbesondere für alle Fragen, die Deutschland als Ganzes, den Status Berlins und den Abschluß eines Friedensvertrages betrafen, für zuständig hielten, die letzten Entscheidungen zu treffen. Im anderen Teil Deutschlands gab es eine kommunistische Regierung, die weder von Bonn noch von den Westmächten anerkannt wurde. Besonders hieran scheiterte unsere direkte Konferenzbeteiligung, da sie unweigerlich dazu hätte führen müssen, auch Vertreter der DDR-Regierung zum Konferenztisch zuzulassen. Unter diesen Umständen war das Maximum an Konferenzbeteiligung, das wir erhoffen und erreichen konnten, unsere Einbeziehung in die interne westliche Konferenzvorbereitung im Rahmen der schon erwähnten Pariser Arbeitsgruppe und die Zusammenarbeit am Konferenzort Berlin, aber außerhalb des Konferenzsaales, mit einer »Beobachter«-Delegation der Bundesregierung, die schließlich, wie schon geschildert, von Blankenhorn und mir geleitet wurde, wobei das hierarchische Verhältnis zwischen uns ungeklärt blieb. Dieser letztere Umstand erwies sich in der Praxis als unwichtig; entscheidend blieb, daß wir beide eben nur »Beobachter« waren und darauf angewiesen blieben, über den Konferenzverlauf und über die beabsichtigten Erklärungen und konferenztaktischen Schritte von den drei westlichen Delegationen unterrichtet zu werden. Dies geschah regelmäßig unmittelbar nach Schluß der Sitzungen, meist durch den jeweils vorsitzführenden Hohen Kommissar (im Januar Sir Frederick Hoyer-Millar, im Februar André François-Poncet) oder hochrangige Mitglieder der Delegationen, in einigen Fällen durch die Außenminister selbst. Wir berichteten darüber telegraphisch nach Bonn, flogen auch einige Male zur mündlichen Berichterstattung dorthin, wenn es die zeitliche Abfolge zuließ. Ob und wieweit wir vollständig unterrichtet wurden, entzog sich natürlich genauerer Nachprüfung; indessen ließ sich weder damals noch später belegen, daß uns Wichtiges vorenthalten worden sei.

Die deutsche Öffentlichkeit verfolgte den Ablauf der Konferenz mit größter Spannung. Hoffnungen, daß ein Fortschritt auf dem Wege zur Wiedervereinigung Deutschlands erzielt werden könnte, waren damals noch weitverbreitet. Schon die Tatsache, daß auf deutschem Boden eine Konferenz der Weltmächte über die Deutschland-Frage stattfand und die Bundesregierung wenigstens indirekt durch ihre Beobachter beteiligt war, war etwas Neues, noch nicht Dagewesenes, was die allgemeine Neugier anregte und die Phantasie der Presse beflügelte. Felix von Eckhardt, der unserer Delegation als Pressechef angehörte, hatte daher alle Hände voll zu tun, um diese Neugier zu befriedigen. Er hat in seinem Erinnerungsbuch eine lebendige Schilderung seiner dortigen Tätigkeit und unserer Zusammenarbeit gegeben.[1] Er nannte diese »eng und freundschaftlich« – und das war sie auch aus meiner Sicht. Das am Kurfürstendamm gelegene Hotel am Zoo, das Hauptquartier unserer Delegation, bleibt in meiner Erinnerung stets mit diesen Wintertagen von 1954 verknüpft, und ich habe aus alter Anhänglichkeit auch später dort häufig gewohnt, wenn ich nach Berlin kam.

In Berlin herrschte in jenen vier Wochen, in denen die Konferenz – abwechselnd im West- und Ostteil der Stadt – tagte, eine klirrende Kälte; Schnee lag auf den Straßen. Ort der Handlung war in der ersten Woche der große Konferenzsaal im Kontrollratsgebäude – jener Saal, in dem einst Roland Freisler zeitweise Todesurteile gefällt hatte und in dem am 30. Juli 1945 die Generale Eisenhower, Schukow, Montgomery und Louis Koeltz das Dekret unterschrieben, mit dem der Kontrollrat für das besetzte Deutschland konstituiert worden war. Fotos von der Eröffnungssitzung zeigen eine drangvolle Enge in dem mäßig großen Saal, dessen Decke mit einer Malerei geschmückt ist, die das Jüngste Gericht allegorisch darstellt: in der Mitte ein viereckiger Konferenztisch (in der letzten Woche, als über den österreichischen Staatsvertrag gesprochen wird, ein fünfeckiger, an dem dann auch der österreichische Außenminister Leopold Figl Platz findet), an dem sich John Foster Dulles, Wjatscheslaw Molotow, Antony Eden und Georges Bidault mit ihren nächsten Mitarbeitern gegenübersitzen. In der zweiten Woche trifft man sich in dem 1950 bis 1952 gebauten klotzigen Prunkgebäude der Sowjetbotschaft im Ostsektor, Unter den Linden, neben den ärmlichen Überresten des berühmten Hotels Adlon, an der gleichen Stelle, auf der seit 1837 die kaiserlich-russische Botschaft gestanden hatte. In der dritten Woche kehrt man in das Kontrollratsgebäude zurück, in der vierten wechselt man täglich zwischen den beiden Konferenzsälen.

Wir erleben das nur von ferne. Unser Aktionsfeld sind die Delegationsquartiere, Hotelräume und Büros, die Residenzen der Stadtkommandanten, das West-Berliner Rathaus in Schöneberg, die Räume des Bundesbevollmächtigten, Heinrich Vockel, im Bundeshaus. Die Russen bekommen wir nicht zu sehen, die westlichen Außenminister hauptsächlich bei einigen Essen und Empfängen, zu denen man uns einlädt. Verglichen mit dem engen persönlichen und arbeitsmäßigen Kontakt, der später auf der Genfer Konferenz von 1959 selbstverständlich war, herrschte in Berlin ein Stil, der noch stark von den Umgangsformen der Besatzungszeit geprägt war.

Dulles, Eden, Molotow habe ich in späteren Jahren intensiver erlebt. Georges Bidault bin ich später nie wieder begegnet; der Kontakt in Berlin war zu kurz und zu flüchtig, um einen tieferen Eindruck zu gewinnen.

Die Konferenz endete ergebnislos, nachdem beide Seiten ihre schon bekannten unvereinbaren Positionen dargelegt und in programmatischen Vorschlägen zusammengefaßt hatten: der Westen in Gestalt des »Eden-Planes« für die deutsche Wiedervereinigung durch freie Wahlen, der Osten in Gestalt eines Entwurfes für einen Friedensvertrag mit Deutschland und eines Planes für die Organisation der kollektiven Sicherheit in Europa (zum ersten Male tauchte in diesem Zusammenhang die sowjetische Forderung nach einer Konferenz europäischer Staaten auf, die viele Jahre später in Helsinki Gestalt gewann).[2] Das einzige praktische Ergebnis des wochenlangen Palavers bestand in einer Einigung über die Einberufung einer Fünfmächte-Konferenz unter Beteiligung Chinas nach Genf, die dann im April stattfand und sich auf das Indochina-Problem konzentrierte.

Kurz nach meiner Rückkehr aus Berlin schrieb ich: »Gleichwohl ist die Konferenz ohne dramatische Szenen und überraschende Schlußeffekte in äußerlich glatten und konzilianten Formen zum Abschluß gelangt. Es gab keine Meinungsverschiedenheiten über den Schlußtermin. Es gelang verhältnismäßig rasch und ohne Schwierigkeiten, ein Abschlußkommuniqué zu formulieren. Die Konferenz endete ohne äußeren Mißklang. Die tiefe Kluft, die in diesen Wochen von Berlin in den politischen Auffassungen und Absichten der Großmächte sichtbar wurde, wurde von diesen äußerlichen Gesten diplomatischer Höflichkeit, wie sie früher selbstverständlich waren, nicht verdeckt. Die westliche Solidarität ging gekräftigt aus dieser Konferenz hervor. Die letzten Illusionen über einen Kurswechsel der sowjetischen Politik nach Stalins Tod waren zerstoben.«[3]

Der Verlauf der folgenden Jahre läßt die Berliner Konferenz als den Zeitpunkt erscheinen, an dem die Weichen endgültig auf die getrennte und sich immer weiter voneinander entfernende Entwicklung der beiden Teile Deutschlands gestellt wurden. Damals, als wir aus Berlin nach Bonn zurückkehrten, gab es darüber noch keine Gewißheit, aber man konnte es ahnen. Meine Stimmung war dementsprechend düster, als ich am Morgen des 19. Februar, am Tage nach Konferenzschluß, die Maschine nach Bonn bestieg. Dort sprach die Bundesregierung in einer Erklärung vom gleichen Tage von dem »Gefühl der Trauer über das Ergebnis«, in dem sich das ganze deutsche Volk eins sei. Der Bundestag »bedauerte auf das tiefste, daß die Berliner Konferenz keine Lösung der Deutschland-Frage gebracht hat«. Das stand in einer einstimmigen Entschließung vom 25. Februar – damals gab es in solchen Fragen noch eine die Regierungsparteien und die Opposition umspannende Gemeinsamkeit.

Die Berliner Konferenz bedeutete für mich eine vielschichtige Erfahrung: Die vorbereitende Arbeitsgruppe in Paris hatte mich in die Technik einer multilateralen Konferenzvorbereitung eingeführt. Der Aufenthalt in Berlin bot Gelegenheit, Atmosphäre und Funktionieren einer großen internationalen Konferenz und ihre führenden Figuren, wenn nicht vom Konferenztisch, so doch aus größerer Nähe, zu beobachten. Von meinen Erfahrungen mit dem eigenen Regierungschef habe ich schon gesprochen; ich schluckte meinen Ärger über die Desavouierung des »Sonderbevollmächtigten« herunter und fand bei meinen kurzen Blitzbesuchen aus Berlin in Bonn einen zwar politisch hellwachen, aber menschlich gelockerten Adenauer vor, der sich meine Berichte aufmerksam und verständnisvoll anhörte und alle heiklen Fragen in vertrauensvoller Offenheit mit mir besprach. Eines dieser Gespräche fand in einer kurzen Mittagspause in seinem Ruheraum neben seinem Arbeitszimmer statt, wo er sich für eine halbe Stunde niedergelegt hatte und mit geschlossenen Augen meinen Worten lauschte. Es war wohl diese besondere Situation, die in mir zum ersten Male ein wärmeres menschliches Gefühl für diesen bald achtzigjährigen Mann weckte, der da mit maskenhaft erstarrtem Antlitz vor mir lag und sich Sorgen um die Zukunft seines Volkes machte, für das er die Verantwortung übernommen hatte.

»Raus mit dem Kriegsverbrecher«

Noch eine andere Erfahrung brachten mir diese Wochen in Berlin ein: welchen Angriffen, Diffamierungen, Verleumdungen man ausgesetzt ist, sobald man in das Scheinwerferlicht eines großen öffentlichen Spektakels, wie es diese Konferenz war, gerät. Schon gleich nach meiner Ankunft in Berlin hatte ein von den kommunistischen Propagandazentralen in Ostberlin gesteuertes Trommelfeuer eingesetzt, daß sich gegen meine angebliche »faschistische Vergangenheit« richtete. Am 22. Januar brachte die ›Berliner Zeitung‹ an der Spitze des Blattes »sensationelles Beweismaterial«, unter der Balkenüberschrift: »Grewe als Kriegsverbrecher entlarvt. Adenauer schickt ihn nach Berlin, um die Viermächte-Konferenz zu sprengen«. In diesem Stile ging es in den nächsten Tagen und Wochen weiter: »Eine ungeheuerliche Provokation« – »Bonn bereitet Revanchekrieg vor« – »Nazidiplomaten als Berliner Beobachter« – »Der Kriegsverbrecher immer noch in Berlin«, so lauteten die Überschriften in der ›Täglichen Rundschau‹ und in anderen Blättern des Ostsektors.

Gleichwohl glaubte ich, einen Ausflug nach Ost-Berlin riskieren zu können. Mit britischen Freunden fuhr ich in einem Diplomatenwagen in den

Ostsektor, um auch jene Teile Berlins wiederzusehen, die mir in früheren Jahren nicht minder wohlvertraut gewesen waren, als die westlichen Stadtteile: Unter den Linden, die Friedrich- und die Wilhelmstraße, der Schloß- und Alexanderplatz. Ost-Berlin bot damals, wenn man aus dem Westen kam, einen ziemlich trostlosen Anblick: immer noch ausgedehnte Trümmer- und Ruinenfelder, die im Inferno des Kriegsendes stehengebliebenen Häuser schäbig und ungepflegt, der Wiederaufbau konzentriert auf einige Prunkstücke sozialistischer Architektur. Noch gab es nicht den überdimensionalen Fernsehturm, wohl aber die Stalin-Allee, einst Frankfurter Allee. Der Architekt, der beides konzipierte, Hermann Henselmann – ihn hatte ich einst, noch während des Krieges, in seinem kleinen Einfamilienhaus in dem entlegenen Vorort Wilhelmsruh kennengelernt. Zusammen mit einigen Freunden aus Künstler- und Intellektuellenkreisen hatten wir diskutiert, getrunken und uns zynische Witze über das Dritte Reich erzählt. Daß er später für die andere Seite optieren und alle seine künstlerischen Überzeugungen preisgeben würde, ahnte ich nicht. Mehr als zwanzig Jahre später fuhr ich wieder, dieses Mal in einem normalen Touristenbus, durch Ost-Berlin. Eine linientreue Hostess erklärte den Insassen die Sehenswürdigkeiten. Ost-Berlin bot in der Tat ein anderes Bild als damals. Viele Namen von verdienten Künstlern und Architekten wurden erwähnt – der Name Henselmann fehlte, ebenso der Name Stalin-Allee, die jetzt Karl-Marx-Allee und in der Verlängerung wieder Frankfurter Allee heißt.

Als ich damals, während der Berliner Konferenz, am Nachmittag ohne weitere Komplikationen an der Sektorengrenze nach West-Berlin in mein Hotel am Zoo zurückkehrte, fragte mich ein Kellner, ob ich im Osten meinen Steckbrief gesehen hätte. Als ich ihn verwundert fragte, was er damit meine, zog er ein Plakat aus der Tasche, das in der Art eines Steckbriefes mit breiter, grellroter Umrandung mein »Fahndungsfoto« zeigte. Text: »Das deutsche Volk klagt an!« Dann folgten die gleichen Beschuldigungen, die auch in den Schlagzeilen der Ostberliner Presse kolportiert wurden. Am Schluß hieß es: »Grewe ist ein Kriegsverbrecher und gehört ins Zuchthaus! Raus mit Grewe aus Berlin!« Dieses Plakat hatte am gleichen Tage, an dem ich drüben gewesen war, an Litfaßsäulen, öffentlichen Anschlagstafeln und in allen Straßenbahnen geprangt. Aber ich hatte es nicht bemerkt.

Das »sensationelle Beweismaterial«, das die kommunistische ›Berliner Zeitung‹ entdeckt zu haben behauptete, bestand vor allem aus verfälschten und aus dem Zusammenhang gerissenen Zitaten aus Artikeln, die ich während des Dritten Reiches in wissenschaftlichen Zeitschriften geschrieben hatte. Mein ursprüngliches Fachgebiet, das Staatsrecht, hatte ich schon 1937 aufgegeben, nachdem es sich auf den Führerbefehl als oberste Norm reduziert hatte. Veröffentlicht hatte ich auf diesem Gebiete nichts. Ich war auf Völkerrecht und internationale Beziehungen ausgewichen und publizierte hauptsächlich monatliche Übersichten über die internationale Entwicklung und völkerrechtliche Kommentare zu internationalen Ereignissen. Über Hitler und seine Bewegung hatte ich nie ein positives Wort geschrieben. Ribbentrop, zu dessen »Berater« mich die Ostpropaganda stilisierte, habe ich in meinem Leben, außer in der Wochenschau der deutschen Filmtheater, nie gesehen, und habe keinen Zweifel, daß er nie ein von mir geschriebenes Wort gelesen hat. Zugegeben, ich hatte auch nichts geschrieben, was einer ausdrücklichen öffentlichen Kritik am Nationalsozialismus gleichkam. Das zu erwarten, ist entweder naiv oder unaufrichtig. Wenn man überhaupt publizieren und ein breiteres Lesepublikum unter Umgehung der amtlichen Sprachregelungen informieren wollte (und ich bin noch heute der Meinung, daß dies sinnvoller war, als völlig zu schweigen), so mußte man sich einer Art Schlüsselsprache bedienen, die von ihren Adressaten recht gut verstanden wurde. Dieser Methode habe ich mich bedient. Den Nutzen meiner Publikationen sah ich hauptsächlich darin, daß sie dem Leser Informationen vermittelten, die ihm die Zensur vorenthielt und zu denen ich durch die Lektüre ausländischer Zeitungen und Zeitschriften Zugang hatte. Nicht alles, was unter solchen Umständen geschrieben wurde, kann man heute noch ohne Unbehagen lesen. Anderes war riskant und konnte die Stellung oder noch mehr kosten. Gegen die Entstellung, Verdrehung und Fälschung von Zitaten ist jedoch kein Kraut gewachsen, zumal die Richtigstellung in den meisten Fällen viel zu kompliziert ist, um von einem breiteren Leserkreis wahrgenommen zu werden. Daher habe ich auf öffentliche Richtigstellungen meist verzichtet – was den Nachteil hatte, daß von manchen Verleumdungen auch im Westen etwas haften blieb. Semper aliquid haeret. Das bekam ich in den Wochen nach Berlin zu spüren, als ich darauf drängte, meine Tätigkeit in der Rechtsabteilung zu beendeten und die davon in die Öffentlichkeit gelangte Kunde zu Spekulationen führte, es seien die »Enthüllungen der Ostpresse« gewesen, die meine Ablösung erzwungen hätten. Einige Schweizer Zeitungen folgerten aus dem Ausbleiben öffentlicher Dementis, daß das Belastungsmaterial stichhaltig sei und man sich genötigt gesehen habe, mich »auszubooten«. Die Schweigepraxis des Auswärtigen Amtes erwies sich damit als fragwürdig.

In Wahrheit ging mein Ausscheiden aus der Rechtsabteilung ausschließlich auf meine eigenen Wünsche zurück: Ich war nicht in das Auswärtige Amt gekommen, um mich dort wieder in das Korsett meines juristischen Fachgebietes zwängen zu lassen. Das Auswärtige Amt hat mich daher auch keinen Tag aus seinen Diensten entlassen. Auf Wunsch Hallsteins wurde ich zunächst eine Art Sonderberater, der mit außenpolitischen Planungsaufgaben betraut wurde, gleichsam ein Ein-Mann-Planungsstab. Im Hintergrund stand wohl schon Hallsteins Absicht, mich für eine andere, noch nicht spruchreife Verwendung in Reserve zu halten.

Gespräche in Stockholm und Freiburg: Jarring und Kennan

Obgleich die deutschen Zeitungen schon Mitte April berichtet hatten, ich hätte die Leitung der Rechtsabteilung abgegeben, war ich Anfang Mai noch immer in dieser Funktion tätig: In Kopenhagen brachte ich zu diesem Zeitpunkt unsere Verhandlungen über das deutsch-dänische Grenzverkehrsabkommen und die Aufhebung des Visumzwanges zum Abschluß.

Während meines Aufenthaltes in der dänischen Hauptstadt erreichte mich aus Bonn die Weisung, sofort nach Stockholm weiterzufliegen und im dortigen Außenministerium die schwedischen Absichten in bezug auf die angekündigte Einrichtung eines Reise- und Visumbüros der DDR in Stockholm zu erkunden und gegebenenfalls darauf hinzuwirken, daß die schwedische Regierung nicht den Eindruck erweckte, sie sei auf dem Wege zu einer De-facto-Anerkennung der DDR. Bonn war zugleich beunruhigt darüber, daß die im Nordischen Rat vereinigten Außenminister in einem wenige Tage zuvor, am 4. Mai, veröffentlichten Kommuniqué zum Abschluß ihrer Ratstagung gesagt hatten, ihre Regierungen beabsichtigten »zur Zeit« keine Anerkennung der DDR. Sollte damit angedeutet werden, daß in nicht zu ferner Zeit doch mit einer Anerkennung zu rechnen sei?

Für die Ausführung meines Auftrages hatte ich in Stockholm nur ein Wochenende zur Verfügung. Es reichte jedoch, um von einem kompetenten Gesprächspartner Zusicherungen zu erhalten, die für Bonn befriedigend sein mußten. Ich erhielt sie vom Direktor der Politischen Abteilung des schwedischen Außenministeriums, von Gunnar Jarring, einem Diplomaten also, der später von den Vereinten Nationen mit dem Mandat eines Vermittlers im Nahost-Konflikt betraut wurde und an dessen Tätigkeit die internationale Öffentlichkeit zeitweise große Hoffnungen knüpfte. Sie haben sich nicht erfüllt. Jarrings Mission wurde nach dem Jom-Kippur-Krieg vom Herbst 1973 durch die – jedenfalls zeitweilig – wesentlich wirksamere Vermittlungsfunktion Henry Kissingers überschattet. Daran zeigte sich erneut die Machtlosigkeit der Vereinten Nationen und die Überlegenheit eines Vermittlers, der sich auf das Gewicht der amerikanischen Supermacht stützen konnte, über einen neutralen Diplomaten, der nur den Generalsekretär der Vereinten Nationen hinter sich hatte.

Jarring, der später als schwedischer Botschafter in Washington mein dortiger Kollege wurde, war ein kluger, zurückhaltender Diplomat traditionellen Stils, erfahren in der Kunst des Kompromisses und der vorsichtigen, verhaltenen Formulierung, von angenehmen, verbindlichen Umgangsformen, menschlich sympathisch und aufgeschlossen. Ob er, abgesehen von der machtpolitischen Schwäche seiner Position, als UN-Vermittler der am besten geeignete Mann war, um mit arabischen Politikern umzugehen, ist – wie mir scheint, nicht ganz zu Unrecht – häufig bezweifelt worden.

Anfang August hatte ich in Freiburg den Besuch von George Kennan, der sich damals auf einer Vortragstournee in Europa befand. Mit einigen meiner Kollegen und einer kleinen Zahl von Studenten meines Seminars[1] diskutierten wir in meiner Wohnung die von ihm befürwortete Konzeption eines »disengagement« der beiden Supermächte in Mitteleuropa. Kennan beeindruckte alle – mich eingeschlossen – durch seinen Ideenreichtum, die Brillanz seiner Formulierungen, seine profunde Kenntnis der europäischen Probleme, die Unabhängigkeit seines Urteils, die vollkommene Beherrschung der deutschen Sprache, dieses alles verbunden mit einem unaufdringlichen Charme und einer gewinnenden Bescheidenheit des Auftretens.

Gleichwohl konnten mich seine Thesen nicht überzeugen, die er in den folgenden Jahren weiter ausspann und besonders in seinen Oxforder Vorträgen (›Reith Lectures‹) vom Sommer 1957 darlegte. Meine Skepsis gegenüber den Disengagement-Vorschlägen jener Jahre habe ich 1958 in einem Artikel für die Zeitschrift ›Western World‹ zusammengefaßt.[2] Ungeachtet dieser Meinungsverschiedenheit begründete die Freiburger Begegnung eine persönliche Beziehung, die sich später in gelegentlicher Korrespondenz und einem Gegenbesuch von mir in Princeton fortsetzte.

Vorsitzender der Wahlrechtskommission

Das von der SED-Propaganda für meine Rolle in Berlin 1954 aufbereitete Material ist bei späteren Gelegenheiten immer wieder hervorgeholt worden, besonders 1959, als ich während der zehnwöchigen Außenministerkonferenz in Genf als Sprecher der Delegation der Bundesregierung mit Andrei Gromyko und dem damaligen DDR-Außenminister Lothar Bolz im Konferenzsaal konfrontiert war. Vorerst, im Jahre 1954, dienten andere Anlässe zu neuen Attacken: so zum Beispiel meine Ernennung zum Vorsitzenden einer vom damaligen Bundesinnenminister Schröder berufenen Sachverständigenkommission, die sich gutachtlich zur Frage der

Reformbedürftigkeit des Wahlrechts äußern sollte und die am 21. Juni 1954 zusammentrat und in mehrmonatiger Arbeit einen Bericht ausarbeitete, der im April 1955 der Öffentlichkeit vorgelegt wurde. In einer Rundfunksendung von Radio Prag, die sich offenkundig des Ostberliner Materials bediente, wurde diese Arbeit als ein Versuch Adenauers hingestellt, sich ein neues Wahlgesetz zu verschaffen, das ihm helfen sollte, die nächsten Wahlen in Nordrhein-Westfalen zu gewinnen. Daß unser Gutachten erst längere Zeit nach diesen Wahlen fertiggestellt werden konnte und daß es sich mit den Wahlen zum Bundestag und nicht zu den Länderparlamenten befaßte, spielte für diese Art grobschlächtiger Propaganda natürlich keine Rolle und wurde großzügig ignoriert.

In der westlichen Presse wurden diese Unterstellungen und die damit verbundenen persönlichen Attacken gegen mich nicht beachtet; die Tätigkeit der Kommission und meine Funktionen als ihr Vorsitzender wurden dadurch nicht weiter gestört.

Für mich bedeutete diese Tätigkeit im Sommer 1954 eine interessante Abwechslung und eine Rückkehr zu einem Sachgebiet, das ich in früheren Jahren im Rahmen meiner Staatsrechtsvorlesungen in Freiburg zu behandeln gehabt hatte. Ein Teil der Kommissionsmitglieder bestand aus früheren Kollegen meines Fachgebietes: den Professoren Ulrich Scheuner, Friedrich Giese, Walter Jellinek, Gerhard Leibholz, Hans Peters. Daneben gehörten ihr bekannte Vertreter der politischen Wissenschaften, der Soziologie und Volkswirtschaft an, wie Arnold Bergsträsser, Erwin von Beckerath, Theodor Eschenburg, Friedrich A. Hermens, Alexander Rüstow. Die Mathematik war durch Helmut Unkelbach vertreten, die Praxis durch den früheren Reichskanzler Hans Luther, den Münchener Senatspräsidenten a. D. Albert Decker und einige Experten aus dem Bundesinnenministerium. Es war eine Gruppe hervorragender Fachleute, und das Endprodukt unserer Arbeit hat viel Anerkennung gefunden. Es hielt sich von parteipolitischen Einseitigkeiten ebenso frei wie von doktrinärer Voreingenommenheit für ein bestimmtes Wahlsystem. Ein solches zu empfehlen, entsprach nicht ihrem Auftrag, und es wäre darüber auch kaum Einigkeit in der Kommission zu erzielen gewesen, zumal ihr mit Hermens und Unkelbach zwei eingefleischte Befürworter des Mehrheitswahlrechts angehörten, die das Verhältniswahlsystem mehr oder minder als die Wurzel aller politischen Übel betrachteten und es mit weltanschaulichem Eifer bekämpften. Da die Entscheidung für ein bestimmtes Wahlsystem nur von den politischen Instanzen getroffen werden konnte, sah die Kommission ihre Aufgabe darin, Entscheidungshilfe zu leisten, das heißt, »die für eine solche nach politischen Gesichtspunkten zu treffende Entscheidung wesentlichen allgemeinen Gesichtspunkte zu klären und darzulegen, den Rahmen für die Entscheidung des Parlaments abzustecken«.[1]

Daß ich zum Vorsitzenden dieser Kommission berufen wurde, ging wohl auf einen persönlichen Entschluß Schröders zurück, der mich kurz zuvor aus dem Auswärtigen Amt abzuwerben und für sein Innenministerium zu gewinnen versucht hatte, wo er mir die Leitung der Verfassungsabteilung anbot. Das war ein Angebot, das immerhin ernster Überlegung wert war. Verfassungsrecht war – neben dem Völkerrecht – eines meiner beiden Fachgebiete, ursprünglich sogar das mir am nächsten liegende. Die Theorie in dem für die Verfassungspraxis zuständigen Ministerium mit der Wirklichkeit in Zusammenhang zu bringen, war eine reizvolle Aufgabe. Zudem verstand ich mich gut mit Schröder und konnte mir vorstellen, in ihm einen Minister zu finden, mit dem sich gut würde zusammenarbeiten lassen. Endlich hatte ich auch im Auswärtigen Amt noch keinen mir wirklich zusagenden Platz gefunden und hatte gerade im Sommer 1954 häufiger das Gefühl, zeitweilig vergessen zu sein.

Gleichwohl rang ich mich zur Ablehnung durch. In einem Schreiben vom 4. Juni 1954 setzte ich Schröder auseinander, daß ich mich nicht entschließen könne, »den Sprung in die Beamtenlaufbahn jetzt zu unternehmen, den ich im Dezember im Hinblick auf die Rechtsabteilung des Auswärtigen Amtes schon abgelehnt hatte«... »Wahrscheinlich geht auch meine Tätigkeit im Auswärtigen Amt bald ihrem Ende zu. Die Universität zwingt mich zu einer Entscheidung, und wie die Dinge im Augenblick liegen, gebe ich ihr den Vorzug.«

Demgemäß verteilte ich meine Arbeitskraft im Sommer 1954 auf meine Lehrtätigkeit in Freiburg, den Vorsitz in der Wahlrechtskommission und gelegentliche Stellungnahmen im Rahmen der mir im Auswärtigen Amt zugewiesenen Planungsfunktionen.

Als der EVG-Vertrag scheiterte

Während ich im August 1954 noch eine Knieverletzung ausheilte, die ich mir bei einem Autounfall zugezogen hatte, zogen sich immer dunklere Wolken über dem zwar unterzeichneten, aber nicht ratifizierten Vertragswerk zusammen, dem ich mich in den vergangenen Jahren hauptsächlich gewidmet hatte: Die Bonner Verträge über die Beendigung des Besatzungsregimes konnten (infolge eines vertragsrechtlichen Junktims) nur zusammen mit dem Vertrag über die Europäische Verteidigungsgemeinschaft ratifiziert und in Kraft gesetzt werden – in Frankreich hatte sich jedoch ein so starker Widerstand gegen das EVG-Konzept entwickelt, daß seine Billigung durch das französische Parlament immer zweifelhafter geworden war. Ein letzter Rettungsversuch auf einer Brüsseler Außenministerkonferenz vom 19. bis 22. August 1954 (auf der Pierre Mendès-France, damals französischer Regierungschef, einschneidende Änderungen des Vertrages forderte und abgewiesen wurde) scheiterte – worauf die französische Nationalversammlung am 30. August die Ratifizierung ablehnte.

Ich kann nicht sagen, daß diese Entscheidung für mich aus heiterem Himmel gekommen wäre.[1] Zweifel an den Ratifikationsaussichten der EVG waren mir nicht erst jetzt gekommen. Daß ich damit nicht allein stand, beweist schon die Tatsache, daß Hallstein mich bereits im Frühjahr damit beauftragt hatte, über Ersatzlösungen für den Fall ihres Scheiterns nachzudenken. Was dabei herauskam, war nicht so weit von dem entfernt, was später in London und Paris verhandelt und beschlossen wurde. Zu solchen Vorschlägen konnte ich mich um so eher durchringen, als ich nicht zu den eingefleischten »Integrationisten« gehörte, zu denen ich, zusammen mit Hallstein und seinem vertrauten Gehilfen für die Europa-Verhandlungen, Friedrich Ophüls, in der Literatur zuweilen gezählt werde.[2] Der stark ideologisch gefärbte »Integrationismus« von Ophüls lag mir wenig, und wenn Ophüls nicht ein so liebenswürdiger und verbindlicher Mensch gewesen wäre, hätten wir uns sicher viel gestritten.

Die Brüsseler Konferenz hatte ich, immer noch in meiner Bewegungsfähigkeit behindert, von Bonn aus mit Unruhe verfolgt. Am 30. August befand ich mich auf einer Erholungsreise in Italien. Offenbar mit polizeilicher Hilfe hatte das Auswärtige Amt meinen Aufenthalt ermittelt. Am 3. September wurde mir ein Telegramm zugestellt, das mich zu sofortiger Rückkehr aufforderte. Das war südlich von Rimini; die dortigen Strände hatten sich in solchem Maße als ein einziger überdimensionaler Rummelplatz präsentiert, daß ich ohne Bedauern sofort die Heimfahrt antrat.

Unterwegs beschäftigte mich nur ein Gedanke: was jetzt? Was sollte aus den Verträgen werden? Genauer gesagt: Was würde vor allem aus dem Vertrag werden, den ich, wenn nicht als mein Werk, so doch als meine eigentliche Aufgabe und als das Ergebnis langer intensiver eigener Bemühungen betrachtete – dem Deutschland-Vertrag? Würde man sofort eine jener Ersatzlösungen in Angriff nehmen, mit denen ich mich schon beschäftigt hatte? Welche würde unter den veränderten politischen Umständen möglich sein?

LONDONER KONFERENZ
UND PARISER VERTRÄGE

Neun Mächte im Lancaster House

Für Konrad Adenauer war es eine besonders bittere Enttäuschung, daß der mit dem Deutschland-Vertrag verknüpfte und am 27. Mai 1951 in Paris unterzeichnete EVG-Vertrag die Hürde der Ratifikation infolge des Widerstandes der französischen Nationalversammlung nicht überwinden konnte und dort im August 1954 scheiterte. Durch dieses Hindernis verzögerte sich das Inkrafttreten des Deutschland-Vertrages – und damit die Beendigung des Besatzungsregimes – um drei Jahre. Aber Adenauer war nicht der Mann, der einem gescheiterten Projekt lange nachtrauerte. Unter seiner energischen Mithilfe wurde die geplante Verteidigungsgemeinschaft unverzüglich durch eine andersartige Vertragskonstruktion ersetzt. Die Bundesrepublik unterwarf sich im Rahmen des zur Westeuropäischen Union (WEU) umgebauten Brüsseler Vertrages von 1947 einer freiwilligen Rüstungskontrolle und trat als im übrigen gleichberechtigtes Mitglied dem Nordatlantikpakt bei. Im Laufe einiger mit fieberhafter Aktivität gefüllter Wochen und zweier großer Konferenzen (Londoner Neunmächte-Konferenz vom 28. September bis 3. Oktober und Pariser Konferenz vom 20. bis 23. Oktober 1954) wurde eine neue Lösung erzielt, die einerseits zwar dem europäischen Einigungsprozeß einen schweren und nie wieder verheilten Schlag versetzte, auf der anderen Seite jedoch die deutsche Wehrhoheit fest etablierte und der Atlantischen Allianz eine neue Dimension verlieh. Auch der Deutschland-Vertrag erfuhr gegenüber dem 1952 unterzeichneten Text Modifikationen – und zwar eindeutige Verbesserungen, die der inzwischen eingetretenen Entwicklung, der politischen und wirtschaftlichen Konsolidierung der Bundesrepublik, Rechnung trugen.

Diese Ersatzlösung war das Ergebnis einer diplomatischen »Rettungsaktion«, die im September in Gang gesetzt wurde und bei der die ersten Schritte von den Briten unternommen wurden.

Wenige Tage nach meiner Rückkehr nach Bonn wurde dort der britische Außenminister erwartet, der am 11. September zu einer diplomatischen

Blitztournee durch die europäischen Hauptstädte aufbrechen wollte, um nach dem Scheitern des EVG-Vertrages für ein neues Vertragskonzept zu werben. Am 12. September wollte er, nach einer ersten Besprechung in Brüssel mit den Außenministern der Beneluxstaaten, in Bonn eintreffen, anschließend nach Rom und Paris fliegen.

Eine britische Initiative hatte in diesem Augenblick nahegelegen, nachdem das Scheitern des EVG-Projektes der Politik von Dulles eine schwere Niederlage bereitet hatte. Adenauer hatte Eden, in Beantwortung einer durch den britischen Hohen Kommissar, Hoyer Millar, am 2. September auf der Bühler Höhe ausgeführten Sondierung, zu einer solchen Initiative ermutigt. Edens Ziel in der nunmehr eingetretenen Situation war die Aufnahme der Bundesrepublik in die NATO als direktes Vollmitglied. Französische Bedenken gegen eine unbeschränkte Rüstungsfreiheit der Deutschen wollte er mit einem Rüstungskontrollmechanismus beschwichtigen, der rechtlich alle Westeuropäer, faktisch in erster Linie die Deutschen, binden sollte. Als organisatorischer und völkerrechtlicher Rahmen für diese Rüstungskontrolle schwebte ihm der Brüsseler Fünfmächte-Vertrag von 1948 vor, der durch Einbeziehung der drei Beneluxstaaten in den ursprünglich nur britisch-französischen Beistandsvertrag von Dünkirchen von 1947 entstanden war. Ihm sollten nunmehr auch die Bundesrepublik und Italien beitreten, der Inhalt sollte dem neuen Zweck angepaßt und eine »Westeuropäische Union« geschaffen werden, die innerhalb der NATO eine engere Gruppe bilden sollte, verbunden durch eine automatische Beistandsverpflichtung (die dem Nordatlantikpakt fehlt) und durch Institutionen einer gegenseitigen Rüstungskontrolle.

Eden behauptet in seinen Memoiren, die Idee zu dieser Verwendung des Brüsseler Vertrages sei ihm an einem Sonntagmorgen im Bade während eines Wochenendaufenthaltes in seinem Landhaus in Wiltshire eingefallen.[1] François Seydoux erweckt dagegen den Eindruck, als sei dieser Gedanke in einem politischen Direktorat des Quai d'Orsay ausgebrütet worden.[2] Wie dem auch sein möge (die politische Logik spricht eigentlich mehr für Edens Version), das Hauptverdienst an der Einbringung und Durchsetzung dieses Gedankens gebührt ohne Zweifel dem britischen Außenminister. Dirk Stikker, der spätere NATO-Generalsekretär, damals niederländischer Botschafter in London, schreibt in seinen Memoiren, ohne Eden wären die Pariser Verträge niemals zustande gekommen: »Bei der Lösung der Krise, die die Ablehnung der EVG durch Frankreich hervorrief, zeigte Eden jene Vorzüge des Mutes, der Einsicht und der Vorstellungskraft, die ihn besonders auszeichneten.«[3]

In den Bonner Besprechungen am 13. September 1954 und noch mehr in der Neunmächte-Konferenz im Lancaster House in London, zwei Wochen später, trat in der Tat ein Eden in Erscheinung, der in bester Form und ganz auf der Höhe seiner Aufgaben war. Allen, die an den tagelangen, schwierigen Verhandlungen im Lancaster House teilnahmen, wird wohl ebenso wie mir unvergeßlich sein, wie Eden den zaudernden und mit Ausweichmanövern taktierenden, ständig Milch trinkenden Mendès-France mit einer ungewöhnlich energischen und wirkungsvollen Intervention zur Räson brachte.

Bevor es dazu kam, mußte der Konferenzvorbereitung die zweite wichtige Stütze eingezogen werden: die amerikanische Zustimmung zur Edenschen Initiative und deren aktive Unterstützung. Sie kam darin zum Ausdruck, daß, nur wenige Tage nach Edens Abreise von Bonn, der amerikanische Außenminister Dulles am 16./17. September dort erschien.

Die beiden Besuche von Eden und Dulles in Bonn zeigten deutlich, wie sich das politische Gewicht der Bundesrepublik verstärkt hatte: Es hatte bis dahin noch nicht zum politischen Stil der Besatzungsmächte gehört, daß ihre Außenminister zu einer politischen Konsultation des Bundeskanzlers nach Bonn fuhren. Diese erste Anwendung eines neuen Umgangsstils hatte sehr gute Ergebnisse, die Gespräche verliefen in beiden Fällen für alle Beteiligten sehr harmonisch und befriedigend. Für die persönlichen Beziehungen zwischen Dulles und Adenauer kam dieser Begegnung wahrscheinlich besondere Bedeutung zu.

Mit Frankreich kam es in diesen kritischen Wochen zu keinen Kontakten ähnlicher Art. Adenauer war gegen Mendès-France »mit tiefer Bitterkeit erfüllt«, wie er selbst schreibt.[4] Die französische Regierung beschränkte sich darauf, dem Kanzler am 18. September durch den französischen Hohen Kommissar François-Poncet ein Memorandum übergeben zu lassen, das die französischen Vorstellungen umschrieb. Adenauer bewertete es »lediglich als einen Diskussionsbeitrag«, als ergänzungs- und änderungsbedürftig.[5] Auf seine Weisung wurde ein deutsches Memorandum ausgearbeitet, das den Teilnehmern der Londoner Konferenz am 23. September zugestellt wurde. Darin erklärte sich die Bundesrepublik bereit, unter gewissen, genauer umschriebenen Modalitäten »den geforderten Verteidigungsbeitrag« durch gleichzeitigen Beitritt zur NATO und zu dem geänderten Brüsseler Pakt... zu leisten. Dabei sollen nach Möglichkeit die Grundsätze beachtet werden, auf denen der EVG-Vertrag beruht. Diskriminierungen irgendwelcher Art dürfen nicht stattfinden.« Jede der drei Besatzungsmächte sollte erklären, daß sie die Okkupation der Bundesrepublik beende. Die Dreimächte-Verantwortung für Berlin und »Deutschland als Ganzes« sollte fortdauern, eine gemeinsame Politik zur Herbeiführung eines frei vereinbarten Friedensvertrages und zur Wiedervereinigung Deutschlands vereinbart werden. Diejenigen Teile des Überleitungsvertrages, die nicht überholt und die der inzwischen eingetretenen Situation noch angemessen seien, sollten beibehalten werden.

Der Truppenvertrag von 1952 sollte interimistisch, bis zum Abschluß neuer Verträge auf der Grundlage des NATO-Truppenstatuts, in Kraft gesetzt werden. Die Notstandsklausel des Generalvertrages sollte entfallen.⁶

Wenige Stunden vor seinem Abflug zur Londoner Konferenz, am Morgen des 27. September, erläuterte Adenauer vor dem Auswärtigen Ausschuß des Bundestages die deutschen Verhandlungsziele, wie sie in diesem Memorandum umrissen waren. Eine Prognose für den Ausgang der Konferenz zu geben, weigerte er sich. Auch wies er (nach den Erfahrungen mit den gerade gescheiterten Vertragsprojekten) darauf hin, daß ein positiver Ausgang der Konferenz noch keine endgültigen Resultate gewährleiste, solche vielmehr letztlich von den Parlamenten abhingen. In richtiger Vorahnung der Einwendungen, mit denen er rechnen mußte, konzentrierte er sich gleich in seinen einleitenden Bemerkungen auf den Brüsseler Pakt und die ihm zugedachte Funktion. Er könne die Beistandsverpflichtung verstärken, der im Nordatlantikpakt der automatische Charakter fehle. Er ließ keinen Zweifel daran, daß Edens Konzeption in Paris noch auf Widerstände und Schwierigkeiten stoße: In den Gesprächen Edens mit Mendès-France sei von dessen Seite »kein glattes, rundes Ja« ausgesprochen worden. Die französische Nationalversammlung müsse noch mit ihrem früher gefaßten Beschluß gegen eine Aufnahme der Bundesrepublik in die NATO fertigwerden.

Namens der SPD-Opposition beanstandete der – inzwischen verstorbene – Abgeordnete Wilhelm Mellies, daß dem Ausschuß weder das französische noch das deutsche Memorandum im Text zugänglich gemacht worden sei und der Auswärtige Ausschuß daher zu einer verantwortlichen Diskussion nicht in der Lage sei. Wieviele Konfrontationen zwischen Regierung und Opposition habe ich nicht in jenen Jahren erlebt, die zunächst mit heftigen Beschwerden über Adenauers Geheimdiplomatie begannen – von der sich auch seine eigene Fraktion und die Regierungskoalition immer wieder betroffen fühlten. Mißtrauische Fragen folgten: Weshalb bedurfte es der komplizierten Doppelkonstruktion NATO-Brüsseler-Pakt, warum konnte nicht im NATO-Rahmen eine Rüstungskontrolle organisiert werden? Wie ließ sich die Beistandsklausel des Brüsseler Paktes mit der des immer noch fortgeltenden französisch-sowjetischen Beistandspaktes vereinbaren? War nicht das Mißtrauen gegen deutsche Soldaten so stark, daß es eine der ihnen zugedachten militärischen Aufgabe adäquate Regelung ihrer Stellung in der Bündnisorganisation vereitelte? Sollte es auch im Rahmen des revidierten Vertragswerkes bei der Klausel bleiben, die ein wiedervereinigtes Deutschland an die Westintegration binden würde? Aus den eigenen Reihen wurde dem Bundeskanzler die Frage gestellt, ob man mit der Aufstellung einer Nationalarmee nicht den Weg zur europäischen Integration verbaue. Wortführer der Kritik waren aus den Reihen der SPD Carlo Schmidt, Gerhart Lütkens, Fritz Erler, Herbert Wehner, Karl Mommer, aus der FDP Georg Pfleiderer und Max Becker – obwohl die FDP der damaligen Regierungskoalition angehörte. Adenauer zog sich in der ihm eigenen souveränen, wenn auch nicht immer logisch schlüssigen Art aus der Affäre, wobei ihm zustatten kam, daß die Verhandlungen noch bevorstanden und nichts Endgültiges gesagt werden konnte.

London war die erste große internationale Konferenz, an der die Bundesrepublik aktiv teilnahm. Das galt natürlich erst recht für mich. Auch war dieses mein erster Aufenthalt in London – noch manche andere Konferenz sollte in den nächsten Jahren dort folgen. Durch eine seltsame Fügung des Schicksals erlebte ich es nie im Nebel, sondern fast immer bei strahlendem Sonnenschein. Auch im übrigen präsentierte es sich mir als eine Stadt, die ich so attraktiv fand, daß ich immer bedauert habe, nie längere Zeit dort verbringen zu können.

Die Neunmächte-Konferenz vom 28. September bis 3. Oktober 1954 war eigentlich eine Doppelkonferenz: Ihr Plenum bildeten die Außenminister der sieben künftigen WEU-Mitglieder (Brüsseler Pakt) sowie die der Vereinigten Staaten und Kanadas. Für die Fragen des Deutschlandvertrages und der Liquidation des Besatzungsregimes traten die Außenminister der drei Besatzungsmächte und der Bundesrepublik jeweils als gesonderte Viererkonferenz zusammen. Dieses wiederholte sich auf der Arbeitsebene: Für die Neuformulierung des Brüsseler Paktes wurde eine Neuner-Arbeitsgruppe gebildet, in die für die deutsche Delegation Blankenhorn entsandt wurde. Für den mit der Beendigung des Besatzungsregimes zusammenhängenden Bereich gab es eine Vierer-Arbeitsgruppe, in der ich die deutsche Delegation leitete und in der meine »Opposite numbers« dieses Mal nicht die »Political advisors« der Hohen Kommissare waren, sondern diese selbst: James Conant für die Vereinigten Staaten, Sir Frederick Hoyer Millar für Großbritannien, André François-Poncet für Frankreich.

Ort der Verhandlungen war das Lancaster House, ein offizielles Gästehaus der britischen Regierung, das später auch der Suezkanal-Konferenz von 1956, der Verfassungskonferenz für Nigeria 1957/58 und der Zypern-Konferenz von 1959 zur Verfügung gestellt wurde. Anfang des neunzehnten Jahrhunderts für den Herzog von York und Albany (Frederick August, den zweiten Sohn Georgs III.) erbaut, ging es nach dessen Tode in den Besitz des Marquess of Stafford über, war unter seinen Erben ein Mittelpunkt der Whigs (1864 beherbergte es Giuseppe Garribaldi bei seinem Besuch in London), später Treffpunkt eines von Arthur Balfour geführten Intellektuellenkreises und Unterkunft einer bedeutenden Gemäldesammlung. 1912 verkauft, taufte der neue Eigentümer das ehemalige York House, später Stafford House, auf seinen heutigen Namen und stellte es der Regierung zur Verfügung. Ein altmodisches Gebäude also, mit ansehnlicher Vergangenheit, mit seinen zweieinhalb Stockwerken jedoch von begrenzten räumlichen Ausmaßen und weit davon entfernt, den technischen Erfordernissen einer internationalen Konferenz in unserer Zeit zu genügen.

In allen Sälen, Zimmern, Galerien, Winkeln und Ecken des ehrwürdigen Hauses saßen die verschiedensten Verhandlungsgremien, das Konferenzbüro, die Delegationsbüros und was sonst alles zu einer internationalen Konferenz gehört. Es waren Tage und Nächte höchster Anspannung und Arbeitsintensität. Die Verhandlungen mit den Hohen Kommissaren verliefen wesentlich glatter, zügiger und im Ergebnis befriedigender, als ich es aus den Bonner Verhandlungsrunden von 1951/52 gewöhnt war. Die dramatischen Höhepunkte der Konferenz spielten sich naturgemäß im Neuner-Plenum und auf der Ebene der Außenminister ab: Adenauer, damals Kanzler sowohl wie Außenminister, war die wichtigste Bezugsperson für alle Beschlüsse. Mendès-France, ebenfalls Regierungschef und Außenminister in einer Person, war sein hauptsächlicher Gegenspieler, der den künftigen Status der Bundesrepublik als Bündnispartner mit vielen Kautelen und Beschränkungen einzuengen suchte, die seinem mißtrauischen Parlament die Zustimmung schmackhaft machen sollten. Eden spielte die Rolle des Konferenzvorsitzenden sowohl wie des Initiators der neuen Konzeption und des Mittlers, dem es auf ein positives Ergebnis der Verhandlungen ankam. Dulles sekundierte ihm mit dem ganzen politischen Schwergewicht der Vereinigten Staaten. Kanada war durch Lester Pearson vertreten, Italien durch Gaetano Martino, Belgien durch Paul-Henri Spaak, die Niederlande durch Johan Willem Beyen, Luxemburg durch Joseph Bech.

Die in der Sache schwierigsten Gegensätze ergaben sich aus den französischen Forderungen nach einer Kontrolle der Rüstungsproduktion im Rahmen einer Rüstungsgemeinschaft der Vertragspartner und der Abgrenzung einer »strategisch gefährdeten Zone« (die natürlich auf deutschem Boden liegen mußte) mit besonderen Beschränkungen für die Errichtung von Rüstungsproduktionsstätten. Unausgesprochen stand, von Mendès-France nur angedeutet, im Hintergrund der französischen Position die Bedingung einer die französischen Interessen befriedigenden Regelung der Saarfrage. Sie konnte in London vom Verhandlungstisch ferngehalten werden, jedoch nur aufgrund einer Zusage des Bundeskanzlers, im Rahmen der in Kürze anschließenden Pariser Konferenz auch in dieser Frage verhandlungsbereit zu sein.

Die wichtigsten Zugeständnisse, die zur Befriedigung der französischen

Forderungen gemacht wurden, bestanden in amerikanischen und britischen Verpflichtungserklärungen zur Aufrechterhaltung der beiderseitigen Truppenstationierungen auf dem Festland sowie in der bekannten Verzichtserklärung des Bundeskanzlers auf die Herstellung von »ABC-Waffen« auf deutschem Boden.

In späteren Jahren, als sich die miteinander verfeindeten Supermächte plötzlich in dem gemeinsamen Wunsche fanden, Atomwaffen nach Möglichkeit allen anderen vorzuenthalten, jedenfalls aber allen denen, die sie noch nicht besaßen, ist häufig über die Formulierung des von Adenauer namens der Bundesrepublik in London ausgesprochenen »ABC-Waffen«-Verzichts gerätselt worden, insbesondere darüber, weshalb sich der Verzicht darauf beschränkte, »auf ihrem Gebiete keine Atomwaffen, chemische Waffen oder biologische Waffen herzustellen«. Sollte der käufliche Erwerb solcher Waffen von einer fremden Macht oder gar die Herstellung in eigener Produktion, aber auf fremdem Territorium zugelassen sein? – oder hatten es die deutschen Unterhändler mit Hilfe machiavellistischer Tricks verstanden, ihre Verhandlungspartner mit Formulierungen zufriedenzustellen, die eine Reihe wichtiger, von diesen Partnern jedoch nicht bemerkter Schlupflöcher offen ließen?

Weder das eine noch das andere dürfte zutreffend sein. Ich habe an der Formulierung dieser Verzichtserklärung und an ihrer Erörterung mit den anderen Konferenzteilnehmern nicht mitgewirkt und kann daher keine authentischen Auskünfte zu dieser Frage geben. Indessen ist es nicht sehr wahrscheinlich, daß es mir verborgen geblieben wäre, wenn einer dieser beiden Tatbestände vorgelegen hätte. Es gibt jedoch noch eine dritte Möglichkeit, die Londoner Formel zu deuten. Sie besteht darin, daß man auf beiden Seiten die Herstellung von Atomwaffen in eigener Produktion auf eigenem Gebiet für die einzige, überhaupt praktisch denkbare Form einer atomaren Aufrüstung der Bundesrepublik hielt. Daß irgendeine ausländische Atommacht bereit sein könnte, ihr Atomwaffen zu verkaufen oder ihr die Produktion auf ihrem Gebiet zu gestatten, wurde für so irreal gehalten, daß man diese Möglichkeit nicht ernsthaft in Erwägung zog und es nicht für nötig hielt, sie in der Formulierung der Verzichtserklärung zu berücksichtigen. Ob es heute eine solche Macht geben würde, kann dahingestellt bleiben; die deutsche Unterschrift unter den Atomsperrvertrag hat es vollends überflüssig gemacht, dieser Frage und der nach dem Sinn der Londoner Formel nachzugehen.

Als wir London verließen, brachten wir ein sofort wirksames Resultat mit nach Hause, das uns damals sehr wichtig und wertvoll war, wenngleich es seine praktische Bedeutung bald verlor: die Beseitigung des »Junktims« zwischen der Beendigung des Besatzungsregimes und den Verträgen über den deutschen Verteidigungsbeitrag sowie die bindende

Zusage, daß die besatzungsrechtlichen Befugnisse der Hohen Kommissare ab sofort nur noch im Einvernehmen mit der Bundesregierung ausgeübt werden durften, die Oberste Gewalt der Besatzungsmächte also schon vor Inkrafttreten der Verträge suspendiert wurde. Sechs Monate später traten sie in Kraft – insofern war dieser Teil des Londoner Ergebnisses ein kurzfristiger Erfolg. Aber hätten wir dessen ganz sicher sein können? Hatten wir nicht nach dem 26. Mai 1952 über zwei Jahre auf die Ratifikation der beiden miteinander verknüpften Verträge – Deutschland-Vertrag und EVG – warten und sie dann schließlich scheitern sehen müssen? Niemand konnte eine Wiederholung solcher Vorgänge ganz ausschließen. Wir wollten jedenfalls nicht riskieren, das Besatzungsregime abermals auf eine nicht absehbare Zeit verlängert zu sehen. Ohnehin war London nur der erste Schritt gewesen, auf den einige Wochen später in Paris der formell entscheidende zweite Schritt folgen mußte. Diesem Schlußakt konnten wir jetzt mit Zuversicht entgegensehen, und ich fühlte mich daher berechtigt, in einer Erläuterung des Londoner Ergebnisses im Süddeutschen Rundfunk am 6. Oktober zu sagen, daß »in London bereits jetzt ein großer Fortschritt über das 1952 Erreichte hinaus erzielt worden ist«.[7]

Schlußakt in Paris: Deutschland-Vertrag und NATO-Beitritt

Als die Neunmächte-Konferenz im Lancaster House am Nachmittag des 3. Oktober zu Ende ging, hatten die Teilnehmer vereinbart, am 20. Oktober in Paris zu einer Abschlußkonferenz und zur Unterzeichnung der Vertragsinstrumente wieder zusammenzukommen. In der Zwischenzeit mußten die Aufgaben bewältigt werden, welche die Außenminister ihren »Experten« gesetzt hatten: die Bereinigung der Vertragstexte von 1952, mit anderen Worten, die Einigung über alle Streichungen und Korrekturen und die Herstellung eines neuen, unterschriftsreifen Vertragstextes. Praktisch stand für diese Aufgabe nur eine einzige Woche (die vom 8. bis zum 16. Oktober) zur Verfügung. Den Deutschland-Vertrag mit allen seinen Zusatzverträgen und ergänzenden Briefwechseln – dieses komplizierte und umfangreiche Vertragswerk, dessen Aushandlung mehr als ein halbes Jahr erfordert hatte – in einer Woche überprüfen und an die in zwei Jahren seit der ersten Unterzeichnung veränderte Situation anpassen? Eine auf den ersten Blick unmöglich erscheinende Aufgabe. Dennoch – sie wurde bewältigt. Daß dieses gelang, war weitgehend der Tatsache zu verdanken, daß alle Beteiligten von der Notwendigkeit überzeugt waren, daß diese Aufgabe gelöst werden mußte und zwar zeitgerecht; und weiterhin, der nicht weniger wichtigen Tatsache, daß die »Experten«, nämlich die Unterhändler der vier beteiligten Regierungen, ebenso diszipliniert wie kooperativ an ihre Aufgabe herangingen: Wir kannten uns und wir wußten, daß wir uns auf gegenseitige Fairness und Innehaltung gewisser Spielregeln verlassen konnten und daß jeder Partner die Probleme genauestens überblickte. Unter diesen Voraussetzungen konnte sich ein Arbeits- und Verhandlungsstil entwickeln, wie ich ihn kaum wieder erlebt habe: Wir saßen, häufig bis in die späte Nacht und dann meistens in der Wohnung eines der vier Delegationschefs, meist bei Maurice Bathurst, dem Rechtsberater der Britischen Hohen Kommission, zusammen, entweder allein oder höchstens von einem Mitarbeiter begleitet; wenn wir uns trennten, dann hauptsächlich, um zu schlafen und um Zwischeninstruktionen von unseren Regierungen einzuholen. Pünktlich am 16. Oktober waren wir fertig, ich konnte am nächsten Tag nach Freiburg fahren, mit meiner Familie meinen Geburtstag feiern, am 18. ein Seminar mit meinen Studenten abhalten und am 19. früh in Paris eintreffen, wo schon an diesem Tage die Konferenzserie mit einer deutsch-französischen Begegnung begann.

Sie fand in dem Schlößchen La-Celle-Saint-Cloud bei Paris, einem Lustschloß der Madame Pompadour, statt und wurde mit einem Arbeitsessen in kleinem Kreise abgeschlossen: die Regierungschefs (die beide gleichzeitig Außenminister waren), Mendès-France und Adenauer, mit je drei Mitarbeitern, auf französischer Seite der Staatssekretär des Außenministeriums, Roland de Moustier, der Hohe Kommissar François-Poncet, der politische Direktor des Quai d'Orsay, Roland de Margerie; auf unserer Seite Hallstein, Blankenhorn und ich. Mendès-France bemühte sich, das im Verhältnis zu seinem deutschen Partner frostige Klima etwas anzuwärmen (weshalb man wohl auch diesen Treffpunkt gewählt hatte). Adenauer war sich darüber im klaren, daß sein Gegenspieler seinem Parlament gegenüber einen schweren Stand hatte und nicht viel Handlungsspielraum besaß. Das galt besonders für jene Frage, deren befriedigende Regelung dieser schon in London ziemlich deutlich als Vorbedingung für die französische Zustimmung zum übrigen Vertragswerk bezeichnet hatte: für das »préalable sarrois« – ein in der französischen Nationalversammlung präsentables Arrangement in der Saar-Frage. Am 8. Oktober hatte sich Mendès-France dort festgelegt und versprochen: »Die Nationalversammlung wird zusammen mit den übrigen Vertragsentwürfen zu Ende dieses Monats auch einen Entwurf zur Regelung des Saar-Problems zwischen Frankreich und der Bundesrepublik erhalten. Die Nationalversammlung wird dann nachprüfen können, ob sie das ›préalable sarrois‹ verwirklicht findet, das alle Regierungen im Laufe der letzten Jahre für unentbehrlich erklärt haben.«[1]

Unter diesen Umständen kam es zwar bald zu einer Verständigung über eine Reihe von Abmachungen über wirtschaftliche und kulturelle Zusammenarbeit, aber nicht zu einer Einigung über die Kardinalfrage, an der das Gelingen aller für die nächsten Tage geplanten Konferenzen hing: über die Saar-Frage. Adenauer schreibt darüber: »Als sich die Beratungen der Saar-Frage zuwandten, verschlechterte sich die Atmosphäre. Beide Seiten legten ihre Auffassungen dar; sie wichen stark voneinander ab. Die französischen Forderungen waren für mich unannehmbar. Wir gingen um elf Uhr abends auseinander, ohne daß auch nur ein Anzeichen einer Verständigung erkennbar war.«[2]

Wie ein Damoklesschwert hing diese Frage in den nächsten Tagen über den verschiedenen Konferenzen, die jetzt aufeinander folgten: Am 20. Oktober traten die neun Signatare der Londoner Schlußakte zusammen, daneben tagten die sieben Mitgliedstaaten der künftigen Westeuropäischen Union. Am 21. und 22. Oktober kamen die vier mit der Beendigung des Besatzungsregimes in Deutschland befaßten Mächte zusammen, am 23. alle vierzehn NATO-Mitgliedsstaaten, die als fünfzehntes Mitglied die Bundesrepublik Deutschland aufnehmen sollten. Alle drei Konferenzen betrafen – am direktesten die Vierer-Konferenz – den Bereich meiner damaligen Zuständigkeit; nur mit der Saar-Frage hatte ich nichts zu tun – also gerade mit derjenigen Frage, die diesen Pariser Tagen am meisten dramatische Spannung verlieh. Damit soll nicht gesagt werden, daß es nicht auch in meinem Aufgabenbereich noch ungelöste Fragen gegeben hätte, die entschieden werden mußten. Eine der wichtigsten war die Frage, ob die im Bundesgebiet verbleibenden fremden Truppenkontingente in Zukunft nur noch aufgrund einer vertraglichen Zustimmung der Bundesregierung dort stationiert sein würden – oder ob die bisherigen Besatzungsmächte die Stationierung ihrer Truppen in Deutschland als ein aus ihrer früheren Besatzungshoheit abgeleitetes Vorbehaltsrecht betrachteten. Es gelang uns in Paris, unsere Auffassung, die von einer rein vertraglichen Grundlage des weiteren Aufenthalts der fremden Truppen im Bundesgebiet ausging, in Gestalt eines besonderen »Vertrages über den Aufenthalt ausländischer Streitkräfte in der Bundesrepublik Deutschland« durchzusetzen, was jedoch spätere Interpretationsversuche einzelner Partner (insbesondere der Franzosen) im Sinne eines immer noch existierenden Vorbehaltsrechts nicht völlig hat verhüten können.

Meine Tage in Paris waren mit dieser und einigen anderen Fragen aus dem Bereich der Besatzungsliquidierung und des Wiedererwerbs unserer Souveränitätsrechte ausgefüllt. Soweit nicht die Minister selbst verhandelten, traf ich mit den drei Hohen Kommissaren zusammen, um soweit wie möglich schon auf dieser Ebene zum Abschluß zu gelangen. Dabei konnte ich den Verlauf der Saar-Gespräche nicht verfolgen, die zwischen Adenauer und Mendès-France weitergingen und ihren dramatischen Höhepunkt in der letzten Nacht vor dem geplanten Schlußakt erreichten. Im Anschluß an ein Essen in der britischen Botschaft setzten sich die beiden erneut zusammen: »Ich ließ sie mit ihren Mitarbeitern eingesperrt in der prachtvollen Bibliothek, die Duff Cooper der Botschaft geschenkt hatte«, schreibt Eden in seinen Memoiren. »Nachdem sie dort einige Stunden verbracht hatten, wurde ich unruhig über die Dauer und veranlaßte diskrete Nachforschungen, wie sie vorankämen. Ich erfuhr, daß sie schon vor einiger Zeit Schluß gemacht hatten und sich, in der Annahme, wir seien schon zu Bett gegangen, still aus der Botschaft davongemacht hatten.«[3] Bei Adenauer heißt es dazu: »Wir verließen leise das Haus, um niemanden zu stören, und auch, um nicht Journalisten in die Hände zu fallen. Ich erreichte unbemerkt mein Hotel. Wir wußten nicht, daß Eden und zahlreiche seiner Gäste immer noch auf uns und das, was wir zu berichten hätten, warteten. Auch Dulles hielt sich noch in seinem Hotel für eventuelle Vermittlungsdienste bereit. Die wildesten Gerüchte kursierten über den Inhalt unseres Gesprächs, wie wir am nächsten Tage hörten. Mendès-France war an sich Antialkoholiker. Als er, es war wohl kurz vor zwölf Uhr, Whisky verlangte, wurde das als negatives Zeichen für den Stand unserer Verhandlungen gewertet.«[4]

Der nächtliche Kompromiß fand seinen Niederschlag in jenem am 23. Oktober nachmittags unterschriebenen Saar-Abkommen, das in der Bundesrepublik sofort zu dem umstrittensten und am heftigsten kritisierten Teilstück des Pariser Vertragswerkes wurde. In der Tat bot es viele Angriffsflächen: In großer Eile war die nächtliche Einigung, der am nächsten Vormittag um elf Uhr ein weiteres Gespräch Adenauer-Mendès-France folgte, zu Papier gebracht worden. Um vierzehn Uhr war der Text vom französischen Kabinett gebilligt worden. Um 15.25 Uhr wurde am Quai d'Orsay unterschrieben. Um 15.35 Uhr folgte die Unterzeichnung des Protokolls über die Beendigung des Besatzungsregimes, um 15.55 Uhr die Unterzeichnung des Vertrages über die Errichtung der Westeuropäischen Union, um 17 Uhr (im NATO-Gebäude am Palais de Chaillot) die Unterzeichnung des Protokolls über den Beitritt der Bundesrepublik zur NATO.

Zu allen Verträgen gehörten noch begleitende Abkommen, die zu unterzeichnen waren. Bei diesem Tempo war es nicht verwunderlich, daß in diesem Text viele Unklarheiten blieben. Presse und Parteien argwöhnten, daß Adenauer den französischen Forderungen in verhängnisvollem Umfange nachgegeben habe. In einer beißenden Kritik schrieb Augstein im ›Spiegel‹: »Ein Mann wie Professor Grewe hätte ein derart leichtfertig zusammengeschustertes Saar-Abkommen nicht vorgelegt, in der selbstverständlichen Erkenntnis, daß jede Unklarheit sich zu Ungunsten des besiegten und unbeliebten Deutschlands auswirken muß, das noch dazu keine Pfänder in der Hand hat.« Aber in dem gleichen Artikel war zu den übrigen Teilen des Pariser Vertragswerkes zu lesen: »Die deutsch-alliierten Abkommen, begrüßenswert oder unumgänglich, je nachdem, können nicht wohl als außenpolitische Großtat gefeiert werden. Jeder deutsche Unterhändler, wie unbedeutend auch immer, hätte solche Texte erreicht.«[5] Ich konnte mir also aussuchen, welchen dieser beiden unterschiedlichen Schuhe ich mir anziehen wollte.

Der geschichtliche Verlauf hat solcher Kritik weithin den Boden entzogen: Das Saarabkommen erwies sich – infolge einer List der Geschichte, die beide Seiten damals nicht vorhersahen – als ein ideales Instrument für eine Rückkehr der Saar nach Deutschland, das die französchen Ressentiments auf das denkbar geringste Minimum beschränkte. Eine von deutscher Seite nur höchst widerstrebend konzedierte Bestimmung über eine alsbaldige Volksabstimmung, in der sich die Bevölkerung nur für oder gegen ein Statut zur »Europäisierung« der Saar aussprechen durfte, wurde zum unwiderstehlichen Hebel der Rückgliederung. Was die übrigen Pariser Verträge anlangte, so wurde im Laufe der Jahre immer deutlicher sichtbar, daß sie die wichtigste Weichenstellung in der Geschichte der Bundesrepublik waren.[6]

Wodurch sich die in Paris unterschriebenen Verträge von der ersten Fassung des Deutschland-Vertrages von 1952 unterschieden, habe ich einige Tage nach Abschluß der Konferenz in einer Tageszeitung wie folgt zusammengefaßt:

»1. Das Junktim zwischen der Beendigung des Besatzungsregimes und dem deutschen Verteidigungsbeitrag ist gelöst worden. 2. Der neue Status der Bundesrepublik als eines souveränen Staatswesens ist klar definiert und von Zweifelsfragen befreit worden. 3. Gefallen ist vor allem die mit Recht viel umstrittene souveränitätsgefährdende Notstandsklausel des alten Vertragstextes von 1952. Der Bundestag wird allerdings, damit die alliierten Befugnisse zum Schutze der Sicherheit der Truppen erlöschen, deutschen Behörden ausreichende gesetzliche Vollmachten für die Bekämpfung von Notsituationen erteilen müssen. 4. Vom Inkrafttreten der Abmachungen über den deutschen Verteidigungsbeitrag an beruht die Anwesenheit ausländischer Truppen in der Bundesrepublik auf einer vertraglichen Grundlage, nämlich auf der Grundlage des besonderen Vertrages über den Aufenthalt ausländischer Streitkräfte in der Bundesrepublik Deutschland. Jede Verstärkung der Truppen ist an die deutsche Zustimmung gebunden, ebenso der Durchgangsverkehr nach und von Österreich oder anderen NATO-Staaten sowie der vorübergehende Aufenthalt von Truppen (das heißt also nicht die Rechtsgrundlage ihrer Anwesenheit, sondern die Regelung ihrer Rechtsverhältnisse in bezug auf Gerichtsbarkeit, Versorgung, Manöverrechte und so weiter) wird in einem neuen, noch auszuhandelnden Truppenvertrag auf NATO-Basis geordnet werden. Bis zu diesem Zeitpunkt wird vorübergehend der 1952 unterzeichnete Bonner Truppenvertrag angewendet. 5. Die auf den Viermächte-Vereinbarungen von 1945 beruhenden Rechte und Verantwortlichkeiten der Westmächte gegenüber der Sowjetunion in bezug auf Berlin, die Wiedervereinigung Deutschlands und den Abschluß eines Friedensvertrages bleiben bestehen. Gestrichen ist die vielerörterte Bindungsklausel (Artikel 7, Absatz 3 des Textes von 1952), deren komplizierte und undurchsichtige Fassung Anlaß zu vielen Meinungsverschiedenheiten und Mißverständnissen geboten hatte. 6. Die Befugnisse des durch den Bonner Vertrag von 1952 vorgesehenen Schiedsgerichts zur Entscheidung von Streitigkeiten aus den Verträgen sind eingeschränkt worden. 7. Die Revisionsklausel (Artikel 10) ist erheblich verbessert worden. 8. Eine Reihe von Verbesserungen sind weiterhin im Bereiche des Finanzvertrages und des sogenannten Überleitungsvertrages von 1952 erzielt worden. Hier sind jedoch auch manche weitgespannten Erwartungen enttäuscht worden. Wesentliche Änderungen hätten sich hier nur – wenn überhaupt – durch langwierige Verhandlungen erreichen lassen, die in der gegebenen politischen Situation riskant gewesen wären, weil sie die rasche Gesamtlösung verhindert hätten. Dieses Risiko konnte schon deswegen nicht eingegangen werden, weil der positive Ausgang erneuter Verhandlungen auf diesen Gebieten höchst zweifelhaft gewesen wäre: Der Überleitungsvertrag stellt nun einmal den Ersatz für jene friedensvertraglichen Bestimmungen dar, wie sie nach totalen Kriegen und entsprechenden totalen Niederlagen heute üblich sind. Auch der Abschluß eines Bündnisses mit den ehemaligen Gegnern kann die bitteren Konsequenzen der Niederlage nicht völlig beseitigen. Es hat keinen Zweck, darüber hinwegzureden. Es bleibt erstaunlich und bemerkenswert genug, daß noch nicht zehn Jahre nach dem Ende dieses furchtbarsten aller bisherigen Kriege eine Verständigung und ein Zusammenschluß des deutschen Volkes mit dem Westen möglich geworden ist, wie ihn die Abmachungen von London und Paris ins Auge fassen.«[7]

Mit der Unterzeichnung der Verträge am 23. Oktober war der langfristige Prozeß der Eingliederung eines souveränen und wiederbewaffneten deutschen Staates in die westliche Gemeinschaft noch nicht abgeschlossen. Wie wir aus bitteren Erfahrungen mit dem Vertragswerk von 1952 gelernt hatten, konnte alles noch im Laufe des nationalen Ratifikationsverfahrens bei einem einzigen Unterzeichner scheitern. Tatsächlich kam es in den Weihnachtstagen bei der Ratifikationsdebatte der Französischen Nationalversammlung erneut zu einer kritischen Situation: Am

24. Dezember lehnte das Parlament einen Artikel der Ratifikationsvorlage ab, der die Aufnahme der Bundesrepublik in den Kreis der Mitglieder des Brüsseler Paktes (WEU) betraf, verlangte aber gleichzeitig, daß die Ratifikationsinstrumente für alle Pariser Verträge gleichzeitig hinterlegt werden müßten. Nur durch Verbindung mit der Vertrauensfrage gelang es Mendès-France, die Widerstände zu überwinden und die Nationalversammlung am 30. Dezember zur Zustimmung zu bewegen. Im britischen Parlament und im amerikanischen Kongreß verlief der Ratifikationsprozeß ohne größere Schwierigkeiten. Im Bundestag lehnte die sozialdemokratische Opposition die Gesamtheit der Verträge ab, während das Saar-Abkommen bis in die Reihen der Regierungskoalition hinein auf Widerstand stieß. Gleichwohl fand sie in Bundestag und Bundesrat die erforderliche Mehrheit, so daß Bundespräsident Theodor Heuss am 24. März 1955 die Vertragsgesetze ausfertigen konnte. Die Hinterlegung der Ratifikationsurkunden durch die vier Signatarmächte zog sich noch bis Anfang Mai hin: Am 5. Mai war das Verfahren abgeschlossen, konnten die Verträge in Kraft treten, war die Bundesrepublik ein souveränes Staatswesen.

In diesen Monaten kam es naturgemäß zu vielen Auseinandersetzungen über Bedeutung und Tragweite des Vertragswerkes, das von der Sowjetunion sofort zum Gegenstand einer heftigen Kampagne gegen die Bundesrepublik und ihre Vertragspartner gemacht worden war: Nachdem die Bundesrepublik nicht nur sich selbst, sondern auch eine künftige gesamtdeutsche Regierung unwiderruflich an das westliche Bündnissystem gebunden habe, seien alle Verhandlungen über die Wiedervereinigung Deutschlands gegenstandslos geworden, so hieß es in Moskau. Mißverständliche Äußerungen von Mendès-France in einem Parlamentsausschuß trugen dazu bei, Verwirrung zu stiften in der Frage, ob die Verträge auch im Falle der Wiedervereinigung die Bindung Gesamtdeutschlands an das westliche Bündnis forderten. Um in dieser Frage Klarheit zu schaffen, schrieb ich für eine außenpolitische Monatszeitschrift, deren Mitherausgeber ich damals war, eine Untersuchung über die »Wiedervereinigungsfrage in den Pariser Verträgen«[8], die im Vorabdruck im regierungsamtlichen Bulletin am 15. Dezember 1954 erschien. In aller Deutlichkeit verneinte ich die Frage, ob ein wiedervereinigtes Deutschland automatisch an NATO und WEU gebunden sei. Meine Thesen fanden ein vielfältiges, wenn auch widersprüchliches Echo. Der sowjetische Völkerrechtler Professor Jewgeni A. Korowin, korrespondierendes Mitglied der Akademie der Wissenschaften der Sowjetunion, polemisierte in der Wochenschrift ›Nowoje Wremja‹ – mehr mit politischen als mit wissenschaftlichen Argumenten – gegen meinen Aufsatz, der mit »nichtexistierenden Voraussetzungen« operiere; er nannte mich einen »Advokaten der Spaltung Deutschlands« – ausgerechnet. In der ›New York Times‹ vom 21. Dezember 1954 erschien eine ausführliche und objektive Wiedergabe meiner Thesen und Argumente aus der Feder des Bonner Korrespondenten des Blattes, M. S. Handler.[9] Der Verfasser enthielt sich einer Bewertung, wies aber darauf hin, daß sie »can be taken as the authoritative opinion of the Chancellor and his most intimate political associates«. Handlers Artikel veranlaßte jedoch sofort Walter Lippmann in seiner Kolumne ›Today and Tomorrow‹ eine kritische Bewertung nachzuholen, wobei er mich als Chef eines Bonner Planungsstabes vorstellte.[10] Lippmann bezweifelte nicht die Richtigkeit meiner Vertragsauslegung. Sie entspreche auch, meinte er, den grundlegenden harten Tatsachen der deutschen Situation: »Daß Deutschland nur mit der Zustimmung der Sowjetunion wiedervereinigt werden und daß ein wiedervereinigtes Deutschland nicht durch Verpflichtungen Westdeutschlands gebunden werden kann.« Eben dieses erschien ihm jedoch Grund genug, den Westen zur Wachsamkeit zu mahnen. Die Sowjetunion werde nunmehr versuchen, ohne Viermächte-Absprachen zu direkten Verhandlungen mit Deutschland zu kommen. Mein Artikel könne nur als eine Einladung dazu verstanden werden.

Dies war der Beginn meiner merkwürdig ambivalenten Beziehung zu dem amerikanischen Starjournalisten: Alles, was ich schrieb, fand seine gespannte Aufmerksamkeit; aber diese war stets mit einem kräftigen Schuß Mißtrauen und Ablehnung versetzt.[11]

Das Vertragswerk nach zwanzig Jahren

Mehr als zwanzig Jahre sind seit dem Inkrafttreten jenes Vertrages verstrichen, der die Fundamente der Adenauerschen Außenpolitik legte und den Konrad Adenauer – entgegen den Neigungen seiner Vertragspartner und entgegen der schwerfälligen offiziellen Bezeichnung (Vertrag über die Beziehungen zwischen der Bundesrepublik Deutschland und den Drei Mächten) – schlicht »Deutschland-Vertrag« nannte.

Nach zwei Jahrzehnten erscheint es legitim, die Frage nach seiner Bewährung zu stellen: Hat er die Erwartungen erfüllt, die Adenauer selbst an ihn knüpfte, als er am 23. Oktober 1954 im Rahmen des Gesamtpakets der Pariser Verträge seine Unterschrift unter dieses Vertragswerk setzte? War dieser Vertrag eine geeignete und tragfähige Grundlage für die Verwirklichung seiner Konzeption? Bot er der Bundesrepublik eine innen- und außenpolitisch genügend gesicherte Position und ausreichende Bewegungsfreiheit für eine eigenständige aktive Außenpolitik?

Sowohl um die erste wie auch um die zweite, verbesserte Fassung des Deutschland-Vertrages hat es erbitterte politische Auseinandersetzungen gegeben. Die Opposition versagte ihm bis zum Schluß ihre Zustimmung. Erst später verstand sich die SPD zu der Erklärung, daß sie den von der Parlamentsmehrheit gebilligten und völkerrechtlich verbindlich gewordenen Vertrag als eine gegebene Tatsache betrachte und ihre künftige Politik auf dem Boden dieser Tatsache zu führen gedenke.

Die gegen den Deutschland-Vertrag erhobenen Einwände – um nur die wichtigsten zu nennen – bezogen sich auf die drei eng miteinander verwobenen Komplexe: Aufrüstung, Souveränität, Wiedervereinigung. Die Aufstellung deutscher Streitkräfte und ihre Eingliederung in das westliche Bündnissystem werde die Teilung Deutschlands in zwei Staaten mit entgegengesetzter Bündnisbindung faktisch besiegeln und die Aussichten auf eine Wiedervereinigung endgültig zunichte machen – so wurde argumentiert. Die Bundesrepublik werde dem Risiko ausgeliefert, von den verfeindeten Großmächten zum Schlachtfeld eines Atomkrieges gemacht zu werden. Die ihr als Köder in Aussicht gestellte Souveränität sei mit so schwerwiegenden Vorbehaltsrechten belastet, daß man von Souveränität nicht sprechen könne; das gelte insbesondere von den Notstandsrechten, kraft deren die drei Westmächte ihre oberste Gewalt jederzeit wieder reaktivieren und unumschränkt ausüben könnten. Die politischen Gegenleistungen der westlichen Vertragspartner beschränkten sich auf verbale Deklamationen und seien praktisch wertlos. Keiner der atlantischen Verbündeten sei ernstlich an der Wiedervereinigung interessiert, die meisten seien entschieden dagegen; die Oder-Neiße-Grenze werde von allen als endgültig betrachtet.

Waren die Einwände stichhaltig? Welches Gewicht muß man ihnen – nach mehr als zwanzigjähriger Geltungsdauer des Vertrages – beimessen?

Adenauer machte sich keine Illusionen über das, was er erreicht hatte – auch wenn er in der öffentlichen Verteidigung des Vertragswerkes häufig genötigt war, das Ergebnis optimistischer zu interpretieren, als es seiner inneren Überzeugung entsprach. Seine Berater – ich jedenfalls möchte das für mich in Anspruch nehmen, doch gilt das gleiche meines Wissens auch für alle anderen, auf die der Kanzler hörte – haben ihm keine schönfärberischen Darstellungen und Deutungen geliefert. Adenauer wußte, welche Hypotheken der Deutschland-Vertrag der formal eingeräumten Souveränität der Bundesrepublik aufbürdete. Er wußte, welche Privilegien die früheren Besatzungstruppen auch nach dem Mai 1955 behielten, welches politische Gewicht ihrer Anwesenheit zukam, wie schwierig es sein würde, die Gleichberechtigung der deutschen Streitkräfte innerhalb der Allianz zu etablieren und zu behaupten. Auch über die deutschlandpolitischen Vorstellungen der alliierten Regierungen und ihrer Völker machte er sich keine Illusionen.

Stärker als alle seine Sorgen und Befürchtungen waren jedoch seine Zuversicht und sein Vertrauen darauf, daß dieses von ihm geleitete Staatswesen mit einer künftigen Armee von nahezu fünfhunderttausend Mann, mit seiner Sechzig-Millionen-Bevölkerung, die ihre wirtschaftliche Dynamik, ihre technische Leistungsfähigkeit und – wenn die Erfahrungen der ersten Nachkriegsjahre nicht trogen – ihre politische Vernunft bereits bewiesen hatte, sich mit unwiderstehlicher Zwangsläufigkeit durchsetzen und seine Unabhängigkeit kraft seines politischen, wirtschaftlichen und militärischen Potentials automatisch erringen werde.

Diese grundlegende Kalkulation hat sich als richtig erwiesen. Schon nach wenigen Jahren war die Bundesrepublik ein weltweit geachtetes Staatswesen, dessen Souveränität niemand bezweifelte – am wenigsten die Verbündeten, die miteinander wetteiferten, Bonn zu umwerben.

Die sogenannten Vorbehaltsrechte haben sich kaum als Belastungen und Beschränkungen der deutschen Souveränität, sondern ganz überwiegend als eine Stütze und Stärkung aller aufeinanderfolgenden Bundesregierungen bei ihrer Berlin und Deutschland betreffenden Politik erwiesen.

Das gilt in allererster Linie für die Aufrechterhaltung der Besatzungsrechte in Berlin. Dadurch wurde die fortdauernde Verantwortlichkeit der drei Westmächte für Berlin in einer Klarheit und Unzweideutigkeit bestätigt, die für den Verlauf der großen Berlin-Krise von 1958 bis 1962 von höchster Bedeutung war. Wäre diese Rechtsposition 1954 aufgegeben oder geschmälert worden, so hätte es kaum ein amerikanisches Engagement von gleicher Entschlossenheit für die Freiheit Westberlins gegeben. Welche Folgen das für die erfolgreiche Bewältigung dieser Krise gehabt hätte, kann man sich ohne viel Phantasie leicht ausmalen.

Davon sind wohl heute alle Parteien der Bundesrepublik gleichermaßen überzeugt. Jedenfalls hat die Regierung Brandt-Scheel 1970 bei der Verhandlung und dem Abschluß des Berlin-Abkommens zwischen den vier ehemaligen Besatzungsmächten – nicht weniger als eineinhalb Jahrzehnte zuvor die Regierung Adenauer – größten Wert darauf gelegt, daß die aus der Situation von 1945 abgeleitete Rechtsposition der drei Westmächte in Berlin nicht angetastet werde.

Entsprechend hat sich auch die zweite Bundesregierung der sozialliberalen Koalition auf der Konferenz für Sicherheit und Zusammenarbeit in Genf und Helsinki verhalten: Auch sie legte Wert auf Formulierungen, die die Rechtsposition der Drei Mächte in bezug auf Berlin sowohl wie in bezug auf Deutschland als Ganzes und einen künftigen Friedensvertrag nicht in Frage stellten.

In seiner Bundestagserklärung vom 25. Juli 1975 – wenige Tage vor der Unterzeichnung der Schlußakte in Helsinki – betonte Bundesaußenminister Hans-Dietrich Genscher die »Unberührtheit bestehender Rechte und Verpflichtungen« und bemühte sich, nachdrücklich klarzustellen, »daß die Konferenzergebnisse – einmal ganz abgesehen davon, daß sie keinen völkerrechtlichen Charakter haben – die Rechtslage in Deutschland nicht verändern können, daß die Rechte und Verantwortlichkeiten der Vier Mächte in bezug auf Deutschland als Ganzes und auf Berlin in keiner Weise beeinträchtigt werden. Gleiches gilt für unsere Verträge«, fuhr der Minister fort, und bezog sich hierbei ausdrücklich auch auf den Deutschland-Vertrag: »In Helsinki werden die Regierungschefs und Staatschefs unserer drei Partner des Deutschland-Vertrages, also der Vereinigten Staaten, Frankreichs und Großbritanniens, mit dem Bundeskanzler zusammenkommen, so wie das auch vor anderen wichtigen internationalen Konferenzen üblich ist, und damit noch einmal sichtbar vor der ganzen Welt die gemeinsame Verantwortung für die deutsche Sache zum Ausdruck bringen.«[1] Deutlicher kann nicht festgestellt werden, daß diese tragenden Prinzipien des Deutschland-Vertrages in zwei Jahrzehnten von allen deutschen Regierungen und Parteien anerkannte fundamentale Bestandteile der deutschen Außenpolitik geworden sind, die niemand in Frage stellt.

Die drei Westmächte haben sich in diesen zwei Jahrzehnten an die politischen Zusagen gehalten, die sie im Deutschland-Vertrag gegeben hatten. Sie haben die Bundesregierung in allen Angelegenheiten konsultiert, welche die Ausübung ihrer Rechte in bezug auf Deutschland als Ganzes berührten (Artikel 7, Absatz 4). Sie haben sich um eine gemeinsame Politik bemüht, deren Ziel eine zwischen Deutschland und seinen ehemaligen Gegnern frei vereinbarte friedensvertragliche Regelung für ganz Deutschland war (Artikel 7, Absatz 1, Satz 1). Sie haben daran festgehalten, daß die endgültige Festlegung der Grenzen Deutschlands bis zu dieser Regelung aufgeschoben werden muß (Artikel 7, Absatz 1, Satz 2). Die Viermächte-Konferenzen in Berlin (1954) und Genf (1955 und 1959) haben in ihrer Zielsetzung und in ihrer Durchführung (das heißt auch in der prozeduralen Form der Konsultation beziehungsweise Beteiligung der Bundesregierung) diesen Stil des engen Zusammenwirkens in der Deutschland-Frage deutlich sichtbar gemacht. Ad-hoc-Arbeitsgruppen und die permanente Bonner Vierergruppe haben diese Zusammenarbeit auch zwischen und nach den Konferenzen praktiziert. Es hat in der deutschen Frage keinen Notenwechsel mit der Sowjetunion gegeben, der nicht sorgfältig vorher im Viererkreise abgestimmt worden wäre.

Auch die mit dem Deutschland-Vertrag verknüpfte, in das Pariser Vertragswerk eingefügte Londoner Erklärung vom 3. Oktober 1954, worin die drei Westmächte (wie schon in der New Yorker Deutschland-Erklärung von 1950) bestätigten, daß sie »die Regierung der Bundesrepublik Deutschland als die einzige deutsche Regierung betrachten, die frei und rechtmäßig gebildet und daher berechtigt ist, für Deutschland als Vertreterin des deutschen Volkes in internationalen Angelegenheiten zu sprechen«, ist stets respektiert worden – bis die Bundesregierung selbst ihren »Alleinvertretungsanspruch« aufgab und im Grundlagenvertrag mit der DDR 1970 die Anerkennung eines zweiten deutschen Staates vollzog. Keine Vertragsbestimmung konnte unsere Partner danach noch verpflichten, in dieser Frage deutscher als die Deutschen zu sein.

Es soll hier nicht behauptet werden, daß die Westmächte zwanzig Jahre lang unter Verdrängung ihrer innersten Gefühle und Wunschvorstellungen alles daran gesetzt hätten, die Wiedervereinigung Deutschlands herbeizuführen. Kein Vertrag konnte das bewirken oder gewährleisten. Wer solches vom Deutschland-Vertrag erwartet hatte, kann schwerlich als Realist gelten. Auch der Text stützte derart weitgehende Erwartungen nicht. Aber er schloß eine Politik aus, die offen auf die Konsolidierung des Status quo der deutschen Teilung gezielt hätte, und er bot der Bundesregierung – ohne daß sie sich in jedem Falle auf den Text hätte berufen müssen – wertvolle Stützen, wenn sich bei den Verbündeten Tendenzen entwickelten, politisch riskante Experimente im Umgang mit der Sowjetunion zu wagen, die auf Kosten der deutschen Interessen gegangen wären. Solche Tendenzen gab es während der Berlin-Krise von 1960/62 mehrfach in Washington und London, in Paris im Zusammenhang mit de Gaulles Öffnung nach Osten und seinem rhetorisch-diplomatischen Spiel mit der Oder-Neiße-Linie und bei den kleineren Verbündeten in dem periodisch auftretenden Bestreben, mit der DDR bereits zu einem Zeitpunkt ins Geschäft zu kommen, in dem diese noch keine Anstalten machte, ihre Beziehungen zur Bundesrepublik auf eine erträgliche Basis zu stellen. Wäre es einer Bundesregierung gelungen, positive Erfolge auf einem Wege zur Überwindung der Spaltung zu erzielen, so hätten die Unterzeichner des Deutschland-Vertrages sich dem kaum widersetzen können. So haben sie auch bei den KSZE-Verhandlungen der Bundesregierung ihre Unterstützung zur Durchsetzung einer Klausel gegeben, die die Möglichkeit friedlicher Grenzänderungen offenhielt und das sowjetische Bestreben vereitelte, alle europäischen Grenzen für immer einzufrieren und jeder Veränderung zu entziehen.

Als die Pariser Verträge unterschrieben waren, blieben einige Zweifelsfragen in bezug auf die Truppenstationierung offen: Die Auffassung der Bundesregierung, daß sie durch den Deutschland-Vertrag den Charakter eines Vorbehaltsrechtes verloren habe und nur noch auf Vertragsbasis beruhe, wurde zwar von Dulles bestätigt, von Eden und Mendès-France jedoch in einer Weise kommentiert, die zu Zweifeln Anlaß gab. In den folgenden zwanzig Jahren hat sich darüber niemand mehr den Kopf zerbrochen. Dazu hätte es vielleicht Anlaß gegeben, wenn wir den Abzug der Truppen gewünscht hätten. Tatsächlich war das Gegenteil der Fall. Wenn es Auseinandersetzungen über die Anwesenheit ausländischer Truppen in der Bundesrepublik gab, so ging es fast immer darum, daß die Bundesregierung ihr Verbleiben wünschte und sich gegen Verminderungen der stationierten Kontingente wehrte.

Gewiß, der Truppenvertrag gab zunächst den alliierten Soldaten mehr Privilegien und ihren Befehlshabern mehr Rechte, als sie nach dem NATO-Truppenstatut in anderen verbündeten Ländern besaßen. Ein gewisser »Überhang« von Besatzungsrecht war geblieben. Es gab Bestimmungen, die für die Bevölkerung und die Behörden der Bundesrepublik lästig waren: Sie betrafen zum Beispiel Gerichtsbarkeit, Polizei, Manöverrechte, Jagd- und Fischereiprivilegien, finanzielle Belastungen. Zwischenfälle und Reibungen blieben nicht aus. Nach mehrjährigen Neuverhandlungen wurde der Truppenvertrag jedoch 1963 außer Kraft gesetzt und durch das NATO-Truppenstatut (in einer durch ein Zusatzprotokoll angepaßten Form) ersetzt. Insgesamt wird man auch zu diesem Komplex feststellen dürfen, daß die Regelungen des Deutschland-Vertrages und der von ihm vorgesehenen Folgeabmachungen zu beiderseits tragbaren Kompromissen geführt haben. Es dürfte kaum Beispiele in der Geschichte dafür geben, daß ein so großer militärischer Fremdkörper von einer Millionenbevölkerung auf dichtbesiedeltem Raum mit einem solchen Mindestmaß an Reibungen aufgenommen wurde.

Ein besonders umstrittenes und angefochtenes Kapitel der Vorbehaltsrechte fand nach einer Reihe von Jahren (die Dauer war von der deutschen Seite zu verantworten) seine vollständige Erledigung: Die Notstandsrechte der Drei Mächte wurden 1968, nachdem sich die Bundesrepublik selbst ein begrenztes und rechtsstaatlich weitgehend abgesichertes Notstandsrecht geschaffen hatte, aufgehoben – so wie es der Vertragstext von 1954 vorgesehen hatte. Die in der Öffentlichkeit entfachte Kampagne gegen die gesetzliche Festlegung der Notstandsbefugnisse der Bundesregierung verlief nach einiger Zeit (genauso wie die Kampagne gegen Wiederbewaffnung und »Atomtod«) sang- und klanglos im Sande. Besseres hatte sie auch nicht verdient, da sie von vornherein ein wenig rühmliches Kapitel politischer Demagogie, ja Schizophrenie darstellte: Die Notstandsgesetzgebung war das vertraglich vorgeschriebene und daher unumgängliche Erfordernis für die Beseitigung der alliierten Notstandsrechte. Wer sie zum Scheitern brachte, verlängerte damit auf unabsehbare Zeit die viel weitergehenden und rechtsstaatlich kaum abgesicherten Notstandsbefugnisse dreier ausländischer Regierungen in Deutschland. Als es

1954 gelang, in der Neufassung des Deutschland-Vertrages die zeitliche Begrenzung der alliierten Notstandsbefugnisse und ihre Ablösung durch eine deutsche Notstandsgesetzgebung zu erreichen, hielt ich das für einen wichtigen Verhandlungserfolg und ließ mir nicht träumen, daß es einmal politische Kräfte in der Bundesrepublik geben würde, die aus innenpolitischen Gründen diese Ablösung zu verhindern suchen würden. Das war eine Selbsttäuschung, aber die Kalkulation blieb richtig, da es der Parlamentsmehrheit gelang, Vernunft und Logik zum Siege zu verhelfen.

Die erste Fassung des Deutschland-Vertrages hatte 1952 in ihrem Artikel 4 Absatz 4 statuiert: »Die Bundesrepublik wird sich an der Europäischen Verteidigungsgemeinschaft beteiligen, um zur gemeinsamen Verteidigung der freien Welt beizutragen.« Nach dem Scheitern der EVG verzichtete man 1954 auf eine Vertragsbestimmung in diesem Rahmen über den deutschen NATO-Beitritt. Man wollte kein neues »Junktim«, nachdem das alte mit der EVG die Beendigung des Besatzungsregimes um Jahre verzögert hatte. Der Vertrag bindet jedoch einige seiner Bestimmungen an das »Inkrafttreten der Abmachungen über den deutschen Verteidigungsbeitrag«. Diese Abmachungen wurden am gleichen Tage wie der Deutschland-Vertrag, am 23. Oktober 1954, in Paris unterzeichnet: das »Protokoll zum Nordatlantikvertrag über den Beitritt der Bundesrepublik Deutschland«.

Der Beitritt der Bundesrepublik Deutschland zur NATO bildet einen integrierenden Bestandteil der Pariser Verträge. Er muß, auch wenn das formelle Junktim gelöst wurde, doch als essentielles Element des Deutschland-Vertrages betrachtet werden. Auch hierfür gilt daher die Frage: Wie sieht es damit nach zwanzig Jahren aus?

Kein verantwortungsbewußter deutscher Politiker zweifelt heute noch daran, daß wir die Atlantische Allianz in dieser Zeit bitter nötig gebraucht haben, daß unsere Mitgliedschaft und unser militärischer Beitrag notwendig waren – und daß sie es auch in Zukunft sein werden, weil auch realistische Entspannungspolitik nur von einer Basis ausreichender militärischer Stärke aus getrieben werden kann. Die Bundeswehr ist unumstritten, ihr Prestige im Steigen, die Zahl der Wehrdienstverweigerer geht zurück.

Was die Stellung unserer Streitkräfte im Bündnis anlangt, so gelten sie als die bestbewaffnete, bestdisziplinierte und stärkste Armee Europas und werden als solche vom Pentagon am höchsten bewertet. Im NATO-Rat und in den integrierten Kommandostäben spielen die deutschen Vertreter seit langem eine adäquate Rolle und nehmen eine geachtete Position ein. Es läßt sich kaum bezweifeln, daß die NATO ohne die deutsche Mitgliedschaft heute nicht mehr lebensfähig wäre. Von deutscher Seite kommen daher auch seit langem die wichtigsten Impulse zur Stärkung,

Straffung und Gesundung der Allianz, und die Fürsprecher solcher Bestrebungen sind seit 1969 Verteidigungsminister aus den Reihen der SPD.

In einer Hinsicht allerdings ist die grundsätzliche Gleichheit und Gleichberechtigung der Allianzpartner durchbrochen: in bezug auf die Nuklearbewaffnung. Nur Amerikaner, Briten und Franzosen verfügen über Nuklearwaffen. Die Bundeswehr verfügt zwar über Nuklearträger, hat jedoch keine Verfügungsgewalt über atomare Sprengköpfe. Diese unterliegen, auch soweit sie auf dem Bundesgebiet eingelagert sind, amerikanischer »Custody and control«, ihre Freigabe ist nur im Kriegsfalle möglich.

Die Bundesrepublik hat auch niemals eine nationale Verfügungsgewalt über Atomwaffen angestrebt. Konrad Adenauer hat 1954 auf der Londoner Neunmächte-Konferenz den Verzicht auf »ABC-Waffen« (atomare, bakteriologische und chemische Waffen) ausgesprochen – in der Form einer einseitigen, freiwilligen, an die übrigen Konferenzteilnehmer adressierten Erklärung, die sich auf die Herstellung dieser Waffen im eigenen Lande bezog. Er hat in seinen Erinnerungen wiederholt, was er oft auch an anderer Stelle ausgesprochen hatte: daß er mit Dulles darüber einig gewesen sei – und daß die anderen Konferenzpartner dieses stillschweigend zur Kenntnis genommen hätten –, daß dieses eine Verpflichtung »rebus sic stantibus« gewesen sei.[2] Jedenfalls hat sich Adenauer stets geweigert, für die Bundesrepublik generell und für alle Zeiten förmlich und völkerrechtsverbindlich auf Atomwaffen zu verzichten. Wenn er auch keine nationale Nuklearbewaffnung der Bundesrepublik erstrebte, so hat er doch stets eine europäische oder NATO-Nuklearstreitmacht für wünschenswert, wenn nicht sogar für unentbehrlich gehalten. Daher seine Unterstützung für Lauris Norstads Projekt einer NATO-Atomstreitmacht, und später, wenngleich ohne großen Enthusiasmus, für das amerikanische Projekt einer »Multilateralen Atomstreitmacht« (MLF); daher auch seine Abneigung gegen den Atomsperrvertrag, mit dem genau das geschah, was er stets zu vermeiden trachtete: die völkerrechtliche Herabstufung der Bundesrepublik in den zweiten Rang und die Aufrichtung von völkerrechtlichen, sowjetische Einmischung herausfordernden Barrieren gegen eine künftige, mit allen modernen Waffen ausgestattete europäische Verteidigungsstreitmacht.

Das Ergebnis dieser Bilanz ist erstaunlich positiv – erstaunlich im Hinblick auf die Widerstände, die der Ratifikation dieses Vertrages durch Jahre hindurch entgegengesetzt wurden; auf seine komplizierte juristische Konstruktion und die noch viel kompliziertere Realität, die er betraf; auf die miserable Ausgangslage, in der sich die deutschen Unterhändler anfangs befanden; auf die Zugeständnisse, Lasten und Opfer, die er forderte; auf das Schicksal anderer Verträge, die bald nach der Unterzeichnung in Auslegungsstreitigkeiten gerieten oder nach wenigen Jahren infolge veränderter Umstände obsolet wurden.

Über den politischen Teil des Deutschland-Vertrages hat es kaum Auslegungsstreitigkeiten gegeben. Soweit es solche über die Zusatzverträge gab, wurden sie schiedsgerichtlich oder auf andere Weise gütlich bereinigt. Keine Streitfrage über die Anwendung dieses Vertragswerks hat je zu einer ernsten Belastung des Verhältnisses der Vertragspartner zueinander geführt (notabene: nicht zuletzt auch wegen der juristischen Sorgfalt, mit der dieses Vertragswerk erarbeitet wurde).

Adenauers Kalkulation ist – auch wenn der Deutschland-Vertrag anders aussah, als er sich das 1951 auf dem Bürgenstock vorgestellt hatte – durch den Ablauf der Ereignisse in zwei Jahrzehnten gerechtfertigt worden: Er schuf die Grundlage, die den Kanzler außenpolitisch aktionsfähig machte, ermöglichte ihm die Anlehnung an die europäischen und atlantischen Freunde, die er für seine Deutschland- und Europa-Politik brauchte, sicherte die Bundesrepublik und Berlin verteidigungspolitisch und schützte sie gegen politische Erpressung, legte einige außenpolitische Grundlinien fest, die noch heute von seinen Nachfolgern und früheren Opponenten vertreten und praktiziert werden.

Man wird daher sagen dürfen, daß der Deutschland-Vertrag einer der dauerhaftesten und solidesten Erfolge des Staatsmannes Adenauer war.[3]

AN LEITENDER STELLE IM AUSWÄRTIGEN AMT

Die besten Jahre der Bundesrepublik

Die Opposition, die den Deutschland-Vertrag von Anfang an bekämpft hatte, hatte sich auch geweigert, die Erlangung der Souveränität durch die Bundesrepublik in einem zeremoniellen Akt im Bundestag zu begehen. Daher versammelten sich am 5. Mai 1955 im Park des Palais Schaumburg nur Beamte, Sekretärinnen, Pförtner, Amtsboten und Fahrer des Bundeskanzleramtes und lauschten einer kurzen Ansprache des Bundeskanzlers; die Bundesfahne wurde gehißt und das Deutschlandlied gesungen. In einem Schreiben an den Bundestag teilte der Kanzler mit, daß die Bundesrepublik fortan ein souveräner Staat sei. In dieser stark unterkühlten Form beging man den Tag, an dem nach Hinterlegung der letzten Ratifikationsurkunden der Deutschland-Vertrag in Kraft getreten und das Besatzungsregime beendet war.

Vier Jahre nach dem Beginn meiner Tätigkeit in Bonn war das Ziel erreicht, das ich mit der einstweiligen Aufgabe meines akademischen Berufes erstrebt hatte. Jetzt mußte ich mich entscheiden, ob ich auf den Freiburger Lehrstuhl zurückkehren wollte. Zwei Wochen später bot mir Hallstein die Leitung der Politischen Abteilung des Auswärtigen Amtes an, die Blankenhorn aufgab, um als erster Vertreter der Bundesrepublik zur NATO zu gehen. Das Angebot kam für mich völlig überraschend, und dieses Mal konnte es kein Provisorium mehr geben: Die Annahme bedeutete den Übertritt in den Bundesdienst. Aber ich hatte mich schon zu weit auf das politisch-diplomatische Geschäft eingelassen, um noch umkehren zu können: Ich sagte zu. Im Juni war ich Ministerialdirektor im Auswärtigen Amt und gab endgültig die letzte Lehrtätigkeit in Freiburg auf.

Dabei spielte naturgemäß eine wichtige Rolle, daß höchst bedeutsame und interessante Ereignisse vor der Tür standen, die sich alle in die zweite Hälfte des Jahres 1955 drängten: die Genfer Gipfelkonferenz über die Deutschland-Frage (im Juli), die Reise des Bundeskanzlers nach Moskau (im September), die Fortsetzung der Deutschland-Verhandlungen durch die Außenminister in Genf (im November). Damit ist schon angedeutet, welches meine wichtigsten Aufgaben in den kommenden Jahren sein würden: die Deutschland- und Berlin-Frage, die schon bei den Verhandlungen der voraufgegangenen Jahre eine so wichtige Rolle gespielt hatte; im Zusammenhang damit das Verhältnis zur Sowjetunion; und unsere Mitgliedschaft in der NATO, deren Modalitäten ich ebenfalls mitverhandelt hatte.

Es sollten noch viele andere Fragen hinzukommen: die europäische Integration, die nach dem Scheitern der Projekte einer Europäischen Politischen Gemeinschaft und einer Verteidigungsgemeinschaft im Frühjahr und Sommer 1954 durch die Konferenz von Messina im Juni 1955 einen neuen Anstoß erhalten hatte, der im März 1957 zum Abschluß der Verträge von Rom und zur Begründung der EWG und der Europäischen Atomgemeinschaft (Euratom) führte; die Lösung der Saar-Frage, die viele Jahre lang der deutsch-französischen Verständigung im Wege gestanden hatte, und damit ein vielversprechender Neuanfang in den deutsch-französischen Beziehungen; die Vertiefung der deutsch-amerikanischen Beziehungen im Zeichen der Adenauer-Dulles-Freundschaft; die Eingliederung der Bundesrepublik in das atlantische Bündnis, ihre aktive Beteiligung an den NATO-Konferenzen und ihre Mitwirkung an den Bemühungen um eine Verbesserung der organisatorischen und institutionellen Struktur der Allianz; die Formulierung einer gemeinsamen Deutschland-Politik des Westens auf der Grundlage der Pariser Verträge.

An diesen Stichworten läßt sich ablesen, daß die Jahre 1955 bis 1958 die besten Jahre der Bundesrepublik waren, im Inneren sowohl wie nach außen: Trotz letzter Einschränkungen durch die Vorbehaltsrechte der drei Westmächte hatte sie praktisch Souveränität und ein beträchtliches Maß von Handlungsfreiheit erlangt; der Aufbau der Bundeswehr im Rahmen der mit den Verträgen errungenen Wehrhoheit gab ihr politisches Gewicht. Der wirtschaftliche Aufschwung führte sie zu einem wirtschaftlichen Wohlstand, den man zehn Jahre zuvor für undenkbar gehalten hätte und der eine Generation, die noch den Hunger und die Entbehrungen der Kriegs- und ersten Nachkriegsjahre gekannt hatte, tief beeindruckte. Innenpolitisch galt die Bundesrepublik in zunehmendem Maße als eines der stabilsten Staatswesen. Adenauers Autorität erreichte einen Höhepunkt, der sich in der Eroberung der absoluten Majorität durch seine Partei, die CDU/CSU, im Herbst 1957 widerspiegelte. Die inneren Gegensätze hatten an Schärfe verloren, nachdem sich die SPD auf den Boden der Verträge gestellt und die Wiederbewaffnung akzeptiert hatte. Die Protestbewegung gegen Aufrüstung und Atomtod versickerte. In den großen Linien der Deutschland-Politik gab es eine weitgehende, die Parteien übergreifende Gemeinsamkeit. Die SPD begab sich auf den Weg eines gemäßigten Reformkurses, der im Godesberger Programm von 1957 seinen Ausdruck fand.

Heute allerdings wird sichtbar, daß sich in dieser äußerlich so stabil und gesund, wenn auch in manchen Zügen restaurativ erscheinenden Erholungsphase unseres Volkes nach den Schrecken der Diktatur und des Krieges Vieles zusammengebraut hat, was das geistig-politische Klima in den folgenden Jahren zutiefst vergiftet hat. Die geistige Leere einer Gesellschaft, die ganz dem Wirtschaftswunder lebte, die oberflächliche Vergangenheitsbewältigung und die mangelnde Bereitschaft der Väter, sich der Frage zu stellen, wie es dazu kommen konnte, daß sich ein ganzes Volk so lange vor den Wagen eines verbrecherischen Regimes spannen ließ, das trügerische Gefühl der politischen, wirtschaftlichen, militärischen Geborgenheit ohne besonderes eigenes Engagement, die innere Unsicherheit und das mangelnde Selbstbewußtsein gegenüber den aufsässigen Jüngeren, die von der Aufbauleistung ihrer Väter bedenkenlos profitierten und sie dann zum Dank beschimpften und diffamierten, die mangelnde Bereitschaft großer Teile der jüngeren Generation, sich um Verständnis, auch nur um das bloße Begreifen der Verstrickungen ihrer Väter zu bemühen, ihre Neigung zu vorschnellen, pauschalen, selbstgerechten und überheblichen Verurteilungen dieser Väter, zu einem Denken in geistigen Kategorien, die sich in ihrem Niveau oft kaum von dem der NS-Zeit unterschieden, das Fehlen geistiger Führer in Literatur und Wissenschaft, die weithin Autorität auszustrahlen und erzieherisch zu wirken vermocht hätten – alles dieses scheinen mir in die fünfziger Jahre zurückreichende Wurzeln der geistigen und moralischen Krise zu sein, die unser öffentliches Leben in den letzten Jahren wie eine Seuche befallen hat und überall zu Spannungen, gewalttätigen Konflikten, Konfrontationen und Polarisierungen führt. Autoren der jüngeren Generation sprechen heute von einem »dreißigjährigen Frieden«, als blickten sie auf eine Epoche zurück, die von Verwüstungen gekennzeichnet wäre, wie die des Dreißigjährigen Krieges.[1]

Von diesem Blickpunkt aus zögert man, von den »besten Jahren« der Bundesrepublik zu sprechen. Aber ich gebrauche diesen Ausdruck hier in einem begrenzten, weniger anspruchsvollen Sinne. Ich spreche von der politischen Stabilität, dem vorherrschenden und damals unangefochtenen gesellschaftlichen und politischen Grundkonsens und der darauf beruhenden Regierbarkeit des Gemeinwesens, seinem Hineinwachsen in die Völkergemeinschaft, seiner fortschreitenden Konsolidierung auf dem Felde der internationalen Beziehungen. In diesem Sinne darf man die fünfziger Jahre wohl als die besten Jahre des neuen Staatswesens bezeichnen.

Mit dem Ende des Jahres 1958 neigte sich diese Periode ihrem Ende zu: Chruschtschows Berlin-Ultimatum vom November 1958 war das erste

Warnzeichen eines neuen, härteren, schwierigeren Zeitabschnitts in der Geschichte der Bundesrepublik. Bis zum Ende der Kuba-Krise im Oktober 1962 bildete die Berlin-Situation einen Herd gefährlicher Spannung, der die außenpolitische Bewegungsfreiheit der Bundesregierung einengte, die Beziehungen zu den Verbündeten strapazierte und mehrfach (besonders nach dem Bau der Mauer in Berlin 1961) das Vertrauen der Bevölkerung zu ihrer Regierung erschütterte. Adenauers Autorität erlitt Einbußen, seine Führungskraft ließ nach und verriet mehrfach (insbesondere im Sommer 1959 bei seiner raschen Kehrtwendung nach der Bewerbung um das Amt des Bundespräsidenten) Unsicherheit. 1963 mußte er, dem Drängen seiner eigenen Partei folgend, zurücktreten und Ludwig Erhard Platz machen, dessen Nachfolge er beharrlich und, wie sich zeigte, mit guten Gründen, bekämpft hatte. Die Wendung vom Kalten Krieg zur Entspannung machte einige Grundpositionen der deutschen Außenpolitik unhaltbar und nötigte zu einem schwierigen Anpassungsprozeß. Charles de Gaulle fügte dem europäischen Einigungsgedanken schwere Schläge zu und schwächte die NATO durch den französischen Austritt aus der integrierten Militärstruktur. Die Vereinigten Staaten wurden zunehmend durch den unglücklichen Vietnam-Krieg in Atem gehalten. Das geistig-politische Klima in der Bundesrepublik veränderte sich in rapidem Tempo; die Geburt der APO, der »Außerparlamentarischen Opposition«, bei den Studentendemonstrationen gegen den Schah von Persien in Berlin am 2. Juni 1967 und die von dieser Bewegung getragenen Osterunruhen in Berlin 1968 gaben einen Vorgeschmack davon, was kommen würde: Zersetzung und Unterwanderung der Hochschulen durch Linksradikale, Baader-Meinhof-Terrorismus, Politisierung der Gewerkschaften, Polarisierungen überall – im Verhältnis zwischen Arbeitnehmern und Arbeitgebern, zwischen Lehrenden und Lernenden an Schulen und Universitäten, zwischen Regierung und Opposition, zwischen linken und rechten Flügeln innerhalb der Parteien, insbesondere der SPD.

Fast die Gesamtheit dieser kritischer werdenden Jahre habe ich im Ausland verbracht – erfüllt mit wachsender Sorge und auf den jeweiligen Auslandsposten mit wachsenden Schwierigkeiten konfrontiert. Die Jahre, die ich an leitender Stelle in der Zentrale verbrachte, waren – trotz Andauern des Kalten Krieges, trotz Ungarn und Suez 1956, trotz des Konflikts mit Jugoslawien 1957 – eine Schönwetterperiode unseres Staates. Immerhin fielen einige wichtige Weichenstellungen in diese Zeit – vor allem die beiden Genfer Deutschland-Konferenzen von 1955, die Aufnahme diplomatischer Beziehungen mit der Sowjetunion und die ersten Versuche, mit ihr einen politischen Dialog über die Deutschland-Frage anzuknüpfen; die Formulierung der Nichtanerkennungspolitik gegenüber der DDR (mitsamt der sogenannten Hallstein-Doktrin); die Römischen Verträge und die Errichtung der Europäischen Wirtschaftsgemeinschaft (EWG); die Schaffung der Bundeswehr und die Entwicklung eines sie einbeziehenden strategischen Konzepts der NATO.

Diese Entwicklungen aus nächster Nähe beobachtet und an vielen von ihnen unmittelbar mitgewirkt zu haben, betrachte ich noch heute als einen reichen Gewinn dieser arbeitsreichen, oft hektischen Jahre.

Genf I – die Gipfelkonferenz

Am 7. Juni 1955, einen Monat nach dem Inkrafttreten der Verträge, die das Besatzungsregime beendeten und die Souveränität der Bundesrepublik herstellten, wurde Heinrich von Brentano zum Bundesminister des Auswärtigen ernannt. Er übernahm damit ein Amt, das bis dahin Adenauer selbst, in Personalunion mit dem Amt des Bundeskanzlers, ausgeübt hatte. Eine Woche später, am 15. Juni, wurde mir die Leitung der Politischen Abteilung des Auswärtigen Amtes übertragen, die bis dahin in den Händen von Blankenhorn gelegen hatte (der nunmehr als Botschafter zur NATO ging). Es handelte sich dabei nicht um eine personalpolitische Entscheidung des neuen Außenministers; er besiegelte nur mit seiner Unterschrift eine Entscheidung, die Adenauer und Hallstein vorab getroffen hatten. Jedoch hatte ich mich zuvor in einem sehr offenen persönlichen Gespräch mit Brentano vergewissert, daß diese Entscheidung nicht ohne seine Zustimmung getroffen worden war und daß er sie nicht als ein fait accompli betrachtete, das er widerstrebend akzeptieren mußte. Wir kannten uns immerhin aus häufigen Kontakten während einer mehrjährigen Zeitspanne, in der ich auf die Zusammenarbeit mit dem damaligen Fraktionsführer der CDU/CSU im Bundestag angewiesen war, insbesondere bei der Beratung der Verträge im Auswärtigen Ausschuß und bei der Vorbereitung der Ratifizierungsdebatten im Plenum des Bundestages. Allerdings kam es bis dahin nie zu einer engeren persönlichen Beziehung. Sie entwickelte sich jedoch rasch in der neuen Konstellation, in der wir uns nunmehr beide befanden.

Die Politische Abteilung war damals die wichtigste unter den fünf Abteilungen des Amtes. Zwar gab es neben der Personal- und Verwaltungsabteilung (Abteilung 1), der Handelspolitischen (Abteilung 4), der Rechts- (Abteilung 5) und der Kulturabteilung (Abteilung 6) noch eine zweite politische, die »Länderabteilung« (Abteilung 3). Ihr lag die Pflege der bilateralen Beziehungen mit den einzelnen Ländern aller Regionen ob. Bei der mir übertragenen Abteilung 2 waren dagegen die politisch wichtigsten Sachfragen konzentriert: Deutschland-Politik, Europa-

Politik, Sicherheit, NATO, Abrüstung. Meine Ernennung zum Ministerialdirektor war so datiert, daß ich der dienstälteste Abteilungsleiter wurde und damit auch den Staatssekretär (es gab damals nur einen: Hallstein) vertrat.

Als ich meine Aufgabe übernahm, befand sich Adenauer in den Vereinigten Staaten. Am 17. Juni traf er die drei westlichen Außenminister in New York, um mit ihnen die auf der im Juli bevorstehenden Gipfelkonferenz mit der Sowjetunion zu verfolgende Linie abzusprechen. Diesen Beginn der Konferenzvorbereitung hatte ich verpaßt, unmittelbar darauf stieg ich um so intensiver in diese Arbeit ein, die mich für den Rest des Jahres fast pausenlos in Atem hielt. Es begann mit einer Vierer-Arbeitsgruppe in Paris, die vom 8. bis 14. Juli die Papiere für Genf vorbereitete, wo sich die Regierungschefs der Großen Vier am 18. Juli für eine Woche treffen sollten. Wie schon in Berlin, nahm ich zusammen mit Blankenhorn die Funktionen des »Beobachters« der Bundesregierung in Genf wahr. Das gleiche Arrangement wurde bald darauf noch ein drittes Mal angewandt, auf der Genfer Außenministerkonferenz, die sich im Oktober/November an die Gipfelkonferenz anschloß. Es bewährte sich in allen drei Fällen, unsere Zusammenarbeit funktionierte ebenso reibungslos wie die mit Felix von Eckhardt, der auch in Genf die Betreuung der Presse wahrnahm.

Zwischen den beiden Genfer Konferenzen gab es keinen Augenblick der Ruhe: Der Besuch des Bundeskanzlers in Moskau war vorzubereiten, der am 8. September beginnen sollte. Am 14. September kehrten wir aus Moskau zurück, drei Tage später flog ich schon wieder nach Washington, um im Rahmen der Vierer-Arbeitsgruppe die nächste Genfer Konferenz vorzubereiten. Nach einer Woche intensiver Arbeit im State Department ging es nach New York, um Brentano dort zu treffen und mit ihm am 28. September an einer Vorbereitungskonferenz mit den westlichen Außenministern teilzunehmen. Um einige Tage Ruhe zu haben, fuhr ich per Schiff zurück, viereinhalb Tage bei ruhiger See auf der United States, einem der modernsten und schnellsten Ozeandampfer, bis Le Havre, von dort mit der Bahn nach Bonn, wo ich am Abend des 5. Oktober wieder eintraf – um schon am 10. Oktober in Paris die Beratungen in der Working Group (aufgrund der New Yorker Ministerbeschlüsse) fortzusetzen, die am 2. Oktober beendet sein mußten. Zwischendurch fuhr ich wieder nach Bonn, um im Auswärtigen Ausschuß des Bundestages zu erscheinen, und von dort für einen Tag nach Hamburg zur Jahrestagung der deutschen Staatsrechtslehrer, mit denen ich den Kontakt nicht ganz verlieren wollte. Am 20. Oktober beschlossen wir pünktlich unsere Arbeiten in Paris, am nächsten Tag mußte ich in der Kabinettssitzung in Bonn berichten. Ich konnte noch gerade ein kurzes Wochenende bei meiner Familie in Freiburg einschieben – ich hatte noch immer meinen Wohnsitz dort –, um dann schon wieder nach Paris zurückzukehren, wo sich die westlichen Außenminister zum letzten Male vor der Konferenz am 24. Oktober trafen und am nächsten Tage dem Ministerrat der NATO ihre Pläne vortrugen. Von Paris ging es direkt nach Genf – zu einer Konferenz, die vom 27. Oktober bis zum 16. November dauerte –, drei Wochen bei trübem Wetter und einem scharfen Wind, der ziemlich genau dem Klima im Konferenzsaal entsprach. Auch danach ging es zunächst im gleichen Tempo weiter: Das Konferenzergebnis war Gegenstand kritischer Diskussionen in den Auswärtigen Ausschüssen von Bundestag und Bundesrat, vor allem aber natürlich im Plenum des Bundestages. Überall mußte ich anwesend sein, um Auskunft zu geben oder den Außenminister bei Antworten und Erklärungen zu unterstützen. Am 8. Dezember wurde eine Botschafterkonferenz abgehalten, die sich mit den künftigen Aspekten der Deutschland-Politik nach den Ergebnissen von Moskau und Genf beschäftigte. Ein im Anschluß daran von mir gegebenes Fernsehinterview enthielt jene Sätze, die in den folgenden Jahren als authentische Formulierung der sogenannten Hallstein-Doktrin galten.[1]

Eine Woche später, am 16./17. Dezember, fand in Paris die turnusmäßige Ministerkonferenz der NATO statt, die sich aus der Sicht der Allianz mit den Ergebnissen von Genf beschäftigte. Danach fuhr ich nach Freiburg, um im überfüllten Auditorium Maximum der Universität den Studenten mein Bild von den drei großen Konferenzen des ablaufenden Jahres (»Genf-Moskau-Genf«) zu geben.

Der hier gegebene Terminkalender ist keineswegs erschöpfend. Ich habe nur die für die Deutschland-Politik wichtigen Daten herausgegriffen. Sie zeigen, in welchem Maße die Deutschland-Frage in diesem Jahre im Mittelpunkt der internationalen Ereignisse stand und mit welcher Intensität um sie gerungen wurde – wenngleich die Ergebnisse in keinem vernünftigen Verhältnis zu dem aufgewandten Maß von Kraft und Zeit standen.[2]

Genf I – die Gipfelkonferenz vom 18. bis 23. Juli 1955 – war die erste Begegnung der westlichen Regierungschefs mit den obersten Sowjetführern seit Jalta. Der Ausdruck »Sowjetführer« trägt dem Umstand Rechnung, daß neben dem sowjetischen Ministerpräsidenten Nikolai A. Bulganin der Parteisekretär, Nikita S. Chruschtschow, erschien, der nach dem Sturze Georgij M. Malenkows im Februar 1955 der starke Mann im Kreml geworden war. Daß es zu dieser Begegnung kam, war ein Erfolg der schon von Malenkow eingeleiteten sowjetischen Entspannungskampagne, die, flankiert von wohlberechneten, propagandistisch wirksamen Schachzügen wie der plötzlichen Schwenkung zugunsten der Annahme des österreichischen Staatsvertrages, der Aussöhnung mit Tito, der Einladung

Adenauers nach Moskau und neuen Abrüstungsvorschlägen, ihren Eindruck auf weite Kreise auch der westlichen Öffentlichkeit nicht verfehlte. Es lag im Sinne dieser sowjetischen Politik, aus den Genfer Tagen eine Schau des Lächelns zu machen. Bei strahlendem Sonnenschein fuhren Bulganin, Chruschtschow und der sowjetische Verteidigungsminister, Marschall Schukow, der Eroberer von Berlin, im offenen Wagen durch die Stadt, eifrig bemüht um den Applaus der Passanten, denen sie freundlich zuwinkten. Eisenhowers Naturell neigte dazu, einer solchen Haltung entgegenzukommen. Anthony Eden, der britische Premierminister, und Edgar Faure, der französische Ministerpräsident, wußten, daß ihre Öffentlichkeit eine gleichermaßen lächelnde Miene von ihnen erwartete. Von allen diesen Männern ist nur noch Edgar Faure – bis vor kurzem Präsident der Französischen Nationalversammlung – am Leben. Die Anwesenheit Schukows war ohne Zweifel wohlberechnet: Sie sollte bei Eisenhower an die Waffenkameradschaft des Krieges appellieren, und Eisenhower ließ es nicht an Gesten der Erwiderung solcher Gefühle fehlen. Aus solchen Stimmungselementen braute sich das zusammen, was die Weltpresse den »Geist von Genf« nannte.

Was in der Konferenz gesagt und was am Schluß im Kommuniqué festgehalten wurde, spiegelte von diesem Geiste wenig wider. Keine Seite wich von ihren grundlegenden Positionen ab, weder in der Deutschland-Frage noch in der Frage der europäischen Sicherheit, der Abrüstung oder der Entwicklung von Kontakten zwischen Ost und West. Eisenhower überraschte die Welt mit dem Vorschlag eines gegenseitigen Luftinspektions- und Warnsystems, das Schutz gegen einen Überraschungsangriff bieten sollte. Eden machte zwei verschiedene Vorschläge, die in den späteren Jahren immer wieder in der Öffentlichkeit verwechselt wurden und damit viel Verwirrung auslösten: Ein wiedervereinigtes Deutschland sollte zusammen mit den vier auf der Konferenz vertretenen Mächten einen Fünfmächtepakt schließen, der im Falle eines Angriffs dem angegriffenen Partner den Beistand der anderen zusicherte. Andererseits schlug er im Rahmen der Abrüstungsdiskussion die Schaffung militärisch verdünnter Zonen diesseits und jenseits der Demarkationslinie vor – ein Vorschlag, der Bonn irritierte, weil er sich auf die Annahme der fortdauernden Teilung Deutschlands gründete.[3] Bulganin wiederholte die sowjetischen Vorschläge für ein europäisches Sicherheitssystem, wobei er noch härter und pointierter als Molotow in Berlin im Januar 1954 von dem Nebeneinander zweier deutscher Staaten ausging. Zum ersten Male wurde auch die Erhaltung der sogenannten sozialen Errungenschaften der DDR zu einer Bedingung der Wiedervereinigung gemacht.

In einem mühsam ausgehandelten Kompromiß einigte man sich am letzten Tage auf den Text einer »Direktive«, die als Grundlage für weitere Verhandlungen der vier Außenminister im Herbst dienen sollte: In diesem Text waren den Außenministern »Europäische Sicherheit und Deutschland«, zusammen in einem Absatz und getrennt von »Abrüstung« und »Ost-West-Kontakten«, als Verhandlungsthema aufgetragen. Es war das letzte Mal, daß die Sowjets einem Satz zustimmten, in dem gesagt wurde: »In Anerkennung ihrer gemeinsamen Verantwortung für die Regelung der deutschen Frage und die Wiedervereinigung Deutschlands haben sich die Regierungschefs darüber geeinigt, daß die Regelung der Deutschland-Frage und die Wiedervereinigung Deutschlands im Wege freier Wahlen im Einklang mit den nationalen Interessen des deutschen Volkes und den Interessen der europäischen Sicherheit erfolgen muß.« Schon in seiner Schlußansprache in Genf ließ Bulganin jedoch erkennen, daß sich die Sowjetführer diese Formulierung nur widerwillig hatten abringen lassen. Auf einer Kundgebung in Ost-Berlin stellte Chruschtschow schon wenige Tage später öffentlich den Inhalt der Direktive wieder in Frage und betonte, daß »auf der Konferenz zwei verschiedene Auffassungen über die Lösung der deutschen Frage zutage getreten sind«, er sprach von der Berücksichtigung der Realitäten, der Entstehung zweier souveräner Staaten mit besonderer wirtschaftlicher und gesellschaftlicher Struktur, die Partner eines europäischen Sicherheitsvertrages werden sollten. Das gesamte Vokabular der sowjetischen Zweistaatentheorie kam in diesen Erklärungen vor. Für die Konferenz der Außenminister im Herbst gab es damit so gut wie keine gemeinsame Verhandlungsbasis.

Für unsere Beobachtertätigkeit in Genf wiederholte sich Vieles, was wir schon von der Berliner Konferenz her kannten, doch gab es auch Unterschiede. Zum ersten Male wurden wir in engerer räumlicher Nähe zu einer Beobachterdelegation der DDR tätig. Gesehen haben wir uns nicht, aber ob wir uns sehen würden oder nicht, war für manche Reporter immer wieder eine Herausforderung ihrer Neugier. Weder durch ihre personelle Besetzung noch durch ihre Aktivität erregte die DDR-Delegation viel Aufmerksamkeit. Ihre Spitzenleute, der Staatssekretär Georg Handke und der Leiter der Hauptabteilung 2 des Außenministeriums, Richard Gyptner, waren unbekannt, die Pressekonferenzen der Delegation waren unergiebig und fanden wenig Zulauf. Kontakte mit den westlichen Delegationen kamen nicht zustande, aber auch mit der Sowjetdelegation schien keine intensive Verbindung zu bestehen, und es geschah wohl vor allem aus optischen Gründen, daß Molotow den Delegationsleiter am dritten Konferenztag empfing.

Ich will damit nicht sagen, daß wir auf der westlichen Seite eine bedeutende Rolle gespielt hätten. Wie in Berlin, wurden wir täglich unterrichtet und in zwei Fällen auch um Stellungnahmen gebeten. Den Ablauf der Konferenz konnten wir nicht beeinflussen, noch viel weniger als in Berlin, weil es keine gemeinsam erarbeiteten Konferenzdokumente gab (wie den Eden-Plan für freie Wahlen) und weil die Regierungschefs mehr als die Außenminister dazu neigten, ihren eigenen Weg zu gehen, sich weniger miteinander oder auch mit den eigenen Mitarbeitern abzustimmen – geschweige denn mit uns. Anders als in Berlin waren wir in Genf immerhin die Vertretung eines souveränen Bündnispartners und daher auch weniger bereit, uns mit allem abzufinden. In dem nach Abschluß der Konferenz erstatteten Delegationsbericht findet sich ein dementsprechend kritischer Absatz, der nach Würdigung einiger positiver Seiten unserer Unterrichtung und Konsultierung feststellte, daß diese »nicht als in jeder Hinsicht befriedigend« bezeichnet werden könne:

»Nur in seltensten Fällen erfolgte die Unterrichtung durch Mitglieder aller drei westlichen Delegationen. Gelegentlich ergaben sich wesentliche Unterschiede in der Akzentuierung. In mindestens einem Fall (Edenscher Vorschlag der Inspektion diesseits und jenseits des Eisernen Vorhangs) wurde ein wesentliches Faktum des Verhandlungstages – versehentlich oder absichtlich – bei der Unterrichtung ausgelassen. Dokumente, die einen Bestandteil der Verhandlungen bildeten, wurden nur sehr unregelmäßig geliefert. Einer am Schluß der Konferenz ausgesprochenen Bitte, dem Herrn Bundeskanzler zur Vorbereitung seiner Moskauer Reise die Sitzungsprotokolle der Konferenz zum Studium zu überlassen, wurde ohne Angabe von Gründen nicht entsprochen; statt dessen wurde nur ein vollständiger Satz der durch die Presseabteilungen der einzelnen Delegationen bereits verbreiteten Konferenzdokumente und Redetexte überreicht. Aufgrund dieser Erfahrungen müßte sichergestellt werden, daß die Informierung und Konsultierung des deutschen Beobachters bei der kommenden Außenministerkonferenz im Oktober in ausreichendem und befriedigendem Maße gewährleistet wird.«

Unsere Bemängelung dieses Verfahrens blieb nicht ohne Erfolg. Nach einigen Wochen wurde einem Mitglied unserer Delegation, Alexander Böker (der mir schon bei allen Arbeitsgruppensitzungen seit Berlin wertvolle Hilfe geleistet hatte und der in späteren Jahren Botschafter bei den Vereinten Nationen und dann beim Vatikan wurde), in London Gelegenheit zur Einsichtnahme in die Konferenzprotokolle gegeben. Dabei wurden ihm sämtliche Protokolle über die Arbeitssitzungen der Regierungschefs und der Außenminister zur Verfügung gestellt, dagegen nicht Protokolle über private Besprechungen einzelner Minister. Die Protokolle sämtlicher Sitzungen, mit Ausnahme der beiden »restricted sessions« der Regierungschefs vom 23. Juli, waren Wortlautprotokolle, deren Vollständigkeit nicht angezweifelt werden kann. Über die »restricted sessions« existierten nur die Aufzeichnungen von Sir Ivone Kirkpatrick, die das Foreign Office ebenfalls zur Einsichtnahme zur Verfügung stellte. Das Foreign Office gab, wie Böker berichtete, »in sehr großzügiger und entgegenkommender Weise die Möglichkeit zu ungestörtem und zeitlich unbegrenztem Studium der Dokumente«. Böker kam insgesamt zu folgendem Ergebnis: »Eine sehr sorgfältige Durchsicht sämtlicher Protokolle hat dennoch nur wenige wesentliche Gesichtspunkte ergeben, die nicht bereits in den informatorischen Gesprächen in Genf mit Sir Geoffrey Harrison und den anderen alliierten Delegationsmitgliedern aufgetaucht waren. Die in Genf erfolgte Unterrichtung des deutschen Beobachters muß deshalb rückblickend trotz ihrer technischen Mängel als im Umfang ausführlich und in der Tendenz als akkurat bezeichnet werden.«

Genf unterschied sich auch dadurch von Berlin, daß sich Adenauer entschlossen hatte, für alle Fälle der Konferenz räumlich nahe zu sein. Er hatte sich daher ein Sommerurlaubsquartier im Berner Oberland gesucht, war dabei allerdings auf einen Platz verfallen, der durch schwere Zugänglichkeit einige Vorteile der geographischen Nähe zu Genf wieder aufhob, nämlich auf Mürren, einen 1642 Meter hoch gelegenen Wintersport- und Kurort an einem Hang des Tals von Lauterbrunnen, von dem aus man auf die mächtigen Wände und die Gipfel von Eiger, Mönch und Jungfrau blickt. Zu erreichen ist dieser Ort nur mit einer Bergbahn von Lauterbrunnen aus, die fast eine Stunde steil bergan führt. Während der Konferenzwoche konnte ich von Genf aus nur einmal dorthin kommen, am dritten Konferenztage, dem 20. Juli. In Lauterbrunnen traf ich mit Brentano und Hallstein zusammen, gemeinsam rumpelten wir – bei strömendem Regen – mit der Bergbahn nach oben. Die Presse war auch oben vertreten und versäumte nicht, uns auf der letzten Strecke, einem steinigen Bergpfad, der nur zu Fuß begehbar war, so zu knipsen, wie wir aussahen: durchnäßt, mit der einen Hand schwere Aktentaschen schleppend, mit der anderen große farbige Hotelschirme über unsere Häupter haltend. Auf diesem Foto sehe ich ganz besonders zerknittert aus, da ich schon einen längeren Marsch im Regen hinter mir hatte; die Straßen waren nach heftigen Wolkenbrüchen streckenweise von Geröll versperrt gewesen.

Adenauer empfing uns, sichtlich amüsiert über den traurigen Anblick seiner Paladine, in bester Laune mit den Worten: »Habe ich mich nicht gut abgeschirmt?«

Das anschließende Gespräch beruhigte ihn wohl insofern, als ich aus Genf keine Nachrichten mitbrachte, die geeignet gewesen wären, seinen Argwohn zu bestärken, daß die Westmächte auf die von den Sowjets schon im Mai lancierten Ideen über die Bildung eines neutralen Staatengürtels in Europa eingehen könnten. Die Idee einer Neutralisierung Deutschlands war ihm – mit guten Gründen – ein Alptraum, und er hat ihr mit allen Kräften entgegengewirkt.

Nach Abschluß der Konferenz, am 24./25. Juli, traf man sich noch einmal in Mürren. Später, im August, sollte ich noch mehrmals mit der Bergbahn nach oben fahren: Die Vorbereitungen für die Reise nach Moskau lagen (abgesehen von den technischen Vorbereitungen) in meinen Händen und ich mußte den Kanzler daher in die vom Amt erarbeiteten Papiere einführen und sie mit ihm durcharbeiten.

Für die Deutschland-Frage war auf dem Gipfeltreffen – trotz der wohlklingenden Direktive – nichts Greifbares gewonnen worden. Im Blick auf die Außenministerkonferenz sagte ich nach meiner Rückkehr nach Bonn in einem Interview mit der »Politisch-Sozialen Korrespondenz«, man dürfe sich »über die Schwierigkeit der bevorstehenden Verhandlungen keinen Täuschungen hingeben«.

Die von Genf ausgehende Euphorie der Weltöffentlichkeit hat nicht lange vorgehalten: Die dramatischen Ereignisse des nächsten Jahres – die Unruhen in Polen, die Niederwerfung des ungarischen Aufstandes, die Suez-Krise – haben die letzten Reste des »Geistes von Genf« wieder fortgeblasen. Gleichwohl bleibt dieses Gipfeltreffen ein Markstein in der Geschichte des Kalten Krieges zwischen Ost und West: Zum ersten Male wurde – wenn auch nicht in Dokumenten fixiert – die fundamentale Interessenübereinstimmung der beiden verfeindeten Supermächte deutlich, die sie dann immer wieder zusammengeführt und sie bewogen hat, den Kalten Krieg zu beenden und weniger gefährliche Formen der Auseinandersetzung zu wählen: die gemeinsame Furcht vor der Anwendung jener Waffen, die nur sie allein besaßen und die ihren machtpolitischen Vorsprung vor allen anderen so enorm vergrößert hatten. Insofern ist Genf letzten Endes doch der Anfang jenes Weges, der zum Test-Stop-Abkommen, zum Kernwaffensperrvertrag, zu SALT und allen anderen Ansätzen einer bilateralen Verständigung zwischen den Supermächten geführt hat.

Vorbereitungen für Moskau

Adenauers Sommerquartier in Mürren, das ich am 26. Juli nach den Abschlußbesprechungen über die Genfer Gipfelkonferenz verlassen hatte, sollte im Laufe des Monats August noch mehrfach mein Reiseziel sein. In dem Maße, in dem sich die Pläne über den Moskau-Besuch des Kanzlers konkretisierten, gewann die Vorbereitung dieser ersten diplomatischen Expedition in den Osten an Dringlichkeit. Die am 8. Juni ausgesprochene Einladung der Sowjetregierung wurde am 12. August angenommen, wobei unsere Vorschläge und Erwartungen für die Gesprächsthematik formuliert wurden. Dazu gehörten – und mußten gehören – eine Erörterung der Wiedervereinigungs- und der Kriegsgefangenenfrage. Eine sowjetische Antwortnote vom 19. August erwähnte die Kriegsgefangenenfrage überhaupt nicht, während sie in bezug auf einen Meinungsaustausch über die Wiedervereinigungsfrage auf die »der Bundesregierung bekannte« sowjetische Auffassung verwies. Über die technischen Fragen des Besuches traf in Paris Botschafter Vollrath von Maltzan die erforderlichen Vereinbarungen mit dem dortigen Sowjetbotschafter Sergej Winogradow.

Adenauer war entschlossen, seinen Urlaub für eine intensive Vorbereitung auf die Moskauer Begegnung zu nutzen. Zu diesem Zweck berief er Brentano, Hallstein und mich für eine Vorbesprechung am 10. August erneut nach Mürren. In der amerikanischen Illustrierten ›Life‹ erschien später ein Foto, das diese Vierergruppe auf einem Diskussionsspaziergang vor der Kulisse der Schweizer Bergwelt zeigt. Statt »Spaziergang« sollte ich besser »Marsch« sagen, denn Adenauer unternahm stundenlange Märsche auf steilen und geröllbedeckten Bergpfaden, und es war nicht leicht, mit ihm Schritt zu halten. Auch auf diesem Foto marschiert er an der Spitze, ich am Schluß, dazwischen, mit dozierender Geste, Brentano, und, mit kritischem Blick, Hallstein. Mit einer umfangreichen Auftragsliste kehrte ich nach Bonn zurück. Innerhalb einer Woche mußte ich zahlreiche Positionspapiere und Redeentwürfe ausarbeiten.

Nach Abstimmung und Billigung aller Papiere durch Brentano und Hallstein fuhr ich erneut nach Mürren und trug am 21. August, an einem Sonntag, alles dem Kanzler vor und hinterließ ihm meinen Stoß Papiere zur Lektüre. Für den 23. August waren Brentano, Hallstein, Blankenhorn, Eckhardt und unser Botschafter in Washington, Heinz Krekeler, zu einer erneuten Besprechung nach Mürren bestellt. Ich hatte dazwischen einen Ruhetag, den ich, zusammen mit meinem Begleiter, Joachim Peckert – dem Referenten für die Sowjetunion in der »Länderabteilung« des Auswärtigen Amtes –, in Interlaken verbrachte. Wir machten an diesem Tage die Erfahrung, daß die Schweiz auf dem Wege des freizeitsüchtigen Wohlfahrtsstaates der Bundesrepublik schon ein Stück voraus war: Alle Bemühungen, nach einem längeren Spaziergang ein Restaurant zu finden, das bereit gewesen wäre, um zwei Uhr mittags noch ein warmes Essen zu servieren, schlugen in diesem hochkarätigen Kurort fehl.

Bei der Besprechung am 23. August wurden der Kurs für Moskau in den wesentlichen Grundzügen und der Text der vom Bundeskanzler abzugebenden Erklärungen festgelegt. Nach dem damit erreichten Abschluß der Vorbereitungsarbeiten konnte ich wagen, einige Tage anderen, privaten Zwecken zu widmen: Am 26. August feierten meine Eltern in Hamburg ihre Goldene Hochzeit, und natürlich konnte ich dabei nicht fehlen.

Mein Vater, der aus Soltau in der Lüneburger Heide stammte, hatte drei Brüder und drei Schwestern, meine Mutter, gebürtige Hamburgerin, zwei Schwestern – alle noch einigermaßen rüstig und gesund. Es gab daher im Hamburger Ratsweinkeller ein großes Familienfest mit Söhnen, Töchtern, Geschwistern, Neffen, Nichten, Enkeln und Enkelinnen sowie einigen nahen Freunden. Mein Vater kam aus dem gleichen Geburtsjahrgang wie Adenauer, 1876. Er erfreute sich bis ins hohe Alter einer guten Gesundheit, aber mit der körperlichen Verfassung eines Adenauer konnte auch er es nicht aufnehmen. Zehn Jahre später, Anfang 1965, habe ich ihn zu Grabe getragen, einige Monate später meine Mutter.

Da ich schon vom Thema Moskau-Besuch abgeschweift bin, mag hier auch eine kurze Reise nach Stockholm erwähnt werden, die ich von Hamburg aus unternahm. Die International Political Science Association hatte mich zu einer Round-Table-Diskussion über die ›Probleme der friedlichen Koexistenz‹ eingeladen, die vom 29. bis 31. August in der Nähe von Stockholm stattfinden sollte. Sie bot mir Gelegenheit, zum ersten Male mit Wissenschaftlern aus dem Ostblock zu diskutieren. Da sie fest auf das kommunistische Konzept der friedlichen Koexistenz eingeschworen waren, kam bei der Diskussion nicht viel heraus. Am eindrucksvollsten war ein Pole, Professor Manfred Lachs; sein Name wurde erst später international bekannt – als geistiger Vater des Rapacki-Planes. Er ist jetzt seit Jahren Richter am Internationalen Gerichtshof im Haag.

Als ich nach Bonn zurückkam, hatte auch Adenauer seinen Urlaub beendet und damit begonnen, das Kabinett und die Fraktionsführer aller Bundestagsparteien über den Moskau-Besuch zu konsultieren. Am 31. August erschien in Bonn noch einmal ein Emissär von Dulles, sein vertrauter Mitarbeiter Livingston Merchant, Assistant Secretary of State, um sich über den letzten Stand unserer Pläne für Moskau zu informieren. Natürlich blickte man aus den westlichen Hauptstädten mit einer gewissen Nervosität nach Bonn: Immerhin war die erst kürzlich mündig gewordene Bundesrepublik im Begriffe, die ersten Schritte auf eigenen Füßen in einem Bereich zu tun, in den die Kontrolle der ehemaligen Besatzungsmächte nicht mehr hineinreichte.

Merchant nahm die Aufschlüsse, die man ihm gab – und es wurde ihm nichts verheimlicht – mit Verständnis und mit einer Gelassenheit auf, die in deutlichem Gegensatz zu dem kritischen Mißtrauen stand, mit dem sein Kollege, der amerikanische Botschafter in Moskau, Charles (»Chip«) Bohlen einige Wochen später unsere Schritte in Moskau verfolgte. Chruschtschow hatte ihn – wohl nicht zu Unrecht – im Verdacht, daß er eine Einigung über die Herstellung diplomatischer Beziehungen zwischen Bonn und Moskau zu hintertreiben suchte und hat sich darüber in seinen Erinnerungen ziemlich giftig geäußert:

»Wir kannten und schätzten Bohlen aus jener Zeit, da er ein enger Mitarbeiter Roosevelts war, doch später, als er Botschafter in der Sowjetunion wurde, erwies er sich als ein schamloser Reaktionär. Er unterstützte die gehässigsten politischen Kräfte in den Vereinigten Staaten, er scheute vor keinem noch so dreckigen Trick zurück, und anstatt die amerikanischen Beziehungen zu uns zu verbessern, gelang es Bohlen, sie einzufrieren.

Nun war er also wieder dabei und wollte uns die Speichen aus den Rädern brechen. Er gab sich alle Mühe, unsere Verhandlungen mit Adenauer festfahren zu lassen. Ich bin nicht sicher, ob er dabei auf Weisung Washingtons handelte, aber ich kann mir durchaus vorstellen, daß er auch auf eigene Faust versucht haben könnte, die Verbesserung unserer Beziehungen zu Westdeutschland zu blockieren. Denn er wußte: Eine solche Verbesserung würde Amerikas – und deshalb auch seinen eigenen – Einfluß auf die Bonner Regierung verringern. Vielleicht hatte auch Adenauer den Verdacht, daß Bohlen selbständig vorging. Deswegen drängte er uns, den revidierten Vertragsentwurf schnell zu unterzeichnen, bevor Bohlen ihn zu sehen bekam und Bohlens Vorgesetzte aus Washington direkten Druck ausüben konnten. Adenauer mag ein gläubiger Diener des westdeutschen Kapitalismus gewesen sein, doch der Einmischung Bohlens leistete er Widerstand. Er erschien denn auch erheitert, als, trotz der Störversuche Bohlens, eine Einigung zustande kam. Später erfuhr ich, daß Bohlen auf Adenauer wütend war. Doch da war es schon zu spät, die Vereinbarung war unterzeichnet.«

Diese Äußerungen enthalten im Ton und in der Sache die grobschlächtigen Übertreibungen, die zu Chruschtschows Stil gehörten und die der Person Bohlens und seinem Verständnis von seiner Aufgabe in Moskau in keiner Weise gerecht werden. Daß sie allerdings in bezug auf Bohlens Verhalten in der Situation der Septembertage von 1955 einen richtigen Kern enthalten, muß wohl auch gesagt werden. Bohlen hat das in seinen eigenen Memoiren ziemlich deutlich bestätigt.[1]

Sechs Tage mit Chruschtschow

Als die Sondermaschine des Bundeskanzlers am Nachmittag des 8. September 1955 auf dem Flughafen Wnukowo bei Moskau aufsetzte, wurde sie von einer sowjetischen Führungsgruppe empfangen, deren Mitglieder in der Bundesrepublik allenfalls dem Namen nach bekannt waren: Persönlich begegnet war man ihnen noch nie. Adenauer und seine Mitarbeiter hatten seit dem Kriegsende zwar in der westlichen Welt viele internationale Kontakte angeknüpft und Bekanntschaften gemacht, aber sie waren im Umgang mit Repräsentanten der Sowjetunion ohne jede Erfahrung. Um in der Delegation wenigstens einen Diplomaten mit Sowjeterfahrung aus früheren Jahren zu haben, hatte man den damaligen Gesandten an der Botschaft Paris, Gebhardt von Walther, der noch unter Friedrich Werner Graf von der Schulenburg in Moskau auf Posten gewesen war (und später, 1966 bis 1968, selbst dort Botschafter werden sollte), zum Delegationssekretär gemacht. Ferner reiste als wissenschaftlicher Sachverständiger der in Charkow gebürtige Professor für Volkswirtschaftslehre an der Universität Tübingen, Woldemar Koch, mit.

Auf sowjetischer Seite wird die Neugier, Adenauer und seine Begleiter kennenzulernen, gleich groß gewesen sein. In Moskau hat man immer einen kraftvollen, selbstbewußten und unnachgiebigen Gegenspieler mehr respektiert als beflissene, anpassungsfreudige Sympathisanten und ihrer eigenen Sache nicht sichere, leicht einzuschüchternde und konzessionsbereite Verhandlungspartner – mochten sie im gegnerischen oder im eigenen Lager stehen. In den langen – noch keineswegs beendeten – Jahren des Kalten Krieges hatte man sich mit Adenauer und seiner Regierung ständig in gleichsam »indirekter Gefechtsberührung« befunden. Die gesamte Außenpolitik der Bundesrepublik hatte im Zeichen der sowjetischen Bedrohung und der sowjetischen Herrschaft in der von ihr besetzten Zone Deutschlands gestanden. Von der anderen Seite her gesehen, war Adenauer der Kristallisationspunkt für alle westlichen Bestrebungen geworden, die sich in Europa der sowjetischen Politik entgegenstemmten. Wie Generäle feindlicher Armeen, die sich in vielen Schlachten gegenübergestanden haben und nun in einer Waffenstillstandsverhandlung mit noch ungewissem Ausgang zum ersten Mal einander persönlich gegenübertreten, so etwa wird man wohl die erwartungsvoll gespannte Stimmung auf beiden Seiten beschreiben dürfen.

Wir flogen mit zwei Maschinen der Lufthansa. Ich saß in der ersten, die auch Heinrich von Brentano, Walter Hallstein, die Mitglieder des Auswärtigen Amtes und die der anderen in der Delegation vertretenen Ressorts beförderte; der Kanzler mit seiner engeren Begleitung landete eine halbe Stunde später. Zu seiner Begrüßung standen am Flugzeug der Regierungschef Nikolai Bulganin, sein Außenminister Wjatscheslaw Molotow, der stellvertretende Ministerpräsident Michail Perwuchin, der Chefideologe der Partei, Michail Suslow, der Außenhandelsminister Iwan Kabanow, die stellvertretenden Außenminister Andrei Gromyko und Wladimir Semjonow sowie andere Spitzenfunktionäre von Partei und Staat. Mit Ausnahme von Suslow gehörten sie alle der für den deutschen Besuch gebildeten Verhandlungskommission an. Eines ihrer Mitglieder allerdings fehlte: Nikita Chruschtschow. Der Parteisekretär, der noch kein Staatsamt bekleidete, hielt sich an die Regeln des sowjetischen Protokolls (auch beim Abflug sollte er nicht erscheinen).

Die offizielle Bonner Delegation bestand aus fünfzehn Personen. Eine im ›Bulletin‹ vom 6. September veröffentlichte amtliche Verlautbarung gab die nach Dienstalter säuberlich geordnete Liste bekannt. Ich stand an sechster Stelle, vor mir rangierten außer dem Kanzler und dem Außenminister die beiden Staatssekretäre Hans Globke und Hallstein sowie der NATO-Botschafter Herbert Blankenhorn. Hinter mir standen Felix von Eckardt, Botschafter bei den Vereinten Nationen, Ministerialdirektor Reinhardt aus dem Bundeswirtschaftsministerium, zwei Dirigenten des Auswärtigen Amtes, zuständig für Wirtschaft und Kultur, nämlich van Scherpenberg und von Trützschler, der Delegationssekretär von Walther, Protokollchef Mohr, der Ostsachverständige Professor Koch sowie, als Vertreter des Ministeriums für gesamtdeutsche Fragen, Ministerialdirigent Müller und Ministerialrat von Zahn.

Als »zur Begleitung des Bundeskanzlers gehörend« führte die Verlautbarung drei Parlamentarier auf: die Vorsitzenden der Auswärtigen Ausschüsse von Bundesrat und Bundestag, Karl Arnold und Kurt-Georg Kiesinger, sowie – als Vertreter der Opposition – den stellvertretenden Vorsitzenden des Auswärtigen Ausschusses, Professor Carlo Schmid.

Vom ersten Augenblick unserer Landung an war das Konzept unserer Gastgeber für Organisation und Regie dieser Begegnung offenkundig: Es war darauf angelegt, uns so zu empfangen, als stünde die Aufnahme der diplomatischen Beziehungen schon fest; der Aufwand und die Herzlichkeit hätten es als Unhöflichkeit und schnöden Undank erscheinen lassen, wären wir ohne dieses Ergebnis abgereist. Alles Geschehen der nächsten Tage war auf diesen psychologischen Effekt abgestimmt: der Empfang auf dem Flugplatz mit »großem Bahnhof«; die glanzvolle Galaaufführung des Balletts ›Romeo und Julia‹ von Sergej Prokofieff im Bolschoi-Theater mit der Schluß-Apotheose der Versöhnung der beiden verfeindeten Familien Montague und Capulet über den Leichen ihrer Kinder; die Aussprache über die Weltlage im intimen Viererkreis (Adenauer/von Brentano und Chruschtschow/Bulganin) in der Gäste-Datscha der Sowjetregierung, die man uns zusätzlich zu unserer Hotelunterkunft zur Verfügung gestellt hatte; der große repräsentative Empfang im St. Georgs-Saal des Kreml für das gesamte dilomatische Corps und die Spitzen von Partei, Regierung und Roter Armee.

Unsere wirkliche Stimmungslage in diesen Tagen war jedoch eine ganz andere. Sie war stark beeinflußt von der Gewißheit, auf Schritt und Tritt mißtrauisch beobachtet und überall bei jedem Wort abgehört zu werden. Eine zur Abwehr der Lauscher ständig eingeschaltete Geräuschkulisse von Musik zweifelhafter Qualität, aber auch von Sprechfunksendungen des sowjetischen Rundfunks zerrte an unseren Nerven. Vor allem aber drückte auf die Stimmung die unnachgiebige Härte der sowjetischen Unterhändler, die von Anfang an, besonders seit der zweiten Arbeitssitzung am 10. September, in Erscheinung trat. Schon nach dieser Sitzung und dem sachlich ergebnislos verlaufenen Wochenende wurde die Frage einer vorzeitigen Abreise erwogen, die dann am Montag, dem 12. September, akut wurde. Bis zum letzten Augenblick des nach dem sowjetischen Einlenken in der Kriegsgefangenenfrage dann doch programmgemäß am 14. September erfolgten Abflugs blieb die Spannung, ob die Modalitäten der Einigung befriedigend geregelt werden würden und ob wir unsere Rechtsvorbehalte in der Frage der Ostgrenzen und der DDR in angemessener Form würden anbringen können.

Es hat wenig Sinn, den Ablauf der Verhandlungen hier noch einmal zu schildern. Die abgegebenen Erklärungen und die wichtigsten Dokumente sind veröffentlicht;[1] Adenauer selbst hat in seinen Erinnerungen eine ausführliche Darstellung der Gespräche und Verhandlungen gegeben;[2] über das Atmosphärische hat Felix von Eckhardt in den seinen berichtet.[3] Ich beschränke mich daher darauf, die markanten Ereignisse dieser Tage durch einige Lichter aus meiner Sicht zu beleuchten. Acht Szenenbilder stehen mir in der Erinnerung besonders vor Augen.

Erstes Bild: Der Flugplatz Wnukowo, für einen großen Empfang hergerichtet mit rotem Teppich, Ehrenkompanie, Pressetribünen, und Anwesenheit der sowjetischen Führungsequipe. Begrüßungsreden, Deutschlandlied und Sowjethymne, Vorbeimarsch der Ehrenkompanie (in einer gerade erst eingeführten Paradeuniform klassischen Schnitts) im strammsten Stechschritt, Abfahrt in langer Kolonne in die Stadt. Dies war der Schauplatz für den Auftakt sowohl wie für den Schlußakt: Hier erst, unmittelbar vor dem Abflug, erreichte uns die Mitteilung, daß unsere Vorbehaltserklärungen über die territoriale Frage und den gesamtdeutschen Vertretungsanspruch der Bundesrepublik – hart umkämpfte und für uns unverzichtbare Elemente der getroffenen Vereinbarungen – im sowjetischen Außenministerium abgegeben und entgegengenommen worden waren, so daß die äußeren Bedingungen ihrer Rechtswirksamkeit erfüllt waren.

Zweites Bild: Hotel Sowjetskaja, nach sowjetischen Begriffen ein Hauptstadthotel der Spitzenklasse, für uns ein mit altmodischem Plüschkomfort und kleinbürgerlichem Geschmack eingerichtetes Mittelklassehotel, an allen Ein- und Ausgängen und auf jeder Etage mit Überwachungspersonen verschiedener Kategorien, mit und ohne Uniform, reich gespickt. Für fast eine Woche war hier unser Quartier, in das wir meist für kurze Konferenzpausen und am Abend, zum Schlafen, aber vor allem auch zu nächtlicher Arbeit zurückkehrten.

Drittes Bild: Der auf dem Nebengleis eines Moskauer Bahnhofs abgestellte Sonderzug der deutschen Bundesbahn mit abhörsicherem Spezialwagen, Mitropa-Speisewagen, Funk- und Fernsprechanlagen, Schreibabteilen und so weiter – kurz eine Art ambulante Botschaft, deren Installierung wir in den prozeduralen Vorverhandlungen als Ersatz für eine noch nicht existierende Botschaft verlangt hatten. Die Benutzung allerdings erwies sich als kompliziert, insbesondere als zu zeitraubend: In den meisten Fällen reichte die Zeit zwischen den Konferenzen und sonstigen Veranstaltungen nicht aus, um zweimal die Zwanzig-Minuten-Fahrt zum Sonderzug und zurück zu unternehmen. Auf das Morgenfrühstück im Mitropa-Wagen verzichtete man um so lieber, als im Hotel an jedem Morgen eine üppige Frühstückstafel bereitstand, mit der die Mitropa – schon der großen Kaviar-Schüsseln wegen – nicht konkurrieren konnte. Ich erinnere mich daher nur an wenige Gelegenheiten, bei denen der Sonderzug benutzt wurde. Dreimal fanden in kritischen Phasen der Verhandlungen Beratungen der Delegation im Spezialwagen statt: am Sonntag, 11. September, abends, und am Montag, 12. September, mittags und abends. Die beiden ersten Beratungen entsprangen der Erkenntnis, daß sich die Verhandlungen im Laufe der ersten drei Tage völlig festgefahren hatten und man sich darüber klar werden mußte, welche Konsequenzen aus dieser Einsicht zu ziehen seien. Insbesondere am Montag Mittag kam man nicht umhin, einen Abbruch der Verhandlungen ernsthaft in Erwägung zu ziehen. Ein dahingehender Beschluß wurde zwar nicht gefaßt, wohl aber ein vorbereitender taktischer Schachzug unternommen: Die beiden nach Deutschland zurückgekehrten Lufthansa-Maschinen wurden vorzeitig nach Moskau zurückbeordert – wobei man es der sowjetischen Seite nicht unnötig erschwerte, vom Inhalt dieser Rückkehrorder Kenntnis zu erlangen.

Der mittags unternommene Schritt trug schon am Abend Früchte: Beim Galaempfang im Kreml kam es zu dem Gespräch zwischen Bulganin und Adenauer, bei dem der sowjetische Ministerpräsident seine Karten aufdeckte und zu erkennen gab, daß man bereit war, die Aufnahme diplomatischer Beziehungen mit einem Versprechen zur Freigabe der Kriegsgefangenen zu honorieren. Der Erfolg hat viele Väter. In diesem Fall waren es Adenauer selbst[4], Brentano und Hallstein[5], die später für sich die Vaterschaft reklamierten, während Eckhardt die Übermittlung der Order an die Lufthansa in einem offenen Telefongespräch vorgeschlagen haben will.[6] Ich kann keine dieser Autorschaften beweiskräftig bestätigen oder bestreiten. Diskussionen dieser Art verlaufen häufig so, daß sie zu einem Aktionsplan führen, von dem sich hinterher kaum noch feststellen läßt, wer den ersten Anstoß in einer bestimmten Richtung gegeben hat. Darum hege ich auch keinen Zweifel, daß alle

Beteiligten mit subjektiv ehrlicher Überzeugung für sich in Anspruch nahmen, selbst den entscheidenden Anstoß gegeben zu haben. Man kann diese Erinnerungsdifferenz auf sich beruhen lassen, ohne daß dadurch eine schmerzliche Lücke in der Beschreibung des Ablaufs der Moskauer Ereignisse offen bliebe.

Die dritte Zusammenkunft der Delegation im Spezialwagen des Sonderzuges fand am Abend des gleichen Tages statt: Man fuhr direkt vom Kreml-Empfang dorthin, um sich vom Bundeskanzler über den Inhalt seiner Gespräche während des Empfangs unterrichten zu lassen und den Wert und die Tragweite des dabei gemachten Angebots zu diskutieren. Auch hier gibt es verschieden schattierte Versionen über den Verlauf der Diskussion. Adenauer selbst spricht davon, daß es »heftige Auseinandersetzungen« gegeben habe, bei denen hauptsächlich die Verläßlichkeit einer nur mündlich gegebenen Zusicherung über die Rückkehr der Kriegsgefangenen kritisiert worden sei. »Namentlich Brentano und Hallstein waren, nach all dem, was vorgefallen war, absolut gegen die Aufnahme diplomatischer Beziehungen. Wie könnte ich zustimmen, ohne in der Frage der Wiedervereinigung weitergekommen zu sein?«[7]

Adenauers Darstellung erweckt den Eindruck, als habe die überwiegende Mehrheit der Delegation mit Brentano und Hallstein als Wortführer seiner Absicht, auf das sowjetische Angebot einzugehen, widerstrebt. So war es jedoch nicht. Außer Brentano und Hallstein habe nur ich mich dagegen ausgesprochen, bei diesem Verhandlungsstande bereits der Aufnahme diplomatischer Beziehungen zuzustimmen. Die übrigen Beratungsteilnehmer begnügten sich überwiegend damit, vom Bundeskanzler einen nochmaligen Versuch zu verlangen, sich die Gefangenenfreigabe schriftlich zusichern zu lassen. Adenauer hat diesem Verlangen am nächsten Morgen entsprochen – ohne starken Nachdruck und daher auch ohne Erfolg.

Noch eine andere Szene im Sonderzug haftet in meiner Erinnerung: An einem der letzten Morgen fuhr ich, aus Gründen, die ich vergessen habe, ausnahmsweise zum Frühstück dorthin. Im Mitropa-Speisewagen saß Adenauer mit Carlo Schmid am Frühstückstisch. Man lud mich hinzu und ich erzählte über meine Erlebnisse vom vergangenen Abend. Da ich kaum Zeit gehabt hatte, an den offiziellen Besichtigungen der Sehenswürdigkeiten Moskaus teilzunehmen, war ich an diesem Abend gegen elf Uhr, nach Abschluß der letzten Arbeiten im Delegationsbüro, zu einer nächtlichen Stadtbesichtigung aufgebrochen. Zwei jüngere Mitarbeiter begleiteten mich, einer von ihnen – Peckert – verstand und sprach Russisch. Unsere Bewacher hatten offenbar mit so späten Ausgängen nicht gerechnet. Jedenfalls konnten wir unbemerkt und ohne Beschattung das Hotel verlassen. Auf Wagen verzichteten wir, denn ich wollte insbesondere auch die Moskauer Metro kennenlernen. Mit ihr fuhren wir ins Zentrum der Stadt, bummelten durch einige Straßen und merkten rasch, daß Moskau um Mitternacht eine ausgestorbene Stadt ist und wenig zu bieten hat. Um nicht die letzte Bahn zu verpassen, kehrten wir also um und fuhren zu der in der Nähe unseres Hotels gelegenen Metrostation zurück. Von dort konnte man das Hotel in etwa zehn Minuten erreichen. Während wir durch die menschenleeren Straßen wanderten, drangen aus einem an der Straße gelegenen Hof Stimmengewirr und Grammophonmusik. Neugierig spähten wir durch die Gitterstäbe eines Tores und wurden sofort bemerkt. Das Tor wurde geöffnet und eine Gesellschaft in heiterer, sichtlich alkoholisch aufgelockerter Stimmung lud uns ein, hereinzukommen und mitzufeiern. Eine Moskauer Arbeiterfamilie mit Freunden und Verwandten hatte hier eine Abschiedsparty für ihren jüngsten Sohn veranstaltet, der am nächsten Tag zur Roten Armee einrücken sollte. Man hatte im Hof getanzt und war jetzt im Begriff, im Inneren des Hauses weiterzufeiern. Die Wohnung, in die wir geführt wurden, bestand eigentlich nur aus einem großen Wohn- und Schlafraum und einigen kleinen Nebengelassen, wo gekocht und gewaschen wurde. Das Mobiliar bestand aus einem langgestreckten Holztisch mit Stühlen auf beiden Seiten, in einer Ecke des Zimmers ein riesiges Bett, auf dem schon jemand schlief. An den Wänden Kleiderhaken und daran aufgehängte Kleidungsstücke, die mit großen Bogen braunen Packpapiers bedeckt waren. Auf dem Tische Wodkagläser im Format von kleinen Wassergläsern und viele kleine Teller und Schüsseln mit Gurken, Tomaten, Wurst- und Fleischscheiben, harten Eiern, Brot. Wir setzten uns, man trank, redete, sang, prostete sich zu, produzierte Trinksprüche. Mit Hilfe von Peckerts Sprachkenntnissen und wenigen deutschen Brocken, die einige Teilnehmer dieses seltsamen nächtlichen Gelages als Soldaten der sowjetischen Besatzungsarmee in Deutschland aufgeschnappt hatten, gelang es, eine gewisse, wenn auch primitive und häufig von Trinksprüchen unterbrochene Konversation in Gang zu bringen. Zwei Grundgefühle unserer Gesprächspartner kamen dabei immer wieder zum Vorschein: einerseits Respekt vor dem Wiederaufstieg der Bundesrepublik, für ihren Kanzler, für ihre wirtschaftlichen und technischen Leistungen (von der DDR wurde nicht gesprochen, obwohl einige der Gesprächspartner sich offensichtlich dort längere Zeit aufgehalten hatten), andererseits Besorgnis darüber, ob dieses alles zu neuen Konflikten führen werde: Wird in Zukunft Frieden zwischen Russen und Deutschen sein? – das war die immer wiederkehrende Grundfrage.

Zwischen zwei und drei Uhr morgens, nachdem wir auch unsererseits eine beträchtliche Zahl von Gläsern des pfefferigen Wodkas in uns hineingeschüttet hatten, brachen wir auf, begleitet von unseren Gastgebern, die uns unterhakten und singend und lärmend mit uns durch die nächtlichen Straßen zogen. Auch als wir uns dem Hotel Sowjetskaja näherten und vorsichtig darauf hinwiesen, daß vor dem Eingang Wachtposten der Miliz standen, ließen sie sich nicht beeindrucken, lieferten uns triumphierend am Eingang ab und verabschiedeten sich mit lauten Freundschaftsbekundungen und guten Wünschen, während die Milizposten verblüfft und ratlos zuschauten.

Der Kanzler und sein Frühstücksgast aus den Reihen der Opposition lauschten meinem Bericht mit gespanntem Interesse: Irgendwelche näheren, nichtüberwachten Kontakte zwischen unserer Delegation und der Moskauer Bevölkerung hatte es bislang nicht gegeben, und niemand hatte erwartet, daß solche überhaupt möglich sein würden.

Viele Wochen später, als wir längst wieder in Deutschland waren, wurde ich noch einmal an diese Frühstücksunterhaltung erinnert. Meine Freiburger Studenten, mit denen ich bei meinen kurzen Wochenendaufenthalten in Freiburg immer noch die Verbindung aufrechterhielt, fragten mich gründlich nach dem Ablauf der Tage in Moskau aus. Als ich zu unserem nächtlichen Ausflug kam, unterbrachen sie mich plötzlich: »Die Geschichte kennen wir schon«, hieß es; nur mit anderen Dramatis personae: der Erzählende habe ihnen den Eindruck vermittelt, daß er selbst, nicht ich, dieses alles erlebt hätte. Es stellte sich heraus, daß sie schon von jemand anderem, der in Moskau zur Delegation gehört hatte, denselben Bericht gehört hatten.

Viertes Bild: Der Spiridonowka-Palast, ein nicht sehr großes, Alt-Moskauer Patrizier-Palais, das ausschließlich internationalen Verhandlungen diente. Hier fanden alle Arbeitssitzungen der Gesamtdelegation statt. Den Vorsitz führten Bulganin und Adenauer abwechselnd. Merkwürdigerweise insistierte Adenauer in den Moskauer Tagen und auch später noch darauf, daß Bulganin – entgegen der allgemeinen Annahme, daß Chruschtschow in Moskau längst das Heft in der Hand habe – nicht nur eine Gallionsfigur sei, sondern auf der anderen Seite des Tisches auch die tatsächlich dominierende Figur gewesen sei. Das erschien mir schon damals als ein eklatantes Fehlurteil, und der weitere Verlauf der Entwicklung dürfte das eindeutig erwiesen haben. Es konnte eigentlich kein Zweifel darüber bestehen, wer die sowjetische Delegation leitete. Molotow führte nur noch ein Schattendasein; alles, was er sagte, wurde mit einem Seitenblick auf den Parteisekretär ausgesprochen und nach Möglichkeit mit einer Bezugnahme auf das von ihm schon Formulierte abgestützt. Bulganin benahm sich etwas souveräner, aber auch er überließ seinem unvergleichlich temperamentvolleren Nachbarn Chruschtschow die eigentlich entscheidenden Pointen und die Lenkung des Gespräches, beschränkte sich auf zusammenfassende, resümierende Feststellungen und prozedurale Akte. Chruschtschow war der eigentliche Hauptakteur und das Entscheidungszentrum der anderen Seite. Er entfaltete alle seine schauspielerischen Talente, ließ seine Fähigkeit zu emotionalen Ausbrüchen und volkstümlichen Spruchweisheiten spielen und suchte seine deutschen Gesprächspartner mit massiven Anklagen und Attacken und Beschwörungen aller dunklen Kapitel der deutsch-russischen Vergangenheit einzuschüchtern. Adenauer allerdings war nicht so leicht einzuschüchtern, und es gelang ihm mehrfach, Chruschtschow durch ironische oder humoristische Bemerkungen aus dem Konzept zu bringen. Chruschtschow konnte dann von einem Augenblick zum anderen sein anklägerisches Pathos fallen lassen und in ein gemeinsames Gelächter einstimmen. In solchen Augenblicken wurde deutlich, daß er seine Gefühlsausbrüche wohl zu dosieren, zu kontrollieren und planmäßig einzusetzen wußte.

Auf der deutschen Seite des Tisches kamen neben dem Kanzler Brentano und Hallstein sowie die drei Parlamentarier zu Worte – jeder einmal mit kürzeren, thematisch vorher abgesprochenen Erklärungen, wobei sich die Parlamentarier auf die zu Hause publikumswirksame Kriegsgefangenenfrage konzentrierten. Hallstein fiel in den letzten Verhandlungstagen ein wichtiger Part zu, als es um die Formulierung der Texte, insbesondere der deutschen Vorbehaltserklärungen ging. Auch auf der deutschen Seite gab es jedoch nur ein Willens- und Entscheidungszentrum: Adenauer. Daß irgend jemand anderes den Lauf der Verhandlungen maßgeblich beeinflußt hätte, ist nur Legende. Allerdings hütete sich Adenauer in Moskau vor »einsamen Entschlüssen«: Die wichtigsten Entscheidungen wurden ausführlich in der Delegation diskutiert und beraten, und es kam, wie bekannt, dabei zu Meinungsverschiedenheiten und Auseinandersetzungen. Sie fanden ihren Höhepunkt in einer Delegationsberatung im Spezialwagen des Sonderzuges, in der Adenauer jeden einzelnen aufforderte, seine Meinung zu sagen.

Nach den großen Redeschlachten der ersten drei Sitzungstage wurde der Spiridonowka-Palast am vierten Tage Schauplatz konkreter und detaillierter Verhandlungs- und Formulierungsarbeit. Das am Montagabend während des Empfangs im St. Georgs-Saal des Kreml dem Kanzler im vertraulichen Gespräch eröffnete Angebot der Gefangenenfreilassung mußte am nächsten Tage präzisiert und mit dem Gesamtkomplex der anderen Fragen, insbesondere der Aufnahme der diplomatischen Beziehungen, in Zusammenhang gebracht werden. Das wurde zunächst in einer Chefbesprechung (Adenauer, Brentano, Hallstein auf deutscher Seite Bulganin, Chruschtschow, Molotow, Semjonow auf der anderen) am Dienstagvormittag versucht. Adenauer bemühte sich vergeblich, für die Zusage der Gefangenenbefreiung eine schriftliche Bestätigung zu erlangen. Die sowjetischen Teilnehmer beharrten darauf, daß ihr Ehrenwort genügen müsse und das Verlangen nach einer Dokumentation ein Zeichen von Mißtrauen und beleidigend sei. Es kam erneut zu erregten Auseinandersetzungen, am Schluß jedoch zu einer Einigung über den betroffenen Personenkreis und das Verfahren: Die von der sowjetischen Regierung als existent anerkannten neuntausendsechshundertsechsundzwanzig wegen angeblicher Kriegsverbrechen Verurteilten sollten begnadigt oder den deutschen Gerichten übergeben werden; die von der Bundesregierung vorzulegenden Listen weiterer, angeblich noch zurückgehaltener Personen sollten geprüft und noch festgestellte Personen – auch Zivilpersonen – freigelassen werden, soweit sie nicht durch einen Arbeitsvertrag auf Zeit gebunden wären. Von einer schriftlichen Fixierung war nicht mehr die Rede.

Unvergeßlich bleibt mir ein Zwischenspiel, das sich am letzten Nachmittag zunächst in einem Nebenraum, dann wieder im Hauptsitzungssaal des Spiridonowka-Palastes zutrug. Nachdem die Einigung in der Hauptsache erreicht war, wurden Molotow und Hallstein beauftragt, die Texte des Briefwechsels zu redigieren, in dem die Beziehungsaufnahme schriftlich fixiert werden sollte. Die Vollsitzung wurde unterbrochen, die beiden zogen sich, begleitet von Dolmetschern, Protokollführern und nur je einem Mitarbeiter, in einen kleineren Sitzungssaal zurück. Hallstein nahm mich mit, da unsere Textentwürfe von mir stammten. Es wurde ein mühsames, hartes Gespräch in dem für Molotow typischen Stil: Was er nicht mochte, verstand er angeblich nicht, während er auf die eigenen Formulierungen unermüdlich in unendlichen Wiederholungen immer wieder zurückkam. Am Schluß ging es um die heikle Frage unserer Vorbehalte: Die Aufnahme der diplomatischen Beziehungen durfte nicht als Anerkennung der Oder-Neiße-Grenze oder der DDR-Regierung ausgelegt werden können. Dafür bedurfte es völkerrechtlich einer einseitigen Vorbehaltserklärung, die von der sowjetischen Seite entgegengenommen werden mußte, aber inhaltlich von ihr nicht akzeptiert zu werden brauchte. Die Juristen nennen das eine empfangsbedürftige, aber nicht annahmebedürftige Erklärung. Nach längerem Sträuben stimmte Molotow schließlich dem Vorschlag zu, daß wir die von uns gewünschte Erklärung in der Vollsitzung mündlich abgeben und zugleich schriftlich übergeben würden, und daß die sowjetische Seite eine ihren abweichenden Standpunkt zum Ausdruck bringende Gegenerklärung verlesen und übergeben würde. Damit wäre den Erfordernissen eines rechtswirksamen Vorbehalts Genüge geschehen. Aber was geschah wirklich? Nachdem man in die Vollsitzung zurückgekehrt war, wurden Molotow und Hallstein aufgefordert, über das erreichte Ergebnis zu berichten. Als Hallstein in seinem Teil des Berichts auf die Vorbehalte zu sprechen kam, wandte Molotow kein Auge von den Gesichtern seiner beiden neben ihm sitzenden Bosse. Deren Ausdruck belehrte ihn wohl rasch darüber, daß das in Aussicht genommene Procedere ihnen wenig gefiel. Als Hallstein davon sprach, daß unser Text übergeben werden solle, verblüffte uns Molotow mit der kaltschnäuzigen Erklärung, das sei ihm nicht gesagt worden, das höre er zum ersten Mal. Daß ein Dutzend Zeugen das Gegenteil mitangehört hatten und daß jedes seiner Worte mitstenografiert worden war, störte ihn wenig. Es war ein jammervolles Schauspiel, diesen einst unter Stalin mächtigen Mann um die Gunst der neuen Machthaber bangen und ihn dafür seine Glaubwürdigkeit und Seriosität bedenkenlos opfern zu sehen.

Fünftes Bild: Bolschoi-Theater, am Samstagabend (nach der zweiten Arbeitssitzung, die uns über die Schwierigkeit unserer Position keinen Zweifel gelassen hatte), Schauplatz der Gala-Aufführung von ›Romeo und Julia‹, mit Galina Ulanowa als Primaballerina. Eine weitere Aufführung von Peter Tschaikowskys ›Schwanensee‹ am vorletzten Abend mußte ich mir versagen – obgleich ich es gewesen war, der auf Semjonows Frage nach unseren Wünschen dieses Ballett vorgeschlagen hatte –, weil ich mit der Vorbereitung von Texten für den nächsten Tag und von Berichten nach Bonn bis spät nachts beschäftigt war. Am Samstag gab es in den mehrfachen Pausen, die jeweils bis zu dreißig Minuten dauerten, ein kurzes Gelage der Delegationen an reich gedeckten Tischen in den Nebenräumen des Theaters, während das übrige Publikum geduldig in den Wandelgängen und Eingangshallen wartete. Höhepunkt des Abends war am Schluß der spektakuläre und viel fotografierte Handschlag des Kanzlers mit Bulganin und Chruschtschow in der Ehrenloge, vor einem stehend begeistert applaudierenden Publikum – eine Geste, von der nie ganz klar geworden ist, woher die Initiative kam. Felix von Eckhardt beschreibt die Szene mit den Worten: »Nach der Aufführung applaudierte das Publikum minutenlang. Plötzlich streckten Bulganin und Chruschtschow dem Kanzler ihre Hände hin. Adenauer blieb gar keine andere Wahl, als die ihm dargebotenen Hände zu schütteln. Diesen Augenblick hielten die Fotografen fest, und das Bild erschien in der gesamten Weltpresse.«[8] Das entsprach auch meinem Eindruck. Adenauer selbst behauptete jedoch, daß er »impulsiv gehandelt« und »Bulganin am Arm genommen« habe.[9] Ob es so war – oder ob der Verfasser der Erinnerungen hier ein wenig retuschiert hat, lasse ich offen.

Sechstes Bild: Die Gäste-Datscha, außerhalb Moskaus, im Grünen, nicht weit vom Ufer der Moskwa entfernt, palisadenumzäunt und von Milizionären scharf bewacht, Schauplatz des Vierergesprächs am Samstag, dem 10. September nachmittags und eines vom Kanzler gegebenen Frühstücks der beiden Gesamtdelegationen am Sonntagmittag, an einer langen, vor dem Haus im Freien gedeckten Tafel, mit anschließendem Spaziergang im umzäunten Waldgelände hinter dem Haus. Nikita Chruschtschow empfing uns in einer weißen, bunt bestickten, am Hals hochgeschlossenen Russenbluse. Damit konnten wir nicht konkurrieren, denn an die Mitnahme irgendwelcher Freizeitkleidung hatte natürlich niemand gedacht; auch Felix von Eckhardts Kollektion farbiger Westen, die er uns eines Nachts im Sowjetskaja vorführte, halfen hier nicht. Über seiner Bluse präsentierte Hausherr Nikita jedoch ein stark bläulich verfärbtes Gesicht, das deutliche Spuren des am vorigen Abend in den Theaterpausen konsumierten Wodkas trug. Um so wirksamer war das Gastgeschenk, das Adenauer ihm während des Essens mit einer kurzen aufmunternden Ansprache überreichte: eine Flasche Schwarzwälder Kirsch. Chruschtschow nahm sie mit Würde entgegen und folgte dem Gebot der Höflichkeit, indem er sich ein größeres Wodkaglas voll Kirsch füllte und es, Adenauer zuprostend, in einem Zug leerte. Natürlich schüttelte es ihn, und er machte seinen Gefühlen Luft mit dem Ausruf, das sei etwas für einen Ochsen, aber nicht für einen Menschen!

Um keine falschen Vorstellungen zu erwecken: Der Alkohol spielte seine Rolle bei der Auflockerung der Stimmung, er animierte die Gastgeber zu zahllosen Trinksprüchen und die von Natur steiferen Gäste gaben sich Mühe, sich diesem Stil anzupassen. Indessen kam es niemals zu Exzessen, auf beiden Seiten gab es niemanden, der sich nicht auf seinen Beinen zu halten und die Formen zu wahren vermocht hätte. Die Fairness erfordert das Geständnis, daß wir speziell präpariert waren: Vor jedem Aufbruch zu einem Gastmahl verpaßte uns Globke eigenhändig in seinem Zimmer im Sowjetskaja einen gestrichenen Löffel voll Olivenöl – ein Hausmittel, das sich gut bewährte.

Siebentes Bild: Ein Sitzungssaal in einem der oberen Stockwerke des Hochhauses am Kalinin-Prospekt, dem Haus des sowjetischen Außenministeriums, Schauplatz einer einzigen Verhandlung zwischen den beiden Außenministern Molotow und von Brentano. In dieser Sitzung lehnte Molotow den deutschen Vorschlag ab, angesichts der schwierigen Verhandlungslage die einzelnen Themen der Tagesordnung in den nächsten Monaten von gemischten Kommissionen weiter verhandeln zu lassen. Brentano seinerseits verblüffte Molotow beträchtlich, indem er sich überraschend bereit erklärte, auf die sowjetische Forderung einzugehen, daß die Kriegsgefangenenfrage – da sie Personen aus beiden Teilen Deutschlands angehe – unter Hinzuziehung von Vertretern der DDR besprochen werden müsse. Molotow nahm das mit einiger Überraschung zur Kenntnis – und kam auf seine Forderung nie wieder zurück.

Achtes Bild: Der Kreml mit dem Bankettsaal, in dem am ersten Tag ein Begrüßungsfrühstück stattfand, und dem prunkvollen, im alten Stil der Zarenzeit erhaltenen St. Georgs-Saal, in dem sich der große Galaempfang am Montag, den 12. September, abspielte. Bei dem Frühstück saß ich zwischen Alexej Kossygin und Lasar Kaganowitsch – verständigen konnte ich mich nur mit dem letzteren, der ein wenig deutsch, vermischt mit jiddisch, radebrechen konnte. Kossygin befand sich in einer Talsohle seiner Karriere, und mein Ahnungsvermögen ging nicht so weit, daß ich seinen späteren Aufstieg gewittert hätte. Der große Empfang ist oft beschrieben worden; er verblüffte uns alle durch das an vergangene Jahrhunderte erinnernde Arrangement: Die Prominenz (in diesem Fall alle Mitglieder beider Delegationen) saß an der Spitze des Saales an einer Quertafel, während alle übrigen – einschließlich der Botschafter der Großmächte – in dem durch eine Kordel abgetrennten übrigen Teile des Saales an langen Längstischen standen und ihre Teller und Gläser in den Händen balancierten. Für diesen Zeitpunkt hatten sich die Gastgeber die einzige Konzession aufgespart, die sie in diesen Tagen gewährten: das Versprechen, die Gefangenen freizulassen. Das Angebot kam im Gespräch zwischen Adenauer und Bulganin. Die Tatsache, daß Chruschtschow gleichzeitig ähnliche Andeutungen im Gespräch mit Karl Arnold machte, bestätigt nach meiner Auffassung, daß es sich nicht um spontane Ergebnisse des Gesprächsverlaufes, sondern um eine genau kalkulierte Regie handelte. Zwar wurde auf dem Empfang nichts bekanntgegeben, aber das Gespräch und insbesondere sein Abschluß, bei dem die Beteiligten mit ihren Gläsern anstießen, waren natürlich allgemein beobachtet und registriert worden, und dies genügte, um den Eindruck zu verbreiten, daß ein Durchbruch zur Einigung erzielt worden sei.

Am letzten Abend, nach Abschluß der Verhandlungen, gab es noch einmal ein Essen im Bankettsaal. Während die Delegationen schon bei Tisch saßen, aßen, tranken und ungezählte Trinksprüche austauschten, stritt ich mich in einem angrenzenden Nebenraum mit Gromyko (dem stellvertretenden Außenminister) über einige Passagen des Kommuniqués, das zu formulieren und miteinander abzustimmen man uns beiden aufgetragen hatte. Es ging zuletzt darum, daß wir die Zustimmung des Bundestages zu den getroffenen Vereinbarungen vorbehalten wollten. Gromyko stand an Härte und Zähigkeit seinem Chef Molotow nicht nach. Auch meine Versuche, die Dolmetscher auszuschalten und in englischer Sprache – die er vorzüglich beherrschte – zu einer direkten Verständigung zu kommen, hatten nur wenig Erfolg. Schließlich, als kein Zureden mehr half und das Bankett nebenan sichtlich auf dem Höhepunkte war, schlug ich ihm vor, daß wir zusammen hinübergehen und die letzte Streitfrage den Delegationschefs selbst zur Entscheidung unterbreiten sollten. Ich rechnete damit, daß dort der Wodka schon seine Wirkung getan und eine Stimmung der Großzügigkeit geschaffen haben würde. Diese Rechnung ging auf: Chruschtschow war in voller Fahrt und wollte von Kommuniquéschwierigkeiten nichts mehr wissen. Er wischte Gromykos Bedenken vom Tisch, und wir bekamen die von uns gewünschte Formulierung. Das war meine erste Erfahrung mit Gromyko, die zu vertiefen ich vier Jahre später in Genf noch viele Wochen lang Gelegenheit haben sollte.

Charles Bohlen: Adenauers Mißerfolg?

Charles Bohlen, der langjährige Rußland-Experte des State Department, der schon an den Konferenzen von Yalta und Potsdam teilgenommen hatte und in der Zeit unseres Moskau-Besuchs dort amerikanischer Botschafter war, hat die Anlage und das Ergebnis der Moskauer Verhandlungen auf einer halben Seite seines über fünfhundert Seiten starken Erinnerungsbuches sehr kritisch bewertet.[1]

Adenauer sei nach Moskau gegangen, so schreibt Bohlen, nachdem er vorher öffentlich und vertraulich darauf insistiert habe, daß der Preis für die Aufnahme diplomatischer Beziehungen die sowjetische Zustimmung zu gesamtdeutschen Wahlen und die Freilassung der deutschen Kriegsgefangenen sein müsse. Ziemlich arrogant habe er ihm, Bohlen, aufgetragen, Washington wissen zu lassen, daß »Festigkeit« in Verhandlungen mit dem Kreml entscheidend sei. Es habe ihn daher erstaunt, daß Adenauer sich »duckte« (»tuckled«) und ein sowjetisches Angebot annahm, diplomatische Beziehungen als Gegenleistung für die Freilassung der Kriegsgefangenen aufzunehmen. Er habe es für einen Fehler gehalten, daß ein Regierungschef nach Moskau gehe, um dort ein Geschäft (»a deal«) mit der vollen diplomatischen Anerkennung zu machen, und er habe das offen gesagt. Adenauer habe sich in eine Falle locken lassen, in der er ein Übereinkommen akzeptierte, das weniger als befriedigend war. Das sowjetische Ziel sei die Aufnahme voller diplomatischer Beziehungen gewesen, um dadurch die Teilung Deutschlands förmlich bestätigt zu bekommen. Die neuntausendsechshundertsechsundzwanzig Gefangenen, unter denen sich unzweifelhaft einige eingefleischte Nazi-Kriegsverbrecher befunden hätten, seien in sowjetischen Augen nur ein sekundärer Faktor gewesen. Ein Mitglied der deutschen Delegation, die selbst in ihren Auffassungen tief gespalten gewesen sei, habe Adenauer von den Vorbehalten berichtet, die er in seinen Berichten nach Washington zum Ausdruck gebracht habe. Adenauer habe ihn daraufhin amerikanischen Pressevertretern gegenüber beschuldigt, die Atmosphäre zu vergiften. Kurz nach dem Adenauer-Besuch hätten die Sowjets jedenfalls die Souveränität der DDR anerkannt.

Diese Kritik enthält einige interessante Punkte. Mehrere von ihnen erscheinen mir jedoch nicht als stichhaltig. Die Aufnahme diplomatischer Beziehungen, darin stimme ich Bohlen zu, ist ein Normalisierungsakt, der die Voraussetzung für Verhandlungen über andere Sachfragen ist und nicht mit diesen zusammen zum Gegenstand einer Gesamtverhandlung auf der Ebene von Regierungschefs gemacht werden sollte. Die Entlassung der Kriegsgefangenen – volle zehn Jahre nach Kriegsende – war für die Sowjets in der Tat ein niedriger Preis, wenn sie ein starkes politisches Interesse an der Aufnahme diplomatischer Beziehungen hatten – woran nicht zu zweifeln ist.

Wenn es richtig wäre, daß Adenauer mit dem Ziel nach Moskau gefahren ist, um dort die Aufnahme diplomatischer Beziehungen gegen eine sowjetische Zustimmung zu freien gesamtdeutschen Wahlen und die Entlassung der Kriegsgefangenen auszuhandeln, dann spräche vieles für Bohlens Ansicht, daß Adenauer in Moskau in eine Falle gegangen sei. Indessen stimmt dieser Ausgangspunkt nicht. Niemand in der deutschen Delegation und am allerwenigsten der Kanzler konnte sich, wenige Wochen nach Genf, der Hoffnung hingeben – und niemand gab sich der Hoffnung hin –, daß die sowjetische Zustimmung zu freien Wahlen nun plötzlich zu erlangen sei. Noch in ihrer letzten, dem Besuch in Moskau voraufgegangenen Note vom 19. August 1955, welche die Korrespondenz über die Einladung und deren Annahme, die Thematik und die Modalitäten der geplanten Verhandlungen abschloß, hatte die sowjetische Regierung unmißverständlich erklärt:»In bezug auf die Frage der nationalen Wiedervereinigung Deutschlands, die in der Note der deutschen Bundesregierung erwähnt wird, glaubt die sowjetische Regierung, daß die Haltung der UdSSR in dieser Frage der Regierung der Deutschen Bundesrepublik bekannt ist. Die sowjetische Regierung sieht aber selbstverständlich keine Hindernisse für einen Gedankenaustausch in dieser Frage, ebenso wie bezüglich anderer internationaler Fragen, die für beide Länder von Interesse sind.«

Unter diesen Umständen konnte das Verhandlungsziel der deutschen Delegation nur wesentlich niedriger gesteckt sein. In einem Vortrag an der Freiburger Universität im Dezember desselben Jahres habe ich das, was unsere Delegation als unerläßliche Mindestbedingungen für die Aufnahme diplomatischer Beziehungen ansah, wie folgt umrissen:»Erstens: die sofortige Freilassung der Gefangenen; zweitens: die Vereinbarung einer Formel, durch die klargestellt würde, daß die Herstellung diplomatischer Beziehungen dazu dienen sollte, die Wiedervereinigung Deutschlands zu fördern; drittens: die rechtswirksame Anbringung eines deutschen Vorbehalts, der es ausschlösse, die Aufnahme diplomatischer Beziehungen als Anerkennung des territorialen Status quo zu deuten; viertens: die entsprechende Anbringung eines Vorbehalts, durch den klargestellt würde, daß die Bundesrepublik nicht auf ihren Anspruch verzichtete, Sprecher des ganzen deutschen Volkes in internationalen Angelegenheiten zu sein, und daß sie auch in Zukunft nicht daran denke, die sogenannte DDR als Staat oder ihre Regierung als solche anzuerkennen.«[2]

Daß nicht mehr zu erwarten war und nicht mehr erwartet wurde, war vor Moskau allen amtlichen deutschen Äußerungen – öffentlichen und nicht öffentlichen – zu entnehmen. Die deutsche Note vom 12. August 1955 hatte nicht mehr als eine »Erörterung« der Frage der staatlichen Einheit Deutschlands verlangt. Mehr konnte schon deshalb nicht erstrebt werden, weil die Bundesregierung strikt an der Auffassung festhielt, daß die Wiedervereinigung nur im Rahmen der Viermächte-Verantwortung für Deutschland als Ganzes geregelt werden könne und weil sie sorgfältig darauf bedacht war, nicht kurz vor der Genfer Außenminister-Konferenz eine Zweigleisigkeit von Verhandlungen über die Deutschland-Frage einzuleiten.

In diesem Punkte hat sich der sonst so erfahrene und routinierte Diplomat Bohlen getäuscht und seine Berichterstattung nach Washington war offenbar dementsprechend schief. Das erklärt seinen Zornesausbruch, als Blankenhorn den drei Botschaftern der Westmächte in Moskau am 13. September von der erzielten Einigung Mitteilung machte – die nach dem Verhandlungsstand vom 11. und 12. September allerdings als eine totale Überraschung kam und den wahrscheinlich pessimistischen Prognosen der Botschafter für den Ausgang der Verhandlungen zuwiderlief.

Der deutsche Bundestag mit Regierungs- und Oppositionsparteien sowie die gesamte deutsche Öffentlichkeit haben dem Ergebnis von Moskau zugestimmt. Wie wäre das denkbar gewesen, wenn man ernstlich das Versprechen freier Wahlen von dieser ersten Begegnung erwartet hätte?

In einer Hinsicht, insofern mag Bohlens Bemerkung über die »Falle« zutreffen, hat sich Adenauer in Moskau von dem Ungestüm Chruschtschows überfahren lassen: Er war nicht mit der Absicht gereist, ein perfektes Abkommen über diplomatische Beziehungen zurückzubringen. Schon der dem Besuch vorausgehende Notenwechsel ließ das erkennen. Die sowjetische Note vom 3. August 1955 hatte als erste der im Verlauf der Verhandlungen zu prüfenden Fragen ausdrücklich bezeichnet: die »Herstellung diplomatischer Beziehungen zwischen der Sowjetunion und der Bundesrepublik Deutschland und den Austausch entsprechender Dokumente«. Demgegenüber erklärte sich die Bundesregierung in ihrer Antwortnote vom 12. August lediglich damit einverstanden, »daß im Laufe der Besprechungen auch die Mittel und Wege erörtert werden, die geeignet erscheinen, den Austausch solcher Dokumente und den Abschluß entsprechender Abkommen auf den genannten Gebieten vorzubereiten«.

Was Adenauer tatsächlich vorschwebte, kommt am deutlichsten in einer

Sprachregelung zum Ausdruck, die ich auf seine Weisung am 23. August an seinem Urlaubsort Mürren für die Botschafter Blankenhorn (NATO) und Krekeler (Washington) formulierte. Darin hieß es: »Zweck der Moskau-Reise des Bundeskanzlers ist lediglich erste Kontaktnahme. Es ist nicht beabsichtigt, länger als drei bis vier Tage zu verhandeln. Irgendwelche konkreten Entscheidungen werden nicht erwartet.

Ziel der Verhandlungen ist die Bildung von vier gemischten deutschrussischen Kommissionen: einer politischen, in welcher die Wiedervereinigung und die Aufnahme diplomatischer Beziehungen sowie die damit zusammenhängenden Probleme erörtert werden, einer wirtschaftlichen mit dem Ziel des Abschlusses eines Handelsvertrages, einer kulturellen mit dem Ziel des Abschlusses eines Kulturvertrages, einer Kommission für das Kriegsgefangenen- und Verschlepptenproblem. Im Fall, daß die Sowjets auf die Bildung einer solchen vierten Kommission nicht eingehen, Einbeziehung des Gefangenen- und Verschlepptenproblems in die politische Kommission.

Für den Fall, daß die Sowjets auf die geplanten Kommissionen nicht eingehen oder aber auch für den Fall, daß sie weder die Wiedervereinigungsfrage noch das Gefangenenproblem erörtern wollen, ist beabsichtigt, den Faden mit der sowjetischen Regierung nicht völlig abreißen zu lassen, sondern den Sowjets den Austausch von diplomatischen Agenten vorzuschlagen.«

Die Idee, die Moskauer Begegnung nur als einen ersten Auftakt für weitere Gespräche und Verhandlungen im Rahmen einer oder mehrerer sowjetisch-deutscher Kommissionen zu betrachten, ist von Brentano in der Sitzung der Außenminister am 12. September vormittags förmlich zur Diskussion gestellt worden. Sie wurde von Molotow rundweg abgelehnt. Am Nachmittag griffen Bulganin und Chruschtschow denjenigen Teil des deutschen Vorschlags auf, der in ihr Konzept paßte: Sie erklärten sich bereit, die Gefangenen- und Kriegsverbrecherfrage sowie die Herstellung von Handels- und kulturellen Beziehungen in Sachverständigenkommissionen beraten zu lassen. Die Herstellung diplomatischer Beziehungen aber verlangten sie sofort. Es grenzte an blanken Hohn, wenn Chruschtschow dem zu diesem Zweck nach Moskau eingeladenen Kanzler auch noch vorhielt: »Staatliche diplomatische Beziehungen werden in den meisten Fällen ohne Inanspruchnahme, ohne daß dabei so hochgestellte Delegationen zusammenkommen, hergestellt. Es genügt eigentlich ein einfacher Notenaustausch.«

Wolle der Kanzler, so lautete Chruschtschows Logik, nachdem er schon zu diesem Zweck nach Moskau gekommen sei, auch noch behaupten, er könne diese Vereinbarung über die Aufnahme diplomatischer Beziehungen nicht allein zum Abschluß bringen?

Wenn Adenauer in bezug auf Moskau eine Fehlkalkulation unterlaufen war, dann war es diese: daß er geglaubt hatte, er könne seinen Besuch in Moskau als bloßen Ausgangspunkt für weitere, nicht unter Zeitdruck und nicht im grellen Licht der Weltöffentlichkeit stehende, von Experten oder doch auf einer etwas niedrigeren Ebene und damit nicht von ihm selbst zu führende Verhandlungen etablieren.

In diesem Punkte hatte er sich verrechnet, hatte er das taktische und regietechnische Geschick seiner Gastgeber und ihre Zielstrebigkeit unterschätzt: Vom großen Ankunftszeremoniell auf dem Flugplatz, in Anwesenheit der obersten Führungsgruppe des Kreml, über die groß aufgemachte Berichterstattung der sowjetischen Presse bis hin zu dem berühmten Versöhnungshandschlag Bulganins in der Loge des Bolschoi-Theaters war alles auf die Schaffung einer Atmosphäre angelegt, die eine Abreise ohne Zustimmung zur Aufnahme diplomatischer Beziehungen als schwere Brüskierung der Gastgeber hätte erscheinen lassen müssen.

Wenn man so will, kann man insoweit mit Bohlen sagen, Adenauer sei in eine Falle gegangen. Aber nicht im Entferntesten ergab sich daraus eine diplomatische Niederlage – und gar eine solche des von Bohlen angedeuteten Ausmaßes. Gewiß, Adenauer war in eine Zwangslage geraten, die ihn zum Abschluß nötigte und die es schwierig machte, mehr als gerade die Mindestbedingungen herauszuholen, die man sich selbst vorher als letzte Rückfallposition gesetzt hatte. Wenn es in der deutschen Delegation – besonders am Vorabend der Schlußverhandlungen – Meinungsverschiedenheiten gegeben hat, so bezogen sie sich auf diesen Punkt: Ob man sich mit dem baren Minimum des Erstrebten zufriedengeben sollte – und ob dieses Minimum überhaupt erreicht sei. Adenauer rief den Kreis der Delegation im engeren Sinne zu einer Beratung dieser Frage in den abhörsicheren Wagen unseres Sonderzuges. Man wußte, zu welchen Bedingungen der Abschluß am nächsten Tag möglich sein würde: ein mündliches Versprechen Bulganins, neuntausendsechshundertsechsundzwanzig Gefangene zu entlassen; in bezug auf die Wiedervereinigungsfrage eine Wiederholung jenes nicht gerade substantiellen Satzes, der schon in der sowjetischen Note vom 7. Juni 1955 gestanden hatte (»Die Sowjetregierung geht hierbei davon aus, daß die Herstellung und Entwicklung normaler Beziehungen zwischen der Sowjetunion und der Deutschen Bundesrepublik zur Lösung der ungeregelten Fragen beitragen werden, die ganz Deutschland betreffen, und somit zur Lösung des gesamtnationalen Hauptproblems des deutschen Volkes – der Wiederherstellung der Einheit des deutschen demokratischen Staates – beitragen sollen«); schließlich Ungewißheit in bezug auf die Möglichkeit, unsere Vorbehalte über die deutschen Grenzen und die DDR rechtswirksam anzubringen.

Brentano, Hallstein und ich hielten dieses als Abschlußbasis für unzureichend. Was meine Motive anlangte (ich kann hier nicht für Brentano und Hallstein sprechen, obwohl ich glaube, daß unsere Motive nicht weit auseinandergingen), so war ich keineswegs gegen die Aufnahme der diplomatischen Beziehungen, glaubte aber, daß aus den Verhandlungen noch mehr herausgeholt werden müsse – und könne. Bulganins mündliches Versprechen bezüglich der Kriegsgefangenen erschien mir dubios. Ich gebe zu, daß sich dieses Mißtrauen nicht als begründet erwiesen hat. Konnte man das wissen? Anderthalb Jahrzehnte später hat die Bundesrepublik in einer ähnlichen Frage mit einer sogar schriftlich fixierten, aber nicht in rechtsverbindlicher Form abgegebenen Zusage der polnischen Regierung sehr schlechte Erfahrungen gemacht.

Zum anderen hatte auch ich nicht im Traum daran gedacht, daß eine konkrete Vereinbarung über freie, gesamtdeutsche Wahlen im Bereich des Möglichen liege. Was mir als allenfalls erreichbar vorschwebte, war eine Formel, die der bevorstehenden Genfer Außenministerkonferenz einen greifbaren Ansatzpunkt für konkrete Viererverhandlungen über die Deutschland-Frage geboten hätte. Mit anderen Worten: Meine »dissenting opinion« – und wohl auch diejenige von Brentano und Hallstein – war nicht grundsätzlicher, sondern taktischer Natur. Nachdem der Kanzler in seinem Sinne entschieden und mit den Russen abgeschlossen hatte, haben sich alle drei Dissenters mit diesem Ergebnis identifiziert. Dies wurde nach der Rückkehr aus Moskau noch dadurch erleichtert, daß die sowjetische Regierung Bulganins Versprechen in der Kriegsgefangenenfrage zügig erfüllte, daß unsere Vorbehalte in der Grenzfrage und in der Frage der DDR nicht zurückgewiesen wurden und daß dann die Genfer Außenministerkonferenz so negativ verlief, daß man zweifeln mußte, ob eine bessere Ausgangsformel diesen Ablauf hätte ändern können.

Bohlen weist darauf hin, daß die Sowjetunion eine Woche nach dem Abschluß in Moskau die Souveränität der DDR förmlich anerkannte. Es mag sein, daß die Abmachungen mit der Bundesrepublik diese Anerkennung beschleunigt haben – schon weil die Sowjetunion ihrem Satelliten eine Kompensation schuldig zu sein glaubte. Auf längere Sicht aber war diese Entwicklung angesichts der Gesamtlinie der sowjetischen Deutschlandpolitik ohnehin unvermeidlich. Es lohnte sich kaum, um eines mehr oder weniger kurzen Aufschubs dieser Anerkennung wegen der eigenen Politik Zurückhaltung aufzuerlegen.

Endlich – und diesen Gesichtspunkt hat Bohlen völlig ignoriert – hatte die Bundesrepublik ein eigenes, sehr lebhaftes Interesse an der Herstellung diplomatischer Beziehungen mit der Sowjetunion. Um noch einmal mit meiner eigenen Bewertung aus der Sicht von 1955 – mit den Formulierungen meines Freiburger Vortrags – zu sprechen:

»Erstens: Selbstverständlich mußte die Bundesrepublik wie jeder andere Staat ein Interesse daran haben, möglichst normale diplomatische Beziehungen zu einer Macht zu unterhalten, die unstreitig eine der beiden Weltmächte der Gegenwart ist – und unter diesen beiden Spitzenmächten sogar diejenige, die ihr geographisch näher liegt.

Zweitens: Dies galt um so mehr, als die Sowjetunion eine der vier Sieger- und Besatzungsmächte von 1945 ist, deren Konsens sowohl für die Wiedervereinigung Deutschlands als auch für den Abschluß eines endgültigen Friedensvertrages unerläßlich ist.

Drittens: Die Sowjetunion war weiterhin die Gewahrsamsmacht einer immer noch außerordentlich hohen Zahl deutscher Kriegs- und Zivilgefangener sowie Verschleppter. Im Interesse ihrer Befreiung mußte die Aufnahme direkter Beziehungen zu dieser Gewahrsamsmacht als dringend geboten erscheinen.

Viertens: Auch im Verhältnis zu allen Drittstaaten mußte das politische Gewicht der Bundesrepublik durch die diplomatische Anerkennung der Sowjetunion und die Aufnahme direkter Beziehungen steigen.«[3]

Die Hallstein-Doktrin

Das Ergebnis von Moskau warf eine Reihe von schwierigen Fragen auf und nötigte zu weiteren Entscheidungen: Wenn es künftig zwei deutsche Botschafter in Moskau geben würde – müßten wir dies dann auch in Warschau, Prag, Budapest, in Kairo und Neu-Delhi hinnehmen? Mit anderen Worten, sollten wir den Staaten, die noch keine diplomatischen Beziehungen mit der DDR hatten, die Aufnahme solcher Beziehungen ohne Gegenmaßnahmen hingehen lassen und sollten wir gar unsererseits jenen kommunistischen Staaten, die bereits diplomatische Beziehungen mit der DDR unterhielten, die Beziehungsaufnahme mit uns anbieten?

Diese Problematik hatte mich schon auf dem Rückflug von Moskau beschäftigt, denn ich sah voraus, daß uns diese Fragen gleich nach der Rückkehr gestellt werden würden. Noch im Flugzeug brachte ich einige Gedanken darüber zu Papier. Sie betrafen mehr Fragestellungen als Antworten. Hallstein, dem ich meine Notizen gab, beauftragte mich, diese Fragen sofort nach unserer Rückkehr im Rahmen der Politischen Abteilung in Angriff zu nehmen.

Über die erste Frage wurde im Amt ziemlich rasch ein Konsens erzielt: Es gab wenig Neigung, die DDR widerstandslos überall da eindringen zu lassen, wo sie bis dahin nicht hatte Fuß fassen können. Auf der Grundlage dieses Konsensus kam es zu einer Formulierung, die Ade-

nauer in seinen Bericht über das Ergebnis von Moskau vor dem Bundestag am 22. September übernahm: »Ich muß unzweideutig feststellen«, so sagte er, »daß die Bundesregierung auch künftig die Aufnahme diplomatischer Beziehungen mit der ›DDR‹ durch dritte Staaten, mit denen sie offizielle Beziehungen unterhält, als einen unfreundlichen Akt ansehen würde, da er geeignet wäre, die Spaltung Deutschlands zu vertiefen.«
Diese Formel ließ vieles offen: Es wurde nichts darüber gesagt, wie man auf einen solchen Akt reagieren werde; offen blieb auch die Frage, ob man weiterhin die Beziehungsaufnahme zu solchen Staaten, die bereits Beziehungen zur DDR unterhielten, ablehnen würde. In dieser Frage gab es mehr Meinungsverschiedenheiten. Besonders in der Länderabteilung des Amtes gab es eine Reihe von Ostexperten, die diese Konsequenz nicht ziehen wollten. Es bildete sich eine Auffassung, die später gelegentlich als »Geburtsfehlertheorie« bezeichnet wurde: Die osteuropäischen Staaten, so argumentierte man, seien seit ihrer Geburt als kommunistische Staaten mit dem Makel behaftet, Beziehungen zur DDR zu unterhalten. Sie hätten in dieser Frage gar keine Entscheidungsfreiheit gehabt; sie hätten dem Druck der sowjetischen Hegemonialmacht nachgeben müssen. Unser eigenes Interesse an diplomatischen Beziehungen zu diesen Ländern sei so groß, daß man über diesen Makel hinwegsehen müsse.

Diese Theorie setzte sich jedoch nicht durch. Es überwog die Befürchtung, daß weitere Ausnahmen von dem Grundsatz, daß wir nur mit Staaten verkehren könnten, die die Bundesregierung als alleinigen legitimen Sprecher des ganzen deutschen Volkes anerkannten, unsere Politik untergraben und unhaltbar machen würden.

Auf einer Botschafterkonferenz in Bonn, die vom 8. bis 10. Dezember 1955 stattfand, wurde diese Problematik eingehend diskutiert. Zur Vorbereitung dieser Diskussion hatte ich (unter dem Datum des 7. Dezember) eine Aufzeichnung angefertigt, die das Problem in konzentrierter Form darzustellen suchte. Außenminister und Staatssekretär stimmten ihr uneingeschränkt zu und beauftragten mich, den wesentlichen Inhalt dieser Aufzeichnung den Missionschefs vorzutragen.

Sie legte in einem ersten einleitenden Abschnitt kurz die rechtlichen Grundlagen der Nichtanerkennungspolitik dar: die Bestimmungen des Grundgesetzes, die uns selbst an einer Anerkennung der DDR hinderten (was die Juristen der sozialliberalen Koalition Anfang der siebziger Jahre nicht mehr gelten ließen und was dann auch das Bundesverfassungsgericht mit seinem Urteil über den Grundlagenvertrag mit der DDR stark relativiert hat), die Bestimmungen des Deutschland-Vertrages, in dem sich die Westmächte auf das Alleinvertretungsrecht der Bundesrepublik verpflichtet hatten; auf entsprechende Verpflichtungen der Mitgliedstaaten der NATO und des Europarates.

Das Schwergewicht lag beim zweiten Abschnitt, der die politischen Grundlagen der Nichtanerkennungspolitik darlegte und nachdrücklich betonte, daß sie nicht auf juristischen, sondern auf politischen Überlegungen basierte[1] und daß es ein Mißverständnis oder eine Entstellung sei, ihre Motive in einem juristischen Formalismus zu sehen.[2]

Im dritten Abschnitt ging es um die praktische Anwendung der Nichtanerkennungspolitik. Welche Tatbestände müßten als »Anerkennung« gewertet werden und welche nicht? Völkerrecht und Staatenpraxis seien in dieser Frage nicht eindeutig festgelegt, die Antworten umstritten. Daher wurde empfohlen, »keine generellen Regeln aufzustellen, sondern in der Beurteilung der Tatbestände elastisch zu bleiben«. Nachdrücklich warnte ich in diesem Abschnitt vor einer Überdehnung dieser Politik, die mit den Realitäten kollidieren und in Schwierigkeiten geraten werde.[3]

Leider ist diese Warnung in der Praxis der späteren Jahre nicht immer befolgt worden: Man beschwerte sich bei dritten Staaten über Handels- oder Sportbeziehungen mit der DDR, die man selbst häufig noch intensiver pflegte. Oder man machte aus wechselseitigen kulturellen Veranstaltungen eine Frage der diplomatischen Anerkennung. Beides war schädlich, doch hatte ich nach meinem Fortgang von Bonn keinen Einfluß mehr darauf, der eine solch naiv-eigennützige oder engstirnig-dogmatische Praxis hätte verhüten können.

Von vornherein war es notwendig, dogmatischem Übereifer zu begegnen. So hatte ein offizieller Sprecher des Auswärtigen Amtes nach Abschluß der Botschafterkonferenz der Presse gegenüber erklärt, daß die Bundesregierung die diplomatischen Beziehungen mit allen Staaten, die diplomatische Beziehungen mit der ›DDR‹ aufnähmen, abbrechen werde. Aus dem gleichen Grunde werde sie auch keine diplomatischen Beziehungen zu den Staaten des Ostblocks aufnehmen; die Sowjetunion als vierte Besatzungsmacht mache dabei eine Ausnahme.

Diese Formulierung erschien mir unglücklich, da sie den Abbruch der diplomatischen Beziehungen als gleichsam automatische, zwangsläufige Sanktion erscheinen ließ. Ich erbat daher vom Außenminister die Ermächtigung – und erhielt sie –, diesen Eindruck in einem Rundfunkinterview zu korrigieren und dem politischen Ergebnis der Botschafterkonferenz eine differenziertere Formulierung zu geben.

In diesem Interview stellte ich darauf ab, daß man nicht generell festlegen könne, wann eine völkerrechtliche Anerkennung vorliege, daß es auch »Zwischenstufen« gebe; daß wir in intensivierten Beziehungen mit der DDR zwar einen unfreundlichen Akt uns gegenüber sähen, daß man darauf jedoch »mit verschieden abgestuften Maßnahmen reagieren« könne: »Es gibt eine ganze Reihe von Maßnahmen, die noch vor dem Abbruch der diplomatischen Beziehungen liegen. Und es ist klar, daß man einen so schwerwiegenden Schritt wie den Abbruch diplomatischer Beziehungen immer nur nach sehr reiflicher Überlegung und in einer sehr ernsten Situation tun wird. Aber soviel ist klar, daß diese ganze Frage für uns in der Tat eine äußerst ernste Frage ist und daß in dem Augenblick, in dem das Problem der Doppelvertretung Deutschlands bei dritten Staaten auftaucht, wir wahrscheinlich gar nicht anders können, als sehr ernste Konsequenzen daraus zu ziehen.«[4]

Dieses Interview galt später als die einzige offizielle Formulierung der ›Hallstein-Doktrin‹, zumal sich der Außenminister in seiner vor dem Bundestag am 28. Juni 1956 abgegebenen Erklärung damit begnügte, die Formel Adenauers vom 22. September 1955 zu wiederholen und sie lediglich durch einen Satz zu ergänzen: Die Bundesregierung würde im Falle eines solchen unfreundlichen Aktes seitens eines Drittstaates »ihre Beziehungen zu dem betreffenden Staate einer Überprüfung unterziehen müssen«.[5]

Diese Entstehungsgeschichte der Hallstein-Doktrin (ein Ausdruck, der zuerst 1958 von Joachim Schwelien, Korrespondent der Frankfurter Allgemeinen Zeitung in Bonn, geprägt wurde, mit dem Zusatz, daß man besser von einer »Hallstein-Grewe-Doktrin« spreche) hat zehn Jahre später plötzlich die deutsche Presse beschäftigt: im Frühjahr 1965, in einem Augenblick also, als Ulbricht in Kairo auftrat, Bundeskanzler Erhard die Aufnahme diplomatischer Beziehungen mit Israel in Erwägung zog und Nasser für diesen Fall mit der vollen Anerkennung der DDR drohte. In einem giftigen ›Spiegel‹-Artikel gegen die Hallstein-Doktrin hieß es, »ihr Schöpfer – sofern sie überhaupt einen Schöpfer hatte – hieß nicht Hallstein, sondern Grewe«[6]. Ohne giftigen Beigeschmack, ganz sachlich und unterrichtend, schrieb gleichzeitig Walter Henkels, die sogenannte Doktrin des »Alleinvertretungsanspruches« hätte »ebensogut Adenauer- oder Brentano-Doktrin, viel besser aber noch Grewe-Doktrin heißen können«, da sie von mir formuliert und zu Papier gebracht worden sei.[7] Selbst Walter Lippmann meldete sich zu Worte (wie immer, wenn etwas seine spezifische Allergie gegen mich reizte) und schrieb in seiner Kolumne am 26. März 1965 über »the so-called Hallstein doctrine«: »it appears that the former ambassador to the United States, Professor Grewe, was in fact the author of it«. Auch in der wissenschaftlichen Literatur wurde diese Version später übernommen, so von Waldemar Besson, nach dessen Darstellung ich »diese Formel auf einer Botschafterkonferenz im Dezember 1955 erfunden« hätte.[8]

Hallstein selbst verhielt sich dieser »Recherche de la paternité« gegenüber zurückhaltend. Henkels wollte von ihm gehört haben, er bekenne sich zur »Patenschaft«, nicht zur »Vaterschaft«. Angesichts der vom ›Spiegel‹ kolportierten angeblichen Äußerungen von mir zur Vaterschaftsfrage schrieb ich Hallstein am 24. März: »Mir liegt nur daran, Ihnen gegenüber klarzustellen, daß ich weder früher noch jetzt den Wunsch verspürt habe, als der eigentliche Autor der sogenannten Hallstein-Doktrin geführt zu werden. Der ›Spiegel‹-Artikel erweckt diesen Eindruck, indem er ein authentisches Zitat aus meinem Buch mit einer Reihe nichtauthentischer Zitate von Äußerungen verknüpft, die ich nicht oder jedenfalls nicht in dieser Form gemacht habe. Ich habe mir einen Augenblick überlegt, ob ich eine Richtigstellung veröffentlichen sollte, habe davon jedoch vor allem auch deswegen Abstand genommen, weil ich nicht den Eindruck erwecken möchte, daß ich mich im Augenblick der Krise der Mitverantwortung für diese Politik entledigen möchte. Journalisten gegenüber, die mich in den letzten Wochen auf die Entstehungsgeschichte der Hallstein-Doktrin ansprachen, habe ich stets darauf hingewiesen, daß es keine authentische Definition dieser sogenannten Doktrin gibt, daß es sich vielmehr um eine logische und notwendige Konsequenz einer Politik handelt, die man neuerdings mit dem Ausdruck Alleinvertretungsanspruch versehen hat und die infolgedessen auch nicht eigentlich das Denkprodukt eines einzelnen Autors ist, sondern aus der Zusammenarbeit aller derer entstand, die damals mit der Deutschland-Politik in erster Linie befaßt waren. Von dem Gebrauch des Wortes ›Hallstein-Doktrin‹ habe ich gelegentlich abgeraten, weil dieses Wort nun einmal in der Öffentlichkeit mit einer ›doktrinären‹ und ›legalistischen‹ Politik assoziiert wird.«

Hallstein schrieb mir einen freundlichen Antwortbrief, vermied es jedoch, darin auf die Vaterschaftsfrage näher einzugehen.

Über die Art und Weise, wie dieses am meisten und intensivsten umstrittene Stück der Deutschlandpolitik zwischen 1955 und 1969 zustande gekommen ist, gibt es viele Legenden. Eine von ihnen besagt, daß ein kleiner, vom Gesamtorganismus des Auswärtigen Amtes und insbesondere auch von den Auslandsvertretungen abgekapselter Kreis professoraler Berater Brentanos und Hallsteins diese Politik entwickelt habe, ohne das dem Amt und seiner Spitze zu Gebote stehende Planungs- und Informationspotential und den Erfahrungsschatz der Praktiker auszuschöpfen. Ein organisierter Planungsstab habe nicht bestanden, den Chefs der Auslandsmissionen habe man auf der Botschafterkonferenz von 1955 nur ein »briefing« über eine von der Spitze der Zentrale bereits getroffene Entscheidung geboten, ohne sie wirklich zu konsultieren.[9]

Was soll man von dieser Darstellung halten? Daß es 1955 im Auswärtigen Amt keinen Planungsstab gab, erlaubt kaum das Urteil, daß außenpolitische Planung »in diffuser Form« in verschiedenen Abteilungen und Referaten des Amtes stattfand. Es läßt sich lange darüber streiten, ob Planungsstäbe in einem Außenministerium eine sinnvolle Einrichtung sind. Noch nie hat die Existenz eines solchen Stabes allein schon sinnvolle Planungsarbeit garantiert. In den meisten Fällen pflegen diese Stäbe nach kurzer Zeit zweckentfremdet zu werden. Was über die Kommunikation, über die Verarbeitung von Informationen und Handlungskonzepten und über den Ablauf der Botschafterkonferenz vom Dezember 1955 verbreitet worden ist, ist schlicht falsch. Die Entscheidung über diese Politik war alles andere als ein einsamer Beschluß einer kleinen Spitzengruppe, die den Missionschefs in einem »briefing« nur noch eröffnet worden wäre. Vielmehr war eine sorgfältige Vorarbeit der Konferenz vorausgegangen. Eine Aufzeichnung der Länderabteilung vom 18. November hatte zusammenfassend das gesamte Informationsmaterial aufbereitet, das zu diesem Zweck von unseren Missionen in aller Welt angefordert worden war. Die »Berücksichtigung internationaler Faktoren« war das Hauptthema einer zweitägigen Konferenz, zu der vierundzwanzig Missionschefs nach Bonn geladen worden waren. Ein »briefing« hätte man wahrhaftig einfacher haben können. Dafür hätte auch ein Drahterlaß genügt.[10] Da bei dieser Konferenz der Schwerpunkt bei den Missionschefs im europäisch-atlantischen Bereich gelegen hatte (jedoch unter Teilnahme auch der Botschafter in Kairo, Neu-Delhi und bei den Vereinten Nationen), wurde wenige Monate später in Istanbul eine weitere Botschafterkonferenz für die Missionschefs im Nahen Osten abgehalten, auf der das gleiche Thema noch einmal gründlich diskutiert wurde, wobei ein ziemlich umfassendes, im Protokoll fast dreißig Seiten füllendes Referat von mir als Ausgangspunkt diente.

Die Vorstellung, daß bei solchen Gelegenheiten nicht frei diskutiert worden sei und daß die Missionschefs nicht auf beiden Konferenzen ihr volles Informationsmaterial ausgebreitet und bewertet hätten, ist irrig. Die letzten Planungsentscheidungen können immer nur von einer kleinen Spitzengruppe getroffen werden. Kommunikationsschwierigkeiten? Ich war bei allen meinen Ausarbeitungen auf die Zuarbeit meiner Referenten angewiesen und stand in ständigem Diskussionskontakt mit ihnen. Wo es die Sache erforderte, nahm ich den einen oder anderen auch in die Besprechungen beim Staatssekretär oder Minister mit. Soll Außenpolitik etwa aus Abstimmungen größerer Gremien hervorgehen?

Diese Beispiele aus der Literatur herausgegriffener polemischer Kritik lassen erkennen, daß die Hallstein-Doktrin vom Augenblick ihrer Entstehung an ein besonders heftig umstrittenes Prinzip der deutschen Außenpolitik war. Das hat sich im Laufe der Zeit und im Zuge ihrer praktischen Anwendung eher noch verschärft.

In der außenpolitischen Praxis der Bundesrepublik kam es nur zu einigen wenigen Anwendungsfällen der Hallstein-Doktrin. Mit Ausnahme des Abbruchs der Beziehungen zu Kuba am 14. Januar 1963 waren die in diesen Fällen gezogenen Konsequenzen innerpolitisch heftig umstritten. Das gilt insbesondere für den Abbruch der Beziehungen zu Jugoslawien am 18. Oktober 1957, die Aufnahme diplomatischer Beziehungen mit Israel am 13. Mai 1965 (die als Gegenmaßnahme gegen Ulbrichts offiziellen Besuch in Ägypten und die angekündigte Eröffnung eines ägyptischen Generalkonsulats in Ost-Berlin gedacht war und den Abbruch der Beziehungen zur Bundesrepublik durch die meisten arabischen Staaten auslöste) sowie für die Reaktion auf die Beziehungsaufnahme zur DDR durch Kambodscha, den Irak und Sudan im Mai 1969.

Nur im Falle Jugoslawiens war ich ein unmittelbar Beteiligter. Die späteren Fälle spielten sich in einem Zeitpunkt ab, als ich mich längst fern von der Zentrale auf einem Auslandsposten befand und keinen Einfluß auf den Prozeß der Meinungsbildung und der Entscheidungsfindung in Bonn mehr hatte.

Die Auseinandersetzung mit dem Falle Jugoslawien bleibt in meiner Erinnerung eng verknüpft mit einem tragischen Todesfall in jenen Tagen: Karl Georg Pfleiderer, Botschafter in Belgrad seit September 1955, zwei Jahre später zur Berichterstattung über die Haltung Jugoslawiens in der DDR-Frage nach Bonn gerufen, erlag am 8. Oktober, kurz vor dem Höhepunkt der Jugoslawien-Krise (am 15. Oktober wurde in Belgrad die Aufnahme der Beziehungen zur DDR bekanntgegeben, am 18. Oktober brach Bonn die Beziehungen zu Belgrad ab) einem Herzinfarkt. Dieser plötzliche und gänzlich unerwartete Todesfall bewegte mich auch deswegen besonders, weil ich in den unmittelbar vorausgegangenen Tagen und Nächten in einem sehr intensiven Gedankenaustausch mit Pfleiderer gestanden hatte. Er arbeitete an einer Aufzeichnung, die unter der Überschrift »Neugestaltung der deutschen Ostpolitik« seine Gedanken darlegte, die darauf abzielten, den Bruch mit Jugoslawien zu vermeiden und statt dessen durch Anerkennung der Oder-Neiße-Grenze und Aufnahme diplomatischer Beziehungen mit den Ostblockstaaten eine neue offensive Ostpolitik zu beginnen. Wir waren in vielen Punkten völlig gegenteiliger Meinung, aber Pfleiderer legte großen Wert darauf, seine Ideen mit mir zu diskutieren und meine Kritik an seiner Aufzeichnung zu hören. Tatsächlich hat er eine ganze Anzahl von Passagen unter dem Eindruck dieser Kritik umformuliert. Dieses spielte sich weitgehend in den Abendstunden in meiner bescheidenen Zweizimmerwohnung in der Hausdorffstraße in Bonn ab (meine eigentliche Wohnung befand sich immer noch in Freiburg), wobei meine (spätere) Frau die veränderte Reinschrift auf der Maschine schrieb.

Diese eigentümliche Kooperation war eine Folge unserer seit vielen Jahren geführten Diskussion über die Ost- und Deutschland-Politik, die aus jener Zeit stammte, da Pfleiderer als FDP-Abgeordneter dem Auswärtigen Ausschuß des Bundestages angehörte. Wir waren meist verschiedener Meinung gewesen, was uns jedoch nie gehindert hatte, einander zu respektieren und zu schätzen. Meine Interpretation und Rechtfertigung der Bonner Verträge hatte er als die intelligenteste gelobt, die ihm bekannt geworden sei, was natürlich nicht bedeutete, daß er ihr zustimmte.

In jenen Tagen hatte sich unser Verhältnis zu Jugoslawien rapide verschlechtert. Bis dahin war Jugoslawien das einzige kommunistische Land gewesen, das diplomatische Beziehungen mit der Bundesrepublik, aber nicht mit der DDR unterhielt. Das hing mit der stalinistischen Politik Ulbrichts zusammen, der seit 1949 beflissen dem Verdammungsurteil Moskaus gegen Tito gefolgt war. Inzwischen aber hatte Chruschtschow seinen Canossagang nach Belgrad absolviert und Tito war im Begriffe, sich Moskau wieder anzunähern, wobei der Wunsch nach sowjetischer Wirtschaftshilfe eine wichtige Rolle spielte. Am 10. September hatte er bei einem Besuch Ladislaus Gomulkas in Belgrad bereits die Oder-Neiße-Linie als polnische Westgrenze anerkannt. Seit dem August lief ein Briefwechsel zwischen Tito und Otto Grotewohl, und am 15. Oktober (während Marschall Schukow in Belgrad weilte) folgte die Bekanntmachung der Beziehungsaufnahme mit der DDR.

In Bonn hatte man alles dieses sehr genau und mit Besorgnis verfolgt. Aus dieser Besorgnis hatte man Pfleiderer zur Berichterstattung nach Bonn gerufen. Dieser konnte wenig Ermutigendes berichten; daher sein Ratschlag, die Flucht nach vorn anzutreten, viel Ballast abzuwerfen und einen Neuanfang zu machen. Würde er heute noch leben, so hätte er die Genugtuung, daß seine Partei und später die sozialliberale Regierung die meisten seiner Vorschläge verwirklicht haben. Allerdings könnte er auch nicht die Augen davor verschließen, daß die meisten positiven Erwartungen, die daran geknüpft waren, nicht oder doch nur sehr unvollkommen realisiert werden konnten.

Die Entscheidung, mit Jugoslawien zu brechen, fiel im Kabinett. Sie wurde von der Opposition (SPD und FDP) heftig kritisiert, war auch im Regierungslager kontrovers und wurde in der Presse weithin heftig kritisiert.

Eine sonst eher gedämpfte Töne bevorzugende Zeitung verstieg sich zu der Behauptung, dies sei »Lederjackendiplomatie« und der Abbruch der Beziehungen sei fast eine Vorstufe zum Kriege und stehe daher in keinem Verhältnis zum Anlaß dieser Maßnahme.[11] Das Auswärtige Amt begann damals, eine ›Diplomatische Korrespondenz‹ herauszugeben, die, in unregelmäßiger Folge erscheinend, offiziöse Kommentare zu aktuellen Ereignissen bieten sollte. Ich eröffnete diese neue Publikation mit einem Artikel, der diese Übertreibungen richtigstellte und die Gründe für die

Entscheidung der Bundesregierung darlegte.[12] Der Artikel erwies sich als wirksam: Der Ton der Presse mäßigte sich, einige von mir widerlegte Argumente verschwanden aus den Zeitungen.

Für mich war der Fall Jugoslawien der letzte Anlaß, mich »zuständigkeitshalber« mit dem Komplex Hallstein-Doktrin zu beschäftigen. Während meiner Amtszeit in Washington und während meiner ersten Jahre beim NATO-Rat änderte sich an dieser Politik nichts. Noch 1963 beantwortete die Bundesregierung die Aufnahme diplomatischer Beziehungen mit der DDR durch Kuba mit dem Abbruch ihrer Beziehungen zu diesem Lande. Erst von 1967 an zeichnete sich eine allmähliche Modifizierung ihres Kurses ab, beginnend mit der Aufnahme voller diplomatischer Beziehungen zu Rumänien (1967) und der Wiederherstellung der Beziehungen zu Jugoslawien (1968). Ein Jahr später, angesichts der Aufnahme diplomatischer Beziehungen zwischen der DDR einerseits, dem Irak, dem Sudan und Kambodscha andererseits im Mai 1969, wurde die Hallstein-Doktrin wieder Gegenstand heftiger Kontroversen. Die oppositionelle FDP forderte erneut, wie schon in den vorausgegangenen Jahren, ihre endgültige Preisgabe. In der Publizistik wurde ihr immer wieder – zu Unrecht – ein Automatismus unterstellt, der die Zielscheibe vielfacher Kritik bildete. Die Regierung der großen Koalition formulierte ihren Standpunkt am 30. Mai 1969 in einer Erklärung, aus der hervorging, daß man keinen sofortigen und mehr oder weniger automatischen Abbruch der Beziehungen als Folge der Beziehungsaufnahme dritter Staaten zur DDR ins Auge faßte, sondern flexibel bleiben und alle Maßnahmen von den jeweiligen Umständen abhängig machen wollte. Andererseits behielt man sich vor, äußerstenfalls auch die diplomatischen Beziehungen zu dem betreffenden Drittstaat abzubrechen. Trotz aller Distanzierung von der Hallstein-Doktrin, um die man bei der publizistischen Kommentierung dieser Erklärung von amtlicher Seite bemüht war, deckte sich ihr Inhalt in der Substanz weiterhin mit dem, was alle seit 1955 amtierenden Bundesregierungen gesagt und praktiziert hatten.

Nach der Bildung der Koalitionsregierung Brandt-Scheel im Oktober 1969 wurden in der Deutschland-Politik jedoch neue Akzente gesetzt, die bereits die bevorstehende Entwicklung ahnen ließen, die schließlich zum Grundlagenvertrag mit der DDR vom 21. Dezember 1972 und damit zu einer völlig neuen Politik führte. Die Regierungserklärung vom 28. Oktober 1969 sprach zum ersten Male davon, daß »zwei Staaten in Deutschland existieren«. Allerdings setzte sie hinzu, sie seien »füreinander nicht Ausland; ihre Beziehungen zueinander können nur von besonderer Art sein«. Insbesondere wurde daran festgehalten: »Eine völkerrechtliche Anerkennung der DDR durch die Bundesregierung kann nicht in Betracht kommen.«

Was die Beziehungen dritter Staaten zur DDR anlangte, so betrachtete sich auch die neue sozialliberale Bundesregierung weiterhin als einzige freigewählte Regierung in Deutschland, die legitimiert sei, für die ganze Nation zu sprechen. Sie lehnte nach wie vor eine Einbeziehung der DDR in (regierungsamtliche) internationale Organisationen, internationale Konferenzen und multilaterale Verträge ab. Von dritten Staaten erwartete sie, daß sie sowohl in ihrem bilateralen Verhältnis zur DDR wie auch als Mitglied internationaler Organisationen und als Partner multilateraler Verträge nicht störend in die innerdeutschen Bemühungen um eine Übergangsregelung für das Verhältnis der beiden Teile Deutschlands zueinander eingriffen. Sollten dritte Staaten durch eine völkerrechtliche Anerkennung der DDR diese Bemühungen stören, so würde dies als Verletzung der Interessen der Bundesrepublik und als Belastung der gegenseitigen Beziehungen angesehen werden. Vor allem wollte diese Bundesregierung in jedem Falle ihre Haltung jeweils »nach den deutschen Interessen« bestimmen.

Auf die Frage, was dies für die Fortgeltung beziehungsweise Aufgabe der Hallstein-Doktrin bedeutete, erklärte der Regierungssprecher, Staatssekretär Konrad Ahlers, am 17. November 1969: »Man muß unterscheiden zwischen dem Sinn, den diese für ihre Urheber – darunter Botschafter Grewe – hatten, und der politischen Praxis. Ursprünglich hat die Doktrin nichts anderes bedeutet, als was die Bundesregierung jetzt tut, nämlich jeweils nach ihren Interessen zu entscheiden, was passiert, wenn ein anderer Staat völkerrechtliche Beziehungen zur DDR aufnimmt. Wenn man aber die Hallstein-Doktrin so auffaßt, wie sie in vielen Jahren der deutschen Politik tatsächlich exekutiert worden ist, dann muß man sagen: Sie ist jetzt aufgegeben.«

Im Laufe der folgenden Jahre wurden auch diese Unterscheidungen gegenstandslos. Mit der Unterzeichnung des Grundlagenvertrages am 21. Dezember 1972 gab die Bundesregierung alle früheren Vorbehalte gegen die Aufnahme diplomatischer Beziehungen zur DDR durch Drittstaaten auf. Als dieser Schlußpunkt gesetzt wurde, befand ich mich in Tokyo und erlebte die Auswirkungen dieses Wandels darin, daß auch in Tokyo eines Tages ein Botschafter der DDR auftauchte und mir seinen Antrittsbesuch machte.

In der Zwischenzeit hatte es für mich nur einmal einen Anlaß gegeben, zu dem Gesamtkomplex der Deutschland-Politik einschließlich des Problems der Nichtanerkennung der DDR und der Hallstein-Doktrin Stellung zu nehmen: Das war im November 1965, als mich Außenminister Schröder beauftragte, ein Exposé für eine Grundsatzdiskussion über das gesamte Gebiet der deutschen Außenpolitik anzufertigen. Aus diesem Exposé seien hier einige Abschnitte zitiert, die sich mit den Perspektiven der künftigen Deutschland-Politik und in diesem Rahmen mit der Hallstein-Doktrin befaßten.

In dem Abschnitt, der sich mit den Perspektiven der künftigen Deutschland-Politik befaßte, ging ich von einer Situationsanalyse aus, die schonungslos die Erosion des »klassischen« Konzepts der Wiedervereinigung durch freie Wahlen auf der Grundlage einer Viermächteeinigung beschrieb, wie sie im Laufe einer langen Periode des Kalten Krieges und der faktischen Teilung bei ständig wachsender Verhärtung der gegensätzlichen Ost-West-Positionen in der Deutschland-Frage eingetreten war. Die in der Öffentlichkeit diskutierten Alternativkonzeptionen erschienen mir überwiegend unrealistisch. Ich plädierte für eine beweglichere Deutschland-Politik, die das Endziel der Wiedervereinigung nicht präjudizierte und die dorthin führenden Wege offen hielt, und in diesem Rahmen für eine aktivere Ostpolitik. Die dem Exposé vorangestellte Kurzfassung bezeichnete Nichtanerkennungspolitik und Hallstein-Doktrin als »vorläufig unentbehrliche Instrumente dieser Politik«, betonte jedoch zugleich:

»Wir müssen jedoch versuchen, diese Instrumente so elastisch zu gestalten, daß sie uns nicht mehr Schaden zufügen, als sie Nutzen bringen. Deshalb sollten wir zum Beispiel behutsam versuchen, unserer Präsenz in Osteuropa allmählich die Form voller diplomatischer Beziehungen zu geben – wobei nicht verkannt werden darf, daß dies für die Aufrechterhaltung der Hallstein-Doktrin in der ›dritten Welt‹ ein riskanter Versuch ist.

Wenn die Hallstein-Doktrin in einem der führenden Staaten der ›dritten Welt‹ (zum Beispiel Indien) nicht mehr verfängt, muß sie so schnell wie möglich – und zwar im Zuge einer von uns ausgehenden Initiative – aufgegeben werden. Auf keinen Fall können wir es uns leisten, uns selbst in größeren Teilen der ›Dritten Welt‹ diplomatisch auszuschalten. Es bedarf daher einer ›contingency planning‹, wie wir in einem solchen Falle politisch, juristisch und ideologisch die eigene Nichtanerkennungspolitik (und die unserer Verbündeten) ohne Hallstein-Doktrin aufrecht erhalten können.«[13]

War die Hallstein-Doktrin von vornherein ein Irrweg unserer Deutschlandpolitik? Eine weit verbreitete landläufige Meinung sieht sie heute so. Ich kann mich, auch im kritischen Rückblick, dieser Meinung nicht anschließen. Solange die Frage der deutschen Einheit noch Gegenstand von Viermächte-Verhandlungen war und nicht ganz im Nebel einer weit entfernten Zukunft verschwand, war sie ein praktisch höchst wirksames Instrument, die internationale Anerkennung und politische Aufwertung der DDR zu verhindern. Als ein solches, wahrscheinlich nur begrenzte Zeit taugliches Mittel praktischer Politik, nicht als ein starres juristisches Dogma, habe ich sie stets betrachtet. Diese Auffassung wurde auch von führenden sozialdemokratischen Politikern geteilt; Herbert Wehner hat ihr bis Ende der sechziger Jahre häufig Ausdruck verliehen. Die Zeiten für eine solche Politik sind vorüber. Aus einer politischen Kontroverse ist eine Frage geworden, die im wesentlichen nur noch die Historiker interessiert. Sie werden konstatieren, daß diese Politik ihre erstrebten Ziele letztlich nicht erreicht hat. Dieses Schicksal teilt sie mit vielen Ansätzen, Projekten und Versuchen unserer Nachkriegspolitik. Es gibt keinen Grund, sie deswegen für von vornherein verfehlt zu halten.

Ostpolitik durch Handelsmissionen

Daß ich angeblich der Hauptverantwortliche für die Hallstein-Doktrin sei, war eine Entdeckung, die die deutsche Presse erst mit zehnjähriger Verspätung machte, nämlich während der Nahost-Krise von 1965. Mitte der fünfziger Jahre, als ich die Politische Abteilung leitete, hatte sie ein anderes »Image« von mir gepflegt: Damals schrieb der ›Spiegel‹, ich fühlte mich »mehr als Hallstein für die Ostpolitik verantwortlich«[1], und in einer SPD-nahen Tageszeitung hieß es, ich sei »die treibende Kraft, die neben Brentano die Errichtung von Handelsmissionen in den Ostblockstaaten betreibt«.[2]

Solchen Deutungen hatte ich durch einen in der ›Süddeutschen Zeitung‹[3] veröffentlichten Artikel selbst Nahrung gegeben. Nach den aufwühlenden Ereignissen in Polen und Ungarn – denen ich eine Auswirkung auf die öffentliche Meinung der Welt beimaß, die sich später als sehr viel kurzfristiger als von mir vermutet erwies – böten sich der deutschen Politik, so schrieb ich, »neue Ansatzpunkte«, nämlich: »Manche Thesen der Wiedervereinigungspolitik, die in den letzten Jahren als unerschütterliche Dogmen galten, werden neu durchdacht und überprüft werden müssen. Auch die Sowjets werden ihre Thesen überprüfen. Vielleicht wird ihnen der Abzug der Besatzungstruppen aus Deutschland künftig weniger verlockend erscheinen, wenn ihre eigenen Truppen in diesem Falle nicht nur bis zur Oder-Neiße-Linie, sondern hinter die polnisch-sowjetische Grenze zurückgehen müßten. Vieles wird davon abhängen, daß die Polen begreifen, die Sicherung ihres Staates gegen Deutschland nötige sie nicht, den Schutz der Roten Armee zu suchen. Ihnen das begreiflich zu machen, wird eine wichtige Aufgabe der deutschen Politik sein – und zwar nicht nur der deutschen Außenpolitik. Denn mit bloßen Deklamationen und Propagandasprüchen läßt sich diese Überzeugung nicht vermitteln. Klare Vorstellungen über die östliche Grenzfrage sind unerläßlich. Sie werden sich als ein unentbehrlicher Bestandteil unserer Wiedervereinigungspolitik erweisen. Fortschritte in der Klärung dieser Vorstellungen werden zugleich das beste Mittel sein, auch in Moskau die Gesprächsbereitschaft zu fördern.«

Dieser Artikel fand auch im Ausland starke Beachtung. Alfred Grosser kommentierte ihn im ›Express‹ unter der Überschrift »Une Politique de sagesse« sofort als ein Signal außenpolitischer Neuorientierung.

Was mich anbetrifft, so enthielt er keine »Neuorientierung«, sondern die Fortsetzung der gleichen Linie, die ich vor und nach dem Zeitpunkt der Veröffentlichung stets verfolgt hatte und die mit meinem Anteil an der Entwicklung und Formulierung der Hallstein-Doktrin keineswegs im Widerspruch stand. Denn die Hallstein-Doktrin hatte ja nichts mit »Antikommunismus« oder ostpolitischer Passivität zu tun, was man ihr zu Unrecht immer wieder angehängt hat. Sie hat uns nicht davon abgehalten, Beziehungen mit dem kommunistischen Jugoslawien zu unterhalten, solange sich dieses der Beziehungsaufnahme mit der DDR enthielt; sie hat uns nicht einmal davon abgehalten, die berühmte Ausnahme vom Alleinvertretungsprinzip zugunsten der kommunistischen Führungsmacht, der Sowjetunion, zu machen. Sie hätte uns auch nicht an ostpolitischer Aktivität und der Errichtung von Handelsmissionen und ähnlichen Ersatzvorkehrungen zum Ausgleich der fehlenden diplomatischen Beziehungen zu hindern brauchen. Tatsächlich hatte ich von Anfang an dafür plädiert, Handelsvertretungen in den Ostblockstaaten zu errichten, um damit eine ausbaufähige organisatorische Plattform für politische Aktivität im Ostraum zu gewinnen.

Am 8. Januar 1957 legte ich dem Außenminister ein Exposé[4] über die Aufnahme von Beziehungen zu den kommunistischen Oststaaten vor, das ihm als Unterlage für eine im Auswärtigen Ausschuß des Bundestages anstehende Erörterung dieses Themas dienen sollte. Es faßte zunächst alle für die Aufnahme diplomatischer Beziehungen sprechenden Argumente zusammen, stellte ihnen dann die im damaligen Zeitpunkt entgegenstehenden Hindernisse gegenüber und legte als Schlußfolgerung die Errichtung von Handelsvertretungen als Zwischenlösung nahe.

Noch nachdrücklicher und mit einem unzweideutigen Votum für einen ostpolitischen Beginn auf dieser Linie wiederholte ich mein Plädoyer für die Handelsvertretungen in einem Memorandum vom 8. Oktober 1957, das die Ostpolitik der neuen Bundesregierung – des nach dem Wahlsieg der CDU vom 15. September gebildeten Kabinetts – behandelte.

Dem letzten Abschnitt dieser Aufzeichnung, in dem gegen ostpolitische Passivität und für Handelsmissionen votiert wurde, gingen Ausführungen über die langfristigen Ziele unserer Ostpolitik und über die zum damaligen Zeitpunkt bestehende taktische Situation – die akute Gefahr der Anerkennung der DDR durch Jugoslawien und Syrien – voraus.

Der Weg, den wir inzwischen in fast zwei Jahrzehnten zurückgelegt haben, wird deutlich in den Anfangssätzen des Abschnitts über die »Ziele der deutschen Ostpolitik«, wo es damals noch hieß: »Hauptziel der deutschen Ostpolitik ist und bleibt in den nächsten Jahren die Wiederherstellung der staatlichen Einheit Deutschlands. Nur auf dieser Grundlage ist eine wirkliche Entspannung der deutsch-sowjetischen Beziehungen denkbar.«

In den siebziger Jahren hat die Bundesregierung mit dem Versuch begonnen, das deutsch-sowjetische Verhältnis auf der Basis des Fortbestehens der deutschen Teilung zu entspannen. Auch wenn sich dieser Versuch als unvermeidlich und im Rahmen des damit verengten nationalen Erwartungshorizontes als erfolgreich erweisen sollte (worüber ein abschließendes Urteil heute noch nicht möglich ist), kann ich den oben zitierten damaligen Ausgangspunkt auch heute nicht als schon damals verfehlt ansehen. Soweit er Illusion war, handelte es sich um eine von der ganz überwiegenden Mehrheit der Nation geteilte Illusion, und zwar um eine solche, deren sie sich nicht zu schämen braucht.

In den weiteren Teilen dieser Aufzeichnung wurden die bis 1957 erzielten Ergebnisse der Wiedervereinigungspolitik schonungslos als negativ gekennzeichnet. Die Analyse der Situation im Osten war zutreffend: Konsolidierung der sowjetischen Machtposition nach der Ungarn-Krise, gleichwohl Fortdauer latenter Unruhe im Satellitenreich und langsame Weiterentwicklung der ideologischen Krise des Weltkommunismus, sichtbare Labilität der Machtstellung Chruschtschows. Frei von jeder Illusion über die Erfolgsaussichten der Wiedervereinigungspolitik in überschaubarer Zukunft war auch der Abschnitt über die »künftigen Möglichkeiten«. Die Herstellung direkter politischer und diplomatischer Kontakte mit den Satellitenstaaten wurde als zweckmäßig, wichtig und bedeutsam für eine Wiedervereinigungspolitik auf lange Sicht verzeichnet.

Von einer »Flucht nach vorn«, wie sie Pfleiderer empfohlen hatte, das heißt einer Beziehungsaufnahme ohne Rücksicht auf das Verhältnis der betreffenden Staaten zur DDR, wurde abgeraten. Der mögliche Bruch mit Jugoslawien wurde sehr ernst beurteilt. Dabei wurde einer sehr eindeutigen Warnung Jugoslawiens vor den Konsequenzen seines Schrittes noch eine gewisse Chance gegeben. Dieser Hinweis ist auf dem Hintergrund der damals gegebenen personellen Konstellation auf den beiderseitigen Botschafterposten zu sehen: Pfleiderer war, bei allen seinen menschlichen und fachlichen Qualitäten, nicht der geeignete Mann, um Tito davon zu überzeugen, daß die Bundesrepublik mit dem angedrohten Abbruch der Beziehungen ernst machen würde. Titos Vertreter in Bonn, der im übrigen sehr gewandte, sympathische und in Bonn sehr populäre Botschafter Mladen Ivekowitch, war es ebensowenig: Er maß den beschwichtigenden und zum Nachgeben ratenden Stimmen der Opposition und vieler Presseorgane mehr Gewicht bei, als den Warnungen der amtlichen Vertreter der Bundesrepublik.

Nachdem sich die Bundesregierung entschlossen hatte, die äußerste Konsequenz der Hallstein-Doktrin zu verwirklichen und den Bruch mit Jugoslawien zu vollziehen, kam dem Gedanken der Errichtung von Handelsmissionen um so größere Bedeutung zu. Leider beließ man ihn noch jahrelang im Bereiche der internen Überlegungen und Diskussionen.

Erst Schröder hat ihn als Außenminister aufgegriffen und energisch vorangetrieben: Im März 1963 kam es zu einer Übereinkunft mit Polen über die Errichtung einer Handelsvertretung in Warschau; Rumänien und Ungarn folgten noch im gleichen Jahre, Bulgarien Anfang 1964, zuletzt – im August 1967 – die Tschechoslowakei.

Schröders Ostpolitik, die in diesen Schritten ihren sichtbarsten Ausdruck fand, ist von Besson als »das Mittelstück im Übergang von der Ära Adenauer zur großen Koalition« bezeichnet worden.[5] Für den Fall, daß nach langer Zeit wieder einmal eine »recherche de la paternité« für diese mit Handelsmissionen beginnende Ostpolitik anhebt, glaube ich, meinen Anspruch auf Anerkennung als einen der geistigen Väter dieser Konzeption anmelden zu dürfen – mindestens jedenfalls im gleichen Maße, in dem mir diese Eigenschaft im Falle der Hallstein-Doktrin zugeschrieben wurde.

Genf II – die Konferenz der Außenminister

Gerade aus Moskau zurückgekehrt, mußte ich sofort meine Abreisevorbereitungen für New York und Washington treffen. Vom 19. bis 23. September 1955 sollte die Viermächtearbeitsgruppe in Washington mit der Vorbereitung der nächsten Genfer Konferenz beginnen – der im Juli von den Regierungschefs beschlossenen Außenministerkonferenz zur Ausführung der »Direktive«, auf die man sich so mühsam geeinigt hatte und die von den Sowjetführern schon am letzten Tage der Konferenz und in den darauf folgenden Tagen sogleich wieder ausgehöhlt und abgewertet worden war. Die Pläne sollten am 28. September in New York den westlichen Außenministern und ihrem deutschen Kollegen vorgelegt werden. In einem weiteren Arbeitsgang sollten die von den Ministern beschlossenen Änderungen und Ergänzungen auf einer erneuten Zusammenkunft der Arbeitsgruppe in Paris beraten und eingearbeitet werden. Das Ergebnis sollte dann am 24. Oktober von den Außenministern erneut geprüft und endgültig gebilligt werden. Für den 25. Oktober war der

NATO-Ministerrat einberufen, um ihm Gelegenheit zur Konsultation über die Konferenzpläne zu geben. Zwei Tage später, am 27., sollte die Konferenz in Genf eröffnet werden.

Die westliche Konferenzstrategie für Genf läßt sich in ihrer Grundlinie dahin umschreiben, daß man sich nicht mehr, wie in Berlin 1954, mit der Vorlage eines Planes für die Wiedervereinigung Deutschlands auf dem Wege freier Wahlen (Eden-Plan) begnügen, sondern die in der Juli-Direktive angedeutete Verknüpfung von Wiedervereinigung und europäischer Sicherheit konkretisieren wollte. Grundlegend war dabei der besonders von Dulles nachdrücklich vertretene Gedanke, daß die Sicherheit des Westens unter den gegebenen Umständen am besten durch die NATO gewährleistet sei und daß daher ein zusätzliches europäisches Sicherheitssystem für den Westen nur von Interesse sei, wenn dadurch die Wiedervereinigung Deutschlands ermöglicht würde. Dementsprechend konzentrierten sich die westlichen Überlegungen auf die Frage, welche Sicherheitsgarantien man der Sowjetunion für diesen Fall anbieten könne. Schon Anfang September hatten Amerikaner und Briten entsprechende Entwürfe eines europäischen Sicherheitspaktes formuliert und einen informellen Meinungsaustausch darüber eingeleitet. Unterschiede zwischen den beiden Entwürfen bestanden vor allem darin, daß die Engländer die verschiedenen Stufen ihres Planes schrittweise – teilweise schon vor vollzogener Wiedervereinigung – in Kraft setzen wollten, während die Amerikaner strikt daran festhielten, daß der Gesamtplan nur nach der Wiedervereinigung in Kraft treten könne. Immer noch liebäugelten die Engländer auch mit dem von Eden schon auf der Gipfelkonferenz in die Debatte geworfenen Plan (jenem weiteren »Eden-Plan«, der nicht mit dem auf der Berliner Konferenz vorgelegten Plan für freie Wahlen zu verwechseln ist), unabhängig von irgendwelchen Fortschritten in der Wiedervereinigungsfrage zu Abmachungen über »Inspektionszonen« beiderseits der Zonengrenze zu kommen. Dieser auch von den Amerikanern abgelehnte Gedanke stieß in Bonn auf stärksten Widerstand. Adenauer fühlte sich veranlaßt, noch vor Beginn der Konferenz in Genf einen Brief an den britischen Premierminister zu schreiben, in dem er nachdrücklich vor diesem Gedanken warnte. In seinem Schreiben vom 24. Oktober 1955[1] gab er zu bedenken, daß »der Inspektionsplan wesentliche Elemente eines europäischen Sicherheitspaktes enthalte«; da er jedoch sofort, das heißt auf der Grundlage des Status quo, in Kraft treten solle, werde das Junktim Wiedervereinigung/Sicherheitsfrage insoweit aufgegeben. Durch eine solche Vorleistung auf dem Gebiet der Sicherheit werde das Interesse der Sowjetunion an der Wiederherstellung der Einheit Deutschlands geschwächt. Falls der Plan eine Inspektion beiderseits der Deutschland teilenden Demarkationslinie vorsehen sollte, würde er der Demarkationslinie den Charakter einer Grenze verleihen und damit die Teilung Deutschlands verhärten.

Er könne nur durch ein Abkommen realisiert werden, an dem sowohl die Bundesregierung als auch die »DDR« beteiligt wären, womit ein erster wichtiger Schritt zur Anerkennung der sogenannten DDR durch die Westmächte und die Bundesrepublik getan wäre; falls die der Inspektion unterliegenden Gebiete ausschließlich oder überwiegend deutsche Gebiete sein würden, so könnte der Inspektionsplan praktisch zu einer Diskriminierung Deutschlands führen.

An dem gleichen Tage, an dem dieser Brief abging, kam die Frage auch im Kreise der in Paris tagenden Außenminister auf. Harold Macmillan ließ durchblicken, daß es für ihn nicht ganz leicht sei, von einem Vorschlag abzurücken, den sein Premierminister öffentlich auf der Gipfelkonferenz im Juli vorgelegt habe. Seine Äußerungen ließen jedoch erkennen, daß die Briten in dieser Frage auf dem Rückzug waren. Tatsächlich hat sie auf der Konferenz keine wesentliche Rolle gespielt. Zwar ließ es sich Molotow nicht nehmen, in Ergänzung seines eigenen Vorschlages für einen europäischen Sicherheitspakt am 31. Oktober auch den Eden-Vorschlag vom Juli aufzugreifen und nach seinem Geschmack auszustaffieren. Die ernüchternde Wirkung seiner Erklärungen zur Deutschland-Frage, die mit kompromißloser Starrheit ständig das Gleiche mit wenig veränderten Worten wiederholten, und die dadurch bewirkte Verschlechterung des Konferenzklimas beraubten sein Manöver jedoch jeder Resonanz.

In den Beratungen der Arbeitsgruppe sowohl wie in denen der Außenminister im September und Oktober gab es über die Hauptelemente des Sicherheitspaktes, den man dem Osten anbieten wollte, keine grundsätzlichen Meinungsverschiedenheiten. In einem Konferenzbericht unserer Beobachterdelegation wurden diese Hauptelemente wie folgt resümiert:

»Ausgehend von der freien Entscheidungsgewalt einer gesamtdeutschen Regierung und von der Annahme, daß diese Entscheidung vermutlich für einen Beitritt Gesamtdeutschlands zu NATO und WEU ausfallen wird, akzeptieren die Westmächte die These, daß in diesem Falle die Sicherheit der Sowjetunion besondere Garantien erfordere, und bieten ihr entsprechende politische und militärische Sicherungen an. Sie schlagen einen Pakt vor, der ein Beistandsversprechen an die Sowjetunion und die übrigen östlichen Signatare für den Fall gibt, daß ein Mitglied des westlichen Verteidigungssystems sie angreifen sollte. Fernerhin enthält der in Vorschlag gebrachte Pakt einen Verzicht auf die Anwendung von Gewalt, die Verpflichtung, einem Angreifer in keinem Fall Unterstützung zu gewähren sowie eine allgemeine Konsultationspflicht. An militärischen Sicherungen sieht der Pakt die Schaffung einer nach Osten und Westen gleichmäßig ausgedehnten Zone vor, in der die militärischen Kräfte beider Seiten einem System der Begrenzung, Kontrolle und Inspektion unterworfen werden sollen. Gegen Überraschungsangriffe sollen in das Gebiet der anderen Seite vorgeschobene Radarnetze als Warn- und Alarmsystem dienen. Die Sicherheitsbestimmungen sollen etappenweise in Kraft gesetzt werden und Zug um Zug mit der Durchführung der Wiedervereinigungsmaßnahmen aufgrund des Eden-Planes wirksam werden. Die im Eden-Plan vorgesehenen freien gesamtdeutschen Wahlen sollen noch im Laufe des Jahres 1956 stattfinden. Die westlichen Außenminister fordern schließlich die Sowjetunion auf, ihrerseits ein konkretes Wiedervereinigungsprogramm vorzulegen.«[2]

Einer der wichtigsten Diskussionspunkte in den Beratungen der Arbeitsgruppe war der Gedanke der »etappenweisen« Inkraftsetzung der Sicherheitsgarantien Zug um Zug mit der Durchführung der Wiedervereinigungsmaßnahmen gewesen. Ihn hatten besonders die Franzosen ins Spiel gebracht. Wir unterstützten ihn, weil uns die amerikanische Konzeption zu starr erschien, die alles von der vollzogenen Wiedervereinigung und darüber hinaus auch von dem vollzogenen Beitritt des wiedervereinigten Deutschland zu NATO und WEU abhängig machen wollte.

Diese einseitige Festlegung der westlichen Angebote auf den alleinigen Fall der Entscheidung Gesamtdeutschlands für den Westen, für NATO und WEU, war mir psychologisch und verhandlungstaktisch stets als ungeschickt erschienen. Ich hatte sie schon in Bonn häufig kritisiert. Einiges davon war wohl an die Presse durchgesickert, jedenfalls erschien am Tage vor dem New Yorker Außenministertreffen auf der Frontseite der ›Welt‹ (vom 27. September) ein Bericht über Brentanos Abflug und über seine Absichten für New York, der unter der Überschrift ›Grewes Plan‹ folgenden Absatz enthielt:

»Aus diesem Grund wird in Bonn auch nicht damit gerechnet, daß ein Plan des Leiters der Politischen Abteilung im Auswärtigen Amt, Professor Grewe, zu diesem Zeitpunkt schon den Westmächten vorgelegt wird. Grewe geht dabei von der Entscheidungsfreiheit einer gesamtdeutschen Regierung aus und legt die Bedingungen fest, unter denen die drei Möglichkeiten dieser Entscheidung für den Westen und Osten annehmbar gemacht werden sollen. Entscheidet sich eine gesamtdeutsche Regierung für eine deutsche Neutralität, so soll diese von allen Großmächten garantiert werden. Entscheidet sie sich für das Verbleiben im westlichen Verteidigungssystem, so sollen der östliche Teil Deutschlands entmilitarisiert und die deutsche Aufrüstung international beschränkt werden. Entsprechendes soll für den unwahrscheinlichen Fall gelten, daß Deutschland sich dem Ostblock anschließt.«[3]

Tatsächlich existierte ein zur Vorlage geeignetes Papier dieses Inhalts nicht, und hätte es existiert, wären die Chancen, daß man es akzeptiert hätte, gering gewesen. Was wir allenfalls erreichen konnten, war die Annahme des Gedankens der »etappenweisen« Inkraftsetzung eines Teils der Sicherheitsgarantien, unabhängig von der Entscheidung einer gesamtdeutschen Regierung für den Beitritt zu NATO und WEU.

Bis zum letzten Augenblick spielte in dieser vorbereitenden Phase eine wichtige Rolle auch die Frage, ob und in welchem Augenblick man der sowjetischen Seite für den Fall der Wiedervereinigung die Entmilitarisierung der »Zone«, das heißt des Gebietes der DDR, anbieten solle. In meinen oben erwähnten Überlegungen hatte dieser Gedanke seinen festen Platz. Brentano hatte ihn sich zu eigen gemacht und plädierte auf dem Außenministertreffen in Paris am 24. Oktober sehr nachdrücklich in dieser Richtung, wobei er zu verstehen gab, daß dieses Angebot zweckmäßigerweise in einem günstigen Augenblick im Verlaufe der Konferenz zu machen sei. Er stieß mit dieser Anregung auf entschiedenen Widerstand bei dem französischen Außenminister Antoine Pinay, der sich – ausgerechnet – hinter angeblichen militärischen Bedenken von SACEUR (damals noch General Alfred M. Gruenther) verschanzte. Macmillan unterstützte Brentano, Dulles verhielt sich ausweichend und wollte sich zunächst nicht festlegen. Letzten Endes überwogen auch bei ihm die Bedenken. Ein endgültiger Beschluß kam nicht zustande, doch wurde man sich darüber einig, in das Garantieangebot den Satz aufzunehmen: »In den der Demarkationslinie nächstgelegenen Teilen der Zone könnten besondere Maßnahmen bezüglich der Verteilung militärischer Verbände und Anlagen getroffen werden.« Dieser Satz war immerhin als Anknüpfungspunkt für weitere Verhandlungen über diese Frage gedacht, falls die Sowjets dem Gesamtprojekt Interesse entgegenbrachten. Hätten sie ein solches Interesse gehabt, wäre ihnen die in der unbestimmten Formulierung liegende Verhandlungsofferte schwerlich entgangen.

Indessen ließ Molotow in Genf keinen Zweifel, daß die Sowjetunion keinerlei Verhandlungen wünschte, die in irgendeiner Form auf das Ziel der Wiedervereinigung Deutschlands gerichtet waren. Alles, was er mündlich oder schriftlich vorbrachte, basierte auf der Prämisse der fortdauernden Teilung Deutschlands und der Beteiligung zweier souveräner deutscher Staaten an dem von ihm propagierten Sicherheitssystem.

Schon nach einer Woche hatten sich die Diskussionen über das Thema »Deutschland/Europäische Sicherheit« völlig festgefahren. Am 4. November kamen Blankenhorn und ich mit den drei westlichen Außenministern zusammen, wobei wir, in Übereinstimmung mit Bonner Instruktionen, die möglichst sofortige Einbringung eines westlichen Vorschlages forderten, der die Abhaltung freier Wahlen im September 1956 vorsehen sollte. Molotow sollte dadurch gezwungen werden, Farbe zu bekennen. Der Vorschlag wurde noch am gleichen Tage eingebracht, Molotow versprach, ihn zu prüfen – und reiste erst einmal für drei Tage ab, zu Konsultationen in Moskau. Nachdem er zurückgekehrt war und die Konferenz nach dreitägiger Pause am 8. Oktober fortgesetzt wurde, hielt er eine Rede, die in der Härte der eingenommenen Position und in der Schärfe der Formulierung den Zuhörern als ein Rückfall in den Stil der Berliner Konferenz von 1954 erschien. Danach konnte kein Zweifel mehr bestehen, daß sich die Konferenz hinsichtlich ihres Hauptthemas in einer Sackgasse befand. Am Abend dieses Tages traf Brentano in Genf ein, um mit den westlichen Außenministern zu beraten, was geschehen könne. Am nächsten Morgen kam man in der Villa Montfleury, dem Sitz der französischen Delegation, zusammen. Brentano plädierte ohne Umschweife für eine sofortige Beendigung der Konferenz: Ihre Fortsetzung mit den weiteren Tagesordnungspunkten (Abrüstung und Ost-West-Kontakte) würde die Verantwortung für das Scheitern der Verhandlungen verwischen. Verhandlungen über diese Punkte seien ohnehin nur sinnvoll, wenn wenigstens eine Grundsatzeinigung über das Hauptthema erzielt worden wäre. Aber weder Dulles noch Macmillan oder Pinay zeigten eine Neigung, die Konferenz einfach abzubrechen. Dulles befürwortete als erster die programmgemäße Abwicklung der Tagesordnung, wollte auch von einer von Macmillan angeregten Unterbrechung der Konferenz nichts wissen (nachdem man gerade erst eine dreitägige Unterbrechung hinter sich hatte), betonte aber nachdrücklich, daß der Fehlschlag hinsichtlich des Deutschland-Punktes auch die Erörterung der anderen Punkte beeinflusse und daß dieser Zusammenhang deutlich gemacht werden müsse. Macmillan, unterstützt von Pinay, setzte sich auch jetzt noch für die Festlegung eines neuen Termins für eine weitere Konferenz ein, fand aber damit keinen Widerhall bei Dulles. So schleppte sich die Konferenz noch eine Woche mit fruchtlosen Diskussionen über Abrüstung und Ost-West-Kontakte hin und wurde am 16. November mit einem Kommuniqué abgeschlossen, das nicht inhaltsloser hätte sein können. Ein Termin für eine weitere Konferenz wurde nicht vereinbart.

Damit gingen drei Konferenzwochen zu Ende, die im Ganzen von einer melancholischen Stimmung geprägt waren und nichts mehr von der Euphorie des »Gipfels« übrig ließen. Begonnen hatte die Konferenz damit, daß die Außenminister dem am 24. September schwer erkrankten Präsidenten Eisenhower ihre Genesungswünsche übermittelten – eine der wenigen Gelegenheiten, bei denen Molotow sein »Njet« unterdrückte. Als Blankenhorn und ich am 4. November mit den Außenministern zusammentrafen, mußten wir ihnen über den Gesundheitszustand des ebenfalls erkrankten Bundeskanzlers berichten. Genf zeigte sich von seiner weniger erfreulichen Seite: die am Genfer See in dieser Jahreszeit häufige »bise«, ein kalter Nordostwind, trat mehrfach in seiner unerfreulichsten Form, der »bise noire«, auf, das heißt verbunden mit trüber Feuchtigkeit. Außerhalb der Konferenzsäle bot die Stadt wenig Attraktionen – abgesehen von ihrer vorzüglichen Gastronomie. Das Interesse der Weltpresse hatte, im Vergleich zum Sommer, merklich nachgelassen: Statt eintausendzweihundert Pressevertretern im Juli zählte man jetzt nur die Hälfte. Die DDR war wiederum mit einer starken Beobachterdelegation unter der gleichen Leitung (Handke-Gyptner) erschienen. Kontakte wurden von beiden Seiten vermieden. Als Brentano nach Genf kam, wurden in der Presse Spekulationen über eine Begegnung mit Molotow angestellt, die nach der Beziehungsaufnahme mit Moskau näher lag als im Sommer. Molotow ließ jedoch keinen entsprechenden Wunsch erkennen; angesichts der bereits aussichtslosen Konferenzsituation verzichtete auch Brentano auf eine Initiative.

Unter den prominenten Besuchern, die während der Konferenzwochen in Genf auftauchten, ist besonders der damalige SPD-Vorsitzende, Erich Ollenhauer, zu erwähnen. Er wurde, wie von uns empfohlen, von Dulles zu einem Gespräch ins Hôtel du Rhône gebeten. Gleichwohl mischte sich, wie es in einem Bericht des ›Spiegel‹ vom 14. November 1955 hieß, »in die Genugtuung der Sozialdemokraten ein Tropfen Bitterkeit. Botschafter Herbert Blankenhorn bedeutete Erich Ollenhauer, daß die internationalen Gepflogenheiten einen offiziellen diplomatischen Begleiter erheischen; der Ministerialdirektor Grewe stehe dem Oppositionsführer für diesen Zweck zur Verfügung.« Der Autor fuhr fort:

»Erich Ollenhauer und Herbert Wehner – der in die Einladung des amerikanischen Außenministers nicht eingeschlossen war – argwöhnten, daß des Kanzlers Vertrauter, Blankenhorn, nur einen Aufpasser mitschicken wollte, um das Zusammentreffen Dulles-Ollenhauer in den Grenzen eines Höflichkeitsbesuches und einer allgemeinen Unterrichtung zu halten. Jedenfalls nahmen die Sozialdemokraten diese protokollarisch vorgeschriebene Einführung in die hohe Diplomatie nicht als ein Zeichen der Hilfsbereitschaft und Liebenswürdigkeit der Herren des Außenamtes, erkannten später jedoch an, daß der Ministerialdirektor Grewe dem Parteichef Ollenhauer einen guten Dienst geleistet und bedeutend zu der guten Atmosphäre und der ›freimütigen und fruchtbaren Aussprache‹ beigetragen habe.

Das Zusammentreffen Dulles-Ollenhauer war das erste seit jenem verunglückten Besuch, den Ollenhauer, Carlo Schmid und Wehner dem amerikanischen Außenminister 1953 in Bonn, noch zu EVG-Zeiten, gemacht hatten. Damals hatte Dulles den SPD-Emmissären deutlich zu verstehen gegeben, daß sie einen sehr schwachen Eindruck auf ihn und Amerika machten und daß ihre außenpolitischen Argumente unverständlich und langweilig seien. Seither waren die Beziehungen der SPD-Führung zur US-Diplomatie in höflich-kaltem Mißtrauen steckengeblieben. Diesmal wurde das Gespräch ein Erfolg.«[4]

In großen Zügen deckt sich dieser Bericht mit meinen Erinnerungen. Ollenhauer war ein aufrechter, unkomplizierter, im menschlichen Verkehr angenehmer Mann, der sich als Parteivorsitzender in der schwierigen Lage befand, daß er ständig an dem Maßstab seines bedeutenden Vorgängers, Kurt Schumacher, gemessen wurde. Andererseits konnte er sich glücklich schätzen, daß ihm die Flügelkämpfe seiner Partei in den siebziger Jahren erspart blieben.

Gegen Ende der Konferenz, als ihr negativer Ausgang für die deutsche Frage bereits sichtbar war, faßte ich meine Eindrücke in einem Interview mit der ›Politisch-sozialen Korrespondenz‹ zusammen. Die beiden wichtigsten Fragen und Antworten lauteten:

Erste Frage: »Der bisherige Verlauf der Genfer Konferenz hat in der Bevölkerung der Bundesrepublik und auch bei den achtzehn Millionen jenseits des Eisernen Vorhanges tief enttäuscht. Diese Enttäuschung resultiert bei der überwiegenden Mehrzahl des deutschen Volkes aus der sowjetischen Haltung. Was sind, nach Ihrer Meinung, die tieferen Beweggründe für diese Haltung?« –

Antwort: »Auf diese Frage kann man nur mit Vermutungen antworten. Mir scheint, daß einer der Gründe für die verhärtete Haltung der Sowjets, die auf dieser Konferenz der Wiedervereinigung ablehnender denn je gegenübergestanden haben, einfach die Tatsache ist, daß die Westmächte ihnen diesmal mit konkreten Angeboten und Vorschlägen näher auf den Leib gerückt sind und daß sie deswegen nach neuen Vorwänden suchen mußten, um einer ernsthaften Verhandlung über die Wiedervereinigung auszuweichen, die sie nach wie vor scheuen. Es mag auch sein, daß sie den ›Geist von Genf‹ mißverstanden und aus den Ereignissen der letzten Monate den falschen Schluß gezogen haben, daß der Westen unsicher und unentschlossen geworden ist und daß sie daher die Früchte der Entspannungspolitik ohne reale Gegenleistungen ernten könnten. Ich glaube, daß der Ausgang der Genfer Außenministerkonferenz und ihre Folgen sie in dieser Hinsicht in Kürze eines Besseren belehren werden.«

Zweite Frage: »Glauben Sie, daß nach dem bisherigen Konferenzverlauf in der das deutsche Volk am meisten bedrückenden Frage der Wiedervereinigung noch echte Chancen in absehbarer Zeit gegeben sind?«

Antwort: »Auch auf diese Frage läßt sich sehr schwer eine ganz präzise Antwort geben. Der äußere Ablauf der Konferenz wird viele Deutsche enttäuschen und vielleicht sogar entmutigen. Aber konnte man wirklich annehmen, daß die deutsche Frage auf einer einzigen Konferenz zu lösen sein würde? Ich habe damit von Anfang an nicht gerechnet, und ich glaube, daß ich mit dieser Ansicht nicht allein stand. Geschichtliche Vorgänge von dem Ausmaß, wie sie bei der Frage der Wiedervereinigung im Spiele sind, vollziehen sich nicht in kurzen Zeiträumen. Man wird Geduld haben müssen, so schmerzlich das auch sein mag. Man hat schon öfter die Erfahrung gemacht, daß die Sowjets eine während längerer Zeit hartnäckig verteidigte Position plötzlich aufgeben, wenn die Zeit dafür reif geworden war – wie zum Beispiel in Österreich.

Ich bin zutiefst davon überzeugt, daß die Spaltung Deutschlands auf die Dauer auch mit Gewalt und Terror nicht aufrechterhalten werden kann. Wahrscheinlich wissen das die Sowjets sogar selbst. Vielleicht halten sie den Zeitpunkt noch nicht für gekommen, in dem sie den höchsten Preis für die Aufgabe der von ihnen besetzten Zone verlangen können.

Es wird von uns und vom Westen abhängen, sie davon zu überzeugen, daß sie ihre Chancen für die Erlangung eines hohen Preises durch längeres Warten nicht verbessern.«[5]

Es ist nicht schwer, heute, nach mehr als zwanzig Jahren, andere, vielleicht treffendere Antworten zu geben. Hier geht es um die Beurteilung aus der Sicht von 1955. Die Korrektur mag den Historikern überlassen bleiben.

Konkordat-Streit mit Niedersachsen

Durch eine zufällige Verkettung von Umständen kam Anfang Juni 1956 eine Aufgabe auf mich zu, die mich wieder mit einer Frage in Berührung brachte, die mich schon 1953 beschäftigt hatte, als ich vorübergehend die Rechtsabteilung des Amtes geleitet hatte: mit der Frage der Fortgeltung des Reichskonkordats. Damals ging es um die Schulartikel der baden-württembergischen Verfassung. Ein Jahr später warf ein niedersächsisches Gesetz über das öffentliche Schulwesen vom 14. September 1954 die gleiche Frage der Vereinbarkeit seiner Bestimmungen mit dem Reichskonkordat auf. Dieses Mal kam es zu keinem Arrangement, die Bundesregierung erhob am 12. März 1955 Klage vor dem Bundesverfassungsgericht gegen die Regierung des Landes Niedersachsen. Zum Prozeßbevollmächtigten der Bundesregierung wurde der Leiter der Rechtsabteilung, Ministerialdirektor Dr. Hans Berger, bestellt. Es dauerte ein weiteres Jahr, bis es zur mündlichen Verhandlung in Karlsruhe kam. Sie war auf die Tage vom 4. bis 8. Juni 1956 anberaumt worden. Zu diesem Zeitpunkt war Dr. Berger erkrankt und hatte seine Prozeßvollmacht niederlegen müssen. Die entscheidenden Verhandlungstage waren der 7. und 8. Juni. An diesen Tagen sollte der Staatssekretär des Auswärtigen Amtes, Hallstein, die Bundesregierung vertreten. Dieser war jedoch am 7. Juni durch andere wichtige Staatsgeschäfte verhindert. Als sein Vertreter stand ich daher plötzlich vor der Aufgabe, an diesem Tage in Karlsruhe auftreten zu müssen. Da die Plädoyers bereits am ersten und zweiten Tage von Professor Ulrich Scheuner gehalten worden waren, hatte ich vor allem mit einigen verfahrensrechtlichen Fragen zu rechnen. Die delikateste betraf einen am Vortage gefaßten Beschluß des Gerichts, der der Bundesregierung aufgab, ihren gesamten Schriftwechsel mit dem Heiligen Stuhl über das Reichskonkordat vorzulegen. Das rührte an einen neuralgischen Punkt. Keine Regierung, die sich im internationalen Verkehr dem Ruf der absoluten Verschwiegenheit und Diskretion bewahren will, kann es sich leichten Herzens erlauben, einem solchen Verlangen nachzukommen – selbst wenn es von einem höchsten Gericht und aus legitimen Beweggründen gestellt wird. Im Kern ging es um die gleiche Frage, die unter dem Stichwort »executive privilege« die Vereinigten Staaten 1973/74 an den Rand eines schweren Verfassungskonfliktes zwischen dem Präsidenten, dem Kongreß und dem Obersten Gerichtshof geführt hatte. Richard Nixon war in diesem Streit unterlegen: Eine einstimmige Entscheidung des (weitgehend von ihm selbst personell ausgewählten) Supreme Court gab ihm auf, vierundsechzig Tonbänder mit der Aufzeichnung vertraulicher Gespräche an den Rechtsausschuß des Repräsentantenhauses herauszugeben, der die Voruntersuchung über die Einleitung eines »Impeachment« führte. Nixon, der die Rechte und Befugnisse der Präsidentschaft verteidigen wollte, hat eben diesem Amte den schwersten Schaden zugefügt, den je ein einzelner Inhaber dieses Amtes ihm antat. Dadurch, daß er das »executive privilege« zur Deckung seiner Vertuschungsmanöver mißbrauchte, diskreditierte er es in seinem Lande – und darüber hinaus in aller Welt.

Von diesen Entwicklungen ahnte man 1956 noch nichts. Die Auseinandersetzung mit dem Bundesverfassungsgericht, in die ich mich am 7. Juni 1956 einlassen mußte, blieb sachlich: Die Legitimität der Motive für die Weigerung der Bundesregierung, dem unbegrenzten Vorlageverlangen des Gerichts nachzukommen, wurde vom Gerichtshof nicht in Zweifel gezogen. Eine gewisse Zuspitzung ergab sich vorübergehend daraus, daß der Vorsitzende des Senats (Vizepräsident Rudolf Katz) glaubte, aus meiner am 7. Juni vormittags abgegebenen Erklärung eine von der Bundesregierung dem Gericht gestellte Bedingung heraushören zu können, die er als dem höchsten Gericht gegenüber unangemessen bezeichnete. Eine »Bedingung« hatte meine Erklärung (die naturgemäß das Produkt voraufgegangener Bonner Beratungen war) nicht enthalten. Sie hatte lediglich die Bereitschaft der Bundesregierung, dem Gerichtsbeschluß nachzukommen, auf jenen Bereich eingegrenzt, der für diesen Prozeß relevant war und in dem die Vorlage vertraulicher Dokumente einer fremden Regierung ohne Verletzung internationaler Spielregeln möglich war.[1] Demgemäß bot ich an, den mit dem Prozeßstoff unmittelbar zusammenhängenden Schriftwechsel mit der Nuntiatur zu Artikel 23 des Reichskonkordats vorzulegen, nicht jedoch den darüber hinausgehenden Schriftwechsel zu anderen, noch nicht abgeschlossenen Fragen des Reichskonkordats: »Eine Vorlage derartiger Schriftstücke ist wegen der zu besorgenden Störung des Verhandlungsverlaufes und der Rücksicht auf den anderen Verhandlungspartner schlechterdings ausgeschlossen.«

Nachdem der Vorsitzende diese Erklärung gerügt hatte, bemühte ich mich in der Nachmittagssitzung, die Wogen wieder zu glätten. Es sei von vornherein die Absicht der Bundesregierung gewesen, sagte ich, dem Beweisbeschluß des Gerichts im weitestmöglichen Umfange nachzukommen und die auf die Schulfrage bezüglichen Dokumente vorzulegen. Eine darüber hinausgehende Vorlage wäre schon technisch gar nicht möglich gewesen, weil die Akten dafür nicht zusammengestellt und schwer übersehbar seien. Auch hätten wir Grund zu der Annahme, daß der Korrespondenzpartner der unbegrenzten Vorlage keinesfalls zustimmen würde und daß eine erhebliche Verstimmung höchstwahrscheinlich die Folge sein werde.

Nach dieser betont konziliant formulierten zweiten Erklärung[2] fühlte sich der Senat bewogen, die von mir umschriebene Umgrenzung des Vorlageverlangens schließlich – wenn auch nicht prinzipiell, so doch de facto – hinzunehmen. Er begnügte sich mit der Vorlage der angebotenen Dokumente und behielt sich lediglich vor, weitere anzufordern, falls sich dieses als notwendig erweise.

Nach diesem Intermezzo räumte ich das Feld und überließ es am nächsten Tage Hallstein, der noch einmal zusammenfassend die Argumente vortrug, die für die fortgeltende Rechtswirksamkeit des Reichskonkordats sprachen – wobei er sich vor allem mit den dagegen vorgebrachten Argumenten des SPD-Abgeordneten und Rechtsanwalts Adolf Arndt auseinanderzusetzen hatte, der die These vertrat, daß alle auf dem Hitlerschen Ermächtigungsgesetz vom 24. März 1933 basierenden Rechtsakte ungültig seien, soweit sie nicht 1945 als Gewohnheitsrecht rezipiert worden seien – was für das Reichskonkordat nicht angenommen werden könne.

Das Bundesverfassungsgericht fällte seinen Spruch in diesem Verfahren am 26. März 1957. Entgegen den Thesen von Arndt stellte es fest, daß das Reichskonkordat rechtsgültig zustande gekommen und stets, auch nach dem Inkrafttreten des Grundgesetzes, gültig und rechtsverbindlich geblieben sei.³ Entgegen den Anträgen der Bundesregierung entschied es jedoch, daß die Landesgesetzgeber verfassungsrechtlich nicht gehindert seien, von den Schulbestimmungen des Reichskonkordats abweichendes Recht zu setzen, und daß der Bund nicht befugt sei, von ihnen die Beachtung der Konkordatbestimmungen zu verlangen.⁴

Damit hatte die Bundesregierung jedenfalls das in ihrer Macht Stehende getan, um den Protesten des päpstlichen Nuntius Rechnung zu tragen. Weitere Proteste konnte sie mit dem Hinweis auf dieses Urteil abwehren. Insofern war, von Bonn aus gesehen, der mit diesem Rechtsstreit verfolgte Zweck erreicht.

Spannungen im Bündnis:
›Radford-Plan‹ und britische Umrüstung

Das Bild einer Bundesrepublik, die an Ansehen und politischem Gewicht gewonnen hatte und die von ihren europäischen und atlantischen Partnern als gleichberechtigtes Mitglied akzeptiert wurde – ein Bild, das sich äußerlich in einem regen Besucherstrom nach Bonn und in einer für uns neuartigen intensiven Beteiligung an internationalen Konferenzen spiegelte –, darf natürlich nicht darüber hinwegtäuschen, daß es auch in diesen Jahren Spannungen und Probleme mit unseren Bündnispartnern gab, die den erst jetzt voll aufgebauten Apparat unserer auswärtigen und Verteidigungspolitik, das Auswärtige Amt, die Auslandsmissionen, das 1955 aus der früheren »Dienststelle Blank« hervorgewachsene Verteidigungsministerium in Atem hielten. Manche dieser Probleme erscheinen, von heute aus rückblickend betrachtet, als Stürme im Wasserglas oder, in einigen Fällen, als Spannungen, die sich durch Zeitablauf von selbst in nichts aufgelöst haben. Doch wäre es verfehlt und unhistorisch gedacht, würde man sie vom überlegenen Standort des nach zwanzig Jahren zurückblickenden Beobachters bagatellisieren und als unbedeutend beiseite schieben. Alle diese Probleme haben ihren historischen »Stellenwert«, viele von ihnen enthielten genügend Sprengkraft, um bei unsachgemäßer Behandlung Prozesse auszulösen, die den Gang der Geschichte in eine andere Richtung hätten lenken können.

Als Beispiel greife ich die bündnisinternen Probleme und Spannungen heraus, die sich an dem Konzept der gemeinsamen Verteidigung entzündeten: Jahr für Jahr hatte ich als Leiter der Politischen Abteilung mit dem leidigen Problem der »Stationierungskosten« zu tun. Dabei handelte es sich um das Kernstück der früheren Besatzungskosten: die Finanzierung der auf deutschem Boden verbleibenden ausländischen »Stationierungsstreitkräfte« und die zahlungsbilanztechnische Handhabung dieser Finanzierung. Dramatischer als die regelmäßig wiederkehrenden Streitigkeiten um die Stationierungskosten waren die Differenzen über das strategische Gesamtkonzept der Allianz. Ein Höhepunkt dieser Differenzen war der sogenannte Radford-Plan, der im Sommer 1956 die Gemüter in Bonn erhitzte. Er trug seinen Namen nach dem damaligen Vorsitzenden der Joint Chiefs of Staff der Vereinigten Staaten, Admiral Arthur Radford.

Am 13. Juli 1956 veröffentlichte die ›New York Times‹ ein von ihm gezeichnetes Memorandum, das den bereits seit Jahr und Tag diskutierten »New Look« der amerikanischen Verteidigungspolitik (»massive retaliation« mit Atomwaffen als Kernstück der Abschreckung, Reduzierung der konventionellen US-Streitkräfte und damit erhebliche Entlastung des immer mehr zu einer drückenden Last angewachsenen amerikanischen Militärbudgets) in ein konkretes, zügig zu verwirklichendes Programm umzusetzen schien. Der für die Europäer und insbesondere für Bonn entscheidende Punkt war die darin vorgesehene Herabsetzung der amerikanischen Gesamtstreitkräfte um achthunderttausend Mann (davon vierhundertfünfzigtausend Mann der Landstreitkräfte) – mit entsprechender Reduzierung der in Europa stationierten Truppenkontingente. Ein Jahr nach der Ratifizierung der Pariser Verträge, die auf dem in London am 1. Oktober 1954 gegebenen Versprechen basierten, daß die Vereinigten Staaten für einen unbegrenzten Zeitraum einen »fair share« zu den NATO-Streitkräften auf dem europäischen Kontinent stellen würden, wirkte diese Ankündigung in den europäischen Hauptstädten wie ein Schock. Das galt insbesondere auch für Bonn und seinen Regierungschef, der mit der Aufstellung der vertraglich vorgesehenen zwölf deutschen Divisionen erhebliche materielle und politische Schwierigkeiten vor sich liegen sah.

Adenauer war seiner Natur nach alles andere als ein Militarist. Aber er hatte ein besonderes Sensorium für die politische Relevanz militärischer Entscheidungen und Entwicklungen. Er reagierte dementsprechend prompt und energisch: Die gerade in den Sommerferienschlaf versinkende Bundeshauptstadt wurde durch eine von ihm in das Palais Schaumburg einberufene Blitzkonferenz aufgeschreckt, zu der die Botschafter aus Washington (Heinz Krekeler), London (Hans von Herwarth), Paris Vollrath von Maltzan), Rom (Clemens von Brentano) herbeigerufen worden waren. Der Kanzler verschob seine für Samstag, den 21. Juli, vorgesehene Abreise in den Sommerurlaub auf die Bühler Höhe. Statt dessen trat am Abend beim Kanzler die Runde der Botschafter mit Außenminister, Staatssekretär (Hallstein), Verteidigungsminister (Blank), Generalinspekteur der Bundeswehr (Adolf Heusinger) und dem Leiter der Politischen Abteilung des Auswärtigen Amtes zu einer mehrstündigen Beratung zusammen, die sich noch zusätzlich dadurch verlängerte, daß Krekeler infolge eines Maschinenschadens seines Flugzeuges erst gegen dreiundzwanzig Uhr im Palais Schaumburg eintraf. Sein Bericht vermittelte den Eindruck, daß man sich in Washington zu wenig Gedanken über die Reaktion der Verbündeten auf drastische Kürzungen der amerikanischen Truppenstärke in Europa gemacht hatte. Andererseits stellte sich heraus, daß der Präsident noch keine Entscheidung über Radfords Vorschläge getroffen hatte. Auch schien General Gruenther als »SACEUR« am bisherigen Konzept einer für die konventionelle Verteidigung erforderlichen Mindeststärke von dreißig Divisionen im Mittelabschnitt der NATO-Front festzuhalten. In England allerdings verstärkte das Radford-Konzept die eigenen britischen »Umrüstungstendenzen«, die auf Reduzierung der Landstreitkräfte einschließlich der Rheinarmee, Abschaffung der allgemeinen Wehrpflicht, budgetäre Einsparungen und Vertrauen auf die nukleare Abschreckung hinausliefen. Auf italienischen und französischen Widerspruch konnte gerechnet werden. Frankreich betrachtete amerikanische Truppenreduktionen in Europa mit um so größerem Mißbehagen, als seine eigenen Streitkräfte durch den algerischen Aufstand ohnehin in Nordafrika voll gebunden waren. Heusinger trug militärisch-strategische Bedenken vor: die Herausforderung eines sofortigen Atomkrieges bei Konflikten; die Nutzlosigkeit eines Vergeltungsschlages, sobald die Bundesrepublik bereits Schauplatz eines Atomkrieges geworden sei; die Gefahr des »kleinen«, eines konventionellen Krieges, für den der Osten ohne Anlaufzeit weit überlegene Kräfte einsetzen könne.

Die Beratung endete mit einem Aktionsprogramm, das Noten an die WEU-Partner, Befassung der NATO, Demarche in Washington, eine Reise General Heusingers dorthin zwecks Fühlungnahme mit den amerikanischen Stabschefs vorsah. Die Ausführung, insbesondere die Formulierung der Noten und Instruktionen, lag mir und meinen Mitarbeitern ob.

Dulles, der noch am 18. Juli Radford unterstützt hatte (mit der Bemerkung auf einer Pressekonferenz, daß er einer Truppenverminderung, wenn sie von der militärischen Führung empfohlen werde, keine politischen Bedenken entgegenzusetzen habe), lenkte ein und bewog den Präsidenten, den Plänen des Pentagon seine Zustimmung zu verweigern. Im Endeffekt gab es keine amerikanische Truppenverminderung in Europa.

Fünf Jahre später, als die Kennedy-McNamara-Strategie der »abgestuften Abschreckung« aufkam, verkehrten sich die Fronten: vieles von dem, was 1956 gegen die Konzeption der »massive retaliation« gesagt worden war, sprach für die neue Strategie der »graduated deterrence«, der »flexible response«. Manche allerdings mochten sich ihrer damaligen Argumente nicht mehr erinnern und fochten mit gleicher Vehemenz gegen die neue Wendung im strategischen Konzept der Vereinigten Staaten.

Hatte der Radford-Plan die Beziehungen zwischen Bonn und Washington strapaziert, so wiederholte sich ähnliches 1957 im Verhältnis zu London. Die schon im Vorjahre deutlich gewordenen englischen »Umrüstungstendenzen« konkretisierten sich im Frühjahr 1957.
Im Februar legte Selwyn Lloyd seinen in London versammelten Außenminister-Kollegen der WEU dar, daß sich Großbritannien zu substantiellen Änderungen seiner Verteidigungskonzeption genötigt sehe. Er befand sich sofort einer geschlossenen Front von Kritikern gegenüber, die unmißverständlich an die Verpflichtungen erinnerten, die Eden auf der Londoner Neunmächte-Konferenz 1954 in bezug auf die britische Truppenstationierung auf dem europäischen Festland übernommen hatte. Im Lancaster House, am gleichen Ort, an dem zweieinhalb Jahre zuvor die britischen und amerikanischen Versprechen zur Aufrechterhaltung der Truppenkontingente auf dem europäischen Festland abgegeben wurden, saßen die Außenminister Gaetano Martino (Italien), Joseph Luns (Niederlande), Joseph Bech (Luxemburg), Paul-Henri Spaak (Belgien), Heinrich von Brentano (Bundesrepublik) und der französische Staatssekretär, Albert Gazier, um den gleichen hufeisenförmigen Tisch wie damals und brachten ihrem Vorsitzenden, Selwyn Lloyd, ihr Mißbehagen unverhohlen zum Ausdruck. Die Verträge forderten die Zustimmung der Verbündeten zu Abhilfemaßnahmen, falls einem Partner die Rüstungslast zu drückend werde, erklärte Luns. Auch die niederländische Regierung sehe sich gezwungen, Maßnahmen gegen die Inflation zu ergreifen und Steuern zu erhöhen. Sie habe jedoch keine Schwächung der Verteidigungskraft ins Auge gefaßt. Im übrigen seien auch Nichtmitglieder der WEU, wie Kanada und die Vereinigten Staaten, mitbetroffen, und die britischen Pläne müßten in dem dafür vorgesehenen Jahreserhebungsverfahren (»Annual Review«) der NATO geprüft werden. Der Franzose befürchtete negative politisch-psychologische Wirkungen für das System der Pariser Verträge: Die Abbautendenz werde auf weitere Mitgliedstaaten übergreifen, insbesondere im Hinblick auf die Abschaffung der Wehrpflicht. Spaak nannte die britischen Pläne »extrèmement grave«. Wie könne Selwyn Lloyd von »Entscheidungen« sprechen, solange die vorgesehenen Konsultationsverfahren nicht eingeleitet seien? Eines Tages könnten sich Amerikaner und Kanadier ebenso verhalten. Martino fürchtete die Ermutigung aller jener Strömungen der öffentlichen Meinung, die ohnehin die »Koexistenz« für wichtiger hielten als die Verteidigung. Selwyn Lloyd verteidigte sich damit, daß Großbritannien viele Jahre besonders hohe Verteidigungslasten zu tragen gehabt habe, daß die Ausgaben seit 1954 enorm gewachsen seien, daß man vor neuen überseeischen Notstandsituationen stehe, daß eine wirtschaftliche Erschütterung Großbritanniens der beste Dienst für den Kommunismus wäre. Über die Kosten

der britischen Nuklearrüstung ging er schweigend hinweg. Von »Entscheidungen« habe er nur in bezug auf die internen Budgetfragen und die überseeischen Verpflichtungen gesprochen. Alles andere sei natürlich der Diskussion mit den Verbündeten unterworfen.

Jahre später prägte de Gaulle ein Bonmot, das man nachträglich als Motto über die Szene im Lancaster House zu setzen versucht ist: »Les traités sont comme les jeunes filles et les roses; ça dure ce que ça dure.«

Die Konferenz der WEU-Minister hielt die britische Regierung nicht davon ab, ihre Pläne weiterzuverfolgen. Am 9. März mußten Macmillan und Selwyn Lloyd bei einem Besuch in Paris erneut feststellen, daß Guy Mollet und Christian Pineau ihren Absichten erbitterten Widerstand entgegensetzten. Bei einer Fühlungnahme mit Hallstein und Blankenhorn glaubten die Briten auf Verständnis gestoßen zu sein, aber über Adenauers ablehnende Haltung hatten sie keine Illusionen. »Der schlaue alte Fuchs ist sehr beunruhigt«, schrieb Macmillan am 14. März in sein Tagebuch, »er denkt vor allem an die nächsten Wahlen in Deutschland.«[1] Genau dasselbe unterstellte Adenauer zwei Jahre später Macmillan, als dieser seine von Adenauer mit Mißtrauen beobachtete »Erkundungsreise« nach Moskau unternahm und im März 1959 in Bonn darüber berichtete: ein Manöver, um die Unterhauswahlen zu gewinnen, darum handle es sich, als solches allenfalls verständlich, außenpolitisch aber höchst schädlich.[2]

Vom 6. bis 8. Mai 1957 hielten sich die britischen Staatsmänner in Bonn auf, um für ihre »Umrüstungsideen« Verständnis zu wecken. Macmillan nannte die in einem Weißbuch vom 4. April veröffentlichten Pläne selbst »die größte Veränderung, die in der Verteidigungspolitik in normalen Zeiten je vorgenommen worden ist«[3]. Für die britische Rheinarmee bedeuteten sie eine Herabsetzung der Truppenstärke von siebenundsiebzigtausend auf vierundsechzigtausend (ursprünglich fünfzigtausend) Mann.

Der Bundeskanzler schickte in der ersten Aussprache mit den Briten den Verteidigungsminister Strauß und den Generalinspekteur, General Heusinger, zum Angriff vor. Die von Franz-Josef Strauß vorgetragenen kritischen Argumente waren wohlbegründet, wenngleich wohl für uns überzeugungskräftiger als für die Briten. Auch wurden sie mit politischem Taktgefühl vorgebracht. Strauß beeindruckte Macmillan offensichtlich, so daß dieser ihn sogleich zu einem Besuch nach London einlud. Heusinger wirkte durch nüchterne Sachlichkeit und solides Zahlenmaterial. Adenauer selbst konzentrierte seine Einwände auf den vorgesehenen Zeitplan und wies auf die nach seiner Ansicht höchst gefährlichen nächsten drei bis vier Jahre hin, in denen die britischen Kräfte umgerüstet würden, während die deutschen Divisionen nicht vor 1961 bereitstehen würden. Macmillan setzte ganz auf die nukleare Abschreckung und ließ auch keinen Zweifel, daß Großbritannien seine Rüstungsanstrengungen darauf konzentrieren werde. Die für Europa gefährliche Zeit sah er erst in zehn bis fünfzehn Jahren kommen, dann nämlich, wenn die Vereinigten Staaten voll in der Reichweite sowjetischer transkontinentaler Fernwaffen liegen würden. Es sei ihm von Anfang an klar gewesen, schrieb Macmillan in seinen Memoiren[4], »daß die Deutschen, insbesondere der Kanzler, unserer neuen Politik mit tiefem Mißtrauen gegenüberstanden«. Er griff daher zu der ungewöhnlichen Methode, beim abendlichen Dinner in einer Tischrede »von beträchtlicher Länge und ungewöhnlichem Ernst« über die Geschichte Europas in den letzten einhundert Jahren zu sprechen, über Fehlschläge, Torheiten und neue Chancen, die sich jetzt böten. Auch das dem Verteidigungsweißbuch zugrundeliegende strategische Konzept legte er noch einmal dar. Welchen Eindruck die Rede bei Adenauer hinterlassen hat – ich vermag es nicht oder nicht mehr zu sagen. Adenauers Erinnerungen enthalten über diesen ganzen Besuch kein Wort. Macmillan lobt Adenauers Tischrede vom nächsten Abend als »freundlich« und eine anschließende Unterhaltung zu zweien sogar als »sehr freundlich«. Adenauer habe viel über den Teufel gesprochen und über die keineswegs ausgeheilte Schädigung der deutschen Seele durch den Nationalsozialismus.[5]

Eine Woche später, am 15. Mai 1957, wurde auf der Weihnachtsinsel im Pazifik die erste britische Wasserstoffbombe gezündet. Die Allianz mußte sich wohl oder übel daran gewöhnen, mit einer britischen Atomstreitmacht sowohl wie mit einer verkleinerten Rheinarmee zu leben.

Paris am Tage der Suez-Krise

Adenauers ›Erinnerungen‹ sind bei der Schilderung der dramatischen Ereignisse vom Oktober/November 1956 merkwürdig blaß und lückenhaft. Für die Ereignisse in Polen und Ungarn stützt er sich auf zwei recht willkürlich ausgewählte Berichte des Auswärtigen Amtes, die weder ein vollständiges Bild noch eine zusammenfassende Beurteilung dieser für ganz Europa so aufwühlenden und bedeutungsschweren Vorgänge bieten.

Der Abschnitt über den Suez-Konflikt weist eine auffällige Lücke auf: Die Tatsache, daß Adenauer ausgerechnet an dem Tag, an dem der Konflikt seinen dramatischen Höhepunkt erreichte – am 6. November 1956 –, seinen ersten offiziellen Staatsbesuch in Paris abstattete und viele Stunden mit den Spitzen der französischen Regierung in intensiver Diskussion über alle Aspekte der Krise verbrachte, wird von ihm mit keinem Wort erwähnt. Angesichts der hohen Priorität, die Adenauer stets seinen Beziehungen zu Frankreich einräumte, ist dieses Schweigen schwer verständlich. Es ist auch deswegen besonders bedauerlich, weil der Verlauf dieses Besuches für den Stand, den die deutsch-französischen Beziehungen 1956 erreicht hatten, besonders bezeichnend war.

Am Abend des 5. November war der Kanzler mit seiner Begleitung im Sonderzug von Bonn nach Paris zu dem seit langem geplanten Staatsbesuch abgereist. Um Mitternacht hielt der Zug für einige Stunden auf einer kleinen Station an der saarländisch-französischen Grenze, um am nächsten Morgen zur vorgesehenen Zeit in Paris einzutreffen. Während dieses Aufenthaltes erreichten uns die letzten Nachrichten, insbesondere die Meldungen über die ultimativen Drohungen, die der sowjetische Ministerpräsident Bulganin an Frankreich und Großbritannien gerichtet hatte, um sie zum Abbruch ihrer Suez-Aktion zu zwingen.

Wie war die Lage an diesem Abend? Israelische Truppen hatten am 29. Oktober die ägyptische Sinai-Grenze überschritten und befanden sich seitdem im raschen Vormarsch auf den Suezkanal. Frankreich und Großbritannien hatten am 30. Oktober sowohl an Israel wie an Ägypten ein auf zwölf Stunden befristetes Ultimatum gerichtet und sie aufgefordert, ihre Truppen aus einem zehn Kilometer breiten Streifen beiderseits des Suezkanals zurückzuziehen. Am 31. hatten britische und französische Luftstreitkräfte begonnen, durch ein gezieltes Bombardement die Voraussetzungen für die Landung eines britisch-französischen Expeditionskorps am Kanal zu schaffen, die für den 6. November, den Tag der amerikanischen Präsidentschaftswahlen, vorgesehen war. Nach dem Absprung britischer Fallschirmjäger war der ägyptische Kommandant von Port Said am Nachmittag des 5. November in Kapitulationsverhandlungen eingetreten. Gegen Abend hatte sich das Bild jedoch plötzlich wieder grundlegend verändert.

Die Sowjets, die bis zu diesem Zeitpunkt äußerste Zurückhaltung gewahrt hatten, traten plötzlich – offenbar unter dem Eindruck des entschiedenen Auftretens der amerikanischen Regierung gegen die britisch-französische Aktion – aus ihrer Reserve heraus und richteten eine Serie massiver Drohbotschaften an die Regierungen in Paris, London und Jerusalem. Ein Brief Bulganins an Präsident Eisenhower schlug sogar eine gemeinsame sowjetisch-amerikanische militärische Intervention vor, um den Frieden im Nahen Osten wiederherzustellen. Die Kämpfe um Port Said lebten wieder auf. Paris und London sahen sich mit wachsenden Schwierigkeiten konfrontiert. Eden stand unter dem Druck einer bis weit in die Reihen der eigenen Partei hinein empörten Öffentlichkeit und einer von Washington stimulierten Krise des Pfund Sterling, die – wie er in seinen Memoiren[1] schreibt – für die gesamte wirtschaftliche Situation Englands verheerende Folgen hätte haben können.

Am Morgen jenes 6. November, an dem Adenauer in Paris erwartet wurde, sah sich die französische Regierung daher mit schwerwiegenden Entscheidungen konfrontiert: Sie mußte sich schlüssig werden, wie ernst sie die Drohungen Bulganins nehmen und wie sie darauf reagieren wollte; sie mußte sich entschließen, ob sie ihre Aktion notfalls auch ohne Großbritannien fortsetzen sollte und konnte, nachdem Eden im Begriff war, dem Druck Washingtons und der Stimmung im eigenen Land nachzugeben; sie mußte, wenn sie Edens Beispiel folgen wollte, die Bedingungen der Feuereinstellung überlegen, insbesondere Zeitpunkt und Modalitäten der Machtübergabe an die internationale Friedenstruppe, die zu entsenden die UN-Vollversammlung auf Initiative des Kanadiers Lester Pearson beschlossen hatte. Diese Entscheidungen waren zu treffen, während die Masse der Expeditionstruppen gerade an Land ging; während »Flugzeuge unbekannter Nationalität« die Türkei überflogen und Ankara von Moskau ersucht wurde, die Durchfahrt von Kriegsschiffen durch die Meerengen zu gestatten; und während Nasser Freiwillige aus aller Welt zur Teilnahme am Kampfe Ägyptens aufrief.

In einer nachmitternächtlichen Beratung im Salonwagen des Kanzler-Sonderzuges an der saarländisch-französischen Grenze wurde man sich darüber klar, daß der deutsche Staatsbesuch für die französische Regierung zu einem höchst ungelegenen Zeitpunkt kam. Die um Mitternacht bekannt gewordene Meldung über die Drohungen Bulganins hatte entsprechende Befürchtungen, soweit sie schon bei der Abfahrt von Bonn existierten, in massiver Weise verstärkt. Der Kanzler selbst richtete an seine Berater die Frage, ob man unter diesen Umständen die Reise fortsetzen oder ob man nicht besser umkehren solle; ob nicht ein Staatsbesuch unter solchen Umständen und zu einem solchen Zeitpunkt für die französische Regierung unzumutbar sei. Gemeinsam wogen wir die Argumente, die für und wider die Durchführung des geplanten und schon fast begonnenen Besuches sprachen, gegeneinander ab: Wie man auch Bulganins Drohungen und ihre Wirkungen beurteilen mochte – der plötzliche Abbruch der Reise wäre jedenfalls vielen Mißdeutungen ausgesetzt gewesen. Etwa, daß man sich von einem Bluff habe einschüchtern lassen; daß man sich im Augenblick der Gefahr vom französischen Partner distanziere; daß Bonn im Fahrwasser Washingtons schwimme; Mißdeutungen dieser Art müßten auch der französischen Regierung unerwünscht sein, so fand man.

Natürlich gab es auch entgegengesetzte Erwägungen: daß diese Reise »in diesem Augenblick leicht als eine eindeutige Unterstützung der französisch-englischen Politik angesehen werden könne«, daß sie zu »un-

283

günstigen Reaktionen in Washington« führen könne, daß Bonn sich gerade bemühe, die Vereinten Nationen für die deutsche Frage zu interessieren und daß deren Mitgliedstaaten mehrheitlich die Maßnahmen Großbritanniens und Frankreichs verurteilen werden. Dies waren die Argumente, mit denen Brentano bereits am 31. Oktober in einem Schreiben an den Bundeskanzler geraten hat, den Besuch abzusagen – ein Rat, den er noch am 4. November wiederholt hatte. Arnulf Baring hat in seinem Buch[2], in dem er die Briefe Brentanos an Adenauer publizierte, diese Äußerungen zitiert; in seinen Zwischenbemerkungen hat er die Positionen skizziert, die Kanzler und Außenminister zum Suez-Konflikt einnahmen.[3] Adenauer hatte die Ziele der Aktion gebilligt, wenngleich er die angewandten Methoden für »sicherlich nicht geschickt« hielt. Nachdem sie gescheitert war, distanzierte er sich in einer Erklärung vor dem Bundestag am 8. November von ihr, mit der Bemerkung, »daß auch legitime Ziele der Politik nicht mit Waffengewalt verwirklicht werden sollten«.[4] Brentanos Ratschlag andererseits bedeutete nicht, daß dieser die amerikanische Politik im Suez-Konflikt billigte. Er hatte gleichermaßen davon abgeraten, einer Anregung Botschafter Krekelers zu entsprechen, der Kanzler möge die von den Vereinten Nationen angenommene amerikanische Resolution vom 2. November unterstützen, welche die sofortige Einstellung aller Kampfhandlungen gefordert hatte. In einem Schreiben an den Bundeskanzler vom gleichen Tag hatte er unzweideutig ausgesprochen, »daß das Vorgehen der amerikanischen Regierung in dieser Frage gar keine Zustimmung von unserer Seite verdient«[5]. Auf diesem Hintergrund sind die Äußerungen um so interessanter, die Kanzler und Außenminister im Verlauf ihrer Gespräche mit der französischen Regierung am 6. November machten.

Ich vermag nicht mehr zu sagen, wie und mit welchen Argumenten die Teilnehmer an der nächtlichen Beratung im Sonderzug des Kanzlers votierten. Man beschloß jedenfalls, die Reise fortzusetzen, nachdem ein Telefongespräch mit Paris geklärt hatte, daß die französische Regierung auch und gerade im Hinblick auf die letzte dramatische Zuspitzung großen Wert auf die Durchführung des Besuches lege. Felix von Eckhardt hat später eine drastische Schilderung des Telefonats gegeben, mit dem der Botschafter in Paris, von Maltzan, aus dem Schlaf gerissen und mit der nächtlichen Sondierung am Quai d'Orsay beauftragt wurde.[6] Nach meiner Erinnerung hat auch Brentano in dieser Nacht der Fortsetzung der Reise nicht mehr widersprochen. Sie war unter dem Einfluß seiner Bedenken und angesichts der sich verschärfenden Krise schon vor der Abreise auf einen Tag verkürzt worden (nachdem ursprünglich drei Tage vorgesehen waren). Nachdem man nun bereits unterwegs war und die französische Regierung keinen Zweifel daran gelassen hatte, daß sie mit dem Eintreffen des Kanzlers am nächsten Morgen rechne, hat auch er wohl eine Umkehr nicht für angebracht gehalten. Nachdem die Entscheidung getroffen war, schlief man einige Stunden und stand am nächsten Morgen zur vorgesehenen Zeit vor dem Portal der Gare du Nord, vor einer Ehrenkompanie der Garde Républicaine und dem einzigen abkömmlichen Minister des Kabinetts Mollet, das verständlicherweise seine Beratungen fortsetzte, statt seine Zeit mit Begrüßungszeremonien zu vergeuden. Der Minister ohne Geschäftsbereich, der Adenauer in militärisch straffer Haltung zu den Klängen des Deutschlandliedes und der Marseillaise begrüßte, war Jacques Chaban-Delmas, der spätere Ministerpräsident unter Georges Pompidou und unterlegene Rivale von Valéry Giscard d'Estaing bei den Präsidentschaftswahlen von 1974.

Auf die Gefahr hin, daß man mich nationaler Sentimentalität verdächtigt, muß ich bekennen, daß es mich jedesmal tief bewegt hat, wenn ich auf dem Boden eines Landes, gegen das wir Krieg geführt hatten, zum ersten Mal nach dem Krieg das Deutschlandlied erklingen hörte. Dreimal war ich Zeuge eines solchen symbolischen Aktes: 1953 bei Adenauers erstem Staatsbesuch in den Vereinigten Staaten, 1955 bei seiner Ankunft in Moskau; und im November 1956 in Paris. Was am 6. November diesem symbolischen Akt folgte, war weit bemerkenswerter: Die Spitzen der französischen Regierung vollbrachten das Kunststück, sich voll ihrem Ehrengast zu widmen, ohne ihre höchst prekären Regierungsgeschäfte in bezug auf die Suez-Krise zu vernachlässigen.

Der äußere Ablauf des Besuchs sah so aus: Während des ganzen Vormittags saß man in kleinstem Kreise im Arbeitszimmer des Ministerpräsidenten im Hôtel Matignon und erörterte gemeinsam die Weltlage und die im Augenblick fälligen Entscheidungen. Außer Guy Mollet waren sein Außenminister Christian Pineau, sein Staatssekretär Maurice Faure und der französische Botschafter in Bonn, Maurice Couve de Murville, anwesend. Adenauer umgaben sein Außenminister Heinrich von Brentano, unser Botschafter in Paris, Vollrath Freiherr von Maltzan, und ich.

Von Zeit zu Zeit werden Mollet die jeweils letzten Meldungen in die Sitzung hereingereicht. Pineau verschwindet für einige Zeit, um mit dem britischen Botschafter zu konferieren. Er überbringt eine Mitteilung von Dag Hammerskjöld: Mit Ausnahme Israels sei der Vorschlag der Entsendung einer internationalen Polizeistreitmacht allgemein akzeptiert worden. Kurz vor der Mittagspause ziehen sich Mollet und Pineau zurück. Nach einem Telefonanruf Edens, der ebenfalls für die Annahme des UN-Beschlusses plädiert, muß das französische Kabinett seine Entscheidung treffen. Pineau und der Verteidigungsminister Maurice

Bourgès-Maunoury neigten offenbar dazu, den Kampf fortzusetzen, da sie Nassers Sturz für unmittelbar bevorstehend hielten. Mollet und die Mehrheit des Kabinetts wollten dem englischen Beispiel folgen und die UN-Resolution akzeptieren. Noch vor dem Mittagessen teilt Mollet dem Kanzler mit, daß sich die französische Regierung in diesem Sinn entschieden habe und daß der Befehl zur vorläufigen Feuereinstellung noch im Lauf des Tages gegeben werden solle.

Danach konnte das Nachmittagsprogramm weniger dramatisch ablaufen: Vollsitzung der beiden Delegationen unter dem Vorsitz der Außenminister, Diskussion über Fragen der Integration, der Rüstungsgemeinschaft, über die Eisenwerke Völklingen (eine noch offene Frage in den Saar-Verhandlungen), über Flug- und Landerechte der Air France und andere bilaterale Fragen; nach Hinzutritt der Regierungschefs Beschluß über das unvermeidliche Kommuniqué, Abschluß der Konferenz gegen fünf Uhr nachmittags, abends Diner am Quai d'Orsay, nachts Rückfahrt nach Bonn.

Was diese Begegnung besonders auszeichnete, war die ebenso vertrauliche wie vertrauensvolle Diskussion des Vormittags im Zeitpunkt äußerster politischer Hochspannung. Niemand hätte es dem französischen Regierungschef verübeln können, wenn er sich an diesem Tag nach Begrüßung der Gäste wieder zurückgezogen hätte. Statt dessen gab man den Gästen Einblick in die eigenen Überlegungen, erkundete ihre Ansichten, erbat ihren Rat. Ich sah darin einen Vertrauensbeweis, der mich stark beeindruckte – um so mehr, als es sich um eine sozialistisch geführte Regierung handelte, die sich mit dem christlich-demokratischen Kanzler der Bundesrepublik einließ.

Im Lauf der Diskussion schälte sich auf französischer Seite eine recht nüchterne und realistische Beurteilung der Bulganin-Briefe heraus: Daß die Sowjetunion einen Weltkrieg riskieren wollte, glaubte niemand. Aber man verkannte nicht, daß sich die Sowjets genötigt fühlten, nicht untätig dem Konflikt zuzuschauen. Die niederschmetternde Wirkung ihrer eigenen Aktion in Ungarn drängte sie, offensiv zu werden und die ungarischen Ereignisse in den Hintergrund treten zu lassen. Auch Nasser, den sie mit Waffen und Technikern massiv unterstützt hatten, konnten und wollten sie nicht fallen lassen. An das Zustandekommen einer gemeinsamen militärischen Aktion mit den Vereinigten Staaten – wie im Bulganin-Brief an Eisenhower vorgeschlagen – hatten sie wohl nicht ernstlich geglaubt. Aber die Haltung der Vereinigten Staaten hatte ihnen zumindest die Gewißheit gegeben, daß sie sich ohne großes Risiko aus ihrer Reserve hervorwagen konnten. Mollet und Pineau waren ebenso wie die Briten davon überzeugt, daß mit irgendeiner sowjetischen Aktion gerechnet werden müsse. Am wahrscheinlichsten erschien ihnen eine

Aktion in Syrien oder dem Irak, um auf diesem Weg auf Israel Druck auszuüben.

In der Umschreibung ihrer Zielsetzung entfernten sich die französischen Staatsmänner auch in dieser vertraulichen Diskussion nicht von der offiziellen Version: Es gehe um die Wiederherstellung des Friedens durch Trennung der beiden kriegführenden Parteien und um die Sicherung der freien Durchfahrt durch den Suezkanal. Das Motiv, das Adenauer für entscheidend hielt[7], daß nämlich »der algerische Aufstand, der für Frankreich tödlich werden konnte, von Ägypten aus unterhalten wurde«, erwähnte niemand. Ebensowenig ließen die Franzosen erkennen, daß die ganze Aktion vorher mit den Israelis abgesprochen war. Adenauer und Brentano waren jedoch darüber informiert. Von Brentano hatte in einem Briefe vom 31. Oktober an Adenauer über Gespräche berichtet, die er über den Suezkanal-Konflikt geführt hatte, und hatte dabei geschrieben: »... Die meisten Herren, die mich ansprachen, spielten ganz offen darauf an, daß England und Frankreich offenbar Israel zum Einmarsch veranlaßt haben, um damit den Grund für die Intervention zu schaffen. Eine etwas unklare und wohl auch unbedachte Äußerung des französischen Ministerpräsidenten Mollet, die er vor etwa einer Woche tat, wurde immer wieder zitiert. Er muß sich in der Kammer oder bei einer öffentlichen Rede dem Sinn nach dahin geäußert haben, Frankreich und England hätten noch einen Trumpf in der Hand, über den er nicht sprechen wolle, der aber eine Wende in der Suez-Krise herbeiführen werde...«[8]

Die der Suez-Aktion voraufgegangenen französisch-israelischen geheimen Absprachen (vor deren Hintergrund das ganze Ausmaß der von Charles de Gaulle eingeleiteten und durchgeführten pro-arabischen Wendung der französischen Politik besonders kraß in Erscheinung tritt) sind bis zum heutigen Tag im Zwielicht geblieben. Keine französische Regierung hat sie jemals offiziell bestätigt, doch weiß man seit 1964, daß sich Selwyn Lloyd und Pineau am 22. Oktober 1956 mit Ben Gurion in der Umgebung von Paris getroffen hatten, um den genauen Operationsplan des Unternehmens zu vereinbaren.[9] Daß bei dem Gespräch am 6. November 1956 über diesen Vorgang geschwiegen wurde, ist angesichts des Sprengstoffs, den er in sich barg, begreiflich. Wahrscheinlich wurde auch stillschweigend vorausgesetzt, daß sich die Besucher selbst ihren Vers aus dem Ablauf der Ereignisse zu machen wußten.

Adenauer benutzte die Konstellation vom 6. November in erster Linie dazu, seine Gesprächspartner von der Dringlichkeit der europäischen Einigung zu überzeugen und dabei besonders die Notwendigkeit der Einbeziehung Großbritanniens zu betonen. Im Zug seiner Argumentation ließ er sich dabei zu einer derart kritischen Beurteilung der amerikanischen Führung und ihrer Politik hinreißen, daß sich Brentano gedrängt fühlte – und sich nicht scheute –, sich von Adenauers Äußerungen deutlich zu distanzieren.

Seit zweieinhalb Jahren, behauptete Adenauer, würden – ohne Beteiligung des State Department – Briefe zwischen dem Weißen Haus und dem Kreml gewechselt. Dulles, darauf angesprochen, habe diese Korrespondenz nicht geleugnet. Hinter diesem Briefwechsel stehe offenbar die Vorstellung, daß der Weltfriede durch ein Gleichgewicht der beiden Atommächte garantiert werden müsse. Ideen über eine Aufteilung der Welt und eine Weltschiedsrichterrolle der beiden Großen könnten dabei eine Rolle spielen. Ihm, Adenauer, mißfalle die darin liegende Zweigleisigkeit der amerikanischen Politik, die die Interessen der Verbündeten außer acht lasse, das Interesse an Europa vermindere und die amerikanische Führungsrolle in der NATO preisgebe. Der Radford-Plan sei ein Indiz für diese Tendenzen. Allerdings spiele dabei wohl auch Enttäuschung über die mangelnde Kraft der Europäer zur Einigung mit. An der Suez-Krise seien die Vereinigten Staaten durch ihre verfehlte Politik in der Frage des Assuan-Staudammes mitverantwortlich.[10] Wenn Ben Gurion nunmehr das Feuer habe einstellen lassen (wie Mollet kurz zuvor mitgeteilt habe), so habe er sicherlich von amerikanischer Seite gewisse Zusicherungen erhalten; seit langem hätten die Vereinigten Staaten Israel mit Waffen beliefert. Dieser Feststellung widersprach Mollet: »Wir haben sie geliefert!« – und knüpfte daran die Frage, was der Kanzler mit seiner vorausgegangenen Andeutung gemeint habe. Die Russen wissen, antwortete Adenauer, daß es die Vereinigten Staaten zu keinem Weltkrieg kommen lassen wollen. Hier schaltete sich Brentano mit der Feststellung ein, daß ein Angriff auf Westeuropa für die Vereinigten Staaten jedenfalls der Casus belli sei. Adenauer widersprach seinem Außenminister; Mollet bemerkte, damit sei der Weltkrieg eröffnet, allerdings nicht durch die Amerikaner. Adenauer äußerte Zweifel, ob die Nerven der Amerikaner stark genug für einen Atomkrieg seien. Mollet war von den pessimistischen Ansichten des Kanzlers überrascht. Erneut distanzierte sich Brentano von den Äußerungen seines Chefs mit der offenen und sogar schroffen Feststellung, er teile sie nicht. Adenauer lenkte daraufhin etwas ein: Man müsse die Wahlen abwarten, müsse wissen, wer Außenminister sein werde, ein wiedergewählter Eisenhower könne sich wandeln und wieder stärker werden. Zur aktuellen Situation vertrat Adenauer die Ansicht, die Sowjets würden die Drohungen Bulganins nicht verwirklichen. Frankreich und Großbritannien dürften in dieser Krise nicht das Gesicht verlieren. Der UN-Beschluß über die Entsendung einer internationalen Polizeistreitmacht zur Besetzung der Kanalzone, der das verhüte, sei daher in dieser Situation von entscheidender Wichtigkeit. Brentano plädierte für unverzügliche Annahme und Ausführung des Beschlusses: Eine Fortsetzung der Kämpfe biete zwar Chancen, die besetzten Positionen zu verstärken, aber sie verstärke auch die Gefahr einer sowjetischen Intervention.

Das Ganze war eine erstaunliche und spannende Szene, eine Diskussion auf dem Hintergrund dramatischer Ereignisse und in einem ungewöhnlichen Rahmen, die trotz aller sachlichen Divergenzen ohne persönliche Schärfen in geschäftsmäßig-kühlem Stil ausgetragen wurde, ohne daß eine gereizte Stimmung aufgekommen wäre. Die französischen Teilnehmer schienen beeindruckt von der offenen Sprache ihrer deutschen Gäste und überrascht von der Entdeckung, daß die Autorität des Kanzlers seinen Außenminister nicht davon abhielt, seine abweichenden Ansichten nachdrücklich zum Ausdruck zu bringen. Wir auf unserer Seite waren beeindruckt davon, wie wir in den Prozeß der Urteilsbildung der französischen Regierung in dieser kritischen Stunde einbezogen wurden.

Welches Gewicht die französische Regierung dem übereinstimmenden Votum der deutschen Besucher zugunsten des Abbruchs der Aktion und der Annahme der UN-Resolution beigemessen hat, läßt sich naturgemäß kaum abschätzen. Brentano hat am Tage nach der Rückkehr der Presse gegenüber die Ansicht vertreten, die Reise des Bundeskanzlers sei »für die Feuereinstellung am Suezkanal von sehr großer Bedeutung gewesen«[11] Sicherlich hat sie zu dem Entschluß der französischen Regierung beigetragen, die militärische Aktion abzubrechen. Indessen hat es wohl wesentlich gewichtigere Gründe gegeben, die zu diesem Entschluß führten.

Festgehalten zu werden verdient jedenfalls, daß sich Kanzler und Außenminister in den Pariser Gesprächen einer schwierigen Situation gewachsen zeigten: Adenauer, der trotz weitgehender Sympathie mit den Zielen der britisch-französischen Aktion dazu riet, sie abzubrechen, und der trotz scharfer Kritik an der amerikanischen Politik die Empfehlung gab, sich ihr nicht entgegenzustellen; und Brentano, der trotz seiner ebenfalls kritischen Beurteilung der Haltung Washingtons doch mit großer Entschiedenheit die Grenzen dieser Kritik hervorhob und sich bemühte, übertriebene Schärfen des Adenauerschen Urteils abzuschleifen.

Am gleichen Tag, an dem die Gespräche in Paris stattfanden, wurde in den Vereinigten Staaten Dwight D. Eisenhower zum Präsidenten wiedergewählt. In einer Kabinettsitzung, die in Bonn am 9. November abgehalten wurde, betonte Adenauer, von entscheidender Bedeutung sei nunmehr, wer Dulles im Amte des Secretary of State nachfolge; er müsse schon längere Zeit krank gewesen sein. Die zweite und dritte Garnitur des State Department, die in dieser Zeit das Regiment geführt habe, beurteilte er recht kritisch und behauptete erneut, das Weiße Haus habe immer mehr seine eigene Politik verfolgt.

Vieles in diesen Tagen Gesagte war ein Vorspiel zu dem, was ich später als Botschafter in Washington erlebte. Adenauer verhielt sich zu Amerika im Ganzen und zu seinen führenden Persönlichkeiten ähnlich wie zu seinen Mitarbeitern, seinen Parteifreunden und vielen anderen Personen seines Umgangs, das heißt, sein Verhältnis zu den meisten Menschen, mit denen er fortlaufend zu tun hatte, war starken Schwankungen ausgesetzt und wurde immer wieder von charakteristischen Mißtrauensanfällen überschattet, von denen schon mehrfach die Rede war. Das gilt besonders auch für seine Beziehungen zu John Foster Dulles, der sich in den Tagen der Suez-Krise in der Tat einer ersten Krebsoperation hatte unterziehen müssen, entgegen Adenauers Befürchtungen jedoch alsbald als Secretary of State bestätigt wurde und sein Amt noch bis Anfang 1959 ausübte. Die Vorstellung, daß das Weiße Haus unter Eisenhower zeitweilig das Zentrum einer präsidentiellen Außenpolitik mit weitreichenden eigenen Ideen gewesen sei, die Eisenhower in einer Geheimkorrespondenz mit »dem Kreml« gesponnen habe, war eine Ausgeburt seines Mißtrauens, die der Wirklichkeit von 1956 nicht entsprach. In Eisenhowers Stab im Weißen Haus gab es keine Köpfe, die außenpolitische Konzeptionen dieser Tragweite hätten entwickeln und durchsetzen können, und der einzige vertrauliche Briefwechsel mit dem Kreml dürfte in einem Schreiben Eisenhowers an Marschall Grigorij Schukow vom Herbst 1955 bestanden haben, mit dem er ihm die Übersendung eines bei ihrem Genfer Treffen im Juli versprochenen amerikanischen Angelgeräts ankündigte.[12] Damit soll nicht verkannt werden, daß es in den Vereinigten Staaten eine latente Neigung zur Anknüpfung eines bilateralen Sonderverhältnisses der beiden Supermächte gab, die seit dem Amtsantritt Kennedys immer wieder deutlich in Erscheinung trat.

Abrüstung – Sicherheit – Wiedervereinigung: Das Junktim von 1957

Der großen Doppelkrise vom November 1956 – Suez und Ungarn – folgte zwangsläufig eine Periode weltpolitischer Erstarrung: Die westliche Allianz mußte sich von dem schweren Zerwürfnis erholen, in das die Suez-Krise sie gestürzt hatte. Die brutale Niederwerfung des ungarischen Aufstandes hatte eine neuerliche Vereisung der Ost-West-Beziehungen zur Folge. Im Frühjahr 1957 begann sich die Verkrampfung allmählich wieder zu lockern, geriet die Weltpolitik wieder in Bewegung: Mit der Begegnung zwischen Eisenhower und dem neuen britischen Premierminister Macmillan auf den Bermuda-Inseln im März 1957 entspannte sich das britisch-amerikanische Verhältnis, die Londoner Abrüstungsverhandlungen vom März bis September 1957 führten zur erneuten Aufnahme von Ost-West-Gesprächen. Das Abrüstungsthema rückte infolge seiner engen Verknüpfung mit den Fragen der europäischen Sicherheit und der Wiedervereinigung Deutschlands den Gesamtkomplex dieser drei Probleme wieder in den Mittelpunkt der öffentlichen Diskussion sowohl wie der diplomatischen Aktivität der Regierungen.

Bei der Abrüstung ging es vor allem um die Atomwaffen: Verzicht auf Erstanwendung, Testbann, Verbot bestimmter Waffenkategorien, Beschränkung des Kreises der Atomwaffenbesitzer, atomare Bewaffnung der Bundeswehr (ein in der deutschen Öffentlichkeit im Frühjahr 1957 hitzig diskutiertes Thema); Inspektionszonen zur Verhütung von Überraschungsangriffen und Höchststärkenbegrenzung der konventionellen Streitkräfte bildeten weitere Verhandlungspunkte. »Disengagement«, Auseinanderrücken der beiden großen, in Mitteleuropa sich gegenüberstehenden Militärblöcke, wurde zum zentralen Stichwort der Auseinandersetzungen über die europäische Sicherheit, angeregt durch Vorschläge des britischen Oppositionsführers Hugh Gaitskell, durch Vorschläge und Artikel von George Kennan, durch den »Deutschland-Plan« der SPD vom 23. Mai 1957 und durch den Plan des polnischen Außenministers Adam Rapacki vom 2. Oktober 1957. In der Deutschland-Frage schälte sich immer deutlicher eine auf die Zwei-Staaten-These gestützte Politik Moskaus heraus; Ulbricht und Grotewohl leisteten dazu ihren aktuellen Beitrag mit dem Vorschlag zur Bildung einer deutschen Konföderation vom 27. Juli 1957.

Damit ist thematisch umrissen, was mich während meines letzten Jahres in Bonn hauptsächlich beschäftigte. Im März begleitete ich Brentano und im Mai Adenauer nach Washington – beide Male ging es hauptsächlich um diese Fragen. Zwischen und nach diesen Reisen leitete ich unsere Delegation in einer Viermächte-Arbeitsgruppe, die im März im Anschluß an Brentanos Reise in Washington, im Mai in Bonn und im Juni in Paris tagte. Aus den Beratungen dieser Gruppe ging ein Dokument hervor, das am 29. Juli von Brentano und den Botschaftern der drei Westmächte in Berlin bekanntgegeben und in feierlicher Form unterzeichnet wurde: die Berliner Erklärung.

Im Text dieser Erklärung wurde der Versuch unternommen, die gemeinsame Deutschland-Politik des Westens in ihrer Verknüpfung mit der Abrüstungsfrage und mit der europäischen Sicherheit zusammenfassend und publikumswirksam zu formulieren. Adenauer und Brentano verfolgten damit ein doppeltes Ziel: Die Verbündeten sollten damit im Blick auf die Londoner Abrüstungsverhandlungen auf eine für uns akzeptable Linie eingeschworen werden. Zugleich sollte – angesichts der im September bevorstehenden Bundestagswahlen – die Deutschland-Politik der Bundesregierung programmatisch dem Plan der SPD entgegengestellt werden.

Die Initiative zur Einberufung der Arbeitsgruppe war daher von uns ausgegangen, und die Textentwürfe stammten überwiegend von uns. Den Westmächten blieb nicht verborgen, daß man in Bonn auch innenpolitische Ziele mit dieser Initiative verfolgte, sie akzeptierten jedoch dieses Motiv und waren bereit, ihm Rechnung zu tragen, da sie Adenauers Wiederwahl wünschten und unterstützten; der Deutschland-Plan der SPD hatte bei ihnen keinen Anklang gefunden. Das Wahlergebnis sollte alle Erwartungen übertreffen: Es brachte der CDU/CSU eine absolute Mehrheit der Stimmen (50,2 Prozent) sowohl wie der Mandate (54,4 Prozent).

Brentanos Besuch in Washington am 4./5. März stand im Rahmen eines größeren Reiseplanes, der den deutschen Außenminister nach Australien und Indien führen sollte, daneben war er als Auftakt für die anschließende Tagung der Arbeitsgruppe gedacht; er bot ihm Gelegenheit, mit dem nach seiner ersten Krebsoperation am 3. November 1956 wieder genesenen Außenminister Dulles und dem am 6. November wiedergewählten Präsidenten Eisenhower Fühlung zu nehmen. Große Dinge wurden von dieser Begegnung nicht erwartet. Für die deutschen Probleme könne man »eine besondere Gunst des Augenblicks schwerlich feststellen«, so hieß es – durchaus treffend – im Leitartikel einer deutschen Tageszeitung; der Verlauf der Gespräche deute darauf hin, »wie sehr in diesem Augenblick andere Probleme im Bewußtsein der Weltöffentlichkeit und nicht zuletzt dem der Leiter der amerikanischen Außenpolitik das deutsche überschatten«.

So war es in der Tat: Dulles widmete einen großen Teil des Gesprächs den immer noch schwelenden Streitfragen des Nahen Ostens, die Deutschland-Frage kam hauptsächlich im Zusammenhang mit einer Beurteilung der Lage in Osteuropa nach den kritischen Herbstereignissen in Polen und Ungarn und nach dem XX. Parteitag in Moskau – dessen Hintergründe Dulles als immer noch ungeklärt bezeichnete – zur Sprache. Deutlich spürbar war die amerikanische Besorgnis vor ähnlichen Vorgängen in der DDR und das Interesse an einer positiven Entwicklung unserer Beziehungen zu Polen, wobei Dulles nicht verfehlte, die deutsch-polnische Grenzfrage mit dem innenpolitischen Druck von seiten der polnischen Volksgruppe in den Vereinigten Staaten in einen Zusammenhang zu setzen.

Brentanos Antworten bewegten sich im Rahmen der Hallstein-Doktrin. Handelsmissionen seien im Augenblick noch nicht in der Planung, ihre Errichtung in der Zukunft sei jedoch möglich. Für die Beratungen der Arbeitsgruppe sprang aus diesem Gespräch nicht viel heraus. Brentano war selbst an den Gedanken ihrer Einberufung nur zögernd und widerstrebend herangegangen. Erst nach einem parlamentarischen Disput mit Wehner im Bundestag hatte ich ihn für diesen Gedanken gewinnen können, der mich beschäftigt hatte, seit im voraufgegangenen November der sowjetische Ministerpräsident Bulganin Abrüstungsvorschläge in alle Welt, so auch nach Bonn verschickt hatte.

Aber mein Vorschlag, wieder eine Viermächte-Kommission aus Vertretern der Bundesregierung und der drei Westmächte zu bilden, wie sie auch schon vor der Genfer Außenministerkonferenz bestanden hatte, wurde mit Skepsis und Zurückhaltung aufgenommen. Besonders die Amerikaner scheuten sich, den Eindruck zu erwecken, es sei eine neue Außenministerkonferenz mit den Sowjets beabsichtigt.

In Washington, London und Paris hatte man zudem damals – nach den Ereignissen in Ungarn und im Nahen Osten – ganz andere Sorgen als die deutsche Wiedervereinigung. So traf es zu, wenn der ›Spiegel‹ damals schrieb:[1] »Grewe hätte seine Kommission deshalb kaum so schnell auf die Beine stellen können, wenn nicht der SPD-Abgeordnete Herbert Wehner im Bundestag den Amtschef Grewes, Außenminister Heinrich von Brentano, vehement attackiert hätte.« Diese Attacke hatte in der außenpolitischen Debatte des Bundestags am 31. Januar 1957 stattgefunden. Wehner hatte angebliche Versäumnisse der Bundesregierung in der Frage der deutschen Einheit angeprangert: »Meine Damen und Herren, erinnern Sie sich nicht des Dokuments, das wir damals hier einstimmig beschlossen haben – einstimmig – nach der erbitterten und ermüdenden Debatte der zweiten und dritten Lesung der Pariser Verträge?

Das war dann also der Balsam, der aufgelegt wurde. Da steht am Schluß: ›Es soll eine ständige Kommission, bestehend aus je einem Vertreter der drei Westmächte und der Bundesrepublik Deutschland, gebildet werden, deren Aufgabe es ist, alle zur friedlichen Wiedervereinigung Deutschlands sich bietenden Gelegenheiten zu erörtern und Vorschläge auszuarbeiten, um aussichtsreiche Verhandlungen vorzubereiten!‹ Nicht einmal die Kommission ist gebildet worden. (Hört, hört! bei der SPD.) ... So ernst geht es zu, wenn es um solche Beschlüsse geht. Und was ist damals alles zu diesem Ding gesagt worden, um die Besorgnisse – auch die Besorgnisse vieler aus Ihren eigenen Reihen – zu beschwichtigen, die gedacht haben, wenn sie trotz mancher Hemmungen den Verträgen zustimmen, daß sie dann, wenn man es so macht, doch zur Wiedervereinigung beitragen. Aber nicht einmal das haben Sie gemacht, sondern haben es einfach kalt liegenlassen.«

Auf diesen Angriff hatte Brentano mit einer Rede erwidert, von der es im ›Spiegel‹ hieß, daß sie »auch von seinen treuesten Freunden in der CDU im Auswärtigen Amt für eine ausgesprochen schwache Leistung« gehalten worden sei. Das Bundestagsprotokoll gibt den Wortwechsel wie folgt wieder: »Sie verweisen dann – und auch hier muß ich Ihnen widersprechen, Herr Kollege Wehner – darauf, daß man hier die Kommission der drei Alliierten und der Bundesrepublik beschlossen habe, aber man habe nicht einmal danach gehandelt. Herr Kollege Wehner, haben Sie vergessen, daß wir diesen Beschluß zu einer Zeit faßten, als die Bundesregierung überhaupt noch keine Außenpolitik hatte, als wir noch ein besetztes Land mit Hohen Kommissaren waren? Damals war es allerdings ein Ausweg, eine Kommission zu gründen. Ich versichere Ihnen, wenn ich heute auf den Gedanken käme, den drei Alliierten eine permanente Kommission vorzuschlagen, würden Sie mich mit Recht fragen, wofür wir eigentlich Botschafter haben...« Präsident D. Dr. Gerstenmaier: »Eine Zwischenfrage.« Wehner: »Herr Minister, ich darf Sie aber fragen, ob Sie sich vielleicht nicht doch im Zeitpunkt irren. Denn diese Resolution, aus der ich zitiert habe, ist nach der Annahme der Pariser Verträge beschlossen worden, und das heißt doch: nach dem Außerkrafttreten des Besatzungsregimes.« Brentano: »Ich glaube nicht, Herr Kollege, Sie haben sie vorhin in der Hand gehabt, wenn ich mich recht erinnere. Können Sie nicht das Datum feststellen?« Gerstenmaier: »Ich habe verstanden, daß es sich um einen Entschließungsantrag handelt, der seinerzeit in Verbindung mit den Ratifikationsgesetzen angenommen worden ist. Haben Sie das sagen wollen, Herr Kollege Wehner?« Abgeordneter Wehner: »Ja.« Brentano: »Wir können ja diese Frage des Zeitpunktes noch gemeinsam klären, da stehen uns beiden ja die Akten zur Verfügung.« (Zuruf von der SPD: »Als wir souverän wurden.«) Wehner: »Der Bericht trägt das Datum vom 23. Februar.« Brentano: »Welchen Jahres?« » – 1955 – und wurde beschlossen nach der Annahme der Pariser Verträge durch das Haus. Er konnte selbstverständlich erst wirksam werden, nachdem das Besatzungsregime nicht mehr galt, es war doch nicht eine Resolution für zwei oder drei Wochen.« Brentano: »Herr Kollege, ich glaube, es ist doch ein Irrtum. Er wurde beschlossen, als wir noch Besatzungsregime hatten.« (Abgeordneter Wehner: »Für die Zeit nach dem Inkrafttreten der Verträge!«) – »Das ist doch eine Unterstellung, Herr Kollege.« (Zuruf von der SPD: »Wir können das Protokoll nachlesen.«) – »Wir können das Protokoll nachlesen. Aber ich bin überzeugt, meine Damen und Herren, daß wir recht haben. Das Datum gibt mir zunächst recht.«

Dazu der ›Spiegel‹: »Der schlecht präparierte Außenminister hatte unrecht. Die gemeinsame Entschließung des Bundestages, aus der Wehner zitiert hatte, war seinerzeit von einem Sonderausschuß aller Parteien ausgearbeitet worden und enthält eine Reihe von Forderungen zur Wiedervereinigung, so die Forderung nach einem Friedensvertrag und nach Viermächte-Verhandlungen, um freie Wahlen in ganz Deutschland zu erreichen. Die Kommission der vier Mächte sollte, was allein schon aus dem Beiwort ›ständig‹ hervorgeht, zeitlich unbegrenzt tätig sein.

Die nicht sehr eindrucksvolle Position der Bundesregierung in Sachen Wiedervereinigung überzeugte wenig später auch die Amerikaner, daß sie in der deutschen Frage zumindest ihren guten Willen zeigen müßten. Die Westmächte beeilten sich nun plötzlich, auf den Greweschen Vorschlag einzugehen und stimmten der Bildung jener Kommission zu.«

Die parlamentarische Auseinandersetzung spiegelte deutlich das allgemeine Unbehagen über das Stagnieren der Deutschland-Politik wider; sie war bezeichnend für eine Atmosphäre des Mißmuts, in der man sich über im Grunde unwesentliche Verfahrensfragen zerstritt. Keiner der Beteiligten machte dabei eine gute Figur – weder hinsichtlich seiner Sachkenntnis noch seiner Debattierkunst.

Die Kontroverse zwischen Wehner und Brentano über das Datum der Bundestagsresolution war in Wahrheit ein Streit um des Kaisers Bart, denn für die Einberufung der Arbeitsgruppe spielte die förmliche Beendigung des Besatzungsregimes gar keine Rolle: Sie hatte unter diesem getagt, vor und während der Berliner Konferenz 1953/54; sie hat auch nach Beendigung des Besatzungsregimes getagt, sei es als Botschaftergruppe oder als Gruppe leitender Beamter der Außenministerien; außerdem fielen ihre Themen auch nach dem Inkrafttreten des Deutschland-Vertrages in den Bereich der Vorbehaltsrechte der Drei Mächte. Immerhin trug dieser Disput im Bundestag wesentlich dazu bei, die Stimmung in Bonn für eine neue Aktivität der Gruppe anzuwärmen, die mir aus mehreren Gründen wünschenswert erschien.

Die Instruktionen für die Beratungen in Washington, die ich mir von Brentano geben ließ, und die ich selbst entworfen hatte, sagten dazu:

»Im einzelnen ist es die Aufgabe der Arbeitsgruppe:

a. Festzustellen, welche Vorstellungen und Erwägungen sich für Lösung der deutschen Frage bei den drei Westmächten seit dem Ende der Genfer Konferenz herausgebildet haben (insbesondere, wie die in der amerikanischen Öffentlichkeit diskutierten Gedanken eines Rückzuges der amerikanischen und sowjetischen Truppen von der US-Regierung bewertet werden). – b. Die Absichten der drei Westmächte in der Abrüstungsfrage zu erkennen und wenn möglich die Arbeitsgruppe zu einem häufiger zusammentretenden Konsultationsorgan in Abrüstungsfragen auszugestalten. – c. Den Bewegungsspielraum abzustecken, innerhalb dessen diplomatische Initiativen der Bundesregierung oder der drei Westmächte in der Deutschland-Frage künftig möglich erscheinen – oder innerhalb dessen künftige Initiativen der Sowjets mit konkreten Gegenvorschlägen beantwortet werden können.

In diesem Zusammenhang ist auch zu prüfen, welche Vorschläge gegebenenfalls zur Aufnahme in die deutsche Antwortnote in der Wiedervereinigungsfrage in Betracht kommen.«

Der tatsächliche Verlauf der Arbeiten in dieser Viermächte-Gruppe blieb in mancher Hinsicht hinter den erstrebten Ergebnissen zurück, in anderer Hinsicht ging er darüber hinaus.

Übertroffen wurden unsere Erwartungen insofern, als es im Laufe der Bonner und Pariser Tagung der Gruppe gelang, eine konzentrierte Grundsatzerklärung zu formulieren, die von allen vier Regierungen gebilligt und in ihrem Namen am 29. Juli in Berlin in feierlicher Form bekannt gegeben wurde. Nicht zu realisieren war der Wunsch, aus diesem Gremium ein häufiger tagendes Konsultationsorgan für Abrüstungsfragen zu machen.

Wie zu erwarten, wurde der Verlauf der Diskussionen und der Aufgabenstellung mehrfach von den aktuellen Ereignissen dieser Monate beeinflußt. Die von uns – meine Gesprächspartner in der Vierergruppe waren Jacob Beam und Jack Reinstein (USA), Patrick Hancock (UK), Jean Laloy und Jean Juergensen (Frankreich) – als möglichst freie Grundsatzdiskussion geplante erste Tagung in Washington mußte sich länger und intensiver mit der Abfassung eines analytischen Berichts beschäftigen, der plötzlich angefordert wurde, um den Eisenhower-Macmillan-Gesprächen auf Bermuda als Diskussionsgrundlage zu dienen. Die zweite Tagung in Bonn widmete sich in beträchtlichem Maße zwei ursprünglich nicht geplanten Aufgaben: der Konsultation über die westlichen Antwortnoten auf die Bulganin-Noten vom Oktober 1956 und der Formulierung einer für die Öffentlichkeit bestimmten Grundsatzdeklaration. Die dritte Tagung in Paris mußte das Ergebnis des Adenauer-Besuches in Washington verarbeiten, insbesondere die dort formulierte Verknüpfung von Abrüstung und Wiedervereinigung.

Diese Amerika-Reise Adenauers im Mai 1957 spielte sich vor dem Hintergrund einer politischen Entwicklung ab, die bereits wachsende Schwierigkeiten für seine Deutschland-Politik erkennen ließ. Waren die Westmächte ursprünglich von dem Gedanken ausgegangen, daß über Abrüstung und Sicherheit erst dann gesprochen werden könne, wenn die Teilung Deutschlands überwunden sei, so entfernten sie sich seit 1955 schrittweise von dieser Position. Auf der Genfer Gipfelkonferenz hatten sie zugestanden, daß man die Fragen der europäischen Sicherheit und der Wiedervereinigung Deutschlands gleichzeitig in Angriff nehmen könne. Ein Jahr später, am 19. März 1956, wurde in den Londoner Abrüstungsgesprächen ein britisch-französisches Arbeitspapier vorgelegt, das die Bereitschaft der beiden Regierungen erkennen ließ, das »Junktim« zwischen Abrüstung und Wiedervereinigung aufzugeben, das heißt nicht nur die Priorität der Deutschland-Frage, sondern auch ihre Parität, genauer gesagt, ihre Lösung pari passu mit der Abrüstungsfrage.[2]

In Bonn verfolgte man diese Entwicklung mit wachsendem Unbehagen.

Eine umfassende Abrüstungsverständigung zwischen Ost und West ohne vorherige oder wenigstens gleichzeitige Lösung der offenen politischen Streitfragen, insbesondere der deutschen, würde nach der dort herrschenden Auffassung den Status quo der Teilung Deutschlands auf unabsehbare Zeit besiegelt haben. Das zu verhüten, stand in den Jahren 1956/57, in denen die Abrüstungsverhandlungen ihren Höhepunkt erreichten, im Mittelpunkt der Bonner Bemühungen auf diesem Gebiete. Von dem Abrüstungsbeauftragten Eisenhowers, Harold Stassen, erwartete man nichts Gutes. Man wußte, daß er nicht mit Dulles harmonierte. Adenauer war entschlossen, in Washington dieser politischen Entwicklung energisch entgegenzutreten. Er tat es nicht ohne Erfolg. Die Sympathien, die er in der amerikanischen Bevölkerung genoß, befanden sich auf einem Höhepunkt. Eisenhower trug dem Rechnung, indem er ihn, vor Beginn der offiziellen Gespräche, zu einem privaten Besuch auf seine Farm in Gettysburg einlud, eine Geste besonderer Wertschätzung, die er zuvor nur Nehru hatte widerfahren lassen. Dulles war bereit, ihm weit entgegenzukommen, ohne allerdings hinter die Grundsätze und Vorschläge zurückzugehen, die Stassen, teilweise gemeinsam mit der britischen, französischen und kanadischen Delegation, bereits im Londoner Abrüstungsausschuß eingebracht hatte oder im Laufe der nächsten Wochen einbringen sollte. In einer langen und intensiven Aussprache erläuterte er dem Kanzler die amerikanischen Abrüstungspläne und die Philosophie, auf der sie beruhten:

Die Sowjets seien vielleicht ernstlich an einer Rüstungsbeschränkung interessiert, die Rüstung laste schwer auf ihrer Wirtschaft – ebenso wie das in den Vereinigten Staaten der Fall sei. Sie hätten wenig Neigung, ihre Satelliten nuklear zu bewaffnen. An der Internationalen Atom-Energie-Behörde hätten sie lebhaftes Interesse bekundet, in London an dem Problem der »Vierten Mächte« (womit die Nichtweitergabe von Atomwaffen gemeint war). Wenn sowjetische verbale Erklärungen sich mit ihren realen Interessen deckten, müsse man ihnen Gewicht beimessen – lediglich im Vertrauen auf sowjetische Erklärungen dürfe nichts getan werden, was die eigene Position schwäche. Demokratien hätten stets die Tendenz, zu früh abzurüsten. Die Vereinigten Staaten hätten diesen Fehler mehrfach begangen. Er habe einige Erfahrungen damit gemacht, daß man in Verträge und Erklärungen zuviel Vertrauen gesetzt habe. Dulles erläuterte dann die amerikanischen Vorstellungen für die nächste Verhandlungsphase zu den drei Hauptkomplexen: Inspektion und Kontrolle – Nuklearwaffen – konventionelle Streitkräfte. Auf europäischem Gebiet sei es schwierig, gleichwertige Inspektionszonen festzulegen, ohne dadurch die Teilung Deutschlands zu betonen und zu verfestigen. Er sei daher dafür, daß man zunächst Inspektionszonen im Bereiche der Arktis errichte. Hinsichtlich der nuklearen Waffen erstrebten die Vereinigten

Staaten zunächst einen zeitweiligen Stop der Waffenentwicklung und -produktion. Die Nicht-Nuklearmächte sollten auf Erwerb und Produktion dieser Waffen verzichten, doch wolle man sie nicht dazu zwingen. Auf Nuklearversuche könne erst verzichtet werden, wenn ein Inspektions- und Kontrollsystem existiere. In bezug auf die konventionellen Streitkräfte seien die Vereinigten Staaten zu einer Fixierung ihrer eigenen und der sowjetischen Kräfte auf zweieinhalb Millionen Mann bereit. Die Bundesrepublik werde davon nicht berührt. Über weitere Herabsetzungen solle erst verhandelt werden, wenn bei der Lösung der politischen Fragen Fortschritte erzielt seien.

Adenauer und Brentano stellten kritische Gegenfragen. Der Kanzler betonte die Wichtigkeit und Notwendigkeit von Bemühungen um eine Abrüstungsverständigung. Die Wahl des Zeitpunktes dafür sei jedoch von entscheidender Bedeutung. Seien die Sowjets wirklich schon reif dafür? Scheiternde Verhandlungen würden die Widerstandskraft des Westens schwächen. Die Vereinigten Staaten stünden vor außerordentlich schwierigen und verantwortungsvollen Entscheidungen. Für Deutschland würde es verhängnisvoll sein, wenn der Eindruck entstünde, daß eine Abrüstungsverständigung ohne eine Lösung der politischen Fragen angestrebt werde. Ein Vertrauensverlust werde die Folge sein und die Wahlen im September würden kaum noch gewonnen werden können. Brentano äußerte seine Besorgnis, daß der ohne weitere Vorbedingungen ins Auge gefaßte »erste Schritt« bereits ein umfassendes Abrüstungsabkommen darstelle. Dulles widersprach und bemühte sich, diese Besorgnis damit zu zerstreuen, daß es sich zunächst nur um einen »minimalen Schritt« handele, der die relative Stärke der Vereinigten Staaten keinesfalls mindere, sondern allenfalls verstärke. Die atomare Überlegenheit der Vereinigten Staaten erlaube den Stop weiterer Produktion. Keine militärischen Basen würden aufgegeben. Weniger anzubieten, würden die Vereinigten Staaten in den Verruf des Militarismus bringen; ein freies christliches Volk könne sich das nicht erlauben.

Mir drängte sich bei diesem Gespräch die Frage auf: Wollte Adenauer mit seinen Bemerkungen über die Wahl des richtigen Zeitpunktes und seinen Zweifeln an dem Abrüstungsinteresse der Sowjets die Verhandlungen auf die lange Bank schieben? Das hätte im Widerspruch zu der sonst stets von ihm betonten Dringlichkeit der Abrüstungsfrage gestanden. Aber so waren seine Äußerungen wohl nicht gemeint. Er wollte anscheinend nur verhüten, daß die Westmächte vor den Wahlen in London mit Vorschlägen an die Öffentlichkeit träten, die in Deutschland als Preisgabe der gemeinsamen Politik in der deutschen Frage verstanden werden mußten. In diesem Punkte war er erfolgreich; das am 28. Mai 1957 veröffentlichte Kommuniqué über seine Besprechungen mit

Präsident Eisenhower betonte mit größerem Nachdruck als je zuvor, daß einem umfassenden Abrüstungsabkommen notwendigerweise eine Lösung des Problems der Wiedervereinigung Deutschlands vorausgehen müsse. Eisenhower habe dem Bundeskanzler versichert, daß die Vereinigten Staaten keine Abrüstungsmaßnahmen zu ergreifen beabsichtigten, durch welche die Wiedervereinigung Deutschlands präjudiziert würde. Die Aushandlung des Kommuniqués hatte der Kanzler mir überlassen. Schon bevor wir in Washington eintrafen, hatte ich während unseres Zwischenaufenthaltes am Wochenende in »Homestead«, dem Hause seines alten Freundes Danny Heinemann in Greenwich, Connecticut, lange mit ihm über die von uns erstrebten Zusicherungen beraten. Die letzten Formulierungen hatte ich mit Dulles noch im Auto auf der Fahrt mit dem Kanzler zum Weißen Haus abgesprochen. Diese Formulierungen wurden später in die Berliner Erklärung eingearbeitet, die damit aus einer deutsch-amerikanischen in eine auch die britische und französische Regierung bindende Viermächte-Vereinbarung verwandelt wurde.[3]

Die Berliner Erklärung war die umfassendste programmatische Formulierung der gemeinsamen Deutschland-Politik der Unterzeichner des Deutschland-Vertrages. Sie sollte ursprünglich am 5. August verkündet werden – am Jahrestag der Unterzeichnung des Potsdamer Abkommens, um symbolisch den Wandel zum Ausdruck zu bringen, der sich in den zwölf Jahren seit diesem Tiefpunkt deutscher Geschichte vollzogen hatte. Während bereits die protokollarischen Vorbereitungen für den an diesem Tage geplanten feierlichen Akt liefen, wurde bekannt, daß sich Bulganin und Chruschtschow zu einem Staatsbesuch in den ersten Augusttagen in Ost-Berlin einfinden würden. Ein zeitliches Zusammentreffen dieser beiden Ereignisse in Berlin erschien uns unter vielen Gesichtspunkten unerwünscht. Wir drängten daher unsere Partner, den Verkündungsakt vorzuverlegen. Sie kamen dem um so bereitwilliger nach, als man inzwischen bemerkt hatte, daß der von den Engländern vorgeschlagene 5. August gar nicht der richtige Gedenktag war: Die Potsdamer Konferenz war schon am 2. August 1945 zu Ende gegangen. Auch hatten die Franzosen wenig Geschmack an diesem Gedenktag gefunden, da sie an der Potsdamer Konferenz nicht beteiligt worden waren.

Demgemäß kam es am 29. Juli zu einem feierlichen Festakt im Saal des Berliner Abgeordnetenhauses im Rathaus Schöneberg, in dessen Mittelpunkt die Unterzeichnung und öffentliche Verkündung der Berliner Erklärung standen. Hauptakteure bei dieser Zeremonie waren Brentano und die drei West-Botschafter David Bruce, Christopher Steel und Maurice Couve de Murville. Mehr in der Rolle eines Statisten saß ich als Fünfter an ihrem Tische – eine Geste, die man sich in den voraufgegangenen Protokollberatungen wohl in der Absicht ausgedacht hatte, den besonderen deutschen Anteil am Zustandekommen und an der Formulierung dieses Dokumentes optisch deutlich hervorzuheben.

Von einem der drei beteiligten Botschafter wird die nachträgliche Bemerkung berichtet, dieses Dokument sei »nicht gerade geeignet, die Welt zu verändern«. Dem kann man kaum widersprechen. Es enthielt nichts Neues, konnte auch in der damaligen Situation kaum etwas Neues enthalten. Die ausdrückliche Verpflichtung Englands und Frankreichs auf das Washingtoner Junktim Abrüstung-Sicherheit-Wiedervereinigung erschien der Bundesregierung damals wertvoll. Ob es sich bei einem positiven Fortgang der Abrüstungsverhandlungen als wertbeständig erwiesen hätte, ist höchst zweifelhaft.

Die Aufrechterhaltung der in der Berliner Erklärung formulierten Deutschland-Politik in der zweiten Hälfte der fünfziger Jahre und in der ersten Hälfte der sechziger Jahre ist viel kritisiert worden. Adenauer, so hieß es, habe sich hartnäckig an den Status quo geklammert, die Forderung nach Flexibilität, die von außen und innen an ihn herangetragen wurde, habe ihn nicht beeindruckt. Den Männern in der Führung der Bonner Außenpolitik sei offenbar in dieser Stunde reiner Defensive nicht aufgefallen, wie weit Mittel und Ziele ihrer Außenpolitik schon auseinandergetreten waren.[4] Im Jahr seines größten innenpolitischen Erfolges, 1957, sei auch für Adenauer, schwach erst, doch unübersehbar, jene Gegenbewegung zu bemerken gewesen, welche die deutsche Außenpolitik als eine Art Verzögerungseffekt oft begleitet habe: Fixiert auf die Wiedervereinigung als Primärziel wie auf ein ideologisch begründetes antikommunistisches Vorurteil, habe sie die weltpolitischen Entwicklungen, die die nächsten Jahre prägten, nicht wahrhaben wollen.[5] Ich will solche Kritik nicht bagatellisieren, wenngleich ich ihr nicht zustimmen kann; sie ist in manchen Aspekten ebenso schwer zu widerlegen wie zu beweisen. Die von ihr aufgeworfenen Fragen und Zweifel bewegen mich nicht erst heute, sie haben mich auch damals unentwegt beschäftigt.

Besucher in Bonn

Die Deutschland-Frage, die auf den beiden Genfer Konferenzen und in Moskau im Mittelpunkt unserer Aufmerksamkeit gestanden hatte, bildete auch in den folgenden Jahren das Kernstück meiner Tätigkeit im Auswärtigen Amt. Ob es sich nun um den Notenwechsel mit der Sowjetunion handelte, um die Hallstein-Doktrin, um die Abrüstungsverhandlungen, um Berlin, den Interzonenhandel, um die Entwicklungshilfe – überall spielte sie eine beherrschende Rolle. Einige andere wichtige Themen, die in meinen Zuständigkeitsbereich fielen, mußte ich notgedrungen meinen Mitarbeitern überlassen, da sie zeitlich und kräftemäßig nicht alle zu bewältigen waren. Das galt zum Beispiel für den Bereich der europäischen Integration, wo der Abschluß der Römischen Verträge vom März 1957 und die auf ihnen fußende Gründung der Europäischen Wirtschaftsgemeinschaft einen Höhepunkt bildeten. Auf diesem Gebiete ließ ich meinem damaligen Unterabteilungsleiter, Karl Carstens, freie Hand. Hallstein, dem er zuarbeitete, und ihm selbst gebührt das Verdienst, diese Verhandlungen erfolgreich geführt zu haben. Auch an den deutschfranzösischen Verhandlungen über die Rückgliederung der Saar konnte ich mich nur in der Anfangsphase im Februar/März 1956 beteiligen. Hallstein brachte diese Verhandlungen durch ein glückliches und vertrauensvolles Zusammenspiel mit dem französischen Staatssekretär Maurice Faure aufs Geleis. Rolf Lahr und Rudolf Thierfelder führten sie zu einem guten Ende; am 27. Oktober 1956 konnte ich in Luxemburg der Unterzeichnung der Verträge beiwohnen, die das Saarland mit dem 1. Januar 1957 zu einem Land der Bundesrepublik machten.

Intensiver widmete ich mich den Fragen, die sich aus unserer NATO-Mitgliedschaft ergaben. Ich ahnte damals nicht, daß ich später mehr als acht Jahre dem NATO-Rat angehören würde. Die Bonner Jahre erwiesen sich als eine vorzügliche Vorbereitung für diese Aufgabe. Im Frühjahr 1957 fand zum ersten Male eine Ministerkonferenz der NATO in Bonn statt, die uns außer der politischen naturgemäß auch eine umfangreiche organisatorische Vorbereitung abforderte.

Überhaupt wurde Bonn in wachsendem Maße ein politisch wichtiger Platz. Zahllose prominente Besucher aus aller Welt kamen nunmehr in offizieller und weniger offizieller Eigenschaft nach Bonn. Im Juni 1956 kam der indonesische Präsident Ahmed Sukarno zu einem Staatsbesuch. Zu seinen Wünschen, die uns vorher übermittelt worden waren, gehörte unter anderem ein Doktorhut einer deutschen Universität. Ich war für diesen Besucher nicht zuständig, aber im Amt glaubte man wohl, daß ich aufgrund meiner akademischen Vergangenheit Vermittlerdienste leisten könnte. Zur Ehre der deutschen Universitäten ist zu sagen, daß sie keineswegs bereit waren, aus Gründen politischer Opportunität Ehrendoktor-Würden zu verteilen. Es fand sich schließlich eine Lösung – akademische Würden an einer technischen Universität –, die Sukarnos Ehrgeiz befriedigte, und er bedankte sich mit Reden in fließendem Deutsch.

Einen Monat später machten wir mit Jawaharlal Nehru die für Bonn-Besucher übliche Fahrt auf dem Rhein mit einem Frühstück an Bord; am Abend lauschten wir seinen Worten (von Journalisten als »politische Weisheit des Ostens« gepriesen) bei einem Vortrag, den er auf dem Petersberg vor der Deutschen Gesellschaft für Auswärtige Politik hielt.

An seiner Seite eine jüngere, tiefdunkle und ernste Frau im rostbraunen Sari: Indira Ghandi, seine Tochter. Was Nehru, in bestem Oxford-Englisch, gewürzt mit Jokes, Bonmots und typisch englischen Understatements, aber ohne Effekthascherei vortrug, war eine nicht eben tiefgründige Popularphilosophie über die Aufgaben und die Probleme des politischen Führers. Im Unterschied zum Propheten müsse er Prinzipien und ewige Wahrheiten so umformen, daß sie in der politischen Wirklichkeit praktikabel werden, Kompromisse seien unvermeidlich; doch Kompromisse mit der Wahrheit gefährlich. Seine Schwierigkeit in Indien sei, daß es »viele Dinge gibt, die ich für mein Land tun muß und die mit hohen Prinzipien nicht zu rechtfertigen sind«. Diesem Leitsatz folgte nach dem Vater denn auch Tochter Indira. Adenauer und Nehru: ein seltsames Paar. Zu einem tieferen Einklang dürfte es kaum gekommen sein.[1]

Ein dritter Besucher aus der dritten Welt in diesem Jahr: der liberianische Präsident Tubman (Oktober 1956). Aus dem europäischen Raum kamen im gleichen Jahr zweimal hohe Besucher aus Italien: Ministerpräsident Segni (im Februar) und Staatspräsident Gronchi (im Dezember), aus Griechenland König Paul mit Königin Friederike, der Enkelin des letzten deutschen Kaisers (September 1956); aus Österreich Bundeskanzler Raab. Das folgende Jahr sah in Bonn den britischen Premierminister Macmillan (Mai) und den luxemburgischen Ministerpräsidenten Joseph Bech – einen der Senioren des Sechser-Europas und einen Mann nach dem Geschmack Adenauers, mit dem er sich immer vorzüglich verstanden hat (was man in bezug auf Macmillan nicht sagen kann).

Aus den Vereinigten Staaten kam im Juli 1957 Adlai Stevenson, der zweimal gegen Eisenhower unterlegene Präsidentschaftskandidat der Demokraten von 1952 und 1956.

Dieses kann und soll keine vollständige Liste aller wichtigen Besucher sein, die in diesen Jahren Bonn besuchten. Hier geht es nur darum zu zeigen, daß Bonn nach Erringung der Souveränität sehr rasch das Ziel vieler interessierter Besucher wurde. Der neue Stellenwert der Bundesrepublik im internationalen Leben läßt sich daran ablesen.

Abschied von der Universität

Ende Juni 1957 – fast genau zehn Jahre vor jenem ominösen 2. Juni 1967, der mit den Studentenkrawallen gegen den Besuch des Schahs von Persien in Berlin und dem Tod des Studenten Benno Ohnesorg die Geburtsstunde der »APO«, der Studentenrebellion und in der weiteren Entwicklung jener Terroristen-Organisation wurde, die sich »Bewegung des

2. Juni« nannte – feierte die Universität Freiburg im Breisgau ihr fünfhundertjähriges Bestehen. Im Rückblick erscheinen mir diese Tage als ein »Abschied von der Universität« in einem doppelten Sinne: Zum letzten Male wohnte ich im Rahmen meiner alten Fakultät, der ich zehn Jahre, seit dem Frühjahr 1947, als Ordinarius für öffentliches Recht und Völkerrecht angehört hatte, einer akademischen Feier an dieser Universität bei, an der ich schon 1933 studiert hatte. Und zum letzten Male erlebte ich die deutsche Universität – die später verpönte Ordinarien-Universität – in ihrem traditionellen Pomp sowohl wie in ihrem hohen geistigen Rang: der Rektor im scharlachroten Barett und Talar mit goldener Amtskette, die Professoren im Barett und schwarzen Talar mit je nach Fakultät verschiedenfarbigen seidenen Aufschlägen – zehn Jahre später von den Studenten mit dem Plakat verspottet: »Unter den Talaren – der Muff von tausend Jahren«. Als Festredner der Bundespräsident Theodor Heuss (selbst ein ehemaliger Professor, an jener Hochschule für Politik in Berlin, der ich zu einer Zeit angehört hatte, zu der ihre Reputation durch NS-Politisierung ruiniert wurde), der Bundesminister des Innern, Gerhard Schröder, der Ministerpräsident des Landes Baden-Württemberg, Gebhard Müller, der Erzbischof von Freiburg, der evangelische Landesbischof, der Präsident des Oberrates der Israeliten, der Rector Magnificus der Universität, der Erste Vorsitzende des Allgemeinen Studentenausschusses (ASTA). Unter den Ehrengästen ausländische Botschafter (so auch der sowjetische Botschafter Andrei Smirnow), Rektoren anderer deutscher und ausländischer Universitäten, hervorragende Persönlichkeiten des deutschen Geisteslebens.

In Vorträgen, Seminaren und Symposien sprachen Martin Heidegger, der Rektor Gerd Tellenbach, die Historiker Gerhard Ritter, Clemens Bauer und Hermann Heimpel, der Politologe Arnold Bergsträsser, der Literarhistoriker Hugo Friedrich, der Theologe Bernhard Welte, der Rechtsphilosoph Erik Wolf, der Mediziner Franz Büchner – um nur einige der bekanntesten Namen zu nennen. Wolfgang Fortner (der an der Freiburger Musikhochschule lehrte – zusammen mit Carl Seemann, dem Pianisten, der im Festkonzert als Solist mitwirkte) hatte eine »Festliche Musik für Bläser« komponiert, die den Festakt am ersten Tage umrahmte. Der Prorektor der Universität, mein langjähriger Kollege Ernst von Caemmerer (der mir noch im letzten Jahr meiner Amtszeit in Tokyo half, dort eine japanisch-deutsche Gesellschaft für Rechtswissenschaft aus der Taufe zu heben), vollzog die feierliche Grundsteinlegung zu einem neuen, großzügigen Kollegiengebäude. Nach seiner Fertigstellung habe ich dort, im neuen Auditorium Maximum, noch mehrfach im Rahmen des Studium generale Vorträge gehalten, zu denen ich alljährlich einmal eingeladen wurde. Der Unterschied des äußeren Bildes im Vergleich zu dem, das sich mir bei meinen ersten Vorlesungen in Freiburg im Frühjahr 1947 geboten hatte, frappierte mich immer wieder: Damals sprach ich in den ungeheizten Hörsälen des alten, teilweise beschädigten und nur notdürftig reparierten Kollegiengebäudes, in denen man den Mantel anbehielt und trotzdem fror; aber vor Studenten, die im Kriege und in den Nöten der ersten Nachkriegszeit mehr Lebenserfahrung gesammelt hatten, als die meisten Studentengenerationen vorher und nachher, die ebenso arbeitswütig wie bildungsbegierig waren. Zwar hatte ich einige Vorlesungen zu halten, in denen mehrere hundert Studenten saßen; aber ich hatte auch meine Übungen und Seminare, in denen ich jeden einzelnen Teilnehmer kannte. Häufig gab es Seminare oder Diskussionskreise, mit denen man für einige Tage in eine Skihütte oder in ein Gasthaus im Schwarzwald zog und dort im Freien diskutierte, sehr ungezwungen und formlos, aber nie disziplinlos oder aggressiv. Daß Anonymität des Lehrbetriebes, Unnahbarkeit der Professoren, »fachidiotische« Beschränktheit, Ausbeutung der Assistenten und wissenschaftlichen Hilfskräfte beherrschende Kennzeichen dieser »Ordinarien-Universität« gewesen seien, trifft einfach nicht zu – jedenfalls nicht für den Bereich, den ich überblicken kann. Gewiß war manches reformbedürftig; gab es, besonders im Bereich des Institutswesens und der Kliniken, einige Mißstände; war die akademische Selbstverwaltung ineffizient und weithin unfähig, Reformen aus eigener Kraft in Angriff zu nehmen und zum Erfolg zu führen. Wenn man jedoch eine Bilanz zieht, wohin der hektische Reformeifer der siebziger Jahre geführt hat – wie es das wissenschaftliche und geistige Gesamtniveau der deutschen Universitäten gesenkt, den Lehrkörper für Jahrzehnte mit nicht oder mangelhaft qualifizierten Lehrkräften verstopft, die geistige Freiheit durch Intoleranz, Politisierung, dogmatische Voreingenommenheit, Terrorisierung der Vertreter eines angeblich »falschen Bewußtseins« zugrunde gerichtet, die Selbstverwaltung durch verfehlte und sachfremde Paritäts- und Mitbestimmungsgrundsätze funktionsunfähig gemacht hat –, dann erscheint der in diesen Jahren erzielte Fortschritt als äußerst fragwürdig. Wer nach langen Jahren der Abwesenheit das heutige Bild der deutschen Universitäten auf sich wirken läßt, kann dessen schwerlich froh werden.

Beim Rückblick auf die Freiburger Jahre muß ich noch einmal auf die Schwierigkeiten der Anfangszeit zurückgreifen. Freiburg gehörte zur französischen Besatzungszone. Es gab einen französischen »Universitätsoffizier«, der die Aufsicht ausübte. Er war ein jüngerer französischer Universitätsdozent – Germanist – in Uniform. Als Dekan der Rechts- und Staatswissenschaftlichen Fakultät – ein Amt, das ich mehrere Jahre ausübte –, hatte ich viel mit ihm zu tun: Man verlangte, daß die Professoren vor Semesterbeginn gedrängte Inhaltsangaben ihrer Vorlesungen einreichten – ein Verlangen, das ebenso demütigend wie praktisch unerfüllbar war. Der Dekan mußte zusehen, wie er die Nichterfüllung rechtfertigte. Es gab Einwände gegen die Abhaltung von Vorlesungen durch Fakultätsmitglieder, die sich auf deren Publikationen in der Zeit des Dritten Reiches gründeten. Einige Einwände waren begründet, andere waren es nicht oder waren übertrieben und berücksichtigten nicht entlastende Gesichtspunkte. Der Dekan mußte in Verhandlungen mit dem Universitätsoffizier eine gerechte Lösung suchen. Dabei zeigte sich, daß die Franzosen die Lebensbedingungen, die unter der NS-Diktatur herrschten, besser verstanden als die Amerikaner. Auch meine eigene politische Vergangenheit wurde erneut, nachdem die britischen Instanzen in Göttingen sich bereits damit befaßt und keinen Grund zu Beanstandungen gefunden hatten, eingehend durchleuchtet. Ich erinnere mich noch eines abschließenden, ziemlich hart geführten Gesprächs, in dem ich dem Universitätsoffizier und seinem nächsten Mitarbeiter auseinandersetzte, daß eine Lehrtätigkeit in der Auslandswissenschaftlichen Fakultät der Universität Berlin nicht gleichbedeutend war mit Hörigkeit gegenüber dem Regime. Mit diesem Gespräch war das Thema abgeschlossen. Viele Jahre später waren die beiden Herren Gäste in meinem Hause in Paris. Der eine lehrte wieder an der Sorbonne, der andere war der Chefdolmetscher de Gaulles für alle Verhandlungen in deutscher Sprache.

Freiburg war damals die einzige Universität eines Mini-Landes: Süd-Baden. Die Mittel, die dieses Land für seine Kulturpolitik aufwenden konnte, waren sehr begrenzt. Kein Wunder, daß viele Universitätsangehörige ihre Hoffnungen auf die Bildung eines Südwest-Staates richteten – des späteren Landes Baden-Württemberg. Aber es gab auch überzeugte »Alt-Badener«, die mit den Schwaben nichts zu tun haben wollten. Der Streit darüber ging quer durch alle Fakultäten. Der Vorkämpfer für die Erhaltung der Selbständigkeit Badens, der regierende Staatspräsident Leo Wohleb, war ein ebenso integrer und persönlich bescheidener wie gebildeter Mann. Aber die Sachzwänge, die für die Bildung eines größeren Landes sprachen, waren stärker als seine in badischer Heimatliebe und doch etwas provinziellem Ressentiment gegen die allzu tüchtigen schwäbischen Nachbarn verwurzelte Überzeugungskraft. Als ich – 1955 – meine Lehrtätigkeit endgültig aufgab, war es ein baden-württembergisches Kultusministerium in Stuttgart, das mir schriftlich versprach, meine jederzeitige Rückkehr auf einen Freiburger Lehrstuhl ermöglichen zu wollen. Dieses Versprechen wußte ich sehr zu schätzen: Es gab mir in der Zeit meiner Zugehörigkeit zum Auswärtigen Dienst ein besonderes Gefühl der Unabhängigkeit – etwa wie es in Bismarcks Zeiten der Besitz einer »Klitsche« einem Diplomaten verlieh. Ebenso gerührt wie überrascht war ich allerdings, daß Fakultät und Kultusministerium nach meiner Pensionierung von sich aus auf dieses Versprechen zurückkamen: Nach zweiundzwanzig Jahren hatte ich damit eigentlich nicht mehr gerechnet.

Die geistige Lebendigkeit der Freiburger Zeit, die Qualität des Lehrkörpers, die vielfältigen Begabungen unter den Studenten dieser Universität gehören zu jenen Erinnerungen, die mir viel bedeuten. Zu meinen engeren Fakultätskollegen gehörten hervorragende Gelehrte, die ich schon als Studenten erlebt hatte: die Rechtshistoriker Franz Beyerle, Franz Wieacker und Hans Thieme, der Strafrechtler und Rechtsphilosoph Erik Wolf, der Zivilrechtler Fritz von Hippel. Andere lernte ich erst kennen und schätzen, als ich selbst zur Fakultät gehörte: den Romanisten Fritz Pringsheim, den schon erwähnten Zivilrechtler Ernst von Caemmerer. Enge Beziehungen bestanden zu den Wirtschaftswissenschaftlern, mit denen wir in einer Fakultät vereinigt waren. Hier muß vor allem der Name Walter Eucken genannt werden – des Hauptes der Freiburger Schule der neoliberalen Nationalökonomie, der sich auch Ludwig Erhard besonders verbunden fühlte und die zu den geistigen Grundlagen seiner sozialen Marktwirtschaft gehört.

Auch über die Fakultätsgrenzen hinaus gab es enge wissenschaftliche sowohl wie menschliche Beziehungen. Von mir aus bestanden solche, um nur wenige Namen zu nennen, besonders zu dem Historiker Gerhard Ritter, dem Psychologen Robert Heiss, dem Physiker Wolfgang Gentner.

Was die Studenten anlangt, so fand ich in späteren Jahren die meisten meiner Seminarteilnehmer nicht nur »in Amt und Würden«, sondern darüber hinaus eine beachtliche Zahl von ihnen zu höherer Prominenz aufgestiegen.[1]

Mein Wirkungskreis in diesen Jahren beschränkte sich nicht auf Freiburg. Einige Jahre gehörte ich dem Vorstand (der sogenannten Ständigen Deputation) des Deutschen Juristentages an, zusammen mit Hallstein, dem hessischen Ministerpräsident Karl Geiler, mit Walter Jellinek, mit dem Präsidenten des Deutschen Obergerichts, Herbert Ruscheweyh. Vorsitzender unseres Vorstandes war damals Ernst Wolff, der Präsident des Obersten Gerichtshofes für die britische Zone, ehemals Rechtsanwalt in Berlin, 1939 nach England emigriert und nach Kriegsende alsbald zurückgekehrt, bester Typ des völlig assimilierten Berliner Judentums, ein hervorragender, auch menschlich allgemein respektierter Jurist. Auf dem 39. Juristentag (die Zählung datiert seit dem Gründungsjahr 1866; während des Dritten Reiches war die Organisation suspendiert und seit 1937 aufgelöst; die Neugründung erfolgte 1949 in Stuttgart) im September 1957 hatte ich das Hauptreferat in der öffentlich-rechtlichen Abteilung zu halten. Das Thema lautete: »Inwieweit läßt Artikel 33 Absatz 5 des Grundgesetzes eine Reform des Beamtenrechts zu?«

Hintergrund dieser Themenstellung war die damals in der Öffentlichkeit sowohl wie in der Wissenschaft und unter den Verwaltungspraktikern lebhaft geführte Diskussion um eine grundlegende Umgestaltung des öffentlichen Dienstes, die sehr stark durch die amerikanische Besatzungsmacht und ihre Abneigung gegen das als preußisch-obrigkeitsstaatlich verdächtigte deutsche Berufsbeamtentum beeinflußt war. Im Grundgesetz war diesen Bestrebungen im Artikel 33 eine Schranke gesetzt worden, indem dort bestimmt worden war: »Das Recht des öffentlichen Dienstes ist unter Berücksichtigung der hergebrachten Grundsätze des Berufsbeamtentums zu regeln.« Mein Referat bemühte sich, die Bedeutung dieser verfassungsmäßigen Schranke gegenüber den Verfechtern dieser amerikanisch inspirierten radikalen Neuordnungstendenzen herauszuarbeiten, dem Artikel 33 jedoch eine Auslegung zu geben, die vernünftigen zeitgemäßen Reformideen, insbesondere einer stärkeren Durchsetzung des Leistungsprinzips, genügend Spielraum geben würde.[2] In der Diskussion mußte ich mich daher nach zwei Seiten hin verteidigen: gegen die »Traditionalisten« einerseits, zu denen besonders auch Vertreter der Beamtenverbände gehörten, gegen die radikalen Reformer andererseits – bei ihnen war mein Hauptwiderpart wiederum Otto Küster, mit dem ich 1947 in Stuttgart ein Streitgespräch über den Nürnberger Prozeß geführt hatte.[3]

Vorstandsmitglied war ich einige Jahre auch im Bund für Bürgerrechte, einer Vereinigung, die für die Respektierung der Menschen- und Bürgerrechte durch den Staat und seine Organe und für die aktive Wahrnehmung dieser Rechte durch den einzelnen Bürger kämpfte. Geistiger Pate dieser Bewegung war die amerikanische Civil Liberties Union, bei der Gründung hatten die amerikanischen Besatzungsbehörden Hilfestellung geleistet. Damit hing es wohl auch zusammen, daß die Organisation nach Beendigung der Besatzungszeit wieder einging. Ich hatte ihre Grundgedanken für gesund und unterstützungswürdig gehalten, hatte mich aber gleichzeitig bemüht, sie vor einer einseitigen und unausgewogenen Orientierung zu bewahren. In diesem Sinne legte ich dem Vorstand Anfang 1951 ein Gutachten zu dem Beschluß der Bundesregierung vom 20. September 1950 über die politische Betätigung von Angehörigen des öffentlichen Dienstes vor.[4] Dieser Beschluß war das Vorspiel zu den »Extremisten-Erlassen« unserer Tage, die von den entschlossenen Gegnern einer freiheitlichen Demokratie und ihren naiven Sympathisanten (den »trojanischen Eseln« in der unübertrefflichen Formulierung des SPD-Abgeordneten Mommer) als »Berufsverbote« diffamiert werden. Der Bund für Bürgerrechte hatte dazu am 9. Dezember 1950 eine Entschließung gefaßt, die folgenden Wortlaut hatte:
»Der Bund für Bürgerrechte fühlt sich berufen, die freiheitlich demokra-

tische Grundordnung gegen alle ihr feindlich gesinnten Kräfte zu schützen, wo immer sie stehen. Er billigt daher berechtigte, mit verfassungsmäßigen Mitteln durchgeführte Abwehrmaßnahmen gegen diejenigen, die die freiheitliche Grundordnung unter Mißbrauch ihrer Grundrechte zu zerstören suchen. Der Bund für Bürgerrechte hält es für seine Aufgabe, darüber zu wachen, daß die Grenzen des Rechts und der Verfassung hierbei streng gewahrt werden und nicht die Gefahr heraufbeschworen wird, daß Menschen aufgrund von unbestimmten oder ungeprüften Beschuldigungen verfolgt oder benachteiligt werden.

Die disziplinarische Verfolgung und Entlassung von Angehörigen des öffentlichen Dienstes, denen nichts anderes als ihre bisherige Zugehörigkeit zu bisher nicht verbotenen Organisationen und Parteien zur Last gelegt werden kann, begegnet rechtlich schwersten Bedenken. Es verstößt gegen einen allgemeinen und anerkannten Grundsatz unserer Rechtsordnung, ein in der Vergangenheit liegendes Verhalten mit rückwirkender Kraft zum Tatbestand eines Disziplinarverfahrens zu erklären und mit Entlassung aus dem Dienst zu ahnden.

Gegen Angehörige des öffentlichen Dienstes, die in Zukunft Organisationen und Parteien unterstützen und fördern, die von der Bundesregierung und den Länderregierungen als verfassungsfeindlich angesehen werden, darf nur nach Maßgabe des öffentlichen Dienstrechts und unter strengster Beachtung aller verfassungsmäßigen Rechtsgarantien eingeschritten werden.«[5]

Diese ordnungsgemäß angenommene Entschließung konnte jedoch die innerhalb des Bundes fortbestehenden Meinungsverschiedenheiten in der Sache nicht überbrücken.

Die dem Bund angehörende Gesellschaft zur Wahrung der Grundrechte in Mannheim-Heidelberg hatte sich entschieden gegen die Zulässigkeit von Maßnahmen ausgesprochen, die sich auf die Zugehörigkeit eines Beamten (oder eines nichtbeamteten Angehörigen des öffentlichen Dienstes) zu bestimmten, im Beschluß der Bundesregierung aufgeführten Organisationen stützten. Zu dem Gutachten der Gesellschaft, in dem diese Bedenken ausgeführt worden waren, hatte der Bundesvorstand von Professor Ulrich Scheuner in Bonn und von mir gutachtliche Stellungnahmen eingefordert. Im Gegensatz zu dem Heidelberger Gutachten vertraten wir die Auffassung, daß die Zugehörigkeit zu jenen Organisationen mit den Beamtenpflichten nicht vereinbar sei und zu entsprechenden Konsequenzen führen müsse. In dem von mir herausgegebenen ›Archiv des Öffentlichen Rechts‹ schrieb ich etwa gleichzeitig:

»Es wäre Verblendung, wollte man die Gefährlichkeit dieser ganzen Entwicklung für die rechtsstaatliche Struktur unseres Staates unterschätzen. Doch wäre es eine größere und gefährlichere Verblendung, die Augen davor zu verschließen, daß wir nicht mehr in den vergleichsweise idyllischen Verhältnissen des neunzehnten Jahrhunderts leben und daß man den Feinden unserer politischen Ordnung nicht mehr allein mit den damals entwickelten Grundsätzen begegnen kann.«[6]

Das entsprach den Auffassungen, die ich auch auf öffentlichen Veranstaltungen des »Bundes für Bürgerrechte« vertreten hatte und die ich auf einer dieser Veranstaltungen in der – von vielen Zeitungen zitierten – Formulierung zusammengefaßt hatte, wir brauchten einen »Rechtsstaat mit Zähnen«. Diese Formel scheint mir heute noch mehr am Platze als damals, nachdem es im Laufe dieser sich über bald dreißig Jahre erstreckenden Auseinandersetzung dahin gekommen ist, daß eine mit den irreführenden Schlagworten »Berufsverbote« und »Gesinnungsschnüffelei« geführte Agitation das Bewußtsein für die elementaren Verteidigungsnotwendigkeiten eines demokratischen Rechtsstaates zu verdunkeln beginnt.

Abgesehen von diesen sozusagen »bundesweiten« Aktivitäten in meiner Eigenschaft als Vorstandsmitglied der beiden genannten Organisationen kam ich den Einladungen von anderen Universitäten, Instituten, Organisationen nach, die mich zu Einzelvorträgen einluden und mir mannigfache Gelegenheiten zu öffentlicher Wirksamkeit außerhalb Freiburgs boten.[7] Erwähnt sei hier ein Plädoyer vor dem Bundesverfassungsgericht in Karlsruhe, das eine 1951 erhobene Klage der SPD-Fraktion gegen die Bundesregierung betraf, die ein deutsch-französisches Wirtschaftsabkommen 1950 ohne Zustimmung des Bundestages geschlossen hatte und die gerügt wurde, damit gegen den Artikel 59 des Grundgesetzes verstoßen zu haben, der diese Zustimmung bei solchen Verträgen fordert, die »politische Beziehungen des Bundes regeln«. Mein Gegenspieler bei der mündlichen Verhandlung vor dem Gericht am 8. Juni 1952 war der Kronjurist der SPD, der rhetorisch wie juristisch gleichermaßen brillante Abgeordnete Adolf Arndt, mit dem ich im Rechtsausschuß des Bundestages schon manchen Strauß auszufechten gehabt hatte – und noch weiterhin haben sollte. Aber das Völkerrecht war nicht seine starke Seite, und hier hatte er eine These zu vertreten, die auf schwachen Füßen stand. Daß sich das Gericht in seinem Urteil vom 29. Juli 1972 die von mir vertretene These zu eigen machte, daß ein politischer Vertrag im Sinne des Artikels 59 des Grundgesetzes nicht vorlag und daher eine Zustimmung des Bundestages nicht erforderlich gewesen war, überraschte mich daher nicht.

Als mich die Bundesregierung ersuchte, sie in dieser Sache in Karlsruhe zu vertreten, war ich zwar schon ein Jahr in Bonn tätig gewesen, war aber noch nicht Leiter der Rechtsabteilung des Auswärtigen Amtes, noch überhaupt Bundesbeamter. Das Ersuchen richtete sich also an den Freiburger Professor als unabhängigen wissenschaftlichen Sachverständigen. Aus diesem Grunde erwähne ich diese Episode im Zusammenhang mit meinen Freiburger Professoren-Jahren, nicht mit Bonn. Sie rundet den Überblick ab, den ich hier über die vielfältigen öffentlichen Aktivitäten zu geben suchte, die über die eigentliche, in Freiburg zentrierte Lehr- und Forschungstätigkeit hinausgriffen. Soweit ich diese Tätigkeiten nicht schon aufgrund meiner wachsenden Inanspruchnahme durch das Auswärtige Amt (besonders seit Mitte 1955) hatte einschränken müssen, schrumpfte sie ab 1958 durch die Tatsache meiner räumlichen Entfernung auf ein Minimum zusammen: Von Washington aus ergab sich nur noch in wenigen Ausnahmefällen eine entsprechende Gelegenheit. Auch fielen mir in den Vereinigten Staaten mehr als genügend ähnliche Aufgaben und Funktionen zu. Von Paris und Brüssel aus sah sich das wieder anders an: Seit 1963 kam ich wieder häufig zu Vortrags- und ähnlichen Veranstaltungen in die Bundesrepublik – aber ab 1967 kaum noch zu Universitätsveranstaltungen. Im geistigen Klima der Studentenrebellion und der Einschüchterung der Nicht-Rebellierenden ließ man nur andere zu Worte kommen. Auch insofern war die Freiburger Fünfhundertjahrfeier ein Abschied von der Universität gewesen: Die geistige Freiheit und das selbstverständliche Urrecht der Universitäten, allen Meinungen Raum zu geben und ihnen die ungestörte Äußerungsmöglichkeit zu garantieren, waren gegen Ende der sechziger Jahre erschüttert. Ob es gelingen wird, sie wieder aufzurichten, kann nur die Zukunft zeigen. Einstweilen kann davon noch nicht die Rede sein.

Schwäbische Erinnerungen

Im Laufe meiner Bonner Jahre kam ich, neben vielen Reisen ins (vornehmlich westliche) Ausland, auch im eigenen Lande viel herum. Bei mehreren, wenn auch kurzen Aufenthalten kam ich auch in jene Landschaft zurück, mit der ich am Ende des Krieges und in den ersten Jahren danach sehr eng verbunden gewesen war: das Schwabenland.

Im November 1953 hatte ich in Stuttgart mit der dortigen Landesregierung über die Schulartikel der neuen Landesverfassung zu sprechen. Vier Jahre später tagte dort der deutsche Juristentag, auf dem ich über die Reform des Beamtenrechts referieren sollte. Das Wiedersehen mit Stuttgart war für mich gleichbedeutend mit der Belebung vieler Erinnerungen an das Kriegsende und die ersten Jahre danach. Denn hier, im weiteren Umkreis von Stuttgart, hatte ich das erlebt, was man damals »Sich-überrollen-lassen« nannte: das Vorrücken der amerikanischen

Panzerspitzen, die erste Begegnung mit der kämpfenden Truppe, den plötzlichen Eintritt in einen Machtbereich, in dem Partei und SS ausgespielt hatten und fremde Besatzungsautoritäten an ihre Stelle traten, die keineswegs gesonnen waren, sich als »Befreier« feiern zu lassen, sondern die höchst reserviert in jedem Deutschen zunächst einen verkappten Nazi sahen und mißtrauisch nach »Werwölfen« und untergetauchten Wehrmachtsangehörigen fahndeten.

Schauplatz dieser Ereignisse war für mich ein kleiner, nicht weit von Stuttgart entfernter Ort an der Strecke Stuttgart-Ulm: Reichenbach an der Fils. Ich habe schon erwähnt, daß ich seit Anfang März untergetaucht war und mich von Berlin zunächst nach Thüringen abgesetzt hatte. Verwandte in Weimar boten mir zunächst einen Unterschlupf. Doch war ich von vornherein entschlossen, das Kriegsende dort nicht abzuwarten. Ausländische Zeitungen, zu denen ich in Berlin noch Zugang hatte, hatten mich darüber belehrt, daß Thüringen sowjetisches Besatzungsgebiet werden würde. Ich strebte daher nach Süden. Zusammen mit meiner damaligen Frau verließ ich Weimar in der ersten Märzhälfte und gelangte in mehrtägiger, von häufigen Luftangriffen unterbrochener Bahnreise nach Süden. Unvergeßlich bleibt mir der Fußmarsch durch die noch rauchenden Trümmer des am Vortage in Schutt und Asche gelegten Würzburg, das kein Zug mehr passieren konnte. Warum wir gerade in Reichenbach haltmachten? Nur deshalb, weil wir die Adresse einer dorthin evakuierten Freundin aus Berlin hatten, mit deren Hilfe wir irgendeinen (wenn auch nur provisorischen) Unterschlupf auf dem Lande zu finden hofften. Wir ahnten nicht, daß ihr in Berlin zurückgebliebener und einige Monate zuvor verhafteter Mann gerade am Tage unserer Ankunft in seiner Gefängniszelle seinem Leben ein Ende gemacht hatte: Erich Ohser, als Zeichner und Karikaturist für die ›Lustigen Blätter‹, den ›Vorwärts‹, die ›Berliner Illustrirte Zeitung‹ unter dem Künstlernamen »E. O. Plauen« bekannt und durch seine ›Vater-und-Sohn‹-Serie berühmt geworden. Verhaftet wegen »staatsfeindlicher Äußerungen« – die darin bestanden hatten, daß man sich in einer »Kommune« von Männern, die in Berlin ausharrten, während ihre Familien evakuiert waren, abends politische Witze erzählte und Informationen austauschte, die von ausländischen Sendern abgehört waren. Ein Mitglied der Runde hatte die anderen denunziert. Tatsächlich konnten wir vorübergehend in dem gleichen Hause unterkriechen, in dem auch Margret Ohser Unterschlupf gefunden hatte: in der geräumigen Villa eines örtlichen Fabrikanten, dessen politischer Standort schon dadurch bestimmt war, daß seine Frau eine gebürtige von Hofacker und mit den Stauffenbergs verschwägert war. Da alle Schulen geschlossen waren, konnten wir uns damit nützlich machen, daß wir den Kindern des Hauses und einiger Nachbarn einen regelrechten Schulunterricht gaben, was sich übrigens als schwieriger erwies, als ich mir das vorgestellt hatte. Später, nach der Kapitulation, als die Schulen wieder eröffnet wurden, wechselten wir Beruf und Wohnung: In einem Nachbardorf konnten wir zwei Zimmer mieten und gaben nunmehr schwäbischen Bauern, insbesondere den jüngeren Leuten, die Kontakt mit den Besatzungstruppen suchten, zum Teil auch darauf angewiesen waren, Englisch-Unterricht. Das Entgelt bestand, was die Sache besonders attraktiv machte, aus Naturalien. Dieser Unterricht lief bis zum frühen Herbst, bis zu dem Augenblick also, in dem ich – früher, als ich es für möglich gehalten hätte – wieder in meinen eigentlichen Beruf zurückkehren konnte: Ein kurzer, gänzlich zufälliger Aufenthalt in Göttingen hatte genügt, um mir einen Lehrauftrag an der Universität Göttingen (der ersten Universität in Deutschland, die – schon im September 1945 – wieder ihre Pforten öffnete) zu verschaffen. Der dort für Staats- und Völkerrecht zuständige Ordinarius, Herbert Krauss, war als Verteidiger am Nürnberger Internationalen Militärgerichtshof tätig. Ihn sollte ich in Göttingen vertreten, wo Rudolf Smend als erster Rektor fungierte – und sich meiner aus der Zeit meines Berliner Studiensemesters (1931) erinnerte, auch meine Dissertation aus dem Jahre 1936 gelesen hatte. Während meiner zweijährigen Vertretungszeit in Göttingen und darüber hinaus in den beiden ersten Jahren meiner anschließenden Lehrtätigkeit in Freiburg behielt ich jedoch den dörflichen Wohnsitz im Schwäbischen bei und kehrte in allen Ferien und überhaupt so oft wie möglich zurück. Ländliche Ruhe, gesicherte Ernährung, menschliche Kontakte mit einzelnen Bauern, unter denen sich profilierte Charakterköpfe fanden, geistige Anregungen, die sich im Verkehr mit Stuttgarter Kreisen ergeben hatten, machten diesen Wohnort nach wie vor attraktiv. In nicht sehr weiter Entfernung hatte sich in der Evangelischen Akademie Bad Boll ein geistiges Zentrum gebildet, das als Forum für viele interessante Diskussionen mit bedeutenden Köpfen aus dem gesamten Bereich der westlichen Besatzungszonen diente. Der Leiter der Akademie, Eberhard Müller, und sein Mitarbeiter und »Programmdirektor« Hans-Hermann Walz (heute Generalsekretär des Deutschen Evangelischen Kirchentages) verstanden es vorzüglich, wichtige Themen zum Gegenstand lebendiger Tagungen zu machen und hochqualifizierte Teilnehmer hierfür zu gewinnen. Ich wurde in dieser Zeit Mitglied des Leitungskreises der Evangelischen Akademien in Westdeutschland.

Auch die Nähe der Universitätsstadt Tübingen war mir wichtig: Abgesehen von manchen Freunden und Bekannten, die ich im dortigen Lehrkörper hatte[1], hatte hier einer der angesehensten wissenschaftlichen Verlage seinen Sitz, Mohr/Siebeck, der gerade auch auf dem Gebiete der Rechts- und Staatswissenschaft sehr aktiv war. Die in dieser frühen Nachkriegszeit geknüpften Verbindungen führten dazu, daß ich 1948 als geschäftsführender Herausgeber die redaktionelle Leitung der führenden deutschen Zeitschrift meines Fachgebietes, des ›Archivs für Öffentliches Recht‹, übernahm, etwas später auch (ein mehr nomineller) Mitherausgeber der ›Zeitschrift für die gesamte Staatswissenschaft‹ wurde. Endlich und vor allem natürlich auch die Nähe Stuttgarts. Für meine Frau war dies schon deshalb wichtig, weil sie im Verlagswesen beruflich tätig war und Lizenzträgerin für den in Stuttgart errichteten Zweig eines angesehenen Leipziger Verlagshauses geworden war. Beide unterhielten wir rege Beziehungen zu einem Stuttgarter Zirkel, der, ursprünglich aus der Jugendbewegung der zwanziger Jahre herausgewachsen, eine Gruppe von jüngeren Intellektuellen umfaßte, die im öffentlichen Leben, sei es der Stadt, des Landes oder sei es später auch des Bundes, eine Rolle zu spielen begannen. Der leitende Kopf dieses Zirkels, der sich Stuttgarter Privatstudiengesellschaft nannte, war der Rechtsanwalt Otto Küster, der sich besonders in Wiedergutmachungsverfahren einen Namen gemacht hatte. Er hat in späteren Jahren zusammen mit Franz Böhm an der Aushandlung des Israel-Vertrages mitgewirkt. Mitglieder der Studiengesellschaft waren auch Bruno Heck, der spätere Bundesminister und Generalsekretär der CDU: Ludwig Raiser – mein Fakultätskollege in Göttingen, der spätere Präsident der Deutschen Forschungsgemeinschaft (sowie weitere Mitglieder der Familie Raiser, einer bekannten Stuttgarter Honoratiorenfamilie); der Verleger Ernst Klett; Gerhard Storz, der Literarhistoriker, Essayist und Erzähler, der später sechs Jahre lang Kultusminister des Landes war.

Auf einem der regelmäßigen Diskussionsabende der Studiengesellschaft sprach ich im Herbst 1946 über das »Völkerrecht des Nürnberger Prozesses«. Meine Kritik an der mangelhaften Rechtsbasis dieses von den Siegermächten errichteten Tribunals und an der Verletzung grundlegender rechtsstaatlicher Prinzipien löste eine lebhafte und sehr kontroverse Diskussion aus, die sich über mehrere Abende erstreckte. Hauptwortführer derjenigen, die die Nürnberger Prinzipien als Grundlage einer neuen, modernen Völkerrechtsordnung verteidigten, war Otto Küster.[2] Er verteidigte die Prinzipien des dem Urteil zugrunde gelegten Londoner Statuts vom 8. August 1945, das Urteil selbst und das Verfahren, das zu diesem Urteil führte, mit der These, daß sie »zwar revolutionär waren, daß sie also etwas als Recht verkündet haben, was es bis dahin nicht war, daß aber das Verkündete eben durch die Verkündung nun vollends zum Rechtssatz geworden ist, sozusagen dadurch über die Schwelle der Positivität gehoben wurde«.[3] Damit wandte er sich gegen meine, von ihm als zu positivistisch kritisierte These, daß das Nürnberger Gericht Prinzipien angewendet habe, die bei Ausbruch des Krieges kein geltendes, »positives« Völkerrecht gewesen seien; daß es aber ein Verstoß gegen ein rechtsstaatliches Fundamentalprinzip sei, Strafurteile auf ein nach Begehung der Tat erlassenes (»ex post facto«-) Gesetz zu gründen; daß der strafrechtliche Grundsatz »keine Strafe ohne Gesetz« (»nulla poena sine lege«) auch in diesem Falle gültig sei und daß es sich dabei nicht um einen formaljuristischen »Positivismus« handele, sondern um die Voraussetzung eines gerechten Urteils. Gegen Küsters Ansicht, daß es sich um eine wünschenswerte revolutionäre Fortbildung des Völkerrechts handele, wandte ich ein, daß Völkerrecht niemals durch Beschlüsse einer beschränkten Staatengruppe, mag es sich auch um Großmächte handeln, fortgebildet werden kann und daß es höchst zweifelhaft sei, ob die Nürnberger Prinzipien in der Zukunft als allgemeines Völkerrecht akzeptiert würden. Am Schlusse meines Referats hatte ich gesagt:

»Nach den Erfahrungen des letzten Jahrzehnts kann jeder verantwortungsbewußte deutsche Jurist nur ein strikter und radikaler Verfechter des rechtsstaatlichen Prinzips sein. Wir alle bemerken jedoch, daß die wahren Maßstäbe rechtsstaatlichen Denkens auch heute noch erschüttert und verwirrt sind. Wir müssen sie klären und zu voller Reinheit läutern. Wir dürfen auch dort keine bloße Vergeltung wollen, wo es sich um die Totengräber des Rechtsstaates handelt. Hermann Göring und die Schuldigen unter seinen Mitangeklagten wären der verdienten Strafe auch dann nicht entgangen, wenn man ihre Schuld nach den strengsten Maßstäben rechtsstaatlichen Denkens gemessen hätte. Diese Maßstäbe aber fordern, daß eine Tat nur dann mit Strafe belegt werden kann, wenn sie zur Zeit ihrer Begehung nicht nur rechtswidrig und unmoralisch, sondern wenn sie kriminelles und strafbares Unrecht war.

Und zum anderen: Nichts wäre verhängnisvoller, als wenn wir uns über den heutigen Stand unserer völkerrechtlichen Weltorganisation irgendwelchen Täuschungen hingeben würden. Der Nürnberger Prozeß antizipiert eine Weltverfassung, die in der politischen Wirklichkeit und im allgemeinen Völkerrecht noch nicht existiert und deren Verwirklichung in einer näheren Zukunft noch höchst zweifelhaft ist.

Ich bin, wie vielleicht die meisten unter Ihnen, der festen Überzeugung, daß die internationale Ordnung im Atomzeitalter einer weltumspannenden Sicherheitsorganisation, wirksamer Souveränitätsbeschränkungen gegenüber den Staaten und einer obligatorischen internationalen Gerichtsbarkeit bedarf. Aber ich bin ebenso entschiedener Gegner aller völkerrechtlichen Projekte, die der tatsächlichen Struktur des politischen Systems vorauseilen und daher in der rauhen und trägen Wirklichkeit der Weltpolitik zum Scheitern – oder zum Mißbrauchtwerden verurteilt sind. Nichts aber schadet der Idee und Autorität des Völkerrechts mehr, nichts fördert so sehr den politischen Nihilismus und die zynische Verachtung des Rechts, als utopische Völkerrechtsprojekte. Wird der Angriffskrieg nur dann gestraft, wenn er verloren worden ist und besteht keine begründete Hoffnung, daß Angriffskriege in Zukunft verloren werden, so führt ein solches Prinzip nur zur Bestätigung der im Bewußtsein vieler Völker – und besonders des deutschen – schon allzu tief verwurzelten Überzeugung, daß der Erfolgreiche Recht habe; darüber hinaus aber mag es dazu führen, daß der erfolglose Angreifer eher den Untergang in einer Katastrophe sucht, als daß er kapituliert. Gewähr dafür, daß jeder Angreifer gestraft werde, kann nicht die Präzedenzentscheidung eines internationalen Gerichtshofes leisten, mag seine Autorität noch so hoch sein, sondern nur eine wirksame und der politischen Wirklichkeit entsprechende, rechtlich verfaßte Weltorganisation.«[4]

In der Diskussion überwogen die Stimmen, die meine skeptische Beurteilung teilten. Das besagt natürlich nicht viel für das Gewicht der Argumente. Küster hatte sich dadurch nicht beeindrucken lassen, er erwies sich als ein ebenso brillanter wie schwer zu erschütternder Diskussionspartner und war ohnehin der Meinung, die Masse der Deutschen sei in Gefahr, »vor lauter Verdrossenheit und blinder Ablehnung« nicht »die günstigen Seiten der Nürnberger Rechtssprechung« zu sehen.[5] Gegen die Unterstellung einer »Verdrossenheit« hatte ich mich verwahrt:

»Auf der juristischen Ebene habe ich nun in der Tat einige Fragezeichen gesetzt. So wenig ich mich einer allgemeinen ›Verdrossenheit‹ gegenüber Nürnberg bezichtigen lassen möchte, so wenig möchte ich diese Fragezeichen leugnen oder bagatellisieren. Mich als ›Verdrossenen‹ bezeichnen zu lassen, lehne ich deswegen entschieden ab, weil dieser Ausdruck doch wohl den Zustand einer negativen gefühlsmäßigen Reaktion zu dem Gesamtkomplex ›Nürnberg‹ oder gar zu dem Gesamtkomplex ›Besatzungsmächte‹ bezeichnet. Von beiden weiß ich mich frei. Was ich an Nürnberg auszusetzen habe, ist nicht, daß dort die Führer des NS-Regimes von den Alliierten gehängt worden sind, sondern lediglich, daß für mein Empfinden das dem Hängen vorausgegangene Verfahren nicht jenen strengen rechtsstaatlichen Maßstäben genügt, die man für sich in Anspruch genommen hat.«[6]

Man muß sich hierbei die psychologische Situation im Herbst 1946 vergegenwärtigen. Verdrossenheit herrschte zweifellos über verschiedene Aspekte des Besatzungsregimes: über die befürchtete Exekutierung eines Morgenthau-Plans; über die schematischen und wirklichkeitsfremden Methoden der »Denazifizierung«; in bezug auf Nürnberg auch über die Ungewißheit, was die damals noch bevorstehenden weiteren Nürnberger Prozesse bringen würden. Wer das Urteil des Hauptprozesses kritisierte, setzte sich leicht dem Verdacht aus, von diesen Stimmungen beeinflußt zu sein – wenn nicht gar aus versteckter Sympathie für die Rädelsführer des gestürzten Regimes zu argumentieren.

Auch war die Information der deutschen Öffentlichkeit über den Prozeßverlauf denkbar schlecht: Sie war nicht nur höchst lückenhaft, sondern vor allem in einer allzu penetranten Weise propagandistisch-tendenziös. Ich erinnere mich deutlich, wie mühsam es für mich gewesen ist, zuverlässige Unterlagen für mein Referat zu sammeln. Nach Nürnberg zu fahren und einer Verhandlung beizuwohnen, gelang mir erst im September 1948, als der Prozeß gegen das Auswärtige Amt und die sogenannten Einsatzgruppen der SS lief. Ich stieß, außerhalb des Gerichtes, auf zwei bekannte Gesichter: auf Hellmut Becker (heute Präsident des Max-Planck-Instituts für Bildungsforschung in Berlin) und Richard von Weizsäcker (der in Göttingen meinem Seminar angehört hatte), beide Assistenten der Verteidigung des früheren Staatssekretärs Ernst von Weizsäcker, der zu den Angeklagten des sogenannten Wilhelmstraßen-Prozesses gehörte und später zu siebenjähriger Gefängnisstrafe verurteilt wurde. Durch ihre Vermittlung kam es auch zu einem Gespräch mit einer zentralen Figur der Anklagebehörde, mit Robert M. W. Kempner, früherem Oberregierungsrat im Preußischen Innenministerium, Mitarbeiter im Stabe des amerikanischen Hauptanklägers, Robert H. Jackson, bei der Vorbereitung der Prozesse, Hauptankläger im Wilhelmstraßen-Prozeß. Mit ihm über die Rechtsgrundlagen der Prozesse zu diskutieren, hätte wohl wenig Sinn gehabt. Zur Person des Staatssekretärs von Weizsäcker hatte ich nichts beizutragen. Ich hatte ihn nur einmal persönlich erlebt, bei einem vorsichtig blassen Vortrag über Fragen des Kriegsvölkerrechts vor einem juristischen Publikum in Berlin, 1940 oder 1941. So blieb das Gespräch mit Kempner in Allgemeinheiten stecken. Die seit jenen Tagen verstrichene Zeit hat meine damalige Vermutung bestätigt, daß die Gerichtsherren von Nürnberg die von ihnen damals praktizierten Grundsätze nie gegen sich selbst gelten lassen würden und daß diese Grundsätze nie allgemeines, von allen Staaten akzeptiertes Völkerrecht werden würden. 1969 zog ich erneut eine Bilanz dieser Entwicklung. Sie lautete: »Die Lehre des Hugo Grotius vom Bellum justum und sein Versuch, das menschliche Individuum zum Subjekt des Völkerrechts zu machen, erreichte nach dem Kriege einen Höhepunkt in den Urteilen der Nürnberger und Tokyoter Militärgerichtshöfe. Der Angriffskrieg als Verbrechen, seine Urheber als völkerrechtlich unmittelbar verantwortliche Angeklagte, die sich nicht auf ›höheren Befehl‹ berufen konnten – in diesem Zeichen begann die Völkerrechtsentwicklung der Nachkriegszeit.

Die Nürnberger und Tokyoter Militärgerichtshöfe waren Ausnahmegerichte der Siegermächte. Das von ihnen angewandte, im Londoner Statut vom 8. August 1945 niedergelegte Strafrecht war ein Ausnahmerecht für die Besiegten. Die von den Siegermächten begangenen Kriegsverbrechen sind niemals geahndet worden. Auch ist das Recht des Londoner

Statuts niemals in allgemein verbindliches Völkerrecht umgewandelt worden. Daran ändert sich nichts dadurch, daß die Vollversammlung der Vereinten Nationen 1946 und 1947 diese Prinzipien bestätigt und die Völkerrechtskommission der Vereinten Nationen in ihrem Auftrag einen an das Nürnberger Statut angelehnten Entwurf ausgearbeitet hat. Entscheidend ist, daß die Mitgliedstaaten der Vereinten Nationen bis zum heutigen Tage nicht bereit waren, sich selbst den Rechtsprinzipien von Nürnberg zu unterwerfen. Seit Nürnberg und Tokyo hat es eine stattliche Zahl von Kriegen auf der Welt gegeben; eine strafrechtliche Verfolgung der für ihren Ausbruch verantwortlichen Personen – oder auch nur eine Verfolgung der in diesen Kriegen begangenen Kriegsverbrechen – durch ein internationales Gericht hat es nicht wieder gegeben.

Das Grotianische Konzept des Völkerrechts ist auch in einer anderen Hinsicht durch die Praxis der Vereinten Nationen ad absurdum geführt worden: Nur in einem einzigen Falle (Korea 1949) war es bisher möglich, einen Aggressionsakt durch den Sicherheitsrat feststellen zu lassen. Die Praxis des Organs zeigt, daß es zu einer objektiven Tatbestandsbeurteilung überhaupt nicht in der Lage ist. Seine Beschlüsse sind, sofern sie nicht von vornherein am Vetorecht der Großmächte scheitern, politische Kompromißlösungen, meist nach langem Feilschen ausgehandelt, bestimmt von den höchst eigensüchtigen politischen Kalkulationen aller Mitglieder. Von einem solchen Organ eine objektive Tatbestandsfeststellung zu erwarten, auch nur beschränkt auf die Frage, welche Seite den ersten Schuß abgefeuert hat, ist illusorisch. An dieser simplen Tatsache bereits scheitert das Grotianische Konzept: Es gibt auch heute keine internationale Instanz, die über die Rechtmäßigkeit eines Krieges ein annähernd objektives Urteil abgeben könnte.«[7]

Seit der Niederschrift dieser Bilanz ist ein weiteres Jahrzehnt verstrichen, aber an der Gültigkeit ihrer Feststellungen hat sich nichts geändert. Vorfälle aus dem Vietnam-Krieg wie das Massaker von My-lai und seine Behandlung haben die Problematik nur noch deutlicher sichtbar gemacht. Ich hätte es vorgezogen, wenn die Entwicklung mir Anlaß gegeben hätte, meine Ansichten zu revidieren.

Adenauers Deutschland-Politik in der Redeschlacht des Bundestages vom Januar 1958

Während ich mich innerlich schon mit der mir bevorstehenden neuen Aufgabe in Washington beschäftigte und meine Akten für die Übergabe der Abteilungsgeschäfte ordnete, gab es Ende Januar 1958 noch einmal einen politischen »Knalleffekt«, der mich sehr betroffen machte und der mich zugleich nötigte, noch einmal vor der Bundespressekonferenz und damit vor der deutschen Öffentlichkeit in Erscheinung zu treten.

Am 23. Januar kam es im Bundestag zu einer heftigen Redeschlacht über die Außenpolitik.[1] Wenn der Ausdruck »Schlacht« die Vorstellung zweier miteinander kämpfender Heerscharen erweckt, so bedarf es allerdings einer einschränkenden Bemerkung: Diese Bundestagsdebatte entwickelte sich aus einer anfänglichen Schlacht immer mehr zu einem Trommelfeuer, das die angreifende Opposition gegen die Regierung und die herrschende Partei richtete und das diese – man ist versucht zu sagen, mit eingezogenem Kopfe – passiv über sich herniedergehen ließ. Erich Ollenhauer, Fritz Erler und Gustav Heinemann für die SPD, Erich Mende, Reinhold Maier und Thomas Dehler für die FDP führten den Angriff. Hauptthema: Rapacki-Plan und andere Projekte atomwaffenfreier Zonen in Europa, Kennans »Disengagement«-Ideen und der »Immobilismus« der Bundesregierung. Während die meisten Redner ihre Attacke temperamentvoll, aber doch in Tonfall und Ausdrucksweise maßvoll vortrugen, kam es bei Heinemann und Dehler zu Ausbrüchen einer tiefverwurzelten Feindseligkeit, vor allem auch gegen die Person Adenauers, die etwas Erschreckendes hatten. Beide schienen diese Debatte als eine langersehnte Gelegenheit zur Abrechnung, als eine »Stunde der Wahrheit«, zu betrachten. Demgemäß konzentrierten sie sich ganz auf die Vergangenheit und stellten ein Sündenregister der Fehler, Versäumnisse, Täuschungsmanöver, Illusionen und verfehlten Zielvorstellungen der Adenauerschen Außenpolitik auf. Für Heinemann war dieses, nach seiner Demission als Innenminister 1950, die erste Gelegenheit zu einem großen Auftritt im Bundestag, in den er 1957 als Mitglied der SPD zurückgekehrt war. Sein Zerwürfnis mit dem Kanzler, die Vergeblichkeit seines Protestes gegen dessen Wiederbewaffnungs- und Außenpolitik, die Erfolglosigkeit der von ihm gegründeten und geführten Gesamtdeutschen Volkspartei, die Frustration langjähriger Isolierung in einer nicht parlamentsfähigen Oppositionsgruppe – alles dieses spiegelte sich in dieser mit kaltem Haß vorgetragenen Gesamtabrechnung, die in der kategorischen Aufforderung an den Kanzler, zurückzutreten, gipfelte. Dehler, der langjährige Koalitionspartner und Justizminister Adenauers, der im Laufe des Verfassungsstreits von 1952/53 in Verteidigung der Verträge Adenauers – Deutschland- und EVG-Vertrag – sogar dem Bundesverfassungsgericht vorgeworfen hatte, »in erschütternder Weise vom Weg des Rechts abgewichen« zu sein, goß in einer emotionsüberladenen Rede die volle Schale seines Zornes über das Haupt des Mannes aus, der seine zeitweilige Liebe und Bewunderung so wenig honoriert hatte. Die große CDU/CSU-Fraktion und die Männer auf der Regierungsbank lauschten versteinert diesen Eruptionen. Keiner von ihnen raffte sich auf und wagte es, diesen Anwürfen, Vorwürfen, Beschuldigungen, Verdächtigungen entgegenzutreten. Der Außenminister begnügte sich mit einer Entgegnung, die substantiell auf nichts einging. Der Bundeskanzler schwieg. Aus der Fraktion meldete sich niemand zu Wort, mit Ausnahme von Heinrich Krone und Hermann Höcherl, die sich in kurzen Ausführungen gegen den Stil dieser Haßtiraden verwahrten. Die Vorwürfe Dehlers und Heinemanns waren damit, wie Helmut Schmidt am Ende der Debatte zu Recht feststellte, in der Sache nicht widerlegt worden. Nach meinem Empfinden war es ein deprimierendes Schauspiel des Defaitismus und der Mutlosigkeit. Zum ersten Male wurmte es mich zutiefst, als anonymer Beamter hinter den Ministern zu sitzen und zum Schweigen verurteilt zu sein.

Ich weiß nicht mehr, ob man mir diese Empfindungen vom Gesichte ablesen konnte – jedenfalls erhielt ich schon kurz nach dieser Debatte den Auftrag, mich der Presse zu stellen und alles das zu sagen, was eigentlich im Plenum des Bundestages hätte gesagt werden müssen.

Für den Inhalt des zu Erklärenden brauchte ich keine Instruktionen. Schon während der Debatte hatte ich Brentano, in der sicheren Erwartung, daß er sprechen würde, zahlreiche Zettel geschrieben und zugeschoben, auf denen Gegenargumente und Richtigstellungen skizziert waren. Er hatte sie nicht benutzt. Jetzt konnte ich mich selbst dieser Notizen bedienen.

Am 27. Januar kam es zur Nachlese in der Bundespressekonferenz. Viele der erschienenen Journalisten hofften, noch einmal nachstoßen und der Außenpolitik des Kanzlers den Fangschuß geben zu können. Ihre Hoffnungen wurden enttäuscht. Nahezu mit Tränen in den Augen klagte mir hinterher eine sozialdemokratische Journalistin, die ich seit Jahren kannte und wegen ihrer entwaffnenden Aufrichtigkeit schätzte, ich hätte ihr völlig das Konzept für das, was sie schreiben wollte, verdorben. Alles, was in der Bundestagsdebatte so scharf und eindeutig als Irrweg und Fehlschlag der deutschen Außenpolitik erschienen sei, erscheine jetzt wieder in einem ganz anderen Lichte und erlaube auch entgegengesetzte Bewertungen. Bundestagspräsident Eugen Gerstenmaier empfing mich nach der Lektüre des Protokolls der Pressekonferenz und nach eingehendem Bericht seiner Beobachter mit einem Seufzer der Erleichterung und einer Gratulation zu dieser, wie er sagte, »glanzvollen Rettungsaktion«.

Wenn man von dem rhetorischen Feuerwerk absieht, das in der Bundestagsdebatte vom 23. Januar abgebrannt wurde, so beschränkten sich die substantiellen Einwendungen gegen die Außenpolitik Adenauers auf den begrenzten Kreis von Argumenten, die seit Jahren bekannt und immer wieder diskutiert worden waren:

1. Es fehle ihr eine Konzeption, wie die als Ziel proklamierte Wiedervereinigung Deutschlands verwirklicht werden könne (Mende). 2. Die Forderung nach freien Wahlen in Gesamtdeutschland als erstem Schritt sei kein solches Konzept, weil sie auf den Zusammenbruch des SED-Regimes hinauslaufe und der Sowjetunion den bedingungslosen Verzicht auf ihre Herrschaftszone in Mitteldeutschland zumute (Heinemann, Dehler). 3. Mit der Zustimmung zur sogenannten Bindungsklausel des Deutschland-Vertrages habe Adenauer zu erkennen gegeben, daß er das Wiedervereinigungsziel gar nicht ernsthaft erstrebe und ihm die Integration der Bundesrepublik in den Westen wichtiger sei (Dehler, Erler). 4. Demgemäß habe die Bundesregierung versäumt, den sowjetischen Angeboten vom Frühjahr 1952, insbesondere ihrer Note vom 10. März 1952, in eigenen Sondierungen auf den Grund zu gehen; sie habe damit eine nie wiederkehrende Gelegenheit verpaßt, der Wiedervereinigung näherzukommen (Erler, Heinemann, Dehler). 5. Auch die Berliner Konferenz von 1954 sei letztlich an der starren Haltung der Bundesregierung und ihrem mangelnden Willen, die Wiedervereinigungsfrage nachdrücklich zu betreiben, gescheitert. 6. Die gleiche Linie verfolgend, habe die Bundesregierung die Eden-Pläne von 1955, die Möglichkeiten für die Wiedervereinigung eröffnet hätten, »torpediert« (Mende, Dehler).

Auf der Pressekonferenz vom 27. Januar tauchte kein weiteres zusätzliches Argument auf. Die Journalisten konzentrierten sich darauf, vor allem den persönlichen Anteil Adenauers an den getroffenen Entscheidungen zu ermitteln, Präzisierungen zu verlangen und Fragen nach der künftigen Haltung der Bundesregierung zu stellen.

Um die von den Journalisten gestellten Fragen zu beantworten, mußte ich zu diesen grundsätzlichen Einwendungen Stellung nehmen. Das war am einfachsten bei dem ersten, umfassendsten Einwand – denn niemand kam auf den Vorwurf Mendes, es fehle der Bundesregierung eine Konzeption zur Verwirklichung der Wiedervereinigung, zurück. Kein Wunder, denn 1958 konnte sich kein verständiger Mensch mehr darüber täuschen, daß es kein Rezept für die Wiedervereinigung gab, und daß Mende, wenn er »Konzept« sagte, in Wahrheit ein solches »Rezept« verlangte. Da keine Frage gestellt wurde, bedurfte es keiner Antwort. Offensichtlich wurde diesem Argument kein großes Gewicht beigemessen. Bei dem zweiten Einwand, der sich gegen die Priorität freier Wahlen richtete, hatte Heinemann entweder nicht bedacht oder bewußt außer acht gelassen, daß die Forderung nach freien Wahlen als erstem Schritt zur Wiedervereinigung keine spezifische CDU-Parole war, sondern zum eisernen Bestand der gemeinsamen deutschlandpolitischen Grundsätze aller Bundestagsparteien gehörte. Wer daran Kritik übte, mußte sich an die Adresse aller drei Parteien, also auch an die der SPD und FDP, wenden. Meine Referenten hatten mich für die Pressekonferenz natürlich mit Texten, Daten und Zitaten gut ausgerüstet, so daß ich in der Lage war, auf eine lange Serie von Bundestagsresolutionen (zum Teil sogar einstimmig angenommen) aus den Jahren 1951 bis 1955 zu verweisen, die stets als ersten Schritt zur Wiedervereinigung die Abhaltung freier Wahlen in beiden Teilen Deutschlands gefordert hatten.

Daß dieses keine Forderung war, die eine Aussicht hatte, von den Regierenden in Moskau oder Ost-Berlin irgendwann und unter irgendwelchen Bedingungen akzeptiert zu werden – wer hätte es nicht gewußt? Die Frage war doch nur, ob es sinnvoll und politisch zweckmäßig war, diese Forderung ganz oder stückweise preiszugeben, solange Moskau auf seinen Maximalforderungen beharrte und keinerlei Bereitschaft erkennen ließ, über die Wiedervereinigungsfrage ernsthaft zu verhandeln. In dieser Situation war die Parole »Freie Wahlen« logisch, für jedermann in aller Welt klar und leicht verständlich, daher auch wirkungsvoll; sie war politisch-diplomatisch zweckmäßig, weil sie unsere Maximalposition deutlich markierte und nicht schon Konzessionen machte, bevor man überhaupt begonnen hatte, zu verhandeln. Daß Adenauer nicht davor zurückschreckte, unter der Hand in ganz anderem Tone und mit einem anderen Vokabular zu den Russen zu sprechen, ist heute bekannt. Daß die Ostpolitik Willy Brandts der Forderung nach freien Wahlen den Boden entzogen hat, steht auf einem anderen Blatt. In den fünfziger Jahren war sie eine sinnvolle und adäquate Parole und nichts spricht dafür, daß man sich damit irgendwelche Chancen verdorben hätte.

Dieses sind jedoch Überlegungen aus heutiger Sicht, die man 1958 als Sprecher der Regierung nicht in einer öffentlichen Pressekonferenz ausbreiten konnte. Nur Andeutungen waren möglich – das Hauptgewicht mußte ich auf die Einmütigkeit aller Parteien in dieser Frage legen.

Am schwierigsten zu beantworten waren die Fragen zum dritten Einwand, der die sogenannte Bindungsklausel des Deutschland-Vertrages betraf.[2] Weder die Abgeordneten noch die meisten Journalisten erinnerten sich genau, was es damit auf sich hatte. Viele wußten nicht einmal, daß diese Klausel niemals in Kraft getreten ist, sondern 1954 bei der Überprüfung des Vertragstextes von 1952 wieder gestrichen worden war; daß man sich also um eine Formulierung stritt, die niemals praktische Bedeutung erlangt hatte, sondern allenfalls ein Indiz für die Absichten der Beteiligten bei der Formulierung des Vertragswerkes bot.

Hauptsächlich ging es dabei um den Verdacht, Adenauer selbst habe die Aufnahme dieser Klausel vorgeschlagen, weil es ihm vordringlich darum gegangen sei, auch ein späteres wiedervereinigtes Deutschland, unauflöslich mit dem Westen zu verbinden. Er habe sich daher auch gegen ihre Abänderung oder Streichung gesträubt.

Ich begann meine Antworten zu diesem Punkte mit einer kurzen Darstellung der Entstehungsgeschichte der Bindungsklausel, aus der sich ergibt, daß Adenauer nicht ihr Initiant gewesen ist. Ausgangspunkt für die Verhandlungen über eine solche Klausel war ein Leitartikel der London ›Times‹ gewesen, in dem die Möglichkeit eines Wiederauflebens des Viermächte-Kontrollrats angedeutet wurde für den Fall, daß Gesamtdeutschland später die Verpflichtungen aus dem EVG- und dem Deutschland-Vertrag zurückweisen sollte. Als ich im Winter 1951/52 dem Rechtsberater der US High Commission, Bob Bowie, mit dem ich diese Vertragsteile praktisch unter sechs Augen (ich ließ mich von einem Mitarbeiter meiner Delegation begleiten) verhandelte, eine Klausel vorschlug, die diese Möglichkeit ausschloß, drehte er den Spieß um und erklärte sich bereit, die Rechte aus dem Deutschland-Vertrag auch auf ein wiedervereinigtes Deutschland zu erstrecken, soweit dieses auch die Pflichten aus den Verträgen übernehme. So kam es zur ersten Fassung der Bindungsklausel in der Formulierung Bowies. Unter den Abgeordneten sowohl wie im Kabinett – ich wohnte in diesen Tagen allen Kabinettssitzungen bei, die sich mit den Verträgen befaßten – stieß sie auf heftige Kritik und Widerstand. Einer der Hauptwortführer der Kritik war der Fraktionsvorsitzende der CDU, der spätere Außenminister Brentano. Buchstäblich in der letzten Minute wurde er in einer sehr unkonventionellen Manier zum amerikanischen Außenminister Acheson geschickt, um die Bedenken der Regierungsfraktionen vorzutragen. Der Erfolg seiner Bemühungen war die neue Formulierung, die auf Achesons Rechtsberater, Philipp Jessup, zurückging.[3] Sie wurde in den Vertragstext aufgenommen, der am 26. Mai 1952 in Bonn unterzeichnet wurde. Sie war eine Verbesserung, blieb aber immer noch ein Stein des Anstoßes und vergiftete die innenpolitische Atmosphäre. Still und unauffällig gelang es mir, bei der Überprüfung des Textes zwischen den Londoner und Pariser Konferenzen vom Oktober 1954 ihre Streichung zu erwirken.

Daß die Haltung Adenauers in dieser Frage umstritten blieb, hatte die Bundestagsdebatte gezeigt und erwies sich in einer Frage, die ein Vertreter der FDP-Presse an mich richtete:

»Herr Professor Grewe, trifft es zu, daß der Bundeskanzler, nachdem die Bindungsklausel verändert wurde durch diese Intervention, gegenüber den Beteiligten, die diese Intervention geführt hatten, aber insbesondere gegenüber dem Vizekanzler Dr. Franz Blücher, geäußert hat, daß er verärgert sei, daß er mit dieser Intervention des Parlaments nicht einverstanden sei?«

Antwort: »Das ist mir im einzelnen nicht bekannt. Es ist durchaus möglich, daß es über die Form der Intervention damals noch Auseinandersetzungen gegeben hat.«

Zusatzantwort von Eckhardt: »Ich kann dazu etwas sagen, weil ich nicht weiß – ich erinnere mich nicht mehr nach sechs Jahren –, ob Herr Professor Grewe auch an den Kabinettssitzungen teilgenommen hat, die sich mit dieser Frage beschäftigt haben. Ich glaube, daß ich Ihre Frage, Herr Dr. Ungeheuer, mit einem glatten Nein beantworten kann. Der Wortführer, und zum Schluß, in der letzten Phase, auch der Sprecher der Bundesrepublik gegenüber den Westmächten im Hinblick auf Abänderungswünsche der sogenannten Bindungsklausel, Herr von Brentano, der damalige Führer der CDU-Fraktion im Bundestag, hat, wenn ich mich recht entsinne – und ich täusche mich unter keinen Umständen –, sogar den amerikanischen Außenminister eigens zu einem Gespräch aufgesucht und in der Frage der Bindungsklausel noch einmal interveniert.«

Bei genauer Lektüre der Eckhardtschen Erklärung zeigt sich natürlich sofort, daß das »glatte Nein« durch seine Ausführungen nicht gedeckt ist. Adenauer und Brentano waren in dieser Frage keineswegs einer Meinung. Es war daher auch kein Zufall, daß die Demarche bei Außenminister Acheson weder vom Bundeskanzler noch vom Staatssekretär des Auswärtigen Amtes unternommen wurde, sondern daß man sie, von allen diplomatischen Gepflogenheiten abweichend, den Parlamentariern überließ. Tatsächlich war Adenauer von zwiespältigen Gefühlen erfüllt. Er wünschte dringend eine Schutzklausel gegen das Wiederaufleben des Kontrollrats und er wollte nichts, was die Wiedervereinigung Deutschlands erschweren oder verhindern würde. Aber er wollte auch kein frei zwischen Ost und West pendelndes, neutrales oder neutralisiertes Gesamtdeutschland, zumal in einem Europa, das unter dem in diesem Falle unvermeidlichen Abzug der amerikanischen Streitkräfte dem Sog der östlichen Supermacht wehrlos ausgeliefert sein würde.[4]

Dieser Grundgedanke war letztlich auch bestimmend für Adenauers Haltung gegenüber den sowjetischen Noten vom Frühjahr 1952, die den vierten Angriffspunkt der Opposition bildete.[5] Indessen war es weder 1952 noch 1958 möglich, über diese entscheidenden Motive seiner Ablehnung der sowjetischen Angebote in aller Öffentlichkeit zu diskutieren. In jenen Jahren, in denen sich die Sozialdemokraten der nationalen Ideologie bemächtigt und sich zum lautstärksten Sprecher der Wiedervereinigungsforderung gemacht hatten, konnte es sich kein deutscher Regierungschef und Politiker leisten, seinem Volke und seinen Wählern zu sagen: Hütet euch vor einem Wiedervereinigungsangebot, das euch staatliche Einheit, Souveränität, eigene Streitkräfte verspricht, aber euch abermals – und jetzt unter viel gefährlicheren Voraussetzungen – in eine Lage zwischen West und Ost bringt, die sich nicht halten läßt, die früher oder später zur Option für die eine oder andere Seite zwingt – und nach dem inzwischen vollzogenen Abzug der Amerikaner nur die Option für den

323

Osten offenläßt. Alles dieses auszusprechen wäre, wie gesagt, schwierig gewesen. Aber es wäre auch im Bundestag gar nicht notwendig gewesen, denn die Redner der Opposition zu diesem Punkte – Erler, Heinemann, Dehler – hatten den Fehler begangen, sich nur auf die sowjetische Note vom 10. März 1952 zu beziehen, die zwar Verhandlungen über einen Friedensvertrag mit einer gesamtdeutschen Regierung vorschlug, jedoch kein Wort über freie Wahlen enthielt. Man hätte daher die Redner sehr leicht in Verlegenheit bringen können, wenn man ihnen in Erinnerung gerufen hätte, daß ihre eigenen Parteien gerade dies im März 1952 selbst bemängelt hätten. In der Pressekonferenz vom 27. Januar konnte ich nicht der Versuchung widerstehen, zwei Stellungnahmen der SPD und der FDP vom 11. März 1952 zu zitieren, ohne vorher zu verraten, von wem sie stammten. Als ich dieses nach der Lektüre nachholte, gab es, wie zu erwarten, Erstaunen, Gelächter, bei vielen auch Enttäuschung.[6]

Natürlich hatten die Journalisten in der Zwischenzeit auch bemerkt, daß sich die Redner der Opposition bei ihren Attacken auf alle drei sowjetischen Noten aus dem Frühjahr 1952 hätten beziehen sollen. Wie zu erwarten (und für diesen Fall wurden hektographierte Texte aller in Frage kommenden Noten vom 10. März, 9. April und 24. Mai 1952 zur Verteilung bereitgehalten), wurden die Fragen nunmehr auch auf die beiden anderen Noten erstreckt, in denen die Sowjetunion in der Tat zum ersten Male von der Möglichkeit »freier gesamtdeutscher Wahlen« gesprochen hatte.

Meine Antwort darauf lautete: »Es ist vollkommen richtig, daß in späteren Noten, die sich an diese März-Note von 1952 anschlossen, dann freie gesamtdeutsche Wahlen mehrfach erwähnt worden sind. Ich darf aber vielleicht auch daran erinnern, daß die entscheidende Frage ja stets die gewesen ist, in welcher Reihenfolge die Bildung einer gesamtdeutschen Regierung und die Abhaltung freier gesamtdeutscher Wahlen gesehen wurden. Allen Noten, die sich der vom 10. März 1952 anschlossen, können Sie entnehmen, daß die Sowjetregierung regelmäßig die Bildung einer provisorischen gesamtdeutschen Regierung, die dann bereits über den Friedensvertrag verhandeln sollte, an die Spitze des Wiedervereinigungsprozesses gestellt hat, während die Bundesregierung nicht nur, sondern alle im damaligen Bundestag vertretenen demokratischen Parteien darauf bestanden haben – und zwar ist das in mehreren einstimmig gefaßten Beschlüssen des Bundestages niedergelegt –, daß die Forderung nach freien Wahlen an die Spitze gestellt werden müsse, weil man andernfalls mit gewissen Manipulationen rechnen müsse, eine Erfahrung, die man in den Volksdemokratien mit der Bildung solcher gemischter Regierungen ja bereits gemacht hat.«

Natürlich wäre noch mehr zu sagen gewesen, etwa über den besonderen sowjetischen Begriff der »freien Wahlen«[7] oder den höchst verdächtigen Zeitpunkt, zu dem die sowjetischen Noten abgesandt wurden: Alle drei Noten folgten rasch aufeinander in dem Zeitraum zwischen der ersten Bundestagsdebatte über das Vertragswerk am 7./8. Februar und der Unterzeichnung am 26./27. Mai. Der Zweck, das Zustandekommen der Verträge durch diplomatische Ablenkungsmanöver im letzten Augenblick zu verhindern, war durch dieses timing ziemlich eindeutig erkennbar gewesen.

Alles dieses hatte ich bereits Jahre zuvor in einem Zeitschriftenartikel dargelegt.[8] Ich hatte ihn in der Pressekonferenz verteilen lassen – was mir vielleicht einige Zusatzfragen erspart hat.

War – wie der fünfte »Anklagepunkt« in der Bundestagsdebatte gelautet hatte – die Berliner Konferenz von 1954 an Adenauers Haltung gescheitert – war er damit, wie Dehler behauptete, unmittelbar verantwortlich geworden für den nächsten Schritt der Sowjetregierung, die Anerkennung der DDR als souveränen Staat?

Es gibt keinen greifbaren Anhaltspunkt dafür, entgegnete ich, daß Molotow auf dieser Konferenz bereit und in der Lage gewesen wäre, irgendeine Lösung der deutschen Frage zu diskutieren, die nicht den sowjetischen Maximalvorstellungen entsprach. Zweimal, einmal in offizieller Konferenzrunde und einmal im Vieraugengespräch, hat der französische Außenminister Bidault zu testen versucht, ob die Preisgabe der EVG eine Änderung der sowjetischen Haltung bewirken würde. Das eine Mal wich Molotow einer Antwort überhaupt aus, das andere Mal beschränkte er sich auf die Bemerkung, das würde »sicher die Atmosphäre verbessern«.

Der Eden-Plan für die Wiedervereinigung durch freie, gesamtdeutsche Wahlen, der auf der Berliner Konferenz und später in revidierter Form noch einmal auf der Genfer Außenminister-Konferenz 1955 vorgelegt wurde, war gewiß ein Projekt, das durch große Vorsicht in seiner Konzeption und Formulierung gekennzeichnet war. Aber diese Vorsicht war nicht nur für Adenauer kennzeichnend: Die Vertreter der Parteien und der Ministerien hatten sie in den Vorberatungen gleichermaßen zur Richtschnur ihrer Haltung gemacht, und für die Regierungen der drei Westmächte galt das gleiche. Niemand wollte sich düpieren lassen, niemand wollte eine Wiederholung dessen, was sich nach 1945 in Osteuropa abgespielt hatte, in Deutschland.

Auf der Berliner Konferenz hatte Molotow denn auch ganz offen erklärt: »Wir verschließen nicht die Augen davor, daß in dem, was unter freien Wahlen in Deutschland zu verstehen ist, der Standpunkt der Sowjetunion in mancher Hinsicht mit dem der drei westlichen Staaten nicht zusammenfällt.« Wer das nicht verstehen wollte, dem war nicht zu helfen.

Bei der – sechsten – Frage, die sich darauf bezog, ob nicht die Bundesregierung (sprich Adenauer) auf der Genfer Außenminister-Konferenz von 1955 den Eden-Plan für eine verdünnte Zone »torpediert« habe, offenbarte sich erneut eine fast unglaubliche Begriffsverwirrung. Es sei offenbar völlig hoffnungslos, antwortete ich, in bezug auf diesen Eden-Plan begriffliche Klarheit herzustellen: »Auf der Genfer Gipfelkonferenz vom Juli 1955 hat Herr Eden zwei ganz verschiedene Vorschläge gemacht. Er hat am 18. Juli einen Vorschlag gemacht, der unter anderem die Entmilitarisierung eines Gebietes zwischen den beiden großen Blöcken ins Auge faßte sowie noch einige weitere Vorschläge; er hat diese Vorschläge an die Wiedervereinigung Deutschlands angeknüpft. Dieser Vorschlag vom 18. Juli war also ein echter Wiedervereinigungsvorschlag, der in der Tat die Möglichkeit einer verdünnten oder entmilitarisierten Zone vorsah. Gegen diesen Vorschlag vom 18. Juli hat die Bundesregierung niemals irgendeinen Widerspruch erhoben, sondern sie hat ihn unterstützt, und sie hat sich dafür eingesetzt, daß der wesentliche Kern in die Genfer Vorschläge vom Herbst 1955 eingegangen ist; gewisse Formulierungen in diesem Genfer Vorschlag vom Herbst 1955, die gerade die Möglichkeit boten, den Gedanken der verdünnten Zone aufzunehmen, sind sogar auf Betreiben der Bundesregierung in diesen Vorschlag hineingelangt.

Es gibt aber noch einen zweiten Vorschlag von Herrn Eden auf der Genfer Gipfelkonferenz. Das ist ein Vorschlag, von dem immer betont wurde, daß er mit Wiedervereinigung und europäischer Sicherheit nichts zu tun habe, sondern der im Abrüstungszusammenhang vorgebracht werde. Dieser Vorschlag sah ein Inspektionssystem östlich und westlich der Zonengrenze vor, setzte also die fortbestehende Teilung Deutschlands voraus. Diesen Vorschlag hat die Bundesregierung in der Tat für bedenklich gehalten, und sie hat sich mit der britischen Regierung in Konsultationen darüber geeinigt, daß er nicht weiter verfolgt werden sollte. Die ganze Frage ist bei dem Besuch des britischen Premierministers Macmillan hier noch einmal hochgekommen. Man hat auch da einen, wie sich jetzt zeigt, offenbar vergeblichen Versuch gemacht, diese Dinge zu klären und auseinanderzuhalten. Es gibt eine vorbildlich klare Stellungnahme der Londoner Diplomatischen Korrespondenz vom 10. Mai 1957, die das noch einmal auseinandersetzt. Das sogenannte Versuchsprojekt (›Pilote project‹), der Vorschlag, daß in einem begrenzten Gebiet in Europa eine gemeinsame Inspektion der Streitkräfte des Westens und des Ostens, die einander gegenüberstehen, stattfinden sollte mit dem Zweck, auf dem Abrüstungsgebiet Erfahrungen im Hinblick auf die Möglichkeit der Inspektion zu gewinnen, hatte auch nichts mit ›europäischer Sicherheit‹ zu tun; es ist jedenfalls überholt, und zwar auch durch den Verlauf der

Besprechungen im Abrüstungsausschuß, und es besteht nicht die Absicht, es wieder zu beleben.

Es ist richtig, daß dieser Inspektionsplan bei der Bundesregierung auf Bedenken gestoßen ist. Auch die britischen Abgeordneten, die im vorigen Jahre in Königswinter den erwähnten Vorwurf erhoben, haben diese beiden Dinge durcheinandergebracht.« Auch dieser Klärungsversuch genügte offensichtlich nicht. Unter Hinweis darauf, daß die FDP die Schaffung einer militärisch verdünnten Zone beiderseits der Elbe-Werra-Linie für nötig halte »als einen weiteren Schritt der Entspannung und gleichzeitig als Chance für die Wiedervereinigung«, wurde ich erneut gefragt, ob das nicht einer der Vorschläge vom 18. Juli 1955 gewesen sei. Meine Antwort lautete:

»Auf der Grundlage der Wiedervereinigung und im Zusammenhang mit ihr: ja. Daran hält die Bundesregierung auch heute fest. Sie ist jederzeit bereit, über eine militärisch verdünnte Zone zu sprechen, aber im Zusammenhang mit der Wiedervereinigung, nicht ohne sie. Die FDP-Fraktion hat diese beiden Dinge nicht auseinandergehalten, sonst wäre es sehr leicht gewesen, sich zu verstehen.«

An dieser Stelle griff Felix von Eckhardt in die Diskussion ein und erinnerte daran, daß in Genf alle Welt die Frage gestellt habe, ob die Bundesregierung das Junktim zwischen verdünnter Zone und Wiedervereinigung aufgeben werde oder nicht: »Der eigentliche Eden-Plan stellt dieses Junktim her. Der zweite Eden-Plan – wenn Sie so wollen –, ein Vorschlag, der sich nur auf die Abrüstung bezieht, wäre von allen Parteien von rechts bis links ohne dieses Junktim glatt und ohne Unterschied abgelehnt worden.«

Ergänzend fügte ich hinzu: »Dieser Edensche Vorschlag der verdünnten oder entmilitarisierten Zone ist in den gemeinsamen Plan der drei Westmächte und der Bundesregierung für die Außenminister-Konferenz eingefügt; Sie finden ihn im ›Zusicherungsvertrag‹ unter Ziffer 3 im Wortlaut: ›In einer Zone, die beiderseits der Demarkationslinie Gebiete von vergleichbarer Größe, Tiefe und Bedeutung umfassen würde, würden Stärken für Streitkräfte festgesetzt, um ein militärisches Gleichgewicht herzustellen, das zur europäischen Sicherheit und zur Verminderung der Rüstungslasten beitragen würde. Zur Aufrechterhaltung dieses Gleichgewichts würden geeignete Vorkehrungen getroffen. In den der Demarkationslinie nächstgelegenen Teilen der Zone könnten besondere Maßnahmen bezüglich der Verteilung militärischer Verbände und Anlagen getroffen werden.‹ – Das, meine Damen und Herren, ist genau der Punkt des Edenschen Planes in einer Formulierung, die, wie ich zugebe, allgemeiner gehalten ist, als Herr Eden seine Sprache gewählt hat. Aber ich glaube, Sie werden dafür Verständnis haben, daß diplomatische Vorschläge, die von drei Ländern verbindlich auf dem Konferenztisch niedergelegt werden, sich natürlich einer etwas allgemeineren Sprache befleißigen. In dem späteren Wiedervereinigungsmemorandum der Bundesregierung an die Sowjetunion im Jahre 1956 ist noch einmal ein ausdrücklicher Hinweis darauf gegeben worden, daß diese Dinge alle in dieser Klausel drinstehen.«

Wenn das der Vorschlag der drei Westmächte und der Bundesregierung für die Außenminister-Konferenz im Herbst war, so lautete die nächste Frage, wie kommt es dann, daß dieses Gesprächsthema nicht intensiver aufgenommen wurde?

Meine Antwort: »Ich glaube nicht, daß man sagen kann, daß die drei Westmächte dieses Gesprächsthema nicht aufgenommen haben. Nach meiner Erinnerung an die Genfer Außenminister-Konferenz haben die Westmächte immer wieder versucht, dieses Thema weiter voranzutreiben. Das Gespräch ist eingeschlafen nach der bekannten Rede, die Molotow nach seiner Rückkehr aus Moskau gehalten hat und die in allen Punkten so negativ war, daß nicht nur bei der Bundesrepublik der Eindruck herrschte, daß dieses Gespräch im Augenblick fruchtlos war.«

Mit einigen weiteren, mehr beiläufigen und die zentralen Themen nicht mehr berührenden Fragen endete diese meine letzte Begegnung mit der Bonner Bundespressekonferenz.

Mir hatte sie vor allem deutlich gemacht, wo die Unterschiede meiner eigenen Auffassungen von denen Adenauers lagen: Die Bindungsklauseln waren nie nach meinem Geschmack gewesen. Aber in ihnen den Ausdruck einer finsteren Verschwörung gegen die Wiedervereinigung zu sehen, erschien mir abwegig. Gewissensnöte haben sie mir nicht verursacht – um so weniger, nachdem es mir im Herbst 1954 gelungen war, sie gänzlich aus den Vertragstexten, die schließlich am 23. Oktober 1954 in Paris unterzeichnet und im Frühjahr 1955 ratifiziert wurden, zu entfernen.

Die übrigen »Anklagepunkte«: Sie hätten sich alle mit guten Gründen zurückweisen lassen. Die Pressekonferenz, »die fast einem historischen Seminar über internationale Politik der jüngsten Vergangenheit glich«, so schrieb der Bonner Korrespondent der ›Neuen Zürcher Zeitung‹ in der Ausgabe seines Blattes vom 27. Januar, habe gezeigt, »wie leicht es im Grunde genommen gewesen wäre, die Attacken Heinemanns und Dehlers im Plenarsaal des Bundestages selbst zurückzuweisen.« In der Tat, hätte sich am Schluß der Bundestagsdebatte vom 23. Januar ein Minister oder ein Abgeordneter aus dem Regierungslager gefunden, der die Gegenargumente kurz und sachlich präsentiert hätte, so wäre der Bundesregierung, ihrem Chef und der regierenden Partei eine schwere Niederlage erspart geblieben.

Hallsteins Abgang – Umbau der Amtsspitze

Mit einer Gipfelkonferenz der Regierungschefs der NATO-Staaten in Paris vom 16. bis 19. Dezember 1957 flaute die politische Aktivität des zu Ende gehenden Jahres 1957 in Bonn ab, und es breitete sich die übliche Vor- und Nachweihnachts-Feiertagsstille aus. Indessen waren noch unerledigte Geschäfte übriggeblieben, die mich schon am zweiten Weihnachtstag nötigten, nach Bonn zurückzukehren: Der Bundeskanzler machte keine Weihnachtsferien, sondern beschäftigte sich mit dem Inhalt eines Antwortbriefes an den sowjetischen Ministerpräsidenten Bulganin, der allen Regierungschefs der NATO-Staaten am 10. Dezember 1957 eine Note hatte zugehen lassen, die düster drohende Warnungen vor einer Atomaufrüstung der NATO, insbesondere auf dem Gebiet der Bundesrepublik, enthielt.

Zwischen Weihnachten und Neujahr saß ich in dem sonst ziemlich ausgestorbenen Gebäude des Auswärtigen Amtes, feilte an einem Entwurf und brachte ihn Adenauer nach Rhöndorf, wo es zu einem längeren Gespräch im Beisein Globkes kam. Mein Versuch, Adenauer für eine Antwort zu gewinnen, die auf eine wirkliche Gesprächsanknüpfung mit der Sowjetunion abzielte, schien auf fruchtbaren Boden zu fallen. Am 2. Januar 1958 fuhr ich in den Odenwald, um Außenminister Brentano zu unterrichten und seine Stellungnahme einzuholen. Brentano hatte ein Landhaus in Waldmichelbach, in das er sich über die Feiertage zurückgezogen hatte. Ich verbrachte einen ganzen Tag dort, es gab außer dem Bulganin-Brief noch ein anderes Gesprächsthema: die künftige Gestaltung der Spitze des Auswärtigen Amtes und ihre personelle Besetzung. Das betraf zugleich meine eigene Zukunft.

Was die Antwort an Bulganin anlangte, so nahm die Entwicklung nicht den von mir angestrebten Gang: Während ich zu einem verspäteten Weihnachtsurlaub einige Tage nach Schloß Elmau (zwischen Garmisch und Mittenwald) fuhr, ging in Bonn ein neues Schreiben Bulganins vom 8. Januar ein, das für eine Gipfelkonferenz aller Regierungschefs warb. Ich kehrte zu spät zurück, um auf die inzwischen vorbereitete Antwort Adenauers vom 20. Januar (die auf beide Bulganin-Botschaften Bezug nahm) noch Einfluß nehmen zu können. Meine Vorstellungen enthielt diese letzte Fassung der Antwortnote nicht mehr.

Das zweite Thema der Gespräche mit Brentano betraf die Spitzengliederung des Amtes; sie war seit geraumer Zeit Gegenstand vielfältiger Überlegungen. Schon im Oktober hatten die Zeitungen darüber berichtet, daß die Idee der Bestellung eines zweiten Staatssekretärs zurückgetreten sei gegenüber dem Plan, zwei Unterstaatssekretäre zu berufen, denen jeweils die Koordinierung einer zusammengehörigen Gruppe von Abteilungen obliegen sollte: Politische Abteilung, Länderabteilung, Handelspolitische Abteilung einerseits, Personal- und Verwaltungs-, Rechtsabteilung, Kulturabteilung andererseits. Für die Koordinierung der erstgenannten Gruppe werde mein Name für den Posten des Unterstaatssekretärs genannt, hieß es in der FAZ am 28. Oktober. Im Januar hatte sich die Lage dadurch verändert, daß mit dem baldigen Ausscheiden Hallsteins als Staatssekretär zu rechnen war: Seine Wahl zum Präsidenten der EWG schien gesichert. Im Gespräch mit Brentano ging es daher am 2. Januar nicht mehr um die Position eines Unterstaatssekretärs, sondern um die des Staatssekretärs – das heißt, um die Nachfolge Hallsteins. Am 21. Januar meldete die FAZ in einem Bericht Joachim Schweliens, Hallstein werde sich am 30. Januar im Auswärtigen Amt verabschieden. Ein Nachfolger sei noch nicht bekannt. Ich hätte eine Ernennung zum Staatssekretär »abgelehnt«. Das klang schroff, fast arrogant.

Mein Gespräch mit Brentano war dagegen sehr konziliant und freundschaftlich verlaufen: Ich hatte ihn gebeten, mit Rücksicht auf meine persönlichen Verhältnisse von meiner Kandidatur Abstand zu nehmen und mich für einige Jahre auf einen Auslandsposten zu schicken. Mich bewog dabei der Gedanke an meine gerade hinter mir liegende Scheidung und an eine neue Eheschließung im Laufe des Jahres. Heute ist man in diesen Fragen weniger zimperlich, vielleicht war ich auch für damalige Verhältnisse zu zartbesaitet. Brentano verstand jedenfalls meinen Wunsch, reagierte wie immer gentlemanlike und begann sofort in seinem Kopfe umzudisponieren. Das Ergebnis war ein Revirement, das am 27. Januar verkündet wurde: Hallsteins Nachfolger wurde Hilger van Scherpenberg, der Leiter der Handelspolitischen Abteilung. Zwei Unterstaatssekretäre sollten bestellt werden (der Bundestag hat die erforderlichen Stellen im Haushalt niemals bewilligt): Dittmann und Knappstein. Ich wurde für den Botschafterposten in Washington, Welck für Madrid, Löns für Den Haag, Mohr für Bern ausersehen.

Damit war eine Weichenstellung erfolgt, deren Endgültigkeit ich nicht gleich erkannte: Daß ich nie wieder im aktiven Dienst nach Bonn zurückkehren würde, habe ich damals nicht vorausgesehen.

Zunächst war ich sehr befriedigt: Washington war der beste und interessanteste Auslandsposten, den ich mir nur wünschen konnte. Unter den Interessenten für diesen Posten befanden sich einflußreiche Politiker, unter anderen der spätere Bundeskanzler Kurt Georg Kiesinger. Von Adenauer nach Washington entsandt zu werden, war ein gewichtiger Vertrauensbeweis. Auch die Wahl Scherpenbergs als Nachfolger Hallsteins und die Berufung von Karl Carstens auf meine Stelle als Leiter der Politischen Abteilung gefielen mir sehr.

An dem Tage, an dem wir Hallstein im kleineren Kreise der Direktoren des Auswärtigen Amtes verabschiedeten, am 24. Januar, wußten wir nur, daß Scherpenberg die Nachfolge antreten würde, während die meisten weiteren Entscheidungen noch in der Schwebe waren. Gleichwohl wurde ich von den Kollegen gebeten, Hallstein zu verabschieden und ihm unser Abschiedsgeschenk, den traditionellen Silberteller mit unseren Namenszügen, zu überreichen. Ich tat es mit einer kleinen Abschiedsrede, die ich hier wörtlich wiedergeben will:

»Dies ist ein für uns alle ungewöhnlich bedeutsamer Tag. Das Auswärtige Amt der Bundesrepublik, wie es 1950 begründet wurde, war seit dem Tage seines Bestehens mit Ihrer Person auf das engste verknüpft. Ihr Arbeits- und Denkstil hat sich diesem Hause unauslöschlich aufgeprägt. Es war ein Stil, der uns alle zur höchsten Anspannung aller Kräfte zwang, zur Knappheit und Konzentration, zur Klarheit und logischen Schlüssigkeit, nicht zuletzt auch zur Reinheit der Sprache; ein Stil, der uns in der Sache selbst dazu anhielt, in jedem Vorgang den politischen Kern zu sehen, und das eigene politische Urteil im Gespräch und in der Diskussion mit den Kollegen zu kontrollieren.

Ich bin davon überzeugt, daß wir gerade in den Diskussionen mit Ihnen die Treffsicherheit der politischen Entscheidung lernen konnten (mindestens zu lernen die Chance hatten), das also, was man im Bereich der rechtlichen Entscheidungen das ›Judiz‹ zu nennen pflegt.

Wir sind in diesen Jahren mit Ihnen durch viele Stürme hindurchgegangen, und mit jeder dornenvollen Etappe unseres Weges hat sich das Gefühl der menschlichen Verbundenheit, der durch die gemeinsame Aufgabe bedingten Solidarität und die Gewißheit des Sich-aufeinander-verlassen-Könnens befestigt und vertieft.

So kam es, daß bei vielen von uns die Nachricht, daß Sie zum Präsidenten der EWG gewählt worden seien, zunächst Besorgnis um die Zukunft des Amtes auslöste und sich in das Gefühl der tiefen Befriedigung darüber mischte, daß Ihre politische Arbeit für Europa eine so klare, so überzeugende und so ermutigende Anerkennung gefunden hat.

Es ist ein sehr abgegriffenes Wort, wenn ich sage, daß Ihr Fortgang in diesem Hause eine Lücke hinterläßt, die sehr schwer zu schließen sein wird. Aber wenn ich diesen etwas phrasenhaften Satz gebrauche, so weiß ich doch zweierlei: Einmal, daß er in diesem Falle wirklich die Sachlage exakt wiedergibt; und zum anderen, daß ich mit dieser Feststellung auch Ihrem Nachfolger nicht zu nahe trete.

Ich darf das Stichwort Nachfolger benutzen, um Ihnen auch dafür zu danken, daß Sie die Entscheidung über Ihren Nachfolger in einem Sinne beeinflußt haben, der uns alle mit hoher Befriedigung erfüllt. Ich glaube, wir dürfen es als eine Auszeichnung und Anerkennung auch dieses Leitungskreises im Auswärtigen Amt betrachten, daß Ihr Nachfolger einer von uns aus diesem Kreise geworden ist. Vom Institutionellen her hätte es keine bessere Lösung geben können. Ich bin gewiß, daß dieses Urteil sich auch in vielen anderen Hinsichten als zutreffend erweisen wird.

Wir scheiden von Ihnen in der Gewißheit weiterer menschlicher Verbundenheit und fortdauernder sachlicher Zusammenarbeit. Zum Zeichen dessen möchten wir Ihnen eine bescheidene Erinnerungsgabe überreichen. Ihre Auswahl ist nicht aus einsamen Beschlüssen des Protokolls erwachsen. Wir haben uns diese Auswahl gemeinsam überlegt und haben uns dabei zunächst selbst der Phantasielosigkeit und des Schwelgens im Konventionellen bezichtigt. Dennoch haben wir geglaubt, an der Wahl dieses konventionellen Erinnerungsstücks festhalten zu sollen. Es ging uns nicht darum, die Treffsicherheit unseres ästhetischen Urteils ›unter Beweis zu stellen‹ – ich glaube, in diesem Falle ist es erlaubt und angebracht, diesen Ausdruck zu gebrauchen –, sondern es ging uns um ein den traditionellen Formen unseres Berufes angemessenes Symbol unserer Verbundenheit mit Ihnen.

In diesem Geiste darf ich Ihnen mit dem Ausdruck des Dankes, der Freundschaft und fortdauernden Verbundenheit dieses Erinnerungsstück übergeben.«

Diese Worte deuten an, was ich an Hallstein schätzte. Im Laufe der folgenden Jahre wurde uns allen noch deutlicher, was wir an ihm gehabt hatten. Bei den Angehörigen des Amtes, bis hinauf zu Botschaftern und Abteilungsleitern, war er nicht besonders beliebt. Vielen war er zu kalt, zu intellektuell, zu pedantisch, zu wenig verbindlich, zu wenig menschlich, zu wenig praxisnahe. Tatsächlich hatte er eine unnachahmliche Art, Schwätzer zu entlarven, auch wohl einen Teilnehmer der Direktorenrunde abfahren zu lassen, ihn mit einer kühlen, vernichtenden Gegenfrage zu entwaffnen, wenn der Betreffende etwas vorgebracht hatte, was unklar, unschlüssig, schlecht durchdacht war oder den Kern der Sache verfehlte. Solche Situationen waren gefürchtet. Auch ich war ständig angespannt bemüht, nicht in eine solche Lage zu kommen. Wer einen gemütlichen Umgangston liebte, kam zu kurz. Aber niemand konnte bezweifeln, daß die von Hallstein geleiteten Diskussionen – und es waren echte Diskussionen, denn er verstand gut zuzuhören, ihm entgegengehaltene Argumente abzuwägen und sie sich zu eigen zu machen, wenn sie stichhaltig waren – auf diese Weise Niveau, geistige Disziplin und Konzentration gewannen. Was immer die Schwächen seines Führungsstils gewesen sein mögen – in erster Linie wohl die mangelnde Fähigkeit, den großen Beamtenkörper menschlich zu integrieren und die Entstehung eines solidarischen Corpsgeistes zu fördern –, es war ihm gelungen, dieses komplizierte Instrument, dieses erst im Aufbau befindliche Amt in den Griff zu bekommen, es zu sachgemäßer Nutzung und beachtlicher Effizienz zu bringen.

Ähnlich lief es nach meinen Beobachtungen auch im Verhältnis zu ausländischen Partnern: anfangs meist ein sprödes Klima, das jedoch bei näherem Kontakt der Achtung vor dem intellektuellen Format, der Arbeitskraft und präzisen Zielstrebigkeit dieses Mannes wich und dem Vertrauen auf seine Solidität als Verhandlungs- und Vertragspartner wich. Das war eine der wichtigsten Voraussetzungen dafür, daß ihn die europäischen Regierungen an die Spitze der EWG beriefen. Sie wollten einen effizienten Präsidenten – und sie bekamen ihn.

Hatte meine Bonner Tätigkeit 1951 auf dem Petersberg begonnen, so endete sie dort auch: Für Ende Februar 1958 hatte Brentano eine Botschafter-Konferenz dorthin einberufen. Sie vereinte noch einmal die alte und die neue Spitze des Amtes: Hallstein sowohl wie Scherpenberg, die bisherigen sowohl wie die künftigen Abteilungsleiter sowie die beiden neuen Unterstaatssekretäre nahmen an ihr teil. Die Neuorganisation wurde ausführlich diskutiert. Skeptisch über das neue Organisationsschema äußerten sich von Walther, Pfeiffer, von Etzdorf und von Welck. Verteidigt wurde es von Hallstein, Scherpenberg, Carstens und mir. Wem die Entwicklung recht gegeben hat, ist schwer zu entscheiden, denn die Bestellung von zwei Unterstaatssekretären scheiterte am Widerstand des Parlaments. Sie wurde bald wieder aufgegeben und durch die Einführung eines zweiten Staatssekretärs ersetzt.

Den politischen Teil der Diskussion eröffnete Brentano mit einem Plädoyer für neue kühne Gedanken und ihre Verwirklichung ohne Scheu vor Risiken. Die Runde lauschte seinen Worten mit erregtem Staunen und äußerte freudige Zustimmung, ohne daß man genauer wußte, auf welche Art von kühnen Vorschlägen der Minister eigentlich abzielte. Das wurde auch weder im weiteren Verlaufe der Diskussion noch später nach Abschluß der Konferenz jemals deutlich.

Gleich zu Beginn der Diskussion forderte mich Brentano überraschend auf, über das von sowjetischer Seite lancierte Projekt einer Gipfelkonferenz zu sprechen. Was ich im einzelnen dazu sagte, weiß ich nicht mehr. »Kühne neue Vorschläge« habe ich kaum gemacht. Dazu bot das Thema Gipfelkonferenz zum damaligen Zeitpunkt keinen Anlaß, und meine skeptische Beurteilung des Projektes deckte sich mit allen Analysen, die im Amt dazu erarbeitet worden waren. Gleichwohl erntete ich mit meinem improvisierten Diskussionsbeitrag mehr Beifall, als mir selbst gerechtfertigt erschien.

Neue Gedanken und Vorschläge beschäftigten mich im Zusammenhang mit dem sowjetischen Konferenzprojekt allerdings insofern, als ich einen attraktiven und publikumswirksamen Konferenzvorschlag des Westens für erforderlich hielt, um der Gegenseite nicht das Feld zu überlassen und ihr alle Vorteile der Initiative zu gewähren. Diesen Gedanken suchte ich Brentano in einer kurzen Aufzeichnung nahezubringen, die ich ihm am 12. März aus Anlaß des bevorstehenden Besuches von Jean Laloy, zu jenem Zeitpunkt Abteilungsleiter am Quai d'Orsay, in Bonn übersandte. Darin hieß es:

»Für das Gespräch mit Herrn Laloy darf ich folgende Linie der Gesprächsführung vorschlagen:

1. Es muß als zweifelhaft gelten, ob die geplante Gipfelkonferenz auf irgendeinem Gebiet zu greifbaren politischen Ergebnissen führen wird.

2. Die Konferenzvorbereitungen des Westens sollten daher so angelegt sein, daß im Falle eines politischen Fehlschlags mindestens ein Propagandaerfolg der Sowjets vermieden wird.

3. Zu diesem Zweck ist es unerläßlich, daß der Westen ein neues, attraktives Konferenzprojekt ausarbeitet und zur Diskussion stellt, das thematisch die Gebiete Abrüstung – Sicherheit – Wiedervereinigung – Entspannung deckt.

4. Dieses Projekt muß so gefaßt sein, daß es eine sichere Grundlage und einen Rahmen für die Beantwortung der von sowjetischer Seite zu erwartenden Diskussionspunkte bildet. Es müßte demnach so gehalten sein, daß auf dieser Grundlage zu den zu erwartenden sowjetischen Forderungen, zum Beispiel nach einer atomwaffenfreien Zone, einem Truppenrückzug beider Seiten oder einem Friedensvertrag für Deutschland Stellung genommen werden kann.

5. Der Versuch, das Genfer Konferenzprojekt attraktiver und allgemeinverständlicher zu formulieren, ist schon einmal unternommen worden. Das Ergebnis ausgedehnter Bemühungen in dieser Richtung war die Berliner Deklaration vom Juli 1957. Verbesserte Formulierungen auf dieser Grundlage dürften auch von erneuten Bemühungen kaum noch zu erwarten sein.

6. Ein Konferenzdokument, das eine gewisse Publizitätswirksamkeit verbürgt, wird sich nur ausarbeiten lassen, wenn auch der Sache nach neue Vorschläge und Ideen hinzukommen. Zu den Mindestforderungen in bezug auf eine sachliche Ausweitung der Genfer Vorschläge gehört eine klare Formulierung der westlichen Sicherheitsvorschläge nicht nur für den Fall der NATO-Mitgliedschaft Gesamtdeutschlands, sondern auch für den Fall seiner Bündnislosigkeit oder den (theoretischen) Fall einer Entscheidung Gesamtdeutschlands für die Anlehnung an den Ostblock.

7. Zu prüfen ist insbesondere auch, welche konkreten Fragen den Sowjets gestellt werden können, um sie in die Enge zu treiben und sie zu zwingen, gewisse Propagandavorschläge (wie beispielsweise den Truppenrückzug) zu präzisieren oder aber fallen zu lassen.«

Diese Gedanken in Bonn weiterzuverfolgen, ließ mein Terminkalender nicht mehr zu. Ich war bereits in Washington beglaubigt und mußte Ende März die Geschäfte der Abteilungsleitung an meinen Nachfolger übergeben. Es versteht sich, daß sie mich weiter beschäftigten und daß ich hoffte, sie auch von meinem neuen Standort in Washington aus weiter fördern zu können. Dabei baute ich darauf, daß man in Bonn auch weiterhin meine Ansichten zu Deutschland- und Berlin-Fragen hören und mich ad hoc hinzuziehen würde, wenn es zu Verhandlungen kam. Diese Erwartung erwies sich als nicht unbegründet. Tatsächlich zog man mich in diesen Fragen immer wieder zur Mitarbeit heran – mehr als ich erwartet hatte: in jedem Jahr meines Amerika-Aufenthaltes zur Dezember-Konferenz der NATO in Paris, insbesondere zu der ihr regelmäßig vorausgehenden Zusammenkunft der vier Außenminister der für Berlin und Deutschland verantwortlichen Mächte, im Jahre 1959 als Sprecher der Bundesregierung in der Genfer Außenminister-Konferenz, im Mai 1960 als Berater für die – dann im letzten Augenblick abgesagte – Ost-West-Gipfelkonferenz in Paris. Ab 1963 hörte das auf.

Zeitwende in Washington
1958–1962

BOTSCHAFTER BEI EISENHOWER

Anfänge in Washington – Abschied von Bonn

In den letzten Februartagen des Jahres 1958 flog ich nach Washington, um mein Beglaubigungsschreiben zu überreichen. Mein Vorgänger, Heinz Krekeler, hatte seine Amtsgeschäfte beendet, und in Bonn wünschte man keine längere Interimsperiode ohne einen akkreditierten Botschafter. Man empfahl mir daher, mich möglichst rasch in Washington beglaubigen zu lassen, und stellte mir anheim, danach noch einmal für einige Wochen nach Bonn zurückzukehren, um in Ruhe meine Angelegenheiten abzuwickeln und meine Übersiedlung vorzubereiten. Dieser Vorschlag paßte mir sehr gut, besonders auch deswegen, weil er mir die Möglichkeit bot, meine künftige Residenz (von der ich nur die Gesellschaftsräume im Erdgeschoß flüchtig kannte) zu besichtigen und zu überlegen, welche Möbel und Dekorationen noch zu beschaffen wären.

Die deutschen Botschafterresidenzen sind im allgemeinen bescheiden ausgestattet. Wenn der jeweilige Botschafter nicht aus eigenen Beständen Gobelins, Bilder und andere Kunstgegenstände beisteuern kann, so bleibt eine angeblich »amtlich ausgestattete« Residenz meist kahl und unansehnlich. Warum können die Auslandsvertretungen nicht Leihgaben aus den ungenützten Magazinbeständen deutscher Museen und Sammlungen erhalten? Diese Frage stellt sich jeder Neuling im diplomatischen Geschäft alsbald. Bemühungen in dieser Richtung stoßen jedoch rasch auf meist unüberwindliche Schranken. Zunächst gerät man in das föderalistische Gewirr der Länderzuständigkeiten, wo einem alsbald bedeutet wird: Wieso kommt gerade unser Land dazu, eine Bundesbehörde im Ausland auszustatten? Dann folgt als nächstes Argument: Mit Leihgaben haben wir schlechte Erfahrungen gemacht. Abgesehen von Transport- und Klimagefährdungen haben wir nach zwei Weltkriegen jedesmal wertvolle Leihgaben verloren, die als feindliches Eigentum beschlagnahmt wurden. So ist es fast unmöglich, aus staatlichen Beständen Leihgaben von einem gewissen Rang zu erhalten. Ich bin daher sehr rasch einen anderen Weg gegangen, bei dem mir Georg Federer half (der bei meinem ersten Besuch 1953 noch Botschaftsrat in Washington war, bald nach meinem Amtsantritt Generalkonsul in New York und später Personalchef des Auswärtigen Amtes wurde), der in New York einen ebenso kunstliebenden wie vermögenden und großzügigen deutsch-amerikanischen Vetter[1] hatte, der eine wertvolle Gemäldesammlung besaß, darunter oder sogar hauptsächlich deutsche Expressionisten. Zu meiner Überraschung und Beglückung bot er mir einige sehr wertvolle und schöne Stücke als Leihgabe an: Bilder von Macke, Heckl, Pechstein, Nolde. Damit war ich gerettet, zumal ich selbst etwas später noch zwei Nolde-Aquarelle erwerben und hinzufügen konnte.

Wie eine wirklich »repräsentativ« eingerichtete Residenz aussehen kann, konnte ich auf dem Wege nach Washington feststellen, als ich meinen Flug für zwei Tage in London unterbrach, um einer Einladung meines dortigen Kollegen Hans (»Johnny«) von Herwarth zu folgen. Die Botschaftsresidenz am vornehmen Belgrave Square war von ihm mit einer Mischung aus amtlichen und eigenen Beständen sehr stattlich hergerichtet worden. (Ich wußte schon: in Washington war das Gebäude der Residenz – ein früheres Privathaus im typischen Colonial Style – viel kleiner und bescheidener.) Am Abend gingen wir in die Oper am Covent Garden, Herwarth hatte noch einen englischen Gast eingeladen, von dem er mir bedeutete, daß er sicher noch eine politische Zukunft habe: ein Staatsminister namens Profumo. Er erwies sich denn auch als interessanter Partner unserer Unterhaltungen in den Pausen. Was die politische Zukunft anlangte, so ging sie in den Wogen des Skandals mit dem Callgirl Christine Keeler zu Bruche – ein Talent, dessen Lebensbahn durch die unerbittliche Grausamkeit britischer Moralkonventionen irreparabel gebrochen wurde.

Wenige Tage nach meiner Ankunft in Washington bekam ich Gelegenheit, mich beim Präsidenten einzufinden und ihm mein Beglaubigungsschreiben zu überreichen. Die rasche Terminbestimmung war ein sichtbares Zeichen dafür, welche Bedeutung man auch in Washington den deutsch-amerikanischen Beziehungen beimaß und welchen Wert man darauf legte, sobald wie möglich wieder einen akkreditierten deutschen Botschafter zu haben.

Unmittelbar vor mir war ein neuer Sowjetbotschafter beglaubigt worden, Michael A. Menschikoff. Nach den Regeln des Protokolls hatte dies zur Folge, daß wir in den nächsten Jahren bei allen formellen Anlässen Nachbarn waren. Jedesmal, wenn das diplomatische Corps beim Besuch eines ausländischen Staatsoberhauptes (oder was sonst immer der Anlaß sein mochte) auf das Capitol oder ins Weiße Haus geladen wurde, standen wir zusammen in der langen Schlange der Botschafter, die dem Ehrengaste ihre Reverenz erwiesen. Die daraus resultierende Häufigkeit unserer

Gesprächskontakte hatte jedoch keine Vertiefung unserer persönlichen Beziehungen zur Folge. Ich hatte den Eindruck, es mit einem Apparatschik zu tun zu haben, von dem nur stereotype Wiederholungen der jeweils gültigen offiziellen Version sowjetischer Politik zu erwarten waren. Chester Bowles nannte ihn in einer Notiz für Kennedy vom 23. November 1960 »eine sehr überschätzte Persönlichkeit« (» a very overrated individual«).[2] Wurde er wirklich überschätzt? Von den »Professionals« kaum. Robert Murphy jedenfalls hielt ihn für einen »rücksichtslosen, kaltblütigen Allerweltstyp (»a cold-blooded ruthless someone«), ein »Produkt des kommunistischen Systems, der sich bei allen Gesprächen als arrogant und schwierig erwiesen« habe.[3] Nachdem ich in dem Bonner Botschafter Andrej Smirnow einen ganz anderen Typus eines Sowjetdiplomaten, nämlich einen anregenden, sehr gebildeten und geistig beweglichen Gesprächspartner, kennengelernt hatte, blieb dies eine Enttäuschung. Menschikoffs Nachfolger, Anatoly Dobrynin, der dann viele Jahre in Washington blieb und sich eine sehr geachtete Position aufzubauen wußte, habe ich nur sehr kurze Zeit erlebt, so daß es aus diesem Grunde schon zu keinen engeren Kontakten kam. Später, in meinen Jahren bei der NATO, fehlten Kontakte mit Sowjetdiplomaten völlig. Dafür ergaben sie sich um so rascher in Tokyo. Mit dem dortigen Sowjetbotschafter Oleg Troyanowsky und seiner charmanten (fließend deutsch sprechenden) Frau Tatjana haben wir Jahre hindurch sehr enge und freundschaftliche Verbindungen unterhalten.

Präsident Dwight D. Eisenhower: Die erste Begegnung – aus Anlaß der Akkredierung am 3. März – war charakteristisch für alle weiteren. Es gab keinerlei Formalitäten, keine feierlichen Reden, man kam im Straßenanzug, der Präsident nahm mein Beglaubigungsschreiben entgegen, anschließend tauschten wir die Texte unserer Ansprachen aus, ohne sie zu verlesen, und dann setzte man sich zu einem zwanglosen Gespräch, nach dessen Abschluß man von dem persönlichen Charme des Präsidenten angetan war, ohne daß das Gespräch etwas Substantielles erbracht hätte. Der nahe bevorstehende Staatsbesuch des Bundespräsidenten Heuss gab das Stichwort zu einem leicht dahinplätschernden Gespräch. Tatsächlich bot mir der Heuss-Besuch schon bald Gelegenheit zu neuen Begegnungen mit dem Präsidenten, aber auch mit anderen Prominenten der Washingtoner Szene.

Vorerst kehrte ich, wie vorgesehen, für einige Wochen nach Deutschland zurück. Ich tat es in dem Bewußtsein, daß die Voraussetzungen für meinen endgültigen Start in Washington nicht schlecht seien: Die Antrittsformalitäten waren gut über die Bühne gegangen, das Presseecho war nicht unfreundlich gewesen,[4] mein künftiger Arbeitsstab hatte auf mich einen günstigen Eindruck gemacht: Es schien sich um eine Gruppe qualifizierter, zu loyaler Zusammenarbeit bereiter Leute zu handeln, auf die man sich würde verlassen können. Rückblickend kann ich diesen ersten Eindruck nur bestätigen. Naturgemäß gibt es immer den einen oder anderen Fall, in dem es zu persönlichen Reibungen kommt, in dem man Enttäuschungen erlebt – oder auch umgekehrt, in dem sich erst nach geraumer Zeit engere und wärmere menschliche Beziehungen entwickeln oder man den unschätzbaren Wert eines Mitarbeiters erst im Laufe der Zeit entdeckt.

Alles dieses gab es in Washington auch. Insgesamt handelte es sich um eine vorzüglich ausgesuchte Mannschaft, deren einzelne Mitglieder zu einem hohen Prozentsatz später in Spitzenpositionen gelangten – mit Ausnahme des Mannes, der mir als Gesandter und Geschäftsträger die Botschaft präsentierte und der ohne Zweifel der führende Kopf und der gute Geist kameradschaftlichen Zusammenhaltens gewesen war: Albrecht von Kessel. Er wurde kurz nach meinem Eintreffen nach Bonn einberufen und schied bald darauf aus dem Auswärten Dienste aus, da er die Adenauersche Deutschland-Politik ablehnte und daraus kein Hehl machte.[5]

Mit einem solchen Stab, so war mein erster Eindruck in Washington, würde sich arbeiten lassen.[6] Daß dieses Gefühl auf Gegenseitigkeit beruhte, hatte mir schon ein von Kessel unterzeichnetes Telegramm aus Washington nach Bonn vom 31. Januar bedeutet. Es lautete: »Wir alle gratulieren aus sachlichen und persönlichen Gründen hocherfreut.« Eine solche Gratulation lag außerhalb der Etikette und des Üblichen und durfte als eine Äußerung gewertet werden, die nicht als bloße Schmeichelei für den künftigen Chef zu verstehen war.

Nur wenige Tage hatte dieser erste Aufenthalt in Washington in meiner neuen Funktion gedauert. Außer dem Präsidenten hatte ich nur dem Protokollchef Wiley Buchanan und dem Außenminister John Foster Dulles Antrittsbesuche gemacht. Daneben blieb nur noch Zeit für ein Gespräch mit Allan Dulles und für die Teilnahme an einem Essen zu Ehren von Bundesverteidigungsminister Franz Josef Strauß, der sich in diesen Tagen in Washington aufhielt. Dann ging es für einige Wochen zurück nach Bonn, um abzuwickeln, Abschied zu nehmen und die Übersiedlung zu organisieren.

In diesen letzten Bonner Wochen gab der Außenminister in der Godesberger Redoute einen großen Abschiedsempfang für mich und die drei anderen, gleichzeitig auf Auslandsposten versetzten Kollegen: für Wolfgang von Welck, bisher Leiter der Länderabteilung, der nach Madrid gehen sollte; für den Protokollchef Günter Mohr, der für Bern, und den Personalchef Josef Löns, der für Den Haag vorgesehen war. Bei einem Abendessen in kleinem Kreise, das dem Empfang voraufging, hielt Brentano eine Abschiedsrede, auf die ich auf Wunsch meiner drei Kollegen antworten sollte. Ich dankte ihm »für alles das, was Sie uns in diesen drei Jahren der Zusammenarbeit entgegengebracht haben: ein hohes Maß von Vertrauen, daß uns beträchtliche Möglichkeiten selbständigen Denkens und Handelns ermöglichte; sodann die Bereitschaft zur offenen und freimütigen Diskussion, die Bereitschaft, abweichende Meinungen und kritische Äußerungen anzuhören und sachlich zu bewerten; endlich und nicht zuletzt, den Geist menschlichen Verständnisses, freundschaftlicher Hilfsbereitschaft und jederzeitiger Ansprechbarkeit für alle Nöte und Schwierigkeiten, mochten sie innerhalb des dienstlichen Bereiches liegen oder weit darüber hinausgehen«.

Nur einen Gedanken aus dieser kleinen Tischrede will ich hier herausgreifen, der die bevorstehende Veränderung unserer Position im Auswärtigen Dienst betraf: »Wir bleiben«, so sagte ich, »alle zusammen Mitglieder des Auswärtigen Dienstes, nachgeordnete Glieder des Auswärtigen Amtes, wir bleiben, Herr Minister, Ihre Mitarbeiter, Exekutoren Ihrer außenpolitischen Führung. Die Arbeit geht weiter und wir, die wir jahrelang Weisungen an unsere Missionen geschickt haben, werden nunmehr von unseren Nachfolgern Weisungen entgegennehmen. Als Ausgleich dafür werden wir nicht mehr über jenen berühmten Laufsteg zu eilen haben, der in unserem Hause schon durch seinen seriösen Namen – die Beamtenlaufbahn – die Verwechslung mit jeder anderen Art von Laufsteg ausschließt. Das sind nur einige Einzelheiten, die aber doch verdeutlichen, wie weit sich unser Leben trotz aller weiteren Zugehörigkeit zum Auswärtigen Dienst praktisch ändern wird... Ich sehe darin eine besonders reizvolle Eigenart der Institution, der wir dienen, daß sie nicht nur den Arbeitsort, sondern auch die Funktionen ihrer Mitglieder und ihre Stellung in der bürokratischen Befehlspyramide gelegentlich so radikal vertauscht und verändert – nicht aus Willkür, sondern aus ganz zwingenden, in der Sache selbst liegenden Gründen.«

Am Schluß sprach ich davon, daß es mir nicht leicht falle, »den bisherigen Arbeitsplatz zu verlassen, dem ich drei Jahre meines Lebens gewidmet habe, und sicher geht es uns allen mehr oder minder so. Die Versuchung, sich selbst an einer solchen Stelle für unentbehrlich zu halten, ist immer groß. Ich wage von ihr nur deshalb zu sprechen, weil ich ihr nicht erlegen zu sein glaube. Nur aus einem solchen Wechsel können sich neue Kräfte entfalten, können neue Talente zur Geltung kommen, können neue Impulse ausgehen«.

Die von mir in dieser Abschiedsrede zum Ausdruck gebrachte Erwartung, mit Brentano in einem engen Zusammenarbeitsverhältnis zu bleiben, erfüllte sich bis zum Ende seiner Amtszeit in vollem Umfang. Unser persönliches Verhältnis war mehrfach Belastungen ausgesetzt, die sich aus den Umständen ergaben – etwa während der Genfer Konferenz von

1959, als ich als Sprecher der Bundesregierung im Konferenzsaal häufiger in das Rampenlicht der Öffentlichkeit geriet, als der Außenminister, der am Stadtrande in einer idyllisch am Seeufer gelegenen Villa darauf warten mußte, was ihm aus der Konferenz berichtet wurde. Daraus hätten sich leicht Reibungen ergeben können, ebenso wie aus den Erklärungen, die ich im Konferenzsaal abgab – den improvisierten, aber auch den vorbereiteten Erklärungen, die ich dem Minister soweit wie möglich vorher zeigte, jedoch nicht gerne wesentlich zu verändern liebte. Über diese Klippen kamen wir mühelos hinweg – vor allem wohl deswegen, weil Brentano ein »Herr« war und solche Schwierigkeiten zu überspielen wußte. Sein Bild in der Öffentlichkeit hat stets darunter gelitten, daß er im Schatten Adenauers stand und für dessen gefügiges Werkzeug gehalten wurde. Sein inzwischen veröffentlichter Briefwechsel mit Adenauer hat zur Korrektur dieses Bildes beigetragen.[7] Vielleicht kann auch dieses Buch daran mitwirken. Brentanos echte Loyalität und Ergebenheit gegenüber Adenauer hat ihn stets davon abgehalten, in der Öffentlichkeit irgendeine Abweichung von den Auffassungen des Kanzlers zu erkennen zu geben. Irgendeine »Flucht in die Öffentlichkeit« um des eigenen Profils wegen kam für ihn nicht in Frage. Es fehlte ihm der kühle Pragmatismus, mit dem Adenauer unter dem Deckmantel einer unerschütterlich geradlinigen Grundkonzeption zu einer höchst unorthodoxen Flexibilität fähig war, wie er sie in der Deutschland-Frage in seinen Gesprächen mit Smirnow oder in der Europa-Frage in seinem Zusammenspiel mit de Gaulle bewiesen hat. In seinem Auftreten in der Öffentlichkeit litt Brentano unter einer eigentümlichen Verkrampfung, die sich auch am Verhandlungstisch bemerkbar machte, und aus der er sich nie zu lösen vermochte. Ich hatte den Eindruck, daß ihm das selbst oft bewußt war und daß er in späten Abend- und Nachtstunden mit viel Cognac, starkem Kaffee und zahllosen Zigaretten darüber hinwegzukommen und sich zu betäuben suchte. Man merkte, daß sein Amt ihn strapazierte und daß er es nicht mit leichter Hand zu führen vermochte. Er verstand genügend englisch, um jeder Diskussion zu folgen, mußte sich jedoch bei seinen eigenen Äußerungen stets eines Dolmetschers bedienen, was besonders bei vertraulichen Beratungen in kleinem Kreise und Formulierungsarbeiten häufig lästig war. Dennoch wurde er respektiert. Sein Rücktritt in den kritischen Tagen der Kabinettsbildung 1961 verdeutlichte das Bild dieses loyalen, aber aufrechten und charaktervollen Mitstreiters Konrad Adenauers, das in meiner Erinnerung durch keinen unerfreulichen Schatten getrübt ist.

Am 21. März nahm ich Abschied von meinen Mitarbeitern in der Politischen Abteilung. Deren Sprecher war Karl Carstens, mein Stellvertreter und Nachfolger als Abteilungsleiter, später als Staatssekretär des Auswärtigen Amtes mein Vorgesetzter, inzwischen aufgerückt zum Fraktionsführer der Opposition im Bundestag und schließlich zu dessen Präsidenten. Am 14. April schiffte ich mich in Genua an Bord der Constitution nach New York ein, zusammen mit meinen beiden Töchtern Constanze und Franziska, damals elf und neun Jahre alt, die im Herbst zu ihrer Mutter zurückkehren sollten: Meine Ehe mit Marianne Partsch war 1957 geschieden worden, so daß ich in Washington zunächst einen Hausstand ohne Hausfrau etablieren mußte – allerdings nicht für allzu lange Zeit. Im September brachte ich nach meinem Sommerurlaub eine neue Ehefrau mit.

Hundertjahrfeier in Minnesota

Mein erster öffentlicher Auftritt in den Vereinigten Staaten fand Anfang Mai außerhalb Washingtons statt: im Staate Minnesota, der seinen hundertsten Gründungstag feierte. In diesem landschaftlich sehr schönen, von ausgedehnten Wäldern und Seen bedeckten Staate lebt eine Bevölkerung, die hauptsächlich skandinavischen und deutschen Ursprungs ist. Die deutsche Volksgruppe ist die stärkste, wenn man die Skandinavier nicht als Einheit zählt. Minneapolis-St. Paul, die Doppelhauptstadt, hat eine dementsprechend große deutsch-amerikanische Volksgruppe, die ihre nationale Tradition pflegt und daher am Vorabend des »Centennial«, der Hundertjahrfeier, eine besondere Feierstunde des »German-American Centennial Committee of Minnesota« mit dem deutschen Botschafter als Hauptredner veranstaltete. Die Stars der eigentlichen Staatsfeier am 10. Mai waren – eine sehr amerikanische Kombination – die Schlagersängerin Judy Garland und John Foster Dulles. Dulles hielt die Festrede, Judy Garland sorgte für die musikalische Umrahmung – alles vollzog sich im Rahmen eines großen Volksfestes unter strahlendem Frühlingshimmel in einem riesigen Sportstadion, mit Musikkapellen, sportlichen Darbietungen, Tänzen, Paraden, Umzügen. Abends machte ich meine erste, für dieses Land charakteristische Erfahrung. Es gab im größten Hotel von Minneapolis ein Festbankett mit anschließendem Ball. An einer langen head table die Ehrengäste, davor an vielen Einzeltischen etwa zwölfhundert Gäste. Am Tisch der Ehrengäste der Gouverneur, Orville Freeman, später Landwirtschaftsminister im Kabinett Kennedy, die anwesenden Botschafter: außer mir der ebenfalls gerade in den Staaten eingetroffene norwegische Botschafter Koht, später Botschafter in Bonn, der scheidende jugoslawische Botschafter Leo Mates, später Direktor des Instituts für internationale Beziehungen in Belgrad; abgesagt hatte im letzten Augenblick der belgische Botschafter, Baron Silvercruis, der neben

Mates und nach dem Gouverneur als Redner vorgesehen war. Am gleichen Tische saßen der Oberste Befehlshaber der NATO-Streitkräfte in Europa (SACEUR), der amerikanische General norwegischer Abstammung und Sohn des Staates Minnesota, Lauris Norstad, mit seiner Gattin, der Chef der Mayo-Klinik, Dr. Charles W. Mayo, und andere Honoratioren. Während Mates sprach und offensichtlich bereits seinen Schlußworten zusteuerte, beugte sich einer der Manager des Banketts zu mir herunter und sagte mir, jetzt sei ich gleich an der Reihe. Als ich ihn etwas verständnislos ansah, legte er mir ein gedrucktes Programm vor, in dem, statt des dafür ursprünglich vorgesehenen Belgiers, mein Name auf der Rednerliste prangte. Niemand hatte daran gedacht, mich vorher zu befragen oder mir wenigstens das neue Programm rechtzeitig vorzulegen. Was konnte ich anderes tun, als mich zu fügen und gehorsam ans Rednerpult zu treten? So ging denn meine erste öffentliche Rede gänzlich unvorbereitet und improvisiert über die Bühne. Ihr Inhalt war demgemäß anspruchslos. Ich begann damit, meine Überraschung über die mir so plötzlich zuteil gewordene Ehre, als einer der Festredner aufzutreten, zu schildern. Ein Diplomat solle niemals, so erläuterte ich eine Grundregel unseres Berufes, ohne einen schriftlich fixierten Text in der Öffentlichkeit reden. Deshalb habe mich mein in der letzten Minute an die head table geeilter Begleiter aus dem Kreise meiner Mitarbeiter beschworen, zu schweigen. Aber bei allem Respekt vor den geheiligten Traditionen der Diplomatie – wie könnte ich diese erlauchte Versammlung enttäuschen und das Festprogramm verstümmeln? Brausender Beifall. Einige Worte über den Anteil der Deutschen am Werden des Staates Minnesota; von da aus Überleitung zum deutsch-amerikanischen Verhältnis in der Vergangenheit und seiner erfreulichen Entwicklung in der Gegenwart. Ein kurzes, enthusiastisches Loblied auf Minnesota, seine Schönheit und die Tüchtigkeit seiner Bewohner – noch stärkerer Beifall. Schon war die Schlacht gewonnen, und ich konnte an meinen Platz zurückkehren. Diese erste Rede blieb eine meiner erfolgreichsten – wenn der Widerhall im Publikum das Kriterium der Beurteilung ist. An meinen Tisch zurückgekehrt, nahm ich die Komplimente meiner Tischdame entgegen, die das dem Auftritt vorangegangene Vorspiel verfolgt hatte: Mrs. Norstad, die Gattin des Generals – mit dem ich später in Paris bei der NATO wieder zusammentraf –, eine elegante, vorzüglich und ebenso nordisch wie ihr Mann aussehende Frau. Ich fragte sie nach ihrer Heimatstadt und erwartete, einen Namen wie Bergen, Drontheim oder Lillehammer zu hören – oder irgendein »Neu-Bergen« in Minnesota. Aber nein, die Antwort lautete: Honolulu! – Eine der für Amerika charakteristischen Überraschungen.

Staatsbesuch des Bundespräsidenten Heuss

Anfang Juni 1958 kam Theodor Heuss, der erste und 1954 für eine zweite Amtszeit wiedergewählte Bundespräsident, zu einem Staatsbesuch nach Washington. Bei solchen Gelegenheiten taucht stets die Frage auf: Wann gab es in der Vergangenheit einen solchen Besuch, wer war das letzte deutsche Staatsoberhaupt, das offiziell zu einem Staatsbesuch in die Vereinigten Staaten kam? Die Antwort in diesem Falle: Das hatte es überhaupt noch nicht gegeben, Heuss war der erste.

Da ein Bundespräsident nach der in dieser Hinsicht sehr restriktiven Konzeption des Grundgesetzes wenig politischen Einfluß und hauptsächlich repräsentative und zeremonielle Funktionen hat, konnten von dem Besuch keine greifbaren politischen Ergebnisse erwartet werden. Seine – auch politische – Bedeutung lag im Symbolischen: Das enge und von Jahr zu Jahr freundschaftlicher gewordene Verhältnis zwischen den Vereinigten Staaten und der Bundesrepublik Deutschland wurde durch dieses Ereignis für alle Welt deutlich und sinnfällig demonstriert. Heuss war, nach seiner Persönlichkeit, für diese Funktion vorzüglich geeignet: ein würdiger alter Herr mit vergeistigten Gesichtszügen und intellektuellen Manieren, ein Professoren-Typ, der keine Assoziationen mit dem den Amerikanern suspekten Typus des deutschen Militärs oder des preußischen Beamten weckte, mit politisch untadeliger Vergangenheit und der Reputation, als Führer einer liberalen Partei maßgeblich an der Wiederaufrichtung eines demokratischen deutschen Staatswesens mitgewirkt zu haben, verwurzelt in der Tradition von 1848 und von diesem Ansatz her aufgeschlossen für die freiheitlichen und demokratischen Ideen der amerikanischen Revolution, unter deren Vätern er besonders Jefferson bewunderte.

Regierung, Kongreß und Öffentlichkeit haben Heuss denn auch als Repräsentanten eines im Sinne dieser Ideen geläuterten neuen Deutschland, das sich zugleich als zuverlässiges Mitglied der politischen und militärischen Gemeinschaften des Westens erwiesen hatte, empfangen und gefeiert. Es gab keinen Mißklang, weder während der drei Tage des Staatsbesuches in Washington noch während der anschließenden zweiwöchigen inoffiziellen Rundreise durch die Vereinigten Staaten. Ich will hier nicht den Ablauf des Besuches im einzelnen schildern. Einige Episoden und Stationen hat Heuss selbst in seinen Briefen an Toni Stolper beschrieben.[1]

Ich beschränke mich auf einige Aperçus, die für mich, den neuen Botschafter in Washington, wichtig waren: vor allem die einzigartige Gelegenheit, in wenigen Tagen in einen intensiven Kontakt mit den führenden Kreisen Washingtons, vom Präsidenten angefangen bis zu den Führern der Opposition, zu treten. Ich besitze aus diesen Tagen noch »Familienfotos«, die das Präsidentenpaar Eisenhower mit meinen beiden Töchtern in unserem Hause zeigen, andere, auf denen Dulles, Heuss, Brentano, Eckhardt, mein Vertreter in der Botschaft, Krapf, und der Raketenforscher Wernher von Braun auf einem Bilde vereint sind. Eine dieser Begegnungen in unserem Hause war zugleich ein durch die Anwesenheit zweier Präsidenten verklärtes Treffen der Familie von Braun: Sigismund von Braun (später Staatssekretär im Auswärtigen Amt und Botschafter in Paris) war damals Protokollchef in Bonn und hatte den Bundespräsidenten in dieser Eigenschaft zu begleiten; sein Bruder Wernher war aus Huntsville, Alabama, dem Raketenzentrum der US-Army, herübergekommen. Ein dritter Bruder, Magnus, kam aus Detroit, wo er in einem Automobilwerk tätig war.

Zu dem von Heuss in der Residenz gegebenen Diner für den Präsidenten Eisenhower erschienen die Führer der beiden Parteien im Senat, Senator Knowland und Senator Mansfield, sowie andere führende Figuren aus Regierung, Senat und Repräsentantenhaus.

Ein Höhepunkt des Besuches war die Ansprache vor beiden Häusern des Kongresses am 5. Juni. Unter dem Vorsitz des alten Sam Rayburn, des seit vielen Jahren amtierenden Speakers des Repräsentantenhauses, hielt Heuss eine etwa zwanzig Minuten dauernde Ansprache in deutscher Sprache, die nicht übersetzt und deren englischer Text erst nachträglich verteilt wurde (auf Anweisung Rayburns, der das störende Rascheln beim Umblättern der Übersetzungstexte verhüten wollte). Die meisten Kongreßmitglieder haben daher von ihrem Inhalt niemals Kenntnis genommen – aber das minderte weder ihren Applaus noch den tiefen Eindruck, den sie von dieser Rede mitnahmen. Als politische Berufsredner, so schrieb ein deutscher Korrespondent, seien sie »von der Rhetorik dieses tiefen Schwabenbasses gefesselt« worden, ließen sie »mit fachmännischem Vergnügen den Klang auf sich wirken, wobei sie zudem spürten, daß er eine bis zum letzten Wort selbstgeschriebene Rede vortrug«.[2]

Tatsächlich machte ich auch im weiteren Verlauf der Reise die Erfahrung, daß die Wirkungskraft der Heuss'schen Reden mit ihrem Inhalt nicht viel zu tun hatte, der oft von einer etwas dunklen, schwäbischen Versponnenheit war. Aber der Redner kam an: mit seiner Stimme, seiner Erscheinung und dem Rufe, der ihm vorausging. Ich fühlte mich oft an eine Erzählung meines früheren Freiburger Kollegen, des berühmten Nationalökonomen und Hauptes der »Freiburger Schule«, Walter Eucken, erinnert. In den Anfangszeiten der Bundesrepublik war Eucken sowohl Heuss wie Adenauer begegnet und hatte Gelegenheit gehabt, mit beiden ein Gespräch zu führen. Ich hatte erwartet, daß dem eingefleischten Liberalen Eucken ein Mann wie Heuss mehr einleuchten würde, als der herrische, autoritätsbewußte, konservativ-katholische Kanzler. Es war jedoch genau umgekehrt. Bei Adenauer hatte Eucken sofort das staatsmännische Format, den auch im persönlichen Gespräch zielbewußt auf ein konkretes Ergebnis zusteuernden starken Willen und den im Erfassen des Wesentlichen scharf zupackenden Verstand verspürt. Heuss charakterisierte er mit respektvoll freundlicher Ironie, indem er darüber philosophierte, daß eine tiefe Stimme ihrem Inhaber häufig die Tiefe des Nachdenkens erspare, weil die Menschen sich von dem Klang einer tiefen Stimme beeindrucken ließen und ihr aus irrationalen Antrieben Vorschuß an Vertrauen und Glaubwürdigkeit einzuräumen bereit seien. Das sei auch Hindenburg mit seiner tiefen Stimme zugute gekommen.

Auch ich bin später im Rückblick der Versuchung unterlegen, Vergleiche zwischen den beiden Spitzenfiguren des ersten Jahrzehnts der Bundesrepublik zu ziehen. Es wäre schief und unfair, das im Hinblick auf die politische Leistung der beiden Männer zu tun. Adenauer war in dieser Hinsicht von vornherein durch eine Verfassung begünstigt, die dem Regierungschef eine sehr starke Position verlieh; Heuss war benachteiligt durch die dem Bundespräsidenten durch die Verfassung auferlegte politische Enthaltsamkeit und die Begrenztheit seiner Machtbefugnisse. Daß Heuss aus dieser formell schwachen Position sehr viel zu machen verstand, daß er dem Präsidentenamt Gewicht, Würde und Ansehen zu verschaffen wußte, das erlebte ich vielfältig auch auf dieser Reise durch die Vereinigten Staaten. Meine Vergleiche beschränkten sich daher auf den unpolitisch-menschlichen Bereich. Bei aller Achtung für Heuss, die bei mir schon auf die letzten Jahre der Weimarer Republik zurückging, als ich ihn zum ersten Male in Berlin in einer öffentlichen Versammlung sprechen hörte, gehörten meine stärkeren Sympathien doch Adenauer, den ich in den Washingtoner Jahren mehrfach tagelang als Hausgast in der Botschafterresidenz erlebte und dabei von einer menschlichen Seite kennenlernte, die mir bis dahin unbekannt geblieben war. Adenauer war der ideale Hausgast: höflich, erstaunlich anspruchslos, bei der Angabe seiner bescheidenen Wünsche bestimmt und genau, bestrebt, sich in den Haushalt des Gastgebers einzufügen und ihn nicht auf den Kopf zu stellen, der Hausfrau gegenüber mit den Manieren eines Kavaliers alter Schule in vorgerückten Jahren auftretend, vor oder nach der angestrengten politischen Tagesarbeit häufig zu einem Gespräch am Familientisch über simple, allgemein-menschliche Themen aufgelegt. Nach jedem Aufenthalt kam ein Dankesbrief, kurz, aber mit irgendeiner kleinen persönlichen Note, meine Frau bekam häufig nachträglich ein gut gewähltes Gastgeschenk (unser 1960 in Washington geborener Sohn Stefan den schönsten und größten Teddybären seines Lebens).

Heuss hatte in den Washingtoner Tagen im offiziellen Gästehaus der amerikanischen Regierung, dem Blair House in der Pennsylvania Avenue gegenüber dem Weißen Haus, gewohnt. Aber in den folgenden zwei Wochen hatten wir doch, in fast täglich wechselnden Hotels, in einem Quasi-Haushalt zusammengelebt. In vieler Hinsicht war das Zusammenleben mit ihm schwieriger und komplizierter als mit Adenauer. Denn hinter seiner bewußt zur Schau getragenen Attitüde des schlichten und allem Pomp abgeneigten Bürger-Präsidenten verbarg sich ein gehöriges Maß anspruchsvollen Selbstgefühls, das leicht verstimmt reagierte, wenn man eine Geste der Selbstbescheidung zu rasch für bare Münze nahm. Adenauer war stets bereit, sich pflichtbewußt den Strapazen und Unbequemlichkeiten des Protokolls und der Public-relations-Pflege zu unterwerfen. Heuss mußten Anstrengungen dieser Art häufig mühsam abgerungen werden. Viel hing bei ihm von seiner jeweiligen Stimmungslage ab.

Die Rundreise, die wir im Anschluß an die drei offiziellen Tage in Washington zusammen durch die Vereinigten Staaten machten, führte über Philadelphia, Hanover (New Hampshire), Detroit, Chicago, San Francisco, Grand Canon (Arizona), Williamsburg (Virginia) zum Endpunkt New York. Die erste Station, Philadelphia, hat Heuss selbst in einem Briefe an Toni Stolper, mit einigen kritischen Untertönen beschrieben, die für sein Temperament und seine Art, die Anforderungen dieser Reise über sich ergehen zu lassen, bezeichnend sind:

»Eine Zeitlang war ich unmutig. Ich hatte eine geschichtliche Rede von zwanzig Minuten vorbereitet, denkend, sie finde in der Independence Hall statt, aber da gab es in dem Garten eine Tribüne, auf der wir eineinhalb Stunden in praller Sonne saßen, mein unmittelbares Gegenüber Kinder von fünf bis zehn Jahren, rechts ein Männergesangverein, links eine Musikkapelle. Aber schlimmer: ein Stadtdirektor als Festleiter. Sowohl der Staatsgouverneur wie der Mayor Leute mit guten Gesichtern und der Gegebenheit guter Gespräche. Aber dieser Kerl redete immerzu, begrüßte mit Namen, Aufstehen, Akklamation alle von Grewe bis Raederscheid, erklärte dreimal die Feier für beendet – ich wurde ordentlich böse auf ihn. Verdarb damit auch die Möglichkeit, vom Carl-Schurz-Memorial viel zu sehen.«[3]

Die nächste Station, Hanover (New Hampshire), gefiel Heuss besser: Hier sollte er im Rahmen einer typischen »Commencement«-Feier, mit denen an amerikanischen Universitäten Ehrenpromotionen vollzogen werden, eine juristische Ehrendoktorwürde des angesehenen Dartmouth College in Empfang nehmen. Die kleine Stadt von viertausend Einwohnern nebst dreitausend Studenten präsentierte sich bei schönstem Wetter in der Tat in höchst gewinnender Weise. Heuss pries die maßvollen, schönen Gebäude des achtzehnten Jahrhunderts, deren Stil auch bei späteren Neubauten weitgehend beibehalten wurde, die Einbettung in viel Grün – Park-, Wald- und Rasenflächen –, er zog Vergleiche mit Schwedt an der Oder oder Ludwigslust in Mecklenburg. Mich beeindruckte unter anderem die Ausstattung der College-Räume mit höchst eindrucksvollen Fresken des revolutionär gesinnten mexikanischen Malers José Clemente Orozco, Bilder mit einer grellen antikolonialen und antiimperialistischen Thematik, wie man sie auch von Diego Rivera kennt, die man jedoch in diesem vornehmen College des amerikanischen Establishment mit Überraschung zur Kenntnis nahm.

Bei einem Empfang am Abend war auch Heinrich Brüning aus seinem nicht weit entfernten Wohnsitz in Vermont herübergekommen. Natürlich kannte er Heuss aus vergangenen Zeiten in Berlin. Zu einem vertieften Gespräch scheint es nicht gekommen zu sein. Einige Komplimente für die Heuss-Rede im Kongreß, kritische Bemerkungen über eine von Heuss vollzogene Ordensverleihung an einen anderen deutschen Emigranten (leider typisch für Mißgunst und Zwistigkeiten innerhalb der Emigration) – und dann geschah, was Heuss in seinem Brief vom 8. Juni mit dem Satz beschrieb: »Leider wurde das Gespräch, obwohl gesondert geführt, immer wieder von der Naivität deutsch sprechender Professoren unterbrochen, die nicht stören wollten, aber stehen blieben.« Auch ich hatte Gelegenheit, einige Worte mit Brüning zu wechseln, die aber naturgemäß gleicherweise an der Oberfläche blieben. Es war und blieb meine einzige Begegnung mit ihm – abgesehen davon, daß ich in den voraufgegangenen Jahren einmal sein Zuhörer bei einem Vortrag in Köln gewesen war. In den Zeiten der Weimarer Republik hatte ich ihn nicht von Angesicht zu sehen bekommen, obwohl ich immerhin als sogenannter Vertreter der jungen Generation dem von Brüning in den letzten Monaten seiner Kanzlerschaft im Frühjahr 1932 inspirierten »Hindenburg-Ausschuß« angehörte, der gegen die Kandidatur Hitlers die Wiederwahl Hindenburgs als Reichspräsident sichern sollte – was ihm im zweiten Wahlgang vom 10. April 1932 auch gelingen sollte. Daß Hindenburg sechs Wochen später Brüning fallen lassen und sechs Monate später zu der legalen Machtergreifung Hitlers beitragen würde, das überstieg damals noch die Grenzen meiner politischen Vorstellungskraft. Indessen hätte es auch bei besserer Voraussicht der Entwicklung kaum eine Alternative klügeren Verhaltens gegeben. Hätte man etwa dem Kommunisten Ernst Thälmann seine Stimme geben oder durch eine Stimmabgabe für Hitler dessen Machtergreifung noch beschleunigen sollen?

Ein von Hindenburgs Autorität gestützter Kanzler Brüning verkörperte damals die letzte Chance, den Machtwechsel zu verhüten. Darüber hinaus erschien mir und vielen meiner Altersgenossen Brüning als integre, vertrauenerweckende Persönlichkeit; die konsequente Härte seiner Deflationspolitik imponierte; seine Entschlossenheit, der ruinösen Reparationspolitik der Alliierten ein Ende zu machen, weckte Hoffnungen.

Je weiter wir uns von jenen Jahren entfernt haben, desto blasser ist der Staatsmann Brüning geworden. Der Vortrag in Köln hatte den Eindruck eines Mannes vermittelt, der nur noch einen Schattenkampf mit vergangenen Mächten und Figuren ausfocht, um seine Rolle in diesem verhängnisvollen Augenblick der deutschen Geschichte zu verteidigen. Dieser Eindruck wurde später auch durch die Lektüre seiner Erinnerungen bestärkt.[4] Die Begegnung im Dartmouth College war nicht geeignet, ein Wendepunkt für diese Beurteilungstendenz zu werden. In ihrer Pointenlosigkeit war sie eher ein Schlußstrich.

Detroit: Die dritte Station der Heuss-Reise stand im Zeichen der Automobilindustrie. Besuche bei Chrysler, General Motors und Ford füllten das Programm. Heuss verzeichnete: »Zu den einzelnen Gelegenheiten immer mit Wagen der entsprechenden Marke gefahren, so daß ich in meiner Abendrede Detroit als Hochschule der Diplomatie feiern konnte.« Als Gegengewicht eine akademische Feier an der Universität Ann Arbor, wo Heuss erneut ein Doktorhut verliehen wurde.

Chicago: Einhundertvierzig deutsche Vereine hatten um Art und Ort des triumphalen Empfangs gestritten, den sie dem deutschen Bundespräsidenten bereiten wollten. Das Ergebnis war ein tumultuöser, lärmender Empfang in einem überhitzten, fahnengeschmückten Festsaal, mit Reden und Emblemen, bei denen deutscher und amerikanischer Patriotismus (der deutsche in einer meist verstaubt-altmodischen Version) sich seltsam mischten.

Am nächsten Morgen frühstückten wir mit Adlai Stevenson, wobei sich Heuss mit ihm auf der Basis des Jeffersonismus traf. Für mich war dieses die erste Begegnung mit dem zweimal (1952 und 1956) gegen Eisenhower unterlegenen Präsidentschaftskandidaten der Demokraten, mit dem ich fortan einen persönlichen Kontakt unterhielt: Wir trafen uns gelegentlich zum Lunch in einem New Yorker Klub. Später, als Stevenson unter Kennedy Botschafter bei den Vereinten Nationen und in dieser Eigenschaft Kabinettsmitglied (eine von Kennedy eingeführte Neuerung) war, konnte man ihn häufiger auch in Washington treffen. Stevenson war ein Mann von intellektuellem Format und einem gewinnenden Charme. Enkel eines Vizepräsidenten unter Cleveland, studierter Jurist, 1933 beteiligt an der Formulierung des New Deal, erfolgreicher reformfreudiger Gouverneur von Illinois (1948-1953), brillanter Redner und Debattierer, war er für die demokratische Partei der gegebene Präsidentschaftskandidat – dessen Handicap vor allem in der Tatsache begründet lag, daß er zweimal gegen den zum Mythos hochstilisierten Eisenhower antreten mußte. Ob ich mit der Außenpolitik eines Präsidenten Stevenson glücklich gewesen wäre, weiß ich nicht. Aber der Umgang mit ihm war stets anregend sowohl wie angenehm. Als Adenauer im April 1961 zu seinem ersten

35./36. Nach Ablehnung der Europäischen Verteidigungsgemeinschaft (EVG) durch die französische Nationalversammlung am 30. 8. 1954 unternehmen London und Washington eine Rettungsaktion für die Verträge und schicken ihre Außenminister nach Bonn: Adenauer und Hallstein im Gespräch mit Eden, ganz rechts der spätere Botschafter in Bonn Roberts, 12./13. 9.) sowie mit Dulles und Hochkommissar Conant (16./17. 9.).

37. Die französische Regierung begnügt sich damit, ihren Hochkommissar François-Poncet zu Adenauer zu schicken und ihren Standpunkt auf diesem Wege zu erläutern.

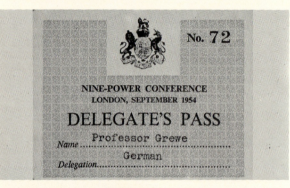

38. Auf der Londoner Neunmächte-Konferenz vom 28. 9. - 3. 10. 1954 beraten die sechs EVG-Staaten sowie Amerika, Kanada und Großbritannien über die Gründung einer Westeuropäische Union (WEU) und die Aufnahme der Bundesrepublik in die NATO; die deutsche Delegation, von links: Blankenhorn, Hallstein, Ophüls, Adenauer, Grewe, Blank.

39. Teilnehmerausweis für die Londoner Neunmächte-Konferenz.

40. Unterzeichnung der Londoner Schlußakte am 3. 10. 1954: Martino (Italien), Eden, Adenauer, Mendès-France, Pearson (Kanada).

41. In einer Serie nebeneinander stattfindender Konferenzen mit unterschiedlichem Teilnehmerkreis werden die Beschlüsse von London vertraglich besiegelt, die Zustimmung der NATO-Mitglieder zur Aufnahme der Bundesrepublik eingeholt und ein deutsch-französisches Abkommen über ein europäisches Statut des Saargebiets geschlossen; beim Unterzeichnungsakt am Quai d'Orsay am 23. 10. 1954, ganz links: Dulles; Stirnseite von links: Adenauer (hinter ihm Grewe), Eech, Spaak, Mendès-France, Martino, Beyen.

42. Teil des Pariser Vertragswerkes ist auch die endgültige Fassung des Deutschland-Vertrages; Adenauer mit den drei anderen Signataren (Mendès-France, Dulles, Eden) im Palais de Chaillot am 23. 10. 1954.

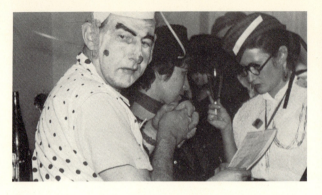

43. Während der »närrischen Tage« hat die hohe Politik zu schweigen: Faschingsball in den Räumen der deutschen Delegation im Februar 1955.

44. Am 20. 4. 1955 hinterlegen die USA und die Bundesrepublik in Bonn die Ratifikationsurkunden für die Pariser Verträge; Adenauer, Hallstein und Conant.

45. Am 6. 6. 1955 werden die neuen Bundesminister von Brentano (Auswärtiges), Blank (Verteidigung), von Merkatz (Bundesrat) vor dem Bundestag vereidigt: Blank legt den Eid vor Bundestagspräsident Gerstenmeier ab; im Hintergrund Adenauer, Hallstein, Globke, von Brentano, Grewe.

46. Auf der Genfer Gipfelkonferenz vom 17. - 23. 7. 1955 einigen sich die Regierungschefs der vier Siegermächte – Bulganin, Eisenhower, Faure und Eden – zum letzten Mal auf ein Anerkenntnis ihrer gemeinsamen Verantwortung für die Wiedervereinigung Deutschlands; die Bundesrepublik und die DDR sind nur am Rande der Konferenz mit Beobachterdelegationen vertreten.

7. Am 20. 7. 1955 wird am Urlaubsort des Bundeskanzlers in Mürren im Berner Oberland über das Ergebnis der Genfer Gipfelkonferenzen beraten; auf dem Weg zu Adenauer: von Brentano, Hallstein und Grewe.

48. Während eines Spazierganges in Mürren am 10. 8. 1955 wird die Moskau-Reise des Bundeskanzlers besprochen.

49. Moskau, September 1955: Am Konferenztisch der Gesamtdelegation im Spiridonowka-Palais gab man sich aufgelockert, wenn die Presse zugelassen war; vorn: Brentano, Adenauer, Hallstein; 2. Reihe: Kilb (Persönlicher Referent Adenauers), Dolmetscher Professor Braun, Pauls, Grewe, Eckhardt.

50. Höhepunkt der Galavorstellung im Bolschoi-Theater zu Ehren der deutschen Delegation am 19. 9. 1955 ist der spektakuläre Handschlag Adenauers mit Bulganin in der Ehrenloge.

51. Zur Fünfhundertjahr-Feier der Universität Freiburg im Breisgau, September 1955, kehrt der nach Bonn »ausgeliehene« Professor an die Stätte seines akademischen Wirkens zurück.

52. Während der Genfer Außenministerkonferenz vom 27. 10. - 15. 11. 1955 treffen sich die westlichen Außenminister – Pinay, Dulles, Macmillan – mit Bundesaußenminister von Brentano in der Villa Montfleury, dem Sitz der französischen Delegation; die drei Westmächte und die Sowjetunion kommen im Laufe der Konferenz zu keiner Annäherung ihrer Standpunkte in der deutschen Frage; die ihnen von den Regierungschefs gegebene »Direktive« bleibt toter Buchstabe.

53. Eine der zahlreichen Verhandlungen über den Status des Saargebiets findet im Februar 1956 in Paris statt; die deutsche Delegation mit Grewe, Hallstein und von Brentano.

54. Außenminister von Brentano und sein französischer Kollege Pineau (rechts) unterzeichnen in Luxemburg am 27. 10. 1956 den Saarvertrag, durch den die Voraussetzungen für die spätere Eingliederung des Saarlandes in die Bundesrepublik Deutschland geschaffen werden. Gleichzeitig wird mit dem luxemburgischen Außenminister Bech (links) ein Dreiländerabkommen über die Schiffbarmachung der Mosel unterzeichnet; hinter Brentano: Limbourg, Lahr, Grewe, von Maltzan.

55. Im Juli 1957 tagt in Bonn die Arbeitsgruppe für den Entwurf der Berliner Erklärung der drei Westmächte und der Bundesrepublik; links die französische Delegation: Legendre, Juergensen, de Menthon; rechts die deutsche Delegation: Fechter, Grewe, Oncken, ganz rechts der Leiter der britischen Delegation: Hancock.

56. Im Gespräch mit dem französischen Botschafter Couve de Murville am französischen Nationalfeiertag, 14. 7., 1957.

57. Die Botschafter der drei Westmächte (Bruce, Couve de Murville, Steel) und Außenminister von Brentano unterzeichnen im Rathaus Schöneberg, Berlin, am 29. Juli 1957 ein Zwölf-Punkte-Programm über die gemeinsame Politik der Wiedervereinigung Deutschlands (Berliner Erklärung).

58. Die Konferenz der Regierungschefs der NATO-Staaten in Paris vom 16. bis 19. 12. 1957 beschließt Maßnahmen für eine Modernisierung der westlichen Verteidigung; von rechts: Spaak, Eisenhower, Macmillan, Dulles (ganz links).

59. Die deutsche Delegation während einer Sitzung der Regierungschefs der NATO-Staaten in Paris (16.-19. 12. 1957), unter den Teilnehmern: ganz links Strauß neben Etzel; Mitte: Hallstein, von Eckardt, Heusinger, Grewe, Jansen.

60./61. Während einer Debatte im Bundestag am 28. 1. 1958 werfen Heinemann und Dehler als Sprecher der SPD und der FDP dem Bundeskanzler vor, die von der Sowjetunion von 1952 bis 1954 gemachten Vorschläge zur Wiedervereinigung nicht genügend ernstgenommen und nicht durch eigene Sondierungen überprüft zu haben.

62. Im Januar 1958 scheidet Staatssekretär Hallstein aus dem Auswärtigen Amt aus und wird Präsident der Kommission der EWG; Abschiedsessen beim Bundeskanzler: Globke, von Welck, Balke, Grewe, Schnippenkötter, Erhardt, Etzel, Carstens, van Scherpenberg (Hallsteins Nachfolger), Hallstein, Adenauer, von Brentano.

63. Am 21. 3. 1958 wird der Leiter der Politischen Abteilung des Auswärtigen Amtes von seinem Stellvertreter und Nachfolger Carstens verabschiedet, um als Botschafter die Bundesrepublik in Washington zu vertreten.

64. Vor dem Weißen Haus in Washington: Am 3. 3. 1958 übergibt der neue Botschafter der Bundesrepublik sein Beglaubigungsschreiben dem Präsidenten Eisenhower.

65. Während des Staatsbesuchs von Bundespräsident Heuss im Juni 1958 folgt das Präsidentenpaar einer Einladung in die Botschaft; vor Eintreffen der übrigen Gäste gelingt ein familiärer Schnappschuß: von Eckardt, Constanze Grewe, Helga Krapf, Wernher von Braun, Mrs. Mamie Eisenhower, Franz Krapf, Präsident Eisenhower mit Franziska Grewe.

66. In New York besucht Bundespräsident Heuss das Goethe-Haus: Reber, McCloy, Heuss, Conant.

67. Im Gespräch mit Bundesaußenminister von Brentano während des Heuss-Besuchs in Washington im Juni 1958.

68. Bei einem Besuch der Yale-Universität, New Haven, am 18. 11. 1958 mit Professor Hajo Holborn und Dean Eugene Rostow.

69. Während des internationalen Reitturniers in Washington besuchen am 14. 10. 1958 die deutschen Reiter die deutsche Botschaft: General Abendroth, Leiter des Turniers, Liselotte Linsenhoff, Mrs. Abendroth; stehend: Schulze-Diekhoff, der Hausherr, Tiedemann, Lütke-Westhues, Gerty Grewe, Winkler.

70. Public Relations-Dienste für Berlin und die deutsche Haute Couture: mit den Mannequins einer Berliner Modenschau in New York am 17. 11. 1958.

71. Nach dem Ultimatum vom 27. 11. 1958, in dem Chruschtschow den besatzungsrechtlichen Viermächte-Status von Berlin aufkündigt und eine »Freie Stadt West-Berlin« fordert, wartet die Presse am 10. 12. 1958 im National Press Club in Washington mit Spannung auf eine Erläuterung des Standpunktes der Bundesregierung durch ihren Botschafter.

72. Der Erste Stellvertretende Ministerpräsident der Sowjetunion Mikojan empfängt während seiner Rundreise durch die Vereinigten Staaten den deutschen Botschafter am 25. 1. 1959 in der Washingtoner Sowjet-Botschaft.

73. Bei einem Besuch des Regierenden Bürgermeisters von Berlin im Weißen Haus wird am 11. 2. 1959 das sowjetische Berlin-Ultimatum erörtert: Eisenhower, Brandt, dahinter Merchant, Grewe.

74. Am 10. Juni 1959 veröffentlicht der ›Spiegel‹ eine Titelgeschichte über den Sprecher Bonns in Genf.

75. Krisen-Konferenz in Genf von Mai bis August 1959: Neben den Außenministern der vier Mächte Herter, Couve de Murville, Lloyd, Gromyko nehmen am »Katzentisch« Beraterdelegationen der Bundesrepublik (links) und der DDR (Vordergrund rechts) teil.

76. Am Konferenztisch und anschließend in einer Pressekonferenz erläutert der Leiter der Bonner Beraterdelegation am 14. 5. 1959 den von Bonn miterarbeiteten westlichen »Friedensplan«: von Eckardt, Grewe, von Hase.

77. Nach der Zurückweisung propagandistischer Argumente des DDR-Außenministers im Konferenzsaal antwortet das ›Neue Deutschland‹ vom 22. 5. 1959 mit einer Karikatur.

78. Auf dem Wege nach Japan führt Adenauer am 15. 3. 1960 nach einem Besuch bei Eisenhower Gespräche bei Außenminister Herter: Brentano, Herter, Vizepräsident Nixon, Oberster Bundesrichter Warren, Adenauer; stehend Dowling, Grewe.

79. Im Gespräch mit dem demokratischen Präsidentschaftskandidaten und Gegner Eisenhowers von 1952 und 1956, Stevenson.

80. Während der olympischen Winterspiele in Squaw Valley (Nevada) mit dem Präsidenten des deutschen Sportbundes Daume (Februar 1960).

81. Mit Eskimo-Kindern in Point Barrow am nördlichen Eismeer bei der Besichtigung einer militärischen Radar-Frühwarnstation (September 1960).

Besuch bei Kennedy nach Washington kam, wurde Stevenson vom Präsidenten für eine abendliche Theaterveranstaltung zum Ehrenbegleiter für Adenauers Tochter, Frau Libeth Wehrhahn, ernannt, eine Aufgabe, der er sich mit großer Eleganz und gewinnendem Charme widmete. Am Rande einer NATO-Ministerkonferenz im Haag im Mai 1964 traf ich ihn zum letzten Male. Ein Jahr später ereilte ihn – völlig überraschend, während eines Aufenthalts in London – ein tödlicher Herzinfarkt.

San Francisco: Bei einem Gala-Diner des World Affairs Council saß ich neben dem Präsidenten der Bank of America, Russel Smith, der mir mit listigem Stolz ein Urteil über den beim Essen servierten Wein zu entlocken suchte. Ich zweifelte keinen Augenblick, daß es sich um einen kalifornischen Wein handelte und daß von einem deutschen Gast ein Zeichen der freudigen Überraschung erwartet wurde, daß etwas so Gutes auch in Kalifornien wachsen könne. Also antwortete ich auf die Frage, woher dieser Wein wohl stamme: Er sei so gut, daß er »beinahe« aus dem Rheingau kommen könnte. Am nächsten Morgen konnte ich in der Zeitung lesen, wie sich dieses Gespräch im kalifornischen Regionalpatriotismus spiegelte: Unter der Überschrift: ›Winesmanship‹ war dort zu lesen, der Botschafter habe mit Kennermiene gekostet und dann (ha-ha!) gesagt: »Ein vorzüglicher deutscher Wein, Rheingau, wahrscheinlich aus der Gegend von Remagen.« »Etwas südlich von Remagen«, habe Mr. Smith geantwortet und dann die Flasche produziert. Auf dem Etikett prangte der Name: »Christian Brothers, Napa Valley Riesling«. Der Botschafter habe etwas gequält gelacht, aber Mr. Smith habe ihm nichts erspart: »Wie ich gesagt habe: Napa Valley liegt etwas südlich von Remagen – Remagen/California.« Ich reihte das Erlebnis in meine Kollektion »Americana« ein.

Die weiteren Stationen dieser Reise (Berkeley mit einem weiteren Doktorhut für Heuss; Prescott/Arizona mit einem Western Rodeo; Grand Canon mit zufälligem Zusammentreffen mit Adlai Stevenson II., dem Sohn und jetzigen Senator für Illinois; Williamsburg, wo wir etliche demokratische Politiker entdeckten, die hier für die Zeit der republikanischen Administration Unterschlupf in der Stiftungsverwaltung »Colonial Williamsburg« gesucht hatten) will ich übergehen und gleich zur letzten Station kommen: New York. Natürlich begann es mit der berühmten Konfetti-Parade (»ticker tape parade«) den Broadway hinauf, bei strömendem Regen – in der New York Times beschrieben mit der Überschrift: »Heuss defies rain in city's welcome – 60 000 on Broadway thrill German President riding to Mayor's reception.« Ein letzter Doktorhut, verliehen von der New School of Social Research, jener Hochschule in New York, die nach 1933 zahlreichen Emigranten aus Deutschland Unterschlupf geboten hatte. Der Präsident der Hochschule war in Weimarer Zeiten mit Heuss zusammen Dozent an der Deutschen Hochschule für Politik gewesen: Hans Simons, Sohn des Reichsaußenministers von 1920/21 und späteren Reichsgerichtspräsidenten von 1922 bis 1929, der nach dem Tode Friedrich Eberts im März 1925 zwei Monate amtierender Reichspräsident bis zum Amtsantritt Hindenburgs gewesen war. Hans Simons war bald nach 1933, nicht aus rassischen, sondern aus politischen Gründen, emigriert. Nach dem Kriege kam er zeitweilig als Berater der US-Militärregierung zurück. Ich kannte ihn von einem seiner Deutschlandaufenthalte her durch die Vermittlung seiner Schwester, Tula Huber-Simons, der Gattin meines Fachkollegen und Freundes Ernst Rudolf Huber – einer exzellenten Juristin, die nach dem Kriege zusammen mit zwei Kolleginnen die angesehenste Anwaltskanzlei in Freiburg unterhielt.

Im New Yorker Goethehaus kam es zu einem Treffen mit John J. McCloy und James Conant. Heuss besuchte das Leo Baeck-Institut, in dem Dokumente zur Geschichte des jüdischen Beitrags zur deutschen Kultur gesammelt sind. Durch das Gebäude der Vereinten Nationen am East River führten ihn Ralph Bunche, der erste Farbige im Auswärtigen Dienst der Vereinigten Staaten, damals Direktor im Sekretariat der Vereinten Nationen, später Untergeneralsekretär (1968-1971) unter U Thant, Träger des Friedensnobelpreises für seine Vermittlungstätigkeit im Nahost-Konflikt 1949, und Humphrey Trevelyan, einstmals Gesandter in Bonn, britischer Botschafter in Kairo während der Suez-Krise und in Moskau während der Kuba-Krise. Im »Tower« des Waldorf-Astoria-Hotels besuchte er den dort wohnenden vierundachtzigjährigen Expräsidenten der Jahre 1929 bis 1933, Herbert Hoover, der ein glückloser Präsident gewesen war und die Turbulenzen der großen Weltwirtschaftskrise nicht hatte meistern können, aber ein Mann mit großen humanitären Verdiensten (insbesondere für die amerikanischen Hilfsprogramme für das hungernde Europa nach beiden Weltkriegen), dem wir darüber hinaus den vielleicht wichtigsten Beitrag zur Beendigung der Demontagen nach 1945 verdanken. Mit seiner straffen, aufrechten Haltung und seinem wachen Verstand war er immer noch eine eindrucksvolle Erscheinung. Er starb einige Jahre später (1964).

Nach einem großen Abschiedsempfang für Tausende von Gästen im Waldorf Astoria schiffte sich Heuss am 23. Juni auf der Berlin zur Heimfahrt ein.

Die Libanon-Krise

Das erste Vierteljahr meiner Amtszeit verlief, im Vergleich zu dem, was kommen sollte, relativ ruhig und idyllisch. Es gab keine großen politischen Stürme. Ereignisse wie das Minnesota Centennial oder der Heuss-Besuch gaben mir Gelegenheit, Land und Leute besser kennenzulernen, ohne daß große politische Aktionen und Bemühungen damit verknüpft gewesen wären. In der zweiten Hälfte des Jahres 1958 änderte sich das Bild. Die Veränderung begann mit einer Nahost-Krise und endete mit einer Berlin-Krise.

Im Nahen Osten hatte sich ein Krisenherd im Libanon entwickelt; dieses Land befand sich im Sommer 1958 im Zustande eines sich verschärfenden offenen Bürgerkrieges. Die Gegensätze zwischen den verschiedenen religiösen Gruppen des Landes – christlich-maronitischen, muslimischen und drusischen – verbanden und überschnitten sich mit divergierenden politischen Motivationen und Anlehnungsbestrebungen: pro- und anti-westlichen, pro- und anti-nasseristischen Orientierungen. Unterschiedliche Schattierungen des arabischen Nationalismus, soziale Gegensätze, kommunistische Einflüsse spielten ihre Rolle. Seit dem Mai 1958 bereits hatten die Vereinigten Staaten militärische Vorbereitungen getroffen, um im Falle einer kritischen Zuspitzung der Lage zugunsten der – prowestlich orientierten – libanesischen Regierung intervenieren zu können. Eisenhower und Dulles hatten auf Pressekonferenzen im Mai zu verstehen gegeben, daß sich die sogenannte Eisenhower-Doktrin (die 1957 dem Präsidenten vom Kongreß erteilte Ermächtigung, im Nahen Osten zur Wahrung lebenswichtiger amerikanischer Interessen – auch ohne Kriegserklärung durch den Kongreß und ohne einen unmittelbar bevorstehenden Angriff auf die Vereinigten Staaten selbst – zu intervenieren) auch auf andere als kommunistische Aggressionsdrohungen beziehe. Ausgelöst wurde die amerikanische Intervention im Libanon jedoch schließlich durch Ereignisse im Irak. Für Washington völlig überraschend, kam es am 14. Juli zu einem Putsch, durch den die dort regierende Haschemitendynastie und mit ihr die Monarchie und das Regime des westlich orientierten Regierungschefs Nuri as-Sa'id gestürzt wurden. König Feisal II. und Nuri as-Sa'id wurden ermordet, die Republik proklamiert und die Macht von einer revolutionären Militärregierung unter General Abdul Karim Kassem übernommen. Nuri as-Sa'id war in den Jahren zuvor der bedeutendste Gegenspieler Nassers, seines panarabischen Nationalismus und seines sozialistischen Gesellschaftskonzepts gewesen. Starke Kräfte in der revolutionären Bewegung unter Kassems Freund und Stellvertreter, dem Obersten Arif, drängten auf den Anschluß an Nassers Vereinigte Arabische Republik, die bereits Ägypten und Syrien umfaßte. In

Beirut sowohl wie in der Hauptstadt Jordaniens, Aman, wurde die irakische Revolution daher als eine tödliche Bedrohung empfunden. Jordanien war mit dem Irak in einer Föderation verbunden, die von Kassem sofort aufgekündigt wurde. Lebenswichtige Zufahrtsstraßen nach Jordanien wurden geschlossen. Die libanesische Regierung befürchtete, daß der Irak im Bürgerkrieg gegen sie Partei ergreifen und die aufständischen Gruppen unterstützen würde. In dieser Situation kam es zu einem Hilferuf des libanesischen Staatspräsidenten Chamoun an die Vereinigten Staaten, während König Hussein von Jordanien unter Anrufung des mit Großbritannien bestehenden Beistandsabkommens britische Hilfe erbat. Am 15. Juli landeten fünftausend amerikanische »Marines« südlich von Beirut, am folgenden Tage trafen auf dem Luftwege aus Zypern britische Truppen in Jordanien ein.

Die Intervention erreichte ihr Ziel, sie führte zur Beendigung des Bürgerkrieges im Libanon und zur Stabilisierung Jordaniens, im Oktober/November zogen die britischen und amerikanischen Truppen wieder ab, ohne daß es ernstere Zusammenstöße gegeben hätte.[1] Für einige Wochen im Juli indessen war die Welt in Unruhe und Alarmstimmung gewesen. Man befürchtete eine Ausweitung der Intervention, insbesondere gegen den Irak, Aufputschung der arabischen Welt durch Nasser, Einmischung Moskaus.

Die NATO-Verbündeten fühlten sich, wie fast immer in solchen Situationen, ungenügend konsultiert und schlecht unterrichtet. Der Nahe Osten fällt zwar nicht in den vom Nordatlantik-Vertrag gedeckten geographischen Bereich; wenn sich jedoch die Vereinigten Staaten in eine Auseinandersetzung mit der Sowjetunion verstricken, werden die Verbündeten unweigerlich in den Konflikt hineingezogen.

Demgemäß erweckte die amerikanisch-britische Aktion in Europa in den ersten Tagen gemischte Gefühle, die auch in öffentlichen Äußerungen führender Staatsmänner nicht verborgen blieben. Das galt auch für den deutschen Bundeskanzler, der in jenen Wochen aus anderen Gründen ohnehin auf seinen Freund Dulles nicht gut zu sprechen war. Darüber unterrichtete mich ein persönlicher Brief des Staatssekretärs van Scherpenberg vom 22. Juli, in dem er mir schrieb, er wolle »die Möglichkeit einer sicheren Beförderung durch Herrn von Broich-Oppert benutzen«, um mir »ganz kurz folgendes zur ganz persönlichen Unterrichtung« mitzuteilen: »Wir hatten in den letzten Tagen zahlreiche sehr eingehende Erörterungen über die politische Lage beim Herrn Bundeskanzler; dabei stellte ich fest, daß bei dem Herrn Bundeskanzler zur Zeit eine sehr tiefgehende Verstimmung gegenüber Herrn Dulles vorliegt. Sie wissen, daß eine solche Verstimmung sich bereits ankündigte im Anschluß an die Kopenhagener NATO-Tagung, als der Herr Bundeskanzler aufgrund von Äußerungen von Herrn Dulles die Auffassung gewonnen hatte, daß Herr Dulles dahin tendierte, anstelle der Gipfelkonferenz auf ein zweiseitiges Gespräch mit der Sowjetunion über die atomare Abrüstung hinzusteuern. Wir haben dieses Mißtrauen wieder etwas überwinden können, aber ein Rest davon ist immer noch geblieben. Der letzte konkrete Anlaß für die Verstimmung ist jedoch ein anderer. Er liegt in dem Verhalten von Außenminister Dulles im Zusammenhang mit seinem Besuch bei General de Gaulle. Abgesehen davon, daß der Bundeskanzler diesen Besuch überhaupt für politisch unzweckmäßig hält (im Gegensatz zu der Fühlungname Mr. Macmillans mit de Gaulle, die eine gewisse innere Folgerichtigkeit hatte), hat der Bundeskanzler die Ablehnung seiner Einladung an Dulles, im Anschluß an den Besuch bei de Gaulle nach Bonn zu kommen, noch nicht verwunden. Dabei hat ihn weniger die Tatsache der Ablehnung gekränkt als der Umstand, daß Herr Dulles diese Ablehnung außer mit der Notwendigkeit, Präsident Eisenhower in Kanada zu treffen, auch damit begründet hat, daß er aus Rücksicht auf die Empfindlichkeit de Gaulles nicht im Anschluß daran einen weiteren Besuch in Europa erledigen wollte. Dies, in Verbindung mit der allgemeinen Unzweckmäßigkeit dieses entrevues, hat, wie Sie sich denken können, hier sehr verärgert.«

Die Vorgänge im Nahen Osten werden in diesem Briefe überhaupt nicht erwähnt. Adenauer war vielmehr von den Ereignissen in Frankreich präokkupiert: von der Einsetzung de Gaulles als Regierungschef durch die französische Nationalversammlung am 1. Juni und von der Etablierung der Fünften Republik. Adenauers Erinnerungen lassen kaum das skeptische Mißtrauen ahnen, mit dem er diese Entwicklung zunächst verfolgte. Je mehr er sich in spröde Zurückhaltung hüllte, desto mehr irritierten ihn die raschen Kontaktaufnahmen Macmillans und besonders Dulles', der am 5. Juli nach Paris geflogen war, um de Gaulle zu treffen. Diese Stimmung spiegelt sich in van Scherpenbergs Brief. Sie hat ohne Zweifel auch auf die ersten Äußerungen Adenauers zur Libanon-Intervention abgefärbt – was wiederum den Ärger von Dulles erregte. Der erste erreichbare Deutsche, der diesen Ärger zu spüren bekam, war ich. Das geschah in dem ersten ausführlichen Gespräch, das ich mit ihm führte.

Am 15. Juli hatte ich Washington verlassen, um mich am 16. in New York nach Europa für meinen Sommerurlaub einzuschiffen. Die New Yorker Morgenzeitungen vom 16. Juli mit ihren Meldungen über die Landung der Marines im Libanon stürzten mich in Zweifel, ob ich in diesem Augenblick abreisen könnte. Ein Telegramm aus Bonn beendigte die Zweifel: Ich kehrte um und flog nach Washington zurück, zusammen mit meinen beiden Töchtern, die ich mühsam zu trösten suchte, da sie sich natürlich auf die Seereise gefreut hatten. Washington war feucht, heiß und aufgeregt. Bemühungen um einen Termin bei Dulles blieben mehrere Tage erfolglos: Der Secretary sei total überlastet und von morgens bis abends besetzt, so hieß es. Nach drei Tagen – in einer solchen Krisensituation eine lange Zeit, andererseits konnte die Bundesrepublik kaum als besonders intensiv berührtes oder interessiertes Land gelten – kam endlich die Mitteilung, Dulles wünsche mich am 20. Juli zu sehen. Das war ein Sonntag; Dulles empfing mich in seinem Hause, in einer den Temperaturen und der Wochenendatmosphäre angepaßten Bekleidung, das heißt ohne Jacke und Schlips, im legeren, kurzärmeligen Hemd. Trotzdem war das Gespräch anfangs frostig: Dulles brachte unverhohlen seine Verstimmung darüber zum Ausdruck, daß seine Aktion von der Bundesregierung keinerlei moralische Unterstützung erhalten habe, obwohl gerade wir dafür Verständnis haben sollten, daß sich die Vereinigten Staaten verpflichtet fühlten, ein Beistandsversprechen zu honorieren.

Um seinen massiven Vorwürfen zu begegnen, drehte ich den Spieß um: Wie könne er, selbst von einem loyalen Verbündeten, verlangen, daß dieser eine Aktion öffentlich unterstütze, deren Motive, deren Zielsetzung, vor allem deren Begrenzung unbekannt sei? Hätte man uns rechtzeitig ins Vertrauen gezogen, so hätte man in Bonn sicherlich positiver reagiert. Ich ließ mir nicht den Hinweis entgehen, daß ich viele Tage auf diese Begegnung hätte warten müssen.

Dulles erkannte sofort, daß ich den schwächsten Punkt seiner Position getroffen hatte und stellte sich augenblicklich um: kein Wort mehr von Vorwürfen, statt dessen eine sachliche und präzise Beschreibung der amerikanischen Motive und Absichten und vor allem die von Bonn dringend erwartete Zusicherung, daß eine Ausweitung der Intervention, etwa in Richtung Irak, nicht in Frage komme. Je länger das Gespräch dauerte, desto mehr erwärmte sich die Atmosphäre, und am Schluß schied ich mit dem Gefühl, nicht nur sachlich befriedigende Auskünfte erhalten zu haben, sondern einen angeregten und angenehmen Vormittag verbracht zu haben und dem schwer zugänglichen Menschen Dulles ein gutes Stück persönlich näher gekommen zu sein. Einige Tage später, am 23. Juli, erfuhr dieses Gespräch eine Ergänzung in einer Begegnung mit Allen Dulles, dem Chef der CIA. Mit ihm hatte ich schon seit meinen ersten Tagen in Washington einen engen Kontakt, der sich häufig als wertvoll erwies, um die Auskünfte aus dem State Department einer Gegenprobe zu unterziehen oder sie dort zu ergänzen, wo die Diplomaten nicht mehr weiterreden wollten. Auch in diesem Augenblick waren die Auskünfte des CIA-Chefs, dessen Vertrauen ich sehr früh erringen konnte und der im Umgang viel gelockerter und aufgeschlossener war als sein Bruder, nicht uninteressant:

Er behauptete, die Sowjets hätten kein Interesse daran, die Situation weiter zu erhitzen. Nassers Drohung, »Freiwillige« zu entsenden, hielt er für praktisch kaum realisierbar. Die meisten arabischen Staaten seien innerlich labil: Libyen, Sudan, Kuwait, Saudi-Arabien, Jordanien. Der Irak befinde sich vielleicht noch in der »Nagib-Periode« – der irakische Nasser könne noch kommen. Kassems Vertreter (also wohl Arif) sei vielleicht stärker als er selbst. Kommunisten gebe es in der Revolutionsregierung jedenfalls nicht. Die Intervention sei aber, was auch ihre Gegner nicht bestritten, die Erfüllung eines amerikanischen Beistandsversprechens. Schon deswegen sei sie unvermeidlich gewesen. Für die Zukunft müsse erwogen werden, wie der Nahe Osten zu kontrollieren sei.

Die Vorhersage, daß sich der Irak noch in seiner »Nagib-Periode« befinde, erwies sich später als zutreffend, ebenso wie die Beurteilung von Kassems Stellvertreter: Abdas Salam Arif war – allerdings erst 1963 – maßgeblich am Sturze Kassems beteiligt und wurde dessen Nachfolger als Staatspräsident.

Nur wenige Tage später wurde das deutsch-amerikanische Gespräch über den Nahen Osten auf höherer Ebene fortgesetzt: Am 25. Juli in Bonn zwischen Dulles und Adenauer. Keiner von beiden hatte offenbar Neigung, auf die Differenzen der letzten Wochen zurückzukommen. Beide sahen in diesem Treffen anscheinend eine stillschweigende Bereinigung des gegenseitigen Verhältnisses. Die einzige Anspielung auf die Trübungen der Atmosphäre kamen von Adenauers Seite, der mit einer für ihn bezeichnenden Unschuldsmiene die Verantwortung für alle Mißklänge der Presse zuschob – nicht ohne gleichzeitig einer früheren amerikanischen Regierung einen Teil der Verantwortung für das Niveau der deutschen Presse anzulasten. Es sei gut, so eröffnete er demgemäß das Gespräch, daß Dulles persönlich nach Bonn gekommen sei, um sich darüber ein Bild zu machen, »was wir wirklich denken«. Diese amerikanische Beunruhigung über die Reaktion der deutschen Öffentlichkeit auf die Libanon-Intervention sei von den deutschen Zeitungen verursacht worden – jenen Zeitungen, die anfänglich von den Besatzungsmächten lizenziert und denen von diesen eine Anzahl von Kommunisten und Krypto-Kommunisten oktroyiert worden seien. Diese Zeitungen repräsentierten nicht die Mehrheit des deutschen Volkes.

Für die deutsche Presse des Jahres 1958 war das ein ebenso gewagtes wie schiefes Urteil. Dulles war klug genug, darauf nicht weiter einzugehen, sondern dieses Thema mit einer ironisch-scherzhaften Bemerkung abzuschließen: Wenn man amerikanische Zeitungen lese, sagte er, müsse man sich wundern, daß er immer noch Außenminister sei. Damit ging man zur eigentlichen Tagesordnung über, in deren Mittelpunkt die Nahost-Krise stand. Dulles gab in großen Zügen seine Situationsanalyse und skizzierte die entscheidenden Motive für die Intervention, ihre Zielsetzung und die künftige Politik der Vereinigten Staaten in diesem Raum.

Die Lage vor dem 15. Juli sei durch die Bedrohung eines kleinen Landes durch einen von außen gesteuerten Bürgerkrieg bestimmt gewesen. An dieser Außensteuerung gebe es keinen Zweifel, sie könne dokumentarisch belegt werden. Wären die Vereinigten Staaten untätig geblieben, so wäre eine entsprechend negative Reaktion bei allen verbündeten und befreundeten Nationen von Marokko bis Korea unausbleiblich gewesen. Freundschaft mit den USA hätte in diesem Falle allen als eine Bürde erscheinen müssen. Er sei sich sicher gewesen – und sei es noch –, daß diese Aktion nicht zu einem großen Krieg führen werde. Man könne sich nicht in jedem Konfliktfalle durch sowjetische Drohungen mit einer allgemeinen Kriegsgefahr beeinflussen lassen. Natürlich wisse er genau, daß die Probleme des Nahen Ostens mit einer bewaffneten Aktion nicht zu lösen seien. Das Problem des arabischen Nationalismus sei dafür zu kompliziert. Er sei wie ein gefährlicher Strom, der im Frühling über seine Ufer trete. Man könne sich ihm nicht entgegenstemmen. Die Vereinigten Staaten seien auch nicht gegen diesen Nationalismus, sie seien nur gegen seine Führung durch Nasser, der mit Subversion und Bestechung arbeite und sich anmaße, die gesamte arabische Welt zu repräsentieren. Wie einst Eden, verglich auch Dulles Nassers politischen Ehrgeiz mit Hitlers Ambitionen, wie sie in ›Mein Kampf‹ zum Ausdruck gekommen seien. Die Lebensbedingungen in der VAR habe er nicht verbessern können. Syrien sei unzufrieden und der Assoziierung mit Kairo bereits überdrüssig.

Im Hinblick auf den Irak versicherte Dulles, daß ein Versuch, die frühere Lage mit Waffengewalt wiederherzustellen, nicht in Frage komme. Man werde das neue Regime zu gegebener Zeit anerkennen, wobei man bei der Wahl des Zeitpunktes auf die Türkei, Iran und Pakistan Rücksicht nehmen müsse. Jedenfalls sei Nichtanerkennung in diesem Falle keine gute Politik. Schließlich unterhalte man auch mit Nasser diplomatische Beziehungen. Was die Regierung in Bagdad anlange, so seien ihre Mitglieder selbst von der Entwicklung überrascht worden. Sie hätten sich zum Teil untereinander nicht einmal gekannt. Der Umsturz sei von Kairo und über Kairo von Moskau gelenkt worden.

Dulles verfehlte nicht, der Bundesregierung für das Kommuniqué zu danken, das im Anschluß an die Kabinettssitzung vom 23. Juli (aufgrund meines Berichts über mein Gespräch mit Dulles am 20. Juli) ausgegeben worden war und in dem die Bundesregierung ihr Verständnis für die amerikanische und britische Intervention ausgedrückt hatte.

Adenauer insistierte darauf, daß Amerikaner und Briten das Problem des arabischen Nationalismus nicht ernst genug nähmen. Unter Freunden dürfe man eine solche abweichende Beurteilung (gemeint war: Kritik) wohl äußern. Die britische Beurteilung Ägyptens nach der Revolution sei völlig falsch gewesen, obwohl doch die Briten eigentlich die besten Kenner dieser Region sein müßten; man habe die Tragweite dieser Revolution unterschätzt. Nassers großarabischer Traum werde nie in Erfüllung gehen, aber er sei eine bedeutende Kraft. Pflimlin habe ihm erst kürzlich geschildert, wie der König von Marokko unter dem Druck des arabischen Nationalismus seine Politik gegenüber Frankreich habe ändern müssen. Das wirksamste Mittel, um den vom arabischen Nationalismus verursachten Gefahren zu begegnen, seien umfassende Hilfsaktionen zur Verbesserung der wirtschaftlichen und sozialen Lebensbedingungen im Nahen Osten, besonders in Ägypten, dem Herd der Infektion, durch den alle arabischen Staaten angesteckt und dadurch zugleich dem sowjetischen Einfluß geöffnet würden. Soziale Unzufriedenheit sei der Nährboden des Kommunismus. Deshalb habe die Sowjetunion kein Interesse daran, sie zu beseitigen. Der Westen könne daher auf diesem Gebiete den Wettbewerb mit ihr aufnehmen – umso mehr, als es der Sowjetunion in den letzten Jahren gelungen sei, sich in dieser Region als Vorkämpfer für Frieden und Freiheit aufzuspielen.

Brentano ergänzte Adenauers Ausführungen in einem konkreten Punkte: In Bonn glaube man nicht an eine kommunistische Beeinflussung der neuen irakischen Regierung. Die rasche Anerkennung durch die Sowjetunion besage nichts dagegen; die Sowjets suchten nur die Gelegenheit zu ihren Gunsten auszunutzen. Man solle der neuen irakischen Regierung gewiß nicht zu sehr vertrauen, aber auch nicht zu sehr mißtrauen. Sie sei bereit, einen prowestlichen Kurs einzuschlagen.

Dulles wehrte sich und erklärte, er sei mißverstanden worden, wenn man glaube, er unterschätze den arabischen Nationalismus. An prowestliche Neigungen der irakischen Regierung glaube er allerdings nicht.

Im Lichte der späteren Entwicklung scheint es, daß beide Seiten teils richtig, teils falsch geurteilt haben. Kassem war weder Kommunist noch Nasserist. Sein nasseristisch eingestellter Vertreter Arif war antikommunistisch gesinnt. Durch die Konstellation, in die er durch seine Machtübernahme geraten war, wurde Kassem jedoch immer stärker in die Richtung einer prosowjetischen Politik gedrängt. Alles das war im Juli 1958 schwer übersehbar.

Adenauer hat in diesem Gespräche übrigens als Mittler für ägyptische Signale an Dulles fungiert. Er berichtete, daß der ägyptische Botschafter ihn zweimal aufgesucht habe und mehr oder minder deutlich suggeriert habe, daß er Dulles eine Warnung übermitteln möge: Wenn die Vereinigten Staaten mehr als eine Intervention im Libanon und in Jordanien im Sinne hätten, müßten sie damit rechnen, daß man Hilfe von dritter Seite annehmen werde – etwa im Falle eines Angriffs auf den Irak, die VAR, Saudi-Arabien, Jemen –, obgleich in diesen Ländern keine Neigung bestehe, sich nach der Befreiung von der britischen Herrschaft den

Sowjets zu unterwerfen. Der Zeitpunkt für Vermittlung oder gute Dienste sei, »for the time being«, noch nicht gekommen. Vermittlung könne erst dann unternommen werden, wenn sie Aussicht auf Erfolg böte.

Dulles nahm dies ohne Kommentar zur Kenntnis. Für die zu verfolgende Taktik betonte er, daß die Vereinigten Staaten nicht auf eine Gipfelkonferenz erpicht seien, sich aber auch nicht vor ihr fürchteten. Wenn es dazu komme, solle sie sich jedenfalls nur mit dem Nahost-Problem befassen. Besser sei es jedoch, die Frage im Rahmen der UN zu behandeln. Eine besondere Konferenz betone zu stark eine Sonderstellung der Sowjetunion für die Fragen des Nahen Ostens; im Rahmen der UN könnten sie nur kraft des dort jedem zustehenden Rechtes sprechen, vorzubringen, was er wolle. Ein Programm der Wirtschaftshilfe für den Nahen Osten wolle er prüfen – Dillon sei bereits damit beauftragt. Vielleicht sei dieses tatsächlich der aussichtsreichste Weg.

Bald nach diesem Treffen kühlte sich die Krise ab. Zu einer Gipfelkonferenz kam es nicht. Die Vollversammlung der UN nahm am 21. August einstimmig eine von zehn arabischen Staaten (einschließlich der VAR, Libanons und Jordaniens) eingebrachte Entschließung an, die weder die Intervention verurteilte noch einen Termin für den Rückzug der amerikanischen und britischen Truppen aus dem Libanon und aus Jordanien festlegte. Zu diesem Zeitpunkt war ich bereits in Kampen auf Sylt und hatte schon einige Urlaubswochen hinter mir.

Beginn der Berlin-Krise

Mit einer Rede Chruschtschows im Moskauer Sportstadion wurde am 10. November 1958 eine neue Berlin-Krise eingeleitet, die sich über vier Jahre erstreckte und damit den ständigen Hintergrund meiner Amtszeit in Washington bilden sollte. Im Oktober 1962 wurde sie durch die Kuba-Krise überschattet, flaute ab und lebte in ähnlicher Schärfe nicht wieder auf. Dieses Verebben trat zu einem Zeitpunkt ein, als ich meinen Posten in Washington gerade verlassen hatte. Der Botschafterposten in Washington, dem bedeutendsten Knotenpunkt der heutigen Weltpolitik, dem Regierungssitz unseres wichtigsten Verbündeten, der Hauptstadt einer Weltmacht, deren politischer Entscheidungsprozeß durch vielschichtige Einwirkungen von Parteien, Interessengruppen, Massenmedien und anderen Faktoren beeinflußt wird, ist notwendigerweise schwierig. Durch die Berlin-Krise steigerte sich diese Schwierigkeit in einem Maße, das ich selbst erst im Laufe der Jahre voll ermessen habe. Ohne diese Krise wäre meine Amtszeit dort wohl anders verlaufen.

Noch bevor es zu diesem politischen Unwetter kam, machte ich meine ersten Erfahrungen mit den – auch physischen – Anforderungen, die dieser Posten stellte. Kaum war ich Ende September nach Washington zurückgekehrt, begann eine Serie von Reisen innerhalb des Landes: nach Boston, um an einer Konferenz von Parlamentariern der NATO-Staaten teilzunehmen; nach Philadelphia zur Feier des zweihundertfünfundsiebzigsten Jubiläums der Ankunft deutscher Siedler in Pennsylvania, die dort 1683 das Städtchen Germantown (heute ein Stadtteil von Philadelphia) gründeten; nach New Orleans zu einer mehrtägigen Konsularkonferenz, um die Verbindung mit den Leitern aller deutschen Konsularbehörden im Lande aufzunehmen; nach Milwaukee, um an der Gründung eines Goethehauses zur Pflege der deutsch-amerikanischen Kulturbeziehungen teilzunehmen; nach New Haven (Connecticut) um an der juristischen Fakultät der Yale Universität einen Vortrag über die Rechtslage von Berlin zu halten; nach New York, um dort eine deutsche Modenschau zu eröffnen, im Fernsehen mit Vertretern von Jugendorganisationen über Deutschland zu diskutieren, und einen Kurzvortrag mit anschließender Diskussion vor Wallstreet Bankers und Businessmen im sogenannten Bullock-Forum, einem exklusiven Debattier-Klub der Wallstreet, zu halten.

Nach der Chruschtschow-Rede am 10. November verschärfte sich der Arbeits- und Reiserhythmus noch. Im November/Dezember mußte ich, in kurzem Abstand, allein zweimal nach Europa fliegen: zu einer Botschafter-Konferenz, die der Außenminister zur Besprechung der Berlin-Krise für den 25. November nach Bonn einberufen hatte; und Mitte Dezember zur NATO-Konferenz nach Paris, auf deren Tagesordnung das Berlin-Thema ebenfalls den ersten Platz einnahm.

Der sowjetische Krisenkalender hatte eine stufenweise Steigerung der Spannungen vorgesehen: Chruschtschows Rede vom 10. November hatte nur vage Drohungen enthalten, insbesondere die Ankündigung, die Sowjetunion werde ihre Kontrollrechte in Berlin auf die DDR übertragen. Am 27. November präzisierte die Sowjetregierung Chruschtschows Ankündigungen in einer Serie von Noten an die drei Westmächte, die Bundesrepublik und die DDR. Sie machte darin den Vorschlag, West-Berlin in eine »selbständige politische Einheit«, in eine »freie Stadt« zu verwandeln. Den Westmächten wurde eine Frist von sechs Monaten gesetzt, sich zu diesem Vorschlag zu erklären. Innerhalb dieses Zeitraums werde die Sowjetunion keine Änderungen an dem bislang geltenden Modus für Militärtransporte aus West-Berlin in die Bundesrepublik vornehmen.

Am 10. Januar 1959 folgte der sowjetische Entwurf eines Friedensvertrages mit zwei getrennten deutschen Staaten, verbunden mit dem Vorschlag, dieses Thema auf einer Gipfelkonferenz zu behandeln. Nachdem sich der Westen nur zu einer Außenminister-Konferenz bereit erklärt hatte, wurde eine solche auf den 10. Mai nach Genf einberufen – wobei die Westmächte bewußt ein Datum gewählt hatten, das Verhandlungen über den Ablauf des Sechs-Monate-Ultimatums (Ende Mai) hinaus ermöglichen würde. In einer Rede in Leipzig am 5. März hatte Chruschtschow jedoch den ultimativen Charakter der Sechsmonatsfrist bereits abgeschwächt – andererseits jedoch den separaten Abschluß eines Friedensvertrages mit der DDR angekündigt, falls die Bundesrepublik nicht zu einem solchen bereit sei.

Einige Tage nach der ersten Chruschtschow-Rede, am 17. November, empfing mich Dulles zu einem Gespräch, das die Grundlage für meinen Bericht in Bonn bei der für den 25. November vorgesehenen Botschafter-Konferenz bilden sollte. Den Verlauf dieses Gespräches kann ich nicht mehr im einzelnen beschreiben. Indessen spiegelt er sich in den Notizen wider, die ich mir für Bonn im Flugzeug niederschrieb und deren Inhalt ich dann am 25. November dem Außenminister und der Botschafter-Konferenz vortrug:

Es gebe weder im Kongreß noch in den Regierungskreisen Washingtons Meinungsverschiedenheiten über die Notwendigkeit, Berlin und seine Verbindungswege zu verteidigen – selbst auf die Gefahr kriegerischer Verwicklungen hin. Ungewißheiten gebe es lediglich in bezug auf die Methode der Krisenbewältigung und die Herstellung des taktischen Einvernehmens mit Briten und Franzosen. Dabei sei die Haltung von Dulles vor allem bestimmt durch sein Bestreben, es nicht über eine formaljuristische Streitigkeit (oder etwas, was der amerikanischen und Weltöffentlichkeit als solche erscheinen könnte) zu einer Nervenprobe oder gar zum Konflikt kommen zu lassen. Wenn ein Konflikt unvermeidlich sei, müsse jedenfalls sichergestellt werden, daß er sich an einer sowjetischen Aktion entzünde, die in der Öffentlichkeit allgemein und unzweideutig als ein Angriff auf Berlin und die dort stationierten westlichen Streitkräfte und ihre Versorgungslinien verstanden werde. Dies sei ihm auch wegen der darauf abstellenden Verpflichtungen der NATO-Verbündeten wichtig. (Die Beistandsverpflichtung des NATO-Bündnisses ist in Artikel 5/6 des Nordatlantikvertrages unter anderem an einen bewaffneten Angriff »auf die Besatzungsstreitkräfte einer Partei in Europa« geknüpft. Die Londoner Drei-Mächte-Erklärung vom 3. Oktober 1954, später von allen NATO-Mitgliedstaaten übernommen, besagte, daß die drei westlichen Schutzmächte Berlins »jeden Angriff gegen Berlin, von welcher Seite er auch kommen mag, als einen Angriff auf ihre Streitkräfte und auf sich selbst behandeln werden«.) »Standing on ceremonies« sei in diesem Falle keine gute Politik. Dulles gehe von der Überzeugung aus, daß nicht jede Berührung oder Verhandlung mit DDR-Personal bereits eine »Anerkennung« im völkerrechtlichen Sinne impliziere. Das dafür gelegentlich angeführte Beispiel, daß die Vereinigten Staaten in Warschau auch mit den Vertretern Mao Tse-tungs verhandelten, ohne seine Regierung anzuerkennen, sei zwar von zweifelhaftem Wert, denn im Falle Chinas gehe es nicht um die Anerkennung Chinas als Staat, die nie im Zweifel gewesen sei, sondern nur um die Frage, welche Regierung legitimiert sei, den chinesischen Staat zu vertreten.

Gewichtiger sei die Berufung auf ein von uns selbst praktiziertes Beispiel: Wir selbst hätten auf dem Gebiete des Interzonenhandels eine Theorie der »technischen Kontakte« entwickelt, die keine Anerkennung implizierte. Wir befänden uns in einer schwachen Position, wenn wir von unseren Verbündeten eine striktere Nichtanerkennungspolitik verlangten als wir sie selbst befolgten. Dulles habe parallel zu unserer Theorie der »technischen Kontakte« und auf der Grundlage einer seit Jahren auf den Autobahnen und Eisenbahnlinien nach Berlin geübten Praxis des Umgangs mit der »Volkspolizei« der DDR eine Theorie entwickelt, wonach man das zivile und uniformierte Kontrollpersonal der DDR an den Grenzübergängen von und nach Berlin als »Agenten« der sowjetischen Besatzungsmacht ansehen und ihre Kontrollfunktionen demgemäß hinnehmen könne.

Diese von mir am 25. November geschilderte »Agenten-Theorie« wurde am 26. von Dulles in einer Pressekonferenz öffentlich erläutert und setzte in Bonn alles in helle Aufregung: Regierung, Parlament, Presse und Öffentlichkeit. Man schöpfte sofort den Verdacht, daß Dulles im Begriffe sei, weich zu werden und dem sowjetischen Druck nachzugeben.

Meine Bemühungen auf der Botschafter-Konferenz waren ganz darauf gerichtet gewesen, diesem Eindruck entgegenzuwirken. Ich verstand die »Agenten-Theorie« als ein taktisches Instrument, das dazu bestimmt war, der westlichen Seite Flexibilität und Handlungsfreiheit zu bewahren. Sie konnte verhüten, daß sich ein Konflikt an äußerlichen Emblemen wie Uniformen, Stempeln und dergleichen entzündete – ein Tatbestand, der sich im zwanzigsten Jahrhundert einer demokratischen Öffentlichkeit schwer als ausreichender Grund für einen bewaffneten Konflikt präsentieren läßt, der sich zum großen Atomkrieg steigern kann. Die Schwächen der »Agenten-Theorie« habe ich bei meiner Darstellung nicht verhehlt. Sie lagen einmal darin, daß man sie in der Vergangenheit nicht konsequent praktiziert hatte, daß man häufig strikter verfahren war und es abgelehnt hatte, DDR-Stempel hinzunehmen – so daß die neue Flexibilität von der Gegenseite sowohl wie von der eigenen Öffentlichkeit als Beginn eines Zurückweichens gedeutet werden konnte (was denn auch geschah). Um so mehr, und darin lag die zweite Schwäche dieser Theorie, als die DDR-Organe nichts unversucht lassen würden, ihre »Agenten«-Qualität zu widerlegen und sich als Organe einer »souveränen« eigenen Staatsgewalt aufzuspielen.

Gleichwohl beschwor ich meine Zuhörer, nicht nervös zu werden. Wenn die amerikanische Regierung auf die Chruschtschow-Rede vom 10. November noch nicht mit Bestimmtheit reagiert habe, so gebe es dafür mehrere Gründe: Da vorerst keinerlei sowjetische Aktion vorliege, gebe es keinen Zwang zu sofortigen Entscheidungen. Der Prozeß der internen Abstimmung erfordere eine gewisse Zeit, auch neige man in Washington dazu, die Urteilsbildung in der eigenen Öffentlichkeit und bei den Verbündeten abzuwarten. Darin liege keine Unentschlossenheit. Die abwartende Haltung könne sich sogar als sehr positiv erweisen, denn die amerikanische Öffentlichkeit habe ungewöhnlich geschlossen im Sinne der Festigkeit reagiert. Deutsche Appelle, fest zu bleiben, seien daher unangebracht: Es mangele nicht an Festigkeit. Wichtiger sei, in dieser Situation der Gegenseite ein Bild absoluter Einigkeit zu bieten. Ich schloß mit der Warnung, unsere Position nicht formal-juristisch zu überspitzen. Man solle dafür Verständnis haben, daß ein gewisses Maß an Elastizität unentbehrlich sei, um einen Konflikt im Ernstfall publizistisch überzeugungskräftig zu machen.

Es wäre angebracht gewesen, wenn man diese Mahnungen an die deutsche Presse weitergegeben hätte. Wie weit es versucht worden ist, weiß ich nicht; in unseren Zeitungen war nichts davon zu spüren. Als die Aufregung ihren Höhepunkt erreichte und durch die Sowjetnoten vom 27. November noch gesteigert wurde, befand ich mich schon wieder auf dem Rückflug nach Washington, versehen mit der Weisung, am 14. Dezember, dem Vorabend der NATO-Minister-Konferenz, in Paris wieder mit dem Bundesaußenminister zusammenzutreffen.

Auch in Amerika gingen inzwischen die Wogen der Erregung über Chruschtschows Sechs-Monate-Ultimatum hoch. Der deutsche Botschafter war in dieser Situation höchst begehrt als Gesprächspartner, Vortragsredner und Interviewobjekt. Ich konnte mich kaum retten und bergen vor allen Anforderungen dieser Art, die plötzlich an mich herangetragen wurden. Das meiste wehrte ich ab, zwei Einladungen aber akzeptierte ich, weil sie mir wertvoll und wichtig erschienen: Am 4. Dezember sprach ich in New York im Bullock Forum. Ich erwähnte schon, daß es sich dabei um einen exklusiven Debattier-Klub von Bankiers und Geschäftsleuten der Wallstreet handelte. Der Ausdruck »Debattier-Klub« erweckt jedoch wahrscheinlich falsche Vorstellungen von Leuten, die viel Zeit haben, um sich in endlosen Diskussionen zu ergehen. Dieser Klub war das Gegenteil davon: Nie wieder habe ich eine so nach Minuten eingeteilte, so straff disziplinierte Diskussion erlebt, wie hier. Ich hatte zwischen fünfzehn und zwanzig Minuten Redezeit (die ich peinlich genau einhielt), dann waren einige Minuten Pause, dann gab es noch einmal die gleiche Zeit für Fragen, Einwände, ergänzende Bemerkungen. Alles, was hier gesagt wurde, war »to the point«, ohne weitschweifige Rhetorik, kurz und präzis. In weniger als einer Stunde war die Veranstaltung abgewickelt. Niemand in diesem Kreise war in der Lage, mehr Zeit zu investieren. Für mich war dieses eine lohnende Stunde: Die Gelegenheit, unsere Berlin-Politik in einem solchen Kreise (der zudem gegen jede Publizität abgeschirmt war) darzulegen, war ebenso wertvoll wie die Erfahrung, den Diskussions- und Denkstil dieser Männer kennenzulernen. Die Wertschätzung war gegenseitig: Binnen Jahresfrist wurde ich erneut zu einem Vortrag eingeladen.

Die zweite Einladung, die ich in diesen Wochen annahm, kam vom National Press Club in Washington. Hier sollte ich am 12. Dezember im Rahmen eines der üblichen großen Presse-Luncheons sprechen, zu denen man prominente Besucher aus dem Ausland, einen in Washington stationierten Botschafter jedoch nur in seltenen Ausnahmefällen, einlud. Eine solche Einladung konnte ich nicht ausschlagen – abgesehen davon, daß dieses die begehrteste und wirksamste Publizitätsmaschinerie war, die es gab.

Um mich abzusichern, bat ich das Auswärtige Amt am 5. Dezember um eine Sprachregelung, die ich, um die Antwort zu erleichtern, bereits weitgehend auffächerte. Ich telegraphierte:

»Habe Aufforderung angenommen, vor dem National Press Club am 12. Dezember zu sprechen, da dies einzig möglicher Termin in nächster Woche. Veranstaltung dürfte besonders wirksame Gelegenheit bieten, deutsche Auffassungen zur Berlin-Krise darzulegen und gewisse Mißverständnisse und Verstimmungen zu bereinigen, die sich aus Pressekonferenz Dulles vom 26. November und Interzonenhandels-Abkommen ergeben hatten. Wäre daher dankbar für Sprachregelung, die deshalb eilig, weil Manuskript für Ansprache schon Mittwoch vorliegen muß.

Um eigenen Vortrag ausarbeiten zu können und für zu erwartende zahlreiche Fragen gerüstet zu sein, bitte ich um Unterrichtung, ob folgende Lagebeurteilung unserer politischen Linie entspricht:

a. *prozedural:* Ablehnung aller ultimativen Elemente (Sechsmonatsfrist, einseitige Bestimmung des Verhandlungsgegenstandes, Vorwegnahme des Verhandlungsergebnisses durch Androhung einseitiger Akte im Falle der Ablehnung sowjetischer Vorschläge).
Verhandlungsbereitschaft auf anderer Grundlage:
1. Technische Verbesserung des Berlin-Status auf der Grundlage fortbestehender besatzungsrechtlicher Viermächte-Verantwortung; oder:
2. Verhandlung über Deutschland als Ganzes (im Sinne unserer Note vom 17. November).

Einen annehmbaren mittleren Weg zwischen diesen beiden Möglichkeiten gibt es nicht. Nicht diskutabel sind insbesondere auch folgende Vorschläge:
1. Freistadt-Status für Ganz-Berlin einschließlich Ostsektor, selbst wenn annähernd freie Wahlen dort zugelassen würden.
2. Einbeziehung West-Berlins in die Bundesrepublik unter Abzug der westlichen Garnisonen und Aufgabe der Viermächte-Basis.
3. Berlin-Konzessionen der Sowjets gegen Annahme revidierten Rapacki-Planes durch den Westen.
   b. *materiell:*
1. Im »kleinen« Verhandlungsrahmen (a, 1) müßten Forderungen auf Verbesserung der Verbindungswege nach Westdeutschland und der freien Zirkulation im Stadtgebiet erhoben werden.
2. Im »großen« Verhandlungsrahmen (a, 2) müßte Wiedervereinigungsprogramm des Westens im Sinne der letzten Arbeitsgruppenberatungen vertreten werden.
3. Nicht annehmbar ist eine Verengung dieses Verhandlungsgegenstandes auf die Frage des Friedensvertrages.
4. Wie werden die Vorschläge Selwyn Lloyds vom 4. Dezember beurteilt?«

Eine Woche lang wartete ich vergeblich auf eine Antwort. Den Text meines Einleitungsvortrages von zwanzig Minuten, der schon am 10. Dezember vorliegen mußte, produzierte ich daher ohne Bonner Inspirationen. Am Morgen des 12. Dezember, einige Stunden vor der für zwölf Uhr dreißig angesetzten Veranstaltung, traf aus Bonn ein von Dittmann unterzeichnetes Fernschreiben ein, das mich in eine höchst peinliche Lage stürzte; es lautete:

»Eben fand zweieinhalbstündige Besprechung bei Bundeskanzler zur Vorbereitung Pariser Konferenz statt. Ich erhielt Weisung, Sie sofort zu unterrichten, daß Ihre heutige Ansprache vor Presse nicht für zweckmäßig gehalten wird. Hier vorliegende dpa-Meldung mit Sperrfrist neunzehn Uhr dreißig über Inhalt Ihrer beabsichtigten Ausführungen begegneten bei Bundeskanzler und Bundesminister erheblichen Bedenken. Deutsche Linie in Berlin-Frage wird, wie Sie aus Ihnen inzwischen vorliegendem Brief Bundeskanzlers an Dulles ersehen haben werden, erheblich härter und eindeutiger sein als es in Ihren Ausführungen zum Ausdruck kommt. Bundesminister empfiehlt Ihnen daher dringend, Ansprache mit Begründung abzusagen, daß Sie sofort nach Paris abreisen müssen und daher Termin leider nicht einhalten können. Verlegung auf Zeitpunkt nach Ihrer Rückkehr von Paris könnte in Aussicht gestellt werden.

Bitte dort zu veranlassen, daß Presseveröffentlichung sofort zurückgezogen wird. Umgehende Bestätigung erbeten.«

Es war gegen neun Uhr, als ich hiervon Kenntnis erhielt. Zu dieser Zeit war es bereits praktisch unmöglich, die Veranstaltung durch die Leitung des Presse-Klubs noch absagen zu lassen. Ein erheblicher Teil der Klubmitglieder und Gäste wären nicht mehr erreicht worden. Der mir empfohlene Absagegrund war nicht stichhaltig: Ich konnte überhaupt nicht früher nach Paris abfliegen, als ich es ohnehin für denselben Nachmittag geplant hatte.

Das Motiv der Weisung überzeugte mich am allerwenigsten. Was ich zu sagen beabsichtigte, war hart und eindeutig. Was dpa darüber gemeldet hatte, war im Zweifel unvollständig und daher wahrscheinlich schief.

Sollte ich unter diesen Umständen gleich im ersten Halbjahr meiner Amtszeit und beim ersten großen Zusammentreffen mit der amerikanischen und ausländischen Presse meinen Ruf für die Zukunft aufs Spiel setzen und einige hundert Spitzenjournalisten mit einem durchsichtigen Vorwand aufsitzen lassen? Nach reiflicher Überlegung (deren Ausgang meine Mitarbeiter mit einiger Nervosität entgegensahen) kam ich zu dem Entschluß, daß ich der Bonner Weisung, auch wenn sie von höchster Stelle kam, nicht folgen konnte. Ich konnte nur hoffen, daß mir der Erfolg nachträglich recht geben würde. Er tat es. Weder in den Vereinigten Staaten noch in Deutschland wurden meine Äußerungen als eine Abweichung von einer »härteren« und »eindeutigeren« Bonner Linie aufgenommen.

›Time Magazine‹ brachte am 22. Dezember einen Bericht über die Berlin-Krise unter der Überschrift »Stiffening Attitudes«, der eine schriftliche Erklärung von Dulles, Äußerungen von Eisenhower auf seiner Pressekonferenz, meinen Vortrag im National Press Club und die Beschlüsse der vier Außenminister Dulles, Selwyn Lloyd, Couve de Murville und Brentano in Paris in eine durchgängige Linie einordnete. Die längsten Zitate dieses Berichts stammten aus meinem Vortrag.

An dessen Anfang hatte ich die Grundpositionen gestellt, in denen die Bundesregierung und die drei Westmächte übereinstimmten, nämlich:

»1. daß die Freiheit und Unverletzlichkeit West-Berlins von vitaler Bedeutung für die gesamte freie Welt ist;

2. daß West-Berlin daher verteidigt werden muß, und daß seine Verteidigung die fortdauernde Anwesenheit westlicher Truppen in Berlin erfordert;

3. daß Chruschtschows Vorschlag einer »freien Stadt« notwendigerweise die Freiheit West-Berlins zerstört und aus diesem Grunde unannehmbar ist;

4. daß Verhandlungen, falls man zu solchen bereit ist, nicht unter der Drohung eines Sechs-Monate-Ultimatums geführt werden können, das

noch dazu die Tagesordnung und das endgültige Ergebnis dieser Verhandlungen präjudiziert.«

Zu der Frage, welche Art von westlicher Reaktion auf die sowjetischen Drohungen möglich und angebracht sei, sagte ich – vorbehaltlich der von den Außenministern in Paris zu treffenden Entscheidungen:

»1. Es gibt über Berlin nicht viel zu verhandeln.

2. Die Monstrosität der Situation Berlins kann nur durch die Wiedervereinigung Deutschlands beseitigt werden.

3. Über die Wiedervereinigung kann man jedoch nicht auf der Grundlage eines sowjetischen Ultimatums und unter der Androhung einseitiger Aufhebung von gegenseitig bindenden Vereinbarungen über Berlin und die Rechtsstellung der drei Westmächte in Berlin verhandeln.«

Der Schluß lautete:

»Das deutsche Volk empfindet keinen Haß gegen das russische Volk. Bei uns liest man weiterhin Gogol und Dostojewski, und man fängt gerade an, Pasternak zu lesen. Die Behauptung, daß wir auf Rache ausgingen, ist schlicht und einfach Unsinn. Ich hoffe, daß diese Behauptung Propaganda darstellt und nicht das wiedergibt, was die Sowjetführer wirklich denken.

Was wir während der nächsten Monate brauchen, sind ein klarer Kopf, starke Nerven, Einigkeit und gegenseitiges Vertrauen unter den Verbündeten; und im Hinblick auf die Sowjets: Bereitschaft zu jedem vernünftigen Gespräch, aber, wenn notwendig, auch Bereitschaft, Widerstand zu leisten.«[1]

Ich habe auch später nie entdecken können, worin die »härtere« und »eindeutigere« Bonner Linie hätte bestehen sollen. Das hat man wohl auch in Bonn eingesehen. Jedenfalls ist man auf die Dittmannsche Weisung nie wieder zurückgekommen. Als ich am 14. Dezember mit Brentano und der deutschen Delegation für die NATO-Konferenz in Paris zusammentraf, wurde kein Wort mehr über die Angelegenheit verschwendet. Der Verlauf dieser Konferenz hielt sich ganz auf der Linie, die ich vorhergesagt hatte: Die Drei Mächte bekräftigten in ihrer Erklärung vom 14. Dezember 1958 ihre »Entschlossenheit, ihre Position und ihre Rechte in bezug auf Berlin und das Recht auf freien Zugang dorthin zu wahren«. Sie erklärten eine einseitige Aufhebung der sowjetischen Verpflichtungen ebenso wie eine Ersetzung der sowjetischen Regierung durch deutsche Behörden der sowjetisch besetzten Zone für »unannehmbar«. Der Nordatlantikrat trat in seinem Kommuniqué vom 16. Dezember in vollem Umfange diesen Auffassungen bei. Er erinnerte an die Verantwortung, die jeder Mitgliedstaat in bezug auf die Sicherheit und Wohlfahrt Berlins und die Aufrechterhaltung der Position der Drei Mächte in dieser Stadt übernommen hatte (nämlich 1954). Er betonte, »daß die Berliner Frage nur im Rahmen eines Abkommens mit der Sowjetunion über die gesamte Deutschland-Frage geregelt werden kann«. Die Westmächte hätten sich wiederholt bereit erklärt, dieses Problem ebenso wie das der europäischen Sicherheit und der Abrüstung zu prüfen. Sie seien zu einer Diskussion aller dieser Fragen nach wie vor bereit.

Die Pariser Konferenz ergab ein Bild der Übereinstimmung der Verbündeten, der Festigkeit und Entschlossenheit, das in diesem Maße kaum je wieder erreicht wurde. Noch viele Jahre hindurch wurde die hier geprägte Berlin-Formel in den Kommuniqués der NATO-Ministertreffen immer wieder zitiert. Diese Stimmung wurde stark beeinflußt durch die Entschiedenheit von Dulles, der hier zum letzten Male an einer NATO-Konferenz teilnahm, aber auch durch den Ausgang der Berliner Wahlen vom 7. Dezember, die den Kommunisten eine vernichtende Niederlage beigebracht hatten (sie erhielten bei einer Rekord-Wahlbeteiligung weniger als zwei Prozent der Stimmen), und durch die eindrucksvolle Präsentation dieses Ergebnisses und seiner symbolischen Bedeutung durch den Regierenden Bürgermeister von Berlin, Willy Brandt, dem am 14. Dezember Gelegenheit gegeben wurde, in der Viererkonferenz aufzutreten und vor den Außenministern eine Erklärung abzugeben.

Ich erinnere mich sehr deutlich dieses Brandtschen Auftritts. Die vier Außenminister hielten, wie stets am Vorabend einer NATO-Konferenz, eine gesonderte Vorkonferenz über Deutschland- und Berlin-Fragen ab. Sie fand am Quai d'Orsay statt, Couve de Murville präsidierte, die Vereinigten Staaten waren durch Dulles, Großbritannien durch Selwyn Lloyd, die Bundesrepublik durch Brentano vertreten, alle vier begleitet von einigen wenigen hochrangigen Mitarbeitern: Couve von Joxe, Alphand, Laloy, Seydoux; Dulles von Merchant, Bruce, Reinhardt, Berding; Lloyd von Rumbold, Jebb, Roberts, Steel; Brentano von Scherpenberg, Blankenhorn, Duckwitz, Eckhardt, Fechter und mir. Brandt wurde erst im Laufe der Sitzung vorgeladen. Er trug in gutem Englisch eine abgewogene, wohlformulierte Erklärung vor, die ihren Eindruck nicht verfehlte. Sie wurde zur Kenntnis genommen, danach wurde er wieder entlassen. Ein kurzes, aber sehr wirkungsvolles und würdiges Zwischenspiel – für Brandt wohl die erste Gelegenheit zu einem Auftritt auf internationaler Ministerebene. Er konnte mit dem Ergebnis zufrieden sein, persönlich sowohl wie sachlich. Auf der eigentlichen NATO-Konferenz vom 15./16. Dezember gab die große Einleitungsrede von Dulles den Ton an.

Seit dem Abschluß des Nordatlantikvertrages 1949, der durch die Berliner Blockade und durch den kommunistischen Putsch in Prag provoziert worden sei, habe es keine akute Bedrohung Europas mehr gegeben, so begann Dulles, dieses sei seit einem Jahrzehnt die erste konkrete Bedrohung. Sie gehe von einem Manne aus, der anders als Stalin und Molotow sei: Chruschtschow sei impulsiv, auf Erfolge erpicht, er trage Charakterzüge eines Spielers. Diese von ihm ausgelöste Aktion dürfe kein Erfolg werden. Berlin in seiner geographisch isolierten Lage sei allerdings mit herkömmlichen militärischen Mitteln nicht zu verteidigen – eine Feststellung, die natürlich die – unausgesprochene – Frage implizierte, ob der Westen bereit sei, es über Berlin zum Nuklearkrieg kommen zu lassen. Dulles nannte die Berliner Wahlen vom 7. Dezember eine für ganz Osteuropa erregende »Manifestation der Freiheit«, deren Überlegenheit sich in dieser Situation der Koexistenz mit dem Kommunismus gezeigt habe. Er rühmte die Vitalität und schöpferische Kraft der Berliner und bezeichnete es als katastrophal, wenn man zuließe, daß alles dieses ausgelöscht würde. Die Sowjetnote vom 27. November entstelle die historische Wahrheit, wenn sie behaupte, daß der Zweite Weltkrieg durch England und Frankreich ausgelöst worden sei. Er zitierte Molotows Rede vom 31. Oktober 1939, den Hitler-Stalin-Pakt, erinnerte an die Zerschlagung Polens durch die Wehrmacht und die Rote Armee. Moskaus Aktion bedeute einen Bruch der Vereinbarungen von 1944/45, sie verletze das Abkommen, das 1949 bei der Beendigung der Berliner Blockade getroffen worden sei, sie verletze die Genfer Direktive von 1955, deren Bestätigung der Vierer-Verantwortung für Deutschland als Ganzes auch Berlin eingeschlossen habe. Die nunmehr gesetzte Sechsmonatsfrist für die Beendigung dieser Verantwortung komme einem Ultimatum gleich. Ein Kompromiß mit solchen Forderungen sei gefährlich. Verhandlungen dürften nicht auf der Grundlage einseitiger Vertragsverletzungen geführt werden. Die sowjetische Regierung habe noch nicht die Note der drei Westmächte vom 30. September 1958 beantwortet. Das darin enthaltene Verhandlungsangebot über die gesamte Deutschland-Frage bleibe aufrechterhalten. Moskau habe einen Nervenkrieg begonnen, wie besonders die am Vorabend der NATO-Konferenz übermittelte Sowjetnote vom 13. Dezember zeige. Aber die Sowjetunion müsse sich darüber klar sein, daß sie ebenso durch die Vereinigten Staaten ausgelöscht werden könne, wie Europa durch die Sowjetunion. Die Abschreckungswaffen der Vereinigten Staaten seien stärker als die der Sowjetunion. Darum handele es sich um eine leere Drohung, um einen Test der westlichen Widerstandskraft, ähnlich wie Hitler unter Mißachtung aller verantwortungsbewußten Ratschläge verfahren sei.

Dulles' Worte machten starken Eindruck und fanden einhellige Zustimmung im Rat – wobei sich eine Reihe von Außenministern für Verhandlungen über die Deutschland-Frage im Ganzen aussprachen, in deren Rahmen allein eine Lösung der Berlin-Frage zu finden sei. In diesem Sinne sprach sich auch Selwyn Lloyd aus, der die konzessionsbereite Haltung Londons lediglich in der Bemerkung anklingen ließ, man müsse im Prinzipiellen fest bleiben, aber in der Taktik flexibel sein.

Dulles war es gelungen, die Allianz auf eine Politik der Festigkeit einzuschwören. Für die Bewältigung der Berlin-Krise in den folgenden Jahren war dies eine entscheidende Weichenstellung, die sich keineswegs von selbst verstand.

Mikojan-Besuch und Dittmann-Mission

Der für uns befriedigende Ausgang der NATO-Konferenz konnte nicht verhindern, daß sich in Bonn bald neue Unruhe ausbreitete. Am 10. Januar 1959 hatte Moskau das Lenkrad seiner Krisensteuerung um einige Grade weitergedreht: In einer neuen Notenflut (an die Westmächte, an alle am Kriege beteiligten Staaten, an die Bundesrepublik und die DDR) präsentierte es den Entwurf eines Friedensvertrages mit zwei deutschen Staaten und schlug eine Friedenskonferenz mit neunundzwanzig beteiligten Regierungen binnen sechzig Tagen in Prag oder Warschau vor. Seit dem 4. Januar hielt sich der Stellvertretende Ministerpräsident Anastas Mikojan für zwei Wochen in den Vereinigten Staaten auf – angeblich zur Erörterung von Handelsfragen, tatsächlich jedoch nach allgemeiner Annahme als ein Sonderemissär Chruschtschows, der den Amerikanern zur Erläuterung der sowjetischen Absichten zur Verfügung stehen und ihre Reaktionen sondieren sollte. Er führte seine ersten Gespräche mit Dulles am 5. Januar, sie bezogen sich erwartungsgemäß auf Berlin, die Deutschland-Frage, die europäische Sicherheit und die Abrüstung. Weitere Gespräche mit Dulles, aber auch mit dem Präsidenten waren für einen Zeitpunkt nach Beendigung seiner Rundreise durch die Vereinigten Staaten für den 16./17. Januar vorgesehen.

Ließ sich Adenauer durch dieses Vorbild zur Entsendung eigener Sonderemissäre inspirieren? Jedenfalls entschloß er sich in diesen Tagen, den Bundespressechef von Eckhardt zu einer Erkundung der Stimmung der amerikanischen Öffentlichkeit auf eine Amerika-Reise zu schicken; einige Tage später erhielt Herbert Dittmann, Ministerialdirektor im Auswärtigen Amt, den Auftrag nach Washington zu reisen, Dulles eine Botschaft zu überbringen und die Aktivitäten Mikojans zu beobachten.

Seine Mission wurde Dulles in einem Brief Adenauers angekündigt, in dem es hieß: »Der Besuch Mikojans hat meines Erachtens Chruschtschow und die sowjetische Politik von der denkbar schlechtesten Seite gezeigt. Das Aide-mémoire, das er Ihnen am Ende seiner Unterredung übergab, enthielt nicht einen Ansatz des Entgegenkommens in der Berlin-Frage. Die Vorschläge für einen Friedensvertrag enthalten nicht nur alle seit Jahren von den Westmächten abgelehnten Vorschläge von neuem und zum Teil in gesteigerter Form, sie sind meines Erachtens direkt provozierend durch den Vorschlag der Verhandlungsorte und das Verlangen, alle früheren Kriegsgegner Deutschlands zu den Verhandlungen hinzuzuziehen. Die Lage Chruschtschows scheint mir weder im Inneren der Sowjetunion noch auch bei den ihr anhängenden Staaten günstig zu sein. Mir scheint, daß er Mikojan nach den Vereinigten Staaten geschickt hat, um irgendeinen Erfolg durch dessen Reise aufweisen zu können, auch gegenüber dem Kommunistischen Parteikongreß am 22. Januar.

Ich glaube, daß es gegenüber dem ganzen Verhalten der Sowjetunion nicht richtig sein würde, Mikojan die Ehre eines Empfanges durch den amerikanischen Präsidenten zu geben. Ganz zweifellos würde dadurch die Stellung Chruschtschows in und außerhalb der Sowjetunion außerordentlich gestärkt werden. Herr von Brentano teilt meine Meinung. Wir werden noch heute den Ministerialdirektor Dittmann des Auswärtigen Amtes nach dort schicken, damit er zusammen mit Botschafter Grewe Ihnen unsere Meinung vorträgt.«

Alle diese Schritte waren überstürzt, schlecht durchdacht und blieben daher auch wenig erfolgreich. Über Eckhardts Reise vermag ich nichts zu sagen: Nach Washington kam er nicht, in seinen eigenen Erinnerungen findet sich nichts über diese Reise, ebensowenig erwähnt sie Adenauer in seinen Erinnerungen. Dittmanns Auftrag, soweit er darauf zielte, Mikojan dem Präsidenten fernzuhalten, scheiterte. Hätte man mich vorher gefragt, hätte ich dem Kanzler die Blamage des amerikanischen Refus ersparen können, denn ich zweifelte keinen Augenblick daran, daß dieses bereits in das amerikanische Programm für den Mikojan-Besuch eingeplante Gespräch nicht mehr abgesagt werden konnte und daß die Adenauerschen Argumente auch niemanden in Washington von der Notwendigkeit überzeugen konnten, es abzusagen. Dittmann war für seinen Auftrag denkbar ungeeignet und fühlte sich auch dementsprechend unbehaglich: Er war in Washington völlig unbekannt, konnte auch nicht als ein Mann eingeführt werden, der das besondere Vertrauen des Kanzlers genoß oder ein Experte für die komplizierten Berlin- und Deutschland-Fragen oder für die Sowjetunion war. Auch seinem Range nach war er kaum ein für den Außenminister adäquater Gesprächspartner. Hinzu kam, und das genierte ihn selbst nicht wenig, daß die Entsendung eines Sonderemissärs immer als ein Schlag gegen die Stellung des regulären Botschafters angesehen wird – auch wenn sie gar nicht so gemeint ist. Dittmann zog sich jedoch in jeder Hinsicht taktvoll und honorig aus der Affäre und unser gegenseitiges Verhältnis blieb völlig ungetrübt. Auch die deutsche Presse beurteilte die Aussichten seiner Mission kühl und mit Augenmaß.[1]

Am 14. Januar gingen Dittmann und ich zusammen zu Dulles, der uns in Anwesenheit nur eines seiner engsten Vertrauten, des Assistant Secretary Livingston Merchant, empfing. Wir erhielten eine höflich verkleidete Ablehnung der Adenauerschen Bitte bezüglich des Eisenhower-Mikojan-Treffens und im übrigen eine Lektion in »brinkmanship«: Dulles setzte uns auseinander, daß es die Sowjets seien, die ihn immer wieder an den Abgrund der Kriegsgefahr drängten, nicht seine eigenen Willensentschlüsse. Wenn er aber dort angelangt sei, so sei er auch nicht bereit, einen Rückzug anzutreten. Würde er das tun, so würden die Sowjets nur entsprechend weiter vorrücken und ihn in Kürze erneut an den Rand des Abgrundes drängen.

Meine Aufgabe in diesem Gespräch war es, Dulles zu einer Erklärung über den Sinn einer Bemerkung in seiner Pressekonferenz vom 13. Januar zu veranlassen, wo er gesagt hatte, die amerikanische Haltung lasse sich nicht auf die Alternativformel »freie Wahlen oder keine Wiedervereinigung« bringen; er wolle nicht über andere Methoden für eine Wiedervereinigung spekulieren, es gebe deren aber viele.

Damit hatte Dulles der im November ventilierten »Agenten-Theorie« eine neue vieldeutige Formel hinzugefügt, die sogleich großes Aufsehen und – je nach Standort – gespannte Erwartung oder nervöse Irritierung ausgelöst hatte. Beide Äußerungen führten dazu, daß Dulles plötzlich bei seinen bisherigen Gegnern im In- und Ausland eine gute Presse hatte und ihm unterstellt wurde, daß er sich zu einer neuen Politik der »Flexibilität« umentschlossen habe. Insbesondere habe er Mikojan zu verstehen geben wollen, die amerikanische Deutschland-Politik sei nicht erstarrt, sondern werde neue Gedanken der Sowjetunion begrüßen.

Was Dulles zu mir sagte, war kaum geeignet, die Theorie seiner neuen »Flexibilität« zu bestätigen. Er habe, sagte er, auf Fragen von Journalisten zugegeben, daß es außer freien Wahlen theoretisch auch andere Möglichkeiten der Wiedervereinigung gebe, etwa einen föderativen Zusammenschluß aller deutschen Länder in Ost und West oder einen Anschluß der Zone an die Bundesrepublik – den letzteren zum Beispiel, wenn der Juni-Aufstand von 1953 erfolgreich gewesen wäre. Für die praktische Politik halte er daran fest, daß freie Wahlen die beste und logischste Methode seien.

Kaum waren wir aus seinem Zimmer heraus, waren wir, wie im State Department üblich, von einer Traube von wartenden Journalisten umringt, die uns mit Fragen bestürmten. Von Dulles dazu autorisiert, wiederholte ich die Interpretation, die er selbst gegeben hatte, und sagte: »Der Außenminister hat erneut bestätigt, daß die amerikanische Regierung mit ihrer Politik versucht, die Wiedervereinigung Deutschlands durch freie Wahlen herbeizuführen. Wie Dulles in seiner gestrigen Pressekonferenz erklärte, gibt es theoretisch verschiedene mögliche Methoden, doch ist die Wiedervereinigung durch freie Wahlen die natürliche Methode und entspricht der auf der Gipfelkonferenz im Jahr 1955 vereinbarten Formel.«

Im Laufe des weiteren Frage- und Antwortspiels erwähnte ich auch die von Dulles angeführten theoretischen Möglichkeiten einer Wiedervereinigung ohne freie Wahlen: föderativer Zusammenschluß der Länder in beiden Teilen Deutschlands oder Anschluß. Dabei fiel aus dem Kreise der Journalisten das Stichwort: Juni-Aufstand 1953. Das genügte, um in einem Teil der deutschen Presse einen Entrüstungssturm zu entfachen. Ich hätte dem amerikanischen Außenminister den bewaffneten Aufstand in der Zone als eine der Möglichkeiten zur Wiedervereinigung vorgeschlagen, so hieß es in einigen Blättern – mit der Folgerung: Wer solche Ratschläge gebe, sei »an dieser Stelle untragbar«. Es zeigte sich rasch, daß dieser Sturm von bestimmter Seite angefacht wurde: Herbert Wehner erklärte am 16. Januar, dieses sei das »Törichteste (gewesen), was in der gegenwärtigen Situation von deutscher Seite gesagt werden« könne; ich hätte in jüngster Zeit wiederholt »die politische Lage falsch dargestellt«. Wenn die Berichte der Nachrichtenagenturen zuträfen, hätte ich »den deutschen Interessen und vor allem den Deutschen in der Zone schweren Schaden zugefügt«, weil dadurch die deutsche Politik »in ein Zwielicht gebracht« werde.

Distanzierte und parteipolitisch nicht engagierte Beobachter, wie der Deutschland-Korrespondent der ›Basler Nachrichten‹, kamen zu einer anderen Beurteilung des Vorgangs: »Ein der Freiheit verpflichteter Beobachter begreift Wehners Aufregung nicht. Daß man in einem Moment, wo man mit Drohungen und Maximalforderungen überschüttet wird, selber die wenigen schwachen Stellen des Gegners demaskiert, gehört doch zu den Grundregeln der Diplomatie – ganz besonders gegenüber so hartgesottenen Spielern, wie die Sowjets es sind. Die Andeutung, nicht daß man einen solchen Aufstand auslösen, sondern daß sich so etwas wieder ereignen könnte, wenn die Sowjets nicht vernünftiger werden, kann die Lage nur klären. Gerade die Sozialdemokraten wiederholen dies stets, wenn immer sich irgend jemand gegen eine westliche Regierung erhebt. Sollten sie und ein großer Teil des deutschen Volkes vor einem Hinweis auf diese Möglichkeit gerade jetzt gegenüber den Sowjets Angst haben, wo es um die eigene Sache geht, dann allerdings müßte man sich im Westen fragen, ob es noch einen Sinn hat, auf eine deutsche Abwehrbereitschaft gegen den Ostblock zu bauen.«[2]

Die ›Neue Zürcher Zeitung‹ wurde noch deutlicher: »Daß Wehner so empfindlich auf eine Bemerkung reagiert, die den Sowjets unangenehm in den Ohren klingen mag, ist an sich keineswegs neu; sein polemischer Ausfall ist weniger als Politikum denn als ein Schuß gegen Grewe aufzufassen, der zur besten diplomatischen Garnitur Bonns gehört und der vielleicht gerade deshalb dem Sozialistenführer ein Dorn im Auge ist.«[3] Der Sturm im deutschen Blätterwald war tatsächlich in einem parteipolitisch begrenzten Teil der Presse entfacht worden; eine erneute Warnung, wessen ich mich von dieser Seite zu versehen hatte.

Zwei Tage, nachdem Mikojan vom Präsidenten empfangen worden war (wobei, wie zu erwarten, nichts Weltbewegendes geschah), gab der sowjetische Botschafter einen großen Abschiedsempfang für seinen Ehrengast. Natürlich ging ich hin. Mein shakehands mit Mikojan war für die Fotoreporter eine besondere Attraktion. Sie versäumten nicht, die Szene so zu fotografieren, daß das in der Empfangshalle der Sowjetbotschaft immer noch hängende überlebensgroße Stalin-Porträt mit ins Bild kam. Zu diesem Foto hieß es: »Illuminating Background – Soviet First Deputy Premier Anastas Mikojan greets West German Ambassador Grewe in the receiving line at the Russian Embassy party for the visitor Monday. Former Russian Premier Stalin is the subject of the background portrait.«[4]

John Foster Dulles

Nach dem Gespräch vom 14. Januar bin ich Dulles nur noch einmal begegnet, als ich am 9. Februar den Regierenden Bürgermeister von Berlin, Willy Brandt, zu ihm begleitete. Noch am selben Tage ließ er sich beurlauben und ging wieder ins Walter Reed Hospital, wo man ihn schon Anfang Dezember behandelt hatte, ihn aber nicht davon hatte abhalten können, zur NATO-Konferenz nach Paris zu fliegen. Gequält von heftigen Schmerzen, hatte er die Konferenz nur mühsam durchhalten können. Anschließend folgte er dem Rat seiner Ärzte und ging zu einem Erholungsurlaub nach Jamaica. Als Dittmann und ich ihn am 14. Januar besuchten, war er gerade von dort zurückgekehrt – ohne daß sich sein Zustand gebessert hätte. Gleichwohl brach er Anfang Februar noch einmal zu einer letzten Europa-Reise auf, die über London und Paris nach Bonn führen sollte. Sie wurde ein qualvolles Unternehmen für den von ständigen, schweren Schmerzen geplagten Mann, der keine normale Nahrung mehr aufnehmen und kaum noch schlafen konnte. In Bonn konnte man sich über seinen Zustand keinen Illusionen mehr hingeben. Zwar versicherte er Adenauer, daß er nicht an Krebs leide (eine Untersuchung bei seinem letzten Krankenhausaufenthalt hatte, entgegen seinen eigenen Befürchtungen, eine günstigere Diagnose ergeben). Nach einer Operation am 13. Februar konnte es jedoch keinen Zweifel mehr geben. Dulles sandte Adenauer sofort eine persönliche Mitteilung, daß er sich selbst über seinen Zustand getäuscht habe. Noch zwei Monate kämpfte er mit sich – und mit dem seinem Rücktritt nicht minder widerstrebenden Eisenhower –, bis er am 15. April um Entlassung aus seinem Amte bat. Drei Tage später, am 18. April, wurde Christian Herter als sein Nachfolger vereidigt. Am 24. Mai, während die Außenminister in Genf am Konferenztisch saßen, starb er.

Fast genau ein Jahr hatte ich als Botschafter mit Dulles zu tun gehabt. Gekannt hatte ich ihn schon seit 1953 und einige Male hatten sich auch bei den Begegnungen in der Zwischenzeit (meist bei Konferenzen oder bilateralen Besuchen) direkte Kontakte und Gespräche ergeben. Besonders deutlich erinnere ich mich einer Diskussion, die während einer Autofahrt zu dritt über den Entwurf eines Kommuniqués über den Verlauf des Adenauer-Besuches in Washington im Mai 1957 stattfand. Ich hatte auf der Arbeitsebene Schwierigkeiten gehabt, die Frage der deutschen Wiedervereinigung so eng mit den entscheidenden Stufen des westlichen Abrüstungsprogramms zu verknüpfen, wie es von der Bonner Politik damals erstrebt wurde. Adenauer überließ mir die Gesprächsführung, und es gelang mir während dieser kurzen Fahrt zwischen Botschaft und Weißem Haus, Dulles zu überzeugen und seine Zustimmung zu der von uns gewünschten Formulierung zu erlangen.

Eindrücklicher waren für mich naturgemäß die Gespräche, die ich als Botschafter und damit als Gesprächspartner eigenen Ranges mit ihm führen konnte. Er hatte eine Gesprächstechnik, die einen mit seinen Gewohnheiten noch nicht vertrauten Partner anfangs einschüchtern konnte: Er pflegte zunächst überhaupt nichts zu sagen, saß »relaxed« und auf einem großen gelben Schreibblock Figuren malend, unbewegt in seinem Ledersessel und ließ seinen Besucher reden, der zeitweilig unsicher werden konnte, ob sein Gegenüber überhaupt zuhörte. Erst dann, wenn man seinen Vortrag beendet und das meiste gesagt hatte, was man sich bei diesem Gespräch von der Seele reden wollte, holte er zu seiner Entgegnung aus, die immer klar, präzis und systematisch war und erkennen ließ, daß er vorher genau zugehört und seine Antwort überlegt hatte. Gespräche dieser Art dauerten meist nicht lange, höchstens dreißig bis vierzig Minuten, wenn man sich selbst kurz zu fassen wußte. Wenn ich dann in die Botschaft zurückkehrte und meinen fernschriftlichen Bericht aufsetzte, bemerkte ich meist, daß in dieser kurzen Zeit viel gesagt worden war und mein Bericht mehrere Seiten füllte. Später, unter seinem Nachfolger Herter, ging es mir häufig umgekehrt: Ich verbrachte eine Stunde oder länger in einem lockeren Gespräch und hatte hinterher oft Mühe, einen Bericht von auch nur einer halben Seite zu schreiben.

Damit ist noch kein Urteil über den Staatsmann Dulles formuliert, der zu seinen Lebzeiten wie nach seinem Tode zu den umstrittensten Gestalten der jüngeren amerikanischen Geschichte gehört. In den Vereinigten Staaten überwiegt heute die Kritik. Eine umfangreiche Biographie von Townsend Hoopes[1] ist dafür bezeichnend: Sie legt den Schluß nahe, daß sich die Welt ohne Dulles früher aus der Verkrampfung des Kalten Krieges hätte befreien können. Der Titel des Buches – »The Devil and John Foster Dulles« – scheint an eine Bemerkung von Albrecht von Kessel anzuknüpfen, wonach Dulles den Bolschewismus für ein Produkt des Teufels gehalten habe und davon überzeugt gewesen sei, daß auf lange Sicht gesehen Gott obsiegen müsse. Das habe ihn, meint Hoopes, davon abgehalten, nach einem Ausgleich zu suchen oder auch nur ernsthaft zu verhandeln. Sein Ziel sei nicht eine auf kalkuliertes Kräftegleichgewicht gegründete Koexistenz gewesen, sondern Überlegenheit und Bewahrung der Oberhand, gegründet auf die vage Erwartung, daß der Westen sein machtpolitisches Übergewicht aufrechterhalten könne. Zugleich sei er mehr ein Taktiker als ein systematischer Stratege und Planer gewesen – wenn auch ein Taktiker, der stets auf der Basis fester moralischer und religiöser Prämissen operiert habe. Hoopes schließt sein Buch mit dem Zitat eines nicht genannten diplomatischen Autors, der Dulles »eine merkwürdige Kreuzung zwischen einem Täufer und einem schlauen und erbarmungslosen Anwalt« genannt habe.

Das ist ein erbarmungsloses Urteil. Es paßt zu dem heute weitverbreiteten Klischee, das in Dulles nur den dogmatischen Antikommunisten, den selbstgerechten Moralisten, den Politiker des »roll back«, der »massive retaliation«, der »brinkmanship« sieht; den Mann, der Außenpolitik mit dem legalistischen Instinkt des Anwalts betrieben und die Vereinigten Staaten in ein Netzwerk von nutzlosen Pakten verstrickt, ihnen die Rolle des Weltpolizisten aufgedrängt und ein verhängnisvolles »overcommitment« verursacht habe.

Richtiges und Falsches sind in diesem Bilde miteinander vermischt. Ein Historiker, der zu einem abgewogenen, objektiven Urteil gelangt wäre, hat sich noch nicht gefunden. Ich maße mir nicht an, ein solches Urteil fällen zu können. Ich bin jedoch davon überzeugt, daß ein solches Urteil den Rang und die Bedeutung dieses Mannes klarer anerkennen wird als es die heute gängigen Klischeevorstellungen erlauben. Der Kalte Krieg war nicht sein Werk, sondern eine vorgegebene geschichtliche Konstellation, innerhalb derer er operieren mußte. Diese Konstellation bezeichnet die Grenzen, die der Staatsmann Dulles nicht überwinden konnte. Ob es ein anderer gekonnt hätte, ohne sich zugleich auf eine abschüssige Bahn zu begeben (zu diesem Preise konnte man stets ein appeasement haben), ist höchst zweifelhaft. Die Festigkeit des Westens in jenen Jahren – in Berlin, im Nahen Osten, in Südostasien, in der Krise um Quemoy und

Matsu – war, wie ich glaube, eine unentbehrliche Voraussetzung, ohne die die Entspannungspolitik der siebziger Jahre keine tragfähige Grundlage gehabt hätte. Dulles war in diesen Jahren der rocher de bronze, der ein vorzeitiges Zurückweichen, ein appeasement mit verhängnisvollen Folgen, verhütete. Einem Molotow gegenüber bedurfte es eines solchen Gegenspielers. Über die Mittel seiner Politik mag es in mancher Hinsicht Zweifel geben. Sein Vertrauen auf die Wirksamkeit des von ihm geknüpften Netzwerkes von Bündnispakten war übertrieben. Die Diskrepanz zwischen der Konzeption des »roll back« (die freilich nur eine Wahlkampfparole gewesen war) und dem, was die – damals noch überlegene – militärische Macht der Vereinigten Staaten praktisch zu bewirken vermochte, trat während des ungarischen Aufstandes deutlich zutage. Er überschätzte die monolithische Struktur des Weltkommunismus und verkannte die Möglichkeit des sowjetisch-chinesischen Schismas, das wenige Jahre nach seinem Tode aufbrach. Sein in tiefen religiösen Überzeugungen verwurzeltes moralistisch-ideologisches Pathos in der Auseinandersetzung mit dem Kommunismus machte ihn untauglich, aus dem Teufelskreis des Kalten Krieges auszubrechen. Alles das mindert nicht seine Leistung, die Glaubwürdigkeit westlicher Entschlossenheit und Festigkeit in einer Zeit gewährleistet zu haben, als es darauf entscheidend ankam. Dabei erwies er sich als ein äußerst flexibler und geschickter Taktiker, der alles andere als ein Gefangener starrer Prinzipien war. Hervé Alphand sagt von ihm: »Er war ein eigenartiger und komplexer Geist, in dem sich der Puritanismus des Protestanten mit der ein wenig verschlagenen Phantasie des Juristen verband.«[2] Aber auch, so müßte man hinzufügen, mit dem nüchternen Realismus eines höchst geschäfts- und weltkundigen Anwalts. Er hat die Japaner und die Deutschen in die westliche Gemeinschaft integriert. Er machte, über die von Acheson und Clay gelegten Grundlagen hinaus, die Freiheit Berlins zu einem Prüfstein westlicher Solidarität, bereit, dafür bis »an den Rand des Abgrunds« zu gehen. Wenn Kennedy bei der Verteidigung West-Berlins fest blieb, wenn er in der Kuba-Krise nicht anders als Dulles »brinkmanship« praktizierte, so folgte er damit einer Linie, die von Dulles vorgezeichnet war und von der danach ein amerikanischer Präsident kaum abweichen konnte.

Sein Urteil über die Deutschen war mehrfachen starken Schwankungen unterworfen. War es ursprünglich, in den Zeiten des Ersten Weltkrieges, dessen Ende er in der amerikanischen Friedensdelegation in Paris 1918/ 1919 erlebte, eher von Skepsis und Mißtrauen geprägt, so folgte in der Zwischenkriegszeit eine Periode, in der er die Fehler des Versailler Vertrages geißelte und für »peaceful change« plädierte, wobei er den Weltkirchenrat als Plattform benutzte. Gegen Ende des Zweiten Weltkrieges gehörte er wieder zu den schärfsten Befürwortern einer Aufteilung Deutschlands.³ Die Erfahrungen des Kalten Krieges und die engere Berührung mit den Deutschen, vor allem das sich immer mehr entwickelnde Vertrauensverhältnis zu Adenauer, haben zu jenem positiveren Deutschlandbild geführt, das seine Amtszeit und seine Politik als Außenminister bestimmte. Gab es eine wirkliche Freundschaft zwischen Adenauer und Dulles? Oder handelte es sich um eine jener häufigen, zu einem Freundschaftsverhältnis hochstilisierten persönlichen Beziehungen zwischen Staatsmännern, die hauptsächlich einem politisch erwünschten Publizitätseffekt dienen? Reibungen und Differenzen hat es zwischen den beiden immer wieder gegeben. Wo hätte es das in Adenauers Beziehungen zu anderen Menschen nicht gegeben? Als wir 1960 zusammen auf dem Friedhof von Arlington an der Grabstätte von Dulles standen, hatte ich doch keinen Zweifel, daß er sich dem Verstorbenen persönlich tief verbunden gefühlt und daß es Gemeinsamkeiten gegeben hatte, die über eine diplomatische Freundschaft weit hinausgingen.

Dulles strahlte eine Autorität aus, der man sich schwer entziehen konnte. Eisenhower hat das stets respektiert und hat ihn gewähren lassen, auch wenn seine eigenen Instinkte oft zu einem anderen, weniger schroffen Kurse neigen mochten.

Als Persönlichkeit war John Foster Dulles auch für mich die eindrucksvollste Figur, die mir – neben Adenauer und de Gaulle – in meiner diplomatischen Laufbahn begegnet ist.

Kontroverse mit Walter Lippmann

In die große Debatte über Deutschland und Berlin, die über mehrere Jahre hinweg die amerikanische Öffentlichkeit bewegte, wurde ich zwangsläufig tief verstrickt. In Amerika kann ein Botschafter, wenn er ein politisch halbwegs wichtiges Land vertritt, nicht durch Schweigen glänzen; er muß reden – er wird ununterbrochen befragt, interviewt, zu Vorträgen eingeladen und auf jede andere denkbare Weise zu Stellungnahmen gedrängt. Das ist lästig und riskant, aber – wenn man die öffentliche Debatte zu schätzen weiß – auch reizvoll.

Am gefährlichsten waren – und sind – immer Interviews und Pressekonferenzen, denn nur in seltenen Fällen wird das, was man gesagt hat, ohne Entstellung, Kürzung, sinnwidrige Kommentierung gedruckt. In der Mehrzahl aller Fälle präsentiert der Reporter das Gesagte so, wie es in seine Vorstellungen – oder Vorurteile – hineinpaßt. Dann kommt noch eine häufig reißerische Überschrift dazu, die gegebenenfalls auch in krassem Widerspruch zu dem stehen kann, was der darunter stehende Text besagt. Es versteht sich, daß dabei auch Anführungszeichen völlig willkürlich gesetzt und dem Befragten Äußerungen so in den Mund gelegt werden, wie sie dem Geschmack und dem Verstand des Reporters entsprechen.

Am sichersten und zuverlässigsten sind demgegenüber alle direkten Äußerungsformen, bei denen kein den Text verändernder Mittler zum Zuge kommen kann: Fernsehinterviews und -diskussionen, Vorträge mit gleichzeitig verteiltem schriftlichen Text, Artikel und schriftlich formulierte Stellungnahmen zur Publikation in Zeitungen oder in eigener Regie herausgegebene Drucksachen (wie etwa die von der Botschaft versandte Korrespondenz ›News from the German Embassy‹).

Wenngleich man sich nicht auf diese Äußerungsformen beschränken konnte, bemühte ich mich doch, mich ihrer vorzugsweise zu bedienen. Dementsprechend hatte ich meine öffentlichen Auftritte programmiert und es für zweckmäßig gehalten, für den 10. April 1959 eine Einladung anzunehmen, um auf der Jahrestagung der »American Academy of Political and Social Science« in Philadelphia über die Deutschland- und Berlin-Probleme zu sprechen. Eine solche Veranstaltung versprach eine große Hörerschaft von beträchtlichem Niveau, sachliche und unverfälschte Berichterstattung in der Presse, Abdruck des gesamten Textes in den eigenen Publikationen der Akademie.

Diese Veranstaltung bot mir die erwünschte Gelegenheit, einer Reihe von Thesen entgegenzutreten, die in jenen Tagen in den gebildeten Schichten und insbesondere in intellektuellen und politischen Kreisen viel diskutiert wurden: den Thesen, die Walter Lippmann gerade in einer Artikelserie unter der Überschrift ›The Two Germanies and Berlin‹ veröffentlicht hatte.[1]

Wenn es unter den Starkolumnisten Amerikas in jenen Jahren einen Superstar gab, dann war dies immer noch der damals siebzigjährige Walter Lippmann, der wöchentlich zweimal seine (von vielen anderen Zeitungen übernommene) Kolumne ›Today and Tomorrow‹ für die ›New York Herald Tribune‹ schrieb. Ich kannte ihn natürlich – ebenso wie die wichtigsten anderen Sterne am Washingtoner Presse-Himmel – nicht nur als Leser, sondern auch persönlich. Die Lippmanns (seine Frau Helen Byrne war in ihrer ersten Ehe mit Hamilton Fish Armstrong, dem Begründer und Herausgeber von ›Foreign Affairs‹ verheiratet gewesen) waren mehrfach Gäste in unserem Hause wie wir in dem ihrigen gewesen. Anders als bei James Reston und Joe Alsop, war es mit Lippmann allerdings nie zum intimen Zweier-Luncheon gekommen, bei dem (im Metropolitan Club oder einem der anderen Washingtoner Klubrestaurants) Informationen, Urteile, Spekulationen ausgetauscht wurden. (Mit Marquess Childs hatte ich infolge seiner voreingenommenen Haltung zu deutschen Fragen nie engeren Kontakt; Roscoe Drummond und seine Frau schicken uns noch heute Kartengrüße von ihren jeweiligen Weltreisen.)

Das lag wohl daran, daß es eine Barriere zwischen uns gab: Lippmann stand Adenauer (als Person) und seiner Politik ablehnend gegenüber und betrachtete mich offenbar von vornherein als einen Vertrauensmann Adenauers. Recht freundliche und enge Beziehungen bestanden dagegen zwischen beiden Lippmanns und meiner Mitarbeiterin Gwendolin von Neurath, damals Legationssekretärin, Nichte des früheren Reichsaußenministers und spätere Gattin des Botschafters Berndt von Staden. Da man bei Lippmann mehr Antipathien als Sympathien für den Außenminister Hitlers und »Reichsprotektor in Böhmen und Mähren« zu vermuten hat, bewies diese Beziehung immerhin ein respektables Maß an Vorurteilslosigkeit. Bei mir wurde aber wohl noch akute Adenauer-Hörigkeit vermutet. Auch beruhte Lippmanns Reserve auf Gegenseitigkeit: Der weitverbreitete Lippmann-Kult und der Respekt vor seinem Namen, den ich von Europa mitgebracht hatte und der sich auf die Lektüre seiner Artikel und Bücher aus der Zeit zwischen den beiden Weltkriegen gründete, konnte mich nicht blind machen gegenüber einer Reihe von Schwächen des Mannes mit dem großen Namen. Auch anderen blieben diese Schwächen nicht verborgen, angefangen von Dean Acheson, der in seinen Erinnerungen bissig von »that ambivalent Jeremiah of the Press, Walter Lippmann...« spricht[2], bis hin zu den weniger prominenten, aber nicht minder kritischen Angehörigen des State Department, die die Charakterisierung erfanden: »He is often clearer than the truth.«

Was sein Verhältnis zu den Deutschland- und Europa-Fragen angeht, so schrieb der langjährige Korrespondent der ›Neuen Zürcher Zeitung‹ in Washington, Werner Imhoff, in seinem Nachruf auf den von ihm bewunderten Berufskollegen, daß seine außenpolitischen Analysen, »die seine Hauptstärke waren, ihm freilich auch, besonders im Punkte der Deutschland-Politik nach dem Zweiten Weltkrieg oder wegen seiner sehr weitgehenden Bewunderung de Gaulles, schärfste Ablehnung in den Vereinigten Staaten selbst, aber auch in Europa eintrugen, weil er sie, entgegen seinem Grundsatz des détachement, oft mit Vorschlägen zur Lösung der Probleme zu verbinden pflegte, die gelegentlich wenig realistisch anmuteten und aus denen in jedem Fall nichts wurde. Sie entsprachen gewissen Grundvorstellungen, an denen er bis zuletzt festhielt, über die aber die Entwicklungen längst hinweggegangen zu sein schienen. Lippmann wurde wegen solcher ›Fehlurteile‹ nicht wenig beschimpft und verlacht.«[3]

In der oben erwähnten Artikelserie hatte Lippmann der von ihm abgelehnten »Adenauer-Politik« eine »Macmillan-Politik« gegenübergestellt, die ihm aussichtsreicher und vernünftiger erschien: Die Bundesrepublik solle die »Realitäten« akzeptieren und die Existenz eines zweiten deutschen Staates anerkennen. Der britische Premierminister hatte dies zwar weder öffentlich noch im vertraulichen Gespräch mit Bonn jemals empfohlen – dennoch war es wohl nicht ganz abwegig, Macmillan und der Londoner Politik überhaupt solche Gedanken zu unterstellen. Lippmann ergänzte sie durch eine Reihe eigener Vorschläge, von denen manche wohl auch in London kritisch beurteilt worden waren. Im Kern liefen Lippmanns Thesen darauf hinaus, daß die ständige Teilung Deutschlands ohnehin die beste und in Ost und West gleichermaßen erstrebte Lösung sei – die im übrigen auch in Westdeutschland selbst weitgehend gutgeheißen werde. Man solle daher das auf dem »Recht der Eroberung« beruhende Besatzungsstatut Berlins durch ein mit Moskau neu zu verhandelndes und von den Vereinten Nationen zu garantierendes Statut ersetzen, eine »international Charter«, deren Annahme zugleich die Anerkennung des zweiten deutschen Staates implizieren würde. Der Zugang nach Berlin, die Beziehungen zwischen beiden Teilen Berlins und Deutschlands und die Anwesenheit einer symbolischen alliierten Streitmacht und einer UN-Truppe sollten darin geregelt und garantiert werden.

Mag es auch so scheinen, als sei ein Teil der Lippmannschen Thesen durch die Entwicklung in den siebziger Jahren – durch die Anerkennung der DDR und damit des Status quo der Teilung und durch das Berliner Viermächte-Abkommen von 1971 – gerechtfertigt worden: Ich sehe auch heute keinen Grund, mein negatives Urteil über sein Gesamtkonzept zu revidieren. Man stelle sich vor: Hätte der Westen 1959 unter dem Druck eines sowjetischen Ultimatums ein Berlin-Statut akzeptiert, das die besatzungsrechtliche Grundlage der westalliierten Präsenz beseitigt, ihre Truppen auf eine »symbolische« Zahl reduziert und die Garantie der Freiheit West-Berlins und des freien Zugangs den Vereinten Nationen überantwortet hätte, so würde es mit Sicherheit kein freies Berlin mehr geben. Dazu hatte ich in Philadelphia eine Warnung ausgesprochen, die durch die Entwicklung der Vereinten Nationen seit 1959 nur allzu eindeutig bestätigt worden ist:

»Wenn mit dem Argument gearbeitet wird, daß die West-Berliner nicht auf Jahre hinaus darauf angewiesen sein dürften, auf das Pentagon und seine Kriegsbereitschaft zu schauen, sooft sie ein Ost-Berliner Funktionär bedroht, so kann es darauf nur eine Antwort geben: Die West-Berliner würden es ganz entschieden vorziehen, auf die Entscheidungen des Pentagons oder, genauer gesagt, auf die Entscheidungen des Präsidenten der Vereinigten Staaten angewiesen zu sein, wenn die Alternative darin bestünde, daß man von den jeweiligen Mehrheitsverhältnissen in der Vollversammlung der Vereinten Nationen abhängig ist.«[4]

Lippmanns Vorschläge und Argumente hatten nicht nur vom Standpunkt der damaligen deutschen Politik aus Schwächen. Auch von heute aus gesehen sind sie unrealistische Fehlkalkulationen, die aufreizende Ungereimtheiten und Widersprüche enthalten und den Eindruck erwecken, daß er nicht mehr auf der Höhe seines journalistischen Könnens war. Schlechthin anstößig erschien mir beispielsweise die Behauptung: »Wenn wir die beiden deutschen Staaten in ein Rechtsverhältnis miteinander bringen könnten, bestünde eine Aussicht, daß die deutsche Einheitsbewegung, die sicherlich wachsen wird, offen und sichtbar und weniger im geheimen oder auf dem Wege der Verschwörung vor sich gehen wird.« Bei einem Autor, der selbst zu verstehen gegeben hatte, daß er die Aufrechterhaltung der Teilung Deutschlands für die beste Lösung halte, konnte man diese Argumentation nur als Inkonsequenz, als Unaufrichtigkeit oder als Appell an die Sieger von 1945, die Wiedervereinigung zu verhindern, werten.

Natürlich habe ich mich gehütet, derartiges auszusprechen. Ich wollte keine feindselige Polemik und keinen öffentlichen Streit mit einem Journalisten vom Range Lippmanns. Deswegen habe ich mich bemüht, jede Schärfe und jeden kränkenden Ausdruck zu vermeiden. Vor allem aber verzichtete ich darauf, einen Verfassernamen zu nennen und beschränkte mich darauf, die Argumente als solche zu untersuchen und zu widerlegen. Diese als höfliche Zurückhaltung gemeinte Geste verfehlte jedoch ihren Zweck völlig. Wie ich später erfuhr, war dieses der Punkt, der Lippmann am meisten verärgerte: daß ihm die Publicity einer öffentlichen Diskussion mit dem deutschen Botschafter entgangen war. Er suchte sich diese Genugtuung noch nachträglich auf eine ungewöhnliche Weise zu verschaffen: Am 21. April erschien seine Kolumne in der ›Herald Tribune‹ unter der Überschrift ›The German Ambassador‹. Darin bescheinigte er mir: »Dr. Grewe argues his case fairly and in good temper«. Dann kam eine Paraphrasierung seiner schon bekannten Thesen, wobei er einigen eine neue Interpretation gab, um sie gegen meine Kritik abzusichern. Das galt insbesondere für die rechtliche Natur der von ihm propagierten Charter: Sie sollte nach dieser Interpretation nicht etwa die besatzungsrechtliche Grundlage der alliierten Präsenz in Berlin ersetzen. Vielmehr sollte dieses Statut nur – mit sowjetischer Zustimmung – die bestehenden Rechte der westlichen Besatzungsmächte »anerkennen und bekräftigen«. Das Viermächte-Abkommen vom 3. September 1971 hat inzwischen gezeigt, daß die Sowjets dafür nicht zu haben sind. Ob dieses Abkommen West-Berlin für die Zukunft besser abgesichert hat, ist einstweilen noch eine offene Frage. Die Verbesserungen des Zugangs nach Berlin mußten jedenfalls mit gefährlichen Konzessionen erkauft werden, die den Sowjets ein Mitspracherecht in Angelegenheiten West-Berlins –

wie es bei der Errichtung des Umweltbundesamtes zum ersten Male praktiziert wurde – und eine Präsenz in Gestalt eines Generalkonsulats verschafften.

Lippmann war in seiner Gegenkritik weniger zimperlich als ich: Meine Bedenken gegen ein Berlin-Abkommen, wie er es vorgeschlagen hatte, bezeichnete er als Ausdruck einer »political neurosis engendered by profound self-distrust«. Auf eine Replik habe ich verzichtet. Den Gefallen eines öffentlichen Disputs wollte ich ihm nicht erweisen.

Viele Jahre später las ich in den Erinnerungen von George Kennan, die gleiche Artikelserie Lippmanns, mit der ich mich befaßt hatte, sei auch eine Auseinandersetzung mit den »Reith Lectures« gewesen, in der Lippmann die Prämissen Kennans über die Schädlichkeit der Teilung Deutschlands »in Stücke zerrissen« habe, – »in his own calm and impersonal way, without ever mentioning myself«.[5] Kennan hielt es für taktvoll und wußte es zu schätzen, daß Lippmann keinen Namen genannt hatte.

Vorbereitungen für Genf III

Auseinandersetzungen über die Berlin-Krise, das Chruschtschow-Ultimatum und die für Anfang Mai anberaumte Genfer Außenminister-Konferenz der Vier Mächte beherrschten das ganze erste Viertel des Jahres 1959.

Der von Moskau vorgeschlagene Friedensvertrag mit zwei deutschen Staaten und die Umwandlung West-Berlins in eine »Freie Stadt« bildeten das Thema für weitere Vorträge und Diskussionen, in deren Rahmen ich der amerikanischen Öffentlichkeit verständlich zu machen suchte, welche Konsequenzen diese Vorschläge haben würden und weshalb sie für uns nicht akzeptabel seien. Im Laufe des Februar sprach ich hierüber im Committee of One Hundred, einem exklusiven Klub in Miami Beach, und im National Defense College in Washington. Eine Tagung über ›Germany Today‹, veranstaltet von dem Adult Education Council des Staates Tennessee zusammen mit der University of Chattanooga und der University of the South, bot Gelegenheit zur Behandlung dieser Fragen vor einem südstaatlichen Publikum mit gehobenem intellektuellen Niveau. Nach einem weitgehend von Konferenzen auf verschiedenen Ebenen ausgefüllten Monat März nahm ich im April diese Tätigkeit wieder auf: Nach der schon beschriebenen Veranstaltung in Philadelphia brach ich Mitte des Monats zu einer Vortragsreise nach Arizona (Phoenix) und Kalifornien (Los Angeles und San Francisco) auf.

Bei diesen Reisen konnte ich zugleich Schritt für Schritt meine Kenntnisse von Land und Leuten vervollständigen und vertiefen. Während meines Aufenthaltes in Florida wohnte ich in einem Bungalow-Hotel auf der Miami benachbarten Insel Key Biscane, die viele Jahre später dadurch berühmt wurde, daß Nixon dort eine Villa erwarb und sein Florida White House darin einrichtete. Wenn man einen Platz sucht, wo sich südliches Klima, Luxus, Arroganz des Reichtums und primitive rassistische Vorurteile miteinander zu einem penetranten Gebräu vermischen, so ist man in Miami und Key Biscane an der richtigen Adresse. Zum Kontrast flog ich mit einer Militärmaschine von dort nach Cape Canaveral (das man später in Cape Kennedy umbenannte) und besichtigte die berühmte Raketen-Abschußbasis. Ein Foto zeigt mich beim Abflug mit umgeschnalltem Fallschirm – eine Sicherheitsmaßnahme nach Vorschrift. Abgesprungen bin ich nicht, und das Foto erinnert mich an ein anderes, das mich im Boote auf einem Binnensee in West-Virginia mit Angelrute und einem stattlichen Fisch daran zeigt: Ich bin kein Angler und der Fisch stammte aus den Beständen des örtlichen Fremdenverkehrsvereins, der darauf bestand, mich in dieser Pose zu fotografieren.

Chattanooga bot Gelegenheit, die von der Tennessee Valley Authority (TVA) verwalteten Staudämme im Tale des Tennessee River zu besichtigen und dieses berühmte Bundesunternehmen kennenzulernen, das 1933 von Roosevelt im Rahmen des »New Deal« ins Leben gerufen und ein Symbol seiner auf die Überwindung der Depression gerichteten Politik wurde.

In Zusammenhang mit der Berlin-Krise stand auch der Besuch, den der Regierende Bürgermeister von Berlin, Willy Brandt, im Februar den Vereinigten Staaten abstattete. Auf diesem Hintergrund muß auch der für einen Bürgermeister ungewöhnliche Empfang gesehen werden, den man ihm in Washington und New York bereitete: Gespräche mit Eisenhower, Dulles, dem damaligen Vizepräsidenten Nixon, Konfetti-Parade auf dem Broadway. Dazwischen lag ein Abstecher in den Mittleren Westen: Brandt war als Hauptredner für die Feier des einhundertfünfzigsten Geburtstags von Abraham Lincoln in dessen Heimatort Springfield (Illinois) am 12. Februar vorgesehen. Sein Auftritt war brillant und höchst erfolgreich. In der großen Halle des Illinois State Armory lauschten ihm Tausende, als er in einer packenden Rede von einem Rednerpult sprach, hinter dem in riesigen Buchstaben ein berühmtes Lincoln-Zitat auf einer Wandbespannung prangte: »A House divided against itself cannot stand.« Der Satz stammte aus einer Rede, die Lincoln am 16. Juni 1858 in Springfield gehalten konnte. Konnte es ein besseres Motto für die Ansprache des Bürgermeisters der geteilten Stadt geben? Brausender Beifall bestätigte, daß der Redner den richtigen Ton für diese Versammlung gefunden hatte. Nur der französische Botschafter war anderer Meinung. In seinen Erinnerungen schreibt Hervé Alphand, Brandts Tonfall habe leider in unangenehmer Weise an den – »nicht gerade liberalen« – Tonfall Hitlers erinnert[1] – eine Bemerkung, die mir unbegreiflich ist. Jedenfalls habe ich nicht feststellen können, daß sich andere Zuhörer an Derartiges erinnert gefühlt hätten.

Ich hatte auf dieser Reise einen engen Kontakt mit Brandt, das gleiche galt für unsere Frauen, die uns begleiteten. Es gab keinen Mißklang – im Bonner Regierungslager jedoch beobachtete man diese Reise, wie auch alle späteren Amerika-Reisen Brandts, mit Mißvergnügen. Heuss schrieb darüber in sein Tagebuch: »Grewes Berichte sind sehr für Brandt und seine Wirkung – schade, wenn A.(denauer) dies liest, wird er wieder eifersüchtig, wie gegenüber Reuter.« Zwei Tage später notierte er noch einmal: »Sehr anständige Berichte von Grewe über Brandts Haltung.«[2] Damit konnte wohl nur gemeint sein, daß ich mir mit diesen Berichten bei Adenauer und seinen Parteifreunden kein Wohlwollen erwerben konnte. Tatsächlich hat die Botschaft vier Wochen später wegen ihres Verhaltens beim Brandt-Besuch eine massive Kritik von Franz Josef Strauß bei seinem Besuch in Washington über sich ergehen lassen müssen. Sie hat mich nicht erschüttert. Ich sah in Brandt in der damaligen Situation den Sprecher und Repräsentanten des bedrohten Berlin und gab ihm als solchem meine volle Unterstützung. Kein Amerikaner hätte es verstanden, wenn sich der deutsche Botschafter mit Rücksicht auf parteipolitische Rivalitäten in Bonn von diesem Besucher distanziert hätte.

Am 5. Februar trat in Washington zum ersten Male die Vierer-Arbeitsgruppe zusammen, deren Wiederbelebung die Außenminister im Dezember bei ihrer Zusammenkunft in Paris beschlossen hatten. Von Bonn wurde Georg Ferdinand Duckwitz entsandt, damals Ministerialdirektor im Auswärtigen Amt, später unter Außenminister Brandt dessen Staatssekretär. Duckwitz kannte sich in dem komplizierten Geflecht der Deutschland-Verträge und Berlin-Regelungen genau so wenig aus wie Dittmann. Er war daher zu einem guten Teil auf meine Hilfe und Mitwirkung bei den Beratungen angewiesen. Diese Situation spiegelte sich in einem Briefe, den mir Brentano am 21. Februar schrieb, in dem er meine Hinzuziehung zu den weiteren Beratungen der Arbeitsgruppe ankündigte, im übrigen und vor allem aber seine Sorgen über eine Deutschland-Initiative zum Ausdruck brachte, die man von uns erwartete. Duckwitz habe ihm eingehend über die Gespräche in Washington berichtet: »Er hat mir aber auch bestätigt, wie wertvoll und wichtig Ihre Mitarbeit war. Ich trage mich auf Grund seines Vortrags mit dem Gedanken, Sie zu den bevorstehenden Viermächte-Gesprächen nach Paris zu bitten.« Aber der Hauptgrund seines Schreibens, so betonte er, sei ein anderer, und sehr ausführlich legte er anschließend dar, wie sehr ihn das Dilemma bedrückte, daß die westlichen Verbündeten einerseits auf eine Deutschland-Initiative aus Bonn warteten und sie wünschten, andererseits jedoch eine solche Initiative nur allzu rasch ihr Mißtrauen erregen konnte, sobald sie – was unvermeidlich war – Veränderungen im westlichen Sicherheitssystem ins Auge faßte und die Einbindung der Bundesrepublik in das atlantische Bündnis berührte. Darüber wollte er mit den Amerikanern zunächst einmal vertraulich, im engsten Kreise und nicht gleich auf der höchsten Ebene sprechen.[3] Dieser Gedanke hatte manches für sich. In Washington war man jedoch nicht gerade entzückt über diesen Versuch, den Ball nach dorthin zurückzuspielen. Zu dem vorgeschlagenen Besuch kam es jedenfalls nicht. Vielleicht hätte er dem Außenminister-Treffen in Washington zu einem besseren Ergebnis verhelfen können.

Aus welchen Gründen und mit welcher Begründung man sich in Washington diesem Wunsch versagte, vermag ich im einzelnen nicht mehr zu präzisieren. Es war wohl vor allem das Gefühl, daß man sich bereits in der Phase eines Vierer-Gesprächs mit den anderen Verbündeten befinde und daß daher ein exklusives Zweier-Gespräch, das sich kaum verheimlichen lassen würde, bei den anderen Verstimmungen wecken würde. Auch war man sich nicht darüber im Unklaren, daß die Vorstellungen der Verbündeten über den wünschenswerten Inhalt und die Zielrichtung einer solchen Initiative sehr unterschiedlich waren. Das galt insbesondere für die britischen Gedankengänge, die im Verlaufe der Reisetätigkeit Macmillans und seines Außenministers Selwyn Lloyd im Februar/März bereits ausgelotet wurden.

Zwischen dem 20. und dem 27. Februar hielten sich Premierminister Macmillan und sein Außenminister Selwyn Lloyd in Moskau auf. Macmillan, bereit zu weitergehenden Konzessionen an die Grundvorstellungen der sowjetischen Deutschland-Politik, glaubte wohl, mit Chruschtschow eher zu einem akzeptablen Kompromiß kommen zu können als Dulles.

Adenauer verfolgte die Reise mit äußerstem Mißbehagen. In einem Gespräch am 3. Februar mit dem britischen Botschafter in Bonn, Sir Christopher Steel, machte er aus seinem Gefühl kein Hehl: Er halte die Reise für ein wahlkampftaktisches Manöver im Hinblick auf die für Mai oder Juni erwarteten Unterhauswahlen. Er versprach sich kein positives Ergebnis, der Besuch werde ein »Triumph für Chruschtschow« sein und den Eindruck erwecken, der Westen weiche vor seinen Drohungen zurück.[4] Seine Befürchtungen waren nicht unbegründet. Um ihn zu beruhigen, kamen die britischen Staatsmänner am 12. März nach Bonn.

Ich war zu diesem Zeitpunkt nach Bonn gerufen worden und wurde daher Zeuge dieser Gespräche, die keinen Zweifel daran ließen, daß die britische »Rekognoszierungsaktion« ohne praktisches Ergebnis verlaufen war. Das Gesprächsklima war frostig. Macmillan schreibt in seinen Memoiren: »Die Deutschen griffen uns wegen ›disengagement‹ heftig an, von dem sie annahmen, daß wir mit den Russen grundsätzlich darüber übereingekommen seien. Wir argumentierten, daß ›Rüstungsbegrenzung und Inspektion in einer vereinbarten Zone‹ der einzige Weg seien, um ein ›disengagement‹ zu vermeiden, das auch wir für sehr gefährlich hielten. Es brauchte mehr als eine Stunde erhitzter Diskussion, um diesen Verdacht aus ihren Köpfen auszutreiben. Der Kanzler verstand nur langsam und schien sein Ressentiment zu pflegen. Ich war ziemlich scharf mit ihm und das tat seine Wirkung.«[5]

Adenauer entschloß sich jedenfalls, die Differenzen am Schluß mit einer versöhnlichen Note zu überspielen und nach außen den Eindruck zu wahren, daß man zur Übereinstimmung gelangt sei. Das stimmte für die prozeduralen Fragen der geplanten Konferenzen, konnte jedoch nicht darüber hinwegtäuschen, daß die Briten weiterhin an ihren Ideen festhielten und nach einem Kompromiß strebten, der zwischen dem Rapacki-Plan und dem Genfer Vorschlag Edens vom 22. Juli 1955 für ein System von »Inspektionszonen« beiderseits der innerdeutschen Demarkationslinie liegen sollte.

Unverkennbar wurde diese Linie bei dem Washington-Besuch Macmillans und Selwyn Lloyds vom 21. bis 23. März weiterverfolgt. Nach einem kurzen Aufenthalt in Paris, wohin ich zur Teilnahme an den Schlußberatungen der Arbeitsgruppe zur Vorbereitung der Genfer Konferenz entsandt worden war, kehrte ich am 21. März gerade rechtzeitig nach Washington zurück, um über die britisch-amerikanischen Gespräche (die am 23. in einer Aussprache mit Eisenhower in Camp David gipfelten) berichten zu können. Ich schrieb nach Bonn:

»1. Die Presseberichte, die während der Beratungen in Camp David über die britischen Ideen veröffentlicht wurden, sind offenbar nicht unerheblich über das hinausgegangen, was Macmillan und Selwyn Lloyd in den Besprechungen wirklich gesagt haben. Das bedeutet jedoch nicht notwendigerweise, daß diese Presseberichte ein falsches Bild der britischen Absichten gezeichnet haben. Es spricht manches dafür, daß die britischen Staatsmänner (die besonders mit britischen und in London tätigen amerikanischen Journalisten, wie zum Beispiel Drew Middleton von der New York Times, mehrfach in Kontakt waren) den Journalisten gegenüber offener und unverblümter gesprochen haben, als der in den entscheidenden Fragen noch recht reservierten amerikanischen Delegation gegenüber – offenbar auch in dem Bestreben, ein für ihre Ideen günstiges Presseklima zu schaffen.

2. Die britischen Ideen gehen offenbar davon aus, daß eine Stabilisie-

rung der Lage West-Berlins mit westlichen Angeboten erkauft werden kann, die den Sowjets in Worten und Taten beweisen, daß der Westen jede Hoffnung auf eine baldige Wiedervereinigung Deutschlands aufgegeben hat, daß er bereit ist, sich mit der Existenz zweier deutscher Staaten abzufinden und auf der Grundlage des Status quo Sicherheits- und Entspannungsabmachungen mit den Sowjets zu treffen. Als Symbol dieser Bereitschaft soll den Sowjets ein Angebot gemacht werden, das dem viel umstrittenen ›pilote scheme‹ Edens auf der Genfer Gipfelkonferenz sehr ähnlich ist, aber über dieses noch hinausgeht. Edens Genfer Vorschlag vom 22. Juli 1955 (nicht zu verwechseln mit seinem am 18. Juli 1955 vorgetragenen, Wiedervereinigung und Sicherheit verbindenden, Vorschlag, der in den gemeinsamen Plan der drei westlichen Außenminister vom 27. Oktober 1955 einmündete) sah bereits ein System von Inspektionszonen beiderseits der Zonengrenze vor; er löste damit das Junktim von Sicherheit und Wiedervereinigung. Infolge unseres Einspruchs und des Widerstands der anderen Westmächte, insbesondere der USA, ist der Vorschlag 1955 offiziell fallengelassen worden. Im Foreign Office lebte er jedoch weiter, so daß sich der Herr Bundeskanzler genötigt sah, diesen Punkt bei dem Besuch Macmillans in Bonn vom 7. bis 9. Mai 1957 anzuschneiden. Abermals rückten die Briten daraufhin von diesem Gedanken ab. (Punkt 6 des Kommuniqués vom 9. Mai 1957 sowie die amtliche Verlautbarung ›Eden-Pläne‹ im Bulletin der Bundesregierung, Nr. 87, S. 774.) Jetzt kommt er zum dritten Male auf.

3. Bei seinem letzten Besuch in Bonn hat Macmillan offenbar versucht, seinen Vorschlag als eine bloße Weiterentwicklung derjenigen Vorschläge hinzustellen, die der Westen während der Londoner Abrüstungsgespräche von 1957 ausgearbeitet hat. Diese Darstellung ist falsch. In London ist lediglich im Rahmen der allgemeinen Abrüstung, das heißt also einer globalen Regelung, von Höchststärken die Rede gewesen – niemals im Rahmen einer regionalen Regelung. Regionalen Charakter trug im Rahmen der Londoner Verhandlungen nur der Vorschlag zur Schaffung einer Zone zum Schutze gegen Überraschungsangriffe.«

Macmillans Memoiren bestätigen, daß die britischen Ideen hauptsächlich bei Murphy und Livingston Merchant auf Widerspruch stießen (»the rigid State Department view«); sie loben Eisenhower (»He quite saw that we must have something constructive if we are to resist the dangerous Rapacki-plan and what is called disengagement«) und Herter (er sei viel flexibler als die »State Department officials«, »a really charming man«).[6] Die Abwesenheit von Dulles war für die Briten offenkundig sehr hilfreich.

Meine Bewertung ihrer Konzeption war kritisch. Sie traf zusammen mit Auseinandersetzungen, die durch den am 19. März veröffentlichten

»Deutschland-Plan« der SPD in der deutschen Öffentlichkeit ausgelöst worden waren. Vorschläge einer stufenweisen Wiedervereinigung waren darin mit Angeboten eines militärischen Disengagement verbunden, nach Ansicht der Bundesregierung – die ich teilte – allerdings in einer viel zu losen Form, abgesehen von den sicherheitspolitischen Bedenken, die man den militärischen Entspannungsvorschlägen gegenüber hegte. Es kam hinzu, daß Chruschtschow schon drei Tage, bevor der Plan überhaupt veröffentlicht wurde, in einem Gespräch mit Carlo Schmid und Erler in Moskau, am 16. März, den die Wiedervereinigung betreffenden Teil der Vorschläge schroff abgelehnt und nur für den militärischen Teil ein gewisses Interesse bekundet hatte.

Vor dem Hintergrund dieser öffentlichen Diskussion über »Deutschland-Plan« und »Disengagement« kamen nun die Konferenzvorbereitungen der Regierungen in Gang: Die Arbeitsgruppensitzung in Paris war nur die Vorstufe für eine Konferenz der vier westlichen Außenminister, die wiederum der für den 2. bis 4. April vorgesehenen NATO-Konferenz (die zugleich der Feier des zehnjährigen Bestehens der NATO galt) voraufgehen sollte.

Es zeigte sich bei diesem Treffen in Washington jedoch, daß man noch nicht zu endgültigen Entscheidungen über die Konferenz-Strategie für Genf gelangen konnte – insbesondere deswegen nicht, weil die deutsche Delegation unter der Leitung Brentanos auf eine direkte und kategorische Weisung Adenauers hin im letzten Augenblick den in Paris erarbeiteten Plänen ihre Zustimmung versagte. Die Arbeitsgruppe mußte im April erneut zusammentreten – sie traf sich in London vom 13. bis 23. April –, und die Außenminister mußten noch einmal ihre Ergebnisse prüfen, wenn möglich billigen. Dieser Schlußakt der Vorbereitungsphase war für den 29./30. April in Paris vorgesehen, wo dann anschließend sogleich der NATO-Rat unterrichtet werden sollte.

Da die Eröffnung der Konferenz in Genf mit den Sowjets für den 11. Mai vereinbart war, kam man mit diesem Zeitplan dem kritischen Datum schon bedenklich nahe. Was mich persönlich betraf, so hatte dies vor allem zur Folge, daß ich mich an den Beratungen der Arbeitsgruppe, an denen ich schon in Paris nur in den letzten Tagen hatte teilnehmen können, in London überhaupt nicht mehr beteiligen konnte, da mein April-Programm seit längerer Zeit festgelegt war und keine zeitlichen Reserven mehr enthielt: Am 10. April mußte ich in Philadelphia auf dem Kongreß der Political Science Association sprechen, vom 16. bis 24. mein umfangreiches Besuchs- und Vortragsprogramm in Kalifornien absolvieren. Die Leitung der deutschen Delegation in der Arbeitsgruppe blieb daher in den Händen des Grafen Georg von Baudissin – eines sehr fähigen und von mir sehr geschätzten Referatsleiters aus meiner alten

Abteilung 2 im Amt, der jedoch schon im März das Mißtrauen Adenauers erregt hatte – wie immer, wenn ein neues Gesicht an einer solchen wichtigen Stelle auftauchte.

Gedankengänge, die in der Abteilung 3 des Amtes entwickelt worden waren und auf eine Einschaltung der Länder in beiden Teilen Deutschlands in den Wiedervereinigungsprozeß abzielten, hatten bei Baudissin Gehör gefunden. Auch in der Frage europäischer Rüstungskontrollzonen neigte er zu Abweichungen von der »orthodoxen« Bonner Linie. Im State Department gab es auf der Arbeitsebene korrespondierende Tendenzen, die in dem Maße an die Oberfläche kamen, als Dulles infolge seines sich weiterhin verschlechternden Gesundheitszustandes die Zügel aus der Hand glitten (am 14. April zog er die Konsequenzen und trat zurück). Zur gleichen Zeit schwebte der Plan einer Kandidatur Adenauers für das Amt des Bundespräsidenten, zu der er sich am 7. April bereit erklärt hatte.[7] Die Vorbereitungen für Genf fielen insoweit mit außerordentlich wichtigen personellen Entwicklungen auf höchster Ebene zusammen: Christian Herter wurde Außenminister der Vereinigten Staaten und Konrad Adenauer verblüffte die Welt damit, daß er seine Kandidatur am 4. Juni wieder zurückzog. Als ich Adenauer am 27. April in Cadenabbia, seinem Urlaubsort am Comer See, besucht hatte, war er mir unschlüssig erschienen, jedenfalls voller Zweifel über die Richtigkeit seines Entschlusses, vom Kanzleramt ins Präsidentenpalais überzuwechseln. Statt über Genf hatten wir des längeren über die Kompetenzen des Bundespräsidenten gesprochen, worüber er die Ansichten des ehemaligen Staatsrechtsprofessors hören wollte. Ich konnte seine aus anfänglicher Überschätzung in eine sehr viel nüchternere Beurteilung der präsidentiellen Befugnisse umgeschlagene Stimmung nur verstärken und ihn davor warnen, zu viel in den Text des Grundgesetzes hineinzulesen, wie es einige seiner juristischen Experten im Kanzleramt wohl getan hatten. Mein sachlicher Rat entsprach auch meiner politischen Beurteilung der Frage: Ich hatte seine Kandidatur für die Präsidentschaft von Anfang an für eine Fehlentscheidung gehalten, die auf irgendeinem Wege korrigiert werden mußte. Sie wurde es: Schon am Tage nach meiner Abreise aus Cadenabbia kamen andere Besucher dorthin (Schröder am 28. April, Globke und Krone am 2. Mai), mit denen der Kanzler Gespräche führte, in denen sich sein Entschluß zur Rücknahme seiner Kandidatur, die dann am 4. Juni folgte, immer deutlicher abzeichnete.[8]

Ich bin mit diesen Bemerkungen von meinem Bericht über die Vorbereitungen für Genf abgeschweift und muß daher noch einmal auf den Anfang des Monats April zurückgreifen. Brentano hatte sich vor der bevorstehenden Konferenzserie in Washington einige Tage Ruhe an Bord der ›Flandre‹ gegönnt, eines der schönsten und elegantesten französischen Passagierdampfer, die damals noch regelmäßig zwischen europäischen Häfen und New York verkehrten. Er traf am Ostersamstag in New York ein, für die beiden Ostertage hatten wir ein Quartier in Williamsburg (Virginia) reserviert, wo er Vorbesprechungen mit mir führen wollte. Seine frühzeitige Abreise aus Bonn erwies sich als nachteilig. Wie so häufig, erwachte das Interesse des Kanzlers an einer bevorstehenden Konferenz erst im letzten Augenblick – am Samstag vor Ostern ließ er sich von Scherpenberg über das Ergebnis der Pariser Arbeitsgruppe berichten und kam sofort zu einem höchst negativen Urteil über dieses sehr umfangreiche Papier, von dem er in einem sofort aufgesetzten Brief an Brentano behauptete, daß Scherpenberg selbst es aus Zeitmangel nicht habe lesen können. Scherpenberg wurde unverzüglich nach Washington entsandt, um diesen Brief zu überbringen, der Brentano die strikte Weisung erteilte, dem Bericht der Arbeitsgruppe »unter keinen Umständen zuzustimmen, sich sogar einer Verhandlung über ihn zu widersetzen«.[9]

Scherpenberg kam aus einer fatalen Situation in die andere. Dieser integre, allgemein beliebte und als handelspolitischer Experte hochqualifizierte Mann mußte sich hier auf einem komplizierten Sachgebiet bewegen, das nicht das seine war. Seine langsame, bedächtige Art des Vortragens und Argumentierens mag Adenauers Irritierung noch erhöht haben. Im Amt wußte man es zu schätzen, daß sich Scherpenberg für jeden Besucher so viel Zeit nahm, wie es ihm angemessen schien, ohne Rücksicht auf später anstehende Verpflichtungen. Natürlich warf er damit ständig seinen Terminkalender über den Haufen, und er war für seine Verspätungen so berühmt, daß man scherzhaft für sie die Zeiteinheit »ein Scherp« erfunden hatte. Ich kannte diesen zuverlässigen, gescheiten und urteilsfähigen Mann (den Schwiegersohn Hjalmar Schachts) seit den späten dreißiger Jahren, in denen wir uns in Berlin begegnet waren, und schätzte ihn hoch. Um so mehr bedauerte ich die Lage, in die er hier geraten war: erst vom Kanzler gerüffelt zu werden und dann seinem Minister eine Weisung überbringen zu müssen, die diesen in einige Verlegenheit brachte und ihn in ihrer rüden Schärfe nicht gerade erfreuen konnte.

In der Sache allerdings waren Brentano selbst schon Bedenken gekommen. Wahrscheinlich hatte er vor seiner Abreise kaum Zeit gehabt, sich mit dem Bericht der Arbeitsgruppe (der das Datum des 21. März trägt, während Baudissins Begleitaufzeichnung sogar erst vom 23. März datiert ist) eingehender zu befassen. Auch ich hatte ihm Bedenken vorgetragen, die ich in Paris nicht mehr hatte zur Geltung bringen können, da ich dort erst zu einem Zeitpunkt eintraf, in dem die Beratungen schon vor dem Abschluß standen. Weniger die Substanz als die kategorische und generelle Form der Adenauerschen Weisung waren dazu angetan, Brentano beim Treffen mit den drei anderen Außenministern in eine schwierige Position zu bringen, denn diese gingen davon aus, daß der Pariser Arbeitsgruppenbericht als Grundlage der westlichen Konferenz-Strategie in Genf bereits akzeptiert sei und von den Außenministern nur noch abgesegnet werden müsse.

Um was ging es in der Sache? Mit der diplomatischen Offensive, welche die sowjetische Regierung im November mit Chruschtschows Berlin-Ultimatum ausgelöst und mit ihrem Friedensvertragsvorschlag vom 10. Januar 1959 ausgeweitet hatte, waren der Genfer Konferenz diese beiden Hauptthemen gesetzt, mit denen sich der Westen auseinandersetzen mußte, wenngleich er nicht bereit war, den von Moskau gewünschten Rahmen der Verhandlungen zu akzeptieren. Er hielt daran fest, daß ein Friedensvertrag eine gesamtdeutsche Regierung als Vertragspartner – und damit die Wiedervereinigung – voraussetze, und daß auch die Berlin-Frage langfristig nur im Rahmen einer gesamtdeutschen Lösung geregelt werden könne. Von diesem Standpunkt aus ergab sich die logische Konsequenz, die Konferenz erneut mit einem Plan für die Wiedervereinigung Deutschlands zu befassen, die Friedensvertragsfrage nur im Rahmen allgemeiner Prinzipien zu diskutieren und eine isolierte Berlin-Lösung nur als eine Interimslösung ins Auge zu fassen. Demgemäß konzentrierten sich die Konferenzvorbereitungen auf diese drei Punkte. Dabei gab man sich über die Aussichten, eine gesamtdeutsche Lösung zu erzielen, keinen Illusionen hin und richtete sich innerlich darauf ein, daß es praktisch in erster Linie darum gehen werde, mit einer Interimslösung für Berlin das sowjetische Ultimatum aus der Welt zu schaffen.

Bei dem Versuch, einen neuen Vorschlag zur Deutschland-Frage zu formulieren, konnte man sich gleichwohl nicht damit begnügen, die Positionen von 1955 in neuem Gewande zu präsentieren. Macmillans These, daß man etwas »Konstruktives« brauche, fand fast allgemein Zustimmung. Sie offenbarte zugleich die Schwierigkeiten bei der Ausarbeitung einer westlichen Verhandlungsposition: »Etwas Konstruktives« brauchte man für die eigene öffentliche Meinung im Westen – obgleich es für die Taktik gegenüber dem sowjetischen Verhandlungspartner häufig besser gewesen wäre, stur an den gleichen Ausgangspositionen festzuhalten, die bei vorauf gegangenen Gelegenheiten eingenommen worden waren.

Wie stark die westlichen Überlegungen von Rücksichten auf die öffentliche Meinung bestimmt waren, hatte sich schon auf dem Februar-Treffen der Arbeitsgruppe in Washington gezeigt. Diese hatte sich in ihrem Abschlußbericht vom 13. Februar darauf beschränkt, die sowjetischen und westlichen Positionen zu Berlin und zur Deutschland-Frage im Ganzen zu analysieren, gegenüberzustellen und anschließend einen Katalog von

Fragen zu formulieren, aus deren Beantwortung sich die in Genf zu verfolgende Linie ergeben sollte. In diesem Papier hieß es: »Falls der Westen nicht ein gewisses Entgegenkommen zeigt, riskiert man, daß die öffentliche Meinung im Westen ungeduldig wird und in wachsendem Maße dazu neigt, auf einen für den Osten annehmbaren Ausgleich zu drängen.« Ganz unverblümt wurde das zu bewältigende Problem dahin definiert, daß man davon ausgehen müsse, daß die Sowjetregierung nicht bereit sein werde, ihre Positionen zu verändern und daß man daher entscheiden müsse, ob die Position des Westens so verändert werden könne, daß sie eine mögliche Grundlage für echte Verhandlungen mit der Sowjetunion bilde.

Für die März-Tagung der Arbeitsgruppe kamen entsprechende Vorschläge von britischer und amerikanischer Seite. Während die Briten Vorschläge für eine europäische Rüstungskontrollzone mit einzufrierenden Mannschaftsstärken und Bewaffnungsständen einbrachten, die sich den Gedanken des Rapacki-Planes näherten, legten die Amerikaner einen vollständigen Entwurf eines Friedensvertrages (27. Februar 1959) und ein Positionspapier (12. März 1959) vor, das einen neuartigen Stufenplan für die Wiedervereinigung, gekoppelt mit regionalen Rüstungskontrollmaßnahmen und Vorschlägen für eine Interimslösung in Berlin, vorsah, dessen Einheit durch freie Wahlen unter Überwachung der Vereinten Nationen hergestellt werden und dessen Bevölkerung in einem Plebiszit entscheiden sollte, ob und welche ausländischen Truppen in Berlin verbleiben sollten. Diese Vorschläge hatten, unter Mitarbeit der deutschen Delegation in Paris, zum großen Teil Aufnahme in den Abschlußbericht der Arbeitsgruppe gefunden. Einige Vorschläge waren in den Pariser Beratungen bereits modifiziert worden, doch blieben wesentliche Empfehlungen erhalten, die den Widerspruch Adenauers herausforderten und die auch in meinen Vorgesprächen mit Brentano vor dem Außenministertreffen in Washington bereits zu kritischen Bedenken geführt hatten.

In den Beratungen der Außenminister am 31. März und 1. April kritisierte Brentano besonders jene Partien des Arbeitsgruppenpapiers, in denen sich die neuen amerikanischen Vorstellungen über eine stufenweise Wiederherstellung der deutschen Einheit niedergeschlagen hatten. Paradoxerweise handelte es sich dabei um Vorstellungen, die ihren Ursprung im Bonner Auswärtigen Amt hatten. Dort existierte, ausgearbeitet in der Abteilung 3, seit geraumer Zeit ein Referentenentwurf, dessen Autoren die Legationsräte Boris Meissner (heute Professor für Völkerrecht und Ostrecht an der Universität Köln) und Rudolf Fechter (später Botschafter in Bagdad und Addis Abeba) waren. Da die Bundesregierung eine Zusammenarbeit mit der DDR auf Regierungsebene ablehnte und im Rahmen ihrer Nicht-Anerkennungspolitik ablehnen mußte, hatten sie vorgeschlagen, dieser Schwierigkeit dadurch auszuweichen, daß man sich für das Wiedervereinigungsverfahren eines aus Vertretern aller deutschen Länder in Ost und West zusammengesetzten Organs bedienen sollte. So sehr ich die beiden Autoren schätzte und so wertvoll mir ihre Mitarbeit besonders auch während der Genfer Konferenz war, so wenig Geschmack konnte ich diesem Gedanken abgewinnen. Ihre Entwürfe haben auch niemals eine offizielle Zustimmung durch die Leitung des Amtes oder gar durch die Bundesregierung erhalten. Sie waren jedoch der amerikanischen Botschaft in Bonn und dem State Department bekannt geworden und hatten dort, zunächst auf der Arbeitsebene, schließlich auch bei dem amtierenden Secretary of State, Christian Herter, der nach dem Rücktritt von Dulles auch formell Außenminister wurde, Anklang gefunden. So kam es, daß diese Gedanken als amerikanische Vorschläge Eingang in das Arbeitsgruppenpapier gefunden hatten und nunmehr den deutschen Außenminister zum Widerspruch herausforderten. Sie tauchten im Arbeitsgruppenpapier als »Maßnahmen zur Wiedervereinigung« auf, die Bestandteil einer zweiten Stufe in einem Vier-Stufen-Verfahren sein sollten, wobei die Unterzeichnung eines Friedensvertrages die letzte Stufe bildete; außer einem in erster Linie vorgeschlagenen Verfahren war dabei ein vereinfachter »etwaiger Ersatzplan« vorgesehen. Die Vorschläge sahen wie folgt aus:

Im Laufe einer Übergangszeit sollte ein »Gesamtdeutscher Ausschuß« (in einigen Entwürfen einfach »Kommission« genannt) ein Wahlgesetz und den Entwurf eines Gesetzes über eine vorläufige gesamtdeutsche Behörde ausarbeiten. Er sollte sich aus zwei Delegationen der deutschen Länder sowie Ost- und West-Berlins zusammensetzen. Nach einem Jahr sollten in allen Ländern Vertreter eines »Gesamtdeutschen Rates« in direkten Volkswahlen gewählt werden. Dieser sollte »technische Kontakte« zwischen beiden Teilen Deutschlands entwickeln, ein Wahlgesetz für eine Nationalversammlung und ein Gesetz über die vorläufige Zentralgewalt in ganz Deutschland ausarbeiten und beide Gesetze einem Volksentscheid unterbreiten. Ein von amerikanischer Seite eingebrachter »Ersatzplan« sah als Alternative ein vereinfachtes Verfahren in einer dreijährigen Übergangszeit vor.

Diese Gedanken näherten sich dem Ulbrichtschen Vorschlag einer »Konföderation« der beiden deutschen Staaten. Abgesehen davon, daß diese Zielvorstellung im Verhältnis zwischen einem kommunistischen und einem nichtkommunistischen Gemeinwesen schlechterdings absurd ist, mußten die Vorschläge der Arbeitsgruppe vor allem ganz konkrete praktisch-politische Bedenken wecken: Die Länder existierten in der DDR nur noch auf dem Papier; sie wurden wenig später auch formell beseitigt. Ländervertreter aus der DDR, wie immer sie bestellt würden, konnten nur zentralgesteuerte, disziplingebundene Funktionäre sein; Ländervertreter aus dem Westen würden Landtagsabgeordnete, das heißt freie Politiker eines gewählten Parlaments sein, deren Stimmverhalten sich nie kontrollieren ließ. Da er der SPD mißtraute, erschien Adenauer ein Stimmenverhältnis von 10:6 (zehn westdeutsche Länder, sechs Länder der DDR) zu unsicher.

In einem Drei-Seiten-Memorandum, das Brentano am zweiten Tag des Außenministertreffens seinen Kollegen übergab, wurden diese Bedenken ausgeführt. Der Vorschlag, eine gemischte Kommission mit der Vorbereitung des Wahlaktes zu beauftragen, wurde darin als »gut und annehmbar« bezeichnet. Er könne den häufig erhobenen Vorwurf entkräften, mit dem Verlangen nach freien Wahlen am Beginn des Wiedervereinigungsvorganges werde eine Forderung erhoben, die die Sowjetunion schlechthin nicht erfüllen könne. Die Kommission müsse sich jedoch klar von einer vorbereitenden Stufe für eine Konföderation unterscheiden. Ihre paritätische Besetzung werde abgelehnt. Ihre Zuständigkeit müsse sich auf Wahlvorbereitung beschränken; gegen Vorschlagsrechte für den Ausbau technischer Kontakte bestünden keine Bedenken. Kritisiert wurde die Bestellung der Mitglieder durch die Volkskammer einerseits, die westdeutschen Länderparlamente andererseits; darin liege eine Aufwertung der Volkskammer und eine Abwertung des freigewählten Deutschen Bundestages. Kritisch wurde auch der Vorschlag bewertet, die Kommission später durch einen »Gesamtdeutschen Rat« mit direkt in den Ländern gewählten Vertretern zu ersetzen. Das sei praktisch kaum durchführbar und würde Zufallsergebnisse zur Folge haben.

Bedenken, die sich auf andere Teile des Berichtes bezogen, wurden nicht in dieser schriftlich präzisierten Form vorgebracht; einige dieser Bedenken wurden auch von anderen Außenministern zur Sprache gebracht. Couve de Murville sprach sich gegen die Vorlage eines Entwurfes für einen Friedensvertrag aus, die auch wir nicht wünschten. Man einigte sich daher auf den Gedanken, nur einige allgemeine Prinzipien für einen Friedensvertrag aufzustellen. Dagegen setzte sich der französische Außenminister mit Einwänden gegen die Einbeziehung von Abrüstungsvorschlägen und ihre Verbindung mit der Frage der Wiedervereinigung nicht durch. Vielmehr wurde für Genf ein »Friedensplan« konzipiert, der Wiedervereinigung, europäische Sicherheit und allgemeine Abrüstung miteinander verband.

Im Bereiche der Sicherheit und Abrüstung richteten sich unsere Bedenken besonders gegen eine begrenzte mitteleuropäische Rüstungskontrollzone à la Rapacki, womöglich mit einem Verbot der Placierung von Mittelstreckenraketen in diesem Gebiet. Demgegenüber wurde die Bildung einer »großen Kontrollzone mit Vorkehrungen zur Verhütung von

Überraschungsangriffen« befürwortet. Höchststärkenbegrenzungen wurden akzeptiert.

Am Ende des zweiten Konferenztages hatte Brentano den Arbeitsgruppenbericht zwar nicht in Bausch und Bogen abgelehnt, noch gar eine Verhandlung darüber verweigert, wie es Adenauer gefordert hatte. Aber seine Einwände und Vorbehalte (in dem übergebenen Memorandum hieß es, der Bericht der Arbeitsgruppe »wirft sehr schwerwiegende Probleme auf. Die Bundesregierung wird für die weiteren Beratungen der Arbeitsgruppe ihre Gedankengänge ausarbeiten und nach Genehmigung durch das Kabinett einbringen«) führten doch bei den anderen Teilnehmern zu dem Eindruck, daß die Konferenz ihr Ziel nicht erreicht habe und daß man auf einen neuen Arbeitsgang verwiesen sei – was niemanden erfreute. Am Tage nach der dem Vierertreffen folgenden zweitägigen NATO-Konferenz machte Brentano einen Abschiedsbesuch bei Herter, der ihm unverblümt sagte, das von uns übergebene Memorandum sei »fast ausschließlich negativ« gewesen, und man könne sich schwer vorstellen, wie die Arbeitsgruppe auf dieser Grundlage etwas Attraktives für den Beginn der Verhandlungen erarbeiten könne. Er hoffe, von der Bundesregierung möglichst bald eine präzisere Arbeitsgrundlage zu erhalten. David Bruce, der amerikanische Botschafter in Bonn, wurde noch deutlicher: Man komme nicht weiter, wenn die Arbeitsgruppe in ihren Vorschlägen nicht eindeutige Instruktionen der Regierungen verwirklichen könne. Er sage dies ohne jede Kritik (man weiß, was von einer solchen Beteuerung zu halten ist): Es sei mißlich, wenn die deutsche Delegation in der Arbeitsgruppe sich einem Entwurf – der notwendigerweise ein Kompromiß sei – anschließe, und dieser Entwurf dann von ihrer Regierung abgelehnt werde. Dagegen ließ sich kaum etwas sagen – nur für sich selbst konnte man sich denken, daß man Ähnliches auch schon bei anderen Delegationen erlebt hatte.

Nach diesem Ausgang des Washingtoner Ministertreffens blieb nichts anderes übrig, als die Arbeitsgruppe wieder zusammenzurufen und sie mit der Überarbeitung ihres Papiers vom 21. März unter Berücksichtigung der in Washington aufgetauchten Einwendungen und Anregungen zu beauftragen. Diesem Auftrag kam sie bei einer erneuten Zusammenkunft in London vom 13. bis 23. April nach.

Baudissin leitete wiederum die deutsche Delegation, Bruce reiste nach Cadenabbia und bemühte sich – nicht ganz erfolglos –, den Bundeskanzler von einer erneuten schroffen Ablehnung ihrer Ergebnisse abzuhalten.[10]

Ich erfüllte derweilen mein Besuchs- und Vortragsprogramm in Kalifornien. Dies ließ eine Teilnahme an den Londoner Beratungen nicht zu, und eine Umdisposition wünschte ich nicht: Meine primäre Aufgabe war jetzt meine Botschaftertätigkeit in den Vereinigten Staaten, und eine Einmischung in die der Zentrale obliegenden Aufgaben erschien mir nicht angebracht. Ich habe es stets als eine grundlegende Anstandsregel des Auswärtigen Dienstes betrachtet, daß man seinen früheren Dienstort möglichst meidet und seinen Nachfolger nicht durch Anwesenheit und nicht erbetene Aktivitäten in seinem Bereich irritiert. Noch mehr als für die Zentrale gilt diese Regel natürlich für Auslandsposten.

Während ich mich an der Westküste aufhielt, vor dem World Affairs Council in Los Angeles und vor dem Commonwealth Club in San Francisco sprach, die Universitäten Stanford und Berkeley besuchte, erreichte mich ein Telegramm aus Bonn, das mich kurzfristig zum Kanzler nach Cadenabbia berief. Auf dem schnellsten Wege flog ich nach Mailand und war am 26. April am Comer See. Hintergrund dieser Blitzreise: Nachdem man sich entschieden hatte, daß sich der Bundesaußenminister nicht mit dem Außenminister der DDR an den Konferenztisch setzen dürfe, hatte Adenauer darauf bestanden, daß ich die Rolle des Vertreters der Bundesregierung im Konferenzsaal von Genf übernehmen solle. Der für die Deutschland- und Berlin-Politik zuständige Abteilungsleiter des Auswärtigen Amtes, der Ministerialdirektor Duckwitz, sollte die »koordinierende Leitung außerhalb des Konferenzsaales« ausüben. Dieses Arrangement war offensichtlich nur ein Feigenblatt, das die Tatsache verhüllen sollte, daß Adenauer Duckwitz gegenüber ein tiefes Mißtrauen hegte und ihm bei dieser Konferenz um keinen Preis einen wesentlichen Einfluß gewähren wollte. Was war außerhalb des Konferenzsaales schon zu »koordinieren«, da doch der Außenminister selbst sich vom ersten bis zum letzten Tage der Konferenz in Genf aufhielt? Ich zweifelte keinen Augenblick, daß ich alle Weisungen von ihm direkt erhalten würde, und so geschah es denn auch. Für einen »Koordinator« gab es praktisch keine Aufgabe. Duckwitz, der keine Auseinandersetzungen liebte, fand sich damit ab, unser persönliches Verhältnis blieb ungetrübt.

Adenauers Mißmut über das Auswärtige Amt erreichte in jenen Wochen einen Höhepunkt.[11] Einige Bemerkungen im Tagebuch Heinrich Krones lassen das erkennen: »24. April 1959: Im Auswärtigen Amt ist eine nicht schwache Gruppe, die den Deutschland-Plan der SPD bejaht.« »15. Mai 1959: Wieder einige Stunden beim Kanzler. Klagen über das Auswärtige Amt und über Brentano.«[12] Was Adenauers Mißtrauen gegen Duckwitz anbetrifft, so war es von seinem Standpunkt aus nicht unbegründet: Dieser neigte schon damals (lange bevor er unter dem sozialdemokratischen Außenminister Brandt Staatssekretär wurde) zu den außenpolitischen Konzeptionen der SPD. Brentanos enges Verhältnis zu ihm bleibt in mancher Hinsicht rätselhaft, denn seine Vorstellungen über die Deutschland-Politik waren mit Brentanos Ansichten schwer vereinbar.

Er war ein guter Kumpan bei den Eß- und Trinkausflügen, die Brentano in und von Genf aus in reichem Maße kultivierte. Ich fand diese, wenn ich mitfahren mußte, meist qualvoll, denn bei aller Wertschätzung französischer Gastronomie hatte ich weder das Sitzfleisch noch die Zeit (ich mußte ja von einem Tag auf den anderen meine Reden und Erklärungen in der Konferenz vorbereiten – eine Aufgabe, die ich nicht zu delegieren liebte), dafür viele Stunden zu opfern – meist auf harten, unbequemen Stühlen und bei einer Unterhaltung, die auf ziemlich niedrigem Niveau ansetzte und von Stunde zu Stunde absank.

Am 26. und 27. April war ich zusammen mit Brentano (Scherpenberg mußte krankheitshalber in Bonn bleiben) zu mehrstündigen Gesprächen in der altmodischen und nicht besonders komfortablen, aber reizvoll hoch über dem Comer See gelegenen Villa Collina, in der Adenauer sein Urlaubsquartier aufgeschlagen hatte. Auf dem Wege dorthin passierten wir den Ort Tremezzo – den Herkunftsort der Familie Brentano, eines alten lombardischen Adelsgeschlechts, dessen einer Zweig seit dem siebzehnten Jahrhundert in Deutschland ansässig war und dem Rat der Stadt Frankfurt angehörte; 1888 wurde die Familie unter dem Namen Brentano di Tremezzo in den hessischen Adelsstand erhoben.

Gegenstand der Gespräche mit dem Kanzler war natürlich in erster Linie der Stand der Planung für die westliche Konferenz-Strategie und die Organisation unserer Konferenz-Delegation. Nachdem Bruce am Tage zuvor in Cadenabbia gewesen war und den Kanzler auf die neue Fassung des Arbeitsgruppenberichtes eingestimmt hatte und im Hinblick darauf, daß Brentano in Paris noch einmal Gelegenheit haben würde, mit den drei westlichen Außenministern zu beraten und die Auffassungen seines Regierungschefs darzulegen, verlief diese Besprechung ruhig und ohne Meinungsverschiedenheiten. Der Arbeitsgruppenbericht war in einer »vorläufig letzten Fassung« in deutscher Übersetzung am 23. abends von unserer Botschaft London nach Bonn durchgegeben worden. Mindestens dieser Text muß der Besprechung zugrunde gelegen haben. Er enthielt, abgesehen von einigen letzten Änderungen, die noch beim Pariser Außenminister-Treffen beschlossen wurden, jenen westlichen »Friedensplan«, den Außenminister Herter am 10. Mai in Genf vorlegte (und der deshalb häufig auch als Herter-Plan bezeichnet wird). Adenauer beklagte sich später, daß ihm dieser Plan, den er scharf kritisierte, nicht rechtzeitig mitgeteilt worden sei. Diese Klage war wenig überzeugungskräftig. Selbstverständlich sind ihm auch die in Paris beschlossenen Änderungen sofort mitgeteilt worden. Eine andere Frage ist natürlich, ob er sie gelesen hat. Lange, technisch formulierte Dokumente zu lesen, liebte er nicht. Solange ich Leiter der Politischen Abteilung in Bonn war, pflegte ich von solchen Dokumenten Kurzfassungen herzustellen und sie mit möglichst knappen, prägnanten Erläuterungen einzuführen. Ob dieses im Falle des »Friedensplanes« durch irgend jemanden in Bonn geschehen ist, vermag ich nicht zu sagen. Vielleicht ist es versäumt worden, so daß sich der Kanzler deswegen ungenügend informiert fühlte. Als die Außenminister zum letzten Male vor Konferenzbeginn am 29./30. April in Paris zusammenkamen, lasen sie in der Einleitung des Arbeitsgruppenberichtes, daß die Arbeitsgruppe »zwar eine weitgehend einmütige Auffassung erzielt« habe, daß es jedoch noch »einige Fragen« gebe, die eine Weisung der Minister erfordere. Solche Fragen gab es noch zu den Komplexen Sicherheit und Abrüstung, Wiedervereinigung, Berlin, Taktik – also eigentlich zu allem. Das war wohl auch der Grund, der Herter veranlaßte, die von der Arbeitsgruppe erzielten Fortschritte als »enttäuschend« zu bezeichnen. Gleichwohl gelang es, in diesen beiden Tagen zu allen Fragen eine übereinstimmende Antwort zu finden.

Obwohl bis zum Konferenzbeginn in Genf nur etwas über eine Woche verblieb, flog ich doch noch einmal nach Washington zurück. Da ich Hals über Kopf von Kalifornien nach Cadenabbia gerufen worden war, mußte ich schon deswegen zurück, um Dispositionen für meine längere Abwesenheit zu treffen. Schon am 9. Mai saß ich jedoch wieder in einer Swiss Air-Maschine auf dem Rückwege nach Genf.

Am Katzentisch der Krisenkonferenz

Am 11. Mai nachmittags ging der Vorhang hoch für eine Konferenz, deren Dauer alle Erwartungen übertraf: Mit zweimaligen Unterbrechungen schleppte sie sich bis zum 4. August hin.

Grund für diese lange Dauer war das immer noch schwebende sowjetische Berlin-Ultimatum. Der Westen suchte es im Verlaufe langer Konferenzwochen in Vergessenheit zu bringen. Ein ergebnisloser Abbruch der Konferenz, so fürchtete man, könne das Ultimatum wieder aufleben lassen. Tatsächlich hat man die Konferenz erst beendet, nachdem diese Möglichkeit durch einen anderen Schachzug mit mehr oder minder großer Wahrscheinlichkeit ausgeschlossen worden war: durch die Einladung Chruschtschows zu einem Besuch der Vereinigten Staaten.

Unterbrochen wurde die Konferenz zum ersten Male vom 26. bis 29. Mai aus Anlaß des Todes von John Foster Dulles. Drei Tage ließ man Auseinandersetzungen und Polemik ruhen, die Außenminister beider Seiten flogen zur Beisetzung nach Washington – sogar gemeinsam in einem amerikanischen Flugzeug. Auch ich flog – in der Sondermaschine des Kanzlers – dorthin. Zurück blieb in Genf nur der »sogenannte

Dr. Bolz«, wie Couve de Murville in ironischer Anspielung auf den westlichen Sprachgebrauch (die »sogenannte DDR«) den Außenminister der DDR, Lothar Bolz, apostrophierte. Die zweite Unterbrechung dauerte vom 21. Juni bis 13. Juli; sie war eine Verlegenheitspause, die sich daraus ergeben hatte, daß die Verhandlungen sich festgefahren und einen toten Punkt erreicht hatten. Am Abend vor ihrem Wiederzusammentritt, am 12. Juli, gab Couve de Murville in seiner Villa in Versoix in kleinem Kreise ein Abendessen für den in Genf zu kurzem Informationsaufenthalt eingetroffenen italienischen Außenminister Giuseppe Pella. Als man über die Dauer des zweiten Konferenzabschnitts spekulierte und Wetten abschloß, ließ ich alle Anwesenden auf meiner Menü-Karte ihre Schätzwerte niederschreiben. Selwyn Lloyd tippte auf den 28. Juli; Pella: 31. Juli; ich: 1. August; Brentano: zwanzig Tage (2. August); Merchant: drei Wochen (3. August). Am nächsten kamen Couve de Murville und Herter mit ihren Schätzungen dem tatsächlichen Verlauf: Dreieinhalb Wochen schrieb Herter; Couve nannte den 7. August. Tatsächliches Schlußdatum wurde der 5. August. Im Trubel des Aufbruches wurde jedoch der Wettpreis nicht mehr kassiert.

Genf präsentierte sich in diesen Sommermonaten von Anfang Mai bis Anfang August in einem freundlicheren Lichte, als im November 1955. Der Sommer 1959 war von schönstem Wetter begünstigt. Für die Außenminister waren außerhalb des Stadtkerns Villen am Seeufer gemietet worden; auch Brentano bewohnte eine solche, in dem vom Konferenzsaal am weitesten entfernten Stadtviertel Veyrier. Unsere Büros hatten wir in einem Hotel der Innenstadt eingerichtet, dem ›Rex‹, wo wir auch unsere Delegationsbesprechungen abhielten. Es gab bei dieser Konferenz immer wieder »tote« Zeiten, die man zum Schwimmen oder zu kleinen Ausflügen in die nähere Umgebung nutzen konnte. Herter, Couve de Murville und Selwyn Lloyd trafen sich häufig zum Bridge-Spiel, zu dem sie auch Brentano und mich eingeladen hatten – leider waren wir beide keine Bridge-Spieler, ein Mangel, den ich bei dieser Gelegenheit zum ersten Male empfand und bedauerte. Für die Konferenz selbst stand der frühere Völkerbundpalast, das nach dem Kriege von den Vereinten Nationen übernommene Palais des Nations, zur Verfügung; Hausherr Dag Hammarskjöld, der UN-Generalsekretär, war selbst zur Eröffnung erschienen. Schwierigkeiten hatte es bis zum letzten Augenblick mit der Sitzordnung und – im Zusammenhang damit – mit der Anordnung der Konferenztische gegeben. In dem Bestreben, den Status der DDR-Delegation als Vertretung eines »souveränen Staates« zur Geltung zu bringen, drängten die Sowjets darauf, beide deutsche Delegationen am gleichen Konferenztisch mit den vier Großmächten placiert zu sehen. Eben um der DDR diese Anerkennung vorzuenthalten, insistierten die Westmächte auf gesonderten Tischen für die beiden deutschen »Berater«-Delegationen. Da man sich zunächst nicht einigen konnte, mußte am 11. Mai der eigentlich für den Vormittag vorgesehene Konferenzbeginn verschoben werden. Stunde um Stunde kursierten im »Maison de la Presse« neue Gerüchte über die Form des Konferenztisches: rund oder viereckig, ein Tisch oder mehrere. Nachmittags um sechs Uhr konnte man endlich beginnen: die Vier an einem großen runden Tisch, dessen eine Hälfte sie jedoch nur besetzten. An die andere Hälfte wurden zwei kleinere Tische angesetzt, an denen die Deutschen aus West und Ost saßen: am »Katzentisch«, wie es in der Presse sogleich hieß.

Was sich an diesen Tischen in den folgenden Wochen abspielte, war im wesentlichen eine große Redeschlacht, in dem jede Seite die andere mit publikumswirksamen Argumenten und Vorschlägen zu übertrumpfen suchte. Verhandelt wurde nur außerhalb des Konferenzsaales, in geheimen Sitzungen der Vier, mit dem alleinigen Thema Berlin. Nach mehr als zwei Wochen fruchtloser Rhetorik einigten sich die drei westlichen Außenminister mit Gromyko am 28. Mai – während ihres gemeinsamen Rückfluges von Washington nach der Beisetzung von John Foster Dulles – darauf, die mehr oder minder öffentlichen Vollsitzungen der Konferenz auf wöchentlich zwei zu beschränken und sich ganz auf die geheimen Berlin-Verhandlungen zu konzentrieren. Auf beiden Ebenen wurde den Erfolgsaussichten der Konferenz jedoch am 9./10. Juni ein schwerer Schlag versetzt, als Gromyko überraschend einen neuen Vorschlag vorlegte, der jede Berlin-Verständigung an die Bedingung der Bildung eines gesamtdeutschen Ausschusses knüpfte, der aus Ost- und Westvertretern paritätisch zusammengesetzt sein sollte. Westliche Truppenkontingente in »symbolischer« Stärke sollten in Berlin bleiben können. Wenn der Ausschuß jedoch binnen Jahresfrist keine positiven Ergebnisse erzielte, wollte sich die Sowjetregierung ihre Handlungsfreiheit vorbehalten. Damit war man praktisch wieder bei einem Ultimatum, jetzt mit einjähriger Laufzeit, angelangt. Zehn Tage später, am 29. Juni, verlängerte Gromyko diese Frist auf achtzehn Monate; doch wurden seine Vorschläge damit nicht wesentlich attraktiver. In düsterer Stimmung vertagte sich die Konferenz für drei Wochen. Am 13. Juli trat sie wieder zusammen. In dieser zweiten Phase gab es nur noch wenige Plenarsitzungen, die Geheimsitzungen wurden als »Arbeitsessen« umfrisiert, um ihnen ihren offiziellen Charakter zu nehmen. Häufig verhandelte ein westlicher Außenminister allein und im Auftrag der anderen mit Gromyko. Auf der westlichen Seite kam es zu häufigen Beratungen der drei Außenminister mit Brentano, um kurzfristig das weitere Vorgehen abzustimmen. Gesprochen wurde fast nur noch über Berlin. Am 28. Juli kam es zu einem Austausch von Arbeitspapieren, in denen jede Seite eine Interimslösung für Berlin skizzierte. Ähnliche Papiere waren schon in der ersten Phase, am 16. und 19. Juni, ausgetauscht worden.[1] Zu einer Einigung führten sie in beiden Fällen nicht. Dem brauchte man keine Träne nachzuweinen, denn keine dieser Interimslösungen hätte die Situation Berlins verbessert, jede hätte nach ihrem Ablauf eine neue Berlin-Krise provoziert.

Fünf Jahre sind keine lange Zeit. Sie mögen lang erscheinen, wenn man in eine ungewisse Zukunft blickt. Heute sind wir schon zwanzig Jahre von dem Beginn, fünfzehn Jahre von dem Ende dieser Interimsperiode (falls Gromyko überhaupt eine fünfjährige Frist akzeptiert hätte) entfernt. Inzwischen haben wir ein Viermächte-Abkommen über Berlin vom 3. September 1971, das immer noch viel zu wünschen übrigläßt, das aber wenigstens nicht befristet ist und nicht die sehr problematischen Zugeständnisse enthält, zu denen die Westmächte 1959 bereit waren (Beschränkung der Truppenstärken, Verzicht auf die Stationierung von Atomwaffen und Raketenanlagen, Kontrolle mißliebiger Propagandaaktivitäten).

In beiden Konferenzabschnitten kam der Regierende Bürgermeister von Berlin, Willy Brandt, je einmal nach Genf. Bei seinem ersten Besuch, am 12. Juni, ging es hauptsächlich darum, ob die Wahl des neuen Bundespräsidenten gemäß den Vorschlägen des Bundestagspräsidenten Gerstenmaier am 1. Juli in Berlin abgehalten werden – oder ob die Bundesversammlung in Bonn tagen sollte. Adenauer und Brentano glaubten, während einer akuten Berlin-Krise riskante Kraftproben mit Moskau vermeiden zu sollen, Brandt wollte nicht darauf verzichten, die Bundesversammlung in Berlin tagen zu sehen. Als Bürgermeister von Berlin konnte er wohl nicht anders; der Ablauf der Ereignisse hat ihm recht gegeben, denn weder am 1. Juli 1959, als Heinrich Lübke zum Bundespräsidenten gewählt wurde, noch bei dessen Wiederwahl 1964, noch bei der Wahl Heinemanns im März 1969 hat die Vollziehung des Wahlaktes in Berlin zu ernsteren Komplikationen geführt. Walter Scheel wurde 1974 von der Bundesversammlung in Bonn gewählt – ein Indiz für die im Viermächte-Abkommen über Berlin nicht vorgesehene, aber faktisch eingetretene Statusverschlechterung Berlins. Inzwischen haben sich die Fronten völlig verkehrt; heute sind es die SPD-Politiker, die zur Zurückhaltung mahnen, wenn es um Bundespräsenz in Berlin geht.

Brandts zweiter Besuch in Genf erfolgte auf ausdrücklichen Wunsch Brentanos – zu einem Zeitpunkt, in dem die zweite Serie von »Arbeitspapieren« über eine Interimslösung für Berlin ausgetauscht wurde, also nach dem 28. Juli. Brentano befürchtete, daß die Westmächte über die Bedingungen ihres Papiers hinaus weitere Konzessionen machen könnten, die die Grenze des noch Tragbaren überschreiten könnten. Seine Gespräche mit dem Regierenden Bürgermeister, der sich nachdrücklich gegen ein befristetes Interimsabkommen mit unklarer Rechtslage nach Ablauf der Interimsperiode und mit einer festen Vereinbarung über die Reduzierung der westlichen Truppenkontingente in Berlin aussprach und eine ergebnislose Beendigung der Konferenz gegenüber einem solchen fragwürdigen Kompromiß den Vorzug gab, gaben ihm zusätzliche Argumente für eine am gleichen Tage unternommene Demarche bei Herter, der seine Besorgnisse zu zerstreuen suchte und diese Bemühungen am nächsten Tage bei einem von Brentano gegebenen Lunch auch Brandt gegenüber fortsetzte. Dieser betonte erneut, daß Berlin eher bereit sei, ein kritisches Zwischenstadium in Kauf zu nehmen, als sich solchen Konzessionen gegenübergestellt zu sehen, die als »Anfang vom Ende« aufgefaßt werden könnten. Die Weitergeltung der alliierten Rechte in Berlin sei wichtiger als Einzelheiten einer Interimsvereinbarung. Nach diesem Gespräch konnte ich Brandt bei einem Besuch in seinem Hotel eine mir von den Westmächten übermittelte Zusatzklausel zu dem Papier vom 28. Juli zur Kenntnis geben, die deutlicher klarstellen sollte, daß nach Ablauf eines Interimsabkommens die frühere Rechtslage wieder aufleben würde. Die völlige Unnachgiebigkeit, welche die Sowjetdelegation am 1. August an den Tag legte, hat jedoch die Einbringung dieser Zusatzklausel, zugleich aber auch jede weitere Erörterung der Entwürfe vom 28. Juli unmöglich gemacht. Brandt konnte abreisen, ohne einen schlechten Kompromiß befürchten zu müssen. Beide Auftritte in Genf hatten jedenfalls einen Willy Brandt in Erscheinung treten lassen, den man eher zu den »Falken« als zu den »Tauben« zu zählen hatte.

Anders als 1955 kam es bei dieser Konferenz zu mehrfachen Begegnungen des Bundesaußenministers mit dem sowjetischen Außenminister. Schon wenige Tage nach Konferenzbeginn, am 14. Mai, stattete ihm Brentano einen Höflichkeitsbesuch ab, den Gromyko am 23. Mai erwiderte. In der Presse wurden diese Begegnungen stärker hochgespielt als sie es verdienten. Sachlich erbrachten sie nichts. Über das ziemlich ausgedehnte Gespräch vom 23. Mai gibt es ein elf Seiten langes Dolmetscher-Protokoll, dessen Lektüre ebenso ermüdend wie deprimierend ist, ein klassisches Beispiel für den »Dialog der Tauben« (der Gehörlosen, nicht der »Tauben« im Gegensatz zu den »Falken«), wie er sich nicht wesentlich anders, nur etwas förmlicher, auch im Konferenzsaal durch Wochen hindurch abspielte. Gromyko benutzte auch diese Gelegenheit, alle stereotypen Vorwürfe der sowjetischen Propaganda zu wiederholen: daß Bonn Entspannung und Abrüstung sabotiere, Westdeutschland in einen Militärstaat verwandele, nach Atomwaffen strebe, durch die Nichtanerkennung der DDR die Spannung zwischen beiden deutschen Staaten erhöhe. Brentano replizierte höflich aber entschieden, immer wieder von der Bonner Grundthese ausgehend, daß Entspannung nur möglich sei, wenn man die

Ursachen der Spannung – die Vorenthaltung der freien Selbstbestimmung aller Deutschen – beseitige.

Etwas interessanter, wenngleich im Endergebnis ebenso unergiebig, waren die Diskussionen, die sich bei einem von Brentano gegebenen Abendessen für die Sowjetdelegation am 12. Juni entwickelten. Mir bleiben sie unvergeßlich, weil sie in besonders krasser Form die unbekümmerte Mißachtung aller logisch-rationalen Argumente durch unsere Gesprächspartner offenbarten. Ich hatte es bei dieser Diskussion, die sich zeitweilig hauptsächlich zwischen Gromyko und mir abspielte (anwesend waren außer den beiden Ministern: auf sowjetischer Seite Sorin, Iljitschow, Smirnow, auf unserer Seite von Eckhardt, Duckwitz, Thierfelder, Meissner), darauf angelegt, Gromyko mit seinen im Konferenzsaal vertretenen Thesen in die Enge zu treiben, daß das Besatzungsregime in Berlin beendet werden müsse, daß aber der Sowjetunion die Stationierung eines eigenen Truppenkontingents in West-Berlin gestattet werden sollte. Wenn das Besatzungsrecht erloschen sei – worauf solle sich dann die Anwesenheit sowjetischer Truppen in West-Berlin noch stützen? Wolle die Sowjetunion einen Stationierungsvertrag mit uns oder dem Senat von Berlin schließen oder sei sie bereit, die Zustimmung der Bevölkerung in einer Volksabstimmung einzuholen? Gromyko hatte nur eine Antwort, die jeder Logik Hohn sprach: Es solle sich um ein »symbolisches« Truppenkontingent handeln, dessen Anwesenheit durch ein Abkommen zwischen den Vier Mächten legitimiert werde. Natürlich ist die Zahl der Truppen, ihre etwaige Beschränkung auf eine kleine, symbolische Zahl, ganz gleichgültig für die Frage, wie ihre Anwesenheit legitimiert werden soll; und ein Abkommen der Vier Mächte, das ihnen, über den Kopf der Berliner Bevölkerung und ihrer Regierung hinweg, diese Legitimation verschaffen sollte, setzte die Fortexistenz der obersten Besatzungsgewalt voraus. Aber diese mangelnde Schlüssigkeit seiner Argumentation setzte Gromyko keinen Augenblick in Verlegenheit. Wenn es keinen logischen Ausweg mehr gab, wußte er sich den Anschein zu geben, als habe er die Frage nicht verstanden, oder er wiederholte einfach seine gerade widerlegten Argumente. Alle diese Methoden wußte er mit großer dialektischer Geschicklichkeit zu handhaben.

Damit ist schon gesagt, daß ich es auch im Konferenzsaal mit einem Gegenspieler zu tun hatte, der nicht zu unterschätzen war. Mein Entfaltungsspielraum war nicht groß: Wir waren keine vollen Konferenzteilnehmer, sondern nur »Berater«. Ich war kein Minister, kein eigenständiger Politiker, sondern nur ein Botschafter; draußen am Stadtrand von Genf saß mein Minister, der mir jederzeit Weisungen erteilen konnte. Das eigentliche Hauptthema, dem allein brennende Aktualität zukam, wurde in erster Linie außerhalb des Konferenzsaales zwischen den »Vier«

verhandelt. Was blieb übrig? Eine große öffentliche Redeschlacht über die Deutschland-Frage im Ganzen, ein Forum zur Bekanntgabe derjenigen Verhandlungspositionen, die man der Öffentlichkeit zur Kenntnis geben wollte. In diesem Rahmen konnte ich nur versuchen, unsere Position und unsere Ziele so wirksam und überzeugungskräftig wie möglich zur Darstellung zu bringen. Damit habe ich mir viel Mühe gegeben, nicht ganz ohne Erfolg, wie mir scheint – wobei ich einräume, daß man sich bei solchen Bewertungen gern Selbsttäuschungen hingibt. Unter meinen Papieren befindet sich ein handschriftlicher Zettel, den mir Livingston Merchant, in Genf Herters wichtigster Mitarbeiter, nach meiner Schlußerklärung am 5. August, über den Konferenztisch zureichen ließ. Unter dem Briefkopf »Department of State – Assistant Secretary« stand mit Bleistift gekritzelt: »Damned good speech.« In dem letzten Bericht der ›New York Herald Tribune‹ vom 6. August über den Abschluß der Konferenz schrieb Don Cook: »The West German Ambassador ... has delivered some of the best speeches of the Conference.« Daß die ›Prawda‹ meine Reden eine »Komprimierung von Haß gegen alles Progressive, eine Kaskade übler Verleumdungen gegen die Sowjetunion, die DDR und andere sozialistische Länder« nannte[2] und daß die Parteipresse der DDR in diesen Ton einstimmte, war zu erwarten gewesen und konnte nur als Bestätigung der Wirksamkeit des Gesagten gewertet werden.

Die Presse der Bundesrepublik? Der SPD-Pressedienst bemühte sich schon, bevor die Konferenz überhaupt begonnen hatte, ein möglichst negatives Bild des Bonner Konferenzdelegierten zu zeichnen: Er sei »hartnäckig bemüht, alles Erdenkliche zu tun, um westliche Initiativen zur Auflockerung der Ost-West-Spannung zu torpedieren. Er versuche, jeden Vorschlag der Amerikaner zu durchlöchern, der auf eine größere Beweglichkeit der westlichen Taktik in Genf abziele.[3] Drei Tage vor Konferenzbeginn schrieb im gleichen Geiste der Vorwärts: »Mit Professor Wilhelm Grewe geht der falsche Mann nach Genf.« Der Jargon dieser Artikel, man muß es leider sagen, ähnelte in fataler Weise den Stimmen aus Ost-Berlin. Die übrige Presse urteilte anders. Die ›Zeit‹ schrieb über den »Botschafter am Katzentisch«: »Seine subtile Sachkenntnis und sein klares Urteil über mögliche Verhandlungssituationen, die von anderen Gesprächspartnern nur vage erfaßt wurden, fielen erst unlängst wieder auf, als die Westmächte in Washington eine gemeinsame Linie für die Genfer Konferenz zu erarbeiten suchten. Von den deutschen Teilnehmern hinterließ er dabei bei weitem den überzeugendsten Eindruck.«[4] In anderen Blättern hieß es, die Bundesrepublik werde »von ihm auf dieser Nerven verbrauchenden mühseligen Konferenz mit Würde und Geschick vertreten. Es wird daher niemand – außer Dr. Bolz – zu bedauern haben, daß der Bundesaußenminister sich entschloß, dem Konferenzsaal fernzubleiben.«[5] Die westdeutsche Delegation sei »immer korrekt, aber von einer betonten Härte in der Sache«.[6] Der ›Spiegel‹ brachte eine lange Titelgeschichte[7] über den »Bonner Genf-Berater«, die mit den Worten vorangekündigt wurde: »Nach dem Ausscheiden Hallsteins und Blankenhorns ist er der einflußreichste Diplomat des Bundes.«[8]

In dieser sehr ausführlichen, bebilderten Story wurde das Objekt von allen Seiten beleuchtet: Herkunft, Bildungsgang, politische und wissenschaftliche Vergangenheit, Familie und Privatleben, Publikationen, politische Ansichten – alles kam darin vor. Über den Auftritt auf der Genfer Bühne hieß es: »Wilhelm Grewes Genfer Auftreten in internen Besprechungen, Vollsitzungen und auf Abendgesellschaften hat dem erst siebenundvierzigjährigen ordentlichen Professor den Ruf eingetragen, daß er kein Diplomat alter Schule sei, sondern in der behandelten Materie – Berlin, Wiedervereinigung, Sicherheit – der kompetenteste deutsche Unterhändler, mit dem die Westmächte seit Gründung der Bundesrepublik zu tun hatten.« In einer ›Spiegel‹-Geschichte durfte Kritik nicht fehlen. Sie richtete sich (eine für mich nicht gerade neue oder überraschende Zielrichtung) gegen den angeblich zu juristisch-akademischen Stil meiner Reden: »In der Tat zeichnen sich Grewes Darlegungen vor dem Rat der Außenminister vor allem durch ihre juristische Diktion und Argumentation aus, die den Vorteil der Klarheit und den Nachteil wirklichkeitsarmer Blässe in sich tragen.«

Auf die Gefahr, den Eindruck zu erwecken, daß ich keine Kritik vertragen könnte, muß ich bekennen, daß ich diese Zielrichtung der Kritik meist als verfehlt und unbegründet empfunden habe. Da ich nur zu gut wußte, daß ein ehemaliger Rechtsprofessor immer dem Vorurteil begegnet, daß er juristisch doziere, habe ich mich davor stets besonders sorgsam gehütet. Aber man kommt in der Politik nicht immer ganz ohne Rechtsbegriffe aus. Die Sowjetpolitiker bedienen sich ihrer ganz ungehemmt und ungeniert, und man läßt es ihnen durchgehen. Wenn in der öffentlichen Diskussion über Kernenergie gesprochen wird, sind sogar meist recht komplizierte fachliche Erläuterungen notwendig. Auch ein Minimum von Rechtsbegriffen muß man in einer politischen Rede der mündigen Öffentlichkeit eines demokratischen Landes zumuten können.

Insgesamt war jedenfalls das Presseecho – dem bei dieser so sehr auf Öffentlichkeitswirkung angelegten Konferenz eine besondere Bedeutung zukam – ganz überwiegend positiv, soweit es mich betraf. Es gipfelte um den 1. Juli herum in Pressespekulationen, die von meiner Rückberufung nach Bonn als Staatssekretär des Auswärtigen Amtes wissen wollten.[9]

Solche Spekulationen hatte ich schon zu häufig gelesen, um ihnen noch Bedeutung beizumessen. Sie wurden auch alsbald dementiert, was mich nur erleichterte, denn ich hegte lebhaft den Wunsch, nach Washington zurückzukehren: Ich hatte dort erst etwas über ein Jahr verbracht und war davon überzeugt, daß dieser Zeitraum zu kurz war, um diesem Posten gerecht zu werden. Ich wollte von dort erst zurückkehren, wenn ich die Überzeugung gewonnen haben würde, auf diesem Posten etwas Sinnvolles geleistet zu haben. Ich verließ daher Genf in dem Gefühl, daß diese Konferenz für mich keine Zäsur bedeutete, sondern ein Intermezzo blieb, nach dem ich meine Aufgabe in Washington weiter wahrnehmen würde – bereichert um die Erfahrungen einer weiteren ergebnislosen Konferenz.[10]

War alles falsch?

Genf III beendete einen fünfjährigen Zeitabschnitt, in dem die Deutschland-Frage den Gegenstand von Vierer-Konferenzen gebildet und an der Spitze der Tagesordnung diplomatischer Verhandlungen der Großmächte gestanden hatte. Von nun an traten zunehmend andere Fragen, Gegenstände und Themen in den Vordergrund. Für lange Zeit sollte die Deutschland-Frage von der Tagesordnung großer internationaler Konferenzen verschwinden. Hatten wir die Chance verpaßt, doch noch zu einer Regelung unserer nationalen Frage zu kommen, wie so viele Kritiker meinten?

Fast nie ist in den Auseinandersetzungen darüber beachtet worden, daß der auf dieser letzten Genfer Deutschland-Konferenz von Außenminister Herter vorgelegte »Friedensplan« des Westens nahezu alle jene Angebote enthalten hatte, die nach der Auffassung der bekanntesten Kritiker – von Pfleiderer bis Sethe – geeignet gewesen wären, Moskau verhandlungswillig zu machen:

Freie Wahlen wurden nicht mehr als erster Schritt auf dem Wege zur Wiedervereinigung gefordert. Sie sollten nunmehr den Abschluß eines längeren, in mehreren Phasen zu verwirklichenden Prozesses zur Wiederherstellung der deutschen Einheit sein.

Der Westen – und mit ihm die Bundesregierung – stimmte der Bildung eines gemischten deutschen Ausschusses zu, der so zusammengesetzt sein sollte, daß nach seinen Verfahrensregeln die aus der DDR entsandten Vertreter nicht von denen der Bundesrepublik überstimmt werden konnten. Er sollte für den Ausbau der technischen Kontakte zwischen beiden Teilen Deutschlands, für die Gewährleistung der Freizügigkeit und die Respektierung der Menschenrechte sowie für die Ausarbeitung eines Wahlgesetzes zuständig sein.

Das wiedervereinigte Deutschland sollte nicht automatisch und zwangsläufig an den Westen gebunden sein, sondern sollte volle Entscheidungsfreiheit über seine Bündnisbindungen besitzen. Da man stets erwartete, daß es sich bei voller Freiheit für den Westen entscheiden werde, hatten die Kritiker der Bonner Politik das Prinzip der Entscheidungsfreiheit stets als ungenügend bezeichnet und eine Vorabentscheidung über den militärischen Status Deutschlands auch für diesen Fall gefordert, die der Sowjetunion Schutz gegen eine Verschlechterung ihrer Sicherheitslage bieten sollte. Auch nach dieser Richtung hin zeigte der »Friedensplan« von 1959 Entgegenkommen und machte Angebote, die im Zuge einer Verhandlung hätten aufgegriffen und ausgeweitet werden können.

Besondere Sicherheitsvorkehrungen sollten außerdem gewährleisten, daß in jedem Falle, wie auch immer eine gesamtdeutsche Regierung sich entscheiden würde, sei es für die NATO, den Warschauer Pakt oder keines von beiden Bündnissystemen, keine Verschlechterung der militärischen Lage für die östliche oder westliche Seite eintreten würde: militärische Verdünnungsmaßnahmen in den bisherigen Konfrontationsgebieten, gegenseitige Beistandszusagen für den Fall einer Aggression, vertragliche Abmachungen gegen ein Vorrücken der beiderseitigen Streitkräfte über die bisherigen Demarkationslinien hinaus.[1]

Alles dieses war in den weitgespannten Rahmen eines Friedensplanes eingebettet worden, der die Wiederherstellung der deutschen Einheit mit Maßnahmen zur Gewährleistung der europäischen Sicherheit und zur Einleitung der allgemeinen Abrüstung verknüpft hatte.

Weder in Genf noch bei irgendeiner anderen Gelegenheit hat sich Gromyko jedoch bereitgefunden, diese Angebote auch nur zu diskutieren. Es ist sehr bezeichnend, daß diese negative Reaktion 1959 die westliche Öffentlichkeit kaum noch überraschte. Man hatte im Grunde nichts anderes erwartet. Alle jene, die seit dem Beginn der fünfziger Jahre die Zugeständnisse gefordert hatten, die der Friedensplan von 1959 anbot, waren verstummt. Ihr bekanntester Wortführer, Georg Pfleiderer, war 1957 verstorben. Niemand mochte 1959 noch darüber sprechen, daß mit dem Verlauf der Genfer Konferenz gleichsam aktenkundig gemacht worden war, daß Angebote dieser Art Moskau im Grunde nicht interessierten. Hatte der Westen nur den richtigen Zeitpunkt verpaßt – oder hatte es sich nie dafür interessiert? Oder lag es daran, daß »gewisse Zweifel an der Ernsthaftigkeit des Plans auch damals schon erlaubt waren«, wie Ernst Nolte in seinem gewiß gewichtigen Buch ›Deutschland und der Kalte Krieg‹ meint, wobei er sich auf eine Äußerung Kennedys vom Oktober 1961 stützt, der Friedensplan sei offenbar nicht ernst gemeint gewesen, und die Amerikaner hätten gewußt, daß er niemals hätte angenommen werden können?[2]

Äußerungen Kennedys zu jenem Zeitpunkt gegenüber einem profilierten amerikanischen Journalisten (Cyrus Sulzberger von der ›New York Times‹) können indessen sicher nicht als eine authentische Interpretation der Außenpolitik Eisenhowers und Herters gewertet werden. Richtig ist aber wohl, daß sich die Amerikaner – und nicht nur sie – keinen großen Erwartungen hingaben, der Friedensplan würde von den Sowjets angenommen oder auch nur ernsthaft zum Gegenstand von Verhandlungen gemacht werden. Ob man ihm deshalb »Ernsthaftigkeit« absprechen darf, ist eine andere Frage. Ein mit den Verbündeten monatelang ausgehandeltes Dokument, das auf einer Viererkonferenz offiziell zur Verhandlung gestellt wird, ist ein politisches Faktum, das jeder verantwortliche Außenminister ernst nehmen muß, auch wenn er ihm keine großen Erfolgschancen gibt.

Was die Frage des richtigen Zeitpunktes anlangt, so hat sich bei vielen Deutschen die Legende von den angeblich verpaßten Gelegenheiten unausrottbar festgesetzt. Sogar im Schulunterricht wird sie so verbreitet, als gebe es keinen Zweifel am wahren Sachverhalt. Das Mindeste, was bei einer objektiven Würdigung des bisher historisch feststehenden Befundes anerkannt werden müßte, ist die Tatsache, daß Umfang, Tragweite und Ernsthaftigkeit sowjetischer Konzessionsbereitschaft in den fünfziger Jahren bis zum heutigen Tage ungeklärt sind; daß es jedenfalls überhaupt keine Anzeichen dafür gibt, daß Moskau jemals bereit gewesen wäre, sich im Sinne der Ideen Pfleiderers mit einem nichtkommunistischen, aber mit dem Westen verbundenen Gesamtdeutschland abzufinden, sofern ihm nur gewisse Garantien zur Gewährleistung seiner »legitimen Sicherheitsinteressen« eingeräumt würden. Außer Zweifel steht, daß die Stalin-Note von 1952 zwar ein mit eigenen Streitkräften ausgestattetes, »neutralisiertes, das heißt aus den Machtblöcken in Ost und West ›ausgeklammertes‹, in seinem Status von den Siegermächten festzulegendes Gesamtdeutschland«, wie Andreas Hillgruber es definiert,[3] im Auge hatte und zur Verhandlung anbot; ob es aber »aller Wahrscheinlichkeit nach bürgerlich-parlamentarisch strukturiert« sein sollte, wie Hillgruber hinzusetzt, eben dieses bleibt höchst zweifelhaft und ist so wahrscheinlich denn doch nicht. Immer wieder hat man sich bei diesen Noten von 1952/53 an das verbale Bekenntnis zu »freien Wahlen« geklammert (als ob kommunistische Regierungen je zugegeben hätten, daß Wahlen in ihrem Machtbereich nicht »frei« gewesen seien) und hat darüber hinweggelesen, daß diese Wahlen von einer »Provisorischen Gesamtdeutschen Regierung« vorbereitet und durchgeführt werden sollten, die von Bundestag und Volkskammer – »unter breiter Beteiligung der demokratischen Organisationen« – gebildet werden sollte. In stereotyper Wiederholung wurde in diesen Noten betont, daß sich die Provisorische Regierung von den Bestimmungen des Potsdamer Abkommens leiten lassen müsse. Was das bedeutete, konnte niemandem zweifelhaft sein, der sich an die Bestimmungen des gleichen Potsdamer Abkommens über Polen (Teil IX) sowie daran erinnerte, wohin die Anwendung dieser Bestimmungen in jenem Lande geführt hatte. Auch dort war eine »Provisorische Regierung der nationalen Einheit« gebildet worden, die der »Abhaltung freier und ungehinderter Wahlen« zugestimmt hatte, die »sobald wie möglich auf Grundlage des allgemeinen Wahlrechts und der geheimen Abstimmung durchgeführt« werden sollten, »wobei alle demokratischen und antinazistischen Parteien das Recht zur Teilnahme und zur Aufstellung von Kandidaten haben und die Vertreter der alliierten Presse volle Freiheit genießen sollten, der Welt über die Ereignisse in Polen vor und während der Wahlen zu berichten«.

Was in Wirklichkeit in Polen geschah, ist bekannt, war auch 1952 bekannt und mußte daher berücksichtigt werden, wenn man in der Note vom 10. März 1952 lesen konnte: »In Deutschland muß den demokratischen Parteien und Organisationen freie Betätigung gewährleistet sein. Auf dem Territorium Deutschlands dürfen Organisationen, die der Demokratie und der Sache der Erhaltung des Friedens feindlich sind, nicht bestehen.« Oder wenn in der Note vom 15. August 1953 unter den Aufgaben der Provisorischen Gesamtdeutschen Regierung »die Nichtzulassung des Bestehens faschistischer, militaristischer und anderer Organisationen, die der Demokratie und der Sache der Erhaltung des Friedens feindlich sind«, genannt wurde. Oder wenn über das gesamtdeutsche Wahlgesetz in der gleichen Note gesagt wurde, es müsse »einen wirklich demokratischen Charakter der gesamtdeutschen Wahlen sowie die Teilnahme aller demokratischen Organisationen an den Wahlen und die Nichtzulassung eines Druckes der großen Monopole auf die Wähler gewährleisten«.

Es ist daher zutreffend und bis zum heutigen Tage nicht widerlegt, was Dietrich Schwarzkopf in seiner Analyse der Sowjetnoten 1963 feststellte: »Es wäre ein verhängnisvoller Irrtum anzunehmen, daß die Sowjetunion lediglich die Anerkennung der Oder-Neiße-Linie und die Bündnislosigkeit Gesamtdeutschlands als Voraussetzungen der Wiedervereinigung gefordert habe. Ihre ständig wiederholte Forderung, daß Gesamtdeutschland ein ›einheitlicher, unabhängiger, demokratischer und friedliebender Staat in Übereinstimmung mit den Potsdamer Beschlüssen‹ werden müsse, bedeutete nichts anderes, als daß Moskau die sowjetische Interpretation dieser Begriffe für die innere Ordnung Gesamtdeutschlands maßgebend sein lassen wollte. Das geht mit besonderer Deutlichkeit aus der dritten sowjetischen Note hervor, worin betont wird, der östliche Teil Deutschlands habe sich ›unter Bedingungen entwickelt, die einer nationalen Vereinigung Deutschlands zu einem einheitlichen, unabhängigen, demokratischen und friedliebenden Staat förderlich sind«.«[4]

Adenauer hat zweifellos ein neutralisiertes Gesamtdeutschland, auch abgesehen von der Frage der Gewährleistung seiner inneren freiheitlichen Ordnung, für unrealistisch, gefährlich und unakzeptabel gehalten – was seine stets aufrechterhaltenen Vorbehalte gegen den Friedensplan von 1959 erklärt, der, wenn auch recht theoretisch, die Option für einen solchen Status offenhielt. Die Entwicklung der militärstrategischen Situation Europas und des weltpolitischen Kräftegleichgewichts, die sich in der Zwischenzeit vollzogen hat, hätte seine Bedenken nur verstärken können: Ein Gesamtdeutschland hätte im günstigsten Falle einen Status erlangen können, der dem des heutigen Finnland vergleichbar wäre.

Wenn der Friedensplan von 1959 verspätet war, so höchstens in dem Sinne, daß er bei einer früheren Präsentation – etwa auf den Konferenzen von 1954/55 – bereits damals hätte erweisen können, daß die Ideen des Pfleiderer-Konzepts nicht realistisch waren und keine Chance hatten, von Moskau ernsthaft in Betracht gezogen zu werden. In dieser Überzeugung hatte ich intern schon in der Mitte der fünfziger Jahre dafür plädiert, die westlichen Konferenzdokumente stärker in der Richtung des Friedensplanes von 1959 zu gestalten, um diese Gedanken dem Test einer Konferenzdiskussion und gegebenenfalls einer Verhandlung zu unterwerfen. Sowohl bei den westlichen Regierungen wie bei der Bundesregierung fanden solche Anregungen damals jedoch wenig Anklang. Auf diese Weise zog man sich immer wieder den Vorwurf zu, in das Gespräch mit Moskau zu wenig Verhandlungsstoff eingebracht zu haben. Daß allerdings damit ernsthafte Verhandlungschancen verpaßt worden seien, erscheint mir heute ebenso unwahrscheinlich wie damals. Im Grunde hat es eine solche Chance seit der Errichtung selbständiger Staatsgebilde im Osten und im Westen Deutschlands niemals gegeben. Für die Deutschland-Politik gab es daher nur drei Wege, die sie einschlagen konnte – damit stimme ich in wesentlichen Zügen einer sehr klaren und realistischen Analyse zu, die Ralf Dahrendorf im September 1977 dem Bundestagsausschuß für innerdeutsche Beziehungen als Diskussionsgrundlage für eine »öffentliche Anhörung« vorlegte:[5]

1. Sie konnte aus dieser Situation die radikale Konsequenz ziehen, daß die Einheit Deutschlands als Folge der Wahnsinnstaten des Dritten Reiches und des katastrophalen Kriegsausgangs endgültig verloren sei und man sich auf die völkerrechtlich anzuerkennende Zweistaatenlösung auf Dauer einrichten müsse (Dahrendorf spricht von der »Österreich-Lösung«, was allerdings die in Kauf zu nehmende Abgrenzungspolitik der DDR mit Mauer, Grenzbefestigungen, fehlender Freizügigkeit, verkümmerten Grund- und Menschenrechten verdeckt).

2. Sie konnte, jenseits aktueller Verhandlungsinitiativen, versuchen, langfristig mit anderen Mitteln eine Situation herbeizuführen, welche die andere Seite verhandlungswilliger oder zum mindesten im Rahmen eines deutsch-deutschen Sonderverhältnisses annäherungswilliger und offener machen würde. Dabei mußte man entweder auf wachsende »Stärke« des Westens in Verbindung mit wachsenden inneren Schwierigkeiten im Ostblock oder auf die bloße »Sogkraft« des westlichen Gesellschaftsmodells setzen, oder man mußte seine Erwartungen auf die einheitfördernde Wirkung vielfältiger Kontakte der Bevölkerung im Rahmen eines »geregelten Nebeneinander« der beiden Staaten gründen.

3. Sie konnte sich darauf beschränken, grundsätzlich am Ziel der Wiedervereinigung festzuhalten, einen Wandel der weltpolitischen Großwetterlage abzuwarten und praktisch dafür Sorge zu tragen, daß die deutsche Frage offengehalten wurde und keine die Wiederherstellung der Einheit versperrenden Festlegungen und Rechtsverzichte erfolgten.

In der Praxis haben sich Elemente dieser drei Konzeptionen häufig miteinander vermischt, Politiker und Parteien haben ihre Standpunkte modifiziert oder sogar grundlegend geändert. Zahlreiche Veränderungen des politischen Umfeldes wirkten auf die eigentliche deutschlandpolitische Zielplanung ein: die Eingliederung der Flüchtlinge und Vertriebenen, das Heranwachsen einer mit der Teilung aufgewachsenen Generation, das sinkende Engagement der Wohlstandsbürger für nationale Ziele, die wachsende Neigung der westlichen Verbündeten, den Status quo der Teilung Europas als endgültig zu akzeptieren und sie als Preis in die Entspannungspolitik einzubringen; die zunehmende Überzeugung der Europäer, daß Wiedervereinigung und europäischer Zusammenschluß unvereinbar seien. Die Liste der bedingungsverändernden Faktoren ließe sich noch beträchtlich erweitern.

Hier geht es mir nur um die Frage, ob und wieweit unter dem Blickpunkt der gegebenen Möglichkeiten der Vorwurf begründet ist, die Deutschland-Politik Adenauers in den fünfziger Jahren habe die Zeichen der Zeit verkannt, habe das Auseinanderklaffen von Mitteln und Zielen ihrer Politik übersehen und sei von ideologisch begründeten antikommunistischen Vorurteilen bestimmt gewesen. Dabei geht es mir nicht darum, Adenauers Konzeption in allen Punkten zu rechtfertigen und als richtig, angemessen und realistisch zu erweisen. Adenauer war ein praktischer Staatsmann, der seine Sprache den Erfordernissen des Tages anpaßte. Es ist nicht schwer, aus seinen Äußerungen mancherlei Widersprüchliches herauszupräparieren. Seine Präsentation der Deutschland-Politik erschien mir häufig anfechtbar. Das Schlagwort von der »Politik der Stärke« erschien mir unglücklich gewählt, weil es die Mißdeutungen herausforderte, die ihm widerfuhren. Der Westen müsse stark sein, »nicht um mit seiner Stärke der Sowjetunion zu imponieren oder einen Zwang auszuüben, sondern um die Sowjetunion an den Verhandlungstisch zu bekommen« – mit diesen Worten suchte Adenauer den landläufigen Mißdeutungen zu begegnen.[6] Aber auch diese Formulierung blieb problematisch. Die meisten seiner Äußerungen hielten zu viele kurzfristige illusionäre Hoffnungen am Leben. Als ich 1963 in einer Diskussion in der Evangelischen Akademie in Tutzing, ohne seinen Namen zu nennen, diese Präsentation der Deutschland-Frage kritisierte, zog ich mir einen herben öffentlichen Tadel des Bundestagspräsidenten Gerstenmaier zu. Indessen handelte es sich um eines der häufigen, durch ungenaue Presseberichte verursachten Mißverständnisse, das sich rasch ausräumen ließ: Ich hatte nicht die Substanz, sondern die Präsentation jener Politik kritisiert.

Daß Adenauers Politik von ideologisch begründeten antikommunistischen Vorurteilen bestimmt gewesen sei, ist so verkehrt, daß man sich wundern muß, wie hartnäckig sich diese Behauptung auch in der zeitgeschichtlichen Literatur hält – es sei denn, man sähe schon in der Ablehnung des kommunistischen Gesellschaftsmodells und in der Verteidigung unserer freiheitlich-demokratischen Staats- und Gesellschaftsordnung ein »antikommunistisches Vorurteil«. Schließlich war es Adenauer, der die diplomatischen Beziehungen mit Moskau etablierte und der, wie wir heute wissen, immer wieder das Gespräch mit dem Kreml suchte und für höchst unorthodoxe Verständigungsmodelle aufgeschlossen war.

»Politik der Stärke« habe ich stets für notwendig gehalten – aus Gründen der Selbstbehauptung gegenüber einem ständig stärker werdenden Osten, aber nicht, weil ich mir davon für die Wiedervereinigung Deutschlands etwas Konkretes versprochen hätte. Auch der Theorie der »Sogkraft« schenkte ich kein Vertrauen – noch weniger allerdings dem Rezept des »Wandels durch Annäherung«. Stärkung des gesamtdeutschen Zusammengehörigkeitsbewußtseins durch intensivierte Besucherkontakte erschien mir stets wünschenswert, aber wenig wirksam für die Wiederherstellung politischer Einheit; ob die dafür entrichteten politischen Preise angemessen waren, war mir häufig zweifelhaft.

Hätten wir also resignieren und uns mit der völkerrechtlich sanktionierten Zweistaatenlösung mit allen Konsequenzen abfinden sollen? In den fünfziger Jahren wäre auch dieses Konzept gänzlich unrealistisch gewesen, selbst wenn man es für den besten Weg der deutschen Politik gehalten hätte. Zwar hätte es den offen bekundeten oder geheimen Wünschen der übrigen Staatenwelt einschließlich aller Verbündeten am besten entsprochen. Die Deutschen selbst diesseits und jenseits der Zonengrenze waren jedoch dazu nicht bereit. Alle Parteien des Bundestages hielten an dem Ziel der Wiedervereinigung fest, Meinungsverschiedenheiten gab es nur in bezug auf die Mittel und Wege zu diesen Zielen. Das Grundgesetz hatte dieses Ziel in den Rang einer verfassungsrechtlichen Verpflichtung erhoben.

Die Grundüberzeugungen, die mich in jenen Jahren geleitet haben, habe ich in dem Schlußwort meines 1960 veröffentlichten Buches ›Deutsche Außenpolitik der Nachkriegszeit‹ zusammengefaßt. Es wandte sich dagegen, den Gedanken der Wiederherstellung der deutschen Einheit abzuschreiben. An dieser Stelle sei nur ein Absatz aus diesem Schlußwort zitiert: »Wer die Aussichten unserer Außenpolitik im nächsten Jahrzehnt zu beurteilen sucht, tut gut daran, jeden leichtfertigen Optimismus fahren zu lassen. Allzu lange schon haben sich die Deutschen Illusionen hingegeben und waren nur allzu geneigt, hoffnungsvollen Prognosen hemmungslos Glauben zu schenken. Mehr denn je hätten die Deutschen heute Eigenschaften nötig, die in ihrem politischen Sinn von jeher nur schwach entwickelt waren: Ausgewogenheit des politischen Urteils, die sich von Illusionen gleichermaßen fernhält wie von düsterem Pessimismus und vorzeitiger Resignation; Geduld, Selbstvertrauen ohne Selbstüberschätzung und unerschütterliche Zielstrebigkeit bei der Verfolgung legitimer nationaler Ansprüche, die durch eigenes Verschulden und Ungunst der Verhältnisse im Augenblick unrealisierbar geworden sind.«[7]

Für die praktische Politik war die einzig mögliche Konsequenz aus dieser Einschätzung unserer Lage das Bestreben, die deutsche Frage nach besten Kräften offen zu halten und irreversible Festlegungen zu vermeiden. Eine solche überwiegend defensive und passive Politik des Abwartens ist in der Öffentlichkeit schwer zu vertreten. Spekulative Pläne und Projekte, die in jenen Jahren wie Pilze aus dem Boden schossen, fanden leichter Anklang, schon weil sie allen möglichen Wunschvorstellungen Raum zur Entfaltung gaben. Sie alle hatten die fatale Tendenz, sowjetischen Forderungen, Wünschen, Vorstellungen Schritt um Schritt weiter entgegenzukommen, ohne die eingefrorenen sowjetischen Positionen auch nur im mindesten zu beeinflussen. Ich konnte keinen Sinn darin finden, unsere Positionen auf diese Weise fortlaufend zu schwächen. Aus dieser Überzeugung entstand ein Dokument wie die Berliner Erklärung von 1957. Als das Klima des Kalten Krieges im Ost-West-Verhältnis abflaute und im Westen eine übermächtige Strömung zur Entspannung drängte, wurden Anpassungen unvermeidlich. Die der späteren »Ostpolitik« zugrundeliegenden Motive und Überlegungen erschienen mir richtig. Eine andere Frage ist es, ob sie nicht mit längerem Atem, sorgfältigerer Verhandlungsführung und besserer Wahrung unserer Grundpositionen in bezug auf die Offenhaltung der deutschen Frage hätte ins Werk gesetzt werden sollen.

Wenn ich mich rückblickend und selbstkritisch frage, welche meiner Überlegungen und Kalkulationen in den fünfziger Jahren aus heutiger

Sicht problematisch erscheinen, so scheint mir der schwächste Punkt bei dem Zusammenhang zwischen den Zielen der Wiedervereinigung und der europäischen Einigung zu liegen. Daß die Eingliederung der Bundesrepublik in ein stärker integriertes Europa die Wiedervereinigung erschweren, wenn nicht präjudizieren würde, ist eine Perspektive, die ernst zu nehmen ich mich lange, vielleicht zu lange gesträubt habe. Die Väter des Grundgesetzes haben keinen Zielkonflikt darin gesehen, wenn sie in die Präambel den Verfassungsauftrag hineinschrieben, die »nationale und staatliche Einheit zu wahren und als gleichberechtigtes Glied in einem vereinten Europa dem Frieden der Welt zu dienen«. In meinem Rechtsgutachten vom 1. November 1952 für das Verfahren vor dem Bundesverfassungsgericht über die Vereinbarkeit der Bonner Verträge von 1952 mit dem Grundgesetz hatte ich mich mit dem Einwand der Opposition auseinanderzusetzen, daß die Wiedervereinigungspolitik auf etwas Unmögliches ziele, wenn sie sich Gesamtdeutschland als Glied eines »integrierten Europa«, insbesondere einer »Europäischen Verteidigungsgemeinschaft«, vorstelle. Dem bin ich damals mit einem doppelten Argument entgegengetreten: Die Verträge strebten zwar, so sagte ich, ein wiedervereinigtes Deutschland an, das in die »europäische Gemeinschaft« integriert sei. Damit sei jedoch nicht die mit supranationalen Organen ausgestattete EVG oder die Montanunion gemeint, sondern eine weitere, lockerere europäische Gemeinschaft, wie sie zum Beispiel die Staaten des Europarates bildeten. Zum anderen, wenn die Bundesrepublik jetzt Mitglied der EVG werde, so sei damit eine abweichende Entscheidung der gesamtdeutschen Regierung nicht präjudiziert; die Verträge hätten für diesen Fall Revisionsmöglichkeiten vorgesehen.

Das ließ sich wohl in diesem juristischen Disput, der auf beiden Seiten mit unbeweisbaren Hypothesen geführt wurde, vertreten. Aber das politische Gewicht, das die vollendete Tatsache einer Eingliederung der Bundesrepublik in ein voll integriertes, mit supranationalen Organen ausgestattetes Europa gehabt hätte, seine dadurch präjudizierende Wirkung für die Wiederherstellung der deutschen Einheit waren damit wohl nicht ausreichend berücksichtigt.

Die EVG ist gescheitert. Europa ist weiter denn je davon entfernt, eine voll integrierte Gemeinschaft zu werden. Alles, was heute günstigstenfalls noch im Bereiche absehbarer Entwicklungsmöglichkeiten der Europa-Politik liegt, braucht nicht als eine Präjudizierung der deutschen Frage gewertet zu werden.

Ob der Wille zur nationalen Einheit bei den Deutschen lebendig bleibt, kann nur die Zukunft lehren. Meine Generation ist durch viele Desillusionierungen hindurchgegangen. Für einen naiven Nationalismus sind die meisten unempfänglich geworden; jede nationale Überheblichkeit ist ihnen gründlich ausgetrieben worden. Daß man um der Einheit willen die Freiheit opfern oder aufs Spiel setzen könnte, findet bei ihr ebenso wenig Anklang wie die Bereitschaft, um nationaler Ziele willen das Risiko des Krieges einzugehen. Daß Mehrstaatlichkeit die unserer geschichtlichen Überlieferung aus früheren Jahrhunderten gemäße politische Lebensform sei, ist eine Vorstellung, die nur einige Intellektuelle beeindruckt, die sich darüber hinwegsetzen zu können glauben, daß unser nationales Bewußtsein durch die staatliche Gestalt Deutschlands seit Bismarcks Reichsgründung irreversibel geprägt ist. Für mich bleibt allerdings auch unvergeßlich, daß Adenauers tiefe Skepsis gegenüber der politischen Vernunft seines Volkes seine Grundentscheidungen, insbesondere die gegen ein auf sich selbst gestelltes neutralisiertes Deutschland zwischen West und Ost, maßgeblich beeinflußt hat. Was wir bei der jüngeren Generation in den letzten zehn Jahren an utopischem, irrationalem Radikalismus erlebt haben, hätte seine Skepsis nur bestätigen können, wenn er noch am Leben gewesen wäre. Die Widmung, die er seinen Erinnerungen am Ende seines Lebens voranstellte, lautete trotz aller Skepsis: »Meinem Vaterland«.

Ostfragen – Osterlebnisse

Für den 9. November 1959 hatte mich der Council on Foreign Relations in New York zu einem Vortrag eingeladen. Da es sich um die angesehenste mit internationalen Fragen befaßte private Institution der Vereinigten Staaten handelte, zögerte ich keinen Augenblick, zuzusagen. Viele ausländische Staatsmänner benutzten bei einem Amerika-Besuch dieses Forum, um ihre Ansichten in seiner inoffiziellen Klub-Atmosphäre vor einem begrenzten Zuhörerkreis, der immer aus hervorragenden und einflußreichen Persönlichkeiten des öffentlichen Lebens bestand, darzulegen. Auch Adenauer hatte hier gesprochen, Brentano, Strauß. Als Thema hatte ich ›Die Ostfragen in der deutschen Außenpolitik‹ gewählt. Dafür gab es mehrere Gründe. Im Laufe der Berlin-Krise war uns immer wieder nahegelegt worden, die Anerkennung der Oder-Neiße-Linie als Preis in ein Berlin-Arrangement einzubringen, hatte man uns die Aufnahme diplomatischer Beziehungen mit Polen und der Tschechoslowakei unter Preisgabe der Hallstein-Doktrin empfohlen. Brentanos Vorstoß während der Genfer Konferenz zum Abschluß von Nichtangriffspakten mit einzelnen Oststaaten war aufmerksam verfolgt worden; niemand hatte verstanden, woran er gescheitert war. Endlich gab es einen ständigen latenten »Rapallo-Komplex«, eine unterschwellige Besorgnis, daß es eines Tages zu einer sowjetisch-deutschen Direktverständigung auf Kosten der westlichen Bündnisgemeinschaft kommen könne. Zu allen diesen Fragen schien mir ein sachliches, klärendes Wort vor einem solchen Gremium wie dem Council on Foreign Relations sehr nützlich.

In meinem Vortrag[1] behandelte ich die drei Ostprobleme unserer Außenpolitik: unsere Beziehungen zur Sowjetunion (»unser Ostproblem Nr. 1«), zu unseren östlichen Nachbarn Polen und der Tschechoslowakei sowie zu den anderen osteuropäischen Staaten. Wir müssen mit der Sowjetunion zusammenleben und wir müssen freundliche Beziehungen mit unseren östlichen Nachbarn herstellen und unsere Streitfragen mit ihnen durch Verhandlung und Kompromiß regeln – dies waren meine Leitgedanken. Zu dem – auch wegen der zahlreichen polnischen Emigranten in New York – besonders heiklen Problem der Oder-Neiße-Linie wies ich darauf hin, daß man das Verhalten der Bundesregierung auch unter dem Gesichtspunkt sehen müsse, daß ein Fünftel der Bundesbevölkerung Flüchtlinge aus dem Osten seien, deren Gefühle man nicht völlig ignorieren könne. Entscheidend war der Satz: »Ich glaube, daß es überhaupt nur eine Aussicht gibt, das deutsche Volk mit einer Lösung zu versöhnen, die größere Gebietsopfer verlangen würde: Das wäre eine Verbindung der Grenzfrage mit einer positiven Regelung der Wiedervereinigungsfrage.« Die im Zusammenhang mit der Berlin-Krise aufgekommenen Vorschläge, wir sollten die Oder-Neiße-Grenze als Preis für ein Berlin-Abkommen anerkennen, bezeichnete ich darum und auch aus einem zweiten Grunde als »voreilig«: Eine territoriale Verständigung sollte »ein Eckstein für eine allgemeine deutsch-polnische Versöhnung und Annäherung« sein, sie müsse daher »frei verhandelt und in einem zweiseitigen Vertrag geregelt werden«.

Ich zitiere diese Thesen hier aus mehreren Gründen: Sie ergänzen meine Gedanken zur Ostpolitik, die ich im Zusammenhang mit dem Vorschlag zur Errichtung von Handelsmissionen bereits berührt hatte; sie bieten eine Gelegenheit, die damaligen Vorstellungen an dem zu messen, was inzwischen auf dem Felde der Ostpolitik geschehen ist; sie regen dazu an, über das Verhältnis eines rationalen politischen Kalküls zu politischen Motiven nachzudenken, die in tieferen, emotionalen, durch Herkunft und Vergangenheit bedingten Schichten der eigenen Persönlichkeit wurzeln.

Um mit dem letzten Punkt zu beginnen: Ich bin weder Flüchtling noch Ostdeutscher. Meine Familie stammt väterlicherseits aus der Lüneburger Heide (mein Großvater war Lehrer und Kantor in Soltau), mütterlicherseits aus den Hansestädten Hamburg und Lübeck. Aufgewachsen bin ich in Hamburg, wo mein Vater sich Anfang des Jahrhunderts als Kaufmann niedergelassen hatte. Meine Beziehungen zum deutschen Osten – und zum Osten überhaupt – gründen sich, abgesehen davon, daß meine erste

Ehefrau aus Berlin, ihre Familie aus Schlesien stammte und meine zweite Ehefrau und ihre Familie als Flüchtlinge 1946 aus Mähren nach Westdeutschland kamen – auf eigenes Erleben; dieses jedoch hat tiefe und nachhaltige Spuren in mir hinterlassen, so daß ich wohl sagen muß, daß ich an die Fragen des deutschen Ostens nie ganz ohne emotionale Beteiligung herangehen konnte.

Ich lernte diese Teile Deutschlands auf Wanderungen und Fahrten einer schon um die Jahrhundertwende in Pommern gegründeten Jugendgruppe (›Jungsturm‹) kennen, die später zur ›Bündischen Jugend‹ gehörte – jener Spätform der deutschen Jugendbewegung, die sich Ende der zwanziger Jahre entwickelte und, anders als der frühe Wandervogel, nicht mehr Folklore, Volkstanz, Volkslied, Ungebundenheit und Naturschwärmerei kultivierte, sondern bei zunehmender geistiger Politisierung straffere Disziplin, Wehrsport, Arbeitsdienst bevorzugte. Zu Fuß und zu Rad kam ich auf diese Weise in der zweiten Hälfte der zwanziger Jahre häufig nach Mecklenburg, Pommern, Westpreußen, in die Mark Brandenburg, nach Berlin, Thüringen. 1930 unternahm ich mit Verwandten, die ein bescheidenes Auto besaßen, eine erste Ostpreußen-Fahrt, quer durch den »polnischen Korridor« mit seinen historischen Städten Thorn und Bromberg, zur Marienburg, über Danzig nach Königsberg, die Kurische Nehrung, Masuren, Tannenberg, bis hinauf nach Tilsit – an die damals litauische Grenze. 1932 verbrachte ich einige Wochen in einem Lager des »Freiwilligen Arbeitsdienstes« (einer von der Regierung Brüning geschaffenen Institution, die vor allem jugendliche Arbeitslose auffangen sollte) an der polnischen Grenze bei Schönlanke in der »Grenzmark«, einem deutsch gebliebenen Streifen der Provinz Posen-Westpreußen. Anschließend verkaufte ich auf der Grünen Woche in Berlin Teppiche, die von der dortigen Bevölkerung in Heimarbeit handgeknüpft waren; ich verdiente nichts dabei, der Erlös floß ganz den Herstellern zu. Ein mehr als einjähriger Aufenthalt in Königsberg vertiefte und verfestigte meine schon beim ersten Besuch geweckte Liebe zu der eigentümlich schwermütigen Schönheit der ostpreußischen Landschaft, besonders Masurens und der Samlandküste. Mittlerweile – man schrieb 1936 – war ich Referendar am Landgericht und gleichzeitig Assistent an der Juristischen Fakultät der Universität Königsberg und war meinem Mentor und Doktorvater, dem Ordinarius für öffentliches Recht Ernst Forsthoff, von Frankfurt über Hamburg dorthin gefolgt. Zusätzlich zu meiner Tätigkeit in Königsberg hielt ich jede Woche einmal eine Vorlesung über Verwaltungsrecht an den Verwaltungsakademien in Elbing und Allenstein.

Nächtliche Eisenbahnfahrten durch eine unendlich weite verschneite Landschaft bei klirrender Kälte oder beißendem Schneesturm sind mir von dieser Nebentätigkeit in bleibender Erinnerung geblieben – ebenso wie mir andererseits die unvergleichliche Schönheit des Sommers auf der Kurischen Nehrung unvergeßlich bleibt. Seit den frühen zwanziger Jahren stand der größere Teil der Nehrung zusammen mit der Hafenstadt Memel unter litauischer Verwaltung, nachdem sich litauische sogenannte Freiwillige in einem Handstreich dieses Gebiets bemächtigt hatten. Gleichwohl waren Orte wie das Fischerdorf Nidden auf der Nehrung Anziehungspunkt nicht nur für deutsche Sommerurlauber, sondern auch für Intellektuelle und Künstler, insbesondere Maler, geblieben. Thomas Mann besaß dort ein Sommerhaus. Allerdings gab es eine strenge Grenzkontrolle, die sich sogar auf den mitgeführten Lesestoff erstreckte. In meinem Gepäck hatte ich einen Essay-Band von Gilbert Keith Chesterton (er starb im gleichen Sommer, 1936) mit dem Titel ›Was unrecht ist an der Welt‹. Der litauische Grenzbeamte hegte sofort den Verdacht, daß sich ein Buch mit diesem Titel nur auf das Memelgebiet beziehen könne und beschlagnahmte es kurzerhand. Zweimal versuchte ich an den folgenden Tagen, seinen Verdacht zu zerstreuen und meine Reiselektüre wiederzuerlangen. Beide Male erfuhr ich, daß hierfür eine Freigabe durch die vorgesetzte Behörde in Memel erforderlich sei, die sich noch nicht geäußert habe. Am dritten Tag, es war um die Mittagszeit und drückend heiß, fand ich die Türe des Zollbüros geöffnet und drinnen den Grenzer ruhig schlafend. In einem Regal über seinem Haupte stand mein Chesterton. Ich nahm das Buch still an mich und ging zurück in mein Quartier, ein Zimmer in einem idyllisch gelegenen, rosenüberwachsenen Fischerhaus. Damit war der Fall, offenbar auch für den Grenzbeamten, abgeschlossen. 1940, schon im Kriege, als ich noch einmal einen Sommerurlaub in Nidden verbrachte, war das Memelgebiet in das Reich zurückgegliedert. Heute steht es, wie der ganze nördliche Teil Ostpreußens, unter sowjetischer Verwaltung und ist praktisch unzugänglich. Die Elche, die in den dreißiger Jahren noch in den dichten Wäldern der Landzunge lebten, haben den Krieg offenbar nicht überlebt; es heißt, sie seien dort verschwunden.

Ich will nicht verschweigen, daß in meinen ostpreußischen Erinnerungen auch der Alkohol eine bedeutende Rolle spielt: Nie habe ich soviel trinken müssen wie dort – nicht nur die vorzüglichen französischen Rotweine im ›Blutgericht‹, dem Weinrestaurant im Keller des Königsberger Schlosses, sondern vor allem »hard liquor« – einheimische Schnäpse wie Bärenfang (Honigschnaps), Pillkaller, ein »Klarer«, der durch eine Scheibe Leberwurst, und Nikolaschka, der durch eine Zitronenscheibe zu trinken war – alle mit rasch umwerfender Wirkung. Ich erinnere mich einer mehrtägigen Exkursion der Referendar-Arbeitsgemeinschaft des Landgerichts, die unter Anleitung eines gesetzten Landgerichtsrates mindestens zweimal täglich zu einem Zustand aller Teilnehmer führte, den man nur als »blau« bezeichnen kann. Dieses war nur ein Aspekt der großzügigen Gastfreundschaft, die auf ostpreußischen Gütern üblich war. Daß Königsberg auch die Stadt Kants (ich bewohnte einen Winter lang ein Zimmer im obersten Stockwerk seines Sterbehauses, eines alten, inzwischen ziemlich verwanzten bürgerlichen Etagenhauses in der Altstadt) und einer kultivierten bürgerlichen Geistigkeit war – diese Tatsache ließ sich zwar noch wahrnehmen, war jedoch in jenen Jahren überschattet von dem despotischen Regiment des Gauleiters Erich Koch, den die Polen 1959 wegen seiner Maßnahmen als Reichskommissar für die Ukraine zum Tode verurteilt, jedoch nicht hingerichtet haben. Wenn ich im Sommer 1937 Königsberg verließ und eine Institutstätigkeit in Berlin annahm, so auch vor allem, um dieser politischen Stickluft zu entgehen. Nur für wenige Tage war ich 1941 zurückgekehrt, um mich an der Rechtswissenschaftlichen Fakultät der Albertus-Universität zu habilitieren.

Als ich in Berlin nach dem Umzug meine Bücher auspackte, bekam ich zunächst einen gehörigen Schrecken. Es fehlten etliche Bücher und Schriften, die ich, mit neutralen Hüllen versehen, unauffällig unter die anderen gemischt hatte: das, was man damals »staatsfeindliches Schrifttum« nannte. Darunter befand sich beispielsweise eine Schrift von Ernst Niekisch mit dem Titel: ›Hitler, ein deutsches Verhängnis‹. Auf dem Titelblatt dieses broschierten Heftes prangte eine eindrucksvolle Zeichnung von A. Paul Weber: über Berge von Leichen hinwegschreitend der Tod, mit einer SA-Mütze auf dem Schädel, das Gerippe umschlottert von einer Uniform mit Hakenkreuzarmbinde. Man ahnte damals noch nicht, wie wenig Übertreibung diesem Bilde innewohnte. Eine andere Broschüre enthielt das von Gottfried Feder kommentierte Programm der NSDAP. Aber sie konnte kaum als Gegengewicht dienen, denn sie war über und über vollgekritzelt mit kritischen und bösartigen Randbemerkungen, mit denen ich mir schon vor Jahren einmal Luft gemacht hatte. Andere Autoren dieser Kollektion waren Karl Marx und Otto Strasser. Wo waren alle diese Bücher und Schriften geblieben, wer hatte sie entfernt? Ich habe es nie herausbekommen. Meine Vermutungen reichten von harmlosen bis zu unheilschweren Erklärungen: Hatte sich ein antifaschistischer Möbelpacker dafür interessiert? Oder lagen sie, säuberlich geordnet, bei einem Dossier der Geheimen Staatspolizei, um bei passender Gelegenheit hervorgezogen zu werden? Ich weiß es nicht, aber der Vorfall verstärkte das Unbehagen, mit dem ich schließlich von Königsberg geschieden war.

Meine Affinität zu dieser Landschaft und zu dieser seit vielen Jahrhunderten deutschen Stadt, der Geburtsstätte des preußischen Königtums, hat dies nicht berührt. Auch dies will ich hier gleich hinzufügen: daß ich bei aller Verbundenheit mit meiner hanseatischen Vergangenheit ein Bewunderer des preußischen Staatswesens war und es über seinen Untergang hinweg geblieben bin. Das begann mit etwas romantischen Vorstellungen, die von Oswald Spenglers Schrift ›Preußentum und Sozialismus‹ inspiriert waren. Sozialismus – nicht Marxismus – war ja ein Ideal, dem sich in meiner Studentenzeit, in den letzten Jahren der Weimarer Republik, die junge Intelligenz weithin verschrieben hatte. Später waren es andere Züge des preußischen Staatswesens und seiner Staatsidee, die für meine Sympathien bestimmend wurden. Sie wurden mir bezeichnenderweise zuerst von einem bedeutenden liberalen Strafrechtswissenschaftler, einem der führenden Köpfe der Strafrechts-Reformbewegung der zwanziger Jahre, dem damals in Hamburg lehrenden Eberhard Schmidt, in einer Vorlesung über den ›Staat Friedrichs des Großen‹ nahegebracht. Durch ihn zuerst lernte ich ein anderes Preußen kennen: das Preußen des Aufklärungszeitalters, der Bindung und Beschränkung des Absolutismus durch die Prinzipien des Rechtsstaates, das Land, in dem sich zuerst richterliche Unabhängigkeit, religiöse Toleranz, Pressefreiheit, kulturelle Liberalität mit dem Ethos der Pflichterfüllung, der Disziplin, Sparsamkeit, Unbestechlichkeit, mit der Idee des Königs als »ersten Dieners seines Staates« verband. Für den jungen Juristen war natürlich auch die Beschäftigung mit dem Preußischen Allgemeinen Landrecht, mit der Rechtsphilosophie Kants und Hegels und der Staatsphilosophie Wilhelm von Humboldts von prägender Bedeutung. Daß dieses Preußentum auch Bebel und Lassalle geformt hat, daß man noch bei Braun und Severing etwas davon zu spüren glaubte, daß sich nach dem Kriege ein Mann wie der bremische sozialdemokratische Senatspräsident Wilhelm Kaisen zu diesen Werten bekannte – daß auf der anderen Seite ein Mann wie de Gaulle zu dem Ausspruch fähig war »Ohne Preußen ist Deutschland keine Nation« –, dieses alles gehört zu meinem Verständnis des Phänomens »Preußen« als eines unverzichtbaren, wenngleich schon im neunzehnten Jahrhundert deformierten und nicht zuletzt auch an eigenen Schwächen untergegangenen Bestandteils der deutschen Nationalgeschichte.

Aus dieser geistigen Affinität sowohl wie aus meinen persönlichen Eindrücken in jungen Jahren ergab sich, daß ich stets eine starke gefühlsmäßige Bindung an die Gebiete jenseits von Oder und Neiße, wie überhaupt an die östliche Hälfte Deutschlands, an alles, was östlich der Elbe lag, hatte – was nicht bedeutet, daß ich mich südlich der Mainlinie, wo ich besonders nach 1945 überwiegend lebte, nicht heimisch gefühlt hätte. Was ich sagen möchte, ist dieses: Trotz meiner norddeutsch-hanseatischen Herkunft und trotz meiner durch langjährigen Aufenthalt bewirkten Verwurzelung im süddeutschen Raum (Frankfurt, Stuttgart, Freiburg), habe ich Ostdeutschland stets als gleichermaßen wesentlichen Teil meines Vaterlandes und als Objekt meiner »Heimatgefühle« empfunden.

Aber Politik darf sich nicht auf Gefühle gründen. Sie muß rationalen

Überlegungen den Vorrang einräumen. Aber leicht ist es mir nicht gefallen, Thesen zu vertreten, die den endgültigen Verzicht auf die Gebiete östlich von Oder und Neiße unter gewissen Bedingungen vorsahen. Damit komme ich zu dem zweiten, zuvor erwähnten Grund, meine ostpolitischen Thesen von 1959 hier noch einmal zu berühren: Wie wirken sie im Lichte der ostpolitischen Entwicklungen seit 1970?

Das dazwischen liegende Jahrzehnt hat viel verändert. Die Teilung Deutschlands wurde durch den Bau der Mauer in Berlin und die hermetische Abschließung der DDR immer unwiderruflicher; das Regime der DDR konnte sich nach der Einschränkung des Flüchtlingsstromes mehr und mehr konsolidieren, seine wirtschaftliche Situation verbesserte sich wesentlich; die Möglichkeiten – und zugleich auch die Neigungen – der westlichen Großmächte, die deutsche Wiedervereinigung durch diplomatischen Druck zu fördern, verringerten sich von Jahr zu Jahr. Die Flüchtlinge und Vertriebenen aus dem Osten waren praktisch in den westdeutschen Volkskörper integriert worden. Neue Wege der Ostpolitik mußten erwogen und ihre Gangbarkeit mußte erprobt werden.

Eine andere Frage bleibt es, ob diese Wege in überstürzter Gangart beschritten wurden, ob die Wegstrecken und Zielpunkte richtig abgesteckt wurden, ob Leistungen und Gegenleistungen in angemessenem Verhältnis standen. Zweifel daran vermag ich nicht zu unterdrücken, wenngleich ihre Erörterung heute keinen praktischen Nutzen mehr bringen kann. Manche Argumente zur Rechtfertigung der neuen Politik erschienen mir – und erscheinen mir noch heute – unrichtig: Wir hätten nichts verschenkt, was wir nicht schon längst verloren hätten; die Anerkennung der Oder-Neiße-Grenze sei politisch nicht mehr viel wert gewesen. Dahinter steckt die von der geschichtlich-politischen Erfahrung hundertfältig widerlegte irrige Vorstellung, Rechtsansprüche und ihre Behauptung oder Preisgabe seien praktisch bedeutungsloser »Formelkram«. Das Gegenteil ist richtig, und in Moskau wie in Warschau oder auch in Peking weiß man das sehr genau und richtet sich danach. Bei Gebietsfragen gibt es keine Verjährungsfristen von zehn, zwanzig, dreißig oder mehr Jahren. Frankreichs Ansprüche auf Elsaß-Lothringen hatten in dem halben Jahrhundert zwischen 1871 und 1918 nichts von ihrer Stärke eingebüßt. Den Japanern macht es bei ihrer Forderung nach Rückgabe der 1945 von den Sowjets besetzten Süd-Kurilen nicht den geringsten Eindruck, daß auf diesen Inseln seit dreißig Jahren kein einziger Japaner mehr lebt. Die Rückgabeforderung wird sogar von der Kommunistischen Partei Japans vertreten.

Damit soll nur gesagt werden, daß man nach meiner Ansicht beim Abschluß der Ostverträge den Wert der eigenen Zugeständnisse ganz beträchtlich unterschätzt hat. Leider kann man nicht einmal sagen, daß die Anerkennung der Oder-Neiße-Grenze im Artikel 1 des Warschauer Vertrages von 1970 die Aussöhnung zwischen Deutschen und Polen in einem der Tragweite dieses Verzichts entsprechenden Maße gefördert hat. Für die praktische Politik hilft es nicht viel, solche Betrachtungen heute noch weiter auszuspinnen. Was geschehen ist, ist geschehen. In Zukunft wird man von dem ausgehen müssen, was in den Verträgen vereinbart ist. Eine andere Sache ist es, daß dieses Kapitel deutscher Nachkriegsgeschichte noch einer Aufarbeitung und kritischen Würdigung durch künftige Historiker harrt.

Was ich 1959 in New York sagte, ist hinfällig geworden. Daß ich es damals sagte, kann ich bei einer selbstkritischen Prüfung aus heutiger Sicht weder bedauern noch zum Anlaß eines Widerrufs nehmen.

Das Jahr der Gipfel-Kollision

War 1959 das Jahr der unendlich langen, aber ergebnislosen Genfer Außenminister-Konferenz mit den Russen gewesen, so wurde 1960 das Jahr einer Gipfelkonferenz, die noch vor ihrer Eröffnung platzte.

Dieses Projekt – eine Lieblingsidee Chruschtschows, der seit langem darauf hingearbeitet hatte – warf seinen Schatten voraus bis in die Wochen unmittelbar nach der Genfer Konferenz: Chruschtschows Besuch in den Vereinigten Staaten auf Einladung Eisenhowers im September 1959 mußte bereits als eine Teilerfüllung seiner Wünsche gelten. Bei ihrer Zusammenkunft in Paris im Dezember 1959 richteten die westlichen Regierungschefs, Eisenhower, de Gaulle und Macmillan (Adenauer war der vierte Teilnehmer, gehörte jedoch nicht zu den Absendern), ein Einladungsschreiben zu einer Frühjahrs-Gipfelkonferenz in Paris an den sowjetischen Partei- und Regierungschef, das alle seine Wünsche befriedigte. Als der Tag der Begegnung im Mai 1960 herannahte, hatte dieser jedoch den Geschmack an seinem Projekt verloren: Er ließ die Konferenz auffliegen, bevor sie noch richtig begonnen hatte. Den Vorwand lieferte ihm Eisenhower, der die persönliche Verantwortung für den Spionageflug des abgeschossenen U-2-Piloten Francis Power übernommen hatte. Die euphorische Stimmung der Gespräche von Camp David ging zu Bruche, Eisenhower wurde von Chruschtschow als Gesprächspartner nicht mehr akzeptiert, für die letzten Monate seiner Amtszeit (im November standen Präsidentschaftswahlen bevor, bei denen er nach Vollendung seiner zweiten Amtsperiode nicht mehr kandidieren konnte) war er außenpolitisch praktisch gelähmt. Schon aus diesem Grunde verlief das zweite Halbjahr 1960 auf dem Felde der Ost-West-Beziehungen ohne größere Ereignisse. Die Amerikaner interessierten sich nur noch für ihren Wahlkampf.

Da Berlin auch nach der Genfer Konferenz das brennendste internationale Problem geblieben war, war der Verlauf der Gipfelkonferenz für uns natürlich von größter Tragweite; wir waren daher auch an ihrer Vorbereitung ständig intensiv beteiligt.

Bevor ich darüber berichte, will ich kurz erwähnen, was dieses Jahr dem Botschafter in Washington an Problemen, Aufgaben, Erlebnissen bescherte.

Schon die Jahreswende 1959/60 konfrontierte mich mit einer höchst unerfreulichen neuen Entwicklung, die meine Tätigkeit, besonders im Verhältnis zur amerikanischen Öffentlichkeit, wesentlich erschwerte: In Deutschland hatte es eine Serie von Hakenkreuz-Schmierereien und Schändungen jüdischer Grabstätten gegeben. Sofort erwachte, besonders in den jüdischen Teilen der amerikanischen Bevölkerung, der Verdacht, daß die Deutschen einen Rückfall in antisemitische Stimmungen erlitten hätten. Ich war davon überzeugt, daß es sich höchstens um ebenso törichte wie unverantwortliche Ausschreitungen einer unbedeutenden Randgruppe (die Amerikaner würden sagen: des »lunatic fringe«) handeln konnte, die von der überwältigenden Mehrheit der Deutschen verurteilt würden. Ähnliche Vorfälle hatten sich auch außerhalb der Bundesrepublik ereignet. Jugendlicher Vandalismus, Nachahmungstrieb, Publizitätssucht, vielleicht auch Anstiftung durch ausländische Agenten, mochten bei der Motivation der Täter eine Rolle gespielt haben. Aber es war nicht leicht, diese Beurteilung glaubhaft zu machen. In den ersten Tagen des neuen Jahres erschien eine Abordnung des American Jewish Committee auf der Botschaft, um zu protestieren. Man überreichte mir einen Bericht, der besonders auf in der Bundesrepublik angeblich unbehinderte antisemitische Aktivitäten ungarischer faschistischer Exilgruppen hinwies. Ich war von diesen Vorgängen um so mehr betroffen, als ich gerade erst einige Wochen zuvor, am 8. November, in New York an der Fünfundzwanzigjahrfeier der deutschsprachigen jüdischen Wochenschrift ›Aufbau‹ teilgenommen und dort gesprochen hatte. Die ›New York Times‹ hatte am nächsten Tage einen ausführlichen Bericht über diese Feier gebracht, der von einem großen Foto des zwischen dem israelischen Botschafter Avraham Harman und mir ausgetauschten symbolischen Händedrucks begleitet war. Auf Einladung des Botschafters hatte ich zwischen Weihnachten und Neujahr einer Aufführung des ›Inbal Dance Theater of Israel‹ beigewohnt, einer ungewöhnlich eindrucksvollen Ballett-Truppe jemenitischer Juden. Jetzt ein solcher Rückschlag – ich war zutiefst bestürzt. Bis in das Jahr 1961 hinein mußte ich immer wieder in Interviews, Pressekonferenzen und Vorträgen dem Verdacht entgegenwirken, daß es in Deutschland eine Welle von »Neonazismus« gebe. Es gab sie nicht – so plötzlich wie diese Zwischenfälle aufgetreten waren, verschwanden sie wieder. Im Laufe der Zeit flauten daher die darauf bezüglichen Befürchtungen wieder ab.

Erfreulicher war, daß ich immer wieder gebeten wurde, über den Gemeinsamen Markt und die europäische Integration zu sprechen. Die amerikanische Öffentlichkeit war damals von dieser Entwicklung stark beeindruckt und stand ihr sehr positiv, zum Teil mit Bewunderung gegenüber. Leider haben die Europäer alles dafür getan, diese Stimmungsentwicklung wieder rückläufig zu machen. Die meisten Vorträge, Ansprachen und Interviews dieses Jahres allerdings mußten sich mit den nach wie vor im Mittelpunkt stehenden Themen Berlin, Deutschland-Frage, Gipfelkonferenz beschäftigen. Außerhalb dieser Thematik lag nur ein Vortrag über die Rolle der Juristen in der Diplomatie, den ich auf der Jahrestagung der American Society of International Law hielt – der ich als ehemaliger Völkerrechtsprofessor angehörte.[1]

Was das Hauptereignis des Jahres, die Gipfelkonferenz, betraf, sah man ihr in Bonn von Anbeginn mit höchst gemischten Gefühlen entgegen. Die Begegnung von Camp David hatte bereits eine besorgniserregende Bereitschaft Eisenhowers erkennen lassen, die Berlin-Frage isoliert und bilateral mit den Sowjets zu behandeln und die Härte der Positionen Chruschtschows zu unterschätzen. Bei der Dezember-Zusammenkunft in Paris glaubte Adenauer jedoch, sich dem – von Macmillan unterstützten – Drängen des Präsidenten nach einer Gipfelkonferenz der großen Vier nicht widersetzen zu können. Es wurde offenkundig, daß sich die amerikanische Politik seit dem Tode von John Foster Dulles nicht unerheblich gewandelt hatte. Dulles hatte sich, mit gutem Grunde, stets dem Gipfeltreffen widersetzt und hatte es an Bedingungen geknüpft, die die ihm innewohnenden Gefahren begrenzen sollten, die aber im gleichen Maße auch sein Zustandekommen erschwerten.

Eisenhower, befreit von der Zusammenarbeit mit dem ihm intellektuell und willensmäßig weit überlegenen Außenminister, kannte in seinen letzten beiden Amtsjahren nur noch ein Ziel: Er wollte als ein Friedenspräsident in die Geschichte eingehen. Hatte er nicht die Präsidentschaft errungen mit dem Versprechen »to bring the boys home«, den Korea-Krieg zu beenden? Sollte es ihm nicht möglich sein, mit einer spektakulären Beendigung des Kalten Krieges aus dem Amte zu scheiden? In der Republikanischen Partei besann man sich darauf, daß die »Grand Old Party« traditionellerweise die Friedenspartei der Vereinigten Staaten war und daß man dieses Image im Wahlkampf benötigen werde, um einem republikanischen Kandidaten zum Siege zu verhelfen. Die Vorstellung, daß sich ein von solchem Wunschdenken erfüllter Eisenhower, der dem durchtriebenen Chruschtschow in der Diskussion ohnehin unterlegen war, begleitet von dem liebenswürdigen, aber nicht sehr durchsetzungskräftigen Herter, auf ein unvorbereitetes Gipfeltreffen einlassen könnte, hatte für uns alle etwas Beklemmendes.

Im März kam Adenauer, von düsteren Sorgen erfüllt, nach Amerika. Sein letztes Reiseziel war Japan. An den Universitäten Princeton, Los Angeles und Berkeley sollten ihm Ehrendoktorwürden verliehen werden. Wie er es häufig zu tun pflegte, begann er seine Amerika-Reise in New York. Seine Ankunft auf dem Flughafen war ziemlich formlos und unauffällig verlaufen. In kleinem Kreise aßen wir in seiner Suite im Waldorf Astoria zu Abend: nur mit seinem Sohn Konrad und seiner Tochter Lotte Multhaupt, ferner Brentano, dem New Yorker Generalkonsul Federer, dem persönlichen Referenten Bach. Der Service im Waldorf war miserabel, in den langen Pausen zwischen den Gängen berichtete ich über die Lage in Washington: Ich hatte nichts Schlimmes zu berichten, aber auch nichts, was zur Verbesserung der Stimmung des Kanzlers hätte beitragen können.

In den nächsten Tagen wickelte Adenauer, wie wir es von seinen früheren Besuchen her gewohnt waren, ein Programm ab, das einen wesentlich Jüngeren an den Rand der Erschöpfung hätte bringen können. Es begann damit, daß man in aller Frühe am nächsten Morgen – einem Sonntag – zur Messe ging, die Francis Joseph Kardinal Spellmann in der St. Patrick's Cathedral las. Anschließend hatte uns der Kardinal zum ersten Frühstück in seine Privaträume eingeladen. Im Gegensatz zu der gedrückten Atmosphäre des Vorabends, verlief dieses in sehr aufgelockerter Stimmung. Spellmann zeigte uns – »als Beweis für seine engen Beziehungen zum Heiligen Vater«, wie er mit einiger Selbstironie sagte – einen Silberteller, den ihm Kardinal Roncalli, der spätere Papst Johannes XXIII., geschenkt hatte.

Nach einem kurzen Besuch im Metropolitan Museum folgten im Laufe des Tages zahlreiche Einzelgespräche; mittags bei einem vom American Council on Germany im Hotel Waldorf Astoria gegebenen Essen eine Ansprache an die etwa hundert geladenen Gäste – führende Persönlichkeiten des öffentlichen Lebens, darunter besonders auch die Spitzen jüdischer Organisationen, abends bei einem Essen im Hause unseres New Yorker Generalkonsuls Federer intensive Gespräche mit einer besonders ausgesuchten Gruppe prominenter Politiker. Zwischendurch am Montag ein kurzer Flug nach Princeton zur Entgegennahme einer Ehrendoktorwürde der dortigen Rechtsfakultät, anschließend Fortsetzung des New Yorker Programms. Zu den individuellen Gesprächspartnern dieser Tage gehörten David Ben Gurion, der israelische Ministerpräsident, und Dag Hammarskjöld, der Generalsekretär der Vereinten Nationen. Die Begegnung mit Ben Gurion darf man ohne Übertreibung ein historisches Ereignis nennen: Zum ersten Male nach den Judenmorden des Dritten

Reiches trafen der israelische und der deutsche Regierungschef zusammen. Daß sich die beiden alten Herren offenbar vorzüglich verstanden haben, kommt in dem spröden Tonfall der Erinnerungen Adenauers nur in dem Satz zum Ausdruck: »Ben Gurion und ich fanden sogleich Kontakt zueinander.«[2]

Zwei Gesprächsrunden dieser New Yorker Tage scheinen mir erwähnenswert. Unser »Beobachter« bei den Vereinten Nationen, Botschafter Werner Dankwort, hatte einige seiner Kollegen zum Lunch eingeladen: Henry Cabot Lodge, den amerikanischen UN-Botschafter, den Briten Sir Pearson Dixon; den Franzosen André Bérard (einstmals Vertreter François-Poncets in Bonn) sowie den Japaner Koto Madsudaira. Adenauer bemerkte zu Cabot Lodge, daß er ihn gern auf dem Gipfeltreffen mit Chruschtschow debattieren sehen würde – eine unmißverständliche Anspielung darauf, daß er der dialektischen Gewandtheit Eisenhowers im Umgang mit Chruschtschow nicht viel zutraute. Cabot Lodge hatte sich in seiner siebenjährigen Amtszeit bei den Vereinten Nationen den Ruf erworben, im Umgang mit seinen sowjetischen Gegenspielern im Sicherheitsrat ein ebenso harter wie geschickter Debattierer zu sein. Dieser Ruf unterschied sich von der Reputation, die alle Mitglieder dieser zur ältesten Aristokratie von Boston zählenden Familie gemeinhin genossen: Die Cabots, so hieß es in Massachusetts, reden nur mit den Lodges, und die Lodges reden nur mit Gott. Dieser ehemalige Senator und nachmalige Botschafter in Vietnam und in den Jahren 1968/69 in Bonn wußte jedenfalls, wie man mit Sowjetmenschen zu reden hat. Adenauers Unbehagen kam im weiteren Verlauf dieser Reise noch mehrfach zum Ausdruck, zuerst bei dem Abendessen im Hause Federers, bei dem er seinen amerikanischen Gesprächspartnern (McCloy, Shepard Stone, Harriman, Nelson Rockefeller, Senator Javitts, General Clay, Robert Murphy, der damals stellvertretender Außenminister war) mit außergewöhnlichem Ernst und großer Eindringlichkeit ins Gewissen redete: Das Prestige der Vereinigten Staaten als Führungsmacht des Westens sinke rapide. Zahlen einer Meinungsumfrage über die abnehmende Glaubwürdigkeit der amerikanischen Machtposition dienten zur Untermauerung seiner Argumente. Die deutschen Teilnehmer (Brentano, Carstens, Eckhardt) hatten den Eindruck, daß seine Worte eine starke Wirkung erzielt hatten, wenngleich Harriman in parteipolitische Polemik gegen die Republikaner auswich und Murphy sich (als loyaler Beamter) bemühte, die Festigkeit und Entschlossenheit der amerikanischen Politik zu verteidigen: Wann und wo hätten die Vereinigten Staaten Grund zu Befürchtungen gegeben, daß sie letzte Konsequenzen bei der Verteidigung Europas oder, im besonderen, Berlins scheuten? Ich konnte nicht umhin, ihn an drei verschiedene Erklärungen zu erinnern, die in den voraufgegangenen Wochen von amtlicher amerikanischer Seite über Berlin abgegeben worden waren: Eine hatte die Möglichkeit des allgemeinen Nuklearkrieges wegen Berlin zurückgewiesen; eine andere hatte davon gesprochen, daß Berlin mit konventionellen Waffen nicht zu verteidigen sei; eine dritte hatte den Gedanken an eine neue Luftbrücke im Falle einer Blockade abgelehnt. Die Berliner wüßten sich aus dieser Folge von Erklärungen keinen Vers zu machen, sagte ich; sie wüßten nicht, welche Mittel eigentlich noch übrig blieben, um das amerikanische Schutzversprechen im Notfalle zu realisieren. Im Anschluß an diesen kleinen Disput mit meinem Freunde Murphy, von dem ich genau wußte, daß er zu unseren zuverlässigsten Stützen und zu den härtesten und entschlossensten Anhängern einer festen und unnachgiebigen Berlin-Politik gehörte, diskutierte man darüber, ob und wieweit der Kanzler bei seinen öffentlichen Auftritten während seiner Reise einen kritisch-aufrüttelnden Ton anschlagen sollte. Wieder war es Murphy, der davor warnte; er äußerte die Befürchtung, daß in solchen Reden eine Einmischung in die inneramerikanischen Wahlkampfauseinandersetzungen gesehen werden könne. Wahrscheinlich hatte er recht. Wie leicht eine überzogene Kritik contra producentem wirken konnte, zeigte sich schon zwei Tage später in Washington, als Adenauer in einem Gespräch mit McCloy, Allen Dulles und General Clay seine warnende Kritik in verschärfter Form wiederholte. Noch während er sprach, dachte ich erschrocken: Das ist zuviel, jetzt überdreht er die Sache. Genau dementsprechend reagierten seine Gesprächspartner: Keiner von ihnen war jetzt noch, angesichts einer übersteigerten Kritik, bereit, Schwächen und Fehler der eigenen Regierung zuzugeben. Der Kanzler zog aus diesem Gespräch wenigstens die Lehre, in seinen öffentlichen Reden mehr Zurückhaltung zu üben.

Die Begegnung mit Eisenhower am 15. März verlief undramatisch und brachte wenig Neues; das Kommuniqué war schon vorher redigiert worden, es wurde (mit Ausnahme eines untergeordneten Punktes) weder diskutiert noch abgeändert. Dieser Ablauf konnte jedoch, ebensowenig wie ein anschließendes Gespräch bei Herter im State Department, dazu beitragen, Adenauers Beunruhigung zu beheben. Sie blieb auf der ganzen Reise bestehen und kam noch bei dem letzten Zwischenaufenthalt vor Japan, auf Hawaii, in einer nervösen Reizbarkeit zum Ausdruck.

In Honolulu trennte ich mich vom Kanzler und seiner Reisegruppe: Während er nach Tokyo weiterflog, benutzte ich die Gelegenheit zu einem mehrtägigen Aufenthalt auf dieser pazifischen Inselgruppe, die ich noch nicht kennengelernt hatte und die ein Jahr zuvor als fünfzigster Staat in die Union aufgenommen worden war. Natürlich wollte ich nicht nur die Luxushotels am Strande von Waikiki, sondern auch den Schauplatz des japanischen Überfalls von 1941, Pearl Harbor, sehen. Das wurde mir, zusammen mit militärischen »briefings« durch den Oberkommandierenden der Pazifischen Flotte, Admiral Felt, und seine Stabsoffiziere geboten. Am Tage nach dem Abflug der Kanzler-Delegation sprach ich in Honolulu vor dem Pacific and Asian Affairs Council über die Berlin-Frage im Lichte des bevorstehenden Gipfeltreffens.

Seit dem Ende des voraufgegangenen Jahres hatte ich mich in zahlreichen Vorträgen und Interviews immer wieder bemüht, dafür eine psychologisch eingängige und publizistisch wirksame Präsentation zu entwickeln, dem amerikanischen Publikum die schwierigen und komplizierten Probleme des isolierten und bedrohten freien Berlin, des geteilten Deutschland, die für den ganzen Westen gefährliche Bedeutung des sowjetischen Vorschlags eines Friedensvertrages mit zwei deutschen Regierungen, des Projekts einer »Freien Stadt Berlin« (das auf eine Dreiteilung Deutschlands abzielte), der Drohung mit dem Abschluß eines separaten Friedensvertrages zwischen Sowjetunion und DDR zu erläutern und in möglichst sachlicher Form nahezubringen.

Im Dezember hatte ich noch vor dem World Affairs Council in Boston, im Amherst College (Massachusetts) und an der Universität von Ann Arbor (Michigan) diese Gedanken mit einer Warnung vor übereilter Gipfeldiplomatie verknüpft. Ich erinnerte daran, daß alle großen Gipfelkonferenzen der jüngeren Vergangenheit zu wenig ermutigenden, wenn nicht verhängnisvollen Ergebnissen geführt hätten: die Pariser Friedenskonferenz von 1919; die Münchener Konferenz von 1938; die Konferenzen am Ausgang des Zweiten Weltkrieges – Teheran 1943, Jalta und Potsdam 1945; die Genfer Konferenz von 1955. Es sei eine irrige Vorstellung vom Ablauf der Entscheidungsprozesse im Sowjetsystem, wenn man glaube, Chruschtschow allein könne Entscheidungen treffen, und es komme daher darauf an, auf der höchsten Ebene mit ihm selbst zu verhandeln. Ohne eine Gipfelkonferenz rundheraus abzulehnen, hatte ich die Gefahren und Nachteile geschildert, die solche Konferenzen für die Regierungschefs demokratischer Staaten mit einer freien, von Friedenssehnsucht erfüllten öffentlichen Meinung mit sich bringen.[3]

Adenauers Besuch und die im Laufe des April sich intensivierende diplomatische Vorbereitung der Gipfelkonferenz nötigten mich, diese Serie von öffentlichen Auftritten auslaufen zu lassen.[4] Im Unterschied zu einer ähnlich intensiven Aktivität in der Öffentlichkeit, die ich später – im ersten Halbjahr der Kennedy-Administration – entfaltete[5], hatte es mit Eisenhowers Regierung keinerlei Schwierigkeiten deswegen gegeben – obwohl ihr meine Thesen und Argumente zuweilen unbequem gewesen sein müssen. Ende Januar schwenkte sie in gewissem Umfange auf die Linie ein, die allen meinen Vorträgen zugrunde gelegen hatte: Dämpfung übersteigerter Hoffnungen und Erwartungen in bezug auf die Gipfelkonferenz, psychologische Vorbereitung der Öffentlichkeit auf weitere langwierige Verhandlungsprozesse. Als ich mich auf einem Frauenkongreß in Washington am 29. Januar in diesem Sinne äußerte, fand ich mich in voller Übereinstimmung nicht nur mit dem nach mir sprechenden französischen Botschafter Hervé Alphand, sondern auch mit dem Sprecher des State Department, dem Assistant Secretary of State, Andrew Berding.

Daß eine solche Aktivität als diplomatischer Wanderprediger in einem Lande wie den Vereinigten Staaten notwendig und mit den Aufgaben eines Botschafters unlösbar verbunden ist (jedenfalls wenn er ein Land wie das unsere vertritt, dessen Schicksal so weitgehend von den Vereinigten Staaten und ihrem weltpolitischen Kurs abhängig ist), ist von Kennern der amerikanischen Szene und des publizistischen Metiers stets verstanden und mit Zustimmung und Anerkennung verfolgt worden.[6]

Mit dem Herannahen des Gipfeltermins lebten die westlichen Viererberatungen zur Vorbereitung neuer Berlin- und Deutschland-Verhandlungen mit den Sowjets wieder auf. Sie begannen im Februar und März in Washington in Zusammenkünften von Vertretern der britischen und französischen und unserer Botschaft mit den zuständigen Beamten des State Department. Vom 4. bis 9. April tagte in Washington eine Arbeitsgruppe, die sich aus leitenden Beamten der vier Außenministerien zusammensetzte. Wir waren dort durch den Leiter der Politischen Abteilung des Amtes, meinen Nachfolger Carstens, vertreten. Der Schlußbericht dieser Gruppe wurde den Beratungen der vier Außenminister zugrundegelegt, die im Rahmen einer mehrtägigen Konferenzserie vom 12. bis 14. April – ebenfalls in Washington – zusammentrafen: Unter sich berieten die westlichen Drei über den Ablauf der Gipfelkonferenz und die von ihnen zu verfolgende Verhandlungstaktik; zusammen mit dem Bundesaußenminister wurden die Deutschland und Berlin betreffenden Fragen erörtert und die von der Arbeitsgruppe vorgelegten Entwürfe geprüft; zusammen mit dem kanadischen und dem italienischen Außenminister (deren Länder Mitglieder des Genfer Abrüstungsausschusses waren) wurde die Abrüstungsfrage behandelt. Mit dem NATO-Generalsekretär Spaak gab es Besprechungen über das Gesamtproblem der Ost-West-Beziehungen. Die Kommuniqués über diese verschiedenen Gesprächsrunden bekundeten – wie konnte es anders sein – Einmütigkeit, Entschlossenheit, Zuversicht. Tatsächlich hatten sich keine ernsteren Kontroversen ergeben. Noch offengebliebene Fragen wurden der NATO-Frühjahrskonferenz überlassen, die vom 2. bis 4. Mai in Istanbul zusammentreten sollte. In jenen Tagen – ich nahm an dieser Konferenz nicht teil – wurde die Türkei von Studentendemonstrationen und Unruhen geschüttelt, in Istanbul herrschte Standrecht – Auftakt zum Sturz der Regierung Menderes und der Absetzung des Staatspräsidenten Celal

Bayar durch die Armee am 27. Mai. Aber die NATO-Minister ließen sich nicht stören und erledigten ihr Pensum. Was noch übrig blieb, wurde am Vorabend der Gipfelkonferenz in Paris – am 14. Mai durch die vier Außenminister, am 15. Mai durch die drei Regierungschefs und den für diesen Tag nach Paris geflogenen Bundeskanzler – bereinigt.

Im Laufe dieses mehrmonatigen Beratungsprozesses hatte man sich in großen Zügen über die Verhandlungstaktik geeinigt und hatte präsentationsfähige Vorschläge und Texte erarbeitet. Auch wir hatten allen Papieren zugestimmt – was jedoch nicht bedeutete, daß wir dem Ablauf des Gipfeltreffens mit Ruhe und Zuversicht entgegensahen. Adenauers Wunsch, das Gipfeltreffen ganz auf das Abrüstungsthema zu beschränken, hatte keine Aussicht, erfüllt zu werden. Wir mußten darauf gefaßt sein, daß die Berlin-Frage wieder in den Mittelpunkt rücken würde – ohne unsere direkte Beteiligung. Anders als bei Genf III würden wir in dieser Konferenz auch keinen »Berater«-Status haben. Brentano sollte zwar während der ganzen Konferenzdauer in Paris für jederzeitige Konsultationen zur Verfügung stehen, Carstens und ich sollten ihm als Mitglieder einer »Beobachterdelegation« zur Seite stehen. Ein sehr befriedigendes Arrangement war das, wenn es »ans Eingemachte« ging, natürlich nicht. Zwar brauchten wir nicht zu befürchten, daß unsere Verbündeten uns verraten, täuschen oder unsere vitalen Interessen verkaufen würden – aber schon in Genf hatte sich gezeigt, daß die Abgrenzung der noch tragbaren Konzessionen schwierig war und unterschiedlich beurteilt werden konnte. Eisenhower hatte schon im Dezember 1959 einen Vorgeschmack dafür geliefert, als er in Paris durchblicken ließ, daß die Verletzung der westlichen Rechte in Berlin in der westlichen Öffentlichkeit kaum als ausreichend gewichtiger Grund für eine gewaltsame Reaktion angesehen würde.[7] Schon nach Chruschtschows Besuch im September 1959 war ihm ein fataler »slip of the tongue« unterlaufen, als er sich in seiner Pressekonferenz Chruschtschows Charakterisierung der Situation Berlins als »abnormal« zu eigen machte.[8]

Die vereinbarten Texte boten wenig Sicherheit, denn sie waren natürlich nicht unabänderlich und konnten im Verlaufe einer Verhandlung modifiziert, verwässert, abgeschwächt werden. Insofern war es ein schwacher Trost, daß es uns gelungen war, einige geringfügige Verbesserungen im Text des Genfer westlichen Berlin-Papiers vom 28. Juli 1959 durchzusetzen. Allein daß dieses Papier (in einer von den Außenministern am 14. Mai beschlossenen, leicht abgeänderten Fassung) wieder zur Verhandlung gestellt werden sollte, war problematisch genug. Die Gefahren eines Interimsabkommens nach dem Genfer Modell hatte ich im Verlaufe der Frühjahrskonsultationen wie folgt zusammengefaßt:

»1. Jedes Berlin-Abkommen, das den Charakter einer ›Interimsregelung‹ trägt, ohne unter dem ›Interim‹ die Zeit bis zur Wiedervereinigung Deutschlands zu verstehen, wird psychologisch gefährliche Wirkungen auslösen. Jede feste Zeitgrenze, mag sie zwei, drei oder fünf Jahre vom Zeitpunkt des Abkommens entfernt liegen, mag sie auch (wie in den Vorschlägen vom 28. Juli 1959) nur als Zeitgrenze für eine dann mögliche Revision des Abkommens formuliert sein, wird von der Bevölkerung West-Berlins als eine Galgenfrist angesehen werden. Nicht viel anders wird man auch außerhalb Berlins ein solches ›Interim‹ bewerten. Investitionen in Berlin werden aufhören. Ein Prozeß der Abwanderung und Verlagerung nach dem Westen wird einsetzen, der das Berliner Wirtschaftsleben in wachsendem Maße lähmen wird. Wer nicht aus sich heraus die Vorstellung hegt, daß die kommunistische Überwältigung Berlins durch ein solches Interimsabkommen nur für einige Zeit aufgeschoben ist, dem wird diese Vorstellung von der kommunistischen Propaganda suggeriert werden.

2. Jede Bereitschaftserklärung, die westlichen Truppenstärken in Berlin zu reduzieren, wird als erster Schritt auf dem Wege zum endgültigen Abzug der Truppen angesehen werden. Das gilt erst recht für jede, wenn auch geringfügige, Verminderung der Truppen. Chruschtschow wird nicht versäumen, jedem Teilabzug westlicher Truppen diese Deutung zu geben. Die Wirkung wird ähnlich wie oben (1) beschrieben sein.

3. Selbstverständlich denkt niemand daran, in Berlin größere Atomwaffen zu stationieren. Niemand weiß jedoch, wie rasch sich zum Beispiel die Technik atomarer Handfeuerwaffen entwickeln wird. Mißlich wäre es jedenfalls, wenn sich nach geraumer Zeit herausstellen sollte, daß die westlichen Truppen in Berlin im Vergleich zu den ihnen gegenüberstehenden roten Truppen unmodern bewaffnet wären. Jeder Verzicht auf bestimmte Waffenarten provoziert auch einen Anspruch der Gegenseite, die Befolgung des Verzichts zu kontrollieren.

4. Die Sicherung der gegenwärtig bestehenden Zugangsmöglichkeiten nach und von Berlin gegen weitere Verschlechterungen ist gewiß ein Vorteil. Auf der anderen Seite sind diese Zugangsmöglichkeiten höchst unbefriedigend. Werden sie auf ihrem gegenwärtigen Stande (oder dem Stande vom April 1959) stabilisiert, so wird damit auch jede Verbesserungsmöglichkeit ausgeschlossen.

5. Jede Vertragsklausel zur Beschränkung publizistischer Betätigungen und jeder internationale Überwachungsapparat zur Kontrolle dieser Beschränkungen wird von kommunistischer Seite unweigerlich zu haltlosen Anklagen, Beschuldigungen und Einmischungen in innere Angelegenheiten West-Berlins mißbraucht werden. Auch wenn dieser Mißbrauch noch so offenkundig ist, wird er eine Atmosphäre ständiger Spannungen erzeugen, die sich nur zum Nachteil des Westens auswirken kann. Der Elan

des Berliner Widerstandsgeistes, der für den Propaganda- und Nervenkrieg in Berlin von vitaler Bedeutung ist, wird auf die Dauer gelähmt werden, auch wenn der internationale Überwachungsapparat seine Funktionen korrekt und neutral ausübt.

Der Vorschlag zur Errichtung eines internationalen Überwachungsorgans ist insbesondere solange fragwürdig, wie die Sowjets nicht eindeutig der Annahme einer Beschränkung gewisser Aktivitäten auch für Ost-Berlin zugestimmt haben. Bis dahin bleibt die Gefahr bestehen, daß das Überwachungsorgan schließlich nur in West-Berlin tätig wird, was eine beträchtliche Verschlechterung der Position West-Berlins zur Folge haben würde.

6. Die Genfer Vorschläge vom 28. Juli 1959 enthielten keinerlei Sicherungsklausel gegen die Gefahr, daß die Sowjets einige Zeit nach der Annahme eines solchen Interimsabkommens dennoch einen separaten Friedensvertrag mit der DDR abschließen und das Abkommen damit ganz oder teilweise wieder aushöhlen würden. Es sollte zu den selbstverständlichen Bedingungen jedes Berlin-Abkommens gehören, daß die Sowjets auf diesen Schritt verzichten. Nur so könnte auch erreicht werden, daß sich die Sowjets nicht weiterhin der Drohung mit dem separaten Friedensvertrag als einer ständig wirksamen Waffe im politischen Kampf gegen den Westen bedienen.«

Mit diesen Bedenken waren wir nicht durchgedrungen. Man konnte uns entgegenhalten, daß wir die Vorschläge im voraufgegangenen Jahre in Genf hatten passieren lassen. Das war in der Tat riskant gewesen und es zeigte sich jetzt, wie schwer es ist, von einmal eingenommenen Positionen wieder herunter zu kommen.

Die Sowjets ließen keinen Zweifel daran, daß sie die Berlin-Verhandlungen an dem Punkte wieder aufzunehmen beabsichtigten, an dem sie in Genf steckengeblieben waren. Noch im letzten Augenblick vor Beginn der Konferenz, am 9. Mai, ließen sie der französischen Regierung durch ihren Botschafter in Paris ein Papier überreichen, das eine modifizierte Fassung ihrer eigenen Genfer Vorschläge vom 28. Juli 1959 enthielt. Bei ihrer Prüfung zeigte sich rasch, daß sie nur einige »kosmetische« Verbesserungen enthielten, im ganzen aber, wie eine gemeinsame Analyse der westlichen Experten vom 15. Mai feststellte, »weniger befriedigend waren als die von Außenminister Gromyko im letzten Sommer in Genf gemachten Vorschläge«. (Statt eineinhalb jetzt zwei Jahre Geltungsdauer; statt bezifferter Reduktion der westlichen Truppen eine Reduktionsformel ohne Zahlen. Dafür auf der anderen Seite Ausrichtung des Abkommens auf Umwandlung in eine »Freie Stadt«, und, bei Ausbleiben einer Einigung zwischen den beiden deutschen Staaten, getrennte Friedensverträge mit beiden – oder einem von ihnen.) Die von den

Außenministern am 14. Mai erzielte Einmütigkeit in der Ablehnung dieser Vorschläge schloß jedoch nicht aus, sondern legte es sogar nahe, daß die drei westlichen Regierungschefs das Berlin-Gespräch auf der Grundlage ihres eigenen Papiers vom 28. Juli 1959/14. Mai 1960 zu führen versuchen würden – mit der Wahrscheinlichkeit, daß sie zu Abstrichen genötigt sein würden.

Unter diesen Umständen konnte uns Chruschtschow keinen größeren Gefallen tun, als den Zusammentritt der Konferenz zu verhindern. Adenauer hat seinen entsprechenden Gefühlen auf gut kölnisch drastisch Ausdruck verliehen: »Wir haben noch mal fies Jlück jehabt«, sagte er zu Eckhardt, als ihn die Nachricht von dem Eklat in Paris erreichte.[9]

Die polternde Dramatik, mit der Nikita die Konferenz an seiner hartnäckigen Forderung nach einer förmlichen Entschuldigung Eisenhowers für den U-2-Spionageflug scheitern ließ, brauche ich hier nicht noch einmal zu schildern, zumal wir keine Augenzeugen seiner Auftritte in Paris waren. Die Atmosphäre dieser beiden Tage läßt sich am besten an den Fotos der Hauptakteure ablesen: Chruschtschow auf seiner Pressekonferenz mit wilder Theatralik heftig gestikulierend; de Gaulle, mit düsterer Kühle aus dem Fonds seines Wagens heraus die Kameraleute musternd; Macmillan, weißhaarig, mit weißer Weste zum dunklen Anzug, mit eleganter Nonchalance, die Zigarette in der Hand, an den präsentierenden Wachen der Garde Républicaine vorbei die Treppen des Elysée-Palastes herabschreitend; am eindrucksvollsten die Physiognomie Eisenhowers: mit dünnen, zusammengekniffenen Lippen, Zornesfalten auf der Stirne, den Blick durchbohrend auf sein Gegenüber gerichtet – ein Bild von »Ike«, wie man es vor- und nachher nie gesehen hat, Ausdruck eines sich tief getroffen fühlenden, aufs Äußerste gereizten und zum Widerstand gegen die ihm zugemutete Demütigung entschlossenen Mannes.

Wie sich die Ereignisse für uns darstellten, geht am besten aus einem Bericht Brentanos vom 18. Mai hervor:

»Chruschtschow ist offenbar mit der festen Absicht nach Paris gekommen, die Gipfelkonferenz an der Frage des Flugzeugzwischenfalls scheitern zu lassen. Ein wichtiges Motiv scheint dabei gewesen zu sein, daß Chruschtschow nach den Gesprächen in Camp David in einer falschen Vorstellung über die amerikanische Haltung geglaubt hat, sich mit Präsident Eisenhower verhältnismäßig leicht verständigen zu können. In diesem Sinne hat er sich offenbar auch gegenüber den Führungsgremien der Sowjetunion geäußert. In dem Maße, wie deutlich wurde, daß Chruschtschows Ansicht über eine mögliche Nachgiebigkeit der Amerikaner falsch war (Erklärungen Eisenhowers, Herters, Nixons, Dillons, im April), hat sich das Interesse Chruschtschows an einem Zustandekommen der Gipfelkonferenz vermindert. Sei es aus persönlicher Enttäuschung, sei es um sich vor den sowjetischen Führungskräften keine Blöße zu geben, hat Chruschtschow dann den Flugzeugzwischenfall hochgespielt und in aggressiver und beleidigender Form extreme Forderungen an die USA gerichtet, von denen er wissen mußte, daß sie nicht akzeptiert werden konnten.

Weitere Motive, die Chruschtschow unterstellt werden (Aufgabe der Entspannungspolitik, um in den kommenden Monaten, in denen die USA während der Präsidentschaftswahlen geschwächt sind, außenpolitische Erfolge einzuhandeln; Schaffung einer internationalen Krise, um dadurch das sowjetische Volk zu höheren wirtschaftlichen Leistungen zu bewegen), sind möglich, doch liegen keine sicheren Anhaltspunkte vor.

Der Westen hat auf die Chruschtschowschen Ausfälle ruhig und bestimmt reagiert. Präsident Eisenhower hat die Erklärung abgegeben, daß amerikanische Flüge über sowjetischem Gebiet nicht mehr stattfinden würden und damit eine, und zwar die sachlich wichtigste, Forderung Chruschtschows erfüllt. Die Annahme der übrigen Forderungen (Entschuldigung und Bestrafung der Schuldigen), die demütigenden Charakter hatten, ist von Eisenhower niemals auch nur erwogen worden. In der Sitzung vom 16. Mai hat sich Eisenhower mit großer Selbstbeherrschung gegenüber Chruschtschows beleidigenden Erklärungen zurückgehalten.

Macmillan hat sich anscheinend bis zum Schluß dafür eingesetzt, den Faden nicht ganz abreißen zu lassen. Er hat aber andererseits in den von ihm veranlaßten Presse-Briefings das Verhalten Chruschtschows sehr scharf verurteilt, so daß die gesamte britische Presse seit dem 17. Mai Chruschtschow gegenüber eine völlig veränderte, scharf kritische Haltung einnimmt. Für Macmillan war dabei entscheidend, daß Eisenhower sich verpflichtet hatte, die Flüge über sowjetischem Gebiet einzustellen. Diese Erklärung hat es offenbar ermöglicht, die britische Presse zu ihrer jetzigen Haltung zu bringen. Es liegt daher nahe, anzunehmen, daß Eisenhower seine Erklärung, die ihm im Hinblick auf frühere entgegengesetzte Erklärungen des State Department sicherlich nicht leichtgefallen ist, auf Drängen Macmillans abgegeben hat.

De Gaulle war nach unserem Eindruck aufgrund der Briefe, die Chruschtschow an ihn und an Macmillan vor der Gipfelkonferenz gerichtet hatte, und in denen er seine gegen die Amerikaner gerichteten Forderungen angemeldet hatte, hinsichtlich eines Zustandekommens der Konferenz von Anfang an sehr skeptisch. Er hat sich dafür eingesetzt, daß der Westen seine Gelassenheit bewahren solle und hat die letzten taktischen Gegenzüge Chruschtschows (Vorschlag einer Vorbesprechung mit den westlichen Regierungschefs über die Frage, unter welchen Voraussetzungen die eigentliche Gipfelkonferenz stattfinden sollte) in klarer und bestimmter Art abgewehrt.

Über die weiteren sowjetischen Schritte sind zur Zeit keine sicheren Voraussagen möglich. Man kann noch nicht bestimmt sagen, daß sie den Abschluß eines separaten Friedensvertrages mit der SBZ forcieren werden, aber der Westen muß auf eine solche Entwicklung vorbereitet sein. Der Vorschlag Chruschtschows, die Verhandlungen nach sechs bis acht Monaten fortzusetzen, stellt einen persönlichen Affront gegenüber Eisenhower dar und impliziert, daß Chruschtschow mit Eisenhower nicht mehr verhandeln will. Es ist möglich, daß Chruschtschow auf einen Wechsel der amerikanischen Außenpolitik nach den Wahlen hofft, wofür ihm ein Interview Stevensons mit ›Paris Presse‹ vom 15. Mai dieses Jahres neue Nahrung gegeben haben dürfte.«

War die »Gipfeldiplomatie« durch das gescheiterte Pariser Treffen kompromittiert? In einem bald danach geschriebenen Artikel antwortete ich auf diese Frage:

»Ein schlichtes ›Ja‹ wäre eine grobschlächtige Vereinfachung. Kompromittiert ist nicht die Gipfeldiplomatie als solche, zumal es in Paris überhaupt nicht zum Verhandlungsbeginn gekommen ist. Wohl aber ist es offenkundig geworden, daß die Wandlung der westlichen Gipfelphilosophie im vergangenen Jahre auf einen Irrweg geführt hat ... Problematisch war schon der Ausgangspunkt: daß erfolgreiche Verhandlungen nur mit dem Alleinherrscher Chruschtschow geführt werden könnten. Ein Rückblick auf die letzten zehn Jahre zeigt nämlich deutlich, daß die großen und politisch wichtigen Entscheidungen dieses Zeitabschnitts keineswegs aus unmittelbaren Verhandlungen mit dem jeweiligen Sowjetdiktator hervorgegangen sind (zum Beispiel die Beendigung der Berliner Blockade 1949, der Waffenstillstand in Korea 1951/1953, die Liquidierung des Indochina-Krieges 1954, die Zustimmung zum österreichischen Staatsvertrag 1956, die Einstellung der Nuklearversuche 1958) ... Man muß sich in den internationalen Beziehungen den Blick für das Institutionelle und das Augenmaß für die Grenzen der Wirkungskraft persönlicher Kontakte bewahren. Politische Gegensätze lassen sich nicht durch die Entwicklung persönlicher Sympathien, durch freundliche Umgangsformen und Bemühungen um eine harmonische Atmosphäre aus der Welt schaffen. Das gilt schon im Verhältnis verbündeter Mächte zueinander – wieviel mehr erst im Verkehr mit Sowjetmenschen. Damit ist nichts gegen den Wert und die Bedeutung des intimen persönlichen Gesprächs gesagt ... Jeder Premierminister und jeder Außenminister, so schreibt Sir Anthony Eden in seinen Memoiren, ist geneigt, sich selbst als besser für die Herstellung von Kontakten mit führenden fremden Staatsmännern geeignet zu betrachten als die meisten anderen. Das ist begreiflich, aber niemand sollte sich dadurch verleiten lassen, politische Lösungen durch persönliche Kontakte ersetzen zu wollen. Chruschtschow hatte in dieser Hinsicht offenbar keinerlei Illusionen: Als er erkannte, daß eine Basis für eine Verständigung in den Sachfragen gegenwärtig nicht besteht, hielt er die Konferenz für sinnlos und brachte sie entschlossen zu Fall. Der Westen sollte diese Lektion nicht so rasch vergessen.«[10]

Nach den aufregenden Tagen von Paris begann eine Zeit der politischen Flaute, die für den Rest des Jahres anhielt – jedenfalls in bezug auf die uns betreffenden internationalen Fragen. Aufregend blieb es in Afrika, im Kongo, und wurde es im Spätsommer und Herbst auf der innenpolitischen Bühne der Vereinigten Staaten mit dem Einsetzen des Präsidentschaftswahlkampfes. Was Berlin anging, so hatte Chruschtschow schon auf der Rückreise von Paris, bei einem Zwischenaufenthalt in Ost-Berlin, deutlich gemacht, daß er nichts überstürzen wollte. Unter Anspielung auf einen neuen Anlauf zum Gipfel in sechs bis acht Monaten sagte er in einer Versammlung am 20. Mai, unter diesen Umständen habe es Sinn, noch etwas zu warten: »Die Sache geht uns nicht aus den Augen. Warten wir noch, wird sie besser heranreifen.« Im September erließ die DDR-Regierung einschränkende Vorschriften für den Berlin-Verkehr. Bundesbürger bedurften künftig für den Besuch von Ost-Berlin einer Aufenthaltsgenehmigung, Bundespässe der West-Berliner wurden nicht mehr anerkannt. Wechselseitige Proteste und Beschuldigungen wurden ausgetauscht, doch dabei blieb es.

Ich war gerade rechtzeitig von einem längeren Sommerurlaub in Europa zurückgekehrt, um die entsprechenden Demarchen im State Department ausführen zu können. In Hamburg hatten wir Anfang Juli die Taufe meines im Januar geborenen Sohnes Stefan gefeiert – in der gleichen Johanneskirche in Eppendorf-Winterhude, in der ich konfirmiert worden war. Anschließend war ich mit meinen älteren Töchtern, Constanze und Franziska, in Holland und Belgien gewesen, mit ausgiebigen Besichtigungen der Kunstschätze Flanderns. Nach einem kürzeren Aufenthalt mit meiner Frau in Kampen auf Sylt besuchten wir in Seebüll (nahe der dänischen Grenze) das Haus der Nolde-Stiftung, das frühere Wohnhaus von Emil und Ada Nolde. Der Besuch führte zum Erwerb eines schönen Nolde-Aquarells, dem ich später (aus den Beständen einer New Yorker Galerie) ein weiteres hinzufügen konnte. Berlin sollte in unserem Reiseprogramm nicht fehlen. Nach einem Besuch des Steglitzer Schloßtheaters, das noch unter der Regie von Boleslaw Barlog stand (man hatte einen amüsanten Zweiakter von Félicien Marceau gespielt), verbrachten wir einen langen Abend mit dem Hauptdarsteller, dem jungen, hochbegabten Klaus Kammer, der sich große Sorgen um Berlin machte und mich mit einer Flut von Fragen bestürmte. Soweit sie die Zukunft betrafen – wie konnte ich sie beantworten? Der Abend hinterließ bei mir, so anregend er gewesen war, ein Gefühl der Beklemmung und der

Niedergeschlagenheit, das in dem Bewußtsein der eigenen Ohnmacht wurzelte. Alles dieses wurde nach Jahren wieder lebendig, als ich zu meiner Bestürzung in der Zeitung las, daß Klaus Kammer seinem Leben selbst ein Ende gesetzt hatte.

Für die zweite September-Hälfte stand auf meinem Programm ein seit langem geplanter Besuch des anderen neuen Unions-Staates, der 1959 (zusammen mit Hawaii) als solcher aufgenommen worden war: Alaska. Die Berliner Ereignisse und ein unerwarteter Zwischenaufenthalt Brentanos in New York, nötigten mich, das Reiseprogramm auf sechs Tage zu kürzen. Sie genügten jedoch, um einige unvergeßliche Eindrücke von der landschaftlichen Schönheit dieses unermeßlichen Landes zu hinterlassen – eines Landes fast ohne Straßen, daher mit wenig Autos, nur an den Küsten dünn besiedelt, mit viel Gelegenheit zu wohltuender Einsamkeit. Die kleine Hauptstadt Juneau, typische frühere Goldgräberstadt, erinnert mit ihrer kleinen orthodoxen Holzkirche an die russische Vergangenheit Alaskas, das die Amerikaner dem Zaren im Jahre 1867 für ganze sieben Millionen und zweihunderttausend Dollar abgekauft hatten! Die größte und bedeutendste Stadt, Anchorage, ist heute (noch) der einzige Zwischenaufenthalt auf der Polarroute von Europa nach Ostasien. Daß ich in späteren Jahren oft auf diesem Flugplatz sitzen und auf die Gletscherspitzen blicken würde (bei meinen Flügen zwischen Bonn und Tokyo), ahnte ich bei diesem ersten Besuch natürlich nicht.

Keine Reise ohne Public Relations – es ging also auch in Anchorage nicht ohne Vortrag, Pressekonferenz, Interviews ab. Damit beendete ich jedoch mein Öffentlichkeitsprogramm für die zweite Jahreshälfte: Für die Monate des Wahlkampfes hatte ich mir strikte Enthaltsamkeit auferlegt. Dafür konnte ich andere Seiten des Botschafterlebens pflegen – zum Beispiel mit dem Bundespostminister Richard Stücklen (dem späteren Fraktionschef der CSU) und dem Postmaster General Summerfield nach Neu-England fahren und an der Einweihung des ersten vollautomatischen Postamtes der Vereinigten Staaten in Providence (Rhode Island) teilnehmen; oder in New York der Aufführung einer Oper von Werner Egk (neben Wolfgang Fortner der zweite bedeutende, zeitgenössische deutsche Komponist, der mich in Washington besuchte) beiwohnen.

Am 13. Juli war John F. Kennedy auf dem Parteitag der Demokraten in Los Angeles zum Präsidentschaftskandidaten nominiert worden. Bald darauf begann der Wahlkampf. Am 8. November wurde Kennedy zum fünfunddreißigsten Präsidenten der Vereinigten Staaten gewählt.

BOTSCHAFTER BEI KENNEDY

Kennedy als Präsident

Auch im Rückblick und aus der Distanz zweier inzwischen verstrichener Jahrzehnte, gewinnt Dwight D. Eisenhower – bei allen unbestreitbaren Meriten – in meinen Augen weder die Statur eines großen Feldherrn noch die eines großen Präsidenten und Staatsmannes.

Verdient sein Nachfolger solche Attribute, war John F. Kennedy ein »großer« Präsident? In Deutschland waren viele dieser Ansicht: Kennedy blieb der einzige amerikanische Präsident, nach dem Straßen, Brücken und Plätze benannt wurden. Im amerikanischen Volk wirkte der Name Kennedy polarisierend: Der großen Menge seiner Anhänger und Bewunderer stand stets ein nicht viel kleinerer Teil der Bevölkerung gegenüber, der ihn mit kritischer Abneigung, ja mit Haß, betrachtete und von seinen Fähigkeiten wenig hielt. Zu seinen Lebzeiten war es schwierig, ein klares Bild zu gewinnen, denn auf einem Gebiete war John F. Kennedy ohne jeden Zweifel ein Meister von höchsten Graden: in der Selbstdarstellung und in der Nutzung jener Faszination, die sein Stil und sein persönlicher Charme besonders auf die Jugend und auf die intellektuellen Schichten ausübten, in der Organisation einer günstigen Publicity für sich, seine Politik, seine Familie.

Der Mord von Dallas, das tragische Ende des Mannes, dessen »Image« von strahlender Jugendlichkeit, Erfolg, Reichtum, fortschrittlichem Reformgeist, Dynamik geprägt war, suspendierte für geraume Zeit eine kritische Analyse seiner Leistungen. Die ersten Bücher über seine Regierungszeit kamen aus den Reihen seiner Freunde und Mitarbeiter; eine unbefangene kritische Würdigung war von ihnen nicht zu erwarten.[1]

Erst in der ersten Hälfte der siebziger Jahre setzte eine distanziertere Betrachtung ein, die, wie zu erwarten, zu reservierteren und kritischeren Urteilen über den Staatsmann und den Menschen Kennedy kam.[2]

Klatschgeschichten über seine Frauen-Affären und bis heute umstrittene und nicht bewiesene Behauptungen über seine Einweihung in angebliche Attentatspläne des CIA gegen Fidel Castro sollte man beiseite lassen. Ernsthaftere Einwände richteten sich gegen seine Besessenheit, vor allem die amerikanische »leadership« in der Welt wiederzugewinnen, gegen den verhängnisvollen Einfluß seiner im Umgang mit der Macht unerfahrenen intellektuellen Ratgeber, gegen die Vernachlässigung dringender innenpolitischer Aufgaben.

Ob Kennedy ein »großer Präsident« war oder nicht, ob er es hätte werden können – das letzte Urteil darüber gebührt amerikanischen Historikern. Ich bezweifle, daß sie ihn als einen solchen bezeichnen werden. Daß es ihm – im Unterschied zu Lyndon Johnson – nicht gelang, größere Gesetzesvorhaben im Kongreß durchzubringen, ist schon häufig konstatiert worden. In der Außenpolitik gelang es ihm, das Debakel der Schweinebucht-Aktion vom Frühjahr 1961 durch ein perfektes Krisenmanagement in der Kuba-Krise vom Herbst 1962 in Vergessenheit geraten zu lassen. In der Berlin-Krise zeigte er Festigkeit, Entschlossenheit und überlegtes Handeln – allerdings auf einer Linie, die für uns eine schmerzliche Zurücknahme wichtiger Positionen bedeutete. Indessen wäre es abwegig, seine Leistungen an der Berücksichtigung unserer Interessen zu messen. Seine Nuklearpolitik – Nassau, seine schwankende Haltung zum MLF-Projekt und dessen Verknüpfung mit der Non-Proliferations-Politik – ermangelten nach meinem Eindruck eines klar durchdachten und konsequent verfolgten Konzepts. In bezug auf Südostasien hat man sich jetzt wieder daran erinnert, daß die verhängnisvollen, wenngleich damals in ihrer Bedeutung wenig erkannten Weichenstellungen für den Vietnam-Krieg unter seiner Präsidentschaft vorgenommen wurden. Die Konsequenzen seiner Laos-Politik reiften erst nach mehr als zehn Jahren – mit der Machtübernahme durch den kommunistischen Pathet Lao in jenem Lande. Besser als andere hat er wohl die Dimensionen des heraufziehenden Nord-Süd-Konflikts erkannt.

Verändert hat er die Welt nicht – jedenfalls viel weniger, als es Nixon und Kissinger mit ihrer China-Politik, mit den SALT-Verhandlungen, mit ihren Entspannungsbemühungen, mit ihrer Nahost-Politik gelang –, wie immer man diese Veränderungen bewerten mag.

Es wäre absurd, wollte ich nachträglich behaupten, von Anfang an ein klares Urteil über den Senator, den Präsidentschaftskandidaten und späteren Präsidenten gehabt zu haben. Die Qualitäten eines Staatsmannes lassen sich selten im voraus erahnen. Die Übernahme eines so gewichtigen Amtes wie es die Präsidentschaft der Vereinigten Staaten ist, läßt seinen Träger nicht unverändert. Im Positiven wie im Negativen pflegen sich Wesenszüge der Persönlichkeit zu offenbaren, die vorher nicht erkennbar waren. Demgemäß habe auch ich mein Urteil über Kennedy Korrekturen unterzogen. Indessen schwankte dieses Urteil nie zwischen extremen Wertungen. In den spannungsreichen Monaten des Wahlkampfes von 1960, als Adenauer und andere Politiker der Regierungskoalition dazu neigten, auf einen Sieg Nixons zu hoffen und eine Präsidentschaft Kennedys für ein Verhängnis zu halten, trat ich dem nach Kräften entgegen – nicht aus Sympathie oder Bewunderung für Kennedy, auch nicht nur deswegen, weil ich seine Gewinnchancen positiver einschätzte und es für unklug hielt, sich die Sympathien eines wahrscheinlichen Gewinners von vornherein zu verscherzen (denn selbstverständlich wurden diese Bonner Stimmungswellen in Washington wahrgenommen und sorgfältig registriert), sondern auch deswegen, weil ich die in Bonn umlaufenden extremen Bewertungen für unzutreffend hielt. Von diesen habe ich mich auch dann noch fernzuhalten versucht, als mein persönliches Verhältnis zum Präsidenten im Verlaufe der mit der Berlin-Krise zusammenhängenden Spannungen zwischen Washington und Bonn Belastungen ausgesetzt wurde, die es veränderten.

Frühe Kontakte, Wahlkampf und Wahlprognose

Meine persönliche Bekanntschaft mit Kennedy ging auf einen Zeitpunkt zurück, der eineinhalb Jahre vor seiner Wahl zum Präsidenten lag: Im April 1959 hatte ich den damaligen Senator zu einem Mittagessen in der Residenz eingeladen, um ihn mit einem Bundestagsabgeordneten[1] zu einem Gespräch über Fragen der Entwicklungshilfe zusammenzuführen. Es kam zu einem angeregten Gespräch, wobei man in manchen Punkten übereinstimmte, in anderen nicht. Für mich lag der eigentliche Gewinn der Begegnung in der Herstellung einer persönlichen Beziehung mit einem aufsteigenden jungen Politiker – der neun Monate später seine Bewerbung um die Präsidentschaft bekanntgab. In der Folgezeit gab es stets einen persönlichen Mittler, der eine gewisse indirekte Beziehung zu dem Senator, dem Präsidentschaftskandidaten und später zum Präsidenten Kennedy herstellte: sein persönlicher Assistent im Senat und später im Weißen Haus, Fred Holborn. Er war der Sohn des Yale-Historikers Hajo Holborn, mit dem mich eine im Laufe meiner Amtszeit in Washington erwachsene und immer enger gewordene freundschaftliche Beziehung verband. Hajo Holborn, Schüler Friedrich Meineckes, war in Berlin Inhaber des Carnegie Lehrstuhls für Geschichte und Internationale Beziehungen an der Deutschen Hochschule für Politik gewesen und 1933 nach den Vereinigten Staaten emigriert. Seit 1934 war er Professor für Geschichte an der Yale Universität und wurde allmählich der bedeutendste und einflußreichste Interpret der deutschen Geschichte innerhalb der amerikanischen Geschichtswissenschaft. Sein bedeutendstes Werk ›A History of Modern Germany‹, erschienen in drei Bänden 1955, 1964 und 1969, umspannt den Zeitraum von der Reformation bis zum Ende des Zweiten Weltkrieges. In den ersten Nachkriegsjahren übte er als Mitglied des Office of Strategic Services und Berater des State Department einen heilsamen Einfluß auf die Besatzungs- und Deutschland-Politik der Vereinigten Staaten aus. Am 19. Juni 1969 wurde ihm in Bonn der ›Inter-Nationes‹-Preis verliehen – wenige Stunden vor seinem Tode, der alle, die in der Godesberger Feierstunde den letzten Worten des schon vom Tode gezeichneten und an den Rollstuhl gefesselten Mannes gelauscht hatten, tief erschütterte.[2]

So wie ich mit dem Vater, so unterhielten einige meiner jüngeren Mitarbeiter einen engeren Kontakt mit dem Sohn Holborn. Im Laufe des dramatischen Wahljahres 1960 wurden diese Kontakte für uns zunehmend interessanter und wertvoller. Am 2. Januar 1960 meldete der Senator John F. Kennedy auf einer Pressekonferenz öffentlich seine Kandidatur an, in den folgenden Monaten bis zum demokratischen Parteikonvent am 13. Juli mußte er sich innerhalb seiner eigenen Partei die Nominierung zum demokratischen Präsidentschaftskandidaten erkämpfen – gegen Männer wie Lyndon Johnson, Adlai Stevenson, Stuart Symington, Hubert Humphrey als Rivalen. Im April und Mai hatten seine überraschend hohen Siege in den Vorwahlen von Wisconsin und Westvirginia seine Erfolgschancen offenbart. Nach der Entscheidung des Parteikonvents in Los Angeles vom 13. Juli begann der Endkampf gegen den eigentlichen Gegner, Eisenhowers Vizepräsidenten und Favoriten, Richard Nixon, der gegen Nelson Rockefeller die Nominierung durch den republikanischen Parteikonvent von Chicago am 27. Juli gewonnen hatte. Zwischen Ende Juli und Anfang November spielte sich einer der spannendsten und erbittertsten Präsidentenwahlkämpfe ab, die die Vereinigten Staaten je erlebt hatten. Höhepunkte dieses Kampfes waren im September/Oktober vier Fernsehdebatten der beiden Kandidaten, die die höchsten je verzeichneten Zuschauerzahlen erreichten (jeweils zwischen fünfundsechzig und siebzig Millionen). In der letzten Woche vor dem Wahltag (dem 8. November) griff Präsident Eisenhower mit mehreren öffentlichen Auftritten massiv zugunsten Nixons in die Auseinandersetzung ein – angesichts seiner immer noch erstaunlich starken Popularität bei den Massen ein für die Chancen seines Favoriten höchst wichtiges Element der Endphase der Kampagne. Bei einigen dieser öffentlichen Auftritte begegnete Eisenhower jedoch Plakaten mit der ominösen Aufschrift: »We like Ike but we back Jack«. Jack, der Senator aus Massachusetts, kam am Vorabend der Wahl, total erschöpft, in seiner Heimatstadt Boston an, um dort auf einer letzten Massenkundgebung zu sprechen und abends um elf Uhr von der historischen Faneuil Hall aus zum letzten Male in einer

Fernsehsendung, ›nation wide‹ aufzutreten. In meiner Erinnerung haftet diese Bostoner Wahlversammlung, die ich persönlich miterlebte, sehr nachdrücklich. Das hängt mit den Umständen meiner Anwesenheit zusammen. Ich hatte mich bis zu diesem Zeitpunkt größter Zurückhaltung befleißigt – um so mehr, je stärker das Adenauersche Bonn in den Verdacht geriet, die Wahl Nixons zu favorisieren. Ende Oktober hatte dieser Verdacht in den amerikanischen Tageszeitungen seinen Niederschlag gefunden. Die angesehene und in deutschen Fragen stets faire ›Baltimore Sun‹ hatte am 20. und 21. Oktober Berichte ihres Bonner Korrespondenten veröffentlicht, wonach in Bonner Regierungskreisen eine Analyse zirkuliere, die besage, daß vom Standpunkt der deutschen Interessen die Wahl Nixons erwünscht, die Kennedys dagegen schädlich sei. Auch ein Dementi des Bundespresseamtes beeindruckte den Korrespondenten nicht, sondern ließ ihn nur darauf beharren, daß er das fragliche Dokument gesehen habe und man sich nur nachträglich bemühe, es wieder »einzuwickeln«. Am 21. Oktober übersandte ich der ›Baltimore Sun‹ und anderen Zeitungen folgende Erklärung:

»Eingehende Nachforschungen haben ergeben, daß kein solches Papier, wie es Ihr Korrespondent erwähnt, im Bundeskanzleramt, im Auswärtigen Amt oder im Bundespresseamt existiert noch daß eine Studie dieser Art in anderen verantwortlichen Regierungsstellen zirkuliert. Die von Ihrem Korrespondenten angeführten Ansichten geben nicht die Position der Deutschen Regierung wieder. Falls sie anderswo vorgetragen werden sollten, würden sie von der Bundesregierung bestimmt nicht bestätigt werden.

Es versteht sich von selbst, daß die Bundesregierung beabsichtigt, weiterhin in bezug auf die Präsidentenwahl die sorgfältigste Unparteilichkeit walten zu lassen. Diese Haltung einzunehmen, wird ihr durch die Gewißheit erleichtert, daß die beiden großen Parteien dieses Landes und ihre Kandidaten in den Deutschland betreffenden Kernfragen übereinstimmen.«

Diese bona fide abgegebene Erklärung erwies sich auch rückblickend nicht als falsch – aber sie umging die von mir vermutete, aber erst später zur Gewißheit gewordene Tatsache, daß es eine Analyse dieser Tendenz aus der Umgebung des Verteidigungsministers Strauß gab, die in inoffizieller Form auch anderen Politikern und Regierungsmitgliedern zugänglich gemacht worden war.

Abgesehen davon, daß das Bekanntwerden von Sympathien ausländischer Regierungen dem favorisierten Kandidaten nur schaden konnte, schadete es vor allem dem Rufe der sich solchermaßen in inneramerikanische Fragen einmischenden Regierung. Hinzu kam natürlich das Risiko, sich den künftigen Präsidenten zum Feinde zu machen, falls man auf das falsche Pferd gesetzt hatte.

Die Botschaft in Washington konnte sich daher durch das, was in Bonn laut gedacht wurde, nur irritiert fühlen. Als ich den Plan faßte, am 7. November zu Kennedys letzter Wahlkundgebung nach Boston zu fliegen, gab es daher auch unter meinen Mitarbeitern Stimmen, die davon abrieten, mich nach einer der beiden Seiten hin zu exponieren. Ich respektierte die Motive dieses Rates, aber ich folgte ihm nicht: Ich war beiden Parteitagen ferngeblieben und hatte nach Los Angeles und Chicago nur unauffällige Beobachter entsandt. Mir selbst hatte Washington – jenseits des Fernsehschirms – keinerlei Gelegenheit geboten, etwas von der Atmosphäre eines Wahlkampfes zu verspüren, denn Washington, der »District of Columbia«, blieb ausgespart aus allen Wahlveranstaltungen. Ich war also neugierig; aber ich hatte auch das Gefühl, daß das Risiko, das ich mit einer Fahrt nach Boston lief, begrenzt und kalkulierbar war. Ich konnte dort in der Menge einigermaßen anonym bleiben – außerdem konnte eine bescheidene Pro-Kennedy-Geste dieser Art angesichts des Bonner Rufes, daß es Nixon favorisiere, nur zur Ausbalancierung unserer Haltung beitragen.

So flog ich nach Boston, mischte mich unter die Menge, die im Boston Garden, einer riesigen Arena, die sonst für Hockey-, Ring- und Boxkämpfe diente, seit dem Nachmittag stundenlang geduldig auf den Redner des Abends wartete. Musikkapellen, Varietévorführungen, gegen Schluß einige Reden lokaler Parteigrößen sorgten für Unterhaltung. Frenetischer Beifall, als Kennedy schließlich erschien. Was er sagte, war nicht mehr wichtig; anwesend waren allem Anschein nach ohnehin nur Kennedy-Wähler. Seine Rede war, wie der Historiograph seines Wahlkampfes, Theodore H. White, sagt, »eine schwache, überhaupt nicht denkwürdige Darbietung«[3].

Mir genügte es, diesen Schlußakt im Bostoner Milieu der Pro-Kennedy-Fans erlebt zu haben. Nicht nur das: Beim Abgang des Redners brachte es Fred Holborn fertig, in einem Seitenkorridor eine kurze Begegnung mit »shakehands« zu arrangieren – ein nützlicher Anknüpfungspunkt bei späteren Gesprächen mit dem Präsidenten.

In der Nacht vom 8. zum 9. November 1960 saßen Millionen bis in die frühen Morgenstunden vor dem Fernsehschirm, um zu erfahren, wer ihr Präsident geworden sei. Selten hatte das Ergebnis so lange auf des Messers Schneide gestanden, war die Gewinnmarge des Siegers so knapp gewesen wie in dieser Nacht. Erst am Morgen des 9. November gegen sechs Uhr schien ein Kennedy-Sieg so sicher, daß das Secret-Service-Kommando in Hyannisport den Befehl erhielt, den Schutz des durch die Wahl designierten Präsidenten zu übernehmen. Erst zwischen zehn und elf Uhr vormittags kam das aus Kalifornien über Fernsehen übertragene Niederlage-Eingeständnis Nixons. Am Ende stellte sich heraus, daß Kennedy von den abgegebenen Stimmen 34 221 463 erhalten hatte, Nixon 34 108 582 (49,7 gegen 49,6 Prozent). Eine geringere Marge war kaum vorstellbar. Auch ich hatte zu denen gehört, die in der Nacht lange vor dem Fernsehschirm ausgeharrt hatten. Aus einem doppelten Grund: Einmal war ich natürlich höchst gespannt darauf, mit welchem Präsidenten ich künftig zu tun haben würde. Daneben gab es noch einen zweiten Grund: Ich bangte um die Richtigkeit meiner Prognose. Etwa zwei bis drei Wochen vor dem Wahltag hatte mich Adenauer wissen lassen, daß er eine solche Prognose von mir erwarte. Das war bei einem solchen Kopf-an-Kopf-Rennen naturgemäß eine heikle Sache. George Gallup, Amerikas berühmtester Demoskop, hatte bereits resigniert: Voraussagen seien nur möglich, so hatte er bekannt, wenn man dem Demoskopen eine Marge von einigen wenigen Prozent einräume, die unvermeidbare Fehlerquellen berücksichtige. Da eine solche Marge bei dieser Wahl nicht existiere, sei eine einigermaßen gesicherte Voraussage nicht möglich. Erwarte der Bundeskanzler, so hatte ich in meinem Antworttelegramm gesagt, daß ich mehr wisse und sagen könne als Mr. Gallup? Aber dieser defensiven Schutzerklärung hatte ich noch eine ungeschützte Zusatzbemerkung hinzugefügt: Wenn in den nächsten Wochen von der Bundesregierung eine Entscheidung zu treffen sei, die eine von beiden Hypothesen – Nixon-Sieg oder Kennedy-Sieg – zugrundelegen müsse, so würde ich empfehlen, von der Hypothese eines Kennedy-Sieges auszugehen.

Am Morgen des 9. November konnte ich insoweit beruhigt sein, als sich meine angesichts des annähernden Gleichstandes der beiden rivalisierenden Kandidaten etwas gewagte Vorhersage bestätigt hatte; und nicht nur das: Auch die vorsichtige Verpackung der Vorhersage erwies sich als vollauf gerechtfertigt und konnte den Eindruck einer wohlausgewogenen und zugleich treffsicheren Beurteilung nur verstärken.

Nachdem sich meine Warnungen vor einer Bonner Parteinahme zugunsten Nixons und meine Vorhersage des Wahlausgangs gleichermaßen als gerechtfertigt im ersten und zutreffend im zweiten Falle erwiesen hatten, las ich einige Tage später zu meiner Verblüffung in deutschen Zeitungen, ich wünschte aus dem Bundesdienst auszuscheiden und wieder eine Professur an der Freiburger Universität zu übernehmen. Mein Nachfolger in Washington werde voraussichtlich Blankenhorn sein.[4] Dieser Artikel, dessen Version dann in den folgenden Tagen von anderen Blättern übernommen wurde, wollte wissen, mein Wunsch aus dem Auswärtigen Dienst auszuscheiden, beruhe auf meiner Enttäuschung, daß man mich nicht, wie allgemein erwartet, zum Staatssekretär des Auswärtigen Amtes berufen, sondern diesen Posten an Carstens vergeben habe. Im Laufe meiner Zugehörigkeit zum Auswärtigen Dienst habe ich seitdem alle paar Jahre in deutschen Zeitungen zu lesen bekommen, ich hätte den

Wunsch, auszuscheiden. Daran knüpften sich regelmäßig Spekulationen über einen geeigneten Nachfolger. Damals, im November 1960, war mir das noch nicht so vertraut. Außerdem war die ebenso perfide wie falsche Unterstellung, ich wollte aus Enttäuschung über die Ernennung meines früheren Mitarbeiters und Vertreters in der Politischen Abteilung zum Staatssekretär ausscheiden, besonders aufreizend. Ich dementierte meinen angeblichen Wunsch, aus dem Auswärtigen Dienst auszuscheiden, und erkundigte mich in Bonn, was von den in der Presse veröffentlichten Spekulationen über ein Revirement zu halten sei. Der Leiter des Ministerbüros, Peter Limbourg, antwortete mir sofort und teilte mir telegrafisch den Wortlaut eines amtlichen Dementis mit, das der Sprecher des Auswärtigen Amtes, Karl-Günter von Hase, im Auftrage des Außenministers vor der Bundespressekonferenz abgegeben hatte.[5] Hases Erklärung klang zwar freundlich-respektvoll, ließ aber die Hauptfrage, was man eigentlich plane, unbeantwortet. Ich schrieb daher einen persönlichen Brief an den Staatssekretär van Scherpenberg und bat um Aufklärung.[6] Der Brief kreuzte sich mit einem Schreiben von Carstens vom 11. November, das im Tone sehr freundschaftlich gehalten war, aber ähnlich wie Hases Erklärung keine eindeutige Antwort auf die Frage nach Revirementplänen enthielt.[7] Als ich, einem Vorschlag von Carstens folgend, Mitte Dezember nach Bonn kam, wurde ich jedoch von niemandem mehr auf das Thema angesprochen. Adenauer, der nach mehrwöchiger Krankheit genesen war, widmete mir als erstem Besucher nach seiner Rückkehr ins Palais Schaumburg eine volle Stunde, ohne die Frage zu berühren. Vom 16. bis 18. Dezember nahm ich, zusammen mit Brentano und als Mitglied der deutschen Delegation, an der Pariser NATO-Konferenz teil. Da auch Brentano keine Veranlassung sah, über ein Revirement mit mir zu sprechen, kam ich zu dem Ergebnis, daß die Revirementspläne, soweit sie überhaupt ernsthaft erwogen worden waren, schon wieder begraben waren. Hatte dazu auch die Presse beigetragen, die sich zu dem Gedanken eines Wechsels in Washington recht kritisch geäußert hatte?[8] Vielleicht, vielleicht auch nicht: In der Bonner Zentrale erregten solche Presseäußerungen zugunsten eines zur Versetzung anstehenden Botschafters meist mißtrauische Verstimmung. Man hielt sie für bestellt – und das waren sie wohl häufig auch. Sie bewirkten dann das Gegenteil des Beabsichtigten. Ich kannte dieses Mißtrauen und habe mich stets gehütet, ihm Nahrung zu geben. Auch waren die deutschen Korrespondenten in Washington keine Leute, bei denen man Gefälligkeitsartikel bestellen konnte. Es waren daher eher gemischte Gefühle, mit denen ich diese Pressereaktionen verfolgte.

Fast alle diese Berichte spiegelten jedenfalls die Tatsache wider, daß es mir und meinen Mitarbeitern immerhin gelungen war, günstige Voraussetzungen für eine unverändert gute deutsch-amerikanische Zusammenarbeit auch unter einer Kennedy-Administration zu schaffen. Es war keine Übertreibung, wenn sie mir gute Beziehungen zu der neuen Equipe nachsagten. Vor und nach dem 8. November weist mein Kalender zahlreiche Treffen mit einer ganzen Reihe von Personen auf, die zunächst in der Interimsperiode bis zur Inauguration (20. Januar 1961) und später in der endgültig konstituierten Administration die Außenpolitik der neuen Regierung beeinflußten und mitgestalteten: mehrfache Kontakte mit George Ball (dem späteren zweiten Mann des State Department) im Oktober, Lunch mit Adlai Stevenson (dem späteren UN-Botschafter) in New York am 19. Oktober, Treffen mit Averell Harriman (dem späteren Leiter der Asien-Politik des State Department) am 17. November in New York, Gespräch am 22. November mit Chester Bowles (dem späteren dritten Mann im State Department), am 23. November mit dem mir seit vielen Jahren bekannten Paul Nitze (später Assistant Secretary for National Security Affairs im Pentagon), am 29. November mit Dean Acheson, der als Sonderberater des Präsidenten sowohl in der Berlinwie in der Kuba-Krise eine wichtige Rolle spielte. Chester Bowles verfaßte am Tage nach unserer Begegnung ein Memorandum für Kennedy über seine verschiedenen Botschaftergespräche in der Interimsperiode, in dem er schrieb:

»Wie Sie vielleicht wissen, gab es ein Gerücht über Botschafter Grewes eventuelle Abberufung, aber ich freue mich, daß dieses dementiert wird. Er ist ein fähiger Mann, der sich demokratischen und liberalen Grundsätzen verpflichtet fühlt. Der Botschafter sprach freimütig über die Lage in Deutschland, besonders im Hinblick auf Kanzler Adenauer und sein Kabinett und die Frage der Nachfolge.«[9]

Natürlich gab es auch für mich neue Gesichter in der Administration, denen ich erst nach der Inauguration begegnete: Dean Rusk, der neue Außenminister – eine nicht nur mich, sondern ganz Washington überraschende Entscheidung des Präsidenten; McGeorge Bundy, der Sicherheitsberater des Präsidenten im Weißen Haus; sein Mitarbeiter und späterer Nachfolger (unter Johnson), Walt Rostow; Jerome Wiessner, der Wissenschaftsberater des Präsidenten, dessen Gedankenwelt die Atom- und Abrüstungspolitik der Administration beeinflußte – und manche andere aus dem großen farbigen Bukett der »New Frontier« – Intellektuelle, die von der Kennedy-Welle hochgetragen wurden.

Daß diese Kreise unserer Deutschland- und Berlin-Politik einige harte Nüsse zu knacken geben würden, lag nahe. Rostow, Wiessner und andere Mitglieder dieses Kreises nahmen im Herbst 1960 an einer Pugwash-Konferenz teil, von der sie sich – nach Diskussionen mit sowjetischen und osteuropäischen Teilnehmern – zur Anregung neuer Verhandlungsinitiativen gegenüber Moskau insbesondere auch in der Berlin-Frage animiert fühlten. Im Mittelpunkt dieser Überlegungen stand ein »Berlin-Border Deal«, das heißt die Vorstellung, man könne mit dem Angebot einer Anerkennung der Oder-Neiße-Linie und des Status des geteilten Deutschland von Chruschtschow ein stabiles Berlin-Abkommen einhandeln. Wir kannten den Bericht, in dem diese Ideen ventiliert wurden. Sollte ich Bonn damit alarmieren? Damit hätte jedenfalls eine neue Explosion der Anti-Kennedy-Stimmungen erzielt werden können – ein Effekt, der zu diesem Zeitpunkt nur neuen Schaden hätte anrichten können. Das wäre um so weniger sinnvoll gewesen, als keineswegs ausgemacht war, ob sich solche Ideen in einer Kennedy-Administration durchsetzen würden. Tatsächlich behielten im ersten Halbjahr 1961 die »hard liner« unter der geistigen Führung von Dean Acheson das Übergewicht. Demgemäß bemühten sich meine Berichte, nur vorsichtig dosiert über diese Entwicklung zu berichten, sie nicht zu dramatisieren und auf Gegengewichte hinzuweisen, die sich in der Umgebung Kennedys geltend machen würden. Auf dieser Linie bewegte sich auch mein Gespräch mit Adenauer in Bonn am 15. Dezember und an den folgenden Tagen während der Pariser NATO-Konferenz mit Brentano.

Auf dieser Konferenz in Paris trat die Eisenhower-Equipe zum letzten Male auf der internationalen Bühne auf. Adenauer hatte noch am 24. November in einem persönlichen Schreiben an den Präsidenten versucht, diesen zur persönlichen Teilnahme an der Pariser Tagung zu bewegen. Dabei hatte ihn auch die Vorstellung geleitet, daß die Regierungschefs der Allianz den Präsidenten bei dieser Gelegenheit feierlich verabschieden und ihm den Dank der Verbündeten aussprechen sollten. Zugleich war ihm zweifellos daran gelegen, dem Projekt der NATO-Atomstreitmacht noch vor dem Amtsantritt der neuen Administration zu einem möglichst spektakulären Start zu verhelfen und es auf diese Weise irreversibel zu machen. Eisenhower lehnte, was seine Teilnahme betraf, höflich ab. Nichts anderes hatte ich erwartet, aber man hatte mir die Übermittlung des Briefes zu einem Zeitpunkt und in einer Form aufgetragen, die keine Gegenvorstellungen erlaubten.

Was das Nuklearprojekt anlangt, so unterbreitete Außenminister Herter seinen Kollegen den Vorschlag zur Bildung einer der NATO unterstellten Polaris-Flotte: Die Vereinigten Staaten wollten bis 1963 fünf mit insgesamt achtzig Polaris-Mittelstreckenraketen ausgerüstete Atomunterseeboote zur Verfügung stellen. Weitere hundert Polaris-Flugkörper sollten von den Verbündeten erworben und auf Überwasserschiffen installiert werden. Die NATO sollte ein multilaterales Kontrollsystem entwerfen und vereinbaren, wem diese Flotte dann unterstellt werden sollte. Damit hatte die Eisenhower-Administration noch in letzter Minute ein

Projekt auf den Verhandlungstisch gelegt, das Kennedy und Johnson mehr oder minder halbherzig weiterverfolgten, bis es 1964/65 schließlich begraben wurde.[10] Vater des Gedankens (später als MLF bekannt) war übrigens Robert Bowie.

Inauguration und erste Begegnung

Kurz vor Weihnachten kehrte ich nach Washington zurück – gerade noch rechtzeitig, um die Weihnachtsfeier der Botschaft und zwei weihnachtliche Veranstaltungen für Angehörige des State Department und andere für deutsche Weihnachtsstimmung empfängliche amerikanische Gäste auszurichten. Am zweiten Feiertag flogen meine Frau und ich, beide ziemlich abgekämpft, zu einem zweiwöchigen Urlaub nach Mexico. Die im tiefen Dschungel von Yukatan gelegenen Maya-Pyramiden von Chichen Itza und Uxmal entrückten uns für einige Tage in eine andere, versunkene Welt. Mexico City und seine Umgebung faszinierten durch die Vielseitigkeit der Eindrücke: pompöse Kathedralen im Stile des spanischen Barock, moderne Hochhäuser und breite Prachtstraßen, supermoderne Theater- und Universitätsgebäude mit überdimensionalen, grellfarbigen revolutionären Fresken von Diego Rivera und geistesverwandten Künstlern, Denkmäler im Stile des neunzehnten Jahrhunderts, auf denen der siegreiche Revolutionär Juarez von beflügelten Engeln bekränzt wird, höfische Porträts des unglücklichen Kaisers Maximilian aus dem Hause Habsburg im Krönungsmantel und seiner Gemahlin Charlotte, einer belgischen Prinzessin; Slums, Bettler, auf den Knien rutschende indianische Gläubige vor und in den Kathedralen; Museen mit reichen Kunstschätzen; von phantasiereichen modernen Architekten gestaltete Villenviertel; außerhalb der Metropole die gewaltigen, aus dem sechsten und siebenten Jahrhundert stammenden Pyramiden von Teotihuacán, die von den Tolteken und ihren Vorläufern errichtet wurden; der majestätische schneebedeckte Gipfel des Popocatépetl; malerisch-armselige Landstädtchen mit menschenwimmelnden Märkten; die alte Silberstadt Taxco – wo wir in der von der Frau eines deutschen Künstlers bewirtschafteten Casa Humboldt ein sowohl stilvolles wie komfortables Unterkommen fanden; weit abgelegen von der über Taxco nach Acapulco und der pazifischen Küste führenden Straße, eine spanische Hazienda, aus deren altem Wasserreservoir man mit Geschick einen großen malerischen Swimming-pool gemacht hatte. Hier, in San Francisco de la Cuatra, verbrachten wir zwei Tage als einzige Gäste.

Die Botschaft in Mexico hatte gerade einen neuen Chef erhalten: Richard Hertz, den ich schon 1953 in Los Angeles kennengelernt hatte, wo er damals Generalkonsul war: ein interessanter, geistig beweglicher Mann mit einer künstlerischen Ader, während des NS-Regimes in Amerika lebender Emigrant, der nach dem Abendessen in seinem Hause mit uns zusammen die gerade mit seinem Hausrat aus Südkorea (er war zuvor Botschafter in Seoul gewesen) eingetroffenen fernöstlichen Kunstgegenstände auspackte und uns mit berechtigtem Stolz zeigte.

Nach Washington zurückgekehrt, fanden wir eine erwartungsvoll gespannte Atmosphäre vor: Die Hauptstadt lebte nur noch im Blick auf den 20. Januar – den Tag der Amtseinführung, der Inauguration des neuen Präsidenten.

Es herrschte kaltes Winterwetter und am Tage zuvor, dem 19. Januar, brachten Schneestürme mit gewaltigen Schneefällen den gesamten Verkehr zum Erliegen; Washington war für starke Schneefälle nicht gerüstet. Während in den großen Hotels Empfänge für eine riesige Zahl von Gästen vorbereitet waren, blieben viele der Eingeladenen stundenlang frierend in ihren Wagen in den verstopften, schneeverwehten glatten Straßen stecken. Auch ich rettete mich nur mühsam zu Fuß zurück in mein Büro, das ich auf dem Wege zu einem dieser Empfänge verlassen hatte. Jedermann fragte sich, wie unter diesen Umständen am nächsten Tage die Inaugurationszeremonie – auf Tribünen im Freien auf dem Platz vor dem Kapitol – und die traditionelle Parade und triumphale Fahrt des neuen Präsidenten vom Kapitol zum Weißen Haus über die Pennsylvania Avenue vor sich gehen sollte. Aber alle Sorgen erwiesen sich als unbegründet: Am Morgen des 20. Januar herrschte klares, sonniges, wenn auch bitterkaltes Winterwetter. Die Straßen der Hauptstadt aber waren wie von Geisterhänden über Nacht leergefegt: In einer organisatorischen Meisterleistung hatten dreitausend Soldaten der Armee mit siebenhundert Schneepflügen und Lastwagen den Schnee weggeräumt. Die großen Verkehrsadern, insbesondere zwischen Kapitol und Weißem Haus, befanden sich in tadellosem, verkehrssicherem Zustand. Ab halbzwölf Uhr konnte die Inaugurationszeremonie programmgemäß ablaufen, wie es das Committee on Arrangements, bestehend aus Senatoren und Congressmen, vorgesehen hatte: Zu diesem Zeitpunkt bewegte sich die Prozession der Ehrengäste aus dem Inneren des Kapitols auf die ›President's Platform‹ zu, in deren Zentrum die ›Inaugural Platform‹ herausragte; in dieser Prozession marschierten alle Mitglieder des Senats und des Repräsentantenhauses, die Richter des Supreme Court, die Mitglieder des Kabinetts (Eisenhowers Kabinett), die Stabschefs der Armee, der See- und der Luftstreitkräfte, des Marine Corps und der Coast Guard, an deren Spitze der »Chairman of the Joint Chiefs of Staff«, das Diplomatische Korps und eine Anzahl sonstiger Ehrengäste. Direkt hinter dem Rednerpult auf der Inaugural Platform waren rechts die Sitze für den neuen und den bisherigen Präsidenten reserviert; neben Eisenhower saß Jackie, daneben Lady Bird Johnson (Mamie Eisenhower war krank und daher nicht anwesend), rechts vom Rednerpult der neue Vizepräsident, Lyndon Johnson, neben ihm der Verlierer des Wahlkampfes, der bisherige Vizepräsident Richard Nixon. Der Erzbischof von Boston, Richard Kardinal Cushing (der Familie Kennedy eng verbunden), der griechischorthodoxe Erzbischof Jakovos, der protestantische Reverend Dr. John Barclay und der Rabbi Nelson Glueck sprachen Gebete, die (schwarze) Sängerin Marian Anderson sang, der von Kennedy verehrte, in Massachusetts beheimatete Dichter Robert Frost rezitierte ein eigenes Gedicht, der Präsident des Supreme Court, Earl Warren, sprach die Eidesformel, die der neue Präsident wiederholte, während der Sprecher des Repräsentantenhauses, Sam Rayburn, den Vizepräsidenten vereidigte (eigentümlicherweise vor dem Präsidenteneid). Kennedy, während der ganzen Zeremonie ohne Hut, jetzt auch ohne Mantel, im Cut, mit fester, klarer Stimme, ohne sich zu versprechen oder sonstige Zeichen von Unsicherheit erkennen zu lassen, trug seine ›Inaugural Address‹ vor – eine geschliffene, berühmt gewordene Rede, zugleich die kürzeste, die seit 1905 ein Präsident gehalten hatte. Viele ihrer Sätze eigneten sich vorzüglich, immer wieder zitiert zu werden – so der Satz, der auf dem Kennedy-Gedenkstein im englischen Runnymede eingemeißelt ist: »Laßt alle Nationen wissen – mögen sie uns Gutes oder Übles wünschen –, daß wir jeden Preis zahlen, jede Bürde tragen, jede Mühsal bewältigen werden, daß wir jeden Freund unterstützen und jedem Gegner entgegentreten werden, um sicherzustellen, daß die Freiheit überlebt und erfolgreich bleibt.«

Nach den langen Jahren der hölzernen und armseligen Prosa des Vorgängers klang diese Rhetorik bestechend. Später zeigte sich, daß sich Rhetorik abnutzt und auf die Dauer wirkungsschwach wird, wenn sie nicht durch harte Fakten honoriert wird. Solche Überlegungen hatten in der Hochstimmung des 20. Januar 1961 keinen Raum. Auch mir lagen sie fern, als ich auf der Pennsylvania Avenue die vom Wagen des neuen Präsidenten angeführte Parade an mir vorbeidefilieren sah. Neben mir stand Menschikow, der Sowjetbotschafter. Was er dachte – sein Gesicht verriet es nicht, und was er sagte, erst recht nicht.

Die erste persönliche Begegnung mit dem neuen Präsidenten ergab sich bei einem großen Empfang im Weißen Haus, den das Präsidentenpaar Anfang Februar zur Begrüßung des Diplomatischen Corps gab. Bei der großen Zahl der in Washington akkreditierten Missionschefs konnte dabei kein ernsthaftes Gespräch, sondern allenfalls ein flüchtiger Wortwechsel erwartet werden. Diese Erwartung bestätigte sich, gleichwohl trug das Thema, auf das mich der Präsident beim Zirkulieren durch die Reihen der Botschafter ansprach, sogleich eine mich überraschende persönliche Note: Er fand einige freundliche Worte über das von mir veröffentlichte, Ende 1960 erschienene Buch ›Deutsche Außenpolitik der Nachkriegszeit‹. Natürlich konnte er es nicht gelesen haben, zumal es nur in deutscher Sprache erschienen war. Aber er hatte davon gehört (die Quelle konnte nur Fred Holborn gewesen sein, der inzwischen aus dem Senat in das Vorzimmer des Präsidenten im Weißen Haus übergewechselt war), und es paßte zu seinem Stil, Interesse für Diplomaten zu bekunden, die auch Bücher schrieben. Ob er an dem Inhalt, wenn er ihn gekannt hätte, Gefallen gefunden hätte, ist eine andere Frage. Denn dieses Buch enthielt eine Darstellung und Erläuterung unserer damaligen Deutschland- und Berlin-Politik, die in vielen Punkten nicht seinen eigenen Vorstellungen und Absichten entsprach. In den Tagen, da mich Kennedy auf dieses Buch ansprach, waren gerade die ersten Rezensionen in der deutschen Presse erschienen. Ich konnte mit dem Echo zufrieden sein.[1]

Nicht nur Kennedy, sondern auch drei deutsche Regierungschefs haben sich später zu diesem Buch geäußert. Helmut Schmidt zitierte in seinem Buche ›Verteidigung oder Vergeltung‹ einige gut ausgewählte Passagen aus dem Schlußkapitel, das sich mit den Perspektiven für das nächste Jahrzehnt beschäftigte und dabei vor jedem leichtfertigen Optimismus warnte. Wir seien gerade erst in die Periode der großen Prüfungen eingetreten, hatte ich gesagt, nichts sei weniger am Platze als Selbstzufriedenheit bei einem Rückblick darauf, welche schwierige Wegstrecke wir bereits zurückgelegt hätten; die Weltlage habe sich in vieler Hinsicht für Deutschland nicht verbessert, sondern verschlechtert. Allzu lange schon hätten sich die Deutschen Illusionen hingegeben und seien geneigt gewesen, hoffnungsvollen Prognosen Glauben zu schenken.[2] Dieser Bewertung unserer Situation sei beizupflichten, schrieb Helmut Schmidt, und kam dann zu dem für mich einigermaßen überraschenden Satz: »Sie könnte in unveränderter Formulierung aus der Feder Willy Brandts oder – cum grano salis – John F. Kennedys stammen.«[3]

Mehrere Jahre später, als das Buch längst aus der öffentlichen Diskussion verschwunden war und ich selbst es als ein Stück Vergangenheit betrachtete, sprach mich der damalige Bundeskanzler Kurt Georg Kiesinger während eines Besuches in Paris, als ich ihn zu seinem Zimmer im Hotel Bristol geleitete, darauf an: Er greife häufig auf dieses Buch zurück und es leiste ihm immer noch gute Dienste.

Den originellsten Kommentar gab Konrad Adenauer. Anneliese Poppinga hat ihn wiedergegeben.[4] Auf dem Fluge zum Comer See, nach Cadenabbia, wo er im August 1964 an seinen Memoiren arbeiten wollte, ergab sich der Anlaß zu seiner Äußerung:

»Die Sonne schien, es gab keine Luftlöcher. Die Sicht war hervorragend, aber der Bundeskanzler hatte keinen Sinn für die unter ihm liegende Landschaft, er vertiefte sich schon während des Fluges in vorbereitende Lektüre für seine Memoirenarbeit, und zwar in Wilhelm Grewes ›Deutsche Außenpolitik‹. Kaum hatte er einen Blick für die glasklar sichtbaren Massive der Alpenkette. Der Bundeskanzler studierte intensiv das umfangreiche Inhaltsverzeichnis des Buches und vertiefte sich in einige der Kapitel, eine Sonnenbrille zum Schutz gegen das grelle Licht vor den Augen, mit nachdenklicher Miene, einen Bleistift in der Hand, und manch ein dicker Strich kennzeichnete die von ihm für wichtig erachteten Passagen. Kurz vor der Landung erklärte er mir: ›Ich brauche ja gar nicht so viel zu schreiben. Der Herr Grewe hat das ja schon fast alles gemacht!‹ Mir stockte der Atem«, schreibt Frau Poppinga. Aber sie hätte nicht besorgt zu sein brauchen: So ernst war es nicht gemeint, Adenauers Memoiren haben keinen Schaden erlitten.

Wanderprediger der deutschen Frage

In dem halben Jahr zwischen der Präsidentenwahl und der Verschärfung der Berlin-Krise durch den Bau der Mauer am 13. August 1961 entfaltete ich eine intensive Vortragstätigkeit. Anlaß dazu war eine Stimmungsentwicklung in der amerikanischen Öffentlichkeit, die uns Grund zur Besorgnis und zum Nachdenken über Möglichkeiten der Gegenwirkung gab.

Das durch die Hakenkreuzschmierereien der Jahreswende 1959/60 aufgerührte Thema »Antisemitismus der Deutschen« hatte im Laufe des Jahres durch den Eichmann-Prozeß in Jerusalem neue Nahrung erhalten. Die Nerven des amerikanischen Publikums waren durch die seit Ende 1958 schwelende Berlin-Krise strapaziert. Manche suchten nach einer inneren Rechtfertigung, um einen lästigen Verbündeten abzuwerten. Es gab andere Elemente, welche die Stimmung belasteten: die amerikanischen Zahlungsbilanzschwierigkeiten, die der devisenstarken Bundesrepublik gegenüber immer wieder zu der Forderung führten, Bonn solle für die Kosten der in Deutschland stationierten amerikanischen Truppen aufkommen und mehr Entwicklungshilfe leisten.

Insgesamt hatte sich das Klima der deutsch-amerikanischen Beziehungen im Vergleich zu den Vorjahren verschlechtert; eine dem entgegenwirkende Öffentlichkeitsarbeit erschien dringend geboten. Meine eigenen Bemühungen waren Teil eines entsprechenden Aktionsplanes.

Am 11. November 1960 sprach ich zu einem großen Auditorium in der Columbia University in New York. »Germany between East and West«

hatten mir die Veranstalter als Thema vorgeschlagen. Die Formulierung gefiel mir nicht, weil sie sofort die Assoziation einer deutschen »Schaukelpolitik« hervorrief. Also sprach ich über »Germany's Relations to the West and to the East«. Ich schilderte die politische, militärische, wirtschaftliche und finanzielle Situation der Bundesrepublik, warb um Verständnis für unsere Deutschland- und Berlin-Politik, skizzierte unsere Entwicklungshilfe-Leistungen und legte dar, warum die Bundesrepublik keine »Stationierungskosten« mehr zahlen könne und zahlen wolle.

In der ersten Jahreshälfte 1961 führte ich zahlreiche Vortragsveranstaltungen durch, deren Thematik durch die Stimmungsentwicklung im Lande bestimmt war. Sie führten mich kreuz und quer durch die Staaten der Ostküste bis in den Mittleren Westen[1]: Milwaukee, Chicago, Omaha, immer wieder New York, Boston, Pennsylvania, North Carolina. Das schwierigste Publikum und das schwierigste Thema hatte ich am 12. März in Boston[2] zu bewältigen: Vor dem dortigen Fordhall Forum sprach ich über »Germany as a Democracy«. Es war ein Versuch, das Thema des Antisemitismus und Neonazismus frontal anzupacken und zwar vor einer Hörerschaft, die stark jüdisch durchsetzt und bekanntermaßen kritisch zu Deutschland eingestellt war – wie sich auch in der dem Vortrag folgenden Diskussion zeigte. Der Schlußapplaus bewies jedoch, daß ich erfolgreich über die Runden gekommen war. Dies bestätigte mir eine entsprechende Äußerung von seiten zweier Zuhörer, deren Integrität und Objektivität außer Zweifel standen: Der nach Boston emigrierte deutsche Religionsphilosoph Paul Tillich und seine Frau kamen nach Schluß der Veranstaltung auf mich zu, gratulierten mir, versicherten mir, daß ich den richtigen Ton getroffen und die Zuhörer überzeugt hätte. Ich muß bekennen, daß ich auf dieses Lob nicht wenig stolz war.

Den dramatischen Schlußpunkt dieser Vortragsserie[3] bildete mein Auftritt vor der Chautauqua Institution am 14. August. Diese für gehobene Bildungsansprüche gedachte Ferien- und Freizeitanlage südlich des Erie-Sees, die ihren Gästen nicht nur Licht, Luft, Sport, sondern auch Musik, Theater, Vorträge und Diskussionen bieten will, hatte mich zu zwei Vorträgen verpflichtet: einen über die Berlin-Krise und einen weiteren über »Postwar Germany«. Der Zufall wollte es, daß ich über die Berlin-Krise einige Stunden nach dem Bekanntwerden des Mauerbaus in Berlin zu sprechen hatte. Vom Rednerpult – in dem mit nicht weniger als fünftausend Zuhörern gefüllten Amphitheater – hinweg wurde ich in einen Polizeiwagen verladen, der mit Blaulicht und Sirenengeheul zum nächsten Flugplatz raste, wo ich ein kleines Privatflugzeug bestieg, das mich nach Washington flog, wo ich wiederum unmittelbar vom Flugplatz in die Sitzung der Botschaftergruppe im State Department gefahren wurde, die zur Beratung der Berlin-Situation zusammengetreten war.

Von diesem Augenblick an hatte ich für Vorträge keine Zeit mehr. Aber ich war froh, daß ich das halbe Jahr genutzt hatte, um im Ringen um die öffentliche Meinung soviel beizutragen, wie ein Botschafter beitragen kann.

Ein Kundschafter aus Bonn: Brentano

Nach dem Amtsantritt Kennedys am 20. Januar brannte man in Bonn darauf, so rasch wie möglich mit dem neuen Präsidenten und seinen Mitarbeitern Kontakt aufzunehmen. Die erste Gelegenheit hierzu ergab sich schon Mitte Februar; für diesen Zeitpunkt war nach Washington vom American Council on Germany und der korrespondierenden deutschen Organisation, der Atlantik-Brücke, eine amerikanisch-deutsche Konferenz von Parlamentariern und Publizisten einberufen worden, die dem Bundesaußenminister von Brentano den erwünschten Vorwand bot, nach Washington zu reisen. Bonns skeptische Nervosität gegenüber der neuen Administration hatte sich wenig verändert. Die ersten öffentlichen Erklärungen des Präsidenten boten auch kaum einen Anlaß dazu: In seiner ersten »State of the Union Message« vom 30. Januar hatte Kennedy Asien, Afrika und Lateinamerika als diejenigen Schauplätze bezeichnet, auf denen der Kampf um die Freiheit entschieden würde, hatte aber Deutschland und Berlin mit keinem Worte erwähnt. Ebenso vermied er es in seinen ersten Pressekonferenzen am 25. Januar und 1. Februar, das Berlin-Problem von sich aus anzusprechen. Ähnlich verhielt sich auch der neue Secretary of State, Dean Rusk.

Diese Enthaltsamkeit der neuen amerikanischen Führung in der Berlin- und Deutschland-Frage war eine Folge des Umstands, daß man in dieser Frage noch kein Konzept hatte: Die Ideen der »New Frontier« stießen auf den Widerstand der Praktiker, die sich in diesem dornigen Problem auskannten und wußten, daß man auf die Deutschen Rücksicht nehmen mußte – zumal diese von de Gaulle nachhaltige diplomatische Unterstützung erhielten.

Brentanos Rede am 16. Februar vor der amerikanisch-deutschen Konferenz in Washington spiegelte die Stimmungslage der Bonner Regierung und der deutschen Öffentlichkeit wider: Sein Bekenntnis zur Entspannung war qualifiziert mit einer Warnung vor Kompromissen, die nur vorübergehende Resultate bringen würden und in Wahrheit auf Kosten der Freiheit, Unabhängigkeit und Sicherheit des deutschen Volkes und damit auch seiner Verbündeten gingen.

Rusk, der am gleichen Tage vor demselben Publikum sprach, bezeichnete zwar die Wiedervereinigung Deutschlands in Frieden und Freiheit als zu den noch zu verwirklichenden gemeinsamen Zielen gehörend, legte jedoch den Akzent darauf, daß beide Regierungen in größere, nicht nur bilaterale Beziehungszusammenhänge verstrickt seien. Seine Rede wurde von deutschen Beobachtern bei näherer Analyse als »bündnispolitische Pflichtübung« gewertet, »um die er angesichts des von ihm angesprochenen Forums nicht herumkam. Seine Worte waren so gewählt, daß sie keinen unmittelbar verpflichtenden Charakter trugen, die Vorrangigkeit der Bipolarität (das heißt der amerikanisch-sowjetischen Beziehungen) also nicht zu gefährden vermochten.«[1]

Am gleichen 16. Februar traf Brentano mit Rusk, am nächsten Tage mit Kennedy zusammen. Beide schienen es für notwendig zu halten, ihre Schweigsamkeit in der Berlin-Frage zu erläutern, die, in Rusks Worten, »keine Gleichgültigkeit« bedeute. Brentano quittierte eine ähnliche Bemerkung Kennedys mit einem Satz, dessen tiefgründige Zweideutigkeit ihm vielleicht in diesem Augenblick selbst nicht bewußt war: »Wir haben Sie nicht mißverstanden.«

Beide Gesprächspartner stellten zum Berlin-Komplex wiederum mehr Fragen, als daß sie eigene Ansichten äußerten. Weitere Gesprächsthemen waren de Gaulle (Brentano konnte über das Zusammentreffen Adenauers mit de Gaulle in Paris am 9. Februar berichten), NATO und die Möglichkeiten verbesserter Konsultation; die amerikanischen Zahlungsbilanzprobleme, wobei Kennedy die letzten deutschen Angebote, die Erhard am 2. Januar dem Botschafter Dowling in Bonn übergeben hatte, als nicht den amerikanischen Bedürfnissen genügend bezeichnete und Brentano weitere Verhandlungsbereitschaft signalisierte; Entwicklungshilfe; Abrüstung – wobei Kennedy wieder betonte, daß Berlin nicht das einzige Thema sein dürfe, über das im internationalen Rahmen gesprochen werde. Besonderes Interesse widmete Kennedy dem Thema Polen. Eingehend erkundigte er sich nach dem Ergebnis der beiden Reisen, die Bertold Beitz im Januar nach dort unternommen hatte, wobei er auch mit dem Staatspräsidenten Cyrankiewicz zusammengetroffen war. Deutlich ließ er erkennen, daß ihm an engeren Beziehungen zu Polen viel gelegen sei. Brentano berichtete über die vertraulichen Fühlungnahmen mit den Polen, die in Kopenhagen unternommen worden seien und zunächst auf die Errichtung von Handelsvertretungen abzielten; sie seien in einer ersten Runde negativ verlaufen, sollten aber fortgesetzt werden. Die von den Polen geforderte Anerkennung der Grenzen und der DDR bildeten die Haupthindernisse. Bonn sei nicht bereit, die Hallstein-Doktrin fallen zu lassen.

Auch von Chruschtschows Bemühungen, Adenauer in bilaterale Berlin-Gespräche hineinzuziehen, wurde gesprochen, wobei Brentano deutlich machte, daß man in Bonn hierzu keinerlei Bereitschaft zeigen werde. Kennedy gab der Hoffnung Ausdruck, den Bundeskanzler »in naher Zukunft« zu sehen, jedoch war von keinem Datum die Rede.

Das Kommuniqué, das über den Brentano-Besuch veröffentlicht wurde, sprach von »herzlich und offen geführten Unterhaltungen«, die die »freundschaftlichen und engen Beziehungen« zwischen der Bundesrepublik und den Vereinigten Staaten bestätigt hätten. Wiederum kam es in bezug auf Deutschland und Berlin nur zu einem unverbindlich-deklaratorischen Satz, worin »die fortdauernde Bedeutung des Zieles der Wiedervereinigung Deutschlands auf der Grundlage des Prinzips der Selbstbestimmung und der Erhaltung der Freiheit der Bewohner von West-Berlin« bestätigt wurde. Bezeichnend war darin schon der Gebrauch des Ausdrucks »West-Berlin«, der sich deutlich vom »Berlin« der früheren Kommuniqué-Sprache unterschied.

Es gibt ein Foto von der Zusammenkunft im »Oval Room« des Weißen Hauses, auf dem sich die beiden Gesprächspartner prüfend-kühl gegenseitig betrachten, gleichsam einander Maß nehmend; hinter ihnen stehend Assistant Secretary of State Foy Kohler, der Bonner Botschafter Dowling und ich, daneben Etzdorf (damals Leiter der Politischen Abteilung West), der Dolmetscher Weber und Staatssekretär Hilger van Scherpenberg. Brentano war sicherlich nicht der Mann, mit dem Kennedy rasch warm werden oder der ihn stark beeindrucken konnte. Aber es gab auch keinen Mißklang. Brentano selbst ist wohl mit Eindrücken heimgefahren, die eher positiver waren, als die Vorstellungen, mit denen er gekommen war. Das ist jedenfalls noch im März spürbar, als er aus seinem Urlaubsort Badenweiler in einem langen, den Bundeskanzler auf seinen eigenen Besuch in Washington vorbereitenden Brief schrieb:

»Ich glaube, daß wir nach meinen persönlichen Eindrücken und nach allen Berichten, die wir bisher erhalten haben, nicht den geringsten Anlaß haben, der neuen Regierung oder dem Präsidenten Kennedy mit Mißtrauen oder mit innerem Vorbehalt zu begegnen. Ich bin vielmehr überzeugt, daß wir eine echte und wertvolle Chance haben, auf die Meinungsbildung einen entscheidenden Einfluß auszuüben, und ich zweifle gar nicht daran, daß man in Washington durchaus bereit ist, die deutsche Auffassung nicht nur anzuhören, sondern bei der Meinungsbildung zu berücksichtigen.«[2]

Adenauer sollte es zwei Monate später ähnlich ergehen. Das brachte mich im Mai in eine seltsam verkehrte Position: Nachdem ich mich ein halbes Jahr bemüht hatte, die in Bonn herrschende Anti-Kennedy-Stimmung zu dämpfen, zu versachlichen und für eine vorurteilslose Einstellung zu den neuen Männern zu werben, wurden meine Berichte nunmehr plötzlich als zu kritisch, kühl und skeptisch empfunden.[3]

Adenauers erstes Treffen mit Kennedy

Nachdem sich die neue Equipe eingearbeitet fühlte, wurde mit uns ein Termin für den Besuch des Bundeskanzlers Mitte April vereinbart. Sobald dieses Datum feststand, flog ich nach Deutschland, um auf die Vorbereitung des Besuches Einfluß zu nehmen. Kennedy hatte mich am 10. März empfangen und den Ablauf und die Thematik des Treffens mit mir besprochen. Seine Anregungen und Vorschläge waren an Adenauer und Brentano weiterzugeben. Als ich am 15. März in Bonn eintraf, war dort jedoch niemand anzutreffen; die Osterferien hatten offenbar früh begonnen (es waren noch gut zwei Wochen bis Ostern): Adenauer befand sich in seinem bevorzugten Urlaubsquartier in Cadenabbia am Comer See, Brentano weilte zur Kur in Badenweiler; auch Carstens und Etzdorf waren auf Urlaub. Es blieb nichts anderes übrig, als den Abwesenden nachzureisen: zunächst nach Badenweiler, um Brentano zu treffen, in der folgenden Woche nach Cadenabbia, zum Bundeskanzler.

Diese Gespräche fern von Bonn hatten jedoch auch ihre Vorteile: Die Gesprächspartner waren entspannt und gelockert, wurden nicht abgelenkt, ließen sich Zeit, konzentrierten sich auf die Sache.

Beide Begegnungen waren daher für mich sowohl sachlich ergiebig wie atmosphärisch besonders angenehm. Meine Vorschläge zum Besuchsprogramm und zur Formulierung unserer Positionen wurden ohne lange Auseinandersetzungen akzeptiert. Selten habe ich Adenauer bereitwilliger zum Zuhören und geduldiger angetroffen, als an diesem langen Vormittag des 23. März im Garten der altmodischen Villa Collina, hoch über dem Ufer des Comer Sees. Ein Arrangement zwischen den Vereinigten Staaten und der Sowjetunion sei letztlich wünschenswert, sagte Adenauer klipp und klar neben manchem anderen: Eine bemerkenswerte Feststellung von seiten des Staatsmannes, der dafür bekannt war, daß ihm der amerikanisch-sowjetische Bilateralismus ein Alptraum war und der ein Jahr später die amerikanisch-sowjetischen Berlin-Verhandlungen für so gefährlich hielt, daß er sie durch eine öffentliche Kritik zu torpedieren suchte. Widersprüche? Nicht unbedingt. Je mehr zeitlicher Abstand gewonnen wird, desto deutlicher wird hinter der äußeren Starrheit die Flexibilität des Politikers Adenauer und hinter seiner verbalen Simplizität die Differenziertheit seines Denkens.

Am 12. und 13. April kam die von allen Seiten mit Spannung erwartete erste Begegnung zwischen Kennedy und Adenauer zustande.

Wenn man bedenkt, wie die erste Begegnung zwischen Adenauer und de Gaulle in Colombey-les-deux églises (1958) verlief, welches persönliche Verhältnis zwischen den beiden Beteiligten es begründete und wie tiefgreifend es die Entwicklung der deutsch-französischen Beziehungen in den folgenden Jahren beeinflußte, dann wird sofort deutlich, daß dieser Begegnung von Washington nicht im Entferntesten eine ähnliche Bedeutung zugeschrieben werden kann – wenngleich Adenauer in seinem Bericht vor dem Bundestag am 21. April mit großem Nachdruck auf dem Erfolg seines Besuches insistierte und die Abgeordneten wiederholt mit besonderer Betonung aufforderte, das Kommuniqué vom 13. April »Wort für Wort durchzulesen«. Soweit seine Zuhörer diesem Appell folgten, werden sie gleichwohl Mühe gehabt haben, in dem mageren Text irgendwelche Goldkörner zu entdecken.

Andererseits sind manche negativen Beurteilungen dieser ersten Begegnung aufgekommen, die nicht gerechtfertigt sind. Ganz schief ist etwa die von dem Berliner Politologen Gilbert Ziebura aus den Erinnerungen Adenauers herausgelesene Deutung, er habe Kennedy »im wahrsten Sinne des Wortes die Leviten gelesen«[1]. Davon kann gar nicht die Rede sein. Gewiß kritisierte Adenauer die militärische Schwäche und die mangelnde politische Kohäsion der NATO, und er unterließ auch nicht, auf die nach seiner Ansicht in der Vergangenheit häufig unzureichende Führungskraft der Vereinigten Staaten gegenüber den Verbündeten hinzuweisen. Kennedy und seine neue Regierung konnten sich von dieser in sehr maßvollen Ausdrücken vorgebrachten Kritik kaum getroffen fühlen.

Auch Waldemar Bessons Resümee geht fehl: Adenauer sei vom Ergebnis seiner Gespräche keineswegs zufriedengestellt, und im Weißen Haus sei man »über den lästigen Mahner« recht ungehalten gewesen; Kennedy habe verärgert bemerkt, daß er keine Belehrungen über die Gefährlichkeit des Kommunismus brauche.[2] Bessons einzige Quelle ist ein Gespräch, das er selbst im Oktober 1963 mit McGeorge Bundy geführt hat. Es mag sein, daß Kennedy irgendwann zwischen 1961 und 1963 solche Äußerungen von sich gegeben hat. Ich bin jedoch ziemlich sicher, daß sie nicht seine Bewertung dieser ersten Begegnung wiedergeben. Wer dieses Treffen beobachten konnte, Kennedys Verhalten in diesen beiden Tagen, seine taktvolle Höflichkeit gegenüber dem alten Herrn, die Wärme seiner Wortwahl, der aufrichtige Respekt, den er ihm bekundete – der wird die Atmosphäre dieses Treffens besser durch die Worte Ted Sorensens gekennzeichnet finden: »Kennedy hatte eine echte Sympathie und einen tiefen Respekt für Adenauer. Er bewunderte, was er zustande gebracht hatte, und er schätzte seinen Witz.« Das schließt nicht aus, daß die Altersbarriere zwischen den beiden »formidable« (Sorensen) blieb. Er fühle, daß er nicht nur zu einer anderen Generation, sondern zu einer anderen Welt spreche, so soll Kennedy seine Empfindungen gegenüber Adenauer charakterisiert haben.[3]

Adenauer seinerseits war von dem persönlichen Charme und der zupackenden Intelligenz des jungen Präsidenten angetan. Auch die mehrfachen rhetorischen Achtungsbekundungen, die Kennedy ihm in diesen beiden Tagen bezeugt hatte, waren nicht ohne Einfluß geblieben. Realist, der er war, schien er sich nach dieser Begegnung entschlossen zu haben, sich auf den Boden der gegebenen Tatsachen zu stellen und diesem Präsidenten, der nun einmal in den nächsten Jahren sein Partner sein würde, möglichst viel Positives abzugewinnen. Diesen Einstimmungsprozeß störte jener von mir schon erwähnte Bericht vom 23./28. Mai über die ersten hundert Tage Kennedys, mit dem ich mir seinen Zorn zuzog.[4]

Abgesehen von der natürlich sehr wichtigen persönlichen Seite der Begegnung Adenauer-Kennedy, welches war der sachliche Ertrag? Er war ohne Zweifel für uns wenig ermutigend – scheint aber auch die amerikanische Seite nicht sonderlich befriedigt zu haben.

In der Frage der von Adenauer erstrebten Revitalisierung der NATO hatte man aneinander vorbeigeredet. Ebenso wie Adenauer jahrelang mit de Gaulle darin übereinstimmte, daß die NATO »reformiert« werden müsse, ohne die Diskussion bis zu dem Punkte voranzutreiben, an dem sich gezeigt hätte, daß man nach entgegengesetzten Richtungen hin reformieren wollte – Adenauer wollte stärkere Integration, de Gaulle wollte Desintegration –, ebenso ignorierte er auch in seinem Gespräch mit Kennedy dessen eigentliche Absichten in bezug auf die NATO – nämlich das Bemühen, die Verbündeten zu einer Verstärkung ihrer konventionellen Rüstungsanstrengungen zu veranlassen. Das Kommuniqué sprach von »verstärkter politischer Zusammenarbeit in der NATO«, unterstrich aber im Hinblick auf die militärische Seite nur, »daß die NATO alle militärischen Mittel behalten und weiterentwickeln muß, die es ihr ermöglichen, einen potentiellen Angreifer wirksam abzuschrecken«. Von der NATO-Atomstreitmacht war im Kommuniqué nicht die Rede. Adenauer hatte dieses Thema auch nur sehr flüchtig, ganz am Ende seines letzten Gespräches am 13. April, berührt – und auch nur im gleichen, wenig nachdrücklichen Sinne, in dem er sich schon am 10. April in Bonn vor amerikanischen Journalisten geäußert hatte: Er könne es verstehen, wenn der Präsident diese Pläne zunächst zurückstellen und versuchen wolle, mit der Sowjetunion zu einer Einigung in der Abrüstungsfrage zu kommen. Nur auf längere Sicht sei es notwendig, eine Lösung dieser Frage zu finden.

In der Deutschland- und Berlin-Frage trat der Präsident – was bei diesem Besucher schließlich unvermeidlich war – zum ersten Male aus seiner bisherigen Schweigsamkeit heraus. Die beiden Sätze des Kommuniqués, die davon handelten, enthielten jedoch nur das Minimum dessen, was bei dieser Gelegenheit erwartet werden mußte: ein Bekenntnis zum Selbstbestimmungsrecht und eine Bestätigung des Versprechens, »die Freiheit der Bevölkerung von West-Berlin zu erhalten«. Zum ersten

Male auch sprach – nach seinem Außenminister – ein amerikanischer Präsident nicht von Berlin, sondern von West-Berlin. Die »Ernstfall-Planung« (contingency planning) für Berlin war allerdings in den Gesprächen mehrfach berührt worden. Kennedy selbst hatte bemängelt, daß zwischen der Planung und den praktischen Maßnahmen zur Anwendung der Pläne (»implementation«) eine Kluft bestehe. Brentano hatte in dem Nachmittagsgespräch mit Rusk am 12. April mit Nachdruck die Einbeziehung der Bundesregierung in die Beratung der Contingency-Planung (die bis dahin exklusiv von den drei Westmächten betrieben worden war) gefordert – was endlich im Juli, wenige Wochen vor der Errichtung der Berliner Mauer, verwirklicht wurde.

Sowohl Rusk wie Kennedy richteten an ihre deutschen Gesprächspartner die Frage, welche Rolle die Bundeswehr im Ernstfalle spielen werde. Offensichtlich hatten sie dabei die Konsequenzen, die sich aus dem besatzungsrechtlichen Status von Berlin (und der dadurch ausgeschlossenen direkten Verantwortlichkeit der Bundesrepublik für Berlin) ergaben, nicht durchdacht. Adenauer wies darauf hin, daß Dulles deshalb für den Fall der Beseitigung von Zugangssperren nach Berlin eine Beteiligung deutscher Truppen nicht vorgesehen hatte. Der Kanzler setzte jedoch hinzu: »Wir sind zu allem Erforderlichen bereit.« Brentano ergänzte ihn mit dem Hinweis, daß wir »selbstverständlich zu allem Erforderlichen bereit« seien, sobald die NATO-Garantien für Berlin involviert wären. Wenn Berlin falle, sei dies das Todesurteil für Deutschland und den Westen.

In den folgenden beiden Tagen stellte sich heraus, daß es auf amerikanischer Seite immer noch Zweifel und Ungewißheiten über die Bedeutung dieser Erklärung gab. Diese Zweifel wurden in erster Linie an mich herangetragen. Ich hielt es für dringend erforderlich, sie zu beseitigen und für Klarstellung Sorge zu tragen. Zu diesem Zweck sorgte ich dafür, daß der Bundeskanzler selbst mit diesen Zweifelsfragen und ihren Übermittlern konfrontiert wurde. Zum anderen drängte ich ihn, noch während seines Aufenthaltes in Washington (obwohl die offiziellen Gespräche abgeschlossen waren) etwas zur Klärung der Frage zu unternehmen. Daraufhin gab er mir den Auftrag, mich am nächsten Tage (dem bereits als Abreisetag vorgesehenen 15. April) noch einmal bei Rusk anzumelden und ihm einige klärende Erläuterungen zu übermitteln, die ich mir genauestens notierte. Die Besucher, die ich ihm vorher zugeführt hatte und die ihm die auf amerikanischer Seite auch nach den Gesprächen vom 12. April verbliebenen Zweifelsfragen dargelegt hatten, waren John J. McCloy und Shepard Stone. Sie sagten ihm unverblümt, daß schon seit längerer Zeit im State Department von einigen Leuten die Auffassung vertreten werde, die Haltung der Bundesregierung weise für den Fall eines ernsthaften Berlin-Konfliktes nicht jenen Grad von Entschlossenheit auf, der die unerläßliche Voraussetzung für ein entschlossenes amerikanisches Handeln bilde. Die Bundesregierung schrecke offenbar davor zurück, in einem solchen Falle die äußersten Konsequenzen zu ziehen. Man könne auch die Ansicht hören, daß es in der Bundesrepublik – besonders im süddeutschen Raum – Kräfte gebe, die nicht ernstlich gewillt seien, für Berlin ein zu hohes Risiko einzugehen. Solche Auffassungen seien offenbar auch an den Präsidenten und an Außenminister Rusk herangetragen worden, und die am 12. April geführten Gespräche hätten die damit zusammenhängenden Zweifel nicht vollkommen ausgeräumt.

In meinem Gespräch mit Rusk ließ ich die Namen der beiden Besucher beiseite und bezog mich auf ein am Vortage von mir geführtes Gespräch mit einem anerkannt zuverlässigen amerikanischen Journalisten, der mir Andeutungen in der gleichen Richtung gemacht hatte. Ich hätte dem Bundeskanzler, sagte ich, über dieses Gespräch berichtet, und wir hätten daraufhin noch einmal die hier in Washington geführten Gespräche rekapituliert, um uns zu vergewissern, ob von unserer Seite deutlich genug gesprochen worden sei. Es sei von entscheidender Wichtigkeit, etwa bestehende Zweifel auf diesem Gebiete radikal zu beseitigen. Der Bundeskanzler habe mich noch während seines Aufenthaltes in Washington zu ihm, Rusk, entsandt, um selbst zur weiteren Aufklärung der Frage zur Verfügung zu stehen, falls dies notwendig erscheine. Er wolle Washington nicht verlassen, ohne sicher zu sein, daß in dieser Frage völlige Klarheit herrsche.

Ich erinnerte Rusk daran, daß der Bundeskanzler in seinem Gespräch mit Präsident Kennedy eindeutig erklärt habe, die Bundesrepublik erachte den Bündnisfall für gegeben, wenn amerikanische Truppen bei dem Versuch, die Verbindungswege nach Berlin offen zu halten, in Kampfhandlungen verwickelt würden. Was unsere eigene Rolle in einem solchen Augenblick anlange, so hätten wir uns bisher deswegen zu einer gewissen Zurückhaltung veranlaßt gesehen, weil die drei Westmächte stets klar und eindeutig den Standpunkt vertreten hätten, daß für Berlin noch Besatzungsrecht gelte, und daß die Sicherheit West-Berlins und seiner Verbindungswege daher in ihre alleinige Verantwortlichkeit falle. Nach den geltenden Verträgen hätten wir lediglich gewisse Ansprüche, konsultiert zu werden. Im Hinblick auf die politische Bedeutung dieser Rechtsposition seien wir stets der Meinung gewesen, daß es nicht unsere Sache sein könne, im ersten Stadium eines Konfliktes über Berlin oder die Verbindungswege in Erscheinung zu treten. Nach der bisherigen Haltung der drei Westmächte seien wir auch zu der Annahme berechtigt, daß dieses auch deren Auffassung entspreche. Nur im Hinblick auf diese Rechtslage hätten wir uns bisher damit abgefunden, daß die sogenannte Contingency-Planning allein von den drei Westmächten aufgestellt worden sei, und daß wir über diese Planung nur nachträglich unterrichtet wurden. Weiterhin glaubten wir, mit den drei Westmächten darin übereinzustimmen, daß ein aktives Eingreifen der Bundeswehr über die Zonengrenze hinaus einen in der Entstehung begriffenen Konflikt sofort erheblich verschärfen, vertiefen und sehr wahrscheinlich ausweiten würde. Wir gingen daher von der Auffassung aus, daß es im gemeinsamen Interesse des Westens liege, ein solches Eingreifen solange wie irgend möglich aufzuschieben und es erst dann ins Auge zu fassen, wenn es die Konfliktlage ganz unvermeidlich mache. Alle diese Erwägungen dürften nicht dahin mißdeutet werden, daß die Bundesregierung die Risiken eines Berlin-Konfliktes scheue und nicht bereit sei, im Ernstfall die unausweichlich werdenden Konsequenzen zu tragen. Wir hätten stets unser aktives Interesse auch an der militärischen Contingency-Planung bekundet und hätten es immer wieder dadurch zum Ausdruck gebracht, daß wir um intensivere Einbeziehung in diese Planungsarbeiten gebeten hätten.

Es sei mir schon im Laufe des vergangenen Jahres mehrfach aufgefallen, daß im State Department offenbar gewisse Zweifel an unserer Entschlossenheit bestünden. Ich hätte den Eindruck, daß solche Zweifel nach dem letzten Besuch des verstorbenen Außenministers John Foster Dulles in Bonn im Februar 1959 entstanden seien. An diesen Gesprächen hätte ich persönlich nicht teilgenommen, hätte aber den mir vorliegenden Berichten entnommen, daß der Verlauf dieser Gespräche zu einem gewissen Mißverständnis geführt hätte. Der Bundeskanzler habe damals aus den Darlegungen von Außenminister Dulles den Eindruck gewonnen, daß dieser zum Äußersten entschlossen gewesen wäre, um die Verbindungswege nach Berlin offen zu halten. Dulles habe ganz unumwunden zum Ausdruck gebracht, daß man zu diesem Zwecke auch die größten Atomwaffen einsetzen müsse. Der Bundeskanzler sei wohl zu dem Schlusse gelangt, daß der von Dulles ins Auge gefaßte Aktionsplan nicht alle friedlichen oder mindestens alle mit begrenzten militärischen Mitteln zu erreichenden Lösungsmöglichkeiten genügend ausschöpfe. Er habe darauf hingewiesen, daß im Hinblick auf die schrecklichen Konsequenzen eines Einsatzes der großen Atomwaffen wirklich alle vernünftigen anderen Möglichkeiten erschöpft sein müßten, bevor man einen derartigen Entschluß fasse. Diese Art der Argumentation sei möglicherweise mißverstanden worden. Sie dürfe jedoch nicht so aufgefaßt werden – und sei auch damals nicht so gemeint gewesen –, als sei die Bundesregierung nicht bereit, Risiken einzugehen und ihren vollen Anteil an der Verantwortung zu übernehmen, die ihr politisch und moralisch für Berlin obliege.

Wenn der Bundeskanzler in seinem Gespräch am 12. April mit Präsident Kennedy mehrfach darauf hingewiesen habe, daß die völkerrechtliche Lage Berlins studiert und darüber Klarheit geschaffen werden müsse, so habe er damit zum Ausdruck bringen wollen, daß die besondere Verantwortlichkeit der Drei Mächte für Berlin erkannt und die Rolle der Bundesrepublik so bestimmt werden müsse, daß sie dieses den Sowjets und der übrigen Welt gegenüber so wichtige Konzept der besatzungsrechtlichen Verantwortlichkeit für Berlin nicht beeinträchtige. Selbstverständlich habe damit nicht gesagt sein sollen, daß sich die Bundesregierung auf theoretische Studien beschränken wolle und daß sie nicht bereit sei, an der eigentlichen Aktionsplanung mitzuwirken. Gerade daran seien wir außerordentlich stark interessiert.

Außenminister Rusk brachte in seiner Erwiderung zum Ausdruck, daß er diese Aufklärung besonders zu schätzen wisse. Es sei richtig, daß man sich über die Haltung der Bundesregierung nicht vollkommen eindeutig im Klaren gewesen sei. Meine Ausführungen stellten eine außerordentlich willkommene Präzisierung unserer Haltung dar.

Die amerikanische Regierung sei von der Überlegung ausgegangen, daß man dem amerikanischen Volk die Verwicklung in einen bewaffneten Berlin-Konflikt kaum plausibel machen könne, wenn in diesen Konflikt nur amerikanische Soldaten verwickelt würden, während die deutsche Bundeswehr sich auf die Rolle des Zuschauers beschränke. Er sehe jetzt jedoch deutlicher, von welchen Motiven unsere Haltung bestimmt sei, und glaube, daß diese Motive in der Tat Beachtung verdienten. Militärisch habe sich die Situation in den letzten Jahren insofern verändert, als es für den Fall eines Berlin-Konfliktes in Deutschland nur amerikanische, deutsche und kanadische Truppen gebe, die wirklich als kampfbereit betrachtet werden könnten.

Es zeige sich, daß das Gesamtproblem weiterer Überprüfung und Vertiefung bedürfe. Es werde sich wohl empfehlen, einige Gespräche auf sehr hoher Ebene über dieses Thema zu führen (aus seinen Worten war zu schließen, daß er sowohl an die Begegnung Kennedy-de Gaulle, als auch an die Konferenz von Oslo dachte).

Es werde auch unerläßlich sein, die Probleme in einem weiteren Kreise aller NATO-Mitglieder zu prüfen. Man müsse wohl davon ausgehen, daß die anderen NATO-Partner die gleiche Bündnisverpflichtung treffe, wie uns.

Bei der Verabschiedung gab Rusk noch einmal zu verstehen, daß er die besprochene Frage als soweit geklärt betrachte, wie sie im Augenblick geklärt werden könne, und daß er sehr dankbar dafür sei, daß der Bundeskanzler mich mit diesem Gespräch beauftragt habe.

Ich gewann meinerseits im Laufe des Gespräches erneut den Eindruck, daß die komplizierten politischen und rechtlichen Positionen, die in der Berlin-Frage eine Rolle spielen, den Männern der neuen Administration noch nicht genügend vertraut waren. Der Hinweis auf die besondere Besatzungsverantwortlichkeit für Berlin und die Konsequenzen, die sich daraus notwendigerweise für den Zeitpunkt der Einschaltung der Bundesrepublik ergäben, hatte Rusk offenbar Gesichtspunkte vermittelt, die ihm bisher noch nicht oder jedenfalls nicht in voller Schärfe klar geworden waren.

Vierzehn Jahre später las ich während eines Kuraufenthalts in Wiesbaden in einer dort erscheinenden Tageszeitung, wie sich diese Vorgänge in den Köpfen deutscher Journalisten von heute widerspiegeln: Kennedy habe Adenauer »in ungewöhnlich scharfer Form veranlaßt, Grewe als Vertreter der Bundesrepublik aus Washington abzuziehen«. Der »profilierte Sohn eines Hamburger Kaufmannes« habe nämlich unter anderem »mit hanseatischer Offenheit Kennedy brüskiert, als er ihn juristisch belehrte, daß sich die Bundeswehr bei einer harten Konfrontation um Berlin nicht militärisch engagieren könne«.[5]

Abgesehen davon, daß sich Kennedy gehütet hat, meine Abberufung zu verlangen oder einen solchen Wunsch auch nur anzudeuten, kann man die Auseinandersetzungen über die Krisenplanung für Berlin nicht mehr, als in dieser Version geschehen, auf den Kopf stellen: Wenn jemand dafür gesorgt hat, daß Adenauers mißverstandene Äußerungen in seinem ersten Gespräch mit Kennedy richtiggestellt wurden und die deutsche Bereitschaft zur Beteiligung an den Maßnahmen der Krisenplanung nicht im Zwielicht blieb, so bin ich es gewesen – wie meine Intervention bei Rusk am 15. April bezeugt.

Indessen – nicht nur im Kopfe dieses bescheidenen Wiesbadener Lokalreporters, der mich für ein kurzes Profil interviewte, aber es offenbar nicht für notwendig erachtete, das Berlin-Thema im Gespräch mit mir überhaupt zu berühren, sondern sich lieber auf das verließ, was er in seinem Ausschnitt-Archiv gefunden hatte –, auch in den großen Zeitungen der Weltpresse wurden diese Washingtoner Ereignisse von 1961/62 in merkwürdigen Verzerrungen wiedergegeben. Die Autoren zeitgeschichtlicher Untersuchungen über diese Zeit haben sie meist kritiklos übernommen. Ein reicher Schatz historischer Legenden hat sich auf diese Weise angesammelt.

An die Washingtoner Gespräche schloß sich ein Wochenendausflug nach Texas an. Der Bundeskanzler hatte eine Einladung des Vizepräsidenten Lyndon Johnson zu einem Besuch auf seiner Ranch akzeptiert. Die beiden kannten sich seit Adenauers erstem Amerika-Besuch 1953, sie respektierten und schätzten sich gegenseitig, sie sprachen in gleichen Kategorien, »auf der gleichen Wellenlänge«, es gab, anders als bei Kennedy, nicht den Abstand zweier Welten zu überbrücken. Kennedy war wohl auch erleichtert, daß ihm sein Vizepräsident die weitere Betreuung des anstrengenden Gastes abnahm.

Das Ergebnis war ein in Form und Ablauf aufgelockerter Wochenendaufenthalt in Texas. Die LBJ-Ranch erwies sich als kleines Imperium, das Johnson und seine geschäftstüchtige Frau, Lady Bird, im Laufe der Jahre aufgebaut hatten. Die Musterfarm wurde ergänzt durch regionale Radio- und Fernsehstationen in Austin, die den Johnsons gehörten und die offenbar den Kern ihres beträchtlichen Vermögens bildeten. Am Sonntagvormittag besuchte man das der Farm benachbarte deutschstämmige Städtchen Fredericksburg, wo Adenauer an die vor einer Ehrentribüne versammelte Stadtbevölkerung (Johnsons Wähler!) eine Ansprache auf Deutsch halten mußte. Neben uns auf der Tribüne saß ein berühmter Sohn dieser Stadt, der uns erzählte, daß auch er in seiner Jugend nur deutsch gesprochen habe: Admiral Chester Nimitz, nach Pearl Harbour Oberbefehlshaber der US-Pazifik-Flotte bis Ende 1945.

Nach der Rückkehr zur Farm: Barbecue im Freien, Westernhüte für alle Gäste, improvisierte Reden und Gesangsdarbietungen – kurz, eine buntbewegte, heitere Party im Stile eines kleinen Volksfestes, bei dem sich Lyndon Johnson als souveräner, dynamischer Gastgeber erwies.

Seinen Abschluß fand dieser Besuch am nächsten Tag im benachbarten Austin, der Hauptstadt von Texas, mit Parade in der Hauptstraße und feierlichen Begrüßungsansprachen im State House vor den versammelten Mitgliedern der gesetzgebenden Versammlung und sonstigen lokalen und regionalen Honoratioren. Während einer der Reden wurde Johnson aus unserer Mitte heraus ans Telefon gerufen: Washington, der Präsident am anderen Ende der Leitung. Als Johnson auf seinen Platz zurückkehrte, verrieten seine Gesichtszüge, daß er eine Unheilsbotschaft erhalten haben mußte. Er flüsterte eine Weile mit Adenauer und schien ihm das Ergebnis seines Gesprächs mitzuteilen. Kurz darauf erfuhren wir den Inhalt: Eine am Morgen des 17. April begonnene Landung exilkubanischer Kräfte in der Schweinebucht war gescheitert, die gelandeten Kampfgruppen aufgerieben. Der Präsident legte Wert darauf, daß seine Gäste nicht erst aus der Presse davon Kenntnis erhielten.

Der kurz danach erfolgende Abflug der Bundeskanzler-Delegation befreite beide Seiten aus der Verlegenheit, eine offenkundige und eklatante Niederlage der neuen amerikanischen Regierung des längeren diskutieren zu müssen.

Für das Verhältnis Adenauers – und in gewissem Umfang auch seiner Nachfolger – zum Vizepräsidenten und späteren Präsidenten der Vereinigten Staaten blieben die Tage in Texas trotz dieses Schlußeffekts gleichwohl wertvoll. Johnson schrieb mir am 28. April, er hätte am Abend jenes Abreisetages das deutliche Gefühl gehabt, »that a new level of personal understanding had been reached on both sides. Your own role in bringing this about was one of outstanding importance from first to last and I want you to know my feeling that the Texas phase of the visit could hardly have gone so well without you. I look forward to seeing more of you in Washington, and in Texas too, as occasion permits in the years ahead.«

Nach hundert Tagen

In Erinnerung an die einschneidenden und weittragenden Beschlüsse und Entscheidungen, die Franklin D. Roosevelt in den ersten hundert Tagen seiner Regierungszeit getroffen hatte, blickte die amerikanische Öffentlichkeit im Frühjahr 1961 voller Spannung auf die erwarteten vergleichbaren Signale und Weichenstellungen der neuen Administration. Als Kennedys hundert Tage Ende April abgelaufen waren, stellte sie mit einer gewissen Verblüffung fest, daß eigentlich nicht viel Bemerkenswertes geschehen war. Da mit diesem Zeitpunkt auch die Schonfrist abgelaufen war, die man üblicherweise einem neuen Präsidenten und seiner Regierung einräumt, bevor die Schleusen der Kritik geöffnet werden, breitete sich Anfang Mai eine Stimmung kritischer Ernüchterung aus, die sich von der euphorischen Hochstimmung der ersten Monate deutlich abhob.

Angesteckt von dem allgemeinen Drang nach nüchterner Bestandsaufnahme, überschütteten auch meine Mitarbeiter mich mit Anregungen und Entwürfen für eine entsprechende Berichterstattung. Sie hatten viel Material zusammengetragen und brannten darauf, es ausgewertet zu sehen. Ich stimmte zu und gab selbst, nach eingehender Diskussion, die Richtlinien für einen umfassenden Bericht über die ersten hundert Tage Kennedys. Ein allgemeiner Teil sollte den neuen Regierungsstil, die Reaktion der öffentlichen Meinung, die innenpolitische Entwicklung behandeln; ein besonderer Teil die Außenpolitik und ein weiterer die Wirtschaftspolitik. Alle Beteiligten gaben sich große Mühe, was zur Folge hatte, daß nicht nur ein sorgfältiger und wohlüberlegter, sondern leider auch ungewöhnlich langer Bericht entstand. Seine Formulierung nahm mehr Zeit in Anspruch, als ursprünglich vorgesehen, so daß wir ihn schließlich, um seine Aktualität nicht vermindert zu sehen, als Fernschreiben durchgaben.

Nie wieder habe ich in meiner ganzen späteren Laufbahn einen Bericht dieser Länge verfaßt oder autorisiert. »Jamais trop de zèle« – nie ist mir die Weisheit dieser grundlegenden Maxime Talleyrands deutlicher bewußt geworden, als nach dem Eingang der ersten Reaktionen aus Bonn auf dieses magnum opus. Brentano schickte mir ein Telegramm, das in seiner Knappheit an Deutlichkeit nichts zu wünschen übrig ließ: Die Botschaft möge sich in ihren Berichten kürzer fassen; ihre Beurteilung Kennedys werde in Bonn nicht geteilt. Carstens schrieb sehr höflich: Berichte dieses Umfangs verstopften die Fernschreibleitungen in Bonn und eigneten sich daher nicht für fernschriftliche Übermittlung. Der außenpolitische Teil habe in Bonn gewisse Beunruhigung ausgelöst; vor allen Dingen aus seinem ersten Teil scheine sich eine recht negative Beurteilung der Situation in Washington durch die Botschaft zu ergeben. Dieser Eindruck werde zwar im zweiten Teil abgeschwächt, aber doch eigentlich nicht beseitigt. Darüber sollte man bei meinem nächsten (schon bevorstehenden) Aufenthalt in Bonn sprechen.

Die Quelle des Mißvergnügens war, wie sich später herausstellte, der Bundeskanzler. Er hatte unter dem 31. Mai einen Brief an Brentano geschrieben, der meinen Bericht in harten Worten kritisierte und gleich die Frage anschloß, ob nicht meine Versetzung bald erfolgen könne. Den Bericht halte er, »jedenfalls in seinen Folgerungen bezüglich der Fähigkeiten des Präsidenten Kennedy, für unrichtig. Ich bedaure, daß Herr Grewe eine solche Depesche überhaupt an das Auswärtige Amt gerichtet hat. Selbst wenn seine Darstellung der heutigen Situation im Großen und Ganzen richtig sein sollte, so läßt er völlig außer Betracht, daß diese Situation herbeigeführt worden ist durch Überlegungen und Maßnahmen der Administration unter Präsident Eisenhower. Den heutigen Präsidenten und seine Herren dafür verantwortlich zu machen und aus der Entstehung dieser Situation Schlüsse auf die Fähigkeiten des heutigen Präsidenten zu ziehen, halte ich für völlig falsch. Präsident Kennedy ist ein kluger und weitblickender Mann. Er hat auch gute Berater. Man kann erwarten, daß er die außenpolitische Situation, wie er sie vorgefunden hat, meistern wird.

Ich bitte, dem Botschafter Grewe diese meine Meinung zu übermitteln und ihn darauf aufmerksam zu machen, daß er seine Urteile sorgsamer überlegen muß. Ich bin über seine Depesche und sein – wenn auch verklausuliertes – Urteil erschrocken und empört.

Wir hatten vor einigen Wochen über eine Versetzung des Botschafters Grewe gesprochen. Ich bitte zu überlegen, ob die Versetzung nicht sehr bald erfolgen kann. Gerade bei der heutigen Situation müssen wir entscheidenden Wert darauf legen, in Washington einen Botschafter zu haben, der alle Eigenschaften für diesen wichtigen Posten hat. Herr Grewe besitzt sie nicht.«

Ich habe diesen Brief erst viele Jahre später zu lesen bekommen. Die in ihm ausgedrückten kritischen Urteile, die Brentano mir übermitteln sollte, habe ich nie erfahren – Brentano ist über sein oben erwähntes Telegramm nie hinausgegangen, und als ich Anfang Juli nach Bonn kam und wir zusammen in seinem Hause frühstückten, war von der ganzen Angelegenheit nicht mehr die Rede. Ebensowenig kam der Bundeskanzler (der meiner Frau am 15. Juni zusammen mit einem prachtvollen Bildband über die Geschichte der Malerei einen Dankbrief für die ihm in Washington zuteil gewordene Betreuung übersandt hatte) darauf zurück, als ich ihn am nächsten Tage aufsuchte. Brentano hatte mir etwas ganz anderes mitzuteilen: daß mir, während ich im Flugzeug saß, im George Washington Hospital eine Tochter geboren worden sei. Er habe bereits ein Glückwunschtelegramm an die Mutter gesandt. Als ich zum Bundeskanzler kam und etwas bekümmert darüber klagte, daß den Außenminister die Nachricht über dieses familiäre Ereignis früher erreicht habe als mich, und daß mein Glückwunschtelegramm nicht einmal als erstes bei meiner Frau eintreffen könne, geschweige denn daß ich in den entscheidenden Stunden hätte bei ihr sein können, antwortete er ungerührt, das sei kein Grund, sich zu beklagen, er sei auch bei der Geburt seiner Kinder meist auf Dienstreisen gewesen!

Rückblickend kann ich den Zornesausbruch, der in Adenauers Brief vom 31. Mai zum Ausdruck kommt, nur in die Kategorie seiner periodisch auftretenden Mißtrauens- und Aversionsanfälle einordnen, die ihn auch engsten Mitarbeitern gegenüber immer wieder befielen. Horst Osterheld, in Bonn und Washington mein enger Mitarbeiter, später viele Jahre lang Adenauers außenpolitischer Referent im Bundeskanzleramt, hat darüber sehr treffend geschrieben: »Fast jeder, der längere Zeit in Adenauers Umgebung arbeitete, geriet mehrere Male in die Mißtrauenssphäre. Daß Adenauer, entgegen vielen Befürchtungen, wirklich nichts nachtrug, sobald er sich wieder zu vertrauen entschlossen hatte, war eine seiner glücklichsten Gaben.«[1]

Worauf dieser Ausbruch über den Hundert-Tage-Bericht zurückzuführen ist, ist mir kaum zweifelhaft: Adenauer hatte sich in Washington gerade selbst beruhigt und sich entschlossen, sein Glück mit Kennedy zu versuchen. Diese Stimmung wurde durch den Hundert-Tage-Bericht gestört. Zusätzlich wird ihn auch die Länge des Berichtes irritiert haben.

In diesem letzten Punkt kann ich ihm nur recht geben: Eine Botschaft ist kein Forschungsinstitut und ihre Berichte sollen in Umfang und Stil keine wissenschaftlichen Abhandlungen sein. Was wir zu sagen hatten, hätten wir für die Regierungsspitze auch in einer konzentrierten Kurzfassung sagen können. Was den Inhalt, das heißt die Analyse der abgelaufenen Hundert-Tage-Periode und die daraus gezogenen Schlußfolgerungen, anlangt, finde ich auch heute keinen Grund, ihn für verfehlt zu halten.

Baring, der in seinem Buche den Adenauer-Brief vom 31. Mai aus dem Brentano-Nachlaß veröffentlicht hat und der den Hundert-Tage-Bericht hat einsehen können, kam zu dem Ergebnis, ich hätte die Zeichen der neuen Zeit rascher bemerkt, jedenfalls richtiger gedeutet als der Bundeskanzler; der Bericht habe »sehr abgewogen eine Reihe kritischer Fragen und Besorgnisse geäußert«.[2] »Abgewogen« war dieser Bericht in der Tat, wenngleich er in der Analyse von Fehlern, Unzulänglichkeiten, Konfusion und schönfärberischer Public Relations-Technik kein Blatt vor den Mund nahm. Sollte das etwa in einem internen, nur für die Regierungsspitze bestimmten Geheimbericht unzulässig sein? Wenn das in Bonn die maßgebliche Auffassung gewesen wäre, so hätte ich damals raschestens meinen Abschied genommen und wäre in den akademischen Beruf zurückgekehrt. Indessen zeigte sich ziemlich rasch, daß Adenauers heftige Reaktion vom 31. Mai weder der im Auswärtigen Amt herrschenden Stimmung entsprach noch beim Kanzler selbst eine Abkühlungsperiode ruhiger Überlegung überdauerte. Aus den Reihen der Bonner Kollegen gingen mir rasch Signale der Zustimmung und Solidarität zu. Adenauers und Brentanos Stillschweigen zu dieser Angelegenheit, als ich einige Wochen später nach Bonn kam, war ebenfalls deutlich genug. Ich kam daher bald zu der Überzeugung (sie ist es heute noch), daß der Bericht über die hundert Tage, wenngleich in der Form mißglückt, in der Sache doch das Richtige getroffen hatte und daß er dazu beigetragen hat, Adenauers schwankende Urteile über Kennedy auf eine Linie zu bringen, die von Animosität und Euphorie gleichermaßen unbeeinflußt war und sich nur von einer sachlichen Bewertung der Fakten leiten ließ.

Nachdem von diesem Bericht so viel die Rede war, wird der Leser erwarten, etwas über seinen Inhalt zu erfahren. Sein Ausgangspunkt war die Feststellung, daß sich am Ende der ersten einhundert Tage eine paradoxe Situation dargeboten habe: In der Presseberichterstattung sei gegenüber der Zeit des Regierungswechsels eine starke Ernüchterung zu verzeichnen gewesen; die Maschinerie der neuen Administration sei – entgegen den Erwartungen – nur stockend angelaufen und nicht recht auf Touren gekommen; die Wirtschaftslage des Landes habe sich nicht gebessert; die Ergebnisse der Gesetzgebungstätigkeit des Kongresses seien trotz der demokratischen Mehrheit im Senat und im Repräsentantenhaus mager geblieben.

Auf der anderen Seite sei die republikanische Opposition trotz großer Angriffsmöglichkeiten eher verhalten geblieben; scheine die Popularität des neuen Präsidenten immer noch im Steigen begriffen zu sein, obgleich sie schon sechs Wochen nach der Amtsübernahme höher gelegen habe als die irgendeines seiner Vorgänger.

Diese Paradoxie löse sich jedoch bei näherer Untersuchung der Zusammenhänge rasch auf. Es zeige sich dann nämlich, daß die Ernüchterung ein in jedem Falle fälliger und unvermeidlicher Vorgang gewesen und daß sie durch die Dramatik außenpolitischer Ereignisse gefördert worden sei; daß die Regierungsmaschinerie unter den Anfangsschwierigkeiten gelitten habe, die sich bei jedem Regierungswechsel ergeben hätten und die bei außenpolitischen Ereignissen besonders zutage träten; daß eine rasche Verbesserung der Wirtschaftslage kaum hätte erwartet werden können; daß die eigentliche Machtprobe mit dem Kongreß noch ausstehe und vorläufig behutsam auf Zeitgewinn taktiert werde; daß die Opposition deswegen nicht zur Entfaltung komme, weil ihre Vergangenheit, ihre jetzige Struktur und ihre zur »bipartisanship« in auswärtigen Angelegenheiten neigende Politik ihr im Wege stünden; daß die Kritik der Öffentlichkeit teils durch eine ungewöhnlich wirksame Public Relations-Technik, teils durch ein gewisses Solidaritätsbewußtsein angesichts einer als nationale Krise dargestellten und empfundenen Lage im Zaume gehalten werde.

Nach einer genaueren Prüfung der einzelnen Elemente dieser Situationsanalyse kam dieser erste Teil des Berichts zu dem folgenden Ergebnis:

»Von Kritikern des Präsidenten wird vielfach gesagt, man müsse froh sein, daß die Kuba-Unternehmung gewisse Schwächen so frühzeitig habe erkennen lassen und zwar anhand eines Falles, der nicht von entscheidender Bedeutung für die amerikanische Sicherheit sei. Kennedy selbst hat in diesem Sinne zu einem ihm befreundeten Journalisten gesagt: ›I was going to learn those lessons some time – better sooner than later.‹ Auch der auswärtige Beobachter sollte dem neuen Präsidenten und seiner Regierung eine faire Chance geben, sich zu bewähren. Mit Fehlern, Mängeln und organisatorischen Pannen mußte angesichts der Unerfahrenheit vieler neuer Leute gerechnet werden. Es handelt sich jedoch um Männer, die rasch begreifen und rasch lernen und die im allgemeinen weder ideologisch verblendet noch dogmatisch verhärtet sind. Daher erscheint die Hoffnung begründet, daß es sich um Kinderkrankheiten der neuen Administration handelt, die bald überwunden sein werden, wenn es auch schwierig sein mag, den bereits angerichteten Schaden wieder gutzumachen.

Vor seinem Amtsantritt hat Kennedy wiederholt angekündigt, daß er und seine Administration Zeit brauchten, um sich in die großen außenpolitischen Fragen, denen sie bis dahin weniger Aufmerksamkeit schenken konnten, einzuarbeiten, und daß er die Vereinigten Staaten noch nicht für stark genug halte, um dem Kommunismus gegenüber eine aktivere und wirkungsvollere Politik betreiben zu können. Er hat dies durch die bisherige Entwicklung bestätigt gefunden. Nach übereinstimmenden Äußerungen von ihm nahestehenden Personen hat Kennedy aus seinen bisherigen Erfahrungen als Präsident die Lehre gezogen, daß die außenpolitischen Probleme, die er von seinem Vorgänger übernommen hat, erheblich ernster sind, als sie ihm dargestellt worden waren und als er sie

selbst im Wahlkampf dargestellt hatte, und daß Amerika erheblich weniger dafür vorbereitet ist, mit ihnen fertig zu werden, als er angenommen hatte. Es scheint, daß er aus diesen ersten Monaten, um einen ihm gegenüber kritisch eingestellten Kommentator (James Reston) zu zitieren, als ›ein ernsterer und weiserer junger Präsident‹ hervorgeht.«
Der außenpolitische Teil des Berichts (der, am 28. Mai übermittelt, wohl hauptsächlich Adenauers Reaktion vom 31. Mai auslöste) begann mit der Feststellung, das äußere Bild der Lage sei deprimierend:
»1. Die Kuba-Politik war (was von niemandem bestritten wird) ein Fiasko, in der Südostasien-Politik zeichnet sich (in der Öffentlichkeit noch nicht mit gleicher Deutlichkeit erkannt) eine neue Niederlage von erheblich größerer Tragweite ab; in Korea ist die Politik der Unterstützung einer mit demokratischen Methoden arbeitenden Regierung gescheitert, über den Kurs des neuen Regimes herrscht Unsicherheit, auf jeden Fall hat man sich von dem Putsch völlig überraschen lassen und dieses alles in einem Lande, in dem starke amerikanische Streitkräfte stationiert sind.
2. Ein Teil der europäischen Verbündeten ist durch den Antikolonialismus und seine auf die Interessen der Verbündeten wenig Rücksicht nehmende Handhabung verbittert; auf die Sympathien, die man mit dieser Politik bei den afro-asiatischen Völkern zu erwerben hoffte, ist der dunkle Schatten der Rassenkrawalle in Alabama gefallen; die psychologische Wirkung des großen Entwicklungshilfe-Programms für Lateinamerika ist, wenigstens teilweise und vorübergehend, von der des unglücklichen Kuba-Unternehmens beeinträchtigt worden.
3. Der von dieser Ergebnisbilanz ausgehende negative Eindruck wird noch verstärkt durch Ereignisse, die außerhalb der Einwirkungsmöglichkeiten der amerikanischen Regierung liegen: den erfolgreichen Flug des sowjetischen Weltraumfahrers Gagarin (nur teilweise aufgefangen durch Major Shephards kurzen Flug); den Aufstand der französischen Generäle in Algerien, der auch nach seinem Zusammenbruch immer noch Zweifel über die Stabilität des Regimes de Gaulle übrig läßt; die negative und intransigente Haltung der sowjetischen Unterhändler in Genf und in den Vereinten Nationen; die Ungewißheit über den Fortgang der Ereignisse in Iran.
Angesichts dieses Bildes ist es nicht verwunderlich, daß der bedeutungsschwere Entschluß Kennedys, im jetzigen Zeitpunkt mit Chruschtschow zusammenzutreffen, keiner einmütigen Zustimmung begegnet, daß es vielmehr im Kongreß sowohl wie in der öffentlichen Meinung eine Reihe von Stimmen gibt, die teils reserviert, teils ablehnend klingen.«
Das Kuba-Fiasko bleibe, so hieß es bei der Analyse dieser Tatbestandselemente, »ein ernstes Warnungszeichen«. Als entlastender Umstand (besonders im Vergleich zu Eisenhowers U-2-Fiasko) wurde betont, »daß

es sich im Frühjahr 1960 um einige fundamentale psychologische Beurteilungs- und diplomatische Kunstfehler einer längst eingearbeiteten Administration gehandelt habe, während im Kuba-Falle die mangelhafte und noch nicht eingespielte Koordinationstechnik einer neuen Administration zur Auswirkung gekommen sei. Die Übernahme der Verantwortung durch den Präsidenten war, wenn eine gefährliche innenpolitische Entzweiung der Nation vermieden werden sollte, anders als beim U-2-Zwischenfall, unvermeidlich.«

In bezug auf Laos kamen wir zu dem Ergebnis, daß »der Zeitpunkt für die Bildung einer Koalitionsregierung in Laos längst verpaßt ist. Selbst wenn es in Genf oder im Laufe anderweitiger Verhandlungen noch zur Bildung einer ›neutralen‹ Koalitionsregierung kommen sollte, dürfte kaum ein Zweifel bestehen, daß jetzt Elemente in die Koalition aufgenommen werden müssen, die dafür sorgen werden, daß eine solche Regierung unaufhaltsam nach links abgleiten und schließlich im kommunistischen Fahrwasser landen wird – ohne daß den Westmächten dann noch eine rechtliche oder faktische Möglichkeit geboten wäre, diesen Prozeß durch eine neue Intervention aufzuhalten.«

Diese letzte Prognose war pessimistisch und schien viele Jahre nicht oder doch nur teilweise durch die tatsächliche Entwicklung bestätigt zu werden; nach vierzehn Jahren, im Herbst 1975, trat endgültig ein, was wir befürchtet hatten. Hat dieser Aufschub die damalige Politik Kennedys gerechtfertigt? Die Frage muß hier offengelassen werden.

Bei der Beurteilung des damals bevorstehenden Wiener Treffens mit Chruschtschow gingen wir davon aus, daß »Kennedys Politik von Anfang an darauf gerichtet war, einen neuen ernsthaften Entspannungsversuch zu machen, dem er allerdings nur eine Chance gab, wenn man sich gleichzeitig für alle Eventualitäten rüstete und keinen Zweifel an der eigenen Entschlossenheit ließ, weiteren kommunistischen Expansionen entgegenzutreten«.

Nachdem sich die Aussichten des Entspannungsversuchs in den letzten Monaten erheblich verschlechtert hätten, sehe sich Kennedy vor schwerwiegende Entscheidungen gestellt, wobei es sich vor allem um dreierlei handle:

» – um die Frage, ob der völlig unkontrollierte Teststop, den man während der Genfer Verhandlungen hat eintreten lassen, fortgesetzt oder beendet werden soll, wobei im letzteren Falle das Ende der Genfer Verhandlungen und das Nichtzustandekommen allgemeiner Abrüstungsverhandlungen impliziert wäre; – um die Frage, mit welchen Mitteln und Methoden Südostasien verteidigt werden soll; und – um die Frage, ob ein Aufrüstungsprogramm in Angriff genommen werden muß, das weit über alles hinausgeht, was bisher in Aussicht genommen war«.

Im Hinblick auf diese drei Fragen hieß es dann: »Es spricht einiges für die Annahme, daß Kennedy Wert darauf legt, diese weitreichenden Entscheidungen nicht zu treffen, ohne Chruschtschow persönlich auf die Konsequenzen hingewiesen zu haben, die sie nach sich ziehen würden. Ob er glaubt, Chruschtschow damit beeinflussen zu können, ist schwer zu sagen; auf jeden Fall dürfte ihm dieses Treffen als Alibi wichtig sein – vor der Weltöffentlichkeit, vor dem amerikanischen Volke, vielleicht auch vor sich selbst und vor der Geschichte.«

Den Abschluß dieses Berichtsteils bildete eine zusammenfassende Bewertung des Präsidenten, wie er sich nach den ersten hundert Tagen dargeboten habe: »Der Verlauf der letzten Monate, das Verhalten des Präsidenten und der Charakter der bevorstehenden Begegnung in Wien bilden, zusammengenommen, keinen Grund, dem Treffen mit Chruschtschow alarmiert entgegenzusehen. Chruschtschow wird, sofern er es noch nicht weiß, in Wien begreifen, daß er einen anderen Gesprächspartner – einen intelligenteren, härteren, dialektisch gewandteren Gesprächspartner – vor sich hat, als in Camp David. Das kann nur nützlich sein. Auf der anderen Seite haben die ersten Monate seiner Amtszeit auch gewisse Grenzen des Menschen und des Präsidenten John F. Kennedy deutlich gemacht, wie zum Beispiel seine administrative und außenpolitische Unerfahrenheit (die sich in der Kuba-Aktion in mangelnder Durchschlagskraft und Zielsicherheit des Handelns äußerte), eine gewisse Anfälligkeit für die Versuchung, Mißerfolge mit Hilfe einer vorzüglichen Public Relations-Technik zu vernebeln und sich selbst der Kritik zu entziehen. Einiges davon mag vorübergehend und überwindbar sein. Man wird nicht vergessen dürfen, daß sich Kennedy viele Jahre auf eine einzige Aufgabe spezialisiert und konzentriert hatte, nämlich auf die Aufgabe, die Präsidentschaft zu erobern. Eine breitere Vorbereitung auf sein Amt, insbesondere auch Erfahrungen, um einen riesigen bürokratischen Apparat zu steuern und zu beherrschen, brachte er nicht mit. Diese Mängel auszugleichen, wird noch einige Zeit kosten, und es wäre verfrüht, ihn schon jetzt wegen solcher in Erscheinung tretender Mängel abzuqualifizieren.

Die Begegnung in Wien stellt jedenfalls die bisher ernsteste diplomatische Bewährungsprobe des Präsidenten dar. Man wird von ihr einige weitere Aufschlüsse über die Frage seiner staatsmännischen Befähigung erwarten dürfen.«

Auch im Abstand der vielen Jahre, die seit der Niederschrift dieses Berichts verstrichen sind, will es mir scheinen, daß ich mich darin recht angestrengt bemüht hatte, dem neuen Präsidenten gerecht zu werden – und daß Adenauers heftige Reaktion darauf nur damit zu erklären ist, daß dieses Lagebild, verbunden mit einer sehr nüchternen und sachlichen

Beurteilung der Persönlichkeit Kennedys, nicht in die leicht euphorische Stimmung paßte, mit der er aus Washington zurückgekehrt war.

Der Krisensommer 1961

»Es wird ein kalter Winter werden« – mit diesen Worten beschloß Kennedy seine zweitägigen Gespräche mit Chruschtschow in Wien am 4. Juni 1961. Selbst dieses pessimistische Schlußwort wurde noch nicht ganz dem Ernst der Lage gerecht: Wenn Kennedy glaubte, er würde noch Zeit haben, sich auf einen kalten Winter vorzubereiten, so täuschte er sich; zunächst stand ihm – und zwar sofort – ein heißer Sommer bevor. Denn Chruschtschow hatte ihn, der nach Wien immer noch ohne ein durchdachtes Berlin-Konzept gegangen war, mit einem Memorandum überrascht, das die Berlin-Krise neu anheizen mußte: Mit einer Sechsmonatsfrist als neues Ultimatum aufgemacht, wiederholte und präzisierte das Memorandum die seit dem 27. November 1958 vertretenen sowjetischen Forderungen nach Fixierung des nach dem Ende des Zweiten Weltkriegs erwachsenen Status quo in Europa einschließlich der Teilung Deutschlands in zwei Staaten, des Erlöschens der Besatzungsrechte in Berlin, der Lösung der zwischen der Bundesrepublik und West-Berlin bestehenden Verflechtung und der Schaffung einer neutralen, entmilitarisierten »Freien Stadt« unter dem Schutze, beziehungsweise der Kontrolle der Vier Mächte oder der Vereinten Nationen. Die für den Fall westlichen Widerstrebens angedrohten Sanktionen waren sehr präzise umschrieben: Die Sowjetunion würde mit der DDR einen Separatfriedensvertrag schließen, durch den der besatzungsrechtliche Viermächte-Status von Berlin hinfällig gemacht und zugleich die Kontrolle über die Zugangswege nach Berlin auf die DDR und ihre Organe übergehen würde.

Während Chruschtschow in mehrfachen Fernseh- und öffentlichen Ansprachen seine Forderungen dramatisierte und sein Ultimatum wiederholte (»eine europäische Friedensregelung muß in diesem Jahr erzielt werden...«), blieb das amtliche Washington schweigsam; nur außerhalb der Regierungsverantwortung stehende Politiker meldeten sich zu Worte, die zu weitgehenden Zugeständnissen bereit waren. Mike Mansfield, der Führer der demokratischen Mehrheit im Senat, befürwortete am 14. Juni die Umwandlung (West-)Berlins in eine entmilitarisierte »Freie Stadt« unter dem Schutz und der Aufsicht der Vereinten Nationen. Am 20. Juni kritisierte er die amerikanische Politik des Sichfestklammerns in Berlin. Noch am 28. Juni lehnte es der Präsident auf seiner Pressekonferenz ab, sich zur Berlin-Frage zu äußern, solange ihm nicht der Bericht der mit dieser Frage befaßten »task force« unter dem Vorsitz von Dean Acheson vorläge. Dieser Bericht ging ihm am gleichen Tage zu, es dauerte jedoch bis zum 17. Juli, bis endlich die amerikanische Antwortnote auf das Wiener Chruschtschow-Memorandum übergeben werden konnte, und bis zum 25. Juli, bis Kennedy in einer Fernsehansprache an die amerikanische Nation die Grundlinien seiner Berlin-Politik erläuterte. Am 21. Juli trat endlich auch die – im April von Brentano nachdrücklich geforderte – Botschaftergruppe als Vierergremium unter deutscher Beteiligung zusammen, um sich mit der Koordinierung und Steuerung der Krisenplanung für Berlin zu befassen.

Für mein persönliches Leben, meinen Arbeitsrhythmus, für das politische Klima, in dem wir uns bewegten, änderte sich in diesem Krisensommer 1961 vieles: Ich flog in jedem Monat einmal, im Juli sogar zweimal, für einige Tage zur Konsultation nach Bonn. Die Arbeitslast stieg sprunghaft. Wegen des Zeitunterschiedes zwischen Washington und Bonn war es notwendig, alle Berichte über die Ereignisse des Tages noch am selben Abend nach Bonn zu übermitteln, damit sie dort am nächsten Morgen bei Dienstbeginn vorlagen. Wenn wir sie erst am nächsten Morgen absandten, kamen sie nach Dienstschluß in Bonn an und es ging ein ganzer Tag für die Bearbeitung verloren. Da die Sitzungen in den verschiedenen mit Berlin befaßten Gremien häufig bis zum Abend dauerten, wurde es Mitternacht, bis mir meine Mitarbeiter ihre Berichtsentwürfe vorlegen konnten. Noch später bekam sie dann die Fernmeldestelle von mir zur Übermittlung nach Bonn.

Vierer-Beratungen auf Botschafterebene hatte es auch vorher schon gegeben, beispielsweise war die Antwortnote auf Chruschtschows Wiener Memorandum in diesem Rahmen erörtert worden. Von jetzt an wurden wir jedoch voll an der (bislang als exklusive Dreimächte-Angelegenheit behandelten) Krisenplanung für Berlin, einschließlich der militärischen Contingency-Planung, beteiligt. Je mehr sich die Krise zuspitzte, desto mehr rückte diese Gruppe (zunächst »Ambassadorial Steering Group«, später einfach »Ambassadorial Group« genannt) in den Brennpunkt der öffentlichen Aufmerksamkeit. Zugleich intensivierte und beschleunigte sich die Arbeit, die nach Sachgebieten auf mehrere Untergruppen verteilt war: Militärische, politische, wirtschaftliche, publizistische Fragen wurden dort vordiskutiert und gelangten von dort in Form von Berichten und Entwürfen an die Botschafter. Für die militärischen Fragen stand mir ein besonders befähigter und auch für die nichtmilitärischen Aspekte aufgeschlossener Luftwaffenoffizier zur Verfügung: der Oberst Johannes Steinhoff – später Inspekteur der Luftwaffe, Sanierer der Starfighter-Misere, Vorsitzender des Militärausschusses der NATO. Er gehörte nicht zum Militärattachéstab der Botschaft, sondern zum Stab des deutschen

Vertreters beim Militärausschuß der NATO, der damals noch in Washington seinen Sitz hatte. Aus dem Kreise meiner Mitarbeiter in der Botschaft hatte ich ihm Hans-Georg Wieck zugeteilt (der später Chef des Planungsstabes im Verteidigungsministerium, dann Botschafter in Teheran und Moskau wurde). Die beiden bildeten ein hervorragendes Team, auf das ich mich verlassen konnte.

Auch auf Ministerebene häuften sich die Begegnungen. Anfang Mai waren die Außenminister im Rahmen der üblichen Frühjahrskonferenz der NATO in Oslo zusammengetroffen. Im Juli kam der Bundesverteidigungsminister im Laufe eines dreiwöchigen Aufenthaltes in den Vereinigten Staaten zweimal kurz hintereinander nach Washington. Vom 5. bis 7. August trafen sich die Außenminister der drei Berliner Schutzmächte und ihr deutscher Kollege in Paris – wenige Tage vor der Errichtung der Mauer in Berlin am 13. August – und einen Monat später, am 15./16. September, erneut in Washington – unmittelbar vor den Bundestagswahlen vom 17. September.

Die NATO-Konferenz in Oslo erbrachte nichts Positives für eine westliche Berlin-Strategie. Die vierzehn Außenminister bekräftigten ihre zu Beginn der Berlin-Krise im Dezember 1958 abgegebene Garantieerklärung, die sie als Ausdruck der Entschlossenheit interpretierten, »die Freiheit West-Berlins und seiner Bevölkerung zu wahren«. Damit war die von Kennedy und Rusk eingeführte terminologische Neuerung (»West-Berlin« statt »Berlin«) auch in die NATO-Kommuniqués eingedrungen. Für deutsche Leser hieß das (und ebenso haben das wohl auch die Experten in Moskau gelesen), »daß zwar die Rechte der Westmächte geschützt wurden, aber die Freizügigkeit der West-Berliner in Gesamtberlin zur Disposition stand«[1].

Wenn man dem Bericht von Heinrich Albertz – 1961 Chef der Berliner Senatskanzlei – folgt, so wirkte das Kommuniqué in Berlin wie eine »Hiobsbotschaft«. Egon Bahr sei mit dem Text zum Regierenden Bürgermeister gelaufen und habe gesagt: »Das ist fast wie eine Einladung für die Sowjets, mit dem Ostsektor zu machen, was sie wollen.«[2]

Als Franz Josef Strauß im Juli die Vereinigten Staaten besuchte, hatte sich die politische Spannung um Berlin weiter verschärft – insbesondere durch das rapide Anwachsen des Flüchtlingsstromes, der sich täglich aus dem Ost- in den Westsektor der Stadt ergoß. Strauß war in diesem Augenblick nicht nur für die Regierung, sondern auch für das amerikanische Publikum eine Figur von höchstem Interesse: nicht nur als deutscher Verteidigungsminister, sondern als einflußreiches Kabinettsmitglied und als profilierter Politiker, dem in der Berlin-Frage eine vorsichtige Zurückhaltung nachgesagt wurde und dem vielfach unterstellt wurde, daß sich sein bayerisches Gemüt nicht für Berlin erwärmen lasse.

Gerade auch dieser Gerüchte wegen, die die Einschätzung unserer Haltung in Washington ungünstig beeinflußten, war mir sein Besuch sehr erwünscht. Mitte Januar, als Strauß zuletzt im Lande gewesen war, hatte der neue Präsident noch nicht sein Amt angetreten; deshalb hatte sich dieser Besuch auf New York beschränkt. Von der Annahme einer Einladung zu einer akademischen Veranstaltung in Detroit im April hatte ich ihm in einem Briefwechsel im Februar abgeraten. Jetzt lag eine offizielle Einladung McNamaras vor und alles sprach dafür, daß Strauß sich und seine Ansichten in Washington präsentierte.

Schon das erste längere Gespräch mit McNamara am 14. Juli erwies sich als nützlich. Es bot Strauß Gelegenheit, seine Vorbehalte gegen das strategische Konzept der neuen Administration im allgemeinen und gegen einige noch unausgegorene Ideen für militärische Aktionen zur Sicherung des freien Zugangs nach Berlin im besonderen darzulegen und zu begründen. Er stimmte dem Grundgedanken der »flexible response« zu (unter Hinweis darauf, daß Bonn immer schon gegen die ganz auf die Nuklearwaffen abgestützte Konzeption des Radford-Planes gewesen sei) und wandte sich hauptsächlich gegen die öffentliche Diskussion dieser Probleme, die zuviel Gerüchte und Spekulationen erzeugt und damit die Glaubwürdigkeit der Abschreckungsstrategie gefährdet hätte. In bezug auf Berlin kritisierte er die von einigen amerikanischen Persönlichkeiten befürwortete Idee, im Falle einer Zugangssperre nach Berlin mit einem Vorstoß größerer militärischer Verbände auf der Autobahn nach Berlin die Sperre aufzubrechen. Diese Kritik richtete sich jedoch nicht, wie er ausdrücklich klarstellte, gegen einen Testvorstoß mit begrenzten Kräften, und schon gar nicht gegen Festigkeit und Entschlossenheit bei der Verteidigung der Freiheit Berlins und der westlichen Rechte dort. Sie richtete sich gegen die weit verbreitete Diskrepanz zwischen Phrasen und Taten und insistierte darauf, daß man einen konkreten und realistischen Aktionsplan ausarbeiten müsse, der den Gegner an seinen verwundbaren Stellen treffe. Dies war kein Plädoyer für eine Appeasement-Politik – auch wenn diplomatischen Aktionen und großangelegten nichtmilitärischen Maßnahmen die Priorität gegeben und die Gefährlichkeit jedes direkten Schießkrieges nachdrücklich betont wurde.

Alles dieses wurde am Abend im Rahmen eines von Rusk gegebenen Diners im Blair House mit den führenden Köpfen der neuen Administration weitergesponnen: Außer Rusk und McNamara nahmen Acheson, Gilpatrick (der zweite Mann im Pentagon), Nitze, Kissinger, Lyndon Johnson, Tyler (früher Botschaftsrat in Bonn, später Leiter der Westeuropa-Abteilung des State Departments), General Lemnitzer an diesen Gesprächen teil. Ihre Fortsetzung wurde für den Zeitpunkt der Rückkehr von Strauß von seiner Besichtigungsreise zu verschiedenen militärischen

Installationen verabredet: Zwei Wochen später, am 30. Juli, traf sich ein in seiner Zusammensetzung etwas veränderter Kreis zu einem Mittagessen auf der in Virginia gelegenen Farm von Paul Nitze, wo am Rande des Swimmingpools weiter diskutiert wurde. Nachmittags um sechs Uhr sollten Strauß und ich zusammen in der allsonntäglichen Fernseh-Panel-Diskussion der National Broadcasting Corporation (NBC), »Meet the Press«, auftreten, dem amerikanischen Vorbild unseres Journalisten-Frühschoppens. Die Fahrt von der Virginia-Farm zum Fernsehstudio in Washington wurde für mich etwas dramatischer, als mir lieb war. Ich hatte auf einen Fahrer verzichtet und fuhr den Bonner Gast in meinem Privatwagen selbst. Wir waren spät abgefahren und bei der Einfahrt nach Washington verfehlte ich prompt die richtige Einfahrtstraße und gelangte erst auf einigen Umwegen ans Ziel – stets den Schreckensfall vor Augen, daß um sechs Uhr Millionen von Fernsehern vergeblich auf die ihnen in Aussicht gestellte Darbietung warten müßten. Sozusagen mit hängender Zunge schafften wir es und trafen wenige Minuten vor sechs Uhr im Studio ein, erleichtert von den uns mit einiger Nervosität erwartenden anderen Panel-Teilnehmern begrüßt: Lawrence E. Spivak, der diese Diskussionen seit vielen Jahren leitet und dadurch zu einer der bekanntesten und renommiertesten Figuren des amerikanischen Fernsehens geworden ist, Peter Lisagor (Chicago Daily News), Richard Wilson (Cowles Publications), Sander Vanocur (NBC News) und Ned Brooks (NBC) als Moderator.

Die Fragen, die uns gestellt wurden, spiegeln die Stimmung der amerikanischen Öffentlichkeit in jenen Julitagen ziemlich deutlich wider: Ist ein begrenzter Krieg in Europa denkbar? Kann ein bewaffneter Konflikt im Herzen Deutschlands auf den Gebrauch konventioneller Waffen beschränkt werden? Sind die deutschen Verteidigungsanstrengungen ausreichend (was Senator Fulbright gerade öffentlich bezweifelt hatte)? Wenn nicht mit militärischen Mitteln – mit welchen nichtmilitärischen Mitteln kann Berlin verteidigt werden? Was würde die Bundesregierung tun, wenn es in der DDR zu einem neuen Aufstand in der Art von 1953 kommen würde? Hat die Bundesrepublik Atomwaffen, kann sie welche herstellen, streben die Deutschen nach Atomwaffen? Ist die europäische Integration nicht der sicherste Weg, die Wiedervereinigung Deutschlands zu verhindern? Was kann die Bundesrepublik tun, wenn die Sowjetunion einen separaten Friedensvertrag mit der DDR schließt?

Die Mehrzahl der Fragen war naturgemäß an Strauß gerichtet. Er beantwortete sie mit Geschick und ließ sich in keine Falle locken. Er warnte davor, mit dem Begriff des »begrenzten Krieges« zu spielen. Für das Ausmaß der deutschen Verteidigungsanstrengungen bezog er sich auf die Anforderungen der NATO und deren korrekte Erfüllung. Auch die Frage nach den Atomwaffen beantwortete er mit dem Hinweis auf die innerhalb der NATO bestehenden Arrangements: Soweit die Bundeswehr mit nuklearen Trägern ausgerüstet sei, befänden sich die atomaren Sprengköpfe unter der Obhut und Kontrolle der amerikanischen Streitkräfte. Nationale deutsche Verfügungsgewalt über die Sprengköpfe sei nie verlangt worden. Berlin sei in erster Linie ein politisches Problem, und bevor man an militärische Aktionen denke, müßten alle nichtmilitärischen Möglichkeiten zur Lösung des Problems ausgeschöpft werden. Da die Sowjets sicherlich keinen allgemeinen oder größeren Krieg riskieren wollten, könne Festigkeit zu »Verhandlungen unter vernünftigen Bedingungen« führen.

Unter den an mich gerichteten, mehr politischen Fragen, befand sich eine, die deswegen besonders fatal war, weil der Fragesteller sich in der Sache nicht genügend auskannte und mit wenigen Worten seiner Frage alles durcheinanderbrachte. Solche Fragen sind unangenehm, weil man in den wenigen zur Verfügung stehenden Minuten keine Zeit hat, alles richtigzustellen. Man kann dann nur versuchen, alles Abwegige zu ignorieren und die Frage so zu interpretieren, daß sie einen vernünftigen Sinn ergibt. Die Frage lautete: »Herr Botschafter, man hält Sie – zu Recht oder zu Unrecht – für den Verfasser eines Memorandums aus dem Jahre 1959, nach dem die Westalliierten Vorschläge für die Wiedervereinigung Deutschlands machen sollten, und zwar für eine Art Konföderation, der dann Kontakte zwischen Ost- und Westdeutschen und am Ende freie Wahlen folgen sollten. Hat dieses Memorandum für die gegenwärtige Lage in Deutschland noch irgendeine Gültigkeit?«

Der Fragesteller hatte offensichtlich den westlichen »Friedensplan« im Auge, der am 14. Mai 1959 auf der Genfer Außenministerkonferenz der sowjetischen Regierung vorgelegt worden war. Soweit dieser Plan mit einem Personennamen in Verbindung gebracht wurde, war es der des amerikanischen Außenministers Herter (›Herter-Plan‹), der dieses Dokument eingebracht hatte. Ich hatte zwar an seiner Ausarbeitung mitgewirkt, jedoch nur als einer unter vielen Beteiligten. Die Bildung einer »Konföderation« war ein östlicher Vorschlag, den der Westen ablehnte und dem der »Friedensplan« entgegengesetzt wurde.

Über die irrtümlichen Voraussetzungen des Fragestellers hinweggehend, identifizierte ich das mir zugeschriebene »Memorandum« als den westlichen Konferenzvorschlag von 1959, den die jüngsten westlichen Noten an Moskau nach wie vor als »solide Grundlage für weitere Diskussionen« bezeichnet hätten.

Diese Diskussion im Rahmen von »Meet the Press« war mein einziger gemeinsamer Auftritt mit Strauß in der Öffentlichkeit. In meiner Erinnerung haftet er, wie der gesamte Ablauf dieses Besuches, als eine sehr positive Erfahrung: Strauß war in der öffentlichen Diskussion ein ebenso loyaler wie effizienter Partner. Während seines gesamten Aufenthaltes erwies er sich als besonnen, maßvoll, verbindlich, ausgestattet mit souveräner Sachkenntnis und Standfestigkeit.

In den Wochen, in denen sich dieser Besuch abspielte, war ich theoretisch im Urlaub – theoretisch insofern, als ich meinen Urlaubsort (den ich schon vorsichtshalber nicht zu weit von Washington entfernt, an einem See in West-Virginia gewählt hatte) immer wieder verlassen und den Urlaub unterbrechen mußte, zweimal für den Strauß-Besuch, einmal für den Zusammentritt der Vierer-Gruppe im State Department und einen Flug nach Bonn zur Teilnahme an einer Botschafterkonferenz.

Die für den 21. Juli von Rusk ins State Department einberufene Vierer-Zusammenkunft bildete den Auftakt einer neuen Phase der amerikanischen Berlin-Politik: Nach langem Zögern hatte man sich unter dem Druck der Ereignisse endlich dazu aufgerafft, das Konzept einer Berlin-Politik zu entwerfen und seine Ausführung energisch in Angriff zu nehmen. Die Koordinierung dieser Politik mit den Verbündeten sollte durch die an diesem Tage konstituierte Botschaftergruppe erfolgen (ich war am 21. Juli allerdings der einzige anwesende Botschafter: Mein britischer und französischer Kollege, Sir Harold Caccia und Hervé Alphand, waren auf Urlaub, auf amerikanischer Seite präsidierte Rusk). Rusk trug die Grundzüge eines Memorandums vor, das die bereits getroffenen und die beabsichtigten Maßnahmen zur Stärkung der amerikanischen Verteidigungsbereitschaft skizzierte, ein gemeinsames Aktionsprogramm für die Verbündeten forderte und prozedurale Vorschläge zu seiner Verwirklichung machte. Eine Arbeitsgruppe höherer Beamter sollte sich in Paris treffen und für die dort vom 5. bis 7. August zusammenkommenden vier Außenminister beschlußreife Unterlagen ausarbeiten. Am 25. Juli wollte Präsident Kennedy in einer Fernsehansprache an die Nation den für die Öffentlichkeit geeigneten und bestimmten Teil dieses Programms bekanntgeben.

Aus allen diesen Planungen sprach ein alarmiertes Gefahrenbewußtsein. Das Papier, das ich am gleichen Abend selbst nach Bonn brachte und dort am nächsten Tage der in Brentanos Dienstvilla auf dem Venusberge tagenden Botschafterkonferenz (einberufen waren außer mir die Botschafter in London, Paris, Moskau, Rom, Ottawa, bei der NATO und bei den Vereinten Nationen) vortrug, war allerdings kein sehr überzeugendes Dokument. Von den Empfehlungen des Acheson-Berichtes war wohl nur ein Teil übernommen worden, die einzelnen Abschnitte waren offensichtlich verschiedenen Ursprungs und von sehr unterschiedlicher Qualität, redaktionell nur mangelhaft zusammengeflickt. Der Grundgedanke lief darauf hinaus, daß einerseits ein langfristiges Programm des Aufbaus militärischer Stärke sofort eingeleitet werden sollte und zwar in einer möglichst wenig dramatisierenden und die Spannungen nicht unnötig verschärfenden Weise; daneben sollten nichtmilitärische Gegenmaßnahmen ausgearbeitet und vorbereitet werden, und endlich sollte gleichzeitig Bereitschaft zu Verhandlungen signalisiert werden. Auf welcher Grundlage und mit welchem Ziel gegebenenfalls verhandelt werden sollte, blieb jedoch unbeantwortet. Die nichtmilitärischen Maßnahmen beschränkten sich praktisch auf einen ziemlich engen Fächer von Wirtschafts- und Verkehrssanktionen. Politische Sanktionen waren nicht erwähnt, auch an Maßnahmen auf dem Gebiete der Kulturbeziehungen oder des Reiseverkehrs war nicht gedacht. Eine Mobilisierung der Öffentlichkeit durch eine aktive Informationspolitik wurde gefordert, jedoch fehlte es an einem zugkräftigen Einfall.

Der für die nächste Zukunft entscheidende Mangel dieses Programms – und ihn haben weder unsere Botschafterkonferenz noch die Pariser Konferenz der Außenminister Anfang August behoben – lag darin, daß der Punkt nicht erkannt, geschweige denn gesehen wurde, an dem der nächste Angriff der Gegenseite erfolgen würde: Niemand hatte den Bau der Mauer in Berlin vorausgesehen: der Berliner Senat nicht, die Bundesregierung nicht, die Regierungen der drei Schutzmächte nicht. Ich habe auch keine Bestätigungen oder Indizien dafür finden können, daß ein westlicher Nachrichtendienst Vorbereitungen für den Mauerbau erkannt und rechtzeitig gemeldet hätte. Auch mir hat die Phantasie gefehlt, auf diesen ebenso primitiven wie angesichts der steigenden Flüchtlingszahlen naheliegenden Gedanken zu kommen, obwohl unsere Überlegungen nicht weit von der Erwartung einer solchen Aktion entfernt waren. Schon im Mai hatte ich in einem internen, an Berichte und Analysen des Bundesnachrichtendienstes anknüpfenden Memorandum davor gewarnt, sich an früheren Modellen sowjetischer Aktionen gegen West-Berlin zu orientieren: Weder eine Blockade noch ein Putschversuch zum Sturze des Senats noch gar ein militärischer Angriff seien wahrscheinlich. Die Sowjets würden sich »auf eine viel subtilere politische Methode einrichten und es peinlich vermeiden, einen Tatbestand zu schaffen, der die Auslösung des Garantiefalles herbeiführen würde. Es besteht daher die Gefahr, daß die militärischen Garantien zur Erhaltung der ›Freiheit‹ und ›Unabhängigkeit‹ Berlins eine Art ›Maginotlinie‹ bilden, welche die Sowjets niemals frontal angreifen, sondern zu umgehen suchen werden.«

Demgemäß plädierte das Memorandum dafür, einer nichtmilitärischen Berlin-Strategie des Ostens mit einer westlichen Gegenstrategie zu begegnen, »die auf den gleichen Gebieten wirksam wird und mit ähnlichen Methoden arbeitet. Der Westen muß sich so weit wie irgend möglich aus der fatalen Lage befreien, auf Verwaltungsschikanen und Verkehrsbehinderungen nur mit der Drohung des thermo-nuklearen Krieges antworten zu können.« Da sich die Sowjets mit der Berlin-Frage die verwundbarste Stelle des Westens als Angriffspunkt gewählt hätten, müsse man gleichermaßen auf ihre verwundbaren Stellen zielen. Nach Identifizierung dieser Stellen folgte eine Skizzierung von nichtmilitärischen Maßnahmen, die dieser Forderung entsprachen. Während Kennedy in seiner programmatischen Ansprache vom 25. Juli die lebenswichtigen Interessen des Westens in Berlin auf »three essentials« reduzierte (Anwesenheit der drei Westmächte in Berlin, ihr ungestörtes Zugangsrecht dorthin, die Sicherheit und Freiheit der West-Berliner), befürwortete ich eine über dieses Minimalprogramm hinausgehende Proklamation der fundamentalen Interessen des Westens (die ich »Kennedy-Doktrin« zu nennen vorschlug), die außer den von Kennedy aufgezählten noch einige weitere »essentials« enthalten sollte, insbesondere die Gewährleistung der bestehenden Bande zwischen Berlin und der Bundesrepublik, die Freiheit des Zivilverkehrs für Personen und Güter von und nach Berlin und die Freiheit des Inner-Berliner Verkehrs über die Sektorengrenzen hinweg.

Dieses Memorandum ist zwar nie im Ganzen, wohl aber sind die meisten seiner Einzelvorschläge mit den Vertretern der Schutzmächte diskutiert worden. Daß Kennedys »three essentials« für die Verteidigung Berlins nicht ausreichen, hat man später dadurch korrigiert, daß man nicht nur von der »Freiheit« und »Sicherheit« West-Berlins, sondern auch von seiner »Lebensfähigkeit« (»viability«) sprach. Schon das NATO-Kommuniqué vom 15. Dezember 1961 sprach von der »Entschlossenheit, die Freiheiten (im Plural) West-Berlins zu schützen und zu verteidigen und seiner Bevölkerung die Bedingungen für ein freies und gedeihliches Leben zu sichern«. Die Bindungen Berlins an die Bundesrepublik sind bei den Verhandlungen für das Viermächte-Abkommen von 1970 von den drei Westmächten energisch verteidigt worden, weil man sich längst der Tatsache bewußt war, daß West-Berlin ohne sie lebensunfähig wäre. Die Freiheit des zivilen Zugangs wurde unter die Zugangsrechte der drei Mächte subsumiert. In der Frage der Freiheit des Verkehrs über die Sektorengrenzen hinweg – jener Freiheit, die am 13. August unter der Berliner Mauer begraben wurde – fanden wir von Anfang an kein Echo. Zwar hat man im Prinzip bis heute daran festgehalten, daß die Vertreter der drei Westregierungen Zugangs- und Zirkulationsrechte auch in Ost-Berlin haben, da der Viermächte-Status Berlin als Ganzes betrifft. Die Ausübung dieser Rechte erfolgte jedoch stets nur zögernd und unentschlossen, für den Zivilverkehr wurden überhaupt keine Konsequenzen gezogen. Kennedy ließ keinen Zweifel daran, daß er sich mit dem Status quo der Teilung abfinden würde und daß »heute die gefährdete Grenze der Freiheit quer durch das geteilte Berlin« verläuft, wie er am 25. Juli sagte. »Wir wollen, daß sie eine Friedensgrenze bleibt.« Die Konsequenz aus dieser Konzeption zog Senator Fulbright einige Tage später, am 30. Juli, als er in einem Fernsehinterview die Ansicht vertrat, man solle mit den Russen über die Schließung des Berliner Fluchtweges verhandeln, denn sie könnten ohnehin jeden Tag die Grenze schließen, ohne irgendeinen Vertrag zu verletzen. »Ich verstehe nicht«, so sagte er wörtlich, »warum die Ostdeutschen nicht ihre Grenzen schließen, denn ich glaube, daß sie ein Recht haben, sie zu schließen.«[3]

Am 13. August wurde seinem Nichtverstehen abgeholfen.

Dissonanzen nach dem Bau der Mauer

Die Wochen und Monate, die dem 13. August 1961 folgten, waren die schwierigsten, enttäuschendsten und aufreibendsten meiner gesamten diplomatischen Laufbahn.

Sie waren schwierig, weil in einem Klima höchster internationaler Spannung operiert werden mußte, in dem jeder unbedachte oder in seiner Auswirkung falsch kalkulierte Schritt verhängnisvolle Folgen haben konnte; in dem sich die Unterschiedlichkeit der Auffassungen der vier verbündeten Regierungen zwangsläufig zuspitzte und jede einheitliche Urteilsbildung und Beschlußfassung verzögerte, erschwerte und zuweilen verhinderte; alles dieses zu einem Zeitpunkt, in dem sich die Bundesrepublik angesichts der bevorstehenden Bundestagswahlen am 17. September auf dem Höhepunkt des Wahlkampfes in einem hitzigen Wahlfieber befand und die beiden für die Berlin-Krise wichtigsten Figuren, der Bundeskanzler und der Regierende Bürgermeister von Berlin, gegeneinander kandidierten und sich auf einem Tiefpunkt ihrer persönlichen Beziehungen und ihrer Kooperationsbereitschaft befanden.

Enttäuschend war diese Periode, weil einige verbündete Regierungen das politische und militärische Bündnisengagement, das ihre Vorgänger in der ersten Hälfte der fünfziger Jahre eingegangen waren, enger und restriktiver interpretierten als diese und deutlich entschlossen waren, sich auf eine rückwärtige Verteidigungslinie zurückzuziehen, die den Status quo der Teilung Berlins, Deutschlands und Europas akzeptierte und nur das zu sichern suchte, was man effektiv und zweifelsfrei beherrschte; und weil sich das vom Wahlkampf faszinierte und paralysierte Bonn zu keiner klaren und entschlossenen Politik aufraffen konnte, die dem entweder entgegen getreten wäre – oder aber diese Linie akzeptiert und sie zu einer neuen, tragfähigen Position ausgebaut hätte.

Aufreibend war nicht nur die Arbeitslast, die sich aus täglichen Konferenzen, sofortiger Berichterstattung und ständiger Belagerung durch eine informationshungrige Presse ergab, sondern insbesondere auch eine gleichzeitig zunehmende Reizbarkeit aller Beteiligten, die durch Gerüchte, unbeabsichtigte und beabsichtigte Indiskretionen, Zweifel über die Absichten und Motive der Partner erzeugt oder gefördert wurde.

Die Reaktion der Verbündeten auf den Mauerbau führte nicht nur in Berlin, sondern auch in der übrigen Bundesrepublik zu einer schweren Stimmungskrise. Es läßt sich kaum bezweifeln, daß man sich in den Hauptstädten durch die von Moskau und dem Warschauer Pakt gedeckte Aktion Ulbrichts nicht nur hatte überraschen lassen, sondern daß es auch mehrere Tage dauerte, ehe man die Tragweite und Bedeutung der Aktion annähernd richtig einzuschätzen begann; ebensowenig läßt sich bezweifeln, daß die ersten Stellungnahmen verfehlt waren, schwere psychologische Mißgriffe enthielten und das Vertrauen der Berliner ebenso wie der westdeutschen Bevölkerung erschütterten. Aus Washington kamen zunächst nur Äußerungen, die darauf abstellten, daß sich der Mauerbau gegen die Bewohner Ost-Berlins und der Zone richtete und nicht gegen die Stellung der Alliierten in West-Berlin und ihren Zugang dorthin (Rusk am 13. August mittags, nach zwölf Stunden offiziellen Schweigens). Der Presse wurde suggeriert, den Mauerbau als eklatanten Fehlschlag des kommunistischen Systems gegenüber der eigenen Bevölkerung und entsprechend als eine für den Westen erfolgreiche Schlacht in der psychologischen Kriegführung zu werten. Bald folgten Stimmen, die die Eindämmung des Flüchtlingsstromes als eine Verbesserung der internationalen Situation positiv bewerteten. Daß nicht mehr als diplomatische Proteste zu erwarten waren, wurde kaum bezweifelt. Selbst diese ließen auf sich warten: Die Berliner Stadtkommandanten ließen erst am 15. nachmittags einen recht zurückhaltenden Protest durch einen Boten nach Karlshorst überbringen. Die drei Regierungen brauchten noch mehr Zeit, um sich auf die Übergabe einer Protestnote in Moskau zu einigen. Sie erfolgte nach vier Tagen, am 17. August.

Nachdem man endlich erkannt hatte, was geschehen war und wie die deutsche Bevölkerung reagierte, wurden ab 18. August einige Maßnahmen ergriffen, um einer Demoralisierung entgegenzuwirken: Eine Kampfgruppe von tausendfünfhundert Mann wurde über die Autobahn nach Berlin zur Verstärkung der dortigen Garnison in Marsch gesetzt, Vizepräsident Johnson und General Lucius D. Clay wurden als Sonderbeauftragte des Präsidenten nach Berlin entsandt, um den Berlinern Mut zuzusprechen. Beide Aktionen hatten Erfolg: Der Stimmungsverfall in Berlin wurde einigermaßen aufgefangen, die psychologische Lage konsolidierte sich in dem neuen rückwärtigen Gelände, in dem man sich befand.

In Washington waren alle diese Aktionen und Reaktionen Gegenstand täglicher Auseinandersetzungen in der Vierer-Gruppe. Dort wurde rasch deutlich, daß die Ansichten Achesons und seiner Anhänger an Einfluß verloren hatten und die Szene jetzt von einer anderen Denkschule beherrscht wurde, die an die Notwendigkeit sowohl wie an die Möglichkeit von Verhandlungen glaubte, wobei man bereit war, für die bloße Sicherung des Status quo erhebliche politische Preise zu zahlen. Rusk, Kohler und Bohlen waren die Wortführer dieser Schule. Von britischer Seite erhielten sie volle Unterstützung, während sich die Franzosen konsequent und hartnäckig jeder Verhandlung widersetzten, solange der Druck auf Berlin anhielt. Diese Konstellation war unsere Rettung: Ohne sie wären wir isoliert gewesen und hätten der weitgehenden Konzessionsbereitschaft der amerikanisch-britischen Seite kaum widerstehen können.

Hätten wir besser nachgeben sollen? Heute, nachdem die Bundesrepublik im Zug der Ostpolitik viele Preise von sich aus gezahlt hat, die ihr damals abverlangt wurden und die sie verweigert hatte, liegt diese Frage nahe.

Ich vermag sie auch heute, nach häufiger selbstkritischer Prüfung, nicht zu bejahen. Wie immer man die seit 1970 verfolgte Ostpolitik beurteilt, es läßt sich kaum bezweifeln, daß uns in den siebziger Jahren alle Grundlagen für eine konstruktive Ostpolitik gefehlt hätten, wenn wir uns 1961/62 unter einem erpresserischen Druck auf Berlin dazu hätten nötigen lassen, alle jene Konzessionen zu machen, die man uns damals zumutete. Wenn es schon notwendig gewesen sein sollte, eines Tages den Status quo in Europa hinzunehmen (einschließlich aller jener Grenzen, denen eine Rechtsgrundlage fehlte), die Staatlichkeit der DDR anzuerkennen, den Atomsperrvertrag zu akzeptieren – dann war es jedenfalls sinnvoller, das aus freiem Entschluß zu tun und einen spontanen Versuch des Ausgleichs mit der Sowjetunion und unseren östlichen Nachbarn zu unternehmen, als uns alles dieses unter Druck und Drohung abpressen zu lassen. Gerade diejenigen, die die Ostpolitik von 1970 einleiteten und aktiv betrieben oder sie unterstützten, müßten dafür dankbar sein, daß ihrer Politik nicht schon Anfang der sechziger Jahre der Boden unter den Füßen weggezogen worden ist. Ich vermute, sie sind es auch. Willy Brandt jedenfalls, als Kanzler der eigentliche Initiator der Ostpolitik, war als Regierender Bürgermeister von Berlin weit davon entfernt, eine Politik der weitgehenden Konzessionen zu empfehlen – im Gegenteil.

Wie die Entwicklung gezeigt hat, war der Westen nicht so schwach, daß er hätte nachgeben müssen. Die Berlin-Krise konnte man auch ohne Zugeständnisse durchstehen. Hätte man sich erpressen lassen, wären aller Wahrscheinlichkeit nach immer neue gesteigerte Forderungen gekommen.

Nicht nur im Verhältnis zu Terroristen pflegt eine erfolgreiche Erpressung die nächste nach sich zu ziehen.

Diese Überzeugung, daß man sich nicht unter einem erpresserischen Druck zu Verhandlungen bereit finden dürfe, bestimmte die Haltung de Gaulles, und der französische Botschafter vertrat sie in der Vierer-Gruppe mit eiserner Konsequenz. Aber de Gaulle war bei weitem nicht in einer so schwierigen Situation wie Adenauer, der es mit einer aufgebrachten und irritierten Bevölkerung zu tun hatte, und dieses in einem Augenblick, in dem man nur noch vier Wochen von den Bundestagswahlen entfernt war und alle politischen Leidenschaften ohnehin entfesselt waren. Für den deutschen Regierungschef und seine Bemühungen, am 17. September wiedergewählt zu werden, war der 13. August – und was darauf geschah oder nicht geschah – ein schwerer Schlag: Die Unfähigkeit, den Bau der Mauer zu verhindern oder wieder rückgängig zu machen, ein überzeugendes Konzept von Gegenmaßnahmen verkünden zu können, die Tatenlosigkeit und Machtlosigkeit der Verbündeten, für deren Verläßlichkeit sich der Kanzler in vergangenen Jahren so oft verbürgt hatte – alles dieses mußte eine tief deprimierende Wirkung haben. Alles, was von deutscher Regierungsseite aus gesagt oder getan wurde, mußte darauf Bedacht nehmen, die Stimmung der Bevölkerung – besonders auch in West-Berlin – nicht zum Überkochen zu bringen und Aktionen zu verhüten, die man nicht mehr kontrollieren konnte. Auf dem diplomatischen Felde durfte nichts geschehen, was die Uneinigkeit der Verbündeten über die Methoden der Gegenwehr nach außen in Erscheinung treten ließe. Anders als de Gaulle mußte Adenauer auch in dieser Lage auf die Belastbarkeit des amerikanischen Hauptverbündeten Rücksicht nehmen – ohne sich die interne Unterstützung de Gaulles zu verscherzen.

An Adenauers Haltung in diesen Tagen und Wochen ist damals und bis zum heutigen Tage bittere Kritik geübt worden. Mir scheint – soweit das jemand beurteilen kann, der die Ereignisse in Deutschland von jenseits des Ozeans verfolgte –, daß dieses Kapitel in der Tat kein Meisterstück seiner Staatskunst mehr gewesen ist und daß es nicht der geschichtlichen Logik entbehrte, wenn es zum Verfall seiner Autorität führte und schließlich mit seinem Rücktritt endete. Seine psychologischen Mißgriffe betrafen mehr den deutschen Schauplatz als mein Tätigkeitsfeld: sein Versäumnis, rechtzeitig in Berlin präsent zu sein; seine diffamierenden Ausfälle gegen Willy Brandt im Zug einer Wahlkampagne, die nach einem Zeitplan und in einem Stil fortgesetzt wurde, als sei nichts geschehen; sein unbegreifliches Kommuniqué über sein Gespräch mit dem sowjetischen Botschafter Smirnow am 16. August, in dem er versicherte, »daß die Bundesregierung keine Schritte unternimmt, welche die Beziehungen zwischen der Bundesrepublik und der UdSSR erschweren und die internationale Lage verschlechtern könnten«.

Unmittelbarer als diese Dinge betrafen mich Schwankungen in der zu verfolgenden Linie, Unschlüssigkeiten im Handeln und Argumentieren, Übergreifen der Wahlkampfpsychose in das diplomatische Aktionsfeld, gezielte Indiskretionen, mangelnde Koordination innerhalb der Bundesregierung.

Für den deutschen Botschafter im westlichen Nervenzentrum Washington ergab sich daraus eine Kette von Verlegenheiten, die um so fataler waren, als sich zur gleichen Zeit immer deutlicher herausschälte, daß die amerikanische Politik einen neuen Kurs einschlug, der an die Gedanken der New-Frontier-Intellektuellen anknüpfte und darauf abzielte, das amerikanische Bündnisengagement auf ein Minimalprogramm der Statusquo-Sicherung zu reduzieren und im übrigen sowjetischen Wünschen auf dem Gebiete der europäischen Sicherheit (Nichtangriffspakt zwischen NATO und Warschauer Pakt, Garantien der Denuklearisierung Deutschlands, Truppenverminderungen) und der »friedlichen Koexistenz« zwischen Ost und West (faktische Hinnahme der DDR und Aufnahme von Kontakten auf niederer Ebene, Anerkennung der Oder-Neiße-Grenze, Verzicht auf die von den Sowjets beanstandeten »irritants« in Berlin, das heißt insbesondere antikommunistische Aktivitäten von Medien und privaten Vereinigungen und die Anwesenheit von Bundesbehörden und Bundespolitikern) entgegenzukommen. In einem Augenblick, in dem es ganz besonders darauf ankam, sich mit diesem neuen Kurs auseinanderzusetzen, schwächten diese Verlegenheiten häufig meine Position und drängten mich in eine psychologische Defensive, die sich aus Anlässen sekundären Ranges ergab.

Beispiele? Die Modalitäten des Blitzbesuches Johnsons und General Clays in Berlin verstimmten Bonn, weil sie Adenauer keine Möglichkeit boten, seinen nach dem 13. August versäumten Auftritt in Berlin jetzt an der Seite Johnsons nachzuholen. Zwischen den Parteien entbrannte ein Streit darüber, ob der Anstoß zu der Johnson-Reise dem – auch in seinem sonstigen Inhalt umstrittenen – Briefe Brandts an Kennedy vom 18. August oder einer von mir in der Vierer-Gruppe gegebenen Anregung entstammte (was den Ausschlag gegeben hat, vermag ich nicht zu sagen, finde es auch unwichtig). Als Kennedy Ende August beschloß, General Clay als seinen ständigen Repräsentanten nach Berlin zu entsenden, reagierte man in Bonn wiederum sofort mit wahlkampfbedingten Bedenken gegen den Termin seiner Abreise und suchte diesen bis nach dem Wahltag hinauszuschieben. Als Kennedy dem Bundeskanzler am 6. September auf einen von mir am 30. August überbrachten Brief antwortete, gab man in Bonn – entgegen allen Regeln für eine solche Korrespondenz unter Regierungschefs – seinen Inhalt sofort der Presse bekannt. Am gleichen Abend, lange nach Dienstschluß, rief mich Rusk aus dem Weißen Hause an und bedeutete mir, daß diese ohne Abstimmung erfolgte Bekanntgabe eines höchstpersönlichen Schreibens des Präsidenten überrascht und irritiert habe und daß wir damit die bisherigen vertrauensvollen Umgangs- und Verkehrsformen ernstlich gefährdeten. Ähnliche Verletzungen der Vertraulichkeitsregeln in Bonn hatte ich noch mehrfach auszubaden und mußte bald sogar erleben, daß ich in Washington als Urheber dieser Indiskretionen verdächtigt wurde.

Mangelnde Koordination gab es nicht nur zwischen Bonn und Berlin, sondern auch im Schoße der Bundesregierung selbst. Am 26. August beschwerte sich Strauß in einem Brief an den Bundeskanzler in massiver Form über die unzulängliche Zusammenarbeit zwischen Außen- und Verteidigungsressort und indirekt auch über die mangelnde Führung des Regierungschefs bei der Krisenplanung. Naturgemäß spiegelten sich diese Koordinations- und Führungsmängel in den Weisungen, die wir aus Bonn erhielten, oder, was noch häufiger der Fall war, nicht erhielten.

Was die allgemeine politische Linie anlangte, so schwankte Adenauer mehrfach zwischen Ablehnung und Befürwortung einer Verhandlungsbereitschaft, Beschränkung auf eine isolierte Berlin-Lösung und Ausweitung der Gesprächs- oder Verhandlungsthemen, und seinem Konzept fehlte zuweilen überzeugende Schlüssigkeit – so zum Beispiel bei seinem Versuch, die »allgemeine und kontrollierte Abrüstung« als eine Art Wunderwaffe in die Verhandlungsthematik einzuführen und sie als den aussichtsreichsten Weg zur Entspannung anzupreisen.

Die von mir in dieser kritischen Periode der politischen Hochspannung in Washington und der gleichzeitigen Führungsschwäche in Bonn vertretene politische Linie (in meinen Kontakten mit der amerikanischen Regierung, in den Beratungen der Vierer-Gruppe und mehrfach auch in öffentlichen Äußerungen im Fernsehen und gegenüber der Presse) war – entgegen den später von einigen deutschen Zeithistorikern aufgestellten Behauptungen – keine »eigenwillige Politik«[1] und noch weniger traf es zu, daß ich »die Öffentlichkeit mit einer eigenen Politik überrascht«[2] hätte. Sie war die Linie Adenauers, seines Außenministers und seiner Regierung, die in dieser Übergangsphase verminderter Handlungsfähigkeit der Zentrale allerdings häufiger und intensiver als in normalen Zeiten der Interpretation, der Initiative, der Akzentuierung und der publikumswirksamen Erläuterung bedurfte. Das letztere mag in der Tat »für einen Diplomaten ungewöhnlich«[3] gewesen sein – es war jedoch eine in jeder Hinsicht ungewöhnliche Situation, die mich zu dieser Aktivität zwang: eine teils spontane, teils von offizieller Seite inspirierte Debatte in der amerikanischen Öffentlichkeit, die ein falsches Bild unserer

Politik, ihrer Absichten und Ziele zeichnete, die Stimmung der deutschen Bevölkerung verkannte und die legitimen Interessen eines Bündnispartners der Vereinigten Staaten mehr und mehr aus den Augen verlor – und auf der anderen Seite eine deutsche Regierung, die zeitweilig ihre Sprache verloren hatte und nur noch nach innen blickte.

Auf meine öffentlichen Äußerungen in dieser Zeit wird noch zurückzukommen sein. Sie sind ohne Ausnahme von Bonn gedeckt worden und erhielten mehrfach durch nachträglichen Abdruck im amtlichen »Bulletin« der Bundesregierung eine ausdrückliche Sanktionierung und Bekräftigung. Ebenso hat es in bezug auf meine Haltung in der Vierergruppe und im Verkehr mit der amerikanischen Regierung in der ganzen fraglichen Zeit nicht einen einzigen Fall gegeben, in dem sie mißbilligt oder auch nur korrigiert worden wäre. Dagegen erreichten mich – was ziemlich ungewöhnlich war – gerade in dieser Zeit viele inoffizielle Bekundungen der Zustimmung und der Anerkennung aus dem Auswärtigen Amt, die sich auch in der deutschen Presse niederschlugen.[4]

Daß sich mein Verhältnis zu Kennedy und seiner Administration im Laufe dieser Ereignisse verschlechterte, läßt sich nicht leugnen. Ich habe mich darüber keinen Augenblick einer Täuschung hingegeben. Indessen habe ich es nie für das entscheidende Kriterium für eine erfolgreiche Botschaftertätigkeit gehalten, bei der Gastregierung beliebt zu sein und zum Kreis derjenigen zu zählen, die als »in« gelten. Dies mag im allgemeinen vorteilhaft und deswegen wünschenswert sein, aber es gibt Situationen, in denen das nicht möglich ist und in denen es darauf ankommt, die Interessen des eigenen Landes zu wahren – womit man sich nun einmal häufig unbeliebt macht. Es hat gelegentlich Artikel deutscher Journalisten gegeben, die voller Neid auf das Verhältnis des britischen und des französischen Botschafters zu »Jackie« und »JFK« und ihre Einbeziehung in den Gesellschaftsbetrieb des Weißen Hauses hinwiesen. Ich kann mir nicht helfen, das lächerlich zu finden. Der britische Botschafter David Ormsby-Gore, später Lord Harlech, war seit Ende der dreißiger Jahre mit Kennedy befreundet gewesen, sein Vetter hatte die Kennedy-Schwester Kathleen geheiratet. Hervé Alphand und seine elegante Frau Nicole profitierten von der tiefeingewurzelten Bewunderung für den französischen Lebensstil, der in der amerikanischen upper society obligatorisch ist. Das hat Alphand nicht davor bewahrt, mehrfach in einem Atem mit mir zum Objekt der Ungnade des Weißen Hauses zu werden, wie man bei Kennedys ghost writer und späterem Biographen Sorensen nachlesen kann: »Ormsby-Gores Vorzüge wurden noch erhöht durch das geringe Vertrauen des Präsidenten in die beiden anderen führenden Botschafter der Allianz, Wilhelm Grewe ... und Hervé Alphand ... Kennedy hielt beide für äußerst fähige Diplomaten ... aber Ormsby-

Gore schien ihm die Gedanken seines Chefs besser zu kennen und die Wahrscheinlichkeit war geringer, daß er Geheimnisse oder Beschwerden bevorzugten Journalisten anvertrauen würde.«[5] Den – völlig unbegründeten – Verdacht des Weißen Hauses, daß manche der ärgerlichen Indiskretionen jener Tage aus der deutschen Botschaft stammten, habe ich während meiner Amtszeit nie entkräften können. Im Zeitpunkt der Abfassung seiner Biographie hätte Sorensen es besser wissen sollen. Einweihung bevorzugter Journalisten haben andere Biographen übrigens später gerade an Kennedys Pressepolitik kritisiert.

Zuzugeben ist wohl, daß ich eine Eigenschaft hatte, die manchen amerikanischen Gesprächspartnern zu diesem Zeitpunkt in der Tat auf die Nerven fiel: Während die meisten Männer der Administration nur eine dunkle Ahnung von dem Inhalt der in den fünfziger Jahren geschlossenen Verträge oder gar von ihrer Vorgeschichte hatten, stießen sie in mir auf einen genauen Kenner dieser Materie, der ihnen aus eigener Verhandlungserfahrung die Vertragstexte interpretieren und die Vorgeschichte vieler wichtiger Bestimmungen erläutern konnte. Das wurde naturgemäß häufig als lästig empfunden. Es war bequemer, manches zu ignorieren, was voraufgegangene amerikanische Regierungen versprochen, gefordert, anerkannt und vertraglich besiegelt hatten. Für uns waren das zum Teil kardinale Punkte, die wir nicht einfach mit taktvollem Schweigen übergehen konnten. So blieb mir nichts anderes übrig, als diese Punkte zur Sprache zu bringen, anfangs mit diplomatisch verklausulierten Umschreibungen, später, als dieses nicht half, auch recht deutlich. Das trug mir einige boshafte Qualifikationen ein, wie zum Beispiel Arthur Schlesingers hämische Bemerkung, ich hätte das Weiße Haus »mit pedantischen und langatmigen Vorträgen gelangweilt«[6]. Andere sprachen abschätzig von »legalistischen« Argumenten und »professoralem« Benehmen. Solche Charakteristiken fallen bei Journalisten sowohl wie bei Diplomaten immer auf fruchtbaren Boden und verdichten sich rasch zu einem negativen Vorurteil gegen jemanden, der mit dem Stigma gezeichnet ist, früher einmal Professor der Rechte gewesen zu sein.

Es war in den Wochen nach dem 13. August, als sich diese Eintrübung der Stimmung entwickelte. Für die letzten Augusttage war ich zur Berichterstattung über die Berlin-Planung nach Bonn bestellt worden. Kurz vor meinem Abflug am 26. August fand im State Department noch eine Sitzung der Botschaftergruppe statt. Anschließend führte ich ein Gespräch mit Rusk, in dem ich ihm die kritische Stimmungsentwicklung in Berlin und in der Bundesrepublik schildern mußte, hervorgerufen durch die Langsamkeit der westlichen Reaktionen auf den Mauerbau, das Ausbleiben von Gegenmaßnahmen, das den Eindruck westlicher Ohnmacht oder Handlungsunwilligkeit hervorrief, die wachsende Befürchtung, daß das ganze Vorfeld preisgegeben werde, das nicht durch die Definition der »vital interests« gedeckt war. Die deutsche Öffentlichkeit, sagte ich ihm, sei verwirrt durch die täglichen Äußerungen führender Senatoren und prominenter Kolumnisten, die den Eindruck hervorriefen, die amerikanische Regierung beabsichtige, auf sowjetische Gewaltakte mit einem reichhaltigen Angebot von Konzessionen zu antworten: mit der Hinnahme aller faits accomplis als endgültig, mit der weitgehenden De-facto-Anerkennung der DDR, mit der De-jure-Anerkennung der Oder-Neiße-Grenze, mit der Beseitigung der sogenannten irritants in West-Berlin, mit der Befriedigung sogenannter legitimer Sicherheitsinteressen der Sowjetunion ohne die bislang als unabdingbar angesehene Verbindung mit der Wiedervereinigungsfrage. Rusks Antworten klangen beruhigend, erwiesen sich jedoch später als bloße Beruhigungsmittel: Die Grundlagen der amerikanischen Politik hätten sich in nichts geändert. Keine neuen Ideen oder Vorschläge hätten sich bei näherer Prüfung als realisierbar erwiesen. Man werde daher auf der Grundlage der Vorschläge operieren, die in vergangenen Jahren gemeinsam erarbeitet worden seien. Man denke nicht daran, das Selbstbestimmungsrecht der Deutschen preiszugeben. Wahrscheinlich werde man mit allen diesen Vorschlägen keine Ergebnisse erzielen. Man müsse dann überlegen, was im Falle des Scheiterns von Verhandlungen geschehen könne. In jedem Falle aber brauche man einen Verhandlungsversuch. Rusk drängte darauf, daß der Bundeskanzler auf de Gaulle einwirken möge, sich an einer Verhandlungsinitiative zu beteiligen. Ich versprach, dem Kanzler diesen Wunsch zu übermitteln, bemerkte aber zugleich, daß de Gaulle wahrscheinlich die gleiche Frage stellen werde, die sein Botschafter in der Vierer-Gruppe auch gestellt habe: Ob man denn wisse, worüber verhandelt werden solle, wohin die Verhandlungen führen sollten? Würden sie nicht am Ende zu einem System »europäischer Sicherheit« führen, das die Verteidigung Europas unmöglich machte? Alle meine Bemühungen, das Ziel der beabsichtigten Verhandlungen zu klären, seien auf taube Ohren gestoßen. Wir müßten aber vorher wissen, wohin der Weg führen solle. Die amerikanische Regierung möge etwas zur Klarstellung ihrer Absichten in der Öffentlichkeit tun. Es werde schon etwas helfen, wenn sie etwa betonen würde, daß ihre Politik unverändert auf der Grundlage der Vertragsprinzipien von 1954 beruhe. Weder auf diese Anregung noch auf die Frage nach dem Verhandlungsziel erhielt ich eine Antwort. So hatte auch schon die Pariser Zusammenkunft der vier Außenminister Anfang August (an der ich nicht teilgenommen hatte) geendet, und viel weiter gelangte auch das nächste Treffen dieser Art am 15./16. September in Washington nicht.

Am 27. August traf ich in Bonn ein und berichtete am gleichen Tage, einem Sonntag, Brentano, am nächsten Tage dem Bundeskanzler. Am 29. war ich, ausgerüstet mit einem Briefe Adenauers an Kennedy, schon wieder auf dem Rückflug, am 30. übergab ich den Brief dem Präsidenten. Das Schreiben endete mit der Bemerkung, ich kennte die Gedanken des Absenders und hätte sein volles Vertrauen, ich solle diese Gedanken daher mündlich vortragen. Der schriftliche Text selbst beschränkte sich auf zwei Komplexe: Verhandlungen und nichtmilitärische Gegenmaßnahmen. Der Kanzler betonte, daß er den amerikanischen Verhandlungswunsch verstehe und ihn in den jüngsten Viererberatungen unterstützt habe. Er verstehe jedoch auch General de Gaulles Sorge, daß eine Verhandlungsinitiative als ein Zeichen westlicher Schwäche mißdeutet werden könne. Er vertraue darauf, daß die verbündeten Regierungen eine solche Mißdeutung in den kommenden Wochen verhindern würden und begrüße daher das für Mitte September in Aussicht genommene Außenminister-Treffen.

Die Bemerkungen über nichtmilitärische Gegenmaßnahmen gingen davon aus, daß weitere Gewaltakte von der Art, wie sie in Berlin am 13. August und danach stattgefunden hatten, nicht mehr hingenommen werden könnten. Als Kernstück nichtmilitärischer Gegenmaßnahmen wurden Wirtschaftssanktionen von schrittweise zu steigernder Intensität empfohlen.

Entgegen mancherlei Gerüchten, die alsbald umliefen, stand in dem Brief nichts von einem »gefährlichen Wiederaufleben neutralistischer Stimmungen«, von einer Gefährdung der Allianz, von der Wahrscheinlichkeit einer panischen Flucht der West-Berliner im Falle neuer kommunistischer Übergriffe.[7] Alle diese Unterstellungen waren unrichtig und schädlich; sie gaben dem Dialog zwischen Bonn und Washington eine dramatische Note und eine polemische Schärfe, die er nicht besaß. Kennedys Antwort vom 6. September (die, wie schon erwähnt, ohne Abstimmung mit dem Präsidenten in Bonn der Presse bekannt gemacht wurde) war dementsprechend ohne Schärfe, allerdings auch wenig substantiell.

Als sich die Außenminister am 15./16. September erneut in Washington trafen, standen ihre Gespräche im Schatten der bevorstehenden Bundestagswahlen am nächsten Tage. Niemand mochte den deutschen Außenminister zu Beschlüssen drängen, die im Falle ihres Bekanntwerdens den Wahlausgang zuungunsten der Regierungsparteien beeinflussen konnten. Auf der anderen Seite wollte man auf amerikanisch-britischer Seite die Hoffnung nicht aufgeben, nach den Wahlen der neuen Bundesregierung die Konzessionen abringen zu können, mit denen man den erstrebten Verhandlungen mit den Sowjets politische Substanz injizieren wollte. Infolgedessen beschränkte man sich darauf, das zu bezeichnen, was nicht verhandlungsfähig sein sollte (die »three essentials«) und im übrigen dem amerikanischen Außenminister statt eines Verhandlungsmandats den beschränkten Auftrag zu »exploratorischen Gesprächen« zu erteilen, deren Zweck die Erkundung sein sollte, »ob eine vernünftige Grundlage für Verhandlungen mit der Sowjetunion besteht«.

Das war ein recht dürftiges Ergebnis zweitägiger Beratungen. Da das Datum der Bundestagswahlen seit langem bekannt war, hätte man diesen Verlauf eigentlich voraussehen können. Die längste Zeit wurde darauf verwandt, ein umfangreiches Papier der Botschaftergruppe über alle Aspekte der Berlin-Planung zu prüfen. Viel Zeit ging auch mit der Erörterung eines aktuellen Zwischenfalles verloren: Am 14. September waren zwei Düsenjäger der Bundeswehr bei NATO-Manövern versehentlich über die Zonengrenze geraten und waren auf dem West-Berliner Flugplatz Tegel gelandet. In einer Zeit, in der man täglich mit der Möglichkeit von Zwischenfällen in den Luftkorridoren nach Berlin rechnen mußte, löste dieses Ereignis beträchtliche Nervosität aus. Die Außenminister bewahrten jedoch kaltes Blut und tatsächlich zeigte sich rasch, daß man die Angelegenheit auf östlicher Seite nicht hochzuspielen beabsichtigte.

In ein bilaterales Gespräch, das Brentano, Carstens und ich mit Rusk und Kohler führten, platzte ein Telefongespräch des Präsidenten, der Rusk davon Kenntnis gab, daß auf Grund von nachrichtendienstlichen Erkenntnissen am 17. September (unserem Wahltag) mit einer spektakulären Aktion der östlichen Seite zu rechnen sei: Der für die Besatzungsmächte reservierte Übergang Friedrichstraße in den Ostsektor (»Checkpoint Charlie«) werde geschlossen und wahrscheinlich die Unterzeichnung des lange angekündigten separaten Friedensvertrages vollzogen werden. Es sei auch möglich, daß Massenevakuierungen entlang der Sektoren- oder Zonengrenze vorgenommen würden. – Mit Aktionen dieser Art rechnete die Botschaftergruppe seit geraumer Zeit. Planungen, wie man sich in diesen Fällen auf westlicher Seite verhalten würde, lagen vor. Indizien, daß speziell am 17. September eine Großaktion stattfinden würde, besaßen wir entgegen dieser amerikanischen Information nicht. Es zeigte sich denn auch, daß an diesem Tage nichts besonderes geschah. Nur jener Teil der Meldungen, der Massenevakuierungen ankündigte, bestätigte sich: Sie fanden, allerdings erst beginnend mit dem 20. September, entlang der Sektorengrenze statt und entzogen sich, so wie sich die Lage in Berlin entwickelt hatte, westlichen Gegenmaßnahmen.

Die Fernsehdebatte vom Herbst 1961

Das magere Ergebnis des Außenministertreffens machte den bestehenden Ungewißheiten kein Ende und ließ die in der amerikanischen Öffentlichkeit üppig wuchernden Spekulationen über geeignete Verhandlungsgegenstände sich ungehemmt entfalten.

Von Bonn war auch nach dem 17. September 1961 nichts zu hören und für eine Weile nichts zu erwarten: Erst nach einer mehrwöchigen Regierungskrise kam am 14. November das vierte und letzte Kabinett Adenauer zustande. Die Kanzlerpartei hatte die absolute Mehrheit im Parlament verloren und war auf eine Koalition mit der FDP angewiesen, die während des Wahlkampfes angekündigt hatte, daß sie koalitionsbereit sei – jedoch nicht unter einem Kanzler Adenauer. Der Preis, den man ihr zahlen mußte, um sie diese Ankündigung vergessen zu lassen, bestand in Adenauers Erklärung, daß er sein Amt in der Mitte der Wahlperiode (also im Herbst 1963) niederlegen werde, und in der Opferung Brentanos als Außenminister. Bis zur Konstituierung des neuen Kabinetts herrschte »ein wochenlanger innenpolitischer Kampf, währenddessen die Bundesrepublik außenpolitisch beinahe handlungsunfähig war«[1].

Erst recht war man in Bonn nicht mehr in der Lage, sich außenpolitisch zu artikulieren und in jener gefährlichen Debatte, die jenseits des Ozeans ihren Fortgang nahm, eine aktive Rolle zu spielen. In dieser Situation, so schien mir, blieb mir nichts anderes übrig, als selbst in die Arena zu steigen und unsere Position in einigen Fernsehinterviews darzulegen, zu erklären und zu verteidigen. Das spielte sich im September und Oktober ab und verlief nicht ohne einige Blessuren.

Dieser Entschluß war für einen in den Vereinigten Staaten akkreditierten Diplomaten nicht so ungewöhnlich, wie er vielleicht in anderen Ländern erschienen wäre. Wir hatten uns der Presse und den Medien gegenüber nie völlig abkapseln können. Das galt um so mehr, seitdem unsere Probleme plötzlich im Brennpunkt des weltpolitischen Geschehens standen. Alles, was wir taten und sagten, wurde von der amerikanischen Presse verfolgt, beachtet, kommentiert. Bei jeder sich bietenden Gelegenheit wurden wir mit Fragen überschüttet und zu Äußerungen gedrängt. Jede Äußerung war riskant, denn sie wurde stets interpretiert, häufig entstellt oder aus dem Zusammenhang gerissen; aber auch Schweigen konnte leicht mißdeutet werden. Alle Erfahrungen, die ich bereits gesammelt hatte, wiederholten sich jetzt in potenzierter Form.

In einem so presse- und publizitätsfreudigen Land wie den Vereinigten Staaten kann man sich schlechterdings nicht mit völliger Schweigsamkeit aus der Affäre ziehen, und dies schon gar nicht in der oben geschilderten besonderen Situation dieses stürmischen Herbstes.

Am 10. September führte ich ein erstes Fernsehgespräch mit Senator Kenneth Keating (Republikaner/New York), der einige Jahre später in die Diplomatie ging und amerikanischer Botschafter in Indien[2] wurde. In diesem Gespräch wandte ich mich nachdrücklich gegen den von Senator Mansfield und anderen prominenten Politikern befürworteten Gedanken, die Berlin-Frage den Vereinten Nationen zu übertragen, den Sitz der Organisation von New York nach Berlin zu verlegen und ihr auch die Garantie für die Freiheit und Sicherheit West-Berlins zu überlassen. Der Vorschlag war ein peinliches Gemisch aus idealistisch-naiver Überschätzung der Vereinten Nationen und keineswegs naiver Flucht aus der Verantwortung für Berlin. Ich kleidete die Demontage dieses Vorschlags in die Form einer teilweisen Zustimmung, die den Betroffenen erlaubte, das Gesicht zu wahren: Die Verlegung des Sitzes einiger UN-Nebenorganisationen nach Berlin, aber unter Beibehaltung der Verantwortung und des effektiven Schutzes der Besatzungsmächte, sei ein erwägenswerter Gedanke.

Zu einem auf dieser Linie liegenden Ergebnis kamen einige Tage später auch die Außenminister, als sie diese Frage (am 16. September) diskutierten.

Meine Argumente fanden auch in der Presse ihren Niederschlag. Womit man stets rechnen muß, das passierte allerdings auch hier: Ein Bericht der ›Washington Post‹ vom 11. September brachte diese Argumente unter der irreführenden Überschrift »Bonn might consider Berlin rule by UN«. Das war das Gegenteil von dem, was ich gesagt hatte: ein typisches Beispiel für den Verfall des Verantwortungsbewußtseins von Zeitungsredaktionen für die Korrektheit ihrer Schlagzeilen.

Da sich die öffentliche Aufmerksamkeit bei diesem Interview ganz überwiegend auf die Frage einer UN-Rolle für Berlin konzentriert hatte, hielt ich es für notwendig, in einem weiteren Fernsehinterview am 23. September mit dem republikanischen Kongreßabgeordneten Robert E. Ellsworth auf die für uns entscheidenden Fragen zurückzukommen[3] (mein Interviewpartner war später mein Kollege im NATO-Rat als Ständiger Vertreter der Vereinigten Staaten, dann – bis zum Beginn der Carter-Administration – einer der höchsten Zivilbeamten im Pentagon). Der Widerhall, den dieser Fernsehauftritt fand, wurde dadurch gesteigert, daß er zeitlich mit zwei anderen Ereignissen zusammentraf, die dazu führten, die öffentliche Aufmerksamkeit auf die von mir berührten Themen zu konzentrieren: In der gleichen Woche traf Rusk dreimal (am 21., 27. und 30. September) am Rande der UN-Vollversammlung in New York mit dem sowjetischen Außenminister Gromyko zu jenen »exploratorischen Gesprächen« zusammen, zu denen ihn das Washingtoner Außenministertreffen vom 15./16. September ermächtigt hatte. Zum anderen wurden am 22. September Äußerungen von General Clay in Berlin bekannt, die die deutsche Öffentlichkeit in höchstem Maße alarmierten. Clay hatte davon gesprochen, man müsse bei der Beurteilung der Situation in Deutschland von der Existenz zweier deutscher Staaten ausgehen und dem Regime in der DDR mehr Kontrollrechte über die Verbindungswege West-Berlins mit der Bundesrepublik einschließlich der Luftkorridore zubilligen. Die Deutschland-Frage käme einer Lösung näher, wenn beide Teile Deutschlands künftig engere Kontakte zueinander suchten.

Clays Äußerungen waren mir zum Zeitpunkt meines Interviews noch nicht bekannt gewesen. Ich beantwortete daher nur Fragen, die mir mein Interviewpartner Ellsworth stellte. Die erste bezog sich auf das in der amerikanischen Öffentlichkeit verbreitete Argument, die Bewohner der DDR hätten ja fünfzehn Jahre Zeit gehabt, die Zone zu verlassen, wenn sie keine Kommunisten werden wollten. Dieses Argument könne in Deutschland nur bittere Gefühle wecken, sagte ich, denn die deutsche sowohl wie die amerikanische Regierung hätten diesen Menschen immer wieder gesagt, daß die Wiedervereinigung kommen werde und daß sie bleiben sollten, wenn sie könnten. Viele junge Menschen hätten auch keine Gelegenheit gehabt, sich früher zu entschließen. Die zweite Frage betraf die Anerkennung der DDR und eine weitere Beschränkung der atomaren Bewaffnung der Bundeswehr als Verhandlungsobjekt für sowjetische Garantien der westlichen Rechte in Berlin und des freien Zugangs dorthin. Darauf entgegnete ich, daß wir es nicht für sehr klug hielten, »wenn man alle möglichen Konzessionen und Rückzugspositionen zu einem sehr frühen Zeitpunkt erörtert«. Auch sei es »keine gute Politik, auf maximale Forderungen der östlichen Seite mit maximalen Konzessionen der westlichen Seite zu antworten«. Was die Substanz dieser Konzessionen angehe, so müsse man sich dessen bewußt sein, daß man »damit etwas anbietet, was in unseren Abmachungen über die Allianz des Jahres 1954 sehr fundamental war«. Eine dritte Frage galt erneut der Verlegung des Sitzes der UN nach Berlin, meine Antwort lautete ähnlich wie die schon Senator Keating gegebene.

Der dritte dieser Fernsehauftritte, der vergleichsweise die stärkste Beachtung fand, spielte sich am 8. Oktober ab, das heißt, wiederum an einem kritischen Tag, was nicht vorauszusehen war, denn der Termin war geraume Zeit vorher festgelegt worden: Es handelte sich um das reguläre Sonntagsprogramm »Issues and Answers« der American Broadcasting Corporation (ABC), des angesehensten und meistbeachteten politischen Fernseh-Diskussionsforums nächst »Meet the Press«. Ihm war das mit großer Spannung erwartete Gespräch Kennedys mit Gromyko im Weißen Haus am 6. Oktober abends vorausgegangen, das wiederum einen gewissen Abschluß der von Rusk geführten »exploratorischen Gespräche« bildete.

Über den Verlauf der Rusk-Gromyko-Gespräche waren wir in der Botschaftergruppe unterrichtet worden. Wir wußten, daß Gromyko nicht nur die sowjetischen Forderungen in bezug auf Berlin ohne jeden Abstrich aufrechterhalten hatte, sondern darüber hinaus kaltblütig weitere neue Forderungen gestellt hatte, die mit dem Berlin-Thema nichts zu tun hatten: ein Nichtangriffspakt zwischen der NATO und dem Warschauer Pakt; die Beseitigung von Militärstützpunkten auf dem Territorium anderer Staaten; Bildung atomwaffenfreier und entmilitarisierter Zonen in Europa; völkerrechtliche Anerkennung der bestehenden Grenzen.

Diese Liste und insbesondere die Gelassenheit, mit der sie von amerikanischer und britischer Seite hingenommen wurde, mußten in Deutschland alarmierend wirken. Über den Verlauf des Gesprächs im Weißen Haus hatte ich am Morgen des 8. Oktober, als ich mich im Fernsehen den Fragen der Diskussionsteilnehmer stellen mußte, noch keine offizielle Information erhalten – eine Tatsache, die öffentlich erkennen zu lassen, mißlich gewesen wäre. Natürlich war eine Frage zu unserer Bewertung des Gesprächs zu erwarten, und ich mußte sie irgendwie beantworten. Ich hatte mich daher über nichtoffizielle Kanäle darüber informiert, mit welcher Tendenz die Pressesprecher des Weißen Hauses einigen ausgewählten amerikanischen Journalisten eine erste Unterrichtung gegeben hatten. Diese Tendenz spiegelte sich deutlich sichtbar in einem Artikel von Max Fraenkel (einem dieser vorab unterrichteten Journalisten) in der ›New York Times‹ vom 7. Oktober wider: Das Gespräch im Weißen Haus, so hieß es in diesem Artikel, hätte »mit einem Schritt rückwärts statt vorwärts« geendet. Ich glaubte mich daher im Einklang mit der Bewertung des Weißen Hauses zu befinden, als ich, hierauf angesprochen, die gleiche Beurteilung gab.[4] Zur gleichen Zeit war jedoch Rusk mit seinen Beratern im State Department zusammengekommen und nach telefonischer Fühlungnahme mit dem über das Wochenende in Rhode Island weilenden Präsidenten hatte man sich entschlossen, dem Gespräch mit Gromyko trotz allem eine positivere und etwas zuversichtlichere Bewertung in der Öffentlichkeit zu geben – offenbar schon deswegen, weil der Präsident dem sowjetischen Außenminister eine Fortsetzung der Gespräche in Moskau über den dortigen amerikanischen Botschafter Llewellyn Thompson angeboten hatte. Als Gelegenheit, die Öffentlichkeit mit dieser veränderten Bewertung vertraut zu machen, bot sich eine Distanzierung von meiner Äußerung an. Sie wurde ausgiebig benutzt, und offenbar um so lieber, als man begonnen hatte, den Widerhall meiner mehrfachen Stellungnahmen in der amerikanischen Öffentlichkeit als lästig zu empfinden. Noch am 8. Oktober gab Kennedys Pressesekretär in

Newport (Rhode Island) die Parole aus, es sei »unzutreffend, zu sagen, die Gespräche seien schiefgegangen (›have gone sour‹), wenngleich sie noch keine Grundlage für Verhandlungen erbracht hätten«. In der Presse wurde diese Bemerkung sofort mit meinem Namen verknüpft. Dort war am 11. Oktober zu lesen: »US-Beamte haben das Mißfallen der Kennedy-Regierung in bezug auf Bemerkungen angedeutet, die der deutsche Botschafter Wilhelm Grewe in einem Fernsehinterview am Sonntag gemacht hat.«[5]

Über die Äußerungen Salingers hieß es: »Während man sich in einer Sackgasse sieht, nahm das Weiße Haus Anstoß an einer Erklärung, die der westdeutsche Botschafter Wilhelm Grewe am Sonntag abgab, daß das Kennedy-Gromyko-Gespräch einen Schritt zurück bedeute. Ohne Grewes Erklärung direkt zu kommentieren, sagte Pressesekretär Pierre Salinger, es sei unkorrekt, zu sagen, daß die Gespräche schiefgegangen seien, wenngleich sie noch nicht eine Grundlage für Verhandlungen hervorgebracht haben.«

Aus der distanzierten Sicht eines schweizerischen Beobachters, des langjährigen und wegen seines abgewogenen Urteils in Washington hochangesehenen Korrespondenten der ›Neuen Zürcher Zeitung‹, Werner Imhoff, wirkte das Interview als eine sachliche Darlegung unserer Position, keineswegs aber als eine offene oder verkappte Kritik des Präsidenten.[6] Die später aufgestellte Behauptung, daß »Adenauers Botschafter in Washington sich nicht scheute, den amerikanischen Präsidenten öffentlich zu kritisieren ob seiner Gespräche mit dem sowjetischen Außenminister«[7], läßt sich weder mit dem Wortlaut noch mit der Wirkung des Interviews begründen. Eher ließe sich sagen, daß Kennedys Pressesekretäre sich nicht scheuten, den Botschafter eines verbündeten und in schwieriger Lage befindlichen Landes wegen einer Lagebeurteilung anzuschwärzen, die sie selbst vierundzwanzig Stunden zuvor verbreitet hatten.

In politikwissenschaftlichen Darstellungen der Berlin-Krise ist diese Fernsehdebatte vom September/Oktober 1961 als eine »Grewe-Affäre« hochgespielt worden, wobei behauptet wurde, meine Äußerungen hätten »nicht mehr und nicht weniger als die unverhohlene Drohung« enthalten, die amerikanische Politik sei im Begriffe, das atlantische Fundament der Bundesrepublik zu gefährden, an dessen Existenz alle westlichen Nachbarn, nicht zuletzt wegen seiner Kontrollfunktion gegenüber einer wiedererstarkten Bundesrepublik, lebhaft interessiert waren.[8]

Da von einer »Drohung« nur die Rede sein kann, wenn dem Bedrohten ein bestimmtes Übel in Aussicht gestellt wird, ist dieser Ausdruck natürlich verfehlt. Allenfalls ließe sich von einer Warnung sprechen. Man liest dann weiter, dieses alles sei »mehr als nur eine diplomatisch verklausulierte Erinnerung an freundschaftlich vereinbarte Vertragsbestimmungen« gewesen. Ich hätte Worte gebraucht, wie sie nur von einem Politiker verantwortet werden können, nicht aber von einem Beamten – »es sei denn, dieser Beamte spricht im Auftrag, ausdrücklich oder stillschweigend«. Der Verfasser dieser kritischen Betrachtungen muß jedoch selbst zugeben, daß Adenauer meine Äußerungen nicht nur »nicht zurechtgewiesen« habe, sondern daß seine Regierungserklärung vom 29. November vielmehr klarmachen sollte, »daß Grewe hier nur Adenauer vorweggenommen hat. Die Tatsache, daß Grewes Kritik sogar im Bulletin der Bundesregierung veröffentlicht wurde, spricht für sich. Anders war die Reaktion bei Schröder, dem Nachfolger von Brentanos«[9].

Die Regierungserklärung vom 29. November (die im Bundestag an Stelle des erkrankten Kanzlers vom Vizekanzler Ludwig Erhard vorgetragen wurde) war jedoch unter Mitwirkung des Außenministers Schröder zustandegekommen, mußte in ihrem außenpolitischen Teil von ihm verantwortet werden und mußte als verbindliche Formulierung seiner Politik gelten. Von einer »eigenwilligen« Politik, die nur von einem Politiker hätte vertreten werden können, kann daher nicht die Rede sein.

Die interne Beurteilung, die das State Department dem Gespräch des Präsidenten mit Gromyko gab, trug Kohler am Tage nach meinem Fernsehauftritt der Botschaftergruppe vor. Ich übermittelte sie sofort in einem ausführlichen Drahtbericht nach Bonn. Binnen Jahresfrist bildete dieser Drahtbericht den Mittelpunkt einer neuen Affäre – nach ihrem Urheber die »Epstein-Affäre« genannt –, welche die Zahl der deutsch-amerikanischen Verstimmungen über den Bruch der Vertraulichkeit diplomatischer Dokumente um einen weiteren Fall bereicherte: Am 31. August 1962 veröffentlichte der ›Rheinische Merkur‹ einen Artikel des amerikanischen Publizisten Julius Epstein, in dem der wesentliche Inhalt dieses – natürlich streng vertraulichen, wohl als »geheim« eingestuften – Drahtberichtes ausführlich wiedergegeben wurde. Am 12. September 1962 wurden die Hauptteile dieses Artikels im ›Spiegel‹ wiedergegeben. Das geschah zu einem Zeitpunkt, als ich – fast ein Jahr nach der Abfassung jenes Berichtes – gerade Washington verließ. Als der ›Spiegel‹-Abdruck erschien, befand ich mich auf der Heimfahrt nach Deutschland an Bord der ›Bremen‹ mitten auf dem Atlantik. Während dieser Heimfahrt hatte es in der deutschen Presse bereits heftige Aufregung über ein angebliches Interview gegeben, das ich vor meiner Abfahrt in New York einem Vertreter der UPI gegeben haben sollte. Darüber wird später zu berichten sein.[10] Die Epstein-Veröffentlichung beschäftigte die deutsche Öffentlichkeit noch jahrelang, da der Außenminister eine Strafanzeige gegen »Unbekannt« erstattet hatte, deren Behandlung sich lange hinzog und die schließlich mit einem Beschluß zur Einstellung des Verfahrens endete, der die Schlußfolgerung nahelegte, daß die Indiskretion von höchster Stelle ausgegangen war – das heißt von einer Stelle, die selbst darüber zu entscheiden hatte, ob ein amtliches Dokument noch als »geheim« zu behandeln sei oder nicht. Damit greife ich jedoch späteren Ereignissen vor. Im Oktober 1961 erlangte weder die deutsche noch die amerikanische Öffentlichkeit davon Kenntnis, daß mein Drahtbericht über den Kreis der zuständigen Adressaten hinaus anderen Interessenten bekannt geworden war. Allerdings hat es den Anschein, daß die amerikanische Botschaft in Bonn schon damals von diesem Vorgang Kenntnis erlangte. Sie wird nicht verfehlt haben, darüber nach Washington zu berichten.

Ich bin nicht in der Lage, festzustellen, ob der Epstein-Artikel meinen Drahtbericht in jedem Punkte korrekt wiedergibt. Unzutreffend ist seine Datierung auf den 7. Oktober 1961. Die Unterrichtung der Botschafter durch Kohler erfolgte erst nach dem 8. Oktober. Insgesamt ist jedoch der Inhalt seiner Darstellung von amtlicher deutscher Seite nie dementiert worden.

Die von Kohler vorgetragene Beurteilung des Kennedy-Gromyko-Gesprächs erstreckte sich, wie Epstein referierte, auf zahlreiche von Gromyko vorgebrachte Forderungen: Anerkennung der deutschen Grenzen (an der Oder-Neiße ebenso wie zwischen den beiden deutschen Staaten), Herstellungs- und Übertragungsverbot von Nuklear- und Raketenwaffen für beide deutsche Staaten, Unterbindung der Befürwortung von Grenzrevisionen durch »Revanchisten und Militaristen«, Errichtung einer »Freien Stadt West-Berlin«, deren Garantie durch die Vier Mächte sich jedoch nur »auf eine begrenzte Zeit« erstrecken sollte und deren Rechte sich nicht nachteilig auf die Interessen anderer Staaten (einschließlich der DDR) auswirken durften, keine Anerkennung besonderer Bindungen West-Berlins an die Bundesrepublik, »symbolische« Stationierung von Truppenkontingenten aller Vier Mächte (das heißt einschließlich der Sowjetunion) in West-Berlin, ferner – mehr andeutungsweise – die bekannten sowjetischen Forderungen auf dem Gebiete der europäischen Sicherheit wie Nichtangriffspakt NATO/Warschauer Pakt, Beseitigung aller Militärstützpunkte auf dem Boden anderer Staaten, Abzug oder Verminderung der beiderseitigen Stationierungstruppen, beginnend mit einem stufenweisen Truppenrückzug, Reduzierung der deutschen Streitkräfte auf Milizverbände mit leichten Waffen, nuklearwaffenfreie Zonen in Mitteleuropa im Sinne des Rapacki-Planes. Kurz, Gromyko hatte dem amerikanischen Präsidenten den umfassendsten Forderungskatalog unterbreitet, den man je zu hören bekommen hatte. Es habe sich »einiges als ungünstiger, als man angenommen habe, herausgestellt«, so lautete

Kohlers unterkühlte Beurteilung. War das so weit entfernt von der Feststellung eines »Rückschritts«? Offenbar ging es nur darum, daß man dessen öffentliche Konstatierung vermeiden oder, so weit bereits ausgesprochen, wieder rückgängig machen wollte. In Deutschland sah man daher auch keinen Anlaß, sich von meinen Äußerungen zu distanzieren.

Bundespressechef von Eckhardt unterstützte vor der Bundespressekonferenz meine Fernsehäußerungen und bestritt, daß sie sich inhaltlich überhaupt von der durch Salinger ausgegebenen Bewertung unterschieden, wonach noch keine Verhandlungsgrundlage habe gefunden werden können. Der Sprecher des Auswärtigen Amtes wandte sich energisch gegen Gerüchte, ich sei wegen dieser Äußerungen nach Bonn berufen worden (wo ich am 12. Oktober zu Konsultationen eintraf, die mit meinen öffentlichen Äußerungen nichts zu tun hatten). Fernsehinterviews eines Botschafters, so wurde hervorgehoben, müßten im Rahmen der allgemeinen amerikanischen Publizitätssitten gesehen und verstanden werden.[11] Die deutsche Presse, die zwar einzelne Schlagzeilen, wie zum Beispiel »Harte Sprache Grewes in Washington«, aufwies[12], brachte demgemäß auch nichts, was auf eine von mir am Präsidenten geübte öffentliche Kritik schließen lassen konnte.

Ihren Zweck haben die drei Fernsehauftritte jedenfalls voll erfüllt: Die amerikanische Öffentlichkeit begann zu erkennen, daß es Grenzen der einem Verbündeten wie der Bundesrepublik zumutbaren Verhandlungskonzessionen gab. In einem historischen Rückblick des ›Jahrbuches der Deutschen Gesellschaft für auswärtige Politik‹ hieß es darüber: »Mit diesen für einen Diplomaten ungewöhnlichen Erklärungen belastete Grewe zwar sein Verhältnis zu den maßgebenden Persönlichkeiten der amerikanischen Regierung, erreichte aber zugleich, daß die amerikanische Öffentlichkeit auf die Stimmung in Deutschland aufmerksam wurde.«[13]

In der Botschaftergruppe begann man einzusehen, daß man für die früher erwogenen weitgehenden Konzessionen keine deutsche und französische Zustimmung werde erlangen können, und daß man sich daher um enger begrenzte Verhandlungspositionen werde bemühen müssen.

Das Ringen um »Verhandlungssubstanz«

Nachdem die öffentliche Debatte über Deutschland und Berlin mit meinem Fernsehauftritt vom 8. Oktober 1961 einen gewissen Höhepunkt erreicht hatte, mündeten die Auseinandersetzungen in der zweiten Oktoberhälfte wieder in die diplomatischen Kanäle ein. Zwischen Kennedy und Adenauer gab es einen Briefwechsel, in den ich insofern intensiv eingeschaltet war, als ich Adenauers Antwortbrief während meines Bonner Aufenthaltes zu entwerfen und ihn nach meiner Rückkehr nach Washington dem Präsidenten zu übergeben und zu erläutern hatte (was am 24. Oktober geschah). In Moskau nahm Botschafter Thompson den Gesprächsfaden mit den Sowjets wieder auf. Die Botschaftergruppe bemühte sich um die Formulierung eines »substantive paper«, das eine westliche Verhandlungsposition umschreiben sollte. Nachdem es am 14. November fertiggestellt war, flog ich am gleichen Tage wieder nach Bonn, um den Kanzler zu unterrichten, dessen zweiter Besuch in Washington für die Tage vom 20. bis 22. November vorgesehen war.

Kennedys Brief vom 14. Oktober ließ die Wirkungen der voraufgegangenen öffentlichen Debatte deutlich erkennen: Der Präsident bediente sich einer vorsichtig zurückhaltenden Sprache, betonte nachdrücklich die amerikanische Entschlossenheit, sich nicht aus Berlin zurückzuziehen und keine eigenen Rechte in irgendwelchen Verhandlungen preiszugeben, distanzierte sich von optimistischen Beurteilungen sowohl des bisherigen Gesprächsablaufes (»die Substanz eines möglichen modus vivendi in Berlin ist noch nicht sichtbar geworden«) wie des möglichen Ergebnisses künftiger Verhandlungen. (»Herr Chruschtschow ist nicht daran interessiert, unsere Position in Berlin zu stärken, und er beabsichtigt offensichtlich, die Hebelwirkung auszunutzen, die ihm die klaren Vorteile der Geographie verschaffen, um dem Westen ein Maximum an Zugeständnissen zu entlocken. Wir können ihm nicht erlauben, uns unserer Lebensinteressen in Berlin zu berauben, und es kann durchaus sein, daß unsere Anwendung dieses Kriteriums es unmöglich macht, irgendein Übereinkommen zu erzielen.«) Ausdrücklich distanzierte er sich von allen Ideen für einen militärischen Sonderstatus irgendeines westeuropäischen Landes und insbesondere der Bundesrepublik (»Dies wäre eine Einladung zu weiteren sowjetischen Vorstößen in Europa«, es würde »große Gefahren für die Vereinigten Staaten und insbesondere deren Sicherheit einschließen«), ebenso von einem sogenannten Disengagement (»Dies würde ein Vakuum der Verantwortung schaffen und ich glaube nicht, daß wir unserer Verantwortung entgehen können«).

Positiv angesprochen wurden in diesem Briefe nur solche Sicherheitsaspekte, in denen Kennedy wohl auf Adenauers Zustimmung rechnen zu können glaubte: Abbau der militärischen Konfrontation in Mitteleuropa; Vorkehrungen, die beide Seiten gegen Überraschungsangriffe sichern würden; Festhalten an der amerikanischen Politik der ausschließlichen Eigenkontrolle über Atomsprengköpfe und der Nichtweitergabe von Informationen und Materialien, die zu ihrer Herstellung erforderlich sind; Bekräftigung der amerikanischen Vorschläge zur »allgemeinen und vollständigen Abrüstung«.

Die Vorstellungen über das weitere Vorgehen des Westens knüpften an die Bewertung der Gespräche mit Gromyko an: Die Sowjets seien gewarnt worden und hätten die Warnung offenbar verstanden; es sei ihnen klar geworden, daß Verhandlungen über Deutschland und Berlin zwischen ihnen und den Westmächten und nicht zwischen diesen und der DDR geführt werden müßten. Der Zeitfaktor sei etwas aufgelockert, der Westen könne sich aber nicht unbegrenzt Zeit lassen; weitere exploratorische Kontakte seien wünschenswert, nicht nur um zu sondieren, sondern auch, um einseitige sowjetische Akte zur weiteren Veränderung der faktischen Lage zu verhüten. Es hätten sich zum mindesten Umrisse einer verfahrensmäßigen Formel abgezeichnet, eines Rahmens, innerhalb dessen der Westen die Möglichkeiten für einen modus vivendi weiter erkunden könne. Damit bezog sich Kennedy auf den (auch in der Botschaftergruppe schon diskutierten) Gedanken eines Vierer-Abkommens, das dem von den Sowjets beabsichtigten separaten Friedensvertrag vor- und übergeordnet werden könnte (»which the Sovjets would undertake to superimpose upon their Separate Peace Treaty«) und in dem die »vitalen Interessen« des Westens, einschließlich der Freiheit und Lebensfähigkeit West-Berlins, zu sichern wären.

In dieser wie auch einer weiteren Passage kommt eine nahezu fatalistische Überzeugung zum Ausdruck, daß Moskau diesen separaten Friedensvertrag abschließen werde und daß der Westen keine Möglichkeit habe, ihn davon abzuhalten; daß man daher nur nach Möglichkeiten suchen könne, das Ergebnis dieses Vertragsabschlusses für den Westen akzeptabler zu machen, als es die bloße De-facto-Situation nach diesem Ereignis sein würde. Die spätere Entwicklung hat gezeigt, daß der separate Friedensvertrag nur eines von mehreren Instrumenten des Drucks war, mit denen Chruschtschow den Westen einzuschüchtern suchte.

Adenauers Antwort wurde zu einem Zeitpunkt entworfen und abgesandt, als er noch mitten in den Schwierigkeiten seiner Regierungsbildung steckte: Seine Wahl zum Bundeskanzler fand erst am 7. November statt. Trotz dieses innenpolitischen Interregnums hatte ich keinen Grund, mich während meines Aufenthaltes in Bonn vom 12. bis 20. Oktober über mangelndes Interesse an der Berlin-Problematik zu beklagen. Am Tage nach meiner Ankunft (13. Oktober) empfing mich der Kanzler zu einem Gespräch unter vier Augen, das sich an eine zweistündige Berlin-Diskussion in einem weiteren Kreise anschloß: Der Regierende Bürgermeister von Berlin, Willy Brandt, hatte über seinen eigenen Besuch in den Vereinigten Staaten berichtet; anwesend waren dabei außer dem Kanzler, Brandt und mir die Bundesminister von Brentano und Strauß, die Staatssekretäre Carstens und Globke und der Berliner Senator für Bundesangelegenheiten Klein. Vorausgegangen waren Gespräche mit Brentano, Carstens und Lahr, in der nächsten Woche folgte eine Serie von Informationsgesprächen mit den Führern der Bundestagsfraktionen, am 16. Oktober ein Bericht im Rahmen des Auswärtigen Ausschusses des Bundestages, den Brentano zu diesem Zwecke ausnahmsweise zu einem Abendessen in seine Dienstvilla auf dem Venusberg eingeladen hatte (es war zufällig mein fünfzigster Geburtstag, aber niemand ahnte es, und ich zog es vor, mein Geheimnis zu hüten), am 19. Oktober Gespräche mit dem zu Konsultationen nach Bonn gekommenen Leiter der Europa-Abteilung des britischen Foreign Office, Evelyn Shuckburgh (der später einige Jahre mein Kollege im NATO-Rat in Paris war), ein letztes Gespräch mit Adenauer, am 21. Oktober, während eines kurzen Blitzbesuches in Berlin, Gespräche mit Brandt und General Clay.

Das wichtigste Ergebnis, das ich aus allen diesen Begegnungen mitnahm, war die Gewißheit, daß es in dieser kritischen Zeit keinerlei tiefgreifende Meinungsverschiedenheiten in der Beurteilung der Situation und der von uns zu verfolgenden Politik gab. Ich habe unter meinen deutschen Gesprächspartnern in Bonn – im Lager der Regierung sowohl wie der Opposition – niemanden gefunden, der der Meinung war, wir müßten nunmehr, um Berlin zu retten, die DDR und die Oder-Neiße-Grenze anerkennen, die Bindungen zwischen Berlin und dem Bund lockern, sogenannte irritants in West-Berlin beseitigen, neue Nuklearwaffen-Verzichte unterschreiben, dem Rapacki-Plan oder verwandten Projekten zustimmen; niemanden, der alsbaldige formelle Verhandlungen mit Moskau für ratsam hielt; und erst recht niemanden, der bereit gewesen wäre, West-Berlin zu opfern.

Die Antwort, die ich dem Kanzler für seinen Brief vom 21. Oktober entwarf, entsprach dieser Grundstimmung, die ich in Bonn angetroffen hatte – und die ich in meinen Fernseherklärungen ziemlich genau vorweggenommen hatte.

Das Schreiben knüpfte an Kennedys Resümee der Gromyko-Gespräche an und stellte fest, daß der Zeitpunkt gekommen sei, »gemeinsam zu beraten, welche Folgerungen aus diesen Begegnungen zu ziehen sind und ob die Voraussetzungen für formelle Verhandlungen bereits gegeben sind«. Ohne die französische Position ausdrücklich zu erwähnen, wurde eine Klärung gefordert, »ob die Drei Mächte, die gemeinsam die Verantwortung für Berlin tragen, diese Frage übereinstimmend beantworten«. Adenauer stimmte Kennedy darin zu, daß »jede Anstrengung unternommen werden sollte, die vor uns liegenden Probleme mit friedlichen und diplomatischen Mitteln zu lösen, um es nicht zu einem äußersten Zusammenstoß kommen zu lassen«. Die Fortsetzung der Gespräche mit dem sowjetischen Außenminister wurde daher befürwortet – allerdings mit dem Vorbehalt, »daß wir uns über Ziel und Grenzen dieser Gespräche vorher verständigen werden«.

Ebenso, wie ich es bereits in meinen Fernseherklärungen getan hatte, umschrieb der Adenauer-Brief eine Reihe von Punkten, die wir – über die »vital interests« hinaus – für nicht verhandlungsfähig hielten: Sicherheitsinteressen der Bundesrepublik; Bindungen Berlins an den Bund; die in den Pariser Verträgen niedergelegten Grundlagen der gemeinsamen Deutschland-Politik einschließlich des Vorbehalts der endgültigen Regelung der deutschen Ostgrenzen durch einen Friedensvertrag. Kennedys Distanzierung von Projekten für einen militärischen Sonderstatus der Bundesrepublik und für ein Disengagement wurde mit Befriedigung zur Kenntnis genommen (und als »wertvolle Klarstellung« bezeichnet). Gewisse Bedenken kamen in der Bitte um nähere Erläuterung des von Kennedy positiv in Erwägung gezogenen Gedankens des Abbaus der militärischen Konfrontation in Mitteleuropa zum Ausdruck (der dem Disengagement natürlich recht nahe kam).

In bezug auf Nuklearwaffen bestand der Brief nachdrücklich darauf, daß die Sicherheit der Bundesrepublik keinen Verzicht auf die im NATO-Rahmen bestehenden Abmachungen erlaube, wonach »der Bundeswehr im Kriegsfall die atomaren Sprengköpfe zur Verfügung stehen, die sich im Frieden in amerikanischer Verwahrung befinden«. Übereinstimmung ließ der Brief erkennen in der Abrüstungsfrage und in der Frage der Maßnahmen gegen Überraschungsangriffe (die »jedoch heute nur noch in Form sehr weiträumiger Zonen sinnvoll sind«).

Adenauers Brief schloß mit der Hoffnung auf eine baldige mündliche Aussprache. Die Einladung zu ihr erging sofort am Tage nach der Wiederwahl des Kanzlers. Damit standen die folgenden Wochen im Zeichen der neuen, für die zweite Novemberhälfte vorgesehenen Begegnung zwischen Kanzler und Präsident.

Als ich am späten Abend des 21. Oktober wieder in Washington eintraf, trug ich zwar den Kanzler-Brief bei mir; unrichtig waren jedoch zahlreiche Pressemeldungen, die wissen wollten, ich sei darüber hinaus mit eingehenden schriftlichen Instruktionen für unsere künftige Verhandlungsposition versehen. Diese Instruktionen, an deren Zustandekommen ich selbst intensiv mitgearbeitet hatte, waren bis zu meinem Abflug nicht fertig geworden – es dauerte sogar bis zum 24. Oktober abends, bis sie fernschriftlich in Washington eingingen. Inzwischen standen jedoch bereits wichtige Termine an, bei denen von mir präziser Aufschluß über die Bonner Haltung erwartet wurde – um so mehr, als die Presse entsprechende Erwartungen noch gesteigert hatte. Schon am nächsten Morgen – einem Sonntag – erwartete mich Rusk, der seinerseits den vor dem Abflug stehenden Moskau-Botschafter Thompson über die Position der

Bundesregierung zu informieren hatte. Am 23. Oktober war eine Sitzung der Botschaftergruppe anberaumt – im Hinblick auf meine Rückkehr und die von mir zu erwartenden Aufschlüsse; für den 24. vormittags war ein Termin beim Präsidenten reserviert.

Sollte ich alle Termine absagen? Oder sollte ich erscheinen, mich auf einige nichtssagende Redensarten beschränken und meine Gesprächspartner darauf vertrösten, daß ich beim nächsten Male mehr würde sagen können? Beide Auswege waren kaum gangbar. Rusk brauchte Informationen für Thompson, der seinen Abflug nicht verschieben konnte. Eine Absage der beiden anderen Termine hätte in der Öffentlichkeit Aufsehen erregt und zu unliebsamen Spekulationen geführt; andererseits konnte ich der Botschaftergruppe nicht und erst recht nicht dem Präsidenten zumuten, ihre Zeit für Nichtigkeiten zu verschwenden. So entschloß ich mich zu einem anderen, dritten Ausweg, den ein kluger und stets gut informierter Beobachter der Washingtoner Szene, der damalige Korrespondent der Stuttgarter Zeitung, Joachim Schwelien, in einem detaillierten Artikel seiner Zeitung[1] als den »Alleingang des Botschafters Grewe« beschrieben hat (wobei er sich für den äußeren Hergang offensichtlich guter Quellen bedienen konnte; der Inhalt verletzte jedoch keine Diskretionsregeln). »Alleingang« ist allerdings ein mißverständlicher Ausdruck – insbesondere im Hinblick darauf, daß er kurze Zeit später auch für einen ganz anderen Vorgang verwendet wurde, mit dem ich keine Parallele gezogen zu sehen wünschte: für die eigenmächtige Initiative Botschafter Krolls in Moskau in seinem Gespräch mit Chruschtschow am 9. November. Krolls Vorgehen darf und muß man wohl »Politik auf eigene Faust betreiben« nennen, wie es geschehen ist[2]. Dieses Vorgehen in einem Atem mit meinem Verhalten im September und Oktober 1961 zu nennen und Parallelen zwischen einer »Grewe-Affäre« und einer »Kroll-Affäre« zu ziehen, verrät jedoch ein mangelndes Differenzierungs- und Urteilsvermögen.

Bei dem sogenannten Alleingang am 22., 23. und 24. Oktober habe ich nichts anderes getan, als auch schon bei meinen Fernsehauftritten: Ich habe, auch ohne detaillierte schriftliche Weisungen, die mir wohlbekannte Politik der Bundesregierung vertreten, interpretiert, erläutert. In den meiner Rückkehr von Bonn folgenden Tagen war das um so eher möglich, als ich mit allen wichtigen Figuren der deutschen Politik Fühlung gehabt und selbst am Zustandekommen der für mich bestimmten Instruktionen mitgewirkt hatte. Als ich Rusk, die Botschafter und den Präsidenten über unsere Position unterrichtete, riskierte ich höchstens, mich später in der einen oder anderen Nuance korrigieren zu müssen. Dieses Risiko nahm ich in Kauf, weil mir der Schaden größer erschien, der entstanden wäre, wenn ich den programmierten Terminkalender über den Haufen geworfen und die Bonner Regierung dem Verdacht ausgesetzt hätte, daß sie sich zu keinen Entschlüssen aufraffen könne.

Ist das »Politik auf eigene Faust«? Natürlich nicht – und um so weniger, als ich nach Eingang der schriftlichen Instruktionen keinerlei Anlaß hatte, etwas zu korrigieren, was ich an einem der drei Tage gesagt hatte.

Das Gespräch, das ich am 24. Oktober im Anschluß an die Übergabe des Kanzler-Briefes mit Kennedy führte, war kaum geeignet, unser Verhältnis zu verbessern. Der Fernsehauftritt vom 8. Oktober blieb beiderseits unerwähnt. Die Bonner Gedanken zu einer westlichen Verhandlungsposition konnten den Präsidenten wenig erfreuen – wenngleich er in seinem Briefe vom 14. Oktober die eigenen Erwartungen schon stark herabgeschraubt hatte. Die Erläuterung unserer Positionen konnte nicht ganz auf Bezugnahmen zum westlichen Vertragssystem verzichten: Wenn man über die Bindungen Berlins an den Bund und die Vorbehalte der Besatzungsmächte hierzu, über den verschiedenen Status der Bundesrepublik und der DDR, über Interzonenhandel und Interzonenverkehr, über die Oder-Neiße-Grenze und den Nuklearwaffenverzicht zu sprechen hatte, so kam man nicht darum herum, vom Potsdamer Abkommen und den Pariser Verträgen zu sprechen. Das gab der Behauptung neue Nahrung, ich langweilte den Präsidenten mit »legalistischen« Vorträgen. Ohne Zweifel hat Kennedy von Gromyko wesentlich mehr »legalistische« Argumente zu hören bekommen. Das Potsdamer Abkommen war stets ein Lieblingsthema der sowjetischen Diplomatie. Nur wagte niemand, Gromyko des »Legalismus« zu zeihen.

Auch die weniger »legalistischen« Themen boten Kennedy wenig Angenehmes: Der Kanzler hatte in seinem Brief auf Korea als ein Beispiel hingewiesen, wo der »Abbau der Konfrontation« (sprich: Abzug der amerikanischen Truppen) den Ausbruch des Krieges alsbald nach sich gezogen hatte. Kennedys Empfehlung, wir sollten Kontakte mit der DDR aufnehmen, führte unvermeidlich zur Erörterung von Modellfällen, die nicht alle glücklich verlaufen waren – wie etwa die amerikanischen Bemühungen um eine Koalitionsregierung Tschiang Kai-Schecks mit den chinesischen Kommunisten. Beides waren Themen, an die man sich nicht gern erinnern ließ.

Adenauer-Kennedy: Die zweite Begegnung

Am 14. November 1961 befand ich mich schon wieder auf dem Fluge nach Bonn. Mit mir führte ich ein von der Botschaftergruppe am selben Nachmittag verabschiedetes Papier, das uns unter dem Arbeitstitel ›Substantive Paper‹ noch längere Zeit beschäftigen sollte. Es enthielt den Versuch der Vierer-Gruppe, solche Verhandlungspositionen zu definieren, über die eine Übereinstimmung hatte erzielt werden können. Dieser Versuch war nicht ganz gelungen, deshalb führte ich ein weiteres Ergänzungspapier mit mir, in dem wir, zusammen mit der amerikanischen Delegation, für die bevorstehende Begegnung des Präsidenten mit dem Kanzler diejenigen Punkte verzeichnet hatten, in denen die deutschen und die amerikanischen Ansichten nach wie vor auseinandergingen: in der Beurteilung der Rechtsstellung Berlins, dessen Bindungen an den Bund nach unserer Auffassung daraus folgten, daß Berlin (gemäß Artikel 23 des Grundgesetzes) ein Land der Bundesrepublik ist, in dem die Bundesgewalt kraft Besatzungsrecht in begrenztem Umfange suspendiert ist; in der Frage einer Zugangsgarantie für Deutsche, die nach amerikanischer Auffassung keiner besonderen Regelung bedurfte; über das Maß der tragbaren Flexibilität im Umgang der Westmächte mit DDR-Beamten, die Funktionen der Zugangskontrolle ausüben würden; in der Frage eines in West-Berlin zusätzlich zu den Truppen der drei Westmächte zu stationierenden Truppenkontingents der Vereinten Nationen; in der Frage einer für den Fall der Wiedervereinigung antizipierten Anerkennung der Oder-Neiße-Grenze durch die Drei Mächte; in der Frage des in mehreren Vierer-Konferenzen gemeinsam verteidigten Junktims zwischen europäischer Sicherheit und deutscher Wiedervereinigung; in der Frage förmlicher neuer Bestätigungen des Verzichts der Bundesrepublik auf nukleare, biologische und chemische Waffen; in der Frage einer europäischen Inspektionszone zum Schutze gegen Überraschungsangriffe.

Während des Fluges nach Bonn schrieb ich mir selbst ein drittes Papier: meine Lagebeurteilung für den Bundeskanzler und meine Empfehlungen für seine Haltung bei den Gesprächen in Washington. Seit meinem letzten Bericht von Mitte Oktober – so hieß es in meinen Notizen – sei die damals sichtbar werdende Lösung der amerikanischen Deutschland- und Europa-Politik von den bisherigen Grundlagen etwas eingedämmt worden. Die Einsicht sei gewachsen, daß man sich nicht über unsere (die deutschen) vitalen Interessen hinwegsetzen könne. Die Stimmungsentwicklung in den Vereinigten Staaten liefere ein innenpolitisches Motiv gleicher Tendenz. Die Auffassung, daß die passive Hinnahme des Mauerbaus am 13. August ein Fehler gewesen sei, gewinne an Boden. Die Bereitschaft, Warnungen von unserer Seite zu beachten, sei gewachsen – damit zugleich die Erkenntnis, daß der Verhandlungsspielraum enger sei, als man zunächst erwartet hatte. Zur Ernüchterung hätten auch die Note an Finnland (am 30. Oktober hatte die sowjetische Regierung überraschend Konsultationen von der finnischen Regierung über eine angebliche Bedrohung der finnischen Grenzen durch einen militärischen Angriff der Bundesrepublik und ihrer Verbündeten gefordert) und die Zündung der neuen Superbombe (am 30. Oktober war auf Novaja Semlja die von Chruschtschow auf dem XXII. Parteitag in Moskau angekündigte Fünfzig-Megatonnen-Bombe zur Explosion gebracht worden) beigetragen. Gleichwohl sei das amerikanische Bestreben, zu einem Ausgleich (»accomodation«) mit der Sowjetunion zu gelangen (besonders auf dem Abrüstungsgebiet), nach wie vor stark und ungebrochen. (Die Wiederaufnahme der Kernwaffenversuche durch die Sowjetunion nach längerer Pause und die wachsende Neigung, den Kernwaffenbesitz zu einem Monopol der bisherigen Eigentümer zu machen, bildeten zwei starke Motive der amerikanischen Abrüstungspolitik.)

Die Hauptdifferenzpunkte, auf die sich der Kanzler nach meiner Empfehlung konzentrieren sollte, waren nach meinen Notizen:

1. Die Frage einer offensiven oder defensiven Verhandlungstaktik: Amerikaner und Briten neigten dazu, ihre sowjetischen Verhandlungspartner mit westlichen Maßstäben zu messen und ihnen eine vernünftige Kompromißbereitschaft zu unterstellen, die man am besten mit maßvollen Vorschlägen fördere, die ihre »legitimen« Interessen berücksichtigten und die eigenen Forderungen von vornherein auf das unerläßliche Minimum beschränkten. Eine solche defensive Verhandlungstaktik sei den Sowjets gegenüber verfehlt; man müsse offensiv verhandeln, das heißt ebenso wie sie selbst mit maximalen Forderungen und minimalen Konzessionen beginnen. Als Ausgangsposition einer offensiven Taktik kämen Forderungen in Betracht wie die nach Beseitigung der Mauer, freiem Verkehr innerhalb Gesamtberlins, Schaffung eines internationalisierten Zugangskorridors nach Berlin und dergleichen.

2. Die Frage, ob ein engeres oder ein weiteres Abkommen als Verhandlungsziel anzustreben sei: Adenauer und Brentano hatten sich längere Zeit gegen den Gedanken verwahrt, daß man die Berlin-Krise durch eine isolierte Berlin-Lösung bewältigen könne. (Dementsprechend hatte auch ich mich – so in meinem Fernsehinterview mit Senator Keating am 10. September – geäußert.) Das Motiv ihrer Haltung lag darin, daß sie befürchteten, ein isoliertes Berlin-Abkommen werde nur zu einem »Status quo minus« für Berlin führen, ohne die bedrohte Lage der Stadt dauerhaft zu verbessern. Der Verlauf der Genfer Konferenz von 1959 hatte zu solchen Befürchtungen Anlaß gegeben. Die Einbettung der Berlin- in die Deutschland-Frage schien ihnen bessere Möglichkeiten einer

offensiven Verhandlungstaktik, wenn nicht eines konstruktiven Endergebnisses, zu bieten. Noch am 15. September hatte Adenauer auf einer Pressekonferenz dafür plädiert, daß Ost-West-Verhandlungen nicht bei der Berlin-Frage stehenbleiben sollten, daß man den Themenkreis erweitern sollte, um über eine kontrollierte Abrüstung zur Entspannung und zu einem Friedensvertrag mit Deutschland zu kommen. Immer deutlicher hatte sich jedoch in letzter Zeit herausgeschält, daß dieser weite Themenkreis für uns mehr Gefahren als Vorteile mit sich brachte: Da Kennedy keinerlei Neigung zeigte, das Thema der Wiedervereinigung aufzugreifen, konzentrierte sich das Interesse auf mögliche Konzessionen, die den Sowjets auf anderen Gebieten, auf der Grundlage der Beibehaltung des Status quo, angeboten werden konnten. Anders ausgedrückt: um den Status quo in Berlin (oder sogar einen Status quo minus) zu retten, zeichnete sich eine Bereitschaft ab, hohe Preise aus Bereichen zu zahlen, die mit der Berlin-Frage nichts zu tun hatten (Oder-Neiße-Grenze, Nuklearwaffenverzicht, regionale Rüstungskontroll- und Abrüstungsmaßnahmen). Angesichts dieser Entwicklung schien es mir ratsam, eine taktische Schwenkung zu vollziehen und auf ein eng begrenztes Berlin-Abkommen hinzusteuern, das nach Möglichkeit nur die Modalitäten des Berlin-Zugangs nach Inkrafttreten eines separaten Friedensvertrages zwischen der Sowjetunion und der DDR und damit nach dem Übergang der Kontrollfunktionen an der Zonengrenze auf DDR-Personal zum Gegenstand haben sollte. Diese Wendung kam Kennedys Absichten insofern entgegen, als auch er ein isoliertes Berlin-Abkommen anstrebte, das nicht in die gesamte Deutschland-Frage eingebettet war. Die Unterschiede lagen in seiner Bereitschaft, für diese isolierte Berlin-Lösung Zugeständnisse aus anderen Bereichen zu bieten. Adenauer ist meiner Empfehlung gefolgt. Ich glaube, daß dies wesentlich dazu beigetragen hat, die Gespräche in Washington zu erleichtern.

3. Die Frage der Rechtsstellung West-Berlins: Angesichts der seit der Konstituierung der Bundesrepublik bestehenden ungelösten Meinungsverschiedenheiten mit den Besatzungsmächten über die (vom Bundesverfassungsgericht nachdrücklich betonte) verfassungsmäßige Zugehörigkeit Berlins zur Bundesrepublik und der Gefahr der Ausbeutung dieser Meinungsverschiedenheiten durch die östliche Seite empfahl ich, diese Streitfrage auf sich beruhen zu lassen und die Schutzmächte lediglich davon zu überzeugen, daß wir nicht dem Vorschlag folgen könnten, die Beziehungen zwischen Berlin und dem Bund vertraglich zu regeln, weil dafür eine Änderung des Grundgesetzes erforderlich wäre. Meine Erfahrungen aus den Bonner Verhandlungen der fünfziger Jahre sprachen dafür, daß man für dieses Argument empfänglich sein würde – was sich später auch bestätigt hat.

4. Die Frage der Zugangsgarantien und des künftigen Verhaltens gegenüber dem Kontrollpersonal der DDR an den Berlin-Zugängen und der Zonengrenze: In den Verhandlungen der Botschaftergruppe hatten wir praktisch bereits der Hinnahme der Ersetzung sowjetischen Personals durch DDR-Kontrollpersonal zugestimmt. Es war stets meine Auffassung gewesen, daß sich diese Frage nicht dazu eignete, zum Ausgangspunkt von Reibungen und Konflikten gemacht zu werden. Aus diesem Grunde hatte ich stets Verständnis für die schon vor Jahren von Dulles vertretene »Agenten«-Theorie. Auch jetzt konnte ich dem Bundeskanzler in dieser Frage nur Flexibilität empfehlen. Wichtiger erschien mir die Forderung, daß sich die zu vereinbarenden Zugangsgarantien nach Berlin nicht auf alliiertes Militärpersonal beschränken dürften, sondern daß sie ausdrücklich auch den deutschen Zivilverkehr (insbesondere auch auf dem Luftwege) einschließen müßten. Hierauf sollte der Kanzler nachdrücklich insistieren.

5. Die Frage der Oder-Neiße-Grenze: Sie sollte, da ohne direkten Zusammenhang mit Berlin, aus den Verhandlungen herausgehalten werden. Auch für eine antizipierte Anerkennung durch die Drei Mächte gab es keinen aktuellen Anlaß. Auch wäre sie mit den Verträgen von 1954 nicht vereinbar. Gegebenenfalls könnte darauf verwiesen werden, daß wir uns bereit erklärt hätten, unseren mehrfach erklärten allgemeinen Gewaltverzicht ausdrücklich auf die Oder-Neiße-Grenze zu erstrecken. Wir könnten uns eventuell auch bereit erklären, hierfür eine Garantieerklärung der drei Westmächte zu akzeptieren.

6. Die Frage des »Einfrierens« der atomaren Bewaffnung: Auch diese Frage sollte – als nicht zum Berlin-Thema gehörig – zurückgewiesen werden. Sie berührte vitale Sicherheitsinteressen der Bundesrepublik und der gesamten Allianz. Sollte die Sowjetunion etwa ein Mitspracherecht in bezug auf die Nukleararrangements der NATO erhalten? Dem hatte ich schon in der Botschaftergruppe weisungsgemäß sehr dezidiert widersprochen. Davon sollte nicht abgewichen werden.

7. Die Frage regionaler Sicherheitszonen: Auf allen Deutschland- und Berlin-Konferenzen (1954, 1955, 1959) hatte der Westen Vorschläge für regionale europäische Sicherheitsabmachungen damit beantwortet, daß sie nur im Zusammenhang mit der Wiedervereinigung Deutschlands sinnvoll seien. Ein isoliertes Berlin-Abkommen bot keinen Anlaß, davon abzuweichen. Um sich nicht in einen offenen Widerspruch zu der auf vielen Konferenzen bekräftigten gemeinsamen Position zu setzen, daß regionale Sicherheitsabmachungen in Europa nur im Zusammenhang mit Fortschritten bei der Lösung der deutschen Frage akzeptabel seien, waren die amerikanisch-britischen Vorstellungen darauf gerichtet, entsprechende Projekte als Abrüstungsvorschläge zu präsentieren (für die der Vorbehalt

des Junktims mit der deutschen Frage nicht galt). Der Kanzler solle daher darauf bestehen, so lautete meine Empfehlung, daß die ins Auge gefaßten Projekte konkretisiert würden. Inspektionszonen gegen Überraschungsangriffe könnten im Rahmen eines Abrüstungsabkommens akzeptabel sein, wenn es sich um sehr weiträumige Zonen handle (was auch den französischen Auffassungen entspreche).

Als allgemeine Marschroute riet ich zu dem Grundsatz, daß die westliche Seite sich in ihrer Konzessionsbereitschaft danach richten sollte, in welchem Maße auch die sowjetische Seite zu Konzessionen bereit sei. Dabei dürfe es sich nicht um die bekannten, von sowjetischer Seite bevorzugten Scheinkonzessionen handeln, das heißt um den Verzicht auf willkürlich erhobene Forderungen, die ohnehin unannehmbar sein würden (wie etwa die nach Stationierung eines sowjetischen Truppenkontingents in West-Berlin), oder um rein prozedurale Konzessionen (wie ein weiterer Aufschub der Unterzeichnung des separaten Friedensvertrages oder die Bereitschaft zu einem Vierer-Abkommen vor Unterzeichnung desselben). Als reelle Konzessionen dürften nur solche gelten, die den Zugang nach Berlin verbesserten (wie etwa eine internationalisierte Autobahn) oder die zur Stabilisierung der Berlin-Situation beitrügen (etwa eine sowjetische Bestätigung der Rechte des Westens in Berlin, Gewährleistungen der Freiheit und Lebensfähigkeit West-Berlins oder Beseitigung der Mauer).

Wir sollten uns nicht auf die falsche Alternative »Konzessionen oder Atomkrieg« einlassen. Chruschtschow habe bereits einen wesentlichen Teil seines Programms verwirklicht: die Lösung der Flüchtlingsfrage in seinem Sinne (durch die Errichtung der Mauer). Er wisse, daß der Westen auch den separaten Friedensvertrag und die Übergabe der Zugangskontrolle an die DDR hinnehmen werde. Für den übrig bleibenden Rest seines Programms werde er keinen Atomkrieg riskieren wollen.

Drei Tage standen in Bonn zur Verfügung, um dieses Konzept zu besprechen und die Linie der Gesprächsführung in Washington festzulegen. Nachdem das neue, letzte Kabinett Adenauer am 14. November vereidigt worden war, wandte der Kanzler – nach den langen, für ihn wenig erfreulichen Wochen des Sichzusammenraufens der Koalition – seine ganze Energie und Arbeitskraft der Außenpolitik zu. Am 15. November empfing er mich zu einem langen Gespräch – ebenso wie den aus Moskau herbeizitierten Botschafter Kroll, über dessen Gespräche mit Chruschtschow der Regierungssprecher am gleichen Tage erklärte, die von ihm dem sowjetischen Regierungschef gegenüber entwickelten Gedanken seien »nicht von der Bundesregierung autorisiert« gewesen.

Wie diese Gedanken Krolls aussahen, ist nie ganz deutlich geworden. Dort, wo Kroll in seinen Erinnerungen sein Gespräch mit Chruschtschow am 9. November 1961 beschreibt, begnügt er sich mit dem Satz: »Aus naheliegenden Gründen muß ich es mir versagen, auf meine Vorschläge hier im einzelnen einzugehen.«[1] Ob es in jenen Tagen einen »Kroll-Plan« oder ein neues sowjetisches »Vierpunkte-Programm« zur Berlin-Frage gab, was davon auf Kroll zurückging und was Chruschtschow daraus gemacht oder was dieser von sich aus aufgebracht hat – alles das bleibt unklar. Sicher ist nur, daß sich Kroll jenseits seiner Instruktionen, jenseits der amtlichen Politik der Bundesregierung und ihrer Verbündeten und – wie mir scheint – auch jenseits einer von einem Botschafter vertretbaren Verhandlungskonzeption bewegt hat. Er hat selbst nachdrücklich betont, daß er in dem Gespräch mit Chruschtschow »eigene Gedanken« vorgetragen und daß er dies auch ausdrücklich betont hätte.[2] In einem späteren Gespräch mit seiner Frau hat er seine Rolle selbst mit dem Wort »revoltieren« gekennzeichnet.[3] Ich halte nicht viel von revoltierenden Diplomaten, vor allem wenn sie kein überzeugendes und erfolgversprechendes Konzept vorzuweisen haben. Das vermochte ich in Krolls vager Formel »Aussöhnung mit der Sowjetunion als Voraussetzung für spätere Verhandlungen über die Wiedervereinigung«[4] nicht zu entdecken. Ebensowenig konnte ich mir in der damaligen Situation von der so leidenschaftlich von ihm gewünschten persönlichen Begegnung Chruschtschow-Adenauer versprechen. Sicher wäre nur gewesen, daß sie der gemeinsamen Front des Westens in der Berlin-Krise einen schweren Schlag zugefügt hätte. Für meine Position in der Vierer-Gruppe in Washington waren schon die Gerüchte über das, was Kroll den Russen offeriert hätte, schädlich genug.

Kroll war ein sehr intelligenter Mann. Seine Umgangsformen mit anderen Menschen waren nicht nach meinem Geschmack. Sein politisches Urteil war meist getrübt durch den geradezu manischen Hang, alles, was um ihn herum geschah, auf sich selbst zu beziehen. Wir haben daher nie harmoniert, und ich habe es im folgenden Jahr als eine peinliche Beigabe meines Scheidens von Washington empfunden, daß Krolls Abberufung zum gleichen Zeitpunkt erfolgte und daß der Kanzler uns wieder, wie schon an diesem 15. November, nacheinander am gleichen Tage empfing, und damit die Presse geradezu einlud, diese beiden »Fälle« in einem Atem zu erörtern.

Am Tage nach diesen Botschafter-Gesprächen, am 16. November, gab der Kanzler zur Vorbereitung seines Washington-Besuchs amerikanischen Korrespondenten ein Interview. Darin betonte er, die »Wiederherstellung einer einheitlichen westlichen Auffassung in der Berlin-Frage und den mit ihr zusammenhängenden Problemen« sei die dringendste Aufgabe seiner bevorstehenden Gespräche mit Kennedy. Er lehnte ein Disengagement in Mitteleuropa ab, warnte vor der Vorstellung, man könne durch Aufnahme von Kontakten mit der DDR deren Staatsapparat unterhöhlen und befürwortete den Plan, die NATO zu einer »vierten Atommacht« zu machen. Seine Forderung, die Mauer in Berlin müsse fallen und die Verbindung der Stadt mit der Bundesrepublik gesichert werden, wurde zunächst so verstanden, als wolle er eine Vorbedingung für die Aufnahme von Verhandlungen, ein préalable, stellen. Der neue Außenminister, Gerhard Schröder, betonte demgegenüber am 18. November in einem in Berlin gegebenen Interview, die Beseitigung der Mauer stelle keine Vorbedingung für Verhandlungen mit den Sowjets dar, sondern eine von westlicher Seite immer wieder zu erhebende Forderung. (Adenauer bestätigte später diese Interpretation.) Schröder betonte, daß Verhandlungen der Westmächte mit der Sowjetunion nicht unter Druck stattfinden dürften. Die Bindungen West-Berlins an die Bundesrepublik müßten aufrechterhalten werden, ebenso wie der Viermächte-Status für ganz Berlin. Auch Schröder warnte vor falschen Vorstellungen in bezug auf die Wirkung von Kontakten mit der DDR. Eine zur Auflockerung der Hallstein-Doktrin führende Entwicklung wollte er »nicht von vornherein ausschließen«.

Die Bonner Vorbereitungsgespräche gipfelten am 17. November in einer Konferenz beim Bundeskanzler, an der die Fraktionsvorsitzenden (Krone, CDU, Dollinger, CSU, Ollenhauer, SPD, Mende, FDP), der Außenminister Schröder, die Staatssekretäre Carstens, Globke, Eckhardt, für Berlin Bürgermeister Amrehn (Brandt war krank) und Senator Klein sowie ich teilnahmen. Nach meiner Erinnerung traten auch bei dieser Gelegenheit keine grundlegenden Meinungsverschiedenheiten auf.

Als der Bundeskanzler mit seiner Delegation, zu der insbesondere der Außenminister Schröder und der Verteidigungsminister Strauß gehörten, am 19. November in Washington eintraf, lag eine schwere Aufgabe vor ihm. Obgleich sich die Meinungsverschiedenheiten in der Berlin-Frage verringert hatten, waren die verbliebenen Differenzen immer noch gewichtig. Krolls eigenmächtige Gespräche mit Chruschtschow hatten den Verdacht aufkommen lassen, daß ein Alleingang Bonns mit Moskau nicht ausgeschlossen sei (zumal der Kanzler Kroll wieder auf seinen Posten in Moskau hatte zurückkehren lassen). Strauß und seine Mitarbeiter standen dem strategischen Konzept McNamaras immer noch mit starken Vorbehalten gegenüber (insbesondere den Gedanken, die um die Begriffe »Schwelle« und »Pause« kreisten). Der von Bonn befürwortete Plan Norstads, die NATO zu einer vierten Atommacht zu machen, fand bei Kennedy wenig Widerhall, während das amerikanische Streben nach einem Arrangement mit Moskau über die Begrenzung des Atomwaffenbesitzes immer deutlicher wurde.

Gleichwohl konnte ein erfahrener und wohlinformierter Beobachter der amerikanischen Szene, der seit den Zeiten des Dritten Reiches als Emigrant in New York lebende Korrespondent der Deutschen Zeitung, Heinz Paechter, seinem Blatte unter der Überschrift ›Adenauer als Freund in Washington erwartet‹ schreiben: »Bundeskanzler Adenauer wird bei seinen am Sonntag beginnenden Gesprächen mit dem amerikanischen Präsidenten Kennedy die ganze Skala der Berlin und Deutschland betreffenden Fragen erörtern. In unterrichteten Kreisen der amerikanischen Hauptstadt erwartet man, daß Kennedy nicht nur über taktische Einzelfragen sprechen, sondern dem Kanzler eine Zukunftsvision eines engeren Zusammenschlusses Amerikas mit einem vereinten Europa entwerfen wird. Die ungeschmälerte Autorität Adenauers in Washington läßt es ausgeschlossen erscheinen, daß ihm unzumutbare Konzessionen abverlangt werden.« ... »Direkte Verhandlungen zwischen Moskau und Bonn würden die amerikanische Regierung von der Verantwortung für Kompromisse befreien, die bestenfalls einer Opposition Agitationsmaterial für die Wahl liefern würden und im ungünstigen Fall unschmackhaft für die Bundesrepublik wären. Die als unbeugsam und gelegentlich sogar schroff empfundene Linie, die Botschafter Grewe hier während des Interregnums vertreten hat, dürfte die amerikanische Regierung auf die Opposition vorbereitet haben, die ein Aufgeben wesentlicher Freiheiten in Deutschland finden würde. Zu diesen Freiheiten zählt heute die deutsche Forderung auf gleiche Ausrüstung mit modernen Waffen. Kennedy hat bekanntlich diese Forderung unter dem Verhandlungstisch gehalten. Die Drohung mit einer deutschen Atombewaffnung soll die Russen gefügig machen, die westlichen Rechtstitel in Berlin neu zu verbriefen. Im Wesen einer solchen Drohung liegt, daß man sie nicht ausführt, sondern als Drohung aufrechterhält, um die Vertragstreue zu sichern.« ... »Die größte Schwierigkeit in der Vorbereitung des Kanzlerbesuches aber liegt nicht in eigentlichen subjektiven Verstimmungen, sondern in verschiedenartigen Einstellungen. Die Amerikaner lieben nicht die juristische und aufs Prinzip gerichtete Denkweise, mit der die Deutschen an das Problem herangehen, sondern suchen nach praktischen Lösungen. Sie verstehen nicht, daß die Deutschen selbst eine praktische Verbesserung der Zugänge nach Berlin nicht mit einem Aufgeben der bisherigen Rechtsbasis, dem Besatzungsstatut, erkaufen wollen, sondern nur als dessen Auslegung. Sie haben nur schwer den deutschen Standpunkt akzeptiert, daß keine Art von Sonderstatus für die Bundeswehr oder irgendwelche Zone geschaffen werden darf. Sie haben bei den Verhandlungen zwischen Botschaftern hier oft darauf gewartet, daß die Deutschen schließlich zu einem Vorschlag nein sagen. Endlich sind die Amerikaner gewöhnt, erst endgültig nein zu sagen, wenn gar nichts anderes mehr übrigbleibt, und sie wollen so lange verhandeln, wie eine Verhandlungschance besteht. Früher hatten die Amerikaner auch die Befürchtung, daß die Deutschen sich auf ihre Kosten Intransigenz erlauben, doch haben Erklärungen der Bundesminister, die vom Kanzler hier wiederholt werden sollen, diese und andere Schwierigkeiten aus dem Wege geschafft. Nach den geduldigen Vorarbeiten des Botschafters ist die Spanne zwischen der deutschen und der amerikanischen Auffassung sehr zusammengeschrumpft, und die Öffentlichkeit hier, die lange Koalitionsverhandlungen nicht als etwas besonders Unerfreuliches ansieht, erwartet den Kanzler als alten Freund und Ratgeber. Er spricht immer noch mit Autorität und wird nicht Zumutungen ausgesetzt sein, die man noch vor wenigen Monaten an die Nachgiebigkeit der Deutschen zu stellen wagte.«[5]

In der Tat verliefen die drei Tage intensiver Gespräche (vom 20. bis 22. November) ohne gegenseitige Zumutungen und im offensichtlichen Bemühen beider Seiten, Verständnis für den anderen aufzubringen und zu einem vernünftigen Kompromiß zu kommen. De Gaulle war ein stiller Teilnehmer – für Anfang Dezember war eine Begegnung des Kanzlers mit ihm in Aussicht genommen. Von Macmillan war weniger die Rede.

Der Kanzler war nicht in seiner besten Form. Die aufreibenden Wochen und Monate, die hinter ihm lagen, waren nicht spurlos an ihm vorübergegangen. Am Schluß kehrte er mit einer Grippe heim, die ihn auch an dem traditionellen Auftritt vor dem National Press Club hinderte. An seiner Stelle sprach Schröder dort am Nachmittag des 22. November, kurz vor dem Abflug. Schröder und Strauß waren für die Amerikaner bei diesem Besuch die eigentlichen Objekte ihrer Neugier. Schröder trat zum ersten Male als Außenminister in Erscheinung. Es gelang ihm offenbar rasch, mit dem spröden Rusk einen persönlichen Kontakt zu gewinnen. Strauß war zwar schon im Sommer mit McNamara zusammengetroffen, Kennedy aber kannte ihn noch nicht und interessierte sich lebhaft, einen deutschen Politiker der jüngeren Generation kennenzulernen, der für seine Dynamik ebenso wie für seine Tatkraft und Intelligenz bekannt war. Er kam auf seine Kosten, denn Strauß lieferte in den Diskussionen einige Bravourstücke seines Könnens. Er verblüffte die Amerikaner mehrfach mit der Fülle und Präzision seines Fachwissens, mit seinem zupackenden scharfen Verstand und seiner Gewandtheit, sich – sei es auf deutsch oder englisch – zu artikulieren.

Das praktisch wichtigste Ergebnis der Besprechungen war die Übereinstimmung darüber, ein begrenztes Berlin-Abkommen anzustreben und die Sondierungsgespräche mit Moskau mit dieser Zielsetzung fortzusetzen. Für Kennedy bedeutete dieser Kompromiß, daß er die ihm lästige Verbindung der Berlin-Frage mit dem Deutschland-Problem vom Halse hatte. Uns bot es eine bessere Basis, um die auf unsere Kosten freigiebig ausgewählten Konzessionen aus dem Bereich der europäischen Sicherheit, der Abrüstung und der Anerkennung des Status quo abzuwehren.

Adenauer versprach, sich bei de Gaulle darum zu bemühen, auch ihn für diese Marschroute zu gewinnen. Bei dem Pariser Zusammentreffen am 9. Dezember hat er sich redlich darum bemüht – mit dem Argument, man dürfe die angelsächsischen Mächte bei ihren Moskau-Kontakten nicht allein lassen. De Gaulle blieb unbeugsam bei seinem Nein zu Verhandlungen im damaligen Augenblick. Er kam Adenauer nur insoweit entgegen, als er die Beteiligung Frankreichs an Verhandlungen in Aussicht stellte, sobald die amerikanisch-britischen Sondierungen ergeben würden, »daß bei Verhandlungen etwas Ehrbares möglich sei«.[6]

Damit war kurzfristig eine gemeinsame Operationsbasis hergestellt. Auf längere Sicht aber waren tiefgreifende Unterschiede der beiderseitigen Konzeptionen damit weder beseitigt noch überbrückt. Sie waren nur notdürftig verdeckt und mußten bei der nächsten kritischen Wende der Entwicklung wieder zum Vorschein kommen. Das Kommuniqué vom 22. November, das den Kern des erzielten Kompromisses im Dunkeln ließ (mit dem kryptischen Satz, daß der Bundeskanzler und der Präsident sich »über die grundsätzlichen Elemente einig [sind], die eine friedliche Lösung dieser Krise durch Verhandlungen ermöglichen werden, sofern die Sowjetunion ihrerseits eine vernünftige Haltung zeigt«), nahm in auffälliger Betonung zweimal auf die »legitimen Interessen aller Beteiligten« beziehungsweise »der Sowjetunion und der Nachbarn Deutschlands« Bezug.

Drei Tage nach der Abreise Adenauers gewährte Kennedy dem Schwiegersohn Chruschtschows, dem Chefredakteur der Iswestija, Alexej Adschubej, ein ungewöhnlich langes Interview, in dem er an das sowjetisch-amerikanische Kriegsbündnis erinnerte, seine Abneigung gegen einen deutschen Kernwaffenbesitz äußerte, die Sicherheit für gewährleistet hielt, »solange die deutschen Streitkräfte in die NATO integriert sind« – in eine NATO, »die gegenwärtig von einem Amerikaner befehligt wird«. Über die Deutschland-Frage hieß es: »Mir ist klar, daß es zwei Deutschland geben wird, solange die Sowjetunion der Ansicht ist, daß dies in ihrem Interesse liegt.« Die darin liegende Qualifizierung der Wiedervereinigungspolitik als irreal wurde unterstrichen durch den Satz: »Ich glaube, wir könnten in unserem Jahrhundert in Mitteleuropa Frieden haben, wenn wir eine Einigung über West-Berlin erzielen.«

Wiederum vier Tage später, am 29. November, verlas Vizekanzler Ludwig Erhard für den erkrankten Bundeskanzler im Deutschen Bundestag die Regierungserklärung des neuen Kabinetts, in der es hieß: »Die Wiederherstellung der Einheit Deutschlands in Frieden und Freiheit bleibt das unverrückbare Ziel der deutschen Politik, auch wenn wir heute noch keinen Zeitpunkt für seine Verwirklichung angeben können.« Den Erklärungen des amerikanischen Präsidenten über die drei »vitalen Interessen« und ihre Verteidigung stimmte die Bundesregierung »voll und ganz« zu. »Aufgrund schmerzlicher Erfahrungen« halte sie es jedoch für ihre Pflicht, »darauf hinzuweisen, daß Verhandlungen nur dann Aussicht auf Erfolg bieten, wenn sie von beiden Seiten in dem Willen geführt werden, zu einem vernünftigen Ausgleich zu kommen. Verhandlungen, die nicht in diesem Geiste aufgenommen werden, sind zum Scheitern verurteilt und tragen nicht zur Verbesserung der Lage bei, sondern eher zu einer Erhöhung der Spannung.« Drei Grundsätze dürften bei den bevorstehenden Verhandlungen nicht preisgegeben werden: »die Sicherheit der Bundesrepublik, die Erhaltung der bestehenden politischen, rechtlichen und wirtschaftlichen Bindungen zwischen Berlin und der Bundesrepublik, freier Zugang der Zivilbevölkerung und die Aufrechterhaltung der gemeinsamen Deutschland-Politik, das heißt die Wiedervereinigung unseres Landes in Frieden und Freiheit, die Nichtanerkennung des sowjetisch besetzten Teils Deutschlands und des dort herrschenden Regimes und die Regelung der Grenzfragen in einem wirklichen Friedensvertrag, der mit einer gesamtdeutschen Regierung abzuschließen ist und für dessen Zustandekommen wir uns weiter mit aller Kraft einsetzen wollen«. Über »die europäische Sicherheit« wurde ausdrücklich gesagt, sie gehöre »nicht in den Zusammenhang der Berlin-Krise« und könne »nur in Verbindung mit der Wiederherstellung der deutschen Einheit erörtert werden«. Dagegen sollte »nach Auffassung der Bundesregierung der Plan einer NATO-Atomstreitmacht baldmöglichst verwirklicht werden«.

Binnen einer Woche nach dem Treffen in Washington waren damit auf beiden Seiten Positionen bezogen worden, die neue Differenzen befürchten lassen mußten. Unter dem Datum des 30. November – also wohl noch aus seiner grippebedingten Zurückgezogenheit in Rhöndorf – erhielt ich ein Schreiben Adenauers, in dem es hieß: »Für die gastfreundliche Aufnahme in Ihrem Hause und die gute Betreuung, die mir dort zuteil wurde, danke ich Ihrer Frau und Ihnen sehr herzlich. Ich bitte, meinen Dank auch den Bediensteten Ihres Hauses zu übermitteln, deren freundliche Hilfsbereitschaft ich wohltuend empfunden habe. Ihnen selbst und Ihren Mitarbeitern spreche ich für die umsichtige Vorbereitung der Verhandlungen meinen besonderen Dank und meine Anerkennung aus. Der gute Verlauf der Konferenz und das Ergebnis, das mich und die Herren meiner Begleitung sehr befriedigt hat, sind nicht zuletzt auf Ihre Berichte und Informationen zurückzuführen, die eine der wichtigsten Voraussetzungen des Erfolges waren. Ich hoffe, daß Sie sich nach den anstrengenden Tagen etwas erholen konnten, und daß auch Ihre Frau den häuslichen Frieden wieder ungestört genießen kann. Mit freundlichen Grüßen an Frau Grewe und Sie Ihr Adenauer.«

Nach dem Abschluß der bilateralen Gesprächsserie Rusk-Gromyko, Gromyko-Kennedy, Kennedy-Adenauer, Adenauer-de Gaulle war eine Bilanz im Kreise der Verbündeten fällig. Sie wurde im Rahmen der am Jahresende üblichen NATO-Minister-Konferenz in Paris gezogen. Bevor sich der gesamte NATO-Rat am 13. Dezember in Paris versammelte, tagten die Außenminister der Vier an Berlin direkt interessierten Mächte zwei Tage lang unter sich, um eine Einigung zu erzielen, die dem NATO-Rat unterbreitet werden konnte.

Wie zu erwarten, kam es zu schwierigen Auseinandersetzungen, besonders zwischen Amerikanern und Briten auf der einen Seite und den Franzosen auf der anderen. Schröder, dem Carstens und ich zur Seite standen, war bemüht, sich und die Bundesrepublik nicht zu sehr zu exponieren. Die Kernfrage hatte der britische Außenminister gleich zu Beginn sehr prägnant formuliert: »To negotiate – or not to negotiate«. Schröder betonte, daß man in den Zielen einig sei und nur über die Methoden zu ihrer Verfolgung voneinander abweiche.[1] Bonn teile den Standpunkt Washingtons, daß Verhandlungen notwendig seien, erkenne aber an, daß von französischer Seite eindrucksvolle Argumente dagegen vorgebracht würden. Sie darzulegen, überließ er seinem französischen Kollegen Couve de Murville, der sich dieser Aufgabe mit der ihm eigenen Präzision und Kaltblütigkeit unterzog: Berlin sei nicht das Hauptproblem. Die Sowjets suchten die Gesamtlage in Mitteleuropa zu verändern. Deshalb suchten sie die Berlin-Frage mit anderen Problemen zu verknüpfen, wie zum Beispiel der europäischen Sicherheit, der Grenzfrage und anderem. Eines Tages werde man mit ihnen über diese Probleme reden müssen. Verhandlungen dürften jedoch nicht unter dem Druck einer Drohung angenommen werden. In der Berlin-Frage seien die beiderseitigen Positionen weit voneinander entfernt: Die Sowjets verlangten den Status einer »Freien Stadt« für West-Berlin und die Preisgabe der Besatzungsrechte. Sie wollten ein sowjetisches Truppenkontingent in West-Berlin stationieren. Angesichts solcher Forderungen könnten Verhandlungen nur entweder scheitern, oder aber zu einem Kompromiß führen, der sehr weit gehe. Nach gescheiterten Verhandlungen könne die Lage nur schlechter sein als zuvor. Kompromisse könnten dazu beitragen, die West-Berliner Bevölkerung zu demoralisieren. Andererseits sei es ganz unwahrscheinlich, daß Moskau kriegerische Verwicklungen riskieren werde, wenn man ihm nicht entgegenkomme. Auf die Frage von Rusk, was geschehen werde, wenn der Westen untätig bleibe und nichts unternehme, lautete die Antwort: Vielleicht könne man die Sowjets damit in Verlegenheit bringen.

Rusk und Lord Home plädierten eindringlich für Verhandlungen, und – als Vorstufe – zum mindesten für weitere »exploratorische« Kontakte. Rusk gab zu, daß Moskau wahrscheinlich keinen Krieg riskieren wolle. Aber volle Gewißheit habe man nicht. In einer Situation, die zu einem casus belli führen könne, sei es unverantwortlich, wenn man nicht alle Möglichkeiten erprobe, die zu einer Verständigung führen könnten. Verhandlung sei nicht gleichbedeutend mit Kapitulation. Man habe auch in anderen Verhandlungen »nein« gesagt. Vorerst sehe auch die amerikanische Regierung noch keine Verhandlungsgrundlage. Chruschtschows Vorschläge seien keine solche. Aber man müsse mit ihm diskutieren. Die Vereinigten Staaten hätten Reservisten einberufen und den Verteidigungshaushalt erhöht. Solche Maßnahmen könne man nur durchsetzen, wenn man gleichzeitig alles tue, um einen Krieg zu verhüten. Die Sowjets rüsteten auf. In achtzehn Monaten werde sich die Lage dadurch verändern. Die Entwicklung von Raketenabwehrwaffen könne sie mit übertriebener Zuversicht erfüllen. Man müsse daher erkunden, ob sich nicht eine Verhandlungsbasis finden lasse. Die entscheidende Frage sei, wie man »verantwortliche Kontakte« mit ihnen herstellen könne. Wenn jeder auf eigene Faust sondiere, bestünde die Gefahr, daß die Sowjets erkennbare Differenzen für ihre Zwecke ausbeuteten. Uneinigkeit innerhalb der Allianz sei verhängnisvoll.

Lord Home unterstützte Rusk und ging einen Schritt weiter, indem er der alsbaldigen Einberufung einer Außenminister-Konferenz mit der Sowjetunion den Vorzug gegenüber einer Fortsetzung der »Explorationen« auf Botschafter-Ebene gab. Konzessionen, so räumte er ein, könnten zwar die Moral der westdeutschen und Berliner Bevölkerung schädigen; das gleiche wäre jedoch der Fall, wenn sich die Berlin-Situation weiter verschlechterte. Es bestünde die Gefahr, daß Berlin im Verlaufe des von Ulbricht betriebenen »Abnagens« (»nibbling process«) verdorren (»wither away«) könnte. Schließlich sei auch die von der NATO beabsichtigte militärische Straffung an einen Versuch gleichzeitiger Verhandlungen gebunden. Auf den Einwand von Couve de Murville, was aus der Berlin-Garantie der Drei Mächte und der NATO werde, wenn man den Status von Berlin ändere, antwortete er, die Verhandlungen müßten unterhalb einer De-jure- oder De-facto-Anerkennung der DDR gehalten werden – was der französische Außenminister kaum als ein schlüssiges Argument gewertet haben wird.

Aber Couve de Murville widersprach nicht der Fortsetzung der »Explorationen« auf diplomatischer Ebene. Gefragt, ob sich auch der französische Botschafter in Moskau daran beteiligen werde, sagte er sofort nein. Wenn alle vier Botschafter sondierten, käme das einer Verhandlung sehr nahe. Es sei besser, wenn jeweils nur ein Botschafter – er denke an den amerikanischen und den britischen – die Gespräche führe. Schließlich – auch damit goß er noch mehr Wasser in den Wein seiner Zustimmung zu den »Explorationen« – sei die französische Regierung auch dagegen, daß man die Bereitschaft zu weiteren Explorationen in öffentlichen Erklärungen bekunde.

Irritiert bemerkte Rusk am Ende dieser Diskussion, er sei erschreckt, wenn er sich überlege, was aus dieser Verwirrung möglicherweise herauskommen könnte (»what will happen out of this disarray«).

Was herauskam, war eine in der Tat merkwürdige Formel im Kommuniqué des NATO-Ministerrats, die es Frankreich erlaubte, die Fortsetzung der Kontakte in Moskau zwar zu billigen, sich selbst aber aus jeder Teilnahme herauszuhalten. Absatz 8 des Kommuniqués unterschied daher zwischen den »Außenministern der am unmittelbarsten betroffenen Staaten« (zu denen sich Frankreich nicht rechnete) und »ihren Kollegen«. Es sagte demgemäß:

»Der Rat nahm von den Außenministern der am unmittelbarsten betroffenen Staaten Erklärungen über Berlin entgegen und wurde von der Absicht in Kenntnis gesetzt, erneut diplomatische Kontakte mit der Sowjetunion aufzunehmen in Übereinstimmung mit den Zielen, die der Westen zur Erhaltung des Weltfriedens verfolgt, und in der Hoffnung, daß diese Kontakte dazu dienen möchten, festzustellen, ob eine Verhandlungsgrundlage gefunden werden könnte. Ihre Kollegen billigten die Wiederaufnahme diplomatischer Kontakte und gaben der Hoffnung auf eine ausgehandelte Lösung Ausdruck. Nach eingehender Erörterung der Lage stellte der Rat übereinstimmend fest, daß die Allianz ihren entschlossenen Kurs weiterverfolgen und dabei Stärke und Zielstrebigkeit mit der Bereitschaft verbinden muß, Lösungen auf friedlichem Wege zu erreichen.«

Während man dieses Kommuniqué diskutierte, hatte ich Paris schon wieder verlassen. Der für meine Aufgaben entscheidende Teil des Pariser Treffens war mit dem Ende der Vierer-Gespräche am 12. Dezember abgeschlossen. Wie meinen früheren akademischen Kollegen versprochen, sprach ich daher in Freiburg am 13. Dezember über ›Nation und Völkergemeinschaft‹ im Rahmen einer Vortragsreihe ›Individuum und Kollektiv‹ des Freiburger Dies Universitatis (im gleichen Rahmen folgten im selben Semester Vorträge hervorragender Kollegen aus früherer Zeit: des Physikers Wolfgang Gentner, des Verfassungsrechtlers Konrad Hesse, des Psychologen Robert Heiss und anderer). Für den Rest des Monats und damit des Jahres 1961 verzeichnet mein Kalender Kurzbesuche in Frankfurt (mit einer ›Don-Giovanni‹-Aufführung in der Oper), Hamburg, Rückflug nach Washington, ein von Rusk gegebenes Dinner, nicht weniger als vier Weihnachtsfeiern in verschiedenen Kreisen von Teilnehmern. Fotos aus der Zeit zwischen Weihnachten und Neujahr zeigen Washington unter einer tiefen Schneedecke.

Die Berlin-Krise kam auch in diesen Tagen nicht ganz zur Ruhe: Am

19. Dezember bekräftigte der sowjetische Botschafter in Bonn, Andrej Smirnow, die integralen Ziele Moskaus für etwaige Berlin-Verhandlungen: die Beseitigung der alliierten Besatzungsrechte und die Umwandlung West-Berlins in eine »Freie Stadt«. Das war sachlich nichts Neues und interessant nur insofern, als es eine der ersten sowjetischen Reaktionen auf das NATO-Kommuniqué von Paris darstellte. Darüber hinaus richtete Smirnow heftige Angriffe gegen einen deutschen General, der in Washington geografisch und beruflich in unserer nächsten Nachbarschaft lebte: Adolf Heusinger, den Vorsitzenden des (damals in Washington amtierenden) Ständigen Militärausschusses der NATO, den er für den Tod von Millionen von Menschen verantwortlich machte, da er die Kriegspläne Hitlers ausgearbeitet habe. – Schade, dachte ich, daß ein so urteilsfähiger und gebildeter Mann wie Smirnow, der Deutschland und die deutsche Literatur gut kennt (ich hatte mich einst bei einem intimen Abendessen in seinem Hause davon überzeugen können), sich zu solchen Propagandatiraden hergibt – oder hergeben zu müssen glaubt. – Am Tage vor Weihnachten verweigerte die Volkspolizei an der Berliner Sektorengrenze drei amerikanischen Zivilbeamten, die zusammen mit dem amerikanischen Stadtkommandanten, General Watson, nach Ost-Berlin fahren wollten und eine Ausweiskontrolle ablehnten, die Einreise. Amerikanische Proteste und eine Einreisesperre für den sowjetischen Stadtkommandanten in den amerikanischen Sektor von West-Berlin folgten. Am 27. Dezember wurde Botschafter Kroll in Moskau ein Memorandum überreicht, das Bonn den Gedanken direkter Verhandlungen mit Moskau nahelegte und im übrigen offenkundig darauf abzielte, Mißtrauen gegen den amerikanischen Verbündeten zu säen und die Westorientierung der deutschen Politik psychologisch zu unterminieren. Das Memorandum trug weder Absender noch Unterschrift und wurde ausdrücklich als »inoffiziell« bezeichnet – ein nicht ganz alltägliches Verfahren.

Damit endete dieses bewegte Krisenjahr.

Gespräche mit Moskau – Reibungen mit Bonn

Nach den Strapazen des Jahres 1961 und in Vorahnung dessen, was uns im neuen Jahr bevorstand, entwichen wir – meine Frau, unser einjähriger Sohn Stefan und ich – Anfang Januar für zwei Wochen in die Karibische See. Ein vierstündiger Flug brachte uns von Baltimore nach San Juan auf Puerto Rico, von dort gab es einen Anschlußflug nach St. Thomas – der größten der drei Virgin Islands, die früher einmal Dänemark gehörten und 1917 den Vereinigten Staaten verkauft worden waren; die beiden anderen sind St. Croix und St. John. Unser Ziel, St. John, die kleinste der drei Inseln – die heute noch amerikanischer Kolonialbesitz ist –, war nur mit einem Motorboot zu erreichen, das uns in Charlotte Amalie, dem Hauptort von St. Thomas, abholte. In einem (von den Moskitos abgesehen) paradiesischen Bungalow-Hotel, in dem man abends im Scheine lodernder Fackeln am Strande speiste und wo die Bedienung, die Musik und die dargebotenen Tänze noch eine Ahnung vom Zeitalter des auf schwarzer Sklaverei aufgebauten weißen Pflanzer-Herrentums vermittelten, kapselten wir uns für zwei Wochen vom Weltgeschehen ab.

Die Ereignisse standen in dieser Zeit nicht still. Nach meiner Rückkehr nach Washington mußte ich mich über mehrere Vorgänge unterrichten lassen: In Bonn war am 9. Januar Adenauer mit dem britischen Premierminister Macmillan zusammengetroffen. In Moskau hatten zwei der in Paris vorgesehenen Sondierungsgespräche stattgefunden. Am 2. und am 12. Januar 1962 war Botschafter Llewellyn Thompson mit Gromyko zusammengetroffen. Bei der ersten Begegnung hatte er einen Gedanken in die Diskussion eingeführt, den Kennedy seit Jahren (zuerst 1959) befürwortet hatte: die Schaffung einer internationalen Zugangsbehörde, die den freien Verkehr von und nach West-Berlin überwachen und gewährleisten sollte. Dieser Gedanke stand in den nächsten Monaten im Zentrum der amerikanischen Überlegungen – obgleich er auf der östlichen Seite ziemlich kühl aufgenommen wurde. Beim zweiten Treffen (am 12. Januar) lehnte ihn Gromyko ausdrücklich schriftlich ab und verlangte statt dessen erneut die Stationierung eines sowjetischen Truppenkontingents in West-Berlin. Auch die weiteren Gespräche Thompsons sollten keine Annäherung der Positionen erbringen. Statt dessen begannen die Sowjets nach dem dritten Gespräch (am 9. Februar) mit systematischen Störaktionen in den Luftkorridoren nach Berlin. Sie sperrten bestimmte Flughöhen, ließen bei Nichtbeachtung dieser Sperren Jagdflugzeuge sich den westlichen Maschinen nähern, ließen Metallstreifen in den Luftkorridoren abwerfen, um die für die Flugsicherheit unentbehrlichen Radar- und Flugleitanlagen zu stören. Düsenjäger durchbrachen über West-Berliner Gebiet die Schallmauer.

Mitten in dieser erneut eskalierenden Krise flog ich am 6. Februar wieder nach Bonn. Schröder hatte seine erste Botschafterkonferenz für den 9./10. Februar nach Bonn anberaumt. Zur Teilnahme einberufen waren außer mir die Botschafter in Moskau (Kroll), London (von Etzdorf), Rom (Blankenhorn), Paris (Klaiber), bei der NATO (von Walther). Neben Schröder nahmen die beiden Staatssekretäre Carstens und Lahr teil. Hauptthemen: Berlin und die Antwort der Bundesregierung auf das sowjetische Memorandum vom 27. Dezember 1961.

An der Formulierung unseres Antwort-Memorandums wurde ich intensiv beteiligt. Kroll mußte es in Moskau übergeben und unterzog sich dieser für ihn nicht gerade vergnüglichen Aufgabe am 21. Februar. Im Gegensatz zu seinen Bemühungen um Direktgespräche mit Moskau hielt diese Antwort eindeutig und unbeirrt an der Viermächte-Verantwortung für Berlin und Deutschland fest und wies alle Verdächtigungen gegen die Westmächte zurück. Andererseits vermied sie es allerdings sorgfältig, alle Türen für einen künftigen bilateralen Gedankenaustausch zuzuschlagen. Der Schlußsatz lautete daher: »Wir hoffen, daß der nunmehr begonnene Gedankenaustausch uns in seinem weiteren Verlaufe diesem Ziele (der Herstellung guter Beziehungen zwischen der Sowjetunion und dem ganzen deutschen Volk unter Berücksichtigung der offensichtlichen Lebensinteressen beider Völker) näherbringt.« Kroll machte einen letzten verzweifelten Versuch, diesen Satz in Moskau als eine Zustimmung des Kanzlers zu seinen Bemühungen um alsbaldige Direktgespräche auf höchster Ebene hinzustellen. Er habe die Bedeutung des Schlußabsatzes mit den Worten unterstrichen: »Sie sehen daraus, Herr Ministerpräsident, daß der Kanzler entschlossen ist, den deutsch-sowjetischen Gedankenaustausch mit dem Ziel einer schrittweisen Besserung der deutsch-sowjetischen Beziehungen fortzuführen. Er hat mich in unserer letzten Unterredung ausdrücklich beauftragt, Ihnen dies zu übermitteln.«[1] Chruschtschow ließ sich jedoch nicht düpieren und verstand genau, was Bonn wollte und was es – jedenfalls in diesem Augenblick – nicht wollte: Es wollte auf keinen Fall einen Alleingang, dessen Erfolgschancen minimal waren, der aber die Westmächte aus ihrer Verantwortung entlassen und die westliche Solidarität in der Berlin-Frage mit Sicherheit zerstört hätte. Daß Adenauer diesem Plan am 8. Februar zugestimmt habe und später von verständigungsfeindlichen Kreisen im Auswärtigen Amt und in der Bundesregierung davon wieder abgebracht worden sei, ist völlig unglaubwürdig. Daß Schröder eine Einladung Chruschtschows nach Bonn zu diesem Zeitpunkt eindeutig ablehnte, muß auch Kroll zugeben. Es gab auf der Botschafterkonferenz auch sonst niemanden, der sich dafür erwärmen konnte. Krolls – angeblich »eineinhalbstündige« – Rede vermochte niemanden zu überzeugen. Von meinem Referat heißt es bei Kroll nur: »Es war wie üblich gründlich, präzis und erschöpfend.« Gegen diese Charakterisierung habe ich nichts einzuwenden. Leider läßt sie den Inhalt des Gesagten völlig im Dunkeln – wie meist in diesen »Erinnerungen«, wenn es um die Ansichten anderer geht.

Wie auch sonst bei solchen Gelegenheiten, hatte ich mir im Flugzeug die wesentlichen Punkte notiert, die ich vortragen wollte. Sie betrafen die innen- und außenpolitische Situation der Vereinigten Staaten und die wahrscheinlichen Absichten und Ziele ihrer Außenpolitik.

Zur innenpolitischen Lage Kennedys und seiner nunmehr einjährigen Administration stellte ich fest: 1962 sei wieder ein Wahljahr, die Innenpolitik werde ein dementsprechendes Gewicht haben. Kennedys Popularität habe sich behauptet, sogar gefestigt. Presse und öffentliche Meinung habe er fest im Griff. Mit dem Kongreß habe er es schwerer, besonders mit der konservativen Koalition aus Republikanern und südstaatlichen Demokraten. Der Regierungsapparat sei besser eingespielt, wenngleich nicht endgültig konsolidiert. Die Wirtschaft habe sich von der voraufgegangenen Rezession erholt. Bis Mitte des Jahres gelte die Konjunktur als gesichert.

Außenpolitisch habe es kein weiteres Fiasko von der Größenordnung des Debakels in der Schweinebucht von Kuba gegeben. Vietnam sei gefährdet, aber nicht verloren. Ob sich die in bezug auf Laos eingeschlagene Politik bewähren werde, sei ungewiß, aber vorerst bleibe die Lage undurchsichtig. Kritik an der amerikanischen, die bewaffnete Aktion der UN-Truppen zugunsten der Zentralregierung unterstützenden Kongo-Politik sei durch Erfolge dieser Truppen in der abtrünnigen Provinz Katanga und das von Kennedy beeinflußte Einlenken ihres Regierungschefs Moïse Tschombé gedämpft worden. Die panamerikanische Konferenz in Punta del Este sei für die Vereinigten Staaten günstiger als befürchtet verlaufen. Der 13. August sei von der amerikanischen Öffentlichkeit trotz mancher Kritik nicht als größerer Fehlschlag empfunden worden, negative Auswirkungen seien durch die Politik der militärischen Verstärkung aufgefangen worden. Wenn die Entspannungsbemühungen gegenüber der Sowjetunion erfolglos geblieben seien, so würde dieser Mißerfolg nicht dem Präsidenten zur Last gelegt. Insgesamt sei das amerikanische Urteil über die außenpolitische Bilanz des ersten Kennedy-Jahres daher in der Presse zutreffend mit dem Satz gekennzeichnet worden: »Weder gewaltige Erfolge noch schwere Niederlagen«.

Auf dieser Lagebeurteilung aufbauend, gab ich meine Einschätzung der für 1962 zu erwartenden Politik Kennedys: Die Entspannungsbemühungen würden fortgesetzt werden – allerdings im Sinne einer »double barrel policy«, die sich zugleich auf militärische Stärke stütze. Rüstungskontrolle, Testbann, ein »Berlin-Deal« würden Kernstücke dieser Politik bleiben. Ihre Problematik liege in einer zu optimistischen Beurteilung der sowjetischen Ziele: Man sehe nur das Bestreben nach Stabilisierung des gegenwärtigen Besitzstandes und übersehe dabei die Tendenz zur Erweiterung dieses Besitzstandes, wo immer sich die Gelegenheit biete und das Kräfteverhältnis es zu erlauben scheine. Dabei gebe man sich der fragwürdigen Vorstellung hin, mit Methoden klassischer Verhandlungsdiplomatie einen auf rationaler Einschätzung des wohlverstandenen Eigeninteresses durch die Gegenseite beruhenden Ausgleich erzielen zu können. Der »major deal«, der Kennedy vorschwebe, gründe sich auf die Überzeugung, daß der Status quo die beste Lösung sei. Dem entspreche die strikte Begrenzung der Berlin-Verpflichtungen auf West-Berlin und die Gleichstellung Ostdeutschlands mit den übrigen Staaten Osteuropas. Die Deutschen müßten sich nach seiner Ansicht damit abfinden; man könne nur auf eine innere Liberalisierung im Laufe der Zeit hoffen. Ihre Grenze finde diese Politik, so endete dieser Teil meiner Analyse, nur in dem Zwang zu einer gewissen Rücksichtnahme auf die Bundesrepublik als NATO-Verbündeten – dessen Wert man zu schätzen wisse.

Die Atlantische Allianz werde ein Kernstück der amerikanischen Politik bleiben. Der noch übriggebliebene Kolonialismus einiger europäischer Verbündeter sei allerdings eine Belastung in den Augen einer Administration, deren Sympathie der Dekolonisierung gelte. Dabei lasse man sich von dem Bewußtsein leiten, daß die europäischen Verbündeten als sichere Partner angesehen werden könnten und daher weniger pflegebedürftig seien als andere (eine von Acheson scharf als unrealistisch kritisierte Annahme). Auch rechtfertige man sich mit Kritik an der mangelhaften Bündnisdisziplin der Verbündeten (mangelhafte Rüstungsleistungen, besonders auch in der Berlin-Krise, Widerstreben de Gaulles gegen die militärische Integration).

In der Frage einer NATO-eigenen Mittelstreckenraketenstreitmacht werde man Zurückhaltung bewahren – vor allem gegenüber einer landgebundenen Raketenstreitmacht in Europa. Der Protagonist dieser Idee, General Norstad, werde höchstwahrscheinlich von seinem Posten als SACEUR abberufen werden. In den Zukunftsperspektiven sei der Gedanke einer »Atlantischen Union« von dem Gedanken einer »Atlantischen Partnerschaft« verdrängt worden, die auf den beiden Pfeilern Nordamerika-Westeuropa ruhe. Der gemeinsame Markt werde zwar nicht gerade als Bedrohung, aber doch als »Herausforderung« (challenge) empfunden. Der Druck, der von den Agrarüberschüssen ausgehe, erfordere eine Verständigung über die Agrarpolitik mit der EWG. Entscheidend werde die künftige Zollpolitik der EWG sein.

In der Militärpolitik sei inzwischen ein von McNamara entwickeltes Konzept sichtbar geworden, das der Armeeminister Stahr als einen »vollkommenen Bruch mit der strategischen Konzeption der Eisenhower-Regierung« bezeichnet habe. Leitgedanke sei die für notwendig gehaltene Flexibilität der Einsatzmöglichkeiten der Streitkräfte, die sie allein zu einem brauchbaren Mittel der Politik machen könne, und die Vermeidung der Gefahr einer technisch-automatischen Eskalation. Dieses Konzept verlange ein überlegenes nukleares »deterrent«, das im Notfalle auch für einen Erstschlag (first strike) geeignet sein müsse. Es müsse in amerikanischen Händen konzentriert bleiben. Konventionelle Verstärkungen, besonders der Verbündeten (die einen sofortigen amerikanischen Eingreifzwang verhüten sollten), müßten die Schwelle zum atomaren Einsatz anheben. Verstärkungen der eigenen amerikanischen konventionellen Kräfte sollten sich auf Eingreifreserven konzentrieren, die einen langsamen Abbau der überseeischen Einheiten erlauben würden. Sondereinheiten (»special forces«) sollten für den Einsatz in Konfliktsituationen unterhalb der Schwelle eines regulären Krieges (»sublimited war«) aufgestellt und ausgebildet werden.

Jenseits des europäisch-atlantischen Bereichs werde die Kennedy-Regierung den Antikolonialismus unterstützen, die Entwicklungshilfe der entwickelten Nationen zu steigern suchen und die Rolle der Vereinten Nationen fördern. Rückschläge und Enttäuschungen (wie die Annexion des portugiesischen Goa durch Indien, der Verlauf der Kongo-Krise, das Ergebnis der Belgrader Konferenz der »Nichtgebundenen«) könnten sie darin nicht beirren. Die Holländer würden in ihrem Konflikt mit Indonesien wegen West-Neuguineas daher kaum mit amerikanischer Unterstützung rechnen können. Die für Lateinamerika konzipierte Politik der »Allianz für den Fortschritt« werde intensiv weiterverfolgt werden. Das gegen Kuba verhängte Handelsembargo werde auch für die Verbündeten Folgen haben: Sie würden energisch zur Solidarität angehalten werden.

Das Ergebnis meiner Analyse im Hinblick auf das, was wir von der amerikanischen Politik zu erwarten hätten, faßte ich wie folgt zusammen: Die außenpolitische Führung der Vereinigten Staaten sei jetzt besser organisiert und kontrolliert als vor einem Jahr. Sie werde Berlin und ihre Verbündeten nicht preisgeben, kein »appeasement« betreiben und ihre militärische Stärkeposition nicht gefährden. Sie glaube jedoch nach wie vor an die Möglichkeit des großen Ausgleichs mit der Sowjetunion und werde deswegen allen offensiven politischen Zielen (Wiedervereinigung, Änderung des Status quo in Osteuropa, ideologische Konfrontation) aus dem Wege gehen. Sie neige dazu, das Gewicht der antikolonialen Revolution höher zu bewerten als die Festigung der Atlantischen Allianz. Sie schätze die Bundesrepublik als wertvollen und sogar unentbehrlichen Bündnispartner, desinteressiere sich aber an einer Lösung der deutschen Frage und suche auch das militärische Gewicht der Bundesrepublik in Grenzen zu halten.

Diese Bewertung wurde in Bonn akzeptiert und der Beratung unseres weiteren Verhaltens zugrundegelegt. In der Woche nach der Botschafterkonferenz hatte ich sie in Bonn zahlreichen Gesprächspartnern gegenüber zu wiederholen: dem Bundespräsidenten, dem Bundeskanzler, dem Vizekanzler (und Koalitionspartner) Mende, den Fraktionsvorsitzenden Brentano und Wehner. Am 16. und 17. Februar traf ich mit Henry Kissinger zusammen, der (in seiner damaligen Rolle als Sonderberater des Präsidenten) Bonn besuchte. Die Unterhaltung mit ihm bot keinen Anlaß zu Korrekturen an der Darstellung und Beurteilung der amerikanischen Politik, die ich in den voraufgegangenen Tagen vorgetragen hatte.

Ich hatte diese Darstellung überall so sachlich und nüchtern wie nur irgend möglich gehalten und mich jeder dramatisierenden Schlußfolgerung enthalten. Ich hatte noch in Erinnerung, welche Wellen mein – wie ich immer noch glaubte, recht abgewogener – »Hundert-Tage-Bericht« im vergangenen Frühjahr geschlagen hatte. Auch schien es mir nicht ratsam, die in Bonn ohnehin herrschende Nervosität noch zu steigern. Wer indessen gut zugehört und nicht vergessen hatte, welches die amerikanische Politik in der Eisenhower-Dulles-Ära gewesen war, konnte nicht übersehen, daß sich hier ein grundlegender Wandel der Konzeption unseres wichtigsten Verbündeten abzeichnete, ein Wandel, der sich auf die Zielsetzungen, die Methoden, die Einschätzung der Weltlage, das Verhältnis zu den Bündnispartnern erstreckte. Dieser Wandel ist es, der mich veranlaßte, dem Bericht über meine Washingtoner Jahre in diesem Buche die vielleicht etwas großspurig klingende Überschrift ›Zeitwende‹ zu geben.

Wie im internen Gespräch, so vermied ich auch in der Öffentlichkeit alle alarmierenden Töne. Wir konnten den Wandel nicht ungeschehen machen. Mißtrauen und Polemik konnten nur schaden. Davon ließ ich mich leiten, als ich am 12. Februar auf Einladung der Steuben-Schurz-Gesellschaft in der Frankfurter Universität einen Vortrag über die deutsch-amerikanischen Beziehungen hielt, in dem ich dem in Deutschland grassierenden Mißtrauen gegen die Vereinigten Staaten entgegentrat. Die in diesem Vortrag zum Ausdruck kommenden Überzeugungen habe ich auch in den folgenden, für mich häufig unerfreulichen, Monaten bewahrt. Daher habe ich es als besonders ärgerlich und enttäuschend empfunden, daß man mir später in der deutschen Presse – aufgrund von entstellten, von einer Nachrichtenagentur verbreiteten Äußerungen bei meiner Abreise von New York im September – ausgerechnet jene emotionalen Ressentiments unterstellte, die ich in meinem Frankfurter Vortrag kritisiert hatte.

»Zuversicht und gegenseitiges Vertrauen« – mit diesem Appell hatte ich meinen Vortrag ausklingen lassen, und die Presseberichterstattung hatte diese Stichworte aufgenommen.[2] Unter der Überschrift »Solidarität« hieß es in einer Leitglosse der ›Frankfurter Allgemeinen Zeitung‹:

»Welche Rolle die Gefühle der Völker für die Dauerhaftigkeit und Haltbarkeit eines Bündnisvertrages haben, ist eine Frage, über die sich lange streiten läßt. Der deutsche Botschafter in Washington ... hat dieser Tage in Frankfurt vor der Steuben-Schurz-Gesellschaft davor gewarnt, zeitweiligen Verstimmungen zu großes Gewicht beizumessen. Niemand wird übersehen wollen, daß eine gute Meinung und das, was man in allzu grober Analogie vom Leben des einzelnen auf den Verkehr der Nationen ›Völkerfreundschaft‹ nennt, nicht gering einzuschätzen ist und der Aufmerksamkeit und Pflege wert ist. Verstimmungen sollten natürlich bereinigt werden. Aber wichtig und von durchschlaggebender Kraft ist das letzten Endes alles nicht. Der Botschafter hob mit Recht hervor, daß die solidesten Bündnisse nicht auf Freundschaft und Liebe gegründet sind, sondern auf jene Solidarität, die sich aus der Gemeinsamkeit der Lebensinteressen zweier Nationen ergibt. An diese einfache Wahrheit ist vor allem in einem Augenblick zu erinnern, da sich mancher hierzulande übertriebene Vorstellungen von einer Welle der ›Deutschfeindlichkeit‹ im amerikanischen Publikum macht. Grewe erinnerte daran, daß es die umstrittenen Publikationen und Filme in Amerika schon lange gebe, und daß sich in der letzten Zeit keine Steigerung, vor allem keine organisierte Kampagne gegen Deutschland feststellen lasse. Wohl aber sei eine allmähliche Ernüchterung über die Deutschen zu beobachten, und dies sei als Korrektur eines allzu positiven Deutschland-Bildes in den ersten zehn Jahren der Bundesrepublik, das einem kritischen Deutschen immer ein wenig unbehaglich gewesen sei, im Grunde nur zu begrüßen. Es ist jetzt wichtig, daß auf die im Gange befindliche Neuorientierung des amerikanischen Deutschland-Bildes als Reaktion auf eine vorangegangene Idealisierung der Bundesrepublik nun nicht in Deutschland eine zweite Reaktion folgt, die nur geeignet sein kann, gegenseitig Mißtrauen zu wecken. Es gilt, sich nüchtern klarzumachen, daß die Freiheit der Bundesrepublik und Berlins von unserem Bündnis mit Amerika abhängt, und daß die Amerikaner ihrerseits nicht der harten Tatsache ausweichen können, daß Europa ohne die Bundesrepublik nicht gehalten werden kann. Man kann sich überhaupt keine solidere Grundlage für eine Allianz vorstellen als diese Parallelität vitaler Interessen der beiden Völker.«[3]

Am Wochenende (16./17. Februar) flog ich nach Washington zurück, schon am Montag empfing mich Kennedy, um sich über die Ergebnisse meines Bonner Aufenthaltes berichten zu lassen. In einer Meldung des Washingtoner Korrespondenten der ›Neuen Zürcher Zeitung‹ vom 20. Februar hieß es dazu:

»Es wirft zweifellos ein gutes Licht auf den Stand der amerikanisch-deutschen Beziehungen, daß Botschafter Grewe, der am Samstagabend von seinen Konsultationen in Bonn nach Washington zurückkehrte, schon am Montag von Präsident Kennedy in den Wohngemächern des Weißen Hauses zu einer eineinhalbstündigen Besprechung empfangen wurde. Über den Verlauf des Gespräches, das in einer sehr freundschaftlichen Atmosphäre geführt wurde, vernimmt man naturgemäß keine Details. Es scheint sich um einen tour d'horizon gehandelt zu haben, in dessen Verlauf der Botschafter dem Präsidenten Bundeskanzler Adenauers Auffassungen zu den aktuellen Fragen darlegte. Themen waren die Bonner Antwort auf das sowjetische Memorandum von Ende Dezember, das Treffen Adenauer-de-Gaulle von Baden-Baden, die kritische Zuspitzung der Lage in den Berliner Luftkorridoren sowie der Stand des West-Ost-Gespräches über die Berlin-Frage und im Zusammenhang damit wohl auch die Möglichkeit eines Außenminister-Treffens vorgängig der Abrüstungskonferenz Mitte März in Genf... Kennedys langes Gespräch mit Grewe ging zweifellos weit über einen Routinebesuch eines Botschafters hinaus. Es war eine Fortsetzung des von Adenauer in Washington begonnenen deutsch-amerikanischen Meinungsaustausches, von dem man hier hofft, er werde das da und dort gelegentlich immer wieder sichtbar werdende Mißtrauen schließlich zu beseitigen vermögen.«[4]

War dieser positive Eindruck vom Stand der amerikanisch-deutschen Beziehungen zutreffend? Als ich an jenem Nachmittag das Weiße Haus verließ, neigte ich dazu, das zu bejahen. Die Schnelligkeit, mit der die Zusammenkunft arrangiert wurde, die Atmosphäre des Gesprächs (das nicht im Arbeitszimmer des Präsidenten, sondern in seinen Privaträumen bei einer Tasse Tee stattfand) und sein Verlauf – alles sprach dafür. Zwar begann es mit einigen bitteren Beschwerden des Präsidenten über ihm zugetragene kritische und von Mißtrauen zeugende Äußerungen des Bundeskanzlers und seines Verteidigungsministers. Aber er ließ dieses Thema rasch wieder fallen und das Gespräch entwickelte sich in sehr gelockerten und angenehmen Formen. Unsere Antwort an Moskau schien ihm angemessen, aus dem Adenauer-de-Gaulle-Treffen in Baden-Baden am 15. Februar hatten sich für die aktuellen Berlin-Probleme keine unmittelbaren »operativen« Folgerungen ergeben und ich hatte keine Veranlassung, ihm darüber zu berichten, was dort über die amerikanische Politik im allgemeinen gesprochen worden war (die Einzelheiten, die mir damals selbst nicht bekannt waren, kann man in Adenauers ›Erinnerungen‹[5] nachlesen).

Leider hatte dieser zunächst so erfreulich verlaufene Nachmittag einige Nachspiele, die einen Schatten darauf warfen. Das eine bestand darin, daß ich auf Bonner Weisung ein Thema anschneiden mußte, dem ich früher schon viel Arbeit und Mühe gewidmet hatte, das aber mit Kennedy noch nie diskutiert worden war: die Frage der Rückerstattung des im Kriege beschlagnahmten deutschen Privatvermögens. Nicht, daß dieses Thema ein Tabu berührt und ihn verstimmt hätte. Er hörte vielmehr verständnisvoll zu und war offenbar bereit, eine Lösung ernsthaft zu erwägen. Erst später scheint er in einem negativen Sinne beeinflußt worden zu sein. Das führte dazu, daß einige seiner Äußerungen vom 19. Februar später hinweginterpretiert wurden – unnötigerweise auf meine

Kosten. Diese Angelegenheit läßt sich nur im Zusammenhang mit der Frage der Vermögensrückgabe darstellen, es wird daher später darauf zurückzukommen sein. Für beide Seiten erhielt das Gespräch vom 19. Februar dadurch einen nicht ganz erfreulichen Nachgeschmack.

Das zweite Nachspiel lieferte Bonn: Berichte über Äußerungen des Bundeskanzlers vor der CDU wollten wissen, daß sich Adenauer für den Abbruch der Thompson-Gromyko-Gespräche und für die Einberufung einer Außenminister-Konferenz über die Berlin-Frage ausgesprochen habe. In seiner Pressekonferenz vom 22. Februar auf diese Berichte angesprochen, bemerkte Kennedy mit einigem Unmut, daß man in Washington bisher einen gegenteiligen Eindruck von den Auffassungen Adenauers gehabt habe. Dabei bezog er sich ausdrücklich auf unser zwei Tage zuvor geführtes Gespräch.

Was war geschehen? Adenauer hatte sich offenbar zum mindesten mißverständlich ausgedrückt. Seine Äußerungen wurden von Bonn sofort dahingehend zurechtgerückt, daß er keine Ost-West-Konferenz gefordert, sondern ein neues Treffen der westlichen Außenminister zur Prüfung der Lage im Auge gehabt habe. Irgendeinen förmlichen Vorschlag habe er überhaupt nicht gemacht. Mit dieser Richtigstellung war ich zu Rusk geeilt und hatte ihn gerade noch vor der Pressekonferenz des Präsidenten erreicht. Dessen Reaktion war dadurch gedämpft worden, doch blieb er wohl davon überzeugt, daß Adenauer seiner Beunruhigung über die Moskauer Gespräche freien Lauf gelassen habe.

Damit war eine Serie von mehr oder minder diplomatisch verschleierten Zusammenstößen zwischen Bonn und Washington eingeleitet worden, die im Frühjahr 1962 zunehmend das gegenseitige Verhältnis trübten und belasteten und im Mai ihren Höhepunkt erreichten. Selbst ein Botschafter, der die Glätte eines Aals mit der Anpassungsfähigkeit eines Chamäleons vereinigte, hätte sich durch diese Auseinandersetzungen kaum unbeschädigt hindurchwinden können; ich jedenfalls kam nicht ohne Blessuren davon.

Keine Rückgabe des deutschen Auslandsvermögens

Parallel zu den Verstimmungen, die im Zusammenhang mit der Berlin-Frage und den darüber geführten amerikanisch-sowjetischen Gesprächen im Frühjahr 1962 das Verhältnis zwischen Bonn und Washington belasteten, kam es auf einem Sondergebiet zu einer negativen Entwicklung, die zwar in ihrer Bedeutung nicht an die der politischen Differenzen heranreichte, aber doch für die Verschlechterung des Gesamtklimas in den deutsch-amerikanischen Beziehungen bezeichnend war, und die dazu beitrug, meine in jenem Zeitpunkt ohnehin schwierige Aufgabe durch ein weiteres Problem zu erschweren.

In meinem Gespräch mit dem Präsidenten am 19. Februar hatte ich, wie schon erwähnt, auf Weisung des Auswärtigen Amtes eine Frage anschneiden müssen, die eine lange, in die Amtszeit Eisenhowers zurückreichende Vorgeschichte hatte: die Frage einer Entschädigung für deutsche Staatsangehörige und Firmen, deren Vermögenswerte im Kriege beschlagnahmt worden waren. Dabei handelte es sich um rund dreißigtausend kleinere Eigentümer, deren Entschädigungsforderungen auf etwa fünfzig Millionen Dollar geschätzt wurden, und etwa zweitausendfünfhundert Eigentümer und Firmen mit Forderungen zwischen zehntausend und hundert Millionen Dollar. Der Gesamtwert des beschlagnahmten und vom Office of Alien Property verwalteten deutschen Vermögens wurde am 31. Dezember 1956 auf dreihundertfünfundneunzig Millionen Dollar beziffert. Diese Zahl deckt nicht die mit einhundert Millionen Dollar bewertete, ursprünglich zum IG-Farbenkonzern gehörige General Aniline and Film Corporation, die während des Krieges an die Schweizerische Gesellschaft Interhandel verkauft wurde und nach dem Kriege Gegenstand eines langjährigen Rechtsstreits dieser Gesellschaft mit dem US Department of Justice wurde, in dem die Frage zu klären war, ob es sich bei diesem Vermögenskomplex um deutsches oder schweizerisches Eigentum handelte. Die Tatsache, daß sich bei den beschlagnahmten Vermögenswerten auch solche des IG-Farbenkonzerns befanden, spielte in der amerikanischen Öffentlichkeit stets eine erhebliche Rolle: IG-Farben und Krupp galten als Verkörperungen jener wirtschaftlichen Machtkonzentration, die man für schuldig hielt, dem Hitler-Regime durch finanzielle Unterstützung zur Macht verholfen und zur Vorbereitung und Durchführung des Krieges wesentlich beigetragen zu haben. Die Gegner der Entschädigungspläne brauchten nur die Beteiligung der IG-Farben an dem Kreis der Entschädigungsberechtigten zu erwähnen, um in der amerikanischen Öffentlichkeit starke emotionale Widerstände zu provozieren.

Die Gesamtfrage hatte eine rechtliche und eine politisch-psychologische Seite. Niemand konnte bestreiten, daß das Völkerrecht Privateigentum auch im Kriege schützt und keine Konfiskation feindlichen Privatvermögens gestattet. Dieser Grundsatz wurde schon im Ersten Weltkrieg (mit einigen rühmlichen Ausnahmen) weithin durchbrochen. Noch radikaler wiederholte sich dies im Zweiten Weltkrieg. In den Vereinigten Staaten stützte man sich dabei auf das aus dem Jahre 1917 stammende ›Gesetz über den Handel mit dem Feinde‹ (›Trading with the Enemy Act‹). Noch 1948 wurde es durch einen Zusatz ergänzt, in dem bestimmt wurde: »Keine Vermögenswerte sollen den früheren Eigentümern oder ihren

Rechtsnachfolgern zurückgegeben werden und die Vereinigten Staaten sollen keine Entschädigung für diese Vermögenswerte zahlen.«

Hinter dieser rigorosen Bestimmung stand insbesondere auch das von den Siegermächten geschlossene Pariser Reparationsabkommen vom 14. Januar 1946. Darin, so hielt man den Deutschen später immer wieder entgegen, hätte man sich dritten Staaten, insbesondere auch den eigenen Kriegsverbündeten, gegenüber verpflichtet, die im Kriege beschlagnahmten Vermögenswerte nicht zurückzugeben.

In den Verhandlungen von 1951/52 über den »Überleitungsvertrag« (den umfangreichsten der »Zusatzverträge« zum Deutschland-Vertrag) wurden wir stark bedrängt, die gegen das private deutsche Auslandsvermögen ergriffenen Maßnahmen als rechtmäßig anzuerkennen und die betroffenen Eigentümer selbst zu entschädigen. Das hieraus abgeleitete Argument, daß wir entsprechende Anerkenntnisse ausgesprochen und Verpflichtungen übernommen hätten, wurde uns später oft entgegengehalten. Jeder, der einen Vertragstext lesen kann und die juristische Begriffssprache kennt, muß jedoch erkennen, daß wir uns diesem Anerkenntnis widersetzt und uns ihm entzogen hatten. Artikel 3 des Teils VI des Überleitungsvertrages sagt nämlich lediglich: »Die Bundesrepublik wird in Zukunft keine Einwendungen gegen die Maßnahmen erheben, die gegen das deutsche Auslands- oder sonstige Vermögen durchgeführt worden sind oder werden sollen...« Es handelte sich also lediglich um einen Verzicht auf die Geltendmachung von Ansprüchen, und dieser wurde noch eingeschränkt durch Artikel 4, in dem bestimmt wurde, daß die Bundesrepublik über die noch nicht liquidierten Auslandswerte mit den Staaten, die sie beschlagnahmt hatten, verhandeln und mit ihnen vereinbarte Regelungen treffen könne. Richtig war lediglich, daß sich die Bundesrepublik in Artikel 5 verpflichtet hatte, die Eigentümer der beschlagnahmten Werte zu entschädigen – wobei man hinzufügen muß: soweit es nicht gelang, ihnen im Verhandlungswege zur Erlangung ihres Eigentums oder zur Entschädigung durch den beschlagnahmenden Staat zu verhelfen.

Soweit die rechtliche Seite der Sache. Politisch-psychologisch ging es der Bundesregierung stets um die Ausräumung eines die deutschamerikanischen Beziehungen belastenden Überbleibsels aus dem Kriege, das sich innenpolitisch als störend erwies, weil die betroffenen Interessenten naturgemäß nicht locker ließen und die Bundesregierung immer wieder drängten, sich energisch ihrer Ansprüche anzunehmen. In den Kreisen der Wirtschaft spielte auch der Gedanke eine Rolle, daß künftige Auslandsinvestitionen ein Mindestmaß von rechtlichem Schutz des Privateigentums voraussetzten, der wesentlich beeinträchtigt würde, wenn selbst die Vereinigten Staaten dieses Mindestmaß nicht respektierten.

In den Vereinigten Staaten gab es zwar Persönlichkeiten und Kreise, die für diesen Gedanken aufgeschlossen waren – ebenso wie solche, die eine Lösung der Frage wünschten, um eine nicht mehr in die politische Landschaft passende Kriegsmaßnahme zu korrigieren und das Verhältnis zum deutschen Bündnispartner davon zu bereinigen. Auf der anderen Seite gab es jedoch erhebliche Widerstände: Von den eingewurzelten Ressentiments gegen IG-Farben war schon die Rede. Rücksichten auf die Verbündeten, denen gegenüber man sich im Pariser Reparationsabkommen vom 14. Januar 1946 auf den Grundsatz verpflichtet hatte, das deutsche Auslandsvermögen für Reparationszwecke zu verwenden und es nicht wieder in deutsche Hand gelangen zu lassen, spielten eine Rolle: Selbst wenn man sich zur Entschädigungsleistung für amerikanische Beschlagnahmen bereitfinden wollte, scheute man sich, mit einem solchen Präjudiz die Verbündeten in eine Lage zu bringen, die ihnen wesentlich lästiger sein würde, als den Amerikanern. Schließlich gab es Widerstände, die mit handfesten Interessen zusammenhingen: Nutznießer der liquidierten deutschen Vermögensmasse, die keine Durchleuchtung der Vorgänge wünschten; amerikanische Staatsbürger, die kriegsbedingte Entschädigungsansprüche gegen das Deutsche Reich und seine Rechtsnachfolger geltend machten und aus der Vermögensmasse des beschlagnahmten deutschen Auslandsvermögens vorrangig befriedigt zu werden verlangten (wobei eine Besonderheit des amerikanischen War Claims Act darin bestand, daß das deutsche Auslandsvermögen auch zur Befriedigung solcher Kriegsschädenansprüche herangezogen werden konnte, die sich nicht gegen Deutschland, sondern gegen andere Feindstaaten, zum Beispiel Japan, richteten).

Insgesamt war bei der Aufnahme des Gesprächs über das deutsche Auslandsvermögen von folgenden rechtlichen und politischen Voraussetzungen auszugehen: Die Verfassungsmäßigkeit der amerikanischen Nachkriegsgesetzgebung (insbesondere des War Claims Act von 1948), welche die entschädigungslose Enteignung der im Kriege beschlagnahmten deutschen Auslandsvermögen verfügt hatte, ist unumstritten. Gleichwohl widerspricht diese dem Völkerrecht.[1] Die Bundesrepublik hat daher die Rechtmäßigkeit dieser Enteignungsmaßnahmen nicht anerkannt. Sie hat zwar im Überleitungsvertrag von 1952/54 darauf verzichtet, Einwendungen zu erheben, hat sich aber das Recht ausbedungen, über Entschädigungen zu verhandeln. Solche Verhandlungen wurden alsbald nach Inkrafttreten des gesamten Vertragswerkes von 1954 aufgenommen, wobei man davon absah, Ansprüche im Rechtssinne geltend zu machen, und statt dessen im Interesse der freundschaftlichen Zusammenarbeit der beiden Länder auf einen Billigkeitsausgleich abzielte. Bei den ersten offiziellen Verhandlungen über die Entschädigungsfrage, die 1955 in Washington zwischen Hermann J. Abs als Beauftragtem des Bundeskanzlers und dem

Assistant Secretary of State, Walworth Barbour, geführt wurden, stellte die amerikanische Seite im Sinne eines solchen Billigkeitsausgleichs eine »kleine Lösung« zur Diskussion, die eine volle Rückgabe aller Vermögenswerte bis zu zehntausend Dollar an natürliche Personen vorsah. Die deutsche Seite begrüßte diesen Vorschlag, wollte ihn jedoch nur als ersten Schritt zu einer umfassenderen Lösung verstanden wissen. Zu einer entsprechenden Erklärung war jedoch die amerikanische Delegation nicht bereit.

In den beiden folgenden Jahren kam es zu Entwicklungen, die zu Hoffnungen auf eine positive Lösung der Frage zu berechtigen schienen. Adenauers Besuch im Mai 1957 schien einen wichtigen Fortschritt zu bringen: Eine Erklärung des Präsidenten Eisenhower nämlich, in der das »historische Prinzip der Heiligkeit des privaten Eigentums selbst in Kriegszeiten« bestätigt und in der zugleich angekündigt wurde, daß dem Kongreß rechtzeitig in der nächsten Sitzungsperiode eine Vorlage zugeleitet werden solle, die eine gerechte und billige Entschädigung für die beschlagnahmten Vermögenswerte vorsehe. Im Anschluß an diese Erklärungen des Weißen Hauses kam es zu Verhandlungen zwischen der Botschaft und dem State Department, über die der Bundesaußenminister Brentano im Januar 1958 dem Bundestag einen relativ optimistischen Bericht gab.[2] Zwei Monate später wurde jedoch durch einen Brief vom 28. März 1958 des Assistant Secretary of State Macomber an den Kongreß bekannt, daß die aus Verhandlungen zwischen State Department, Justice Department und Budget Bureau hervorgegangene Vorlage der Administration erheblich hinter diesen Erwartungen zurückblieb:

Ansprüche bis zu zehntausend Dollar sollten voll befriedigt werden; das Gleiche sollte für die Ansprüche kriegsgeschädigter Amerikaner gelten; aus dem verbleibenden Rest der Vermögenswerte sollten die über jenen Betrag hinausgehenden Ansprüche deutscher natürlicher und juristischer Personen quotal entschädigt werden. Dieser Plan hätte für die letzte Gruppe keine nennenswerten Beträge übriggelassen und war daher für die deutsche Seite enttäuschend. Als Brentano im Juni den Bundespräsidenten Heuss bei seinem Staatsbesuch nach Washington begleitete, bemühte er sich bei Dulles, eine Überprüfung dieser Vorlage im Sinne einer verbesserten Lösung zu erreichen. Dulles ließ jedoch keinen Zweifel daran, daß es »im gegenwärtigen Zeitpunkt« keinerlei Aussicht gebe, diesen Plan zu verbessern; es gebe zu starke Widerstände.

Dabei blieb es nicht: Einen Monat später, am 3. Juli, wurde ein neuer Plan bekannt, der darauf abzielte, die beiden Fragen der kriegsgeschädigten Amerikaner und der deutschen Eigentümer voneinander zu trennen und die ersteren vorrangig aus den Liquidationserlösen des deutschen Eigentums zu befriedigen.

Diese Trennung konnte in Bonn nur sehr negativ bewertet werden, denn sie bedeutete, daß die von den amerikanischen Kriegsgeschädigten ausgehenden Antriebe zu einer baldigen Lösung den deutschen Eigentümern in Zukunft nicht mehr zugute kommen würden und die Befriedigung ihrer Ansprüche mehr denn je in eine ungewisse Zukunft verwiesen wurde. Auf der anderen Seite war es fast unmöglich, diese Trennung zu kritisieren, weil wir uns damit dem Vorwurf aussetzten, die Entschädigung der amerikanischen Kriegsgeschädigten zu behindern.

Längere Zeit wurde unsere Aktivität durch einen Prozeß behindert, den die IG-Farben-Rechtsnachfolger in der Frage der General Aniline and Film Corporation betrieben. Nachdem sie in diesem Verfahren durch ein New Yorker Distriktsgericht abgewiesen worden waren und auf eine Berufung verzichtet hatten, wurde ich im Mai 1959 angewiesen, das Gespräch wieder aufzunehmen. In den letzten April- und ersten Maitagen hielt ich mich in Vorbereitung der bevorstehenden Außenministerkonferenz beim Bundeskanzler in Cadenabbia, in Paris bei einer Vorbesprechung der westlichen Außenminister und in Bonn zu internen deutschen Konferenzvorbesprechungen auf. Am 11. Mai sollte die Genfer Konferenz beginnen. Für die wenigen dazwischen noch verbleibenden Tage schickte man mich nach Washington zurück, um eine Demarche im State Department in der Vermögensfrage persönlich durchzuführen. Sie erfolgte am 7. Mai. Mein Vorbringen mußte die Trennung der amerikanischen Kriegsgeschädigten-Ansprüche von der Entschädigung der deutschen Eigentümer als ein unabänderliches fait accompli hinnehmen. Meine Demarche hatte jedoch immerhin den Erfolg, daß die Gespräche wieder in Gang kamen und daß maßgebliche Persönlichkeiten des State Department, insbesondere der Stellvertretende Außenminister, Douglas Dillon, sich zusammen mit der Botschaft in sehr kooperativer Weise um die Erarbeitung einer praktischen Lösung bemühten. Im Laufe des Jahres 1960 gelang es uns, deren Zustimmung zu einem von der Botschaft und ihren Vertrauensanwälten entwickelten Entschädigungsplan zu finden, der praktische Realisierungsaussichten zu haben versprach. Anfang November 1960 war man soweit einig geworden, daß der Abschluß eines Abkommens greifbar nahegerückt zu sein schien.

Der für Mitte November geplante Besuch des amerikanischen Finanzministers Robert B. Anderson und des Stellvertretenden Außenministers C. Douglas Dillon in Bonn bot dafür eine günstige Gelegenheit. Anlaß für diesen Besuch waren in erster Linie amerikanische Besorgnisse und Wünsche, die sich aus dem lang anhaltenden Defizit in der amerikanischen Zahlungsbilanz, dem Dollarabfluß nach Westeuropa und Japan und den erheblichen Überschüssen der deutschen Zahlungsbilanz ergaben. In einer Direktive des Präsidenten Eisenhower vom 16. November war daher eine stärkere Beteiligung der Verbündeten an den Verteidigungslasten der Vereinigten Staaten sowie an der Entwicklungshilfe gefordert worden.

Kurz bevor die Besucher nach Bonn aufbrachen, hatte ich ein letztes Gespräch mit Dillon, an dessen Ende er unsere Mitarbeiter hinausschickte und mir unter vier Augen zu verstehen gab, daß dieser Besuch in Bonn von uns genutzt werden müsse, wenn wir die Vermögensfrage endlich vom Tisch bringen wollten. Da sie als »demandeurs« kämen, seien wir in einer guten Position, auch unsere Wünsche anzubringen. Am 5. November schrieb ich einen langen Brief an den Staatssekretär van Scherpenberg, mit dem ich die Besprechungen in Bonn in eine entsprechende Richtung zu lenken suchte. Nachdrücklich trat ich dafür ein, daß sowohl der Bundeskanzler wie auch der Außenminister die Frage anschneiden sollten und daß der Staatssekretär selbst sich ihrer in einer konkreten Verhandlung annehmen möge.

Die beiden Amerikaner hielten sich vom 19. bis zum 23. November in Bonn auf. Zu konkreten Vereinbarungen kam es in keinem Punkte. Die Frage des deutschen Auslandsvermögens wurde im Kommuniqué mit keinem Worte erwähnt. Sie war auch in den Gesprächen nicht berührt worden.

Warum nicht? Man hat mir später gesagt, der Bundeskanzler habe allen konkreten Verpflichtungen gegenüber den Vertretern einer Administration aus dem Wege gehen wollen, deren Lebensdauer nur noch einige Wochen betrug (Kennedy war am 7. November 1960 gewählt worden und sollte am 20. Januar 1961 sein Amt antreten). Natürlich ließ sich eine solche Auffassung mit guten Gründen vertreten – einschließlich des Arguments, daß man unter solchen Umständen auch nicht die deutschen Wünsche in der Vermögensfrage hätte vorbringen können. Vielleicht war es politisch klug, sich auf die neue Administration einzustellen. Mir jedoch erschien diese Haltung in ihrer Rigorosität nicht zwingend. Empfänger unserer Leistungen wäre in jedem Fall die neue Administration geworden. Ein Abkommen in der Vermögensfrage, auch wenn es von der abtretenden Administration geschlossen worden und nach amerikanischem Brauch für die neue nicht letztlich bindend gewesen wäre, hätte uns im Jahre 1961 doch eine höchst nützliche und wertvolle Ausgangsposition bieten können. Wie dem auch sei – die Chance wurde nicht genutzt, und damit war das Schicksal der deutschen Auslandsvermögen eigentlich schon besiegelt. Was 1961 und Anfang 1962 in dieser Frage noch geschah, war im Grunde nur noch ein schwaches und wenig aussichtsreiches Nachspiel. Anfang 1962 entschloß man sich in Bonn zu einem neuen Anlauf, wobei man diese nicht gerade verlockende Aufgabe wiederum dem Botschafter in Washington aufbürdete.

Als ich mich Mitte Februar um einen Termin beim Präsidenten bemühte, um im Anschluß an einen tour d'horizon und laufende Fragen auch die Vermögensfrage vorzubringen, hatte ich keine Illusionen über die Erfolgsaussichten dieses mir aufgetragenen Schrittes. Erst einige Tage zuvor, am 10. Februar, hatte die ›New York Times‹ einen Leserbrief des Senators von Florida, George A. Smathers, veröffentlicht, der eine ganze Kollektion der unrichtigen und entstellenden Behauptungen zu dieser Frage enthielt, die wir aus der öffentlichen Diskussion der letzten Jahre schon zur Genüge kannten. Von dem der Demokratischen Partei angehörenden Autor wußte man, daß er dem Präsidenten nahestand. Als ich (am 19. Februar) von Kennedy empfangen wurde, bemühte ich mich, ihm – ohne den Leserbrief von Smathers zu erwähnen – verständlich zu machen, weshalb die Bundesrepublik ihre durch die Beschlagnahme des Auslandsvermögens betroffenen Bürger nicht selbst entschädigen könne: Wir könnten wegen des Gleichheitsgrundsatzes unserer Verfassung die Eigentümer von Auslandsvermögen nicht anders behandeln als diejenigen, die ihr Eigentum durch Kriegseinwirkungen im Inlande verloren hätten. Für diese gewähre die Lastenausgleichsgesetzgebung eine Entschädigung von allenfalls acht bis zehn Prozent. Wollten wir für alle Kriegsschäden volle Entschädigung gewähren, so müßten dafür einige hundert Milliarden DM aufgebracht werden. Damit würde die finanzielle Handlungsfähigkeit der Bundesrepublik in unerträglicher Weise eingeengt, sie könnte dann auch weder auf dem Gebiete der Verteidigung noch der Entwicklungshilfe den Mindesterwartungen ihrer Verbündeten entsprechen. Die Bundesregierung befinde sich daher in einem Dilemma, das sie dazu nötige, auf diese Frage zurückzukommen: Volle Entschädigung könne sie ihren betroffenen Bürgern aus den dargelegten Gründen nicht gewähren. Eine billige Entschädigung lasse sich nur im Zusammenwirken mit den Vereinigten Staaten durchführen (die im Verhältnis zu den betroffenen deutschen Bürgern nicht durch den Gleichheitssatz gebunden seien). Würden wir uns mit einer symbolischen Entschädigung (nach den Grundsätzen des Lastenausgleichs) begnügen, so müßte die Regierung dem Bundestag zuvor erklären, daß die gegenwärtige amerikanische Regierung nicht bereit sei, eine durch viele Jahre hindurch geführte Verhandlung zum Abschluß zu bringen. Mein nächstes Argument bezog sich auf Widerstände im Kongreß: Wir wüßten, daß es sie gebe. Die von uns vorgeschlagene Lösung könne aber auf dem Wege eines »executive agreement« realisiert werden, das (wie unsere »Verwaltungsabkommen«) verfassungsrechtlich nicht an eine Zustimmung der Legislative gebunden sei. Selbst wenn man es aus politischen Gründen vorziehen würde, den Weg eines förmlichen Vertrages zu beschreiten, so brauchte jedenfalls nur der Senat zuzustimmen. Dort habe, wie wir wüßten, die Administration gute Aussicht, genügend Senatoren für die Vertragsratifikation zu gewinnen. Unser Plan erfordere keine Steuermittel, verlange auch keine Rückerstattung der liquidierten Werte. Wir schlügen den Verzicht auf die Rückzahlung von Schulden vor, die erst in den Jahren 1969 bis 1987 fällig würden. Die deutschen Eigentümer industrieller Vermögenswerte seien bereit, die Gesamtsumme ihrer Entschädigung sofort für Investitionen in den Vereinigten Staaten auszugeben, diesen Betrag – es handelte sich um fünfzig Millionen Dollar, während die Gesamtsumme der ausländischen Investitionen in den USA 1961 etwa vierhundert Millionen Dollar betragen habe – gegebenenfalls auch sofort in den Vereinigten Staaten zu hinterlegen.

Die Bundesregierung sei notfalls sogar bereit, die Entschädigung, die sie nach dem Überleitungsvertrag an ihre Bürger zu leisten habe (aber wegen der dargelegten verfassungsrechtlichen Hindernisse nicht auszahlen könne), an die Vereinigten Staaten zu zahlen (etwa siebzig Millionen DM) und auf diese Weise den Topf anzureichern, aus dem dann die deutschen Eigentümer befriedigt werden könnten.

Von diesem ziemlich großzügigen Bonner Angebot war ich selbst überrascht. Konnte man die Smathers-Argumente schlagender ad absurdum führen?

Am Schlusse meiner Darlegungen (sie dauerten kaum länger als fünf bis zehn Minuten) wies ich darauf hin, daß mit dieser Lösung auch der Weg für die War Damage Legislation frei werde – denn es habe sich gezeigt, daß die Trennung der beiden Fragen den amerikanischen Kriegsgeschädigten entgegen allen Erwartungen gar nicht geholfen hatte. (Die Regelung ihrer Ansprüche war nämlich im Senat am Widerstand jener Kräfte gescheitert, die es für unfair hielten, die deutschen Vermögenswerte ausschließlich für diese Zwecke zu benutzen.)

Alle diese Argumente schienen ihren Eindruck nicht zu verfehlen. Kennedy zeigte sich interessiert, stellte Rückfragen nach der Größenordnung der verschiedenen Ansprüche und gab schließlich dem Gespräch eine überraschende Wendung, indem er es mit einer anderen, ihn gerade stark beschäftigenden Frage verband: mit den finanziellen Nöten der Vereinten Nationen, die sich im Zusammenhang mit den »friedenerhaltenden Maßnahmen« im Kongo und der Weigerung der Sowjetunion und anderer Mitgliedstaaten ergeben hatten, zu deren Finanzierung beizutragen. Die Vereinten Nationen hatten zur Überbrückung ihrer Finanzlücke Bonds ausgegeben, deren Ankauf die amerikanische Regierung befürwortete, weil sie ihre ohnehin schon drückende finanzielle Belastung zugunsten der Vereinten Nationen nicht vergrößert zu sehen wünschte. Natürlich hätten die beiden Fragen nichts miteinander zu tun, betonte der Präsident. Er deutete an, daß er lediglich ein »politisches Geschäft« im Sinne habe:

Wenn er uns in einer Frage helfe, in der die Bundesregierung innenpolitische Schwierigkeiten habe, so könne diese ihm vielleicht in einer Frage helfen, in der er sich mit seiner auf Unterstützung der Vereinten Nationen gerichteten Politik in einer Schwierigkeit befinde, indem sie die VN-Bonds ankaufe. Der bei dem Gespräch anwesende Außenminister Dean Rusk griff diesen – für mich einigermaßen überraschenden – Gedanken auf und gab zu erkennen, daß er ihn für erwägenswert halte.

Drei Tage später traf ich aus anderem Anlaß mit Rusk zusammen und kam dabei auf diesen Gedanken zurück. Rusk betonte, man dürfe den Zusammenhang nicht in der Öffentlichkeit bekannt werden lassen. Der bei diesem Gespräch anwesende Assistant Secretary Kohler (der an dem voraufgegangenen Gespräch beim Präsidenten nicht teilgenommen hatte) bekundete seine Überraschung über einen Zusammenhang zwischen beiden Fragen. Rusk winkte ab und bedeutete ihm, er würde ihm das später erklären. Noch am selben Tag sprach ich Kohler auf die Angelegenheit an. Dieser erklärte, er habe das Protokoll meines Gesprächs beim Präsidenten gelesen; es stehe nichts davon darin, daß der Präsident die beiden Fragen in einen Zusammenhang gebracht habe. Auf mein Drängen wurde der Protokollführer befragt, der schließlich mit einiger Verlegenheit zugab, er habe diese Äußerung in der Tat nicht aufgenommen, denn sie sei doch wohl »ein Scherz« gewesen. Daraufhin meldete ich mich erneut bei Rusk zu einem Gespräch an und fragte ihn unter vier Augen, was dieser seltsame Vorgang bedeuten solle. Rusk erwiderte nunmehr, er habe inzwischen mit dem Präsidenten gesprochen; dieser sei sich »nicht dessen bewußt«, eine Anregung zur Verbindung der beiden Fragen gegeben zu haben.

Seit den Tagen, in denen sich diese Vorgänge abspielten, kursierte in Washington die Geschichte, ich hätte einen Scherz des Präsidenten ernstgenommen und als zu prüfenden Vorschlag nach Hause berichtet; es fehle mir der »sense of humour«.

Was ich nach Hause berichtet habe, war von Swidbert Schnippenkötter entworfen worden, meinem Botschaftsrat, der den Gesprächsverlauf genau notiert hatte. Mehr Gewicht, als sie einer solchen improvisierten und in lockerer Form aufgeworfenen Überlegung zukommt, habe ich, wenn ich mich recht erinnere, in meinem Bericht dem Gedanken nicht gegeben, – aber für einen Scherz habe ich sie nicht gehalten, hat Schnippenkötter sie nicht gehalten und auch Rusk nicht, wie aus seinem Verhalten während des Gesprächs und aus unseren Unterhaltungen in den folgenden Tagen eindeutig hervorgeht.

Wie sich aus solchen Vorfällen und aus der Art, wie sie kolportiert werden, Legenden und ein kaum noch zu erschütterndes Image in der Öffentlichkeit bilden, ließ sich an diesem Falle in klassischer Deutlichkeit

82. Am 20. 1. 1961 findet in Washington die Inaugurations-Parade für den neuen Präsidenten Kennedy statt, zu der auch das gesamte diplomatische Korps geladen ist.

83. Der scheidende Präsident Eisenhower wird am Tage der Amtsübernahme (20. 1. 1961) von seinem Nachfolger Kennedy im Weißen Haus zum Inaugurationsakt abgeholt.

84. Weißes Haus, 17. 2. 1961: Der erste Besucher aus Bonn, den Präsident Kennedy und sein Außenminister Rusk empfangen, ist Außenminister von Brentano; stehend: Kohler, Botschafter Dowling, Grewe, von Etzdorf, Dolmetscher Weber, Staatssekretär van Scherpenberg.

85. Nach einem Essen in der Botschaft für den Regierenden Bürgermeister von Berlin Brandt (11. 3. 1961); rechts neben ihm Shephard Stone (seit einigen Jahren Direktor des Aspen Institute, Berlin).

86./87./88. Washington im April 1961: Bei der ersten Begegnung Adenauers mit dem Präsidenten Kennedy und seinen Mitarbeitern steht die gefährlich zugespitzte Berlin-Krise im Vordergrund; der Bundeskanzler im Gespräch mit Kennedy (86), mit Rusk (87) und mit Vizepräsident Johnson bei seinem anschließenden Besuch auf dessen Ranch in Texas (88).

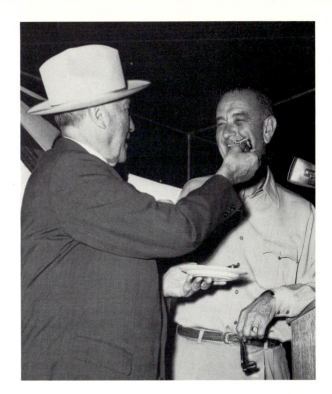

89. Am 30. 7. 1961 führt Verteidigungsminister Strauß zusammen mit dem Botschafter eine Fernsehdiskussion mit einigen prominenten Journalisten (»Meet the Press«).

90. In den Tagen nach dem Bau der Mauer in Berlin (13. 8. 1961) stehen sich am »Check Point Charlie«, am Übergang über die Sektorengrenze an der Friedrichstraße, amerikanische und sowjetische Panzer gegenüber.

91. Fernsehdiskussion mit Senator Keating über Berlin (10. 9. 1961).

92. Am 13. 10. 1961 informiert der Regierende Bürgermeister von Berlin Brandt den Kanzler im Palais Schaumburg über seine in Washington geführten Gespräche; links Strauß und der Berliner Senator Klein.

93. Washington im Oktober 1961: Während der Amtszeit Kennedys kommt es zu Diskussionen über Wege und Ziele der beiderseitigen Außenpolitik, die zuweilen nicht ohne Härte geführt werden; mit Kennedy nach einem solchen Gespräch.

94. Der Botschafter überreicht dem berühmten **nach** Amerika emigrierten Theologen Tillich das ihm vom Bundespräsidenten verliehene Bundesverdienstkreuz (3. 11. 1961).

95. Der neue Außenminister Schröder im Gespräch mit Präsident Kennedy (November 1961).

96. Begrüßungsansprache an die Besatzung des Segelschulschiffs der Bundesmarine ›Gorch Fock‹, das zu einem Freundschaftsbesuch im New Yorker Hafen festgemacht hat (10. 5. 1962).

97. Am 11. 6. 1962 verleiht die juristische Fakultät des Middlebury College (Vermont) dem scheidenden Botschafter die Ehrendoktorwürde, die zugleich auch McCloy, dem Abrüstungsbevollmächtigten des Präsidenten, verliehen wird.

98. Im Juni 1962 kommt Außenminister Rusk nach Bonn. Gespräch auf der Terrasse des Palais Schaumburg mit seinem deutschen Amtskollegen Schröder; links neben ihm Botschafter Dowling, Carstens, rechts neben Schröder, Kohler, Grewe.

99. »Chip« Bohlen beim Abschiedsempfang in der Botschaft (30. 8. 1961).

100. Abschiedsbrief des früheren Außenministers Acheson (1949 - 1953), der auch von Kennedy noch mehrfach mit besonderen Aufgaben bedacht wurde.

> Dear Mr. Ambassador,
>
> Since my wife and I will be away on a vacation at the time of your reception on August 30th, I am writing this note to say good-bye. We have greatly enjoyed our friendship with you and Frau Grewe and hope to keep it fresh in the years to come. You have been with us during a time when the first steps in the new relation between our countries had been taken and the more difficult ones of learning to meet and overcome the tiresome frictions of a developing association were the order of the day. Your tasks were not glamorous, but all the harder because of that. I have much admired your steady and calm way of handling them.
>
> We both both wish you happiness and success in new posts, and assure you both that you leave many friends behind you.
>
> Most sincerely yours,
> Dean Acheson
>
> August 13, 1962.

101. »Keep smiling« beim Abschied.

102. Der NATO-Rat im Sitzungssaal seines Pariser Gebäudes an der Porte Dauphine (bis 1967).

103. In Paris residiert der NATO-Botschafter am Square de l'Avenue Foch in einem Hause, in dem einst Claude Debussy gelebt hat.

104. Antrittsbesuch beim NATO-Oberbefehlshaber (SACEUR) General Norstad in Rocquencourt bei Paris (3. 12. 1962).

105. Mit Verteidigungsminister McNamara bei einer NATO-Konferenz (1963) in Paris.

106. Bei einem Paris-Besuch des EWG-Präsidenten Hallstein (November 1962).

107. Am 13. 1. 1963 kommt der stellvertretende amerikanische Außenminister Ball nach Bonn, um Adenauer die amerikanischen Vorschläge für eine multilaterale Atomstreitmacht der NATO (MLF) zu erläutern.

108. Im Elysée am 20. 1. 1963: Nach der Unterzeichnung des deutsch-französischen Freundschaftsvertrags zelebrieren Adenauer und de Gaulle die »accolade«.

109. Am 19. 10. 1963 trägt Unterstaatssekretär Shuckburgh Staatssekretär Carstens im Auswärtigen Amt die britischen Ansichten zum MLF-Projekt vor.

110. In der ›Frankfurter Allgemeinen Zeitung‹ karikiert Köhler die von Kritikern als eilfertig hingestellte Bereitschaft der Bundesrepublik, an einer multilateralen Atommacht teilzunehmen.

111. Vom 20. - 22. 4. 1964 hält Außenminister Schröder (rechts) eine Routine-Botschafterkonferenz in seiner Dienstwohnung auf dem Bonner Venusberg ab; von links: Klaiber, Knappstein, van Scherpenberg, Blankenhorn, Grewe, Simon, Borchardt, unbekannt, Carstens, Schröder, Lahr, Jansen.

112. Zu den Aufgaben des NATO-Botschafters gehört auch der Besuch der Kommandozentralen der NATO: am 4. 8. 1964 in Neapel beim Alliierten Oberkommando Süd (AFSOUTH).

113. Bei Manövern der VI. US-Flotte im Mittelmeer (September 1963).

114./115. Im Juli 1965 besichtigt NATO-Generalsekretär Brosio die Zonengrenze bei Offleben, südlich von Helmstedt (114) und beobachtet Vorführungen von Panzergrenadieren der Bundeswehr im Raum Wolfenbüttel (115); von links: Offiziere der besichtigten Einheit mit ihrem Kommandeur, Brosio (mit Hut), Grewe, Generalinspekteur de Maizière, General von Plato.

116. In Anwesenheit der Spitzen der italienischen Regierung wird im September 1965 auf dem Kapitol zu Rom die Jahreskonferenz der NATO-Parlamentarier eröffnet: links (stehend) Lord Gladwyn, rechts neben ihm Brosio, Ministerpräsident Moro, ganz rechts Staatspräsident Saragat.

117. Nach einem Vortrag vor Offizieren der Luftwaffengruppe Süd in Karlsruhe: im Gespräch mit Bundesverfassungsrichter Kutscher, dem jetzigen Präsidenten des Europäischen Gerichtshofes in Luxemburg (30. 11. 1966).

118./119. »Minister kommen und gehen...« Am Konferenztisch mit den Außenministern Schröder (1966) und Brandt (März 1967).

120. Im Oktober 1967 wird das neue NATO-Gebäude in Brüssel, das in erster Linie den Rat, das Generalsekretariat und die 15 Ständigen Vertreter der Mitgliedstaaten beherbergt, seiner Bestimmung übergeben. Der streng funktionelle Zweckbau ist innerhalb von sechs Monaten errichtet worden.

121. Vor der ersten Ministertagung im neuen Brüsseler NATO-Hauptquartier, 13./14. 12. 1967, findet die übliche Vierer-Konferenz der Außenminister der drei Westmächte und der Bundesrepublik über Deutschland- und Berlin-Fragen in der Wohnung des NATO-Botschafters statt; im Vordergrund links: Rusk, Brown, rechts Couve de Murville, Brandt.

122. Kurz nach seinem Amtsantritt besucht Präsident Nixon am 24. 2. 1969 den NATO-Rat in Brüssel. Begrüßung des norwegischen und des deutschen Botschafters; rechts neben Nixon: Brosio.

123./124. Das zwanzigjährige NATO-Jubiläum am 10./11. 4. 1969 wird in Washington begangen: Brandt, Brosio, Laird, Rogers, Nixon, Kissinger (123). Am Vorabend findet wiederum das Vierertreffen der Außenminister Brandt, Stewart, Rogers, Débré statt, bei dem Deutschland- und Berlin-Fragen erörtert werden (124).

125. Als Teil der Jubiläumsveranstaltungen finden am 22. 6. 1969 auf dem Militärflugplatz Bierset bei Lüttich Vorführungen von NATO-Luftwaffenverbänden statt. Die NATO-Botschafter in Erwartung des belgischen Königs.

126. Vom 10. - 12. 11. 1969 tagt die Nuklear Planungsgruppe der NATO im Airlie House, Virginia: Gespräch mit Brosio während einer Pause.

127. Vom 7. - 9. 6. 1970 findet die nächste Tagung in Venedig statt: Nach einem anstrengenden Sitzungstag erholt man sich auf dem Markusplatz; neben dem Verteidigungsminister ein Adjutant, Frau Loki Schmidt, Grewe, Frau Gerty Grewe.

128. »Eine neue Dimension der NATO« wird mit der Inangriffnahme von Aufgaben erstrebt, für die 1969 auf amerikanische Initiative das Commitee on the Challenge of Modern Society gegründet wird. Im Dezember 1969 tritt es erstmalig zusammen. Stars dieser Sitzung sind der deutsche und der amerikanische Delegierte, Staatssekretär Dahrendorf und der Wissenschaftsberater des US-Präsidenten Moynihan, die sich hier begrüßen; neben Moynihan der amerikanische NATO-Botschafter Ellsworth.

studieren. An dem, was sich wirklich abgespielt hat, gibt es kaum einen Zweifel: Mein Vorstoß beim Präsidenten, der zu überraschend kam, als daß man ihn hätte »briefen« können, hatte offenbar alle Kräfte alarmiert, die entschlossen waren, die Lösung der deutschen Vermögensfrage zu verhindern. Mein früherer Verhandlungspartner Dillon war inzwischen Finanzminister geworden und war als solcher nicht mehr in erster Linie für eine Fortsetzung der Verhandlungen zuständig. An seiner Stelle saß jetzt George Ball, der in seiner Anwaltszeit Interessengruppen vertreten hatte, die gegen unseren Plan waren.

Ihm wurde der Auftrag zuteil, mir zu eröffnen, daß die Administration Kennedy nicht gewillt sei, die Verhandlungen über die Vermögensfrage wiederaufzunehmen. Er tat es am 12. März, mit bemerkenswerter Kühle, in dürren Worten und ohne weitere Begründung. Damit war dieses Kapitel der deutsch-amerikanischen Beziehungen abgeschlossen. Der Schlußakt war – sowohl in der Art der Behandlung der Angelegenheit wie in der Sachentscheidung selbst – kein Ruhmesblatt für die Administration Kennedy.

Das große Leck

Ein »leak«, so sagen die englisch-deutschen Wörterbücher, ist ein Leck, Riß, eine Spalte, undichte Stelle, durch die Wasser hindurchsickert. Im englisch-amerikanischen Sprachgebrauch wird das Wort häufiger als im deutschen im übertragenen Sinne gebraucht: eine undichte Stelle, durch die vertrauliche Tatsachen und Vorgänge in die Öffentlichkeit durchsickern und bekannt werden. Bei uns spricht man meist von »Indiskretionen« – was deutlicher zum Ausdruck bringt, daß es sich häufig um bewußte und gewollte Enthüllungen, um »gezielte« Aktionen und nicht nur um einen Materialschaden, eine Panne, ein Mißgeschick handelt.

In der Politik sind beide Arten von Indiskretionen, gewollte und ungewollte, gleichermaßen an der Tagesordnung. Die ungewollten sind meist das Ergebnis penetranter Recherchen von Journalisten, die mit großem Raffinement Methoden ersonnen haben, um vertraulichen Vorgängen auf die Spur zu kommen: Befragung verschiedener Auskunftspersonen über den gleichen Vorgang; Aufstellung von Behauptungen, die den Gesprächspartner zum Widerspruch oder zur (mindestens stillschweigenden) Bestätigung provozieren sollen; Vorspiegelung eines Bereits-Informiertseins, die den Gesprächspartner veranlassen soll, weitere Geheimnistuerei als zwecklos aufzugeben; Anreizung der Eitelkeit des Gesprächspartners, sich als »Eingeweihter« aufzuspielen und mit seinem Geheimwissen zu prahlen; systematische Falschmeldungen, die Dementis hervorlocken sollen.

Gezielte Indiskretionen sind eine beliebte Waffe der Politiker in aller Welt. Die Empörung, die sie bei den an der Geheimhaltung Interessierten auslösen, ist meist wenig überzeugend, weil auch diese sich irgendwann einmal der gleichen Methode bedient haben. Moralische Entrüstung ist daher im allgemeinen nicht angebracht. Gleichwohl kann eine gezielte Indiskretion natürlich ein bestehendes Vertrauensverhältnis zwischen Staatsmännern empfindlich stören oder gar zerstören. Wer sich dieses Instruments bedient, muß wissen, was er riskiert, und ob der beabsichtigte Effekt in der Öffentlichkeit die Schädigung des persönlichen Vertrauensverhältnisses zum Partner aufwiegt.

Was sich im April 1962 im Verhältnis zwischen Bonn und Washington abspielte, war eine schwere Störung des Vertrauensverhältnisses durch eine von Bonn ausgehende Indiskretion. Ob es sich um eine ungewollte oder um eine »gezielte« Indiskretion gehandelt hat, ist bis zum heutigen Tage nicht eindeutig aufgeklärt.

In einem weiteren Falle eines »leak«, das im August/September des gleichen Jahres bekannt wurde, stellte sich mit ziemlicher Gewißheit heraus, daß der Bundeskanzler selbst die Quelle einer gezielten Indiskretion gewesen war: in der Epstein-Affäre, die ich bereits im Zusammenhang mit meinem Fernsehinterview vom 8. Oktober berührt habe. Epstein (ein aus Wien gebürtiger Emigrant) war ein Mitarbeiter des ehemaligen Generals der US-Army, Julius Klein, der als Lobbyist und Public Relations-Agent für Adenauer, Brentano und Globke in den Vereinigten Staaten tätig war, besonders auch, gestützt auf seine eigene Abkunft, in jüdischen Kreisen. Weder das Auswärtige Amt noch die Botschaft waren in diese Zusammenarbeit einbezogen. Ich hatte oft genug Anlaß, sie mit Skepsis zu verfolgen, denn häufig bekam ich von Senatoren und Kongreßabgeordneten Äußerungen des Erstaunens oder gar Befremdens zu hören, daß sich der Kanzler dieses Mittelsmannes zur Herstellung von Kontakten bediene, insbesondere in Fällen, in denen man entschieden vorgezogen hätte, diese Kontakte durch den amtlichen Vertreter der Bundesrepublik vorbereiten zu lassen. Indessen stieß ich in dieser Frage im Kanzleramt ebenso wie beim Außenminister auf taube Ohren. Epstein hatte sich im Laufe des Jahres 1962 von Julius Klein getrennt. Das von ihm nach dieser Trennung publizierte Dokument stammte offensichtlich aus dem Büro Klein. Epstein hat Ende der sechziger Jahre in einem weiteren Artikel[1] selbst geschildert, wie es an Klein gelangt ist: nämlich in Rhöndorf. In dem gleichen Artikel schildert er seine durch Jahre hindurch fortgesetzten Bemühungen, für diesen Vorgang eine amtliche Bestätigung durch die Bundesregierung zu erhalten. Er hat sie, begreiflicherweise, nie in eindeutiger Form erhalten. Indessen wird man kaum bezweifeln können, daß seine Darstellung im Kernpunkt zutrifft und Adenauer dieses Dokument absichtlich dem General Klein zur politischen Verwendung in den Vereinigten Staaten hat zur Kenntnis gelangen lassen. Daß dieser als erstes die amerikanische Botschaft in Bonn davon in Kenntnis setzen würde, hatte er wohl nicht einkalkuliert.

Im Lichte dieser erst nach Jahren bekanntgewordenen Tatsachen liegt es um so näher, zu vermuten, daß es sich auch bei dem »großen leak« vom April 1962 um eine gezielte Indiskretion gehandelt hatte. Wenn sie gezielt war, so erreichte sie ihren Zweck insofern, als sie Kennedy zu einer Kurskorrektur zwang. Aber sie hatte eine Vergiftung des gegenseitigen Verhältnisses zur Folge, die nur schwer wieder zu bereinigen war. Für mich, der ich an der Entstehung dieses Lecks nicht den leisesten Anteil hatte (hätte ich von der Absicht eines gewollten Lecks gewußt, so hätte ich dem entschieden widersprochen – was immer ich auch damit hätte bewirken können), bedeutete sie das Scheitern meiner Mission in Washington.

Bevor ich darüber berichte, wie sich der Knoten schürzte, mag ein kurzer Exkurs über meinen Arbeitsrhythmus in jenen Wochen und Monaten vor und nach jenem dramatischen Zwischenfall erlaubt sein.

Abgesehen von der Berlin-Krise und den zahllosen Sitzungen der damit befaßten Botschaftergruppe, lief der Routinebetrieb der Botschaft auf hohen Touren. Wenn ich aus meinem Kalender nur die wichtigsten Termine herausgreife, ergibt sich für die Zeit nach meiner Rückkehr aus Bonn im Februar bis Mitte Mai folgendes Bild: Besuch des Inspekteurs der Bundesmarine, Admiral Adolf Zenkers; Vortrag vor dem Women's National Press Club; Empfang für die gesamte Nachbarschaft des Botschaftsgrundstücks, um diese an Hand eines Modells davon zu überzeugen, daß unser geplanter Kanzlei-Neubau den Charakter ihrer »residential area« nicht beeinträchtigen werde – was auch gelang und die schon geplanten Einspruchsaktionen zum Stillstand brachte; Teilnahme an einem Treffen der Vereinigung der amerikanischen Deutschlehrer und Universitäts-Germanisten; Teilnahme an einer Ehrung des Astronauten Oberst John Glenn – heute Senator seines Heimatstaates Ohio; Teilnahme an einem »Prayer Breakfast« mit dem Präsidenten und dem Evangelisten Billy Graham; Vortrag vor dem Industrial War College; Gespräch mit Unterstaatssekretär Ball über die Frage der Vermögensrückgabe; Konferenz mit allen deutschen Konsuln und Generalkonsuln in den Vereinigten Staaten; Besuch des Vizekanzlers Mende (begleitet von zwei jüngeren Mitarbeitern aus der FDP-Zentrale namens Hans Dietrich Genscher und Karl Hermann Flach), Begleitung zu seinem Gespräch mit dem Präsidenten, zu Pressekonferenzen, Empfang für Kongreßabgeordnete in der Residenz aus diesem

Anlaß; Hauskonzert mit dem Pianisten Hans Richter-Haaser; Gespräch mit dem Präsidenten zur Klarstellung von Äußerungen des Bundeskanzlers und des Bundesverteidigungsministers; Besuch einer Delegation von Gewerkschaftsvertretern aus der Bundesrepublik; Besuch des EWG-Präsidenten Hallstein mit mehreren Konferenzen und gesellschaftlichen Veranstaltungen; Vorträge an der Yale-Universität (über ›Rapallo nach vierzig Jahren – Deutschlands Rolle in den Ost-West-Beziehungen‹), an der Fletcher School for Law and Diplomacy in Boston, im Harvard Center for International Affairs in Cambridge, im Naval War College in Newport (Rhode Island); Besuch des Bundesministers für Atomenergie, Siegfried Balke; Besuch des SPD-Abgeordneten Fritz Erler; Vortrag an der Duke-University in Durham (North Carolina); Besuch des CDU-Fraktionsvorsitzenden von Brentano, Begleitung zum Gespräch mit dem Präsidenten und zu Pressekonferenzen; Teilnahme an Vorführungen der US-Air-Force auf der Eglin Air Force Base in Florida in Gegenwart des Präsidenten; Kreuzfahrt auf der Cheasepeake Bay mit dem Leiter der Abrüstungsbehörde, William Foster, mit dessen privater Motoryacht; Begrüßung des deutschen Segelschulschiffes Gorch Fock im Hafen von New York; Gespräch mit dem Präsidenten und Außenminister Rusk vor der Abreise nach Bonn (Mai); Lunch mit der Redaktion der ›New York Times‹ in New York.

Auf die Gefahr, den Leser zu langweilen, habe ich vor allem aus zwei Gründen diese Übersicht hier eingeschaltet: Einmal vermittelt sie ein anschauliches Bild von der Vielfalt der Aufgaben und Anforderungen des Washingtoner Postens, zum anderen macht sie deutlich, daß sich mein Schiff in dem Augenblick, in dem es leckgeschlagen wurde, in voller Fahrt befand. Der Tag, an dem dies geschah, war der 13. April.

Um den Hintergrund der Ereignisse zu klären, muß ich wieder auf die seit Anfang Januar in Moskau laufenden »Sondierungsgespräche« Thompsons mit Gromyko zurückkommen. Sie hatten sich Anfang März in solchem Maße festgefahren, daß ihre Fortsetzung sinnlos erschien. Rusk selbst unternahm es, in einer neuen Begegnung mit Gromyko am Rande der Abrüstungsverhandlungen in Genf Mitte März einen neuen Ansatzpunkt zu finden. Dabei kam jedoch nur erneut die Unvereinbarkeit der beiden weit voneinander entfernten Positionen zum Vorschein, obwohl Rusk bei dieser Gelegenheit bereits weit über die mit uns vereinbarte Position (isolierte Berlin-Verhandlungen) hinausgegangen war und erneut allgemeine und europäische Sicherheitsfragen (wie ein Abkommen über die Nichtweitergabe von Atomwaffen und einen Austausch von Gewaltverzichtserklärungen zwischen der NATO und dem Warschauer Pakt) ins Gespräch gebracht hatte.

Gleichwohl wurden die am 12. März begonnenen Gespräche am 27. März mit einem Kommuniqué abgeschlossen, in dem die Fortsetzung der amerikanisch-sowjetischen Gespräche vorgesehen wurde. Demgemäß kam es am 16. April zum Beginn einer neuen Gesprächsrunde, dieses Mal in Washington und mit dem dortigen sowjetischen Botschafter Dobrynin als Gesprächspartner. (Zwei weitere Gespräche folgten am 23. und 27. April.)

Für diese Gesprächsrunde arbeiteten Rusk und seine Mitarbeiter neue Vorschläge aus, die uns am 9. April übermittelt wurden. Zwischen diesem Tage und der Rückkehr Rusks aus Genf hatte es in Washington keine Kontakte mit uns und somit auch keine ausreichende Unterrichtung über den Verlauf der Genfer Gespräche gegeben. Was zwischen Rusk und Schröder bei einem Zusammentreffen in Lausanne am 13. März besprochen wurde, ist der Botschaft nie mitgeteilt worden. Nunmehr, am 9. April, wurden mir durch Kohler und Bohlen mehrere Papiere mit der Maßgabe übergeben, sie erforderten unsere Stellungnahme binnen achtundvierzig Stunden. Ihr Inhalt: neue Vorschläge, die Rusk Dobrynin unterbreiten wollte.

Ich nahm sie mit Vorbehalt gegen die ungewöhnliche und unzumutbar kurze Befristung entgegen und übermittelte sie sofort nach Bonn. Dortige Beobachter hatten den Eindruck, daß dieses Vorschlagsbündel die Bundeshauptstadt »nicht nur wegen dieser ultimativ wirkenden Terminierung, sondern auch wegen seines Inhaltes in Alarmzustand versetzte«[2]. Für den Nachmittag des 12. April wurde eine Besprechung mit führenden Politikern aller Parteien des Bundestages einberufen, die unter dem Vorsitz des Bundeskanzlers im Zimmer des CDU-Fraktionsvorsitzenden Brentano im Bundeshaus stattfand und in der Außenminister Schröder und Staatssekretär Carstens die Anwesenden (für die SPD und die FDP die Parteivorsitzenden Ollenhauer und Mende) über den Inhalt der Papiere unterrichtete. Über die Wirkung dieser Besprechung notierte Heinrich Krone in seinem Tagebuch: »Das Gespräch in Brentanos Zimmer war die Sensation des Tages. Daß es sich um Berlin handele, um das Gespräch mit den Sowjets, wurde als selbstverständlich angenommen. Wahres, Falsches, Kombinationen mancher Art, vor allem, daß es Fragen von entscheidender Bedeutung sein müßten, wenn der Kanzler die Fraktionsvorsitzenden in dieser aufsehenerregenden Form zusammenbat und unterrichtete – das alles ging wie ein Lauffeuer durch den Bundestag.«[3] In der Beurteilung der amerikanischen Vorschläge kam es offenbar zu unterschiedlichen Bewertungen: sehr kritischen von Adenauer, Brentano, Krone, zurückhaltenderen von Schröder und den anderen Teilnehmern. Krone schreibt, Brentano und er hätten »nicht nur Bedenken geäußert, sondern dieses Vorgehen für gefährlich gehalten und als eine Schwenkung der amerikanischen Politik bezeichnet. Wenn es zu einem Abschluß mit den Sowjets auf dieser Basis käme, würden die Möbelwagen in Berlin nicht ausreichen; Berlin würde eine tote Stadt.«⁴ In diesen unterschiedlichen Bewertungen zeichnete sich für mich (ohne daß ich davon sofort Kenntnis erlangte) eine neue Komplikation meiner Situation in Washington ab: Kanzler und Außenminister stimmten nicht mehr voll überein, Schröder steuerte in den folgenden Wochen und Monaten einen Kurs, der darauf abzielte, eine weitere Verschlechterung des deutsch-amerikanischen Verhältnisses zu verhüten, der amerikanischen Verhandlungsführung weitergehend zu folgen und ein größeres Maß von Verhandlungsbereitschaft und Flexibilität aufzubringen.

Davon war jedoch in den Instruktionen nichts zu verspüren, die mir am 13. April den Auftrag gaben, Bedenken der Bundesregierung gegen eine Reihe von Punkten in den amerikanischen Vorschlägen vorzubringen – eine Aufgabe, der ich mich am gleichen Tage in einer Zusammenkunft mit Kohler und Bohlen unterzog.

Bald nach Beendigung des Gesprächs, am Abend desselben Tages, kam ein telefonischer Anruf von Kohler, in dem er, in der Form höflich, in der Sache mit entschiedener Schärfe, gegen das Bekanntwerden der amerikanischen Vorschläge in den deutschen Nachrichtenmedien protestierte. Der Deutschlandfunk hatte am Abend des 13. April (in Washington war es um diese Zeit drei Uhr nachmittags) darüber berichtet, am nächsten Morgen folgten Berichte mehrerer deutscher Tageszeitungen und des Bonner Korrespondenten der ›New York Times‹. Am Morgen des 14. April wurde ich ins State Department gerufen, wo Kohler seinen Protest noch einmal wiederholte. Da ich nicht wußte, was in Bonn vor sich gegangen war, konnte ich die Proteste nur mit dem Ausdruck des Bedauerns entgegennehmen, daß die Vertraulichkeit der Dokumente nicht gewahrt worden war, und versichern, daß ich ein absichtliches, von der Bundesregierung zu verantwortendes Leck für ausgeschlossen hielte. Am 15. April wies ein Sprecher der Bundesregierung die Unterstellung zurück, daß es sich um eine gezielte Indiskretion gehandelt habe – was man in Washington offensichtlich nicht abzunehmen bereit war. Rusk sandte ein ungewöhnlich scharfes Protesttelegramm an Schröder, was wiederum Adenauer als Affront bezeichnete und ihn offenbar zunächst zu der Erwägung veranlaßte, ob man die Annahme verweigern sollte. Auf seiner Pressekonferenz vom 19. April erklärte Kennedy mit unzweideutiger Anzüglichkeit: Die Deutschen sollten ihre Position deutlich formulieren – und zwar zu jedem Punkt. Man müsse wissen, daß die Vereinigten Staaten an diesem gefährlichen Punkt ›could blow up any time‹. Die Regierung würde ihre Verantwortung gegenüber dem Volk nicht ernst nehmen, wenn sie nicht versuchte, herauszufinden, ob ein Übereinkommen möglich sei. Dies würde auch im internationalen Interesse liegen.

Für mich war die schlimmste Folge dieser Vorgänge, daß die Botschaft, und insbesondere auch ich persönlich, in den Verdacht geriet, für das Leck verantwortlich zu sein. Ein uns wenig gewogener, aber vielgelesener Kolumnist, Marquis Childs, brachte das am 17. April unverblümt zum Ausdruck: »Das Weiße Haus glaubt schon seit langem, daß Botschafter Grewe in Washington ein Haupturheber des Leak-Systems ist, und Präsident Kennedy hat häufig vertraulich seinen Ärger über das ausgedrückt, was er als Grewes Verletzung der diplomatischen Spielregeln ansieht.«[5]

Da es bekanntlich schwierig ist, zu beweisen, daß man eine bestimmte Handlung nicht begangen habe, konnte ich mich gegen solche Verdächtigungen schwer wehren. Daß sie im Weißen Haus verbreitet waren[6] und von Kennedys Pressesekretär weiter verbreitet wurden, war mir seit längerem bekannt. Schon im November 1961 hatte ich erfahren, daß sich Kennedy selbst einem amerikanischen Journalisten gegenüber in diesem Sinne geäußert hatte: »Offensichtlich gibt es Versuche der Deutschen und der Franzosen, die Dinge durcheinander zu bringen. Es gibt absichtliche Indiskretionen, welche die Westdeutschen und die Franzosen den ihnen freundlich gesinnten Korrespondenten gegenüber begehen. Unter diesen muß man die Grusons erwähnen, die absichtlich den deutschen Ansichten weiten Raum gewähren ohne angemessene Berücksichtigung unseres Standpunktes. Die Haltung des westdeutschen und des französischen Botschafters in Washington hat uns erheblich irritiert, und das State Department hat ihnen die Hölle heiß gemacht. Nicht nur lassen sie es zu, daß diese Indiskretionen unvermindert weitergehen, sie versuchen auch, die Politik der Vereinigten Staaten durch Halbwahrheiten und entstellte Ansichten zu torpedieren. Wir haben ihnen klargemacht, daß dies im Interesse unserer Beziehungen aufhören müsse.«

Diese Bemerkung war sehr aufschlußreich, weil sie erkennen ließ, daß es bei Kennedy offensichtlich keine scharfe Grenze zwischen einer publizistischen Verteidigung unserer Auffassungen und einer »Indiskretion« gab und er es amerikanischen Auslandskorrespondenten (in diesem Falle Sidney Gruson und seiner Frau Flora Lewis, beide in Bonn) verübelte, wenn sie »absichtlich den deutschen Ansichten weiten Raum gewähren ohne angemessene Berücksichtigung unseres Standpunktes«.

Schlimmer noch als diese Stimmung des Mißtrauens war eine praktische Konsequenz, die daraus gezogen wurde: Die Unterrichtung über die sowjetisch-amerikanischen Gespräche wurde ab Mitte April nicht mehr im Rahmen der Botschaftergruppe vorgenommen, sondern über den amerikanischen Botschafter in Bonn, Dowling. Zu diesem Entschluß hatte auch die Tatsache beigetragen, daß sich infolge einer Verhärtung der Position de Gaulles der französische Botschafter in der Washingtoner Gruppe praktisch nicht mehr an den Diskussionen beteiligte – was dazu führte, daß ich in der Vertretung der Bonner Positionen meistens allein stand. Der Presse blieb das neue Verfahren natürlich nicht verborgen, und es wurde sofort in einigen Blättern zu einem »Boykott« der Botschaft aufgebauscht. Davon konnte keine Rede sein, aber es blieb richtig – und diese Tatsache war gravierend genug –, daß ich von der Beteiligung an der weiteren Behandlung des damaligen Zentralthemas unserer Politik weitgehend ausgeschlossen war. Das mußte zu der Frage führen, ob ich auf diesem Posten noch verbleiben konnte. Ich stellte sie mir selbst und kam nach kurzer Überlegung dazu, sie zu verneinen. Während ich schon an der Formulierung eines Briefes feilte, in dem ich um meine Abberufung bitten wollte, traten weitere Ereignisse ein, die mich in meinem Entschluß bestärkten: ein Besuch Brentanos in Washington (29. April bis 5. Mai) und die NATO-Frühjahrskonferenz in Athen mit einer Begegnung Rusk-Schröder (4.-6. Mai).

Beide Ereignisse führten mir vor Augen, daß ich an zwei Fronten zerrieben zu werden drohte: einmal in der Auseinandersetzung zwischen Bonn und Washington und dazu in der innenpolitischen Auseinandersetzung zwischen Adenauer-Brentano einerseits und Schröder (gestützt von Mende und der FDP sowie teilweise auch von der SPD) andererseits.

Schröder verfolgte mit wachsendem Nachdruck seinen schon oben beschriebenen Kurs. Zwar hatte er die unnachgiebigen Instruktionen selbst unterschrieben, die mir das Auswärtige Amt am 13. April übermittelt hatte. Unmittelbar danach begann er jedoch, eine Zurücknahme unserer Positionen vorzubereiten, um sich darüber in Athen mit Rusk zu verständigen. Ich konnte und wollte mich der Logik seiner Überlegungen nicht verschließen. Sie gingen dahin, daß die Vereinigten Staaten die Hauptlast der Verantwortung für Berlin trugen und daß wir es uns nicht leisten konnten, unser Verhältnis zu ihnen überzustrapazieren. Die Grenze der Belastbarkeit dieses Verhältnisses war offensichtlich erreicht, und auch mir schien es ratsam, den Bogen nicht zu überspannen. Wenn Schröder in Athen einlenkte, geriet ich jedoch in Washington wiederum in eine schwierige Lage, nachdem ich am 13. April erneut weisungsgemäß unsere integrale Position zu vertreten gehabt hatte; ich wäre endgültig als Exponent des unnachgiebigen Kurses abgestempelt gewesen. Ich sah nur einen Ausweg: Ich übermittelte Schröder die Bitte, mich an seiner in Athen beabsichtigten Kurskorrektur zu beteiligen und mich nach Athen mitreisen zu lassen. Diese Bitte blieb unerfüllt – aus Gründen, über die ich selbst nur spekulieren kann. Vielleicht hielt Schröder meine Abberufung in diesem Zeitpunkt schon für unvermeidlich, und vielleicht hatte er sich in diesem Sinne schon festgelegt, als er in den letzten Apriltagen mit Adenauer in Cadenabbia zusammentraf, um den Kurs für seine Begegnung mit Rusk in Athen zu besprechen.

Brentanos Besuch konnte meine Verlegenheiten nur vermehren. Er hatte sich kurz vor der Abreise den Arm gebrochen und kam mit einem geschienten Arm und entsprechend körperlich behindert. Aufgrund unseres langjährigen und fast stets harmonischen Verhältnisses war es ohnehin selbstverständlich, und in dieser seiner gesundheitlichen Verfassung erst recht, daß ich ihn bei uns zu Hause einquartierte und ihm jede »logistische« Unterstützung gewährte. Ebenso selbstverständlich war es, daß ich ihn zum Präsidenten begleitete und an einem Abendessen mit Journalisten teilnahm, das mein damaliger Vertreter, Georg von Lilienfeld, in seinem Hause für ihn veranstaltete. Beim Präsidenten sowohl wie beim Gespräch mit den Journalisten machte er kein Hehl aus seiner unverändert kritischen Beurteilung der amerikanischen Verhandlungsvorstellungen. Ich hielt mich völlig zurück, aber das half nicht viel: Optisch entstand der Eindruck, daß ich hier wieder mit dem Vertreter des härtesten Kurses auftrat und womöglich mit ihm gegen die Politik des neuen Außenministers konspirierte. Als ich am nächsten Tage zufällig mit Bohlen zusammentraf, konnte ich sofort feststellen, daß sich dieser Eindruck schon festgesetzt hatte. Bald nach Brentanos Abreise sandte ich daher den Brief mit meiner Abberufungsbitte an Schröder; ich schrieb:

»Die Ereignisse der letzten Wochen, insbesondere seit dem 9. April – dem Tag der Übermittlung der letzten amerikanischen Berlin-Dokumente –, veranlassen mich, Sie um meine Ablösung von meinem hiesigen Posten zu bitten.

Ich habe Grund zu der Annahme, daß die amerikanische Regierung mich für ein ihrer Berlin-Politik entgegenwirkendes Element hält und es daher neuerdings vorzieht, Wege der Konsultation zu gehen, die an mir vorbeiführen.

Wie durch meine Berichterstattung belegt, habe ich gegen die gegenwärtige amerikanische Berlin-Politik lediglich diejenigen Bedenken vorgebracht, die mir durch ausdrückliche Weisungen aufgetragen waren, insbesondere durch den von Ihnen selbst gezeichneten Drahterlaß Plurex 1394 vom 13. April. Die amerikanische Regierung hat aufgrund der ihr zur Verfügung stehenden diplomatischen Berichte aus Bonn ebenso wie aufgrund der Presseberichterstattung offenbar sehr rasch den Eindruck gewonnen, daß diese Bedenken nicht in gleicher Stärke aufrechterhalten würden. Ich habe in meinem Drahtbericht vom 26. April gebeten, mich darüber zu unterrichten, damit ich mich hier entsprechend verhalten konnte. Aus dem gleichen Grund bat ich, mich zur Berichterstattung nach Bonn kommen zu lassen und mir die Teilnahme an dem Berlin-Gespräch in Athen zu ermöglichen. Ich war davon überzeugt und bin es nach dem Ablauf der Ereignisse jetzt erst recht, daß meine Position hier in Washington nur dadurch vor Mißdeutungen bewahrt hätte werden können.

Diese Mißdeutungen sind nunmehr eingetreten und dürften nur schwer wieder zu beheben sein. Ich bedaure diese Mißdeutungen um so mehr, als ich weit entfernt davon war oder bin, die aufgetretenen Meinungsverschiedenheiten über die amerikanischen Papiere für unüberwindbar zu halten. Ich bin der Meinung, daß die am 9. April gewählte Methode, uns zu ›überfahren‹, wenig sachdienlich und für uns unakzeptabel war. Hätte man die Punkte so wie früher in Ruhe mit uns ausdiskutiert, so hätte sich zweifellos eine gemeinsame Linie finden lassen. Auch jetzt noch bin ich davon überzeugt, daß wir eine gute Chance haben, uns mit unseren gewichtigeren Bedenken durchzusetzen. Daß sich eine solche Auseinandersetzung bis zu einem gewissen Grade in der Öffentlichkeit widerspiegelt, wird man allerdings kaum ganz vermeiden können. Ich würde darin einen bedauerlichen Begleitumstand sehen, den man in Kauf nehmen kann.

Die amerikanische Regierung weiß, daß sie sich über die deutschen Einwendungen letztlich nicht hinwegsetzen kann. Es gibt jedoch einige Gruppen innerhalb dieser Regierung, die davon überzeugt sind, daß man die Bundesregierung einschüchtern könne, und die in der Wahl ihrer Mittel großzügig sind. Die Art und Weise, wie man die angeblich von deutscher Seite begangene Indiskretion für solche Zwecke ausgebeutet hat, ist dafür beispielhaft. Dies gilt auch für die Forderung nach einer Änderung des Konsultationsortes, obgleich niemand zu behaupten wagte, daß die Botschaft Washington etwas mit der Indiskretion zu tun gehabt hätte. Wie in meinem Drahtbericht vom 27. April dargelegt, hätte ich es in diesem Zeitpunkt für unerläßlich gehalten, am bisherigen Konsultationsort festzuhalten, da jede Änderung des Verfahrens im gegenwärtigen Augenblick nur dahin verstanden werden kann, daß die Botschaft für den Ablauf der jüngsten Ereignisse eine besondere Verantwortung treffe.

Im Hinblick auf das Vertrauen, das Sie mir noch im Februar in einem Gespräch in Bonn bekundet haben und das sich auf eine langjährige Bekanntschaft und Zusammenarbeit stützen kann, hat es mich sehr betroffen, daß keine meiner Anregungen und Bitten in dieser Lage Gehör gefunden hat. Ich nehme an, daß politische Erwägungen dafür ausschlaggebend waren, die mir nicht bekannt sind, zumal ich über die Erörterungen im Auswärtigen Ausschuß des Bundestages, über die Beratungen in Cadenabbia und über das bilaterale Gespräch in Athen bis zur Stunde nicht unterrichtet bin.

Welche Erwägungen jedoch auch immer maßgebend gewesen sein mögen – ich habe den Eindruck, daß meine Stellung hier in Washington infolge der jüngsten Ereignisse erschüttert ist, und daß ich in der Zukunft kaum noch in der Lage sein werde, die Ansichten der Bundesregierung mit ausreichender Autorität zu vertreten. In dieser Lage scheint mir eine baldige Ablösung unvermeidlich zu sein.«

Eine Antwort des Ministers blieb aus, statt dessen kam sie – in einer allerdings überraschenden Form – vom Kanzler: Am 7. Mai kündigte Adenauer auf einer Pressekonferenz in Berlin meine Abberufung an. Dies geschah im Zusammenhang mit Äußerungen, die die schärfste öffentliche Distanzierung von der amerikanischen Politik enthielten, die man bis dahin von einem deutschen Regierungschef erlebt hatte, und für die es auch später kein vergleichbares Beispiel mehr gegeben hat. Adenauer attackierte die amerikanisch-sowjetischen Gespräche mit den Worten: »Ich habe nicht die leiseste Hoffnung, daß es bei den Ost-West-Verhandlungen zu einem Ergebnis kommen wird.« Im einzelnen kritisierte er insbesondere die in den amerikanischen Vorschlägen vom 9. April vorgesehene Zusammensetzung der »Zugangsbehörde« mit dreizehn Mitgliedern, darunter Vertretern neutraler Staaten und der DDR.

Die Ankündigung meiner Abberufung kam in einer Form, die aus zwei Gründen allgemeines Erstaunen hervorrief: einmal, weil sie in einer Weise formuliert wurde, die in einigen Zeitungen »salopp« genannt wurde; zum anderen, weil sie, trotz der abrupten Art, mit der sie erfolgte und die in der gegebenen Situation eigentlich nur als eine Desavouierung meiner in Washington eingenommenen Haltung verstanden werden konnte, mit Komplimenten und Ausdrücken der Wertschätzung verbunden wurde.

Daß es nicht meine in Washington eingenommene Haltung oder die Beurteilung der dort geleisteten Arbeit war, die den Botschafterwechsel erforderten, sondern die im Verhältnis Bonn-Washington nun einmal erwachsene Konstellation, die Verkettung der Umstände, diese Überzeugung kam in dem Schlüsselsatz zum Ausdruck: »Zuweilen, wenn es zu Komplikationen kommt, muß der Unschuldige leiden.« Die Abberufung, so betonte er, bedeute keine Abwertung, er schätze mich sehr hoch. Eine seiner pfiffigen Bemerkungen lautete: »Ich halte ihn für einen sehr fähigen Mann. Aber Sie wissen, wie das so ist: Irgend jemandem gefällt Ihre Nase nicht, einem anderen gefallen Ihre Ohren nicht.«

Alles dieses machte Schlagzeilen in der Weltpresse. Auf die Äußerungen über die Berlin-Verhandlungen reagierte Kennedy bei seiner Pressekonferenz am 9. Mai mit offensichtlichem Ärger. Er ließ keinen Zweifel, daß er die Sondierungsgespräche fortsetzen werde. Wenn irgend jemand Einwände zu machen habe, so sei es doch am besten, »to tell us«, denn die Fortführung irgendwelcher Verhandlungen mit der Sowjetunion werde durch diese öffentliche Debatte ungemein erschwert, zumal sie stattfinde, noch bevor das Diskutierte die offizielle Verhandlungsposition sei. Er werde glücklich sein, Vorschläge zu hören. Es sei nicht schwer, Vorschläge zu machen, wie man es nicht machen solle.

Dies war, was beide Seiten anlangt, nicht der unter führenden Staatsmännern verbündeter Länder übliche Umgangston. Dennoch legte sich die Aufregung über diesen Teil der Berliner Äußerungen Adenauers relativ rasch wieder. Auf beiden Seiten war man daran interessiert, den öffentlichen Disput nicht auf die Spitze zu treiben. In Bonn suchte Pressechef von Eckhardt die Berliner Äußerungen des Kanzlers herunterzuspielen. In der amerikanischen Presse erschienen Berichte, die darauf hindeuteten, daß man in Washington bereits im Begriffe war, das Projekt der Zugangsbehörde zu modifizieren, um den deutschen Bedenken Rechnung zu tragen. Offensichtlich wollte man auf jeden Fall vermeiden, Adenauer ganz in die Arme de Gaulles zu treiben. Die Beilegung des Streites erfolgte in den Tagen, in denen ich – eine Woche später – nach Bonn flog, um zu erfahren, was man mit mir vorhatte. Da dieses auch die Neugier der Presse beschäftigte, hielt das Interesse an meiner Person noch eine Weile an und gab zu zahlreichen Spekulationen über die Hintergründe meiner Abberufung Anlaß. Es war nicht gerade vergnüglich, zu lesen, was alles geschrieben wurde – schon deswegen nicht, weil es unmöglich war, zu den vielen, sich untereinander widersprechenden Deutungen und Mißdeutungen Stellung zu nehmen und auch nur die gröbsten Entstellungen richtigzustellen.

Daß dieses ein hoffnungsloses Unterfangen gewesen wäre, wurde mir gerade in jenen Tagen noch einmal durch eine Erfahrung bestätigt, die ich mit der ›New York Times‹ machte. Auch dort waren Berichte erschienen, die hohe »West German Officials« in Bonn oder Washington für das Leck am 13. April verantwortlich machten. Ich hatte der Redaktion der ›New York Times‹, mit der ich seit Jahren auf gutem Fuße stand, über ihren Washingtoner Korrespondenten einen Protest übermittelt. Daraufhin erhielt ich unter dem Datum des 12. Mai einen Entschuldigungsbrief der Redaktion, der mir ausdrücklich bestätigte, daß die beiden betroffenen Korrespondenten, Max Frankel in Washington und Sidney Gruson in Bonn, keine schlüssigen Beweise für die Behauptung hätten finden können, daß das durchgesickerte Material von hohen Beamten der Bundesrepublik stamme. Beide hielten daher meine Beschwerde für gerechtfertigt. Daran schloß sich der Satz: »Ich übermittle Ihnen daher meine aufrichtige Entschuldigung und hoffe, daß dieser Brief angesichts der Kritik, der Sie ausgesetzt sein mögen, ausreichend ist.« Natürlich kann ein solcher Brief nicht ausreichend sein, wenn er nicht veröffentlicht wird. Er ist niemals veröffentlicht worden – auch nicht nach meiner Anmahnung, die ich bei Gelegenheit eines Luncheons mit der Redaktion in New York am 17. Mai anbrachte. Es ist unmöglich, das vielfältige Presseecho, das Adenauers Ankündigung meiner Abberufung hervorrief, auf einen Nenner zu bringen. Wenn es übereinstimmende Urteile gab, so standen ihnen meist diametral entgegengesetzte Urteile gegenüber:

Manche Zeitungen hielten das »Leck« für entscheidend; dafür habe man mich – ob zu Recht oder zu Unrecht – verantwortlich gemacht.[7] Andere betonten ebenso entschieden, davon könne nicht die Rede sein; niemand in der Administration erhebe diesen Vorwurf gegen mich.[8] Einige behaupteten, Kennedy oder Rusk hätten von Bonn meine Abberufung verlangt; andere bestritten dieses ebenso entschieden.[9] Der Wahrheit am nächsten kamen noch diejenigen, die darauf hinwiesen, daß ich infolge des »Lecks« aus der Berlin-Konsultation ausgeschaltet wurde und daß man mich dadurch in eine schiefe Lage gebracht hatte, die mein Verbleiben unmöglich machte. Ich sei »einer vielseitigen Intrige zum Opfer gefallen, die sich mit dem nun schon berühmten und doch immer noch nicht voll erklärten ›Leck‹ zu einer kritischen Situation zusammenballte«.[10] In manchen Zeitungen hieß es, es gebe zwischen dem Präsidenten und mir eine persönliche Unstimmigkeit (»personally incompatible«). Kennedys Pressesekretär Salinger wurde die Bemerkung zugeschrieben, der Präsident könne mich nicht ausstehen (»can't stand the sight of him«) – was wohl in erster Linie Salingers eigene Gefühle beschrieb. Aber zugleich – und zuweilen in den gleichen Artikeln – hieß es, Kennedy sei verärgert über meine Opposition gegen seine Berlin-Politik. Überhaupt gehe es nicht um Personen, sondern um gegensätzliche politische Auffassungen Washingtons und Bonns. Die gegen mich gerichteten Manöver seien in Wahrheit ein Schlag gegen Adenauer. Der Botschafter sei »das Opfer einer unglücklichen Verkettung von Umständen, vor allem wohl einer gewissen Zwiespältigkeit, die sich nach den Wahlen des letzten Herbstes in Bonn abzeichnet – nicht so sehr im Grundsätzlichen, als in gewissen Nuancen«.[11] Es gebe in Bonn politische und persönliche Differenzen und eigentlich »zwei Außenminister« (Brentano und Schröder).[12]

Die von der amerikanischen Presse kolportierte Kritik an meinem Stil (die unverkennbar inspiriert war), läßt sich hauptsächlich mit den Stichworten umschreiben, ich sei zu »legalistisch«, »humorlos« und in der Vertretung unserer Position zu »emphatisch« gewesen. Der Washingtoner Korrespondent der ›London Times‹, der unter der Überschrift »A jurist who is considered too legalistic« über diese Kritik berichtete, bemerkte dazu sehr treffend: »Der Botschafter ist ein gelernter Jurist, und sein Beitrag zur deutschen Außenpolitik der Nachkriegszeit war eine sorgfältige Herausarbeitung von rechtlichen und quasirechtlichen Präzedenzien, eine Art Fallrecht als Grundlage für praktische Diplomatie. Das ist es, woran davon ermüdete amerikanische Diplomaten dachten, wenn sie sich darüber beklagten, daß er zu legalistisch sei ... Der Vorwurf läßt sich nicht bestreiten, aber er übersieht die Tatsache, daß diese Rechtsgrundlagen – Viermächte-Abkommen, Konferenz-Kommuniqués, Bundestagsresolutionen und dergleichen – das Fundament der westdeutschen Politik –

insbesondere im Hinblick auf Berlin – bilden, und daß es leichter ist, den Autor zu entfernen als seine Werke zu modifizieren oder umzuschreiben.«[13]

In der deutschen Presse gab es immerhin einige Stimmen, die sich und ihre Leser daran erinnerten, daß die Verankerung unserer Außenpolitik in höchst komplizierten Rechtskonstruktionen nicht unsere eigene Marotte war, sondern daß sie uns 1945 und danach von den vier Siegermächten aufgenötigt wurde, und daß es gerade auch die drei Westmächte gewesen waren, die uns immer wieder dazu anhielten, im Rahmen dieser Rechtskonstruktionen (Viermächte-Verantwortung für Deutschland als Ganzes, Souveränität mit Vorbehalten, Besatzungsrecht als Basis für den Status Berlins und so weiter) zu verbleiben; die gleichen Pressestimmen wiesen auch darauf hin, daß die Männer der neuen Administration, die mit dieser von ihren Vorgängern geschaffenen Rechtskonstruktion nicht sonderlich gut vertraut waren, im Begriffe waren, sich selbst in neue, nicht minder problematische Rechtskonstruktionen zu verstricken.[14]

Hintergrund des offensichtlich böswillig ausgestreuten Geredes über meine angebliche »Humorlosigkeit«, das von vielen Zeitungen unbesehen nachgedruckt wurde, war der Versuch einiger Leute im State Department, die ihnen unbequeme Anregung Kennedys in der Frage der Vermögensrückgabe nachträglich zu retuschieren, indem man sie als einen Scherz deklarierte (was sie nicht war; schon mein Respekt vor seinem intellektuellen Format verbietet mir, Kennedy einen so billigen Scherz, der jeder Pointe entbehrt hätte, zuzutrauen). Immerhin gab es auch in der amerikanischen Presse Kritik zu dieser Behauptung – sogar in der angesehenen liberalen Wochenschrift ›The Reporter‹. Dort war man ihrem Hintergrund nachgegangen und war fündig geworden – ohne allerdings den Zusammenhang richtig zu verstehen: Die Version vom »Scherz« wurde zum Ausgangspunkt genommen, um solche Scherze als deplaciert und zuweilen mißglückt zu kritisieren. Unter der Überschrift »White House Humor« hieß es dort[15], auch der Präsident solle sich vorsehen, wenn er scherze. Botschafter würden nicht dafür bezahlt, in einer Komödie mitzuspielen. Auch andere wüßten offenbar nicht immer, wann sie den Präsidenten ernst zu nehmen hätten. Als Beispiel diente eine ärgerliche Bemerkung Kennedys über Berichte der ›New York Herald Tribune‹, die zu lesen, ihm sinnlos erscheine – was sofort eine Kündigung der zweiundzwanzig Abonnements des Weißen Hauses auf diese Zeitung zur Folge hatte. Als diese Aktion ruchbar wurde, habe sich der Präsident sofort »überrascht« gegeben und übereifrige Assistenten getadelt, die ihn zu buchstäblich beim Wort genommen hätten. Die Glosse schloß mit der Schilderung eines anderen mißglückten Scherzes: Bei einem After Dinner-Speech zur Zeit seiner Kabinettsbildung habe der Präsident geäußert, er habe seinen Bruder zum Justizminister gemacht, weil dieser noch etwas praktische Erfahrung brauche, ehe er eine Anwaltspraxis eröffnen könne. Robert Kennedy habe sich über diese Bemerkung beschwert und sie nicht sehr spaßig gefunden. Der Präsident habe ihm geantwortet, in der Politik sei es nützlich, wenn man sich über sich selbst lustig mache; worauf Bobby repliziert habe: »Ja, aber dies war kein Scherz über dich selbst, sondern über mich.«

Die äußeren Formen der Abberufung riefen in der Presse entweder Erstaunen oder Kritik hervor. Es kommt nicht oft vor, schrieb eine amerikanische Zeitung[16], daß ein Mann »gefeuert« und gleichzeitig von seinem »Boss« überschwenglich gelobt werde: Das habe sich in diesem Falle ereignet. In der deutschen Presse hieß es, die reichlich saloppe Art, in der Adenauer die Ankündigung in Berlin gemacht habe, zeige, wie sehr er geneigt sei, Bedenken der USA ohne eine zu starke Rücksichtnahme auf Personen zu beschwichtigen. Ein englisches Blatt schrieb, die kühle, fast formlose Art, wie Adenauer jemanden zurückpfeife, illustriere seine völlige Rücksichtslosigkeit gegenüber Personen, wenn es um seine Politik gehe.[17]

Es fehlte nicht an Spekulationen über meine Zukunft: Staatssekretär in Bonn, Leiter des gerade neu geschaffenen Planungsstabes im Auswärtigen Amt, Ankauf eines Hauses am Luganer See (wobei man mich mit einem Verwandten gleichen Namens verwechselte)[18], was wohl Rückzug in einen Schmollwinkel bedeuten sollte – nur eine Spekulation fehlte: daß ich zur NATO gehen würde. Hiervon erfuhr die Presse ausnahmsweise erst, nachdem dieser Versetzungsplan schon mit mir abgesprochen war.

Während in der Presse die Wogen über Adenauers Berliner Äußerungen noch hoch gingen, fuhr ich für zwei Tage nach New York, um das Segelschulschiff ›Gorch Fock‹ der Bundesmarine zu begrüßen, das dort am 10. Mai erwartet wurde. Das Versprechen, an diesem Tage in New York anwesend zu sein, war schon älteren Datums. Ich sah keinen Grund, es zu widerrufen, sondern benutzte die Gelegenheit, um mich vielen unbequemen Fragen, die in Washington zu erwarten waren, zu entziehen. Ein seltsames und erregendes Schauspiel: Die ersten deutschen Soldaten, die nach dem Kriege in New York auftauchten, kamen an einem strahlenden Frühlingstag mit vollen Segeln den Hudson River herauf und legten, von einer enthusiastischen Menge empfangen, unter dem Heulen aller Dampfsirenen und begrüßt von den hoch in die Luft geschleuderten Fontänen der Hafenfeuerwehr, vor der Silhouette der Wolkenkratzer von Manhattan im New Yorker Hafen an. Robert Wagner, der langjährige Bürgermeister von New York, und ich hielten Begrüßungsansprachen an die Mannschaft. Ich spielte die Rolle des Unbefangenen und ließ mir nicht anmerken, daß ich mich in meiner Botschafterhaut nicht mehr recht wohl fühlte.

Als ich nach Washington zurückkehrte, lag schon die Aufforderung dort, zu Konsultationen nach Bonn zu kommen. Ich reservierte einen Flug für den 17. Mai – indessen kam es in den voraufgehenden Tagen noch zu einer neuen Wendung der Dinge: Am 14. hatte der amerikanische Botschafter in Bonn, Dowling, eine längere Aussprache mit Adenauer, die eine Bereinigung der Atmosphäre einleitete. Schon am folgenden Tage erklärte Adenauer im Bundestag unter Bezugnahme auf dieses Gespräch, daß »die Unstimmigkeiten restlos beseitigt« seien.

Gleichzeitig wurde ich überraschend ins Weiße Haus gerufen, wo ich einen entspannten Präsidenten vorfand, der mir einen versöhnlichen Brief an den Kanzler aushändigte. Auch Rusk empfing mich am nächsten Tage und eröffnete mir zu meiner Überraschung, man habe jetzt den vollen Text der Berliner Äußerungen Adenauers studiert und finde keinen Grund zu Beanstandungen. Wir besprachen Rusks Absicht, im Juni zu einem Besuch nach Bonn zu kommen. Nachdrücklich distanzierte sich Rusk von den in der Presse verbreiteten Gerüchten, meine Abberufung sei auf mehr oder minder deutlich ausgedrückte Wünsche Washingtons zurückzuführen.

Dies überraschte mich nicht. Ich hatte stets den Eindruck gehabt, daß die Administration nicht für meine Abberufung verantwortlich gemacht werden wollte und daß sie auch keine Schritte unternommen hatte, die sie erkennbar damit belastet hätten. Schon am 11. Mai hatte man mir über Bonn ein Telegramm unseres Botschafters in Neuseeland (wo Rusk einen kurzen Besuch abgestattet hatte) übermittelt, das wie folgt lautete:

»Auf dem gestrigen Abendempfang durch Neuseeländische Regierung für Staatssekretär Dean Rusk nahm letzterer mich zur Seite und erklärte mir: ›Ich möchte Sie wissen lassen, daß wir gegen Ihren Botschafter in Washington nichts einzuwenden haben, die über ihn veröffentlichten Pressemeldungen sind mir unverständlich.‹ Auf meine Frage, ob er sich erklären könne, wer hinter diesen Meldungen stehe, antwortete Rusk, daß er darüber noch kein Urteil habe, schon von Athen aus habe er deswegen mehrere Telegramme an seine Regierung gesandt. Noehring«

Kennedys Brief an den Kanzler war ein weiteres Zeugnis dieses Bemühens um ein Alibi. Nachdem er mit Befriedigung konstatiert hatte, daß die gegenseitigen Beziehungen nach dem Gespräch des Kanzlers mit Dowling wieder dorthin zurückgekehrt seien, wo sie im letzten November waren, lobte er den Anteil »unserer Vertrauen verdienenden Berater« (»our trusted advisors«) an der Erhaltung dieser Beziehungen. Dann kam die erstaunliche Bemerkung: »Ich glaube, wir werden beide durch unsere loyalen und fähigen Außenminister und im übrigen durch ihre professionellen Mitarbeiter sehr gut bedient. Sie bemühen sich, uns zusammenzuhalten, und wir dürfen nicht hart mit ihnen umgehen.«

Das war ein anderer Ton, als der, der aus den Äußerungen des Pressesekretärs des Weißen Hauses bisher vernehmlich gewesen war.
Als ich am 18. Mai – einem Freitag – morgens in Bonn eintraf, empfing mich Schröder sofort zu einem längeren Gespräch. An diesem und den folgenden Tagen traf ich noch mit einer ganzen Reihe von anderen Personen zusammen – Carstens, Hallstein, Krone, Brentano, Bundespräsident Lübke, ›New York Times‹-Korrespondent Sidney Gruson –, ehe ich den Kanzler zu sehen bekam. Tatsächlich hatte er am Tage meiner Ankunft ein volles Programm: Auf der Besucherliste standen der Präsident des jüdischen Weltkongresses, Nahum Goldmann, der FDP-Vorsitzende Erich Mende, der brasilianische Außenminister, Francisco San Tiago Dantas, der EWG-Präsident Walter Hallstein. Warum es dann allerdings bis zum Dienstag (22. Mai) dauerte, bis der Kanzler seinen Washingtoner Botschafter empfing, der immerhin gerade mit dem Präsidenten und dem Außenminister der Vereinigten Staaten gesprochen hatte (den für den Kanzler bestimmten Brief hatte ich ihm schon zugeleitet), blieb unerfindlich. »Adenauer läßt Grewe warten«, hieß es in den Zeitungen.[19] Ich fand es dem amerikanischen Präsidenten gegenüber nicht gerade passend, daß man den Überbringer seiner mündlichen und schriftlichen Botschaft warten ließ. Meine persönlichen Gefühle aber waren weit weniger aufgewühlt, als die Presse vermutete. Daß in einer gespannten Situation ein Botschafter geopfert wird, um Dampf abzulassen, ist zwar für den Betroffenen unangenehm, aber im übrigen ein legitimes Manöver, das man keinem Politiker verübeln kann. Ob es politisch richtig war, sich in diesem Falle eines solchen Manövers zu bedienen, ist eine andere Frage (die ich, heute wie damals, verneine). Und ob es notwendig oder angebracht war, die Abberufung in einer so wenig angemessenen Form zu verkünden, wie am 7. Mai geschehen, ist nochmals eine andere Frage – die ich ebenso verneine. Was ich – in meinem Inneren – am Verhalten des Kanzlers zu kritisieren hatte, war demnach eine taktisch-politische Ermessensfrage einerseits und ein Formfehler andererseits, der noch gemildert wurde dadurch, daß er die Abberufungsgründe ausdrücklich auf die Umstände und nicht auf meine Person zurückgeführt hatte. Sollte ich einem Manne seiner Statur wegen dieser beiden Punkte zürnen? Ich konnte es nicht; ich nahm seine Haltung mit Gelassenheit hin und sah der Begegnung mit ihm mit mehr Geduld und Ruhe entgegen, als die Bonner Journalisten. Als sie am 22. Mai stattfand, gab es daher auch keine Auseinandersetzung, keine Vorwürfe von der einen und keine Rechtfertigung von der anderen Seite, sondern ein normales und sachliches Gespräch ohne Spannungen. Ich berichtete über meine letzten Eindrücke aus Washington, kommentierte den Brief des Präsidenten, sprach über Rusks Reisepläne. Der Kanzler wollte meine Meinung über einen

Nachfolger in Washington und über die für mich vorgesehene Verwendung bei der NATO hören. Wir sprachen über das in diesen Tagen formulierte Memorandum, das unsere Gedanken zur letzten Fassung des amerikanischen Projekts einer Zugangsbehörde zusammenfaßte und das am selben Tage Botschafter Dowling übergeben werden sollte (was am Nachmittag und demonstrativ in meiner Anwesenheit erfolgte). Wir verabredeten ein weiteres Gespräch vor meiner Rückreise. Bevor es – am 24. Mai – dazu kam, beteiligte ich mich an Gesprächen, die am 23. Mai mit George Ball, dem Deputy Secretary of State, in Bonn geführt wurden. Balls Besuch war ein weiteres Indiz für die Besorgnisse, die Kennedy in diesem Zeitpunkt bewegten und die ihn auch veranlaßt hatten, den Disput mit Bonn möglichst rasch zu begraben: Er fürchtete eine immer engere Kooperation zwischen Adenauer und de Gaulle und als Konsequenz die Blockierung des britischen Eintritts in die EWG und damit der Formierung einer westeuropäischen Gemeinschaft, wie sie Kennedy und seinen intellektuellen Planern als europäischer Pfeiler der »atlantischen Partnerschaft« in ihrem »grand design« vorschwebte. Ball, der seit vielen Jahren in engem Kontakt mit Monnet und Hallstein gestanden hatte und als aktivster amerikanischer Befürworter eines ihren Ideen entsprechend gestalteten Europas galt, sollte wohl in Bonn erkunden, wie weit sich die deutsch-französische Konstellation entwickelt hatte.

Einen halben Tag lang beteiligte ich mich auch an einer seminarähnlichen Grundsatzdiskussion, die Carstens mit seinen für die Deutschland-Politik zuständigen Abteilungs- und Referatsleitern in Maria Laach veranstaltete. Diese Diskussion bewies mir erneut – und besser, als es amtliche Weisungen vermochten –, daß ich mich mit meiner in Washington verfolgten Linie in vollem Einklang mit der im Auswärtigen Amt vorherrschenden Grundströmung befand und nicht zu befürchten brauchte, dort ein »Außenseiter« geworden zu sein.

Gespräche mit Strauß sowie mit den Spitzen der SPD folgten am nächsten Tage, bevor ich Adenauer wiedertraf. Von allen Seiten Worte des Bedauerns über meinen Abgang. Ich glaube in langen Jahren diplomatischer Erfahrung einigermaßen gelernt zu haben, was man von solchen Äußerungen abzuziehen hat und was man als bare Münze nehmen darf. Nach Abzug alles dessen, was konventionelle Floskel oder kalkulierte Schmeichelei war, oder was nur gesagt wurde, um damit Dritte zu treffen, blieb immerhin ein Restbestand von Solidaritätserklärungen übrig, der um so erfreulicher war, als er aus so verschiedenen politischen Ecken kam, wie es die Gesprächspartner dieser Tage, Brentano und Strauß einerseits, die Spitzen der SPD (Erler, Brandt, Carlo Schmid) andererseits, waren. Brentano hatte sich (verständlicherweise, da er kurz vor dem Kulminationspunkt der Ereignisse in Washington gewesen war und selbst ein

Element der kritischen Zuspitzung gebildet hatte) als erster schon in einem Briefe vom 10. Mai geäußert und darin besonders die Form kritisiert, in der die Abberufung erfolgte:

»Ich bin, wie ich Ihnen in aller Offenheit sagen möchte, tief bestürzt und auch verstimmt über die Art, wie der Wechsel an der Botschaft in Washington angekündigt wurde.« ... »Ich weiß, daß diese Abberufung in der Sache durchaus Ihrem Wunsche entspricht und glaube, daß Sie recht haben. Aber in der Form durfte sie nicht in dieser Weise erfolgen; ich habe darüber auch nicht geschwiegen, als ich vor der Presse berichtet habe.«

Strauß ging in unserem Gespräch am 24. Mai über die Kritik am Formellen der Abberufung hinaus, ebenso wie der Bundestagsvizepräsident Richard Jäger, der mir am 15. Mai schrieb:

»Es wird Sie vielleicht freuen, zu hören, daß ich bei den vielen Gesprächen, die ich in den zwei Tagen seit Rückkehr aus meinem Urlaub über die deutsch-amerikanischen Beziehungen im allgemeinen und Ihre Arbeit im besonderen geführt habe, gerade in parlamentarischen Kreisen nur positive Urteile über Ihre Persönlichkeit und Ihre Tätigkeit gehört habe. Sie dürfen sich also eines ungeminderten Ansehens gerade in parlamentarischen Kreisen sicher sein.«

Im Auftrage von Willy Brandt schrieb Egon Bahr am 18. Juli:

»Der Regierende Bürgermeister hat mich noch kurz vor seinem Urlaub, den er in Norwegen verbringt, gebeten, Ihnen zu übermitteln, wie sehr er die Umstände Ihres Weggangs aus Washington bedauert. Ich tue das um so lieber, als es auch mir im höchsten Maße unverständlich ist, in welcher unwürdigen Form das im Einzelnen vor sich gegangen ist. Wir haben hier erst sehr viel später Genaueres darüber gehört.

Herr Brandt hat die aufrechte, mutige und loyale Haltung nicht vergessen, mit der Sie die deutschen Interessen in den Vereinigten Staaten vertreten haben. Er wird sich nicht zuletzt immer des Abends erinnern, den wir im März vergangenen Jahres in Ihrem Hause verbringen durften, und die Worte, die Sie dabei gesprochen haben, klingen noch heute nach.

Es ist der Sinn dieser Zeilen, Ihnen zu sagen, daß Sie seiner Hochachtung und seines persönlichen Vertrauens sicher sein können, wohin Ihr Weg Sie auch führen mag.«

Am 24. verabschiedete ich mich in einem zweiten Gespräch von dem Kanzler. Es war vereinbart, daß ich Mitte Juni meinen Sommerurlaub nehmen und Ende August für kurze Zeit nach Washington zurückkehren würde, um mich dort zu verabschieden. Demgemäß trat ich den Rückflug in dem Bewußtsein an, nur noch zur Abwicklung meiner amtlichen und privaten Angelegenheiten zurückzukehren. Im September würde für mich, nach viereinhalb Jahren, das Kapitel ›Amerika‹ abgeschlossen sein.

Letzte Tage in Amerika

Anfang Juni wurde Franz Josef Strauß in Washington zu einem Besuch erwartet, einige Wochen später Dean Rusk in Bonn. Diese beiden Begegnungen vorzubereiten und bei ihrer Durchführung mitzuwirken, waren die wichtigsten Aufgaben, die mir für die letzten Wochen meiner Amtszeit übrig blieben. Hinzu kam am 30. Mai zum letzten Male meine Teilnahme an einer Sitzung der Vierer-Botschaftergruppe, die schon lange nicht mehr getagt hatte, und bei der Rusk über sein letztes Gespräch mit dem Sowjetbotschafter Dobrynin berichten sollte.

Kennedy wollte Strauß sehen – er hatte sich immer schon für ihn interessiert, wobei es ihm weniger um laufende Geschäfte als vielmehr um das politische Phänomen Strauß ging. Zu dem Gespräch im Weißen Haus am 7. Juni begleitete ich den Bundesverteidigungsminister, ebenso wie zu seinen Besprechungen mit McNamara und Rusk. Da ich nur noch mit einem Fuß in Washington stand, beschränkte ich mich bei allen diesen Gelegenheiten auf eine zurückhaltend-passive Rolle. Ein Botschafter, dessen Abberufungsdatum schon feststeht, kann zumeist nicht mehr viel ausrichten.

Das traf natürlich auch für die Sitzung der Botschaftergruppe am 30. Mai zu – die allerdings ohnehin keinen Anlaß zu kontroversen Stellungnahmen bot. Rusk berichtete (wie er am nächsten Tage auch auf einer Pressekonferenz wiederholte), daß sein Gespräch mit Dobrynin keine bedeutsamen Fortschritte erbracht habe. Im übrigen legten die Amerikaner der Gruppe ein Arbeitspapier vor, das die uns damals in so brüsker Form übermittelten »Draft Principles, Procedures and Interim Steps« vom 9. April im Sinne der von uns inzwischen vorgebrachten Einwendungen (die in einem Aide-mémoire des Auswärtigen Amtes vom 22. Mai zusammengefaßt waren) modifizierte – oder zum mindesten zu modifizieren in Erwägung stellte. Das letztere geschah in bezug auf einen Satz des Papiers, der einen neuralgischen Punkt der Beziehungen zwischen Bonn und Washington in den späteren Jahren betraf: ein Versprechen der USA, die Nicht-Atomwaffen-Staaten zu einem Verzicht auf den Erwerb der Verfügungsgewalt über Atomwaffen und auf die Erlangung von Informationen, Einrichtungen und Materialien für ihre Herstellung anzuhalten (»they will urge...«). Bonn hatte die Streichung dieses Satzes mit der Begründung verlangt, er passe nicht in den Rahmen einer Berlin-Vereinbarung hinein. Er könne als ein Entgegenkommen gegenüber der sowjetischen Forderung nach einer nuklearfreien Zone in Deutschland gedeutet werden. Die Bundesregierung beabsichtige nicht, über ihren 1954 gegenüber der Westeuropäischen Union (WEU) ausgesprochenen Verzicht auf die Herstellung von ABC-Waffen hinauszugehen. Die neue Fassung des amerikanischen Arbeitspapiers verzeichnete den deutschen Wunsch nach Streichung des betreffenden Satzes, ließ ihn jedoch – in Klammern gesetzt – stehen. Die im Hintergrund stehende Meinungsverschiedenheit ist im Rahmen der Berlin-Frage nicht mehr ausgetragen worden – sie war gleichsam das Vorspiel zu den späteren Auseinandersetzungen über den Atomwaffen-Sperrvertrag.

Eine ganz andere Veranstaltung dieser letzten Maitage gehört zu den erfreulichen Erinnerungen dieser Schlußphase meiner Amtszeit: In der Corcoran Gallery (einer renommierten privaten Kunstgalerie Washingtons) fand eine bemerkenswerte Ausstellung von Gemälden Max Beckmanns, Ernst Ludwig Kirchners und anderer deutscher Expressionisten statt. Die Exponate stammten sämtlich aus dem Besitz eines vermögenden Mäzens im Mittleren Westen: aus der Sammlung von Morton D. May in St. Louis, dem die größte private Kollektion deutscher Expressionisten gehörte und der besonders Beckmann in schwierigen Zeiten unterstützt und gefördert hatte. Zur Eröffnung gab der Herausgeber der ›Washington Post‹, Philip Graham, zusammen mit seiner höchst aktiven und einflußreichen Frau Catherine (die nach seinem Tode Herausgeberin der ›Washington Post‹ wurde) einen Empfang, dessen Ehrengäste Mr. und Mrs. May sowie meine Frau und ich waren. Ein interessantes und bezeichnendes Schlaglicht auf dieses in seiner reichen Mannigfaltigkeit immer wieder überraschende Land: ein reicher Kaufhausbesitzer aus dem Mittleren Westen als kunstverständiger Förderer eines Malers wie Max Beckmann.

Meine schönste Abschiedserinnerung an Amerika bleibt eine mehrtägige Fahrt von New York aus nordwärts nach Middlebury im Staate Vermont, wo mir die dortige Rechtsfakultät eine Ehrendoktorwürde verleihen wollte. Die Küstenstaaten Neu-Englands, Connecticut, Rhode Island, Massachusetts, New Hampshire, Maine, hatte ich schon bei früheren Reisen kennengelernt – nicht jedoch Vermont und ebensowenig »Up State New York«, den von New York City sich nach Norden bis an die kanadische Grenze erstreckenden Teil des Staates New York, der an seiner nordöstlichen Ecke an Vermont grenzt. Der Europäer ist meist vom Glanz und Elend der Stadt New York so fasziniert, daß ihm die Existenz des Staates New York nicht so recht bewußt wird – obgleich es sich um einen Bundesstaat handelt, dessen Flächenausdehnung etwa der Hälfte des Gebiets der Bundesrepublik Deutschland entspricht und der neben New York City eine Reihe bedeutender Großstädte wie Buffalo, Rochester, Syracuse, Utica, Rome, Albany, Binghampton aufzuweisen hat.

Um nach Vermont zu gelangen, fährt man von New York City aus das Tal des Hudson River nach Norden hinauf und wendet sich dann nördlich der Hauptstadt Albany nach Osten. Unterwegs passiert man nicht nur Abschnitte von großer landschaftlicher Schönheit, sondern auch kulturell und historisch interessante Punkte, wie Hyde Park, den Landsitz von Franklin Delano Roosevelt, oder Westpoint, die berühmteste Militärakademie des Landes. Im frischen Grün des Frühsommers fuhren wir – meine Frau und ich sowie mein Mitarbeiter Heinz Dröge mit seiner Frau in unseren eigenen Wagen und ohne Fahrer – durch eine Landschaft, die uns mit ihren Wäldern, Seen, Hügeln, ihren gepflegten Siedlungen und Farmhäusern immer wieder entzückte. Middlebury erwies sich als idyllische kleine Universitätsstadt, für die die »Commencement Exercises«, die großen akademischen Graduierungsfeiern, das wichtigste Ereignis des Jahres waren, von dem das Stadtbild beherrscht wurde.

Zusammen mit einigen mir nahestehenden Männern war ich für die Ehrendoktorwürde ausersehen worden: mit John J. McCloy und Harlan Cleveland. Auch der vierte Empfänger dieser Würde war mir nicht unbekannt: Es war Thomas Carroll, Präsident der George Washington University in Washington D. C.

Die Laudatio beim Verleihungsakt sprach von meinem Beitrag um eine Vertiefung der deutsch-amerikanischen Beziehungen auf dem Gebiete der Erziehung und Kultur und endete mit dem Satz: »In Ihrer Person ehren wir den Gelehrten, den Rechtsexperten und den Diplomaten, der in besonders hervorragender Weise zu den gegenwärtigen freundlichen und für beide Seiten zufriedenstellenden Beziehungen zwischen unseren beiden großen Ländern beigetragen hat.«

Ich konnte nicht umhin, mich dieser Worte zu erinnern, als man mir einige Monate später in der deutschen Presse unterstellte, ich hätte das Land mit tiefen Ressentiments verlassen und hätte aus solchen Motiven heraus – gleichsam in einem Racheakt – beim Abschied eine antideutsche Stimmungswelle in den Vereinigten Staaten konstatiert und kritisiert. Das wurde aus einem angeblichen Interview herausgelesen, das ich am Tage vor meiner Einschiffung auf der ›Bremen‹ im Hafen von New York einem Vertreter der Agentur UPI gegeben haben sollte. Damit greife ich jedoch dem Ablauf der Ereignisse vor[1] und muß zuvor einige Bemerkungen über die letzten Tage in Washington dazwischenschalten.

Mitte Juni sollte ich nach Bonn zurückkehren, um bei dem Besuch von Dean Rusk in der Bundeshauptstadt zugegen zu sein. Am Nachmittag vor meinem Abflug (mittags hatte mir die ›Washington Post‹, deren redaktionelle Linie für uns nicht immer erfreulich gewesen war, überraschenderweise ein Abschieds-Luncheon gegeben) empfing mich Rusk zu einem letzten Gespräch vor seinem eigenen Aufbruch nach Bonn. Es war ganz darauf angelegt, Öl auf die Wogen der voraufgegangenen Aufregungen zu gießen. Gleich zu Beginn wiederholte er, was er mir schon einige Wochen zuvor gesagt hatte: daß er den vollen Text der Pressekonferenz des Bundeskanzlers noch einmal gelesen habe und nichts finde, was zu beanstanden wäre. Die Gespräche mit dem Bundesaußenminister in Athen seien sehr befriedigend gewesen. Über das künftige Konsultationsverfahren im Vierer-Kreise müsse man sich Gedanken machen, nachdem sich die Franzosen aus der Botschaftergruppe zurückgezogen hätten und sich dort das Problem eines »empty chair« stelle.

In bezug auf Moskau stellte Rusk einen Mangel an Interesse für die sogenannten broader questions fest (das waren gerade jene, bei denen die Westmächte nach »Verhandlungssubstanz« gesucht hatten). Ob man in Moskau Gewinne auf diesem Gebiete schon für gesichert halte? Deutsche Befürchtungen, daß der Eichmann-Prozeß in Israel eine antideutsche Stimmungswelle in den Vereinigten Staaten ausgelöst hätte, seien unbegründet.

Ebenso wie dieses Gespräch diente auch der Bonner Besuch, den Rusk vom 21. bis 23. Juni (mit einem Abstecher nach Berlin) durchführte, hauptsächlich dem Zweck, nach den vielfachen Reibereien und Spannungen des Frühjahrs die Atmosphäre zu bereinigen und die wiederhergestellte Harmonie zwischen Washington und Bonn zu demonstrieren. Dieser Zweck wurde soweit erreicht, als das ohne eine wirklich substantielle Harmonisierung der beiderseitigen Positionen möglich war. Als ich Ende August nach einem absichtlich länger als normal ausgedehnten Urlaub nach Washington zurückkehrte, um mich in den üblichen Formen zu verabschieden, traf ich die gleiche Stimmung als noch immer vorherrschend an. Zu dem von mir gegebenen Abschiedsempfang in der Botschaftsresidenz erschien die politische Prominenz der amerikanischen Hauptstadt in großer Besetzung. Ich habe keine Gästeliste dieses Empfangs aufbewahrt, aber allein aus meinem Fotoalbum lassen sich identifizieren: die Senatoren Mansfield, Sparkman, Monroney, Keating, mehrere Congressmen, Mrs. Rusk (der Außenminister selbst ging, wie das in vielen Hauptstädten üblich ist, nicht auf Empfänge), aus dem State Department Foy Kohler und Chip Bohlen, aus dem Weißen Haus Walt Rostow, vom Supreme Court der Oberste Bundesrichter, Earl Warren, aus dem Pentagon die höchsten Militärs, an ihrer Spitze ihr Chairman, General Maxwell Taylor, sowie die Stabschefs von Heer, Marine, Luftwaffe, von der Atomenergiekommission ihr Chairman, der Chemie-Nobelpreisträger und Kanzler der Universität Berkeley, Professor Glenn T. Seaborg (der uns sein Buch »Elements of the Universe« schenkte).

Am nächsten Tag empfing mich Kennedy im Weißen Haus und ging mit mir, wie er es mit bevorzugten Besuchern zu tun pflegte, in den Rosengarten an der Rückseite des Weißen Hauses. Dort hatte die Presse Gelegenheit, Bilder vom letzten Händedruck zu schießen, bei dem der Präsident sein strahlendstes Lächeln aufsetzte, und seine Abschiedsworte zu hören: daß »es ihm leid tue, daß der Botschafter fortgehe – der jedoch bei der NATO in Paris Gelegenheit haben werde, hervorragende Dienste zu leisten«. Ich soll, wie die Reporter gehört haben wollen, gesagt haben, daß ich von diesen Worten »sehr bewegt« sei. May be. Zu tief bewegt waren wir wohl beide nicht. In der Washington Post schilderte Chalmers Roberts am nächsten Tag die Szene und deutete sie als den Abschluß einer Affäre, der von allen Diplomaten in der Hauptstadt mit einem Seufzer der Erleichterung aufgenommen werde: Könne nicht jedem von ihnen beim nächsten Male das Gleiche geschehen, was mir an Demütigung vom Weißen Hause widerfahren sei? Ich hätte in einer Falle gesessen zwischen der eigenen Regierung und der Kennedy-Administration. Es folgte der wohlbekannte Katalog meiner Sünden (den immer einer vom anderen abschrieb): Ich hätte die härtere Position der deutschen Politik in der Frage der Ost-West-Beziehungen und in der Berlin-Frage vertreten. Kennedys Gespräche mit Gromyko im vergangenen Herbst hätte ich zu pessimistisch beurteilt. Man hätte mich kritisiert (hier sprach der Bericht von »man«), weil ich Bonn keine zutreffende Beurteilung der amerikanischen Politik gegeben und zu viele eigene Vorstellungen in meine Berichte verwoben hätte (daß »man« diese Berichte nicht gelesen hatte, bildete nie ein Hindernis für solche Beurteilungen). Einen Scherz des Präsidenten hätte ich für bare Münze genommen. Der Präsident habe daraus den Eindruck gewonnen, daß ich kein Gefühl dafür gehabt hätte, um was es wirklich ging. Aber, so schloß der Artikel, ich ginge jetzt auf einen anderen wichtigen Posten und könne weiterhin die deutsche Politik beeinflussen. So habe der Präsident entschieden, wie seine Mitarbeiter sagten, »daß es gefährlich ist, eine diplomatische Verantwortung zu sehr zu personalisieren« (»there was a danger of overpersonalizing diplomatic responsibility«). Daher die »Es-ist-alles-vergeben-Szene« im Rosengarten.[2]

Hierzu und zu der ähnlich verlaufenen Verabschiedung bei Rusk schrieb der Washingtoner Korrespondent der ›Frankfurter Allgemeinen Zeitung‹, Jan Reiffenberg: »Es war deutlich, daß diejenigen Amerikaner, die über die Jahre mit Grewe zu tun hatten, durch diese Gesten versuchten, Bitterkeiten zu beseitigen, die in dem Manne entstehen mußten, der sich noch im Frühjahr über Wochen zwischen zwei Feuern bewegen mußte – der Übergehung durch das State Department und dem Mangel an Unterstützung durch Bonn.«[3]

Von »Bitterkeit« war auch sonst noch die Rede. ›Newsweek‹ brachte am 17. September einen Artikel, der in seinem Tenor dem von Chalmers Roberts ähnelte, aber in der Behauptung gipfelte, ich sei nunmehr »ein bitterer und enttäuschter Mann«. War ich das? Oder habe ich jedenfalls diesen Eindruck aufkommen lassen? Grund zur Enttäuschung hatte es allerdings zur Genüge gegeben. Natürlich hätte ich mir einen anderen Abschluß meiner Tätigkeit in Washington gewünscht. Bitterkeit? Das weckt Assoziationen von Selbstmitleid und anklägerischer Empörung. Wenn ich mich nicht täusche – was man natürlich aus der Distanz von vielen Jahren nicht ganz ausschließen kann –, war ich von solchen Gefühlen ziemlich frei, schon deswegen, weil ich die Vorgänge von Anfang an meinerseits nicht »überpersonalisiert« hatte, sie nicht so sehr auf meine Person bezog, sondern auf ihren eigentlichen Hintergrund – politische Meinungsverschiedenheiten zwischen Washington und Bonn, widerstreitende Tendenzen in Bonn, allgemeine Überreizung durch eine zeitweilig höchst kritische Gesamtlage. Dabei geopfert zu werden und unter die Räder zu kommen, erschien mir stets als ein zwar unerfreuliches, aber unvermeidbares Berufsrisiko, das man mit Fassung hinnehmen muß. Die Reporter von ›Newsweek‹, die wieder die Geschichte mit dem angeblich mißverstandenen Scherz des Präsidenten aufwärmten und das Bild des humorlosen Legalisten beschworen, hatten selbst nicht genügend sense of humour, um zu bemerken, daß ich darauf nur mit Selbstironie reagiert hatte, indem ich nämlich im Gespräch mit ihnen bei diesem Punkte einen Aphorismus von Alphonse Daudet zitierte, der besagt: »Wenn jemand in dem Rufe steht, ein Frühaufsteher zu sein, kann er ruhig bis zum Mittag schlafen.« Man könne das auch umdrehen, sagte ich: »Wenn jemand in dem Rufe steht, ein Langschläfer zu sein, hilft es ihm wenig, wenn er noch so früh aufsteht.« Aber das war wohl zu fein gesponnen. Der Artikel machte daraus die larmoyante Klage eines sich verkannt fühlenden Realpolitikers.

Die deutsche Presse, die diesen Artikel über Gebühr beachtete und zitierte, hat sich wohl dadurch bewogen gefühlt, jede Äußerung von mir daraufhin abzuklopfen, ob sie einen letzten Giftpfeil dieses »verbitterten und enttäuschten« Heimkehrers enthielt. Das geschah insbesondere mit einigen Äußerungen, die mir ein deutscher Korrespondent von UPI in New York im letzten Augenblick vor der Einschiffung entlockt hatte, nachdem ich ihm zuvor ein Interview verweigert hatte. Ich beantwortete ihm jedoch schließlich einige Fragen im Rahmen eines Informationsgespräches, von dem die Antworten als »background« verwendet werden konnten, aber keine wörtlichen Äußerungen zitiert werden durften. Entgegen dieser Absprache wurde jedoch ein UPI-Text fabriziert, der meine Äußerungen zu einem »Interview« zusammenbastelte, und den ich nie gebilligt hätte, wenn man ihn mir vorher gezeigt hätte. Viel schlimmer war allerdings, was die deutsche Presse durch Verkürzungen, Vergröberungen, entstellende Überschriften, falsche Assoziationen und haltlose Unterstellungen daraus machte.

Während ich arglos auf der ›Bremen‹ über den Atlantik fuhr – mein

Nachfolger Karl Heinrich Knappstein hatte mir noch unmittelbar vor der Abfahrt einen Abschiedsempfang an Bord gegeben –, begann ein gewaltiges Getöse im deutschen Blätterwald, von dem ich erst nach einigen Tagen und nur dadurch Kenntnis erlangte, daß mir Knappstein ein Telegramm schickte und ich über Funktelefon von Zeitungsredaktionen angerufen und zu weiteren Kommentaren gedrängt wurde – die ich schon deswegen verweigerte, weil ich mir noch gar kein Bild davon machen konnte, was eigentlich geschehen war. Auch war die telefonische Verständigung akustisch so miserabel, daß gar kein Gespräch möglich war. Das hinderte ein Boulevardblatt nicht, einige sinnlose Wortfetzen aus diesem Telefonat zu veröffentlichen.

Am 16. September, einem Sonntagmittag, kamen wir in Bremerhaven an. Ein Bote des Auswärtigen Amtes kam mir schon beim Anlegemanöver des Schiffes entgegen und übergab mir noch an Bord ein dickes Dossier mit Zeitungsausschnitten und einem Brief des zuständigen Abteilungsleiters des Auswärtigen Amtes (es war seit kurzem Herbert Müller-Roschach, einer meiner früheren Mitarbeiter in der Politischen Abteilung des Amtes, der gerade am 1. September die Leitung der Abteilung West II übernommen hatte), in dem ich – unter diskretem Hinweis darauf, daß mein UPI-»Interview« ein »mannigfaltiges und im ganzen nicht erfreuliches Echo« gefunden habe – gebeten wurde, möglichst rasch nach Bonn zu kommen und dem Minister zur Auskunft zur Verfügung zu stehen. Es versteht sich, daß man mir nahelegte, der Presse bis dahin jede Auskunft und Stellungnahme zu verweigern.

Das Pressebild, das sich mir aus den übersandten Ausschnitten darbot, war niederschmetternd. Die Überschriften lauteten: »Bonn über Grewe-Interview erstaunt«, »verärgert«, »Befremden«, »über Kritik an Washington verstimmt«, »brachte Bonn in Wallung – Erregung unter den Politikern wegen der Kritik an den USA«, »nahm sanfte Rache«, Bonn »peinlich berührt«[4].

Der SPD-Pressedienst fragte, ob ich »von allen guten Geistern verlassen« sei und benutzte die Gelegenheit, am nächsten Tage eine ganz generelle Abqualifikation folgen zu lassen: »Wollte Grewe seinen Ärger über jene einflußreichen, die amerikanische Politik mitformenden Intellektuellen abreagieren, mit denen er, nicht ohne Schuld, nicht so gut zurechtkam? Dieser Mann ... hatte schon lange den sicheren Griff und den Überblick verloren. Er hat nicht begriffen und nicht begreifen können, daß mit Kennedy ein neuer und frischer Geist ins Kapitol einzog ...«[5]

Auch die Leitartikel waren nicht besser. »Wenig Glück« bescheinigte die ›Welt‹ den Bonner Botschaftern: »Der eine schied als zorniger Professor aus den Vereinigten Staaten, der andere wie ein Kaiser aus Moskau. Bittere Worte Grewes, törichte Aufschneiderei Krolls – das eine wie das andere hat das Auswärtige Amt zu melancholischer Verzweiflung getrieben.«[6] Auch über die »Eierköpfe« wurde einiges geschrieben[7], der Name Schlesinger fiel – alles dieses wurde mit dem »Zorn eines verärgerten Botschafters« erklärt –, der allerdings weder von Eierköpfen noch über Herrn Schlesinger gesprochen hatte und der auch gar nicht die ihm unterstellte Ansicht teilte, daß es vor allem die antideutschen Gefühle der intellektuellen Berater des Präsidenten gewesen seien, von denen ein negativer Einfluß auf die Berlin-Politik ausgegangen sei. Mir drängte sich der fatale Eindruck auf, daß alles dieses eigentlich die Ansicht der Artikelschreiber sei und daß sie danach dürsteten, sie auszusprechen – was am wenigsten riskant war, wenn man sie einem anderen anhängte!

Karl-Günther von Hase, der damalige Sprecher der Bundesregierung, hatte mich schon – als ich noch auf See war – in sehr nobler Weise verteidigt und hatte seine Zweifel an der Authentizität der mir zugeschriebenen Äußerungen angemeldet. Er hatte sofort begriffen, worum es bei dem New Yorker Gespräch gegangen war: »mehr um die Treffgenauigkeit einer Meinungsumfrage als um eine Kritik an der öffentlichen Meinung der Vereinigten Staaten«. Solange man mich jedoch nicht direkt befragen konnte, blieben aber natürlich alle amtlichen Erklärungen zwangsläufig blaß und unbestimmt – was auch in Hases Pressekonferenz mehrfach zu Gelächter führte.

Auf diese Weise konnte dieses publizistische Geschwür eine Woche lang wuchern, bevor man zur Operation schreiten konnte. Am 17. September, nach meinem Eintreffen in Bonn, konnte dies endlich geschehen. In einer amtlichen (wiederum von Hase herausgegebenen) Verlautbarung von diesem Tage wurde gesagt:

»Nach seiner Ankunft in Deutschland hat Botschafter Grewe zu den umstrittenen Äußerungen in New York Stellung genommen, die ihm zugeschrieben wurden. Der Botschafter hat kein Interview gegeben und infolgedessen auch keinen Text als korrekte und vollständige Wiedergabe seiner Äußerungen gebilligt. Wie schon in meiner ersten Stellungnahme zu dieser Angelegenheit vermutet, sind seine im Laufe eines Informationsgesprächs auf verschiedene Fragen gegebenen Antworten – zum Teil infolge von stark verkürzten, aus dem Zusammenhang von Frage und Antwort herausgelösten Wiedergaben – in entscheidenden Punkten mißdeutet worden. Wie schon bei seinen im Weißen Haus nach dem Abschiedsbesuch bei Präsident Kennedy am 1. September abgegebenen Presseerklärungen, hatte sich der Botschafter auch bei seinem New Yorker Gespräch von dem Bestreben leiten lassen, gerade bei dieser Gelegenheit die positiven Entwicklungen im deutsch-amerikanischen Verhältnis während seiner Amtszeit in Washington herauszuarbeiten. So beantwortete er zum Beispiel die Frage nach der sogenannten antideutschen Welle in den

USA mit einem Hinweis auf das erfreuliche Ergebnis der von der Michigan State University angestellten Meinungsumfrage. Sein Hinweis darauf, daß dieses Ergebnis die Meinung des Durchschnittsamerikaners wiedergebe und in manchen Regionen und Schichten der USA nicht ganz so günstig sei, spiegelt lediglich die Diskussion über den Grad der Treffgenauigkeit einer solchen Meinungsumfrage wider und ist völlig zu unrecht als eine Kritik an bestimmten Personen oder Personenkreisen hingestellt worden. Insbesondere hat der Botschafter weder bei dieser noch bei einer früheren Gelegenheit irgendwelche Namen genannt oder abschätzige Ausdrücke wie zum Beispiel »egghead« gebraucht. Seine Ansichten zu dieser Frage hat der Botschafter im übrigen in aller Klarheit und Eindeutigkeit in einem Vortrag vor der Steuben-Schurz-Gesellschaft in Frankfurt am Main im November vergangenen Jahres dargelegt, über den auch die deutsche Presse berichtet hat.

Niemand, der die politischen Ansichten des Botschafters und seine im vergangenen Jahrzehnt geleistete Arbeit kennt, kann daran zweifeln, daß ihm auch heute wie in Zukunft freundschaftliche Beziehungen zwischen den USA und der Bundesrepublik ganz besonders am Herzen liegen und daß er sie für eine unerläßliche Grundlage auch für seine künftige Arbeit bei der NATO hält.«

Einer deutschen Zeitung, die mir fairerweise ihre Spalten für eine Gegendarstellung angeboten hatte, schrieb ich danach, daß ich es in Übereinstimmung mit den für die Pressepolitik zuständigen amtlichen Stellen im Interesse der Sache (das heißt der deutsch-amerikanischen Beziehungen) für besser hielte, die Angelegenheit nicht noch einmal aufzurühren, sondern sie so rasch wie möglich der verdienten Vergessenheit zu überliefern. In meinem Briefe, in dem ich mich für das Angebot bedankte, gab ich der Redaktion (›Christ und Welt‹) zur eigenen Unterrichtung eine Darstellung des Sachverhalts, wie ich ihn sah:

»Mein Abschied von Washington war dadurch gekennzeichnet, daß sich alle Beteiligten, vom Präsidenten angefangen, um einen möglichst freundlich-harmonischen Ausklang bemühten. Selbstverständlich bemühte ich mich, entsprechend mitzuspielen. Dazu gehörte, daß ich mich bei der Abreise nicht einfach in ein finsteres Schweigen hüllen konnte. Ich habe daher in den letzten Tagen nach allen Seiten freundliche Banalitäten von mir gegeben. Sie blieben erwartungsgemäß unbeachtet – bis auf das letzte Gespräch in New York. Die Wiedergabe im UPI-Text war bereits in recht unglücklicher Weise verkürzt worden. Was die deutsche Presse dann daraus machte (in Amerika blieb die ganze Angelegenheit nahezu unbeachtet), ist einfach grotesk.

Die positiven Teile meiner Antworten wurden ignoriert, die zum Zwecke der Absicherung vorgenommenen Einschränkungen wurden isoliert und als Hauptthesen in den Vordergrund geschoben. Ausdrücke, die ich nicht gebraucht habe (eggheads), wurden als Ausgangspunkt für kritische Leitartikel (›Die Welt‹ vom 11. September) benutzt, Namen, die ich nicht genannt habe (Schlesinger) dienten als Grundlage für die Behauptung, ich hätte ›die Intellektuellen um Kennedy‹ kritisiert. Die ›Stuttgarter Nachrichten‹ verstiegen sich sogar zu der Behauptung, ich hätte Kennedy vor seinen eigenen Beamten im direkten Gespräch gewarnt. Diese Weisheit stammte offenbar aus einer ziemlich oberflächlichen Lektüre des ›Newsweek‹-Artikels, in dem es hieß, ich hätte Kennedy vor den amerikanischen Beratern gewarnt, die 1949 die Rotchinesen für harmlose Agrarreformer hielten. Abgesehen davon, daß die Berater von 1949 und 1962 in einen Topf geworfen wurden, hat sich ›Newsweek‹ die Geschichte mit den Experten von 1949 aus den Fingern gesogen. Was soll man zu solchen Methoden sagen?« Am Schlusse meines Briefes hieß es: »Wenn ich ausgerechnet bei dieser (höchst unpassenden) Gelegenheit hätte Kritik üben wollen, so hätte ich gar keinen Anlaß gehabt, mich gegen die ›intellektuellen Ratgeber‹ zu wenden. Ich habe mich mit McGeorge Bundy ausgezeichnet verstanden; ich habe mit Rostow nie einen Streit gehabt; ich habe mit Schlesinger seit dem Regierungswechsel nie zu tun gehabt. Wenn es auf dem Gebiete der Deutschland- und Berlin-Politik Einflüsse auf den Präsidenten gab, die ich für schädlich hielt, so kamen sie aus einer anderen Ecke.«

Tatsächlich verschwand die Angelegenheit nach der amtlichen Erklärung vom 17. September rasch aus den deutschen Zeitungen. Nur der ›Vorwärts‹ hielt es für angebracht, noch am 19. September meine Entfernung aus dem auswärtigen Dienst der Bundesrepublik zu fordern und erneut am 24. September alle Richtigstellungen ironisch in Zweifel zu ziehen (»Natürlich hat wieder einmal die Presse alles mißverstanden«), in jedem Falle darauf zu beharren, daß ich für eine Verwendung beim NATO-Rat nicht mehr geeignet sei. Entgegen seiner Behauptung hatten weder meine angeblichen Äußerungen noch die aufgeregten Kommentare der deutschen Presse in ausländischen Zeitungen nennenswerte Beachtung gefunden – das Ganze blieb ein Sturm im deutschen Wasserglas. Die Agentur UPI hatte ihren Bericht von vornherein nur in Deutschland verbreitet. Sie distanzierte sich auch von der Annahme, meine Äußerungen zu der amerikanischen Meinungsumfrage seien als eine verkappte Kritik der Regierungsequipe Kennedys zu verstehen.

Von einem Schaden für die deutsch-amerikanischen Beziehungen konnte somit kaum die Rede sein; wenn es ihn gegeben hätte, so wäre er der Verzerrung und Aufbauschung eines in sich überhaupt nicht sensationellen Tatbestandes durch unsere Medien zu verdanken gewesen.

Das Wiedersehen mit der Heimat wurde durch diese Affäre nicht gerade verschönt. Noch heute frage ich mich, wie es möglich ist, daß man einem exponierten Repräsentanten des eigenen Landes, dessen Werdegang, dessen politische Ansichten und dessen nicht gerade exaltiertes Temperament seit vielen Jahren der Öffentlichkeit bekannt war, von heute auf morgen die Fähigkeit unterstellt, aus der Rolle zu fallen, wie eine beleidigte Primadonna zu reagieren und aus obskuren Rachegefühlen die führenden Männer oder gar die führenden Schichten des Landes anzuschwärzen, mit dem freundschaftliche Beziehungen herzustellen man sich gerade jahrelang bemüht hat. Es gehört eine merkwürdig soupçonnöse Mentalität dazu, ohne nähere Prüfung und ohne den Betroffenen anzuhören, aus einigen von einer Presseagentur verbreiteten teils richtigen, teils unrichten Äußerungen das herauszulesen, was man mir damals andichtete. Bei allem, was mir amerikanische Journalisten in jenem schwierigen Jahre 1962 ankreideten – keiner von ihnen kam auf die Idee, mich eines so läppischen Racheaktes für fähig zu halten. Das blieb den eigenen Landsleuten vorbehalten.

Für zwei Monate zog ich mich aus der Politik und allen öffentlichen Auftritten zurück. Ein Kapitel Amerika-Erfahrung war für mich abgeschlossen. Ich wußte, daß ein anderes folgen würde (und wäre schon deswegen tatsächlich von allen guten Geistern verlassen gewesen, wenn ich das nicht bei meinem Abschied bedacht hätte): Auch in der NATO würden die Amerikaner meine wichtigsten Partner bleiben. Meine Überzeugung, daß diese Partnerschaft für uns, für unsere Freiheit und politische Unabhängigkeit lebenswichtig sei, nahm ich ohne jeden Abstrich in meinen neuen Aufgabenkreis und Wirkungsbereich hinüber.

Im Dienste des
Atlantischen Bündnisses
1962-1971

BEIM NATO-RAT IN PARIS

Wiedersehen mit Paris

An einem spätherbstlich-trüben Tag, es war der 1. November 1962, Allerheiligen, ein in ganz Frankreich respektierter Feiertag, trafen wir (meine Frau und ich) in Paris ein. Wir kamen, im eigenen Wagen, selbst am Steuer sitzend, aus unserem letzten Übergangsquartier in Deutschland, einem Hotel in Baden-Baden. Östlich und nördlich von Paris gab es damals noch keine Autobahnen, die Landstraßen waren eng und stark befahren, man brauchte von der Grenze bis Paris fünf bis sechs Stunden. Durch das feiertägliche Menschengewimmel in den Straßen von Paris suchten wir unseren Weg zur Porte Dauphine (postalisch korrekter: Place du Général de Lattre de Tassigny), an der das NATO-Gebäude stand. Dort, im Büro der deutschen NATO-Vertretung, erwartete mich mein Vorgänger, Gebhardt von Walter, um mir die Geschäfte der Vertretung zu übergeben. Am späten Nachmittag beendeten wir unser Gespräch, das mir aus dem Erfahrungsschatz meines Vorgängers nützliche Ratschläge vermitteln sollte.

So konnte ich mich am Abend dieses Tages voll als Träger eines Amtes fühlen, das ich mir viele Jahre zuvor einmal sehr gewünscht, aber nicht erhalten hatte. Nach dem Abschluß der Pariser Verträge im Oktober 1954 und ihrer Ratifikation im Mai 1955 war Herbert Blankenhorn als erster deutscher Vertreter zum NATO-Rat entsandt worden, während ich Blankenhorns Nachfolge als Leiter der Politischen Abteilung antrat. Rückblickend freilich konnte ich mit diesem Lauf der Dinge nur zufrieden sein: Er verschaffte mir die Möglichkeit, drei Jahre an leitender Stelle in der Zentrale tätig zu sein und anschließend viereinhalb Jahre die Botschaft in Washington zu leiten – zwei Stationen meines Lebensweges, die ich keinesfalls hätte missen mögen.

Auf der anderen Seite war die Attraktivität des Postens beim NATO-Rat im Laufe der Jahre für mich etwas verblaßt. Nach Washington, das damals wie heute der Spitzenposten war und ist, den der deutsche Auswärtige Dienst zu vergeben hat (und dies nicht im protokollarischen, sondern im politischen Sinne des Wortes), war die NATO-Vertretung immerhin ein gewisser Abstieg. Indessen, wie konnte es anders sein? Wer, wie ich, entgegen allen Regeln der Anciennität und der »Ochsentour«, mit dem Spitzenposten unter unseren Auslandsvertretungen begann, konnte nur auf einem weniger hervorragenden Posten landen. Immerhin gehörte auch die NATO-Botschaft in die kleine Gruppe der wichtigsten und angesehensten Missionen, und es war keine Degradierung und kein Gesichtsverlust, dorthin versetzt zu werden. Demgemäß waren meine Gefühle balanciert: Sie waren von Euphorie ebenso frei wie von Enttäuschung. Die Sachgebiete, mit denen es der Rat zu tun hatte, ebenso wie die komplizierte Struktur der Organisation, waren mir wohlvertraut; Stil und geistiges Klima des Rates kannte ich aus der Teilnahme an vielen Konferenzen.

Last not least: Paris. Ich kannte die Stadt von zahllosen Aufenthalten aus Anlaß von Konferenzen und Arbeitsgruppen. Meine erste Berührung mit Paris lag weit zurück; im April 1943, im Kriege also, jedoch als Zivilist und Privatmann, verbrachte ich drei Wochen dort, nachdem es mir gelungen war, eine Befürwortung des Auswärtigen Amtes für ein Forschungsvorhaben zu erlangen, das nicht allzu ernst gemeint war. Mein einziger Kontakt mit der deutschen Besatzungsmacht bestand darin, daß ich einen Abend im Hôtel Raphaël in jenem Kreise von Offizieren, Militärbürokraten und Intellektuellen verbrachte, die unter der schützenden Hand des Oberbefehlshabers, des später in die Verschwörung des 20. Juli 1944 verwickelten und nach einem auf dem Schlachtfeld von Verdun mißglückten Selbstmordversuch hingerichteten Generals Heinrich von Stülpnagel, eine Insel der inneren Emigration gebildet hatten. Der damalige Oberst Hans Speidel und der damalige Hauptmann Ernst Jünger waren die Kristallisationspunkte für abendliche Diskussionstreffen, wie sie Jünger in seinem Tagebuch ›Strahlungen‹ beschrieben hat. Unter dem 28. April 1943 verzeichnet er einen Abend »mit dem Verleger Volckmar-Frenzel, Leo und dem Berliner Völkerrechtler Grewe«.[1] Andere Teilnehmer dieser Abendrunde, denen ich später wiederbegegnet bin, waren Rudolf Thierfelder, später Leiter der Kulturabteilung des Auswärtigen Amtes, Generalkonsul in Genf und Botschafter in Ankara, und Werner Bargatzki, später Staatssekretär im Bundesministerium des Innern und heute Präsident des Deutschen Roten Kreuzes. Speidel befand sich zu dieser Zeit an der Ostfront.

Ich hätte ihm Einzelheiten über den qualvollen Tod von Albrecht Erich Günther berichtet, schreibt Jünger in der gleichen Tagebuchnotiz. In der Tat stand ich wohl noch unter dem Eindruck des Miterlebens der letzten Stunden dieses gemeinsamen Freundes, der am 29. Dezember 1942 in Hamburg verstorben war. Er hatte sich seit Jahren in ohnmächtiger Verzweiflung und kaltem Haß gegen das Regime verzehrt und damit seiner labilen Gesundheit das tödliche Ingredienz hinzugefügt. Seine Verfeindung mit dem NS-Regime enthielt manche Elemente selbstkritischer Auseinandersetzung mit der eigenen Vergangenheit: Seit den frühen Jahren nach dem Ersten Weltkrieg, die ihn zunächst weit links stehend gesehen hatten, war er in den zwanziger Jahren – wie mancher andere – auf den extremen rechten Flügel gewandert und war, zusammen mit Jünger, Niekisch, Hielscher und anderen, einer der geistigen Führer einer Bewegung geworden, die man damals den »neuen Nationalismus« nannte. Mit Hitlers Nationalismus verband sie nicht viel mehr als eine tiefgründige gegenseitige Abneigung. Ebenso stand sie den Deutschnationalen Hugenbergs fern. Gleichwohl läßt sich nicht bezweifeln, daß auch dieser Bewegung eine Mitverantwortung für das Scheitern der Weimarer Republik und für die Entfremdung der jungen Generation diesem Staatswesen gegenüber zukommt. Günther war Anfang der dreißiger Jahre in einen Prozeß der Wandlung und der Umkehr eingetreten: Er hatte begonnen, die »nationalrevolutionäre« Ideologie durch einen pragmatischen Reformkurs zu ersetzen und die Verbindung mit Kräften zu suchen, die die wankende Republik auf erneuerter Grundlage stabilisieren konnten. Einige Jahre des Hitler-Regimes genügten, ihn noch gründlicher zu verwandeln. Er bemühte sich um Kontakte zu Widerstandsgruppen und zu solchen Offizierskreisen, die zum Handeln entschlossen schienen. Mehr und mehr war er besessen von dem Drang, frühere Irrwege durch die Bereitschaft zum letzten Opfer gutzumachen. Enttäuschungen auf diesem Wege und mit manchen Partnern blieben ihm nicht erspart. Krankheit und Tod setzten allem ein Ende.

Ich war schon als Untersekundaner unter den Einfluß der starken intellektuellen Ausstrahlungskraft dieses Mannes geraten, der aus einem evangelischen Pfarr- und Theologenhause stammte, dessen Mutter – Agnes Günther – den ebenso populären wie versponnenen Bestsellerroman ihrer Zeit ›Die Heilige und ihr Narr‹ geschrieben hatte und der stets etwas den äußeren Habitus des linksintellektuellen Literaten und des Bohémien bewahrte, auch wenn er in einem Offizierskasino oder am Lagerfeuer einer bündischen Jugendgruppe sprach oder mit Militärs oder Bürokraten konspirierte. Seit dieser frühen Zeit meines erwachenden politischen Interesses hatte ich ihn durch alle Phasen seiner Wandlung begleitet. Sein Tod bedeutete eine Zäsur, er führte zu einem Schlußstrich unter eine Vorstellungswelt, die ich immer mehr als einen romantisch-idealistischen Irrweg meiner Jugend erkannte. Wir hatten weder gemordet noch Bomben geworfen noch Banken beraubt, und wir waren schließlich von selbst zur Vernunft gekommen. Wenn ich die heutigen Parolen unserer Systemveränderer, Revolutionäre und Techniker der politischen

Gewaltanwendung höre, so weckt das gleichwohl fatale Assoziationen – einmündend in die Frage, ob und wann diese Aktivisten der heutigen jungen Generation wohl aus eigener Einsicht den Weg zur Vernunft zurückfinden werden.

Doch zurück nach Paris. Es war im Kriege und unter der deutschen Besatzung natürlich nur ein Schatten seiner selbst. Dennoch traten einige attraktive Züge dieser einzigartigen Stadt in dieser besonderen Situation deutlicher zutage als später im Getümmel des überbordenden Verkehrs und der häufig problematischen Segnungen der Wohlstandsgesellschaft.

Damals wie später bin ich – mag es inzwischen noch so banal klingen – dem Zauber von Paris genauso erlegen wie unzählige andere Mitmenschen, welcher Nationalität auch immer, die mit ihm in Berührung kamen. So glücklich ich mich auch in Washington gefühlt hatte und so tief mich die Naturschönheiten vieler Teile des amerikanischen Kontinents beeindruckt hatten: Die Aussicht, einige Jahre in Paris zu leben und von hier aus auch die mir bis dahin weniger bekannten Teile Frankreichs kennenzulernen, empfand ich als faszinierend. Im Laufe der Jahre machte sich der Stress des Pariser Alltags stärker bemerkbar. 1967, als die NATO nach Brüssel umziehen mußte, waren meine Frau und ich zufrieden, aus einem hektischen überdimensionalen Metropolis in eine kleinere, ruhigere, wenn auch weniger glänzende Stadt übersiedeln zu können. Diese Gefühle, insbesondere auch die meiner Frau, lassen sich gut an der Veränderung unserer Wohnverhältnisse illustrieren. In Paris hatte ich als Residenz ein nicht sehr großes, aber in vieler Hinsicht ungewöhnlich attraktives Haus gemietet, ein »hôtel particulier«, wie man in Paris sagt, ein Haus also, das nur von einer einzigen Mietpartei bewohnt wird. Es lag am Square de l'Avenue Foch. Früher hieß dieser stille, kleine, mit der Avenue Foch durch eine eigene Privatstraße verbundene Platz Square du Bois de Boulogne. Die Namen verraten schon die ungewöhnlich günstige Lage: Von unserem Fenster aus blickten wir, allerdings getrennt durch eine dazwischen liegende große Verkehrsader, auf die Bäume des Bois de Boulogne. Ging man hinaus auf die Avenue Foch, so lag gleich zur rechten Hand die Porte Dauphine, jener große Platz, an dessen gegenüberliegender Seite sich das V-förmige NATO-Gebäude erhob – das ich in fünf Minuten zu Fuß erreichen konnte. Zur linken Hand sah man in der Ferne am Ende der Avenue Foch den Arc de Triomphe auf der Place de l'Etoile. Das Haus selbst war ein etwa um die Mitte des neunzehnten Jahrhunderts errichtetes, zweieinhalbstöckiges, relativ schmalbrüstiges Gebäude, in schönen, ruhigen Linien, mit hohen, schmalen Fenstern hinter einem Garten mit schmiedeeisernem Gartentor, innen im Erdgeschoß mit einer ebenso dekorativen wie kostbaren Holztäfelung ausgestattet. In diesem Hause, und das gab ihm sein besonderes kulturhistorisches Flair, hatte Claude Debussy viele Jahre bis zu seinem Tode (1918) gelebt, komponiert und musiziert. Es stand daher unter Denkmalschutz und wurde gelegentlich von Musikstudenten ehrfürchtig betrachtet und fotografiert. In Debussys Arbeitszimmer im Dachgeschoß hatte ich das meine eingerichtet. Als Musiksalon hatte er im Erdgeschoß einen Anbau ausführen lassen, der das Haus zwar nicht gerade verschönt hatte, der aber die Vorderfassade nicht berührte. Uns diente dieser Raum als Speisezimmer, wobei wir uns manchmal ein wenig wie Barbaren vorkamen, die einen Tempel entweihten. Denn immerhin hatte es in diesem Raum denkwürdige Begegnungen gegeben; so erzählte man mir von einer Zusammenkunft in diesem Raume, bei welcher der Hausherr Debussy als Gäste Maurice Maeterlinck, Gabriele d'Annunzio und Igor Stravinskij bei sich gesehen habe: »Der ganze Jugendstil« – so Carlo Schmid, als ich ihm diese Geschichte unseres Hauses erzählte. So sehr mich die Vorstellung von diesem Treffen faszinierte, so kam ich doch nicht umhin, an ihrem Wahrheitsgehalt zu zweifeln, jedenfalls was die Gleichzeitigkeit dieser Begegnung anlangt. Die Beziehungen Debussys zu Maeterlinck waren, wie ich bei meinen Nachforschungen feststellte, schon 1902 abrupt und unter Aufwirbelung von viel Staub beendet worden.[2] Der Komponist, der mit Maeterlincks freudiger Zustimmung dessen (nicht sonderlich tiefgründiges) Schauspiel ›Pelléas und Mélisande‹ vertont und daraus seine einzige vollendete große Oper geschaffen hatte, beging den unverzeihlichen Fehler, nicht Maeterlincks Frau, eine bekannte Sängerin, sondern eine gerade erst entdeckte junge schottische Sängerin für die Rolle der Mélisande vorzusehen. Maeterlinck geriet sofort in Rage, zog seine Zustimmung zur Verwendung seines Textes zurück und versuchte mit allen Mitteln, sogar mit einer gerichtlichen Klage, die Uraufführung zu verhindern. Da ihn das Gericht abwies, forderte er Debussy sogar zu einem Duell heraus. Dazu kam es nicht, die Aufführung fand statt, endete jedoch mit einem turbulenten Theaterskandal eines enttäuschten, durch Debussys Musik überforderten Publikums. Dieses alles spielte zu einem Zeitpunkt, zu dem Debussy noch gar nicht in »unserem« Hause wohnte, viele Jahre, bevor sich seine Beziehungen zu den beiden anderen Teilnehmern dieser angeblichen Begegnung anbahnten. 1910 komponierte er nach einem Text von d'Annunzio (den alle Kritiker höchst mittelmäßig fanden) ›Le Martyre de Saint Sébastien‹, eine merkwürdige Mischung von Kantate, Oper und Ballett. d'Annuncio hielt sich, auf der Flucht vor seinen italienischen Gläubigern, von 1910 bis 1913 in Frankreich auf. Die ersten Kontakte Debussys mit Stravinskij fallen in die Jahre 1910/12. Ein Zusammentreffen dieser drei wäre also möglich gewesen. Stéphane Mallarmé, nach dessen Gedicht Debussy sein erstes Meisterwerk, ›Prélude à l'après-midi d'un faune‹, komponiert hat, lebte um diese Zeit nicht mehr (er starb 1898). Was es mit dieser Zusammenkunft zu dritt oder viert auch immer auf sich gehabt haben mag – außer Zweifel steht wohl, daß diesem Raum für jeden Musikfreund eine besondere Weihe anhaftete. Wenn wir ihn für so banale Zwecke, wie es diplomatische Diners sind, benutzten, so waren wir doch nicht die ersten, die ihn entweihten. Wie ich erst einige Zeit nach unserem Einzug zu meinem Erschrecken erfuhr, hatte das Haus auch eine ziemlich düstere Periode hinter sich: Während des Zweiten Weltkrieges diente es – ebenso wie die Nachbarhäuser – verschiedenen Organisationen französischer Kollaborateure als Hauptquartier, während vorn in den großen Etagenhäusern der Avenue Foch, am Ausgang unserer Privatstraße, die Gestapo gehaust hatte. Tatsächlich entdeckte meine Frau eines Tages im Kohlenkeller eingeritzte Inschriften an den Wänden, die darauf hindeuteten, daß hier während des Krieges Menschen eingekerkert gewesen waren. Die Vorstellung, daß eines Tages aus kommunistischen Kreisen der Résistance in der Presse eine Attacke gegen den deutschen NATO-Botschafter kommen könnte, der sich nicht scheute, seine Residenz an einem so anrüchigen Platz einzurichten, hat mich lange Zeit verfolgt. Daß im gleichermaßen anrüchigen Nachbarhaus Arthur Rubinstein sein Pariser Domizil genommen hatte, hätte mir als Entlastungsargument sicher wenig geholfen. Immerhin war es ein merkwürdiges Milieu, in das wir da hineingeraten waren: das Sterbehaus jenes französischen Komponisten, den man auch »Claude de France« nannte und der sich während des Ersten Weltkrieges in chauvinistischem Hasse gegen die »Boches« überschlagen hatte; unser Nachbar der weltberühmte jüdische Pianist aus Polen, der den Deutschen ihre im Zweiten Weltkrieg begangenen Verbrechen nie verzeihen konnte und der es daher konsequent ablehnte, in Deutschland jemals wieder mit einem Konzert aufzutreten; und im Keller die Erinnerung an die »Lemuren«, die Kreaturen des Kollaborationismus mit der Gestapo. Und unser Hauseigentümer: ein emigrierter Generalkonsul des Königreichs der Serben, Kroaten und Slowenen, liebenswürdig, kosmopolitisch, höchst sprachgewandt – im Deutschen gleichermaßen wie im Französischen oder Englischen –, der ironischerweise den gleichen Namen trug wie der berüchtigte Führer der kroatischen Ustascha, der stark faschistisch orientierten kroatischen Terrororganisation, auf deren Konto wahrscheinlich das Attentat auf König Alexander I. in Marseille (1934) geht: Ante Pavelić. Dieser, der bekanntere Träger des Namens, von 1941 bis 1945 Staatschef des »Unabhängigen (in Wahrheit von Italien abhängigen) Staates Kroatien«, war nach dem Kriege nach Argentinien entkommen und 1959 in Madrid gestorben. Unser Hauswirt hatte außer dem Namen nichts mit ihm gemein; um das zu verdeutlichen, hatte er seinem Namen den seiner (verstorbenen) amerikanischen Frau hinzugefügt.

Kurz, dieses Haus »hatte es in sich«. Trotz seiner problematischen Geschichte liebten wir es – aber wir litten auch unter ihm. Es war hoffnungslos unpraktisch – mit einer Kellerküche ohne Personen- oder wenigstens Speiseaufzug, auf seiner einen Front Tag und Nacht dem Verkehrsgetöse eines »Boulevard Périphérique« ausgesetzt, der den Namen »Boulevard de l'Amiral Bruix« trug und den man, wenn es nach uns gegangen wäre, etwas anders geschrieben hätte, nämlich »Bruit«. Unter dem Hause grollte tief in der Erde nicht nur die Métro, sondern noch eine weitere, aus Richtung St. Cloud kommende Vorortbahn. Beide vereint, brachten das Haus in regelmäßigen Abständen zum Erzittern. Das Heizungssystem war total veraltet und verrottet, von Zeit zu Zeit spie es im Keller gewaltige Mengen von Ruß aus, deren man nur mühsam Herr werden konnte. In allen diesen praktischen Dingen des täglichen Lebens bedeutete der Umzug nach Brüssel eine Erlösung, vor allem für die Hausfrau.

So verließen wir Paris nach fünf Jahren mit gemischten Gefühlen: etwas traurig, aber auch erleichtert. Unsere Sympathien für Paris blieben unberührt, und erst recht unsere Liebe zu den vielen schönen Landschaften und Städten dieses Landes, die wir in diesen Jahren zu sehen bekamen. »La douce France« blieb seitdem eine Quelle ständiger Nostalgie.

Aufgabe und Partner:
Rat, Generalsekretär, Ständige Vertreter

Daß ich als Ständiger deutscher Vertreter beim NATO-Rat (»Permanent Representative to the North Atlantic Council« war die offizielle Amtsbezeichnung, abgekürzt »Permrep«) achteinhalb Jahre bleiben sollte, hätte ich mir an jenem Novembersonntag des Jahres 1962 allerdings nicht träumen lassen. Hätte ich es geahnt, so hätte es mich wahrscheinlich etwas beklommen gemacht – grundlos allerdings, denn im Laufe der Jahre lernte ich diesen Posten immer mehr lieben und war ganz zufrieden, daß man ihn mir für eine so lange Zeitspanne überließ.

Warum – darüber wird in den nächsten beiden Kapiteln im einzelnen zu reden sein. Um aber die Kernpunkte vorwegzunehmen: Dieses war ein Posten, der gleichsam auf die Substanz des Politischen reduziert war. Ihm fehlten alle jene protokollarisch-zeremoniellen und rituell-gesellschaftlichen Verpflichtungen, die einem auf einem höheren bilateralen Botschafterposten zunehmend das frustrierende Gefühl vermitteln, daß man den größten Teil seiner Zeit auf einen Prozeß des Leerlaufs verschwendet, und daß man seine eigentlichen Aufgaben zugunsten irgendwelcher Aktivitäten vernachlässigen muß, deren Nichtigkeit mit Händen zu greifen ist, und denen man sich dennoch nicht entziehen kann. Bei der NATO herrschte ein strenges, wenn auch nicht hektisches Arbeitsklima. Nachtsitzungen wie in den Organen der EG waren normalerweise nicht üblich. Cocktailparties galten als überflüssig und wurden nur aus besonderen Anlässen (Verabschiedungen, hohen Besuchern und so weiter) geduldet. Gesellschaftlicher Verkehr außerhalb des eigenen Kreises, insbesondere mit dem örtlichen diplomatischen Korps, wurde nur unter Anlegung eines strengen Auslesemaßstabes unterhalten. Nur in seltenen Fällen fuhren wir zum Empfang irgendwelcher Würdenträger zum Flugplatz. Brüssel war nur zweieinhalb Autostunden von Bonn entfernt. Bonner Minister kamen daher meist im Kraftwagen an und wurden dann am Hauseingang begrüßt. Eine touristische Betreuung sonstiger Besucher gab es nicht. Gewiß, es kamen häufig Abgeordnete und zahlreiche Gruppen aus den Kreisen der Gewerkschaften, der Kommunalverwaltung, der studentischen Organisationen, der Presse, der Kirchen und anderen mehr, um sich über die NATO zu unterrichten. Solche Besuche wurden von uns gefördert und zum Teil sogar subventioniert, denn Besuche dieser Art dienten einem nützlichen Zweck. Ich habe selbst unzähligen Gruppen dieser Art »briefings« gegeben, ohne daß mir dieses jemals als Zeitverschwendung erschienen wäre.

Zum anderen: Der NATO-Rat erwies sich als ein exklusiver Klub hochqualifizierter Kollegen, die sich als solche gegenseitig respektierten, schätzten und einen vorbildlichen »esprit de corps« entwickelten. Dieser Klub bestand aus fünfzehn Botschaftern und dem Generalsekretär. Jeden Mittwoch trafen wir uns im großen Sitzungssaal, umgeben von den Stäben unserer Mitarbeiter. Fast jede Woche brachte eine Reihe zusätzlicher Sitzungen aus irgendeinem Anlaß, in größerer oder kleinerer Besetzung. Häufig, wenn das Thema delikat war, rief der Generalsekretär die Botschafter allein zu sich in sein Beratungszimmer. Immer fester bürgerte sich auch der Brauch eines regelmäßigen wöchentlichen Arbeitsluncheon ein, wobei wir abwechselnd als Gastgeber auftraten. Diese Begegnungen erwiesen sich als hervorragend geeignet, die förmlichen Sitzungen vorzubereiten, Schwierigkeiten rechtzeitig zu erkennen, Zusammenstöße zu vermeiden, Kompromisse anzubahnen und Lösungen für unsere Probleme zu finden. Kurz, wir sahen uns praktisch täglich und häufig mehrmals am Tage. Wie in einer Schulklasse entwickelte sich schon aus dieser zeitlichen Intensität unseres Zusammenseins ein Gefühl der Zusammengehörigkeit und Solidarität. Das konnte durchaus dazu führen, daß sich ein ›Permrep‹ gedrängt fühlte, seiner eigenen Regierung gegenüber energisch den Standpunkt der Ratsmehrheit zu vertreten und national-egoistische Positionen der heimatlichen Zentrale zu bekämpfen. Die NATO war zwar keine supranationale Organisation. Anders als die Mitglieder der europäischen Kommission, waren wir stets an die Weisungen unserer Regierungen gebunden und hatten keinen anderen Auftrag, als deren Interessen zu vertreten. Das hat jedoch die Entwicklung eines ausgeprägten Gemeinschaftsbewußtseins im NATO-Rat nicht verhindert. Die Mitglieder dieses Klubs waren weitsichtig und souverän genug, um dem Gemeinwohl der Allianz gelegentlich den Vorrang vor den nationalen Interessen einzuräumen, die sie auftragsgemäß vertreten sollten.

Ohne jeden Zweifel war es die Persönlichkeit des Vorsitzenden – des Generalsekretärs –, die den Geist, das Zusammengehörigkeits- und Verantwortungsgefühls sowie den Stil und das Niveau der Ratsarbeit entscheidend beeinflußte. Der erste Generalsekretär, Lord Hastings Lionel Ismay, enger Mitarbeiter Churchills und Sekretär des Imperial War Cabinet, war eine ausgleichende Vaterfigur gewesen, die es zugleich verstanden hatte, dem Rat eine Dosis englischen Klubgeistes einzuhauchen. Für seinen Nachfolger, Paul-Henri Spaak, war der Posten des Generalsekretärs eine passende Interimsposition gewesen, die es dem Politiker Spaak erlaubte, nach einiger Zeit mit um so größerem Aplomb auf die Bühne der belgischen Politik zurückzukehren und in einem wieder um eine Nuance veränderten Koalitionskabinett Außenminister zu werden – wie er es viele Jahre zuvor schon gewesen war. Er war ein rhetorisch brillanter, erfahrener und international angesehener Politiker, dessen Stimme Gewicht hatte und der seinen früheren Außenminister-Kollegen gegenüber mit einer gewissen Autorität sprechen konnte, die dem Rate zugute kam.[1]

Als ich 1962 Mitglied des Rates wurde, hatte er sein Amt bereits abgegeben – an den Holländer Dirk Stikker, der es bis 1965 innehatte. Stikker war, bevor er sein Land als Botschafter in London (1952 bis 1958) und beim NATO-Rat (1958-1961) vertreten hatte, von 1948 bis 1952 niederländischer Außenminister gewesen. Seit Spaak war es eine Voraussetzung für die Qualifikation zum Generalsekretär geworden, daß der Kandidat in seinem eigenen Lande einmal Kabinettsrang gehabt haben müsse, damit er von den Außenministern als Gleicher unter Gleichen und gegebenenfalls als Vorsitzender akzeptiert werde. Die NATO-Ministerkonferenzen wurden ursprünglich nicht vom Generalsekretär, sondern – rotierend – von einem der Außenminister präsidiert; erst unter Manlio Brosio wurde das – ab 1966 – geändert, da man eingesehen hatte, daß der Generalsekretär am besten geeignet und darauf vorbereitet ist, eine solche Konferenz sachgemäß zu leiten.

Stikker widmete sich mit großem Engagement seinem Amte und führte es mit einigem Erfolg. Was ihm fehlte, war die unerschöpfliche, stoische Geduld, die sein Nachfolger allen Problemen und Kontroversen entgegenbrachte – eine, wie sich zeigte, für dieses Amt ganz unschätzbare Eigenschaft.² Manlio Brosio, der 1965 Stikkers Nachfolge antrat und dann bis Ende 1971 Generalsekretär blieb, wurde der große Überraschungserfolg auf diesem Posten. Niemand hatte bezweifelt, daß der aristokratisch wirkende Turiner Anwalt, der als führende Figur der Liberalen Partei für kurze Zeit nach dem Kriege stellvertretender Ministerpräsident gewesen und dann nacheinander alle Spitzenposten der italienischen Diplomatie – die Botschafterposten in Moskau, London, Washington und Paris – bekleidet hatte, ein respektabler Generalsekretär werden würde. Aber er wurde viel mehr. Er hat aus diesem Amt gemacht, was aus ihm zu machen war. Er hat ihm bei den Mitgliedsregierungen das größtmögliche Maß an Respekt, Autorität und Einfluß verschafft; er war dem Rat ein vorbildlicher Chairman, uns allen, den Mitgliedern des Rates, ein Leitbild, ein in jeder Situation besonnener und umsichtiger Ratgeber, ein Gentleman, dessen Takt und Integrität stets außer Zweifel standen, ein Freund und Kollege, dem wir unser volles Vertrauen schenkten.

Brosio war in vieler Hinsicht ein Phänomen: Niemand konnte sich vom landläufigen Image seiner italienischen Landsleute markanter unterscheiden als dieser, jeder überschwenglichen Rhetorik abgeneigte, knapp und präzis formulierende klare Geist, dessen Träger seinem Amte ein geradezu preußisch anmutendes Pflichtbewußtsein und einen asketischen Arbeitseifer entgegenbrachte, mit dem er seine Mitarbeiter zur Erschöpfung bringen konnte. Dieser hochgewachsene, in Haltung und Kleidung stets unaufdringlich elegante Piemontese mit dem scharf geschnittenen römischen Profil übernahm sein Amt mit fünfundsechzig Jahren, er war zweiundsiebzig, als er ausschied: bis zuletzt ein hervorragender Tennisspieler mit federndem elastischen Gang. Ich kann mich nicht erinnern, daß er während seiner Amtsjahre irgendwann krank gewesen wäre. Ob eine Diskussion in englisch oder französisch abgewickelt wurde, spielte keine Rolle: Er beherrschte beide Sprachen gleichermaßen souverän. Deutsch las er ohne Schwierigkeiten (ich habe ihm häufiger deutsche Bücher geliehen), doch hatte er keine Übung im Sprechen. Was die Thematik anlangte, so war man außerhalb des dienstlichen Bereiches nie darauf angewiesen, in »shop talk« oder »small talk« zu verfallen; er war ein höchst gebildeter und belesener Mann, der es auch nicht verschmähte, häufig ins Kino zu gehen und über Filme zu sprechen.

Der Leser wird es schon bemerkt haben und ich will es auch gar nicht verbergen: Ich habe für diesen italienischen Grandseigneur mehr Bewunderung, Sympathie, Vertrauen und Freundschaft empfunden als für irgend jemanden, der mir in meiner diplomatischen Laufbahn sonst begegnet wäre, einschließlich meiner deutschen Landsleute, und es gehörte während meiner NATO-Jahre zu meinen beglückendsten Erfahrungen, daß meine freundschaftlichen Gefühle erwidert wurden und daß unser persönliches Verhältnis immer enger und vertrauensvoller wurde. Wir kannten uns schon seit Washington, wo er bis 1960 Botschafter war; aber die eigentliche Annäherung ergab sich erst im Laufe der NATO-Jahre. Dieser langsame Prozeß entsprach wohl unserem beiderseitigen Naturell.

Ein entscheidendes Element dieser Freundschaft war der Gleichklang unserer politischen Überzeugungen und die häufige, fast regelmäßige Übereinstimmung unseres politischen Urteils. Brosio war überzeugter Europäer, für den die Atlantische Allianz allerdings eine fundamentale, unverzichtbare Voraussetzung für ein freies Europa bildete. Die Zerstörung der atlantisch-europäischen Verklammerung durch de Gaulle, bei dem er einige Jahre Botschafter gewesen war, verfolgte er mit Kopfschütteln und tiefer Irritation. Den deutschen Problemen brachte er Verständnis und Sympathie entgegen, von antideutschen Ressentiments war er völlig frei. Solange wir in unserer Politik konsequent blieben, konnten wir uns keinen besseren Hüter und Fürsprecher unserer Interessen wünschen. Die Bahrsche Ostpolitik allerdings blieb ihm unbegreiflich – er hielt sie für unausgewogen. Als Bahr nach Abschluß seiner Moskauer Verhandlungen nach Brüssel geschickt wurde, um dem Rat diese Politik zu erklären, entwarf er ein dramatisches Bild von allen jenen Forderungen und Zumutungen, denen er von sowjetischer Seite ausgesetzt gewesen sei – und die er alle unerbittlich zurückgewiesen habe. Der Rat blieb nicht unbeeindruckt. Brosio aber kam im Hinausgehen an meinem Platz vorbei und sagte: »Er ist sehr stolz darauf, daß er den Russen, als sie den Mond von ihm verlangten, ihn nicht hergegeben hat.« Es konnte kein kürzeres und treffenderes Urteil über dieses Plädoyer geben. (Ein anderer Ratskollege kam zu mir und sagte: »Jetzt hat auch er uns nicht erzählt, was ihr von den Russen eigentlich bekommen habt.«) Brosio wußte, daß ich im Rat diese Politik zu vertreten hatte; aber er wußte auch, wie ich darüber dachte.

Völlig übereinstimmend war auch unser negatives Urteil über den Kernwaffensperrvertrag. Über Jahre arbeiteten wir in der taktischen Behandlung dieser Frage eng zusammen – beide in der Erwartung, daß unsere Regierungen eines Tages unter dem Druck der Amerikaner und Russen und einer entspannungsfreudigen Öffentlichkeit daheim die letzten Hemmungen über Bord werfen und den Vertrag schlucken würden – womit wir uns nicht getäuscht hatten.

Im Laufe der Jahre wurde sein Urteil über den Lauf der weltpolitischen Entwicklung noch pessimistischer. Die Stagnation der europäischen Gemeinschaftsbildung, die Schwächung der NATO durch Frankreichs Ausscheiden aus der militärischen Integration und das Nachlassen des europäischen Verteidigungswillens infolge allgemeiner Entspannungseuphorie, die Verstrickung der Amerikaner in den Vietnam-Krieg und die in den

USA wachsende Neigung, das militärische Engagement in Europa abzubauen – alles dieses erfüllte ihn mit tiefer Sorge angesichts einer Sowjetunion, die ihre Rüstungsanstrengungen Jahr für Jahr konsequent steigerte und die den nuklearen Gleichstand mit den Vereinigten Staaten längst erreicht hatte und im Begriffe war, diese zu überholen.

Brosio war kein ideologisch besessener Antikommunist und kein dogmatisch festgelegter Exponent des Kalten Krieges. Aber er war ein Realist durch und durch, und die Gesetze der Machtpolitik brauchte er nicht bei Machiavelli nachzulesen, er hatte sie im Blute. Die Sowjetunion und den Typ der Männer, die dort zur Führung aufstiegen, kannte er aus seiner Moskauer Erfahrung aus nächster Nähe. Nichts konnte ihn in seiner nüchternen Einschätzung beirren, daß diese Rüstungsanstrengungen konkreten und wohlüberlegten Zwecken dienten – weniger dem Plan eines bewaffneten Überfalls auf Westeuropa, wohl aber der Ausübung genau dosierten politischen Druckes auf schwache Stellen in kritischen Situationen, – was vollkommen genügte, um Europa Schritt für Schritt in die Macht- und Einflußsphäre der Sowjetunion hineinzuzwingen.

Ich hatte keine Argumente, um diese Befürchtungen zu zerstreuen. Ich teilte sie alle selbst, seit langem. Die Mehrheit der Kollegen im Rat neigte ebenfalls zu nüchterner Skepsis. Dennoch gab es einige, die aus eigener Überzeugung oder um ihre Regierung zu befriedigen, euphorischen Stimmungen Ausdruck gaben und so taten, als gäbe es keine ernstzunehmenden Gefahren mehr. In solchen Augenblicken bedurfte es nicht einmal eines Blickwechsels mit Brosio, um zu wissen, was wir beide davon hielten.

Das »Orchester«, dem der Generalsekretär gleichsam als Dirigent gegenüberstand, das war »der Rat«, die Gesamtheit der »Ständigen Vertreter« der fünfzehn Mitgliedstaaten. Solange der Rat in Paris seinen Sitz hatte, vertraten einige von ihnen (die Botschafter kleinerer Mitgliedstaaten) ihr Land gleichzeitig bei der Organization for Economic Cooperation and Development (OECD), später in Brüssel bei der Europäischen Gemeinschaft (EG). Die Mehrheit, vor allem natürlich die Vertreter der größeren Mitgliedstaaten, widmete sich ausschließlich (und etwas anderes war praktisch kaum möglich) ihrer NATO-Funktion. Es war durchweg eine ausgesprochene Elitegruppe, die den Rat bildete. Ihre Aufgabe wurde daheim für wichtig genug gehalten, um eine Spitzenbesetzung zu garantieren. Einige von ihnen wurden viele Jahre auf ihrem Posten belassen – der belgische Botschafter, André de Staercke, bekleidete ihn vom Gründungsjahr 1949 an bis in die Mitte der siebziger Jahre. Er war nicht nur der Doyen, sondern auch die maßgebliche Autorität, wenn es um Auskünfte über die in diesem Gremium so wichtigen gewohnheitsrechtlichen Regeln, Bräuche und Verfahrensweisen ging. Über die in diesem »Klub« herrschende rein professionelle Verbundenheit und Solidarität hinaus kam es in einer ganzen Reihe von Fällen zu engen persönlichen Freundschaften, die weit über die Jahre der Zugehörigkeit zum Rat hinaus Bestand behielten.

Ich kann die Namen aller jener hervorragenden, zum Teil brillanten Kollegen, mit denen ich in mehr als acht Jahren zusammenarbeitete, hier nicht aufzählen. Die Zusammenarbeit mit ihnen gehört zu den besten Erinnerungen meiner beruflichen Laufbahn im auswärtigen Dienst.

Daß wir uns im täglichen Geschäft nicht immer das Leben gegenseitig leicht machten, ändert nichts an dieser Bewertung. Jeder wußte, daß der andere die Interessen seines Landes wahrzunehmen, daß er bindende Instruktionen auszuführen hatte und daß noch so freundschaftliche Beziehungen darauf keinen Einfluß haben konnten. So haben wir uns weidlich gestritten, aber doch nach besten Kräften immer wieder zusammengerauft. Das gemeinsame Interesse, das die Mitgliedstaaten der Allianz trotz aller Divergenzen und Unterschiede verband, half uns immer wieder, Kompromisse, praktische Lösungen, Übereinstimmungen zu erzielen. Eben dieses unterschied den NATO-Rat von den meisten anderen multinationalen Organisationen und Gremien und machte die Arbeit in seinem Rahmen besonders befriedigend.

Begegnung und Nicht-Begegnung mit de Gaulle

Genau eine Woche nach dem Tag, an dem uns – mitten im Gespräch Adenauers mit George Ball im Palais Schaumburg – die Nachricht von der Zurückweisung des britischen Aufnahmeantrags in den Gemeinsamen Markt durch de Gaulle erreicht hatte, traf der Bundeskanzler in Paris ein, um dort feierlich den deutsch-französischen Freundschaftsvertrag zu unterzeichnen.

Die NATO-Botschafter hatten damit nichts zu tun, ich nahm weder an den Schlußverhandlungen noch an den Unterzeichnungszeremonien teil. Zum ersten Mal seit Jahren erlebte ich, wie ein solcher wichtiger Vorgang, der sich in meiner nächsten Nähe abspielte, an mir vorbeilief. Bis auf einen kleinen Schlußeffekt: Zu einem Abschiedsempfang für die deutsche Delegation war auch ich ins Elysée geladen, ebenso wie mein französischer Kollege im NATO-Rat, François Seydoux. Auch bemerkte ich unter den deutschen Gästen eine Generalsuniform: Hans Speidel, NATO-Oberkommandierender Europa-Mitte mit Sitz in Fontainebleau, gehörte ebenfalls zu den Geladenen. Darüber hinaus nahmen an dem Empfang nur noch eine begrenzte Zahl französischer Honoratioren teil. Wer sich diese Gästeliste ausgedacht hatte, weiß ich nicht. Was sich jetzt abspielte, sah so aus: Die deutschen Gäste, aufgereiht in einem Glied, wurden einzeln dem vorbeischreitenden Präsidenten vorgestellt. Als er zu Speidel kam, würdigte er ihn keines Blickes, verlor kein Wort, gab ihm nicht die Hand und ging weiter zum Nächsten. Mir stockte das Blut in den Adern angesichts dieses Benehmens gegenüber einem immerhin geladenen Gast. Was sich hier entlud, war nicht etwa ein Anti-NATO-Affekt – wie sich gleich zeigen sollte, als er zu mir kam –, sondern vor allem ein tiefes Ressentiment des Oberbefehlshabers der an der Landung in der Normandie und an der Besetzung von Paris beteiligten Freien Französischen Streitkräfte gegen den deutschen Militärschriftsteller Speidel, der diesen französischen Anteil an der Befreiung Frankreichs in seinem Buche über die Invasion nach seiner Ansicht wohl nicht gebührend gewürdigt hatte.[1] Jedenfalls ging de Gaulles Aversion gegen Speidel so weit, daß er auf Adenauer einwirkte, seine Abberufung von seinem Posten in Fontainebleau zu veranlassen – was tatsächlich nach einigen Monaten geschah. Daß sich Adenauer hierzu herbeiließ, wurmte mich. Bei einem Abschiedsessen, das ich im August für Speidel gab, konnte ich nicht umhin, meinen Gefühlen freien Lauf zu lassen, wobei ich ein Zitat von Montesquieu aus den ›Cahiers‹ benutzte, in dem er über Personen, die auf Grund einer Ungerechtigkeit den Dienst hatten quittieren müssen, gesagt hatte: »Das sind Leute, die im Dienste von Ministern gestorben sind.«[2]

Als der Präsident bei dem Empfang im Elysée zu mir kam, zeigte er sich wohlinformiert und interessiert: Der deutsche Botschafter in Washington, von dem die Zeitungen geschrieben hatten, daß er sich mit Kennedy angelegt und in der Berlin-Frage eine harte Haltung vertreten habe – der interessierte ihn. Nachdem er sich kurz vergewissert hatte, daß sein Erinnerungsbild zu der vor ihm stehenden Person gehörte, lud er mich zu einem persönlichen Gespräch ein: Ich müsse ihn besuchen, es gäbe sicher interessante Gesprächsthemen. Was konnte ich anderes tun, als mich geehrt fühlen und dankend annehmen? Seydoux war sprachlos: Ein NATO-Botschafter beim Präsidenten – das hatte es noch nicht gegeben. Aber es ging ja auch nicht um die NATO, wie mir wohl bewußt war. Nach einigen Tagen fragte ich Seydoux, wie ich mich verhalten sollte. Sollte ich auf eine genauer terminierte Einladung warten, sollte ich mich im Elysée anmelden und um einen Termin bitten? Seydoux riet mir, ihm das Weitere zu überlassen; er werde sich der Angelegenheit annehmen. Was er zweifellos auch getan hat – aber es vergingen Wochen und Monate, ohne daß aus dem Elysée irgendeine Reaktion erfolgte. Ostern stand vor der Türe, ich plante mit meinen beiden aus Deutschland gekommenen Töchtern (damals vierzehn und sechzehn Jahre alt) eine Fahrt zu den Schlössern der Loire. Es war Samstagmittag, das Gepäck war gerade verstaut, die Töchter saßen im Wagen, ich war im Begriff einzusteigen – da wurde ich ins Haus zurückgerufen: Am Telefon sei das Elysée, der Präsident wolle mich in einer Stunde sehen. Was tun? Als Botschafter bei der französischen Regierung wäre ich selbstverständlich auch um Mitternacht, und, wenn nötig, innerhalb einer Viertelstunde beim Präsidenten erschienen. Dazu muß jeder Botschafter jederzeit bereit sein. Aber das war ja nicht meine Situation. Ich war bei der NATO akkreditiert und war als NATO-Botschafter noch nie – außer bei gesellschaftlichen Anlässen – am Quai d'Orsay, geschweige denn im Elysée, gewesen. Der General hatte mich zu einem persönlichen Gespräch eingeladen, hatte mich dann monatelang warten lassen – und beorderte mich nun innerhalb der Frist von einer Stunde zu sich. Dieser Stil mißfiel mir. Immerhin war ich einer der drei ranghöchsten Repräsentanten der Bundesrepublik in Paris (es gab außer dem deutschen Botschafter bei der französischen Regierung noch einen deutschen Botschafter bei der OECD), war auch nicht der für deutsch-französische Angelegenheiten zuständige Mann, der jederzeit »bestellt« werden konnte und zu erscheinen hatte. Wenn der Präsident ein gleichsam außerdienstliches, persönliches Gespräch wünschte, so glaubte ich erwarten zu dürfen, daß gewisse Mindestformen der Höflichkeit gewahrt wurden. Kurz, ich ging nicht ans Telefon, sondern ließ sagen, ich sei gerade abgereist.

War ich zu hochgestochen? War es eine Dummheit, sich die Chance dieses Gesprächs zu verderben? Vielleicht, aber dennoch kann ich diesen Entschluß bis heute nicht bereuen, obwohl natürlich, wie zu erwarten, es nie mehr zu dem Gespräch gekommen ist.

Wahrscheinlich wäre es ohnehin nicht harmonisch verlaufen, da es bei mir keinen Komplex gegen die »Anglo-Saxons« gab, wie ihn der General wohl bei mir vermutete. Natürlich gab es Augenblicke, in denen ich bedauert habe, daß ich einer historischen Figur wie de Gaulle niemals im Gespräch begegnet bin. Ich habe ihn nur in einer deutsch-französischen Konferenz erlebt (ich weiß nicht mehr, wie ich eigentlich dazu kam, daran teilzunehmen). Er war sehr eindrucksvoll als Vorsitzender: Er beherrschte die Materie, wußte genau, welches Ziel er ansteuerte, und gab am Ende eines langen Verhandlungstages aus dem Stegreif ein Resümee, das an Klarheit und Präzision nicht zu überbieten war.

Der Schriftsteller de Gaulle hatte mich schon in der Jugend fasziniert: Sein kleines Büchlein über »Frankreichs Stoßarmee« hatte mich stark beeindruckt.[3] Der Staatsmann de Gaulle weckte zwiespältige Empfindungen: Die Liquidation des algerischen Problems, die Fähigkeit, Frankreich für eine Reihe von Jahren eine Weltmachtrolle zu verschaffen, obwohl es längst keine Weltmacht mehr war – alles das nötigte Bewunderung ab. Die Bemühungen, das Rad der europäischen Entwicklung zurückzudrehen und die NATO zu entmachten und vom Boden Frankreichs zu vertreiben, waren irreparable politische Fehlentscheidungen von verhängnisvollem Ausmaß. Seine Politik gegenüber Deutschland und der Sowjetunion war von Anfang an zwielichtig. Er hat wohl anfangs geglaubt, sich die Bundesrepublik als einen politischen Satelliten gefügig machen zu können. Adenauer, der im Umgang mit de Gaulle immer eine erstaunliche Bereitschaft zeigte, sich unterzuordnen, ist diesem Irrtum offensichtlich nicht früh und nicht entschieden genug entgegengetreten. Als de Gaulle seinen Irrtum bemerkte, begab er sich auf den Weg seiner Ostpolitik.

Ich sah ihn zum letzten Male im Elysée beim Empfang aus Anlaß des französischen Nationalfeiertags am 14. Juli 1967. Das war der einzige Tag im Jahr, an dem auch die Mitglieder des NATO-Rats einer Einladung gewürdigt wurden. Wie zu allen anderen, sagte er zu mir: »Je suis très content de vous voir, Monsieur l'Ambassadeur.« Ob er sich noch unserer Begegnung von 1963 erinnerte? Wohl kaum.

Die großen Themen der NATO-Jahre

Unter den zahllosen Gegenständen, die den NATO-Rat in den mehr als acht Jahren meiner Zugehörigkeit beschäftigten, gab es manche, die nur von vorübergehender Bedeutung waren: Fragen, die mit einer akuten Krise zusammenhingen, wie Zypern oder die Sowjet-Intervention in der Tschechoslowakei; es gab andere, die rein technischen Charakters waren (wie etwa die Schaffung eines gemeinsamen Frühwarnsystems mit entsprechender Bodenorganisation: NATO Air Defence Ground Environment = NADGE). Daneben aber standen die »großen« Themen dieser Jahre, jene, die wegen ihrer erstrangigen politischen Bedeutung, ständig oder doch über Jahre hin, Gegenstand eines allianzweiten und häufig weltweiten Interesses waren.

Diese »großen« Themen lassen sich in vier Gruppen einordnen:

1. Zielsetzung und Aufgaben des Bündnisses. Im Bereiche dieser Themengruppe ging es um die neuen Aufgaben der Allianz in einer sich wandelnden Umwelt: Das in der Zeit des Kalten Krieges als militärisches Instrument der Eindämmung sowjetischer Expansion entstandene Bündnis hatte sich im Laufe der Zeit zu einem politisch-militärischen Instrument gewandelt, das militärische Verteidigung wie politische Entspannung gleichermaßen anstrebte. Es ging also um die

Beurteilung der fortdauernden Bedrohung Westeuropas durch die Sowjetunion und die Möglichkeiten, den Frieden durch Entspannung zu sichern; um die Auseinandersetzung mit sowjetischen und eigenen westlichen Entspannungsprojekten; um die Rolle der sich atomar aufrüstenden, mit Moskau zerfallenen, aufsteigenden Weltmacht China. Höhepunkte der Auseinandersetzung in diesem Themenbereich waren die von östlicher Seite lancierten Projekte eines Nichtangriffsvertrages zwischen NATO und Warschauer Pakt[1] sowie einer Europäischen Sicherheitskonferenz[2]; der vom Westen befürwortete Vorschlag eines beiderseitigen ausgewogenen Truppenabbaus; die im Rahmen des Abrüstungsausschusses der Vereinten Nationen in Genf verhandelten vielseitigen Aspekte der Abrüstung, die für die NATO von höchster Wichtigkeit waren und sie zu ständiger Beobachtung, Stellungnahme, interner Abstimmung nötigten. Im Harmel-Bericht von 1967 spiegelten sich alle diese Auseinandersetzungen in einer neuen programmatischen Formulierung der Ziele und Aufgaben der Allianz.[3]

In diesen thematischen Bereich fielen aber auch – vor allem ausgelöst durch den Putsch der griechischen Obristen von 1967 – Diskussionen und Auseinandersetzungen über die ideologische Homogenität der Allianz und die demokratische Legitimität ihrer Regierungen als Grundlage und Voraussetzung der Allianzzugehörigkeit. Ein anderer Aspekt dieses Themenkreises waren die von dem 1968 gewählten amerikanischen Präsidenten Nixon inspirierten Bemühungen um eine Ausweitung der Allianzaufgaben über den politisch-militärisch-ökonomischen Bereich hinaus auf Fragen der modernen Gesellschaftsstruktur, wie Umweltschutz, Erziehungsreform, Städteplanung.

2. Organisatorische Struktur der Allianz im militärischen wie im zivilen Bereich. Hier ging es einerseits um die militärische Kommandostruktur: das Organisationsprinzip der »Integration« und seine Ablehnung durch Frankreich[4] mit der Folge des Umzugs des Hauptquartiers aus Frankreich nach Belgien[5]; andererseits um Konsequenzen, die sich daraus ergaben, daß Frankreich Mitglied der Allianz und daher auch im Rat durch seinen ›Permrep‹ vertreten blieb, andererseits die rein militärischen Fragen nur noch im Kreise der übrigen vierzehn Mitgliedstaaten erörtert werden konnten. Für diesen Zweck wurde ein neues Organ, das ›Defense Planning Commitee‹ (DPC), gebildet, das künftig auch vor allen Ministertagungen (besetzt mit vierzehn Verteidigungsministern) gesondert zusammentrat.

3. Strategie der Allianz.

Dies betraf das jahrelange Ringen um das »strategische Konzept« der NATO, um den Übergang von der »massiven Vergeltung« zur »flexiblen Entgegnung«[6], um Dislozierung der Streitkräfte und das Prinzip der »Vorneverteidigung«.

4. Atomare und konventionelle Bewaffnung und das Maß der nuklearen Mitverantwortung aller Mitgliedstaaten. Hier handelt es sich um das besondere Gebiet der Nuklearprobleme in ihren verschiedenen Verästelungen. Nach dem Scheitern der »Multilateralen« Atomstreitmacht[7] kam es zur Bildung der ›Nuklearen Planungsgruppe‹, die sich zu einem wichtigen neuen Organ der Allianz entwickelte.[8] Testbann und Atomsperrvertrag bildeten zentrale Fragen der Auseinandersetzung im NATO-Rat.[9] Das gleiche galt für die amerikanisch-sowjetischen Verhandlungen über die Begrenzung der strategischen Offensivwaffen (SALT) – deren unmittelbare Auswirkungen auf das Verteidigungssystem der NATO niemandem entgehen konnten.[10]

(Die Probleme der Abrüstung der konventionellen Streitkräfte waren demgegenüber in den Jahren meiner Zugehörigkeit zum NATO-Rat in den Hintergrund getreten. Die Bemühungen der Genfer Abrüstungskonferenz in den fünfziger und beginnenden sechziger Jahren um die Fixierung von Höchststärken der Streitkräfte hatten sich festgefahren und wurden immer mehr überschattet von den Fragen der nuklearen Rüstungsbegrenzung. Erst nach meinem Ausscheiden aus dem Rate lebten sie – in dem regional begrenzten Rahmen der Wiener Verhandlungen über »beiderseitige ausgewogene Streitkräfteverminderungen« (MBFR) – wieder auf.)[11]

An dieser Stelle soll zunächst von den Fragen der ersten Themengruppe gesprochen werden, die den Gesamtcharakter der Allianz, ihre Sinngebung und Zielsetzung betreffen und die sich, vereinfacht, wie folgt umschreiben lassen:

Wie weit ist die NATO ein ideologisch fundiertes Bündnis demokratischer Nationen mit freiheitlicher Verfassung, dessen wesentlicher Zweck in der Verteidigung dieser Ordnung gegen Bedrohungen durch expansive antidemokratische Kräfte besteht?

Wie weit ist die NATO über den Zweck eines Verteidigungsbündnisses gegen äußere Bedrohungen hinaus fähig und berufen, allen gemeinsame Fragen der inneren Gesellschaftsordnung in Angriff zu nehmen und zu ihrer Bewältigung durch Zusammenarbeit und Reformvorschläge beizutragen?

Wie weit sind regionale Gruppierungen innerhalb dieser solidarischen Bündnisgemeinschaft denkbar und mit ihrer Einheit und Geschlossenheit vereinbar?

Von diesen drei Fragen war die erste die bei weitem wichtigste und zugleich auch die heikelste, die mehrfach zu kritischen Zuspitzungen im Schoße der Allianz führte.

Im Gründungsjahr 1949 hegte niemand einen Zweifel, daß sich dieses Bündnis gegen eine ganz bestimmte konkrete Bedrohung Westeuropas richtete: gegen eine weitere gewaltsame Ausbreitung des Sowjetkommunismus nach Westen. Damit sollten sowohl die Integrität des nationalen Gebiets der Mitgliedstaaten als auch ihre freiheitliche und demokratische Staats- und Gesellschaftsordnung geschützt werden – und zwar gegen jene Macht, deren national-imperialistischer und zugleich ideologisch motivierter weltrevolutionärer Ausdehnungsdrang beide Schutzobjekte bedrohte. In diesem Sinne sprach die Präambel des Nordatlantik-Vertrages von der Entschlossenheit der Mitgliedstaaten, »die Freiheit, das gemeinsame Erbe und die Zivilisation ihrer Völker, die auf den Grundsätzen der Demokratie, der Freiheit der Person und der Herrschaft des Rechts beruhen, zu gewährleisten« als auch »ihre Bemühungen für die gemeinsame Verteidigung und für die Erhaltung des Friedens und der Sicherheit zu vereinigen«.

Diese Zielsetzung bedeutete nicht und ist auch von der überwiegenden Mehrheit der Mitgliedstaaten niemals dahin verstanden worden, daß die NATO eine Neuauflage der Heiligen Allianz darstellte, der es obliegen sollte, die Aufrechterhaltung des demokratischen Prinzips sicherzustellen – so wie man zu Metternichs Zeiten die Aufrechterhaltung des »monarchischen Prinzips« und die Abwehr revolutionärer demokratischer Bestrebungen zur Hauptaufgabe der Heiligen Allianz gemacht hatte und dieser Zielsetzung durch bewaffnete Interventionen in mehreren Mitgliedstaaten (Neapel 1820, Spanien 1822) nachgekommen war. Daher hatte man auch keinen Augenblick gezögert, Portugal in den Kreis der Unterzeichnerstaaten von 1949 einzubeziehen, obgleich es keinen Zweifel darüber geben konnte, daß dieses Land unter dem Regime Salazars gewiß keine Demokratie im Sinne der Präambel des Vertrages war.

Diese Situation änderte sich seit dem griechischen Militärputsch im April 1967. Seit diesem Zeitpunkt fühlten sich die Regierungen einiger Mitgliedstaaten (insbesondere Dänemarks und Norwegens) berufen, im NATO-Rat und vor allem in den Sitzungen auf Ministerebene auf eine Verurteilung des griechischen Regimes und auf drastische Schritte zur Wiederherstellung der Demokratie in Griechenland zu drängen. Eine besonders dramatische Zuspitzung erfuhren diese Auseinandersetzungen vor der Eröffnung der Frühjahrskonferenz in Rom im Mai 1970. Die dänischen und norwegischen Minister beriefen sich auf Resolutionen ihrer Parlamente, die ihnen aufgetragen hatten, die NATO in der griechischen Frage zu mobilisieren. Um einen offenen Zusammenstoß mit dem griechischen Außenminister Panajotis Pipinelis im Konferenzsaal zu verhüten (der vor der Öffentlichkeit kaum zu verbergen gewesen wäre), hatte der Generalsekretär am Tage vor der offiziellen Eröffnung der Konferenz eine informelle Besprechung ohne griechische Vertreter arrangiert. In diesem Rahmen hatten die Skandinavier ihre Anklagen und Forderungen vorgebracht. Wieso eigentlich »ihre« Anklagen und Forderungen? Waren nicht die anderen Allianzmitglieder gleichermaßen an der Entwicklung in Griechenland interessiert, waren nicht einige aus geographischen (Italien), historischen (Großbritannien) oder politischen (USA) Gründen viel unmittelbarer betroffen als die fernen Skandinavier, die allenfalls die dänische Herkunft der griechischen Dynastie mit dem südöstlichen Mittelmeerland verbunden hatte? Darauf läßt sich nur antworten, daß sich die skandinavischen Völker nun einmal berufen fühlen, als Wächter der demokratischen Tugendhaftigkeit anderer Völker aufzutreten, mag es sich um Schweden im Falle des Vietnam-Krieges, Dänen und Norweger im Falle Griechenlands und alle drei im Falle der Bundesrepublik (in dem man allzu bereitwillig dem verleumderischen linksradikalen Propaganda-Zerrbild einer undemokratischen Repressionspraxis in unserem Lande aufsaß) handeln. Der dänische Außenminister Poul Hartling (ein früherer Pastor) forderte nachdrücklich die sofortige Einstellung aller Waffenlieferungen und Rüstungshilfe an Griechenland, wobei er behauptete, dieses würde dazu beitragen, das Athener Regime zu »liberalisieren«. Abgesehen von der offenkundigen Fragwürdigkeit dieser Begründung und den militärischen und psychologischen Konsequenzen eines Beschlusses, mit dem ein Verteidigungsbündnis seine militärisch besonders schwache und verwundbare Südostflanke noch weiter schwächte, mußte er sich vom amerikanischen Außenminister sagen lassen, daß die Vereinigten Staaten bereits im Falle südamerikanischer Staaten die Erfahrung gemacht hätten, daß Waffenembargos bei den dortigen Diktaturregimen nicht den geringsten Effekt erzielt hätten. Im Falle Indiens und Pakistans hätte die Einstellung der Militärhilfe nur dazu geführt, daß diese Länder ihre Waffen nunmehr von der Sowjetunion und China erhielten und in entsprechende Abhängigkeiten geraten seien.

Der norwegische Minister Svenn Stray ging noch weiter als sein dänischer Kollege und zitierte einen dem norwegischen Parlament vorliegenden Antrag, der den Ausschluß Griechenlands aus der NATO forderte. Wenn die NATO untätig bliebe, werde sie zwischen Griechenland und Norwegen wählen müssen. Daß der Nordatlantik-Vertrag keine Bestimmung über den Ausschluß eines Mitgliedes enthält und es keinerlei geregeltes Verfahren für einen Ausschluß gibt, wurde dabei nicht weiter beachtet. Der Generalsekretär Brosio sah sich daher zu dem Hinweis veranlaßt, daß eine solche Forderung zu einer schweren Krise der Allianz führen müsse. Der italienische Außenminister Aldo Moro fügte hinzu, daß es keine Vertragsbestimmung gebe, die den Mitgliedstaaten bestimmte Verpflichtungen in bezug auf ihr inneres Regime auferlege.

Übereinstimmung bestand jedoch bei allen in der kritischen, negativen Bewertung des griechischen Obristenregimes sowie darüber, daß die

NATO alles in ihrer Macht Stehende tun müsse, um dieses Regime durch diplomatischen Druck in die gebührenden Schranken zu verweisen. Michael Stewart, der englische Außenminister, machte darauf aufmerksam, daß eine öffentliche Verurteilung des griechischen Regimes jene Kräfte schwächen würde, die, wie der griechische Außenminister Pipinelis, für eine Rückkehr des Landes zu demokratischen und rechtsstaatlichen Methoden arbeiteten. Auf der gleichen Linie argumentierte auch Außenminister Scheel, daß es unter den Obristen einen radikalen Flügel gebe, der nur auf einen Anlaß warte, das Land auf einen von der NATO unabhängigen Kurs zu bringen. Einig war man sich auch darüber, daß die Lage im Mittelmeer und der Stand der Ost-West-Beziehungen durch eine Allianz-Krise schwer geschädigt würden. Wie könne man die Südostflanke ohne Griechenland überhaupt verteidigen, fragte ein anderer Außenminister unter Hinweis darauf, daß der undemokratische Charakter des griechischen Militärregimes bereits durch den Europa-Rat verurteilt worden sei.

Am Schluß der Aussprache waren die Skandinavier isoliert. Sie begnügten sich schließlich damit, in der Ratssitzung des nächsten Tages mehr oder minder verklausulierte Tadel gegen das griechische Regime vorzubringen und das Versprechen zu erhalten, daß alle Möglichkeiten diplomatischen Drucks auf die Regierung in Athen ausgeschöpft werden würden. Alle Probleme, die eine Verquickung des demokratischen Legitimitätsprinzips mit dem Verteidigungszweck der Allianz aufwerfen mußte, waren in dieser Diskussion in klassischer Reinheit in Erscheinung getreten.

Verfehlt die NATO ihre Bestimmung, wenn sie sich nicht in die inneren Angelegenheiten ihrer Mitglieder einmischt und sich nicht als eine »Heilige Allianz« zur Aufrechterhaltung eines demokratischen Regimes in ihren Ländern versteht? Es gibt Kritiker, die diese Frage bejahen und die Enthaltsamkeit des Bündnisses auf diesem Gebiete verurteilen. Eine ernstzunehmende Kritik dieser Art hat der deutsche Politologe E. O. Czempiel geübt: Der von der Allianz erstrebte Schutz gegen den Kommunismus hätte sich nicht auf das Militärische beschränken dürfen, sondern hätte sich auch auf das Gebiet des Legitimitätsprinzips erstrecken müssen und hätte die aktive Förderung der Demokratisierung aller Gliedstaaten einschließen müssen.[12] Die NATO habe das versäumt, weil sie sich – abweichend von dem ursprünglichen, gesellschaftspolitischen Ansatz der amerikanischen Außenpolitik nach dem Kriege, wie er besonders im Marshall-Plan zum Ausdruck gekommen sei, der »Militarisierung« des Ost-West-Konflikts nach 1947 angepaßt habe und zu den »Verhaltensmaximen der klassischen Strategie« zurückgekehrt sei. Sie habe »das militärische Gleichgewicht in Mitteleuropa und damit dort auch den Frieden stabilisiert«, aber sie habe »den politischen Konflikt nicht gewonnen«, der zutiefst gesellschaftspolitischer Natur sei. Mit dem traditionellen Konzept liberaler Außenpolitik, »auf den Export von Gesellschaftsordnungen zu verzichten«, steuere das Bündnis »unabwendbar auf seine langsame Niederlage zu«. Dabei habe die westliche Außenpolitik in Richtung der sozialistischen Staaten – mit dem Korb III der KSZE – bereits begonnen, sich an der Legitimität zu orientieren. Diese Korrektur müsse vervollständigt werden im Sinne einer »zeitgemäßen, auf Demokratisierung der Welt gerichteten Außenpolitik«. Nicht Intervention, sondern multilaterale Zusammenarbeit (gleichsam der »Parlamentarismus des internationalen Systems«) müsse das Instrument sein, nicht um die Demokratisierung zu erzwingen, sondern um für sie zu werben, »auf dem Wege des Anreizes, der Belohnung«, »mittels gemeinsamer Beschlüsse, die die sanfteste Form des Drucks bilden«. Die NATO hätte »das Angebot militärischen Schutzes mit der Forderung nach Demokratisierung koppeln«, hätte »Demokratisierung mit der Offerte wirtschaftlicher Entwicklung anreizen« können. Ebenso wie Kissinger in der Zypern-Krise der Türkei mit dem Entzug amerikanischer Hilfe drohte, hätte das gleiche Mittel auch gegenüber den griechischen Obristen eingesetzt werden können. Für die NATO sei es jetzt zu spät, die politische Auseinandersetzung könne »nur noch von der Europäischen Gemeinschaft und natürlich den Vereinigten Staaten und Kanada gewonnen« werden.

An dieser Kritik ist manches bedenkenswert, im entscheidenden Punkt – der Forderung nach einer grundlegenden Orientierung der Allianz an der demokratischen Legitimität ihrer Mitglieder – kann ich ihrer Argumentation nicht folgen und glaube vielmehr, daß die Realisierung dieser Forderung weder möglich noch wünschenswert ist.

Sie ist nicht möglich, weil sie ein langfristiges Verteidigungsbündnis überfordert und die Erfüllung seines eigentlichen Zwecks vereitelt. Die Mitglieder des Bündnisses sind die Staaten und ihre Völker, nicht die Regierungen, die in ihrer Zusammensetzung, ihrer verfassungsmäßigen Grundlage und in der Praxis ihrer Machtausübung wechseln. Ein Bündnis wie die NATO muß sich auf eine langfristige strategische Kalkulation gründen, deren Faktoren das Gebiet, das militärisch-ökonomische Potential und allenfalls die innere Stabilität der Mitgliedstaaten bilden. Ein Mindestmaß ideologischer Homogenität mag wünschenswert sein, wichtiger ist die Übereinstimmung in bezug auf eine konkrete Bedrohung durch einen gemeinsamen Gegner.

Die Chinesen haben keine Hemmung, über alle ideologischen Barrieren hinweg Partner für den Aufbau einer antisowjetischen Einheitsfront zu suchen. Im Westen haben nur wenige die Unterstützung des kommunistischen Jugoslawien durch die Vereinigten Staaten kritisiert. Dabei ging es gewiß um weniger als Bündnisbindungen. Aber auch ein Bündnis ist seinem Wesen nach keine so enge Gemeinschaft wie etwa die EG, die ein größeres Maß ideologischer Homogenität erfordert.

Ich sehe nicht, wie die NATO über nunmehr bald dreißig Jahre hinweg hätte Bestand haben können, wenn sie sich zum Richter über das innere Regime ihrer Mitgliedstaaten aufgeschwungen hätte. Von Portugal ganz abgesehen, hat es auch in der Türkei Putsche und Perioden eines Militärregimes gegeben, in denen die Frage der demokratischen Legitimität hätte aufgeworfen werden können. In jedem Falle wäre das Verteidigungskonzept der NATO auf das schwerste gefährdet gewesen, wenn diese Länder ausgefallen wären.

Und ist es überhaupt wünschenswert, die militärischen Gruppierungen in Europa ideologisch zu verhärten? Gerade die Entwicklung des Warschauer Pakts zu einer »Heiligen Allianz« des kommunistischen Ostblocks auf der Grundlage der Breschnjew-Doktrin ist im Westen – mit Recht – heftiger Kritik begegnet. Hätte sich der Westen auf den gleichen Weg begeben, hätte er allen jenen Kritikern Recht geben sollen, die ihm dogmatischen Antikommunismus vorwarfen? Ich bezweifle es.

Um auf die oben wiedergegebenen kritischen Argumente zurückzukommen: Man mag es bedauern, daß in der Periode des Kalten Krieges nach 1947 Notwendigkeiten der militärischen Verteidigung in den Vordergrund rückten. Es war jedoch keine freie oder gar willkürliche Entscheidung des Westens, diesen Weg zu beschreiten. Es ist ja nur die halbe Wahrheit, wenn man davon ausgeht, daß in der ersten Nachkriegszeit »die Fünfte Kolonne des Sowjetsystems, weniger die Rote Armee selbst«, als der eigentliche Gegner gegolten habe. Jedenfalls hatte man bis zur Gründung der NATO im Jahre 1949 genügend Gelegenheit, sich davon zu überzeugen, daß kommunistische Machtergreifungen mittels Fünfter Kolonnen nur dort erfolgreich waren (auch nur dort versucht wurden), wo sie im räumlichen Einwirkungsbereich der Roten Armee operieren konnten. Hätte der Westen etwa auf die Berlin-Blockade oder auf den Umsturz in Prag mit der Gründung eines demokratischen Tugendbundes reagieren sollen? Die Bedrohung, zu deren Abwehr die NATO gegründet wurde, war nicht der Kommunismus als solcher, sondern die expansive und aggressive Erscheinungsform des Sowjetkommunismus, bei der sich mit den weltrevolutionären zunehmend national-imperialistische Motive vermischten. Die der NATO vorgeworfene unterschiedliche Bewertung von Rechts- und Linksabweichungen vom demokratischen Mittelweg ergab sich aus der einfachen Tatsache, daß es nach dem Kriege kein faschistisches oder autoritäres Militärregime gab, von dem eine Bedrohung anderer Länder ausging. Einer konkreten, mit militärischen Machtmitteln gestützten Bedrohung mußte aber mit konkreten militärischen Machtmitteln begegnet werden. Dabei handelte es sich nicht darum, daß eine mächtige Allianz weiteren Mitgliedern ein »Angebot militärischen Schutzes« machte und dieses mit der Forderung nach »Demokratisierung« hätte koppeln können. Die NATO brauchte zum Schutze ihrer Südostflanke Griechenland und die Türkei ebenso wie diese Länder den Schutz der Allianz brauchten. Nicht anders stand es mit Portugal und der strategischen Bedeutung der Azoren und der atlantischen Westküste Europas. Wenn es einen exemplarischen Fall für eine verfehlte Politik Kissingers und die Wirkungslosigkeit amerikanischer Drohungen mit dem Entzug der Rüstungshilfe gegenüber einem Bündnismitglied wie der Türkei gab, dann war es die konfuse, uniformierte und jeder planvollen Koordination entbehrende Haltung der amerikanischen Administration und des Kongresses in der Zypern-Krise von 1974, die ein ebenso vorurteilsloser wie kenntnisreicher Analytiker »einen der erstaunlichsten internationalen Aspekte« dieser Krise genannt hat.[13]

Auch die mit »Helsinki« etikettierte »Korrektur« der westlichen Außenpolitik muß in ihren wahren Proportionen gesehen werden. Es handelt sich dabei nur um einen stärkeren Nachdruck auf den Schutz der Menschenrechte. Das ist nicht gleichbedeutend mit »Demokratisierung«. Die Schlußakte von Helsinki geht von der Existenz unterschiedlicher politischer Systeme aus; sie enthält nichts über Parteienpluralismus, Recht auf politische Opposition, Mehrheitsprinzip, allgemeines gleiches Wahlrecht, Abhängigkeit der Regierung vom Vertrauen einer freigewählten Volksvertretung, Versammlungs-, Vereins-, Koalitionsfreiheit, also über die grundlegenden Merkmale eines »demokratischen« Regimes. Sie hält sich in diesen Fragen strikt an das klassische Konzept der Nichteinmischung. Die Forderung auf Schutz der Menschenrechte wurde in Helsinki auch und sogar sehr wirksam von den neutralen Staaten getragen; es hätte ihrer Durchsetzung nur schaden können, wenn sich die NATO-Staaten als solche zum Sprecher dieser Forderung gemacht hätten.

Die Politik des Westens gründet sich nicht nur auf die NATO. Sie besitzt ein vielfältiges Instrumentarium: OECD, Europarat, EG, EPZ und andere institutionelle Vorkehrungen verleihen ihr größere Flexibilität als sie ihr eine einzige, alle Aufgabenbereiche an sich ziehende Allianz geben könnte. Wenn man der EG für die Zukunft die Hauptaufgabe in der gesellschaftspolitischen Auseinandersetzung zuweist, so kann man kaum widersprechen. Aber warum sollte das den Niedergang der NATO bedeuten müssen? Auch der Rolle, die der Autor der hier wiedergegebenen NATO-Kritik den Vereinigten Staaten und Kanada zuweist, kann man nur zustimmen. Nur darf man dabei nicht vergessen, daß die von ihm kritisierten Wesenszüge der NATO entscheidend von der amerikanischen Politik bestimmt wurden. Man kann nicht in einem Atem alle Fehler und Versäumnisse der Vergangenheit der Allianz als solcher anlasten und zugleich seine Hoffnungen auf die maßgebliche Führungsmacht dieser Allianz setzen.

Ich bin hier ausnahmsweise ausführlicher auf die Gedankengänge eines einzelnen Autors eingegangen, weil es dabei um das grundlegende Konzept jenes Bündnisses geht, dem ich über acht Jahre meiner diplomatischen Arbeit widmete; und weil ich es für ein ebenso grundlegendes Mißverständnis dieser Konzeption halte, wenn die Unterschrift zu einer Illustration des eben behandelten Artikels (für die der Autor vermutlich nicht verantwortlich ist) lautete: »Der Ost-West-Konflikt verstellte den Blick für das Ziel – die Demokratisierung der Verbündeten.« Eklatanter lassen sich die Geschichte, das Wesen, die Bestimmung und die Leistung des Nordatlantischen Bündnisses kaum verkennen.

Was die zweite der oben umschriebenen Fragen zur Zielsetzung der Allianz anlangt, so hat sich die NATO zu keiner Zeit auf rein militärische Aufgaben beschränkt. Politische Zusammenarbeit wurde stets groß geschrieben, sie wurde insbesondere nach der Annahme des Harmel-Berichts von 1967 intensiviert. Die wirtschaftliche Zusammenarbeit hielt sich deswegen in Grenzen, weil hierfür in Gestalt der OECD eine besondere, für diese Aufgaben besser geeignete und ausgerüstete Organisation zur Verfügung stand. Auch die kulturelle Zusammenarbeit beschränkte sich auf bescheidene Ansätze. Im Jahre 1969 wurde jedoch, einer amerikanischen Initiative folgend, eine Ausweitung des Aufgabengebietes beschlossen. Der Rat setzte einen Ausschuß für die Probleme der modernen Gesellschaft (Committee on the Challenge of Modern Society = CCMS) ein, der sich mit den gemeinsamen Umweltproblemen befassen sollte, »die das Wohlergehen und den Fortschritt der modernen Gesellschaft gefährden könnten« (Ziffer 7 des Kommuniqués der Ministerratskonferenz vom 5. Dezember 1969). Im Laufe des Jahres 1970 kamen die Arbeiten dieses Ausschusses und mehrerer von ihm eingesetzter Untergruppen in Gang. Das Arbeitsprogramm, das der Ausschuß dem Rat vorgeschlagen und nach Billigung in Angriff genommen hatte, spiegelte eine Konzeption wider, die sich in einer von der ursprünglich vorgesehenen abweichenden Namengebung ausdrückte: Statt ihn »Ausschuß für Umweltprobleme« zu nennen, kam man nämlich später überein, »diesen Begriff dahingehend auszuweiten, daß er sich auf mehr als nur die physische Umwelt des Menschen, Verschmutzung, Lärm usw. erstreckt, und auch soziale Fragen einschließt, die sich in der modernen Gesellschaft stellen ... Die Bezeichnung spiegelt den Wunsch wider, alle Probleme einzuschließen, seien sie sozialer, technologischer oder wissenschaftlicher Natur, die sich direkt oder indirekt aus der technologischen Entwicklung ergeben«.[14]

Auf die Einzelheiten dieser Arbeiten und auf die Bewertung der erzielten Ergebnisse will und kann ich hier nicht eingehen, denn es handelt sich dabei um eine Entwicklung, deren Früchte erst in den Jahren nach meinem Ausscheiden aus dem NATO-Rat sichtbar wurden. Ich erwähne diese »dritte Dimension« der Allianz, die dem politischen und militärischen Aufgabenfeld ein neues, drittes Tätigkeitsgebiet hinzufügte, nur deswegen, weil ich den Beginn dieser Entwicklung noch miterlebte und an den Erörterungen beteiligt war, die zu ihrer Ingangsetzung führten. Naturgemäß hatte es in diesen Erörterungen Argumente für und wider gegeben, mit denen auch ich mich auseinandersetzen mußte. Ich erinnere mich lebhaft der Eröffnungssitzung des CCMS am 8./9. Dezember 1969, auf der diese Auseinandersetzungen noch nachhallten. Die Stars dieser Sitzung waren der Wissenschaftsberater des amerikanischen Präsidenten, Daniel Patrick Moynihan, ein Feuerkopf irischer Abstammung, ein brillanter Wissenschaftler mit politischen Ambitionen, der in der Nixon-Administration Kabinettsrang hatte, später Botschafter bei den Vereinten Nationen wurde und heute demokratischer Senator für New York ist; und Ralf Dahrendorf, für den in bezug auf wissenschaftlichen Rang und politischen Ehrgeiz das Gleiche gesagt werden konnte: Er war damals nach raschem Aufstieg in die Führungsspitze der FDP parlamentarischer Staatssekretär im Auswärtigen Amt geworden – später sollte ihn sein Weg in die Kommission der EG nach Brüssel führen, heute ist er Präsident der berühmten London School of Economics – eine für einen Nichtbriten und zumal für einen Deutschen ungewöhnliche Position.

Dahrendorf brachte in einem vorzüglich formulierten Exposé die »nachdrückliche Unterstützung der neuen Bundesregierung« (die Regierung der sozial-liberalen Koalition hatte sich gerade formiert) zum Ausdruck, wobei er die »gewisse Skepsis einiger Regierungen« der neuen Aufgabe gegenüber erwähnte und ihr entgegenhielt, »daß für uns Sicherheit ebenso von der Lebenskraft unserer Gesellschaften abhängt, wie von der Stärke unserer Armeen«. Er bezeichnete es als »durchaus möglich, daß die Fragen, die wir hier erörtern, den Anfang einer Tagesordnung für Ost-West-Verhandlungen darstellen werden«. Seine Darlegungen gipfelten in einem konkreten Vorschlag (mit dessen Bearbeitung infolgedessen auch die Bundesrepublik beauftragt wurde): »die Wege zu prüfen, auf denen wissenschaftliche Erkenntnis in den Mitgliedsländern in politisches Handeln umgesetzt werden kann, und Empfehlungen zur Verbesserung für die Weitergabe zu machen, wo immer dies notwendig ist«.

Auch Moynihan (der die amerikanische Bereitschaft anbot, eine Modellstudie für das Gebiet der Verkehrssicherheit auf den Straßen zu erarbeiten) setzte sich mit den Einwänden der Skeptiker auseinander, die bezweifelt hatten, daß gerade die NATO geeignet und berufen sei, sich mit den praktischen Problemen der modernen Gesellschaft zu befassen.

Seine Antwort darauf war ebenso einfach wie einleuchtend; er sagte: »Wir kommen zur NATO, um bei ihr einige Antworten auf diese Fragen und Probleme zu finden – nicht zuletzt, weil die Organisation, die in der Geschichte ohne Beispiel ist, eine einzigartige und einmalige Funktion ausübt. Sie hat sich nicht nur zwanzig Jahre lang mit dem Austausch der Wissenschaft, ihrer Weitergabe, mit der Zusammenarbeit auf technologischem Gebiet und mit der Kunst der politischen Konsultation und Übereinkunft befaßt, sondern sie hat das auch, was wesentlich ist, auf der höchsten Regierungsebene praktiziert. Alles, was die NATO angeht, wird in jedem unserer Länder wichtig und ernst genommen... Wir bringen diese Initiative, dieses Problem der Umwelt, vor die NATO, weil wir es als grundsätzlich wichtig ansehen.«

Was im Laufe der Jahre von diesem NATO-Gremium geleistet wurde und wie hoch der praktische Wert der im Rahmen dieser »dritten Dimension« des Bündnisses unternommenen Bemühungen gewesen ist – dieses Urteil muß ich denen überlassen, die daran mitgewirkt haben oder mit den Ergebnissen befaßt wurden. Mit der Hinwendung zu diesen Aufgaben bewies die Allianz jedenfalls eine bemerkenswerte Flexibilität und Aufgeschlossenheit.

Um das Bild der Themen und Aufgaben zu vervollständigen, das die NATO in den Jahren meiner Zugehörigkeit zum Rate bot, muß ich – wenigstens kurz – auf die dritte oben erwähnte Frage und damit auf eine Entwicklung eingehen, die mir im Laufe der letzten zwei bis drei Jahre eine zusätzliche Serie von Ministerkonferenzen bescherte: die Bildung der »Eurogroup«. Dieses Gebilde, dessen Entstehung sich auf keinen Vertragsartikel und keinen Ratsbeschluß stützen konnte, blieb stets ein lockerer, nicht fest institutionalisierter Arbeitskreis der Verteidigungsminister von zehn europäischen Mitgliedstaaten der NATO (nicht beteiligt blieben Frankreich, Portugal und Island). Das politische Motiv für die Bildung dieses Kreises lag in der wachsenden Besorgnis, unzureichende Verteidigungsanstrengungen der europäischen Bündnispartner könnten die Neigung der Amerikaner bestärken und beschleunigen, ihre militärische Präsenz in Europa abzubauen. Die »Eurogroup« war also nicht etwa ein Ansatz der Europäer, sich in der NATO von der transatlantischen Führungsmacht des Bündnisses zu emanzipieren und zu distanzieren – im Gegenteil: Sie sollte durch verstärkte europäische Rüstungsleistungen eine Bündnisverdrossenheit der Vereinigten Staaten beseitigen und diese wieder fester an ihre europäischen Partner binden. Diese Motivation erklärt auch das Fernbleiben des gaullistischen Frankreich.[15] Die Ministertreffen der Eurogroup (zum ersten Treffen hatte der damalige britische Verteidigungsminister Denis Healy im November 1968 eingeladen) unterschieden sich in ihrem Stil und Charakter wesentlich von den eigentlichen NATO-Konferenzen: Sie waren informelle, meist mit einem Essen verbundene Zusammenkünfte, die abwechselnd in einer der zehn Botschaften stattfanden und zu denen außer den NATO-Botschaftern keine weiteren Teilnehmer zugezogen wurden. Die Besprechungen gewannen dadurch einen intimen und vertraulichen Charakter. Das schloß nicht aus, daß in diesem Kreise häufig sehr hart gefeilscht wurde, denn in den meisten Fällen ging es um Entschlüsse, die Geld kosteten. Das galt insbesondere für das letzte Projekt, dessen Zustandekommen ich in diesem Kreise miterlebte, das (nach einer Serie von rasch aufeinanderfolgenden Zusammenkünften im Oktober und November) am 1. Dezember 1970 beschlossene »Europäische Verstärkungsprogramm für die NATO-Verteidigung« (»European Defence Improvement Program« = EDIP). Es umfaßte den beschleunigten Ausbau von NATO-Fernmeldeverbindungen und von Schutzanlagen für Kampfflugzeuge, besondere nationale Verteidigungsleistungen und Militärhilfe zwischen europäischen NATO-Partnern.

Bei der schriftlichen Fixierung des Programms wurde die Erwartung zum Ausdruck gebracht, daß die Vereinigten Staaten »ihre Streitkräfte in Europa im wesentlichen auf dem gegenwärtigen Stande halten« – was wenige Tage später, am 3. Dezember, auf der NATO-Ministerkonferenz mit dem amerikanischen Versprechen honoriert wurde: »Vorausgesetzt, daß unsere Verbündeten ähnlich handeln, werden die Vereinigten Staaten ihre eigenen Streitkräfte in Europa beibehalten und verbessern und werden sie nicht verringern, sofern unsere Gegner keine entsprechende Gegenleistung erbringen.«

Die Tätigkeit der Eurogroup bewies, daß die NATO engere regionale Gruppierungen innerhalb ihres Mitgliederkreises zu ertragen wußte – jedenfalls dann und solange, als diese Gruppierungen ihrer Zielsetzung und Wirksamkeit nach nicht darauf gerichtet waren, die Einheit und Solidarität der Bündnisgemeinschaft zu schwächen, sondern sie – wie es die Eurogroup erstrebte – zu stärken und zu festigen.

Alle diese Themenkomplexe lassen erkennen, daß der NATO-Rat kein rein militärisches, nicht einmal ein in erster Linie militärpolitisches Organ ist, sondern primär ein oberstes politisches Organ zur Koordination der Außen- und Verteidigungspolitik der fünfzehn Mitgliedstaaten und zur Konsultation ihrer Regierungen über alle politisch relevanten Entwicklungen innerhalb und außerhalb der Allianz, in Europa wie in Übersee. Daneben allerdings führt er die Aufsicht über die obersten militärischen Hauptquartiere und Stäbe und entscheidet über das strategische Verteidigungskonzept der Gesamtallianz und in bestimmten Einzelfällen auch über technische, administrative und finanzielle Fragen der integrierten Militärorganisation.

Häufig stieß ich in den Jahren meiner Tätigkeit beim NATO-Rat auf die merkwürdigsten Mißverständnisse über die Natur und die Aufgaben des Rates. Auch in den gebildeten und politisch interessierten Schichten der deutschen Bevölkerung herrschte meist die Vorstellung, daß es sich hier um die Spitze eines militärischen Hauptquartiers handele. Wie die zuvor genannten Themen und Aufgaben zeigen, war und ist diese Vorstellung ganz unzutreffend. Ich brauchte, als ich zur NATO ging, nicht meinen Beruf zu wechseln – wenngleich strategische, militärpolitische und zuweilen militärtechnische Fragen häufiger als früher in meinen Gesichtskreis traten.

Nichtangriffspakt – ein dubioses Projekt

Mit meinem Überwechseln von Washington nach Paris traf eine bedeutsame Veränderung des weltpolitischen Klimas zusammen, die durch die Kuba-Krise vom Herbst 1962 ausgelöst worden war.

Während der Kuba-Krise im Oktober 1962 hatte ich keinerlei amtliche Funktionen: Meine Tätigkeit in Washington war beendet, meine neue Aufgabe in Paris sollte ich Anfang November übernehmen. Nur die Auswirkungen und Nachklänge der Krise bekam ich noch zu spüren, als ich meine Arbeit beim NATO-Rat aufnahm. Auf der Ministerkonferenz im Dezember standen der Ablauf der Krise und ihre Bewertung noch im Mittelpunkt des allgemeinen Interesses. Dean Rusk gab seinen Kollegen eine eingehende Analyse der Ereignisse. Dabei spielte der Begriff des »Crisis Management« eine wesentliche Rolle. (Dies regte mich dazu an, diese neuartige diplomatische Methode, mit schwierigen Krisen fertig zu werden, genauer zu studieren. Meine in Washington gesammelten Erfahrungen während der Berlin-Krise kamen mir dabei zustatten. Das Ergebnis war ein Vortrag über ›Krisenbewältigung‹ im ›Colloquium Politicum‹ der Universität Freiburg im Juli 1967, der sich dann zu einem Kapitel meines Buches ›Spiel der Kräfte‹ entwickelte.)

Die Rede von Rusk im NATO-Rat enthielt jedoch auch andere Elemente, die bereits ahnen ließen, welche Politik Kennedy nach Kuba einschlagen würde: Hinweise auf »tiefgreifende Wandlungen im Sowjetblock«, auf ein Verblassen der kommunistischen Propagandaschlagworte, auf schwierige wirtschaftliche Probleme und Zwangsläufigkeiten weltweiter wirtschaftlicher Interdependenz, auf Einsicht der sowjetischen Führung in die Notwendigkeit, den Rüstungswettlauf zu begrenzen. Auf dem Abrüstungsgebiet könne man in näherer Zukunft keine Fortschritte erwarten – der Testbann bleibe jedoch ein Feld wahrscheinlicher Einigung.

Ein halbes Jahr später hielt John F. Kennedy seine Rede über die ›Strategie des Friedens‹, die das Eröffnungsprogramm der amerikanischen Entspannungspolitik enthielt, und am 5. August 1963 wurde in Moskau der Testbann-Vertrag unterzeichnet – eine Einigung von symbolischem Gehalt für die weiteren Bemühungen der beiden Supermächte, das Klima des Kalten Krieges abzulösen und auf begrenzten Gebieten zu wohlkalkulierten Verständigungen zu gelangen. Die atlantischen Verbündeten waren in ihrer Mehrzahl nur allzu bereit, auf diesem Wege zu folgen, und sich aufatmend einer Entspannungsgläubigkeit hinzugeben, die bei manchen zu euphorischen Hoffnungen und Wunschbildern führte. Die ersten fünf Jahre meiner Tätigkeit beim NATO-Rat waren für mich daher eine fortgesetzte Bemühung, Illusionen zu zerstören und wohlmeinende entspannungspolitische Projekte stets wieder auf den Boden der harten Realitäten zurückzuführen. Als der NATO-Rat im Dezember 1967 den ›Harmel-Bericht‹ über die künftigen Aufgaben der Atlantischen Allianz annahm, schien dieses Ziel im Grundsätzlichen auch anerkannt zu sein: Entspannung und Verteidigung, détente und défense, wurden darin eng miteinander verklammert und es wurde deutlich ausgesprochen, daß eine realistische Entspannungspolitik nur auf der Grundlage einer starken, militärisch gesicherten Verteidigungsposition möglich sei. Aber von dieser Grundsatzüberzeugung war das praktische Verhalten der Mitgliedsregierungen häufig weit entfernt. Viele von ihnen huldigten einem innenpolitisch orientierten Opportunismus, der immer wieder bereit war, den Wehretat zugunsten populärer wohlfahrtsstaatlicher Geschenke zu kürzen. Zugleich begann ein Wettlauf führender westlicher Staatsmänner und Politiker nach Moskau: Jeder glaubte, das Image eines im Kreml aktiv für die Entspannung plädierenden Brückenbauers zwischen Ost und West lasse sich in Wählerstimmen umsetzen. Im Zuge dieses seltsamen Wettbewerbes wurden viele vom Westen lange Jahre zäh verteidigte diplomatische Positionen aufgegeben und Zugeständnisse an sowjetische Forderungen und Parolen gemacht, die den Beifall eines breiten, von naiver Friedenssehnsucht erfüllten Publikums garantierten, wenngleich sie zu einer realen Friedenssicherung wenig beitrugen und eher auf die abschüssige Bahn der Beschwichtigung führten. Das Ergebnis dieser Entwicklung war, daß sich der Westen mit dem durch Stalin etablierten Status quo in Europa mitsamt der Teilung Deutschlands und der Herrschaft des Sowjetkommunismus in Osteuropa nicht nur abfand, sondern ihm auch die von Moskau heiß begehrte Sanktionierung zuteil werden ließ – ohne daß man der Sowjetregierung auch nur einen Verzicht auf die revolutionäre Unterminierung des Status quo in anderen Teilen der Welt abzuringen vermochte, also ohne eine substantielle und adäquate Gegenleistung.

Vom Anbeginn meiner Tätigkeit beim NATO-Rat trat ich für ein realistisches Konzept der Entspannung ein, für eine Politik, die sich um den Abbau von Spannungen und die Beseitigung von Gefahrenherden bemühen, aber keine Konzessionen ohne greifbare Gegenleistungen machen soll und die sich nicht auf einen unterstellten Verständigungswillen der anderen Seite verließ, sondern auf ihren Respekt vor der Stärke des Westens. Von diesem Ausgangspunkt aus konnte man den meisten der von sowjetischer Seite präsentierten Entspannungsprojekte nur mit Skepsis begegnen. Das galt insbesondere für zwei Projekte, die uns in jenen Jahren beschäftigten: für den Abschluß eines Nichtangriffspaktes zwischen NATO- und Warschauer-Pakt-Organisation und die Einberufung einer Europäischen Sicherheitskonferenz.

Das Projekt des Nichtangriffspaktes figurierte an prominenter Stelle in dem Katalog von Entspannungsvorschlägen, welche die sowjetische Regierung durch ihren Außenminister Gromyko am 26. September 1961 dem Präsidenten der UN-Vollversammlung übermittelt hatte. Aber seine Entstehungsgeschichte reicht viel weiter zurück: Zum ersten Mal hatte Bulganin diesen Vorschlag auf der Genfer Gipfelkonferenz am 21. Juli 1955 den westlichen Regierungschefs präsentiert. Auf der im gleichen Jahre folgenden Genfer Außenminister-Konferenz wiederholte Molotow am 9. November 1955 diesen Vorschlag. Diese Daten beleuchten den Zusammenhang, in dem dieser Vorschlag gesehen werden muß: Er taucht in dem Augenblick auf, in dem sich die Sowjetpolitik von dem bis dahin verbal unterstützten Ziel der Wiederherstellung der Einheit Deutschlands abwendet und sie öffentlich und eindeutig zur »Zwei-Staaten-Theorie« übergeht. Solange keine Aussicht bestand, einen den sowjetischen Vorstellungen entsprechenden Friedensvertrag für Deutschland zustande zu bringen, sollte der Nichtangriffspakt als Ersatz die unanfechtbare Existenz zweier »souveräner« deutscher Staaten garantieren. Mit diesem stets fortbestehenden Grundmotiv verbanden sich später wechselnde zusätzliche Zwecke: In der Berlin-Krise von 1961/62 das Bestreben, die militärische Ernstfall-Planung der Westmächte für Berlin propagandistisch zu diskreditieren und zu behindern; in den Genfer Abrüstungsverhandlungen 1963 die Absicht, von ernsthaften Abrüstungsprojekten abzulenken und die Verhandlungen auf Ersatzprojekte hinzulenken, die das rüstungsmäßige Übergewicht der Sowjetunion in Europa unberührt ließen (ein entsprechender Vertragsentwurf wurde am 20. Februar 1963 in Genf eingebracht); in der Vorphase des Moskauer Testbann-Vertrages im Sommer 1963 der Versuch, Testbann und Nichtangriffspakt miteinander zu verknüpfen und das eine Projekt jeweils als Hebel für die Förderung des anderen zu benutzen (diese Verknüpfung stellte Chruschtschow in seiner Ost-Berliner Rede vom 2. Juli 1963 her); in der internationalen

Entspannungsdiskussion von 1963 der Versuch, das sowjetische Entspannungsprogramm mit einer Forderung anzureichern, die geeignet war, die Rüstungsbereitschaft der westlichen Öffentlichkeit zu lähmen und Gegensätze im westlichen Lager zu aktivieren. In diesem Sinne stellte Chruschtschow in einer Moskauer Rede vom 19. Juli 1963 den Nichtangriffspakt an die Spitze eines Katalogs von Entspannungsvorschlägen.

In der von Moskau gewünschten Form ist das Projekt nie realisiert worden; Elemente des Gedankens sind aber später in die deutschen Ostverträge und in die Schlußakte von Helsinki von 1975 eingegangen. Auch vorher hat das Projekt, der Vorschlag als solcher, seinen Urhebern Nutzen gebracht. Die Reaktion des Westens war uneinheitlich, unsicher, defensiv. Auf der NATO-Konferenz von Ottawa im Mai 1963 standen die Außenminister noch zu sehr unter dem Eindruck der Kuba-Krise, um in ihrem Kommuniqué auf Moskauer Entspannungsouvertüren einzugehen. Sie beschränkten sich auf die »mit Bedauern« getroffene Feststellung, daß die Sowjetunion bislang »wenig Interesse gezeigt hat, nach ausgewogenen Lösungen für offene Probleme zu suchen«. In den Diskussionen gab es einige Warnungen vor einem falschen Sicherheitsgefühl und daraus folgenden Schwächungen des Verteidigungswillens der westlichen Völker, das durch ein Eingehen auf den Nichtangriffspaktgedanken hervorgerufen würde. Einig war man sich darüber, daß der Vorschlag als isoliertes Projekt undiskutabel sei. Aber schon bald wurden die Stimmen kühler Vernunft übertönt von anderen, die darauf drängten, auf die sowjetischen Vorstellungen einzugehen. Die dafür angeführten Argumente waren schwach und aus vielen ähnlichen Diskussionen wohlbekannt: Man dürfte den Sowjets nicht den Propagandavorteil überlassen, den sie dank ihrer Initiative errungen hätten. In den Rusk-Dobrynin-Gesprächen in Washington habe der Sowjetbotschafter ein ernstes Interesse daran gezeigt, Gebiete der Übereinstimmung zu finden, und dieser Dialog müsse im Flusse gehalten werden. Dobrynin habe Bereitschaft bekundet, nach einer für alle akzeptablen Lösung für das Problem der Beteiligung der DDR zu suchen. Daß man mit einem solchen Pakt Verpflichtungen verdoppele, die man schon früher eingegangen sei, könne nicht schaden. Es müsse ein Anfang gemacht werden und dies sei ein möglicher Ansatzpunkt. In diesem Stadium fuhr ein Wortführer solcher Argumente, der belgische Außenminister Paul-Henri Spaak, zu Gesprächen mit Chruschtschow nach Moskau.

In Bonn war man beunruhigt. Der Nichtangriffspakt-Vorschlag wurde so negativ beurteilt, wie er es verdiente. Ich erhielt entsprechende Weisungen für meine Stellungnahme im Rat. Sie wurden in Bonn von einem klaren und kühlen Kopf entworfen, einem Mann mit eigenen Moskau-Erfahrungen: H.-A. Reinkemeyer, einem jüngeren Beamten des Auswärtigen Amtes, der als eine Spitzenbegabung in seiner Generation galt. Er starb nicht viel später völlig überraschend an einer zu spät erkannten Krebserkrankung – einer jener Schicksalsschläge, die unserem Auswärtigen Dienst eine Reihe besonders hervorragender Beamte geraubt haben (ich denke dabei an Swidbert Schnippenkötter und Dedo von Schenck).

Am 5. August wurde in Moskau der Testbann-Vertrag unterzeichnet, ohne daß Chruschtschow auf seinem Junktim mit dem Nichtangriffspakt bestanden hätte. Aber der Vorschlag war damit nicht vom Tisch. Am 28. August wollte sich der NATO-Rat erneut mit ihm befassen. Gedeckt durch Bonner Instruktionen, arbeitete ich eine Erklärung aus, die darauf abzielte, durch einen Frontalangriff das Projekt im NATO-Rat zu Fall zu bringen. Bei der Formulierung kam mir meine wissenschaftliche Vergangenheit zugute: Es handelte sich um ein Thema, zu dem ein Völkerrechtler einiges zu sagen hatte. Die Erklärung wurde ein Erfolg: Der Rat war beeindruckt (»formidable«, flüsterte ein hinter mir sitzender Franzose seinem Botschafter zu: Form und Inhalt des Gesagten hatten gleichermaßen dem französischen Geschmack entsprochen), die Befürworter des Projekts verstummten, die Sache war »gelaufen«.[1]

Wenn auch das Projekt »Nichtangriffspakt« damit im NATO-Rat zunächst erledigt war, so war es doch noch nicht aus der Welt geschafft. Der Politische Beratende Ausschuß des Warschauer Pakts bekräftigte den sowjetischen Vorschlag zum Abschluß eines Nichtangriffspaktes zwischen den beiden Bündnissystemen erneut in einem Kommuniqué vom 20. Januar 1965. Daß er im Westen weiterhin Sympathisanten fand, zeigte sich auf der sogenannten White House Conference on International Cooperation, auf der sich Ende November 1965 führende Intellektuelle des Kennedy-Lagers unter Vorsitz des früheren Wissenschaftsberaters des Präsidenten, Jerome B. Wiesner, für eine amerikanische Initiative zum Abschluß eines solchen Paktes einsetzten.

Außenminister Schröder, der mehrfach von Journalisten zu einer Stellungnahme zu dem Moskauer Projekt gedrängt wurde, fragte mich eines Tages, ob es ratsam sei, an meiner negativen Erklärung vom August 1963 festzuhalten. Ich bestärkte ihn darin, riet jedoch gleichzeitig dazu, bilaterale Gewaltverzichtsverträge mit einzelnen Staaten des Ostblocks zur Diskussion zu stellen. Sie boten nach meiner Ansicht bessere Möglichkeiten, unsere Bedingungen für ein System der Friedenssicherung in Europa durchzusetzen und ersparten uns ungesicherte und unbegründete Vorleistungen, wie die indirekte Anerkennung der DDR, die mit dem sowjetischen Vorschlag unvermeidlicherweise verknüpft waren.

In diese Richtung ist die weitere Entwicklung gegangen – insbesondere nachdem auch Moskau seit 1966 seine Politik modifiziert und das Schwergewicht auf bilaterale Vereinbarungen gelegt hat (die Bukarester Erklärung des Warschauer Paktes zur Europäischen Sicherheit vom 6. Juli 1966 deutete erstmalig diese neue Linie an). Die Bedingungen, unter denen dann von 1970 an die bilateralen Gewaltverzichte in die Ostverträge eingebaut wurden, entsprachen allerdings nicht meinen Vorstellungen. Das blieb jedoch praktisch ohne Bedeutung, denn die Zeiten, in denen man sich für meine Ansichten interessiert hatte, waren 1970 längst vorüber. Gefragt wurde ich nicht, und unterrichtet zumeist – wenn überhaupt – post festum.

MLF: Fehlschlag einer halbherzigen Initiative

In den frühen fünfziger Jahren war ich Zeuge und Mitbetroffener eines schweren politisch-diplomatischen Fehlschlags gewesen: des Scheiterns der Europäischen Verteidigungsgemeinschaft. Der dieses Projekt betreffende Vertrag war mit der ersten, 1952 unterzeichneten Fassung des Deutschland-Vertrages so eng verknüpft gewesen, daß sein Scheitern in der Französischen Nationalversammlung im August 1954 auch das von mir verhandelte Vertragswerk, den Deutschland-Vertrag, in Frage stellte. Diese Verknüpfung konnte jedoch gelöst werden; die EVG konnte im Rahmen der Pariser Verträge durch den Beitritt der Bundesrepublik Deutschland zur NATO ersetzt werden. Der Deutschland-Vertrag konnte sogar in verbesserter Fassung in Kraft gesetzt werden.

Unmittelbarer wurde ich zehn Jahre später durch das Scheitern eines anderen Projekts betroffen, bei dem ich auf unserer Seite von Anfang bis Ende der Hauptverhandlungsführer gewesen war: durch den Fehlschlag der Bemühungen um die Schaffung einer kollektiven, oder, wie die damalige Terminologie lautete, »multilateralen« Atomstreitmacht innerhalb der NATO (MLF = Multilateral Force).

Dieser Fehlschlag bildete das erste Kapitel innerhalb des Gesamtkomplexes der Nuklear-Frage, die mich während der gesamten Zeitdauer meiner Zugehörigkeit zum NATO-Rat mehr und intensiver beschäftigt hat als irgendein anderes politisches oder militärisches Problem. Das zweite Kapitel in diesem Komplex waren die Bildung und die Arbeit der Nuklearen Planungsgruppe, an der ich bis zum Abschluß meiner NATO-Tätigkeit beteiligt war; das dritte war die lange Kette von – zum Teil höchst kontroversen – Konsultationen im Rat über den Inhalt und Abschluß des Atomsperrvertrages; ein viertes Kapitel bildeten die NATO-Konsultationen über SALT (Strategic Arms Limitation Talks), die amerikanisch-sowjetischen Verhandlungen über die Begrenzung der strategischen Offensivwaffen.

Ein letztes, fünftes Kapitel, hat sich entwickelt, nachdem ich Brüssel schon verlassen hatte: das Problem des Transfers friedlicher Nukleartechnologie zwischen Nichtkernwaffenbesitzern. In dieser Frage wurde ich nur sehr indirekt betroffen durch eine weltweite Auseinandersetzung, deren Wellen auch die japanischen Küsten erreichten.

Auf kaum einem anderen Sachgebiet habe ich so viele bittere Erfahrungen und Lehren sammeln müssen, wie auf dem der Nuklear-Frage. In aller Härte und Schärfe zeigten sich hier die inhärenten Schwächen der internationalen Position und Rolle der Bundesrepublik, die Grenzen und Beschränkungen, die ihre engsten politischen Freunde und Verbündeten ihr höchst kaltblütig setzten, das Mißtrauen, das ihr zwanzig bis dreißig Jahre nach Kriegsende und ohne Rücksicht auf eine noch so pointierte, beständige und beflissene Friedenspolitik immer noch entgegengebracht wurde.

Das Scheitern des MLF-Projekts war nicht nur sachlich enttäuschend, sondern auch persönlich unerfreulich. Ich hatte dieses Projekt nicht erfunden und war, als ich mich zuerst mit ihm vertraut machte, nicht gerade davon begeistert. Vom ersten Tage an bis zum Augenblick des endgültigen Scheiterns im Jahre 1965 war mir klar, daß es sich bei der geplanten Atomstreitmacht um ein kompliziertes, gekünsteltes Gebilde handeln würde, das nur einen halben Schritt zur Bewältigung eines tatsächlich lösungsbedürftigen Problems darstellte; daß es infolgedessen sehr schwer werden würde, alle zu beteiligenden Regierungen und deren öffentliche Meinung davon zu überzeugen, daß dieser Schritt sinnvoll und notwendig sei. Gleichwohl konnte ich mich nicht den Überlegungen verschließen, die die Bundesregierung und ihre zuständigen Minister, insbesondere Außenminister Schröder und Verteidigungsminister von Hassel bewogen, den Plan zu befürworten und ihn zu fördern. Ebensowenig konnte ich dem Argument widersprechen, daß es Sache des NATO-Botschafters sei, die Verhandlungsführung zu übernehmen.

Ich übernahm sie pflichtgemäß und in der Überzeugung, daß man versuchen müsse, das Beste aus dieser problematischen Idee zu machen. Nachdem dieser Entschluß einmal gefaßt war, engagierte ich mich mit ganzer Kraft für seine Verwirklichung, und zwar nicht nur in den – naturgemäß vertraulichen – Verhandlungen, sondern auch öffentlich in Wort und Schrift. Dabei half mir die im Laufe eines tieferen Eindringens in die Materie gewachsene Überzeugung, daß mancherlei Bedenken, die auch in der öffentlichen Diskussion stets eine erhebliche Rolle gespielt hatten, unbegründet seien. Dazu gehörte insbesondere der Zweifel an der militärischen Effizienz der geplanten, mit Polaris-Raketen ausgestatteten Überwasserflotte. Auch manche Journalisten, die sich um eine gewissenhafte Klärung dieser Zweifel bemühten, ließen sich belehren. Das konnte allerdings nicht verhüten, daß das Projekt in der breiteren Öffentlichkeit mit dem Makel behaftet blieb, nur ein zweitklassiges Waffensystem zu sein.

Zweimal hatte ich im Laufe der Verhandlungen und ihrer Vorbereitung, die sich über die beiden Jahre 1963 und 1964, zum Teil bis Ende 1965 erstreckten, ebenso delikate wie spektakuläre Missionen an meinem früheren Wirkungsort Washington zu erfüllen: Das erste Mal Anfang Oktober 1963, um die eigentlichen Verhandlungen in Gang zu bringen; das zweite Mal ein Jahr später, Anfang Oktober 1964. Der erste Besuch war erfolgreich, der zweite nicht: 1963 gelang es, die Verhandlungen dadurch in Gang zu setzen, daß ein Zeitpunkt für den Verhandlungsbeginn und einige Verfahrensregeln festgelegt wurden; 1964 mißlang der Versuch, die schon in der Krise befindlichen Verhandlungen zu retten und einen baldigen Abschluß sicherzustellen. Alles dieses führte unvermeidlicherweise zu einem hohen Grade der Identifikation meiner Person mit diesem Projekt. Ich mußte daher seinen Fehlschlag als einen auch persönlichen Mißerfolg empfinden.

In der Sache bedeutete er das Scheitern aller Bemühungen der deutschen Außenpolitik, den Verzicht auf nationalen Kernwaffenbesitz durch eine Beteiligung an einer gemeinschaftlichen NATO-Atomstreitmacht zu kompensieren und die Spaltung der Europäischen Gemeinschaft mit ihren vom Konzept her notwendigerweise gleichberechtigten und gleichrangigen Mitgliedstaaten in zwei unterschiedliche Gruppen von nuklearen »haves« und »have nots« zu verhüten oder mindestens zu mildern.

Es wird kaum einen Leser geben, der nicht Mühe haben wird, sich genauer daran zu erinnern, wie die geplante multilaterale Streitmacht eigentlich aussehen sollte und wie es zu diesem Projekt kam. Ohne in Einzelheiten zu gehen, will ich nur die wichtigsten Daten und Fakten rekapitulieren, die zum Verständnis der nachfolgenden Verhandlungsgeschichte wichtig sind.

Der Gedanke einer gemeinsamen NATO-Atomstreitmacht gewann schon im Jahre 1960 aktuelle Bedeutung. Er stand in einem logischen und historischen Zusammenhang mit der seit 1957 erkannten Gefahr einer besonderen Bedrohung Europas durch ein starkes, auf europäische Ziele gerichtetes sowjetisches Arsenal von Mittelstreckenraketen (MRBM = Medium Range Ballistic Missiles), dem nach Ansicht der westlichen militärischen Experten – insbesondere auch nach der übereinstimmenden Ansicht der Atlantischen Oberbefehlshaber – ein Gegengewicht auf westlicher Seite entgegengesetzt werden mußte. Aus solchen Erwägungen heraus hatte der NATO-Rat, der im Dezember 1957 als Gipfelkonferenz, also auf der Ebene der Regierungschefs, in Paris getagt hatte, unter dem Vorsitz Präsident Eisenhowers entschieden, daß die Allianz einen Vorrat nuklearer Sprengwaffen anlegen sollte, die im Bedarfsfalle rasch für die

Verteidigung verfügbar wären; weiterhin sollten ballistische Sprengkörper mittlerer Reichweiten dem Oberkommando der Alliierten Streitkräfte in Europa verfügbar gemacht werden.[1] Außenminister Dulles gab dieser programmatischen Forderung reale Substanz, indem er am 16. Dezember 1957 den NATO-Verbündeten amerikanische MRBM anbot. Nichts war jedoch im Laufe der nächsten Jahre geschehen, um dieses Programm zu verwirklichen. Anfang September 1960 war diese Situation Gegenstand einer Diskussion, die im Sommerhause des niederländischen NATO-Botschafters Dirk Stikker in Bellagio am Comer See stattfand und deren Teilnehmer (außer dem Hausherrn) Bundeskanzler Adenauer, Generalsekretär Paul-Henri Spaak und der Atlantische Oberbefehlshaber, General Lauris Norstad, waren. Norstads Konzept, die NATO zur »vierten Atommacht« zu machen – nämlich durch die Schaffung einer NATO-eigenen MRBM-Streitmacht, deren Kontrolle dem NATO-Rat übertragen werden sollte –, fand die Zustimmung aller Beteiligten.

Spaak machte sich bei seinem Besuch im November in Washington zu ihrem Sprecher und erreichte, daß der scheidende amerikanische Außenminister Christian Herter am 16. Dezember 1960 den Verbündeten einen Vorschlag unterbreitete, der bereits die wichtigsten Elemente des MLF-Projekts enthielt, auch insoweit, als er in der Frage der Kontrolle NATO-eigener Nuklearwaffen sehr viel zurückhaltender war als Norstad. Kern des Herter-Vorschlages war das amerikanische Angebot, bis 1963 der NATO fünf Atom-U-Boote, bestückt mit je sechzehn Polaris-Raketen, zu »assignieren«, sowie den Verbündeten darüber hinaus einhundert bis einhundertzwanzig Polaris-Raketen zu verkaufen, die auf Überwasserschiffen montiert werden sollten. Aus diesen beiden Elementen sollte dann eine »multilaterale Streitmacht« gebildet werden. Es dauerte ziemlich lange, bis sich Kennedy entschloß, die Anregungen seines Amtsvorgängers aufzugreifen. Erst im Herbst 1962 mehrten sich Anzeichen für eine Bereitschaft des Präsidenten, das Problem der nuklearen Mitbestimmung der Verbündeten ernstzunehmen.

Um die Jahreswende 1962/63 schwenkte die amerikanische Regierung um und entschloß sich, eine aktiv führende Rolle zur Durchsetzung des Konzepts zu übernehmen. Den letzten Anstoß gaben dazu offenbar drei Entwicklungen: eine Anfang Dezember in Paris zustande gekommene Entschließung der WEU-Versammlung, die sich mit großer Mehrheit für eine nukleare NATO-Verteidigungsorganisation ausgesprochen hatte; die Konferenz in Nassau, Hauptstadt der Bahama-Inseln, auf der die Briten Kennedy das Versprechen abgerungen hatten, ihnen als Ersatz für das an technischen und finanziellen Schwierigkeiten gescheiterte Skybolt-Programm (auf das sich die britische Rüstungspolitik verlassen hatte) Polaris-Raketen zu liefern – die modernste und begehrteste Waffe zu jenem

Zeitpunkt, die Washington nicht gern einem einzelnen Verbündeten bevorzugt zur Verstärkung seiner nationalen Nuklear-Rüstung überlassen mochte; schließlich vor allem auch die bevorstehende Unterzeichnung des deutsch-französischen Freundschaftsvertrages, der man mit sehr gemischten Gefühlen entgegensah.

Auf diesem Hintergrund kam Anfang Januar 1963 der Entschluß zustande, den stellvertretenden amerikanischen Außenminister George Ball zum NATO-Rat und danach insbesondere nach Bonn zu entsenden und dabei konkrete Vorschläge vorzulegen.

Damit habe ich schon ein bestimmtes Motiv erwähnt, das Adenauer veranlaßte, am 14. Januar 1963 die grundsätzliche Bereitschaft der Bundesregierung zu erklären, sich an Verhandlungen über das von den Vereinigten Staaten vorgeschlagene MLF-Projekt zu beteiligen. Er gab diese Erklärung im Rahmen einer Zusammenkunft ab, die aus Anlaß des Besuches von George Ball im Palais Schaumburg stattfand.

Ball hatte zwei Wochen zuvor an dem Treffen Kennedy-Macmillan in Nassau auf den Bahamas teilgenommen (bei dem Rusk nicht anwesend war) und hatte von Kennedy den Auftrag erhalten, die in Nassau nicht vertretenen europäischen Verbündeten über das dort erzielte Ergebnis zu unterrichten, es zu erklären und der erheblichen Beunruhigung und Verwirrung entgegenzuwirken, die das unklare und vieldeutige Kommuniqué von Nassau ausgelöst hatte.[2] Trotz des allgemeinen Bekenntnisses seiner beiden Unterzeichner, daß sie sich in engster Konsultation mit anderen NATO-Verbündeten um die Entwicklung einer multilateralen NATO-Atomstreitmacht bemühen wollten, wurde das Nassau-Abkommen allgemein als eine weittragende Konzession an den britischen Wunsch zur Verlängerung der Lebensdauer der aus eigenen Kräften nicht mehr aufrechtzuerhaltenden nationalen britischen Atomstreitmacht verstanden. Die amerikanische Bereitschaft, den Briten zu diesem Zwecke Polaris-Raketen zur Verfügung zu stellen (ein Angebot, das nachträglich auch Frankreich gemacht und von de Gaulle sogleich zurückgewiesen wurde), wirkte auf die anderen als Diskriminierung und als Rückfall in die Vorstellungen von einer »special relationship« des Vereinigten Königreiches mit den Vereinigten Staaten. Vor dieser voraussehbaren psychologischen Wirkung des Polaris-Angebots an die Briten hatte der amerikanische NATO-Botschafter Thomas Finletter Washington in einem eindringlichen Kabel noch am 16. Dezember gewarnt – ohne Gehör zu finden.[3]

Am 11. Januar hielt Ball sein Plädoyer im NATO-Rat, um ein Arrangement zu verteidigen, von dem amerikanische Kritiker sagten, der begabte und besonnene irisch-amerikanische Präsident sei dabei von dem schottisch-amerikanischen Premierminister, der sich als erfolgreicher Geschäftsreisender erwiesen habe, ausmanövriert worden.[4] Wie zu erwarten, hatte Ball versucht, den Hauptakzent auf den Plan zur Schaffung einer gemischt bemannten multilateralen Atomstreitmacht zu legen, die unter dem Oberbefehl von SACEUR und unter einer politischen Kontrolle stehen sollte, die institutionell noch zu entwickeln sei. Die Erläuterungen, die der britische NATO-Botschafter, Sir Evelyn Shuckburgh beitrug, waren jedoch wenig geeignet, die fortbestehenden Zweifel und Besorgnisse der Ratsmehrheit auszuräumen.

Als Ball am 14. Januar seine Argumente in einem Privatissimum für den deutschen Bundeskanzler wiederholte, stieß er zunächst auch hier auf erhebliche Zurückhaltung. Wenn es gleichwohl im Laufe der Sitzung zur grundsätzlichen Zustimmung des Kanzlers kam, so war das weniger der Kraft der Argumentation Balls zuzuschreiben, als vielmehr einer dramatischen Note, welche diese Zusammenkunft durch eine mitten in die Gespräche hineinplatzende sensationelle Nachricht erhielt: Meldungen der Nachrichtenagenturen über die brüske Zurückweisung des britischen Aufnahmeantrages in die Europäische Gemeinschaft durch de Gaulle auf seiner (gleichzeitig laufenden) Pressekonferenz im Elysée. Ich werde nie vergessen, wie konsterniert die kleine Runde im »kleinen Kabinettsaal« des Palais Schaumburg dieser Meldung lauschte, die ein Bote dem Kanzler hineingereicht hatte und die er verlas. Die erste Reaktion war das Gefühl, daß der General die Europäisch-Atlantische Gemeinschaft in eine neue schwere innere Krise hineingestoßen hatte und daß es mehr denn je darauf ankomme, alle Pläne und Bestrebungen zu fördern, die dazu dienen konnten, zur Integration dieser Gemeinschaft beizutragen.

Damit will ich nicht sagen, daß die Zustimmung Adenauers zum MLF-Projekt aus einer emotionalen Augenblicksaufwallung geboren war. Er war wohl ohnehin dazu entschlossen, sofern Balls Erläuterungen einigermaßen befriedigend ausfielen. Gerade die negative Reaktion der Europäer auf Nassau schien ihm wohl auch die Chance zu enthalten, daß sich die Vereinigten Staaten mit um so größerer Energie dem MLF-Projekt widmen würden, um diesen negativen Effekt auszulöschen – eine Überlegung, die sich für den Anfang als richtig, aber nicht als dauerhaft erwies. Die Bombe aus dem Elysée dürfte jedoch Form und Zeitpunkt der Zustimmungserklärung beeinflußt haben.

Ich verließ diese Sitzung in der Gewißheit, daß vor mir langdauernde, schwierige und komplizierte Aufgaben lagen, denn Ball hatte in seinen Schlußworten vorgeschlagen, daß das MLF-Gespräch in Paris zwischen Finletter und mir fortgesetzt werden sollte. Und so geschah es.

Die Folge dieses Auftrages war die Entwicklung einer engen und vertrauensvollen Zusammenarbeit mit diesem aus Philadelphia stammenden Gentleman, der in seiner Person eine Reihe bemerkenswerter Ingredienzien vereinigte: die kühle, geschäftsmäßige Intelligenz und Routine eines erfahrenen New Yorker Anwalts; die Artikulationsfähigkeit eines durch eine Reihe respektabler juristischer und politischer Veröffentlichungen ausgewiesenen Autors; die intime Kenntnis der innenpolitischen Szene in Washington, erworben in langjähriger Regierungspraxis, zuletzt 1950 bis 1953 als Secretary of the Air Force; ein kräftiger Schuß unbefangenen amerikanischen Idealismus, der nicht vor kühnen Projekten zurückscheute und sich bei ihrer Durchführung nicht rasch durch Schwierigkeiten und Hindernisse entmutigen ließ. Kennedy hatte den in der Demokratischen Partei verwurzelten Politiker 1961 als einen Vertrauensmann der neuen Administration zur NATO entsandt, ohne daß ein besonders enges Verhältnis zwischen den beiden bestanden hätte. Finletter war mit einem Politikertyp wie Lyndon Johnson besser vertraut, wenngleich er die Erfahrung machen mußte, daß auch er den Präsidenten Johnson nicht von seinem außenpolitischen Kurse abbringen konnte. Daß mein Abgang in Washington von der Presse als Ergebnis eines Zerwürfnisses mit Kennedy hingestellt worden war, beeindruckte ihn keinen Augenblick und hinderte ihn nicht daran, mir völlig vorurteilslos und in kurzer Zeit sogar mit einer Art väterlicher Zuneigung (er war immerhin achtzehn Jahre älter als ich) gegenüberzutreten, die sich mit einem besonderen Respekt vor meiner Vergangenheit als Rechtsprofessor verband. Zugute kam mir auch die Tatsache, daß er, dessen Frau den deutschesten aller Vornamen, Gretchen, trug – ihr Vater war der Wagner-Dirigent Walter Damrosch –, zu jenen Amerikanern gehörte, die eine hohe Meinung von den Deutschen haben und sie als die verläßlichsten und wertvollsten Verbündeten der Vereinigten Staaten betrachten.

Finletter war einer der frühesten und beständigsten Befürworter der MLF. Schon 1962 hatte er meinen Vorgänger von Walther auf diese Bahnen zu lenken versucht. Während der gesamten Verhandlungszeit herrschte zwischen uns enges Einvernehmen und ein vorbildliches Zusammenspiel (es wurde später dadurch abgerundet, daß mein engster Mitarbeiter bei diesen Verhandlungen, Fritz Kroneck, seine Sekretärin heiratete).

Im Juli 1965, während eines Sommerurlaubs in Spanien, erreichte mich die Nachricht, daß Finletter zurückgetreten sei. Ich erhielt sie ohne Vorwarnung von meinem Büro in Paris. Wenn es für mich nicht schon längst außer Zweifel gestanden hätte, daß die sich noch durch das ganze Jahr 1965 hindurchschleppenden Verhandlungen zum Scheitern verurteilt waren, so hätte diese Nachricht den letzten Zweifel beseitigen müssen: Das MLF-Projekt war tot.

Um was ging es bei diesem Projekt?

Über die Motive und Absichten der amerikanischen Erfinder des Projektes sagte ich im November 1964 in einem Vortrag in München, ihnen ginge es darum, durch »nuclear sharing« einen höheren Grad von Mitbestimmung und Mitverantwortung der europäischen Bündnispartner auf dem Gebiete der Kernwaffenstrategie – allerdings »short of proliferation« –, eine gewisse Nuklearisierung der hauptsächlich konventionell gerüsteten NATO und damit eine moralisch und psychologisch stabilisierende Wirkung im Bündnis zu erzielen. Die deutschen Motive seien vor allem von dem Wunsche bestimmt, mit Hilfe dieses Projekts ein neues festes Verbindungsglied zwischen den Vereinigten Staaten und Europa zu schaffen; ein neues Integrationsmodell zu verwirklichen, das Entwicklungsmöglichkeiten auch in Richtung auf eine künftige europäische Atomstreitmacht in sich berge; für die weitere Zukunft sei auch politisch-psychologisch bedeutsam, »daß die Deutschen, die den größten konventionellen Beitrag unter den europäischen Bündnispartnern leisten, von der nuklearen Mitverantwortung nicht ganz ausgeschlossen werden«.[5]

In einer Diskussion in einem geschlossenen Kreise nannte ich einige weitere Motive – wie etwa das Bestreben, »die in Europa bestehenden nationalen Atomstreitkräfte, insbesondere die französische, aber auch die britische, in gewisser Weise zu isolieren und später möglicherweise zu absorbieren, die MLF sozusagen als eine Art Auffangorganisation für diese nationalen europäischen Atomstreitkräfte aufzubauen«; weiterhin »die amerikanische Idee einer nuklearen Erziehung der nichtnuklearen Partner, die sich auf die Hoffnung gründet, daß die nähere Befassung mit nuklearen Fragen und die Beteiligung an der nuklearen Verantwortung dazu führen werden, in allen strategischen und politischen Überlegungen vorsichtiger mit ihnen umzugehen«.

Ergänzend wies ich darauf hin, daß die Bundesrepublik aufgrund ihrer geographischen Lage brennend daran interessiert sei, über die nuklearstrategische Gesamtplanung der Vereinigten Staaten informiert zu werden und sie zum Beispiel im Hinblick auf die Zielplanung für Mitteldeutschland, Osteuropa und die europäischen Teile der Sowjetunion in gewissem Umfang beeinflussen zu können. Die MLF werde als ein Ansatz- und Einstiegpunkt für konkrete Information und Konsultation dieser Art gewertet. Rein militärisch gesehen, erblicke man in der MLF wenigstens eine Teilerfüllung des seit Jahren von den atlantischen Oberbefehlshabern vergeblich geforderten Mittelstreckenraketen-Programms, das als Gegengewicht gegen das auf Mittel- und Westeuropa gerichtete enorme Mittelstreckenraketen-Potential der Sowjetunion für unentbehrlich gehalten werde.

In allen solchen halböffentlichen und öffentlichen Äußerungen mußte der Leiter der deutschen MLF-Delegation Zurückhaltung wahren. Aus diesem Grunde blieben selbst in diesem Kreise einige wichtige Gesichtspunkte unausgesprochen, die sich aus der konkreten Situation beim Startschuß des Unternehmens ergaben: Washington befürchtete Anfang 1963, daß man sich in Bonn der Umarmung durch de Gaulle schwer entziehen könne, daß ein sehr enges deutsch-französisches Verhältnis auch zu unerwünschten Konsequenzen auf dem Nukleargebiet führen könne und daß die MLF ein geeignetes Instrument sei, dem entgegenzuwirken. Andererseits bereitete die de Gaullesche Umarmungspolitik auch auf deutscher Seite vielen Politikern Unbehagen, insbesondere nach der brüsken Zurückweisung des britischen Aufnahmeantrages am 14. Januar 1963. Es war stets ein grundlegendes Axiom der deutschen Politik, daß wir verhüten müßten, zwischen Paris und Washington wählen zu müssen. Viele befürchteten, daß de Gaulle der Bonner Regierung die Option für Paris aufzuzwingen suchte: Sie sahen ihrerseits in der MLF ein geeignetes Instrument, um diesem Druck zu begegnen. Das galt innerhalb des Kabinetts Adenauer besonders für jene Minister, die als »Atlantiker« galten, also zu jener Gruppe von Abgeordneten gehörten, die den Bundestag veranlaßte, dem deutsch-französischen Vertrag eine im »atlantischen« Geiste gehaltene Präambel voranzustellen.

In der weiteren Konsequenz dieser politischen Linie machten sie sich zu den aktivsten Förderern des MLF-Projekts. Die Namen des Außen- und des Verteidigungsministers jener Jahre sind hier vor allem zu nennen: Gerhard Schröder und Kai-Uwe von Hassel. Sie engagierten sich in solchem Maße, daß ihnen im Zeitpunkt des sichtbar werdenden Scheiterns die rechtzeitige Lösung von einem aussichtslos gewordenen Unternehmen schwerfiel. Ähnliches wird man vielleicht auch für mich sagen; nur ist es für einen Botschafter, der keine eigenen politischen Entscheidungen treffen kann und der die Politik seines Ministers auszuführen hat, viel schwieriger, aus einem solchen Unternehmen auszusteigen. Finletters Beispiel – Rücktritt und Rückzug ins Privatleben – war aus mancherlei Gründen für mich nicht praktikabel.

Woran ist das MLF-Projekt gescheitert? Die Beantwortung dieser Frage ist für jeden, der in unserer Zeit mit deutscher Außenpolitik zu tun hatte, ungewöhnlich lehrreich. Sie vermittelt eine ziemlich ernüchternde und desillusionierende Lektion.

Es konnte niemanden überraschen, daß die Sowjetunion dem Plan mit äußerstem Mißbehagen und mit unverhohlener Feindseligkeit gegenüberstand, daß sie ihm mit allen verfügbaren diplomatischen Mitteln entgegenarbeitete und ihn zum Scheitern zu bringen suchte. Sie wiederholte damit nur das Spiel, das bei der Gründung der Bundesrepublik, beim Abschluß des Nordatlantik-Paktes, bei der Verhandlung der Pariser Verträge und der Aufstellung der Bundeswehr, bei allen Stufen des europäischen Einigungsprozesses gespielt wurde. In keinem dieser Fälle hatte es zum Erfolg geführt. Wenn die Sowjetunion im Falle der MLF (wie schon 1954 bei der EVG) das Scheitern der von ihr bekämpften Projekte verzeichnen konnte, so lag das weniger an der Härte ihres Widerstandes und der Raffinesse ihrer Politiker, als vielmehr an der Schizophrenie der westlichen Verbündeten. Das galt schon 1954 für Frankreich: Es wollte zwar einen deutschen Verteidigungsbeitrag, aber keinen gleichberechtigten, souveränen, militärisch starken deutschen Verbündeten als Vollmitglied der atlantischen Allianz. Die Ablehnung des EVG-Vertrages durch die Französische Nationalversammlung hat alles dieses nicht aufhalten können; im Gegenteil, die nationale deutsche Armee, die durch die EVG vermieden werden sollte, entstand erst recht.

Daß zehn Jahre später die MLF scheiterte, ging letztlich auf eine ähnliche Zwiespältigkeit aller drei Westmächte zurück, die seit den Anfängen der Bundesrepublik deren Pate, Vormund, Protektor und Gouvernante gewesen waren. Franzosen und Briten spürten von Anfang an wenig Neigung, einem »nuclear sharing« zuzustimmen, das in erster Linie dazu bestimmt war, den Deutschen das Gefühl der Diskriminierung zu nehmen. Das hinderte de Gaulle zunächst nicht, Adenauer gewähren zu lassen und ihm ausdrücklich zu versichern, daß er keine Einwände gegen eine deutsche Teilnahme an der MLF habe, die für Frankreich allerdings nicht in Frage komme. In voller Kenntnis von der deutschen Entscheidung, am MLF-Projekt teilzunehmen, unterzeichnete er am 23. Januar 1963 den deutsch-französischen Freundschaftsvertrag. Eineinhalb Jahre später hieß es jedoch plötzlich aus Paris, die MLF werde den Vertrag sprengen. Was hatte in der Zwischenzeit diese Änderung der französischen Haltung bewirkt? Es unterliegt kaum einem Zweifel, daß es hauptsächlich zwei Entwicklungen waren, die de Gaulle veranlaßten, von einer Haltung distanzierter Toleranz zu offener und entschiedener Verurteilung des Projekts umzuschwenken: einmal seine Enttäuschung über die nach seiner Ansicht unbefriedigenden Ergebnisse des Vertrages von 1963 und die daraus resultierende Abkühlung der Beziehungen zwischen Bonn und Paris; zum anderen die Befürchtung, daß das ursprünglich von ihm für utopisch gehaltene MLF-Projekt doch eine ernsthafte Realisierungschance haben könne. Die zeitliche Abfolge der Ereignisse macht diesen Zusammenhang deutlich. Kritik an der MLF übte er erstmalig auf der gleichen deutsch-französischen Konsultationsbegegnung in Bonn am 3. und 4. Juli 1964, auf der er die Entwicklung der deutsch-französischen Beziehungen im allgemeinen einer scharfen Kritik unterzog. Kernpunkt dieser Kritik war der Vorwurf, die Bundesregierung könne sich nicht entschließen, eine von den Vereinigten Staaten unabhängige Politik zu betreiben. Die Vereinigten Staaten seien im Grunde gegen die Einigung Europas. Sie würden sich mit der Sowjetunion auf der Basis des Status quo verständigen und das Ziel der Wiedervereinigung Deutschlands preisgeben; sie würden auch Europa im Falle eines sowjetischen Angriffs nicht schützen, jedenfalls nicht unter Einsatz ihrer Kernwaffen. Frankreich sei für die Wiedervereinigung Deutschlands. Die Bundesrepublik müsse mit ihm zusammen eine europäische, von europäischen Interessen geleitete Außenpolitik betreiben und im Bereiche der Verteidigung, vor allem der Rüstung, eng mit Frankreich zusammenarbeiten. Frankreich lehne die militärische Integration in der NATO ab. Beide Länder müßten zusammen einen Druck auf die vier anderen EWG-Partner ausüben, sich einer europäischen Politik anzuschließen. Kurz, Deutschland müsse zwischen einer unabhängigen europäischen Politik und einer Politik der Abhängigkeit von den USA wählen. Auf seiner Pressekonferenz vom 23. Juli kritisierte de Gaulle, ohne die MLF ausdrücklich zu erwähnen, auch öffentlich das Fehlen einer gemeinsamen deutsch-französischen Politik auf vielen Gebieten, insbesondere auch der Verteidigung und der NATO-Reform. Falls dies so bleibe, würden Zweifel im französischen Volk aufkommen. Frankreich werde Geduld üben, »sofern nicht schwerwiegende äußere Geschehnisse alles in Frage stellen sollten und es veranlassen würden, seinen Kurs mehr oder weniger zu ändern«.

Es dauerte noch einige Monate, bis der französische Einspruch gegen die MLF offiziell zu Protokoll gegeben wurde. Das geschah am 24. Oktober 1964 in Paris in einer Erklärung des Außenministers Couve de Murville gegenüber Staatssekretär Carstens – drei Wochen nach den Besprechungen, die ich im Auftrage der Bundesregierung Anfang Oktober in Washington geführt hatte. Nach meinem Gespräch mit Außenminister Rusk am 2. Oktober hatte der Sprecher des State Department erklärt, die Vereinigten Staaten hofften, daß ein Vertrag über die MLF noch vor Ablauf des Jahres unterzeichnet werden könne. Diese Verlautbarung wurde allgemein als Zeichen aufgefaßt, daß die Verwirklichung des MLF-Projekts in greifbare Nähe gerückt, die Verhandlungen auf jeden Fall in ihre entscheidende Schlußphase eingetreten seien. Couve sagte zur Begründung der französischen Kursänderung ganz offen, 1963 habe man keine Einwendungen erhoben, weil das Projekt noch sehr vage gewesen sei und man kaum mit seiner Realisierung gerechnet habe. Am 3. und 5. November brachten Couve und Premierminister Pompidou die Ablehnung der MLF auch in öffentlichen Erklärungen zum Ausdruck.

Kurze Zeit später kam ein anderer schwerwiegender Schlag von britischer Seite. Mitte Oktober hatte in London die Regierung gewechselt: Harold Wilson hatte als Premierminister Sir Alec Douglas Home abgelöst. Zwar war auch die konservative Regierung in ihrer Beurteilung des MLF-Projekts stets negativ gewesen und hatte sich an den Verhandlungen eigentlich nur beteiligt, um zu bremsen und ein positives Ergebnis zu verhindern. Wilson und die Labour Party traten dem Gedanken der

MLF jedoch mit offener und aktiver Feindseligkeit entgegen, und sie fühlten kein Bedürfnis, in ihrer Argumentation auf die Gefühle ihres deutschen Bündnispartners irgendwelche Rücksichten zu nehmen. Wenn sie davon sprachen, daß nicht »mehr Finger an den nuklearen Abzug« gebracht werden dürften, so ließen sie keinen Zweifel darüber, daß sie vor allem den deutschen Finger meinten, und Harold Wilson scheute sich in seiner Unterhausrede am 23. November 1964 nicht, auszusprechen, daß er in dieser Frage mit seinen sowjetischen Gesprächspartnern in Moskau einig gewesen sei. Am 7. Dezember legte er bei seinem ersten Zusammentreffen mit Präsident Johnson Vorschläge für ein neues Projekt (ANF = Atlantic Nuclear Force) vor, die in entscheidenden Punkten dem MLF-Projekt entgegengesetzt und für Bonn ganz unakzeptabel waren. Sie zielten darauf ab, die zu schaffende gemeinsame Nuklearstreitmacht in erster Linie auf schon existierenden nuklearen Komponenten aufzubauen, eine »multinational force« im Sinne des Abkommens von Nassau anzustreben. Ihren Kern sollten demgemäß die britische V-Bomber-Flotte sowie je drei bis vier britische und amerikanische Polaris-U-Boote bilden; das eigentlich »multilaterale«, integrierte Element, die gemischt bemannte Polaris-Überwasserflotte, sollte dagegen mindestens auf die Hälfte reduziert, am besten ganz durch ein landgebundenes, gemischt bemanntes Waffensystem ersetzt werden. Alles lief darauf hinaus, daß mit einem Minimum eigener Kostenbeteiligung ein Maximum britischer Einfluß- und Kontrollrechte erzielt und der deutsche Einfluß so weit wie möglich reduziert werden sollte. Entgegen der von Anfang an von Bonn nachdrücklich vertretenen Forderung, die multilaterale Streitmacht dem NATO-Oberbefehlshaber Europa (SACEUR) zu unterstellen, sahen die britischen Pläne die Errichtung eines besonderen atlantischen Nuklearkommandos neben SACEUR vor – eines der Indizien für eine weiterreichende, auf Entnuklearisierung der kontinental-europäischen Verteidigung zielende Politik. Eine Europäisierungsklausel, die für die Zukunft eine Entwicklung der Nuklearstreitmacht zu einer europäischen Institution offengehalten hätte, wurde ebenso strikt abgelehnt, wie auf der anderen Seite eine Non-Proliferations-Verpflichtung verlangt wurde, die bereits den entscheidenden Inhalt des 1968 unterzeichneten Atomsperrvertrags vorwegnahm.

Wilsons Vorschläge waren ein geschickter Schachzug, um die MLF ohne ein frontales Veto zu Fall zu bringen. Der Premierminister selbst rühmte sich ein Jahr später (in einer Massenversammlung der Labour Party in Edinburgh im März 1966), mit seinen Vorschlägen die MLF torpediert und Kossygin in Moskau versprochen zu haben, daß es »keinen deutschen Finger am Abzug« geben werde.[6] Zweifel, ob seine Vorschläge »ganz und gar unaufrichtig« gewesen seien[7] sind daher eigentlich nur dann am Platze, wenn man den dolus eventualis, zu diesen für andere Partner offenkundig unannehmbaren Bedingungen abzuschließen, als Kriterium für die Aufrichtigkeit eines Vorschlags genügen läßt – was mir als eine extrem bescheidene Anforderung erscheint. Harold Wilson hat sich auch in den Nuklear-Fragen immer wieder als der trickreiche, verschlagene Opportunist erwiesen, dem selbst die eigenen Parteifreunde nicht gerade das Prädikat »aufrichtig« zuerkennen mochten. Es störte ihn wenig, mit allen Mitteln für die Aufrechterhaltung der nationalen britischen Atomwaffe zu kämpfen, deren Preisgabe er vor den Wahlen emphatisch gefordert hatte; dasselbe Pferd mehrfach zu verkaufen, indem die schon auf der NATO-Konferenz in Ottawa im Mai 1963 der NATO assignierten Bomberverbände erneut zur Einbringung in die ANF angeboten wurden; in einem Atem die »Kollektivierung« der britischen Atomwaffen anzubieten und gleichzeitig eine Non-Proliferations-Verpflichtung zu unterschreiben, die eine solche Kollektivierung unmöglich machte.[8]

Die sich gegen das Jahresende 1964 versteifenden französischen und britischen Widerstände gegen das MLF-Projekt brachten auch den Willen der amerikanischen Regierung zu seiner Verwirklichung endgültig zum Erlahmen. Endgültig – damit soll gesagt sein, daß sich Ermüdungserscheinungen und das Aufkommen gegenläufiger Strömungen schon geraume Zeit vor Präsident Johnsons Einstellungsbeschluß vom 20. Dezember 1964 abgezeichnet hatten. Das Widerstreben der beiden westlichen Verbündeten bot Johnson ein willkommenes Argument, seinen Entschluß zu begründen, bildete jedoch kaum die entscheidende Ursache für die Abkehr der amerikanischen Politik von einer Initiative, die sie selbst ergriffen und durch Jahre hindurch verfolgt hatte.

Schon bei meinen Gesprächen im Oktober 1964 in Washington war mir klargeworden, daß sich die amerikanische Entschlossenheit zur Verwirklichung dieser Initiative stark abgeschwächt hatte. Ein Indiz dafür war die Tatsache, daß es Finletter nicht gelungen war, Präsident Johnson zu veranlassen, mich zu einem Gespräch zu empfangen. Meine wichtigsten Gesprächspartner blieben Rusk, McNamara, McGeorge Bundy und Ball. Verteidigungsminister McNamara stand dem Projekt am kühlsten gegenüber; ohne ein Wort der Ablehnung oder Kritik ließ die Art und Zielrichtung der Fragen, mit denen er mich überschüttete, darüber keinen Zweifel. Es machte mir deutlich, daß das Pentagon eines der Zentren der inneramerikanischen Gegenkräfte gegen die MLF war: Hier war man vor allem an der integralen Aufrechterhaltung der zentralen und ausschließlichen Steuerungs- und Kommandogewalt des amerikanischen Präsidenten über – möglichst alle – westlichen Atomwaffen interessiert. Jede »Multilateralisierung« wurde als eine Abschwächung dieser Monopolstellung kritisch beurteilt. Ball hatte mir am 5. Oktober, kurz vor meiner Abreise, die Reaktion des Präsidenten Johnson auf einen Brief des Bundeskanzlers mitgeteilt, den ich am 2. Oktober über Rusk dem Präsidenten zugeleitet hatte. Johnson, so hatte Ball bei dieser Gelegenheit gesagt, betrachte »noch entschiedener als Kennedy das MLF-Projekt als festen Bestandteil der amerikanischen Außenpolitik«. Das klang ganz positiv, überging jedoch einen entscheidenden Punkt mit Stillschweigen, der im Mittelpunkt meiner Sondierungen in Washington gestanden hatte: die Frage, ob die amerikanische und die deutsche Regierung, falls die anderen noch zögerten, den MLF-Vertrag notfalls vorab allein unterzeichnen sollten – nicht etwa, wie die Gegner des Projekts sofort ausstreuten, um in einem bilateralen Alleingang eine amerikanisch-deutsche Streitmacht aufzustellen (daran hatte niemand ernstlich gedacht), sondern um ein politisches fait accompli zu setzen, das einen Schutz gegen Störmanöver (insbesondere auch solche aus der Innenpolitik der beteiligten Länder) bieten und auf die anderen Partner einen Anreiz und ein gewisses Gefälle hin zur Mitunterzeichnung schaffen würde. In Kraft treten sollte der Vertrag in jedem Falle erst mit der Unterzeichnung weiterer Partner, deren Teilnahme die Streitmacht erst zu einer »multilateralen« machen konnte. Dieser Gedanke stammte weder von mir noch aus Bonn, er ging auf amerikanische MLF-»Aktivisten« zurück und wurde in Paris von Finletter an mich herangetragen. Da mir wohl bewußt war, daß es in Washington eine einflußreiche Anti-MLF-Lobby gab, schien es mir unerläßlich, Tragfähigkeit und Realisierbarkeit dieses Gedankens an Ort und Stelle in Washington zu testen. Dies war der wichtigste Zweck meiner Reise, die in dieser Hinsicht eindeutig zu einem negativen Ergebnis führte. Ein solcher Test schien mir im Laufe des September 1964 unausweichlich zu sein, da man sich mit großer Sicherheit ausrechnen konnte, daß das Projekt, bei einer weiteren Verzögerung der Unterzeichnung, scheitern mußte. Schon im Juni waren Präsident Johnson und Bundeskanzler Erhard bei dessen Besuch in Washington darüber einig gewesen, daß man sich um eine Unterzeichnung des Vertrages bis zum Jahresende bemühen müsse.[9]

Dabei hatte man berücksichtigt, daß im Hinblick auf die Bundestagswahlen im Herbst 1965 die Vertragsratifikation durch den Bundestag vor der parlamentarischen Sommerpause erfolgen müsse und nur ein Unterzeichnungstermin um die Jahreswende genügend Zeit für das Ratifikationsverfahren lasse. Inzwischen kamen andere gewichtige Gründe hinzu, die eine baldige Unterzeichnung erforderlich machten: In England standen Mitte Oktober Unterhauswahlen bevor, ein Sieg der Labour Party war wahrscheinlich und von einer Regierung unter Harold Wilson waren nur neue Verzögerungsmanöver, wenn nicht Schlimmeres, für die MLF zu erwarten. Die französische Haltung wurde zusehends negativer und färbte in Deutschland auf die dortigen »Gaullisten« ab – mit negativen Auswirkungen auf die Geschlossenheit der Regierungskoalition und die öffentliche Meinung insgesamt. Die sowjetische Anti-MLF-Kampagne in der Genfer Abrüstungs-Konferenz und in einer weitgestreuten Notenkampagne intensivierte sich. Es war zu erwarten, daß sie gegen Ende des Jahres oder Anfang 1965 einen Höhepunkt auf dem Forum der Vollversammlung der Vereinten Nationen erreichen und daß sie dort bei den »nichtgebundenen« Staaten auf bereitwilliges Gehör rechnen konnte. Diese hatten bereits in Genf erkennen lassen, daß sie einer Interpretation der »Irischen Resolution« (gegen die Verbreitung von Kernwaffen) zuneigten, die dem MLF-Projekt einen Riegel vorschieben würde. Erst recht würden sie dort einem Resolutionsentwurf zustimmen, der den vom Genfer Delegierten der VAR propagierten und von den Sowjets unterstützten Vorschlag zur Abstimmung stellen würde, die MLF-Verhandlungen solange zu stoppen, wie die Verhandlungen über einen Nichtverbreitungsvertrag schwebten.

Alle diese Überlegungen breitete ich in einem Memorandum vom 22. September 1964 aus, das ich über das Auswärtige Amt dem Bundeskanzler vorlegte und das meine Exkursion nach Washington vorbereitete. Ich kam darin zu dem Schlusse, daß rasches Handeln geboten sei und daß »eine weitere Verzögerung gleichbedeutend mit einem Fehlschlag der Bemühungen um die Verwirklichung des Projekts« sein könnte:

»Konkret gesprochen: Der MLF-Vertrag muß unterzeichnet sein, bevor in der Generalversammlung der Vereinten Nationen die Debatte über das Prinzip der non-dissemination beginnt. Diese Debatte ist für Januar-Februar 1965 zu erwarten. Der Vertrag sollte auch unterzeichnet sein, bevor es zu der Begegnung Erhard-Chruschtschow kommt, da der sowjetische Regierungschef nicht zögern wird, bei dieser Gelegenheit die stärksten Pressionsmittel anzuwenden. Es war auch für die erste deutsch-sowjetische Begegnung im September 1955 in Moskau von größter Bedeutung, daß der Beitritt der Bundesrepublik zur NATO nach dem Beginn der Aufstellung der Bundeswehr ein fait accompli war, über das zu reden für Chruschtschow nicht mehr lohnend war. Auch diese Überlegung spricht für einen Unterzeichnungstermin Ende dieses Jahres.«

Im Hinblick darauf, daß von einer britischen Regierung unmittelbar nach den Wahlen keine Entscheidung erwartet werden könne, daß Spaak zögere, sich vor den im April 1965 bevorstehenden belgischen Wahlen zu entscheiden, daß Griechen und Türken durch die Zypern-Krise gelähmt seien, empfahl ich, sich auf die Niederlande und Italien zu konzentrieren und eines dieser beiden Länder oder beide für eine Unterzeichnung zusammen mit uns und den Amerikanern zu gewinnen. Sollten wir notfalls allein mit den Vereinigten Staaten unterzeichnen, so könnte das Inkrafttreten des Vertrages von dem Hinzutritt weiterer Partner abhängig gemacht werden.

In Washington wurde ich davon überrascht, daß Bundeskanzler Erhard in Berlin auf einer Pressekonferenz am 6. Oktober eine Erklärung abgab, die allgemein dahin verstanden wurde, die Bundesrepublik sei zu einem bilateralen Alleingang mit den Vereinigten Staaten bereit. Nachträgliche Klarstellungen, daß es nur um die Unterzeichnung des Vertrages, nicht um seine Inkraftsetzung auf bilateraler Basis gehe, konnten diesen Eindruck nicht mehr wirksam korrigieren. Die Wirkung dieser Erklärung war negativ, insbesondere war sie in bezug auf die Vereinigten Staaten kontraproduktiv: Was immer man in Washington vorher über die Frage einer bilateralen Vorabunterzeichnung gedacht haben mochte – jetzt, unter dem Eindruck einer ungünstigen Reaktion der Öffentlichkeit, rückte man schnellstens von diesem Gedanken ab.

Die tieferen Ursachen für die Neigung der amerikanischen Regierung, Vorsicht zu üben und vor den Gegnern der MLF zurückzuweichen, lagen jenseits dieser vordergründigen Tagesereignisse. Je mehr man sich der Entspannung verschrieb, desto schwieriger wurde es, ein Projekt wie die MLF populär zu machen. In diesem Klima gewann der Non-Proliferations-Gedanke Vorrang und alle anfänglichen Bemühungen, in einen Atomsperrvertrag Vorbehalte einzubauen, die eine Übertragung von Atomwaffen an eine multilaterale Organisation gestatteten, stießen auf wachsenden Widerstand. Auch im Kongreß war die Stimmung gegenüber dem MLF-Projekt negativer, als Johnson vorhergesehen hatte. Da die Übertragung nuklearer Sprengköpfe in multilaterales Eigentum eine Gesetzesänderung (nämlich des MacMahon Act) erfordert hätte, war die Mitwirkung des Kongresses, abgesehen von der Vertragsratifikation durch den Senat, unentbehrlich. Von notorischen Anhängern des Disengagement-Konzepts, wie zum Beispiel den Senatoren Mansfield und Fulbright, war mit Sicherheit zu erwarten, daß sie das Projekt bekämpfen und die Stimmung im Kongreß entsprechend beeinflussen würden.

Die weltpolitische Entwicklung in der zweiten Hälfte des Jahres 1964 war nicht dazu angetan, Johnson zu einer Auseinandersetzung mit dem Kongreß über die MLF zu ermutigen.

Der Verlauf der Ereignisse in Vietnam drängte sich mehr und mehr in den Vordergrund seines Interesses: Im August hatte er sich mit Hilfe der Tongking-Resolution des Kongresses Handlungsspielraum für ein verstärktes militärisches Engagement der Vereinigten Staaten verschafft. Anfang Dezember fielen die Entscheidungen für eine massive Eskalation der Operationen in Vietnam. Im Zusammenhang damit verschoben sich für mehrere Jahre die Prioritäten der amerikanischen Gesamtpolitik: Nicht nur erschien Johnson und Rusk Europa weniger gefährdet und damit weniger wichtig – auch ihr Feindbild änderte sich grundsätzlich: Nicht mehr die Sowjetunion, sondern China wurde plötzlich als der Hauptgegner angesehen, jenes China, in dem man die eigentlich treibende Kraft für die Aggression Nordvietnams gegen den Süden erblickte, das überall in der Welt »nationale Befreiungskriege« und Guerilla-Aktionen gegen die »Imperialisten« anzettelte und das sich zu allem auch noch mit seiner Kernwaffen-Explosion am 16. Oktober 1964 als künftige ernstzunehmend Nuklear-Macht etabliert hatte. In zahlreichen Konferenzen der NATO-Minister predigten Rusk und McNamara in diesen Jahren den Vorrang der chinesischen Gefahr. Mehr oder minder ungläubig lauschten die europäischen Verbündeten diesen Tönen. Für sie blieb die Sowjetunion die näherliegende und vordringliche Gefahr, und es konnte sie nur mit Unbehagen erfüllen, daß der amerikanische Allianzpartner, der wichtigste Garant ihrer Sicherheit, die Prioritäten geändert hatte und sichtlich bemüht war, Verständigungen mit Moskau zu erzielen, womöglich auf einen mäßigenden oder vermittelnden Einfluß der Sowjets auf Hanoi hoffend. Ich sehe in dieser Umorientierung der amerikanischen Politik – die mit dem Ausbruch der chinesischen Kulturrevolution ab 1966 rasch und lautlos wieder rückgängig gemacht wurde – einen schwerwiegenden Fehler Dean Rusks als Außenminister. Sie beruhte auf einer falschen Einschätzung Chinas, seiner Rolle im Vietnam-Krieg, seiner weltpolitischen Möglichkeiten überhaupt und seines militärischen Potentials; sie machte sich Illusionen in bezug auf eine helfende Hand Moskaus im Vietnam-Konflikt; sie untergrub das Vertrauen der atlantischen Verbündeten und trug wesentlich zur Verschärfung der bündnisinternen Krise und der intransigenten, NATO-feindlichen Politik de Gaulles bei.[10]

Diese Krise rundete das Bild einer insgesamt für das MLF-Projekt ungünstigen Konstellation ab: Der amerikanische Präsident wollte in dieser Situation weder neue Spannungen mit Moskau noch eine Allianzkrise, die den seit langem im Gange befindlichen Rückzug Frankreichs aus der integrierten Militärorganisation der NATO hätte beschleunigen können. Alle diese Elemente verdichteten sich Mitte Dezember 1964 in dramatischer Weise. Am 10. Dezember erschien Harold Wilson in Washington und legte dem Präsidenten sein gegen die MLF gerichtetes ANF-Projekt vor. Vom 15. bis 17. Dezember kam es auf der NATO-Ministerkonferenz zu scharfen Zusammenstößen. Außenminister Schröder, dem die Amerikaner noch wenige Wochen zuvor bei seinem Besuch in Washington ihre fortdauernde Unterstützung des MLF-Projekts zugesichert hatten, reizte die Franzosen mit seinem Bekenntnis zu dieser Politik und mit seiner kritischen Bemerkung, daß er bereit sei, konkrete und konstruktive Alternativvorschläge zu prüfen, daß aber, nachdem acht Bündnispartner mit Kenntnis des NATO-Rates vierzehn Monate verhandelt hätten, »vage

Zukunftsprognosen nicht mehr angebracht« seien. Auf französischer Seite fühlte man sich getroffen – nicht ohne Grund, denn in der Tat hatte die französische Kritik an der MLF keine konkreten Alternativen entwickelt, sondern sich damit begnügt, deutsche Besorgnisse mit mehr oder minder vagen Zukunftsprognosen zu zerstreuen. Spaak, der noch 1960 als NATO-Generalsekretär das Projekt in Washington befürwortet hatte, hatte die MLF gleich zu Beginn der Konferenz vehement attackiert und behauptet, sie werde die Allianz desintegrieren und dem Zusammenschluß Europas nur Schwierigkeiten bereiten. Norwegens Außenminister, der allgemein geschätzte und respektierte Halvard Lange, betonte ebenfalls die »veruneinigende« Wirkung der MLF innerhalb der Allianz, den künstlichen und komplexen Charakter ihrer Struktur. Manche enthielten sich der Stellungnahme, manche betonten den Vorrang des Prinzips der Nichtverbreitung. Scharfe Auseinandersetzungen gab es zwischen Couve de Murville und dem britischen Verteidigungsminister Healey über die Frage der Wirksamkeit eines nuklearen Beistandsversprechens. Am Schluß der Konferenz war deutlich, daß das MLF-Projekt zum mindesten einer gründlichen Überprüfung bedürfe. In meinem Arbeitszimmer trafen sich nach Schluß der Konferenz fünf Außenminister (Vereinigte Staaten, Großbritannien, Deutschland, Niederlande, Italien) und beschlossen, daß sich die Stellvertreter der Minister Ende Januar oder Anfang Februar 1965 in Rom oder im Haag treffen sollten, um diese Überprüfung vorzunehmen. Zu diesem Treffen ist es nie gekommen. Während noch die Redeschlacht in Paris im Gange war, hatte Präsident Johnson in Washington eine interne Anweisung erlassen, die der MLF das Lebenslicht ausblies: Allen Vertretern der amerikanischen Regierung wurde auferlegt, sich jeder führenden oder antreibenden Rolle auf diesem Gebiet zu enthalten, keine amerikanischen Ansichten zu propagieren, sondern sich dem größtmöglichen Konsensus der Verbündeten anzupassen, eine Tür für Frankreich offen zu lassen und jeden öffentlichen oder privaten Streit mit den Vertretern Frankreichs zu meiden.[11] Der Präsident trug selbst Sorge dafür, daß diese Weisung durch Vermittlung eines ihm nahestehenden Journalisten in die Öffentlichkeit einsickerte.[12] Mehr war nicht erforderlich, um allen weiteren Bemühungen auf diesem Gebiete, die sich noch bis Ende 1965 hinzogen, von vornherein den Stempel des Vergeblichen aufzudrücken.

Rusk hat später – in einem Gespräch mit meinem Nachfolger in Washington, Botschafter Knappstein, vom August 1965 – behauptet, dieser Rückzug sei erst erfolgt, nachdem Washington von Bonn – »from the highest authority« – gebeten worden sei, das MLF-Projekt bis nach den deutschen Wahlen im September 1965 ruhen zu lassen. Diese Behauptung war unzutreffend. Ein Mitarbeiter von Rusk, der darauf angesprochen wurde, daß diese Behauptung nicht stimmen könne, war der Meinung, Rusk habe sich bei dieser Bemerkung geirrt. Er habe offenbar bei der Fülle der ihm obliegenden Geschäfte den Zeitablauf nicht mehr genau in Erinnerung gehabt. Anregungen der fraglichen Art können nämlich, wenn überhaupt, frühestens im Februar oder März nach Washington gelangt sein (um diese Zeit hielten sich Barzel und Krone dort auf). Sie können Johnson bei seiner Dezember-Entscheidung nicht motiviert haben und dieser selbst hat sich auch nie darauf berufen. Im Frühjahr 1965 gab es kein konkretes, aussichtsreiches MLF-Projekt mehr, erst recht keine Aussicht, einen Vertrag vor der Sommerpause des Parlaments zu ratifizieren. Daß Erhard zu diesem Zeitpunkt seinen Wahlkampf nicht mehr mit einem so ungewissen und umstrittenen Projekt belasten wollte, war verständlich.

Damit will ich nicht sagen, daß die deutsche Seite keinerlei Verantwortung für das Scheitern dieses Vorhabens träfe. Das hieße, das beträchtliche Maß von Unsicherheit, Unkenntnis, Verständnislosigkeit, Unentschlossenheit zu bagatellisieren, das deutsche Politiker, Militärs, Journalisten, Intellektuelle diesem Projekt entgegengebracht haben. Es wäre ein besonderes Kapitel für sich, darzustellen, wie ein wichtiges, ernsthaftes, wenn natürlich auch nicht unproblematisches Vorhaben der deutschen Politik zerredet, lächerlich gemacht und aus Unkenntnis, Vorurteil und Überheblichkeit diskreditiert wurde. Einige sorgfältig recherchierte, sachliche und abgewogene Artikel einzelner Journalisten können dieses Gesamtbild nicht auslöschen. Diesen Teil der Verantwortung müssen die Deutschen selbst tragen, die Öffentlichkeit sowohl wie die Parteien (Oppositions- sowohl wie Regierungsparteien), die Medien, die Regierung.

In dieser Hinsicht trifft die Charakterisierung, die Joseph Alsop schon im Juli 1963 für die amerikanische Politik in dieser Frage gegeben hatte, auch die deutsche Politik: Das MLF-Projekt war und blieb »eine halbherzige Initiative«, und als solche war sein Scheitern wohl unvermeidlich. Diesen inneren Bruch des Konzepts hatte ich nie verkannt. Er hatte mir oft genug den Geschmack an dieser Verhandlungsaufgabe verdorben und seine Verteidigung in der Öffentlichkeit zu einem zweifelhaften Vergnügen gemacht. In einer abschließenden Bewertung, die ich im Rahmen eines Vortrags im NATO-Defence-College im Mai 1967 gab, nannte ich diese Brüchigkeit des Projekts den eigentlichen Grund seines Scheiterns:

»Die Schwäche des MLF- sowie des ANF-Projekts bestand darin, daß sie in ihrem Kern Halbheiten blieben. Die Nichtnuklearen sollten an einem hochmodernen nuklearen Waffensystem beteiligt werden, sie sollten Miteigentum daran erwerben, sie sollten die gemeinsame Flotte gemischt bemannen, sie sollten sie finanzieren und durch ein gemeinsames Organ verwalten und betreiben. Aber den Feuerbefehl sollten sie nicht geben dürfen: Die letzte und entscheidende Verfügungsgewalt über diese Waffen blieb beim Präsidenten der Vereinigten Staaten, die zentralisierte Lenkung aller Nuklearwaffen sollte nicht beeinträchtigt werden. Dieser inhärente Widerspruch forderte immer wieder Kritik heraus, die das Projekt als eine Scheinlösung angriff. Sie gab den nichtnuklearen Allianzpartnern soviel direkte Beteiligung, daß die Sowjetunion mit der Behauptung Alarm schlug, es handele sich um eine Proliferation von Nuklearwaffen; aber es gab ihnen nicht jenes Maß von Verfügungsgewalt, das für eine unabhängige Abschreckungsmacht notwendig gewesen wäre. An dieser Halbherzigkeit und Widersprüchlichkeit ist das Projekt schließlich gescheitert.«

Ein Trostpreis: Die nukleare Planungsgruppe

McNamara, der nie eine kollektive Atomstreitmacht gewollt hatte, weil sie der von ihm erstrebten zentralisierten Kontrolle aller westlichen Atomwaffen zuwiderlief, war auch der erste, der mit einer Ersatzlösung auf den Plan trat. Da die MLF/ANF-Projekte noch nicht förmlich für tot erklärt waren, durfte von einer Ersatzlösung vorerst nicht gesprochen werden. Sein Vorschlag – die Schaffung eines neuen Mechanismus für Nuklear-Konsultation unter stärkerer Beteiligung der wichtigsten nichtnuklearen Allianzpartner – wurde daher zunächst als ein zusätzliches, ergänzendes Projekt deklariert, das von dem Zustandekommen oder Nichtzustandekommen einer gemeinsamen Atomstreitmacht unabhängig sei.

Auf einer Konferenz der Verteidigungsminister im Mai 1965 präsentierte McNamara diesen Vorschlag. Im November desselben Jahres trat zum erstenmal ein aus zehn Bündnismitgliedern bestehender Ausschuß zusammen, der sich in drei Untergruppen mit nuklearer Planung, Information und Datenaustausch sowie mit verbesserten Nachrichtenverbindungen befassen sollte. Im Februar 1966 konstituierte sich in Washington die Nukleare Planungsgruppe, die dann auf der Dezember-Konferenz – nach dem Ausscheiden Frankreichs aus der militärischen Integration – institutionalisiert wurde. Von diesem Zeitpunkt ab gehörten ihr vier ständige (Vereinigte Staaten, Großbritannien, Deutschland und Italien) und drei rotierende Mitglieder an (auf diesen drei Sitzen lösten sich je zwei regional zusammengehörige kleinere Mitgliedstaaten ab: Türkei und Griechenland, Belgien und Niederlande, Dänemark und Kanada).

In den Jahren 1966 bis 1970 habe ich an elf Konferenzen dieser Gruppe (die bald nur noch NPG = Nukleare Planungsgruppe hieß) teilgenommen. Sie hatte keinen festen Tagungsort, sondern versammelte sich von Fall zu Fall in einem der Mitgliedländer, wobei man sich nicht immer auf die Hauptstädte beschränkte. In ihrem Stil unterschieden sie sich erheblich von den sonstigen NATO-Konferenzen: Die Teilnehmerzahl war beschränkt; die Verteidigungsminister der sieben Mitgliedstaaten durften sich nur von ihrem NATO-Botschafter und ihrem militärischen Stabschef begleiten lassen. Nur der Generalsekretär und die beiden obersten alliierten Befehlshaber Europa und Atlantik (SACEUR und SACLANT) waren darüber hinaus zugelassen. Auf diese Weise suchte man den Zusammenkünften einen intimen und streng vertraulichen Charakter zu geben, um eine wirkliche Diskussion zu ermöglichen. Die jeweiligen Gastgeberländer bemühten sich, den Teilnehmern außerhalb und im Anschluß an die Arbeitssitzungen etwas Besonderes zu bieten oder auch die Arbeit an einen Ort mit besonderer Atmosphäre zu verlegen. Aus solchen Gründen luden die Italiener nach Venedig ein, wo man in einem Palazzo der Stiftung Giorgio Cini auf der dem Markusplatz gegenüberliegenden Insel San Giorgio Maggiore tagte. Nach Abschluß der Arbeiten veranstalteten sie einen Ausflug zu den in der Lagune von Venedig gelegenen Inseln Murano und Torcello. Die Niederländer gaben ein Diner auf dem schönen alten Schloß Wassenaar und arrangierten nach Schluß der Tagung eine Besichtigung des Hafens von Rotterdam. Verteidigungsminister Schröder lud seine Gäste zu einer Rheinfahrt mit anschließender Weinprobe in Niederbreisig ein. Denis Healey, damals britischer Verteidigungsminister, lud seine Gäste zu einem Dinner nach Hampton Court, dem von Kardinal Wolsey erbauten, von Heinrich VIII. bewohnten Schloß im Südwesten Londons und anderntags zu einem Ausflug zu der historischen Militärakademie von Greenwich am Ufer der Themse. Das mit der Geschichte des Bürgerkrieges verknüpfte Airlie House in Virginia diente uns als Konferenzort beim dritten Treffen in den Vereinigten Staaten.

Die Kanadier, großzügig, wie es den kontinentalen Ausmaßen ihres Landes entsprach, setzten uns kurzerhand in ein Militärflugzeug und flogen uns von Ottawa aus zunächst zu einer Besichtigung eines unterirdischen Hauptquartiers von NORAD (dem gemeinsamen amerikanisch-kanadischen Luftverteidigungskommando) und am nächsten Tag zweitausend Kilometer nach Westen, nach Calgary in der Provinz Alberta am Fuße der Rocky Mountains, zu einem Rodeo und einem Barbecue auf einer riesigen Ranch mit gewaltigen Rinderherden.

War dieses alles nur eine besondere Spielart von Polit-Tourismus? Ich glaube nicht, wenngleich es naturgemäß sehr schwierig ist, die Grenzen zu definieren, jenseits derer diese Bezeichnung zutreffend wird. Neben reinen Arbeitskonferenzen hat es überall stets Staatsbesuche und Konferenzen gegeben, in deren Programm ein Element von Tourismus und

Besichtigungen eingebaut war. Niemand nimmt im allgemeinen daran Anstoß, und dies zu Recht. Denn ein Staatsgast oder Konferenzteilnehmer, der von seinem Gastland nur den Flugplatz, sein Hotel und einige Konferenzsäle kennenlernt, verfehlt einen wesentlichen Teil seines Besuchszweckes, der doch fast immer auch die Absicht einschließt oder einschließen sollte, sich einen lebendigen Eindruck von dem besuchten Lande zu verschaffen und seine Gastgeber nicht nur am Konferenztisch oder am dinner table kennenzulernen, sondern auch Gelegenheit zu informellen und persönlichen Kontakten zu haben. Alles dieses ist nicht nur legitim, sondern auch zweckmäßig und unentbehrlich. Der Polit-Tourismus beginnt dort, wo Konferenzen und Sachgespräche nur ein Vorwand für ein touristisches Programm sind. Ich habe später in Tokyo unendlich viele Besucher zu betreuen gehabt; es zeigte sich eigentlich immer ziemlich rasch, ob ein Besucher zur einen oder zur anderen Kategorie gehörte. Der – außerhalb der Konferenzen – aufgelockerte Stil der NPG-Tagungen bot den Verteidigungsministern und ihren engsten Mitarbeitern Gelegenheit, sich näher kennenzulernen und persönliche Kontakte anzuknüpfen, die sich für die spätere Zusammenarbeit bezahlt machten. Eine Gefahr, daß die sachliche Arbeit zu kurz kommen würde, bestand in diesem Kreise, in dem es immer einige fanatische Arbeitstiere gab, ohnehin nicht. Ein intimes Abendessen in der Privatwohnung McNamaras etwa, bei dem die Gäste seine Frau, seine häusliche Atmosphäre, seine Möbel, seine Bilder zu sehen bekamen, erschien mir sehr aufschlußreich, um den Persönlichkeitskern dieses Mannes besser zu erkennen, dem in der Öffentlichkeit das Image des roboterhaften, computerbesessenen Managers anhaftete.

Ich kann und will hier nicht auf die einzelnen Sachthemen eingehen, die in der NPG erörtert wurden. Dieses Gremium verliert sofort seinen Wert, wenn die Vertraulichkeit seiner Diskussionen nicht verbürgt ist. In den fünf Jahren, in denen ich ihm angehörte, hat es glücklicherweise niemals ein ernsthaftes »Leck« gegeben. Damit blieb die Voraussetzung gewahrt, unter der die amerikanische Regierung bereit war, die Beteiligten in umfassender Weise über ihre nuklearen Waffensysteme, über ihre strategische Planung, über technologische Entwicklungen und über den Steuerungsmechanismus für den Einsatz dieser Waffen zu unterrichten. Nachdem die NPG ein Jahr tätig gewesen war und ihre ersten beiden Ministertreffen hinter sich hatte, zog ich in einem Vortrag vor dem NATO-Defence-College im Mai 1967 – ergänzt ein Jahr später unter Berücksichtigung der weiteren Entwicklung – eine erste Bilanz dessen, was von der NPG aufgrund ihrer Entstehungsgeschichte, ihrer Zweckbestimmung und ihrer Tätigkeit in dieser Anfangsphase erwartet werden konnte.

Bei der Würdigung der in Angriff genommenen konkreten Aufgaben hob ich besonders eine als – gerade auch für uns – höchst bedeutsam heraus: die Erarbeitung eines Konzepts für den taktischen Einsatz nuklearer Waffen; kritisch stellte ich andererseits fest, daß Bemühungen der europäischen Teilnehmer, konkrete Vorschläge zur Organisation einer gemeinsamen Krisenkonsultation zu erörtern, an mangelnder amerikanischer Bereitschaft scheiterten, auf dieses Thema einzugehen. Als positives Ergebnis bezeichnete ich vor allem, daß sich die amerikanische Erwartung zu erfüllen scheine, »daß die regelmäßige Beschäftigung mit den komplizierten und wichtigen Fragen der nuklearen Doktrin und der nuklearen Waffentechnologie ihre nicht-nuklearen Partner in einem solchen Grade mit ›nuklearem Denken‹ vertraut machen würde, daß die Entwicklung einer NATO-weiten Nuklearphilosophie und gemeinsam vereinbarter detaillierter Nuklearpläne leichter werden würde. Eine solche Wirkung ist tatsächlich spürbar. In den Kreisen der NPG wird es zunehmend schwieriger, die Militärs von ihren politischen Gegenspielern zu trennen. Die Militärs, die mit politischem Denken konfrontiert werden, und die Politiker, die dem militärischen Denken ausgesetzt werden, haben sich ein höheres Maß von Sachverstand auf beiden Gebieten erworben. In einer Krisenzeit, in der es auf schnelle Entscheidungen ankommt, ist das Vorhandensein von Persönlichkeiten, die in dieser Weise trainiert sind, besonders wertvoll. Was noch wichtiger ist: Die NPG wird manchen Außen- und Verteidigungsminister veranlassen, im voraus ein ganzes Spektrum von Eventualfällen zu durchdenken. Dies allein könnte, sollte ein Notfall eintreten, zu besser fundierten Entscheidungen führen. Kurz, die NPG sollte als eine Schule betrachtet werden, deren Zöglinge sich in einer akuten Krisenkonsultation, in der es um die Freigabe nuklearer Waffen geht, verständiger benehmen werden. Gleichwohl ist die Stunde der Wahrheit für die NPG noch nicht gekommen. Ihr Erfolg ist abhängig von der Bereitschaft der nuklearen Allianzpartner, Verpflichtungen einzugehen, die zu nationaler Beteiligung (jenseits jeder ›Hardware‹-Lösung) führen, das heißt zu einer echten Teilhabe an der nuklearen Verantwortung.«

Nach dieser Bilanz der ersten NPG-Jahre hatte ich noch einige weitere Jahre Gelegenheit, die Leistungsfähigkeit dieses Gremiums zu beobachten. Nach den schon in der Anfangsphase beschlossenen und rasch verwirklichten Verbesserungen der technischen NATO-Apparatur, insbesondere der für die nukleare Kriegführung relevanten Schaffung eines NATO-weiten Fernmeldesystems und eines mit allen modernen Mitteln ausgestatteten »Lagezentrums« (»situation room«) im Brüsseler Hauptquartier, kam es in diesen Jahren zu einer Reihe praktischer Ergebnisse sowohl wie grundsätzlicher Klärungen. Die wichtigste Leistung, deren Erarbeitung und Vervollständigung mehrere Jahre ausfüllten, war die Formulierung von Richtlinien für den taktischen Einsatz von Kernwaffen (die auf einer britisch-deutschen Gemeinschaftsarbeit basierte) und ihre Einarbeitung in die gültigen operativen Pläne von SHAPE. Von einer belgischen Studie ausgehend, kam es zu Grundzügen eines Konsultationsverfahrens. Eine Prüfung der Frage, ob sich auch die Europäer ein Raketen-Abwehrsystem (ABM = Anti-ballistic Missile Defense) zulegen sollten, kam zu einem ablehnenden Ergebnis – das allerdings ausdrücklich auf den seinerzeitigen Zeitpunkt beschränkt wurde und eine erneute spätere Prüfung der Frage offenhielt. Aufgrund einer italienischen Studie wurden die Möglichkeiten und Grenzen der Verwendbarkeit von atomaren Sperrmitteln (ADM = Atomic Demolition Munition) festgelegt. Abgesehen von diesen teils positiven, teils negativen Entscheidungen erwies sich die NPG erwartungsgemäß als wichtiges Forum für den Austausch von vertraulichen Informationen über den Stand des nuklearen Kräfteverhältnisses zwischen Ost und West, über den Verlauf der SALT-Verhandlungen und ähnliche sensitive Themen. Es kann kein Zweifel daran bestehen, daß die Bildung dieses Organs ein wesentlicher Gewinn und ein bedeutender Fortschritt war – auch wenn damit die Erwartungen nicht befriedigt werden konnten, welche die europäischen Verbündeten ursprünglich mit dem Begriff des »nuclear sharing«, der Teilhabe an der nuklearen Verantwortung, verbunden hatten.

Seit dem letzten Treffen der NPG, an dem ich teilnahm – Oktober 1970 in Ottawa –, hat die Arbeit dieser Gruppe, wie schon zuvor, mit jeweils zwei Ministertreffen im Jahr, ihren Fortgang genommen. Die im Anschluß an diese Treffen ausgegebenen Kommuniqués waren jetzt die einzige Quelle, aus der ich noch etwas über den Fortgang der Arbeit zu hören hoffen konnte. Aber jetzt bekam ich selbst die blasse Unverbindlichkeit dieser Kommuniqués zu spüren, an deren Formulierung ich einst mitgewirkt hatte. Man erfährt aus ihnen sehr wenig. Indessen wußte ich nur zu gut, daß es nicht anders sein kann. So muß ich es anderen überlassen, über die NPG in ihren reiferen Jahren zu berichten.

Adenauers letzte Jahre

Am 9. März 1966 kam Adenauer zu einem kurzen Privatbesuch nach Paris. Er rief mich an und bat mich, ihn am nächsten Morgen vor seinem Gespräch mit de Gaulle im Hôtel Bristol zu besuchen. Wir hatten ein langes Gespräch, bei dem ein jüngst erschienenes Buch eines bekannten militärpolitischen Schriftstellers eine besondere Rolle spielte.

Mit Adenauers jeweiliger Lektüre hatte ich häufig schon Schwierigkeiten gehabt. Seine Passion für Kriminalromane teilte ich nicht, obwohl ich es in jüngeren Jahren nicht verschmäht hatte, gelegentlich einen zu lesen. Dagegen schätzte ich ebenso wie er unter den modernen Romanschriftstellern Josef Conrad sehr hoch. Seine Lieblingsdichter (Eichendorff, Lenau, Uhland, Heine), die er nach dem Zeugnis von Anneliese Poppinga in privaten Stunden gern und ausgiebig rezitierte (ich habe ihn nie ein Gedicht sprechen hören), waren andere als die meinen.

Für unsere Tagesgeschäfte war es wichtiger, welche aktuellen und politisch relevanten Bücher er las. Damit habe ich besonders bei drei Gelegenheiten meine Erfahrungen gesammelt. 1955, als wir im September nach Moskau flogen, um mit Chruschtschow und Bulganin über die Aufnahme diplomatischer Beziehungen zu verhandeln, hatte Adenauer gerade ein Büchlein gelesen, das ihn stark beeindruckt hatte: Wilhelm Starlingers Schrift ›Grenzen der Sowjetmacht‹.[1] Der Verfasser hatte als ärztlicher Leiter zweier deutscher Seuchenkrankenhäuser in Königsberg noch zwei Jahre über das Kriegsende hinaus seine Funktionen ausgeübt und war dann anschließend für mehrere Jahre, bis 1954, in ein sowjetisches Straflager verschickt worden. In seinem Buche berichtete er über diese beiden Erfahrungskomplexe und suchte in einem sehr spekulativen Schlußkapitel daraus weltpolitische Konsequenzen zu ziehen. Dabei gelangen ihm einige Treffer, die damals und später viele Leser beeindruckten. In seinem Ende 1954 abgeschlossenen Manuskript sagte er über das Interesse Moskaus an einem Gespräch mit dem deutschen Kanzler: »Wenn es diesen Kanzler heute noch mit allem Haß der öffentlichen Deklamation verfolgt, morgen schon kann das Gegenteil eingetreten sein, wenn die Zeit zur Verhandlung und Vereinbarung reif geworden ist.«[2] In der Tat kam diese Wendung sehr rasch. So war man geneigt, auch seinen anderen Voraussagen Gewicht beizumessen: daß China und Rußland »ohne Rücksicht auf eine scheinbar gleiche Ideologie« sich »gegeneinander stellen« und daß sich daraus »eine totale Veränderung der großpolitischen Weltlage ergeben« werden, die »gleichzeitig das Verhältnis China/Rußland, wie das von China/Amerika und Rußland/Amerika in den Grundlagen verändern muß«.[3] Dies wurde sechs Jahre vor dem Zerwürfnis der beiden kommunistischen Großmächte geschrieben – gestützt allerdings auf höchst fragwürdige und anfechtbare Hypothesen über ein unwiderstehliches »biologisches Druckgefälle« zwischen siebenhundert Millionen Chinesen und zweihundert Millionen Sowjetmenschen »bei reziprokem Raumverhältnis«.[4] Und schließlich: Achtzehn Jahre vor dem Besuch Nixons in Peking schrieb Starlinger, Amerika werde nicht gegen China kämpfen, sondern »früher oder später, vielleicht früher als viele denken, mit China akkordieren, also Tschiang Kai-scheck und Formosa aufgeben«, es müsse auch »Südkorea und Indochina neutralisieren, das heißt früher oder später der chinesischen Integration überlassen«. »Als Gegenwert erhält es eine Ablösung Chinas von Rußland in beschleunigtem Tempo und zuletzt den Wiederanschluß an den potentiell größten Konsumraum der Welt.«[5]

Rückblickend läßt sich nicht leugnen, daß diese Thesen – trotz ihrer wenig tragfähigen Begründung – auf lange Sicht ins Schwarze trafen. Wenn ich damals in Moskau Adenauers Faszination durch dieses Buch als störend empfand, so nicht deswegen, weil ich sie für falsch gehalten hätte. Ich hielt sie nur für ungesichert und die Argumentation für irreführend. Vor allem waren es Spekulationen auf lange Sicht, die für die damalige aktuelle Haltung der Sowjetunion nicht viel hergaben. Weiterhin hatte Adenauer zu so vielen Gesprächspartnern und so häufig über dieses Buch gesprochen, daß ich nicht daran zweifelte, daß dies auch in Moskau bekannt geworden war. Chruschtschows kritische und besorgte Äußerungen über China – im vertraulichen Gespräch im engsten Kreise während der Septembertage 1955 –, auf die sich Adenauer später immer wieder berief, verloren in meinen Augen deswegen einen erheblichen Teil ihres Interesses und ihrer Beweiskraft in diesem »Langzeit-Test« der sowjetischen Absichten, weil wir damit rechnen mußten, daß er die Gedankengänge seines deutschen Gesprächspartners kannte und sie für seine aktuellen Zwecke auszunutzen suchte.

Noch mehr Verlegenheit als dieses bereitete mir ein anderes Buch, das Adenauer kurz vor seinem ersten Zusammentreffen mit Kennedy gelesen hatte: ›Das russische Perpetuum mobile‹ von Dieter Friede.[6] Auch dieser Autor hatte viele Jahre in kommunistischen Straflagern verbracht: Er war, als Mitglied einer antikommunistischen Organisation, in West-Berlin gekidnappt und nach langjähriger Haft entlassen worden. Die These seines Buches lief darauf hinaus, daß die Russen, ob unter den weißen oder den roten Zaren, unverbesserliche Imperialisten und Expansionisten seien. Adenauer erwähnte das Buch in einem seiner Gespräche mit Kennedy, versprach, es ihm zu übersenden und beauftragte mich damit, es ihm zu übermitteln. Ich erhielt es nach seiner Rückkehr aus Bonn – und ließ den Auftrag in Vergessenheit geraten. Weder hielt ich das Buch für wissenschaftlich seriös, noch schien mir die These (die das Element des kommunistisch-ideologischen Expansionismus über Gebühr relativierte) richtig, noch schien es mir ratsam, Kennedy mit einer Publikation dieser Art überzeugen zu wollen. Ich hatte keinen Zweifel, daß es bei der in Washington vorherrschenden Mentalität der »New Frontier« nur »counter-productive« wirken und Adenauer in den Ruf bringen würde, ein hoffnungslos verbohrter Kalter Krieger zu sein, der sich auf Literatur von zweifelhafter Seriosität berief. Glücklicherweise kam nie wieder jemand auf diese Angelegenheit zurück.

Nach dieser Vorgeschichte komme ich auf das Gespräch in Paris im März 1966 zurück. Es gab keinen dienstlichen Anlaß für dieses Treffen, es handelte sich um ein rein persönliches Gespräch, das naturgemäß den nächsten Gesprächspartner, de Gaulle, in die Thematik einbezog. Adenauer hatte ein Buch mit dem Titel ›Kapitulation ohne Krieg‹ vor sich liegen.[7] Der Verfasser, Ferdinand Otto Miksche, war ein seit langem in Frankreich lebender tschechischer Offizier, der bereits durch eine Reihe von früheren militärpolitischen Publikationen bekannt geworden war. Sein neues Buch war eine sehr nüchterne und kritische Analyse der ständig abnehmenden Kohäsion und Verteidigungsbereitschaft des Westens, seiner häufig euphorischen Entspannungsideologie, der demgegenüber planmäßig weitergetriebenen Aufrüstung der Sowjetunion unter Fortsetzung des Kalten Krieges mit anderen Mitteln, wobei nicht eine direkte, sondern die indirekte Aggression die weit gefährlichere sei. Das Schlußkapitel, das die düstere Perspektive einer »stufenweisen Abdankung der Europäer«, ihrer »allmählichen Kapitulation ohne Krieg« beschwor, enthielt eine massive Kritik der Politik de Gaulles. Seit Jahren wechsele Frankreich den Kurs seiner Politik so häufig und so rasch, daß Zweifel erlaubt seien, ob – abgesehen vom Antiamerikanismus – überhaupt ein Konzept vorhanden sei. Französische Diplomatie, deren Großmachtansprüche über die Kräfte des Landes gingen, scheine einen unsteten Charakter zu haben. Wahllos probiere Paris alle Hebel der Weltpolitik durch. Näher betrachtet, sei Frankreichs Flirt mit den Oststaaten nur die Konsequenz einer langen Kette von Enttäuschungen.

Adenauer war offensichtlich von diesem Buche sehr beeindruckt und hatte allen Ernstes die Absicht, es seinem Freunde de Gaulle als Gastgeschenk mitzubringen – als Warnung vor den Konsequenzen seiner antiatlantischen und antieuropäischen Politik und seines Experiments der »détente, entente, coopération« mit Moskau.

Ich brachte ihm meine Zweifel zum Ausdruck, ob de Gaulle für diese Art Kritik empfänglich sein würde – zumal von seiten eines tschechischen Emigranten, der sozusagen ein früherer engerer Berufskollege – Offizier und Militärschriftsteller – war.

Ob sich Adenauer von meinen Zweifeln beeinflussen ließ und auf die Übergabe des Buches verzichtet hat, weiß ich nicht. Der Verlauf des Gespräches im Elysée muß jedoch einen dem ursprünglich beabsichtigten völlig entgegengesetzten Effekt gehabt haben. Nicht de Gaulle änderte seine Ansichten, sondern Adenauer verblüffte zwei Wochen später – unmittelbar vor der Wahl Erhards zum Parteivorsitzenden – die deutsche und die Weltöffentlichkeit mit einer Rede vor dem Parteitag der CDU in Bonn, in der er die Ansicht vertrat, die Sowjetunion habe mit ihren Vermittlungsbemühungen im Konflikt zwischen Indien und Pakistan bewiesen, daß sie »in den Kreis der Völker, die den Frieden wollen«, eingetreten sei.

Über den Hintergrund und die Motive dieser in Adenauers Munde überraschenden Feststellung, die bei seinen Zuhörern einiges Erstaunen hervorrief, ist viel gerätselt worden. Hatte er nicht noch am 6. März vor dem CDU-Landesparteitag Rheinland-Pfalz in Koblenz mit seiner berühmten stereotypen Formel erklärt, die gegenwärtige außenpolitische Lage sei »die schlechteste, die wir in der Bundesrepublik seit 1945 hatten«?

Was hatte seine Grundstimmung plötzlich so radikal verändert? Ich finde nur eine Erklärung: Er hatte sich wieder, wie schon so häufig, den Gedankengängen de Gaulles geöffnet – wobei offen bleiben mag, ob dieser selbst innerlich vom sowjetischen Friedenswillen überzeugt war.

Daß diese neue These Adenauers innersten Grundüberzeugungen wenig entsprach, zeigte sich daran, daß er sie selbst bald wieder verdrängte. In einem der letzten politischen Gespräche, die er geführt hat – mit Richard Nixon in Bonn, am 13. März 1967 –, hat er, wie Anneliese Poppinga berichtet[8], zwei Themen in den Mittelpunkt gerückt: Kritik am Atomsperrvertrag und erneute Warnung vor der sowjetischen Gefahr.

Zwischen Adenauers Rücktritt und dem Gespräch in Paris im März 1966 hatten wir uns längere Zeit nicht gesehen. Daß die Kontakte zwischen uns in diesen Jahren seltener geworden waren, lag an einigen Verstimmungen, die es ja in unseren Beziehungen periodisch immer wieder gegeben hatte. Kurz vor seinem Rücktritt, im August/September 1963, hatte er sich darüber erregt, daß ich, wie er Zeitungsberichten entnahm, die französische Force de frappe und damit de Gaulle öffentlich kritisiert hätte. Das bezog sich auf einen nichtöffentlichen, aber von einem anwesenden UPI-Vertreter mit einigen irreführenden Zitaten in die Presse gebrachten Vortrag vor den Teilnehmern eines von der Friedrich-Ebert-Stiftung veranstalteten Seminars für Studenten aus NATO-Ländern in Bad Godesberg, der sich mit der Strategie der NATO und ihrer Mitgliedstaaten beschäftigte. Dabei hatte ich auch das französische Konzept der Force de frappe dargestellt, mich aber jeder Kritik der strategischen Schlüssigkeit dieses Konzepts enthalten. Der einzige Vorbehalt, den ich zum Ausdruck brachte, ging dahin, daß die Force de frappe nicht geeignet sei, die Sicherheitsinteressen anderer europäischer nichtnuklearer NATO-Partner zu decken. Eher schwäche sie diese, weil sie den Aufbau eines ausreichenden konventionellen Schutzes gegen begrenzte Angriffshandlungen und faits accomplis beeinträchtige. Diese Ausführungen rechtfertigten kaum die Schlagzeile der ›Herald Tribune‹: »German hits French A-Force«.

Mehr als dieser, nur durch die Überschrift über Gebühr dramatisierte Teil der UPI-Meldung störte mich ein anderer Teil, in dem eine angebliche Äußerung von mir über die »Geiselfunktion« der US-Truppen in

Europa und die Möglichkeit, sie in dieser Funktion durch amerikanische Schulkinder zu ersetzen, wiedergegeben wurde. Das war indessen nur ein Zitat der These des französischen Militärtheoretikers General Pierre Gallois gewesen, daß die Stationierung großer Truppenkontingente eines der Mittel sei, mit denen man das Vertrauen auf die Erfüllung eines Bündnisversprechens durch den nuklearen Bündnispartner zu stärken suche – eine Geiselfunktion, die aber letzten Endes auch durch den Aufenthalt einer entsprechend großen Zahl von Schulkindern im Partnerland erfüllt werden könne. Daß ich mich mit diesem letzten Teil der These so wenig identifizieren wollte wie mit der Gesamtkonzeption des Generals Gallois, unterlag bei allen Zuhörern, die sich dazu äußerten, keinem Zweifel.

In einem Telegramm an das Pressereferat des Auswärtigen Amtes gab ich sofort eine Richtigstellung zu beiden Punkten, wobei ich mich auf einen völlig eindeutigen Bericht des Diskussionsleiters der Friedrich-Ebert-Stiftung stützen konnte.

Diese Richtigstellung half indessen nur wenig, Adenauers Zorn zu besänftigen – vor allem wohl deswegen, weil ihn die Geschichte mit den amerikanischen Schulkindern viel weniger irritiert hatte als die Kritik an der Force de frappe. Ich ließ es mit meiner telegrafisch gegebenen Aufklärung bewenden, da ich davon überzeugt war, in Form und Inhalt nichts gesagt zu haben, was einer kritischen Prüfung nicht standhalten konnte. Auch war ich sicher, daß meine Bewertung der Force de frappe den Ansichten des Außen- sowohl wie des Verteidigungsministers entsprach. Stimmungsschwankungen des alten Herrn kannte ich ja – noch unmittelbar zuvor hatte er mich wegen meiner Stellungnahme im NATO-Rat zum Projekt des Nichtangriffspaktes über den grünen Klee gelobt.

Immerhin beschloß ich, mich zurückzuhalten und ihm die Initiative zu einer neuen Begegnung zu überlassen. Diese abwartende Haltung lag um so näher, als sich das Verhältnis zwischen Schröder und Adenauer nach dessen Rücktritt als Kanzler erneut zuspitzte und ich sehr rasch wieder zwischen zwei Feuer geraten konnte. Daß diese Befürchtung nicht unbegründet war, zeigte sich im folgenden Jahr. Bei einem Abschiedsbesuch, den der aus seinem Amte scheidende Generalsekretär der NATO, Dirk Stikker, am 29. Juni 1964 in Bonn abstattete, traf ich Adenauer zum ersten Male seit der Godesberg-Affäre vom Vorjahre wieder. Wie ich erwartet hatte, hatte er diese Angelegenheit entweder vergessen oder er wollte sie vergessen. Da der Stikker-Besuch keine Gelegenheit zu einem persönlichen Gespräch bot, forderte er mich auf, ihn möglichst bald zu besuchen. Ich akzeptierte und wir verabredeten einen Termin am 7. Juli. Dieser Verabredung konnte ich mich schwer entziehen, hielt dies auch nicht für notwendig, nachdem ich am gleichen Tage gehört hatte, wie

Schröder im Gespräch mit Stikker die innenpolitische Lage beschrieben hatte: Der Übergang der Kanzlerschaft von Adenauer auf Erhard habe naturgemäß einige Komplikationen mit sich gebracht, die sich vor allem aus dem Dualismus von Regierungs- und Parteiführung ergäben (Adenauer war noch Vorsitzender der CDU, erst im März 1966 übernahm Erhard auch dieses Amt). Sein Verhältnis zum Parteivorsitzenden, hatte Schröder hinzugesetzt, beginne sich jedoch zu entspannen, schon für die nächsten Tage sei eine Aussprache vorgesehen, die der weiteren Bereinigung aller strittigen Punkte dienen solle. Diese Erläuterungen waren für Stikker naturgemäß von hohem Interesse, denn die internen Auseinandersetzungen innerhalb der Koalition und insbesondere auch innerhalb der stärksten Regierungspartei waren in der NATO natürlich wohlbekannt und wurden dort mit der größten Aufmerksamkeit verfolgt, weil sie sich an der außen- und bündnispolitischen Orientierung der Bundesrepublik entzündet hatten. Die Namen Adenauer und Schröder standen für die beiden miteinander ringenden Lager der »Gaullisten« und der »Atlantiker«.

Es zeigte sich jedoch rasch, daß Schröders Prognose im Gespräch mit Stikker zu optimistisch gewesen war. Als ich am 7. Juli nach Bonn kam, hatte sich die Lage keineswegs entspannt. Erhard und Schröder befanden sich auf einem offiziellen Besuch in Kopenhagen, in ihrer Abwesenheit hatte Adenauer mit dem CSU-Chef Strauß konferiert. De Gaulle war am 4. Juli in Bonn gewesen und war mit Adenauer zusammengetroffen. Das Ergebnis dieser Vorgänge war ein erneutes Aufleben der Kritik an der von Erhard gestützten Außenpolitik Schröders aus den Reihen der CSU und einiger Gruppen der CDU.

Von diesen Entwicklungen konnte ich noch nichts wissen, als ich Adenauer am 7. Juli in seinem Büro im Bundeshaus aufsuchte. Schärfer als ich es erwartet hatte, kritisierte der frühere Kanzler die Politik seines Nachfolgers. Sie werde das Verhältnis zu Frankreich ruinieren. Besonders hart ging er mit Schröder ins Gericht. Als Beleg für dessen Versagen erwähnte er besonders die Tatsache, daß man im Auswärtigen Amt keinerlei Überlegungen zur Reform der NATO anstelle, obwohl man wisse, daß dieses ein entscheidender Punkt für das Verhältnis de Gaulles zur Allianz sei. Daran schloß sich eine bittere Kritik am Auswärtigen Amt überhaupt an. Ähnliches hatte ich schon oft von ihm gehört – neu war nur die Frage, die er daran anschloß: Ob ich nicht etwas dazu tun könne, diese Verhältnisse zu bessern?

Meine Antwort auf diese einigermaßen überraschende Frage geht aus einem Briefe hervor, den ich am 21. Juli an Schröder richtete. Denn das Gespräch vom 7. Juli hatte ein Nachspiel, das noch überraschender war, als sein Inhalt. Während ich mit meiner Familie an der Küste der Bretagne im Urlaub weilte, erhielt ich plötzlich einen Anruf aus Bonn: Schröder stellte mich wegen des Gesprächs mit Adenauer zur Rede. In einer Bonner Zusammenkunft führender CDU-Politiker, auf der es um die Außenpolitik der Bundesrepublik gegangen sei und an der, wie ich später hörte, außer Adenauer und Schröder noch Erhard, Westrick, Strauß und Barzel teilgenommen hatten, habe Adenauer heftige Kritik am Außenminister und am Auswärtigen Amt geübt. Als Kronzeugen habe er mich zitiert: Ich hätte scharfe Kritik am Außenminister und am Auswärtigen Amt geübt und angekündigt, daß ich aus dem auswärtigen Dienst ausscheiden wolle.

Ich traute meinen Ohren nicht, habe mich aber wohl rasch gefaßt und geschildert, was sich wirklich abgespielt hatte. Schröder bat mich, ihm diese Schilderung auch schriftlich zu übermitteln. So kam es zu dem Brief vom 21. Juli, in dem ich feststellte:

»Das Gespräch fand am 7. Juli nachmittags im Bundeshaus statt, nachdem Herr Dr. Adenauer bei unserer Begegnung anläßlich des Stikker-Abschiedsbesuches hatte erkennen lassen, daß er ein Gespräch begrüßen würde.

Zum Zeitpunkt meines Besuches waren die durch den de-Gaulle-Besuch entfachten außenpolitischen Auseinandersetzungen noch nicht in die Öffentlichkeit gedrungen. Wären sie schon im Gange gewesen, hätte ich aus naheliegenden Gründen den Besuch zu vermeiden gesucht. Ich stand vielmehr noch unter dem Eindruck Ihrer eigenen, im Gespräch mit Stikker gemachten Äußerungen, die auf eine gewisse Bereinigung der Atmosphäre schließen ließen. Ich darf hinzufügen, daß ich Herrn Dr. Adenauer nach der Übergabe der Regierungsgeschäfte im vergangenen Jahre nicht mehr gesehen hatte und nach den Vorgängen im August-September vorigen Jahres (im Zusammenhang mit den Zeitungsberichten über meinen Godesberger Vortrag) jede Begegnung gemieden hatte.

Der größere, politische Teil des Gespräches bezog sich auf das deutsch-französische Verhältnis im Lichte des de Gaulle-Besuches und auf den damaligen Zustand der NATO.

Zu den Ausführungen Herrn Dr. Adenauers zum ersten Thema habe ich mich überwiegend rezeptiv verhalten.

Zum zweiten Punkte bemängelte Herr Dr. Adenauer, daß das Thema nicht mit de Gaulle aufgegriffen worden sei, und daß Sie ihm erklärt hätten, es gäbe im Auswärtigen Amt noch keine Überlegungen zu dem Komplex der NATO-Reform. Ich habe darauf hingewiesen, daß ich selbst zu diesem Thema auf der letzten Botschafter-Konferenz referiert hätte. Was ein Gespräch mit de Gaulle zu diesem Thema anlangte, hätte ich den Eindruck, daß Sie den Zeitpunkt hierfür noch nicht für gekommen hielten.

Ein anderer Teil des Gespräches bezog sich auf das Auswärtige Amt, an dem Herr Dr. Adenauer, wie schon oft in vergangenen Jahren, scharfe Kritik übte.

Auf seine Frage, ob ich nicht etwas zur Besserung tun könnte, entgegnete ich, daß ich nur ein außerhalb der Zentrale arbeitender Botschafter sei und keinen Einfluß auf die Arbeitsweise des Amtes und auf die wesentlichen Entscheidungen hätte.

Ich habe in diesem Zusammenhang angedeutet, daß ich im Vergleich zu vergangenen Jahren dem Prozeß der außenpolitischen Entscheidungsformung ziemlich ferngerückt sei und daß ich deswegen ernstlich überlegte, eines Tages aus dem auswärtigen Dienst wieder auszuscheiden. Ich fügte ausdrücklich hinzu, daß dieses keine aktuelle Überlegung sei und daß ich im Augenblick die MLF-Verhandlungen als eine interessante und reizvolle Aufgabe empfände, die ich, soweit es an mir läge, zu einem positiven Abschluß führen möchte...«

Einige Wochen später hatte ich in Bonn Gelegenheit zu einem Gespräch über diese Vorgänge mit Heinrich Krone, dem als Bundesminister für Sonderaufgaben die Angelegenheiten des Bundesverteidigungsrates anvertraut waren. Krone hatte mir stets viel Vertrauen entgegengebracht und meinen Ansichten einiges Gewicht beigemessen. Gelegentlich suchte er, auch ohne direkten dienstlichen Anlaß, das Gespräch mit mir. So habe ich ihn einmal auf seinen Wunsch von Paris aus an seinem Urlaubsort Badenweiler besucht, lediglich zu einem ausführlichen Gedankenaustausch, ohne konkreten Anlaß. Da er zu den engsten Vertrauten Adenauers gehörte, lag mir daran, seine Ansicht zu meinen jüngsten Erfahrungen mit diesem zu hören. »So etwas hat er immer wieder gemacht«, meinte Krone gelassen. »Ich habe mir daher angewöhnt, im Gespräch mit ihm meine Quellen nie namentlich zu nennen.«

Für mich war diese Angelegenheit eine erneute Lehre, womit man im Umgang mit dem Politiker und Taktiker Adenauer rechnen mußte. Mein Bild von seiner Persönlichkeit und meine Sympathien für ihn wurden davon nicht nachhaltig beeinflußt. Daher zögere ich auch nicht, heute darüber ohne Beschönigung zu schreiben. Diese für den Betroffenen im Augenblick unerfreulichen Dinge gehören zum Bilde der Persönlichkeit Adenauers, und es tut seinem geschichtlichen Range keinen Abbruch, wenn man sie so schildert, wie sie waren.

Gleichwohl bin ich froh, daß dieses nicht mein letztes Erlebnis mit Konrad Adenauer war und daß das Gespräch im Pariser Hôtel Bristol im März 1966 einen ganz anderen Charakter hatte.

Ich habe es in Erinnerung als eine Unterhaltung in einer besonders entspannten und gelockerten Atmosphäre, mit einer sehr persönlichen Note, die sich daraus ergab, daß wir uns lange nicht gesehen hatten und er daher viele Fragen über persönliche Dinge und über meine Familie an mich richtete – wobei ich verschweigen mußte, daß mein Sohn gerade seinen besonders schönen und sehr geliebten Teddybären, den ihm Adenauer nach seinem letzten Besuch in Washington geschenkt hatte, auf einem Spaziergang im Bois de Boulogne verloren hatte.

Ein Jahr später, am 19. April 1967, starb Konrad Adenauer. Am Tage darauf, in einer Ratssitzung, die wieder einmal dem Atomsperrvertrag gewidmet war, gedachte der NATO-Rat seiner. Auch ich sprach ein kurzes Gedenkwort. Trauergottesdienst im Kölner Dom und Beisetzung sollten am 25. April stattfinden. Natürlich wünschte ich teilzunehmen. Auf mein entsprechendes Telegramm an das Auswärtige Amt erhielt ich die lakonische Antwort, meine Teilnahme sei »dienstlich nicht erforderlich«. Was sich der Absender (der amtierende Leiter der Personal- und Verwaltungsabteilung) immer dabei gedacht haben mag: Dies war der mich in meiner ganzen Laufbahn am stärksten empörende und verletzende Erlaß, den ich je aus Bonn erhielt.

Der schwierige Bündnispartner: Frankreichs Austritt aus der militärischen Organisation

In den Pariser Jahren, in denen ich dem NATO-Rat angehörte, kam ich nur selten an den Quai d'Orsay. Alles, was ich amtlich mit der französischen Regierung zu besprechen oder zu verhandeln hatte, mußte über meinen französischen Kollegen beim Rat und die französische NATO-Delegation laufen; direkte Kontakte zum französischen Außenministerium entsprachen nicht unserer »Kleiderordnung«. Auf diese Weise betrat ich den Quai d'Orsay meist nur bei Galadiners, die dort vom französischen Außenminister bei den Dezember-Konferenzen der NATO-Außen- und Verteidigungsminister oder aus Anlaß des Besuches deutscher Regierungschefs gegeben wurden. Auf eine merkwürdige Weise ist der Quai d'Orsay in meiner Erinnerung mit der Vorstellung verknüpft, daß man dort bei rhetorischen Höhepunkten immer mit Überraschungseffekten rechnen muß. Ich habe schon geschildert, daß bei meiner ersten Sitzung dort im Jahre 1953 bei einer besonders nachdrücklich vorgetragenen Pointe der ebenso dekorative wie fragile Louis seize-Stuhl zusammenbrach, auf dem ich saß.

Zehn Jahre später gab es einen dramatischeren Effekt bei einem Essen, das der Ministerpräsident Georges Pompidou zu Ehren des neuen Bundeskanzlers Erhard bei dessen erstem offiziellen Besuch in Paris am 21. November 1963 gab. Nachdem Pompidou gesprochen und Erhard erwidert hatte, holte Erhard zu einem Trinkspruch »auf das persönliche Wohlergehen des Premierministers und die deutsch-französische Freundschaft«

aus. In dem Augenblick, in dem er sein Glas erhob, brach Pompidou zusammen und mußte aus dem Saale hinausgetragen werden. Während alle Teilnehmer völlig konsterniert von ihren Plätzen auf diesen Vorgang starrten, gab es einen Mann, den seine Kaltblütigkeit keinen Augenblick verließ: Außenminister Couve de Murville ergriff in Sekundenschnelle die dem Gastgeber entglittenen Zügel und rief dem Dolmetscher zu: »traduction« – Übersetzung! So geschah es; das Diner nahm seinen Fortgang, als wenn nichts geschehen wäre. Später, als man in den Nebenräumen beim Kaffee zusammenstand, tauchte Pompidou wieder auf: Es war nur ein kurzer Schwächeanfall gewesen – immerhin, ein Hinweis auf die körperliche Verfassung des Mannes, der einige Jahre später als Präsident der Republik nach fünfjähriger Amtszeit von einer tückischen Krankheit rasch hinweggerafft wurde.

Nicht ganz so ominös war ein kleiner Zwischenfall bei einem Essen, das Pompidou am 13. Januar 1967 dem Nachfolger Erhards, Bundeskanzler Kurt-Georg Kiesinger am Quai d'Orsay gab: In seiner Tischrede hatte Kiesinger zugegeben, daß die von Couve de Murville getroffene Feststellung, Frankreich sei für das Verblassen des deutsch-französischen Vertrages nicht verantwortlich, etwas Wahres enthalte. Während ich gerade innerlich daran Anstoß nahm, daß der Dolmetscher dieses immerhin begrenzte Zugeständnis mit den weitergehenden Worten übersetzte, »es ist wahr, daß...«, war Kiesinger, in vollem rhetorischen Schwunge, bei einem Satze angelangt, der mit der Feststellung begann, wir lebten in einer Welt, die sich in ungestümer Entwicklung befinde... Ich weiß nicht mehr, wie der Satz zu Ende ging oder wie er hätte enden sollen, denn in diesem Augenblick ließ ein Kellner ein vollbeladenes Tablett mit großem Getöse zu Boden fallen und begrub die Pointe des Satzes in allgemeinem erschreckten Zusammenfahren und anschließend, als die Harmlosigkeit dieses Knalleffekts erkennbar wurde, in einem befreienden Gelächter. Die meisten Gäste werden diesen Zwischenfall wohl noch am selben Abend vergessen haben. Nur ich konnte nicht umhin, mich an meinen und an Pompidous Zusammenbruch 1953 und 1969 zu erinnern und im Stillen zu denken, daß der geheimnisvolle Spezialmechanismus des Quai d'Orsay zur Dämpfung des rhetorischen Höhenfluges ausländischer Gäste immer noch funktioniere.

Ernster als diese anekdotischen Begebenheiten waren die Wolken, die sich in der Mitte der sechziger Jahre über dem deutsch-französischen Verhältnis sowohl wie über dem Verhältnis Frankreichs zur NATO zusammenbrauten. In beiden Fällen war es de Gaulles tiefes Ressentiment gegen die »Anglo-Saxons«, insbesondere gegen die Führungsrolle der Vereinigten Staaten in der westlichen Welt, was den Knoten zu verhängnisvollen Spannungen schürzte.

Die Verschlechterung des deutsch-französischen Verhältnisses ab Mitte 1964 traf mich in doppelter Hinsicht: Wie viele Deutsche, empfand ich es als schmerzliche Enttäuschung, daß die am Ende der Ära Adenauer so verheißungsvoll zur Entfaltung gelangte deutsch-französische Aussöhnung einen Rückschlag erlitt. Zwar hatte ich nie daran gezweifelt, daß de Gaulles Deutschland-Politik sehr nüchternen Kalkulationen und keiner Gefühlsaufwallung entsprang. Dennoch konnte ich mich nicht zu einer gleichermaßen kühl-rationalen Bewertung dieser Entwicklung durchringen. Zu sehr entsprach diese deutsch-französische Annäherung meinen tiefsten, auf Überwindung des jahrhundertealten tragischen Gegensatzes zwischen den beiden Völkern gerichteten Wünschen. Noch heute kann ich mich nicht von diesem gefühlsmäßigen Element in meinen Vorstellungen vom deutsch-französischen Verhältnis befreien. Ich glaube auch, daß es sinnvoll und historisch richtig ist, wenn sich die deutsche Politik gegenüber Frankreich nicht ausschließlich von rationalen Kalkulationen leiten läßt. Um so schmerzlicher empfand ich den Rückschlag, der 1964 einsetzte, und in den folgenden Jahren die Beziehungen zwischen Bonn und Paris überschattete.

Mehrfach wurden mir in dieser Zeit aus verläßlichen Quellen Äußerungen de Gaulles und seines Außenministers bekannt, die keinen Zweifel über den Grad der Vereisung im Verhältnis zu uns ließen. Die deutsche Gefahr sei akuter als die sowjetische, sagte de Gaulle im September 1965 einem hochgestellten Besucher aus dem westlichen Lager! Im Gespräch mit dem amerikanischen Senator Mansfield ließ Couve im November desselben Jahres erkennen, daß die französische Politik gegen jede deutsche Beteiligung an nuklearen Angelegenheiten, insbesondere gegen jeden deutschen Einfluß auf nukleare Waffen, sei; daß die MLF einen »Appetit der Deutschen auf Nuklearwaffen« verstärken würde, daß Deutschland das eigentliche Objekt aller Bemühungen um die »non-dissémination« sei und daß es eine »echte Furcht vor den Deutschen auf diesem Gebiete« gebe. Mansfield wird diesen Äußerungen kaum widersprochen haben; es war eine Tonart, in der sich die Vier Siegermächte von 1945 – hätte es noch einen britischen und einen sowjetischen Gesprächspartner gegeben – plötzlich wieder einig waren, als hätte es den Kalten Krieg, Berlin, Prag, Korea, Kuba nie gegeben.

Der Rückschlag in den deutsch-französischen Beziehungen berührte mich nicht nur als deutschen Staatsbürger, der die deutsch-französische Aussöhnung auch in den menschlichen Beziehungen aufrichtig wünschte (eine meiner Töchter lebt in Frankreich und ist mit einem Franzosen verheiratet), sondern auch in meinem dienstlichen Aufgabenkreis: Er hat wesentlich dazu beigetragen, jenes Projekt zum Scheitern zu bringen, dem ich über zwei Jahre einen großen Teil meiner Arbeitskraft zu widmen hatte – der MLF. Darüber habe ich bereits berichtet.

Aber auch im eigentlichen NATO-Bereich wurde das Verhältnis zu Frankreich für mehrere Jahre ein schwieriges, kräftebindendes, zeitverschlingendes und zuweilen entmutigendes Problem. Viele Jahre hindurch hatte de Gaulle seine Abneigung gegen die NATO hinter der Forderung nach einer »Reform« der Bündnisorganisation versteckt. Adenauer glaubte dieser Politik ausweichen zu können, indem er in den Ruf nach einer NATO-Reform einstimmte. In Wirklichkeit lag unter dieser Übereinstimmung ein tiefer und grundlegender Dissens: Adenauer wünschte (konnte nur wünschen) ein noch stärker integriertes Bündnis; de Gaulle wollte die Integration jedenfalls für Frankreich abbauen, abschaffen und die volle nationale Kommandogewalt und Verteidigungsplanung für sein Land wiederherstellen.

Wieweit sich Adenauer über die Tiefe und Tragweite dieses Dissenses täuschte, wieweit er nur diesem für sein Verhältnis zu de Gaulle unbequemen Thema aus dem Wege zu gehen suchte oder sogar absichtlich die Augen davor schloß, ist kaum genau zu definieren. Dies blieb ein Gebiet, in dem er seine Politik niemals zu Ende gedacht hat. Sein Rücktritt ersparte es ihm, sich mit dem Eklat auseinanderzusetzen, mit dem de Gaulle den jahrelangen Warnungen, Andeutungen und unbestimmten Unmutsäußerungen ein Ende machte und mit einem Theatercoup großen Stils die Forderung nach einer NATO-Reform durch einen einseitigen Austritt Frankreichs aus der integrierten Bündnisorganisation (nicht aus dem Bündnis selbst) vollzog. Er wählte dafür die Form eines Briefes an den Präsidenten Johnson, der das Datum des 7. März 1966 trug – auf den Tag dreißig Jahre früher hatte Hitler in einem Memorandum an die französische und britische Regierung den Locarno-Pakt für hinfällig erklärt und seine Truppen in das entmilitarisierte Rheinland einmarschieren lassen. In der allgemeinen Überraschung, die de Gaulle produzierte, gedachte niemand dieses Jahrestages. Überrascht war man vor allem, weil man bis dahin angenommen hatte, de Gaulle werde für eine Neuordnung seines Verhältnisses zur NATO das Jahr 1969 abwarten, das nach zwanzigjähriger Laufzeit des Vertrages jedem Partner das Recht gab, seine Mitgliedschaft mit einer Frist von einem Jahr zu kündigen. Gewiß waren Schritte voraufgegangen – 1959 und 1964 –, mit denen Frankreich sich bereits teilweise aus der militärischen Integration herausgelöst hatte. Unerwartet war gleichwohl die Radikalität, mit der Frankreich nunmehr aus der gesamten militärischen Bündnisorganisation ausschied und ihre Organe und Einrichtungen aus Frankreich vertrieb. Am 1. Juli 1966 stellte Frankreich seine Mitarbeit in ihnen ein, zugleich wurden die französischen Streitkräfte dem NATO-Oberkommando entzogen. Im Herbst des gleichen Jahres kamen die übrigen vierzehn Bündnispartner überein, das Oberkommando der alliierten Streitkräfte nach Casteau in Belgien zu

verlegen, das Hauptquartier Europa-Mitte (bis dahin in Fontainebleau) in die Niederlande, nach Brunsum bei Maastricht, die Verteidigungsakademie nach Rom und den NATO-Rat selbst, mitsamt dem Generalsekretariat und der gesamten zivilen Verwaltung, nach Brüssel.
Ein großer Exodus begann.

Auszug nach Brüssel

Die erste NATO-Institution, die Frankreich verließ, war das NATO Defence College, die Verteidigungsakademie der Bündnisorganisation. In den fünf Pariser Jahren hatte ich dort regelmäßig, mindestens einmal im Jahr, einen Vortrag vor dem laufenden Lehrgang gehalten, der sich jeweils aus Offizieren sowie einem kleineren Prozentsatz höherer Zivilbeamter der Mitgliedländer zusammensetzte. Zusätzlich zu dem Lehrprogramm des kleinen ständigen Lehrkörpers wurden den Kursteilnehmern zahlreiche Vorträge prominenter Wissenschaftler, Publizisten, Angehöriger des NATO-Generalsekretariats (einschließlich des Generalsekretärs selbst) und einiger NATO-Botschafter geboten. »Kommandant« ist – meist in einem Zwei-bis-Dreijahresrhythmus – ein höherer Offizier eines Mitgliedlandes. Das menschliche und geistige Klima dieser Akademie war stets vorbildlich. Sie gehört zu jenen Einrichtungen der NATO, in denen sich das Solidaritäts- und Zusammengehörigkeitsbewußtsein der Allianzmitglieder am stärksten und eindrucksvollsten entfaltet.

Als sich die Perspektive eines allgemeinen NATO-Exodus abzeichnete, hatten sich die Italiener alsbald um die Aufnahme des NATO Defense College beworben und in Rom geeignete Gebäude in jenem, am Südrande Roms gelegenen, EUR genannten Viertel moderner Bauten zur Verfügung gestellt, das einst für die Weltausstellung 1942 geplant worden war, aber diesem Zweck nie hatte dienen können. Nachdem der letzte Kurs am alten Sitz, einem Flügel der Ecole militaire am Champ-de-Mars in Paris, im Sommer 1966 zu Ende gegangen war, begann der Umzug, und schon am 18. Januar 1967 konnte die Akademie in Rom in einer Feierstunde mit dem Präsidenten der Republik Giuseppe Saragat und Ministerpräsident Amintore Fanfani wieder eröffnet werden.

Die Einweihungsfeier, an der ich zusammen mit allen meinen Ratskollegen teilnahm, wurde von einem Frühstück in den Räumen der Villa Madama beschlossen, einer jener großartigen Villen Roms, von denen Carl Justi, der Biograph Winckelmanns, sagte, sie seien wie »Dichtungen, mannigfaltig reich wie die des Ariost, Kompositionen, deren Bestandteile Natur und Vorzeit gaben und wo die Kunst ihr Werk wieder der Natur oder dem Zufall überlassen hat«. Hoch auf dem Monte Mario gelegen, der den Vatikanischen Hügel überragt, trägt die unter Papst Clemens VII. von Giulio Romano nach den Plänen Raffaels errichtete und von Giovanni da Udine mit Fresken und Stukkaturen geschmückte – leider unvollendete – Anlage ihren Namen nach Madama Margherita di Parma, der Statthalterin der Niederlande, einer Tochter Kaiser Karls V., die in zweiter Ehe mit einem Enkel Papst Pauls III., Ottavio Farnese, Herzog von Parma, verheiratet war.

Als ich von der NATO schied, machte mich das Defence College zu seinem Ehrenmitglied – eine Geste der Anerkennung, die mich mit Genugtuung erfüllte. Im Hinblick auf diese Würde wurde ich 1976 eingeladen, am fünfundzwanzigjährigen Jubiläum des College teilzunehmen, und es fügte sich, daß der Zeitpunkt der Jubiläumsfeier in jene Tage fiel, in denen ich mich auf dem Heimweg von Japan befand. So konnte ich es einrichten, auf der Südroute über Bangkok – Karatschi – Athen nach Rom zu fliegen und pünktlich zur Stelle zu sein. Nachdem die NATO einen so langen und wesentlichen Teil meiner diplomatischen Laufbahn ausgefüllt hatte, konnte ich mir nichts Passenderes wünschen, als am Ende dieser Laufbahn noch einmal an einer solchen Gedenkstunde teilzunehmen und zahlreiche alte Kämpen aus den Pariser und Brüsseler Jahren wiederzutreffen.

Die nächste Etappe des großen Exodus betraf den sensitivsten Teil der Bündnisorganisation: die militärischen Hauptquartiere. Sie durften durch den Umzug nicht für eine Minute außer Funktion gesetzt werden. Daß diese Aufgabe mit größter Präzision bewältigt wurde, darf man getrost eine organisatorisch-logistische Meisterleistung der Allianz nennen. In der Dämmerung des 30. März 1967 gingen die Flaggen der Mitgliedsstaaten an den Fahnenmasten vor dem alten Hauptquartier in Roquencourt südlich von Paris nieder – am nächsten Tage wohnten wir, die NATO-Botschafter, zusammen mit den militärischen Spitzen der Allianz, der Flaggenhissung am neuen Sitz von SHAPE (Supreme Headquarters Allied Powers Europe) in Casteau (achtzig Kilometer südlich von Brüssel) bei. Um Mitternacht waren die Kommando- und Nachrichtenzentralen in Roquencourt durch die neuen Zentren in Casteau abgelöst worden.

Das Hauptquartier Europa-Mitte in Fontainebleau – ein regionales, wenngleich besonders wichtiges Unterkommando, das immer mit einem deutschen General besetzt war – zog in eine stillgelegte Bergwerksverwaltung in der niederländisch/belgisch/deutschen Drei-Länder-Ecke bei Maastricht und Aachen um.

Die letzte Etappe bildete der Umzug des zivilen Hauptquartiers, das heißt des Generalsekretariats und aller fünfzehn Botschafter (auch des französischen, denn Frankreich blieb ja im Rat vertreten). Die Wahl eines geeigneten neuen Sitzes hatte den Rat fast ein Jahr lang in Atem gehalten. Nachdem die Entscheidung für Brüssel auf der Ministerkonferenz im Frühjahr 1966 gefallen war, war die praktisch schwierigere Frage zu lösen: wo in Brüssel? Sollte man ein vorhandenes Bürogebäude mieten, oder sollte man einen Neubau errichten?

Das Umzugsproblem war für die NATO nichts völlig Neues. Nachdem sie in London begonnen hatte, war sie 1952 nach Paris übergesiedelt, zunächst in einen provisorischen, im Fertigbauverfahren errichteten Anbau zum Palais de Chaillot. Dort hatte ich 1955 die erste NATO-Konferenz unter deutscher Beteiligung erlebt. Als ich 1962 deutscher Vertreter im Rat wurde, war man inzwischen umgezogen: in den großen, V-förmigen, vierstöckigen Neubau an der Porte Dauphine, der zunächst einige Jahre Universitätszwecken gedient hatte und den die damalige, noch NATO-treue, französische Regierung zur Verfügung gestellt hatte. Von meinem Büro im zweiten Stock blickte ich in das Grün des Bois de Boulogne, in der Mittagspause ging dort jeder, der ein Viertelstündchen erübrigen konnte, spazieren oder setzte sich auf einer Bank in die Sonne – umgeben zumeist von spielenden Kindern oder Gruppen von französischen Männern aller Schichten, die dort zu jeder Tageszeit Boule spielten. Das Gebäude lag unmittelbar am Boulevard Périphérique, der am raschesten aus Paris herausführte, im 16. Arrondissement, dem begehrtesten und vornehmsten Viertel von Paris, verbunden durch die Avenue Foch, eine der großen repräsentativen Prachtstraßen, mit der Place de l'Etoile, dem Triumphbogen und den dahinter beginnenden Champs-Elysées. Eine bessere Lage war kaum denkbar. Was hatte Brüssel demgegenüber zu bieten? Wenn die NATO bauen wollte – und dazu hatte man sich zunächst entschlossen –, dann bedurfte es für eine Übergangszeit wieder einer provisorischen Zwischenlösung. Der von der belgischen Regierung bestellte Kommissar, der die NATO bei ihren Umzugsproblemen beraten sollte, suchte ihr zunächst ein gerade fertiggewordenes Büro-Hochhaus im Stadtzentrum, die Tour de Namur, schmackhaft zu machen. Der Rat fuhr zur Besichtigung dieser und anderer Objekte nach Brüssel und war drauf und dran, diese Lösung als die zunächst bequemste zu akzeptieren und sich damit zu trösten, daß man dann Zeit habe, in besserer Lage einen Neubau zu errichten. Ich hielt nichts von dieser Lösung. Ich dachte an die Wahrheit des Sprichwortes: »Ce sont les provisoires qui durent«. Eine längere Übergangszeit in diesem Hochhause erschien mir wie ein Alptraum: Es lag mitten im dichtesten Verkehrsgewühl, hatte kaum Parkmöglichkeiten, die unteren Stockwerke sollten für Läden, Cafés, Vergnügungslokale reserviert bleiben. Die Sicherheitsprobleme wären unlösbar gewesen, vor allem auch der Schutz gegen Abhörmöglichkeiten von den Nachbargebäuden aus. Der Mietpreis war horrend hoch, dazu kamen die Kosten eines nochmaligen Umzuges und des Neubaus. Die Bereitschaft der Parlamente, Geld für Verteidigungszwecke auszugeben, wurde ohnehin immer geringer. Kurz, ich stemmte mich mit allen Kräften gegen diese Lösung und suchte Gesinnungsgenossen im Rat zu sammeln.

Im November 1966, als diese Auseinandersetzung ihren Höhepunkt erreichte, befaßte sich auch die Presse mit dieser Frage. Zwischen meinen Notizen finde ich einen Zeitungsausschnitt mit einer UPI-Meldung vom 16. November 1966, in der es heißt: »Der Ständige NATO-Rat hat am Mittwoch in seiner regelmäßigen Sitzung in Paris noch keinen Beschluß über das neue Hauptquartier des politischen Führungsgremiums gefaßt. Wie aus Konferenzkreisen verlautete, hat der NATO-Botschafter der Bundesrepublik, Grewe, die für ein angebotenes Objekt geforderte Miete als zu hoch und skandalös bezeichnet. Auf den deutschen Einspruch hin sei die Entscheidung vertagt worden.

Der NATO-Rat hatte in der vergangenen Woche in Brüssel geweilt, das als neuer Sitz des Gremiums auserschen ist. Den Botschaftern war dabei in Ixelles ein Gebäude angeboten worden, dessen Miete mehr als acht Millionen Franken im Jahr betragen soll. Grewe habe sich in der Sitzung nicht nur gegen den Mietpreis gewandt, sondern auch das Äußere des Gebäudes selbst als nicht vereinbar mit der Würde des NATO-Rates bezeichnet.«

Die »Würde des NATO-Rates« hatte mich allerdings weniger bekümmert als die Sicherheit, die praktische Zweckmäßigkeit und die finanzielle Vertretbarkeit dieser Lösung. Im Grunde war ich der Meinung, daß die NATO keinen aufwendigen Repräsentativbau brauchen könne und daß ihr eine äußerlich bescheidene, aber funktionsgerechte und vor allem endgültige Lösung besser anstehe. Glücklicherweise gab es eine solche: Wir hatten ein Angebot für die Errichtung eines großen dreistöckigen Gebäudekomplexes in Fertigbauweise auf einem freien Gelände an der Autobahn von Brüssel-Evere nach Zaventem, dem Flugplatz von Brüssel. Das Angebot war unvergleichlich ökonomischer, alle Verkehrs- und Sicherheitsprobleme waren optimal lösbar, termingerechte Fertigstellung wurde mit hohen Vertragsstrafen garantiert. Der Rat kam zur Vernunft und akzeptierte diese Lösung, wenn auch zunächst noch mit dem Vorbehalt eines späteren Neubaus an anderer Stelle. Nach einigen Jahren wurde auch dieser Vorbehalt sang- und klanglos aufgegeben. Am 16. Oktober 1967 bezogen wir die pünktlich fertiggestellten Gebäude – ein Hauptquartier, das austerity ausstrahlte –, was psychologisch kein Fehler war. Immer habe ich daran denken müssen, daß der Genfer Völkerbund in dem Augenblick zugrunde ging, als er in Genf sein prächtiges »Palais des Nations« errichtet hatte.

MIT DEM NATO-RAT IN BRÜSSEL

Umschlag der innenpolitischen Großwetterlage

Ende der sechziger Jahre, bald nach dem Umzug der NATO nach Brüssel, nahm die innenpolitische Entwicklung in der Bundesrepublik einen Verlauf, der meine Position zunehmend schwieriger machte. Am 1. Dezember 1967 wurde Kurt-Georg Kiesinger zum Kanzler einer großen Koalition gewählt. Sein Außenminister wurde Willy Brandt. Zwei Jahre später, am 28. September 1969, wurde die CDU/CSU aus der Regierungsverantwortung hinausmanövriert, Brandt wurde Kanzler einer sozialliberalen Koalition, sein Außenminister war der Vorsitzende der FDP, Walter Scheel.

Zugleich erfuhr das allgemeine geistige Klima in der Bundesrepublik eine tiefgreifende Veränderung, die mit den Stichworten Studentenrebellion, Neomarxismus, Radikalismus, allgemeine Linksdrift, Generationswechsel angedeutet werden kann.

Nicht nur für die Radikalen, für kommunistische und anarchistische Gruppen aller Schattierungen, sondern auch für die Exponenten des linken Flügels in der SPD und FDP war ein Mann wie ich ein ärgerniserregendes Überbleibsel einer vergangenen Epoche, das man besser heute als morgen abschüttelte. An entsprechenden Aufforderungen an die Parteivorsitzenden aus den Reihen der Jusos und Jungdemokraten hat es nicht gefehlt. Brandt und Scheel haben solchen Aufforderungen nie nachgegeben, aber sie hatten wohl auch wenig Neigung, sich zu sehr zu exponieren. Als Schröder im Herbst 1967 versuchte, mich zu seinem Staatssekretär im Verteidigungsministerium zu machen (nachdem Carstens aus dieser Position ins Bundeskanzleramt übergewechselt war), scheiterte er auch an Brandts Widerstreben. Scheel bemühte sich, mir den Abzug aus meiner Position beim NATO-Rat schmackhaft zu machen, indem er mir (während der Frühjahrskonferenz in Rom im Mai 1970) vorschlug, ich sollte für den Posten des Generalsekretärs der WEU kandidieren. Aber abgesehen davon, daß es höchst zweifelhaft war, ob die Bundesrepublik ihren Kandidaten bei der Neubesetzung dieses Postens durchbringen würde (er fiel tatsächlich später an einen Luxemburger, meinen früheren Kollegen in Washington, Georges Heisbourg), hatte ich wenig Neigung, mich zu dieser seit langem moribunden und völlig sterilen Organisation abschieben zu lassen. Ich lehnte ab, Scheel nahm dies hin, aber ein halbes Jahr später bot er mir die Botschaft Tokyo an – in einer Form, die eine abermalige Ablehnung praktisch ausschloß.

Meine Beziehungen zu Brandt und Scheel waren sehr verschiedener Art: Scheel kannte ich, bevor er Außenminister wurde, nur sehr flüchtig. Wir waren uns in den Jahren, als er Entwicklungshilfeminister im letzten Kabinett Adenauer war, einmal in Paris begegnet, wo er (gewandt und in recht gutem Französisch) einen Vortrag im Centre d'Etudes Politiques gehalten hatte. Später, als die FDP nach der Bildung der großen Koalition Oppositionspartei geworden war, besuchte ich ihn in Bonn, zusammen mit Brosio, dem ich die wichtigsten Figuren der Bonner politischen Szene vorzuführen bemüht war, die jedoch ganz überwiegend abwesend oder nicht verfügbar waren. Scheel war schlecht informiert und irritierte Brosio durch sein Ausweichen in unverbindliche und vage Phrasen. Meine ersten Erlebnisse nach der Verwandlung des Oppositionsführers in einen Außenminister befestigten zunächst den gleichen Eindruck der Oberflächlichkeit und der Neigung zu unbedachten Improvisationen.

Unvergeßlich ist mir eine der ersten Sitzungen mit dem neuen Außenminister nach Bildung der Regierung der sozial-liberalen Koalition. Es ging um die Frage, welche Stellungnahme die Bundesregierung auf der bevorstehenden NATO-Ministerkonferenz im Dezember 1969 zu dem Projekt der Konferenz über Sicherheit und Zusammenarbeit in Europa (KSZE) abgeben sollte. Scheel befürwortete eine positive Stellungnahme und berief sich darauf, daß sich ja schon die vorausgegangene Regierung der großen Koalition in diesem Sinne entschieden und die finnische Regierung davon unterrichtet habe. Ich war überrascht, denn ich erinnerte mich genau, was man den Finnen geschrieben hatte: Man habe mit Interesse von der finnischen Bereitschaft Kenntnis genommen, »als Gastland für eine mögliche Konferenz über Fragen der europäischen Sicherheit oder einer Vorkonferenz aufzutreten«. Man begrüße den »konstruktiven Geist, von dem die finnische Initiative getragen sei«, eine derartige Konferenz bedürfe »sorgfältiger Vorbereitung« und man prüfe gegenwärtig alle Möglichkeiten. Eingedenk dieses Schreibens, das am 11. September 1969 nach Helsinki gegangen war, wartete ich gespannt darauf, was nun in diesem Kreise geschehen werde. Meine Erwartungen wurden noch übertroffen. Helmut Schmidt, der neue Verteidigungsminister, stellte fest, daß er den Text jenes Schreibens nie gesehen habe. Er benutzte die Gelegenheit, seinen Kollegen um einen verbesserten Informationsfluß innerhalb des Kabinetts zu bitten. Scheel hatte ihm das kaum zugesagt, als sich ein hoher Beamter des Bundeskanzleramts zu Worte meldete und mitteilte, er habe den fraglichen Text bei sich. Erwartungsvoll richteten sich alle Blicke auf den Außenminister, der das Dokument entgegennahm und es verlas. Als er geendet hatte, blickte er auf, sah sich strahlend in der Runde um und sagte: »Sehen Sie, genau, was ich gesagt habe!« Und niemand widersprach.

Später habe ich meine nach den ersten Eindrücken gebildeten Urteile korrigiert, nachdem ich bemerkt hatte, daß sich der Minister im Laufe einiger Amtsjahre verändert hatte: daß er sich einarbeitete, seine Akten las, seine Urteile sorgfältiger bildete, daß er im Auswärtigen Amt Vertrauen zu wecken und im Verhältnis zu seinen dortigen Mitarbeitern ein offenes, kooperatives Klima zu schaffen wußte. Als Bundespräsidenten brachte ich ihm später nicht nur den seinem Amte gebührenden Respekt entgegen, sondern war auch beeindruckt von der Statur, zu der er als Inhaber dieses Amtes gelangt war.

Im Unterschied zu Scheel kannte ich Brandt seit vielen Jahren. Er gehörte zu jenen außenpolitisch interessierten und engagierten sozialdemokratischen Abgeordneten, gegen deren Kritik ich in den frühen fünfziger Jahren die Bonner und Pariser Verträge zu verteidigen hatte. Er war, ebenso wie Fritz Erler, stets ein fairer Diskussionspartner gewesen, den ich als solchen schätzte und respektierte. Nachdem er Regierender Bürgermeister von Berlin und ich Botschafter in Washington geworden war, trafen wir bei seinen mehrfachen Amerika-Besuchen zusammen. Zwei Besuche sind mir besonders lebhaft in Erinnerung: Am 12. Februar 1959 war Brandt der Hauptredner bei der Feier des einhundertfünfzigsten Geburtstages von Abraham Lincoln in Springfield (Illinois), dem Geburtsort Lincolns. Meine Frau und ich hatten das Ehepaar Brandt in das von Eis und Schnee bedeckte Springfield begleitet. Auch in Washington, wo es zu Begegnungen mit Präsident Eisenhower und dem Vizepräsidenten Nixon kam, war ich stets an seiner Seite. Im Sommer trafen wir uns in Europa wieder: Während der Genfer Außenminister-Konferenz, bei der vor allem das Schicksal Berlins auf dem Spiele stand, erschien der Berliner Bürgermeister mehrfach, um sich bei mir über den Stand der Verhandlungen zu informieren: Es gab während dieser Konferenz mehrfach Augenblicke, in denen die Berliner Grund zu Besorgnis hatten. Brandt wußte, daß ich diese Besorgnisse sehr ernst nahm, und unsere Gespräche verliefen stets in einer vertrauensvollen Atmosphäre.

Der andere Amerika-Besuch Brandts, an den ich mich besonders erinnere, fand im März 1961 statt. In Deutschland tobte bereits seit geraumer Zeit der Wahlkampf für die erst im September 1961 fälligen Bundestagswahlen. Das dramatische Wahlduell Kennedy-Nixon mag das Interesse der Amerikaner am Ausgang des Kampfes zwischen Adenauer und Brandt stimuliert haben – jedenfalls war mir dieses Interesse schon im September 1960 in Alaska sehr plastisch vor Augen geführt worden: Mit einer Maschine der US-Air-Force war ich nach Point Barrows geflogen, dem nördlichsten Punkt des amerikanischen Kontinents am Eismeer. Außer einer großen Radarstation – einem Bestandteil des Early Warning Systems – mit einigen hundert Technikern gab es dort nur ein Eskimo-Dorf mit etwa fünfhundert Einwohnern. Der Bürgermeister dieses Dorfes begrüßte den deutschen Botschafter in dem primitiven Gasthaus des Ortes. Die erste Frage, die er nach der Begrüßung an mich richtete, war die Frage, wer denn die Wahl gewinnen werde: Adenauer oder Brandt?

Der Wahlkampf in Deutschland hatte zum Teil unerfreuliche Formen angenommen. Adenauer selbst hatte sich nicht gescheut, Brandt zu diffamieren, die Motive seiner Emigration zu schmähen und auf seine uneheliche Geburt anzuspielen. Ich fand das abstoßend und überdies auch schädlich für das Image der deutschen Demokratie in den Vereinigten Staaten und benutzte daher die erste Gelegenheit, mich davon zu distanzieren, indem ich am 11. März 1961 bei einer Tischrede in der Botschaft (unter den Gästen befanden sich sehr prominente amerikanische Persönlichkeiten) Brandts persönliche und politische Integrität hervorhob und dafür sorgte, daß die deutsche Presse den Text meiner Worte erhielt. Brandt wußte diese Geste zu schätzen. Dafür handelte ich mir einige giftige Bemerkungen aus dem Lager der Regierungsparteien, vor allem in der der CSU nahestehenden Presse ein.[1] Demgegenüber hatte ich nur den Trost, daß mir die andere Seite gerade ein entgegengesetztes Verhalten vorwarf: In dem der SPD zugehörigen Pressedienst PPP konnte ich schon am 2. März 1959 lesen, ich hätte mich – offenbar Adenauers Weisungen folgend – bei Brandts Besuch in New York peinlichst von ihm ferngehalten.

Aus solchen Vorgängen lernte ich, daß man auf einem exponierten diplomatischen Posten dem häuslichen Parteienstreit nicht entrinnen kann, daß man immer Mißdeutungen und Verdächtigungen ausgesetzt ist, mal von der einen, mal von der anderen Seite, häufig von beiden gleichzeitig. Man muß sich daran gewöhnen, damit zu leben und muß vor allem Gelassenheit bewahren.

Dieser Devise folgend, hatte ich mir während meiner Washingtoner Amtszeit auch angewöhnt, bei meinen Aufenthalten in Bonn nicht nur den Bundeskanzler und das Auswärtige Amt, sondern auch führende Politiker der verschiedenen Parteien aufzusuchen und zu informieren, obgleich ich wußte, daß Adenauer solche Besuche in der SPD-Baracke mit Mißfallen und Mißtrauen verfolgte.

Meine Gesprächspartner waren Ollenhauer, Wehner, Erler, Carlo

Schmid und Brandt. Es geht wohl auf diese Kontakte zurück, daß Wehner später einmal für meine Entsendung als Botschafter nach Moskau plädierte und Erler daran dachte, mich im Falle einer sozialdemokratischen Regierungsbildung als Staatssekretär für sich zu gewinnen. Mit Erler verbanden mich engere persönliche Beziehungen, deren Ursprung etwas paradox erscheinen mag: Wir hatten im Auswärtigen Ausschuß des Bundestages bei der Beratung des Deutschland-Vertrages viele Kontroversen ausgetragen. Ich hatte Erler dabei als einen menschlich besonders sympathischen und integren, kenntnisreichen und scharfsinnigen Diskussionsgegner schätzen gelernt. An einem Montag im Oktober 1952, als ich wie jede Woche einmal mein Seminar in Freiburg gehalten hatte, stieß ich auf ein Plakat, das für den Abend eine von der SPD einberufene Versammlung mit Fritz Erler als Redner ankündigte. Thema: der Generalvertrag – wie man damals noch das Bonner Vertragswerk über die Ablösung des Besatzungsstatuts nannte. Ich beschloß sofort, hinzugehen, und fühlte mich nach Erlers Vortrag auch gedrängt, in der Diskussion aufzutreten und einige seiner Bewertungen des Vertragswerkes zu korrigieren. Seine Antwort blieb ebenso höflich und respektvoll, wie ich meine Einwände zu formulieren versucht hatte. Nach Schluß der Versammlung, um Mitternacht, trafen wir uns auf dem menschenleeren und kalten Bahnsteig des Freiburger Bahnhofs wieder, beide auf den Nachtzug nach Bonn wartend. Wir bescheinigten uns gegenseitig Fairness bei der voraufgegangenen öffentlichen Diskussion und kamen dann in ein längeres, persönliches Gespräch, das sich im Zuge noch fortspann. Seit dieser nächtlichen Begegnung verband uns ein die politischen Differenzen überwindendes Verhältnis gegenseitiger Wertschätzung. Erlers früher Tod hat mich daher tief getroffen. Ich war davon überzeugt, daß die SPD mit Erler ihren besten Mann verloren hatte. Als er am 22. Februar 1967 verstarb, sandte ich dem damaligen Fraktionsführer der SPD, Helmut Schmidt, ein Beileidstelegramm, in dem ich zum Ausdruck brachte, daß dieser Todesfall »ein Verlust (ist), der uns alle trifft und der eine große Hoffnung zunichte macht«. Am 3. März antwortete Schmidt mit einem Brief, in dem er schrieb: »Wir sind in unserer tiefen Trauer um Fritz Erler bewegt über Ihre Anteilnahme an dem schweren Verlust, der uns mit seinem Tode betroffen hat. Sie stärkt uns in dem Bewußtsein, daß Fritz Erlers Leben und Wirken den Sinn erfüllt hat, den er ihm selbst geben wollte. Die Fraktion der Sozialdemokratischen Partei im Deutschen Bundestag wird Ihres Mitgefühls und Ihrer Verbundenheit mit Fritz Erler stets eingedenk bleiben. Wir danken Ihnen.«

Als es am 1. Dezember 1966 zur Bildung der großen Koalition kam, war Erler bereits schwer krank und kam für ein Regierungsamt nicht mehr in Frage. Ich habe damals das Zustandekommen der großen Koalition gleichwohl begrüßt und nach der langen Agonie des letzten Jahres der Kanzlerschaft Erhards als Erlösung empfunden. Auch war ich seit langem davon überzeugt, daß der permanente Ausschluß der großen sozialdemokratischen Oppositionspartei von der Regierungsverantwortung auf die Dauer für die Entwicklung eines gesunden demokratischen Systems in der Bundesrepublik verhängnisvoll sein müsse. So blickte ich der neuen Regierung hoffnungsvoll entgegen und war bereit, ihr einen Vertrauensvorschuß zu geben. Meine erste Begegnung mit Willy Brandt als Außenminister bestärkte mich darin. Schon wenige Tage nach seiner Amtsübernahme wurde ich nach Bonn gerufen, um ihn auf die unmittelbar bevorstehende Außenminister-Konferenz der NATO vorzubereiten. Ich war von seiner Sachlichkeit und seiner Bereitschaft, zuzuhören und zu lernen, angenehm berührt. In einem persönlichen Gespräch, zu dem er mich bat, sprachen wir über meine künftige Verwendung. Ihm war bekannt, daß ich seit einiger Zeit überlegte, ob ich nicht aus dem auswärtigen Dienst ausscheiden sollte. Er redete mir zu, diesen Gedanken zunächst zurückzustellen und auf meinem Posten zu bleiben. In absehbarer Zeit werde man mir eine neue Aufgabe übertragen. Er denke auch daran, ob ich nicht noch einmal nach Washington zurückkehren sollte. Wenngleich mir sein positives Urteil über meine Washingtoner Tätigkeit bekannt war, überraschte mich diese Äußerung; ganz ernstgenommen habe ich sie nicht – mit Recht, wie sich zeigte.

Kurz darauf traf ich mich mit Helmut Schmidt, dem Fraktionsführer der SPD, zu einem Gespräch beim Mittagessen, das mich in dem Gefühl bestärkte, daß man in der neuen Regierung auf meine weitere Mitarbeit Wert legte und daß es dafür ein Klima gab, das nicht ungünstig zu sein schien.

Es sollte jedoch sehr rasch anders kommen. Ein erster Wendepunkt war der 24. Januar 1967: An diesem Tage hielt ich in Bonn einen Vortrag ›Über den Einfluß der Kernwaffen auf die Politik‹, der sowohl bei den Zuhörern wie in der Öffentlichkeit ein unerwartet starkes Echo fand.[2] Ich hatte mit diesem Vortrag beabsichtigt, die Aufmerksamkeit der bis dahin in dieser Frage ziemlich lethargischen Öffentlichkeit auf die für uns schädlichen Konsequenzen des Kernwaffensperrvertrages zu lenken, den Amerikaner und Sowjets über unsere Köpfe hinweg miteinander verhandelten. Im NATO-Rat hatte ich diese Verhandlungen seit geraumer Zeit mit kritischer Aufmerksamkeit verfolgt, ebenso wie dies einige andere europäische Kollegen taten. Das Thema sollte mich noch durch Jahre hindurch begleiten. Über die Beweggründe meiner kritischen Beurteilung dieses Projektes wird später noch zu reden sein. In diesem Zusammenhang ist nur von Bedeutung, daß mir dieser Vortrag eine feindselige Kritik von sozialdemokratischer Seite und für die Zukunft ein schleichendes

Mißtrauen eintrug. Sogar Helmut Schmidt fragte mich ganz offen, ob ich damit einen Zankapfel zwischen die Koalitionsparteien hätte werfen wollen. Nichts hätte mir ferner gelegen als dieses. Aber mein Vortrag hatte in der Tat die Folge, daß sich in dieser Frage Meinungsverschiedenheiten zwischen SPD und CDU bildeten oder vertieften. Ohne daß ich es gewollt hätte oder auch nur hätte verhindern können, erhielt dieser Vortrag eine ungewöhnliche Publizität. Im Abstand von jeweils einigen Tagen druckten mehrere große Zeitungen einzelne Teile ab, versahen den Abdruck mit selbsterfundenen Schlagzeilen und erweckten damit den Eindruck einer fortgesetzten, zielbewußten Kampagne gegen den Sperrvertrag.[3]

Sowenig ich aus meinen Ansichten über den Sperrvertrag ein Hehl machte, so wenig hatte ich doch mit dieser aufgeregten und übersteigerten Reaktion der deutschen Presse zu tun. Aber das half mir wenig. Ich hatte den ersten Stein ins Wasser geworfen und wurde nun für alle weiteren Wellenschläge verantwortlich gemacht. Im ›Spiegel‹ schrieb Rudolf Augstein (unter der Überschrift ›Das Schanddiktat‹, womit alle Kritiker des Sperrvertrages gleich in die Kategorie jener unverbesserlichen, von deutschen Großmachtträumen besessenen Nationalisten eingereiht wurden, die einst gegen das ›Versailler Schanddiktat‹ anrannten): »NATO-Botschafter Wilhelm Grewe, der weder das ihm zugefügte Leid am Hofe Kennedys noch seine vergebliche Mühe um die MLF vergessen kann, schlug den ersten Funken in einem Vortrag vor der Deutschen Gesellschaft für Auswärtige Politik«.[4]

Am 11. Februar erschien in der ›Welt‹ ein nur mit drei Sternen gezeichneter Artikel, der für den Fall der Unterzeichnung des Sperrvertrages durch unsere NATO-Verbündeten wegen der darin liegenden Verletzungen der Verpflichtungen gemäß Artikel 8 des Vertrages den Austritt der Bundesrepublik aus der Allianz empfahl. (Artikel 8 legt den Vertragsparteien die Pflicht auf, »keine diesem Vertrag widersprechende internationale Verpflichtung einzugehen«.) Der Bonner Korrespondent von ›Le Monde‹ schrieb sofort, Gerüchten zufolge sei ich der Verfasser dieses Artikels. Ich war es nicht, ich hielt auch nicht viel von dieser Argumentation, ich dementierte meine Urheberschaft. Aber wie es mit Dementis geht: Wenn sie überhaupt gedruckt werden (häufig werden sie es nicht), dann – wie auch in diesem Falle – einige Tage später in einer versteckten Ecke im Kleindruck.

Einige Monate später kam es in Brandts Villa auf dem Venusberg zu einer Aussprache über diese Vorgänge. Der Außenminister erklärte mir, er habe meinen Vortrag vom 24. Januar sorgfältig gelesen, aber keinen Satz gefunden, den er beanstanden könne. Das klang ganz gut, aber das einmal geweckte Mißtrauen war damit wohl nicht ausgeräumt. Ich vermute, daß es noch durch einen anderen Vorfall genährt wurde: Am

11. April hatte mich Bundeskanzler Kiesinger zu einem Gespräch am frühen Morgen zu sich bestellt. Ich sollte über meine Eindrücke in Washington berichten, wo ich gerade an einer Konferenz der Nuklearen Planungsgruppe teilgenommen hatte, wobei es auch zu Gesprächen mit Außenminister Rusk gekommen war. Brandt befand sich in London, so daß ich ihn weder vorher sprechen noch über meinen Termin beim Bundeskanzler informieren konnte. Kiesinger hatte starke Bedenken gegen den Sperrvertrag und sagte mir, er wolle auf jeden Fall seine Befristung auf zehn Jahre erreichen. Während wir noch darüber sprachen, trat plötzlich Brandt in den großen offenen Raum im Kanzlerbungalow, in dem sich die Begegnung abspielte. Er war vorzeitig aus London zurückgekehrt und wegen einer dringenden Angelegenheit gleich zum Kanzler gefahren. Er verlor kein Wort über meine Anwesenheit und auch ich verzichtete – »qui s'excuse s'accuse« – auf jedes erklärende Wort. Aber ich hatte das Gefühl, daß er mich wohl in flagranti bei einem Versuch der Beeinflussung des Regierungschefs hinter seinem Rücken ertappt zu haben glaubte.

Immer wieder war es der Sperrvertrag, der das Klima verdarb. Ich konnte dem Thema nicht entgehen, denn der NATO-Rat beschäftigte sich über Jahre hinweg mit jeder einzelnen Phase des Verhandlungsprozesses, der sich überwiegend in Genf und vornehmlich zwischen Amerikanern und Sowjets abspielte. Generalsekretär Brosio stand dem Vertragsprojekt ebenso kritisch gegenüber wie ich. Längere Zeit verhielt sich auch die italienische Delegation ablehnend. Die Franzosen kritisierten das Projekt, ließen aber keinen Zweifel daran, daß sie die Bindung der Bundesrepublik durch diesen Vertrag wünschten. Die Amerikaner, die sich in erster Linie für ihn einsetzten, wurden ausgerechnet in dieser Sache durch einen Mann vertreten, dem ich in Washington nahegestanden hatte: William Foster, Leiter der Disarmament Agency und amerikanischer Delegierter bei den Genfer Abrüstungsverhandlungen. Auf seiner Yacht in der Cheasepeak Bay kreuzend, hatten wir zusammen geschwommen, diskutiert, getrunken. Bei der Behandlung des Sperrvertrages wurde ich im NATO-Rat – dem er in regelmäßigen Abständen Bericht erstattete – sein ärgster Widersacher. Diese Auseinandersetzungen gelangten nicht an die Öffentlichkeit, indessen kam es im Januar 1969 durch eine Diskussion in München zu einem öffentlichen Eklat. Dort tagte, wie in jedem Jahr, die Gesellschaft für Wehrkunde, die regelmäßig eine große Zahl hervorragender Politiker, Wissenschaftler und Militärs anlockte. Dort begegnete man Henry Kissinger, Denis Healey, Helmut Schmidt, General Beaufre, Baron Guttenberg und vielen anderen Trägern bekannter Namen. Ich wurde regelmäßig eingeladen und nahm in meinen NATO-Jahren stets an der Jahrestagung in München teil.

Der Sperrvertrag stand immer noch im Mittelpunkt des Interesses. Obgleich andere, weitergespannte Themen auf der Tagesordnung standen, kam man in der Diskussion immer wieder darauf zurück. Der italienische Abgeordnete Achille Albonetti unterzog das Projekt in einem ebenso brillanten wie ätzenden Beitrag einer vernichtenden Kritik: Der Vertrag werde den Geist der atlantischen Bündnissolidarität zerstören und ebenso die moralischen Fundamente des europäischen Einigungswerkes untergraben, auch wenn die Befürworter des Sperrvertrages sich darauf beriefen, daß eine »europäische Option« offenbleibe und den Europäern im Falle ihres staatlichen Zusammenschlusses eine gemeinsame Kernwaffenstreitmacht nicht verwehrt sei. Denis Healey suchte Italiener und Deutsche mit dem Hinweis zu beruhigen, der Vertrag enthalte ja eine Rücktrittsklausel. Im Rahmen eines Diskussionsbeitrages, der sich zunächst mit anderen Punkten der voraufgegangenen Diskussion befaßte, legte ich dar, daß sowohl die sogenannte europäische Option als auch die Rücktrittsklausel ziemlich irreal seien. Ich enthielt mich jedoch jeder Stellungnahme zu der konkreten Frage, ob die Bundesrepublik den nunmehr vorliegenden Vertragstext nach Abwägung aller positiven und negativen Elemente annehmen sollte. Die gleiche Enthaltsamkeit in bezug auf positive oder negative Empfehlungen übte auch mein Freund und Kollege Swidbert Schnippenkötter, der damals »Abrüstungsbeauftragter der Bundesregierung« war – auf deutscher Seite zweifellos der profundeste Kenner des Vertrages.

Am 4. Februar erschien in der ›Frankfurter Allgemeinen Zeitung‹ ein Bericht von Adalbert Weinstein, dem Militärkorrespondenten des Blattes, über den Verlauf der Münchner Tagung. Eine Zwischenüberschrift lautete: »Grewe und Schnippenkötter lehnen Atomsperrvertrag ab«. Abgesehen von Berkhan hätten sich die deutschen Teilnehmer fast geschlossen gegen den Non-Proliferationsvertrag ausgesprochen. Schnippenkötter habe mit wissenschaftlicher Akribie seine Behauptung belegt, daß der Sperrvertrag ein gefährliches politisches und technisches Instrument sei: Er müsse die Entwicklung der Bundesrepublik in Zukunft auf vielen Gebieten erheblich einengen. Als Fachmann habe er die Regierung davor gewarnt, diesem Vertragswerk beizutreten. Ich hätte mich diesen Ausführungen angeschlossen und den Sperrvertrag für unvereinbar mit dem Geiste der NATO erklärt. Dieser Bericht, der den tatsächlichen Hergang ungenau wiedergab und einige entstellende Übertreibungen enthielt, führte in dem bereits stark gespannten Koalitionsklima in Bonn zu einer Explosion. Kiesinger und Brandt, Kanzler und Außenminister derselben Regierung, hatten sich gerade innerhalb weniger Tage entgegengesetzt, der eine negativ, der andere positiv, zur Unterzeichnung des Vertrages geäußert. In der SPD glaubte man daher, den Außenminister gegen seine eigenen Beamten schützen zu müssen. Der SPD-Abgeordnete und Parlamentarische Staatssekretär Gerhard Jahn erklärte vor der SPD-Fraktion, Schnippenkötter und ich seien aufgefordert worden, uns bis auf weiteres jeder Äußerung zum Thema Atomsperrvertrag zu enthalten. Sollten die Presseberichte zutreffen, so sei diese »Polemik mit dem eigenen Minister« ein »unerhörter Vorgang«.

Diese voreilige Abkanzelung ohne Verifizierung des Tatbestandes und ohne Anhörung der Betroffenen, die noch dazu ausschließlich in einem SPD-Pressedienst bekanntgemacht wurde, brachte die CDU in Harnisch. Die Junge Union forderte den Rücktritt Jahns, der »ohne Kenntnis der Tatsachen zwei der qualifiziertesten deutschen Botschafter in der Öffentlichkeit diskriminiert« habe.

Jahn mußte sofort einen Rückzug antreten. Er erklärte, in seinem Verhalten habe »keine Verurteilung« gelegen. Er habe den Vorgang mit dem Vorbehalt gewertet, »falls er sich so abgespielt hat«.

Dem beamteten Staatssekretär Georg Ferdinand Duckwitz erging es mit einer vorschnellen Reaktion ähnlich. Am 4. Februar erhielt ich von ihm ein ziemlich rüdes Telegramm – noch dazu offen, so daß meine ganze Belegschaft auch etwas davon hatte. Es lautete: »Unter Hinweis auf heutigen Bericht in der FAZ über die Münchener Wehrkundetagung und Ihre dortigen Ausführungen erbitte ich umgehend Einsendung des Wortlauts Ihrer Darlegungen. Ferner ersuche ich Sie, sich jeglicher öffentlichen Äußerungen zum Sperrvertrag zu enthalten.«

Dieser Ton eines Kollegen, mit dem ich viele Jahre zusammengearbeitet hatte, befremdete mich; ich antwortete umgehend mit einem Telegramm, das den Pressebericht über den Inhalt des von mir in München Gesagten richtigstellte und dessen letzte Sätze lauteten: »Ich kann nicht erkennen, inwiefern ich mit diesen Ausführungen die Grenzen der auch einem Beamten zustehenden Meinungsfreiheit überschritten hätte. Ich behalte mir das Recht vor, in diesem Rahmen auch künftig meine Meinung öffentlich zu vertreten, insbesondere, solange sie nicht in Widerspruch zu einer eindeutig festgelegten Politik der Bundesregierung steht.«

Der ›Frankfurter Allgemeinen Zeitung‹ sandte ich gleichzeitig eine Richtigstellung.[5]

Duckwitz fand es nicht nötig, auf meine Richtigstellung zu reagieren. Die Zurückweisung seines Schweigegebots nahm er ohne Widerspruch hin. In diesem Punkte mußte man ohnehin am schnellsten den Rückzug antreten. Brandts erste öffentliche Äußerung zu der Angelegenheit bestand in der lapidaren Feststellung: »Unter einem Außenminister Brandt gibt es für die leitenden Beamten des auswärtigen Dienstes kein Sprechverbot.«

Inzwischen hatte bereits am 5. Februar abends ein (wohl vom Kanzleramt instruierter) Regierungssprecher erklärt, daß sich unsere Äußerungen

»im Rahmen der von der Bundesregierung angestellten Überlegungen zur Frage des Nichtverbreitungsvertrages« hielten.

Im Parlament befragt, ob er bereit sei, sich bei uns zu entschuldigen, zog sich Jahn damit aus der Affäre, die Klärung des Falles sei noch nicht abgeschlossen, und er wolle »nicht noch einmal eine vorschnelle Äußerung tun«. Er hat es jedoch auch später, als es nichts mehr zu klären gab, nicht für erforderlich gehalten, sich zu entschuldigen.

Die Aufklärung konnte nämlich an Hand von Tonbandaufnahmen der Münchner Diskussion ganz eindeutig herbeigeführt werden. Danach blieb der Spitze des Amtes nichts anderes übrig, als eine Ehrenerklärung abzugeben, deren Text von Schnippenkötter mit eiserner Konsequenz ausgehandelt wurde. Brandt verlas sie am 19. März im Bundestag, ergänzt durch einige von ihm selbst hinzugefügte Einleitungssätze. Er sagte: »Wozu ich mich äußern müßte, war die Frage des Herrn Kollegen Schulze-Vorberg, ob ich nicht heute abend durch eine zusätzliche Äußerung etwas klären könnte, was das Hohe Haus, schon einmal beschäftigt hatte und was sich auf zwei besonders tüchtige Botschafter des auswärtigen Dienstes bezieht... Die Stellungnahmen der beiden genannten Botschafter zu dem Bericht einer Tageszeitung über die 6. Internationale Wehrkundebegegnung... in München sind im Auswärtigen Amt geprüft worden. Die Prüfung, in die auch die bei der Tagung aufgenommenen Tonbänder einbezogen wurden, hat ergeben, daß der in der Öffentlichkeit beachtete Bericht teilweise unrichtig und unvollständig ist. Hierzu wurde schon am 5. Februar festgestellt, daß sich die auf der Tagung gemachten Äußerungen im Rahmen der von der Bundesregierung angestellten Überlegungen hielten. Um das zu verdeutlichen: Botschafter Grewe hat sich zur Frage der Unterzeichnung des Atomwaffensperrvertrages durch die Bundesregierung nicht geäußert; Botschafter Schnippenkötter hat unter anderem von Modalitäten gesprochen, die der Bundesrepublik Deutschland den Beitritt zu dem weltweit angenommenen Vertrag der atomaren Nichtverbreitung ermöglichten. Nach Rückäußerung beziehungsweise persönlicher Rücksprache mit den Beteiligten ist die Angelegenheit abgeschlossen, und dem Bundesminister des Auswärtigen liegt daran, bei dieser Gelegenheit noch einmal klarzustellen, daß es in dem von ihm geleiteten Ressort kein Redeverbot gibt. Die Regeln, die in jeder geordneten Verwaltung gelten, bleiben davon unberührt.«[6]

Eines war für den Ausgang der Angelegenheit wiederum bezeichnend: Nachdem über sechs Wochen seit den aufregenden Auseinandersetzungen in der ersten Februarwoche vergangen waren, hatte die Presse längst ihr Interesse daran verloren: Keine deutsche Zeitung – jedenfalls keine mir bekannt gewordene – erwähnte diesen Abschluß oder druckte gar diese Ehrenerklärung des Außenministers für seine Botschafter ab. Sang- und klanglos ging der Schlußakt über die Bühne – zurück blieb nur ein verstärktes Ressentiment in den Reihen der SPD gegen zwei ohnehin bei ihr wenig beliebte Beamte des auswärtigen Dienstes.

Als daher die große Koalition im September 1969 durch die sozialliberale ersetzt wurde und die SPD führende Regierungspartei wurde, konnte sich meine Position in Bonn nur verschlechtern. Tatsächlich wurde ich seit diesem Zeitpunkt weder vom Kanzler noch vom Außenminister jemals zur Konsultation gerufen. Ich sah die beiden nur, einzeln oder zusammen, wenn ich hohe Besucher nach Bonn zu geleiten hatte: den NATO-Generalsekretär, später den Kaiser von Japan oder den japanischen Ministerpräsidenten, oder wenn ich – kraft Amtes – an den Sitzungen des Bundesverteidigungsrates teilnahm. Da ich auch meinerseits dem Regierenden Bürgermeister von Berlin der Jahre 1958/59 mehr Sympathien entgegengebracht hatte als dem Kanzler der Jahre 1969 bis 1974, konnte ich dieser Distanz auch positive Seiten abgewinnen. Den Außenminister Scheel sah ich vor und bei allen NATO-Konferenzen sowie bei einer Botschafterkonferenz (1973 in Djakarta). Als ich ihn beim Liebesmahl des Ostasiatischen Vereins im März 1971 in Hamburg traf, lud er mich für den nächsten Tag zu einem Austernfrühstück mit seiner Frau in einem altangesehenen Hamburger Austern- und Fischrestaurant ein. Das war eine recht fröhliche und ungezwungene Begegnung (Frau Mildred gab mir ärztliche Ratschläge in bezug auf die mir zuträglichen Badewassertemperaturen, die ich seitdem mit Nutzen befolgt habe), aber einen sachlichen Ertrag für meine Arbeit hatten sie natürlich nicht.

Der wichtigste und fruchtbarste Kontakt in den letzten einenhalb Jahren meiner NATO-Tätigkeit war der zum Bundesverteidigungsminister: Mein persönliches Verhältnis zu Helmut Schmidt blieb von allen voraufgegangenen Kontroversen mit seiner Partei ungetrübt. Die Zusammenarbeit mit ihm blieb reibungslos, gegründet auf gegenseitigen Respekt und Vertrauen – vielleicht auch ein wenig auf unsere gemeinsame hanseatische Herkunft, nicht zuletzt auch auf ein freundschaftliches Verhältnis zwischen unseren Frauen. Die Abschiedsrede, die er mir bei einem auf der Hardthöhe gegebenen Abschiedsessen hielt, spiegelte dieses Verhältnis wider. Sie enthielt eine Würdigung meiner Arbeit bei der NATO, die sich von dem Desinteressement der übrigen Regierungsmitglieder bei meinem Abgang nach acht Jahren in einer für mich erfreulichen Weise abhob.

Ich habe mir nie darüber Illusionen gemacht, daß ein Botschafter, dessen Verhältnis zur eigenen Regierung zu wünschen übrig läßt, in seiner diplomatischen Aktivität an Wirksamkeit einbüßt. Sein Rat verliert zu Hause an Gewicht, er kann seine Vorschläge häufig nicht durchsetzen, seine Argumente verlieren an Überzeugungskraft. Den ausländischen Partnern bleibt das auf die Dauer nicht verborgen. Mehrfach hatte ich daher seit etwa 1967 den Gedanken erwogen, in den akademischen Beruf zurückzukehren oder die Leitung eines Forschungsinstituts zu erstreben. Indessen verschlechterte sich das Klima in diesem Bereiche so rapide, daß dieser Gedanke seine Attraktivität bald wieder einbüßte. Ein Indiz war für mich die Tatsache, daß die Universität Freiburg, die mich regelmäßig einmal jährlich zu einem Vortrag im Studium generale eingeladen hatte und deren Rechts- und Staatswissenschaftliche Fakultät mich immer noch als Mitglied im Vorlesungsverzeichnis führte, ab 1968 diese Übung stillschweigend einschlafen ließ. Ich brauchte keinen Zweifel zu hegen, daß meine alten Kollegen – und wohl auch die meisten jüngeren – mich gerne von Zeit zu Zeit in Freiburg gesehen hätten. Aber sie mußten wohl damit rechnen, daß mein Auftreten radikalen Studentengruppen Anlaß zu Krawallen geben würde. So verzichtete man lieber. Nichts ist bezeichnender für den Zustand der deutschen Universitäten: Wo es äußerlich ruhig und geordnet zugeht, muß die Ruhe mit solchen Verzichten erkauft werden; eine deprimierende Erkenntnis.

Alles dieses hat dazu beigetragen, mir den Abgang von der NATO sinnvoller erscheinen zu lassen: An dieser Stelle war ein Botschafter erforderlich, der mit seiner Regierung in einem engen Kontakt stand.

Als – im Laufe des Monats Dezember – die Presse über das bevorstehende Revirement berichtete, spiegelten widersprüchliche Kommentare, die von überschwenglichem Lob bis zu spöttisch-kritischer Abwertung von Person und Leistung reichten, den politischen Hintergrund des Vorgangs wider. Bei aller unterschiedlichen Bewertung stimmten nämlich alle in der Beurteilung des Tatbestands überein, daß politische Motive hinter diesem Revirement standen. In der Sprache der einen Seite ging es um den begrüßenswerten Versuch, das »CDU-programmierte Establishment« des Auswärtigen Amtes »sozial-liberal aufzuforsten«, die »Protégés des ersten westdeutschen Außenministers Konrad Adenauer« »auf weniger bedeutsame Posten abzuschieben«.[7] In der Sprache der anderen wurde bedauert, daß »gerade in einem Augenblick, da die Bundesregierung im Bemühen um Entspannung mit dem Osten die Rückendeckung und das Vertrauen des Westens nötiger braucht denn je, sie auf den Rat und die Mitwirkung eines Mannes verzichten (will), der die komplizierte Materie der Bündnis- und Berlin-Strategie durch langjährige Erfahrung beherrscht wie kaum sonst jemand«.[8]

Ich nahm das alles mit Gelassenheit zur Kenntnis, denn ich hatte seit langem einen ähnlichen Verlauf der Dinge erwartet und war weder überrascht noch verletzt noch gesonnen, mich dem zu widersetzen. Während jener Jahre, in denen ich mit dem NATO-Rat in Brüssel war, hatte sich ein Umschlag der politischen Großwetterlage vollzogen, dessen Folgen unausweichlich waren. Damit mußte ich leben.

Auf dem Wege nach Helsinki

Als ich Anfang Oktober 1956 die Stadt Helsinki zum ersten Male besuchte, hatte sie noch nicht ihre heutige Berühmtheit als internationale Konferenzstadt erlangt, die ihr zunächst die ersten amerikanisch-sowjetischen Gespräche über die Begrenzung der strategischen Nuklearwaffen (1969) und später (1972 bis 1975) die Konferenz über Sicherheit und Zusammenarbeit in Europa (KSZE) einbrachten. In den fünfziger Jahren verfolgte die finnische Regierung eine Neutralitätspolitik, die ihr größte Zurückhaltung in allen Fragen der Ost-West-Beziehungen ratsam erscheinen ließ. Sie scheute das Rampenlicht großer internationaler Veranstaltungen und zog es vor, möglichst unauffällig dafür zu sorgen, daß Finnland ein freies, demokratisches Staatswesen blieb, ohne dem übermächtigen Nachbarn Anlaß zur Einmischung oder zur Anwendung politischen oder gar militärischen Drucks zu geben. Im deutsch-finnischen Verhältnis spiegelte sich diese Haltung in der einzigartigen Situation, daß es in Helsinki sowohl ein Generalkonsulat der Bundesrepublik wie auch ein solches der DDR gab. Die Bundesrepublik war bei der praktischen Anwendung der Hallstein-Doktrin flexibel genug, um die Ausnahmesituation Finnlands zu berücksichtigen und ihr Rechnung zu tragen. Im Zuge der späteren Entwicklung, die man in der internationalen Diskussion wegen ihres potentiellen Modellcharakters »Finnlandisierung« genannt hat, gaben die Finnen diese Zurückhaltung auf und boten Helsinki als Schauplatz für solche internationale Ost-West-Beziehungen an, von denen man sicher sein konnte, daß ihr Zustandekommen von der Sowjetunion gewünscht und gefördert wurde – vor allem für SALT und die KSZE.

Anlaß meines Besuches 1956 war eine Einladung des Finnischen Juristenverbandes zu einem wissenschaftlichen Vortrag. Sie richtete sich an den Freiburger Völkerrechtsprofessor, von dem man natürlich wußte, daß er gleichzeitig und sogar hauptsächlich Leiter der Politischen Abteilung des Auswärtigen Amtes war. Auch das Thema – ›Deutschlands völkerrechtliche Stellung‹ – war nicht gerade unpolitisch. Ich behandelte es in einer Form, die meine Gastgeber möglichst nicht in Verlegenheit brachte, ohne jedoch Abstriche von unseren damaligen Thesen über den staats- und völkerrechtlichen Fortbestand der Einheit Deutschlands und die Nichtanerkennung der DDR vorzunehmen.[1]

Ein Wochenende bei dem Zellulose-Industriellen Serlachius in Mantä, einige hundert Kilometer nördlich von Helsinki, bot Gelegenheit zu Gesprächen über die wirtschaftlichen und politischen Probleme des Landes – zum Teil in einer Sauna in einem Blockhaus am Ufer eines Sees, inmitten einer Landschaft, die sich in der Farbenpracht nordischer Herbsttage in großer Schönheit darbot.

Was sich fast zwanzig Jahre später in Helsinki abspielte, konnte ich nur aus der Ferne beobachten. Im August 1975 war hier der Schauplatz eines großen internationalen Ereignisses: Die Staats- und Regierungschefs von fünfunddreißig Nationen kamen hier zur feierlichen Unterzeichnung der ›Schlußakte der KSZE‹ zusammen – vom Generalsekretär der Vereinten Nationen über den Präsidenten Ford sowie Parteisekretär und Regierungschef Breschnjew bis zu den Ministerpräsidenten von Malta, Liechtenstein und San Marino. Es war ein spektakulärer Höhepunkt der Entspannungspolitik, deren Anfänge und Entwicklung ich im NATO-Rat über viele Jahre hinweg verfolgt hatte.

Die Bewertung dieses in Helsinki unterzeichneten Dokumentes ist bis zum heutigen Tage umstritten, ebenso wie die Ansichten über den Nutzen und die Auswirkung der Entspannungspolitik bis zum heutigen Tage strittig geblieben und es gerade in den Jahren nach der Konferenz von Helsinki wieder mehr als zuvor geworden sind.

Ich habe schon anzudeuten versucht, welcher Auffassung ich in dieser Auseinandersetzung zuneigte: Ich bejahte die Notwendigkeit, Unausweichlichkeit und Zweckmäßigkeit einer westlichen Entspannungspolitik, solange sie realistisch, illusionslos und wachsam blieb und nicht in der vagen Hoffnung auf ein gutwilliges Entgegenkommen der Gegenseite und auf deren allmählichen Gesinnungswandel wertvolle Positionen verschenkte.

Daß die Kuba-Krise für die Entspannung zwischen Ost und West ein Wendepunkt von großer Tragweite gewesen war, war mir sofort nach Abschluß der dramatischen Oktober-Tage von 1962 klargeworden.

In einem Vortrag, den ich – drei Wochen danach – auf einem Herrenabend der Frankfurter Bank über ›Die Bedeutung des Status quo für den Frieden‹ hielt, versuchte ich, die in der Kuba-Krise sichtbar gewordenen politischen Spielregeln des Atomzeitalters zu formulieren und ihre Konsequenzen – auch für die Probleme Deutschlands – auszumalen. Ich sprach von dem im Kuba-Fall durchexerzierten Grundsatz, daß der Status quo des atomaren Gleichgewichts keine willkürlichen einseitigen Änderungen erlaube – bei dem es sich nicht um einen neuen Völkerrechtssatz, sondern um eine politische Maxime, eine ungeschriebene Regel des Mächtegleichgewichts im Atomzeitalter handele. Die dadurch bewirkte Erstarrung der weltpolitischen Fronten überall dort, wo sich die nuklearen Supermächte in direkter Konfrontation gegenüberstehen, stelle eine Stabilisierung des Status quo dar, »die noch nicht die Verwirklichung einer gerechten Ordnung bedeutet. Aber sie bedeutet, und das sollten auch wir nicht vergessen, die vorläufige Gewährleistung des Friedens und die Möglichkeit friedlicher und geordneter Verfahren zur Annäherung an eine Ordnung der Gerechtigkeit.« Warnend setzte ich an den Schluß meines

Referats die Sätze: »Wir mögen ein noch so gutes Recht auf Selbstbestimmung und Wiedervereinigung haben – seine Verwirklichung wird sinnlos, wenn sie nur auf dem Wege der vorherigen Zerstörung beider Teile Deutschlands zu erreichen ist. Deshalb hat es seinen guten Sinn, sich mit der Bedeutung des Status quo für den Frieden zu beschäftigen – auch wenn man entschlossen ist, mit friedlichen, das heißt politisch-diplomatischen, wirtschaftlichen, moralisch-psychologischen Mitteln für die Durchsetzung unseres guten Rechts – und damit für eine Veränderung des Status quo – zu kämpfen.«[2]

Ähnliches hatte ich, mit etwas anderen Worten, auch früher schon gesagt. Hier lag mir daran, die Einsicht zu vertiefen, daß sich nach den Erfahrungen der Kuba-Krise auch die Hoffnungen auf eine deutsche Wiedervereinigung in absehbarer Zukunft noch illusionärer als zuvor ausnähmen und daß man sich darauf einstellen müsse, noch auf lange Zeit mit dem Status quo der Teilung zu leben. Das hieß nicht, daß ich eine völkerrechtliche Sanktionierung des Status quo befürwortete; die habe ich stets abgelehnt, wenngleich ich befürchtete, daß sie uns eines Tages, auch unter Mitwirkung unserer eigenen Verbündeten, aufgenötigt werden könnte. Ein Jahr später, in einem Vortrag vor der Deutschen Gesellschaft für Osteuropakunde in Berlin, am 26. Oktober 1963, sprach ich diese Befürchtung aus: Auch die Hinnahme, ja sogar die juristische Fixierung des politischen Status quo in bestimmten Teilen der Welt könnte eines Tages im Lichte der Maßnahmen zur Verhütung eines nuklearen Zusammenstoßes gesehen werden.[3]

Für diesen Vortrag, der eine rückblickende Analyse der spezifischen Auseinandersetzungsformen der Periode des Kalten Krieges von 1945 bis 1963 zum Gegenstand haben sollte, hatte ich als Titel vorgeschlagen: ›Die Diplomatie des Kalten Krieges 1945 bis 1963‹. Zu meinem lebhaften Mißvergnügen wollte sich der Vorstand der Gesellschaft nicht mit diesem Titel befreunden. Den Kalten Krieg wollte man in dem Programm der Jubiläumstagung der Gesellschaft (zur Erinnerung an die Gründung vor fünfzig Jahren) nicht erwähnt sehen, nicht einmal in der Form des von mir geplanten historischen Rückblicks. Diese – sicher auch durch den Tagungsort Berlin bedingte – Übervorsicht erschien mir bezeichnend für eine neue Stimmungsentwicklung der deutschen Öffentlichkeit, die ich nicht weniger bedenklich fand als manche nationalen Kraftworte der Vergangenheit.

Wenn ich auch auf den Gebrauch der Vokabel »Kalter Krieg« in der Überschrift verzichten mußte, so ersparte ich meinen Hörern doch nicht einige Feststellungen, die manche ungern hörten und die in den folgenden Jahren zunehmend unpopulär wurden: daß nämlich die damals einsetzende neue Entspannungsoffensive Moskaus nur den Anfang einer neuer

Phase des Kalten Krieges markiere und die vorliegenden Tatsachen kaum die Annahme rechtfertigten, daß es sich um eine Schlußphase handele. Solche Feststellungen trugen einem bald das Stigma eines Kalten Kriegers ein. Das hat mich nie irritiert. In Augenblicken der Ernüchterung sind auch andere bekannte Analytiker, die sich für die Entspannung einsetzten, aber einen klaren und ungetrübten Blick für die Realitäten bewahrt hatten, zu dem gleichen Ergebnis gelangt. Entspannung, sagte mein amerikanischer Kollege im NATO-Rat, Botschafter Harlan Cleveland, in einem Vortrag in Kopenhagen im Dezember 1968, sei am besten – in Anlehnung an Clausewitz – zu definieren als die »Fortsetzung der Spannung mit anderen Mitteln«. Das war einige Monate nach der Sowjet-Intervention in Prag. Acht Jahre später beantwortete Theo Sommer, der Chefredakteur der ›Zeit‹, die Frage nach dem Unterschied zwischen Entspannung und Kaltem Krieg mit den Worten: »Er liegt nur darin, daß jetzt wenigstens begrenzte Zusammenarbeit möglich ist. Sonst aber ist alles beim alten geblieben: bei Konflikthaftigkeit, Friktionsrisiko, ideologischer Stirn-an-Stirn-Stellung. Noch läßt sich leider sagen: Entspannung ist die Fortsetzung des Kalten Krieges mit anderen Mitteln – und manchmal mit denselben.«[4]

Nur eine weitere Äußerung zu diesem Thema und aus dieser Zeit mag hier erwähnt sein: Im Juni 1965 versuchte ich im Rahmen eines Vortrags im Österreichischen Ost- und Südosteuropa-Institut in Wien noch einmal zu umschreiben, was Entspannung allenfalls bedeuten kann und was sie jedenfalls nicht bedeuten darf:

»Sie kann zunächst bedeuten, daß beide Seiten den Atomkrieg vermeiden wollen und daher in Zukunft solche Methoden der Auseinandersetzung bevorzugen, die sie nicht zu nahe an die ›Eskalationsspirale‹ heranführen. Sie kann jedoch nicht bedeuten, daß ein Ende des Ost-West-Konflikts nunmehr abzusehen wäre und daß es leichter geworden sei, die Probleme zu bereinigen, die einem wirklichen Friedenszustand und einer vollen Normalisierung der gegenseitigen Beziehungen entgegenstehen.«[5]

Einige Grundregeln der hier entwickelten »realistischen Entspannungspolitik« lauteten: »Die Vorstellung, daß sich tiefgreifende Gegensätze zwischen den Mächten mit Hilfe einer verbesserten ›Atmosphäre‹ beheben ließen, ist naiv und meist abwegig...« »Das gleiche gilt von einer Entspannungspolitik, die zwar über die Atmosphäre hinausgeht und praktische Maßnahmen anstrebt, dabei jedoch die wahren Ursachen der Spannung verkennt oder ignoriert und infolgedessen Schritte vorschlägt, die nur scheinbar entspannend wirken, in Wahrheit aber die Situation verschlechtern. Dazu gehören alle jene Vorschläge, die auf Disengagement, Denuklearisierung, Konföderierung der beiden Teile Deutschlands und Internationalisierung Berlins abzielen.« »Entspannung muß gegenseitig sein, und sie darf nicht diskriminieren: Beschränkt sie sich auf den Hauptpartner der anderen Seite oder sucht sie einen einzelnen Bündnispartner aus der Entspannung auszunehmen und zu isolieren, so wird sie unakzeptabel.«[6]

Auf sowjetischer Seite hat man sich bei den verschiedenen Entspannungsoffensiven niemals von Illusionen leiten lassen. Gelernt hat man in Moskau im Laufe der Zeit, daß man nicht einen einzelnen Bündnispartner der anderen Seite – die Bundesrepublik Deutschland – aus der Entspannungspolitik ausklammern kann. Erst diese Erkenntnis hat den Weg für die Ostpolitik der sozial-liberalen Koalition geöffnet. Vieles von dem, was ich in öffentlichen Vorträgen zu diesem Thema sagte, spiegelte naturgemäß das wider, was ich in den Auseinandersetzungen des NATO-Rats und der Ministerkonferenzen erlebt hatte.

Diese Auseinandersetzungen, die einen ersten Höhepunkt mit den Diskussionen von 1963 über den Vorschlag eines Nichtangriffspaktes zwischen NATO und Warschauer Pakt erreichten, kamen in den folgenden Jahren nicht mehr zur Ruhe. Als die sowjetische Politik und Propaganda, ermutigt durch den von ihr als akutes Krisensymptom der atlantischen Allianz gedeuteten Rückzug Frankreichs aus der Bündnisintegration, zwischen 1966 und 1969 dazu überging, die »Auflösung der Blöcke« zu fordern und auf ihren schon 1954 vorgebrachten Vorschlag eines Systems kollektiver Sicherheit in Europa und einer ihrer Verwirklichung dienenden Europäischen Sicherheitskonferenz zurückzugreifen, erwachte im Kreise der westlichen Bündnispartner zunehmend das Bedürfnis, die Ziele der Allianz neu zu bestimmen, ihr eine Aufgabe zu setzen, die der veränderten Grundstimmung entsprach, vor allen Dingen ihr über die rein militärische Verteidigungsaufgabe hinaus eine politische Aufgabe zu setzen, die mit den Zeitströmungen harmonierte.

Gegenüber der sowjetischen Forderung nach Auflösung der Militärblöcke (Bukarester Deklaration des Warschauer Paktes vom 6. Juli 1966 und Karlsbader Erklärung der europäischen kommunistischen Parteien vom 26. April 1967) hielt man es für erforderlich, die fortdauernde Notwendigkeit des atlantischen Bündnisses zu begründen und öffentlichkeitswirksam herauszustellen – dies auch im Hinblick darauf, daß das Jahr 1969 als ein kritisches Jahr für den Fortbestand der Allianz angesehen wurde: Nach zwanzigjähriger Laufzeit des Vertrages stand von diesem Zeitpunkt an jedem Mitgliedstaat das Recht zur Kündigung seiner Mitgliedschaft offen.

Aus solchen Motiven heraus wurde auf Anregung des belgischen Außenministers Pierre Harmel auf der Ministerkonferenz vom Dezember 1966 beschlossen, eine umfassende Analyse der internationalen Entwicklungen seit Unterzeichnung des Nordatlantikvertrages durchzuführen, »um den Einfluß dieser Entwicklungen auf das Bündnis festzustellen und damit das Bündnis als Faktor eines dauerhaften Friedens zu stärken.«

Ein ganzes Jahr arbeiteten mehrere Untergruppen unter der Ägide des Rates an der Formulierung dieses Berichtes. Sie standen unter der Leitung von »Rapporteuren« für die verschiedenen Sachbereiche. Für »Ost-West-Beziehungen« (das zentrale Thema des Berichts) wurden Klaus Schütz, damals Staatssekretär des Auswärtigen Amtes, und der Unterstaatssekretär des britischen Foreign Office, J. H. A. Watson, eingesetzt; für die Beziehungen der Bündnispartner untereinander der belgische frühere Außenminister Paul-Henri Spaak; für Verteidigungspolitik der amerikanische Unterstaatssekretär Foy Kohler (mein alter Gesprächspartner aus der Washingtoner Zeit, später Botschafter in Moskau); für die Beziehungen mit Drittländern der holländische Professor C. L. Patijn von der Universität Utrecht – der einzige Außenseiter, der in diese, im übrigen doch hochoffiziellen, Erörterungen einbezogen wurde, Schütz, obwohl ganz neu im diplomatischen Geschäft, stand in dieser Arbeit seinen Mann, wobei ihm sprachlich und sachlich zustatten kam, daß er eine Weile Political science in den Vereinigten Staaten studiert hatte. Das Ergebnis war ein konzentriertes, abgewogenes Dokument mit siebzehn Punkten, das auf der Ministerkonferenz im Dezember 1967 gebilligt wurde und seitdem die wichtigste programmatische Aussage der Allianz geblieben ist. »Eine gerechte und dauerhafte Friedensordnung in Europa mit angemessenen Sicherheitsgarantien« wurde als das höchste politische Ziel der Allianz proklamiert. Grundlegend war die Definition der zwei Hauptfunktionen der Allianz – der militärischen und der politischen: Abschreckung und Verteidigung einerseits, politische Bemühungen »in Richtung auf dauerhaftere Beziehungen, mit deren Hilfe die grundlegenden politischen Fragen gelöst werden können«, andererseits. Entspannung blieb in der Sicht dieses Berichts ein realistisches Konzept: »Militärische Sicherheit und eine Politik der Entspannung bilden keinen Widerspruch, sondern ergänzen sich. Kollektive Verteidigung ist ein stabilisierender Faktor in der Weltpolitik. Sie ist die notwendige Voraussetzung für eine wirksame, auf größere Entspannung gerichtete Politik.«

In der Deutschland-Frage hielt der Bericht an den Leitgedanken fest, denen die Allianz seit dem Beitritt der Bundesrepublik 1955 gefolgt war: »Eine endgültige und stabile Regelung in Europa ist nicht möglich ohne eine Lösung der Deutschland-Frage, die den Kern der gegenwärtigen Spannungen in Europa bildet. Jede derartige Regelung muß die unnatürlichen Schranken zwischen Ost- und Westeuropa beseitigen, die sich in der Teilung Deutschlands am deutlichsten und grausamsten offenbaren.«
Es waren nicht die Verbündeten, die dieses Programm zuerst aufgaben.

Die sowjetische Forderung nach einer europäischen Sicherheitskonferenz überging der Harmel-Bericht mit Stillschweigen. Dagegen äußerte er sich positiv über ein anderes Entspannungsprojekt, das in den folgenden Jahren die westliche Gegenposition zu dem östlichen Konferenzprojekt bildete: zu dem Gedanken beiderseitiger ausgewogener Truppenverminderungen.[7] Schon in Präsident Johnsons bekannter Rede über den »Brückenschlag« zwischen Ost und West vom 7. Oktober 1966 war er berührt worden. Ein halbes Jahr nach der Annahme des Harmel-Berichts konkretisierten die Außenminister der Allianz auf ihrer Konferenz in Reykjavik ihren Vorschlag (24./25. Juni 1968). Der deutsche Außenminister Willy Brandt, zu jenem Zeitpunkt Präsident des Ministerrats, hatte sich besonders für ihn eingesetzt. In Reykjavik, der kleinen, anspruchslosen Hauptstadt des nördlichsten NATO-Mitgliedes, jenes Bündnispartners, der keine eigenen Streitkräfte hat und dessen Beitrag zur Allianz in der Bereitstellung seines Territoriums für einen strategisch wichtigen See- und Luftstützpunkt besteht, erwartete man kommunistische Demonstranten. Es kamen nur einige wenige; in Erinnerung geblieben ist mir nur noch eine Gruppe mit einem Spruchband, auf dem (in Anspielung auf Brandts in der rebellischen studentischen Linken aktiven Sohn Peter) geschrieben stand: »Peter ja, Willy nein!«

Nach den hellen nordischen Sommernächten von Reykjavik kamen die erregenden heißen Augusttage, die mit dem Prager Frühling zunächst auch die Entspannungsouvertüren der NATO begruben. An jenem 21. August, als die Truppen des Warschauer Paktes in die Tschechoslowakei einmarschierten, befand ich mich am äußersten Südwestzipfel Europas, in der portugiesischen Provinz Algarve, nahe jenem Cabo Sao Vicente, von dem aus die Karavellen Heinrichs des Seefahrers zu ihren Entdeckungsfahrten in See gestochen waren. Auf dem schnellsten Wege kehrte ich nach Brüssel zurück. Die Regierungen, der Rat, die militärischen Kommandobehörden waren durch die Ereignisse alarmiert, wenngleich es sich um Vorgänge innerhalb des Ostblocks handelte und die Sicherheit des NATO-Gebiets nicht bedroht war. Immerhin war ein »Überschwappen« auf die eine oder andere Weise nicht ganz auszuschließen.

War dieses das Ende der Entspannungspolitik? Zu einer solchen voreiligen Schlußfolgerung konnte nur gelangen, wer sich vorher einer illusionären Entspannungseuphorie hingegeben hatte. Da ich das nicht getan hatte, zweifelte ich keinen Augenblick daran, daß es sich um einen zeitweiligen Rückschlag für diese Politik handelte, aber nicht um ihr Ende. Man hatte auch vor Prag gewußt, wessen dieser Entspannungspartner fähig war. Vier Wochen nach den Prager Ereignissen formulierte und begründete ich meine Überzeugung vom Fortgang der Entspannung in einem Vortrag vor dem Export-Club in München:[8]

»Nichts wäre in der Tat sinnloser, als eine Rückkehr zum Kalten Krieg. Der Übergang zur Entspannungspolitik, der nach einigen voraufgegangenen Anläufen und Rückschlägen schließlich nach der Kuba-Krise von 1962 vollzogen wurde, beruhte auf einigen ganz nüchternen und realistischen Überlegungen, die durch die jüngsten Ereignisse in keiner Weise widerlegt werden: Die beiden atomaren Supermächte haben eine Reihe von übereinstimmenden Interessen, die sie zur Entspannung bewogen haben. Ihre kleineren Verbündeten könnten sie von diesem Wege weder abbringen noch könnten sie den Kalten Krieg auf eigene Faust fortsetzen, wozu sie auch gar nicht die Absicht haben, denn ihre Interessen weisen weitgehend in die gleiche Richtung.

Welches sind die den beiden Supermächten gemeinsamen Interessen an der Entspannung?

1. Es ist vor allem anderen das beiden Seiten gemeinsame Bestreben, auf jeden Fall den Atomkrieg zu vermeiden und daher in Zukunft solche Methoden der Auseinandersetzung zu bevorzugen, die sie nicht zu nahe an die »Eskalationsspirale« heranführen.

2. Es ist weiterhin die auf beiden Seiten gewachsene Einsicht, daß sich der Kalte Krieg überlebt hat und beiden Seiten keine Gewinne mehr verspricht. Würde man ihn wieder beleben, so würde man jeweils die andere Seite wieder in einen Zustand der Verhärtung, der Disziplinierung und der Aufrüstung hineintreiben – das heißt Wirkungen hervorrufen, die man gerade vermeiden möchte. Auch sind die Möglichkeiten einer erneuten psychologischen Mobilisierung auf beiden Seiten begrenzt.

3. Diese Einsicht verbindet sich mit einer im Laufe der langen Jahre des Kalten Krieges gewachsenen Resignation in bezug auf die eigenen Möglichkeiten, die Zustände im Machtbereich der anderen Seite ändern zu können. Die Kommunisten rechnen nicht mehr mit dem baldigen Zusammenbruch des Kapitalismus, der Westen hat die Hoffnung aufgegeben, die kommunistischen Regime im Osten stürzen zu sehen. Man richtet sich darauf ein, mit der Gegenseite so, wie sie ist, noch lange Zeit zusammenleben zu müssen. Der Gedanke an weitere Jahrzehnte eines Kalten Krieges ist für niemanden verlockend.

4. Beide Seiten können wirtschaftlich nur profitieren, wenn ihnen eine politische Entspannung militärische Ausgaben erspart und sie insbesondere davor bewahrt, sich in eine ruinöse Steigerung des Wettrüstens stürzen zu müssen.

Die Feststellung dieser die Entspannung begünstigenden gemeinsamen Interessen darf nicht vergessen machen, daß die Interessengegensätze, Antagonismen und Kollisionsflächen zwischen den beiden Supermächten damit nicht aus der Welt geschafft sind und daß es im übrigen auf beiden Seiten Motive der Entspannungspolitik gibt, die nicht auf Zusammenarbeit gerichtet sind, sondern bestimmte Wirkungen und Entwicklungsprozesse im Machtbereich der anderen Seite auslösen wollen. Keine realistische Entspannungspolitik darf insbesondere vergessen, daß die sowjetische Koexistenzkonzeption nicht auf Versöhnung und Friedensschluß mit dem ›kapitalistischen‹ Westen gerichtet ist, sondern nach wie vor jede Gelegenheit benutzen wird, zu seinem Untergang beizutragen – soweit damit nicht das Risiko eines Kernwaffenkonflikts der Supermächte heraufbeschworen wird.

Realistisch kann man daher nur eine Entspannungspolitik nennen, die nicht von einer inneren Wandlung der kommunistischen Machthaber träumt, sondern nüchtern damit rechnet, daß Vertrauensseligkeit von ihnen als Schwäche bewertet und entsprechend beantwortet wird; daß erfolgreiche Entspannungspolitik daher mit der Wahrung des machtpolitischen Gleichgewichts steht und fällt.«

Die Außenminister der NATO-Staaten, die wegen der Prager Ereignisse vorzeitig zu ihrer Winterkonferenz zusammengetreten waren, kamen zu ähnlichen Ergebnissen. Fortschritte auf dem Gebiet der Entspannung seien in Frage gestellt. Aber das politische Ziel bestehe »nach wie vor in der Herbeiführung gesicherter, friedlicher und für beide Seiten nutzbringender Beziehungen zwischen Ost und West«.[9] Die Aussichten auf ausgewogene gegenseitige Truppenverminderungen hätten einen schweren Rückschlag erlitten, aber man wolle seine Studien und Vorbereitungen für einen günstigeren Zeitpunkt fortsetzen. So geschah es. Auf der Dezemberkonferenz des folgenden Jahres wurde der Rat beauftragt, Modelle für Truppenreduktionen auszuarbeiten, auf der Frühjahrskonferenz 1970 in Rom kam es erneut zu einer Erklärung über beiderseitige und ausgewogene Truppenverminderung, in der einige Leitgedanken für etwaige Verhandlungen über dieses Thema formuliert wurden. Zugleich näherten sich die Regierungen der Mitgliedstaaten immer mehr der Annahme der sowjetischen Forderung nach einer europäischen Sicherheitskonferenz (wie die Kommuniqués der Konferenzen von 1969/70 deutlich erkennen ließen) – bis hin zu den Beschlüssen von 1971/72, mit denen der Ministerrat schließlich die Bereitschaft der Regierungen zur Teilnahme an der Vorbereitung einer Konferenz über Sicherheit und Zusammenarbeit in Europa bekundete.

Als dieser letzte Schritt auf dem Wege nach Helsinki getan wurde, hatte ich die NATO bereits verlassen. Das zu bedauern hatte ich keinen Anlaß, denn ich hatte den dahin führenden Kurs mit sehr gemischten Gefühlen verfolgt und hatte meist zu denjenigen gehört, die diesem sowjetischen Konferenzprojekt mit großer Skepsis gegenüberstanden und vor einer raschen, nicht genügend durchdachten Zustimmung warnten. Auch rückblickend bin ich der Meinung, daß sich der Westen auf diese

Konferenz zu früh und ohne ausreichende Absicherung seiner Positionen und äquivalenter Gegenleistungen des Ostens eingelassen hat. Als im November 1972 die Vertreter der fünfunddreißig Teilnehmerstaaten in Helsinki zusammentrafen, um das Verfahren der Konferenz zu erörtern, war es schon nicht mehr möglich, einen entscheidenden Punkt der westlichen Konzeption durchzusetzen: daß sich eine Konferenz über die Sicherheit in Europa mit dem zentralen Sicherheitsproblem, nämlich den Truppenkonzentrationen beider Seiten in Mitteleuropa und ihrem zahlen- und kräftemäßigen Mißverhältnis zueinander, befassen müsse. Man begnügte sich schließlich mit der sowjetischen Zusage, die Frage des Truppenabbaues »parallel« auf einer Expertenkonferenz in Wien zu erörtern.

Diese Zusage war nicht viel wert, denn sie bedeutete nur, daß bald nach Beginn der Konferenzvorbereitungen in Helsinki (im November 1972) auch Vorbereitungsgespräche für Truppenverminderungsverhandlungen in Wien beginnen sollten. Dafür wurde der 31. Januar 1973 in Aussicht genommen. Eröffnet werden konnten diese Verhandlungen jedoch erst, nachdem der Westen schwerwiegende Konzessionen bezüglich des Teilnehmerkreises gemacht und auf die Einbeziehung Ungarns verzichtet hatte, dessen Gebiet als Aufmarschraum der Roten Armee nach Ansicht aller westlichen Militärexperten von hoher strategischer Bedeutung für die Sicherheit Jugoslawiens, Italiens, ja auch des Abschnitts Europa-Mitte ist, sowie in der Bezeichnung der Konferenz auf ein entscheidend wichtiges Element des Konferenzthemas verzichtet hatte (nämlich das Wort »balanced« = »ausgewogene« in Mutual Balanced Force Reductions = MBFR). Der tatsächliche Verlauf der Verhandlungen hat gezeigt, daß es dabei nicht um Semantik, sondern um höchst reale Dinge ging: Nichts hat die östliche Seite im Laufe mehrjähriger Verhandlungen dazu bewegen können, sich auf den Gedanken einzulassen, daß das Konferenzziel darin bestehen müsse, die faktisch seit Jahrzehnten bestehende Unausgewogenheit durch eine vereinbarte Parität zu ersetzen – nach dem westlichen Vorschlag durch beiderseitige Abrüstung auf einen Globalhöchststand von je siebenhunderttausend Mann auf jeder Seite (was auf östlicher Seite eine Kürzung um etwa zweihundertzwanzigtausend Mann, auf westlicher um etwa fünfundsiebzigtausend bedeutet hätte). Im Dezember 1975 machte der Westen ein neues Angebot, mit dem eine weitere, bis dahin für unverzichtbar gehaltene Position aufgegeben wurde, nämlich der Ausschluß der Luftstreitkräfte und der Kernwaffen aus den erstrebten Vereinbarungen. Jetzt, nach zweijährigem Auf-der-Stelle-Treten, bot man zusätzlich zum Abzug von neunundzwanzigtausend amerikanischen Soldaten im ersten Zeitabschnitt an, eintausend taktische Nuklearsprengköpfe, vierundfünfzig Phantom-Flugzeuge und sechsunddreißig Pershing-Raketenwerfer abzuziehen – gegen eine Grundsatzvereinbarung über je siebenhunderttausend Mann als Höchststärke auf beiden Seiten in der Endphase und den Abzug einer sowjetischen Panzerarmee mit achtundsechzigtausend Mann in der ersten Phase. Auch dieses Angebot, das einige westliche Experten bereits für höchst bedenklich hielten, hat die östliche Seite zu keinerlei positiver Reaktion veranlaßt. Schon gibt es Stimmen, die dem Westen nahelegen, in einer Anfangsphase einer »symbolischen« gleichmäßigen Kürzung auf beiden Seiten (also einer Aufrechterhaltung der Disparität) zuzustimmen und sich nicht auf »globale« Höchststärken zu versteifen (nationale Höchststärken wurden vom Westen abgelehnt, weil sie ein sowjetisches Mitspracherecht in allianzinternen Dispositionen begründen würden). Welches Gewicht allen solchen Konzessionen auch immer beizumessen sein mag – nicht jede muß schlechthin verhängnisvoll sein –, die Grundsituation in Wien bleibt immer die gleiche: Der Westen befindet sich in der Rolle des »demandeur« und hat seine wichtigste Karte vorzeitig aus der Hand gegeben, die Zustimmung zu jener Europäischen Sicherheitskonferenz, die sich mit Sicherheitsfragen kaum befaßte, in ihrem Schlußdokument aber der Sowjetunion das von ihr seit Kriegsende beharrlich angestrebte Ergebnis bescherte: die feierliche Sanktionierung des auf Eroberung, Annexion und militärischer Besetzung beruhenden Status quo durch alle Nationen Europas sowie die Vereinigten Staaten und Kanada.

Dieser Verlauf war vorhersehbar, und die Befürchtung, daß es so kommen würde, bestimmte in den letzten Jahren meiner Zugehörigkeit zum NATO-Rat mein Urteil über MBFR und KSZE. Als der Gedanke der beiderseitigen ausgewogenen Truppenverminderung aufkam, war man in der NATO von drei Erwägungen ausgegangen: Ein solcher Vorschlag war geeignet, einseitige Truppenabzüge, wie sie in den USA von Senator Mansfield gefordert wurden, und einseitige Kürzungen, wie sie von den kleineren europäischen NATO-Partnern erwogen wurden, abzublocken. Den betroffenen Regierungen wurde damit ein ihnen höchst willkommenes Instrument in die Hand gegeben, um sich gegen die in den Parlamenten stets populären Kürzungsprojekte zu wehren; Stabilisierung der Verteidigung auf einem niedrigeren Niveau, insbesondere auch Kostenniveau, erschien allen erstrebenswert, war aber besonders bedeutsam für alle jene westlichen Länder, deren Konsumgesellschaften immer stärkere Neigung zeigten, ihren Sozialetat auf Kosten des Wehrhaushalts zu steigern; endlich erschien der MBFR-Vorschlag auch diplomatisch und publizistisch als ein konstruktiver Gegenvorschlag zu dem sowjetischen Projekt der Sicherheitskonferenz – um so mehr, als sich Moskau ihm jahrelang zu entziehen suchte; erst im Frühjahr 1971 vollzog Breschnjew in drei großen öffentlichen Reden die Schwenkung zu einer positiveren Bewertung des Gedankens. Im Sinne dieser Erwägungen setzte ich mich in Bonn für eine

Konzeption ein, die MBFR und KSZE als zwei Phasen der gleichen Konferenz eng miteinander verknüpfte und in einen gegenseitigen Bedingungszusammenhang setzte. Die Münchner Internationale Wehrkundebegegnung im Februar 1970 bot Gelegenheit, diese Konzeption in einem Expertenkreise vorzutragen, der sich aus offiziellen und nichtoffiziellen Persönlichkeiten zusammensetzte, in dem jeder Sprecher aber nur persönliche, nichtamtliche Ansichten vortrug:

Statt ständig über den Mangel an eigenen Initiativen zu klagen und sich damit zu demoralisieren, solle der Westen besser der anderen Seite mit einem eigenen Konferenzplan auf den Leib rücken und die Ernsthaftigkeit seiner Absichten zu ergründen suchen. Man könne eine »erste europäische Sicherheitskonferenz« vorschlagen, die sich mit dem Thema der ausgewogenen beiderseitigen Truppenverminderung befassen sollte und an der alle Staaten in der davon betroffenen europäischen Region sowie die Stationierungsmächte teilnehmen könnten. Wenn diese Konferenz zu einem Ergebnis führe, könne man weitere Konferenzen mit den von den Sowjets vorgeschlagenen Themen akzeptieren, könne dann auch den Teilnehmerkreis erweitern und Neutrale einbeziehen.

Ein journalistischer Beobachter der Wehrkundetagung sah darin den einzigen »konkreten einleuchtenden Vorschlag«, der zur Diskussion gestellt worden sei. Der Haupteinwand dagegen sei das naheliegende Argument, daß eine – vorauszusehende – einseitige amerikanische Truppenverminderung eine beiderseitige balancierte Reduktion illusorisch mache.[10]

Weder in Bonn noch in Brüssel fand ich jedoch für diesen Gedanken ernsthafte Unterstützung. Leider, denn ich finde immer noch, daß er die beiden Konferenzprojekte – MBFR und KSZE – auf ein besseres Gleis hätte bringen können.

Was die Befürchtungen hinsichtlich einseitiger amerikanischer Truppenverminderungen anlangt, so hat sich jedenfalls gezeigt, daß sie keineswegs unvermeidlich waren: Sie haben nicht stattgefunden, im Gegenteil, 1976 wurden zusätzlich zwei Brigaden Kampftruppen in der Bundesrepublik stationiert. Die Rechnung, daß MBFR helfen würde, einseitige Kürzungen abzuwenden, ist aufgegangen. Das andere Ziel der MBFR-Politik, die europäische Sicherheitskonferenz abzuwenden, aufzuhalten oder doch auf einen Weg zu bringen, der den Zielen des Westens entsprach, ist verfehlt worden. In Bonn hat man die Verknüpfung von MBFR mit den allgemeinen Fragen der Sicherheit und Zusammenarbeit in Europa nur vorübergehend, zaghaft und undeutlich vertreten.[11] Wann und warum man ihn ganz aufgegeben hat, ist mir nicht bekannt. Man hatte mich rechtzeitig nach Tokyo geschickt.

Daß die Schlußakte von Helsinki den politischen Vorstellungen und

Zielen entsprach, die von der atlantischen Staatengruppe zwanzig Jahre hindurch verfolgt worden war, läßt sich nicht ernstlich behaupten. Mit der »gerechten und dauerhaften Friedensordnung in Europa mit angemessenen Sicherheitsgarantien«, die im Harmel-Bericht (Ziffer 9) als »höchstes politisches Ziel der Allianz« bezeichnet worden war, hat sie nichts zu tun. Diese galt als »nicht möglich ohne eine Lösung der Deutschland-Frage, die den Kern der gegenwärtigen Spannungen in Europa bildet« (Ziffer 8). Die Deutschland-Frage wurde dabei nur als Teil der »unnatürlichen Schranken zwischen Ost- und Westeuropa« angesehen, die beseitigt werden müßten. Die Ergebnisse von Helsinki an diesem Maßstab zu messen, ist allerdings insoweit unangemessen, als sich alle Beteiligten bei der Formulierung des Verhandlungsmandats darüber im klaren waren, daß es angesichts der politischen Gesamtlage Europas, der bestehenden Machtverhältnisse und der unveränderten ideologischen und gesellschaftspolitischen Gegensätze zwischen Ost und West nicht die Aufgabe dieser Konferenz sein konnte, »die entscheidenden Probleme zu lösen, die die politische Lage in Europa – und hier vor allem im Ost-West-Verhältnis, bestimmen. Sie sollte es vielmehr Europa ermöglichen, einem Zustande größerer Sicherheit und größerer Kooperation gerade auch in einer Lage näherzukommen, die nach wie vor durch Ungelöstheit solcher Probleme charakterisiert ist. Ihr Konzept trug ferner der Tatsache Rechnung, daß für die Behandlung wichtiger Fragen, vor allem solcher im militärischen Bereich, der Kreis der fünfunddreißig Teilnehmerstaaten nicht geeignet erschien. Mit anderen Worten: Die Konferenz sollte ein Faktor im Entspannungsprozeß, ihr Ergebnis ein Schritt in diesem Prozeß sein, der sich darin nicht erschöpft.«[12] Diese Bewertung stammt von einem maßgeblichen Mitglied unserer KSZE-Delegation.

Wenn man diese Voraussetzungen und die daraus folgende begrenzte Zielsetzung für die KSZE akzeptiert, kann man das Ergebnis als ausgewogenen Kompromiß werten: Abgewehrt werden konnten die Bemühungen der Sowjetunion, die europäischen Staaten unter Ausschluß der beiden nordamerikanischen Bündnispartner in einem völkerrechtlich verbindlichen Gesamtvertrag auf eine völkerrechtliche Anerkennung aller im Augenblick faktisch bestehenden Grenzen festzulegen und diese Grenzen für alle Zeiten als unabänderlich festzuschreiben, Europa ein regionales Sondervölkerrecht aufzunötigen und seine Anwendung der Aufsicht eines aus der Konferenz hervorgehenden ständigen Organs zu unterwerfen, in diesem Rahmen die Breschnjew-Doktrin für Osteuropa zu verankern, die Kohäsion der NATO und der EG zu schwächen und ganz Europa dem dominierenden Einfluß der Sowjetunion zu öffnen.

Die Vereinigten Staaten und Kanada waren Vollmitglieder der Konferenz, ihre enge Verbindung mit Westeuropa mußte anerkannt werden, die Schlußakte und ihre Anhänge sind kein völkerrechtlich verbindlicher Vertrag und ein Sondervölkerrecht für Europa wurde abgelehnt. Statt eines ständigen Organs wurde nur eine Folgekonferenz nach zwei Jahren (in Belgrad) zur Überprüfung der Auswirkungen von Helsinki zugestanden. Die Kohäsion des atlantischen Bündnisses und der Europäischen Gemeinschaft haben sich im Verlaufe der Verhandlungen über Erwarten gut bewährt. Die Zulässigkeit einvernehmlicher friedlicher Grenzveränderungen wurde bestätigt. Die sicherheitspolitischen Ergebnisse blieben allerdings minimal. Außer dem allgemeinen Gewaltverzicht, der in der Charta der Vereinten Nationen ebenso wie in zahlreichen bilateralen Verträgen bereits ausgesprochen war (und der die Sowjetunion nicht davon abgehalten hat, auch nach Helsinki durch forcierte Rüstungen ihre tatsächliche Fähigkeit zur Androhung oder Anwendung von Gewalt zu steigern), beschränkten sie sich auf einige »vertrauenbildende Maßnahmen« wie die Vorankündigung von Manövern und den Austausch von Manöverbeobachtern – im wesentlichen »Gesten des guten Willens«[13], die im Zeitraum seit Helsinki nicht gerade überzeugend gehandhabt wurden. Es bleibt die Frage, ob man sich auf eine Konferenz mit so begrenzter Zielsetzung überhaupt hätte einlassen sollen – angesichts des zu erwartenden fundamentalen politisch-psychologischen Gewinns, den sie – trotz aller oben erwähnten Einschränkungen – dem sowjetischen Streben nach Sanktionierung und Konsolidierung des so konsequent und beharrlich errungenen und behaupteten Besitzstandes eingebracht hat. Man darf sich nicht darüber täuschen, daß der Westen einen außerordentlichen Preis gezahlt hat, dessen Wert im Osten viel schärfer erkannt wird als im Westen, wo man sich mit so platten und irreführenden Sprüchen tröstet, wie sie in der Diskussion über die deutschen Ostverträge geprägt wurden: daß damit nichts verloren gehe, was nicht längst verspielt worden sei. Gegen diese Bewertung des Preises läßt sich allenfalls einwenden, daß er durch die voraufgehenden deutschen Ostverträge bereits erheblich gemindert war. Um die DDR an den Tisch zu bringen, sie international salonfähig zu machen – ein ursprünglich stark im Vordergrund stehendes Motiv der sowjetischen KSZE-Politik –, bedurfte es der Konferenz von Helsinki nicht mehr. Aber hat nicht die Entwicklung nach Helsinki gezeigt, daß dieses Dokument in erster Linie den Ostblockstaaten in überraschendem Ausmaß Probleme beschert hat, daß die westliche Strategie höchst erfolgreich war, wenn sie darauf abgezielt haben sollte, die totalitäre Disziplin der östlichen Parteidiktaturen aufzubrechen? Die Ermutigung der Dissidenten, ja darüber hinaus der sich unterdrückt fühlende Bürger im Ostblock, sich gegen ein System der Unfreiheit aufzulehnen, das in ständig wachsendem Maße als unerträglich empfunden wird, ist eine der bemerkenswertesten Auswirkungen der Helsinki-Konferenz. Einen Erfolg der westlichen Strategie dürfte man diese Entwicklung indessen nur dann nennen, wenn es sich um eine durchdachte und in ihren Konsequenzen und Risiken klar konzipierte Strategie handeln würde. Das indessen ist höchst zweifelhaft. Die Sympathien, die den Dissidenten entgegengebracht werden, machen immer wieder einem plötzlichen Erschrecken Platz, wenn gewisse Konsequenzen sichtbar werden, die man bei seinen Sympathiebekundungen meist nicht bedacht hat. Die Lehren der letzten fünfundzwanzig Jahre sind ganz eindeutig, werden aber gleichwohl immer wieder verdrängt. Sie lauten: Liberalisierungs- und Öffnungstendenzen in den östlichen Gesellschaftsordnungen rühren an den Lebensnerv der dortigen Regime. Wird ihnen nachgegeben, so beschleunigen sie sich rasch bis zur offenen Auflehnung, die zur gewaltsamen Niederwerfung nötigt, wie 1953 in der DDR. Setzt sich das Regime selbst an die Spitze solcher Strömungen, nähert es sich rasch dem Konflikt mit Moskau und fordert dessen bewaffnete Intervention heraus, wie 1956 in Ungarn, 1968 in der Tschechoslowakei. Der Westen hütet sich – und muß sich hüten –, sich in die Repressionsaktionen einzumischen. Entsetzt und empört beklagt man, was sich drüben im anderen Machtbereich abspielt, um es nach kurzer Zeit zu vergessen oder zu verschweigen, um das Entspannungsklima nicht zu verderben. Von dort ist es nur noch ein weiterer Schritt bis zur Distanzierung von den Dissidenten, bis zur Verharmlosung der Repression und bis zu der (in bezug auf das deutsch-deutsche Verhältnis erhobenen) Forderung, man müsse »auf die absichtsvolle Schwächung des anderen verzichten«. Hier schließt sich der circulus vitiosus einer Strategie, die in Helsinki besonders nachdrücklich die im »Korb III« gesammelten Forderungen nach Erleichterung der menschlichen Kontakte, Verbesserung des Informationsflusses, des Austausches im Bereich von Kultur und Bildung vertreten hatte. Von den hier beschlossenen Maßnahmen und Verhaltensweisen zu erwarten, daß sie »zur Stabilisierung der politischen Lage in Europa beitragen« würden[14], war entweder naiv oder eine kaltblütige Beschönigung der eigentlichen Motive. Korb III mußte für den Ostblock zu einer Büchse der Pandora werden, wenn seine Unterhändler nicht schon so viele Bremsen und Sicherheitsventile eingebaut hätten, wie nur irgend möglich. Auf diese Widersprüchlichkeit des westlichen Entspannungskonzepts habe ich deren hervorragendste Protagonisten im westlichen Lager, Nixon und Kissinger, gleich nach Übernahme ihrer Ämter Anfang 1969 aufmerksam gemacht. Am 24. Februar 1969, knapp einen Monat nach der »Inauguration«, stattete Nixon in Begleitung seines neuen Sicherheitsberaters, Henry Kissinger, im Rahmen seiner Europa-Tournee dem NATO-Rat in Brüssel seinen Besuch ab. Alle NATO-Botschafter hatten Gelegenheit, bei der aus diesem Anlaß anberaumten Sondersitzung des Rates Fragen an die amerikanischen Gäste zu richten und eine Diskussion über diese Fragen anzuregen. Ich stellte die Frage nach den Perspektiven der Entspannungspolitik im Lichte der ein halbes Jahr zurückliegenden Ereignisse in Prag. Sie hätten die Aussichten für eine allmähliche Ost-West-Annäherung auf evolutionärem Wege verschlechtert. Man müsse damit rechnen, daß jeder Wandel im Osten die Form explosiver Konvulsionen annehme, die schmerzhaft für die betroffenen Völker seien, während sie die sowjetische Regierung mit ebenso harten wie schwierigen Entscheidungen konfrontierten, die für die atlantische Allianz Sicherheitsrisiken darstellten. »Brückenbau« sei in sowjetischen Augen »ideologische Subversion«, und die Breschnjew-Doktrin disqualifiziere jede Annäherung zwischen westlichen und östlichen Ländern als eine feindselige Einmischung in interne Angelegenheiten des Ostblocks. Die Philosophie der Ost-West-Beziehungen müsse im Lichte dieser Perspektiven überprüft werden. Man brauche wahrscheinlich nicht sein Ziel zu ändern, aber man müsse sich die Richtung seiner Aktionen neu überlegen. Wie weit könnten neue Entspannungsouvertüren gehen und was könne man insbesondere auf dem Gebiete der Ost-West-Kontakte erreichen?

Präzise Antworten habe ich auf diese Fragen weder in jener Brüsseler Sitzung noch später jemals erhalten. Dieses Schweigen erscheint mir vielsagend; es deutet auf einen Defekt in der Planung der westlichen Entspannungsstrategie hin, der mich veranlaßte, das europäische Konferenzprojekt mit skeptischer Zurückhaltung zu beurteilen. Wenn ich heute lese oder höre, der Hauptgewinn von Helsinki liege für den Westen bei den Fragen des III. Korbes und bei der Ermutigung der Völker im Ostblock, ihre Menschen- und Bürgerrechte in Anspruch zu nehmen, so drängen sich mir alle die vor Jahren offengebliebenen Fragen wieder auf und lassen mich zögern, wegen dieses angeblichen Gewinns zu vergessen, daß man in Helsinki den Sowjets gegeben hat, was sie anstrebten: die europäische Sanktionierung (denn als solche wird Helsinki verstanden, was immer die Juristen – wir Juristen – über die feinen Unterschiede zwischen bloßen Absichtserklärungen und einem völkerrechtlich verbindlichen Dokument sagen oder denken mögen) ihres Besitzstandes und ihrer beherrschenden Stellung in Osteuropa – und dieses ohne eine ins Gewicht fallende Gegenleistung auf dem Gebiete der europäischen Sicherheit.

Um das strategische Konzept der NATO

Mit Ausnahme der Japan-Jahre habe ich mich auf den meisten anderen Posten meiner Laufbahn immer wieder auch mit den Problemen der militärischen Strategie beschäftigen müssen. Als Leiter der Politischen Abteilung des Auswärtigen Amtes in den Jahren 1956/57 war ich mit amerikanischen und britischen Umrüstungsplänen und Modifikationen des strategischen Konzepts befaßt. Der amerikanische Radford-Plan, der im Sommer 1956 die Gemüter in Bonn erhitzte, war ein Teilstück des Übergangs von der in den ersten NATO-Jahren vorherrschenden »Schild- und-Schwert«-Strategie zu der von Eisenhower und Dulles vertretenen Strategie der »massiven Vergeltung«. War man in der Anfangsphase der NATO davon ausgegangen, daß es darauf ankomme, der Übermacht der sowjetischen Landstreitkräfte einen starken »Schild« eigener konventioneller Streitkräfte entgegenzustellen (die auf der Lissaboner Konferenz 1952 beschlossene Streitkräfteplanung träumte von einhundert Divisionen, sie erstrebte die Aufstellung von nicht weniger als dreißig NATO-Divisionen für die Front Europa-Mitte – eine Zahl, die nie auch nur im entferntesten erreicht wurde), während das »Schwert« der Nuklearwaffen die Angriffskeile und den Nachschub des Angreifers vernichten sollte, so wollte man später unter dem Motto der »massiven Vergeltung« das Schwergewicht der Verteidigung auf die Nuklearwaffen legen – nicht zuletzt in der Erkenntnis, daß es nicht möglich sein würde, die Lissaboner Planziele jemals zu erreichen. General Alfred Gruenther, Oberkommandierender der NATO-Streitkräfte (SACEUR) von 1953 bis 1956, dessen Abschiedsbesuch bei Adenauer ich als damals auch für NATO-Angelegenheiten zuständiger Abteilungsleiter noch im Oktober 1956 miterlebte, gab den im Rahmen dieser Konzeption erheblich reduzierten »Schild«-Streitkräften eine neue Aufgabe: Die von ihm als »absolutes Minimum« vorgesehenen und geforderten Landstreitkräfte sollten, um eine »maximale Ausnutzung der Atomwaffen« zu gewährleisten, einen »Schirm« bilden, »der stark genug ist, um einen Feind zu Konzentrationen zu zwingen, die ihn für Atomwaffen besonders verwundbar machen«.[1]

In meinen Amerika-Jahren erlebte ich einen erneuten Umschlag des strategischen Denkens, der sich von den Vereinigten Staaten aus auch auf die militärischen Hauptquartiere der NATO übertrug. Schon bald, nachdem die »massive Vergeltung« offiziell zur gültigen Allianzstrategie erklärt worden war (1957), setzte ein Prozeß kritischen Umdenkens ein, zu dessen Sprecher sich der Nachfolger Gruenthers, General Lauris Norstad,[2] machte. Er war unter den amerikanischen Generälen, die im Laufe der Jahre das Amt des Atlantischen Oberbefehlshabers bekleideten, derjenige, der in Europa die stärkste persönliche und intellektuelle Ausstrahlungskraft ausgeübt hat. Über mein Zusammentreffen mit ihm bei der Jahrhundertfeier von Minnesota (1958) habe ich schon berichtet. Die Zeit unserer Zusammenarbeit in Paris beschränkte sich leider auf Wochen: Mein Antrittsbesuch in seinem Hauptquartier in Roquencourt bei Paris Anfang 1962 lag nur einen Monat vor seiner Amtsübergabe an General Lyman M. Lemnitzer.[3] Norstad hatte ein gutes Gefühl dafür, was die Atlantische Führungsmacht den europäischen Verbündeten zumuten konnte und was nicht, er bemühte sich auch in seiner strategischen Konzeption, mit den Sicherheitsinteressen seines Landes auch die der Verbündeten gebührend zu berücksichtigen. Mit Adenauer hatte er gute Kontakte. Die Zusammenkunft im Hause Stikkers am Comer See, 1961, auf der er seine Idee der NATO als »vierter Atommacht« erläuterte,[4] zeigte, daß konkrete Entschlüsse daraus hervorgingen. Norstad legte seinen Planungen von vornherein die Erkenntnis zugrunde, daß auch die sowjetische Seite inzwischen ein Atomwaffenpotential aufgebaut hatte, das es nicht mehr erlaubte, Atomwaffen als einen einseitig die westliche Seite begünstigenden Faktor und als Kompensation für eine Unterlegenheit der konventionellen Kräfte zu verstehen. Er hielt einen auf das Schlachtfeld beschränkten Einsatz taktischer Atomwaffen für denkbar und warb für den Gedanken, einen Angriff nur mit den ihm angemessenen Mitteln zu beantworten und nicht in jedem Falle sofort an den Totaleinsatz aller atomaren Kriegsmittel zu denken. Das waren Gedanken, die sich einige Jahre später unter Kennedy und McNamara als Strategie der »flexible response« durchsetzten – in Washington hauptsächlich unter dem Einfluß von General Maxwell Taylor, der 1961 Vorsitzender der Joint Chiefs of Staff der amerikanischen Streitkräfte wurde. Taylors Gedanken, die von der Eisenhower-Administration 1959 abgelehnt wurden (was zu Taylors Rücktritt als Heeresstabschef führte), fanden ihre Zusammenfassung in einem Buche[5], das viel Beachtung fand und die Männer der Kennedy-Administration stark beeinflußte (wenngleich nicht vergessen werden darf, daß die schon früher veröffentlichten Bücher von Henry Kissinger[6] und Bernard Brodie[7] in gleicher Zielrichtung argumentierten). Ich lernte Taylor kennen, als er noch Stabschef des Heeres war, und unser Gesprächsthema war nicht die allgemeine Strategie, sondern die gefährdete Lage Berlins und die militärischen Möglichkeiten im Falle einer neuen Blockade oder einer vergleichbaren Zuspitzung der Lage waren. Taylor gehörte damals zu denen, die für entschlossene Aktionen plädierten – später, als Stabschef Kennedys, ist er von der politischen Linie des Präsidenten nicht abgewichen. Die Kombination von Intelligenz und Entschlußkraft, die er ausstrahlte, hat mich bei dieser Begegnung jedenfalls beeindruckt.

Als McNamara, auf Taylor aufbauend und seine Ideen weiterentwikkelnd, die Strategie der »flexiblen Erwiderung« zur Grundlage der amerikanischen Planung machte und sie dann auch in der NATO durchsetzte, wies sie Elemente auf, die für Bonn wiederum äußerst beunruhigend waren – nicht anders, als man sich 1956, mit entgegengesetzten Vorzeichen, über den Radford-Plan beunruhigt hatte. Abweichend von den Vorstellungen Norstads, ging man nunmehr dazu über, die »Schild«-Streitkräfte zu denuklearisieren und die »Schwelle« zum Nukleareinsatz anzuheben, diesen also erst dann ins Auge zu fassen, wenn die konventionellen Verteidigungskräfte erschöpft sein würden. Das nukleare »Schwert« verwandelte sich in einen »Schild«. Als besonders problematisch wurde in Bonn auch die in dem neuen Konzept enthaltene Vorstellung empfunden, daß es darauf ankomme, jedem ernsthaften Nuklearschlag eine »Pause« vorzuschalten, die noch einmal Gelegenheit zur Verhandlung und zu beiderseitigem Nachdenken darüber bieten sollte, ob man den letzten Schritt der Eskalation zum großen Nuklearkrieg wirklich riskieren wollte. Hier witterte man in Bonn, bestärkt durch mißtrauische französische Kritiker der neuen Strategie, eine Zurückhaltung, welche die Möglichkeit der politischen Kapitulation auf Kosten der Verbündeten aus Scheu vor dem unabsehbaren Risiko des großen Nuklearkrieges offenhielt. Dies waren die Befürchtungen, die Franz Josef Strauß als Verteidigungsminister 1961/62 zu mehreren Reisen nach Washington bewogen und ihn mehrfach in hitzige Auseinandersetzungen mit den amerikanischen Verteidigungsexperten verstrickten.[8]

Als ich 1962 zum NATO-Rat überwechselte, waren alle diese Probleme in keiner Weise gelöst. Die Strategie der »flexible response« wurde in der NATO-Planung praktisch zugrundegelegt – ein formell gültiger Beschluß des Rats darüber kam erst im Dezember 1967, nach dem Ausscheiden Frankreichs aus dem militärischen Integrationssystem, zustande; bis dahin hatte Frankreichs Widerspruch einem solchen Beschluß im Wege gestanden. In den Jahren meiner Zugehörigkeit zum NATO-Rat blieb daher auch das strategische Konzept der Allianz – vor und nach dem Beschluß von 1967 – ein ständig wiederkehrendes Thema. Nach McNamara kam als amerikanischer Verteidigungsminister Clark Clifford, ein renommierter Anwalt und eine in politischen Kreisen Washingtons als Vertrauter Lyndon Johnsons wohlbekannte Persönlichkeit von Statur; danach – unter Nixon – Melvin Laird, langjähriger republikanischer Vorsitzender des Militärausschusses des Repräsentantenhauses, ein dynamischer Politiker, der sich im Laufe der Jahre ein beträchtliches Fachwissen auf dem Gebiete der Militärpolitik angeeignet hatte. Die von McNamara eingeleitete Tendenz der amerikanischen Strategie, die europäischen Verbündeten zur Stärkung ihrer konventionellen Streitkräfte anzuhalten, alle Planungen daraufhin anzulegen, daß ein Einsatz der amerikanischen Nuklearmacht auch im Falle eines bewaffneten Konflikts in Europa vermieden werden könne, wurde von seinem republikanischen Nachfolger Laird weiterentwickelt. Spätere Modifikationen des amerikanischen Konzepts unter James Schlesinger konnte ich von Tokyo aus nur noch aus der Perspektive des Zeitungslesers verfolgen.[9]

Die deutschen Verteidigungsminister jener Jahre, Strauß, von Hassel, Schröder und Helmut Schmidt hatten es jedenfalls in jeder Phase mit Gesprächspartnern von beachtlichem intellektuellen und persönlichen Format zu tun. Die atlantischen Oberbefehlshaber, die auf Norstad folgten, Lemnitzer und Andrew J. Goodpaster,[10] waren hervorragende und integre soldatische Persönlichkeiten, die ihr Metier verstanden und auch die diplomatischen Aufgaben, die ihnen öfters zufielen (Lemnitzer verhandelte 1966/67 im Auftrage des Rates mit dem französischen Generalstabschef Charles Ailleret über die Fragen, die sich aus dem Rückzug Frankreichs aus der militärischen Integration ergaben; er bemühte sich auf dem Höhepunkt des griechisch-türkischen Zypern-Konfliktes in Athen und Ankara, die streitenden Allianzpartner zur Mäßigung anzuhalten), zu bewältigen wußten. Beide kannte ich aus meiner Washingtoner Zeit, in der Lemnitzer zuletzt Vorsitzender der Joint Chiefs of Staff gewesen war, während ich Goodpaster schon in den Jahren 1958 bis 1960 begegnet war, in denen er Eisenhowers militärischer Verbindungsoffizier im Stabe des Weißen Hauses gewesen war. Gute persönliche Beziehungen bestanden mit beiden von vornherein; sie erwiesen sich im Laufe der Jahre stets als aufgeschlossene und diskussionsbereite Gesprächspartner, vermieden es aber, sich in der Strategiedebatte mit eigenen Ansichten zu profilieren.

Goodpaster, ausgestattet mit einem ingenieur-wissenschaftlichen akademischen Grad und einem politik-wissenschaftlichen Doktorgrad (Ph. D.) der Universität Princeton, kultivierte die Anonymität in solchem Grade, daß amerikanischen Journalisten bei einem biographischen Porträt seiner Persönlichkeit sofort die Vokabel »self-effacing« einfällt. Lemnitzer war als Publicitystar weder geeignet, noch suchte er diese Rolle.

Auf der deutschen Seite fand ich eine Reihe von fähigen und kompetenten Offizieren, mit denen ich stets reibungslos und kameradschaftlich zusammenarbeiten konnte. Abgesehen von den »Militärs der ersten Stunde«, zu denen außer Adolf Heusinger und Hans Speidel auch der spätere Oberbefehlshaber Europa-Mitte, Johann Adolf Graf Kielmansegg, und der spätere Generalinspekteur der Bundeswehr, Ulrich de Maizière, zu rechnen sind, gehörten dazu der Luftwaffeninspekteur Johannes Steinhoff (der schon in Washington bei der Contingency-Planung für Berlin mit mir zusammengearbeitet hatte und der als Vorsitzender des NATO-Militärausschusses leider erst kurz vor meinem Fortgang nach

Brüssel kam), der geistige Vater des »Bürgers in Uniform«, Wolf Graf Baudissin, der spätere Generalinspekteur Admiral Armin Zimmermann, die Generäle Ernst Ferber und Bernd von Freytag-Loringhoven, der Vorsitzende des NATO-Intelligence-Committee, Admiral Günter Poser, der spätere Chef des Bundesnachrichtendienstes, General Gerhard Wessel. Besonders erwähnen muß ich meine militärischen Mitarbeiter innerhalb der NATO-Vertretung, den inzwischen zu einem der beiden SACEUR-Stellvertreter aufgerückten Gert Schmückle, der einst als Presseoffizier des Verteidigungsministers Strauß gelegentlich Staub aufgewirbelt hatte, mir aber wegen seiner geistigen Beweglichkeit, seines Einfallsreichtums und seiner Formulierungskunst sehr wertvolle Dienste leistete, und seinen soliden gradlinigen Nachfolger, Jörg von Kalckreuth. Zeitweilig zugeteilt waren mir der spätere Chef des Planungsstabes im Verteidigungsministerium, Admiral Rolf Steinhaus, und der spätere deutsche Vertreter im Militärausschuß, Admiral Herbert Trebesch, der nach seinem Ausscheiden Geschäftsführender Präsident der Deutschen Gesellschaft für auswärtige Politik wurde. Ich will den Leser nicht mit weiteren Namen ermüden, es geht mir nur darum, deutlich zu machen, daß es nicht an guten militärischen Köpfen fehlte, und daß ich an die Zusammenarbeit mit diesen Männern die besten Erinnerungen habe.

Es ist unmöglich, im Rahmen dieses Kapitels den Gesamtverlauf der Strategiedebatte in der NATO und ihren Niederschlag in der Verteidigungsplanung der Allianz durch acht Jahre hindurch zu verfolgen. Ich beschränke mich daher darauf, den oben gegebenen skizzenhaften Abriß der Hauptentwicklungsstufen der NATO-Strategie durch einige aus dem Gesamtverlauf herausgegriffene Stellungnahmen aus verschiedenen Zeitabschnitten zu ergänzen.

Im Dezember 1962, kurz nach meiner Amtsübernahme, suchte ich mir in einer ersten Analyse selbst Klarheit über den Stand des Strategieproblems zu verschaffen. Dabei mußte ich mich darauf beschränken, die entscheidenden Fragen herauszuschälen und die Leitgedanken zu finden, die jeder Beantwortung zugrunde gelegt werden mußten. Dabei gelangte ich rasch zu jenem Leitgedanken, der für den deutschen Standpunkt zum strategischen Konzept der NATO stets entscheidend war und es geblieben ist: die Aufrechterhaltung der Unkalkulierbarkeit des Risikos für den Angreifer, die für jede wirksame Abschreckung unerläßlich ist. Das bedeutete zugleich die Wahrung des Eskalationsnexus zwischen konventioneller, taktisch-nuklearer und nuklear-strategischer Kriegführung. Hebt man diesen Zusammenhang auf, der bei der Abwehr eines örtlich und in den Mitteln begrenzten Angriffes Stufe um Stufe zum großen Atomschlag führt, dann wird ein Krieg in Europa wieder denkbar und die Abschreckung wird zweifelhaft.[11]

Es ist uns nicht gelungen, diese These mit allen Konsequenzen durchzusetzen. Die Herausziehung der taktischen Atomwaffen aus den zur »Vorneverteidigung« bestimmten Truppen ist weitgehend durchgeführt worden, die in Deutschland befindlichen Luftwaffen wurden umgerüstet, um sie zur konventionellen Unterstützung der Landstreitkräfte instandzusetzen. Andererseits ist es nicht gelungen, das Minimum konventioneller Truppen aufzustellen, das einen wirksamen Widerstand ohne Nuklearwaffen ermöglichen könnte.

Damit deutete sich die Grunderfahrung an, die ich auf diesem Gebiete später immer wieder bestätigt fand: Deutsche und amerikanische Sicherheitsinteressen deckten sich zum Teil – aber eben nur zum Teil. Gewichtige Unterschiedlichkeiten der Interessenlage bestanden, die sich nicht hinwegdiskutieren ließen und die man auch nicht durch Kompromisse aus der Welt schaffen konnte. Das hatte zur Folge, daß sich die Interessen und die daraus folgenden strategischen Planungen und Dispositionen des Stärkeren durchsetzten und daß der Schwächere sie hinnehmen und versuchen mußte, mit ihnen zu leben. Auch Trotzreaktionen nach französischem Vorbild konnten wir uns nicht erlauben.

Diese Situation spiegelte sich in vielen Streitfragen immer wider. Um uns die Verstärkung der konventionellen Streitkräfte schmackhaft zu machen und eine von ihnen zu leistende Verteidigung Europas wenigstens in einer Anfangsphase überhaupt als denkbar und sinnvoll erscheinen zu lassen, bemühten sich die amerikanischen Verteidigungsexperten, besonders in der Ära McNamara, das Ungleichgewicht der konventionellen Kräfte von Ost und West in Europa herunterzuspielen und mit allerlei Zahlenkunststücken und raffinierten Vergleichsmethoden das erdrückende Übergewicht der Sowjetkräfte hinwegzuzaubern. In allen unseren Überlegungen blieb dagegen die Beurteilung des Kräfteverhältnisses eine Konstante: Wir haben das östliche Übergewicht Jahr für Jahr bestätigt gefunden, haben darüber hinaus seine ständige Steigerung beobachtet und unsere Beurteilung zum Ausdruck gebracht. Meist hatten wir die europäischen Verbündeten und die integrierten Militärstäbe auf unserer Seite. Geholfen hat es uns wenig.

Es kam hinzu, daß wir uns im Laufe der Jahre einer wachsenden amerikanischen Tendenz gegenübersahen, die in Europa stationierten eigenen Truppen zu reduzieren. Fast Jahr für Jahr – nur mit kurzer Unterbrechung nach dem Schlag gegen Prag 1968 – erhob der demokratische Fraktionsführer im Senat, Mike Mansfield, seine Stimme, um in diesem Sinne zu plädieren. Da die amerikanische Zahlungsbilanz dabei ein gewichtiges Argument war, mußte sich die Bundesrepublik Jahr für Jahr zu kostspieligen Devisenausgleichsmaßnahmen (häufig verschleierten Zahlungen aus dem Haushalt) und umfangreichen Rüstungskäufen in den Vereinigten Staaten bereitfinden. Anderen Argumenten zu begegnen, war schwieriger: Die unzulänglichen Verteidigungsleistungen der anderen Verbündeten; die technischen Möglichkeiten, amerikanische Verstärkungen im Ernstfall kurzfristig nach Europa zurückzubringen; die zunehmende Unwahrscheinlichkeit sowjetischer Angriffsabsichten in einer Periode fortschreitender Entspannung. Die praktische Folge dieser Gedanken war die von McNamara in einer berühmten Rede in Montreal am 18. Mai 1966 angekündigte und in den folgenden Jahren konsequent verwirklichte Idee der »Big Lift«-Strategie: die Entwicklung einer starken modernen Transportkapazität, vor allem von Großlufttransportern und Schnellfrachtern, die es erlaubte, bislang in Deutschland stationierte Einheiten unter Zurücklassung und Einlagerung ihres schweren Materials nach den Vereinigten Staaten zu verlegen und sie im Bedarfsfalle rasch zurückzubringen. Dieses »Rotationsprinzip«, vom NATO-Ministerrat am 9. Mai 1967 gebilligt, führte zur Heimführung von fünfzigtausend Mann amerikanischer Truppen, bevor die Verhandlungen mit der Sowjetunion über »beiderseitige ausgewogene Streitkräfteverminderungen« überhaupt begonnen hatten. Irgendeine äquivalente Maßnahme auf der östlichen Seite blieb aus; in Wien geht diese ganz selbstverständlich von dem jetzt bestehenden Niveau der Truppenstärken aus und verweigert jede Berücksichtigung des Ungleichgewichts der Kräfte.

Im Januar 1969 nahm ich zusammen mit dem Generalsekretär Brosio, General Lemnitzer, dem Bundesverteidigungsminister Schröder, dem Generalinspekteur der Bundeswehr, General Ulrich de Maizière und dem Stabschef des amerikanischen Heeres, General William C. Westmoreland, an dem ersten großen Luftbrückenmanöver teil, das die Funktionsfähigkeit des Rotationssystems demonstrieren sollte. (Ein schon im Oktober 1963 durchgeführtes »Big Lift«-Manöver ließ man rasch wieder in Vergessenheit geraten, da es mit unzureichenden technischen Mitteln unternommen wurde und keinen überzeugenden Effizienzbeweis erbringen konnte.) Zwölftausend amerikanische Infanteristen wurden zwischen dem 19. und 21. Januar aus Kansas in die Bundesrepublik eingeflogen. Es war eine höchst eindrucksvolle Demonstration der technisch-organisatorischen Leistungsfähigkeit der Amerikaner – aber zur Beruhigung der militärischen Fachleute konnte sie nicht beitragen. Zwei Brigaden benötigten für die »Entmottung« von Waffen und Gerät bis zum Manöverbeginn etwa fünfundvierzig Tage, vom ersten Einflugstag an gerechnet, etwa zehn Tage.[12] Für die Zuführung weiterer Divisionen wären mindestens dreißig Tage notwendig gewesen. Bei diesen Zeiträumen zeigte sich die Bedeutung einer Kontroverse, in der seit langem keine Einigkeit zwischen der amerikanischen und der deutschen Auffassung hergestellt werden konnte: Während wir die verfügbare militärische »Vorwarnzeit« mit etwa sechs bis acht Tagen veranschlagten, behaupteten die Amerikaner, daß man mit etwa vierzehn Tagen rechnen könne, abgesehen von einer sehr viel längeren »politischen Vorwarnzeit«, in der die Anzeichen einer Krise bereits sichtbar würden und Vorsichtsmaßnahmen getroffen werden könnten. Die »Zwei-Basen-Strategie«, wie man das Rotationsprinzip auch nannte, von Fachleuten – wie dem Oberbefehlshaber Europa-Mitte, General Graf Kielmansegg – von vornherein schon 1967, sehr kritisch beurteilt, stieß nach diesem ersten großen Manöver (»Reforger I« = »Redeployment of Forces from Germany«) eher auf noch größere Skepsis. Ich kann auf Einzelheiten dieser kritischen Bewertung hier nicht eingehen und begnüge mich mit dem Hinweis auf die Stichworte, die in der Strategiedebatte jener Jahre, besonders zwischen Deutschen und Amerikanern, immer wieder die Hauptrolle spielten: Unersetzbarkeit der amerikanischen Truppenpräsenz; Reduktionen und Rückverlegungen nur bei angemessenen Kompensationen auf der östlichen Seite; realistische Beurteilung des Ungleichgewichts der Kräfte von Ost und West und der im Ernstfall zur Verfügung stehenden Vorwarnzeit.

Daß sich die Wahrscheinlichkeit eines sowjetischen Großangriffs auf Westeuropa weitgehend verflüchtigt hatte, wurde auch von uns erkannt und anerkannt. Nur konnten wir daraus nicht die Folgerung ziehen, daß sich auch die Bedrohung verflüchtigt hatte. Wir haben stets – unter welcher Regierung auch immer – die Auffassung vertreten, daß die Bedrohung nicht an den Absichten des potentiellen Gegners, sondern daß sie an seinen tatsächlichen militärischen Kräften gemessen werden müsse (an den »capabilities«, nicht den »intentions«). Absichten können sich rasch ändern, die Verstärkung der Kräfte jedoch erfordert Zeit. Ein kräftemäßiges Übergewicht kann auch auf die Absichten verändernd einwirken. Mit anderen Worten: Wir waren nie bereit, Entspannung für einen Grund zu halten, der es erlaubte, die Verteidigungsanstrengungen zu vernachlässigen. In diesem Punkte aber konnten wir mit der Unterstützung der europäischen Verbündeten viel weniger rechnen, als bei der Beurteilung der »capabilities«: In einem Atem wurden uns von ihnen oft Besorgnisse über die sowjetische Aufrüstung und Mitteilungen über die Kürzung der eigenen Streitkräfte und Rüstungsbudgets vorgetragen.

Im Herbst 1966 kam ich, nach einer Analyse der fortschreitenden Erosion des politischen und militärischen Konzepts der NATO, zu der Schlußfolgerung, daß sich die Verteidigungspolitik der Bundesrepublik weniger an dem Kriegsbild eines militärischen Großangriffs auf Westeuropa, als vielmehr an konkreten Krisensituationen und ihrer Bewältigung orientieren sollte.[13]

Die in dieser Analyse anklingende kritische Bewertung des Integrationssystems der NATO, zu der ich unter dem Eindruck der auf den Rückzug Frankreichs aus der NATO-Integration gerichteten Politik de Gaulles gelangte, hatte ich schon ein Jahr zuvor in meinem Exposé für den Außenminister ausführlicher begründet.[14] Die Probleme, die sich aus dem Ausscheiden Frankreichs für das Integrationssystem ergaben und die uns 1965/66 noch alarmierend erschienen, sind in den folgenden Jahren bewältigt worden. Damit soll nicht gesagt sein, daß sie nicht bestanden und daß wir sie übermäßig aufgebauscht hätten. Der totale Wegfall des französischen Hinterlandes für die strategische Gesamtplanung der NATO wäre eine höchst dramatische Verschlechterung ihrer militärischen Position gewesen. Bonn bemühte sich daher mit allen Mitteln, es nicht zum Äußersten kommen zu lassen. Es verzichtete darauf, die juristisch möglichen Konsequenzen aus dem französischen Rückzug aus der Integration zu ziehen und schloß ein Zusatzabkommen zum Truppenvertrag, das die weitere Stationierung französischer Truppen im Bundesgebiet ermöglichte und die Voraussetzungen für ein Mindestmaß weiterer militärischer Zusammenarbeit schuf. Den Allianzpartnern ist die Benutzung des französischen Territoriums für bestimmte Übungs- und Versorgungszwecke erhalten geblieben, und man braucht dieses Territorium im Kriegsfalle nicht als neutrales Gebiet zu betrachten. Indessen, auch im Verhältnis zu Frankreich müssen wir mit Strategiebedingungen leben, die weniger ein Kompromiß sind als das Hinnehmen von Gegebenheiten, die man akzeptieren muß, weil das französische Territorium – mehr als die im Bundesgebiet stehenden französischen Truppen – ein strategischer Faktor von drückendem Gewicht ist.

Es ist einer jener »geostrategischen« Faktoren, die sich aus unserer Mittellage in Europa, am Rande des »Eisernen Vorhanges« (der seinem Namen trotz aller Entspannungsbeschwörungen immer noch Genüge tut) ergeben und die zu den historisch-politischen Bürden hinzukommen, an denen wir zu tragen haben. In allen unseren Strategieüberlegungen leuchten diese Faktoren in verschiedenartigen Facettierungen immer wieder wie Warnlichter auf. Ich nenne nur noch zwei Stichworte: Vorneverteidigung und Dislozierung. Es kommt uns heute schon unglaubhaft vor, aber es ist doch eine Tatsache, daß die von der NATO schon Mitte der fünfziger Jahre erstrebte »Vorwärtsverteidigung« zunächst eine vordere Begrenzung des militärisch zu verteidigenden Abwehrraumes am Rhein zugrunde legte. Später wurde es die Weser, erst ab 1963 wurde es die Linie, die damals noch »Zonengrenze« hieß. Schröder veranlaßte um 1967 eine Umbenennung der deutschen Übersetzung von »Forward Strategy« in »Vorneverteidigung«, um ein Mißverständnis des aggressiv klingenden Wortes »Vorwärtsverteidigung« zu verhüten. Daß dieses strategische Konzept einer »Vorneverteidigung«, die nicht von vornherein dem Gegner kampflos größere Teile des Bundesgebietes überließ, immer von vitaler Bedeutung für die deutsche Verteidigungspolitik war, bedarf keiner weiteren Erläuterung.

Bei der »Dislozierung« geht es darum, daß die räumliche Verteilung der Stationierungstruppen über das Bundesgebiet bis zum heutigen Tage nicht den Erfordernissen einer strategisch sinnvollen Aufstellung entspricht. Sie stammt aus der Besatzungszeit und hat vielen Bemühungen zur besseren Anpassung an den militärischen Auftrag der Truppen widerstanden. Erst in jüngerer Zeit ist es gelungen, die Dislozierung der US-Truppen zu verbessern, so durch Verlegung einer Brigade in den Raum Bremen. Dagegen stehen die französischen Truppen immer noch in einem Raume, der weit von der Linie entfernt ist, wo sie in einem Ernstfalle gebraucht würden. Tendenzen der französischen Politik stehen einer Verlegung entgegen.

In den langen Jahren meiner Zugehörigkeit zum NATO-Rat ist es ebensowenig wie in den darauffolgenden Jahren gelungen, die Probleme ganz zu lösen, die sich aus diesen geostrategischen Faktoren ergeben. Es bleiben für die deutsche Verteidigungspolitik der kommenden Jahre noch viele Aufgaben auf diesem Gebiet, die der Bewältigung harren.

Der NATO-Rat ist und war kein Intellektuellenklub, der sich mit abstrakten Gedankenspielen über strategische Fragen, mit Diskussionen im Konferenzraum, zufriedengegeben hätte. Er war stets darauf bedacht, sich aus eigener unmittelbarer Anschauung ein Bild von den konkreten militärischen Gegebenheiten zu verschaffen, Truppen, Waffen, militärische Anlagen zu besichtigen, Manöver zu beobachten, Fühlung mit den regionalen Befehlshabern und ihren Hauptquartieren aufzunehmen, sich an Ort und Stelle in eingehenden »briefings« der militärischen Stäbe Informationen aus erster Hand zu verschaffen.

Von den zahlreichen Informations- und Besichtigungsreisen, an denen ich teilnahm, erwähne ich hier nur die interessanteste und lehrreichste. Sie führte uns – die Botschafter und einige Verteidigungsminister – im Mai 1963 in wenigen Tagen quer durch die Vereinigten Staaten zu ausgewählten Installationen und Befehlszentren der US-Streitkräfte – zu den verbunkerten Interkontinental-Raketenstellungen in South Dakota, zu der unterirdischen Befehlszentrale des Strategic Air Command in Nebraska (dem Nervenzentrum des Atomkrieges), zum Hauptquartier des NATO-Oberbefehlshabers Atlantik (SACLANT) in Norfolk, Virginia, und zum Strike Command in Fort Bragg, North Carolina, mit den hochmobilen Spezialeinheiten, die zu konzentrierten Blitzaktionen an beliebigen Punkten der Erde trainiert werden. Die Reise endete im Weißen Haus in Washington. Sie führte dort zu meiner letzten Begegnung mit Kennedy vor seiner Ermordung sechs Monate später. Da er die meisten meiner Reisegefährten nicht kannte, ergab es sich von selbst, daß er mich besonders begrüßte und ins Gespräch zog. Er tat es mit strahlender Freundlichkeit, als hätte es niemals Differenzen gegeben. Ich wußte diesen Stil zu schätzen und verhielt mich entsprechend.

Andere Reiseziele, die ich auf eigene Faust ansteuerte, waren die RAND Corporation in Santa Monica bei Los Angeles, die auf Initiative der amerikanischen Luftwaffe gegründete, berühmteste der amerikanischen »Denkfabriken« für militärische Strategie und Technologie; die VI. US-Flotte im Mittelmeer, der italienisch-deutsch-kanadische Luftwaffenübungsplatz für Bombenzielwürfe in Decimomannu auf Sardinien.

Bei allen diesen Bemühungen um umfassende Information und unmittelbare Anschauung habe ich mir nie eingebildet, auf diese Weise ein militärischer Fachmann geworden zu sein. Aber die letzten Entscheidungen über die Strategie werden immer getroffen – und müssen immer getroffen werden – von politischen Instanzen, zuletzt von den Regierungen. Die NATO-Botschafter mußten ihre Regierungen hierbei beraten und mußten die von ihrer Regierung getroffene Entscheidung dann im Kreise der Verbündeten vertreten. Dazu brauchten sie keine militärischen Fachleute zu sein, wohl aber bedurften sie der Fähigkeit, die von den militärischen Experten erarbeiteten Optionen zu verstehen und zu beurteilen und die politisch gebotene und zweckmäßige Option auszuwählen. Um den Erwerb dieser Fähigkeit mußten sich die Mitglieder des Rates bemühen, und diesem Zwecke dienten alle Reisen und Besichtigungen.

Herabstufung der Bundesrepublik: Atomsperrvertrag

Schon 1957 hatte ich in einem öffentlichen Vortrag festgestellt, daß nach zwölf Jahren ergebnisloser Abrüstungsverhandlungen eigentlich nur ein Thema – und zwar ein solches, das keine wirkliche »Abrüstung« zum Gegenstand habe, sondern allenfalls »Rüstungskontrolle« – Aussicht habe, zu einem konkreten Ergebnis zu führen: eine sowjetisch-amerikanische Verständigung über den Ausschluß aller noch nicht im Besitze von Atomwaffen befindlichen Mächte vom Erwerb oder der Herstellung solcher Waffen – oder mit anderen Worten: die Festschreibung des Nuklear-Waffen-Monopols der Supermächte.

Allerdings hielt ich damals ein entsprechendes Abkommen mit universaler Geltungskraft für »schwer denkbar«, wenn es nicht zugleich die Atomwaffenbesitzer zu nuklearer Abrüstung verpflichtete: »Die Diskriminierung aller anderen Staaten, die in ihrem Ausschluß von der Verfügungsgewalt über nukleare Waffen in jedem Falle liegt, würde allzu kraß sein, wenn die Hauptmächte selbst keinerlei Beschränkungen auf sich nehmen würden. Sie ist politisch und psychologisch nur erträglich und durchsetzbar, wenn sie in ein weiteres Abrüstungsabkommen eingebettet ist, das auch den Supermächten gewisse Beschränkungen auferlegt.«[1] Diese Annahme hat sich nur insoweit als zutreffend erwiesen, als die Supermächte immer wieder von den nichtnuklearen Unterzeichnern des Atomsperrvertrages aufgefordert worden sind, ihre atomare Rüstung zu reduzieren; es kam jedoch nur zu einem vagen Versprechen dieser Art in der Präambel und im Artikel VI des Sperrvertrages, das sich auf die Verpflichtung der Vertragsparteien beschränkte, »in redlicher Absicht Verhandlungen zu führen über wirksame Maßnahmen zur Beendigung des nuklearen Wettrüstens in naher Zukunft und zur nuklearen Abrüstung sowie über einen Vertrag zur allgemeinen und vollständigen Abrüstung unter strenger und wirksamer internationaler Kontrolle«. Die SALT-Verhandlungen können allenfalls als »Maßnahme zur Beendigung des nuklearen Wettrüstens« gewertet werden. Die übrigen Teile des Versprechens sind jedoch unerfüllt geblieben und es hat, wie zu erwarten, niemals einen ernsthaften Versuch gegeben, sie zu erfüllen.

Das Thema ›Nichtverbreitung von Atomwaffen‹ hat mich, gewollt oder ungewollt, im Laufe der Jahre immer wieder beschäftigt. Es tauchte in verschiedenen Zusammenhängen und an verschiedenen Verhandlungsschauplätzen auf: Anfang der sechziger Jahre in den Genfer Abrüstungsgesprächen, aber auch in den sowjetisch-amerikanischen Sondierungsgesprächen während der Berlin-Krise, in den MLF-Verhandlungen und schließlich in den ab Anfang 1965 sich konkretisierenden Verhandlungen über den Atomsperrvertrag in Genf.

Im Jahre 1963 wurde ich aufgefordert, einen Beitrag zu der Festschrift beizusteuern, die man zum siebzigsten Geburtstag des Kölner Staats- und Völkerrechtslehrers Herman Jahrreiss plante. Ich wählte mir das Thema: ›Rüstungskontrolle und Staatengleichheit‹.[2] Seit den Verhandlungen über den EVG-Vertrag war mir bewußt, welche enorme praktisch-politische Bedeutung dem Gleichheitsprinzip innewohnte. Adenauer und Hallstein hatten vor Beginn der Verhandlungen über die deutsche Wiederbewaffnung mit äußerster Hartnäckigkeit darauf bestanden, daß diese nur auf der Basis voller Gleichberechtigung in Frage komme. Robert Schumann hatte dies in seiner Erklärung bei der Eröffnung der EVG-Konferenz am 15. Februar 1951 zugestanden. Der Verlauf der Verhandlungen bestätigte immer wieder, wie grundlegend wichtig dieser Ausgangspunkt war. Artikel 6 des Vertrages über die Europäische Verteidigungsgemeinschaft verankerte ihn: »Der Vertrag läßt keinerlei unterschiedliche Behandlung der Mitgliedstaaten zu.«

Als sich die amerikanischen und sowjetischen Abrüstungsunterhändler am 17. April 1962 in Genf auf den Text einer Präambel zu einem »Vertrag über allgemeine und vollständige Abrüstung« einigten, bekannten auch sie sich darin zum Gleichheitsprinzip als Grundlage der zwischenstaatlichen Beziehungen.

In meinem Beitrag zur Jahrreiss-Festschrift bemühte ich mich, diesen Ausgangspunkt festzuhalten und ihn auf die verschiedenen Aspekte der Rüstungskontrollbestrebungen anzuwenden. Wie schon 1957, wies ich darauf hin, daß eine Möglichkeit, das Kernwaffenmonopol einiger weniger Mächte mit dem Gleichheitsprinzip zu versöhnen, in einer allgemeinen Verpflichtung zu nuklearer Abrüstung gefunden werden könne. (Diese Forderung hat die Bundesregierung noch in ihren Memoranden an den Genfer Abrüstungsausschuß vom 7. April 1967 und 6. März 1968 vertreten.) Daß eine solche Verpflichtung jedoch aller Voraussicht nach ein frommer Wunsch bleiben würde, war mir klar: »Ob sich kernwaffenlose Staaten auf die Dauer mit Abrüstungsprogrammen zufriedengeben werden, deren Verwirklichung in einer nebelhaften Zukunft liegt, wird abzuwarten sein.« Wegen der Ungewißheit dieser Perspektive legte ich den Nachdruck auf eine andere Möglichkeit, einen Ausgleich zwischen Kernwaffenmonopol und Gleichheitsprinzip zu finden: »die Bereitschaft der Atommächte zum ›nuclear sharing‹, das heißt zur Multilateralisierung der nuklearen Verantwortung, die naturgemäß nur innerhalb der bestehenden Bündnisgruppierungen möglich ist.« Als ich den Aufsatz schrieb, erschien es noch realistisch, anzudeuten, daß »manche Regierungen einem Abkommen über die Nichtverbreitung von Kernwaffen erst dann zustimmen werden, wenn eine erste Form einer multilateralen Kernwaffenstreitmacht etabliert ist«.[3]

Diese kaum verschleierte Empfehlung wurde in dem Augenblick unrealistisch, als die Regierung in Washington in einer atemberaubenden Kehrtwendung ihrer Politik alle bis dahin verkündeten und verfolgten Prioritäten umstieß. Nachdem sie eine zunächst zögernde Bundesregierung gedrängt hatte, das MLF-Projekt zu unterstützen, und nachdem sie zwei Jahre hindurch öffentlich und vertraulich immer wieder versichert hatte, daß sie an diesem Projekt festhalte und es nicht einer Verständigung mit Moskau über die Nichtverbreitung opfern werde, tat sie – wenige Wochen nach der letzten Versicherung dieser Art (anläßlich des Erhard-Besuches in Washington, am 26./27. September 1966) – eben dieses: Sie unterstützte in der Vollversammlung der UN einen sowjetischen Resolutionsentwurf, nach dem alle Staaten »auf Schritte verzichten sollten, die ein Übereinkommen über die Nichtverbreitung von Kernwaffen erschweren«.[4] Was damit gemeint war, unterlag keinem Zweifel. Washington ging damit auf einen Kurs, der schon im Januar 1965 von einem von Präsident Johnson eingesetzten Studienausschuß unter Leitung des früheren stellvertretenden Verteidigungsministers Roswell Gilpatrick empfohlen worden war: Priorität der Nichtverbreitung, Opferung der MLF, wenn erforderlich, um mit der Sowjetunion zur Einigung zu kommen.[5]

Die Motive dieser neuen Politik waren in der Juli-Ausgabe 1965 von ›Foreign Affairs‹ in einem (berühmt gewordenen) Artikel von William Foster, dem Leiter der Abrüstungsbehörde im State Department und späteren Unterhändler für den Atomsperrvertrag, dargelegt worden. Mit dürren Worten legte er die Nachteile und Gefahren dar, welche die Vereinigten Staaten von einer ungehinderten Erweiterung des Kreises der Kernwaffenstaaten befürchten müßten: Verminderte Sicherheit der Vereinigten Staaten; Preisgabe ihrer weltweiten Engagements, die es ihnen unmöglich machten, sich aus einem Konflikt mit nuklearen Dimensionen, zum Beispiel in Asien, herauszuhalten; vor allem aber Nivellierung auf internationaler Ebene, das heißt Verlust des amerikanischen Machtvorsprungs: »Das alles aber deutet darauf hin, daß die strategischen nuklearen Waffensysteme eines Tages auf internationaler Ebene den gleichen nivellierenden Effekt haben können, wie dies auf unterer Ebene bei der konventionellen Artillerie der Fall ist. Wenn wir uns fragen, was uns der Versuch kostet, eine weitere Ausbreitung der Atomwaffen zu verhindern, dürfen wir nicht übersehen, daß der Besitz von Atomwaffen in der Hand einer großen Anzahl von Staaten den Vorsprung an Macht, den wir dank unserer finanziellen und wirtschaftlichen Hilfsmittel seit langer Zeit gegenüber der übrigen Welt besitzen, weitgehend aushöhlen würde.« Erst ganz am Schluß dieser Argumentationskette taucht noch die Überlegung auf: »Schließlich bleibt noch die einfache Tatsache zu berücksichtigen, daß die Wahrscheinlichkeit eines Einsatzes von Atomwaffen um so größer wird, je mehr Staaten ›den Finger am Abzug‹ haben.«

Daß »die enge amerikanisch-sowjetische Zusammenarbeit, die Voraussetzung für eine erfolgreiche Durchführung des Vorhabens ist, zu einer Aushöhlung der Beziehungen der Vereinigten Staaten zu ihren Bündnispartnern führen dürfte«, hatte Foster klar erkannt. Er tröstete sich damit, daß dieser Erosionsprozeß ohnehin im Zuge der Entspannung unvermeidlich sei: »Problematisch würde diese Entwicklung allerdings dann, wenn die Schwächung des Zusammenhaltes innerhalb der NATO sich rascher vollziehen würde, als dies durch die effektive Verringerung der Bedrohung gerechtfertigt wäre.«[6]

Während Foster die Frage der Priorität von NPT oder MLF nicht klar beantwortete (obwohl nach der Gesamttendenz seines Artikels kein Zweifel bestehen konnte, welches seine Präferenz war), sprach sich Robert Kennedy in zwei Senatsreden am 23. Juni und 13. Oktober 1965 eindeutig und unverblümt für den Vorrang der Nichtverbreitung aus.

Vor dem Hintergrund solcher programmatischer Äußerungen und Überlegungen entfaltete sich ihre Übersetzung in praktische diplomatische Aktivität: Im August 1965 präsentierten die Vereinigten Staaten in Genf ihren ersten Vertragsentwurf, im September kam es zu einer Diskussion dieses Entwurfes im NATO-Rat; zugleich brachte die Sowjetunion am 24. September einen eigenen Vertragsentwurf bei der Vollversammlung der Vereinten Nationen ein. Diametral entgegengesetzt blieben diese Entwürfe in mehreren Punkten, vor allem in der Frage, ob die Ausstattung einer multilateralen Streitmacht mit Kernwaffen als unzulässige »proliferation« anzusehen sei: Während der amerikanische Entwurf die Bildung einer solchen Streitmacht zulassen wollte, schloß der sowjetische Entwurf sie aus und konnte sogar dahin verstanden werden, daß selbst die Beteiligung nichtnuklearer Bündnispartner an der nuklear-strategischen Planung unzulässig sein sollte. Nach anschließenden amerikanisch-sowjetischen Geheimverhandlungen unterzogen die Amerikaner ihren Entwurf einer Revision, hielten jedoch zunächst noch an der Zulässigkeit einer multilateralen Atomstreitmacht fest. Im weiteren Verlauf dieser bilateralen amerikanisch-sowjetischen Verhandlungen kam ein gemeinsamer Entwurf der beiden Supermächte zustande, der am 1. Februar 1967 im NATO-Rat diskutiert und am 21. Februar in Genf dem Abrüstungsausschuß vorgelegt wurde. Der NATO-Rat stellte ausdrücklich fest (nachdem nur Großbritannien und Kanada diesen Entwurf unterstützt hatten), »daß sich die Vereinigten Staaten nicht auf eine Zustimmung ihrer vierzehn Verbündeten berufen können«. Ich selbst machte im Rat vor allem drei Forderungen geltend, die der Vertrag berücksichtigen müsse: Er müsse den Sicherheitsinteressen der nichtnuklearen Partner genügen; er dürfe nicht ihre Fähigkeit zur friedlichen Nutzung der Kernenergie beeinträchtigen; und er dürfe nicht einer gemeinsamen Atomstreitmacht eines künftigen geeinten Europas im Wege stehen. Bei dieser Stellungnahme befand ich mich voll im Einklang mit der amtlichen Politik der Bundesregierung. Daran habe ich mich auch bei allen späteren Stellungnahmen zu diesem Thema strikt gehalten – um so mehr, als ich nach der Bildung der Regierung der großen Koalition in wachsendem Maße bemerkte, daß unsere Außenpolitik, entgegen meinen Empfehlungen, in ihrem Widerstand gegen die amerikanische Nichtverbreitungspolitik erlahmte und sich ihr rascher und weitergehend anpaßte, als ich es für notwendig und vertretbar hielt. Aber wie einst in Washington, geriet ich erneut in das Dilemma, eine Außenpolitik vertreten zu müssen, die in Bonn zweigleisig betrieben wurde: Kanzler und Außenminister, Kiesinger und Brandt, steuerten verschiedene Kurse; Brandt war frühzeitig entschlossen, sich mit einigen Verbesserungen des Vertragstextes zufriedenzugeben und das ganze Thema möglichst rasch – auf jeden Fall vor Beginn des Wahlkampfes von 1969 – vom Tisch zu bekommen. Kiesinger stand dem Projekt kritischer gegenüber (am schärfsten formuliert in seiner berühmten Bemerkung vom 27. Februar 1967 über »eine Art atomarer Komplizenschaft«, die sich zwischen Moskau und Washington herausgebildet habe); er bremste, versuchte Zeit zu gewinnen und suchte, wenn auch ohne energischen Nachdruck und ohne Erfolg, nach Auswegen, die das Projekt veränderten, entschärften, zeitlich begrenzten. So weit ich nicht durch ausdrückliche Weisungen des Auswärtigen Amtes gebunden war, bediente ich mich zusätzlich der Argumente und Gesichtspunkte, die vom Kanzler oder anderen Regierungsmitgliedern stammten. Auf diese Weise konnte es mir geschehen, daß Bill Foster mir nach einer kritischen Debatte im NATO-Rat am 3. April 1967 vorhielt, er habe in Bonn (er kam gerade von dortigen Konsultationen mit dem Außenminister und dem Auswärtigen Amt) andere Argumente und Stellungnahmen zu hören bekommen, als die von mir vorgebrachten.

Auf amerikanischer Seite hatte man den Riß in der großen Koalition natürlich bemerkt und machte ihn sich zunutze, indem man sich ganz auf den Außenminister konzentrierte – und dabei auch diejenigen seiner Berater umging, bei denen man vermutete oder wußte, daß sie der neuen Linie der amerikanischen Politik skeptisch gegenüberstanden. Schon auf der Dezember-Konferenz 1966 der NATO-Außenminister hatte Rusk sehr vertraulich Willy Brandt davon unterrichtet, daß sich Einigungsmöglichkeiten mit den Sowjets in Genf abzeichneten. Auf der Frühjahrskonferenz 1967 in Luxemburg wiederholte sich dieser Vorgang. Wiederum sehr diskret steckte Rusk Willy Brandt den Text einer neuen Formulierung jenes Artikels I zu, der die Weitergabe von Kernwaffen »to any recipient whatsoever« ausschloß und damit das uns immer wieder gegebene Versprechen preisgab, man werde den Weg zu einer europäischen oder atlantischen multilateralen Kernstreitmacht offenhalten. Auf Umwegen erhielt ich natürlich doch davon Kenntnis, wurde aber weder konsultiert, noch konnte ich erkennen lassen, daß ich im Bilde war.

Die Unterzeichnung des Vertrages durch die Bundesrepublik am 28. November 1969 (die Protagonisten des Vertrages, die Vereinigten Staaten, Großbritannien und die Sowjetunion hatten schon am 1. Juli 1968 unterzeichnet) konnte ich nicht aufhalten; erst recht nicht die Ratifikation, die erst fünf Jahre später (im Februar/März 1974) vorgenommen wurde, als ich längst in Japan war. Ich mache kein Hehl daraus, daß ich diesen Vertrag bekämpft habe, wo immer ich dazu eine mit meinen Verpflichtungen als weisungsgebundener Botschafter vereinbare Möglichkeit sah. Ich will dem Leser und mir ersparen, die Jahre der die Genfer Verhandlungen begleitenden allianz-internen Ratskonsultationen und regierungs-internen Bonner Beratungen hier noch einmal durchzugehen und sie auf meine Stellungnahmen und Empfehlungen zu überprüfen, die natürlich auf die jeweilige konkrete Situation zugeschnitten waren. Festgehalten zu werden verdient eine grundsätzlicher gehaltene Stellungnahme, die ich im Herbst 1968 (also zwischen den Unterzeichnungsakten der Hauptsignatare einerseits und der Bundesrepublik andererseits, oder, unter einem anderen Blickwinkel gesehen, zwischen der sowjetischen Intervention in Prag und der Wahl Richard Nixons zum Präsidenten) abgab.[7] Sie gehörte zu den seltenen Fällen, in denen das Amt eine solche Stellungnahme angefordert hatte – in diesem Falle zu den voraussichtlichen »Folgen einer deutschen Nichtunterzeichnung des NV-Vertrages«. Ich benutzte die Gelegenheit, um der in Bonn herrschenden Ängstlichkeit entgegenzutreten, die dazu führte, daß viele eine Verweigerung der deutschen Unterschrift überhaupt nicht ins Auge zu fassen wagten. Ich bestritt nicht, daß wir uns einer schweren Belastungsprobe aussetzen würden, wenn der NV-Vertrag an unserer Haltung scheitern würde. Ebenso deutlich sagte ich jedoch, daß wir dieses in der Allianz würden durchstehen können.

Da sich diese Stellungnahme auf die voraussichtlichen Folgen einer deutschen Nichtunterzeichnung bezog, beschäftigte sie sich nicht mit der Möglichkeit, die Unterzeichnung an Bedingungen zu knüpfen oder mit Vorbehalten zu verbinden. Nach beiden Richtungen hatte ich mehrfach Vorschläge gemacht. Mit Interesse stellte ich fest, daß die Bundesregierung zugleich mit der Unterzeichnung in einer formellen Note an alle Signatarstaaten eine Reihe von »Voraussetzungen« präzisierte, die sie als Geschäftsgrundlage ihres Beitritts ansah. Die grundlegenden Konsequenzen des Vertrages konnten damit natürlich nicht abgewendet werden. Aus diesem Grunde hatte ich größeren Nachdruck stets auf die Empfehlung gelegt, die Unterzeichnung von einer Bedingung abhängig zu machen: nämlich von der Bedingung, daß alle oder doch die Mehrheit der »Schwellenmächte« (auch »zivile Nuklearmächte« genannt) dem Vertrag beigetreten seien oder ihm gleichzeitig beiträten. Eine ähnliche Bedingung hatte auch die Schweizerische Bundesregierung gestellt. In Bonn fiel dieser Vorschlag nicht auf fruchtbaren Boden. In ihrer schriftlichen Antwort auf eine Große Anfrage im Bundestag erklärte die Bundesregierung am 12. November 1969,[8] sie sei sich der Tatsache bewußt, »daß eine Reihe der sogenannten Schwellen- oder Schlüsselmächte zögert, sich hinsichtlich ihres Beitritts zum NV-Vertrag festzulegen, bevor die Bundesregierung ihre Entscheidung getroffen hat«. Mit diesen Worten wurde öffentlich eingestanden, daß man einen Vertrag zu unterschreiben sich anschickte, der in allererster Linie die Bundesrepublik binden sollte. Die Frage eines Abgeordneten, die damit beantwortet wurde, hatte auf die »Chancen, den universalen Charakter des Atomwaffensperrvertrages sicherzustellen«, gezielt, und sie hatte darauf hingewiesen, daß »zahlreiche Schwellenmächte und zwar vier der sieben Schwellenmächte der sogenannten ersten Kategorie und acht der sechzehn Schwellenmächte der sogenannten zweiten Kategorie diesen (Vertrag) bis heute ebenso wie die Bundesrepublik noch nicht unterzeichnet haben und mehrere dieser Staaten möglicherweise die Unterzeichnung des Vertrages endgültig ablehnen werden«. Demgegenüber drückte die Bundesregierung jedoch die Hoffnung aus, daß »durch die deutsche Unterschrift unter dem Vertrag das Ziel der Universalität in erreichbarere Nähe gerückt werden« dürfte. Diese Hoffnung hat sich nicht erfüllt. Abgesehen von den beiden Nuklearmächten Frankreich und China haben rund dreißig Nichtkernwaffenstaaten den Beitritt verweigert, »von denen gesagt werden kann, daß ihr Fernbleiben vom NV-Vertrag internationale Bedeutung hat«,[9] darunter Indien (das sogar am 18. Mai 1974 eine als »friedlich« bezeichnete Kernexplosion ausgelöst hat), Pakistan, Birma, sechs arabische Staaten, Israel, Spanien, Portugal, Südafrika, eine Anzahl schwarzafrikanischer und lateinamerikanischer Länder einschließlich Argentiniens, Brasiliens, Chiles und Kubas. Eine ganze Anzahl (bis Anfang 1975 waren es zweiundzwanzig) weiterer Staaten hat zwar unterzeichnet, aber nicht ratifiziert. Die im Vertrag vorgesehene Überprüfungskonferenz hat die Zahl der Vertragsstaaten zwar etwas vergrößert, doch ist gleichwohl »der große Nichtverbreitungsfeldzug im Grunde steckengeblieben«.[10] Angesichts dieses (gewiß nicht überraschenden) Verlaufes der Entwicklung fragt es sich, ob man die universelle (oder doch fast universelle) Annahme des Vertrages nicht wirksamer gefördert hätte, wenn man den deutschen Beitritt an die Bedingung des gleichzeitigen Beitritts aller oder doch der wichtigsten Schwellenmächte geknüpft hätte. (Rechtstechnisch hätten sich Verfahren finden lassen, nicht nur die Unterzeichnung, sondern auch die Hinterlegung der Ratifikationsurkunden zu synchronisieren.)

Die Beteiligung an der öffentlichen Diskussion über den Vertrag brachte mich mehrfach in Schwierigkeiten.[11] Solange man auch in Bonn kritisch über das amerikanisch-sowjetische Projekt dachte, hatte ich keinen Grund, mich weniger kritisch zu äußern. Das galt für die Jahre 1965/66, in denen ich insbesondere an zwei dem Nichtverbreitungsthema gewidmeten Konferenzen des Londoner Institute for Strategic Studies teilnahm. Die erste (mit dem Thema ›The Spread of Nuclear Weapons‹) fand im Februar 1965 auf Schloß Lenzburg im Kanton Aargau, nicht weit von Zürich, statt. Unter den Teilnehmern befanden sich neben politischen und militärischen Experten auch mehrere führende Persönlichkeiten bedeutender Kernforschungszentren, auch aus Indien und Israel. Von deutscher Seite steuerte der frühere Bundesminister, Professor Balke, einige Diskussionsbeiträge bei, die wegen ihrer fachwissenschaftlichen Präzision großen Eindruck machten. Bemerkenswert war die nahezu einhellige Meinung aller Konferenzteilnehmer, daß es unmöglich sein werde, die Ausbreitung der Kernwaffen zu verhüten. Ich unterstrich sehr nachdrücklich den eindeutigen und festen Willen der Bundesrepublik, an dem schon 1954 ausgesprochenen Atomwaffenverzicht festzuhalten, sprach mich für eine effektive Politik der Nichtverbreitung aus, erhob aber Bedenken gegen eine formaljuristische Fixierung einer solchen Politik in einem notwendigerweise diskriminierenden Vertrag. Diese Stellungnahme fand von mehreren Seiten Unterstützung. Anfang Mai wurde diese Diskussion auf einer europäisch-amerikanischen Konferenz des Instituts im Schloß Ditchley Park (Oxfordshire) in England fortgesetzt. Unter den Teilnehmern befanden sich Henry Kissinger, Marshall Shulman, Albert Wohlstetter, Fred Mulley (der jetzige britische Verteidigungsminister), Michael Palliser (der jetzige beamtete Staatssekretär des britischen Foreign Office), Theo Sommer (jetzt Chefredakteur der ›Zeit‹) und andere bekannte Namen. Kissinger plädiert damals für die Bildung einer atlantischen »Steering Group«, die sich aus den Vereinigten Staaten, Frankreich, Deutschland, Großbritannien, Italien und einem rotierenden Vertreter der kleineren Bündnispartner zusammensetzen sollte. Zentralisierte Kontrolle aller Nuklearwaffen (ein wichtiges Motiv der amerikanischen Nonproliferation Policy) schien ihm zwar militärisch gesehen am wirksamsten, politisch und psychologisch gesehen, führe zu weit getriebene Zentralisierung jedoch zur Lähmung des politischen Willens der Partner.

Mehrere Jahre hindurch beschäftigte das Nichtverbreitungsthema die Wehrkunde-Konferenzen, die alljährlich im Januar oder Februar in München stattfanden, stets unter Beteiligung einzelner Mitglieder der Bundesregierung und führender deutscher Politiker, meist auch ausländischer Spitzenpersönlichkeiten beider Kategorien. Im Januar 1966 war es der damalige Bundestagsabgeordnete, spätere parlamentarische Staatssekretär im Bundeskanzleramt, Freiherr von Guttenberg, der in vorderster Linie den Sperrvertrag angriff. Über das, was Schnippenkötter und ich gesagt hatten, hieß es in der Presse, wir hätten zwar die Ziele eines Sperrvertrages gutgeheißen, aber die Mittel abgelehnt, die zu einer Verhinderung der Kernwaffenausbreitung führen sollten.[12]

Ein Jahr später, im Januar 1967, fand die Münchener Begegnung unmittelbar nach meinem Bonner Vortrag über den »Einfluß der Kernwaffen auf die Politik« statt. Auf die mich selbst überraschende starke Wirkung dieses Vortrages auf die deutsche Öffentlichkeit spielte Helmut Schmidt an, als er mich in München mit den Worten begrüßte: »Sie bereiten wohl Ihren Auszug vor?« Um nicht noch Öl ins Feuer zu gießen, hielt ich mich in der Diskussion über den Sperrvertrag zurück, ebenso wie auch im folgenden Jahr, im Februar 1968.

Die Wogen, die der vor einem Jahr gehaltene Vortrag verursacht hatte, hatten sich noch immer nicht ganz geglättet. Noch zwei Wochen vor der Münchener Konferenz hatte der Bonner Korrespondent von ›Le Monde‹, Roland Delcour, in einem Bericht aus Bonn vom 19. Januar geschrieben: »Angestiftet von dem Vertreter der Bundesrepublik bei der NATO, Herrn Grewe, war seit dem Herbst 1966 eine heftige Kampagne gegen den Sperrvertrag ausgelöst worden, die sichtlich von dem damaligen Außenminister Schröder unter der Hand unterstützt wurde. Der Botschafter hatte der Katze die Schellen umgehängt, indem er die Amerikaner beschuldigte, die Interessen ihrer europäischen Verbündeten, insbesondere die der Bundesrepublik, wohlfeil hergegeben zu haben, indem sie Kontrollen vorsahen, die geeignet waren, die Entwicklung einer zivilen Atomindustrie zu bremsen.«

Wiederum ein Jahr später, am 1./2. Februar 1969, konnte ich jedoch der Diskussion über den Sperrvertrag nicht ausweichen; zu sehr stand das Thema im Mittelpunkt der Auseinandersetzung, nachdem die beiden Supermächte und Großbritannien am 1. Juli 1968 unterzeichnet hatten, und die Bundesrepublik nunmehr einem verstärkten Druck ausgesetzt war, ihrerseits dem Vertrage beizutreten. Entstellte Zeitungsberichte darüber, was Schnippenkötter und ich in der Diskussion gesagt hatten, führten zu jener heftigen öffentlichen Auseinandersetzung zwischen Regierungskoalition und Opposition, über die ich schon berichtet habe, und die schließlich mit einer Art »Ehrenerklärung« des Außenministers Willy Brandt für seine beiden Botschafter endete.[13]

Ich ließ mich durch diesen Wirbel nicht entmutigen, zum Thema auch weiterhin Stellung zu nehmen, wenn es von mir gefordert wurde. Das geschah an so verschiedenen Orten wie der Universität von Caen in der Normandie, im Club zu Bremen, an der Führungsakademie der Bundeswehr in Hamburg, im NATO Defence College in Rom, wo ich vor den Lehrgangsteilnehmern aus den verschiedensten NATO-Staaten vor allem darlegte, daß der Sperrvertrag tief in die Entscheidungsfreiheit der Allianz bei der künftigen Regelung der Nuklearprobleme eingreife und der Sowjetunion eine Einspruchsmöglichkeit gegen ihr unerwünschte Entwicklungen der nuklearen Organisation und Bewaffnung der NATO verschaffe.[14]

Bei der Behandlung des Sperrvertrages im NATO-Rat hatte ich naturgemäß nur einen beschränkten Spielraum. Ich habe es nie als sinnvoll erachtet, eine politische Linie zu vertreten, die von der amtlichen Politik der Bundesregierung und von den Weisungen abwich, die ich zu ihrer Ausführung erhielt. Nur bis zu dem Augenblick und bis zu dem Punkte, in dem diese offizielle Politik dem Sperrvertrag noch kritisch gegenüberstand und sich nicht auf eine Zustimmung festgelegt hatte, hatte ich einen gewissen Manövrierspielraum. Ich konnte ihn nutzen, indem ich im Rat mit jenen Kräften kooperierte, die dem Projekt kritisch gegenüberstanden, in erster Linie mit den Italienern. Im Januar 1967 benutzte ich meinen Aufenthalt in Rom aus Anlaß der Einweihung des neuen Sitzes des NATO Defence College, um mit leitenden Persönlichkeiten des italienischen Außenministeriums Möglichkeiten gemeinsamer Taktik und enger Kooperation auf diesem Gebiete zu besprechen. Ich stieß auf eine überraschend kritische Stimmung gegenüber dem amerikanisch-sowjetischen Vertragsprojekt und auf weitgehende Bereitschaft zur Kooperation – verbunden jedoch mit dem Hinweis, die Initiative und die Führung bei dieser Auseinandersetzung müssen von Deutschland ausgehen. Meine Bemühungen, Bonn hierfür zu gewinnen, führten jedoch nicht weit. In dem Maße, in dem die Italiener den Eindruck gewannen, daß man in Bonn davor zurückscheute, sich zu exponieren, wichen sie auch ihrerseits zurück.

Zuweilen ließen sich Akzente setzen, durch die Art und Weise, wie ich eine mir durch die Zentrale aufgetragene Weisung vortrug, durch die Wahl des Zeitpunktes, durch eine Verständigung mit dem Generalsekretär, von dessen Zusammenfassung am Schluß einer Debatte es abhängen konnte, zu welchen prozeduralen Schlußfolgerungen der Rat gelangte, ob er etwa die amerikanische Delegation in Genf autorisierte, im Namen der Verbündeten zu sprechen oder ob er sie darauf beschränkte, nur für sich selbst Erklärungen abzugeben.

Angesichts der Tatsache, daß die Bundesrepublik schließlich doch den Sperrvertrag unterzeichnet und ihn, wenn auch erst nach Jahren, ratifiziert hat, drängen sich im Rückblick mehrere Fragen auf: Waren die Bemühungen, diese Entwicklung aufzuhalten, verfehlt oder jedenfalls völlig vergeblich? Waren die Befürchtungen über die Auswirkungen des Vertrages wirklich begründet, waren sie übertrieben, hat sich der Vertrag als wirksames Instrument der nuklearen Kriegsverhütung bewährt?

Vergeblich ist der Widerstand gegen das Vertragsprojekt von 1965/66 nicht gewesen. Er hat vielmehr eine wesentliche Veränderung, nämlich eine Verbesserung, des Vertragstextes bewirkt. Diese Verbesserung betraf vor allem die Kontrolle der zivilen Nuklearindustrie, der sich die Nichtkernwaffenstaaten unterwerfen sollten. Im Unterschied zu den anfänglichen Vorstellungen der Initianten des Vertrages, die den Inspekteuren der Wiener Internationalen Atomenergiebehörde ständige, weitreichende, den gesamten Produktionsprozeß erfassende Kontrollrechte in den relevanten Industriebetrieben der Nichtkernwaffenstaaten einzuräumen gedachten, hat man sich schließlich – vor allem unter dem Eindruck der deutschen Gegenvorstellungen – zu einem Kontrollprinzip bereit gefunden, das in der Präambel des Vertrages definiert wird als »wirksame

Sicherungsüberwachung des Flusses von Ausgangs- und besonderem spaltbaren Material durch Verwendung von Instrumenten und anderen technischen Verfahren an bestimmten strategischen Punkten«. Dieses Kontrollverfahren, das sich nicht mehr auf Ausrüstungen, Einrichtungen und Investitionsvorhaben erstreckt und auf weitgehende Automatisierung der Kontrollmethoden angelegt ist, wurde vom Kernforschungszentrum in Karlsruhe entwickelt, und es ist das Verdienst Swidbert Schnippenkötters, diese Gedanken in langen, zähen Verhandlungen durchgesetzt zu haben. Das gilt auch für eine andere Verbesserung des vertraglichen Kontrollsystems, nämlich die Ersetzung einer direkten, von Inspekteuren der Wiener Behörde auszuübenden Kontrolle durch das Kontrollverfahren nach dem Euratom-Vertrag, das lediglich einer »Verifizierung« durch die Wiener Instanz unterworfen werden sollte. Auf diese Weise wurde den Euratom-Mitgliedern ermöglicht, das Gesicht dieser europäischen Institution einigermaßen zu wahren – allerdings mit der schwerwiegenden Folge einer Durchbrechung des im Euratom-Vertrag verankerten Gleichheitsgrundsatzes zugunsten des Kernwaffenstaates Frankreich, der seinerseits nicht bereit war, irgendeine Beeinträchtigung des Gleichheitsprinzips in seinem Verhältnis zu den anderen Kernwaffenmächten hinzunehmen.

Die Zeit, die durch unser Widerstreben im NATO-Rat gewonnen wurde, kam den Verhandlungen Schnippenkötters zugute, was wesentlich dazu beigetragen haben dürfte, auf der amerikanischen Seite die Bereitschaft zu Kompromißlösungen zu fördern.

War es, abgesehen von diesem taktischen Zweck, von der Zielsetzung des Vertrages und von den Zielsetzungen der deutschen Politik aus gesehen, verfehlt, diesem Vertrag zu widerstreben, waren die Befürchtungen über seine Auswirkungen »zu hochgespielt«, wie prominente Friedensforscher in der Bundesrepublik herablassend kritisierten?

Ich bin nicht dieser Ansicht, neun Jahre nach dem Inkrafttreten des Vertrages eher weniger als damals. Denn in der Zwischenzeit ist vollends deutlich geworden, wie naiv es war, in diesem Vertrag in erster Linie ein wirksames Instrument zur Verhütung des Atomkrieges zu sehen. Er war und ist in erster Linie ein Instrument der Supermächte, das, mit den schon zitierten Worten William Fosters, »den Vorsprung an Macht, den wir dank unserer finanziellen und wirtschaftlichen Hilfsmittel seit langer Zeit gegenüber der übrigen Welt besitzen«, vor einer Aushöhlung schützen soll. Auch von sowjetischer Seite hat es nicht an deutlichen Äußerungen über das gefehlt, was man sich von diesem Projekt versprach. Die ›Prawda‹ hatte es in einem Artikel vom 12. März 1968 ausgesprochen, der den Höhepunkt einer gegen die Bundesrepublik gerichteten Propagandakampagne bildete. Anknüpfend an ein gerade beendetes Gipfeltreffen der Warschauer Paktstaaten in Sofia, auf dem man das Problem der Nichtverbreitung von Atomwaffen diskutiert hatte, schrieb sie: »Das Herzstück dieses Problems ist der Kampf, Westdeutschland den Zugang zu Atomwaffen zu sperren – Westdeutschland, dem der industriellen Macht nach zweitstärksten kapitalistischen Staat, dessen herrschende Kreise, von der giftigen Idee des Revanchismus besessen, sich nach der Atombombe sehnen.«

Auch auf der diplomatischen Ebene wurde diese Zielsetzung ohne Umschweife ausgesprochen. In einem Bericht aus New York vom 19. April 1968 hieß es dazu: »Von zahlreichen Mitgliedern hiesiger UN-Missionen, und zwar solchen jeglicher Schattierung, von Algerien bis Spanien, hören wir folgendes über sowjetische Werbeaktionen der letzten Tage zugunsten des NV-Vertragsentwurfs: Die Sowjets hätten es aufgegeben, mit subtilen Argumenten einer weltumfassenden Kernwaffenkontrolle zu arbeiten und nennten das Kind jetzt beim Namen. UN-Botschafter Jakob Malik und seine Mitarbeiter sagten offen, es gehe der Sowjetunion ausschließlich darum, die Bundesrepublik Deutschland vom Zugang zu Atomwaffen auszuschließen. Die jetzige Form eines Abkommens im VN-Rahmen sei nur aus praktischen Gründen gewählt worden. Die Sowjets wären auch mit jeder anderen Form, die zum Ziele führte, einverstanden gewesen. Die anderen Mitgliedstaaten müßten für die Interessen der Sowjetunion in diesem Falle Verständnis zeigen. Die Konstellation sei günstig und werde sich vielleicht nicht wiederholen, weil die Vereinigten Staaten jetzt bereit seien, die Bundesrepublik Deutschland zu einer Unterzeichnung des Vertrages zu veranlassen. Man müsse den Vereinigten Staaten helfen, diese Absicht wahrzumachen.«

Ich zitiere diese Äußerungen nicht, um sie zu »emotionalen« Anklagen zu benutzen. »Emotional« nannten die deutschen Befürworter des Vertrages jede Kritik, die an ihm geübt wurde. Wenn Adenauer das Vertragsprojekt als einen »Morgenthau-Plan im Quadrat« bezeichnete, dann kann man darin vielleicht einen Appell an Emotionen sehen. Adenauer selbst hat sich auch in dieser Frage schwerlich von Emotionen hinreißen lassen. Er hielt den Vertrag aus wohlerwogenen Gründen für schädlich und bekämpfte ihn, und wenn er sein Kampfziel erkannt hatte, pflegte er in der Wahl seiner Worte »nicht pingelig« zu sein. So war es auch hier. Förderlich war diese Methode für die Auseinandersetzung über den Sperrvertrag sicherlich nicht, zumal sie dem Vorwurf der »Emotionalisierung« eine Angriffsfläche bot. Mir erschien es eher als »emotional«, wenn man unter souveräner Nichtbeachtung der unzweideutigen Zieldefinitionen der Supermächte die epochale Bedeutung des Vertrages für die Bewahrung der Menschheit vor der Katastrophe eines Atomkrieges beschwor. Daß der Vertrag eben dieses nicht leistet, hat sich inzwischen so klar wie nur möglich erwiesen. Gerade die Staatengruppen, die in gefährlichen Konfliktsituationen leben, sind ihm ferngeblieben: Indien und Pakistan, Israel und die arabischen Staaten, Südafrika und die Schwarzafrikanischen Staaten. Indien hat keine Hemmung gezeigt, einen nuklearen Sprengsatz zu zünden, den niemand von einer Bombe zu unterscheiden vermag.

Daß die Vereinigten Staaten ihre Machtposition zu bewahren suchen und daß die Sowjetunion Deutschland für alle Zeiten zu denuklearisieren und in seinem politisch-militärischen Status zu drücken sucht, ist nicht überraschend und kein Grund zu moralischer Entrüstung. Aber es ist legitim, sich zur Wehr zu setzen und sich dagegen zu sträuben, daß man in einem von den beiden Supermächten willkürlich eingeführten »Zwei-Klassen-Völkerrecht«[15] in einen minderen Status versetzt wird. Eben dieses hat der Sperrvertrag getan – und ich höre schon die Stimmen, die jede Kritik an dieser Wirkung als »überzogenes Prestigedenken« verurteilen. Was die Preisgabe des Gleichheitsprinzips praktisch bedeutet, ist uns im Frühjahr 1977 sehr konkret vorgeführt worden, als die neue US-Regierung unter Präsident Carter dazu überging, das Grundprinzip dieses ungleichen Vertrages ungeniert auf ein Gebiet auszudehnen, das der Vertragstext ausdrücklich davon unberührt lassen wollte: »Dieser Vertrag ist nicht so auszulegen, als werde dadurch das unveräußerliche Recht aller Vertragsparteien beeinträchtigt, unter Wahrung der Gleichbehandlung und in Übereinstimmung mit den Artikeln I und II die Erforschung, Erzeugung und Verwendung der Kernenergie für friedliche Zwecke zu entwickeln (Artikel IV).«

Wenn man eine Bilanz zieht, kommt man nicht um einige ernüchternde Feststellungen herum: Die in den Pariser Verträgen von 1954 und mit der deutschen Wiederbewaffnung errungene Gleichberechtigung der Bundesrepublik ist mit dem Sperrvertrag wieder verlorengegangen. Das ist besonders gravierend für die Zukunftsaussichten der Europäischen Gemeinschaft, die ohne das Gleichheitsprinzip nicht leben kann. Das Solidaritätsbewußtsein der atlantischen Bündnispartner ist durch die Kollusion der führenden Macht des Bündnisses mit Moskau geschädigt worden. Die Lösung der allianzinternen Nuklearprobleme ist erschwert worden und kann jederzeit zu einem auf den Vertrag gestützten Veto der Sowjetunion führen. Die europäische Politik ist der Möglichkeit beraubt worden, eine nukleare Verteidigungsgemeinschaft als eine Zwischenstufe auf dem Wege zu einem engeren Zusammenschluß zu bilden. Das nukleare Wettrüsten der Supermächte wird durch diesen Vertrag nicht behindert, ebensowenig wie die Entstehung neuer Kernwaffenstaaten verhütet und die Gefahr eines Kernwaffeneinsatzes in regionalen Konflikten durch ihn ausgeschlossen werden. Leistungen und Gegenleistungen der Vertragspartner, der Kernwaffenmächte einerseits, der Nichtkernwaffenstaaten andererseits, sind nicht ausgewogen, sondern stehen in einem krassen, die Kernwaffenstaaten einseitig begünstigenden Mißverhältnis zueinander. Insbesondere hat die Sowjetunion ohne Gegenleistung ein weiteres wichtiges Teilstück der von ihr vertretenen Ordnung Europas auf der Basis des Status quo einkassieren können.

Vielleicht war die Bundesrepublik nicht stark genug, um dieser Entwicklung zu begegnen. Ohne Zweifel war ihre Position in der zweiten Hälfte der sechziger Jahre schwächer als in der Mitte der fünfziger Jahre, als der Westen ohne ihren Verteidigungsbeitrag nicht auskommen zu können glaubte. Auf jeden Fall war es gerechtfertigt und geboten, dieser Entwicklung nach Kräften entgegenzuwirken. Daß alle zur Verfügung stehenden Möglichkeiten dazu ausgeschöpft worden sind, bezweifle ich.

Zum letzten Male das Atomwaffen-Thema: SALT

Im September 1969 fuhr ich von Brüssel aus nach Scheveningen, wo in dem altmodisch-pompösen Grandhotel an der Strandpromenade dieses einstmals mondänsten holländischen Seebades die elfte Jahreskonferenz des International Institute of Strategic Studies stattfand, für die man mich um ein Referat gebeten hatte.

Hier in Scheveningen hatte ich einunddreißig Jahre zuvor sechs Wochen gewohnt: als Hörer an der Académie de droit international. Das war im Sommer 1938 gewesen, als sich bereits die dunklen Wolken der ersten Sudeten-Krise am europäischen Horizont zusammenballten. Es waren sechs unvergeßliche Wochen, denn zum ersten Male seit 1933 hatte sich mir die Möglichkeit geboten, für kurze Zeit der politischen Stickluft des Dritten Reiches zu entfliehen. Allerdings, die Flucht war nicht ganz so perfekt, wie ich sie mir vorgestellt hatte. Ich hatte ein Stipendium des Carnegie Endowment for International Peace und bildete mir ein, mit seiner Hilfe für einige Wochen völlig unabhängig und unbeschwert im Ausland an einer berühmten Akademie studieren zu können, international bekannte Völkerrechtslehrer, Historiker, Diplomaten hören und kennenlernen zu können; dieses alles im Haager Friedenspalast, dem gleichen Gebäude, in dem die Haager Friedenskonferenzen von 1898 und 1907 getagt hatten und in dem der Ständige Internationale Gerichtshof (Cour Permanente de Justice Internationale) und der Ständige Schiedshof (Cour Permanente d'Arbitrage) ihren Sitz hatten. (Dem Schiedshof gehöre ich seit mehr als zwanzig Jahren an. Er hat kaum noch praktische Bedeutung und das wichtigste Mitgliedschaftsrecht besteht in einem Vorschlagsrecht für die Wahl der Richter des Internationalen Gerichtshofes.) Aber nachdem ich im Haag angekommen war und mich im Sekretariat der Akademie gemeldet hatte, schickte man mich zu einem kleinen Hotel in Scheveningen, das zwar günstig gelegen war und meine damals recht bescheidenen Ansprüche vollauf befriedigte, das sich aber recht bald als Quartier aller deutschen Teilnehmer an den Kursen der Akademie erwies – außer mir noch vier oder fünf. Es dauerte denn auch nur wenige Stunden, bis sich mir ein untersetzter, energischer Herr mit deutschem Gruß als »Führer der deutschen Gruppe« vorstellte und mir zu verstehen gab, daß er sich beauftragt fühlte und entschlossen war, in dieser Gruppe für »Disziplin« zu sorgen. Im Laufe des Gesprächs stellte sich heraus, daß es sich um einen Landgerichtsrat aus Saarbrücken handelte, der im NS-»Rechtswahrer«-Bund einen höheren Rang bekleidete. Nicht nur das: Er war auch der stellvertretende Lagerkommandant des »Referendarlagers Hans Kerrl« in Jüterbog, durch das damals alle Referendare hindurch mußten, um zur großen Staatsprüfung zugelassen zu werden. In dieser beneidenswerten Lage befand ich mich gerade: Unmittelbar nach Abschluß des Haager Kurses war ich für acht Wochen in dieses Lager einberufen. So konnte ich mir ausrechnen, was mir bevorstand, wenn ich das Mißtrauen oder Mißfallen dieses einzigartigen Kommilitonen erregte. Soll ich jetzt schildern, wie aufrecht und heroisch ich mich, alle Gefahren mißachtend, verhielt? Bleiben wir bei der Wahrheit, und die Wahrheit ist, daß man in den seit 1933 vergangenen fünf Jahren längst gelernt hatte, sich durch solche Situationen hindurchzumanövrieren, ohne große Worte und heroische Gesten. Es ging nicht ganz ohne Schrammen ab: Dem Herrn aus Saarbrücken gefiel nicht, daß ich der deutschen Gruppe aus dem Wege ging und als einziger dieser Gruppe von den ausländischen Hörer-Vereinigungen zu ihren Veranstaltungen eingeladen wurde. Dies wiederum hatte ich der Tatsache zu verdanken, daß ich das Wohlgefallen einer ebenso attraktiven wie tatkräftigen, ebenso gescheiten wie redegewandten Französin russischer Abstammung erregt hatte, die mich überall einführte. Das trug mir eine scharfe Warnung unseres Rechtswahrers ein, die junge Dame scheine ihm in eine der Kategorien der Nürnberger Rassengesetze zu fallen. Ich ignorierte seine Warnung und spielte die Rolle des naiven und weltfremden Gelehrten. Tatsächlich hatte Tatiana, meine Gönnerin, eine vorzügliche Dissertation über ein völkerrechtliches Thema geschrieben. Konsequenzen ergaben sich später im Jüterboger Referendarlager aus einem sehr einfachen Grunde nicht: Mein besorgter Rechts- und Sittenwächter aus Scheveningen kam erst einige Zeit nach Beginn des Kurses an, und wenige Tage später wurden wir vorzeitig entlassen. Die Sudeten-Krise war auf ihrem Höhepunkt angelangt, die meisten Referendare hatten Einberufungsbefehle zur Wehrmacht erhalten, im Lager herrschte eine Weltuntergangsstimmung, die Fortsetzung des Kurses wurde unmöglich.

Alle diese Erinnerungen stiegen in mir auf, als ich in Scheveningen ankam – dieses Mal mit Quartier im Grandhotel und ohne einen »Führer« der deutschen Gruppe. Damals, 1938, hatte mir ein amerikanischer Professor seine Unterstützung für eine Emigration nach den Vereinigten Staaten angeboten. Hätte ich davon Gebrauch gemacht, würde ich jetzt wohl zur Gruppe der amerikanischen Konferenzteilnehmer gehört haben. Aber ich wollte nicht emigrieren, trotz aller häufig an Verzweiflung grenzenden Niedergeschlagenheit. Zwei Motive bestimmten mich: Es gab genügend Verfolgte, die eine Emigrationshilfe bitter nötig hatten. Es erschien mir unfair, ein solches Angebot anzunehmen, wenn man nicht in akuten Schwierigkeiten war. Zum anderen: Wie sollten sich die Verhältnisse in Deutschland jemals ändern, wenn alle, die für eine Änderung waren, emigrierten? Vom Augenblick der Machtergreifung Hitlers an war mein Kurs stets gewesen: Ausharren, im Lande bleiben, von innen auf den Sturz des Regimes hinarbeiten, zu diesem Zwecke auch in die Partei und ihre Organisationen hineingehen und Verbindung mit Gleichgesinnten suchen. Von heute aus gesehen läßt sich darüber streiten, ob darin jemals eine reale Erfolgschance beschlossen war. Es ist immer leichter, im Rückblick klüger zu sein. 1955 diskutierte ich darüber an einem schönen Sommerabend in einem Restaurant in Stockholm mit einem herrlichen Blick auf den Mälar-See. Gesprächspartner waren meine französische Freundin aus Scheveningen, Tatiana, und ihr norwegischer Mann.

Jetzt, 1969, gab es andere Probleme. Das Thema dieser Konferenz lautete: ›Die Supermächte – sowjetisch-amerikanische Beziehungen und die Weltordnung‹. Vorsitzender der Konferenz war Lester Pearson, ehemaliger Außen- und Premierminister von Kanada, Führer der liberalen Partei seines Landes, 1957 Friedensnobelpreisträger (für Verdienste um die Beilegung des Suez-Konfliktes), Mitgründer der Vereinten Nationen sowohl wie der NATO. 1957 hatte ich ihn in Ottawa kennengelernt, als er gerade (nach neunjähriger Amtszeit als Außenminister) aus der Regierung ausgeschieden war; 1969, als ich ihm in Scheveningen wiederbegegnete, war er (nach fünfjähriger Amtszeit als Premierminister) wieder in ähnlicher Lage; Pierre Elliot Trudeau hatte ihn als Regierungschef 1968 abgelöst. In Pearson hatte die Konferenz einen Vorsitzenden von staatsmännischem Format. Ich kam zu dieser Konferenz nicht nur als Diskussionsteilnehmer, sondern als Referent zu dem Unterthema ›Europa und die Supermächte‹. Mein Vortragsthema war von den Veranstaltern noch genauer umschrieben worden. Es lautete: ›Die Auswirkungen strategischer Abkommen auf die europäisch-amerikanischen Beziehungen‹. Anders ausgedrückt: Was erwarten die europäischen NATO-Partner von den sowjetisch-amerikanischen SALT-Verhandlungen, die im Oktober in Helsinki beginnen sollen?

Dieses war das letzte große Nuklear-Thema, das mich in meinem letzten NATO-Jahr beschäftigte: Strategic Armaments Limitation Talks (SALT), die amerikanisch-sowjetischen Verhandlungen über die Begrenzung der strategischen Offensivwaffen. Auch dieses Thema wurde Gegenstand häufiger Konsultationen im NATO-Rat. Amerikanischer Verhandlungsführer und damit auch Gesprächspartner im NATO-Rat war wieder Gerard Smith, mit dem ich schon so viele andere Themen zu behandeln gehabt hatte. Glücklicherweise kam es mit ihm nicht, wie mit Bill Foster, zu einer kontroversen Auseinandersetzung. Die Bundesregierung stand, wie alle anderen NATO-Regierungen, dem SALT-Projekt positiv gegenüber – wenngleich mit dem unbehaglichen Gefühl, daß Russen und Amerikaner sich hier über Fragen einigten, die für die Sicherheit aller NATO-Partner von existentieller Bedeutung waren, ohne daß man darauf in wirksamer Weise hätte Einfluß nehmen können. Man konnte nur versuchen – und das war denn auch, auf ganz persönlicher Basis und ohne amtliche Autorisation oder Weisung, die Absicht meines Vortrages –, die Interessen der europäischen NATO-Partner möglichst klar zu definieren und dem amerikanischen Bündnispartner dementsprechend gewisse bündnisbedingte Grenzen seines Verhandlungsspielraumes deutlich zu machen. Diese Aufgabe war ebenso schwierig wie delikat: schwierig, weil der Informationsstand der Nichtnuklearen unvermeidlich lückenhaft war. Jedes Urteil, das wir über die Auswirkungen bestimmter nuklearer Rüstungsbegrenzungen abgaben, stand notwendigerweise auf unsicherem Boden. Den Amerikanern dazu Ratschläge zu geben, war schon aus diesem Grunde delikat; hinzu kam, daß es in erster Linie um die Sicherheit der Vereinigten Staaten ging und daß die Grenze zwischen legitimer Besorgnis und hysterischem Mißtrauen oft schwer zu ziehen ist.

Mein Referat[1] mußte dieser Situation Rechnung tragen. Es mußte gewisse Besorgnisse und Befürchtungen der europäischen Verbündeten ansprechen, mußte aber auch darauf hinweisen, daß es hierbei »primär um psychologische Wirkungen« ging, »die größtenteils nicht durch objektive militärische Tatbestände gerechtfertigt sind«. Es versuchte, den Amerikanern die Wünsche und Erwartungen ihrer europäischen Verbündeten in geeigneter Form zu präsentieren und endete mit einigen Warnungen, die im Laufe der inzwischen verstrichenen Jahre nichts von ihrer Aktualität eingebüßt haben. Eine davon ging dahin, daß sich die amerikanische Verhandlungsführung ausreichend von jenen Theorien distanzieren solle, die eine Nuklear-Verständigung der beiden Supermächte für so lebenswichtig für den Weltfrieden hielten, daß sie, ungeachtet aller sonstigen politischen Konflikte und Entwicklungen, zu einem Abschluß gebracht werden mußte (Theorie des »decoupling«):

»Damit soll nicht einem ›linkage‹ zwischen SALT und allgemein politischen Problemen das Wort geredet werden. Auch in Deutschland hat man verstanden, daß SALT kein geeignetes Vehikel für die Lösung der Deutschland- und Berlin-Frage ist. Ebensowenig realistisch wäre jedoch die Vorstellung, man könnte die nukleare Verständigung von allen politischen Entwicklungen abschirmen und in einem luftleeren Raum zustande bringen.«

Neun Jahre später zeigte sich, daß die gleichen Probleme und Fragestellungen – nunmehr im Hinblick auf den Zusammenhang von SALT II mit dem sowjetischen, auf kubanische Soldaten gestützten Vordringen in Afrika – immer noch aktuell sind.

Eine andere Warnung spiegelte Stimmungen wider, die aus den Ratskonsultationen über SALT erwachsen waren: »Die Vereinigten Staaten dürfen nicht den Eindruck erwecken, daß sie dem amerikanisch-sowjetischen Bilateralismus Vorrang gegenüber der Allianzsolidarität einräumen. ... Es ist für das Vertrauensklima in der Allianz schädlich, wenn man geduldig monatelang auf sowjetische Reaktionen wartet, die Verbündeten jedoch zu schwerwiegenden Stellungnahmen in wenigen Tagen drängt. Noch heikler ist es naturgemäß, die Verbündeten zur Aufopferung bestimmter Interessen zu drängen, um eine Einigung mit den Sowjets zu erzielen.

SALT ist Bestandteil einer Politik, die Raymond Aron vor Jahren einmal die Politik einer ›alliance entre ennemis‹ genannt hat. Es liegt auf der Hand, daß eine solche Politik heikel ist und die Alliierten immer wieder vor schwierige Vertrauensfragen stellt. Wenn sie den Eindruck gewinnen, daß der potentielle Bündnisgegner von dem wichtigsten Verbündeten mehr als Partner denn als Gegner angesehen wird, so ist das Ende der Allianz in Sicht: ›plus d'ennemi, plus d'alliance‹. SALT sollte diese Problematik nicht verstärken.«

Ein Jahr später mußte ich mich noch einmal zum Thema SALT äußern: im Rahmen eines Eröffnungsvortrages für den 37. Kurs des NATO Defence College in Rom am 4. September 1970. In der Zwischenzeit waren die beiden ersten Verhandlungsrunden (in Helsinki und Wien) über die Bühne gegangen, eine dritte Verhandlungsrunde sollte im November (wiederum in Helsinki) beginnen. Bis zum Abschluß und zur Unterzeichnung von SALT I vergingen jedoch nochmals eineinhalb Jahre, bis zum Mai 1972. Zu diesem Zeitpunkt war ich längst in Tokyo. Meine Äußerung vom September 1970 konnte daher nicht mehr sein als ein zur »Halbzeit« abgegebenes Urteil. Es war mein letzter Auftritt im NATO Defence College und zugleich meine letzte Stellungnahme zu den nuklearen Problemen. Sie endete mit einigen nicht gerade optimistischen Voraussagen, die sich im wesentlichen bewahrheitet haben:

»Es dürfte allenfalls zu paritätischen, numerischen Beschränkungen vergleichbarer, vorhandener Waffensysteme kommen. Wenn diese Voraussage zutrifft, bedeutet dies, daß weder das technologische Wettrennen auf dem Gebiet der strategischen Waffenträger beendet, noch die Raketenlücke auf dem Mittelstreckensektor beseitigt werden wird. Dies wäre immer noch ein nicht gering zu schätzendes Ergebnis, aber es gäbe doch keinen Anlaß, die strategische Lage in Europa als wesentlich verbessert anzusehen. Wenn es nicht gelingt, in irgendeiner Form auch der Mittelstreckenraketen-Bedrohung Herr zu werden, könnten sich diese Waffen unbeschadet ihres Alters oder ihrer Verwundbarkeit als nicht nur militärisches, sondern auch gegen Europa gerichtetes politisches Druckmittel von besonderer Wirksamkeit erweisen. Schlimmstenfalls – lassen Sie mich auch diese nicht so fernliegende Möglichkeit erwähnen – könnte ein Abkommen über die Begrenzung strategischer nuklearer Waffen unter zahlenmäßiger Beschränkung der Waffenträger auch zu einer bloßen Verlagerung des Wettrüstens führen, nämlich zu einer unbegrenzten Ausweitung des Potentials an Sprengköpfen bis zu einem Vielfachen der heutigen Zerstörungskapazität.«

Ob das 1972 von Nixon und Kissinger geschlossene SALT-I-Abkommen seinen Zweck erfüllt hat, ob es ausgewogen war, keiner der beiden Seiten ungebührlichen Vorsprung verschaffte, ob es korrekt beobachtet wurde – alle diese Fragen sind bis zum heutigen Tage selbst in den Vereinigten Staaten umstritten. Von einer Verminderung der Nuklearrüstungen, die es erlauben würde, von »Abrüstung« zu sprechen, kann keine Rede sein. Der Rüstungswettlauf ist fortgesetzt worden – allenfalls langsamer, als es ohne SALT I der Fall gewesen wäre. Bemühungen um ein neues Abkommen – SALT II – sind im Gange, ob sie zu einem Ergebnis führen werden, ist einstweilen ungewiß.

Die technologische Entwicklung ist weiter fortgeschritten, neue Waffensysteme sind entwickelt worden, ihre Einbeziehung in ein neues Abkommen bietet Schwierigkeiten, die immer noch einer Einigung entgegenstehen. Für die Verbündeten der Vereinigten Staaten hat sich an den Hoffnungen und Befürchtungen, die ich 1969 und 1970 darlegte, wenig geändert.

Abschied vom NATO-Rat

In den letzten Oktobertagen des Jahres 1970 schrieb mir der Bundesminister des Auswärtigen, im Rahmen eines Revirements sei auch die Vertretung bei der NATO neu zu besetzen. Im Zuge dieser Veränderung sei ich als Leiter der Botschaft Tokyo vorgesehen.

Nach mehr als acht Jahren beim NATO-Rat – eine in unserem auswärtigen Dienst ungewöhnlich lange Amtszeit auf einem Auslandsposten – mußte ich früher oder später mit einer Versetzung rechnen. Schon im Frühjahr, während der Außenminister-Konferenz in Rom, hatte Walter Scheel erkennen lassen, daß er einen Wechsel bei der NATO-Vertretung wünschte. Er hatte versucht, mir eine Kandidatur für den Posten des Generalsekretärs der Westeuropäischen Union schmackhaft zu machen. Nachdem ich damals abgewinkt hatte, blieb mir jetzt kaum noch eine andere Möglichkeit, als mich mit der geplanten Versetzung abzufinden.

Die Formulierung des Briefes des Ministers vom 22. Oktober ließ auch kaum einen Zweifel daran, daß meine Zustimmung erwartet wurde. Er wäre mir dankbar, schrieb Scheel, wenn ich ihm alsbald mitteilen würde, »daß« dieser Entscheidung von meiner Seite keine zwingenden Hinderungsgründe entgegenstünden. Nicht »ob«, sondern »daß«. Nach meiner Rückkehr von der Konferenz der NPG in Ottawa antwortete ich am 13. November, ich hätte dem Schreiben vom 22. Oktober entnommen, »daß Sie Ihre Entscheidung getroffen haben« und eine weitere Erörterung entgegenstehender Gesichtspunkte »nicht mehr für erforderlich halten«. Ich beschränkte mich demgemäß darauf, nur einen Wunsch bezüglich des Zeitpunktes der Veränderung und der Dauer meiner Verwendung in Japan zum Ausdruck zu bringen. Dies fiel mir um so leichter, als Japan stets zu den Ländern gehört hatte, für die ich mich interessierte. Auch hegte ich keinen Zweifel, daß mich die damalige Bundesregierung auf einem von Bonn möglichst weit entfernten Posten zu sehen wünschte – wenngleich mir der Verteidigungsminister Helmut Schmidt in einem sehr freundlich gehaltenen Briefe vom 31. März 1971 schrieb: »Lieber Herr Grewe, nach langjähriger Tätigkeit als NATO-Botschafter verlassen Sie in diesen Tagen Ihren Posten, um eine neue Tätigkeit zu übernehmen. Ich nehme diese Gelegenheit wahr, Ihnen sehr herzlich für all das zu danken, was Sie für die Bundesrepublik Deutschland und die NATO geleistet haben. Sie sind stets mit klugem Sachverstand, klarer Beurteilung und großer Loyalität an Ihre Aufgabe herangegangen. Der Wechsel auf dem Posten des deutschen NATO-Botschafters wird für den Bundesminister der Verteidigung nicht einfach sein.«

Noch wärmer und anerkennender waren die Worte, die Schmidt bei einer Tischrede bei einem mir von ihm gegebenen Abschiedsessen auf der Hardt-Höhe am 26. April an mich richtete. Ich zweifelte nicht an der Aufrichtigkeit seiner Worte, aber das änderte nichts an der durch die politische Konstellation bedingten Gesamtsituation.

So sehr ich der neuen Aufgabe in Japan mit Interesse und gespannten Erwartungen entgegensah, so fehlte dem Abschied von der NATO doch nicht ein kräftiger Schuß Wehmut. Ich war im Laufe der Zeit mit dieser

Tätigkeit, mit ihrem Milieu und ihren Menschen eng verwachsen. Sie entsprach in besonderem Maße meinen Neigungen und Talenten. Das menschliche Klima sowohl wie das intellektuelle Niveau und die professionelle Kompetenz der Kollegen waren von einer Qualität, die ich in der bilateralen Diplomatie in dieser Konzentration nirgends angetroffen habe. Sowohl im Rat wie bei den internationalen Militärbehörden wie auch im nationalen deutschen Bereich – Verteidigungsminister und Bundeswehrführung – hatte ich mir im Laufe der Jahre eine Position aufbauen können, die meiner Stimme Gewicht verlieh. Nicht nur Helmut Schmidt, auch seine Vorgänger von Hassel und Schröder, hatten das anerkannt. Als Kai-Uwe von Hassel aus dem Amt schied, schrieb er mir am 2. Dezember 1966: »Sie haben sich in den vergangenen Jahren im Rahmen Ihrer Tätigkeit in Paris in vorbildlicher Weise den Verteidigungsfragen gewidmet und meine Arbeit vorzüglich unterstützt. Ich hätte mir unsere vertrauensvolle Zusammenarbeit nicht besser denken können.«

Als Schröder Verteidigungsminister geworden war und nach einiger Zeit seinen aus dem Auswärtigen Amt mitgenommenen Staatssekretär Carstens an das Bundeskanzleramt abgeben mußte, suchte er mich für die Nachfolge in diesem Amt zu gewinnen. Obwohl ich diesen Posten auf der Hardt-Höhe für mich nicht als sonderlich erstrebenswert empfand, hatte ich die Annahme doch eine Weile ernstlich erwogen – vor allem wegen meiner mehrfachen Differenzen mit den Spitzen des Auswärtigen Amtes. Die Entscheidung der Frage zog sich längere Zeit hin, weil Schröder plötzlich ernstlich erkrankte. Am 29. August 1967 hatte er mich mittags von seinem Ferienhaus in Kampen auf Sylt aus in Paris angerufen und mir die Frage gestellt, ob ich für den Staatssekretärposten zur Verfügung stünde. Am Abend meldete der Rundfunk, daß er einen Unfall erlitten hätte und in seinem Hause gestürzt sei. Der Unfall erwies sich bald als ein Kreislaufkollaps. Es dauerte Monate, bis er wieder aktionsfähig war. Bei der Tagung der NPG in Ankara im September mußte er sich noch durch Carstens vertreten lassen. Dieser nutzte die Tage in Ankara, um mir zuzureden, ebenso wie der Generalinspekteur der Bundeswehr, de Maizière, der Adjutant des Ministers, Kapitän Herbert Trebesch, und andere. Aber je länger sich der Entscheidungsprozeß hinzog, desto mehr nahm meine Neigung zur Annahme wieder ab. Ich hatte schon bemerkt, daß es Gegenströmungen gab. Bundeskanzler Kiesinger wollte den bisherigen Presse-Staatssekretär von Hase bei Schröder unterbringen. Brandt machte Bedenken geltend, die darauf hinausliefen, ich sei zu schwierig und eigenwillig, und meine Einstellung zum Atomsperrvertrag werde schädlich sein. Als ich Schröder am 20. Oktober in seinem Sanatorium Westerhof am Tegernsee besuchte, gewann ich sogleich den Eindruck, daß er weder die Kraft noch den Willen hatte, sich demgegenüber durchzusetzen. Ich qualifizierte meine Annahmebereitschaft so, daß ihm die Entscheidung für von Hase (gegen den ich auch ungern kandidierte, weil ich ihn persönlich und im Hinblick auf seine Qualifikation hoch schätzte) leicht gemacht wurde: Ich sprach über die erforderlichen Manager-Qualitäten, die mir fehlten, über mein Alter und über die Rücksichten, die ich meiner Familie (mit zwei damals sechs- und siebenjährigen Kindern) schuldig sei. Das genügte. Eine Woche später schrieb mir Schröder, daß bei der gegebenen Konstellation von Hase als Nachfolger für Carstens ausersehen worden sei.

Ein Jahr früher hatte ich schon einmal vor der Frage gestanden, ob ich die NATO-Botschaft mit einem Staatssekretärposten in Bonn vertauschen sollte. Während einer NPG-Konferenz in Rom hatte mich der gerade zurückgetretene Chef des Bundeskanzleramtes, Bundesminister Lutger Westrick, angerufen und hatte sich nach meiner Bereitschaft erkundigt, seine Nachfolge anzutreten. Das war am 23. September 1966. Eine Woche später, am 30. September, empfing mich Bundeskanzler Ludwig Erhard, um die gleiche Frage an mich zu richten. Er ließ keinen Zweifel, daß es ihm auf eine sofortige Entscheidung ankam; sein Kabinett befand sich bereits in einer kritischen Phase, der Rücktritt Westricks und die Schwierigkeit, einen Nachfolger zu finden (Hallstein hatte bereits abgewinkt), hatte seine Schwäche offenkundig werden lassen. Ich war mir darüber im klaren, daß ihm nur mit einem sofortigen »Ja« gedient war, und daß die Bitte um Bedenkzeit, die ich aussprach, einer Absage gleichkam. Aber ich hatte keine Neigung, ein sinkendes Schiff zu besteigen, um dort Erster Offizier zu werden. Ohnehin hatte ich die Skepsis Adenauers gegenüber einer Kanzlerschaft Erhards geteilt. So hielt ich an einem schon seit Wochen geplanten dreitägigen Besuch in Berlin fest, bei dem ich einigen neuen Botschafter-Kollegen vom NATO-Rat die geteilte Stadt zeigen wollte – ein Brauch, den ich immer sorgfältig gepflegt hatte, und der sich als äußerst gewinnbringend für das Verständnis der Berlin- und Deutschland-Probleme erwiesen hatte. Als ich zurückkehrte, hatte sich die Frage erledigt. Erhard hatte erwartungsgemäß meine Rückkehr nicht abgewartet, sondern einen anderen, sofort zusagebereiten Kandidaten gewählt: den Verwaltungschef des Bundesrates, Albert Pfitzer – einen »Kandidaten der letzten Stunde«, wie die ›Süddeutsche Zeitung‹ vom 4. Oktober schrieb. Auch damit hatte er kein Glück: Pfitzers politische Vergangenheit bot Angriffsflächen, die sofort publik wurden und ihn veranlaßten, seine Zusage zurückzuziehen. Zu guter Letzt fiel Erhards Wahl auf den Ministerialdirektor Werner Knieper aus dem Bundesverteidigungsministerium – der viele Jahre zuvor mein Mitarbeiter bei den Verhandlungen über den Truppenvertrag gewesen war. Das Presseecho auf diese Vorgänge war für den Kanzler nicht gerade schmeichelhaft. Es sei »ein Politikum«, so hieß es, »daß Männer wie Walter Hallstein oder Wilhelm Grewe das Angebot Erhards abgelehnt haben. Sie reizte es nicht, oder nicht mehr, als Minister oder Staatssekretär an Bord des lekken Regierungsschiffs zu steigen. Hallstein und Grewe stehen mit solcher Meinung nicht allein. Das würde sich deutlich zeigen, versuchte Erhard jetzt eine Kabinettsumbildung. Der Kanzler weiß das. So ist denn zu vermuten, daß er sich an diesen Versuch nicht mehr heranwagen wird.«[1]

Es dauerte denn auch nur noch wenige Wochen, bis das Kabinett Erhard fiel: Am 1. Dezember wurde Kurt Georg Kiesinger zum Kanzler einer großen Koalition aus CDU/CSU und SPD gewählt.

Daß ich in beiden Fällen beim NATO-Rat blieb, erscheint mir auch im Rückblick als das beste, was mir passieren konnte. An Gerüchten und Spekulationen über meine eigenen Veränderungswünsche und über Versetzungsabsichten der Zentrale hatte es in allen diesen NATO-Jahren so wenig gefehlt wie schon in Washington. Dabei spielten Spekulationen auf meine Rückkehr auf den Freiburger Lehrstuhl wieder die Hauptrolle.

Aber wenn ich auch den Gedanken an eine solche Rückkehr in meinen früheren Beruf immer wieder ernsthaft erwogen hatte, so hatte doch meine Neigung dazu in dem Maße abgenommen, in dem sich die Lage an den deutschen Universitäten immer unerfreulicher entwickelt hatte.

Mit der Annahme der Versetzung nach Tokyo war praktisch die Entscheidung für ein Verbleiben im auswärtigen Dienst bis zur Pensionierung gefallen, und zwar auf einem Posten, der sich von dem der letzten acht Jahre erheblich unterscheiden würde – nicht nur wegen seiner räumlichen Entfernung von Bonn, sondern auch in seinem ausschließlich bilateralen Charakter und in seinem politischen Stellenwert, der bei aller traditionellen Sympathie der Deutschen für Japan und bei allem Respekt für seine rasch wachsende wirtschaftliche und politische Statur doch nicht mit dem der NATO zu vergleichen war. Dem internen Meinungsbildungs- und Entscheidungsprozeß würde ich noch weiter entrückt sein als schon in den letzten Jahren. Gewiß, es gab von Zeit zu Zeit Botschafterkonferenzen, aber in den fünfeinhalb Jahren in Japan sollte ich nur eine einzige erleben: 1973 in Djakarta unter der Leitung von Walter Scheel. Auch in den achteinhalb Jahren bei der NATO war es nur zu zwei Botschafter-Konferenzen gekommen, beide Male – 1964 und 1969 – in Bonn. Ich neigte nie zu einer Überbewertung solcher Veranstaltungen, bedauerte aber doch, daß sie nicht häufiger stattfanden. Sie waren in vieler Hinsicht nützlich, boten sie doch Gelegenheiten, die Spitzen des Amtes, Minister, Staatssekretäre, Abteilungsleiter, nicht nur zu sehen, nicht nur laufende, unmittelbar aktuelle Fragen zu besprechen, sondern die längerfristigen, grundsätzlichen Fragen unserer Außenpolitik zu diskutieren. Wann hätte man dazu sonst Gelegenheit gehabt? Zwar sah man sich vor und während internationaler Konferenzen, im Bundesverteidigungsrat, bei Staats- und Arbeitsbesuchen ausländischer Staatsmänner in Bonn. Dabei pflegten die Zeit knapp und die Aufmerksamkeit ganz auf die unmittelbar anstehenden Probleme konzentriert zu sein. Botschafter-Konferenzen boten auch die sonst seltene Gelegenheit, die auf anderen Auslandsposten tätigen Kollegen zu sehen, zu sprechen, häufig auch: Sie überhaupt kennenzulernen. Alle Beteiligten wurden durch solche Konferenzen gezwungen, eine Bilanz zu ziehen, ein Gesamtbild ihres Tätigkeitsgebietes zu zeichnen, Urteile und Ansichten zu formulieren, Vorschläge und Empfehlungen vorzulegen. Aus allen diesen Gründen hätte ich sie mir häufiger gewünscht. Kontakte dieser Art waren immer auch nützlich, um die Absichten der Zentrale besser zu verstehen und ihre künftigen Instruktionen verständnisvoller auszuführen.

Sehr begrüßenswert fand ich daher ein außenpolitisches Kolloquium, das Bundeskanzler Kiesinger im Mai 1968 auf Schloß Heimerzheim bei Bonn veranstaltete. Teilnehmer waren Kabinettsmitglieder, einige Staatssekretäre, führende Abgeordnete der Koalitionsparteien, sowie Botschafter aus den politisch wichtigsten Hauptstädten; ein interessantes Experiment, das leider nie wiederholt worden ist. Das Gleiche gilt für ein schon früher, im Februar 1963 und April 1964, unternommenes Experiment, nämlich ein politisch-militärisches Kolloquium, dessen Teilnehmer aus den Spitzen des Auswärtigen Amtes und des Bundesverteidigungsministeriums bestanden. Das war wohl nur in einer Periode möglich, in der Schröder Außen- und von Hassel Verteidigungsminister waren – die beiden Ministerien also von Politikern geleitet wurden, die der gleichen Partei angehörten und sich darüber hinaus in ihren politischen Grundüberzeugungen nahestanden. Ein solcher Gedankenaustausch zwischen der hohen Generalität und den leitenden Beamten des Auswärtigen Amtes (ich war in diesem Kreise der einzige Botschafter, der zur Teilnahme eingeladen war) erwies sich als sehr fruchtbar in einer Periode, in der Themen wie MLF, strategisches Konzept der NATO, Abrüstung, Nichtverbreitung von Atomwaffen, sowjetische Militärpolitik nach der Kuba-Krise, Force de frappe und beginnender Rückzug Frankreichs aus der militärischen Integration der NATO, im Mittelpunkt des Interesses standen. Leider blieb es bei zwei Zusammenkünften dieser Art, die 1963 und 1964 in einem abgelegenen Gasthaus in der Eifel (der Nette-Mühle) stattfanden. Ein eintägiges Kolloquium, das im November 1966 in Bonn stattfand, trug insofern einen anderen Charakter, als es auf die Beratung unmittelbar anstehender aktueller Fragen beschränkt war.

Auf den meisten dieser Zusammenkünfte hatte ich über den Zustand der Allianz zu referieren. Es waren meist kritische Betrachtungen über mangelhafte politische Solidarität, unzureichende Konsultation, nachlassende Verteidigungsbereitschaft, illusionistische Entspannungsvorstellungen, Verschlechterung des Kräftegleichgewichts zwischen Ost und West.

In Heimerzheim, ein Jahr vor dem kritischen Datum 1969, zu dem der Nordatlantik-Vertrag nach zwanzigjähriger Laufzeit kündbar wurde und in einigen Mitgliedstaaten deutliche Zeichen von Allianzverdrossenheit sichtbar wurden, war mein Lagebild recht pessimistisch. Es konnte kaum hoffnungsvoller sein zu einem Zeitpunkt, in dem die Amerikaner ihren Hauptgegner plötzlich nicht mehr in der Sowjetunion, sondern in China sehen wollten; in dem eine britische Labour-Regierung ernsthaft den Abschluß eines Freundschaftsvertrages mit der Sowjetunion erwogen und das mit ihrer Bündniszugehörigkeit für vereinbar gehalten hatte; in dem de Gaulle mit seinem strategischen Konzept der Rundumverteidigung (»défense tous azimuts«) sich einer Politik der bewaffneten Neutralität näherte; und eine Anzahl kleinerer Verbündeter sich einer illusionären Entspannungseuphorie ergab.[2]

Die NATO hat das kritische Datum von 1969 besser überstanden, als man es zum Zeitpunkt meines Heimerzheimer Referates befürchten mußte. Als Brandt im Juli 1969 die von ihm einberufene Botschafter-Konferenz eröffnete, kam die Allianz in seinem einleitenden Grundsatzreferat überhaupt nicht vor. Auch dem sehr abgewogenen Referat von Ulrich Sahm, dem damals im Amt zuständigen Unterabteilungsleiter für NATO-Fragen, fehlten alle dramatischen Akzente.

Das bedeutete freilich nicht, daß sich alles zum Besseren gewendet hätte. Nur die akute, für 1969 befürchtete Bündniskrise blieb aus. Viele der langfristigen Probleme schwelten weiter, wenngleich sich Akzente verschoben und Schwerpunkte verlagerten.

Zwischen den beiden Konferenzen von 1964 und 1969 hatte Schröder wohl eine Botschafter-Konferenz für das Jahr 1966 – vielleicht auch nur ein Kolloquium in kleinerem Kreise – geplant, um die Hauptfragen der deutschen Außenpolitik grundsätzlich durchzudiskutieren. Jedenfalls bat er mich im November 1965, ihm ein Exposé zu schreiben, das als Diskussionsgrundlage für eine solche Runde geeignet sein sollte. Da er mich schon bald darauf mahnte und auf Übersendung meines Papiers drängte, fertigte ich ein solches unter erheblichem Zeitdruck an und schickte ihm am 24. November eine Aufzeichnung von fast fünfzig Seiten.

Weder kam die geplante Diskussion jemals zustande noch habe ich je eine Äußerung des Empfängers zum Inhalt meines Papiers erhalten. Das war nicht gerade ermutigend, denn ich hatte immerhin erhebliche Mühe und Arbeit investiert und mich vor allem auch mit vielen Urteilen und Vorschlägen exponiert, die außerhalb meiner Zuständigkeit lagen und die mir Ärger und Kritik von seiten der »Zuständigen« eintragen konnten. Ob die Aufzeichnung sofort in irgendeinem Panzerschrank verschwunden und nie wieder aufgetaucht ist, ob der Außenminister sie je benutzt oder sie seinen engeren Mitarbeitern zur Auswertung übergeben hat – ich weiß es nicht. Vielleicht blieb sie nicht ganz ohne Wirkung, denn manches, was später gesagt und getan wurde, lag auf der Linie meiner Gedanken. Aber andere mögen zur gleichen Zeit gleiches oder ähnliches gedacht haben – die Politik einer Regierung nährt sich immer aus vielen zusammenfließenden Gedankenströmen.

Heute freut es mich, daß ich dieses Exposé geschrieben habe: Es ermöglicht mir, genauer zu verifizieren, was ich damals gedacht und empfohlen habe. Einzelne Abschnitte habe ich in verschiedenen Kapiteln dieses Buches im Sachzusammenhang wiedergegeben. Gedanken über das immer wieder unbefriedigende Zusammenspiel zwischen der Spitze des Amtes und den Auslandsmissionen, wie es sich in dieser schriftlichen Beratung ohne Widerhall, in der Seltenheit der Botschafter-Konferenzen und teilweise auch in der Art ihrer Durchführung zeigte, gingen mir natürlich gerade im Zeitpunkt des Überwechselns von Brüssel nach Tokyo durch den Kopf. Aber je näher das Abschlußdatum – Ende März – rückte, desto mehr wurden sie durch die Forderungen des Tages in den Hintergrund gedrängt, und die hießen jetzt: Abwicklung der Geschäfte, Umzugsvorbereitungen, Abschiedsveranstaltungen.

Stimmung und Stil dieses Abschiedes machten mir noch einmal die Besonderheit des Postens deutlich, den ich jetzt zu verlassen im Begriffe war. Anstelle der unverbindlichen Freundlichkeiten und der hohlen Komplimente, mit denen ein scheidender Botschafter im allgemeinen abgefeiert wird, war dieses ein Abschied von bewährten Freunden und Kollegen, die etwas Substantielles zu sagen hatten. Ich beschränke mich darauf, hier die Abschiedsworte wiederzugeben, die der Generalsekretär, Manlio Brosio, und der Doyen des Rates, André de Staercke,[3] in der letzten Sitzung des Rates, an der ich teilnahm, an mich richteten. Das Abschiedsritual erforderte, daß sie beide zweimal sprachen: im Rat sowohl wie bei dem Abschiedsessen, das der Generalsekretär üblicherweise am Abend einem scheidenden Ratsmitglied gab. Im Rat war der Tonfall naturgemäß förmlicher, offizieller, beim Abschiedsessen intimer, persönlicher. Beide Male bedurfte es einer Antwort des Abgefeierten. Sich auf diese Antworten zu präparieren, war nicht leicht, weil man nicht wissen konnte, was die beiden Vorredner sagen würden. Diese Schwierigkeit hat mich tatsächlich ein wenig aus der Fassung gebracht. In der Erwartung, daß die ernsteren Worte am Morgen in der Ratssitzung gesprochen würden und daß es angebracht sei, am Abend in Gegenwart der Damen die Stimmung aufzulockern, einen etwas heitereren Ton anzuschlagen und politische Themen beiseite zu lassen, hatte ich mir eine kleine Rede ausgedacht, die in satirischer Form den Charakter des Rates als eines reinen

Männerklubs kritisieren und einige »Reformen« zur stärkeren Integration der Frauen anregen sollte. Mir schienen meine Vorschläge ganz witzig und gut geeignet, Abschiedssentimentalitäten zu vermeiden. Dieser Plan erwies sich als Fehlkalkulation. Schon nach Brosios ersten Sätzen war mir klar, daß eine Antwortrede in diesem Stile fehl am Platze war. Seine Worte waren von einem Ernst und einer Eindringlichkeit, daß es mir den Atem verschlug: Abschiedsworte eines Freundes, der meine Rolle im Rat und für die Allianz mit so nachdrücklicher Anerkennung bedachte, daß ich dazu nur schweigen konnte. Seine Rede war nicht abgelesen und niemand hat sie aufgeschrieben. Ich konnte nichts anderes tun, als eine dazu passende Antwort zu improvisieren und meinen schönen, vorbereiteten Text schnellstens zu vergessen. Was ich gesagt habe, kann ich nicht mehr rekonstruieren; ich fürchte, es war nicht meine beste Rede, denn ich war zu bewegt, um klar zu denken und zu formulieren.

In der Abschiedssitzung des Rates ging es programmgemäßer zu – allerdings auch nicht ganz ohne Überraschungen. Brosios Worte ließen auch hier, durch den offiziellen Tonfall hindurch, freundschaftliche Wärme und Verbundenheit verspüren. Sie wurden jedoch noch übertroffen (und das war die Überraschung dieser Stunde) durch die Worte des Doyens, die, unter Verzicht auf alle offiziellen Floskeln eine persönliche Wertschätzung für mich und meine Frau in einer Form zum Ausdruck brachten, wie sie an diesem Platze ungewöhnlich waren.

Brosio begann mit der Feststellung, daß mit diesem Abschied »eine außergewöhnlich fruchtbare Tätigkeit in der NATO und für diese« zum Abschluß komme: »Als einer der dienstältesten Ständigen Vertreter war Wilhelm Grewe zugleich einer der hervorragendsten. Für mich ist es eine schmerzliche Pflicht, ihn zu verabschieden, aber dies bietet uns eine Gelegenheit, ihm unsere Hochachtung, unsere Wertschätzung und unsere warmen Wünsche für seine Zukunft und die seiner Familie zum Ausdruck zu bringen.«

Der Generalsekretär skizzierte dann kurz die wichtigsten Entwicklungen und Veränderungen, die sich in den Jahren meiner Ratsmitgliedschaft vollzogen hatten, wobei er besonders »die in dieser Zeit deutlich gewachsene Rolle der Bundesrepublik« hervorhob, die auch die ihrem Vertreter zufallenden Verantwortlichkeiten entsprechend hätten wachsen lassen. Auf meinen Werdegang eingehend, streifte er meine akademische Vergangenheit mit der Bemerkung, daß nach der Ansicht Mancher »zwischen Recht und Diplomatie ein Konflikt besteht und daß juristische Ausbildung gleichbedeutend mit Pedanterie sei. Das galt jedenfalls nicht im Falle unseres Freundes...« Über meine Tätigkeit in Bonn und Washington sagte er: »Fast von der ersten Stunde des Bestehens der Bundesrepublik an war er ein vertrauter Mitarbeiter des Kanzlers Adenauer, hat mit ihm dazu mitgeholfen, sein Land als gleichberechtigten Partner in die Allianz hineinzuführen. In dieser Eigenschaft unterstützte er Kanzler Adenauer wesentlich bei der Gestaltung der Nachkriegsaußenpolitik der Bundesrepublik. Als Botschafter in Washington half Wilhelm Grewe, die Rechte und Erwartungen seines Landes in einem Geiste echter Freundschaft mit den Vereinigten Staaten zu verteidigen. Es versteht sich daher von selbst, daß seine Arbeit hier im Rate wie im vertraulichen Umgang bei seinen Kollegen von Anfang an großes Gewicht besaß. Ich habe mir sagen lassen, daß die Menschen in Hamburg, wo er geboren ist, so wie die meisten Menschen des Nordens, mehr zuhören, als daß sie sprechen. Wilhelm Grewe war keine Ausnahme von dieser Regel: Er war ein sorgsamer Zuhörer, aber wenn er das Wort nahm, dann erwies sich seine Analyse als so exakt wie das Resultat wissenschaftlicher Forschung, sein Ratschlag erfinderisch und konstruktiv, sein Stil prägnant und klar...« Brosio schloß seine bewegende Rede mit den Worten: »Ich weiß nicht, ob Wilhelm Grewe nach diesen neun Jahren seines Lebens mit der NATO und für sie das Gefühl hat, daß er mit allen seinen Unternehmungen erfolgreich war. Wer könnte, ohne Anmaßung, dieses Gefühl haben? Aber wir wissen jedenfalls, daß er ihnen eine Fülle von kontrollierter Leidenschaft, von beharrlicher Klugheit und unerschütterlichem Willen gewidmet hat. – Botschafter Grewe war ein idealer Fürsprecher der deutschen Interessen in der NATO, aber er hat eine moderne Form von aufgeklärtem Patriotismus bewiesen. Er hat die Liebe zu seinem Lande verbunden mit dem Bewußtsein europäischer Notwendigkeiten und mit klarer Berücksichtigung der Gesamtinteressen der Allianz. Seine Loyalität und seine Diskretion trugen dazu bei, auf unserer Seite Vertrauen zu schaffen, und so wurde mit der Zeit aus einem geachteten Kollegen ein vertrauter Freund. Wir werden Dich vermissen, Wilhelm, und wir werden Deine Frau vermissen, deren freundliche und heitere Gastlichkeit wir alle so oft genossen haben. Eure neue Aufgabe in Japan wird ebenfalls eine große Verantwortung mit sich bringen, sie wird die Wichtigkeit jenes Landes widerspiegeln, dessen Gewicht in den internationalen Beziehungen mit jedem Tage zunimmt. Für diesen neuen Abschnitt Eures Lebens wünschen wir Euch beiden und Euren Kindern das Allerbeste. Wir danken Euch für Eure Freundschaft und hoffen auf eine glückliche Rückkehr.«

Nach diesen Worten des Generalsekretärs ergriff der Doyen das Wort, dem es oblag, mir das übliche Abschiedsgeschenk, eine Silberschale mit dem eingravierten Namenszug aller Kollegen, zu übergeben. Was er sagte, ist nicht leicht zu übersetzen – ich will daher darauf verzichten –, ohne daß Wesentliches verlorenginge: die Eleganz seines französischen Stils und die locker beschwingte Verknüpfung seiner Gedanken. Auch er sprach von der »lakonischen Beredsamkeit unseres deutschen

Kollegen, die seinen Worten Gewicht verlieh«, von einer »Zurückhaltung, die Einfluß durch Schweigen ausübt und beim Reden bestimmend wird«. Auf seinen unerschöpflichen Zitatenschatz zurückgreifend, schloß er mit einem »Lob, das man einem großen Manne der Antike zuerkannt hat: Er schweigt, aber man vernimmt ihn noch.«

Meine Antwort mit meinen Abschieds- und Dankesworten richtete sich nicht nur an meine beiden Vorredner, sondern auch an den Vize-Doyen des Rates, den türkischen Botschafter Nuri Birgi, der neben André de Staercke der einzige Kollege war, der schon bei meinem Eintritt 1962 dem Rat angehört hatte, an alle anderen Kollegen, an den Stellvertretenden Generalsekretär (der von mir hochgeschätzte Kanadier James Roberts war einige Zeit zuvor durch den jüngeren, sehr liebenswürdigen und gewandten türkischen Diplomaten Osman Olcay ersetzt worden; er wurde am gleichen Tage, wie wir abends erfuhren, türkischer Außenminister), an den Stab des Generalsekretärs und die Militärbehörden, insbesondere General Goodpaster als SACEUR und den Vorsitzenden des Militärausschusses, den britischen Admiral Henderson, an die Dolmetscher und die Sicherheitsbeamten, die mir zum Teil seit meinen ersten Tagen in Paris bekannt und vertraut waren. Meine Schlußworte lauteten: »Ich kam hierher in diesen Rat als Vertreter eines Landes, das in einer einzigartigen Lage war: geteilt, zum Teil besetzt, belastet mit vielen ungelösten Problemen und einer düsteren Vergangenheit. Da ich zu jener Gruppe gehörte, die 1954 den Eintritt Deutschlands in die NATO aushandelte, war ich mir all der Schwierigkeiten, der gemischten Gefühle und der Zurückhaltung bewußt, die überwunden werden mußten, um aus meinem Lande ein volles und vertrauenswürdiges Mitglied dieser Allianz zu machen. Da ich sieben Jahre nach unserem Eintritt hierher kam, kam mir der Erfolg meiner Vorgänger zugute, eine solche Position zu erringen. Ich habe sie nie als garantiert angesehen. Lassen Sie mich bei diesem Anlaß meine aufrichtige Überzeugung bekennen, daß die deutsche Mitgliedschaft in der Nordatlantischen Allianz ein entscheidendes Element unserer Existenz als unabhängige Nation gewesen ist und weiterhin sein wird. Ich weiß die Haltung der verbündeten Regierungen und ihrer Botschafter hier im Rat hoch zu schätzen, die es ermöglicht hat, eine Bündnissolidarität zu schaffen und zu stabilisieren, die jenes schwierige Land, das ich vertrete, ohne Vorbehalte einschließt. Wenn ich meinen Platz an diesem Tische verlasse, kann ich nur der Hoffnung Ausdruck geben, daß die Allianz diesen Zusammenhalt und diese Solidarität, die sie in so vielen Jahren in so vielen kritischen Situationen bewiesen hat, bewahren wird. Es gibt dafür keinen Ersatz, wenn man die europäische Sicherheit wirksam schützen will.«

Mit dieser mir unvergeßlichen Ratssitzung gingen meine NATO-Jahre zu Ende. Am 8. April schrieb mir – es blieb die einzige Äußerung des Auswärtigen Amtes zu meinem Abschied aus Brüssel – der amtierende Staatssekretär des Auswärtigen Amtes, Sigismund von Braun: »Lieber Herr Grewe, dieser Tage kamen mir die Reden auf den Tisch, die bei Ihrem Abschied aus Brüssel von Brosio, de Staercke und Ihnen selbst gehalten worden sind; ich habe sie sämtlich gelesen und dabei das Gefühl gehabt, daß man solche Worte zum Abschied erstens selbst gern hören würde und sie wahrscheinlich zweitens nur sehr selten jemand zu hören bekommt. Herzlichen Glückwunsch zu einem solchen Abschluß Ihrer Tätigkeit bei der NATO.«

SCHLUSSBILANZ

Soll ich dieses Buch mit einer »Schlußbilanz« beenden? Solche Bilanzen sind in vieler Hinsicht riskant, oft auch ein melancholisches Geschäft. George Kennan sagt am Ende seiner Memoiren, daß seine Bemühungen und Unternehmungen im allgemeinen in Fehlschlägen geendet zu haben schienen. Das scheint auch für vieles zuzutreffen, was ich in diesen fünfundzwanzig Jahren erstrebte. Die Deutschland-Politik der fünfziger Jahre blieb erfolglos. Die Europa-Politik führte von einer Enttäuschung zur anderen. Projekte wie die EVG und die MLF scheiterten. Andere, die ich skeptischer oder kritischer beurteilte – wie NPT und KSZE –, kamen zum Zuge. Die Ostpolitik wurde unter Bedingungen begonnen, die ich mir anders vorgestellt hatte.

Auf der anderen Seite haben sich manche Aufgaben und Planungen, denen ich viel Zeit und Kraft widmete, als lohnend und von dauerhafter Bedeutung erwiesen, wie etwa der Deutschland-Vertrag und unsere Bündnispartnerschaft in der Atlantischen Allianz. Auch die Bewältigung der Berlin-Krise ohne tiefgreifende und unheilbare Schädigungen unserer Position gehört in diese Kategorie. Was in Japan getan werden konnte, betraf nie die zentralen Lebensfragen unserer politischen Existenz, aber es trug dazu bei, deren Voraussetzungen in einem weiteren weltpolitischen Umfeld zu sichern und erschien mir in diesem Rahmen als eine fruchtbare Tätigkeit, die kein Gefühl der Vergeblichkeit aufkommen ließ.

Den Enttäuschungen und Frustrationen stehen also auch Gefühle der Befriedigung gegenüber, daß nicht alles vergeblich war. Wer nicht zu den Utopisten oder zu den Abenteurern gehört, hat in meiner Generation früh gelernt, mit gedämpften Erwartungen zu leben, seine Hoffnungen nie zu hoch zu schrauben, geringe Erfolge nicht zu verachten und schon das Überleben unter tragbaren Bedingungen – für sich selbst und für unser Volk als Ganzes – als eine glückliche Fügung des Schicksals zu werten.

Wenn ich von meiner Generation spreche, so meine ich alle diejenigen, die in den Jahren der Agonie der Weimarer Republik zu politischem Bewußtsein erwacht waren und sich in einem Staatswesen vorfanden, das ohne sichtbaren Erfolg mit einer schweren Wirtschaftskrise und hoher Arbeitslosigkeit rang, das noch immer nicht die internationale Isolierung überwunden hatte, die dem Ersten Weltkrieg gefolgt war, das von links und von rechts von ideologisch fanatisierten, revolutionären Massenparteien bedroht wurde, dessen demokratisch-parlamentarische Institutionen und Entscheidungsprozesse nicht mehr funktionierten und dessen führende Schichten Mut und Selbstvertrauen verloren hatten. Diese Republik zu retten, sie auch nur mit hohem Einsatz zu verteidigen, konnte kaum von Zwanzigjährigen erwartet werden, die keine Vorstellung davon hatten, welch kostbarer Besitz bürgerliche Freiheit, Grundrechte, Rechtsstaatlichkeit sind – Güter, die so selbstverständlich erschienen, daß man ihren Besitz nicht mit vollem Bewußtsein wahrgenommen hatte. Anfälligkeit für radikale Heilslehren rechter oder linker Schattierung war die Folge. Viele endeten im Konzentrationslager, sei es als Häftlinge, sei es als Bewacher (im engeren oder doch in einem weiteren Sinne des Wortes).

Wer Vernunft und genügend Wahrnehmungsfähigkeit bewahrte, um zu begreifen, was sich vor seinen Augen in Deutschland nach 1933 abspielte, mußte sich fragen, wie er in diesem Lande überleben konnte. Viele Hoffnungen mußten von vornherein begraben werden. Berufsziele, die im politischen Bereich lagen, mußten aufgegeben werden, sei es, weil man als nicht zuverlässig akzeptiert wurde, sei es, weil die Verfolgung solcher Ziele eine Identifikation mit dem Regime erfordert hätte, die peinlich gewesen wäre. Für viele wurde das Leben im Dritten Reich eine fortgesetzte Kette von Ausweichmanövern, getarnten Absetzbewegungen, mehr oder minder unausweichlichen Anpassungen. Mut und Charakterfestigkeit, Feigheit und schwächliches Mitläufertum waren dabei in allen Schattierungen im Spiele. Wenige haben diese Jahre überstanden, ohne die eine oder andere Konzession zu machen, an die man heute nur mit Beklemmung und Scham zurückdenken kann.

Dies alles bestimmte auch den Erwartungshorizont des Neubeginns nach 1945. Morgenthau-Plan, Zerstückelung Deutschlands, jahre- wenn nicht jahrzehntelanges Besatzungsregime, Demontagen, wirtschaftliche Misere, Entnazifizierung nach einem schematischen, zur Heuchelei nötigenden Verfahren, das sich Leute ausgedacht hatten, die von den Lebensbedingungen unter einer totalitären Diktatur keine Ahnung hatten, »Berufsverbote« für jene, die nicht genügend »Persilscheine« zu sammeln verstanden – das waren die Perspektiven von 1945. Das gab keinen Nährboden für Illusionen.

Als ich damals, im Sommer 1945, zunächst noch ohne festen Wohnsitz oder gar Arbeitsplatz, in Westdeutschland umherirrte, war ich überzeugt davon, daß meine akademische Laufbahn zunächst einmal beendet sei, daß man sich auf lange Zeit mit einer Arbeit werde begnügen müssen, die auf irgendeine Weise den Broterwerb sicherte, und daß uns allen trübe Jahre bevorstanden. Es wurden denn auch harte Jahre, aber sie wurden nicht so trübe, wie befürchtet. Geistiges Leben entfaltete sich rasch, Zeitungen, Verlage, Universitäten kamen wieder auf die Beine, wirtschaftliche Erholung und politische Konsolidierung folgten.

Aber die Schatten der zwölf Jahre sind in den nachfolgenden drei Jahrzehnten nicht gewichen – bis auf den heutigen Tag, da wir uns noch immer darum streiten, ob in jenen Jahren begangene Verbrechen der Verjährung unterliegen dürfen oder nicht, ob eine nominelle Parteimitgliedschaft ausreicht, um einen Kandidaten für ein hohes Staatsamt zu disqualifizieren, ob sich die Demokratie gegen ihre geschworenen Feinde tatkräftig zur Wehr setzen darf oder ob sie damit bereits wieder in das Fahrwasser der dunklen Jahren zurückgleiten würde.

Der Lebensweg meiner Generation hat auf diese Weise einen frühen Bruch erfahren, der bis auf heute spürbar bleibt. Auch auf mich sind jene Schatten wieder und wieder zurückgefallen und haben meinen Weg beeinflußt. Die Jüngeren werden sich auf ihre Weise damit auseinanderzusetzen haben. Ihr Problem wird es sein, ob sie Verantwortung und Verstrickung der Väter zu unterscheiden lernen und ob sie dementsprechend zu einem Geschichtsverständnis und einer Zukunftsperspektive unseres Volkes finden, das sich von Ressentiments und emotionalen Protestaktionen löst und ohne Komplexe zu einer unbefangenen Würdigung von Licht und Schatten fähig ist.

Der Rückblick auf die fünfundzwanzig Jahre meiner politisch-diplomatischen Tätigkeit muß sich an allen Daten dieses Lebensweges in seiner Gesamtheit orientieren. Er muß Enttäuschungen und Fehlschläge ins richtige Verhältnis setzen zu den katastrophalen Irrwegen unserer jüngeren Geschichte und unserer Verstrickung mit ihren Ursachen wie mit ihren Folgen. Dann braucht dieser Rückblick nicht in düsteren Pessimismus zu münden.

Gilt das auch für den Blick nach vorn? Ich kann nicht verbergen, daß ich keinen Grund für optimistische Zukunftserwartungen zu finden vermag. Unser Staat, seine Freiheit und seine wirtschaftliche Existenz sind in der heutigen Weltkonstellation auf Gedeih und Verderb mit dem Westen verbunden – was immer noch bedeutet: mit den Vereinigten Staaten und der von ihnen geführten Bündnisgemeinschaft. Die Entwicklung des weltpolitischen Kräfteverhältnisses zwischen dieser Gruppierung und dem von der Sowjetunion geführten Ostblock ist weiterhin die für unsere Zukunft entscheidende Schicksalsfrage.

Was die in diesem Buche behandelte Zeitspanne anlangt, so sehe ich hauptsächlich fünf beständige Grundzüge der Entwicklung dieses Kräfteverhältnisses:

Erstens, das ständige Wachstum der militärischen Macht der Sowjetunion, sowohl in absoluten Größen wie auch relativ im Verhältnis zur militärischen Macht der USA und ihrer Verbündeten. Die strategische Parität erreichte sie spätestens Ende der sechziger, Anfang der siebziger Jahre.

Zweitens, den Fehlschlag aller ihrer Bemühungen, den wirtschaftlichen und technologischen Vorsprung der USA und Westeuropas einzuholen oder den Abstand, der sie von deren Entwicklungsstand trennt, wesentlich zu verringern.

Drittens, eine Gewichtsverschiebung im Verhältnis der militärischen und der wirtschaftlichen Machtfaktoren zueinander: das Gewicht der Wirtschaftsmacht ist gewachsen, wie sich an der Rolle Japans und der Bundesrepublik, aber auch der arabischen Ölstaaten ablesen läßt. Gipfelkonferenzen der großen Industrienationen befaßten sich in den letzten Jahren mit wirtschaftspolitischen Themen. Wirtschaftsmacht ist heute leichter als militärische Macht in aktuellen politischen Einfluß umzusetzen.

Viertens, die Entstehung einer politisch selbständigen dritten Welt, die das geopolitische Herrschafts- und Einflußgebiet des Westens reduziert und eine krisenempfindliche Zone rivalisierender Bemühungen von Ost und West geschaffen hat. Damit steht im Zusammenhang:

Fünftens, eine ständige Abnahme der Überlegenheit und weltpolitisch dominierenden Position der europäisch-amerikanischen weißen Erdbevölkerung und ihrer Zivilisation gegenüber der farbigen Welt und ihrer rasch wachsenden Bevölkerung – eine Entwicklung, die auch die Sowjetunion trifft (insbesondere im Blick auf China, jedoch auch im Blick auf die Nord-Süd-Auseinandersetzung um die künftige Verteilung der Reichtümer der Erde) und deren Auswirkung auf das Kräfteverhältnis Ost-West sich noch nicht überblicken läßt.

Die Fragen, die mir im Hinblick auf die Entwicklung des Kräfteverhältnisses in der näheren Zukunft als besonders wichtig erscheinen, sind die folgenden:

Erstens. Haben die Vereinigten Staaten und ihre Verbündeten die Fähigkeit und den Willen, die Entwicklung zum militärischen Übergewicht der Sowjetunion, sei es durch eigene Rüstungsanstrengungen, sei es durch Rüstungskontrollvereinbarungen, aufzufangen? Sind die Analysen der militärischen Fachleute des Westens nur die üblichen übertriebenen Kassandrarufe der um ihren Etat besorgten Berufssoldaten, oder sind sie ernstzunehmen?[1]

Zweitens. Was ist von der Entwicklung der Weltwirtschaft für das globale Kräfteverhältnis zu erwarten – werden Handelsbilanzdefizite und Währungsturbulenzen den Zusammenhalt des Westens lockern können, muß nach etwa erneut einsetzender Rezession, Inflation, Arbeitslosigkeit mit wachsenden sozialen Spannungen, Lähmung der Verteidigungsanstrengungen, ganz allgemein mit einer aus diesen Bereichen drohenden Schwächung des Westens gerechnet werden?

Drittens. Wie weit ist der militärische Machtzuwachs, den die Sowjetunion für sich verbuchen kann – vor allem auch der Aufbau einer Seemacht mit globaler Reichweite –, praktisch-politisch verwertbar? Hat sich das sowjetische Engagement in Afrika – trotz mehrfacher Rückschläge – politisch ausgezahlt oder verspricht es, sich auf weitere Sicht auszuzahlen?

Viertens. Sind die Vereinigten Staaten unter dem Einfluß des Vietnam-Traumas und einer durch den Kongreß stark reduzierten Präsidentschaft in überseeischen Krisensituationen noch militärisch aktionsfähig?

Fünftens. Stehen wir vor einem Zusammenbruch der westlichen Positionen am Persischen Golf und seinem Ausgang zum Indischen Ozean – Iran, Afghanistan, Pakistan?

Sechstens. Kann das Verteidigungssystem der NATO die Vollendung des »historischen Kompromisses« in Italien und die griechisch-türkischen Differenzen überleben?

Siebtens. Wird Jugoslawien seine Ungebundenheit und seine politische Distanziertheit zur Sowjetunion auch nach dem Tode Titos bewahren können?

Achtens. Läßt sich eine neue militärische Konfrontation im Mittleren Osten mit ihren unabsehbaren Auswirkungen für die von den Ölpreisen abhängige Weltwirtschaft und für die Verwicklung der Supermächte noch abwenden?

Neuntens. Wird sich ein weißes Südafrika behaupten können, und welche Folgen würde sein Zusammenbruch für die Sicherheit des Westens haben?

Zehntens. Wie wird die Entwicklung im Fernen Osten das weltpolitische Kräfteverhältnis beeinflussen? Oder etwas genauer gefragt: Hat der innere Machtkampf in China bereits zu einer stabilen (insbesondere auch in bezug auf die antisowjetische Orientierung stabilen) Situation geführt? Welcher Beitrag kann von Japan für die Sicherheit der pazifischen Region erwartet werden? Kann man die jüngste Entwicklung in Asien – den Abschluß des chinesisch-japanischen Friedens- und Freundschaftsvertrages, das Versäumnis eines ernsthaften sowjetischen Ausgleichsversuches mit China nach dem Tode Maos, die erfolgreiche Besuchstournee Hua Kuo Fengs in Rumänien und Jugoslawien, die Konsolidierung der ASEAN-Gruppe – als ein »Desaster« der Sowjetdiplomatie bewerten, wie das amerikanische Beobachter taten? Hat Moskau also in Asien eine Serie von

Mißerfolgen hinter sich, die auch den weiteren Verlauf der Entwicklung vorherbestimmen?

In diesem Fragenkatalog ist weder von Europa noch von den Vereinten Nationen die Rede. Ohne Zweifel hat der wirtschaftliche Zusammenschluß Europas im ersten Nachkriegsjahrzehnt das Bild der Welt verändert. Im Zeitraum der letzten zwanzig Jahre hat die europäische Entwicklung jedoch das Ost-West-Kräfteverhältnis nicht mehr grundlegend verändert, und es sieht nicht so aus, daß sie es in absehbarer Zukunft tun wird. Das ist eine schmerzliche Feststellung, aber alles andere wäre wohl, vor allem im Blick auf die eher wachsenden Widerstände gegen eine weitere Integration der Europäischen Gemeinschaft in Frankreich und England, Illusion.

Was die UN anlangt, so haben sich auch ihre für das Weltsystem entscheidenden Wandlungen schon in den fünfziger Jahren abgespielt: die Zurückdrängung des anfangs vorherrschenden westlichen – vor allem durch die Stimmen der Lateinamerikaner gesicherten – Einflusses und das Anwachsen der afro-asiatischen Mehrheiten. Auch hier sind keine grundlegenden Veränderungen zu erwarten.

Aus dem Zusammenspiel der in diesen Fragen angedeuteten Entwicklungsmöglichkeiten wird sich das künftige Kräfteverhältnis der Welt ergeben – womit diese Liste nicht als erschöpfende Aufzählung verstanden werden soll. Man wird sie erweitern können, man wird früher oder später auch einiges streichen können. Alle Vergleiche des weltpolitischen Kräfteverhältnisses haben es mit Faktoren zu tun, die – sobald man über die Ziffern des Rüstungsstandes und des Wirtschaftspotentials hinausblickt – schwer meßbar, schwer vergleichbar, überwiegend nicht quantifizierbar sind (und selbst jene Ziffern sind bekanntlich höchst kontrovers und interpretationsbedürftig, wie zum Beispiel die in den letzten Jahren diskutierten Zahlen für die Erdölvorräte oder den Energiebedarf der Welt). Sie wirken häufig in gegenläufiger Richtung, relativieren sich gegenseitig, heben sich zuweilen auf.

Diese Eigenschaften machen alle Reflexionen über das weltpolitische Kräfteverhältnis so ungewiß und problematisch, wie sie uns meist erscheinen, und machen alle Prognosen so unzuverlässig, wie sie sich meist im nachhinein erweisen.

Beide Seiten haben ihre »ups and downs«, ihre Niederlagen und Erfolge, gehabt, die sich häufig in kürzester Frist wieder in ihr Gegenteil verkehrt haben.

Schon deswegen wäre es verfehlt, sich auf Vorhersagen einzulassen. Unser Schicksal ist nicht in der einen oder anderen Richtung vorherbestimmt, es kann uns Gutes oder Schlechtes bringen. Allerdings, wie immer sich das weltpolitische Kräfteverhältnis entwickeln sollte – es bietet selbst im günstigsten Falle keine Garantie für die Erhaltung des Friedens, der sich nach dem Ende der letzten kriegerischen Katastrophe für über drei Jahrzehnte als überraschend stabil erwiesen hat – wenn man von bewaffneten Konflikten begrenzten Ausmaßes absieht, deren es zahllose gegeben hat. Immerhin konnte nach dem Fall Saigons und dem Ende der Kämpfe in Vietnam ein Korrespondent der Londoner ›Times‹ einen Artikel schreiben, dem er die Überschrift gab: ›No Wars going on now in the World‹. Doch schon die Analyse des gleichen Jahres 1975, in dem dieser Artikel erschien, gab dem Bericht des International Institute for Strategic Studies Anlaß zu besorgten Bemerkungen darüber, daß die Ungewißheiten andauerten und neues Konfliktpotential an die Oberfläche gelangt sei: Rohstoffbezugsquellen, territoriale Ansprüche im Raume der unabhängig gewordenen Entwicklungsländer, innere Krisen in mehreren Ländern Lateinamerikas und Südeuropas; daß die Schranken gegen gewaltsame Konfliktlösungen erodierten, Rüstungskontrolle und Entspannung an Anziehungskraft verloren hätten und die Supermächte immer weniger imstande seien, örtliche Krisen zu kontrollieren.[2] Die Analysen der folgenden Jahre weisen auf weitere Gefahrenherde hin: wachsende Interessengegensätze außerhalb des traditionellen Raumes der Ost-West-Konfrontation, besonders in Afrika, zunehmende Neigung zu gewaltsamer Selbsthilfe, Zuspitzung der Nord-Süd-Gegensätze, wirtschaftliche Schwierigkeiten der großen Industrienationen, steigende Rüstungsproduktion und Waffenproliferation.[3] Man braucht diese Aufzählung nicht zu verlängern, um Besorgnisse für die Aufrechterhaltung des Friedens zu begründen.

Wenn es in dem Vierteljahrhundert, über das ich hier berichtet habe, ein unstrittiges übergeordnetes Ziel unserer Außenpolitik gegeben hat, dem auch ich mich persönlich stets verpflichtet gefühlt habe, so war es der Grundsatz, daß es außer der unmittelbaren Verteidigung unserer Freiheit, des eigenen Landes und des Staatsgebiets unserer Verbündeten kein politisches Ziel gibt, das die Anwendung kriegerischer Mittel rechtfertigen könnte. Wenn dieser Grundsatz nicht nur auf dem Papier der Charta der Vereinten Nationen stünde, sondern überall als unverbrüchliche Verhaltensnorm der Weltpolitik respektiert würde, könnte man der Zukunft ruhiger entgegensehen.

Kann man einen Bericht über fünfundzwanzig Jahre außenpolitischen Geschehens und Erlebens mit einem solchen Grundsatzbekenntnis schließen, das vielen wie ein Gemeinplatz oder eine rhetorische Phrase erscheinen mag? Ich tue es, weil ich eine solche Einschätzung für ein Mißverständnis halten würde. Es gibt in unserer Zeit keinen anderen Leitgedanken, der so kontinuierlich, so konkret und so substantiell jeden außenpolitischen Handlungsentwurf beeinflußt hat, wie die ständige Sorge um die Erhaltung des Friedens – eines Friedens, der nicht viel mehr als die Vermeidung des Krieges ist und der uns in Europa wie durch ein Wunder für einen Zeitraum von über drei Jahrzehnten – im wesentlichen durch eine eigentümliche List der Geschichte, nämlich durch die friedenserhaltende Wirkung der fürchterlichsten Kriegswaffen, die der Menschheit je zu Gebote standen –, geschenkt wurde; eines höchst prekären Friedens, der durch technologische Sprünge, die das »Gleichgewicht des Schrekkens« verändern, ebenso gefährdet ist wie durch psychologische Kurzschlußreaktionen führender Männer oder durch Ausweitung und Eskalation regionaler Konflikte oder Stellvertreterkriege in fernen Erdteilen.

Als sich die Bundesrepublik 1954 der NATO anschloß und Adenauer in London den Verzicht auf ABC-Waffen aussprach; als wir 1958 zum Suez-Konflikt und zum Aufstand in Ungarn, 1968 zur Besetzung der Tschechoslowakei Stellung nehmen mußten; als sich 1961 die Frage stellte, ob die Schutzmächte den Bau der Mauer quer durch Berlin mit Gewalt verhindern sollten und ob man Behinderungen des freien Zugangs nach Berlin mit militärischen Mitteln beseitigen sollte; als die Regierung Brandt-Scheel Ende 1969 den Kernwaffensperrvertrag unterzeichnen ließ und glaubte, dem Gedanken des Schutzes der Menschheit gegen einen Atomkrieg Vorrang vor allen auf Diskriminierung der Bundesrepublik und Schädigung ihrer technologischen und industriellen Entwicklung gestützten Bedenken einräumen zu müssen; als Willy Brandt 1970 die Gewaltverzichtsverträge mit der Sowjetunion und Polen schloß, Helmut Schmidt 1975 seine Unterschrift unter die Schlußakte von Helsinki setzte und beide Kanzler um der Entspannung zwischen Ost und West und der Befriedung Europas willen Opfer zu Lasten früherer nationaler Zielsetzungen brachten; als die Bundesregierung ab 1968 beständig Verhandlungen über beiderseitige ausgewogene Truppenverminderungen (MBFR) befürwortete; und natürlich während der gesamten Zeit ihrer Mitgliedschaft in der NATO, als sie sich an der Entwicklung einer Strategie beteiligte, die Sicherheit durch Abschreckung unter Vermeidung des Krieges erstrebte: In allen diesen Situationen und Entwicklungsstufen wurde die Außenpolitik der Bundesrepublik stets maßgeblich und ganz konkret von der Überlegung geleitet, welche der sich bietenden Optionen zu hohe friedensgefährdende Risiken mit sich brachte und welcher andere Weg geeignet war, der langfristigen Sicherung des Friedens besser zu dienen, ohne die Freiheit aufs Spiel zu setzen. Muß man ausdrücklich sagen, daß dies nichts mit irgendeiner Art von Pazifismus zu tun hatte, sondern stets auf der Überzeugung beruhte, daß entschlossene Verteidigungsbereitschaft und militärisches Gleichgewicht die grundlegende Voraussetzung jeder Friedensbewahrung sind?

Wenn es mir mit dieser Erläuterung gelungen sein sollte, dem Verdacht zu begegnen, ich wolle dieses Buch mit einigen wohlklingenden und allen wohlgefälligen, aber im Grunde nichtssagenden Phrasen über den Frieden abschließen – dann wage ich es, meine These zu wiederholen: Ich kenne keinen anderen Gesichtspunkt, der in der hier beschriebenen Periode so beherrschend und beständig wie das Gebot der Friedensbewahrung unsere Politik durchdrungen und alle anderen Zielsetzungen – sei es nationale Einheit, europäischer Zusammenschluß oder atlantische Bündnissolidarität, wirtschaftliche Prosperität, technologischer Fortschritt oder humanitäres Engagement – relativiert hätte. Das unterscheidet unsere Zeit von früheren Perioden, das hat unsere Politik geprägt, und das verbindet uns mit allen Völkern und Regierungen, die die gleiche Verantwortung erkannt und auf sich genommen haben.

Anhang

ANMERKUNGEN

Die beiden Werke des Autors ›Deutsche Außenpolitik der Nachkriegszeit‹, Stuttgart 1960 und ›Spiel der Kräfte in der Weltpolitik, Theorie und Praxis der internationalen Beziehungen‹, Düsseldorf 1970 werden abgekürzt zitiert als ›Nachkriegszeit‹ und ›Spiel der Kräfte‹. Bei den übrigen Veröffentlichungen des Autors wird der Verfassername nicht wiederholt.

Vorwort, Seite 9-13

1 Christian Potyka, Grewes Antimemoiren, in: Süddeutsche Zeitung vom 16. September 1971.
2 Hans Peter Schwarz, Ein Lehrbuch der Realpolitik, in: Politische Vierteljahresschrift 14, 1, 1973, S. 125.
3 Waldemar Besson in: Deutsche Zeitung vom 16. März 1971.
4 Franz-Josef Neus in: Stuttgarter Zeitung vom 20. Februar 1971: [Es bleibe zu hoffen,] »daß ein Mann, der in so mustergültiger Weise analytische Denkschärfe mit darstellerischer Präzision verbindet, dann auch die Zeit findet, diesem distanziert alles Persönliche aussparenden Werk seine Erinnerungen als Diplomat folgen zu lassen. Wie auf den verschiedenen Stationen seiner Laufbahn, die – sei es im Umgang mit der Administration Kennedy, sei es im Verkehr mit dem NATO-Partner de Gaulle – nicht frei von persönlicher Bitternis war, tritt er auch in diesem Buche so entschieden hinter seine Mission zurück, daß er diesen Wunsch ungewollt herausfordert«.
5 Dean Acheson, Present at the Creation, My Years in the State Department, New York 1969.

Abschied von Tokyo – Ende einer Laufbahn, Seite 17-28

1 Als Delegationsleiter bei den Verhandlungen über die Ablösung des Besatzungsstatuts und den Deutschland-Vertrag (1951-1954), als Leiter der Rechtsabteilung (1953-1954) und der Politischen Abteilung (1955-1958) des Auswärtigen Amtes, als Botschafter in Washington (1958-1962), bei der NATO (1962-1971) und in Tokyo (1971-1976).
2 Als Assistent, Dozent, außerordentlicher und ordentlicher Professor an den Universitäten Frankfurt am Main, Hamburg, Königsberg, Berlin, Göttingen, Freiburg im Breisgau (1933-1955).
3 Verfassung und politische Realität im heutigen Japan, in OAG-Aktuell März 1976 (Veröffentlichungen der deutschen Gesellschaft für Natur- und Völkerkunde Ostasiens), Tokyo 1976. – In etwas veränderter Form wiederholt als Vortrag auf Einladung des Walter Eucken Instituts und der Rechtswissenschaftlichen Fakultät der Albert-Ludwigs-Universität Freiburg i. Br.: Staat, Wirtschaft und Gesellschaft im heutigen Japan, Vorträge und Aufsätze des Walter Eucken Instituts 66, Tübingen 1978.
4 Gaijin = Fremde.

ENDSTATION JAPAN

Erkundung einer terra incognita, Seite 28-38

1 Gebhard Hielscher in: Süddeutsche Zeitung vom 7. November 1972.

Erste Schritte unter Kirschblüten, Seite 38-45

1 Robert Murphy, Diplomat among Warriors, London 1964, S. 339. Deutsche Ausgabe: Diplomat unter Kriegern, Zwei Jahrzehnte Weltpolitik in besonderer Mission, Berlin 1965.
2 Johannes Siemes, Hermann Roesler and the making of Meiji State, Tokyo 1968. Deutsche Ausgabe: Die Gründung des modernen japanischen Staates und das deutsche Staatsrecht, Der Beitrag Hermann Roeslers, Schriften zur Verfassungsgeschichte 23, Berlin 1975.
3 Eberhard von Vietsch, Wilhelm Solf, Botschafter zwischen den Zeiten, Tübingen 1961, S. 276.
4 Thomas Ross in: Frankfurter Allgemeine Zeitung vom 6. April 1971. Der Artikel schloß mit dem Satz: »Zugleich verleiht die Bundesregierung mit der Entsendung dieses großen Diplomaten der Nachkriegszeit ihrem Interesse an engen und vielfältigen Beziehungen zu Japan Ausdruck.«
5 Gebhard Hielscher in: Süddeutsche Zeitung vom 30. März 1971.
6 In: Christ und Welt vom 16. April 1971.
7 In: Christ und Welt vom 30. April 1971.

An einem Kaiserhofe, Seite 45-52

1 David Bergamini, Japan's Imperial Conspiracy, New York 1971.
2 Richard Storry in: London Times vom 15. November 1971.
3 »Showa« heißt nach dem Namen, den Hirohito nach seinem Tod führen wird, die Periode seiner Regierungszeit.
4 James B. Crowley in: New York Times Book Review vom 24. Oktober 1971.

Wie Japan regiert wird, Seite 52-63

1 Diese Problematik behandelt mein Abschiedsvortrag in Tokyo, Verfassung und politische Realität im heutigen Japan, ... [wie Anm. 3 zu Abschied von Tokyo – Ende einer Laufbahn].

»Wer sind wir? Was ist japanisch?«, Seite 63-74

1 Kano Tsutomu, The Silent Power, Japan's Identity and World Role, Tokyo 1976.
2 Fifty Years of Light and Dark, The Hirohito Era, By the Staff of the Mainichi Daily News, Tokyo 1975, S. 373.
3 Kimpei Shiba in: Asahi Evening News (Asahi Shimbun) vom 31. März 1976.

ENDSTATION JAPAN

4 Kenji Miyamoto in: Asahi Evening News (Asahi Shimbun) vom 3. Februar 1976.
5 Kano Tsutomu, ... [wie Anm. 1], S. 7 ff.

»Was wollen wir sein?« – Japans Rolle in der heutigen Welt, Seite 74-88

1 Kei Wakaizumi, Japan's Role in a New World Order, in: Foreign Affairs 51, 2, 1973, S. 310-326.
2 Armin H. Meyer, Assignment: Tokyo, An Ambassador's Journal, Indianapolis-New York 1974, S. 113.
3 Als ich im Oktober 1973 nach Bonn flog, um den Besuch des Premierministers Tanaka und seines Außenministers Ohira vorzubereiten und an den Besprechungen teilzunehmen, stand Kissingers Vorschlag im Mittelpunkt der vorgesehenen Gesprächsthemen.
In einer Aufzeichnung, die ich unmittelbar vor dem Eintreffen Tanakas in Bonn dem Kanzler und dem Außenminister zuleitete, warnte ich vor einer Enttäuschung, die eine Zurückweisung Japans in Tokyo auslösen würde:
»Sie wird Tokyo kaum in die Arme Pekings oder gar Moskaus treiben, wohl aber wird sie den in der japanischen Bevölkerung virulenten pazifistischen Neutralismus stärken und ihm auf weitere Sicht zum Durchbruch verhelfen – insbesondere in dem Augenblick, in dem die Liberaldemokratische Partei genötigt sein würde, eine Koalition mit einer der bisherigen Oppositionsparteien einzugehen. Die Folge einer solchen Entwicklung, die mit dem zunehmenden Disengagement der Vereinigten Staaten in Ostasien zusammentrifft, wäre die Entstehung eines machtpolitischen Vakuums im Fernen Osten, in das aller Voraussicht nach sowjetischer Einfluß einströmen würde, mit der Wahrscheinlichkeit neuer Kollisionen zwischen Moskau und Peking – eine für den Weltfrieden nicht ungefährliche Entwicklung.«
In Bonn wurden die Gespräche mit den japanischen Staatsmännern auf der dieser Warnung entsprechenden Linie geführt. Im Laufe der folgenden Monate zeigte sich jedoch endgültig, daß sich Kissingers Projekt nicht realisieren ließ und daß sich auch für die nähere Zukunft keine praktische Ersatzlösung bot.
4 Defense of Japan, Weißbuch des Verteidigungsamtes von 1976, S. 40.
5 Günter Poser in: Die Welt vom 19. November 1976.
6 Kei Wakaizumi, ... [wie Anm. 1], S. 313-316.
7 Defense of Japan, Weißbuch ... [wie Anm. 4], S. 33.
8 Ebenda, S. 36.
9 Kei Wakaizumi, ... [wie Anm. 1,], S. 320.
10 Ebenda, S. 317.

Chou En-lais Vermächtnis, Seite 88-94

1 Robert Guillain, La bataille diplomatique du Pacifique, in: Le Monde vom 11., 12. und 13. Februar 1976.
2 Robert Guillain, Der unterschätzte Gigant, Bern-München-Wien 1970.

ABLÖSUNG DES BESATZUNGSSTATUTS

Japan, Incorporated, Seite 94-100

1 Kano Tsutomu, ... [wie Anm. 1 zu Wie Japan regiert wird], S. 220.
2 Gardner Ackley und Hiromitsu Ishi, Fiscal Monetary and Related Policies, in: Hugh Partrick und Henry Rosovsky (Herausgeber), Asia's New Giant – How the Japanese Economy works, Washington D. C. 1976, S. 153 ff.
3 Kajima, Its Growth and Achievement over 130 Years, Tokyo 1973.
4 Nick Lyons, The Sony Vision, New York 1976, S. 1.

In Ulan Bator, Seite 106-111

1 Zum Beispiel: Albert Axelbank, Mongolia, Kodansha International Ltd., Tokyo und Palo Alto 1971.

Durch Hallstein zu Adenauer, Seite 127-130

1 Ein Besatzungsstatut für Deutschland, Stuttgart 1948.
2 Als Beispiel nenne ich hier nur den Vortrag, den ich auf einer von der Europa-Union einberufenen Veranstaltung im Freiburger Kaufhaus-Saal am 13. Januar 1950 über ›Die Konvergenz der europäischen Verfassungsgeschichte‹ gehalten habe (in: Nachkriegszeit, S. 310 ff.). Über den Haager Kongreß mein Bericht in: Merkur 9, 1948, S. 446 ff.; abgedruckt auch in: Nachkriegszeit, S. 301 ff.

Die ›Delegation für die Ablösung des Besatzungsstatuts‹, Seite 130-134

1 Zu nennen sind hier besonders Dr. Achim Tobler und – mir schon aus Berliner Jahren bekannt – Dr. Hedwig Maier, später Landgerichtsrätin in Tübingen.
2 Einige von ihnen sind später in den auswärtigen Dienst eingetreten: Walter von Marschall, langjähriger Leiter unserer unter dem Dache der französischen Schutzmacht in Pnom Penh aufrechterhaltenen Restvertretung, heute Leiter des Völkerrechtsreferats im Auswärtigen Amt; Herbert Dreher, in Washington mein Rechts- und Konsularreferent, heute Botschafter im Haag; Dirk Oncken, der Sohn des Berliner Historikers Hermann Oncken, der schon in seinen Berliner und Göttinger Studienjahren zu meinen Hörern gehörte, später mein nächster Mitarbeiter in der NATO-Vertretung, heute Botschafter in Neu-Delhi. Andere gelangten in anderen Bereichen zu hohen Funktionen: Hans Kutscher, mein Studienfreund aus frühen Freiburger Zeiten, mit mir zusammen Assistent bei Ernst Forsthoff in Hamburg und Königsberg, wurde Bundesverfassungsrichter und ist heute Präsident des Europäischen Gerichtshofes in Luxemburg; (1952 veröffentlichte er eine kommentierte Textausgabe der Bonner Verträge, zu der ich eine Einleitung schrieb). Ivo Schwarz ging zur Europäischen Kommission nach Brüssel und ist heute deren Direktor der Rechtsabteilung. Dietrich Schäfer wurde Syndikus bei der BASF und

RECHTSABTEILUNG UND BERLINER KONFERENZ

dann bei Bosch. Christian Determann, mein langjähriger Freiburger Assistent und engster Gehilfe seit den ersten Bonner Tagen, ist nicht mehr am Leben.
3 Um Recht und Gerechtigkeit, Festgabe für Erich Kaufmann zu seinem 70. Geburtstag, Stuttgart-Köln 1950.

Adenauers Projekt eines Sicherheitsvertrages, Seite 138-145

1 Artikel 3, Absatz 3: Bei Verhandlungen mit Staaten, mit denen die Bundesrepublik keine Beziehungen unterhält, werden die Drei Mächte die Bundesrepublik in Fragen konsultieren, die deren politische Interessen unmittelbar berühren.
Artikel 7, Absatz 4: Die Drei Mächte werden die Bundesrepublik in allen Angelegenheiten konsultieren, welche die Ausübung ihrer Rechte in bezug auf Deutschland als Ganzes berühren.
Infolge der schon einige Monate nach Inkrafttreten der Verträge vereinbarten Aufnahme diplomatischer Beziehungen mit der Sowjetunion ist die Konsultationsklausel insoweit jedoch ohne praktische Bedeutung geblieben. Nachdem inzwischen mit allen Staaten des Ostblocks diplomatische Beziehungen hergestellt sind, bleibt für die Zukunft nur der in Artikel 7 enthaltene Teil der Konsultationsklausel von Bedeutung.

Der ›Generalvertrag‹ der Hohen Kommissare, Seite 145-148

1 Konrad Adenauer, Erinnerungen, Bd. 1, Stuttgart 1965, S. 477, 487.

26. Mai 1952: Deutschland-Vertrag, Seite 148-156

1 Konrad Adenauer, Erinnerungen, Bd. 2, Stuttgart 1966, S. 70.
2 Vgl. S. 323 ff. (Adenauers Deutschland-Politik in der Redeschlacht des Bundestages vom 23. Januar 1958) und S. 412 ff. (War alles falsch?).
3 Bundestagsdrucksache Nr. 3500, 1952.
4 Adenauer hat im ersten Band seiner Erinnerungen, S. 531 ff., dieses Zwischenspiel geschildert.
5 Von der Kapitulation zum Deutschland-Vertrag, in: Deutsche Außenpolitik 3, 1952, Heft 7; Die Bedeutung der Westverträge für die Wiedervereinigung Deutschlands, in: Deutsche Außenpolitik 3, 1952, Heft 12; beide Aufsätze abgedruckt in: Nachkriegszeit, S. 46 ff. und S. 169 ff.

Kampf um die Verträge im Bundestag und vor dem Bundesverfassungsgericht, Seite 157-159

1 Berliner Konferenz und Potsdamer Abkommen, in: Außenpolitik, 2, 1954; abgedruckt in: Nachkriegszeit, S. 199-208.

RECHTSABTEILUNG UND BERLINER KONFERENZ

2 Über die Vereinbarkeit des Bonner Vertrages vom 26. Mai 1952 mit dem Grundgesetz, Privatdruck; teilweise abgedruckt in: Nachkriegszeit, S. 324 ff.

Adenauers erster Besuch in Washington, Seite 162-163

1 Suche nach einem Ausweg, in: Stuttgarter Zeitung vom 3. März 1953.
2 Konrad Adenauer, Erinnerungen, Bd. 1, S. 568 ff.

Der Planungsstab im State Department, Seite 164-166

1 Swidbert Schnippenkötter, Planung in der Außenpolitik, in: Aus der Schule der Diplomatie, Festschrift zum 70. Geburtstag von Peter Pfeiffer, Düsseldorf-Wien 1965, S. 161-173.
2 Planung I – Recht und Politik der Planung in Wirtschaft und Gesellschaft, Joseph H. Kaiser (Herausgeber), Baden-Baden 1965, S. 355 ff.; Europa Archiv 19, 1965, S. 725-740; abgedruckt in: Spiel der Kräfte, S. 271-291.

Rundreise durch einen Kontinent, Seite 167-169

1 Hilger hat über seine Moskauer Zeit berichtet in: Gustav Hilger, The Incompatible Allies, New York 1953. Deutsche Ausgabe: Wir und der Kreml, Deutsch-Sowjetische Beziehungen 1918-1941, Frankfurt am Main-Berlin 1955.
2 Charles Bohlen, Witness to History, New York 1973, S. 292.

Leiter der Rechtsabteilung, Seite 170-172

1 Die auswärtige Gewalt der Bundesrepublik (Veröffentlichungen der Vereinigung der Deutschen Staatsrechtslehrer 12), Berlin 1954; abgedruckt in: Nachkriegszeit, S. 485 ff.

Der Vatikan und die Schulartikel der Verfassung von Baden-Württemberg, Seite 172-174

1 Sie lautete: »Nachdem das Auswärtige Amt die Note des Apostolischen Nuntius vom 29. Oktober 1953 einer gründlichen Prüfung unterzogen hatte, hat der Leiter der Rechtsabteilung des Auswärtigen Amtes auf Weisung des Herrn Bundeskanzlers in Stuttgart mit der Landesregierung von Baden-Württemberg die sich aus der Note ergebenden Fragen erörtert. Dabei ergab sich, daß im jetzigen Zeitpunkt eine Änderung des Verfassungsentwurfes von Baden-Württemberg nicht mehr möglich war, da anderenfalls die Auflösung der Koalition in Stuttgart unvermeidbar gewesen wäre. Gleichwohl hat das Auswärtige Amt versucht, in Stuttgart eine Regelung der Schulfrage

RECHTSABTEILUNG UND BERLINER KONFERENZ

in der Verfassung von Baden-Württemberg herbeizuführen, die den Wünschen des Heiligen Stuhls nach einer präziseren Anpassung der Schulartikel an die Konkordatslage Rechnung trägt. Die Bundesregierung bedauert, daß dies nicht gelungen ist.
Mit den Schulartikeln der neuen Verfassung sind die den Heiligen Stuhl berührenden Fragen zu Ungunsten des Reichskonkordats weder abschließend geklärt noch präjudiziert. Insbesondere hat sich die verfassunggebende Versammlung in Stuttgart nicht für befugt gehalten, die Frage, ob das Reichskonkordat noch gültig ist, zu entscheiden. Die Bundesregierung hält ihrerseits an der von ihr stets vertretenen Auffassung der Weitergeltung des Reichskonkordats fest. Die Bestimmung des Artikels 11 b der neuen Verfassung von Baden-Württemberg hat nach Auffassung der Landesregierung in Stuttgart die Bedeutung, daß durch sie – die Fortgeltung des Reichskonkordats unterstellt – die mit dem Artikel 11 b etwa in Widerspruch stehende Regelung des Artikels 15 a suspendiert ist. Es wird sich empfehlen, diese juristischen Fragen noch in Expertengesprächen zwischen der Nuntiatur und der Rechtsabteilung des Auswärtigen Amtes zu erörtern. Es wird abzuwarten sein, ob und in welcher Weise sich die Möglichkeit ergeben wird, die Frage der Fortgeltung des Reichskonkordats der erwünschten allgemein verbindlichen Klarstellung zuzuführen.«
2 Vgl. S. 273 ff. (Konkordat-Streit mit Niedersachsen).

Vorbereitung der Berliner Konferenz, Seite 174-178

1 Über die beiden Abschnitte seiner Bonner Mission hat François Seydoux zwei Bücher veröffentlicht: Mémoires d'outre Rhin, Paris 1973, und: Dans l'intimité franco-allemande, une mission diplomatique, Paris 1977. Deutsche Ausgabe: Botschafter in Deutschland, Frankfurt am Main 1978.
2 Seine Gedanken über die weltpolitische Entwicklung der beiden Nachkriegsjahrzehnte von 1945 bis 1965 hat Jean Lalloy in dem Buche: Entre guerres et paix, Paris, 1966 niedergelegt.

Zurück in Berlin, Seite 178-183

1 Zu den weiteren Mitgliedern dieses Kreises gehörte ein anderer späterer Landeszentralbankpräsident: Otto Pfleiderer aus Stuttgart; Konrad Zweigert wurde später Bundesverfassungsrichter, so daß wir uns eines Tages in Karlsruhe vor diesem Gerichte wiedertrafen, als es um die Westverträge ging; Curt Erdsieck, der Schwager des Freiburger Nationalökonomen Walter Eucken, war nach dem Kriege Vizepräsident des Oberlandesgerichts Celle; seine Laufbahn endete im Bonner Justizministerium, wo er zuletzt Ministerialdirektor war; Hubertus Freiherr von Welser, damals Mitarbeiter Schleichers im Luftrecht-Institut, ist heute Rechtsanwalt in München. Georg Maier, der als junger Privatdozent gleich Anfang 1933 mit einem Konzentrationslager Bekanntschaft gemacht hatte, war damals schon Reserveoffizier. Er kam bald an die Ostfront und blieb verschollen. Seine Frau, Hedwig Maier, eine hochqualifizierte Juristin, die ebenfalls an unseren Zusammen-

RECHTSABTEILUNG UND BERLINER KONFERENZ

künften teilnahm, gehörte später dem Schmoller'schen Institut für Besatzungsfragen an, das mir in den Anfängen der Verhandlungen in Bonn über den Deutschland-Vertrag wertvolle Unterstützung leistete. Eine weitere Juristin in dieser Gruppe war meine spätere (erste) Ehefrau, Marianne Partsch – damals in einem Kartellbüro tätig, das von Theodor Eschenburg geleitet wurde, – dem einstmaligen Privatsekretär Stresemanns, der nach dem Kriege zunächst Flüchtlingskommissar der südwürttembergischen Landesregierung, dann Professor für Zeitgeschichte und Politologie in Tübingen wurde.

2 Karl Friedrich von Weizsäcker, der mit Haushofer befreundet war, hielt ihm 1948 in Göttingen eine Gedenkrede: In Memoriam Albrecht Haushofer, Hamburg 1948. Haushofers Gedankenwelt hat sein früherer Assistent, Walter Stubbe, skizziert in: Berichte zur deutschen Landeskunde 17, 1956.

Vier Wochen »Njet«, Seite 183-187

1 Felix von Eckhardt, Ein unordentliches Leben, Lebenserinnerungen, Düsseldorf–Wien 1967, S. 285 ff.
2 Ablauf und Ergebnis der Konferenz habe ich damals in einem kurzen Abriß aufgezeichnet, der als Einleitung der vom Bundespresse- und Informationsamt der Bundesregierung herausgegebenen Dokumentation: Die Viererkonferenz in Berlin 1954, Die Argumente im Querschnitt, Berlin 1954, diente; abgedruckt in: Nachkriegszeit, S. 209 ff.
3 Ebenda, S. 213.

Gespräche in Stockholm und Freiburg: Jarring und Kennan, Seite 190-191

1 Unser ständiger Vertreter bei der DDR, Günter Gaus, hat mich bei einem Besuch in seinem Amtssitz in Ost-Berlin kürzlich daran erinnert, daß ich ihn, den früheren Studenten, der gerade Reporter an der ›Badischen Zeitung‹ geworden war, zu dieser Diskussion eingeladen hatte.
2 Containment, Disengagement and what next? in: Western World, 14, 1958, S. 19 ff. Französische Ausgabe: Risques et conditions du dégagement, in: Occident, 14, 1958, S. 478 ff.; nachgedruckt in: Bulletin des Presse- und Informationsamts der Bundesregierung Nr. 154 v. 23. 8. 1958 und in: Nachkriegszeit, S. 376 ff.

Vorsitzender der Wahlrechtskommission, Seite 191-193

1 Grundlagen eines deutschen Wahlrechts, Bericht der vom Bundesminister des Inneren eingesetzten Wahlrechtskommission, Bonn 1955, S. 12, 124.

Als der EVG-Vertrag scheiterte, Seite 193-194

1 Die Entwicklung, die im Laufe von zwei Jahren bis zu diesem politischen Eklat größten Ausmaßes hingeführt hatte, kann ich im Rahmen dieses Buches

LONDONER KONFERENZ UND PARISER VERTRÄGE

nicht im einzelnen verfolgen. Sie ist, zusammen mit den intensiven und erfolgreichen Bemühungen um die Überwindung der Krise und die Einigung auf eine neue Lösung, inzwischen Gegenstand einer gründlichen zeitgeschichtlichen Studie geworden: Paul Noack, Das Scheitern der Europäischen Verteidigungsgemeinschaft, Entscheidungsprozesse vor und nach dem 30. August 1954 (Bonner Schriften zur Politik und Zeitgeschichte 17), Düsseldorf 1977. Manches ist durch diese Studie erhellt worden, eine abschließende Bewertung wird man beim heutigen Stande der zugänglichen Quellen auch in ihren Ergebnissen nicht sehen dürfen. Für eine Auseinandersetzung ist hier nicht der richtige Ort.
2 Ebenda, S. 90.

Neun Mächte im Lancaster House, Seite 195-202

1 Anthony Eden, Full Circle, Memoirs, Bd. 2, London 1960, S. 151.
2 François Seydoux, Mémoires d'outre Rhin, Paris 1973, S. 189.
3 Dirk Stikker, Bausteine für eine neue Welt, Wien-Düsseldorf 1966, S. 364.
4 Konrad Adenauer, Erinnerungen, Bd. 2, S. 307.
5 Ebenda, S. 316.
6 Vollständiger Text ebenda, S. 319 ff.
7 Bulletin des Presse- und Informationsamtes Nr. der Bundesregierung 190 vom 8. Oktober 1954, S. 1685.

Schlußakt in Paris: Deutschland-Vertrag und NATO-Beitritt, S. 202-209

1 Zitiert nach: Konrad Adenauer, Erinnerungen Bd. 2, S. 365.
2 Ebenda, S. 371.
3 Anthony Eden, ... [wie Anm. 1 zu Neun Mächte im Lancaster House], S. 170.
4 Konrad Adenauer, ... [wie Anm. 1], S. 377.
5 Rudolf Augstein (unter dem Pseudonym Jens Daniels), Das Zwinkern mit dem Wunder, in: Der Spiegel Nr. 47 vom 17. November 1954.
6 Vgl. S. 209 ff. (Das Vertragswerk nach zwanzig Jahren).
7 In der Bundesrepublik wird die Besatzung beendet, in: Münchner Merkur vom 31. Oktober/1. November 1954.
8 Die Wiedervereinigungsfrage in den Pariser Verträgen, in: Außenpolitik 6, 1, 1955; abgedruckt in: Nachkriegszeit, S. 185 ff.
9 M. S. Handler in: New York Times vom 21. Dezember 1954.
10 Walter Lippmann in: New York Herald Tribune vom 22. Dezember 1954.
11 Vgl. S. 381 ff. (Kontroverse mit Walter Lippmann).

Das Vertragswerk nach zwanzig Jahren, Seite 209-217

1 Deutscher Bundestag, Stenographischer Bericht, 7. Wahlperiode, 183. Sitzung, S. 12797 ff.
2 Konrad Adenauer, Erinnerungen, Bd. 2, S. 347.
3 Diese Bewertung des Deutschland-Vertrages deckt sich weitgehend mit mei-

AN LEITENDER STELLE IM AUSWÄRTIGEN AMT

nem Beitrag zu dem Sammelwerk: Konrad Adenauer und seine Zeit, Politik und Persönlichkeit des ersten Bundeskanzlers, Beiträge von Weg- und Zeitgenossen, herausgegeben von Dieter Blumenwitz, Klaus Gotto, Hans Maier, Konrad Repgen und Hans Peter Schwarz, Stuttgart 1976.

Die besten Jahre der Bundesrepublik, Seite 218-222

1 Peter O. Chotjewitz, Der Dreißigjährige Friede, Düsseldorf 1977.

Genf I – die Gipfelkonferenz, Seite 222-229

1 Vgl. S. 251 ff. (Die Hallstein-Doktrin).
2 Es würde den Rahmen dieses Buches sprengen, wenn ich versuchen wollte, die auf den beiden Genfer Konferenzen diskutierten Sachfragen im einzelnen darzustellen. Ich habe sie – in komprimierter Form – in meinem Buche ›Deutsche Außenpolitik der Nachkriegszeit‹ behandelt. Das darin enthaltene Kapitel über Genf I, Moskau und Genf II folgte weitgehend meinem Freiburger Vortrag vom 19. Dezember 1955. Ich beschränke mich hier auf einige Schlaglichter, die die Gesamtsituation vom Sommer 1955 und das Ergebnis der Konferenz einerseits, das Atmosphärische, die beteiligten Personen und meine eigene Rolle andererseits beleuchten.
3 Vgl. S. 326 ff. (Adenauers Deutschland-Politik in der Redeschlacht des Bundestages vom Januar 1958).

Vorbereitungen für Moskau, Seite 229-232

1 Charles Bohlen, Witness to History 1929-1969, New York 1973, S. 387.

Sechs Tage mit Chruschtschow, Seite 232-245

1 Sonderausgabe des Bulletins des Presse- und Informationsamtes der Bundesregierung vom 20. September 1955.
2 Konrad Adenauer, Erinnerungen, Bd. 2, S. 487 ff.
3 Felix von Eckhardt, Ein unordentliches Leben, Wien 1967, S. 383 ff.
4 Konrad Adenauer, ... [wie Anm. 2], S. 542.
5 Arnuld Baring, Sehr verehrter Herr Bundeskanzler! Heinrich von Brentano im Briefwechsel mit Konrad Adenauer 1949-1964, Hamburg 1974, S. 177, S. 417.
6 Felix von Eckhardt, ... [wie Anm. 3], S. 396.
7 Konrad Adenauer, ... [wie Anm. 2], S. 546.
8 Felix von Eckhardt, ... [wie Anm. 3], S. 402 f.
9 Konrad Adenauer, ... [wie Anm. 2], S. 530.

AN LEITENDER STELLE IM AUSWÄRTIGEN AMT

Charles Bohlen: Adenauers Mißerfolg?, Seite 245-251

1 Charles Bohlen, ... [wie Anm. 1 zu Vorbereitungen für Moskau], S. 387.
2 Nachkriegszeit, S. 219 f.
3 Ebenda, S. 218.

Die Hallstein-Doktrin, Seite 251-262

1 »Es muß dem in der Öffentlichkeit – nicht nur in Deutschland, sondern auch im Ausland – weitverbreiteten Vorurteil entgegengetreten werden, daß es sich bei der Nicht-Anerkennung der DDR um eine Prestigefrage oder um juristischen Formalismus handle. Es muß das Verständnis dafür geweckt werden, daß es sich um eine eminent politische Frage handelt – vor allem aus folgenden Gründen:
1. Die Anerkennung der DDR bedeutet nicht nur völkerrechtlich, sondern auch politisch und psychologisch die Anerkennung der Teilung Deutschlands.
2. Die Politik der Nicht-Anerkennung ist von entscheidender Wichtigkeit, um in Europa und in der Welt überhaupt das Bewußtsein für die Anomalie des gegenwärtigen Zustandes wach zu halten und um zu verhüten, daß man sich mit dem status quo abfindet.
3. Sie ist unentbehrlich, um den Geist des Widerstandes innerhalb der Sowjetzonenbevölkerung am Leben zu erhalten und diesem Widerstand moralischen Rückhalt zu geben.
4. Sie ist weiterhin ein wichtiges Mittel, um das politische Gewicht der DDR zu verringern und damit auch ihren Wert für die Sowjetunion zu vermindern.
5. Umgekehrt erhöht sich das politische Gewicht der Bundesrepublik, solange sie nicht nur für die 50 Millionen Westdeutschlands sprechen, sondern darüber hinaus als der berufene Sprecher des ganzen deutschen Volkes gelten kann und als der entscheidende Verhandlungs- und Vertragspartner in allen Fragen gilt, die Gesamtdeutschland berühren.
6. Die Politik der Nicht-Anerkennung ist nicht, wie man vor und während der Genfer Konferenz wieder hören konnte, ein verhandlungstaktisches Hindernis. Sie ist im Gegenteil eine sehr wichtige Waffe, um Verhandlungsformen abzuwehren, welche die Lösung der Wiedervereinigungsfrage materiell ungünstig präjudizieren würden. Im Falle der Preisgabe dieser Politik wäre das Gespräch mit Pankow, die Verhandlung zwischen Bundesrepublik und DDR auf einer quasi-völkerrechtlichen Basis der Gleichberechtigung nicht zu vermeiden. Diese Verhandlungsform kann niemals zur Wiedervereinigung in Freiheit führen, da nicht erwartet werden kann, daß der eine Verhandlungspartner einer Lösung zustimmt, die seinem politischen Selbstmord gleichkommt.«
2 So statt vieler: Heinrich End, Zweimal deutsche Außenpolitik, Internationale Dimensionen des innerdeutschen Konfliktes 1949-1972, Köln 1973, S. 42: »Wenn auch die gesamte Außenpolitik der Bundesrepublik, mit Ausnahme der Bündnis- und Integrationspolitik, in den fünfziger Jahren dem Alleinvertretungsanspruch untergeordnet war und insofern juristische Erwägungen als zutreffende Bezugsebene der Außenpolitik erscheinen konnten, kann aber ganz allgemein die völkerrechtliche Perzeption der Außenpolitik als kennzeichnend für den Denk- und Regierungsstil der Adenauer-Ära angesehen

werden. Entsprechend bewegte sich die Planung der Hallstein-Doktrin inhaltlich innerhalb völkerrechtlicher Instrumentarien wie Repressalie und Retorsion und methodisch innerhalb der traditionellen juristischen Problemlösungsverfahren wie Präzedenzfällen, Analogien, trial and error, Faustregeln, Intuition. Schon allein die Formulierung der Hallstein-Doktrin als abstrakter Unrechtstatbestand zeigt die juristische Herkunft ihrer Urheber an. Nichtjuristische Betrachtungsweisen und Techniken blieben demgegenüber außer Betracht. Weder wurde eine volkswirtschaftliche Kosten-Nutzen-Kalkulation der Nichtanerkennungspolitik aufgemacht noch ein spezifisch außenpolitisches Aktionsprogramm und Instrumentarium entworfen. So wurden z. B. keine Schwerpunktländer festgelegt, auf die sich die Nichtanerkennungspolitik zu konzentrieren hätte. Was aus heutiger Sicht am meisten erstaunt, ist der Umstand, daß diese weittragende außenpolitische Entscheidung nicht Anlaß für eine umfassende Analyse der internationalen Situation der Bundesrepublik war.«

Alles das sind unbewiesene Behauptungen, die den am damaligen Entscheidungsprozeß Beteiligten nur zu fassungslosem Staunen bringen können. Wer hat denn je die Anerkennung der DDR als »abstrakten Unrechtstatbestand« formuliert? Die heillose, mit einer nebulos-ambitiösen Terminologie verkleidete Konfusion unserer heutigen politologischen Denkschulen offenbart sich in einer Anmerkung, in der die angebliche Vernachlässigung »nichtjuristischer Betrachtungsweisen und Techniken« mit der Bemerkung kommentiert wird: »Als neuere Entscheidungsinstrumente wäre etwa an brainstorming, Delphi-Technik, Zielsystemanalyse, Simulation zu denken gewesen.« Man traut seinen Augen kaum, wenn man dann den nächsten Satz liest: »Wenn man allerdings die immer noch dürftigen Resultate solcher Problemlösungsverfahren im außenpolitischen Entscheidungsprozeß in Rechnung stellt, ... so kann man mit Recht bezweifeln, ob ihre Verwendung zu wesentlich anderen Entscheidungen geführt hätte.« (S. 188, Anm. 103)

3 »Die Politik der Nichtanerkennung wird in der nächsten Zeit starken Belastungsproben ausgesetzt sein. Es ist daher besonders wichtig, ihre Tragweite und ihre Grenzen genau festzulegen. Hierbei ist von folgenden Grundsätzen auszugehen:
a. Es kann von dritten Staaten in der Frage ihrer Beziehung zur DDR keine schärfere Haltung verlangt werden, als wir sie selbst praktisch einnehmen.
b. Es muß vermieden werden, jede Form der bloßen Berührung mit der DDR zu einer Frage der Anerkennung oder Nichtanerkennung aufzubauschen.
Es muß davon ausgegangen werden, daß ein staatsähnliches Territorium mit einer Bevölkerung von 17 Millionen Menschen von der übrigen Welt nicht als nichtexistent behandelt werden kann. Das Bedürfnis, Verkehrsfragen zu regeln, wirtschaftliche Beziehungen anzuknüpfen und zu pflegen sowie in anderen unpolitischen Fragen mit diesem Territorium und seiner Bevölkerung in Kontakt zu treten, läßt sich nicht leugnen oder ignorieren. Wenn dritte Staaten diesen Bedürfnissen Rechnung tragen wollen, so dürfen wir dagegen keine Einwendungen erheben. Es wäre auch den Einwohnern der Ostzone gegenüber nicht zu verantworten, wenn die Politik der Bundesregierung in der Frage der Nichtanerkennung auf eine vollständige Isolierung der Sowjetzone von der Außenwelt abzielte.«
4 Bulletin vom 13. 12. 1955, Nr. 233, S. 1993 f.

AN LEITENDER STELLE IM AUSWÄRTIGEN AMT

5 Heinrich von Siegler, Dokumentation zur Deutschlandfrage, I. Von der Atlantik-Charta 1941 bis zur Berlin-Sperre 1961, Bonn-Wien-Zürich 1961, S. 546.
6 In: Der Spiegel Nr. 12 vom 17. März 1965.
7 Walter Henkels in: Berliner Kurier Nr. 62, 1956.
8 Waldemar Besson, Die Außenpolitik der Bundesrepublik, München 1970, S. 198.
9 Die meisten der weitverbreiteten Fehlvorstellungen über den außenpolitischen Planungs- und Entscheidungsprozeß finden sich verdichtet und zusammengefaßt in der in obiger Anm. 2 zitierten Arbeit von H. End, in der es über das Zustandekommen der Nichtanerkennungspolitik hieß:
»An ihrer Planung nahm eine kleine Gruppe von Referenten unter der Federführung von Wilhelm Grewe teil. Da es 1955 weder im Auswärtigen Amt noch im Kanzleramt einen Planungsstab gab, wurde außenpolitische Planung in der Politischen Abteilung, in der Rechtsabteilung und in diffuser Form in den Länderreferaten des Auswärtigen Amtes ad hoc geleistet. Eine wichtige Rolle im Planungsprozeß spielten die Rechtsberater des Auswärtigen Amtes, Erich Kaufmann, Ulrich Scheuner und Hermann Mosler. Ihr unmittelbarer Gesprächspartner im Amt war ihr ehemaliger Kollege Grewe. Die Rechtsberater hatten aber auch direkten Zugang zu Staatssekretär Hallstein, der gleichzeitig die Kommunikation zum Kanzleramt besorgte. Aus dieser Organisation ergab sich eine Konzentration der Planungskompetenz an der Behördenspitze. Nur auf höchster Ebene fand eine intensive Kommunikation zwischen den einzelnen Entscheidungsträgern in horizontaler Richtung statt, während die vertikale Kommunikation während des Planungs- und Entscheidungsvorganges geringfügig war. Die Tatsache, daß mit Ausnahme der Rechtsberater die Planungs- und Entscheidungseinheiten praktisch zusammenfielen und der Kreis der Akteure sehr klein war, verringerte die Chance, in den Planungsvorgang möglichst alle nur denkbaren Handlungskonzepte einzubringen und umfassende Informationen zu verarbeiten. Der Verlauf der zur Vorbereitung der Hallstein-Doktrin einberufenen Botschafter-Konferenz macht deutlich, daß die Missionschefs weder wirklich konsultiert noch ihre Informationen in den Entscheidungsprozeß eingebracht, sondern nur zu einem ›briefing‹ über die bereits von der Zentrale gefällte Entscheidung nach Bonn gebeten wurden. Das entscheidende Übergewicht der Zentrale zeigt, daß die Nichtanerkennungspolitik eine interne Entscheidung war, während die Berücksichtigung internationaler Faktoren, die u. a. durch das Maß der Beteiligung der Auslandsmissionen am internen Entscheidungsprozeß indiziert wird, zurücktrat.« (S. 42)
Die Tatsache, daß der Autor, der sich bei der Vorbereitung seines Buches bei mir Auskunft und Material erbat, durch einen Unglücksfall in jungen Jahren umgekommen ist, macht die Auseinandersetzung mit ihm zu einer heiklen Taktfrage. Dennoch darf und muß wohl gesagt werden, daß seine These unhaltbar ist und auf mangelhafter Recherchierung des Tatsachenmaterials und mangelndem Einblick in die tatsächlichen – und den praktisch möglichen – Ablauf des Entscheidungsprozesses in einer außenpolitischen Zentrale beruht.
10 Die Behauptung, den Missionschefs seien vorfabrizierte Ergebnisse in Form eines »briefings« eröffnet worden, steht in einem merkwürdigen Wider-

spruch zu der von dem Autor zuvor gegebenen Schilderung des Konferenzablaufes:
»Während Grewe vorsichtig für eine elastische Linie einzutreten versuchte und Hallstein von pragmatischen Entscheidungen von Fall zu Fall sprach, ließ Brentano von vornherein keinen Zweifel daran, daß die Bundesrepublik ihre diplomatischen Beziehungen zu Staaten abbrechen würde, die die DDR anerkennen. In seiner harten Linie wurde Brentano von einer Reihe von Missionschefs sekundiert. Für die schwierige Lage der Drittstaaten in dieser Frage brachten nur die Botschafter, die in Belgrad, Kairo und Neu-Delhi an der neutralistischen ›Front‹ des Konkurrenzkampfes mit der DDR standen, vorsichtiges Verständnis auf. Aber auch sie konnten nur hoffen, daß die Regierungen, bei denen sie akkreditiert waren, die DDR eben möglichst lange (nicht) und auf keinen Fall während ihrer Amtszeit anerkennen würden. Eine offene Warnung vor einem Abbruch der diplomatischen Beziehungen sprachen auch sie nicht aus.« (S. 40)
Das Ergebnis wird in der Behauptung zusammengefaßt, »daß sich die harte, für den Abbruch eintretende Linie unwidersprochen (!) durchgesetzt hatte und auch die Missionschefs die unzweideutige Haltung der Bundesregierung begrüßten«. Gleich darauf heißt es jedoch, daß mein Interview vom 10. Dezember »als autoritative Verlautbarung der Hallstein-Doktrin angesehen wurde«. (S. 41) Also doch eben die »elastische Linie«, und dies mit eindeutiger Billigung Brentanos!
11 Jürgen Tern in: Frankfurter Allgemeine Zeitung vom 19. Oktober 1957.
12 Warum Bruch mit Jugoslawien? in: Diplomatische Korrespondenz Nr. 1 vom 25. Oktober 1957, abgedruckt in: Nachkriegszeit, S. 155 ff.
13 In der vollständigen Fassung des Exposés lautete dieser Abschnitt:
a. Das »klassische Konzept«
In den Gesprächen, die im Februar 1965 in Brüssel zwischen Spaak und dem polnischen Außenminister Rapacki stattfanden, hat Rapacki rundheraus erklärt, das Selbstbestimmungsrecht für Deutschland werde von den kommunistischen Staaten niemals akzeptiert werden. Spaak hat ihm entgegnet, daß der Westen ebensowenig ein europäisches Sicherheitssystem bei unveränderter Teilung akzeptieren könne. Im NATO-Rat hat er jedoch durchblicken lassen, daß das »klassische Konzept« des Westens für die Wiedervereinigung aussichtslos und unrealistisch geworden sei und daß man wenigstens innerhalb der Allianz nach neuen Antworten suchen müsse.
Das von Spaak erwähnte »klassische Konzept«, das heißt die Wiedervereinigung durch freie Wahlen auf der Grundlage einer Einigung der Vier Mächte, ist nach nahezu zwanzig Jahren faktischer Teilung in der Tat unglaubwürdig geworden. Dieses Konzept wurde auf dem Höhepunkt des »Kalten Krieges« entwickelt. Es hatte auch damals keine Chance praktischer Verwirklichung, war jedoch als Instrument des diplomatischen und des propagandistischen Kampfes gegen die sowjetische Deutschland-Politik am besten geeignet. Acheson und Dulles wußten es als solches zu handhaben. Ihre Nachfolger haben damit nichts mehr anzufangen gewußt. Kennedy hat es offen preisgegeben (am deutlichsten in seinem Interview mit Adschubej), weil es seine Politik des Ausgleichsversuches mit der Sowjetunion störte.
Das alles braucht jedoch nicht zu bedeuten, daß heute der Anspruch auf freie Wahlen und die Verantwortung der Vier Mächte preisgegeben werden müßten. Es wäre durchaus möglich, der Bevölkerung begreiflich zu machen,

AN LEITENDER STELLE IM AUSWÄRTIGEN AMT

daß es sich hier um maximale Rechtsansprüche handelt, die man nicht vorzeitig preisgeben darf – ebensowenig wie die Nichtanerkennung der Oder-Neiße-Linie.
Die Aufrechterhaltung des »klassischen« Konzepts erfordert allerdings zweierlei:
1. Wir müssen erreichen, daß unsere Verbündeten es weiterhin unterstützen; wenn sie schon nicht dazu zu bewegen sind, es als ein Instrument einer offensiven Propaganda zu benutzen, so dürften sie es jedenfalls nicht aushöhlen oder gar offen desavouieren.
2. Daneben bedürfte es einer realistischen Überprüfung, ob und wie man tatsächlich dem Ziel der deutschen Einheit näherkommen kann.
Was die erste Bedingung anlangt, so sind die westlichen Regierungen nur noch mühsam dafür zu haben, von Zeit zu Zeit Deklamationen von sich zu geben, in denen die alten Formeln wiederholt werden.
Erst recht fehlt es an einer realistischen Konzeption zur Annäherung an das Ziel der Wiedervereinigung. Die Amerikaner empfehlen uns seit Jahren, »Kontakte« mit der Zone aufzunehmen. De Gaulle baut die Wiedervereinigung in einen langfristigen Prozeß der Wiedervereinigung Europas ein, an dessen Ende sie irgendwann in ferner Zukunft Wirklichkeit werden kann. Die Engländer interessieren sich für das Thema nicht.
In Deutschland gibt es eine Reihe von meist wenig überzeugenden Rezepten, die in der Öffentlichkeit diskutiert werden; es gibt jedoch keine plausible, von der Autorität der Bundesregierung gestützte und von der Mehrheit der Bevölkerung akzeptierte Konzeption.
Zu einer solchen Konzeption müßte sich die Bundesregierung durchringen und sie müßte der Öffentlichkeit verständlich machen, in welchem Verhältnis diese praktische Konzeption zu dem Rechtsanspruch auf Selbstbestimmung und freie Wahlen steht. Man kann sich jedenfalls nicht auf die Dauer damit begnügen, maximale Rechtsansprüche zu vertreten und gleichzeitig die Hoffnung zu nähren, daß die Wiedervereinigung in absehbarer Zeit erreichbar sei und daß man ihr mit sogenannten »diplomatischen Initiativen« näherkommen könne.
b. Verzicht auf Wiedervereinigung?
Angesichts der Schwierigkeiten, die diese Probleme aufwerfen, und angesichts des Fehlens plausibler Antworten muß man vielleicht ernsthaft die Frage prüfen, ob wir nicht das Ziel der Wiedervereinigung abschreiben müssen – auch wenn das eine grundlegende Änderung unserer bisherigen Staats- und Verfassungskonzeption erforderte.
Seit einer Reihe von Jahren gibt es Stimmen in der Bundesrepublik, die eine Verbesserung der Lebensverhältnisse und die Herstellung einer freiheitlicheren politischen Ordnung in der Zone für wichtiger halten, als die Wiedergewinnung der staatlichen Einheit. Manche erinnern uns daran, wie es 1945 Mode war, daß die Deutschen niemals im eigentlichen Sinne eine Staatsnation gewesen seien. (So zum Beispiel neuestens Erich Müller-Gangloff, Mit der Teilung leben, München 1965.)
Die letzte These ist angesichts der deutschen Geschichte der letzten hundert Jahre absurd und wirklichkeitsfremd. Was die erstgenannte These anlangt, so ist die »Liberalisierung« und »Humanisierung« des Regimes in der Zone kein praktischer und politisch akzeptabler Ersatz für die Wiederherstellung der staatlichen Einheit. Denn sie ist nicht geeignet, politische Stabi-

lität in Mitteleuropa zu schaffen: Je liberaler und humaner die Verhältnisse in der Zone werden, desto energischer wird die Bevölkerung der Zone auf Wiedervereinigung drängen. Die SED weiß aus der Erfahrung von 1953, daß nicht Straffung, sondern Lockerung der Zügel die Aufstandsgefahr heraufbeschwört. Eine Politik, die statt auf die Einheit Gesamtdeutschlands auf die »Freiheit« in beiden Teilen Deutschlands zielt, ist daher unrealistisch. Sie gibt den Anspruch auf Einheit preis, ohne die Gegenleistung – Freiheit in der Zone – jemals auch nur annähernd erreichen zu können.

Gegen die Anerkennung der Zone sprechen schwerwiegende Bedenken: Das Verlangen nach Wiedervereinigung würde dadurch zum »Revisionismus« gestempelt. Die Forderung nach freien Wahlen müßte förmlich aufgegeben werden, da sie zur Einmischung in die inneren Angelegenheiten eines anderen Staates würde. Politisch und psychologisch könnte die Anerkennung uns weitgehend jede internationale Unterstützung in der Wiedervereinigungsfrage kosten: Man könnte darin unseren endgültigen Verzicht auf gesamtdeutsche Einheit sehen. Wäre sie es, so würde sich das politische Gewicht der Bundesrepublik vermindern. Ohne die Dynamik der offenen Wiedervereinigungsfrage sind wir wesentlich weniger als jetzt. Die besondere Stellung, die wir jetzt auf Vierer-Konferenzen, in der Botschaftergruppe in Washington und ähnlichen Gremien einnehmen, würde hinfällig.

Auch der Status quo West-Berlins und die Sicherung seiner Zugangsfreiheit würde im Falle der Anerkennung der Zone gefährdet. West-Berlin würde tatsächlich eine »Anomalie«. Die Bevölkerung West-Berlins würde ihrer letzten Hoffnung auf Befreiung aus ihrer Isolierung beraubt.

Abgesehen hiervon bleibt die Freiheit in der Zone ein für die Bundesrepublik unzureichendes Ziel: Sie braucht Berlin als Hauptstadt und kann sich nicht für ewig damit abfinden, West-Berlin in seiner Isolierung als permanenten Krisenherd bestehen zu lassen. Außerdem wird das Mißtrauen der Welt, daß sie sich doch nie endgültig mit der Teilung abfinden wird, weiterhin auf ihr lasten.

c. Voraussetzungen eines realistischen Konzepts

Die Realitäten, mit denen eine künftige Deutschland-Politik rechnen muß, sind im wesentlichen:

Krieg als Mittel zur Wiederherstellung der Einheit ist indiskutabel.

Verhandlungen mit dem Ziele einer ausgewogenen Kompromißlösung, die dem Osten gewisse Sicherheitsgarantien bietet, Gesamtdeutschland aber zugleich ein freiheitlich-demokratisches System verbürgt, sind auch in Zukunft aussichtslos, jedenfalls solange, wie die gegenwärtige Weltkonstellation besteht.

Eine Änderung dieser Konstellation in dem Sinne, daß der Kommunismus in der Sowjetunion oder im übrigen Europa zusammenbräche, ist so unwahrscheinlich geworden, daß sie praktisch aus allen Überlegungen ausscheidet.

Denkbar und sogar wahrscheinlich sind gewisse evolutionäre Veränderungen der bisherigen Konstellation, wie zum Beispiel fortschreitender Ausgleich zwischen USA und UdSSR, mit der Folge fortdauernder Entspannungs- und Koexistenzpolitik der beiden Supermächte in ihrem gegenseitigen Verhältnis; weitere Verschärfung der Differenzen zwischen Moskau und Peking, möglicherweise mit der Folge zunehmender Ent-ideologisierung der sowjetischen Außenpolitik; Ausnutzung dieser Differenzen durch die kommunisti-

AN LEITENDER STELLE IM AUSWÄRTIGEN AMT

schen Staaten Osteuropas zur Erweiterung ihres Handlungsspielraums und Konsolidierung einer gewissen nationalen Autonomie im Rahmen des Ostblocks; parallel dazu weitere Entwicklung zum »Polyzentrismus« innerhalb der kommunistischen Weltbewegung.

Auf schwachen Füßen steht dagegen die Annahme, daß Industrialisierung, steigender Lebensstandard, Hebung des Bildungsniveaus das Sowjetsystem allmählich liberalisieren, westlichen Gesellschafts- und Staatsformen annähere und außenpolitisch »domestizieren« würden.

Folgende Konsequenzen ergeben sich aus dieser Beurteilung:

Die Fortsetzung des »Kalten Krieges« (falls wir sie erzwingen könnten, was kaum der Fall sein dürfte) hülfe uns wenig. Der Kalte Krieg hat es zwar dem Westen erleichtert, uns mehr oder weniger platonische Versprechungen zur Unterstützung unserer Einheitsforderung zu machen. Auch auf den Höhepunkten des Kalten Krieges war man jedoch niemals bereit, weiter zu gehen und den Druck auf die Sowjets in solchem Maße zu verstärken, daß man den Übergang zum »Heißen« Krieg riskiert hätte. Nichts erlaubt die Annahme, daß man sich Ereignissen wie dem 17. Juni 1953 gegenüber künftig anders verhalten werde als damals (zumal die Deutschen in der Bundesrepublik damals wie heute keine größere Risikofreudigkeit bekunden).

Die »Entspannung« als solche hilft uns genauso wenig. Sie hat zunächst und vor allem die fatale Tendenz, den Status quo als Basis des Ausgleichs zwischen Ost und West zu akzeptieren und das Verlangen nach deutscher Einheit als lästige Störung beiseite zu schieben. Nichtanerkennung der DDR, Hallstein-Doktrin, Reisebeschränkungen, Restriktion des Handels- und Kulturaustausches, Fernhaltung der DDR von internationalen Organisationen und Veranstaltungen werden im Zuge dieser Entwicklung immer unpopulärer werden.

Alle konkreten »Entspannungs«-projekte (Testbann, Beobachtungsposten, Nichtangriffspakt, Disengagement, denuklearisierte Zonen usw.) sind bisher mit negativen Folgen für die Deutschland-Frage verknüpft gewesen.

Die Hoffnung, daß die Sowjets in einer Phase der Entspannung geneigt sein könnten, die Preisgabe des SED-Regimes in Erwägung zu ziehen, ist eine Illusion. Weder wirtschaftliche Angebote von außerordentlichen Ausmaßen noch weitgehende Offerten auf dem Sicherheitsgebiet werden die Sowjets je veranlassen, aus freiem Entschluß die Zone aufzugeben. Nur wenn die Zone zu einer unerträglichen Last oder zu einer Gefahrenquelle wird, dürfte ein solcher Entschluß in den Bereich des Möglichen rücken.

Wenn uns auch die »Entspannung« als solche wenig nützt, so kann mit Hilfe einer zwar anpassungsfähigen, aber doch festen Politik verhütet werden, daß sie uns irreparable Schäden zufügt; darüber hinaus könnte sie eventuell sogar einer Wiedervereinigungspolitik dienstbar gemacht werden. Der »Parallelismus« zwischen sicherheitspolitischen Entspannungsmaßnahmen und Förderung der Wiedervereinigung ist immer noch, wie die Spaak-Gespräche und die Diskussion im NATO-Rat darüber gezeigt haben, eine im Westen akzeptierte Vorstellung mit einer gewissen Ausstrahlungskraft.

d. Inhalt eines realistischen Konzepts

Welche Art von Deutschland-Politik läßt sich in einer Periode der Entspannung mit Aussicht auf Erfolg betreiben?

AN LEITENDER STELLE IM AUSWÄRTIGEN AMT

Zur Diskussion stehen vor allem folgende Vorschläge:
Aufgabe der bisherigen Deutschland-Politik und Ersetzung durch eine Politik der »offensiven Entspannung« (Bender): bewußte Stärkung und Stabilisierung der DDR, um dem SED-Regime seinen Furchtkomplex zu nehmen und ihm die Möglichkeit zu einer Liberalisierung zu geben. Kulturaustausch, Wirtschaftshilfe, politische Kontakte, schließlich auch völkerrechtliche Anerkennung: »Bonns Politik kann nicht mehr darauf gerichtet sein, den Kommunismus im anderen Deutschland zu beseitigen, sie muß dazu beitragen, ihn zu ändern.« (Peter Bender, Offensive Entspannung, 3. Aufl. 1965, S. 111.)
Dieser auf eine radikale Änderung unserer Deutschland-Politik abzielenden Auffassung widersetzen sich die – besonders in der CDU/CSU stark vertretenen Befürworter einer Aufrechterhaltung der integralen Nichtanerkennungspolitik unter strikter Anwendung der Hallstein-Doktrin und Ausnutzung aller wirtschaftlichen Druckmittel zu ihrer Durchsetzung.
Zwischen diesen beiden Polen bewegen sich solche Konzeptionen, die die Kontinuität unserer Deutschland-Politik erhalten wollen, aber eine größere Beweglichkeit anstreben und zu diesem Zwecke zu einer Auflockerung einiger Positionen bereit sind. Sie zielen vor allem auf »Aktive Ostpolitik« – das heißt Ausklammerung der osteuropäischen Staaten aus dem Anwendungsbereich der Hallstein-Doktrin, Aufnahme voller diplomatischer Beziehungen mit ihnen, Intensivierung der Kultur- und Wirtschaftsbeziehungen, Gesprächsbereitschaft in der Grenzfrage.
Dies kann entweder verbunden sein mit einer Politik der Verstärkung der Kontakte mit der DDR (etwa im Sinne der FDP-Vorstellungen) sowie mit Bemühungen zur Verbesserung des Loses der Bevölkerung in der Zone (Politik der »kleinen Schritte«). Es kann aber auch verbunden sein mit einer Ausklammerung der DDR, aus unseren Entspannungsbemühungen und mit dem Versuch, die internationale »Quarantäne« der Zone aufrechtzuerhalten und sie innerhalb des Ostblocks zu isolieren. (Brzezinski: Man muß aus der Zone ein »sowjetisches Mozambique« machen.)
Die Politik der »offensiven Entspannung« findet in der gegenwärtigen Regierungskoalition keine Befürworter. Sie bedeutet praktisch die Preisgabe des Einheitsgedankens, wenn sie sich auch hinter der These versteckt: »Zur deutschen Einheit kommt man nur über eine Konsolidierung der DDR.« (so Bender, S. 128.)
Alle anderen oben skizzierten Optionen haben in der Regierungskoalition ihre Anhänger. Es ist Sache des Bundeskanzlers, auch in dieser Frage die Richtlinien der Politik zu bestimmen und eine Entscheidung zu treffen.
Bei dieser Entscheidung muß man sich darüber im Klaren sein, daß die integrale Nichtanerkennungspolitik einer ständig wachsenden Erosionsgefahr ausgesetzt ist und von einem Tag auf den anderen einstürzen kann (die Mittelost-Krise hat einen Vorgeschmack davon gegeben). Außerdem hat sie den Nachteil, ausschließlich auf Bewahrung des Status quo gerichtet zu sein und jede Veränderung im Sinne der Wiedervereinigung weitgehend den Vier Mächten aufzubürden.
Dieses Konzept ist nicht besonders geeignet, die Phantasie der eigenen Bevölkerung zu beflügeln. Im Ausland wird es weitgehend als Mangel an ernsthaftem Interesse an der Wiedervereinigung verstanden.
Es ist daher notwendig, sich zu einer beweglicheren Politik zu entschließen.

AN LEITENDER STELLE IM AUSWÄRTIGEN AMT

Die als »aktive« Ostpolitik firmierenden Vorschläge sind freilich mit Risiken verknüpft, die von ihren Befürwortern häufig unterschätzt werden. Andererseits werden die davon erhofften Vorteile häufig zu optimistisch beurteilt. Diplomatische Beziehungen zu den Staaten Osteuropas sind selbstverständlich wünschenswert, besonders auch zum Zwecke der Isolierung der Zone innerhalb des Ostblocks. Wir sollten jedoch aus der zehnjährigen Geschichte unserer diplomatischen Beziehungen mit Moskau ebenso wie aus den britischen und französischen Erfahrungen mit Peking gelernt haben, daß mit der Anwesenheit eines diplomatischen Vertreters, der den Titel Botschafter oder Gesandter trägt, in einer kommunistischen Umwelt noch nicht viel gewonnen ist.

Ob sich aber die Hallstein-Doktrin »halbieren« läßt, ist schwer vorauszusagen. Wird es möglich sein, die Doppelvertretung Deutschlands in den Hauptstädten Osteuropas hinzunehmen, sie aber den Hauptstädten der ungebundenen Staaten zu verweigern? Alle zur Stützung einer solchen Politik vorgetragenen Argumente (daß die Ostblockstaaten in dieser Frage gebunden seien und so weiter) überzeugen zwar ihre Befürworter, ob sie aber auch die Asiaten und Afrikaner überzeugen und ob diese sich überhaupt noch überzeugen lassen wollen, ist höchst zweifelhaft. Viele von ihnen warten nur auf die Gelegenheit, volle Beziehungen mit der Zone aufzunehmen; am Tage der Entsendung von Botschaftern der Bundesrepublik nach Warschau, Prag, Budapest und so weiter würden sie sie vielleicht als gekommen ansehen. Mit dem Entzug der Entwicklungshilfe würden wir sie davon vielleicht nicht mehr abhalten können.

Volle diplomatische Beziehungen mit Polen implizieren im übrigen die Anerkennung der Ostgrenzen, falls nicht Polen einen Vorbehalt akzeptieren würde, wie ihn Moskau noch 1955 hingenommen hat. Ob sich die übrigen osteuropäischen Staaten dem Zwang der Solidarisierung mit Polen in dieser Frage entziehen können, ist zweifelhaft. Die Schwierigkeiten und Risiken einer solchen Ostpolitik dürfen also nicht unterschätzt werden. Gleichwohl ist es auf die Dauer unerträglich, aus Furcht vor diesen Risiken im Immobilismus zu verharren. De Gaulles Ostpolitik nötigt auch uns zu größerer Aktivität. Zu glauben, daß sich diese beiden ostpolitischen Tendenzen ergänzen könnten, daß sie koordiniert werden könnten und gar ein neues Feld der Zusammenarbeit eröffneten (so zum Beispiel Tern im Leitartikel der FAZ vom November 1965), ist freilich nur ein frommer Wunsch. De Gaulles Ostpolitik ist ebenso exklusiv wie seine Nuklearpolitik. Er würde sich im Gegenteil nur behindert fühlen, wenn er Arm in Arm mit uns auftreten müßte.

Wir sollten daher versuchen, den Boden für die allmähliche Aufnahme voller diplomatischer Beziehungen mit den osteuropäischen Staaten vorzubereiten. Ebenso wie bei der Aufnahme diplomatischer Beziehungen mit Israel, gibt es auch hier eine Gefahrenschwelle, die einmal überschritten werden muß, wenn man sich nicht durch die Prinzipien der eigenen Politik lähmen lassen will.

Aufnahme diplomatischer Beziehungen mit den osteuropäischen Staaten kann Vorbereitung und Eröffnung einer Politik – sie kann aber kein Selbstzweck sein. Man muß wissen, welche Politik man mit Hilfe dieses Instruments betreiben will.

Wenn wir in Osteuropa Widerstände gegen die Wiedervereinigung Deutsch-

lands abbauen wollen, kann unsere Politik nur darauf gerichtet sein, die Hauptursachen des Mißtrauens zu beseitigen. Wir müssen daher klarstellen,
daß unser Gewaltverzicht ernstgemeint und unwiderruflich ist;
daß wir nicht auf ein »roll-back« des Kommunismus nach Osten spekulieren;
daß ein wiedervereinigtes Deutschland Rüstungsbeschränkungen akzeptieren und Sicherheitsgarantien bieten würde, die geeignet sind, die Furcht vor einem militärisch übermächtigen Gesamtdeutschland zu zerstreuen;
daß wir in der Frage der Ostgrenzen zu endgültigen Opfern bereit sind, wenn Westdeutschland, die Zone und Berlin wiedervereinigt werden.
Eine klare und unzweideutige Haltung in diesen vier Punkten ist nicht mit Vorleistungen zu verwechseln. Vorzeitige Anerkennung der Oder-Neiße-Linie, Atomwaffenverzichte, regionale Disengagement-Pläne und Rüstungskontrollen sind und bleiben auch in Zukunft schädlich und ungeeignet, die Wiedervereinigung zu fördern.
Notwendig bleibt ferner die Isolierung und Disqualifizierung des Zonenregimes (mit oder ohne Ulbricht). Selbstverständlich sind Kontakte mit der Zonenbevölkerung notwendig. Bemühungen, sie zu erleichtern, sind unerläßlich; ohne den Preis grundsätzlicher politischer Zugeständnisse sind sie jedoch nur in sehr beschränktem Umfang zu haben.
Wirtschaftshilfe an die Zone zu geben, ist sinnlos. Ob sie der Bevölkerung zugute kommt, ist höchst fraglich. Kredithilfe könnte es Ulbricht erleichtern, seinerseits mit gezielter Kredithilfe in Asien und Afrika gegen uns zu operieren.
»Kleine Schritte« zur Überwindung der Mauer und der Zonengrenze mögen gelegentlich aus humanitären Gründen geboten sein. In manchen Fällen mag auch die Ermöglichung der Begegnung politische Früchte tragen. Eine der Wiedervereinigung dienende Politik läßt sich jedoch darauf nicht gründen. Die Gefahr, sich steigernden Erpressungen ausgesetzt zu werden, die eigene moralische und juristische Position aufzuweichen und bei unseren Verbündeten unglaubwürdig zu werden, ist nicht zu unterschätzen.
Bei allen Bemühungen, Widerstände in Osteuropa abzubauen, die Zone zu isolieren, die Weltmeinung für unsere Forderungen zu gewinnen, darf nicht aus dem Auge gelassen werden, daß der Schlüssel zur Wiedervereinigung in Moskau liegt. Verhandlungen mit Moskau zu beginnen, erscheint gegenwärtig und in absehbarer Zukunft aussichtslos. Das kann nicht bedeuten, daß wir nicht jede geeignete Möglichkeit ausschöpfen sollten, das Gespräch mit den Sowjetführern zu suchen – nicht in Form spektakulärer Staatsbesuche und »Gipfelbegegnungen«, die beim gegenwärtigen Stand der Dinge nur schädlich sein können – wohl aber in der Form des diplomatischen Gesprächs und in der Ausnutzung unauffälliger und undramatischer Gelegenheiten.

Ostpolitik durch Handelsmissionen, Seite 262-265

1 In: Der Spiegel vom 29. Mai 1957.
2 Hilde Purwin, in: Neue Rhein-Zeitung vom November 1956.
3 Die deutsche Außenpolitik vor neuen Aufgaben, in: Süddeutsche Zeitung vom 17. November 1956.

AN LEITENDER STELLE IM AUSWÄRTIGEN AMT

4 Die wesentlichen Teile dieser Aufzeichnung lauteten:
Für die Aufnahme diplomatischer Beziehungen mit den Satellitenstaaten sprechen folgende Erwägungen:
1. Das Fehlen diplomatischer Beziehungen zu einzelnen Staaten ist stets, besonders aber im Falle europäischer Staaten, ein abnormer Zustand, dessen Beseitigung erwünscht ist. Die Bundesrepublik bedarf des Apparates diplomatischer Vertretungen, um
a. die Gesichtspunkte der deutschen Außenpolitik wirkungsvoll zur Geltung zu bringen,
b. sich über die innere und äußere Politik des betreffenden Landes zuverlässig zu unterrichten,
c. die deutschen (privaten und öffentlichen) Interessen in diesen Ländern zu wahren.
2. Diese Gesichtspunkte sind besonders gewichtig, wenn es sich – wie zum Beispiel im Falle Polens oder der Tschechoslowakei – um Deutschland benachbarte Staaten handelt, deren Verhältnis zu uns in der Vergangenheit wie in der Gegenwart mit ausgedehnten Konfliktstoffen belastet ist. Diese Länder könnten durch unmittelbare Kontakte und Gespräche von den friedlichen Zielen unserer Politik überzeugt, und es könnte ihnen die Furcht vor einem aggressiven Revisionismus eventuell genommen werden. Wenn dies gelänge, würden diese Staaten den Rücken gegen West freibekommen und eine erhöhte Unabhängigkeit gewinnen. Sie würden dann möglicherweise auch in ihrem Widerstand gegen eine Wiedervereinigung, der sie mit der Sowjetunion verbindet, nachlassen. Die Normalisierung der Beziehungen zu den übrigen Ostblockstaaten würde dazu beitragen, die Sympathien, die wir dort besitzen, zu aktivieren und das Vertrauen in das neue Deutschland zu stärken.
3. Die Monopolstellung Pankows in den Ostblockländern würde gebrochen werden. Es würde nicht nur die Stimme des wirklichen Deutschlands zur Geltung kommen, sondern auch das politische Gewicht des Westens verstärkt werden.
4. Es würden sich neue wirtschaftliche Möglichkeiten ergeben, die nicht ohne Bedeutung für die Selbständigkeitsbestrebungen dieser Staaten und für ihr Verhältnis zur Bundesrepublik sein können, da die wirtschaftliche Abhängigkeit der Satellitenstaaten untereinander und von Moskau immer noch eine sehr wirkungsvolle Klammer darstellt.
Gegen die Aufnahme diplomatischer Beziehungen zu den Satellitenstaaten sprechen folgende Erwägungen:
1. Die Aufnahme diplomatischer Beziehungen zu den Satellitenstaaten könnte unseren gesamtdeutschen Anspruch gefährden. Die Bundesrepublik würde Beziehungen zu Staaten aufnehmen, die ihren gesamtdeutschen Anspruch nicht respektieren, sondern ausdrücklich leugnen und dies durch Unterhaltung diplomatischer Beziehungen zur »DDR« zum Ausdruck bringen.
2. Es muß befürchtet werden, daß eine Reihe von Staaten (insbesondere im arabischen und südasiatischen Raum) die Tatsache des Bestehens zweier deutscher Vertretungen in den Satellitenstaaten zum Anlaß nehmen würden, ihrerseits zwei deutsche Vertretungen zuzulassen.
3. Das im Falle der Sowjetunion verwendete Argument, daß das Nebeneinander zweier deutscher Botschaften hier ausnahmsweise geduldet werden

müsse, ist nicht stichhaltig, auch nicht im Falle Polens. Polen ist keine »fünfte Besatzungsmacht« und hat sich nie als solche betrachtet.

4. Die Aufnahme diplomatischer Beziehungen impliziert eine Anerkennung des Gebietsstandes des betreffenden Staates, es sei denn, daß eine einseitige Vorbehaltserklärung (wie sie zum Beispiel bei der Aufnahme diplomatischer Beziehungen der Sowjetunion gemacht worden ist) abgegeben wird.

Problematisch wäre eine Anerkennung des gegenwärtigen Gebietsstandes bei Polen. Es ist fraglich, ob Polen, für das die Grenzfragen von vitaler Bedeutung sind, eine solche Vorbehaltserklärung hinnehmen würde.

Beziehungen zu den Satellitenstaaten brauchten nicht unbedingt sofort in Gestalt voller diplomatischer Beziehungen aufgenommen zu werden. Es könnte auch an Zwischenformen, insbesondere an die Errichtung von Handelsvertretungen gedacht werden.

Vorteile einer solchen Zwischenlösung wären:

1. Die Frage der Anerkennung des territorialen Besitzstandes würde sich nicht stellen.
2. Die Politik der Nichtanerkennung der »DDR« würde keinen Schaden erleiden.
3. Mit einer geeigneten personellen Besetzung könnte eine Handelsvertretung praktisch die Funktionen einer politischen Vertretung weitgehend erfüllen. Die entsprechenden Vertretungen in Wien und Helsinki sind praktisch stets als politische Vertretungen bewertet und respektiert worden.

Nachteile dieser Lösung:

1. Eine Handelsvertretung genießt nicht in vollem Umfange die diplomatischen Immunitäten und Privilegien. Das kann besonders in Ländern mit einer weitgehend feindselig eingestellten Bevölkerung nachteilig sein. Dieser Nachteil könnte jedoch wahrscheinlich durch vertragliche Vereinbarungen über die Einräumung diplomatischer Immunitäten und Privilegien weitgehend ausgeglichen werden.
2. Der Vertreter der Bundesrepublik würde als Leiter einer Handelsvertretung eine protokollarisch schlechtere Stellung haben als der Vertreter der »DDR«.

Dieser Nachteil dürfte nicht allzu schwer wiegen. Der DDR-Botschafter würde in jedem Falle kraft Anciennität den höheren protokollarischen Rang haben. Entscheidend wird jedoch das größere politische Gewicht des Vertreters der Bundesrepublik sein.

3. Der Leiter einer Handelsvertretung hat zu den Spitzen des Empfangsstaates nicht den gleichen Zugang wie ein diplomatischer Vertreter.

Auch dieser Nachteil ist nicht durchschlagend. Ein politisch gewichtiger Vertreter der Bundesrepublik wird sich gegebenenfalls den erforderlichen Zugang zum Minister und auch zum Regierungschef verschaffen können.

5 Waldemar Besson, ... [wie Anm. 8 zu Die Hallstein-Doktrin], S. 336.

Genf II – die Konferenz der Außenminister, Seite 265-273

1 Text in: Konrad Adenauer, Erinnerungen, Bd. 3, Stuttgart 1967, S. 36.
2 Der Bericht ist im Wortlaut nicht veröffentlicht worden.
3 In: Die Welt vom 27. September 1955.

AN LEITENDER STELLE IM AUSWÄRTIGEN AMT

4 Der Spiegel, Nr. 47 vom 14. November 1955.
5 Politisch-soziale Korrespondenz 4, 1955, November-Heft.

Konkordat-Streit mit Niedersachsen, Seite 273-276

1 »Die Bundesregierung hat bereits in dem Verfahren der SPD-Fraktion des Bundestages gegen die Bundesregierung wegen des Kehler Hafenabkommens vor dem Hohen Senat am 15. Juli 1952 anläßlich der ihr auferlegten Vorlage eines diplomatischen Schriftwechsels eine ausdrückliche Verwahrungserklärung abgegeben. Sie hat damals darauf hingewiesen, daß die Beiziehung von Akten dieser Art (Schreiben, Aufzeichnungen, Vermerken, Verhandlungsniederschriften und so weiter) nach § 26 Abs. 2 des Gesetzes über das Bundesverfassungsgericht unterbleiben sollte, da deren Beiziehung unerwünschte Rückwirkungen auf außenpolitischem Gebiet hervorrufen könnte. Derartige Vorgänge würden zwar in vielen Fällen die Staatssicherheit im Innern nicht gefährden können. Jedoch bedeute ihre Einbeziehung in ein gerichtliches Verfahren einen Einbruch in jene Vertrauenssphäre, die unbedingte Voraussetzung für alle Verhandlungen mit auswärtigen Staaten oder Vertretern anderer ausländischer Stellen sei. Daher entspreche es internationaler Übung, daß Vorgänge – sofern sie nicht weit zurückliegende, die gegenwärtigen Beziehungen nicht mehr beeinflussende Geschäfte berühren – nur mit Zustimmung des ausländischen Partners der Öffentlichkeit zugänglich gemacht würden. Die Folge des Einbruchs in diese Vertrauenssphäre könne eine Erstarrung der Formen des Verkehrs mit auswärtigen Staaten sein, die den Interessen der Bundesrepublik schädlich wäre.
Die Bundesregierung muß nunmehr mit Nachdruck diesen Besorgnissen erneut Ausdruck geben. Sie muß insbesondere darauf hinweisen, daß sie schon dadurch in eine schwierige Lage gebracht wird, daß sie genötigt wird, den diplomatischen Gepflogenheiten zuwider, sich über den Grundsatz der unbedingten Vertraulichkeit eines zeitlich naheliegenden diplomatischen Schriftwechsels hinwegzusetzen und an ihren Verhandlungspartner mit der Zumutung heranzutreten, er möge der Veröffentlichung zustimmen. Sie hat schon früher zum Ausdruck gebracht, daß eine wiederholte Offenlegung derartiger Schriftwechsel die Befürchtung wecken muß, daß diplomatische Verhandlungen und Besprechungen künftig nicht mehr in den allgemein üblichen diplomatischen Formen geführt werden, sondern daß die Offenheit und Klarheit der Formulierung darunter leiden wird, daß sie die Möglichkeit einer Verwertung der Schriftstücke in einem öffentlichen Verfahren zu berücksichtigen hat. Die Bundesregierung sieht sich im Anschluß an diese Überlegung genötigt, darauf aufmerksam zu machen, daß sie grundsätzlich eine Rechtspflicht zur Vorlage nicht anerkennt.
2. Die unbegrenzte Vorlage des gesamten Aktenmaterials zu einer Frage, in der sich die Bundesregierung in einem nicht abgeschlossenen diplomatischen Gedankenaustausch mit einem auswärtigen Partner befindet, würde wegen ihrer präjudiziellen Wirkung eine so grundsätzlich wichtige Entscheidung darstellen, daß sie im Rahmen der mir erteilten Vollmachten nicht getroffen werden konnte, sondern einer Entscheidung der Bundesregierung selbst bedurft hätte.

AN LEITENDER STELLE IM AUSWÄRTIGEN AMT

> Die heute morgen namens der Bundesregierung abgegebene Erklärung enthielt keine Bedingung. Sie diente lediglich dem Zwecke, genau festzustellen, ob ich in der Lage sein würde, im Rahmen der mir erteilten Ermächtigung, dem Beweisbeschluß des Hohen Gerichtes nachzukommen. Nur so ist der von dem Hohen Gericht heute beanstandete Satz meiner Erklärung aufzufassen.
>
> Wenn das Hohe Gericht in meinem Bemühen, die Begrenzung der mir erteilten Ermächtigung mit dem Wortlaut des Beweisbeschlusses des Hohen Gerichts in Einklang zu bringen, die Stellung einer Bedingung sieht, so möchte ich nichts unversucht lassen, um diesen Eindruck aus der Welt zu schaffen. Ich bin daher bereit, den den Art. 23 des RK betreffenden Schriftwechsel vorzulegen.
>
> Die Bundesregierung hat dieses Gericht angerufen, und sie hat alles Interesse daran, die Urteilsfindung des Gerichts zu erleichtern.«

3 Bundesverfassungsgericht, Entscheidungen, Bd. 6, Tübingen 1957, S. 330 ff.
4 Ebenda, S. 340 ff.

Spannungen im Bündnis: ›*Radford-Plan‹ und britische Umrüstung, Seite 276-281*

1 Harold Macmillan, Riding the Storm 1956-1959, London 1971, S. 248.
2 Konrad Adenauer, Erinnerungen Bd. 3, S. 469 ff.
3 Harold Macmillan, ... [wie Anm. 1], S. 263.
4 Ebenda, S. 292.
5 Ebenda, S. 295 f.

Paris am Tage der Suez-Krise, Seite 281-290

1 Anthony Eden, Full Circle, Memoirs, London 1960, S. 151.
2 Arnulf Baring, ... [wie Anm. 5 zu Sechs Tage mit Chruschtschow], S. 199.
3 Ebenda, S. 200.
4 Stenographische Berichte, 2. Wahlperiode, 1956, S. 9262 A.
5 Arnulf Baring, ... [wie Anm. 2], S. 201.
6 Felix von Eckhardt, ... [wie Anm. 3 zu Sechs Tage mit Chruschtschow], S. 466.
7 Konrad Adenauer, Erinnerungen, Bd. 3, S. 227.
8 Ebenda, S. 225 f.
9 André Fontaine, Histoire de la guerre froide, Bd. 2, Paris 1967, S. 269.
10 Konrad Adenauer, ... [wie Anm. 7], S. 216 ff.
11 Arnulf Baring, ... [wie Anm. 2], S. 200.
12 Charles Bohlen, ... [wie Anm. 1 zu Vorbereitungen für Moskau], S. 386.

Abrüstung – Sicherheit – Wiedervereinigung: *Das Junktim von 1957, Seite 290-300*

1 Der Spiegel, Nr. 9 vom 27. Februar 1957.
2 Zum Gesamtzusammenhang vgl. die Darstellung von Wilhelm Cornides,

AN LEITENDER STELLE IM AUSWÄRTIGEN AMT

Abrüstungsverhandlungen und Deutschland-Frage seit der Genfer Gipfelkonferenz von 1955, in: Europa-Archiv 15, 1960, S. 111 ff.
3 In den beiden letzten dieser zwölf Punkte enthaltenden Erklärung hieß es:
11. Die Wiedervereinigung Deutschlands in Verbindung mit dem Abschluß von europäischen Sicherheitsvereinbarungen würde das Zustandekommen eines umfassenden Abrüstungsabkommens erleichtern. Umgekehrt könnten die Anfänge einer wirksamen Teilabrüstung dazu beitragen, noch offenstehende wichtige politische Probleme wie die Wiedervereinigung Deutschlands zu regeln. Einleitende Schritte auf dem Gebiet der Abrüstung müssen zu einem umfassenden Abrüstungsabkommen führen, das eine vorherige Lösung des Problems der deutschen Wiedervereinigung voraussetzt. Die Westmächte werden keinem Abrüstungsabkommen beitreten, das der Wiedervereinigung Deutschlands im Wege stehen würde.
12. Alle Abrüstungsmaßnahmen, die auf Europa angewandt werden, müssen die Zustimmung der betroffenen europäischen Nationen erhalten und die Verknüpfung der europäischen Sicherheit mit der deutschen Wiedervereinigung berücksichtigen.
4 Waldemar Besson, ... [wie Anm. 8 zu Die Hallstein-Doktrin], S. 217.
5 Paul Noack, Deutsche Außenpolitik seit 1945, Stuttgart 1972, S. 71.

Besucher in Bonn, Seite 300-302

1 Wie auch aus Adenauers Erinnerungen, Bd. 3, S. 195, deutlich hervorgeht.

Abschied von der Universität, Seite 302-310

1 Ich nenne hier nur einige Namen, die weiteren Kreisen bekannt geworden sind: Werner Maihofer (bis 1978 Bundesminister des Inneren), Niklas Luhmann (Professor der Soziologie in Bielefeld), Thomas Oppermann (Professor des öffentlichen Rechts in Tübingen), Arnulf Baring (Professor für Zeitgeschichte in Berlin), Günter Gillesen (Redaktionsmitglied der ›Frankfurter Allgemeinen Zeitung‹), Gert Frühe (Personaldirektor und Vorstandsmitglied der Lufthansa), Eberhard Jaeckel (Professor für Zeitgeschichte in Stuttgart), Hartmut Jaeckel (Professor für Politologie in Berlin, Vizepräsident der Freien Universität), Dirk Oncken (Botschafter in Neu-Delhi), Herbert Dreher (Botschafter in Den Haag). Nicht zum eigentlichen Kreise »meiner« Studenten, aber zu Zaungästen bei Vorträgen, geselligen Abenden und ähnlichen Veranstaltungen gehörten Ludwig von Friedeburg, Günther Gaus, Hans Magnus Enzensberger, Kurt Sontheimer, Hans Maier.
2 Referate, Thesen und Diskussionsprotokoll sind abgedruckt in: Verhandlungen des 39. Deutschen Juristentages, Teil D, öffentlich-rechtliche Abteilung, Tübingen 1952.
3 Vgl. S. 313 ff. (Schwäbische Erinnerungen).
4 Politische Treuepflicht im öffentlichen Dienst, Frankfurt am Main 1951.
5 Ebenda, S. 7.
6 In: Archiv des öffentlichen Rechts 76, 1951, S. 335.
7 Um die Vielfältigkeit der Thematik, des Publikums und der Äußerungsformen zu illustrieren, will ich nur einige Beispiele anführen:

AN LEITENDER STELLE IM AUSWÄRTIGEN AMT

Über ›Antinomien des Föderalismus‹ sprach ich im Februar 1947 in einer historisch-politischen Vortragsreihe der Universität Göttingen, im April 1947 in einer öffentlichen Vortragsreihe des Oberlandesgerichts Celle, in einer Vortragsreihe des Staatssekretariats Württemberg-Hohenzollern in Tübingen im Mai 1947, in der Volkshochschule Pforzheim im Februar 1948. (Abgedruckt als Heft 3 der vom Vizepräsidenten des Oberlandesgerichts Celle herausgegebenen rechtswissenschaftlichen Schriftenreihe ›Recht und Zeit‹, Bleckede an der Elbe 1948.) Den zunächst 1946 in einem Stuttgarter Diskussionszirkel gehaltenen Vortrag ›Nürnberg als Rechtsfrage‹ (Stuttgart 1947) wiederholte ich in erweiterter Form um die Jahreswende 1946/47 vor der Juristischen Fakultät in Göttingen und beim Oberlandesgericht Celle. Auf einer Tagung des Instituts zur Förderung öffentlicher Angelegenheiten in Weinheim (Bergstraße) sprach ich im Oktober 1949 über den Spielraum der künftigen Bundesgesetzgebung. (Abgedruckt in der Wissenschaftlichen Schriftenreihe dieses Instituts, Bd. 1, Frankfurt am Main 1950.) Über ›Staatsallmacht und Selbstverwaltung als christliches Problem‹ referierte ich auf einer Juristentagung der Evangelischen Akademie Bad Boll im April 1948. (Abgedruckt im Heft 26 der Schriftenreihe ›Evangelische Akademie‹: Gerechte Ordnung, Gedanken zu einer Rechts- und Staatslehre in evangelischer Sicht, Tübingen 1948.) Ein Vortrag in einem privaten Diskussionskreis in Wiesbaden im Februar 1948 über Grundzüge eines Besatzungsstatuts brachte einen der Teilnehmer, den späteren Staatssekretär Hallstein, einige Jahre später auf den Gedanken, mir die Verhandlungen zur Ablösung des Besatzungsstatuts zu übertragen (s. oben S. 129).

Im Mai 1951, als die Verhandlungen gerade begonnen hatten, hatte mich der Zentralausschuß der Werbewirtschaft eingeladen, auf seinem Kongreß in Hamburg über ein Thema zu sprechen, das auf einem ganz anderen Gebiete lag: ›Über die rechtlichen Grundlagen der Außenwerbung‹. (Abgedruckt im Kongreßbericht 1951 dieses Gremiums, der unter dem Titel ›Werbung überbrückt Ländergrenzen‹ erschienen ist.)

Schwäbische Erinnerungen, Seite 310-317

1 Wo immer Zeitungen Anlaß hatten, sich mit meinem Lebenslauf zu beschäftigen, entnahmen sie ihren und anderen Archiven unweigerlich die Angabe, ich sei in diesen Jahren ein Mitarbeiter Carlo Schmids in Tübingen gewesen. Letztes Beispiel: Munzinger/Internationales Biographisches Archiv, 1, 1977/ Lieferung 2/77, S. 4226. Zwar bin ich Carlo Schmid, dem damaligen dortigen Regierungschef, zu jener Zeit begegnet, doch war ich nie sein Mitarbeiter. Offenbar hat man 1951 meinen Lebenslauf mit dem meines Vertreters bei den Vertragsverhandlungen, Gustav von Schmoller, vermengt – ein Irrtum, der sich nie wieder ausmerzen ließ.
2 Sein Korreferat wurde zusammen mit meinem Einleitungsreferat und den hauptsächlichen Diskussionsbeiträgen in einer 1947 erschienenen Schrift der Stuttgarter Privatstudiengesellschaft veröffentlicht: Nürnberg als Rechtsfrage, Eine Diskussion, Stuttgart 1947.
3 Ebenda, S. 60.
4 Ebenda, S. 46 ff.
5 Ebenda, S. 92, S. 61.

AN LEITENDER STELLE IM AUSWÄRTIGEN AMT

6 Ebenda, S. 92.
7 Spiel der Kräfte, S. 393.

Adenauers Deutschland-Politik in der Redeschlacht des Bundestages vom Januar 1958, Seite 317-329

1 Deutscher Bundestag, Stenographische Berichte, 3. Wahlperiode, 9. Sitzung, 23. Januar 1958, S. 297-422.
2 Vgl. hierzu und zum Text der Klauseln S. 152 f. (26. Mai 1952: Deutschland-Vertrag – erste Fassung).
3 Ebenda, S. 152 f.
4 Diese Grundtendenz der Adenauerschen Außenpolitik hat H. P. Schwarz in seinem Beitrag ›Das außenpolitische Konzept Konrad Adenauers‹ im I. Band der Adenauer-Studien, herausgegeben von Rudolf Morsey und Konrad Repgen, Mainz 1971, zutreffend gekennzeichnet.
5 Über seine Stellungnahme in der Beratung mit den Hohen Kommissaren am 11. März 1952 vgl. S. 150 f.
6 Die beiden Stellungnahmen lauten:
»In der sowjetischen Note mit dem Entwurf der Grundlagen und Grundsätze zum Abschluß eines Friedensvertrages mit Deutschland fehlen konkrete Hinweise auf die grundsätzliche Frage, wie eine gesamtdeutsche Regierung zustande kommen soll, die berechtigt wäre, den Friedensvertrag zu unterzeichnen.
Die sowjetische Note sagt zwar, daß ein Friedensvertrag ›unter unmittelbarer Beteiligung Deutschlands in Form einer gesamtdeutschen Regierung‹ ausgearbeitet werden muß, enthält jedoch keine Angaben über die Abhaltung freier Wahlen unter internationaler Kontrolle und die Schaffung einer gesamtdeutschen Nationalversammlung, die eine deutsche Regierung bilden kann.« (SPD, 11. 3. 1952.)
»Der sowjetische Vorschlag ist ein Beweis für die Richtigkeit der geradlinigen Außenpolitik der westlichen Demokratien und der Bundesrepublik. Zum ersten Male tritt die Sowjetunion mit einem als diskutabel erscheinenden Vorschlag heran. Die von den Sowjets vorgesehene unmittelbare Beteiligung Deutschlands an Friedensverhandlungen in Gestalt einer gesamtdeutschen Regierung setzt gesamtdeutsche Wahlen in voller demokratischer Freiheit voraus. Diese Freiheit muß in der sowjetischen Besatzungszone erst hergestellt werden und muß bereits längere Zeit vor dem Wahltag bestehen. Es bleibt eine unverzichtbare deutsche Anschauung, daß nur eine aus wahrhaft freien, demokratischen Wahlen hervorgegangene gesamtdeutsche Regierung legitimiert ist, Deutschland bei etwaigen Friedensverhandlungen zu repräsentieren.« (FDP, 11. 3. 1952.)
7 Vgl. S. 412 ff. (War alles falsch?)
8 Verpaßte Gelegenheiten?, in der Monatsschrift: Die politische Meinung 1956, Heft 3; abgedruckt im Bulletin des Presse- und Informationsamtes der Bundesregierung vom 16. August 1956 und in: Nachkriegszeit, S. 228 ff.

BOTSCHAFTER BEI EISENHOWER

Anfänge in Washington – Abschied von Bonn, Seite 339-345

1 Walter Bareiss, Mitinhaber der Firma Schachenmayr, Mann und Co. in Salach.
2 Zitiert nach Edward Weinthal and Charles Bartlett, Facing the Brink, New York 1967, S. 233.
3 Robert Murphy, Diplomat among Warriors, London 1964, S. 420, S. 438 ff. Deutsche Ausgabe: Diplomat unter Kriegern, Zwei Jahrzehnte Weltpolitik in besonderer Mission, Berlin 1965.
4 Gaston Coblentz in: New York Herald Tribune vom 31. Januar 1958: »Dr. Grewe ... has played an important behind the scenes role at key international negotiations and conferences for the last several years. He will go to the United States equipped with knowledge of all aspects of Germany policy. While he served as legal negotiator of the Bonn Republic's treaties of alliance with the Western powers, Dr. Grewe is known to have been held in exceptionally high esteem by the Western diplomats with whom he dealt.« Der Bonner Korrespondent der ›London Times‹ schrieb am 15. Februar: »Professor Grewe has distinguished himself here in many ways, not least as one of the few persons who appear thoroughly to understand the confused web of treaties and conference directives woven by the Western and Eastern powers since the war.« In der ›Frankfurter Allgemeinen Zeitung‹ vom 7. Februar schrieb Jürgen Tern: »Sein Fortgang nach Washington ist für das Amt eine schwere Einbuße an Kenntnissen, Erfahrungen und Gedankenreichtum. Man möchte hoffen, daß mit ihm dem Amt nicht auch geistige Elastizität verloren geht.«
5 Sein Nachfolger, Franz Krapf, wurde 1960 mit der Leitung einer der beiden politischen Abteilungen im Auswärtigen Amt betraut. 1965 wurde er Botschafter in Tokyo, 1971 mein Nachfolger beim NATO-Rat in Brüssel. 1961/62 trat an seine Stelle Georg von Lilienfeld, später Botschafter in Teheran und Madrid.
6 Mein erster Botschaftsrat in Washington war Rolf Pauls, den ich als Bürochef Hallsteins seit 1951 kannte, später Botschafter in Israel, dann in Washington und Peking. Er wurde abgelöst durch Swidbert Schnippenkötter – mir ebenfalls als enger Mitarbeiter und Kabinettschef Hallsteins in Brüssel wohlbekannt – ein in bezug auf Begabung, Zuverlässigkeit, Arbeitsenergie einzigartiger Mann, dessen stets aufrichtige und loyale Mitarbeit ich in Washington auf das höchste zu schätzen lernte. Er kehrte einige Zeit nach meiner Abberufung nach Bonn zurück und wurde der erste »Abrüstungsbeauftragte« der Bundesregierung. In dieser Eigenschaft erwarb er sich außerordentliche und allgemein anerkannte Verdienste bei der Aushandlung des deutschen Beitritts zum Atomsperrvertrag.
Weitere Mitarbeiter, die später in die Spitzenklasse der Botschafter und Beamten des Auswärtigen Dienstes aufstiegen: Horst Osterheld, langjähriger außenpolitischer Referent Adenauers im Bundeskanzleramt, dann Botschafter in Santiago de Chile, aus Protest gegen die Deutschland-Politik der Regierung Brandt-Scheel zurückgetreten und aus dem Auswärtigen Dienst ausgeschieden; Erich Strätling, Leiter der Handelsvertretung in Bukarest und später Botschafter in Pretoria; Richard Balken, Botschafter in Oslo und Djakarta, später »rowing ambassador« für Sonderverhandlungen; Hans Georg

BOTSCHAFTER BEI EISENHOWER

Wieck, unter Schröder und Helmut Schmidt Leiter des Planungsstabes im Verteidigungsministerium, später Botschafter in Teheran, dann Moskau; Heinz Dröge, mein persönlicher Referent, später noch einmal mein Botschaftsrat in Paris bei der NATO-Vertretung, dann außenpolitischer Referent des Kanzlers Willy Brandt im Kanzleramt, anschließend unser letzter Botschafter in Saigon, dann in Nigerien; Horst Blomeyer, später Gesandter in Paris, dann Botschafter in Canberra; Herbert Dreher, Botschafter in Den Haag; Hans Arnold, Leiter der Kulturabteilung, Botschafter in Rom; Fritz Menne, Botschafter in Sofia; Heinz Dittmann, Dirigent in der Handelspolitischen Abteilung des Amtes.

7 Arnulf Baring, Sehr verehrter Herr Bundeskanzler! Heinrich von Brentano im Briefwechsel mit Konrad Adenauer 1949 bis 1964, Hamburg 1974.

Staatsbesuch des Bundespräsidenten Heuss, Seite 347-355

1 Theodor Heuss, Tagebuchbriefe 1955 bis 1963, Eine Auswahl aus Briefen an Toni Stolper, herausgegeben von Eberhard Pikart, Tübingen-Stuttgart 1970. Eine minutiöse Beschreibung des gesamten Besuchsverlaufes findet sich in der Biographie von Hans-Heinrich Weichert, Theodor Heuss, Ein Lebensbild, Bonn 1959, S. 291-313.
2 Hans-Heinrich Weichert,... [wie Anm. 1], S. 298.
3 Theodor Heuss,... [wie Anm. 1], S. 334 f.
4 Heinrich Brüning, Memoiren 1918-1934, Stuttgart 1970.

Die Libanon-Krise, Seite 355-362

1 Über Hintergründe, Zielsetzung und Verlauf dieser Doppelintervention vgl.: Die Internationale Politik 1958-1960 (Jahrbücher des Forschungsinstituts der Deutschen Gesellschaft für Auswärtige Politik) 3, 1971, S. 845 ff.

Beginn der Berlin-Krise, Seite 362-373

1 Voller Wortlaut in: Nachkriegszeit, S. 240.

Mikojan-Besuch und Dittmann-Mission, Seite 373-377

1 In einem Leitartikel der ›Frankfurter Allgemeinen Zeitung‹ vom 16. Januar 1959 las man dazu: »Das Bedürfnis nach Information und Konsultation ist in den Bonner Ämtern noch gewachsen, seitdem die zum Rätselraten animierenden Äußerungen des amerikanischen Außenministers Dulles über den Zusammenhang zwischen Wiedervereinigung und freien Wahlen gefallen sind. Aber als das passierte, war Dr. Herbert Dittmann, einer der beiden Unterstaatssekretäre des Auswärtigen Amtes, vom Außenminister geschickt, schon auf dem Wege nach Washington. Diese Sondermission hielt also Herr von Brentano ohnehin für zweckvoll, zumal man da glaubte, den Botschafter

BOTSCHAFTER BEI EISENHOWER

Grewe in den Tagen des Mikojan-Besuches nicht aus Amerika herüberbitten zu sollen. Bei näherer Kenntnis der Dinge tut man gut, hinter dem Auftrag Dittmanns nicht allzuviel an Geheimnisvollem zu vermuten. Wenn die Absicht gewesen wäre, den Herrn Dulles durch Dr. Dittmann gewissermaßen an den Rockschößen festzuhalten und ihm vor den letzten Washingtoner Unterhaltungen mit Mikojan den nicht erbetenen Rat zur Härte zu erteilen, dann müßte es einigermaßen kindisch gewesen sein, von der Reisemission viel Aufhebens zu machen. Wer sich zudem in den Personalien ein wenig auskennt, der weiß, daß der Botschafter Grewe, einer der weitaus besten deutschen Sachkenner der Wiedervereinigungsfrage, ihrer historischen Entwicklung und politischen Zusammenhänge und überdies ein Mann mit dezidierten Meinungen, der Direktion durch einen eigens geschickten Bonner Beamten nicht bedarf.«

2 Zitiert nach einer DPA-Meldung, die von der ›New Yorker Staatszeitung‹ vom 21. Januar 1959 unter der Überschrift ›Grewes Erklärung entstellt‹ wiedergegeben wurde.
3 In: Neue Zürcher Zeitung vom 19. Januar 1959.
4 In: Sunday Star vom 25. Januar 1959.

John Foster Dulles, Seite 377-381

1 Townsend Hoopes, The Devil and John Foster Dulles, Boston-Toronto 1973.
2 Hervé Alphand, L'étonnement d'être, Journal 1939-1973, Paris 1977, S. 288.
3 Hierzu: Leonard Mosley, Dulles, A Biography of Eleanor, Allen, and John Foster Dulles and their Family Network, New York 1978, S. 167 f. – Auch bei den Geschwistern Eleanor und Allen hat es, wenn auch in weniger weitreichenden Ausschlägen, solche Urteilsschwankungen gegeben. Eleanor Dulles, die selbst lange Zeit dem State Department angehörte, wurde im Laufe der Zeit eine höchst engagierte Schutzpatronin des freien Berlin. Ihre Verdienste sind dort unvergessen.

Kontroverse mit Walter Lippmann, Seite 381-386

1 Walter Lippmann, The Two Germanies and Berlin, in: New York Herald Tribune vom 6., 7., 8. und 9. April 1959.
2 Dean Acheson, Present at the Creation, My Years in the State Department, New York 1969, S. 223.
3 In: Neue Zürcher Zeitung vom 17. Dezember 1974.
4 In: The Annals of the American Academy of Political and Social Science, Bd. 324, Juli 1959, S. 8-15. Deutscher Text in: Nachkriegszeit, S. 249 ff.
5 George Kennan, Memoirs, Bd. 2, Boston 1967, S. 255.

BOTSCHAFTER BEI EISENHOWER

Vorbereitungen für Genf III, Seite 386-402

1 Hervé Alphand, ... [wie Anm. 2 zu John Foster Dulles], S. 302.
2 Theodor Heuss, ... [wie Anm. 1 zu Staatsbesuch des Bundespräsidenten Heuss], Eintragung vom 17. Februar 1959: S. 397 f.
3 Der Hauptteil des Briefes, der die Problematik einer von Bonn ausgehenden Initiative skizziert und mit dem Auftrag schließt, die Möglichkeit eines vertraulichen Gesprächs in der von ihm gewünschten Art zu sondieren, lautet:

»Auch Herr Duckwitz hat mir bestätigt, daß er in Washington immer wieder darauf angesprochen worden sei, daß man doch von der Bundesregierung eigene Vorschläge und eigene Gedanken erwarte. Sie haben ja schon wiederholt im gleichen Sinne berichtet. Selbstverständlich können und wollen wir uns einer solchen Mitarbeit nicht entziehen. Die offenen Fragen, vor denen wir stehen, berühren ja sehr unmittelbar das ganze deutsche Volk, und ich verstehe, daß man von der berufenen Vertretung des deutschen Volkes einen Beitrag zur bevorstehenden Diskussion erwartet.

Trotzdem habe ich sehr ernste Bedenken gegen eine solche deutsche Initiative. Es wäre ja, wie ich glaube, völlig abwegig anzunehmen, daß die sogenannte deutsche Frage das eigentliche Thema der bevorstehenden Verhandlungen sei. Es gibt keine isolierte Lösung des deutschen Problems. Die Teilung Deutschlands und die dadurch bedingte politische Spannung im Zentrum des kontinentalen Europas ist ja nicht Ursache, sondern Ausdruck, oder richtiger gesagt, vielleicht Folge der Gegensätze zwischen Ost und West, die unmittelbar nach dem Krieg sichtbar wurden. Die an sich unnatürliche Koalition zwischen den Staaten der freien Welt und dem totalitären und revolutionären System des Bolschewismus konnte darum nur bis zur Niederschlagung des gemeinsamen Gegners dauern. Die Gegensätze mußten in dem Augenblick sichtbar werden, in dem es darum ging, eine neue Ordnung zu schaffen. Das Ordnungsbild – wenn man diesen Ausdruck überhaupt in diesem Zusammenhang anwenden kann –, das der Sowjetunion vorschwebte und bis zur Stunde noch vorschwebt, ist eben ein völlig anderes als das der amerikanischen Politik. Das Schicksal der Satellitenstaaten hat dies ganz klar zutage gebracht. Darum gibt es, wie ich glaube, keinen deutschen Vorschlag zur Lösung der Krise, der nicht neben den legitimen Interessen des deutschen Volkes auch die nicht minder legitimen Interessen unserer Bündnispartner berücksichtigen müßte. Die amerikanischen Truppen stehen ja in Europa und in Deutschland nicht nur, um unsere Freiheit zu schützen. Diese vorgeschobenen Posten und der Ausbau des Stützpunktsystems sind ja auch Ausdruck einer eigenen amerikanischen Politik. Sie sollen auch die Vereinigten Staaten schützen und gleichzeitig instandsetzen, einem Angriff der Sowjetunion zu begegnen. Wenn der europäische Kontinent in die Hand der Sowjetunion fallen würde, wäre das der Untergang Europas. Es würde aber gleichzeitig damit die Position der Vereinigten Staaten und der übriggebliebenen Bündnispartner völlig ändern. Die Verfügung über das Menschen- und Wirtschaftspotential Europas würde der Sowjetunion einen ökonomischen Vorsprung verschaffen, der für die Vereinigten Staaten unmittelbar gefährlich werden müßte. Die Zerstörung des Stützpunktsystems würde – zumindest bei dem gegenwärtigen Entwicklungsstand der konventionellen und atomaren

Waffen – eine wirksame Verteidigung der Vereinigten Staaten erschweren, wenn nicht unmöglich machen.
Ich glaube, daß das alles Selbstverständlichkeiten sind. Ich gehe nur darauf ein, um Ihnen zu sagen, warum ich mich scheue, Vorschläge zu entwickeln. Zu den häufig diskutierten Plänen gehören insbesondere diejenigen des sogenannten Disengagements. Ich will die Frage offenlassen, ob und gegebenenfalls unter welchen Sicherungen und Garantien solche Pläne für Deutschland überhaupt annehmbar wären. Wir würden aber auf jeden Fall, wenn wir solche Gedanken aufnehmen und vielleicht auch in eine schriftliche Form bringen würden, in die politische und in die militärische Konzeption unserer Bündnispartner und ganz besonders der Vereinigten Staaten eingreifen. Das ist ja der Grund auch, warum wir uns so oft, und ich glaube, mit gutem Recht, gegen Wunschvorstellungen und fantastische Pläne der Opposition geäußert haben. Sie besagten ja nichts anderes, als daß man den wenig glücklichen Versuch unternahm, Deutschland mit einer möglichst umfassenden Sicherheitsgarantie auf Kosten unserer Bündnispartner zu entlasten. Ich kann mir aber nicht denken, daß gerade wir, die wir doch weitgehend Objekt des weltpolitischen Geschehens sind und bleiben werden – schon unsere geographische Lage hat uns in diese Objektstellung hineingeführt –, und daß gerade wir, die wir doch im Bündnissystem zu den Schwächsten gehören, nun einen Plan entwickeln sollten, der uns eine nach menschlichem Ermessen gesicherte Zukunft garantiert und die anderen verpflichtet, uns diese Sicherheit, sei es auch auf Kosten der eigenen Sicherheit, zu vermitteln.
Ich glaube darum nach wie vor, daß es Aufgabe des stärksten Partners ist, einmal Vorstellungen zu entwickeln und uns die Möglichkeit zu geben, dann zu diesen Vorstellungen zustimmend oder auch kritisch Stellung zu nehmen. Und ich fürchte, daß ein anderer Weg gefährlich wäre. Man würde sich mit Recht gegen die Anmaßung wehren, daß ausgerechnet wir den anderen Pflichten und Aufgaben zuweisen, die vielleicht über ihr Vermögen hinausgehen. Und jeder konkrete Vorschlag könnte zu unerfreulichen und mißverständlichen Interpretationen führen. Wie würde es in der Welt aufgenommen, wenn die Bundesregierung etwa den Plan vorlegen würde, der den ›Abzug aller Besatzungstruppen‹ vorsieht? In den Vereinigten Staaten und vielleicht auch in anderen Ländern würde man das als den ersten Schritt in den Neutralismus werten. Die uns benachbarten NATO-Staaten würden hinter einem solchen Vorschlag unter Umständen die Absicht vermuten, sich den Pflichten der gemeinsamen Verteidigung zu entziehen und diese Pflichten auf andere abzuwälzen. Können wir etwa den Vorschlag machen, daß die amerikanischen Truppen sich zwar aus Deutschland zurückziehen, aber in unseren Nachbarstaaten an der deutschen Grenze bleiben sollten? Wir wissen nicht, ob eine solche Lösung – die ich eben nur theoretisch diskutierte – vom militärischen und strategischen Standpunkt aus für die Amerikaner auch nur ernsthaft als Ausgangspunkt akzeptabel wäre; es gibt ja viele, die sagen, daß man die Randpositionen Europas allein nicht halten könne. Und in Frankreich und in anderen Staaten würde man einen solchen deutschen Vorschlag dahin interpretieren, man wolle vielleicht die Last der Stationierung dieser Truppen auf den Nachbarn abschieben, um selbst eine hochgezüchtete Industrie aufzubauen, mit der man in der ganzen Welt Konkurrenz machen könne.

Ich meine deswegen, daß es unerläßlich ist, zunächst einmal zu wissen, welche Vorstellungen man in Amerika hat, das heißt, was die Vereinigten Staaten als mögliche und noch erträgliche Konzession bei den bevorstehenden Verhandlungen anerkennen. Darum bitte ich Sie, einmal im State Department vorzufühlen und zu fragen, ob vielleicht ein Mann wie Unterstaatssekretär Murphy, oder vielleicht Herr Merchant, oder Herr Hillenbrand, einmal nach Bonn kommen kann, um diese Fragen in kleinem und geschlossenem Kreise mit uns abzustimmen.

Es ist nicht die Scheu, die Frage zu diskutieren, die mich dazu veranlaßt, sondern die Sorge, daß ein eigener Vorschlag gefährlich wäre. Ich wiederhole: es geht nicht um die Lösung der deutschen Frage allein; sie kann nur gefunden werden im Zusammenhang mit einer allgemeinen Entspannung. Ebenso gibt es kein Sicherheitssystem für Deutschland, und es gibt auch kein europäisches Sicherheitssystem, denn Europa allein ist niemals in der Lage, seine Sicherheit zu schützen. Es gibt nur eine gemeinsame Sicherheitsordnung, an der die Vereinigten Staaten, Kanada und Großbritannien unmittelbar beteiligt sein müssen.

Ich habe über diese Dinge auch mit dem Herrn Bundeskanzler gesprochen, der meine Anregung sehr begrüßte. Sie können deswegen ausdrücklich darauf hinweisen, daß es auch der Wunsch des Herrn Bundeskanzlers wäre, ein solches Gespräch hier in Bonn zu führen, um die Beratungen in der Arbeitsgruppe in Paris sinnvoll vorzubereiten. Vielleicht würde es durchaus genügen und damit auch am wenigsten auffallen, wenn einer der von mir genannten Herren vor der Pariser Tagung für zwei oder drei Tage hier in Bonn Station machen würde.«

4 Konrad Adenauer, Erinnerungen, Bd. 3, S. 469 ff.
5 Harold Macmillan, Riding the Storm 1956-1959, London 1971, S. 639.
6 Ebenda, S. 645, S. 647.
7 Wolfgang Wagner, Die Bundespräsidentenwahl 1959, in: Adenauer Studien, Bd. 2, herausgegeben von Rudolf Morsey und Konrad Repgen, Mainz 1972.
8 Ebenda, S. 42.
9 Arnulf Baring, ... [wie Anm. 7 zu Anfänge in Washington – Abschied von Bonn], S. 242.
10 Ebenda, S. 245, S. 434.
11 Vgl. hierzu auch die in gleicher Richtung deutenden Bemerkungen von Wolfgang Wagner, ... [wie Anm. 7], S. 38.
12 Heinrich Krone, in: Adenauer Studien, Bd. 3, 1974, S. 153.

Am Katzentisch der Krisenkonferenz, Seite 402-410

1 Die Berlin-Papiere vom 16. und 19. Juni 1959 sind in den meisten Dokumentationen der Konferenz abgedruckt. Vgl. Selected Papers on Germany and the Question of Berlin 1944-1961, in: Germany No. 2, London 1961, Cmnd. 1552, S. 402 f. Heinrich von Siegler, Dokumentation zur Deutschlandfrage, Bd. 2: Chronik der Ereignisse von der Aufkündigung des Viermächtestatus Berlins durch die UdSSR im November 1958 bis zur Berlinsperre im August 1961, 2. Aufl., Bonn-Wien-Zürich 1970. Internationales Recht und Diplomat, Heft 3/4, 1960, S. 365. Inhaltliche Zusammenfassung der westlichen und östlichen Vorschläge vom 28. Juli bei Siegler, S. 271 f. Der westliche Text lautete:

BOTSCHAFTER BEI EISENHOWER

»Die Außenminister Frankreichs, des Vereinigten Königreichs, der Vereinigten Staaten und der Union der Sozialistischen Sowjetrepubliken haben die Berlinfrage in dem Wunsch geprüft, allseitig zufriedenstellende Lösungen der aufgeworfenen Probleme zu finden, die ihrem Wesen nach aus der Teilung Berlins und Deutschlands herrühren. Sie waren sich darüber einig, daß die beste Lösung dieser Probleme die Wiedervereinigung Deutschlands wäre. Sie erkannten jedoch an, daß inzwischen die bestehende Lage und die gegenwärtig in Kraft befindlichen Vereinbarungen in mancher Hinsicht abgewandelt werden können und sind daher wie folgt übereingekommen:

a) Der sowjetische Außenminister hat den Beschluß der sowjetischen Regierung bekanntgegeben, keine Streitkräfte mehr in Berlin zu unterhalten.

Die Außenminister Frankreichs, des Vereinigten Königreichs und der Vereinigten Staaten erklären, daß ihre Regierungen beabsichtigen, die Gesamtstärke aller ihrer Truppen in Berlin auf die derzeitige Anzahl (rund 11 000) zu beschränken. Die drei Minister erklären ferner, daß ihre Regierungen von Zeit zu Zeit die Möglichkeit erwägen werden, diese Streitkräfte zu verringern, wenn die Entwicklung dies gestattet.

b) Die Außenminister Frankreichs, des Vereinigten Königreichs und der Vereinigten Staaten erklären ferner, daß ihre Regierungen beabsichtigen, auch weiterhin keine Atomwaffen oder Raketenanlagen in Westberlin zu stationieren.

c) Der freie und uneingeschränkte Zugang nach Westberlin zu Lande, auf dem Wasser und in der Luft für alle Personen, Güter und Kommunikationsmittel, einschließlich derjenigen der in Westberlin stationierten Streitkräfte der Westmächte, bleibt gemäß den im April 1959 in Kraft befindlichen Verfahren aufrechterhalten. Die Freizügigkeit zwischen Ost- und Westberlin bleibt auch weiterhin erhalten. Alle Streitigkeiten, die in bezug auf den Zugang etwa entstehen, werden bei den vier Regierungen anhängig gemacht und zwischen ihnen beigelegt. Diese Regierungen werden eine Vierer-Kommission einsetzen, die in Berlin zusammentritt, um in erster Instanz jede Schwierigkeit, die im Zusammenhang mit dem Zugang entsteht, zu untersuchen und sich bemüht, derartige Schwierigkeiten beizulegen. Die Kommission kann, soweit erforderlich, Vorkehrungen zur Konsultierung deutscher Sachverständiger treffen.

d) Es werden mit den Grundrechten und Grundfreiheiten vereinbare Maßnahmen getroffen, um innerhalb oder bezüglich Berlins Betätigungen zu verhüten, welche entweder die öffentliche Ordnung stören oder die Rechte und Interessen anderer ernstlich berühren oder Einmischungen in die inneren Angelegenheiten anderer darstellen könnten. Der Generalsekretär der Vereinten Nationen wird ersucht werden, einen durch ausreichendes Personal unterstützten Vertreter mit Sitz in Berlin zu stellen, der freien Zutritt zu allen Teilen der Stadt hat, mit der Aufgabe, dem Generalsekretär alle Propagandabetätigungen zu melden, die im Widerspruch zu den vorstehenden Grundsätzen zu stehen scheinen. Die vier Regierungen treten mit dem Generalsekretär in Konsultationen ein, um die auf einen derartigen Bericht zu veranlassenden geeigneten Maßnahmen zu bestimmen.

Die unter den Buchstaben (a) bis (d) einschließlich enthaltenen Abmachungen können, wenn die Wiedervereinigung ausbleibt, jederzeit nach fünf Jahren von der Außenministerkonferenz, wie sie jetzt konstituiert ist, überprüft

BOTSCHAFTER BEI EISENHOWER

werden, wenn eine derartige Überprüfung von einer der vier Regierungen beantragt wird.«
2 In: Frankfurter Allgemeine Zeitung vom 19. Juli 1959.
3 Ebenda vom 29. April 1959.
4 In: Die Zeit vom 15. Mai 1959.
5 In: Welt am Sonntag vom 24. Mai 1959.
6 In: Hamburger Abendblatt vom 3. Juni 1959.
  In der ›Süddeutschen Zeitung‹ schrieb Hans Ulrich Kempski am 19. Mai: »Schon im Alter von 31 Jahren zum Professor ernannt, kann der heute 47jährige Botschafter in Washington als der für seine derzeitige Aufgabe im Konferenzsaal fähigste Kopf des Auswärtigen Dienstes angesehen werden. Seine fachlichen Qualitäten zu preisen, fällt um so leichter, als sie einhergehen mit einer menschlich überaus angenehmen Art, mit Bescheidenheit und Lauterkeit und dem immer erfolgreichen Bemühen um Fairneß gegenüber dem Gegner.«
  ›Münchener Merkur‹ vom 20. Mai 1959: »In Genf stand der Leiter der deutschen Beobachter-Delegation am Rande des runden Tisches der vier Großmächte im Scheinwerferlicht. Das Bild seines Auftrittes bestätigte die Erwartungen, die in die Ernennung des deutschen Botschafters in Washington zu dieser schwierigen Aufgabe gesetzt wurden. Wie in den früheren Tagen der Konferenz, besonders anläßlich einer Pressekonferenz, die er leitete, offenbarte Wilhelm Grewe auch diesmal den Ton einer lauteren Persönlichkeit, die Sicherheit einer festen Überzeugung, den Scharfsinn einer natürlichen politischen Intelligenz, die Fülle des völkerrechtlichen, geschichtlichen und diplomatischen Wissens und die unverbrauchte Frische eines Mannes im besten Alter. Seine gemessene Festigkeit stach positiv vom unangenehmen und bösartigen Eifer des Sowjetbürgers Bolz ab. Es war das Bild des deutschen Botschafters, wie es den Vorstellungen der besseren Zeiten der deutschen Geschichte entspricht.«
7 In: Der Spiegel Nr. 24 vom 10. Juni 1959.
8 Ebenda, Nr. 23 vom 3. Juni 1959.
9 Hamburger Abendblatt vom 3. Juni 1959: »Der deutsche Botschafter in Washington ... soll Staatssekretär des Auswärtigen Amtes werden ... Diplomatische Beobachter in Bonn wollen wissen, Grewe habe sich in Genf so ausgezeichnet bewährt, daß man ihn wieder in die Bonner Zentrale der auswärtigen Politik holen wolle. Grewe sei bei den zu erwartenden internationalen Konferenzen über die Deutschlandfrage unentbehrlich.«
10 Eine zusammenfassende Bewertung des Ablaufes und der Ergebnisse der III. Genfer Konferenz und ihrer Bedeutung im Gesamtzusammenhang der Deutschland-Frage habe ich Ende 1959 in einer Art Bilanz veröffentlicht, in: Außenpolitik 10, 1959, Heft 12, S. 773-787; abgedruckt in: Nachkriegszeit, S. 282 ff.

War alles falsch?, Seite 410-419

1 Ziffer 27 des Stufenplans für die deutsche Wiedervereinigung, die europäische Sicherheit und eine deutsche Friedensregelung. Text in allen vier Sprachen in: Internationales Recht und Diplomatie 1960, Heft 3/4, S. 203 ff., bes. S. 215.

2 Ernst Nolte, Deutschland und der kalte Krieg, München 1974, S. 713.
3 Andreas Hillgruber, in: Konrad Adenauer und seine Zeit, Bd. 2: Beiträge der Wissenschaft, Stuttgart 1976, S. 112.
4 Dietrich Schwarzkopf, Die Politische Meinung Nr. 90, 1963, S. 33-48. – Darüber, daß die Sowjetunion in Wahrheit nicht zu freien Wahlen oder gar zur Opferung der SED bereit war, vgl. neuerdings auch Hermann Graml, Nationalstaat oder westdeutscher Teilstaat, in: Vierteljahreshefte für Zeitgeschichte, 25, 1977, Heft 4, S. 834 ff.
5 Zitiert nach: Frankfurter Allgemeine Zeitung vom 22. September 1977.
6 Rede auf dem 3. Bundesparteitag der CDU in Berlin am 18. Oktober 1952; zitiert nach Anneliese Poppinga, Konrad Adenauer, Geschichtsverständnis, Weltanschauung und politische Praxis, Stuttgart 1975, S. 93.
7 Nachkriegszeit, S. 444.

Ostfragen – Osterlebnisse, Seite 419-426

1 Nachkriegszeit, S. 411 f.

Das Jahr der Gipfel-Kollision, Seite 426-442

1 Abgedruckt in ›Proceedings of the American Society of International Law‹, 1960, S. 231-236. Mehr darüber in meinem Buche ›Spiel der Kräfte‹, Teil 2, Kap. 5: Diplomatie als Beruf, und Teil 6, Kap. 13: Macht und Recht im Zusammenleben der Völker.
2 Konrad Adenauer, Erinnerungen, Bd. 3, S. 32.
3 Die Gedanken dieser drei Vorträge hatte ich zu einem Artikel zusammengefaßt und der ›Neuen Zürcher Zeitung‹ zum Abdruck zur Verfügung gestellt. Mit der Überschrift ›Über die Gipfeldiplomatie‹ erschien dieser Artikel in der Ausgabe vom 12. Januar 1960 – also kurz nach dem Pariser Beschluß der westlichen Regierungschefs, Chruschtschow zu einer Gipfelkonferenz einzuladen. »Auch nach dieser Einladung«, so schrieb die Redaktion der ›Neuen Zürcher Zeitung‹ in einer Vorbemerkung, »bewahren die Betrachtungen... ihre volle Aktualität.«
4 Vortragskalender der ersten Jahreshälfte 1960:
18. Januar, New Orleans, Foreign Policy Association.
29. Januar, Washington, Women's Forum on National Security.
10. Februar, New York, Western World (Zeitschrift).
12. Februar, Pittsburgh, Foreign Policy Association, zusammen mit örtlichen Universitäten und Instituten.
29. Februar, Portland (Oregon), State College.
1. März, Seattle, (Washington), World Affairs Council.
7. März, Charlottesville (Virginia), University of Virginia.
25. März, Honolulu, Pacific and Asian Affairs Council.
29. April, Washington DC., American Society of International Law.
2. Mai, Atlanta (Georgia), Rotary Club.
5 Vgl. S. 456 ff. (Wanderprediger der deutschen Frage) und S. 498 ff. (Die Fernsehdebatte vom Herbst 1961).
6 Dafür mag als Beispiel eine Reportage des Korrespondenten des Norddeut-

schen Rundfunks in Washington, Peter von Zahn, dienen, die am 7. Februar 1960 gesendet wurde. Nach einer einleitenden Bemerkung über das Vordringen von »Außenseitern« in der Diplomatie der Bundesrepublik hieß es dort:
»Wenn man von Adenauer absieht und von Professor Hallstein, dann ist der bekannteste wie der unbekannteste Außenseiter Wilhelm Grewe, zur Zeit Botschafter der Bundesrepublik in Washington; lange Wochen Delegationsführer auf der Außenministerkonferenz in Genf, vor Zeiten Direktor der Politischen und der Rechtsabteilung im Auswärtigen Amt; größter lebender Kenner des kleingedruckten Textes von Besatzungsstatut und Pariser Verträgen; und nicht nur nebenbei auch noch ordentlicher Professor des öffentlichen und des Völkerrechts an der Universität von Freiburg im Breisgau. Ein wissenschaftlicher Diplomat also, ein diplomatischer Rechtsgelehrter – aber beides trifft nur ungenügend den Mann, der den wichtigsten Außenposten der deutschen Nachkriegsdiplomatie bezogen hat. Es ist in der Tat schwierig, ihn einer Schule zuzuordnen. Journalisten auf der Suche nach einem Etikett haben ihn mit Talleyrand verglichen, weil auch er Diplomatie betreibt aus dem Nichts verlorener Kriege und vergeudeter Reputation; aber außer daß wie Talleyrand auch Grewe hinkt, hinkt auch der Vergleich. Der Botschafter in Washington ist weder Außenminister noch ist er ein Mann des ancien régime, der Revolution und Restauration mit Eleganz gedient hat. Er ist nichts dergleichen; er ist ein Kaufmannssohn aus Hamburg mit kühlen, abwägenden Augen. Er raucht die Pfeife. Er liest zur Erholung juristische Texte. Er schreibt nach Dienstschluß völkerrechtliche Abhandlungen. Er will nicht in den Washingtoner Salons glänzen.
Was Grewe auszeichnet, ist eine hohe Konzentration auf die Sache – beinahe möchte man sagen, auf den Inhalt, nicht auf die Form. Der Besucher findet stets seine ungeteilte Aufmerksamkeit – das Klopfen und Klingeln der altertümlichen Dampfheizung in den Diensträumen der Botschaft in Washington lenkt ihn nicht davon ab, mit Interesse zu erörtern, was denn die diplomatische Arbeit in der Hauptstadt der Neuen Welt von der in den alten europäischen Hauptstädten unterscheidet.
Die Öffentlichkeit, die öffentliche Meinung spielt in Wilhelm Grewes Erwägungen eine mehrfache Rolle; wenn im Zeitalter der transatlantischen Telephone, der Düsenflugzeuge und Gipfeldiplomatie seine Exzellenz der Botschafter in den Augen vieler Beobachter nur noch ein Briefträger der gehobenen Laufbahn zu sein scheint, allenfalls eine Art von Auslandskorrespondent, der über die hin- und herwogenden Strömungen in der Politik des Gastlandes berichtet – so empfindet der Botschafter der Bundesrepublik in Washington sehr lebhaft, daß er nicht nur bei einer Regierung, sondern auch bei einem Volk akkreditiert ist. In einem informations- und namenslüsternen Volk wie dem amerikanischen müssen alle Botschafter viele Bankette mit Reden beglücken. Grewe hat eine Art von System daraus gemacht. Er läßt keine Gelegenheit aus, in den verschiedenen Regionen des Kontinents und vor den einflußreichen Gremien zu sprechen. Die Reden bringt er handschriftlich im Flugzeug zu Papier – wie denn überhaupt das Flugzeug hin und her über den Atlantik und kreuz und quer in Amerika ein ganz gewöhnlicher Aufenthaltsraum geworden ist. Als Beispiel hier der Kalender dieser Woche:

BOTSCHAFTER BEI EISENHOWER

Heute ist er zu Haus, widmet sich seiner Frau und den Besuchern. Morgen sind Berichte und Besprechungen fällig, die sich auf die Vorbereitungsarbeiten für die Gipfelkonferenz beziehen – die Ergebnisse einer Reihe von Untergruppen müssen koordiniert werden. Außerdem leitet Grewe ja eine Behörde von 120 Köpfen. Am Dienstag treffen sich turnusmäßig die Botschafter der europäischen Sechs in der deutschen Residenz. Mittwoch fliegt er nach New York, um eine Rede zu halten auf einem Dinner einflußreicher Leute. Der Geldertrag soll der Zeitschrift ›Western World‹ zugute kommen. Den nächsten Tag bleibt er in New York und sieht Leute wie den Präsidenten der Chase Manhattan Bank, John McCloy, oder einen seiner vielen Professorenfreunde aus der Fakultät der politischen Wissenschaften. Freitag fliegt er nach Pittsburgh und eröffnet mit einer Rede ein von der Universität veranstaltetes Seminar über die deutsch-amerikanischen Beziehungen. Am Samstag entsteigt er wieder dem Flugzeug in Washington. Für die folgenden Wochen ist ein Flug nach Westen vorgesehen, nach Squaw Valley zu einem Empfang, den er der gesamtdeutschen Olympia-Mannschaft gibt – aber das wird dann gleich wieder mit einem Besuch bei der Universität in Seattle verbunden. Die Soziologen, Historiker und Völkerrechtler der amerikanischen Universitäten sind Grewes Hauptkontakte im Land – er betreibt den Umgang mit ihnen wie von einem fliegenden diplomatischen Lehrstuhl, und das nicht nur aus wissenschaftlichem Interesse. Sie sind von hohem Einfluß auf die Außenpolitik der Vereinigten Staaten, besonders seitdem der ehemalige Universitätsrektor Fulbright den auswärtigen Ausschuß des Senats leitet. Und Fulbright sieht Grewe häufig, wenn auch nicht ganz so dienstlich wie Staatssekretär Herter, den er in den langen Wochen von Genf intim kennen und zu beurteilen gelernt hat.

Was Grewes Autorität bei solchen Kontakten erhöht, ist der Umstand, daß er auf so vielen Verhandlungen als Sprecher der Bundesrepublik und erster Berater des deutschen Außenministers fungierte. Das ist also kein Routinebotschafter. Umgekehrt trotz seiner langen Abwesenheit von Washington verleiht die intime Kenntnis der amerikanischen Diplomatie in Aktion Grewes Stimme in Bonn besonderes Gewicht, zumal beim Kanzler. Man kann jedoch sicher sein, daß Grewe mit diesem Gewicht vorsichtig umgeht; er weiß, daß ein Botschafter nach einigen Jahren zu viel von der Färbung des Gastlandes annimmt und dann besser einen Tapetenwechsel vornehmen sollte – man rechnet darauf, daß Grewe in nicht allzuferner Zukunft die Tapete des Dienstzimmers des Staatssekretärs in Bonn betrachten wird. Vorsichtig außerdem geht er mit seinen Erfahrungen um, weil er, wie es scheint, viel von der praktischen Geduld der Angloamerikaner gelernt hat. Der Zynismus mancher Briten liegt ihm fern, der Idealismus mancher Amerikaner ist ihm fremd – mit dem Pragmatismus beider fühlt er sich jedoch heimisch; er vereint sich gut mit den Prinzipien, die er der klassischen Völkerrechtsphilosophie des Westens entnimmt. Daher vielleicht seine Bewunderung für Rechtsanwälte in der Außenpolitik. Auf die Frage nach seinem Eindruck von großen Diplomaten sagte er: ›Wenn Sie damit zunächst die Diplomaten der westlichen Welt meinen, dann muß ich sagen, daß ich in den letzten zehn Jahren in internationalen Verhandlungen und Konferenzen durch die Figuren der letzten amerikanischen Außenminister stark beeindruckt gewesen bin. Sowohl Acheson wie John Foster Dulles sind für mein Gefühl hervor-

ragende Verhandlungsführer in internationalen Konferenzen gewesen, von denen man sehr viel lernen konnte.‹
Frage· ›Konnte man von den Russen auch lernen?‹ Antwort: ›In mancher Hinsicht ja, denn sicherlich sind sowohl Molotow wie Gromyko in ihrer Art Begabungen und sehr fähige Leute. Allerdings mischt sich bei ihnen die diplomatische Begabung mit einer Art von Skrupellosigkeit, die ich nicht als ein Ideal betrachten würde – aber das sind natürlich Dinge, mit denen man rechnen muß.‹ Dinge, mit denen man rechnen muß. Grewe rechnet kühl. Er rechnet mit scharfen Attacken der Russen in der Berlinfrage, mit nur winzigen Erfolgen auf Abrüstungsverhandlungen, mit schlechten Ergebnissen der Gipfeldiplomatie. Was er an diplomatischer Phantasie einbringt, um das aufzuwiegen, ist im Augenblick noch unbekannt; bisher war Wilhelm Grewe ja an sehr feste Marschrouten gebunden. Das kann sich in Zukunft ändern; man wird jedenfalls mit ihm rechnen müssen.«

7 Konrad Adenauer, ... [wie Anm. 2], Bd. 4, 1968, S. 24.
8 White House News Correspondence, 28. September 1959; zitiert nach: I. E. Smith, The Defense of Berlin, Baltimore 1963, S. 212.
9 Felix von Eckhardt, Ein unordentliches Leben, Wien 1967, S. 614.
10 Außenpolitik 1960, Heft 7, S. 429 ff.; abgedruckt in: Nachkriegszeit, S. 433.

Kennedy als Präsident, Seite 442-444

1 Theodore C. Sorensen, Kennedy, New York 1965. Deutsche Ausgabe: Kennedy, München 1966. Pierre Salinger, With Kennedy, New York-London 1966. Arthur M. Schlesinger, A Thousand Days, Boston 1965. Deutsche Ausgabe: Die tausend Tage Kennedys, Darmstadt-Berlin 1966. Kenneth P. O'Donnell und David F. Powers, Kennedy, We Hardly Knew Ye, Memoirs of John Fitzgerald Kennedy, Boston-Toronto 1973.
2 David Halberstam, The Best and the Brightest, New York 1973. Henry Fairlie, The Kennedy Promise, The Politics of Expectation, New York 1973. Nancy Gager Clinch, The Kennedy Neurosis, A Psychological Portrait of an American Dynasty, New York 1973.

Frühe Kontakte, Wahlkampf und Wahlprognose, Seite 444-452

1 Der deutsche Besucher war der – inzwischen verstorbene – Hamburger CDU-Abgeordnete Paul Leverkühn, ein weltläufiger, sprachgewandter Anwalt von hanseatisch-liberaler Gesinnung und persönlicher Unabhängigkeit. Im Kriege als Hauptmann zur Wehrmacht einberufen, war er für die Abwehr in Istanbul tätig gewesen. Durch seine Vermittlung waren dort Anfang 1943 Kontakte zwischen dem immer wieder auf den Sturz Hitlers und eine für Deutschland erträgliche Form der raschen Kriegsbeendigung sinnenden Abwehrchef Admiral Canaris und einem Vertreter des amerikanischen Geheimdienstchefs, William J. Donovan, zustande gekommen. Vorschläge von Canaris waren auf diesem Wege an den Präsidenten Roosevelt gelangt, der sie prompt abgelehnt hatte, ebenso wie er im darauffolgenden Sommer nach einer geheimen Zusammenkunft von Canaris mit dem britischen und ameri-

kanischen Abwehrchef im spanischen Santander seinem Freund und Vertrauten Donovan jeden weiteren Umgang mit deutschen Unterhändlern verbot (vgl. Heinz Höhne, Canaris, Patriot im Zwielicht, München 1976, S. 461 ff.). Leverkühn hatte bei der Vermittlung dieser Kontakte eine Rolle spielen können, weil er den Anwalt Donovan seit jener Zeit kannte, in der er der amerikanisch-deutschen ›Mixed Claims Commission‹ angehört hatte, die sich nach dem Ersten Weltkrieg mit der Regelung privater Kriegsschadensansprüche befaßt hatte.
Kennedy kannte die Vergangenheit seines Gesprächspartners nicht (sie hätte ihn sicher interessiert); auch mir war sie damals insoweit unbekannt, als sie die Abwehrtätigkeit Leverkühns in Istanbul betraf. Davon wurde infolgedessen nicht gesprochen – Leverkühn lag jede angeberische Attitüde fern. Er erwähnte zwar seine früheren Aufenthalte in den Vereinigten Staaten, verzichtete jedoch auch in dieser Hinsicht auf jede Vertiefung. Sein sachliches Interesse galt den gleichen entwicklungspolitischen Problemen, für die sich auch der Senator Kennedy interessierte.

2 Die von Kurt Birrenbach gesprochene Laudatio, Holborns Antwort, Gedenkworte, Bibliographie und Zeittafel in der Gedenkschrift: Hajo Holborn, Internationes Preis 1969, Bonn-Bad Godesberg 1969.
3 Theodore H. White: »A bad performance, not at all memorable«, in: ders., The Making of a President 1960, New York 1961, S. 343.
4 Die Welt vom 12. November 1960; New York Times vom 14. November 1960.
5 Hases Erklärung lautete:
»Wegen der internationalen Gepflogenheiten bei der Behandlung von Personalfragen, die in allen auswärtigen Diensten beobachtet werden, ist es mir nicht möglich, zu den von Zeit zu Zeit auftauchenden Spekulationen über Neu- oder Umbesetzungen von Botschafterposten irgendeine Stellungnahme abzugeben. Diese internationale Regel muß beachtet werden, ganz egal, ob sich bei diesen Spekulationen um zutreffende, unzutreffende oder teilweise zutreffende Angaben handelt. Ich darf sie vielleicht von mir aus darauf hinweisen, daß Botschafter Grewe in Washington selbst erklärt hat, daß er nicht die Absicht habe, aus dem Bundesdienst auszuscheiden. Ich möchte von seiten der Bundesregierung, insbesondere des Auswärtigen Amtes, hinzufügen, daß es auch nicht vorstellbar erscheint, daß auf einen Mann von den Erfahrungen, von den Kenntnissen und von dem wissenschaftlichen Rang Professor Grewes im Bundesdienst verzichtet werden könnte.«
6 Ein Absatz dieses Briefes lautete:
»Ein Kapitel für sich ist der Bericht in der ›Welt‹ vom 12. November. Ich darf Ihre Aufmerksamkeit darauf lenken, daß es offenbar Leute gibt, die von den Veränderungsplänen wußten und ein Interesse daran hatten, sie in dieser entstellten Form in die Öffentlichkeit zu bringen. Wir erleben so etwas nicht zum ersten Male. Was die Behauptung selbst anlangt, so wissen Sie, daß ich weder Sie noch Carstens um die dortige Arbeit beneide und daß es daher nichts Infameres gibt, als mir das Motiv der enttäuschten Primadonna zu unterstellen.«
7 Der Brief von Carstens lautet:
»Lieber Herr Grewe, der törichte Artikel, der am Samstag in der ›Welt‹ erschienen ist, wird Sie hoffentlich nicht aus der Ruhe bringen, ebenso wenig,

wie ich mich durch die darin enthaltene Mitteilung, Sie wollten auf Ihren Freiburger Lehrstuhl zurückkehren, ins Bockshorn jagen lassen möchte. Ich hoffe aber doch sehr, daß wir bald einmal Gelegenheit haben, über viele uns gemeinsam interessierende Fragen zu sprechen. Wenn Sie zu der NATO-Ratssitzung nach Paris kommen, könnten Sie dann nicht einige Tage vorher nach Bonn kommen, damit wir ein solches Gespräch in Ruhe führen könnten? Sie wissen, wie groß Ihre Wertschätzung hier überall ist; dementsprechend besteht allerseits der Wille und die Bereitschaft, Ihren Wünschen in dem größtmöglichen Umfang Rechnung zu tragen. Nur an dem Plan einer Rückkehr auf den Freiburger Lehrstuhl würde ich, wenn Sie mir gestatten, das in aller Offenheit zu sagen, sehr ungern mitwirken.«

8 In der ›Welt‹ vom 15. November schrieb Herbert von Borch aus Washington, ich hätte mir in den Vereinigten Staaten »Sympathie und Anerkennung verschaffen können«, verfüge über »besonders gute Beziehungen zum Kreise um Kennedy«, ohne während des Wahlkampfes jemals parteiisch gewesen zu sein. Bis zuletzt hätte ich den knappen Wahlsieg vorausgesagt und zugleich den Bundeskanzler durch meine Berichterstattung darauf vorbereitet, sich auf die neuen Tatsachen einzustellen. In Kennedys Umgebung wisse man das zu schätzen; den künftigen Beziehungen zwischen Bonn und Washington könne es nur förderlich sein, wenn ich dieses Vertrauenskapital noch eine zeitlang verwalten könnte. – Jan Reifenberg schrieb in der Frankfurter Allgemeinen Zeitung vom 17. November über das »Vertrauen, das Botschafter Grewe gefunden hat«. In der Umgebung Kennedys, in der die Bonner Nervosität über den Ausgang des Wahlkampfes befremdet habe, wisse man, daß ich Bonn genau, sachlich und ruhig darüber informiert hätte, es sei ein Sieg Kennedys zu erwarten, und daß ich die Personen und Kräfte in Kennedys Umgebung klar dargestellt hätte. Dietrich Schwarzkopf bezeichnete im Berliner ›Tagesspiegel‹ die Hintergründe der Diskussion über meine Ablösung, für die es »keinen objektiven Grund gebe«, als »undurchsichtig«: »Grewe ist seit zweieinhalb Jahren deutscher Botschafter in den Vereinigten Staaten. Die durchschnittliche Amtsdauer eines Botschafters soll vier Jahre betragen. Nach Meinung des Auswärtigen Amtes hat sich Grewe in Washington hervorragend bewährt. Er hat stets besonders guten Kontakt zur Demokratischen Partei gehabt, was nach Kennedys Wahlsieg nur nützlich sein kann. Daß Grewe keinerlei gesellschaftlichen Aufwand betreibt, hat gelegentlich zu Klagen darüber geführt, er habe zu wenig Sinn für die repräsentative Funktion eines Botschafters. Der Wert seiner Berichte ist zweifellos dadurch nicht beeinträchtigt worden. Sollte es trotzdem Kreise im Auswärtigen Amt geben, die der Meinung sind, auf einen so wichtigen diplomatischen Posten gehöre ein ›Außenseiter‹ wie Grewe allenfalls vorübergehend?«
Auch in diesem Artikel spielten die Spekulationen um die Besetzung des Staatssekretärpostens eine Rolle, dieses Mal verknüpft mit einer These, die für mich auch nicht ohne Peinlichkeit war: Brentano habe nach dem Abgang Hallsteins die Wiederkehr eines »starken« Staatssekretärs vermeiden wollen, ich gälte als »eigenwilliger«.

9 Edward Weintal and Charles Bartlett, Facing the Brink, New York 1967, S. 230.

10 Vgl. S. 610 ff. (MLF: Fehlschlag einer halbherzigen Initiative).

BOTSCHAFTER BEI KENNEDY

Inauguration und erste Begegnung, Seite 452-456

1 Sogar ein Publizist wie Sebastian Haffner, der einige Zeit später seine politische Linie grundlegend revidierte und zum eifrigsten Fürsprecher einer Anerkennung der DDR wurde, kam damals zu einer sehr positiven Würdigung: ›Kronzeuge der deutschen Außenpolitik‹, in: Die Welt vom 1. Oktober 1960.
2 Nachkriegszeit, S. 443 f.
3 Helmut Schmidt, Verteidigung oder Vergeltung?, Stuttgart 1961, S. 193.
4 Anneliese Poppinga, Erinnerungen an Konrad Adenauer, Stuttgart 1970, S. 121.

Wanderprediger der deutschen Frage, Seite 456-458

1 Am 24. Januar 1961 sprach ich bei der Eröffnung des neuen Goethe-Hauses in Milwaukee, anschließend vor dem Council on Foreign Relations in Chicago über ›German Foreign Policy after the War‹ sowie vor der Rechtsfakultät der University of Chicago über ›Government, Constitution and Control of Foreign Policy in Germany‹; am 27. auf einer Tagung des Council on Adult Education der Universität von Omaha über ›Germany and the United States‹. Für den 7. Februar 1961 hatte mich das Bullock-Forum in New York erneut zu einem Vortrag eingeladen; hier sprach ich über Ulbricht und die DDR.
2 Am nächsten Tage standen auf meinem Programm Vorträge und Diskussionen bei drei weiteren akademischen Institutionen im Raume Boston: beim Boston-College, bei der Fletcher School of Law and Diplomacy und beim Massachusetts Institute of Technology (MIT).
3 Ein anderes, virulent gewordenes Thema behandelte ich am 26. April in der Duke University in Durham (North Carolina): ›Rapallo after 40 years: Germany's Role in East-West-Relations‹. Geschäftsleute und Fabrikanten waren meine Zuhörer bei zwei anderen Vorträgen: vor der Handelskammer in Chambersburg (Pennsylvania) am 25. April und vor der Jahresversammlung der Manufacturers Association in Reading (Pennsylvania) am 24. Mai.

Ein Kundschafter aus Bonn: Brentano, Seite 458-460

1 Walter Stützle, Kennedy und Adenauer in der Berlin-Krise 1961-1962 (Schriftenreihe des Forschungsinstituts der Friedrich-Ebert-Stiftung 96), Bonn-Bad Godesberg 1973, S. 66.
2 Arnulf Baring, Sehr geehrter Herr Bundeskanzler! Heinrich von Brentano im Briefwechsel mit Konrad Adenauer 1949-1964, Hamburg 1974, S. 309.
3 Vgl. S. 470 ff. (Nach Hundert Tagen).

Adenauers erstes Treffen mit Kennedy, Seite 461-470

1 Gilbert Ziebura, Die deutsch-französischen Beziehungen seit 1945, Mythen und Realitäten, Pfullingen 1970, S. 94 ff.

BOTSCHAFTER BEI KENNEDY

2 Waldemar Besson, Die Außenpolitik der Bundesrepublik, München 1970, S. 258.
3 Theodore C. Sorensen, ... [wie Anm. 1 zu Kennedy als Präsident], S. 559.
4 Vgl. S. 470 ff. (Nach hundert Tagen).
5 Wiesbadener Kurier vom 17. August 1975.

Nach hundert Tagen, Seite 470-478

1 Horst Osterheld, Konrad Adenauer, Ein Charakterbild, Bonn 1973, S. 24.
2 Arnulf Baring, ... [wie Anm. 2 zu Ein Kundschafter aus Bonn: Brentano], S. 315, S. 450.

Der Krisensommer 1961, Seite 478-487

1 Walter Stützle, ... [wie Anm. 1 zu Ein Kundschafter aus Bonn: Brentano], S. 95.
2 Heinrich Alberts in: Der Spiegel Nr. 44 vom 24. Oktober 1966.
3 New York Times vom 3. August 1961.

Dissonanzen nach dem Bau der Mauer, Seite 487-497

1 Waldemar Besson, ... [wie Anm. 2 zu Adenauers erstes Treffen mit Kennedy], S. 297.
2 Walter Stützle, ... [wie Anm. 1 zu Ein Kundschafter aus Bonn: Brentano], S. 168.
3 Wolfgang Wagner, Die Internationale Politik 1961, München-Wien, S. 175.
4 Die Welt vom 11. Oktober 1961: »Unter deutschen Diplomaten hört man nur Anerkennung für die Bravour, mit der sich Botschafter Grewe entsprechend den ihm aus Bonn gegebenen Weisungen in Amerika geschlagen habe.«
5 Theodore C. Sorensen, ... [wie Anm. 1 zu Kennedy als Präsident], S. 559.
6 Arthur M. Schlesinger, ... [wie Anm. 1 zu Kennedy als Präsident], S. 403.
7 Jean Edward Smith, The Defense of Berlin, Baltimore 1963, S. 303.

Die Fernsehdebatte vom Herbst 1961, Seite 498-505

1 Wolfgang Wagner, Die Bundespräsidentenwahl 1959, in: Adenauer Studien, Bd. 2, herausgegeben von R. Morsey und K. Repgen, Mainz 1972, S. 169.
2 Von 1969 bis 1972.
3 Voller Text: Bulletin des Presse- und Informationsamtes der Bundesregierung Nr. 181 vom 27. September 1961, S. 1721 f.
4 Ebenda, Nr. 192 vom 12. Oktober 1961, S. 1811 ff.
5 Washington Post vom 11. Oktober 1961.
6 Neue Zürcher Zeitung vom 11. Oktober 1961: »In einem Fernsehprogramm der American Broadcasting Company legte am Sonntag der deutsche Botschafter Grewe mit großem Geschick einige Anliegen dar, die, obschon sie

formell nicht in der amerikanischen Definition der ›vitalen Interessen‹ in Berlin figurieren, nichtsdestoweniger berücksichtigt werden müssen, wenn die ›vitalen Interessen‹ nicht auf ›kaltem‹ Wege unterhöhlt werden sollen. Dazu gehören nach Botschafter Grewe die wirtschaftlichen, vor allem auch die währungspolitischen Bindungen Berlins an die Bundesrepublik sowie die Bedingungen, unter denen die Bundesrepublik im Jahre 1954 den Beitritt zur NATO ins Auge faßte.«

7 Walter Stützle, ... [wie Anm. 1 zu Ein Kundschafter aus Bonn: Brentano], S. 169.
8 Ebenda, S. 163; Stützle bezog sich damit wohl auf die zweite Antwort im Ellsworth-Interview, in der ich gesagt hatte, man solle daran denken, »daß zumindest zwei Elemente jener Konzessionen, oder wie man es immer nennen mag, grundsätzliche Elemente unserer Politik sind und viele Jahre lang gewesen sind. Ich meine die Nichtanerkennung der gegenwärtigen Grenzen Deutschlands und die Nichtanerkennung Ostdeutschlands als eines getrennten Staates. Das war nicht nur deutsche Politik, sondern es war die gemeinsame Politik des Westens, wenigstens seit 1952 oder 1954. Im Jahre 1954 wurde die Bundesrepublik gedrängt, dem NATO-Bündnis beizutreten, und wir taten es. Es mußten beträchtliche Hindernisse überwunden werden, und es war nicht ganz leicht, die deutsche öffentliche Meinung darauf vorzubereiten, daß Deutschland wieder bewaffnet werden sollte; ein größerer Rahmen politischer Verpflichtungen war erforderlich, und zwei der grundsätzlichen Verpflichtungen der westlichen Seite waren, daß die Bundesrepublik der einzige Sprecher des deutschen Volkes in internationalen Angelegenheiten sein und demzufolge kein zweiter deutscher Staat anerkannt werden sollte. Der zweite Punkt war, daß die Frage der Grenzen bis zu einer endgültigen Friedensregelung aufgeschoben werden sollte. Wenn man nun diese beiden Punkte als Konzessionen in künftigen Verhandlungen anbietet, dann muß man sich bewußt sein, daß man damit etwas anbietet, das in unseren Abmachungen über die Allianz des Jahres 1954 sehr fundamental war.«
9 Ebenda, S. 163, Anm. 117.
10 Vgl. S. 569 ff. (Letzte Tage in Amerika).
11 Frankfurter Allgemeine Zeitung vom 12. Oktober 1961.
12 Süddeutsche Zeitung vom 22. Oktober 1961.
13 Wolfgang Wagner, ... [wie Anm. 1], S. 175.

Adenauer–Kennedy: Die zweite Begegnung, Seite 512–526

1 Hans Kroll, Lebenserinnerungen eines Botschafters, Köln-Berlin 1967, S. 525.
2 Ebenda, S. 525, S. 527, S. 533.
3 Ebenda, S. 531.
4 Ebenda, S. 529.
5 Heinz Paechter in: Deutsche Zeitung vom 18. November 1961.
6 Adenauer, Erinnerungen, Bd. 4, 1968, S. 120 ff., besonders S. 126.

BOTSCHAFTER BEI KENNEDY

Gespräche mit Moskau – Reibungen mit Bonn, Seite 526-535

1 Hans Kroll, ... [wie Anm. 1 zu Adenauer-Kennedy: Die zweite Begegnung], S. 554.
2 Ein ziemlich ausführlicher und genauer Bericht erschien in der Frankfurter Allgemeinen Zeitung vom 14. Februar 1962: ›Vertrauen in die Vereinigten Staaten‹.
3 Ebenda.
4 Werner Imhoff in: Neue Zürcher Zeitung vom 20. Februar 1962.
5 Konrad Adenauer, Erinnerungen, Bd. 4, S. 136 ff.

Keine Rückgabe des deutschen Auslandsvermögens, Seite 535-545

1 Dieses doppelte Ergebnis belegt die Untersuchung von Hans W. Baade, Die Behandlung des feindlichen Privatvermögens in den Vereinigten Staaten von Amerika, Düsseldorf 1952.
2 Er kündigte eine Regelung an, die eine volle Entschädigung der Eigentümer von Vermögenswerten bis zu 10 000 Dollar und eine Befriedigung der Eigentümer von darüber hinausgehenden Vermögenswerten nach dem Schweizer Vorbild (Rückgabe beziehungsweise Entschädigung zu 75 Prozent) vorsah.

Das große Leck, Seite 545-563

1 In der vom Sudetendeutschen Archiv e. V. in München herausgegebenen Monatsschrift: Central Europe Journal 18, 1970, S. 183 ff.
2 Wolfgang Wagner, in: Die Internationale Politik 1962 (Jahrbücher des Forschungsinstituts der Deutschen Gesellschaft für Auswärtige Politik) 5, 1974, S. 219.
3 Heinrich Krone, Untersuchungen und Dokumente zur Ostpolitik und Biographie, in: Adenauer Studien, Bd. 3, herausgegeben von Rudolf Morsey und Konrad Repgen, Mainz 1974, S. 169.
4 Ebenda.
5 Zitiert nach St. Louis Post Dispatch vom 17. April 1962.
6 Benjamin C. Bradlee, Büro-Chef von ›Newsweek‹ in Washington, später Chefredakteur der ›Washington Post‹ und journalistischer Intimus Kennedys, berichtet in seinem Tagebuch ›Conversations with Kennedy‹, New York 1975, Kennedy sei »erbost« gewesen über den deutschen Botschafter, »dem man offenbar die Verantwortung für die Indiskretion zuschob«. Was er aus seinem – am 16. Mai mit dem Präsidenten geführten – Gespräch außerdem zu berichten hat, ist so unbegreiflich und degoutierend, daß ich der ›Welt‹, die Auszüge daraus veröffentlicht hatte, einen Leserbrief schrieb, abgedruckt am 10. Juni 1975, in dem ich feststellte:
»Der Sinn der von Bradlee berichteten Bemerkungen Kennedys – ›Entweder kann er kein Englisch oder es ist irgendwas mit ihm nicht in Ordnung‹, – bleibt unerfindlich. ›Er bezog sich dabei auf eine Feststellung von Grewe des Inhalts, daß sich bilaterale Erörterungen schon einmal als nützlich erwiesen hätten und daß er von beiden Seiten in Kürze ein Einlenken er-

warte.‹ Irgendein sprachliches Mißverständnis hat es in dieser Angelegenheit jedoch überhaupt nicht gegeben. Dunkel bleibt auch, was die Bezugnahme auf meine angebliche Feststellung über die Nützlichkeit bilateraler Erörterungen und die Konzessionsbereitschaft beider Seiten (der amerikanischen und sowjetischen – oder der amerikanischen und deutschen Seite?) besagen soll. Hätte ich etwas Derartiges gesagt, so hätte das nur als eine Billigung oder Unterstützung der amerikanischen Politik verstanden werden können, die ja den Weg der bilateralen Verhandlungen zwischen Rusk und Gromyko verfolgte. So what?

Der Schlußsatz des Berichts macht die Sache nicht besser: Die Frau des (mir bekannten) Korrespondenten von ›France-Soir‹, de Segonzac, habe zu Kennedy gesagt, ›Grewe habe vielleicht den Nazis ein wenig näher gestanden als ratsam‹. Kennedy sei darüber ›begeistert‹ gewesen und habe gesagt: ›Daher also‹. Die Szene paßt gut in das Bild jener Wochen, in denen man für die Differenzen zwischen Bonn und Washington einen Sündenbock brauchte. Verdächtigungen des Botschafters als Urheber der Indiskretionen wurden ungeprüft akzeptiert und verbreitet und, wie die Story von Madame de Segonzac zeigt, wurden haltlose Denunziationen ›begeistert‹ aufgegriffen.

Auch ich bin im Hinblick auf den Ausgang dieser Affäre versucht zu sagen: ›Daher also.‹«

7 Washington Post vom 9. Mai 1962, Daily Mirror vom 9. Mai 1962.
8 Times vom 9. Mai 1962; Neue Zürcher Zeitung vom 9. Mai 1962; Deutsche Zeitung vom 11./12. Mai 1962.
9 Stuttgarter Zeitung vom 9. Mai 1962; Deutsche Zeitung vom 11./12. Mai 1962.
10 Deutsche Zeitung vom 11./12. Mai 1962.
11 Neue Zürcher Zeitung vom 9. Mai 1962.
12 Daily Telegraph vom 8. Mai 1962.
13 London Times vom 9. Mai 1962.
14 In diesem Sinne hieß es in einem Artikel von J. Schwelien in der ›Stuttgarter Zeitung‹ vom 9. Mai 1962 unter der Überschrift ›Der paradoxe Fall Grewe‹: »Der gelegentliche Mißklang zwischen Grewe und dem State Department ergab sich aus dem gegen ihn erhobenen Vorwurf, er denke zu ›legalistisch‹ und habe keinen Sinn für die politische Geschmeidigkeit der amerikanischen Berlin-Vorschläge. Eher das Gegenteil ist zutreffend: Grewe erkannte und warnte die Bundesregierung und auch die amerikanische Regierung pflichtgemäß vor Verschwommenheiten im amerikanischen Plan, die von den Sowjets dahin ausgelegt werden könnten, die Vereinigten Staaten ebneten der DDR den Weg zur internationalen Anerkennung und sie opferten auf lange Sicht der Grundgedanken der deutsch-alliierten Verträge, die wenigstens das Ziel der Wiedervereinigung etablierten. Grewe verfocht also eine politische Idee und kämpfte gegen eine neue Konstruktion, welche die Gefahr birgt, einen völlig unnatürlichen Zustand in Europa zu legalisieren. Er sprach sich gegen eine legalistische Illusion aus, wie sie der Leiter der Europa-Abteilung im State Department, Foy Kohler, beharrlich vertritt. Grewe tat das, weil er die Dynamik der sowjetischen Deutschland-Politik kennt und ihr entgegenwirken will.«
15 The Reporter vom 21. Juni 1962.

16 Omaha World Herald vom 10. Mai 1962.
17 Daily Mirror vom 9. Mai 1962.
18 Der Spiegel, Nr. 20 vom 16. Mai 1962 (in einem Artikel mit der Überschrift ›Gefallen für Berlin‹).
19 Süddeutsche Zeitung vom 19. Mai 1962.

Letzte Tage in Amerika, Seite 564-574

1 Vgl. unten S. 569-573.
2 Washington Post vom 1. September 1962.
3 Frankfurter Allgemeine Zeitung vom 5. September 1962: Der Artikel gab in seinem Hauptteil eine Deutung der Entwicklung, die zu meiner Abberufung führte:
»Grewes Tätigkeit in Washington fällt in die Zeit einer durch die Berlin-Krise wie durch den Regierungswechsel von Eisenhower zu Kennedy bestimmte Wandlung der Beziehung zwischen Washington und Bonn zum Nüchternen hin. Die Beziehungen zwischen dem Bundeskanzler und Dulles hatte etwas Einmaliges. Früher oder später mußte eine Normalisierung eintreten, die an sich nichts Negatives bedeutet. Unter Kennedy sind die Vereinigten Staaten ihrer Eigeninteressen im gleichen Maße bewußter geworden, als Europa sich mehr konsolidierte. Am Fall Berlin zeigte sich nach jahrelangem Unisono deutlich, daß amerikanische Verhandlungsabsichten und deutsche Interessen gelegentlich aufeinanderprallen können. Während Washington solche Meinungsverschiedenheiten bei seinen klassischen Verbündeten England und Frankreich gewohnt ist, wirkten sie im deutschamerikanischen Verhältnis zunächst ungewohnt.
Es gehört zu den Aufgaben eines Botschafters, seine Regierung über neue Tendenzen im Berichtsland zu informieren. Grewe hat relativ früh im Herbst 1960 den Wahlsieg Kennedys vorausgesagt und dessen Folgen für Bonn in kühler, logischer und gefühlsfreier Weise darzustellen versucht. Er hat die nach dem Wahlsieg bei dem unaufhörlichen Besucherstrom aus Bonn fühlbare Unsicherheit gegenüber den neuen Männern in Washington nicht geteilt. Den wichtigsten unter ihnen war er schon früh persönlich begegnet. Deren Schwung und Bemühung, im Rahmen des Möglichen des Kalten Krieges aus der Erstarrung auszubrechen, entgingen ihm nicht. Seine profunde Kenntnis der Deutschland-Frage und seine Fähigkeit, Einzelheiten von Verträgen und deren juristische Auslegungen stets präsent zu haben, mußten diesen im kontinentalen Rechtsdenken großgewordenen Logiker jedoch gelegentlich in Gegensatz zum angelsächsischen Pragmatismus bringen, der in Washington unter Kennedy Grundzug der Außenpolitik wurde. Grewe war in der Viermächte-Botschaftergruppe, die sich mit Berlin befaßt, häufig der Warner und Mahner, der sich das Werkzeug der Viermächte-Verantwortung nicht durch die Sowjetunion stumpf machen lassen wollte. Diese Rolle hat ihm Widersacher geschaffen, die behaupteten, der Botschafter sei zu legalistisch.
Grewe sagte seine Meinung in der Botschaftergruppe und scheute sich dabei nicht, Widerspruch auszulösen. Er war von Sorgen erfüllt, deren Äußerung ihn manchem Amerikaner lästig machten. Als er in einem Fernsehprogramm im Oktober Zweifel am Ergebnis der Zusammenkunft zwischen Kennedy und

BEIM NATO-RAT IN PARIS

Gromyko aussprach, begann die Kritik an seiner Haltung, deren Höhepunkt ironischerweise jene Berliner Pressekonferenz Adenauers war, in der der Kanzler erklärte, Grewe passe der Regierung Kennedy nicht. Die Gegner Grewes in Washington nahmen das natürlich für ihre Sache zur Kenntnis.«

Ich glaube nicht, daß in meinen Differenzen mit der Kennedy-Equipe der Gegensatz von kontinentalem Rechtsdenken und angelsächsischem Pragmatismus eine Rolle gespielt hat. Aber abgesehen davon und von dem Vorbehalt, daß es noch einige weitere, in diesem Artikel nicht angesprochene Aspekte der Entwicklung gab (wie insbesondere die Zweigleisigkeit der Bonner Politik in dieser Phase und die Methode des gezielten »Lecks«), war dieses eine faire und zutreffende Beurteilung des Vorgangs.

4 Frankfurter Allgemeine Zeitung vom 11. September 1962; Frankfurter Neue Presse vom 12. September 1962; Deutsche Zeitung vom 12. September 1962; Die Welt vom 12. September 1962; Der Mittag vom 12. September 1962; Abendpost vom 10. September 1962; General-Anzeiger vom 12. September 1962.
5 SPD-Pressedienst vom 11. September 1962.
6 Georg Schröder in: Die Welt vom 14. September 1962.
7 Leitartikel in: Die Welt vom 11. September 1962; General-Anzeiger vom 13. September 1962.

Wiedersehen mit Paris, Seite 577-583

1 Ernst Jünger, Strahlungen, Tübingen 1949, S. 315.
2 Jean Barraqué, Claude Debussy, Hamburg 1964, S. 104 ff.

Aufgabe und Partner:
Rat, Generalsekretär, Ständige Vertreter, Seite 583-589

1 Er habe seinen Posten als NATO-Generalsekretär aufgegeben, schrieb Spaak in seinen Erinnerungen, »infolge von Enttäuschungen, die ich dort erlebt hatte, aber auch wegen der politischen Situation in Belgien und wegen der Nöte der Sozialistischen Partei, der ich verbunden blieb«. Vier Jahre eines Lebens als internationaler Funktionär hätten seinen Geschmack am politischen Kampf nicht erschöpft: Paul-Henri Spaak, Combats inachevés, De l'espoir aux déceptions, Paris 1969, S. 229. Deutsche Ausgabe: Memoiren eines Europäers, Hamburg 1969.
2 Dirk U. Stikker, Bausteine für eine neue Welt, Gedanken und Erinnerungen an schicksalhafte Nachkriegsjahre, Wien-Düsseldorf 1966, S. 244: »Ein Mann, der von Natur aus so ungeduldig ist wie ich.«

Begegnung und Nicht-Begegnung mit de Gaulle, Seite 589-592

1 Hans Speidel, Invasion 1944, Frankfurt-Berlin-Wien 1974.
2 Cahiers (1716-1755), Textes recueillis et présentés par Bernard Grasset, Paris

BEIM NATO-RAT IN PARIS

1941, S. 108. »Je disois de ceux qui, par quelque injustice, avoient quitté le service: ce sont des gens morts au service des ministres.«
3 Charles de Gaulle, Vers l'armée de Metiers, Paris 1934. Deutsche Ausgabe: Frankreichs Stoßarmee, Potsdam 1935.

Die großen Themen der NATO-Jahre, Seite 592-605

1 Vgl. S. 605 ff. (Nichtangriffspakt – ein dubioses Projekt).
2 Vgl. S. 663 ff. (Auf dem Wege nach Helsinki).
3 Ebenda.
4 Vgl. S. 642 ff. (Der schwierige Bündnispartner: Frankreichs Austritt aus der militärischen Organisation).
5 Vgl. S. 646 ff. (Auszug nach Brüssel).
6 Vgl. S. 679 ff. (Um das strategische Konzept der NATO).
7 Vgl. S. 610 ff. (MLF: Fehlschlag einer halbherzigen Initiative).
8 Vgl. S. 629 ff. (Ein Trostpreis: Die nukleare Planungsgruppe).
9 Vgl. S. 689 ff. (Herabstufung der Bundesrepublik: Atomsperrvertrag).
10 Vgl. S. 703 ff. (Zum letzten Male das Atomwaffen-Thema: SALT).
11 Aus diesem Grunde verzichte ich darauf, den Diskussionen des NATO-Rats über das Abrüstungsthema ein besonderes Kapitel zu widmen. Was sich auf diesem Gebiete an wichtigen Entwicklungen vollzog, ist unter den Stichworten »NPT« und »SALT« zu erörtern.
12 Die Zeit vom 12. Januar 1975.
13 Lothar Rühl, Der Zypern-Konflikt, die Weltmächte und die europäische Sicherheit, in: Europa-Archiv 1/1976, S. 19.
14 So der beigeordnete Generalsekretär der NATO für wissenschaftliche Angelegenheiten, der Norweger Dr. Gunnar Randers. Demgemäß erstreckte sich das Arbeitsprogramm zunächst auf eine Anzahl von »Musterstudien«, die jeweils von einzelnen Mitgliedstaaten federführend übernommen werden sollten:
1. Straßenverkehrssicherheit (federführend USA), 2. Katastrophenhilfe (USA), 3. Luftverschmutzung, (USA, beteiligt die Türkei); 4. Verschmutzung der Meere (Belgien, beteiligt Portugal und Frankreich); 5. Verschmutzung der Binnengewässer (Kanada); 6. Probleme der Individual- und Gruppenmotivation in einer modernen Industriegesellschaft (Großbritannien); 7. Übermittlung wissenschaftlicher Erkenntnisse an die Entscheidung treffenden Regierungsstellen (Bundesrepublik Deutschland); 8. Umwelt und Strategie der Raumordnung.
15 In einem Bericht des Planungsstabes des Bundesministeriums der Verteidigung (veröffentlicht im Bulletin des Presse- und Informationsamtes der Bundesregierung Nr. 97 vom 30. Juni 1972) wurden die Aufgaben und Funktionen der Eurogroup demgemäß wie folgt umschrieben:
»Die Großmächte USA und UdSSR halten das nuklear-strategische Gleichgewicht. Aber das nukleare Patt zwischen beiden, eine Bürgschaft für gegenseitige Abschreckung, begrenzt beider Handlungsfreiheit. Das bürdet den Regionalmächten mehr Verantwortung auf, für die eigene Sicherheit und den Frieden. Zusätzlich stellt sich den Europäern im westlichen Bündnis die Aufgabe, den Vereinigten Staaten die Fortdauer der militärischen Präsenz in

BEIM NATO-RAT IN PARIS

Europa zu erleichtern. Es gilt, Last und Verantwortung innerhalb des Bündnisses auf die Partner diesseits und jenseits des Atlantiks angemessen zu verteilen. Das gebietet den Europäern, ihre Sicherheits- und Verteidigungspolitik zusammenzufassen und zu rationalisieren, damit
- doppelte Arbeit und doppelte Kosten vermieden werden,
- die begrenzten Verteidigungsmittel optimal genutzt,
- die einzelnen Bündnisländer bei gleicher Effektivität des Ganzen personell, finanziell und organisatorisch entlastet und
- kollektiv verbindliche Rüstungs-, Ausbildungs- und Versorgungskonzepte entwickelt werden.

Nur so können die Europäer im Bündnis die Rolle eines Partners mit gleicher Verantwortung übernehmen.«

Nichtangriffspakt – ein dubioses Projekt, Seite 605-610

1 Der Text der Erklärung spiegelt die Motive und Überlegungen wider, die bis in die zweite Hälfte der sechziger Jahre die deutsche Außenpolitik bestimmten. Er lautet:
»Seit fast zehn Jahren tritt die Sowjetunion immer wieder mit dem Vorschlag eines Nichtangriffspaktes zwischen Ost und West hervor. Ebenso oft ist dieser Vorschlag nach sorgfältiger Prüfung von allen NATO-Verbündeten zurückgewiesen worden. Weshalb?
Der Westen ist in den vergangenen zehn Jahren bei dieser Ablehnung stets davon ausgegangen, daß die sowjetischen Vorschläge für ein europäisches Sicherheitssystem – und in diesem Zusammenhang gehört der Vorschlag des Nichtangriffspaktes – für den Westen ohne Interesse und sogar untragbar sei, solange die Teilung Deutschlands und Europas andauere. Die sowjetischen Sicherheitsvorschläge würden, so glaubten wir alle in den vergangenen zehn Jahren, die Teilung Deutschlands und Europas zementieren, ohne der westlichen Sicherheit irgendetwas positives hinzuzufügen. Man würde im Westen ein falsches Gefühl der Sicherheit wecken, das die Verteidigungsanstrengungen der Verbündeten nur beeinträchtigen könnte. Soweit die sowjetischen Vorschläge darauf abzielten, den Nichtangriffspakt zwischen der NATO und dem Warschauer Pakt abzuschließen, würde man dem Ostblock zu Unrecht die Gleichstellung mit dem atlantischen Verteidigungsbündnis gewähren.
Immer wieder ist daher in Erklärungen, Kommuniqués und Konferenzbeschlüssen der Grundsatz betont worden, daß es mit der Sowjetunion keine europäischen Sicherheitsabmachungen geben könne, wenn sie nicht mit Maßnahmen zur Wiedervereinigung Deutschlands verbunden würden.
Weshalb kommt die Sowjetregierung gerade im jetzigen Zeitpunkt mit besonderem Nachdruck auf ihren Nichtangriffsvorschlag zurück?
Über die Antwort kann es nach Ansicht meiner Regierung keinen Zweifel geben. Der Nichtangriffspakt verfolgt das gleiche Ziel, das hinter den anderen sowjetischen Vorschlägen zur Errichtung eines europäischen Sicherheitssystems und zum Abschluß eines Friedensvertrages mit Deutschland steht. Chruschtschow hat dieses Ziel erst kürzlich, drei Tage nach dem Besuch des Präsidenten Kennedy in Berlin, noch einmal formuliert. Er sagte bei seiner

BEIM NATO-RAT IN PARIS

Ansprache in Ost-Berlin: »Wir schlagen nichts vor, was die Bedingungen und die Lage in Europa, die gegenwärtig existieren und die sich infolge der Zerschlagung Hitler-Deutschlands herausgebildet haben, verändern würde. Wir wollen lediglich die entstandene Lage juristisch fixieren.«
Nachdem das sowjetische Friedensvertragsprojekt nach Kuba für eine Weile stillschweigend zu den Akten gelegt werden mußte, ist das Nichtangriffsarrangement offensichtlich die Ersatzlösung, die auf neuen Wegen das gleiche Ziel erreichen und den Sowjets die ersehnte politische, propagandistische und juristische Plattform für ihre Deutschland- und Europa-Politik liefern soll.
Wir glauben, daß man dem zwei weitere von Chruschtschow nicht ausgesprochene Ziele hinzufügen muß: die Schwächung des Verteidigungswillens und die Lähmung der Verteidigungsanstrengungen der NATO-Verbündeten und der Versuch, die Allianz politisch zu spalten mit einem Vorschlag, von dem Chruschtschow sehr wohl weiß, daß er für diesen Zweck geeigneten Zündstoff enthält.
Weshalb beschränken sich die in der NATO verbündeten Regierungen nicht darauf, ihre mehrfach ausgesprochene Ablehnung des sowjetischen Nichtangriffs-Vorschlages zu wiederholen, weshalb prüfen wir den sowjetischen Vorschlag erneut und weshalb sind einige von uns der Meinung, daß man ihm jetzt nähertreten sollte?
1. Man sagt, die Sowjets hätten erkennen lassen, daß sie einem allgemeinen Ausgleich mit dem Westen und einer Entspannung der internationalen Lage jetzt positiv gegenüberstünden. Der Abschluß des Nichtangriffspaktes könne daher ein Auftakt für diese Entwicklung, er könne mindestens ein Ausgangspunkt für weitere Entspannungsverhandlungen und ein Instrument zur Fortsetzung des notwendigen Dialogs mit den Sowjets sein.
2. Man sagt ferner, daß der Westen dem Ostblock nicht den Propagandavorteil überlassen solle, der in der Befürwortung des Nichtangriffspakt-Vorschlages liegt.
3. Endlich könne es auch von Vorteil sein, Versprechungen und Verpflichtungen, die beide Seiten schon einmal eingegangen seien, zu wiederholen und zu bekräftigen.
Was hat sich in jüngster Zeit geändert, daß es gerechtfertigt erscheinen läßt, unsere frühere Ablehnung des sowjetischen Vorschlages zu revidieren und ihn nunmehr positiv zu beurteilen?
Die allgemeine Entwicklung der Ost-West-Beziehungen rechtfertigt kaum einen solchen Wechsel des Standpunktes. Auch meine Regierung ist der Ansicht, daß man alle Anzeichen für einen ernsthaften sowjetischen Verständigungswillen sorgfältig sondieren muß und daß es nicht zu verantworten wäre, ehrliche sowjetische Ausgleichsversuche zurückzuweisen und im Keime zu ersticken.
Wir glauben, daß unsere Verbündeten in Genf sowohl wie beim Abschluß des Moskauer Testbann-Abkommens als auch in bilateralen Gesprächen bisher in diesem Geiste gehandelt haben.
Was hat sich dabei ergeben? Bisher lediglich die Bereitschaft der sowjetischen Regierung, ein beschränktes Testbann-Abkommen zu unterzeichnen, das sie selbst bereits vor Jahr und Tag, allerdings in Verbindung mit anderen Vereinbarungen, vorgeschlagen hatte. Davon abgesehen hatte Chruschtschow am

BEIM NATO-RAT IN PARIS

19. Juli 1963 in Moskau ein Bündel von Vorschlägen zur Erörterung gestellt, bei dem der Nichtangriffspakt an erster Stelle steht; von diesem Pakt führt eine gerade Linie über die Errichtung von Bodenkontrollposten, die Reduzierung von Truppen in Mitteleuropa, die Denuklearisierung beider Teile Deutschlands zu der Regelung der deutschen und mitteleuropäischen Probleme im sowjetischen Sinne. Jede vorgeschlagene Maßnahme bedingt die folgende, wobei am Anfang die Schaffung einer allgemeinen Illusion der Sicherheit stehen soll, die besonders ein Nichtangriffspakt verbreiten würde. Mit der darauf folgenden Verschiebung des militärischen Kräfteverhältnisses in Mitteleuropa zugunsten der Sowjetunion würden aber für den Westen unabsehbare Gefahren heraufbeschworen. Die bestehenden Spannungen, die ja gar nicht von der Konfrontation der Streitkräfte ausgehen, wären nicht vermindert, sondern vermehrt. Die gewaltsame Teilung Europas bliebe unberührt, ja, sie würde noch gefestigt und verewigt. Sie aus der Welt zu schaffen, würde immer mehr erschwert oder gar unmöglich gemacht sein.

Meine Regierung kann daher in diesen Vorschlägen Chruschtschows kein Anzeichen für eine neue Verständigungsbereitschaft der Sowjets sehen. Der angebliche Entspannungswille der Sowjets wird auch nicht gerade bestätigt durch das, was der sowjetische Rundfunk seinen Inlandshörern am Tage der Unterzeichnung des Testbann-Abkommens und zur Erläuterung der mit ihm verfolgten sowjetischen Politik sagte, nämlich: ›Die dem Westen aufgezwungene friedliche Koexistenz verschärft den Klassenkampf und die Uneinigkeit im westlichen Lager. Die Abrüstung wird Arbeitslosigkeit schaffen und den kommunistischen Parteien die Möglichkeit geben, durch Streiks die Arbeiter für sich zu gewinnen. Der Kampf um den Völkerfrieden ist ein Mittel zur Eroberung der westlichen Massen für den Kommunismus.‹

Wenn man den Entspannungs- und Ausgleichswillen der Sowjets wirklich testen will, so ist dafür unserer Ansicht nach das Nichtangriffsarrangement ungeeignet. Auch auf den Höhepunkten des Kalten Krieges sind die Sowjets stets für diesen Vorschlag eingetreten – warum sollte er sie jetzt plötzlich ihren Entspannungswillen indizieren?

Gewiß soll man den Dialog mit den Sowjets im Gange halten und nach geeigneten Ausgangspunkten für ernsthafte Verhandlungen suchen. Dafür bieten sich jedoch weit bessere Gesprächsgegenstände als das Nichtangriffsarrangement. Besonders auf dem Gebiet der Abrüstung müßte sich der sowjetische Verständigungswille erweisen. In Genf hat sich gezeigt, daß den Sowjets das Abrüstungsthema lästig geworden ist und sie auf andere Gebiete auszuweichen trachten. Warum soll man ihnen dieses Manöver erleichtern?

Auch auf dem Gebiete eines modus vivendi für Berlin könnte sich der sowjetische Entspannungswille zeigen – ganz zu schweigen von der deutschen Frage allgemein.

Es ist nur eine Frage unseres Geschicks und unseres Einfallsreichtums, den Sowjets den Propagandavorteil zu entwinden, der angeblich in der Befürwortung des Nichtangriffspaktes liegt.

Es sollte nicht schwer sein, diesen Vorschlag mit anderen substantiellen Gegenvorschlägen zu überbieten – Abrüstungsvorschlägen, Vorschlägen auf dem Gebiete der Berlin- oder Deutschland-Frage oder Vorschlägen zur Auflockerung des Eisernen Vorhangs in Europa überhaupt.

Es ist schon darauf hingewiesen worden, daß alle Beteiligten die Bestim-

mungen der UN-Charta über den Verzicht auf Anwendung von Gewalt in internationalen Beziehungen angenommen haben. Vielleicht darf ich noch hinzufügen:
Alle Partner des NATO-Bündnisses haben sich im Artikel 1 des North Atlantic Treaty wie folgt verpflichtet:
›Die Vertragspartner verpflichten sich, in Übereinstimmung mit der Satzung der Vereinten Nationen jeden internationalen Streitfall, an dem sie beteiligt sind, auf friedlichem Wege so zu regeln, daß der internationale Friede, die Sicherheit und die Gerechtigkeit nicht gefährdet werden, und sich in ihren internationalen Beziehungen jeder Gewaltdrohung oder Gewaltanwendung zu enthalten, die mit den Zielen der Vereinten Nationen nicht vereinbar ist.‹
In gleicher Weise haben alle Partner des Warschauer Paktes im Artikel 1 ihres Beistandsvertrages erklärt: ›Die vertragsschließenden Parteien verpflichten sich in Übereinstimmung mit der Satzung der Organisation der Vereinten Nationen, sich in ihren internationalen Beziehungen der Drohung mit Gewalt oder ihrer Anwendung zu enthalten und ihre internationalen Streitfragen mit friedlichen Mitteln so zu lösen, daß der Weltfrieden und die Sicherheit nicht gefährdet werden.‹
Wenn ein förmlicher Nichtangriffsvertrag zwischen der NATO und der Warschau-Paktorganisation indiskutabel ist – und ich glaube, über diesen Punkt sind wir uns alle einig –, so bleibt nur die parallele Wiederholung dessen übrig, was die gleichen Partner in ihren respektiven Bündnisverträgen 1949 und 1955 schon einmal gesagt haben. Liegt in dieser Wiederholung wirklich irgendein positiver Sinn?
Wir haben bei früherer Gelegenheit von einigen unserer Kollegen hier am Tisch gehört, daß es in den großen christlichen Kirchen das Institut der Konfirmation gebe, und daß die Wiederholung und Bestätigung von Glaubensbekenntnissen und religiösen Gelübden ihren guten Sinn habe. Was für die Theologie zutrifft, gilt offenbar nicht ohne weiteres für die Jurisprudenz, denn die Juristen sind im allgemeinen der Ansicht, daß die Wiederholung einmal abgegebener Versprechen und eingegangener Verpflichtungen nur abschwächend wirken könne. Wir neigen zu der Ansicht, daß es für das Gebiet der Politik und der Völkerpsychologie sicherer ist, den Ansichten der Juristen zu folgen als denen der Theologen. Darüber hinaus entzieht uns die isolierte Wiederholung von Nichtangriffsversprechen ein sehr wichtiges und wertvolles Element, das wir in frühere Vorschlagspakete aufgenommen hatten, wie etwa in den westlichen Friedensplan von 1959, und das wir nicht zu billig aufgeben sollten.
Abgesehen davon, daß demgemäß einige der angeblichen jetzt eingetretenen Voraussetzungen für eine Revision unseres Standpunktes in der Frage des Nichtangriffspaktes nicht vorliegen oder jedenfalls nicht mit ausreichender Sicherheit verifiziert werden können, enthält der Vorschlag des Nichtangriffsarrangements unserer Ansicht nach Nachteile und Gefahren, die die oben erwähnten Vorteile bei weitem überwiegen:
1. Die Sowjets würden weiter bei der Auslegung des westlichen Nichtangriffsversprechens, da es an einer allgemein anerkannten Angriffsdefinition fehlt, ihre eigene Begriffsbestimmung zugrunde legen. In der Sowjetunion subsummiert man aber im Gegensatz zur westlichen Angriffsdefinition auch

jede angriffsähnliche und angriffsvorbereitende Handlung unter diesen Begriff. So fallen nach sowjetischer Auffassung in diese Kategorie unter anderem die psychologische Kriegsvorbereitung in Gestalt der Kriegspropaganda, das Verbreiten unwahrer Nachrichten mit der Absicht, eine ›Kriegsstimmung‹ zu erzeugen und so weiter. Was die Sowjetunion wiederum unter Kriegspropaganda versteht, ergibt sich aus ihrem eigenen Resolutionsentwurf zum Verbot der Propaganda eines Präventiv-Atomkrieges, den sie am 21. September 1962 auf der XVII. UN-Vollversammlung vorgelegt hat. In Ziffer 3 dieses Entwurfs wird als eine der gefährlichsten Formen der Kriegspropaganda auch die Forderung einer ›Revision der in Europa als Ergebnis des Zweiten Weltkrieges entstandenen Staatsgrenzen‹ bezeichnet. Es bedarf keiner näheren Erläuterung, welche Interventionsmöglichkeiten sich die Sowjetunion in die inneren Angelegenheiten aller NATO-Länder schaffen würde. Das Paradoxon würde damit Wirklichkeit, daß wir durch eine angebliche Entspannungsmaßnahme, nämlich durch den Nichtangriffspakt, daran gehindert würden, für die Beseitigung wirklicher Spannungsursachen, nämlich die Überwindung der deutschen Teilung, einzutreten.
2. Nichtangriffsarrangements sind daher dem gleichen Bedenken ausgesetzt, das der frühere britische Außenminister Sir Austin Chamberlain schon in den zwanziger Jahren gegen die Angriffsdefinition vorgebracht hat: sie sind ein Wegweiser für den Böswilligen und eine Falle für den Unschuldigen.
Das könnte sich insbesondere sehr rasch am Beispiel der Eventualfallplanung für Berlin herausstellen. Es könnte der Sowjetunion der Weg dafür geebnet werden, die schon bestehende Planung und die weitere Beratung darüber als mit dem Buchstaben und dem Geist eines Nichtangriffsarrangements als unvereinbar zu bezeichnen.
Man geht in seiner Phantasie wohl nicht so weit, wenn man behauptet, daß die Sowjetunion sicher in die westliche Verteidigungskonzeption und Strategie unter Berufung auf den Nichtangriffspakt hineinzureden versuchen und die Notwendigkeit der Existenz des Bündnisses überhaupt in Zweifel ziehen wird.
Erst recht würde die Sowjetunion sicherlich jede tatsächlich durchgeführte Verteidigungsmaßnahme als Angriffshandlung bezeichnen. Jede militärische Maßnahme zur Durchführung der Eventualfallplanung, die etwa im Falle einer Blockade Berlins ergriffen würde, würde von den Sowjets als ›Angriff‹ disqualifiziert werden.
3. Ein Nichtangriffsarrangement als isolierte Maßnahme zerstört die bisherige und auf wohlerwogene Gründe gestützte NATO-Politik des Junktims zwischen europäischer Sicherheit und deutscher Wiedervereinigung. Meine Regierung ist nach wie vor der Meinung, daß die Frage der europäischen Sicherheit nur in Verbindung mit einer politischen Regelung für Mitteleuropa gefunden und daß sie jedenfalls nicht ausschließlich regional und mit militärischen Maßnahmen gelöst werden kann.
4. Die Ansicht, daß die Bundesregierung nur deshalb gegen ein Nichtangriffsarrangement sei, weil dieses zur Anerkennung oder zumindest zur Aufwertung der SBZ führen müsse, vereinfacht die Problematik, obwohl auch dieses Argument neben den anderen zutreffend ist.
Aus diesem Grunde vermag auch die Absicht, einen förmlichen Vertrag zu vermeiden und nur parallele Erklärungen beider Seiten ins Auge zu fassen,

unsere Bedenken nicht zu zerstreuen, denn unsere Bedenken sind primär politischer, militärischer und psychologischer Natur. Die Ansicht, daß man alle Schwierigkeiten mit parallelen Erklärungen vermeiden könnte, ist nach unserer Auffassung zu legalistisch gedacht.

5. Die entscheidende Frage ist nach unserer Ansicht, wie die Völker – unsere eigenen Völker im Westen, die unterdrückten Bevölkerungen im Satellitenbereich und endlich die Völker der nichtgebundenen-Welt ein Nichtangriffsarrangement zwischen Ost und West bewerten würden.

In Osteuropa hat niemand vergessen, daß die Sowjetunion einige Verträge buchstabengetreu einzuhalten pflegt, nämlich die, die ihr nützlich sind, daß sie andere Verträge aber rücksichtslos zu brechen pflegt, wenn dies ihren Interessen dient oder der Sache des Weltkommunismus vorteilhaft ist. Die Nichtangriffsverträge mit Litauen (1926), Lettland (1932) und Estland (1932) haben sie nicht daran gehindert, diese drei baltischen Staaten militärisch zu besetzen und zu annektieren. Der Nichtangriffsvertrag mit Finnland (1929) hat nicht den sowjetischen Überfall auf dieses Land im Jahre 1939 verhindert. Der Nichtangriffspakt mit Polen (1932) hat nicht verhindert, daß sich die Sowjetunion mit Hitler zusammentat, um Polen zu besetzen und aufzuteilen.

Müßten nicht die Bevölkerungen in Osteuropa aus dem erneuten Abschluß eines Nichtangriffsarrangements mit der Sowjetunion die Schlußfolgerung ziehen, daß die westlichen Regierungen die Vertragstreue der Sowjetunion heute grundsätzlich anders bewerten – und tun die westlichen Regierungen das wirklich?

Würden nicht die Bevölkerungen Osteuropas aus dem Abschluß eines solchen Arrangements weiterhin die Schlußfolgerung ziehen, daß der Westen jede Absicht aufgegeben hat, die kommunistische Unterjochung ihrer ehemals freien Staaten zu bekämpfen, sei es auch nur mit politischen und diplomatischen Mitteln?

Und würden unsere eigenen Völker im Westen nach Abschluß eines Nichtangriffsarrangements nicht einem falschen Sicherheitsgefühl anheimfallen, das die Verteidigungsanstrengungen, die Bereitschaft zum Wehrdienst und zur Beibehaltung der Verteidigungsausgaben lähmen würde, so daß es sich bald als unmöglich herausstellen würde, die Streitkräfte der NATO auf dem gegenwärtigen Stand zu halten? Würden nicht durch eine solche Entwicklung auch Neutralisierungstendenzen in einzelnen NATO-Ländern erneut ermutigt werden?

Die Bundesregierung hat mit Befriedigung festgestellt, daß in der Allianz die Meinung vorherrscht, daß einem Nichtangriffsarrangement überhaupt nur dann nähergetreten werden könne, wenn ausreichende Garantien für die Freiheit von West-Berlin und die Zugangswege dorthin gegeben würden. Aber selbst, wenn die Sowjets zu Zugeständnissen, die übrigens substantielle Verbesserungen und nicht nur eine Fixierung des heutigen Zustandes zum Inhalt haben müßten, bereit wären, blieben die Wurzeln der Spannung in Mitteleuropa unberührt. Wir würden daher ein Nichtangriffsarrangement erst dann für diskutabel halten, wenn einmal die Lage Berlins wesentlich verbessert würde und wenn zum anderen erste Schritte zur Überwindung der Spaltung Deutschlands und Europas unternommen würden.«

MIT DEM NATO-RAT IN BRÜSSEL

MLF: Fehlschlag einer halbherzigen Initiative, Seite 610-629

1 Absatz 20 des Kommuniqués vom 19. Dezember 1957.
2 Zu Nassau vgl. Kurt Becker in: Die Internationale Politik 1962, Jahrbücher des Forschungsinstituts der Deutschen Gesellschaft für Außwärtige Politik 5, 1974, S. 64 ff., Dieter Mahncke, Nukleare Mitwirkung, Die Bundesrepublik Deutschland in der atlantischen Allianz 1954-1970, Berlin-New York 1972.
3 Die detaillierteste Schilderung der MLF-Verhandlungen hat der persönliche Assistent Finletters, der von den MLF-Partnern zum ständigen Sekretär ihrer Arbeitsgruppe gewählt worden war und der für die technische Vorbereitung und Organisation der Beratungen verantwortlich war, Robert von Pagenhardt, in einer Studie geboten, die unter dem Titel: ›Toward an Atlantic Defense Community – The First Effort, 1960-1966‹, von der Stanford University 1970 als Dissertation angenommen worden ist. (Als Manuskript gedruckt.) Da ihm alle Papiere und Protokolle zur Verfügung standen, war er in der Lage, ein minutiöses Bild des Geschehens zu zeichnen. Hier: Bd. 1, S. 146 ff.
4 Robert von Pagenhardt, ... [wie in Anm. 3], S. 159.
5 In: Außenpolitik, 16., 1965, Heft 1, S. 15 f.
6 Sunday Times vom 16. März 1966.
7 Dieter Mahncke, ... [wie Anm. 2], S. 181.
8 Spiel der Kräfte, S. 130.
9 Kommuniqué vom 12. Juni 1964.
10 Vgl. Richard Löwenthal, Der Einfluß Chinas auf die Entwicklung des Ost-West-Konflikts in Europa, in: Europa-Archiv 10, 1967, S. 349.
11 National Security Action Memorandum (NSAM) No. 322 vom 17. Dezember 1964. Zitiert nach: Robert von Pagenhardt, ... [wie in Anm. 3], Bd. 2, S. 605.
12 Ebenda.

Adenauers letzte Jahre, Seite 633–642

1 Wilhelm Starlinger, Grenzen der Sowjetmacht (Jahrbuch der Albertus Universität, Königsberg/Pr., Beiheft 19), Würzburg 1955.
2 Ebenda, S. 125.
3 Ebenda, S. 119.
4 Ebenda, S. 118.
5 Ebenda, S. 121.
6 Dieter Friede, Das russische Perpetuum mobile, Würzburg 1959.
7 Ferdinand Otto Miksche, Kapitulation ohne Krieg, Die Jahre 1970-1980, Stuttgart 1965.
8 Anneliese Poppinga, Erinnerungen an Konrad Adenauer, Stuttgart 1970, S. 353.

Umschlag der innenpolitischen Großwetterlage, Seite 650-662

1 In der Neuen Passauer Presse vom 18./19. März 1961 schrieb der durch mancherlei Affären bekanntgewordene Dr. Kapfinger: »Ein deutscher Di-

plomat sollte in Amerika seinen Buckel nicht so tief beugen vor den Hetzaposteln der öffentlichen Meinung, daß er selbst zum Heuchler wird.«
2 Europa-Archiv 3, 1967, S. 77-94; abgedruckt in: Spiel der Kräfte, S. 82 ff.
3 ›Überwiegende Nachteile für die Mitunterzeichner‹, in: Frankfurter Allgemeine Zeitung vom 14. Februar 1967. ›Atomsperre heißt auch Forschungsbremse‹, in: Die Welt vom 28. Februar 1967. ›Der Atomclub wird geschlossen – Politische und technologische Gefahren des Sperrvertrages‹, in: Die Zeit Nr. 6 vom 10. Februar 1967.
4 Spiegel Nr. 10 vom 27. Februar 1967. In einem in der nächsten Folge – Nr. 11 vom 6. März 1967 – abgedruckten Leserbrief wies ich Augsteins »psychoanalytische Deutung« als verfehlt und unschlüssig zurück: »Das MLF-Projekt ist der Bundesregierung bekanntlich von der Kennedy-Regierung empfohlen worden. Rache an Kennedy (?) durch Mitarbeit an seiner Politik? Merkwürdige Logik.« Ich empfahl, den Text des Vortrages genauer zu lesen: »Es gehört ziemlich viel Voreingenommenheit dazu, aus dem Text herauszulesen, daß ich ein für uns ebenso törichtes wie irreal gewordenes Großmachtstreben zum Maßstab für die Bewertung des Atomsperrvertrages machen wollte.« Am Schluß verwahrte ich mich gegen die Qualifikation meiner Äußerungen als »exzessiv« und »drastisch«: »Für übertreibende und dramatisierende Überschriften, mit denen man ohne mein Wissen den Nachdruck von Textauszügen versah, kann ich keine Verantwortung übernehmen.«
5 Frankfurter Allgemeine Zeitung vom 7. Februar 1969.
6 Deutscher Bundestag, 5. Wahlperiode, 221. Sitzung, S. 12018.
7 Spiegel Nr. 52 vom 21. Dezember 1970.
8 Wolfram von Raven in: Die Welt vom 12. Dezember 1970.

Auf dem Wege nach Helsinki, Seite 663-678

1 Nachkriegszeit, S. 94 ff.
2 Die Bedeutung des Status quo für den Frieden, Privatdruck der Frankfurter Bank, 1962; abgedruckt in: Spiel der Kräfte, S. 563 ff.
3 Die Diplomatie des Ost-West-Konfliktes 1945-1963, in: Deutsch-russische Beziehungen von Bismarck bis zur Gegenwart, herausgegeben von Werner Markert, Stuttgart 1964, S. 190.
4 Die Zeit vom 6. August 1976.
5 Entspannung und Abrüstung, in: Armee gegen den Krieg, herausgegeben von Wolfram von Raven, Stuttgart 1966.
6 Ebenda, S. 65 ff.
7 Vgl. S. 672 ff. (Auf dem Wege nach Helsinki).
8 Tschechoslowakei, Ostblock und Atlantische Allianz, Bilanz einer Krise, in Export-Club, Zeitschrift des Export-Clubs München 17, 1968, Heft 5, September/Oktober, S. 9/11.
9 Absatz 11 des Kommuniqués vom 15./16. November 1968.
10 Ernst-Otto Maetzke in: Frankfurter Allgemeine Zeitung vom 10. Februar 1970.
11 Walter Scheel in der Wochenzeitung Publikum vom 10. September 1971.
12 Klaus Blech, die KSZE, als Schritt im Entspannungsprozeß. Europa-Archiv 22, 1975, S. 682 f.

MIT DEM NATO-RAT IN BRÜSSEL

13 Gerhard Wettig in: Elemente des Wandels in der östlichen Welt, Moderne Welt, Jahrbuch für Ost-West-Fragen 1976, S. 241.
14 So in Übereinstimmung mit Henry Kissinger die Deutung der westlichen Motive bei Gerhard Henze, Neue Aufgaben der Entspannungspolitik, in: Europa-Archiv 18, 1975, S. 568.

Um das strategische Konzept der NATO, Seite 679-689

1 Zitiert nach: Lothar Ruehl, Machtpolitik und Friedensstrategie, Hamburg 1974, S. 116.
2 SACEUR von 1956-1963.
3 SACEUR von 1963-1969.
4 Vgl. S. 610 ff. (MLF: Fehlschlag einer halbherzigen Initiative).
5 Maxwell Taylor, The Uncertain Trumpet, London 1959.
6 Henry Kissinger, Nuclear Weapons and Foreign Policy, New York 1957.
7 Bernard Brodie, Strategy in the Missile Age, Princeton 1959.
8 Vgl. 478 ff. (Der Krisensommer 1961).
9 Dazu Lothar Ruehl, ... [wie Anm. 1], S. 245 ff.
10 SACEUR von 1969-1975.
11 Die Schlußfolgerungen dieser Analyse lauteten: »Die Strategie der ›massive retaliation‹ ist tot. Da wir sie in ihrer konsequentesten Ausprägung, dem Radford-Plan, selbst bekämpft haben (allerdings zu einer Zeit, wo sie wahrscheinlich zur Reduzierung der in Europa stationierten amerikanischen Truppen geführt hätte), brauchen wir ihr keine Tränen nachzuweinen.
Entscheidend ist, daß der sofortige große Atomschlag bei einem sowjetischen Angriff, der auch nur die leiseste Chance der Lokalisierbarkeit und Begrenzbarkeit in sich trägt, unglaubhaft geworden ist. Was aus dem Gedankengut der ›massive retaliation‹ in unsere Zeit hinübergerettet werden muß, ist der Grundsatz, daß das Risiko jeder Angriffshandlung für den Gegner unkalkulierbar bleiben muß.
Konventionelle Stärke der westlichen Verteidigung braucht diesen Grundsatz nicht zu beeinträchtigen. Sie tut es nur dann, wenn sie mit einer Strategie des begrenzbaren Krieges verbunden wird und wenn die konventionellen Streitkräfte so organisiert sind, daß ihr Auftrag, einen begrenzten Krieg zu führen, sichtbar wird (zum Beispiel Herausziehung taktischer A-Waffen aus den für die Vorwärtsverteidigung assignierten Truppen). Theoretische Diskussionen über Schwelle, Pause, Schwert und Schild sollten besser unterbleiben. Einigkeit besteht darüber, daß die westliche Verteidigung über ein möglichst umfassendes Spektrum von Reaktionsmöglichkeiten auf einen Angriff verfügen sollte. Entscheidend ist, daß der Angreifer die Möglichkeit einer raschen Eskalation bis zum Einsatz der Atomwaffen stets einkalkulieren muß.
Über das konventionelle Soll der westlichen Verteidigung gibt es keine grundlegenden Meinungsverschiedenheiten, soweit es sich um Stärkezahlen handelt; von allen diskutablen strategischen Konzeptionen (ausschließlich also einer Radford-Strategie mit ›trip wire‹-Funktion der US-Truppen in Europa) her sind stets 30 M-Tag-Divisionen als Minimum betrachtet worden.

MIT DEM NATO-RAT IN BRÜSSEL

Meinungsverschiedenheiten gibt es hier nur in bezug auf die Frage, wer in erster Linie die hier noch klaffenden Lücken füllen soll: die Bundesrepublik, Frankreich, Großbritannien?«

12 Gerhard Baumann, Sicherheit. Deutsche Friedenspolitik im Bündnis, Darmstadt 1970, S. 142.

13 »Zu dem praktischen Ausfall der französischen Truppen kommt die mit Sicherheit schon 1967 zu erwartende beträchtliche Reduzierung der britischen Rheinarmee und die in den Jahren 1967 bis 1970 ebenfalls zu erwartende starke Reduzierung der 7. US-Armee.
Diese Reduktionen sind nur vordergründig Folge von Finanz- und Zahlungsbilanzschwierigkeiten. Wichtiger ist die Überzeugung, daß die akute sowjetische Bedrohung nachgelassen habe und das übereinstimmende Bestreben aller drei Mächte, in dieser Situation die dem bisherigen Verteidigungssystem eigentümlichen Elemente eines militärischen Automatismus soweit wie möglich abzubauen.
In dieser Situation wird es zunehmend sinnloser, daß sich allein die Verteidigungspolitik der Bundesrepublik immer noch an dem Kriegsbild eines militärischen Großangriffs des Ostblocks auf Westeuropa orientiert. Wir konzentrieren damit in der Tat alle Kräfte auf einen Fall, der unter den jetzigen Umständen
– der am wenigsten wahrscheinliche ist,
– dessen Bewältigung über unsere Kräfte geht,
– dessen Vorbereitung die größten Kraftreserven verschlingt,
– der uns am wenigsten Handlungsspielraum und Verfügungsgewalt über unsere Streitkräfte gibt,
– der uns von der Vorbereitung für die wahrscheinlicheren und uns selbst direkter angehenden Gefahren ablenkt.
Wir müssen unsere Verteidigungskonzeption neu durchdenken unter dem Gesichtspunkt, daß es künftig nicht mehr die Aufgabe der Bundeswehr sein kann, ein ausführendes Glied in einer integrierten Vetreidigungsorganisation zu sein, auf deren Gesamtstrategie wir uns verlassen können. Die Zeiten, in denen das möglich war, sind vorüber. Wir müssen jetzt davon ausgehen, daß die Bundeswehr in erster Linie ein Instrument der deutschen Politik und unserer Verteidigung zu sein hat. Auch diese Aufgaben kann sie nicht in nationaler Isolierung erfüllen. Ihre Einfügung in eine integrierte Bündnisorganisation bleibt notwendig. Die Art und das Maß dieser Einfügung muß sich jedoch stärker nach den Erfordernissen unserer nationalen Verteidigungskonzeption richten.
Unter diesem Gesichtspunkt ist es notwendig, die konkreten Krisensituationen zu untersuchen, die in der heutigen und künftigen politischen Konstellation denkbar sind, und die Rolle unserer Streitkräfte in solchen Situationen zu bestimmen. Wir müssen also – zunächst auf nationaler Basis – das beginnen, was uns auf der Ebene der Bündnisintegration seit langem empfohlen wird: ›Contingency studies‹. Zugespitzt ausgedrückt: Die Bundeswehr muß eine »Krisenfeuerwehr« werden. Für diese Zwecke muß sie reorganisiert werden. Dabei kann sie wahrscheinlich verkleinert werden.«

14 »Das dritte, vielleicht akuteste Problem (neben der vorher untersuchten Frage des Bündniszweckes und den nuklearen Streitfragen), das die Allianz entzweit, ist die militärische Struktur. Es ist fast ausschließlich ein Streitpunkt

zwischen de Gaulle und der Allianz. Kein anderer Bündnispartner wünscht das System der militärischen Integration, das de Gaulle bekämpft, beseitigt zu sehen. Im Gegenteil, einige kleinere NATO-Partner sehen in der militärischen Integration die einzige ihnen noch verbliebene sinnvolle Möglichkeit, mit eigenen Streitkräften zur gemeinsamen Verteidigung beizutragen. Nationale Streitkräfte erscheinen ihnen angesichts ihrer beschränkten Kräfte sinnlos. Ihre Auflösung würde wahrscheinlich ernsthaft erwogen werden, falls das integrierte Verteidigungssystem der Allianz zusammenbricht.

Die Amerikaner halten das integrierte Verteidigungssystem für eine unerläßliche Voraussetzung ihrer Truppenstationierung in Europa. Rusk hat in seiner Pressekonferenz vom 5. November – in der er das Integrationsprinzip für ›not negotiable‹ erklärte – besonders auf die ›operational necessities‹ hingewiesen, ohne die eine so große Streitmacht wie die amerikanische in Europa, die ›surrounded in a sea of foreignes‹ sei, nicht auskommen könne. Gleichwohl, heißt es in dem Kommentar der ›New York Times‹ (6./7. November) hierzu, leugne man in offiziellen Kreisen nicht, daß die gegenwärtige NATO-Struktur aus politischen Gründen für wünschenswert gehalten werde:

›The US has used NATO to assure its participation in European diplomacy to help contain traditional European rivalries and to preserve a powerful influence over the direction of West German policies.‹

Diese Deutung entfernt sich nicht weit von der französischen These, daß die Integration vor allem ein Instrument der amerikanischen Hegemonie sei.

Was Deutschland anlangt, so hatten wir keine Wahl: Unsere Aufnahme in die NATO ist unter der Bedingung erfolgt, daß wir uns diesem Integrationssystem einfügten. Diese Bedingung ist nirgends ausdrücklich formuliert worden. Man hat sich in der Londoner Schlußakte von 1954 (Abschnitt IV) darauf beschränkt, das Integrationsprinzip in einer für alle verbindlichen Fassung zu statuieren. Deutschland blieb jedoch der einzige NATO-Partner, der sich daran hielt – und sich daran halten mußte. Bei unbefangener Betrachtung muß man zugeben, daß es, was die Allianz im Ganzen anlangt, ein höchst lückenhaftes, unvollkommenes und ungleichmäßiges System darstellt.

Worin besteht überhaupt das System der ›Integration‹? In erster Linie in der Unterstellung von Streitkräften unter ein gemeinsames Oberkommando. Als sekundäre Merkmale können gelten: ein gemeinsames strategisches Konzept; gemeinsame Streitkräfteplanung; ein Prüfungsverfahren in bezug auf die Erfüllung der Streitkräfteziele; gemeinsame Infrastruktur; Dislozierung der Streitkräfte im Einklang mit dem strategischen Konzept und im Einvernehmen mit deren gemeinsamen Oberkommando. (Die wichtigsten Merkmale der Integration sind im Abschnitt IV der Londoner Schlußakte erwähnt.)

Tatsächlich ist dieses System in der NATO nur in sehr unvollkommener Weise realisiert worden: Die Unterstellung der Streitkräfte (›Assignierung‹) beschränkt sich in Friedenszeiten darauf, daß dem gemeinsamen Oberkommando Planungs- und Ausbildungsfunktionen übertragen sind. Das operationelle Kommando geht erst im Alarmfalle auf den gemeinsamen Oberbefehlshaber über. Die meisten NATO-Regierungen haben sich ihre ausdrückliche Zustimmung zur Auslösung des Alarms und zum Übergang des Kommandos vorbehalten. Verwaltung und Logistik bleiben im Frieden wie

MIT DEM NATO-RAT IN BRÜSSEL

im Kriege eine nationale Funktion der Streitkräfte. Die obersten militärischen Organe der Allianz (Militärausschuß und Standing Group) sind ihrer Struktur nach nicht-integrierte Gremien; lediglich der Vorsitzende des Militärausschusses ist ›integriert‹, das heißt von nationalen Weisungen unabhängig; erst seit kurzem ist der Standing Group ein integrierter Stab angegliedert worden. Zahlreiche NATO-Befehlshaber sind zugleich nationale Befehlshaber (SACEUR ist zugleich oberster Befehlshaber der amerikanischen Truppen in Europa); lediglich bei den Deutschen gibt es keine solchen Personalunionen. Die größeren Bündnispartner haben jeweils nur einen Teil ihrer Streitkräfte assigniert (Amerikaner und Briten nur die auf dem europäischen Kontinent stationierten Truppen; Frankreich seine beiden in Deutschland stationierten Divisionen).

Außerdem können assignierte Streitkräfte jederzeit im Falle einer nationalen Notwendigkeit aus dem Unterstellungsverhältnis zurückgezogen werden. Nur Deutschland hat eine solche Möglichkeit nicht, da es praktisch keine nationale Kommandostruktur gibt.

Die strategischen Nuklearwaffen endlich stehen praktisch außerhalb der Integration. Das gilt für die amerikanischen ebenso wie für die britischen und französischen Nuklearstreitkräfte. Die in Ottawa (1963) verkündigte Assignierung der britischen V-Bomber ist eine papierene Deklamation geblieben.

Aus dieser skizzenhaften Übersicht ergibt sich bereits, daß es bei der Integration der NATO Licht- und Schattenseiten gibt und daß der praktische Wert dieses Systems nicht überschätzt werden darf – wozu man in Deutschland in einer gewissen ideologischen Verblendung häufig neigt. Vom Standpunkt der deutschen Interessen weist das Integrationssystem Vorteile und Nachteile auf, die man nüchtern gegeneinander abwägen muß.

Vorteile dieses Systems:

Da ein gemeinsames Oberkommando im Kriege unerläßlich ist, tut man gut daran, es im Frieden aufzubauen.

Auch ein hochentwickeltes System der Koordination und Zusammenarbeit zwischen verbündeten Streitkräften ermöglicht nicht den Aufbau einer hierarchischen Kommandostruktur. Diese läßt sich nur auf der Basis der Integration verwirklichen.

Nur ein integriertes Verteidigungssystem sichert einen militärischen Beitrag der kleinen Staaten Europas.

Das Gemeinschafts- und Solidaritätsbewußtsein der Allianz wird durch das System der Integration stark gefördert.

Gemeinsame Terminologien, Definitionen, Befehlssprachen können entwickelt werden.

Die Luftverteidigung Europas ist infolge der Enge des Raumes überhaupt nur noch in integrierter Form vorstellbar.

Die Integration ist nach wie vor eine wirksame psychologische Abschirmung unseres militärischen Aufbaus gegen Propagandaangriffe aus dem Osten sowohl wie gegen Mißtrauen aus dem Kreise der Verbündeten.

Nachteile:

Die Integration ist ohne Zweifel ein wirksames Instrument der Hegemonie des Mächtigsten in einer Allianz.

Sie kann darüber hinaus zum Instrument einer diskriminierenden Kontrolle werden – zum Beispiel in den jetzt bekanntgewordenen französischen Vor-

stellungen einer Beschränkung des Integrationssystems auf Europa oder gar auf das Gebiet der Bundesrepublik und die dort stationierten Truppen. Integrierte Streitkräfte sind, wegen der beschränkten Verfügungsgewalt der Regierung, als Instrument der nationalen Politik wenig geeignet. (Wobei nicht etwa an kriegerischen Einsatz gedacht ist.)
Die Integration schafft ungleiche Bindungsverhältnisse; sie bindet vor allem denjenigen, der sich in einer psychologisch exponierten Lage befindet.
Die Abwägung der Vor- und Nachteile wird heute noch dazu führen, daß wir einem System der Integration den Vorzug zu geben haben.
Es dürfte sich jedoch nicht empfehlen, diesen Standpunkt in der Öffentlichkeit mit dogmatischer Strenge zu vertreten, vor allem aus zwei Gründen: ein auf Mitteleuropa oder gar auf das Gebiet der Bundesrepublik beschränktes Integrationssystem, wie es den Gaullisten (und wahrscheinlich de Gaulle selbst) vorschwebt, würde den Charakter eines diskriminierenden Kontrollsystems für Deutschland annehmen und daher unakzeptabel sein. Wir müssen die Freiheit behalten, einem solchen System die Nichtintegration vorzuziehen.
Zum anderen: Auch ein Ausscheiden Frankreichs aus der Integration und die Fortsetzung dieses Systems mit den übrigen Allianzpartnern verändert unseren Status in der Allianz zu unserem Nachteil. Wir haben 1954 das System der Integration unter der Voraussetzung akzeptiert, daß sich alle Partner der gescheiterten EVG diesem System unterwerfen würden. Abschnitt IV der Londoner Schlußakte hat diesen Gedanken klar zum Ausdruck gebracht. Er bildete ein wesentliches Teilstück in dem ›package‹ der Pariser Verträge, zusammen mit unserem NATO-Beitritt, der Beendigung des Besatzungsregimes, unserem Verzicht auf ABC-Waffen, unserer Zustimmung zur Rüstungskontrolle nach dem WEU-Vertrag und anderen Elementen. Wir müßten daher überlegen, ob wir das Herausbrechen eines wesentlichen Teilstücks aus diesem package ohne Gegenleistung hinnehmen sollten. Zu erwägen wäre insbesondere, bei dieser Gelegenheit gewisse ohnehin anachronistisch gewordene, aber doch recht lästige Beschränkungen des WEU-Vertrages abzustreifen. (Anlage III zum Protokoll Nr. 3 des WEU-Vertrages: Liste der bedingt verbotenen Waffen.)
Überhaupt dürfte es sich empfehlen, genauer zu untersuchen, welche Auswirkungen das Ausscheiden Frankreichs aus der NATO-Integration oder gar aus dem Bündnisvertrag überhaupt auf das WEU-System haben würde.«

*Herabstufung der Bundesrepublik:
Atomsperrvertrag, Seite 689-703*

1 Wird abgerüstet werden?, in: Die Politische Meinung 1957, Heft 19, S. 21 bis 45, abgedruckt in: Nachkriegszeit, S. 387 ff., S. 402.
2 Rüstungskontrolle und Staatengleichheit, in: Festschrift für Hermann Jahrreiss, Im Auftrag der Rechtswissenschaftlichen Fakultät der Universität zu Köln, herausgegeben von Karl Carstens und Hans Peters, Köln-Berlin-Bonn-München 1964.
3 Ebenda, S. 86.
4 Dokument A/6398 vom 23. September 1966.
5 New York Times (International Edition) vom 5. Juli 1965.

MIT DEM NATO-RAT IN BRÜSSEL

6 Deutscher Text in: Frankfurter Allgemeine Zeitung vom 21. Juli 1965.

7 Nachdem ich einleitend meine Aufgabe abgegrenzt und betont hatte, daß die Auswirkungen einer deutschen Nichtunterzeichnung des Vertrages auf die einzelnen Mitgliedstaaten der NATO in erster Linie von den bilateralen Botschaften beurteilt werden müßten, schrieb ich:
»Es gibt kaum ein anderes politisches Thema von Gewicht, das eine so tiefgreifende Spaltung innerhalb des Rates verursacht hätte, wie das des NV-Vertrages: Zwei nukleare Mitgliedstaaten setzten sich unentwegt und unbeirrbar für ihn ein und schoben alle Rücksichtnahmen auf nationale Interessen einzelner Bündnispartner und auf den künftigen Zusammenhalt der Allianz beiseite; die Erosion der Allianz durch dieses Projekt wurde in Kauf genommen, wie es Foster schon vor zwei Jahren in seinem Aufsatz in ›Foreign Affairs‹ offen ausgesprochen hat. Der dritte nukleare Bündnispartner, Frankreich, verweigerte nicht nur seine Unterschrift, sondern mißbilligte den Vertrag grundsätzlich als diskriminierend, heuchlerisch und irrelevant für Frieden und Abrüstung. Gleichzeitig hütete sich Frankreich, die Widerstrebenden zu unterstützen.
Einige der kleinen Bündnispartner, die als zivile oder gar als militärische Nuklearmächte nicht in Frage kommen, hielten sich aus der Diskussion heraus. Mit Ausnahme Portugals, das den Vertrag aus Ressentiment gegen die UN ablehnt, werden sie unterzeichnen – einige mit weniger Enthusiasmus (Türkei, Griechenland), andere mit mehr (Skandinavier, Benelux, Kanada).
Die als ›Schwellenmächte‹ in erster Linie betroffenen Bündnispartner Deutschland und Italien waren die einzigen, die dem Vertrag längere Zeit hindurch hinhaltend widerstrebten, dann Modifikationen erstrebten, schließlich dem auf sie ausgeübten Druck Rechnung trugen.
Solange der italienische und deutsche Widerstand anhielt, erfuhr er Unterstützung durch den Generalsekretär, der den Vertrag für allianzschädigend hält. Die Solidarität der EURATOM-Partner erwies sich als unzureichend, um darauf eine gemeinsame politische Position der Sechs (oder auch nur der Fünf) zu errichten.
Die langwierige Aushandlung des Vertrages war unter diesen Umständen ein Prozeß, der die politische Solidarität der Allianz stark strapaziert hat. Die Konsultation setzte an entscheidenden Wendepunkten der Verhandlungen aus (insbesondere im Dezember 1966) und wurde durch sowjetisch-amerikanische Faits accomplis ersetzt. In kritischen Fragen gaben die Vereinigten Staaten den sowjetischen Wünschen mehr Gewicht als den Bedenken ihrer Verbündeten.
Der Gedanke, daß es wünschenswert und wichtig sei, Deutschland über seinen ABC-Waffen-Verzicht von 1954 hinaus durch einen umfassenden internationalen Vertrag zu binden, gewann im Laufe der Zeit bei vielen Bündnispartnern mehr und mehr Gewicht (besonders erkennbar zum Beispiel bei den Niederländern).
Die Feststellung der bereits eingetretenen Schäden beantwortet nicht die Frage nach den künftigen Folgen einer deutschen Nichtunterzeichnung. Sie bildet jedoch einen Faktor, der bei der Beantwortung dieser Frage nicht außer acht gelassen werden kann.
Bei der Beurteilung der Folgen einer etwaigen Nichtunterzeichnung sind zwei verschiedene Entwicklungsmöglichkeiten zu unterscheiden:

MIT DEM NATO-RAT IN BRÜSSEL

1. Es ist denkbar, daß die deutsche Nichtunterzeichnung den Vertrag zu Fall bringt. Die Sowjetunion hat mehrfach deutlich erkennen lassen, daß sie nur an einem von Deutschland unterschriebenen NV-Vertrag interessiert ist. Auch nichtnukleare Schwellenmächte (wie zum Beispiel Schweden) haben zum Ausdruck gebracht, daß die deutsche Unterschrift für ihre Haltung wesentlich sei. Die deutsche Nichtunterzeichnung könnte daher dazu führen, daß viele der Signatare nicht ratifizieren.

2. Es ist jedoch auch möglich, daß die deutsche Nichtunterzeichnung den Ratifizierungsprozeß nicht aufhält und der Vertrag für eine große Mehrheit der heutigen Staaten rechtsverbindlich wird.

Scheitert der Vertrag, so wäre dies für die Allianz ein Gewinn, wahrscheinlich sogar die Vorbedingung ihrer künftigen Lebensfähigkeit. NATO und NV-Vertrag sind auf längere Sicht unvereinbar. Dafür spricht alles, was von amerikanischer Seite jahrelang (1960-1965) für die Notwendigkeit eines ›nuclear sharing‹ gesagt worden ist und was dann plötzlich mit verblüffender Konsequenz und Uniformität totgeschwiegen wurde.

Ein mit dem potentiellen Bündnisgegner ausgehandeltes Abkommen, das sich gegen die eigenen Bündnispartner richtet (wie die Sowjets in aller Offenheit selbst sagen, handelt es sich um einen auf Deutschland zielenden Vertrag), muß zur politischen und moralischen Aushöhlung der Allianz führen.

Die nukleare Verkrüppelung der Allianz, die trotz aller gegenteiligen Versicherungen eine unausbleibliche Folge des NV-Vertrages ist, wird über kurz oder lang auch ihre militärische Abschreckungskraft ruinieren.

An dem Tage, an dem ein nukleares Raketenabwehrsystem für die europäischen NATO-Partner technisch sinnvoll und finanziell tragbar wird, muß sich der NV-Vertrag als unerträgliche Fessel erweisen.

Ist es die fehlende deutsche Unterschrift, die den NV-Vertrag zu Fall bringt, so setzen wir uns naturgemäß einer schweren Belastungsprobe aus. Wenn jedoch ein taktisch günstiger Zeitpunkt gewählt wird – die Desillusionierung nach den Prager Ereignissen bietet sich als solcher an –, und wenn mit wirkungsvollen Argumenten operiert wird, so läßt sich diese Belastungsprobe im Kreise der Allianz durchstehen.

Als wirkungsvolle Argumente für die NATO kommen besonders in Frage: Kernwaffenverzicht, bereits 1954 ausgesprochen; Kritik des NV-Vertrages hat daher nichts mit einem Streben nach nationalen Kernwaffen zu tun; Vertrag schafft sowjetische Interventionsvorwände in inneren deutschen Angelegenheiten (verstärkt durch sowjetische Interpretation der Artikel 53/107 UN-Charta), in Fragen des europäischen Zusammenschlusses und in allianzinternen Nuklearfragen; ungenügende Sicherung gegen sowjetische Drohungen und Erpressungen, da es nicht gelungen ist, Laufzeit des NV-Vertrages und des Nordatlantikvertrages zu synchronisieren.

An der Intensität der kommunistischen Propaganda läßt sich ohnehin, mit oder ohne deutsche Unterschrift, nicht viel ändern. Unsere Entspannungspolitik hat die antideutsche Kampagne nicht gebremst, sondern gesteigert.

Was die Reaktion der Ungebundenen anlangt, so sollten wir von den Sowjets lernen, ihr kein übertriebenes Gewicht beizumessen. Stärke imponiert leider diesen Völkern mehr als eine untadelige Friedensgesinnung, wie sie die Bundesrepublik bewiesen hat.

Kommt es trotz mangelnder deutscher Unterschrift zur Ratifikation durch

eine ausreichende Zahl von Signataren und wird der Vertrag für diese rechtsverbindlich, so sind die Folgen noch schwerer zu übersehen.
Die Folgen für den Bezug von Kernbrennstoffen sind von mir nicht zu untersuchen. Für die Allianz ist entscheidend, daß die Vereinigten Staaten in diesem Falle ihre Nuklearpolitik im Rahmen des Vertrages halten werden und viele der für die Nuklearorganisation der Allianz nachteiligen Folgen eintreten werden. (Zum Teil sind sie schon eingetreten, da die Vereinigten Staaten in ihrer praktischen Politik den Abschluß des NV-Vertrages antizipiert haben.)
Unsere Enthaltsamkeit in bezug auf Kernwaffenbesitz ist in diesem Falle voll verbürgt (was unsere psychologische Situation verbessert): unser Produktionsverzicht ergänzt sich dann mit dem amerikanischen Weitergabeverzicht.
Zu prüfen wäre, wieweit es in diesem Falle möglich und nützlich wäre, kombinierte IAEA-EURATOM-Kontrollen außerhalb des NV-Vertrages auf freiwilliger Basis zu akzeptieren.
Wird der NV-Vertrag rechtswirksam, so wird der Druck auf Unterzeichnung durch Jahre hindurch anhalten. Es wird sich dann zeigen, ob wir ihm standhalten können oder ob der Preis für die Nichtunterzeichnung zu hoch wird. Dabei kann die innere deutsche Entwicklung (NDP-Problem) eine Rolle spielen.
Eine Überprüfung unserer Haltung ist dann immer noch möglich.
Auf jeden Fall gibt es keinen zwingenden Grund, die Unterzeichnung jetzt oder in allernächster Zeit zu vollziehen. Die Prager Ereignisse gewähren uns neue Bedenkzeit. Die Präsidentschaftswahlen in Amerika liefern zwar keinen in der Öffentlichkeit vertretbaren Grund, die Unterzeichnung zu verschieben. Gleichwohl kann sich die Lage bei einem republikanischen Siege ändern.«

8 Bulletin des Presse- und Informationsamtes der Bundesregierung Nr. 17 vom 12. November 1969, S. 1169.
9 Jan Smart, Vor der Überprüfungskonferenz für den Kernwaffensperrvertrag, in: Europa-Archiv 6, 1975, S. 203.
10 Johann Bauch, Fünf Jahre Kernwaffen-Sperrvertrag, in: Europa-Archiv 19, 1975, S. 616.
11 Vgl. S. 655 ff. (Umschlag der innenpolitischen Großwetterlage).
12 Süddeutsche Zeitung vom 31. Januar 1966.
13 Vgl. S. 660 ff. (Umschlag der innenpolitischen Großwetterlage).
14 »Die meisten Beobachter der Genfer Verhandlungen sind zu dem Ergebnis gelangt, daß die effektive Verhinderung der Ausbreitung von Kernwaffen auf sowjetischer Seite nicht das eigentliche Verhandlungsziel ist, sondern daß die sowjetische Verhandlungsführung in Genf auf die Schaffung eines politischen Instruments abzielt, das bestimmten Absichten der sowjetischen Politik dienen soll: der zusätzlichen Bindung Deutschlands und der Minderung seines internationalen Status; der Verhinderung des weiteren europäischen Zusammenschlusses; und der Zielsetzung der atlantischen Allianz und der politischen Solidarität der Mitglieder.
Die gegenwärtig zur Diskussion stehenden Vertragsentwürfe enthalten Elemente, die tief in die Entscheidungsfreiheit der Allianz bei der künftigen Regelung ihrer Nuklearprobleme eingreifen. Während noch der im Jahre 1965 in Genf vorgelegte amerikanische Vertragsentwurf den Begriff der ›Proliferation‹ dahingehend definierte, daß er eine Erhöhung der Zahl der

über Kernwaffen verfügenden Staaten oder Organisationen voraussetzte (womit die Bildung einer kollektiven Allianzstreitmacht zulässig blieb, falls sich mindestens eine der bestehenden Kernwaffenmächte an ihr beteiligte), einigten sich Amerikaner und Sowjets im Dezember letzten Jahres plötzlich auf eine sehr viel weitergehende Definition, wonach ›Proliferation‹ jede Weitergabe von Kernwaffen oder Kernsprengsätzen an jedweden Empfänger (›to any recipient whatsoever‹) ist. Nach einer offiziellen amerikanischen, den sowjetischen Unterhändlern bereits übergebenen Interpretation schließt der Vertrag damit künftig die Übertragung von Kernwaffen, des Eigentums sowohl wie der Verfügungsgewalt, an eine multilaterale Einheit aus: ›The treaty would bar transfer nuclear weapons (including ownership) or control over them to any recipient, including a multilateral entity.‹

Abgesehen von dieser Frage setzt der Entwurf auch in anderer Beziehung einer allianzinternen Neuregelung der Nuklearfrage Grenzen: Vielleicht ist es zutreffend, wenn eine offizielle amerikanische Interpretation feststellt, daß der Vertrag alliierte Konsultation und Planung nicht berührt, solange sich daraus keine Weitergabe von Kernwaffen und keine Verfügungsgewalt ergibt. Ob die Russen dieser Interpretation zustimmen, bleibt vorläufig offen, ebenso die Frage, was sie unter Verfügungsgewalt verstehen. Auf jeden Fall scheinen nukleare Arrangements, die auf pre-delegierte Verfügungsgewalt über atomare Sprengsätze oder ähnliche rein defensive Nuklearkörper von begrenzter Sprengkraft hinauslaufen, ausgeschlossen. Bei anderen in Zukunft denkbaren Arrangements wird stets die Frage auftauchen, ob sie nach sowjetischer Ansicht mit den Bestimmungen des Vertrages vereinbar sind.«

15 Lothar Ruehl, ... [wie Anm. 1 zu Um das strategische Konzept der NATO], S. 306.

Zum letzten Male das Atomwaffen-Thema: SALT, Seite 703-708

1 Im englischen Text abgedruckt in: Adelphi Papers Nr. 65, Februar 1970, S. 16-24.

Abschied vom NATO-Rat, Seite 708-719

1 Georg Schröder in: Die Welt vom 4. Oktober 1966. Eine Woche später, am 12. Oktober, hieß es an der gleichen Stelle noch einmal und noch deutlicher: »Die Absagen Walter Hallsteins und Wilhelm Grewes haben dem Kanzler aber auch bewußt gemacht, daß der freie Stuhl im Bundeskanzleramt für manche qualifizierte Persönlichkeiten wegen der innerpolitischen Lage keinen sonderlichen Reiz hat.«

2 Die zusammenfassende Bilanz meiner Analyse lautete:
»Insgesamt befindet sich die Allianz in einer Phase, in der sie ihrer Verteidigungsaufgabe nur noch in vermindertem Maße genügt, eine konkrete und realisierbare Aufgabe auf dem Gebiete der Ost-West-Beziehungen sich nicht abzeichnet, dagegen die Kontrollfunktion gegenüber dem deutschen Partner stärker in den Vordergrund rückt.

MIT DEM NATO-RAT IN BRÜSSEL

Unberührt von diesen Entwicklungen bleiben als positiv zu wertende Funktionen der NATO bestehen: die Funktion des Rates als eines ständigen Kommunikationsorgans zwischen den fünfzehn Regierungen; Vertrag und integrierte Militärstruktur als Grundlage und Voraussetzung der amerikanischen Truppenstationierung in Europa; Bündnisintegration als politisch-psychologischer Schirm für die Bundeswehr; politisch-militärischer Rückhalt für Krisensituationen um Berlin und die Zonengrenze; allgemeine Abschreckungswirkung, die den großen Krieg unwahrscheinlich macht.

Diese positiven Faktoren begründen unser fortdauerndes Interesse an der Aufrechterhaltung der NATO. Unsere Politik wird daher bemüht sein müssen, die Allianz zu erhalten und gegen weiteren Verfall zu schützen. Dabei muß es uns in erster Linie darauf ankommen, die Vertragsgrundlage (einschließlich der Berlin- und Deutschland-Klauseln), die militärische Integration, den politischen Mechanismus des Rates, ausreichende politisch-militärische Mittel für die Bewältigung von Krisen sowie das Abschreckungspotential aufrechtzuerhalten.

Politische Funktionen der Allianz sind in dem Maße wünschenswert, in dem sie Alleingänge der Bündnispartner verhüten und uns vor Isolation schützen.«

Hoffnungen auf Reformen sollten wir nicht hegen oder nähren. Es gibt keine unbedingt notwendigen organisatorischen Reformen. Die Grenzen der Möglichkeit politischer Reformen hat das Harmel-Experiment 1967 deutlich sichtbar gemacht.

3 Text der Rede des Doyens: »Peu de départs auront causé tant de regrets. Depuis bientôt neuf années, notre Collègue allemand nous avait habitués à une éloquence laconique qui ajoutait du poids à ses paroles. Cette manière de toujours être présent, c'est la rare valeur d'une discrétion qui influence quand on se tait et qui détermine quand on parle. Je ne sais quel auteur a dit: ›le silence de cet homme est merveilleux à entendre‹. Nous n'avons jamais cessé de l'écouter chez Bill Grewe, à cause de l'importance et de la dignité qu'il conférait à son langage.

Son action était fondée sur d'immenses capacités. Comme les icebergs dont le brillant sommet indique une énorme masse immergée, les qualités que Bill Grewe nous montre couvrent des trésors plus grands encore. D'abord un esprit philosophique qui sait faire la part des choses et les ramener à l'essentiel. Ensuite un détachement qui n'est pas sans passion, mais qui permet, grâce à une certaine distance dans la controverse, de conserver de l'équité dans le jugement; une finesse d'observation enfin, s'exprimant en quelques mots, en un regard, en un demi-sourire et qui en disent long par eux-mêmes.

Je pourrais m'étendre sur ses talents. Ce professeur nourrit sa diplomatie d'une multitude de connaissances et ce juriste n'est pas inhumain. Il sait être savant sans être pédant et je me souviens d'avoir reçu de lui un gros livre où il avait à peu près écrit: ›vous n'êtes pas obligé de le lire, mais votre amitié voudra peut-être le garder‹. Didactique sans être prétentieux, il nous apprend des choses sans nous les imposer et sa discipline intellectuelle est suffisamment fondamentale pour exclure ce qui est superficiel et assez courtoise pour nous rendre accessible ce qui est dificile.

Représentant d'un grand pays aux prises avec de grands problèmes, il a su

SCHLUSSBILANZ

partager ceux-ci avec nous et il a su nous entendre. Sans sacrifier ses convictions, il a réussi à allier une parfaite loyauté à ses instructions à une fidélité sans réserve à l'Alliance, unissant ainsi dans un patriotisme supérieur, qui est vraiment la solidarité atlantique, le service d'une nation et le dévouement à une cause commune.

On comprend, dès lors, que nous nous attristions de perdre un Collègue qui avait acquis au Conseil une aussi grande autorité.

Nous nous affligeons davantage de nous séparer d'un ami dont nous avions deviné la sensibilité, une sensibilité capable de souffrance, de joie, de compréhension, apte aussi à rechercher les terrains d'entente et les solutions qui ont du cœur.

Si je devais illustrer ce côté humain de Bill Grewe, j'en trouverais le symbole et la preuve dans le caractère exquis de sa femme. Eperdue du désir de bien faire, Gertie Grewe éveille, par la timidité de son charme, par la générosité de son affection, une sympathie toujours renouvelée. La seule difficulté que l'on éprouve avec elle, c'est de la convaincre qu'elle est parfaite et l'on a toujours envie de l'en convaincre davantage.

J'arrête ici mes louanges, Monsieur le Président, mais seulement parce qu'il faut bien que je m'arrête.

Les Grewe commencent bientôt une autre et fascinante mission. Dans un monde difficile à connaître, à travers une âme presque impénétrable, dans l'envoûtement d'une civilisation qui a tant d'admirables aspects, ils vont accumuler de nouvelles expériences et rendre de nouveaux services. Leurs qualités leur promettent tout le succès que nous leur souhaitons.

Quand les choses iront bien, ce que nous espérons, quand les choses seront difficiles, ce qui peut arriver, qu'ils se souviennent quelquefois des vœux que notre amitié ne cesse pas de leur prodiguer. Ces vœux nous les avons coulés dans l'argent du Silver Bowl que je mets en route suivant un rituel presque sacré! Que Bill Grewe le contemple de temps à autre. Il y verra une phrase qui lui révélera la confiance que nous avons toujours eu dans ses conseils. Si cette phrase n'est pas gravée dans le Silver Bowl, elle court cependant entre les noms de ses collègues. C'est l'éloge que l'on avait décerné à un grand homme de l'Antiquité:

›Il se tait, mais on l'écoute encore.‹.«

Schlußbilanz, Seite 720–728

1 Wenn man dem – im allgemeinen wohl als ausgewogen geltenden – Urteil des International Institute for Strategic Studies in London folgen will, so stößt man in dessen kürzlich erschienener ›Military Balance 1978/79‹ für das Ost-West-Kräfteverhältnis in Europa auf die Feststellung, daß in dem Zeitraum zwischen 1962 und 1978 »in general the pattern is one of a military balance moving steadily against the West«.
2 Strategic Survey 1975, London 1976, S. 12.
3 Ebenda, 1976, S. 12 und 1977, S. 4.

PERSONENREGISTER

Abdessalem, Belaïd 99
Abendroth Abb. 69
Abendroth, Mrs. Abb. 69
Abs, Hermann J. 539
Acheson, Dean Gooderham 10, 12, 38, 152-154, 167, 322 f., 380, 383, 450 f., 479, 481, 489, 530, Abb. 25, 27, 100, 744
Adenauer, Konrad 103, 127, 129 f., 132, 138 f., 140, 142-147, 149, 150 bis 155, 157, 160-163, 166, 172-174, 178, 184, 187, 192, 195-201, 203 bis 205, 209-211, 216-219, 221 bis 223, 225, 227-240, 242-249, 250 bis 252, 254, 265 f., 271, 277, 280-292, 296-300, 302, 317-323, 325 f., 328 bis 330, 342, 344, 348-350, 352 f., 356 f., 359-361, 368, 373-375, 377 f., 381, 383, 388-396, 398-402, 405, 414-416, 419, 426, 428-432, 434, 437, 444, 448-451, 455 f., 459-469, 471-473, 475, 477 f., 487, 490-492, 495 f., 498, 502 f., 506-509, 511 bis 522, 527 f., 531, 534 f., 539-541, 546 bis 550, 552, 555-557, 559-563, 567, 589 f., 592, 613-615, 618 f., 623, 633, 642, 652 f., 662, 679 f., 690, 701, 711, 716 f., 727, 758, 763, 767, 771, Abb. 25-28, 34-38, 40-42, 44 f., 48-50, 62, 78, 86-88, 107 f., 108
Adenauer, Konrad (Sohn) 429
Adschubej, Alexej 521
Ahlers, Konrad 260
Aichi, Kiichi 52
Ailleret, Charles 682
Akihito, japanischer Kronprinz 46, 52, Abb. 6

Albertz, Heinrich 480
Albonetti, Achille 658
Alexander I., König von Jugoslawien 582
Alphand, Hervé 371, 380, 388, 433, 484, 493, Abb. 27
Alphand, Nicole 493
Alsop, Joseph 382, 628
Amrehn, Franz 518
Anderson, Marian 454
Annuncio, Gabriele d' 581
Apel, Hans 32
Arif, Abdas Salam 355, 359, 361
Armstrong, Hamilton Fish 382
Arndt, Adolf 275, 309
Arnold, Karl 129, 130, 234, 244
Aron, Raymond 707
Asakai, Koichiro 75
Asanuma, Inejiro 62
Aso, Kazuko 60
Augstein, Rudolf 205, 656

Bach, Joseph 429
Baelz, Erwin 39
Bahr, Egon 131, 480, 563, 587, Abb. 18
Balfour, Arthur 199
Balke, Siegfried 548, 696, Abb. 62
Balken, Richard 758
Ball, George 450, 545, 547, 562, 589, 614 f., 622 f., Abb. 107
Barbour, Walworth 539
Barclay, John 454
Bargatzki, Werner 578
Baring, Arnulf 13, 284, 472, 755
Barlog, Boleslaw 440

799

Barzel, Rainer 628, 640
Bathurst, Maurice 203
Bator, Sukhe 112, 113
Baudissin, Georg Graf von 392-394, 399
Baudissin, Wolf Graf von 683
Baudouin, König der Belgier 45
Bauer, Clemens 303
Bayar, Celal 433 f.
Beam, Jakob 105, 296
Beaufre, André 657
Bebel, August 424
Bech, Joseph 200, 279, 302, Abb. 41, 54
Becker, Hellmut 316
Beckerath, Erwin von 192
Beckmann, Max 565
Beethoven, Ludwig van 37
Beitz, Berthold 459
Ben Gurion, David 287 f., 429 f.
Bérard, André 430
Berber, Friedrich 183
Berding, Andrew 371, 433
Bergamini, David 47, 48
Berger, Hans 273
Bergson, Henri 166
Bergsträsser, Arnold 192, 303
Berkhan, Karl Wilhelm 658
Besson, Waldemar 11, 254, 265, 462
Beyen, Johan Willem 200, Abb. 41
Beyerle, Franz 306
Bidault, Georges 185 f., 325, Abb. 32
Biedenkopf, Kurt 162
Birgi, Nuri 105, 718
Bismarck, Fürst Otto von 10, 33, 36, 305, 419
Blank, Theodor 135, 138, 155, 277, Abb. 38, 45
Blankenhorn, Herbert 130 f., 138, 145, 178, 184, 199, 203, 218, 222 f., 230, 234, 247 f., 269-271, 280, 371, 409, 448, 527, 577, Abb. 33, 38, 111
Blech, Klaus 166
Blücher, Franz 322
Böhm, Franz 313
Böker, Alexander 227 f.
Bohlen, Charles (Chip) 105, 139, 160, 169, 231 f., 245-247, 249 f., 489, 549 f., 553, 567, Abb. 32, 99
Bolz, Lothar 191, 403, 408, 765
Boenhoeffer, Dietrich 180

Borchardt, Robert Abb. 111
Bourgès-Maunoury, Maurice 285 f.
Bowers, Faubion 48
Bowie, Robert 147 f., 164 f., 322, 452
Bowles, Chester 341, 450
Brandt, Peter 669
Brandt, Rut Abb. 12
Brandt, Willy 42, 321, 371, 377, 387 f., 400, 405 f., 455, 480, 487, 489-491, 507 f., 518, 562 f., 650 bis 661, 669, 693 f., 698, 710, 714, 727, 759, Abb. 7, 12, 73, 85, 92, 119, 121, 123 f.
Braun, Maximilian Abb. 49
Braun, Magnus von 348
Braun, Sigismund von 348, 719
Braun, Wernher von 348, Abb. 65
Braun, Otto 168, 424
Brecht, Arnold 168
Brentano, Clemens von 277
Brentano, Heinrich von 152, 154, 222 f., 228, 230, 233 f., 236 f., 240, 243, 248, 250, 255, 262, 268-271, 277, 279, 284 f., 287-289, 291-295, 298 f., 319, 322 f., 329 f., 333 f., 342 bis 344, 348, 361, 364, 368-371, 374, 388 f., 392-401, 403-408, 419, 429 f., 433 f., 437, 441, 449, 451, 458-461, 464, 470-473, 479, 484, 492, 496 bis 498, 503, 507 f., 513, 531, 539, 546, 548-550, 552 f., 557, 561-563, 567, 744, 759, 771, Abb. 45, 47, 52-54, 57, 62, 67, 78, 84
Breschnjew, Leonid Iljitsch 121, 664, 673
Brodie, Bernard 680
Broich-Oppert, Georg von 356
Brooks, Ned 482
Brosio, Manlio 585-588, 596, 651, 657, 685, 699, 715-717, 719, Abb. 114-116, 122 f., 126 f.
Brown, George Abb. 121
Brown, Harold 87
Bruce, David 299, 371, 399, 401, Abb. 57
Brüning, Heinrich 351 f., 421
Brunet, Jean-Pierre Abb. 13
Buchanan, Wiley 342
Büchner, Franz 303
Bulganin, Nikolaj Alexandrowitsch 160, 224-226, 233 f., 236, 239 f., 242,

244, 248-250, 282 f., 288, 293, 299, 329, 634, Abb. 46, 50.
Bullitt, William 160
Bunche, Ralph 354
Bundy, McGeorge 168, 450, 462, 573, 622, 847
Busch, Wilhelm 105

Cabot-Lodge, Henry 430
Caccia, Harold 484
Caemmerer, Ernst von 303, 306
Calhoun, John 26
Carroll, Thomas 566
Carstens, Karl 301, 330, 333, 344, 430, 433 f., 448 f., 461, 471, 497, 507 f., 518, 523, 527, 549, 561 f., 620, 650, 710 f., Abb. 62 f., 98, 109, 111, 770
Carter, Jimmy 77, 92, 96, 702
Castro, Fidel 442
Chaban-Delmas, Jacques 285
Chamberlain, Neville 127
Chamoun, Camille 356
Charlotte, Gemahlin Kaiser Maximilians von Mexiko 452
Chayes, Abram 166
Chesterton, Gilbert Keith 422
Chichibu (japanische Prinzessin) 46
Childs, Marquis William 382 f., 551
Chou-En-lai 57, 77, 88, 89, 90, 92
Chruschtschow, Nikita Sergejewitsch 101, 160, 174, 220, 224-226, 231 bis 234, 239 f., 242-244, 247 f., 258, 264, 299, 362-364, 366, 369, 372 bis 374, 386, 389, 392, 395, 402, 426, 428, 430, 434 f., 437-440, 451, 459, 475-479, 506 f., 510, 513, 516-518, 521, 524, 528, 607-609, 624, 634 f., 766, 780 f., Abb. 71
Churchill, Winston Leonhard Spencer 10, 129, 585
Clausewitz, Karl von 666
Clay, Lucius DuBignon 168, 380, 430 f., 488, 491, 500, 508
Clemens VIII. (Giulio de Medici), Papst 647
Cleveland, Harlan 566, 666
Clifford, Clark 681
Coing, Helmut 161
Conant, James 199, 354, Abb. 36, 44, 66

Conrad, Josef 634
Cook, Don 408
Cooper, Duff 205
Couve de Murville, Maurice 177, 285, 299, 369, 371, 398, 403, 523 f., 620, 627, 643 f., Abb. 56, 57, 75, 121
Crowley, James B. 48
Cushing, Richard, Kardinal 454
Cyrankiewicz, Józef 459
Czempiel, Ernst Otto 597

Dahrendorf, Ralf 414, 602, Abb. 128
Damrosch, Walter 616
Dan, Takuma Baron 61
Dankwort, Werner 430
Dantas, Francisco Clementino San Tiago 561
Daume, Wilhelm (Willi) Abb. 80
Daudet, Alphonse 569
Davies, Joseph Edward 160
Debevoise, Eli Whitney 148
Débré, Michel Abb. 124
Debussy, Claude 581 f.
Decker, Albert 192
Dehler, Thomas 318-320, 324 f., 328, Abb. 61
Delcour, Roland 698
Dillon, Douglas Clarence 362, 437, 540 f., 545
Dittmann, Heinz 759
Dittmann, Herbert 330, 333, 368, 370, 373-375, 377, 388, 759
Dixon, Pearson 430
Dobrynin, Anatoly 341, 549, 564, 608
Doko, Toshiwo 98
Dollinger, Werner 518
Dostojewski, Fjodor M. 370
Dowling, Walter C. 459 f., 551, 560, 562, Abb. 78, 84, 98
Dröge, Heinz 566
Drummond, Roscoe 383
Dschingis Khan 102, 107
Duckwitz, Georg Ferdinand 371, 388, 400, 407, 659, 761
Dulles, Allan 342, 358 f., 431, 760
Dulles, Eleanor 760
Dulles, John Foster 159, 162, 164, 185 f., 196 f., 200, 205, 213, 216, 219, 231, 266, 269-272, 278, 288 bis 290, 292, 297 f., 342, 345, 348, 355

801

bis 362, 364 f., 367-369, 371-381, 387, 389, 391, 393, 397, 402, 404, 428, 464, 466, 515, 539, 613, 679, 744, 760, Abb. 28, 32, 36, 41 f., 52, 58
Dwinger, Edwin Erich 102

Ebert, Friedrich 354
Eckhardt, Felix von 154, 185, 223, 230, 234-236, 242 f., 284, 322 f., 327, 348, 371, 373 f., 407, 430, 437, 505, 518, 556, Abb. 49, 59, 65, 76
Eden, Anthony 153 f., 185 f., 196 bis 198, 200, 205, 213, 225, 266, 279, 282 f., 285, 326 f., 360, 390 f., 439, Abb. 25, 31 f., 35, 40, 42, 46
Egk, Werner 441
Eichendorff, Joseph von 634
Eisenhower, Dwight David 42, 159, 162, 185, 225, 270, 282, 286, 288 bis 290, 292, 297, 299, 302, 339-342, 348, 352, 355, 357, 369, 373-375, 377 f., 381, 387, 390 f., 412, 426, 428, 430-432, 434, 437-439, 442, 445, 451, 453 f., 471, 474 f., 536, 539 f., 612, 652, 679, 682, Abb. 46, 58, 64 f., 73, 83
Eisenhower, Mamie 454, Abb. 65
Ellsworth, Robert 499 f., 744, Abb. 128
Epstein, Fritz 168
Epstein, Klaus 168
Epstein, Julius 503 f., 546
Erhard, Ludwig 166, 221, 254, 306, 459, 503, 521, 623-625, 628, 636, 639 f., 642, 655, 691, 711 f., Abb. 62
Erler, Fritz 199, 318, 320, 324, 392, 548, 562, 652-654
Ernst, Wolfgang 97
Erzberger, Matthias 62
Eschenbach, Christoph 46
Eschenburg, Theodor 192, 738
Etzdorf, Hasso von 333, 460 f., 527, Abb. 84
Etzel, Franz Abb. 59, 62
Eucken, Walter 306, 348 f., 737

Fanfani, Amintore 646
Farnese, Ottavio (Herzog von Parma) 647
Faure, Edgar 225, Abb. 46
Faure, Maurice 129, 285, 301

Fechter, Rudolf 371, 396, Abb. 55
Feder, Gottfried 423
Federer, Georg 339 f., 429 f.
Feisal II., König des Irak 355
Felt, Harry Donald 432
Ferber, Ernst 683
Figl, Leopold 185
Finletter, Gretchen 616
Finletter, Thomas 614-616, 618, 622 f., 786
Flach, Karl Hermann 547
Ford, Gerald 90, 92, 664
Forsthoff, Ernst 421, 734
Forthomme, André M. P. 104
Fortner, Wolfgang 303, 441
Foster, William 548, 657, 692, 694, 700, 706
Frankel, Max 501, 556
François-Poncet, André 145, 147, 150, 184, 197, 199, 203, 430, Abb. 32, 37
Frederick August, Herzog von York und Albany 199
Freeman, Orville 345
Freisler, Roland 185
Freytag-Loringhoven, Bernd Freiherr von 683
Friede, Dieter 635
Friederike, Königin von Griechenland 302
Friedrich, Carl J. 169
Friedrich, Hugo 303
Fritsch, Werner Freiherr von 139
Frost, Robert 454
Fukuda, Takeo 20, 21, 52-54, 78, 88
Fulbright, James William 482, 487, 625
Funada, Naka Abb. 6

Gagarin, Jurij 475
Gaitskell, Hugh 291
Gallois, Pierre 638
Galinski, Wolfgang Abb. 4
Gallup, George 448
Garibaldi, Giuseppe 199
Garland, Judy 345
Gaulle, Charles de 10 f., 177, 213, 221, 280, 287, 305, 344, 357, 381, 383, 424, 426, 437 f., 458 f., 461, 463, 467, 475, 490, 495 f., 520 f., 530, 534, 551, 556, 562, 587, 589 bis

591, 614 f., 618-620, 626, 633, 636 f., 639 f., 642-645, 687, 714, 745, 749, Abb. 108
Gazier, Albert 279
Gegen, Bogdo (Dshebtsundampa Hutuktu) 112
Geiler, Karl 306
Genscher, Hans-Dietrich 99, 137, 212, 547
Gentner, Wolfgang 306, 525
Gerstenmaier, Eugen 294, 319, 405, 416, Abb. 45
Ghandi, Indira 302
Giese, Friedrich 192
Gilpatrick, Roswell 481, 692
Giscard d'Esting, Valéry 137, 285
Glenn, John Herschel 547
Globke, Hans 138, 234, 243, 329, 393, 507, 518, 546, Abb. 45, 62
Glueck, Nelson 454
Goebbels (Amtsgerichtsrat) 181 f.
Göring, Hermann 60, 314
Gogol, Nikolaj Wassiljewitsch 370
Goldmann, Nahum 561
Gomulka, Ladislaus 258
Goodpaster, Andrew Jackson 682, 718
Graham, Billy 547
Graham, Catherine 565
Graham, Philip 565
Grewe, Gerty 13, 17 f., 24, 27-29, 36 f., 116, 345, 421, 440, 452, 472, 522, 526, 565, 577, 580, 652, 716 f., Abb. 1, 3-7, 69, 99, 127
Grewe, Marianne geb. Partsch 311, 313, 345, 421, 738
Gromyko, Andrei Andrejewitsch 91, 191, 233, 244 f., 404-407, 411, 436, 499-504, 507 f., 511, 527, 535, 548, 568, 607, 769, Abb. 8, 31 f., 75
Gronchi, Giovanni 302
Grosser, Alfred 263
Grotewohl, Otto 258, 291
Grotius, Hugo 316
Gruenther, Alfred B. 269, 278, 679
Gruson, Flora Lewis 551
Gruson, Sidney 551, 556, 561
Günther, Agnes 579
Günther, Albrecht Erich 578 f.
Guillain, Robert 89-93
Guiringaud, Louis de 137, 154
Guth, Wilfried Abb. 14

Guttenberg, Karl Theodor Freiherr von und zu 657, 697
Gyptner, Richard 226, 271

Haefften, Werner von 180
Hallstein, Walter 127-129, 130-132, 138 f., 145-147, 155, 161, 170, 178, 189 f., 194, 203, 218, 222 f., 228, 230, 233 f., 236 f., 240-242, 250 f., 254 f., 262, 274 f., 277, 280, 301, 306, 329-333, 409, 548, 561 f., 690, 711 f., 744, 758, 767, 771, 796, Abb. 27, 35 f., 38, 44 f., 47, 49, 53, 59, 62, 106
Hamaguchi, Juko 60
Hammerskjöld, Dag 285, 403, 429
Hancock, Patrick 296, Abb. 55
Handke, Georg 226, 271
Handler, M. S. 209
Hara, Takashi 61
Harman, Avraham 427
Harriman, Averell 105, 160, 430, 450
Harmel, Pierre 667
Harrison, Geoffrey 228
Hartling, Poul 596
Hase, Karl-Günter von 449, 571, 710 f., 770, Abb. 76
Hassel, Kai-Uwe von 611, 618, 682, 710, 713
Haushofer, Albrecht 182 f., 738
Haushofer, Karl 182
Healey, Denis 603, 627, 630, 657 f.
Heck, Bruno 313
Heckel, Erich 340
Hegel, Georg Wilhelm Friedrich 424
Heidegger, Martin 303
Heimpel, Hermann 303
Heine, Heinrich 634
Heinemann, Danny 299
Heinemann, Gustav 46, 103, 318 bis 320, 324, 328, 405, Abb. 60
Heinrich VIIII., König von England 630
Heinrich der Seefahrer 669
Heisbourg, Georges 650
Heiss, Robert 306, 525
Henderson, Nigel 718
Henkels, Walter 254
Henselmann, Hermann 188
Herbst, Axel 96
Hermens, Friedrich A. 192

Hermes, Peter 96
Herter, Christian 378, 391, 393, 397, 399, 401-403, 406, 408, 410, 412, 428, 431, 437, 451, 483, 613, Abb. 75, 78
Hertz, Richard 452 f.
Herwarth von Bittenfeld, Hans 139, 277, 340, Abb. 27
Hess, Rudolf 182
Hesse, Konrad 525
Heusinger, Adolf 135, 277 f., 280, 526, 682, Abb. 59
Heuss, Theodor 208, 303, 341, 347 bis 354, 388, 531, 539, Abb. 65 f.
Hielscher, Friedrich 579
Higashiyama 17 f.
Hilger, Andreas 169
Hilger, Gustav 139, 168 f.
Hillgruber, Andreas 412
Hindenburg, Paul von Beneckendorf und von 349, 351, 354
Hippel, Fritz von 306
Hirohito, Kaiser von Japan 17-19, 41, 45-52, 67, Abb. 7
Hitachi (japanischer Prinz) 46
Hitler, Adolf 60, 127, 182, 189, 351, 360, 372, 383, 388, 423, 526, 645, 705, 769, 781, 785
Hodgson, James 96, Abb. 13
Höcherl, Hermann 319
Höffner, Joseph Kardinal 46
Holborn, Fred 444 f., 447, 455
Holborn, Hajo 444 f., Abb. 68
Home, Lord (Sir Alec Douglas-Home), 523 f., 620
Hoopes, Townsend 379
Hoover, Herbert 35
Horie, Sachiko 60
Horie, Shigeo 60, 99
Hoyer-Millar, Frederick 184, 196, 199, Abb. 31 f.
Hsu (chinesischer General) 112
Hua Kuo Feng 92, 724
Huber, Ernst Rudolf 354
Huber-Simons, Tula 354
Hugenberg, Alfred 579
Humboldt, Wilhelm von 424
Humphrey, Hubert 445
Hussein II., König von Jordanien 356

Ikeka, Hayato 53, 58, 62

Iklé, Fred 166
Iljitschow, J. J. 407
Imhoff, Werner 383, 502
Ingersoll, Robert 96
Inoue, Jannosuke 61
Inukai, Tsuyoshi 60
Ishizaka, Taizo 98
Ismay of Wormington, Hastings Lionel Baron 585
Ito, Hirobumi 60
Ivekowitch, Mladen 264

Jackson, Robert H. 316
Jäckel, Eberhard 755
Jäckel, Hartmut 755
Jäger, Richard 563
Jahn, Gerhard 659 f.
Jahrreiss, Hermann 690
Jakovos (Erzbischof) 454
Jansen Abb. 59, 111
Jarring, Gunnar 190
Javits, Jacob Koppel 430
Jebb, Gladwyn (Lord) 371, Abb. 116
Jefferson, Thomas 347
Jellinek, Walter 192, 306
Jessup, Philip 152, 167, 322
Johannes XXIII., Papst, siehe Roncalli
Johnson, Lady Bird 454, 469
Johnson, Lyndon Baines 164, 443, 445, 450, 452, 454, 468 f., 481, 488, 491, 616, 621-623, 625-628, 645, 669, 681, 691, Abb. 88
Joxe, Louis 371, Abb. 32
Juarez, Garcia 452
Jünger, Ernst 179, 578 f.
Juergensen, Jean 296, Abb. 55
Justi, Carl 646

Kabanow, Iwan Grigorjewitsch 233
Kaganowitsch, Lasar Moisejewitsch 244
Kaisen, Wilhelm 424
Kaiser, Jakob 151
Kajima, Morinozuke 98, Abb. 9
Kaldkreuth, Jörg von 683
Kammer, Klaus 440 f.
Kant, Immanuel 423 f.
Karajan, Herbert von Abb. 16
Karl V., deutscher König, Kaiser 647
Kassem, Abdul Karim 355 f., 359, 361

Kattenstroth, Ludwig 131
Katz, Rudolf 274
Katzer, Hans 131
Kaufmann, Erich 131-133, 743
Kawabata, Yasunari 68 f.
Keating, Kenneth 499 f., 513, 567, Abb. 91
Keeler, Christine 340
Kempner, Robert M. W. 316
Kennan, George 10, 105, 165, 190 f., 291, 318, 386, 720
Kennedy, Jackeline 454, 493
Kennedy, Kathleen 493
Kennedy, John Fitzgerald 11, 40, 164, 168, 290, 341, 352 f., 380, 411 f., 441-448, 450-455, 458-481, 484, 486, 488, 491, 493 f., 496 f., 500 bis 502, 505-512, 514, 517-521, 527, 529 f., 533-536, 541-545, 547 f., 550 f., 553, 555, 557-562, 564, 567 bis 573, 590, 605 f., 613 f., 616, 623 f., 635, 652, 656, 680, 688 f., 744, 770 f., 780, Abb. 84, 86, 93, 95, 101
Kennedy, Robert 558 f., 692
Kessel, Albrecht von 342, 379
Kielsmannsegg, Johann Adolf Graf von 135, 138, 682, 686
Kiesinger, Kurt Georg 234, 330, 455, 643, 650, 657 f., 693 f., 710, 712 f.
Kikawada, Kazutake 98
Kilb, Hans Abb. 49
Kim Dae Jung 57
Kimura, Toshio 52
Kirchner, Ernst Ludwig 565
Kirkpatrick, Ivone Augustine 145, 148, 151, 227
Kishi, Nobosuke 53, 62, 70
Kissinger, Henry 76, 91, 190, 443, 481, 531 f., 598, 600, 657, 677, 680, 697, 708, Abb. 123
Klaiber, Manfred 527, Abb. 111
Klein, Günter 507, 518, Abb. 92
Klein, Julius 546 f.
Klett, Ernst 313
Knappstein, Karl Heinrich 330, 333, 570, 627, Abb. 111
Knieper, Werner 711
Knowland, William Fife 348
Koch, Erich 423
Koch, Woldemar 233 f.

Kodama, Yoshio 70 f.
Koeltz, Louis 185
Koenig, Pierre
Kohler, Foy 105, 460, 489, 497, 503 bis 505, 544, 549 f., 567, 668, Abb. 84, 98
Koth, Paul 345
Korowin, Jewgeni Alexandrowitsch 208
Kosaka, Zentaro 19, 52
Koschnik, Hans 46
Kossygin, Alexej Nikolajewitsch 244, 621
Krapf, Franz 348, Abb. 65
Krapf, Helga, Abb. 65
Kraus, Herbert 127, 312
Kraus, Wolfgang 169
Krekeler, Heinz 230, 248, 277 f., 284, 339
Kroll, Hans 510, 516-518, 526-528, 570
Krone, Heinrich 319, 393, 400, 518, 549, 561, 628, 641
Kroneck, Fritz 616
Kronstein, Heinrich 161 f.
Kublai Khan 102
Küster, Otto 307, 313-315
Kutscher, Hans 734, Abb. 117

Lachs, Manfred 231
Lahr, Rolf 301, 508, 527, Abb. 54, 111
Laird, Melvin R. 681 f., Abb. 123
Laloy, Jean 177, 296, 334, 371
Lange, Halvard 627
Lassalle, Ferdinand 424
Legendre Abb. 55
Leibholz, Gerhard 192
Lemnitzer, Lyman Louis 105, 481, 680, 682, 685
Lenau, Nikolaus 634
Lenin (Uljanow), Wladimir Iljitsch 112 f.
Leverkühn, Paul 769
Liebknecht, Karl 62
Lilienfeld, Georg von 553, 758
Limbourg, Peter 449, Abb. 54
Lincoln, Abraham 387, 652
Linsenhoff, Liselotte Abb. 69
Lippmann geb. Byrne, Helen 382
Lippmann, Walter 209, 254, 381-386
Lisagor, Peter 482

Litwinow (Wallach), Maksim Maksimowitsch 114
Lloyd, Selwyn 279 f., 287, 368 f., 371 f., 389 f., 403, Abb. 75
Löns, Josef 330, 342
Lübke, Heinrich 405, 561
Lütkens, Gerhart 157 f., 199
Lütke-Westhues, Alfons Abb. 69
Luns, Joseph 279
Luther, Hans 192
Luvsan, Sonomyn 107
Luxemburg, Rosa 62

MacArthur, Douglas 25, 48, 67, 176 f.
MacArthur II, Douglas 176 f.
McCloy, John Jay 148, 150, 168, 354, 430 f., 464, 566, 767, Abb. 27, 66, 97
McGhee, George C. 166
Machiavelli, Niccolò 588
Macke, August 340
Macmillan, Harold 129, 267, 269 f., 280 f., 290, 302, 326, 357, 384, 389 bis 391, 395, 426, 428, 437 f., 520, 527, 614, Abb. 52, 58
McNamara, Robert Strange 164, 481, 518, 520, 530, 564, 622, 626, 629, 631, 680 f., 684 f., Abb. 105
Macomber, William Butts 539
Madsudaira, Koto 430
Maeno, Mitsuyasu 71
Maeterlinck, Maurice 581
Magalhães, Fernão de 66
Maier, Reinhold 318
Maizière, Ulrich de 682, 685, 710, Abb. 115
Makino, Nobuaki Graf 60
Malenkow, Georgi Maximilianowitsch 160, 224
Malik, Jakob 701
Mallarmé, Stéphane 581
Malraux, André 10
Maltzan, Vollrath Freiherr von 230, 277, 284 f., Abb. 54
Mangoldt, Hermann von 170
Mann, Thomas 422
Mansfield, Michael (Mike) Joseph 96, 348, 478, 499, 567, 625, 644, 684
Mao Tse-tung 77, 90, 92, 116, 121, 365, 724
Marc, Franz 183

Marc, Paul 183
Marceau, Félicien 440
Margerie, Roland de 203, Abb. 32
Margherita di Parma, Statthalterin der Niederlande 647
Marschall, Walter von 136, 734
Marshall, George 165
Martino, Gaetano 200, 279, Abb. 40 f.
Marx, Karl 423
Mates, Leo 345 f.
Matsuo, Denzo 61
Matsushita, Konozuke 98
Maximilian, Erzherzog von Österreich, Kaiser von Mexiko 452
May, Morton D. 565
Mayo, Charles W. 346
McCarthy, Joseph Raymond 136, 159 bis 161
Meiji (Matsohito), Kaiser von Japan 35, 50
Meinecke, Friedrich 444
Meisch, Adrien 104
Meissner, Boris 396, 407
Mellies, Wilhelm 198
Mende, Erich 318, 320, 518, 531, 547, 549, 552, 561
Mendelssohn-Bartholdy, Albrecht 183
Menderes, Adnan 433
Mendès-France, Pierre 194, 197 f., 200, 203, 205, 208, 213, Abb. 40-42
Menschikow, Michael A. 340 f., 377, 454
Menthon, de Abb. 55
Merchant, Livingston 231, 371, 375, 391, 403, 408, 763, Abb. 32, 73
Merkatz, Hans Joachim von Abb. 45
Metternich, Klemens Fürst von 595
Meyer, Armim 40, 75
Michael, Franz 169
Michiko, japanische Kronprinzessin 46, Abb. 6
Middleton, Drew 390
Mihara, Asao 87
Mikasa (japanischer Prinz) 46
Miki, Takeo 19, 20, 21, 52, 53, 62, 77, 84, 91, 100, Abb. 13
Mikojan, Anastas 373-375, 377, 760, Abb. 72
Miksche, Otto 636
Minobe, Ryokichi 51, 68
Mishima, Yukio 68, 69, 70, 71

Miyamoto, Kenji 72, 73
Miyazawa, Kiichi 52, 91, Abb. 17
Mobutu, Joseph-Désiré 22
Mohr, Günther 234, 330, 342
Mollet, Guy 280, 285-288
Molomshamz 119
Molotow, (Skrjabin), Wjatscheslaw Michailowitsch 101, 114, 185 f., 225 f., 233, 239-244, 248, 267, 269 bis 271, 325, 328, 372, 380, 607, 769, Abb. 31 f.
Mommer, Karl 199, 307
Monnet, Jean 562
Monroney, Almer St. Mike 567
Montesquieu, Charles de 590
Montgomery, Bernard Law 185
Morita, Akita 99, Abb. 6
Moro, Aldo 596, Abb. 116
Morstein-Marx, Fritz 169
Mosler, Hermann 131, 170, 182, 743
Moustier, Roland de 203
Moynihan, Daniel Patrick 602, Abb. 128
Müller 234
Müller, Eberhard 312
Müller, Gebhard 173, 303
Müller-Roschach, Herbert 570
Muench, Aloysius 172 f., 276
Mulley, Fred 697
Multhaupt, Lotte 429
Murphy, Robert 38, 341, 391, 430 f., 763
Myazawa, Kiichi 19

Nagai, Michio 21
Nagako, Kaiserin von Japan 18, 46, Abb. 7
Nasser, Gamal Abd an-Nasir 166, 254, 283, 286, 355 f., 358 f., 360 f.
Nehru, Pandit Jawaharlal 297, 301 f.
Neurath, Gwendolin von 383
Niekisch, Ernst 179, 423, 579
Nimitz, Chester 469
Nitze, Paul 164 f., 450, 481 f.
Nixon, Richard Milhous 77, 90, 161, 164, 274, 387, 437, 443-448, 454, 593, 634, 637, 652, 677, 681, 695, 708, Abb. 78, 123 f.
Noehring 560
Nolde, Ada 440
Nolde, Emil 340, 440

Nolte, Ernst 411
Norstad, Lauris 216, 346, 518, 530, 613, 679 f., 682, Abb. 104
Nuri as-Sa'id 355

Obata 73
Ohira, Masayoshi 20, 21, 52, 53, Abb. 9, 12, 733
Ohnesorg, Benno 302
Ohteki Abb. 18
Ohser, (siehe auch Plauen), Margret 311
Ohya, Shinzo 98
Okada, Keisuke 61
Okamoto, Kozo 65, 66
Olcay, Osman 718
Ollenhauer, Erich 271 f., 318, 518, 549, 653
Oncken, Dirk 166, 734, 755, Abb. 55
Oncken, Hermann 168, 734
O'Neill, Con 136
Onoda, Hiroo 67, 68
Ophüls, Carl Friedrich 131, 194, Abb. 38
Ormsby-Gore (Lord Harlech), William David 493 f.
Orozco, José Clemente 351
Ossendowsky, Ferdinand 102
Osterheld, Horst 472

Paechter, Heinz 519
Paliser, Michael 697
Papen, Franz von 168
Pasternak, Boris 370
Patijn, C. L. 668
Paul I., König von Griechenland 302
Paul III. (Alessandro Farnese), Papst 647
Pauls, Rolf 758, Abb. 49
Pavelič, Ante 582
Pearson, Lester 200, 283, 705, Abb. 40
Pechstein, Max 340
Peckert, Joachim 230, 237 f.
Pella, Giuseppe 403
Perrone Capano, Carlo Abb. 13
Perwuchin, Michail Georgijewitsch 233
Peters, Hans 192
Pfeiffer, Peter 165, 333
Pflimlin, Pierre 361

Pfitzer, Albert 711
Pfleiderer, Karl Georg 199, 257 f., 264, 410-412, 414
Pilcher, John 38
Piney, Antoine 269 f., Abb. 52
Pineau, Christian 280, 285 f., 287, Abb. 54
Pipinelis, Panajotis 595 f.
Plato, Anton Detlev von Abb. 114/115
Plauen (Erich Oser), E. O. 311
Pollock, James 167
Polyansky, Dmitrij Stepanowitsch 22
Pompadour, Jeanne Antoinette Poisson, Marquise de 203
Pompidou, Georges 285, 620, 642 f.
Ponsonby, Miles 119, 122
Poppinga, Anneliese 455 f., 634, 637
Poser, Günther 82, 683
Power, Francis 426
Pringsheim, Fritz 306, Abb. 6
Profumo, John Dennis 340
Prokofieff, Sergej 105, 234
Puccini, Giacomo 33

Raab, Julius 302
Radford, Arthur 277 f.
Raederscheid 350
Raeffael Santi 647
Raiser, Ludwig 313
Rapacki, Adam 291, 398, 744
Rathenau, Walther 62
Rayburn, Sam 348, 454
Reber, Sam 136, Abb. 66
Reiffenberg, Jan 568
Reinhardt 234
Reinhardt, Georg Frederick 371
Reinkemeyer, H.-A. 608 f.
Reinstein, Jack 296
Reischauer, Edwin O. 40, 48
Reston, James 382, 475
Reuter, Ernst 388
Reza Pahlevi, Mohammed, Schah des Iran (Persien) 221, 302
Ribbentrop, Joachim von 169, 183, 189
Richter-Haaser, Hans 548
Ritter, Gerhard 303, 306
Rivera, Diego 351, 452
Roberts, Chalmers 568
Roberts, Frank Kenyon 176, 371, Abb. 31 f., 35 f.

Roberts, James 718
Rockefeller, Nelson 430, 445
Römer, Walter 131
Roesler, Hermann 39
Rogers, William P. 75, Abb. 123 f.
Romano, Giulio 647
Roncalli (Papst Johannes XXIII.), Angelo Giuseppe 429
Roosevelt, Franklin Delano 160, 232, 470, 566, 770
Rostow, Eugene Abb. 68
Rostow, Walt 166, 450, 567, 573
Rostropowitch, Mstislaw 104 f.
Rshanow 119
Rubinstein, Arthur 582
Rüstow, Alexander 192
Ruete, Hans Hellmuth 42
Rumbold, Anthony 371
Ruscheweyh, Herbert 306
Rusk, Dean 164, 450, 458 f., 464 f., 467 f., 480 f., 484, 488 f., 492, 494, 497, 499, 500 f., 509 f., 520, 523 bis 525, 535, 544, 548-550, 552, 557, 560 f., 564, 566-568, 596, 605, 608, 614, 620, 622 f., 625-628, 657, 694, Abb. 84, 87, 98, 121
Rust, Josef 138

Sahm, Ulrich 103, 105, 714
Saito, Makoto 61
Salazar, Antonio Oliveira 595
Salinger, Pierre 501 f., 505, 551, 557, 561
Sandys, Duncan 129
Sato, Eisaku 52-54, 58, 62, 75-77, 98
Saragat, Giuseppe 646, Abb. 116
Schacht, Hjalmar 394
Scheel, Mildred 661
Scheel, Walter 44, 103, 405, 597, 650 bis 652, 661, 709, 712
Schenck, Dedo von 609
Scherpenberg, Albert Hilger van 96, 234, 330 f., 333, 356 f., 371, 394, 401, 449, 460, 541, Abb. 62, 84, 111
Scheuner, Ulrich 192, 274, 308, 743
Schleicher, Rüdiger 180
Schlesinger, Arthur 494, 571, 573
Schlesinger, James 682
Schmid, Carlo 199, 234, 237, 271, 392, 562, 581, 635 f., 756
Schmidt, Eberhard 424

Schmidt, Helmut 32, 121, 319, 455, 651, 654-657, 661, 682, 697, 709 f., 727, 759, Abb. 4 f., 127
Schmidt, Loki Abb. 4 f., 127
Schmitt, Carl 180
Schmitz, Ernst 180
Schmoller, Gustav von 131, 756
Schmückle, Gert 683
Schnippenkötter, Swidbert 165, 544, 609, 658-660, 697 f., 700, 758, Abb. 62
Schröder, Gerhard 21, 165, 191, 193, 260, 265, 303, 393, 503, 518, 520, 523, 527 f., 549 f., 552-555, 557, 561, 609, 611, 618, 626, 630, 638 bis 640, 650, 682, 685, 687, 698, 710 f., 713 f., 759, Abb. 95, 98, 111, 118
Schütz, Klaus 668
Schukow, Georgij Konstantinowitsch 185, 225, 258, 290
Schulenburg, Friedrich Werner Graf von der 233
Schulze-Boysen, Hartmut 27 f., 119, 183
Schulze-Dieckhoff Abb. 69
Schulze-Vorberg, Max 660
Schumacher, Kurt 149, 272
Schumann, Robert 153 f., 690, Abb. 25
Schwartz, Ivo 162, 734
Schwarz, Hans Peter 13
Schwarzkopf, Dietrich 413
Schwarzmann, Hans Abb. 7
Schwelien, Joachim 254, 330, 510
Seaborg, Glenn T. 567
Seemann, Carl 303
Segni, Antonio 302
Semjonow, Wladimir Semjonowitsch 233, 240, 242, Abb. 32
Serlachius 663
Sethe, Paul 410
Severing, Carl 168, 424
Seydoux, François 176, 196, 371, 589 f.
Shepard, Alan Barlett 475
Shigemitsu, Mamuro 114
Shimoji, Genshin 35
Shimoyama, Sadonori 61
Shiina, Etsusaburo 20
Shuckburgh, Evelyn 508, 615, Abb. 109
Shulman, Marshall 697

Sieboldt, Philipp Franz von 32
Silvercruis, Robert Baron 345
Simon, Klaus Abb. 111
Simons, Hans 354
Simpfendörfer, Wilhelm 173
Six, Franz 182
Smathers, George A. 542 f.
Smend, Rudolf 179, 312
Smirnow, Andrej Andrejewitsch 303, 341, 344, 407, 490, 526
Smith, Gerard 166, 706
Smith, Russel 353
Smith, Walter Bedell 105
Solchenytzin, Alexander 105
Solf, Wilhelm 23, 39
Sommer, Theo 666, 697
Sorensen, Ted 462, 493 f.
Sorin, Walerian Aleksandrowitsch 407
Spaak, Paul-Henri 129, 200, 279, 433, 585, 608, 613, 624, 627, 668, 744, Abb. 41, 58
Speidel, Hans 135, 578, 589 f., 682
Sparkman, John J. 567
Spellmann, Francis Joseph, Kardinal 429
Spengler, Oswald 424
Spethmann, Dieter Abb. 15
Spivak, Lawrence E. 482
Staden, Berndt von 383
Staercke, André de 588, 715, 717 f., 719
Stafford, Marquess of 199
Stahr, Elvis Jacob 530
Stalin (Dschughaschwilij), Josef Wissarionowitsch 112 f., 124, 149, 160, 186, 242, 372, 377, 412, 606
Starlinger, Wilhelm 634
Stassen, Harold Edward 297
Stauffenberg, Berthold Graf Schenck von 180
Steel, Christopher 299, 371, 389, Abb. 57
Steinhaus, Rolf 683
Steinhoff, Johannes 479, 682
Stevenson, Adlai Ewing 302, 352 f., 439, 445, 450
Stevenson II, Adlai 353
Stewart, Michael 597, Abb. 124
Stikker, Dirk Ulco 196, 585 f., 613, 638-640, 680

Stoessel, Walter 105
Stolper, Toni 347, 350
Stoltenberg, Gerhard Abb. 17
Stone, Shepard 148, 168, 430, 464, Abb. 85
Storry, Richard 48
Storz, Gerhard 313
Strasser, Otto 423
Strauß, Franz Josef 121, 154, 280, 342, 388, 419, 446, 480-484, 492, 507, 518, 520, 534, 548, 562-564, 639 f., 681-683, Abb. 59, 89, 92
Stravinskij, Igor 581
Stücklen, Richard 441
Stray, Svenn 596
Stülpnagel, Heinrich von 578
Sukarno, Ahmed 301
Sulzberger, Cyrus 412
Summerfield, Arthur Ellsworth 441
Suslow, Michail Andreiewitsch 233
Suzuki, Kantaro 61
Symington, Stuart 445

Taisho (Yoshihito), Kaiser von Japan 45
Takahashi, Korekiyo 61
Takamatsu (japanischer Prinz), 46
Talleyrand, Charles Maurice de 470, 767
Tanaka, Kakuei 20, 52 f., 71, 76, 87, 733, Abb. 12
Tange, Kenzo 32, Abb. 10
Taylor, Maxwell 567, 680
Tellenbach, Gerd 303
Teng Hsiao-ping 90, 92
Thälmann, Ernst 351
Thayer, Charles 139 f.
Thieme, Hans 306
Thierfelder, Rudolf 301, 407, 578
Thompson, Llewellyn 105, 501, 506, 509 f., 527, 535, 548
Tiedemann, Fritz Abb. 69
Tillich, Paul 457, Abb. 94
Tillmanns, Robert 151
Tito (Broz), Josip 224, 258, 264, 724
Tocqueville, Alexis de 26
Togo, Shigenori 114
Trebesch, Herbert 683, 710
Trevelyan, Humphrey 354
Troyanowsky, Oleg 21, 22, 341, Abb. 8, 31

Trudeau, Pierre Elliot 705
Trützschler von Falkenstein, Heinz Julius Hugo 131, 234
Truman, Harry S. 38, 177
Tschaikowsky, Peter 242
Tschiang Kai-scheck 124, 511, 634
Tschoibalsan, Chorloogiin 112, 113
Tschombé, Moise 529
Tsedenbal, Jumschagin 107, 119, 120, 121
Tsutomu, Kano 63
Tubman, William 302
Tyler, William Royall 481

Udine, Giovanni da 647
Uemura, Kogeo 98
Uhland, Ludwig 634
Ulanowa, Galina 242
Ulbricht, Walter 254, 257 f., 291, 397, 488, 524, 750
Ulrich, Franz Heinrich Abb. 14
Ungeheuer 323
Ungern-Sternberg, Roman Nikolai Feodorowitsch Freiherr von 102, 112
Unkelbach, Helmut 192
Urgüplü, Suat Hayri Abb. 29
U Thant, Sithu 354

Vanocur, Sander 482
Veit, Otto 129, 180
Vockel, Heinrich 185
Volckmar-Frenzel, Leo 578
Vorwerk, Friedrich 179

Wagner, Robert 559
Wakaizumi, Kei 74, 84, 87
Walther, Gebhardt von 233 f., 333, 527, 577, 616
Walz, Hans-Hermann 312
Warburg, Eric 169
Warner, Fred 38
Warren, Earl 454, 567, Abb. 78
Washington, George 140
Watson, Albert 526
Watson, J. H. A. 668
Webb, William 48
Weber, Heinz 460, Abb. 35 f., 84
Weber, Paul A. 423
Wehner, Herbert 199, 262, 271, 292 bis 295, 376, 531, 653 f.

Weinstein, Adalbert 658
Weizsäcker, Ernst Freiherr von 316
Weizsäcker, Karl Friedrich Freiherr von 738
Weizsäcker, Richard Freiherr von 316
Welck, Wolfgang Freiherr von 330, 333, 342, Abb. 62
Welte, Bernhard 303
Werhahn, Libeth 353
Wessel, Gerhard 683
Westmoreland, William Childs 685
Westrick, Lutger 640, 711
White, Theodore H. 447
Wieacker, Franz 306
Wieck, Hans-Georg 480, 758 ff.
Wiesner, Jerome B. 450, 609
Wildermuth, Eberhard 150
Wiley, Alexander Micheal 163
Wilfort Abb. 13
Wilhelm I., König von Preußen, deutscher Kaiser 33
Wilhelm II., König von Preußen, deutscher Kaiser 60
Winkler, Hans Günther Abb. 69

Wilson, Harold 620-623, 626
Wilson, Richard 482
Winckelmann, Johann Joachim 646
Winogradow, Sergej Alexandrowitsch 230
Wohleb, Leo 305
Wohlstetter, Albert 697
Wolf, Erik 303, 306
Wolff, Ernst 306
Wolsey, Thomas, Kardinal 630
Wright, Quincy 167
Wüstenberg, Bruno Abb. 6

Yamani, Ahmed Saki el- 99
Yokoi, Shoichi 66-68
Yoshida, Shigeru 53, 58, 60

Zachert, Herbert 38, 40 f.
Zahn, von 234
Zahn, Peter von 767
Zeeland, Paul van 129
Zehrer, Hans 179
Zenker, Karl Adolf 547
Ziebura, Gilbert 462
Zimmermann, Armin 683

QUELLENVERZEICHNIS DER ABBILDUNGEN

American Embassy, Bonn, USAD: 30, 31 · American Embassy, Bonn, USIS: 57 · The Associated Press (AP), Frankfurt/Main: 47, 72, 93, 108 · Bundesbildstelle, Bonn: 7, 12, 27, 29, 35, 36, 37, 40, 41, 44, 49, 50, 55, 58, 59, 62, 98, 109, 111, 121 · Bundesminister der Verteidigung, Bonn: 114, 115 · City News Bureau, Washington, D. C.: 94 · Deutsche Presse-Agentur GmbH. (dpa), Berlin: 65, 67 · Deutsche Presse-Agentur GmbH. (dpa), Frankfurt/Main: 32, 60, 61, 75, 92 · Vincent A. Finnigan, Washington, D. C.: 69, 85 · Frankfurter Allgemeine Zeitung, Frankfurt/Main: 110 · Hanns Hubmann, München: 33 · Keystone Pressedienst GmbH., Hamburg: 45, 53 · Kinchi Sakaguchi Sekai Bunka Sha, Tokyo: 1 · Life Magazine (Pierre Boulat), New York, N. Y.: 48 · NATO Photo Bureau, Paris–Brüssel: 119 · NATO Allied Forces Southern Europe: 112 · Nato Photo, Photo Otan: 79, 102, 105, 106 (Dominique Berretty), 118, 122, 128 · Neues Deutschland, Berlin (Ost): 77 · Reni Newsphoto Service: 89 · Sven Simon, Bonn: Frontispiz · Der Spiegel, Hamburg: 74 · Süddeutscher Verlag GmbH., München: 25, 38, 82 · Ullstein GmbH., Berlin: 28, 46, 54, 76, 90, 96, 120 · United Press Photos, Paris: 42 · Wide World Photos Inc., New York, N. Y.: 66, 70, 97 · Archiv des Autors: 2, 3, 4, 5, 6, 8, 9, 10, 11, 13, 14, 15, 16, 17, 18, 19, 20, 21, 22, 23, 24, 26, 34, 39, 43, 51, 52, 56, 63, 64, 68, 71, 73, 78, 80, 81, 83, 84, 86, 87, 88, 91, 95, 99, 100, 101, 103, 104, 107, 113, 116, 117, 123, 124, 125, 126, 127.

© 1979 by Verlag Ullstein GmbH, Frankfurt/Main · Berlin · Wien
Propyläen Verlag
Alle Rechte vorbehalten
Satz und Druck   Poeschel & Schulz-Schomburgk, Eschwege
Einband   May & Co, Darmstadt
Mit 129 Bilddokumenten
Bildlayout   Dieter Speck · Schutzumschlag   Peter Steiner
Printed in Germany 1979
ISBN   3 549 07387 9